KB243968

KcLep프로그램을 이용한
실기 완전마스터

CS 국가직무능력표준
National Competency Standards
기준안 적용

2018

Hit

전산세무 1급
[실 기]

: 남 정 선   이 종 하 공저

◆ 최신 개정세법 전면 반영

◆ 한국세무사회주관 국가공인자격시험대비 최적서

◆ 저자까페 cafe.daum.net/njstax

도서출판
어울림
www.aubook.co.kr

■ 머리말

　영리목적의 회사를 운영하는 데 있어서 회계와 세무 업무는 선택이 아닌 필수에 해당합니다. 일정한 회계기간 동안의 경영성과와 재무상태를 주주 및 경영자에게 보고하는 역할 및 회사의 경영성과에 대한 세금 신고 기초 자료를 제공하는 모든 중요한 역할을 회계와 세무 담당 직원이 처리하게 됩니다. 이에 따라 최근 들어 회계 및 세무 분야에 관심을 가지고 새로운 자격증을 취득하는 사람이 점점 늘어나고 있는 추세입니다. 따라서 회계 및 세무 관련 자격증은 궁극적으로 실무능력을 업그레이드시킴과 동시에 관련 분야에 대한 이론적 기반을 튼튼히 하는 것을 목표로 하게 됩니다.

　한국세무사회에서 주관하는 국가공인 자격시험인 전산회계와 전산세무 시험은 이러한 목표에 충실한 시험입니다. 저희 저자들은 다년간 전산회계와 전산세무를 강의하고 있는 강사이자, 세무회계사무실을 직접 운영하는 세무사로서 다른 어떤 자격증보다도 전산회계 및 전산세무 자격증이 실무능력 향상에 보다 더 도움이 되는 자격증이라고 판단합니다. 그 중에서도 전산세무 1급 자격증의 경우 재무회계의 기본논리 뿐 아니라 부가가치세, 소득세(원천세)의 신고서 작성 방식을 알아야 하며, 나아가서는 법인세에 대한 기본이론과 세무조정실무까지 완벽하게 마스터해야 취득할 수 있는 자격증이기 때문에 전산세무 1급을 취득한 합격자의 실무능력에 대한 평가는 매우 높을 수 밖에 없습니다. 실제로 세무법인이나 세무회계사무실, 기업의 재무팀 등에 입사하고자 하는 경우 전산세무 1급 자격증이 있는 사람의 취업 가능성이나 연봉 등이 그렇지 않은 사람에 비해 보다 더 높게 나타나고 있는 것이 현실입니다.

　본 교재는 전산세무 1급 시험에 합격하기 위한 가이드 역할을 충실히 하는 것을 목적으로 작성되었습니다. 전산세무 1급 자격증을 취득하기 위해서는 전산세무 2급과 전산회계 1급 등에서 다루었던 기본적인 이론과 실기 운용에 대한 내용을 모두 숙지한 상태에서 법인세 이론과 세무조정 등을 추가로 학습하여야 합니다. 따라서 수험생이 최소한 전산세무 2급 정도까지의 이론을 알고 있는 상태임을 가정하여 교재를 집필하였으며, 이에 따라 기본적인 재무회계와 세무회계 이론에 대해 설명하되, 법인세 세무조정 실기 프로그램 운용에 보다 더 많은 지면을 할애하여 설명할 것입니다.

　　전산세무·전산회계 시험은 일반기업회계기준을 반영하여 출제되고 있으며, 본 교재는 이러한 내용을 충분히 반영하였습니다. 비상장기업의 회계기준이 일반기업회계기준임을 감안할 때 본 교재의 내용을 정확하게 숙지하시면 회사의 실무에도 도움을 얻으실 수 있을 것이라고 확신합니다.

　　2018년 HIT 전산세무 1급 실기편에서는 법인세 세무조정을 기초부터 순서대로 설명하여 법인세를 처음 접하는 수험생의 기본실력을 튼튼히 하는 데에 가장 큰 중점을 두었습니다. 더불어, KcLep프로그램에 대한 자세한 설명을 함으로써 전표입력, 결산자료입력, 부가가치세 실무, 인사급여 실무 등의 시험문제에서 최대한의 점수를 얻을 수 있도록 자세한 설명을 덧붙였습니다. 본 교재의 각 주제별 연습문제를 충분히 숙지하시고 반복학습하시면 전산세무 1급 실기 시험에 대한 자신감이 생길 것입니다. 다만, 실기의 경우 반드시 이론 학습이 선행되어야 한다는 점을 기억하시고 이론과 실기의 균형잡힌 학습을 하시기를 권해드립니다.

　　HIT 전산세무 1급 교재를 통해 자격증 취득과 동시에 실무능력을 향상시키고 구직활동에도 도움이 되는 일석삼조의 효과를 최단시간 안에 얻으실 수 있으면 좋겠습니다. 여러분 모두의 합격을 기원합니다.

저자
2018년 4월

차 례

> 본문의 상단에는 전체 쪽 번호가 표기 되어있고, 하단에는 각 편별 쪽 번호가 표기 되어있음

제5편 원천징수   ■ ■ ■ 부분쪽번호/전체쪽번호

제6편 실기편 최신기출문제   ■ ■ ■ 부분쪽번호/전체쪽번호

시험개요 및 안내

① 전산세무 1급 자격시험 안내

1. 2018년 한국세무사회 전산세무 1급 자격시험 일정

회차	과목	원서접수	시험일자	합격자 발표
제76회		01.04. ~ 01.09.	02.03.(토)	02.22.(목)
제77회		03.08. ~ 03.13.	04.07.(토)	04.26.(목)
제78회	전산세무 1급	05.03. ~ 05.09.	06.02.(토)	06.21.(목)
제79회		07.05. ~ 07.10.	08.04.(토)	08.23.(목)
제80회		08.30. ~ 09.04.	10.06.(토)	10.25.(목)
제81회		11.01. ~ 11.06.	12.01.(토)	12.20.(목)

※ 원서접수 시간 : 첫날 00시부터 마지막날 18시까지(18시 이후 접수 불가)
※ 시험당일 준비물 : 유효신분증, 수험표(컬러, 흑백 무관), 흑색 또는 청색 볼펜, 계산기(일반 사칙연산
　가능한 단순기능의 계산기만 가능. 공학용·재무용계산기, 전자수첩, 핸드폰 사용 절대 불가)
※ 시험 당일 신분증 미소지시 시험에 응시할 수 없으므로 반드시 준비해야 함.

> ※ 유효 신분증의 범위
> - 주민등록증(*분실시:주민등록증발급확인서)
> - 운전면허증
> - 여권
> - (사진이 부착된) 생활기록부 사본 (학교 직인이 있어야 함)
> - (사진이 부착된) 본인 확인이 가능한 중고등학생의 학생증 (생년월일과 직인이 명시되어야 함)
> - (사진이 부착된) 중고등학생의 재학증명서 (생년월일과 직인이 명시되어야 함)
> - 청소년증(분실시 : 임시발급확인서)
> - 장애인복지카드
>
> ● 신분증에 주민등록번호가 명시되어 있지 않거나, 사진이 훼손되어 본인이라 판단할 수 없거나 실제
> 　얼굴과 현격히 다를 경우에는 유효신분증으로 인정하지 않음
>
> ● 위의 유효신분증 이외의 모든 것은 신분증으로 인정되지 않아 시험 응시 불가!
> (예) 의료보험증, 주민등록등(초)본, 회원증, 학원증, 도서대출증, 대학생의 학생증, 생년월일이 없는
> 　학생증, 국가기술자격증이나 한국세무사회 자격증 등 각종 자격증 등은 유효신분증으로 인정되지
> 　않아 시험 응시 불가함에 주의

2. 시험시간

등 급	전산세무 1급	전산세무 2급	전산회계 1급	전산회계 2급
시험시간	15:00 ~ 16:30	12:30 ~ 14:00	15:00 ~ 16:00	12:30 ~ 13:30
	90분	90분	60분	60분

3. 시험요강

(1) 시험의 목표

전산세무 1급 자격시험은 국가공인 자격시험으로서 대학 졸업 수준의 재무회계와 원가관리회계, 세무회계(법인세, 소득세, 부가가치세)에 관한 지식을 갖추고, 기업체의 세무회계 관리자로서 전산세무회계프로그램을 활용한 세무회계 전 분야의 실무업무를 완벽히 수행할 수 있는지에 대한 능력을 평가하는 시험이다.

(2) 시험과목과 시험범위

전산세무 1급 시험의 배점은 이론 30점, 실기 70점으로 구성되어 있다. 이론은 총 15문항으로서 재무회계 5문항, 원가회계 5문항, 세무회계 5문항(부가가치세, 소득세, 법인세)으로 구성된다. 또한 실기시험은 재무회계와 원가회계에 대해 15점, 부가가치세(부가가치세 신고서 및 매입매출전표 관련) 15점, 원천제세(소득세 근로소득, 사업소득, 기타소득, 퇴직소득)에 10점이 배점되어 있고 법인세 세무조정에 30점이 배점되어 있다. 이론과 실기를 합해서 100점 만점에 70점 이상을 얻으면 합격이며, 시험시간은 이론과 실기가 별도로 나누어져 있지 않고 정해진 시간 내에 이론과 실기를 함께 풀면 된다.

- 제한시간 : 이론과 실무를 통틀어 90분
- 이론시험 : 객관식 4지선다형 (30점)
- 실무시험 : 전산회계프로그램(KcLep(케이렙))을 이용한 실기시험(70점)

시험 방법	시험 과목	시 험 범 위		평가 비율	비고
이론	재무 회계	회계의 이론적 기초	회계의 기본개념, 회계의 원칙	10%	5문항
		당좌자산	현금및현금성자산, 단기금융상품, 매출채권, 기타의 채권		
		재고자산	재고자산의 일반, 원가결정, 원가배분, 재고자산의 평가		
		유형자산	유형자산의 일반, 취득시의 원가결정, 보유기간중의 회계처리, 유형자산의 처분, 감가상각		
		무형자산	무형자산의 회계처리		
		유가증권	유가증권의 매입과 처분 등, 단기매매증권, 매도가능증권, 만기보유증권, 지분법적용투자주식		
		부 채	부채의 일반, 매입채무와 기타의 채무, 사채		
		자 본	자본금, 자본잉여금과 이익잉여금, 자본조정, 기타포괄손익누계액, 이익잉여금처분계산서, 배당		
		수익과 비용	수익과 비용의 인식, 수익과 비용의 분류		
		회계변경과 오류수정	기본적인 회계변경과 오류수정		
		외화환산	외화환산손익, 외환차손익		
		이연법인세회계	이연법인세자산, 이연법인세부채		
	원가 회계	원가의 개념	원가의 개념과 분류	10%	5문항
		요소별 원가계산	재료비, 노무비, 제조경비, 제조간접비의 배부		
		부문별 원가계산	부문별 원가계산의 기초, 부문별 원가계산의 절차		

시험 방법	시험 과목		시 험 범 위	평가 비율	비고
이론	원가 회계	개별원가계산	개별 원가계산의 기초, 개별 원가계산의 절차와 방법, 작업폐물과 공손품의 회계처리	10%	5문항
		종합원가계산	종합원가계산의 절차, 완성품환산량, 재공품의 평가방법, 종합원가계산의 종류(단일종합원가계산, 공정별종합원가계산, 조별종합원가계산, 등급별종합원가계산)		
		표준원가계산	표준원가계산의 의의, 직접재료비 차이분석, 직접노무비 차이분석, 변동제조간접비 차이분석, 고정제조간접비 차이분석		
	세무 회계	부가가치세법	총칙, 과세거래, 영세율적용과 면세, 과세표준과 세액, 신고와 납부, 경정징수와 환급, 재활용폐자원 등에 대한 부가가치세의 매입세액공제 특례	10%	5문항
		소득세법	종합소득세액의 계산, 원천징수와 연말정산의 관련 부분		
실무	재무회계 · 원가회계	초기이월	전기분 재무제표의 검토수정	35%	
		일반전표 입력	일반거래 자료의 추가입력, 거래 추정에 의한 자료입력		
		입력자료의 검토수정	오류의 발생원인 검토수정		
		결산자료의 입력	결산자료의 정리, 결산자료의 입력, 잉여금처분사항의 입력		
		입력자료 및 제 장부의 조회	장부의 검토 및 조회		
	부가 가치세	매입·매출전표 입력	유형별 매입·매출거래 자료의 입력	20%	
		부가가치세신고서의 작성	부가가치세 과세표준의 재계산, 매입세액의 안분계산 및 정산, 가산세 적용, 각종 부속서류 작성		
	소득세	사원등록 및 급여자료 입력	소득(인적)공제 사항등록, 수당 및 공제사항의 등록, 급여자료 입력	15%	
		근로소득의 원천징수와 연말정산 기초	갑종근로소득세의 산출, 원천징수이행상황신고서 작성, 연말정산 추가자료 입력, 원천징수영수증 작성		
	법인세 세무 조정	표준재무제표 수입조정	표준재무상태표, 표준손익계산서, 총수입금액조정명세서, 조정후수입금액명세서	15%	
		감가상각비 조정	감가상각비명세서, 미상각분 감가상각조정명세, 감가상각비조정명세서합계표		
		과목별 세무조정	퇴직급여충당금조정명세서, 대손금 및 대손충당금 조정명세, 접대비등 조정명세서, 재고자산평가조정명세서, 선급비용조정명세서, 제세공과금조정명세서, 외화평가차손익조정명세서, 지급이자조정명세서, 광고선전비조정명세서, 기부금명세서 및 조정명세서 등		
		소득계산	소득금액조정합계표, 유보소득조정명세서 등		
		법인세신고서	법인세과세표준 및 세액조정계산서		

(3) 출제 방법

이론시험문제와 실기시험문제를 90분 동안 동시에 푸는 방식이며 실무시험문제는 시험장의 컴퓨터에 설치된 전산회계프로그램을 활용하여 푸는 것이다. 실무시험의 답안 매체로 USB 등이 주어지는데 이 USB에는 전산회계 실무과정을 평가하기 위한 회계처리 대상 회사의 기초등록사항 및 거래자료가 전산으로 수록되어 있다. 답안의 수록은 문제의 기본 데이터를 이용하여 수험프로그램상에서 주어진 문제의 해답을 입력한 후 USB에 일괄 저장하면 된다.

4. 응시원서 접수방법

(1) 응시원서 접수방법

- 각 회차별 접수기간 중 한국세무사회 자격시험 홈페이지(http://license.kacpta.or.kr)로 접속한 후, On-line으로 단체 및 개인별로 접수한다(회원가입 및 사진등록 필요).
- 응시료 납부방법 : 원서접수시 금융기관을 통한 온라인 계좌이체 및 신용카드 결제가 가능하다.

(2) 문의처

- 연락처 : Tel.(02)521-8398~9   Fax.(02)521-8396
- 사이트 : 한국세무사회의 자격시험 홈페이지(http://license.kacpta.or.kr)

5. 합격자 결정 기준 및 발표

1) 합격 기준 : 100점 만점에 이론과 실무시험을 합해 70점 이상이면 합격
2) 합격자 발표 : 해당 합격자 발표일에 한국세무사회 자격시험 홈페이지를 통해 확인
3) 자격증 : 자격증은 한국세무사회 자격시험 홈페이지의 [자격증발급]메뉴에서 신청

❷ KcLep(케이렙) 프로그램 설치하기

전산세무 1급 실기편 교재를 학습하기 전에 먼저 케이렙 프로그램을 설치하여야 한다. 설치방법은 다음과 같다.

① 한국세무사회 전산세무회계자격증 사이트(http://license.kacpta.or.kr) 접속

KcLep(케이 렙) 수험용 프로그램을 설치를 위해 먼저 **인터넷을 통해 프로그램을 다운** 받아야 한다. 한국세무사회 전산세무회계자격증 사이트(http://license.kacpta.or.kr)에서 KcLep 프로그램을 무상으로 다운로드받을 수 있다.

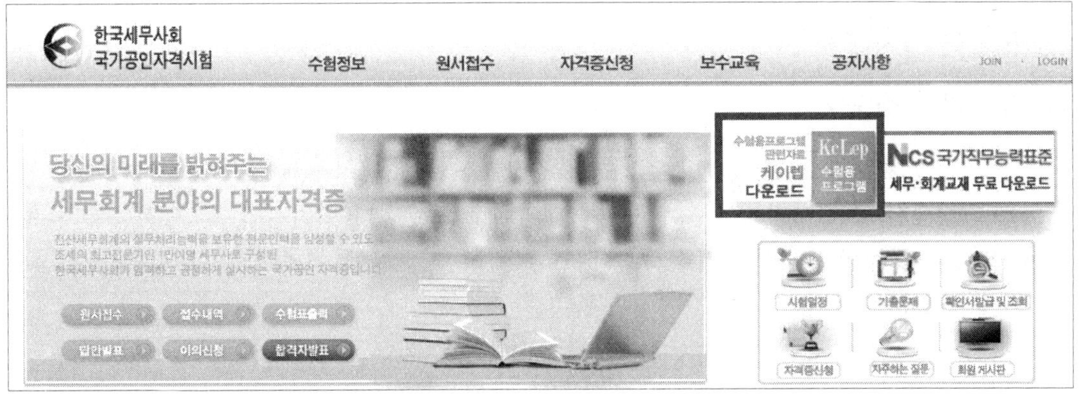

② 수험용 프로그램 설치

KcLep(케이 렙) 프로그램을 다운받으면 다음과 같은 아이콘이 나타나며 이를 더블클릭하면 프로그램 설치가 시작된다.

파일 열기 보안경고창에서 [실행]을 클릭하면 아래와 같이 설치준비 화면이 나타나는데 여기에서 [다음]을 클릭한 후 사용권 계약에 동의하여야 한다.

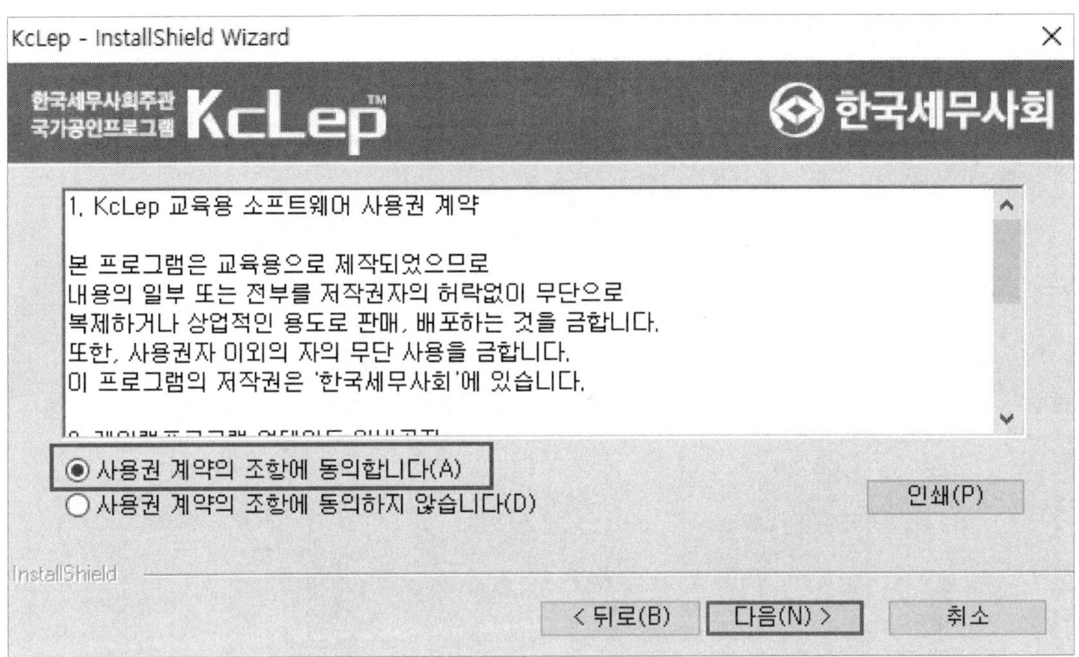

사용권 계약에 동의하면 아래와 같이 파일을 설치할 폴더를 선택하는 화면이 나타나
는데 여기에서 그냥 [다음]을 계속 클릭하면 프로그램 설치가 완료되게 된다.

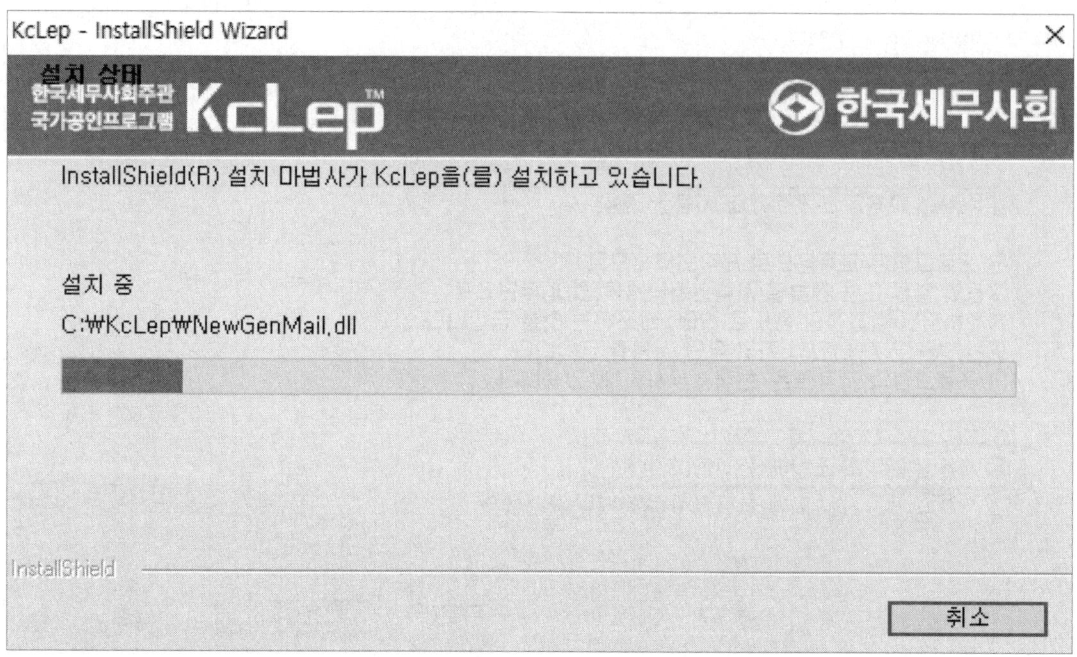

    다음과 같이 설치완료 화면에서 [완료]를 클릭하면 바탕화면에 다음과 같은 케이렙 프로그램 아이콘이 생성된다. 전산세무 1급 실기 연습을 할 때에는 해당 아이콘을 더블클릭하여(빠르게 두 번 클릭) 프로그램을 실행시키면 된다.(바탕화면의 아이콘 모양은 연도 중에도 언제든지 바뀔 수 있다. 다만 아이콘 아래쪽에 [KcLep 교육용]이라는 글자가 나타나므로 이를 확인하면 된다.)

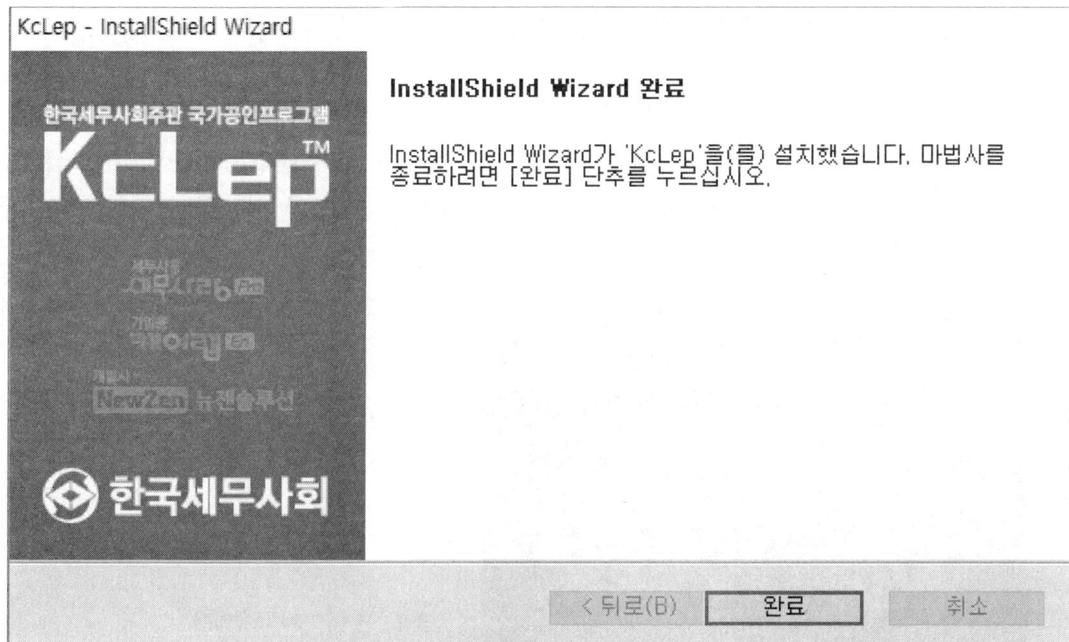

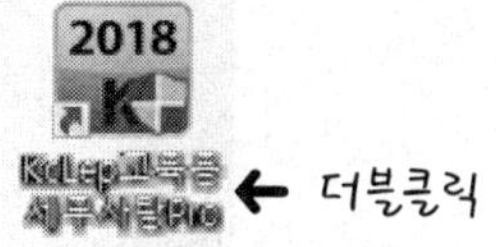

KcLep - InstallShield Wizard
한국세무사회주관 국가공인프로그램
KcLep
TM
한국세무사회
InstallShield Wizard 완료
InstallShield Wizard가 'KcLep'을(를) 설치했습니다. 마법사를
종료하려면 [완료] 단추를 누르십시오.
< 뒤로(B)   완료   취소

2018
KcLep교육용
세무사랑Pro

← 더블클릭

❸ KcLep(케이 렙) 프로그램 실행하기

　KcLep(케이 렙) 프로그램 설치가 끝난 후 바탕화면의 아이콘(　）을 더블클릭(빠르게 두번 클릭)하면 프로그램이 실행된다. 최초에 실행시 사용급수는 [전산세무 1급]으로 나타나므로 급수선택과 드라이브명은 그대로 두고 회사코드를 선택하면 된다.

① 급수 선택

[종목선택] 란에서 '전산세무 1급'으로 선택한다.

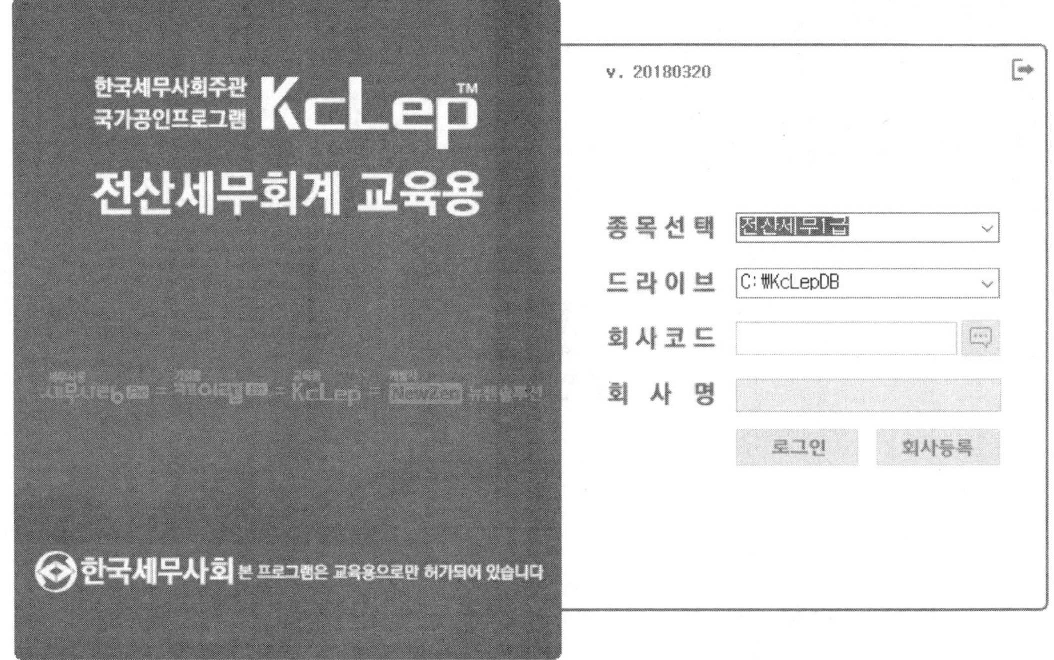

② 드라이브

C:₩KcLepDB 로 자동으로 선택되므로 별도로 변경하지 말고 Enter↵를 치면 된다.

③ 회사코드

　프로그램 실행 전 백업데이터를 설치해 두었다면 본 교재의 예제 데이터가 모두 나타날 것이다.(반드시 학습하기 전에 백업데이터를 먼저 다운받아 실행시켜야 함) 회사코드의 　표시를 클릭하여 원하는 회사를 선택한 후 Enter↵를 치면 다음과 같은 케이렙 프로그램 화면이 나타나게 된다.

참고　회사코드 등록을 직접 하려면

백업데이터 설치를 하지 않고 회사코드 등록을 직접 하여 프로그램을 실행시키려면 케이 렙 프로그램 초기 화면 하단의 [회사등록]메뉴를 클릭하여 회사등록 메뉴가 나타나면 회사코드, 회사명, 회계연도까지 입력하면 회사등록이 된다. 회사등록 메뉴를 닫은 후 다시 회사코드를 선택하면 방금 입력한 회사코드가 보일 것이다. 단, 교재의 연습문제 등을 풀기 위해서는 반드시 백업데이터를 설치해야 하며 백업데이터는 이패스코리아 강의자료실 혹은 도서출판 어울림의 백데이터 자료실에 있다. 가장 최신버전의 백업데이터를 설치한 후 문제풀이를 해야 한다는 점도 주의한다.

참고　세법 개정 또는 프로그램 업데이트에 따른 그림 변경

전산세무 1급은 법인세법, 부가가치세법 및 소득세법과 관련되는 시험이며, 해당 세법은 연도 중에도 언제든지 개정이 될 수 있다. 특히 세법상의 서식이 개정될 경우 부득이하게 케이렙 프로그램이 연도중에 개정되어 입력 화면 모양이 조금씩 변경되는 경우가 있다.(세법 서식 개정 등에 따라 서식의 번호가 변경되는 등의 사항 반영) 따라서 프로그램이 연중 내내 조금씩 업데이트가 될 수 있다는 것을 알고, 본 교재의 그림과 현재 자신이 학습하고 있는 프로그램의 모양이 조금씩 달라져도 입력해야 할 내용에 변화가 없다면 시험에는 큰 지장이 없으므로 본서의 내용에 근거하여 꾸준히 학습하면 될 것이다.

참고　작업 중 회사코드 변경

케이렙 교육용 프로그램으로 작업하던 도중, 작업 대상 회사코드를 변경하고자 할 때에는 메뉴 오른쪽 상단의 [회사변경] 탭을 클릭하여 회사코드를 변경할 수 있다. 회사코드를 변경할 때에는 항상 화면 위의 회사코드와 작업 대상 연도를 확인한 후 입력하도록 하자.

❹ 백데이터 다운받기

프로그램 설치가 끝났다면 학습에 필요한 백데이터를 다운받아야 한다. 프로그램 설치만 되어 있는 상태에는 아무런 정보도 저장되어 있지 않기 때문에 학습을 진행할 수 없으므로 반드시 백데이터 설치를 한 후 예제와 연습문제 등을 풀어야 한다.

백데이터는 도서출판 어울림(www.aubook.co.kr)의 인터넷 사이트 또는 이패스코리아(www.epasskorea.com)사이트의 강의자료실에서 다운로드 가능하다.

도서출판 어울림 사이트에서 자료를 다운받는 방법은 다음과 같다.

① 도서출판 어울림 사이트(www.aubook.co.kr)에 접속

도서출판 어울림 사이트(www.aubook.co.kr)에 접속하면 화면 상단에 아래와 같은 메뉴가 나타나며 이 중 [자료실]을 클릭한다.

② 자료실 화면 구성은 아래와 같다. 자료실에서 'HIT 전산세무 1급 백데이터'를 다운받으면 된다. 아래 화면의 번호는 수시로 변경될 수 있으니 번호로 조회하지 말고 제목으로 'HIT 전산세무 1급 백데이터'를 찾아 저장한 후 설치하도록 하자.

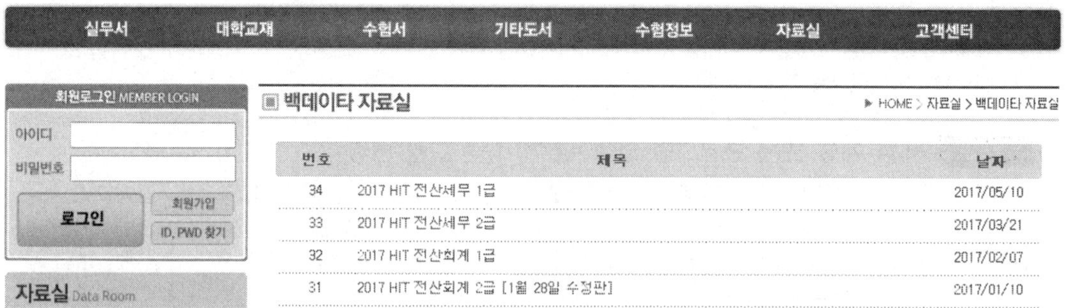

③ 백데이터 실행하기(압축 해제)

백데이터의 저장이 완료되면 이를 더블클릭하여 실행시키면 자동으로 압축이 풀리면서 KcLep 프로그램의 백업데이터가 저장되게 된다. 정상적으로 백업데이터 설치를 완료하였다면 케이 렙 프로그램에 회사코드가 등록된 것을 확인할 수 있을 것이다. 만약 백업데이터를 설치했는데도 회사코드가 보이지 않거나, 백업데이터가 설치된 상태에서 다시 새로운 백업데이터를 추가로 설치한 경우에는 [회계관리]메뉴의 [회사등록]메뉴 상단의 **"회사코드재생성"**탭을 클릭하면 데이터가 재설치될 것이다.

참고

케이렙 프로그램의 백업데이터 설치 경로는 아래 그림과 같다.

> ▶ 컴퓨터 ▶ 로컬 디스크 (C:) ▶ KcLepDB ▶ KcLep ▶

케이렙 폴더 안에 회사코드번호(숫자 4자리)가 붙은 폴더가 각각의 회사코드이다.

④ 백데이터 업데이트

HIT 전산세무 1급의 백데이터에 오류가 있거나 프로그램의 업데이트로 인한 변경사항이 있을 경우에는 수시로 백데이터를 업데이트하고 있다. 수험생이 백데이터의 버전을 확인할 수 있도록 HIT 전산세무 1급의 경우 백데이터 파일명칭에 날짜를 입력하고 있으므로 본인이 연습하고 있는 백데이터에 비해 새로운 버전의 백데이터가 새롭게 등록된다면 이를 다시 다운받아 설치한 후 학습하면 된다.(백데이터 뒤에 0525라는 숫자가 붙어 있다면 이는 2018년 5월 25일에 만든 버전의 백데이터라는 의미이다.)

참고

※ 회사코드 재생성

만약 백업데이터를 설치했는데도 회사코드가 보이지 않거나, 백업데이터가 설치된 상태에서 다시 새로운 백업데이터를 추가로 설치한 경우에는 [회계관리]메뉴의 [회사등록]메뉴 상단의 "회사코드재생성" 탭을 클릭하면 데이터가 재설치될 것이다.

⑤ 메인화면 둘러보기

KcLep(케이 렙) 프로그램은 시험급수에 따라 메뉴 구성이 다르게 되어 있다. 전산세무 1급을 선택하여 프로그램을 실행시키면 프로그램의 메인메뉴 상단에 [회계관리]와 [부가가치], [원천징수], [법인조정] 탭이 나타날 것이며, 전산세무 1급 실기시험은 이 4개의 탭을 이용해 풀도록 출제된다. 전산세무 1급의 [회계관리], [부가가치], [원천징수] 및 [법인조정]의 메인화면은 다음과 같다.

1. 회계관리 메뉴

회계관리 메뉴 중 시험과 가장 밀접한 관련이 있는 메뉴는 [전표입력]과 [결산/재무제표] 메뉴이다.

(1) [전표입력]

전산세무 1급 시험에서는 [일반전표입력] 문제와 [매입매출전표입력] 문제가 1번 문항으로 출제되고 있으며 점수 비중은 6점에서 10점 사이이다. 전표입력을 잘 하려면 케이렙프로그램의 기능 뿐 아니라 기본적인 회계처리에 대한 이론적인 내용을 충분히 숙지하고 있어야 한다.

(2) [결산/재무제표]

전산세무 1급의 실무시험 3번은 결산정리사항에 대한 입력을 하라는 문제이며 점수 비중은 10점 정도이다. 결산정리사항은 수동결산항목과 자동결산항목으로 나뉘는데, 수동결산항목은 12월 31일자의 [일반전표입력]메뉴를 이용하는 것이고, 자동결산항목은 [결산자료입력]메뉴를 활용하여 입력하는 것이다. 결산자료 입력을 잘 하기 위해서는 재무회계 이론 중 '회계의 순환과정'에 대해 잘 이해하고 있어야 한다.

(3) 기타

KcLep 프로그램에서는 결산자료입력 문제와 관련하여 [고정자산등록] 메뉴도 시험에 출제될 것으로 예상된다. 또한 시험에 직접적으로 장부조회 문제가 나오지는 않지만 전표입력 혹은 결산자료 입력 등을 하기 위해서는 기존의 장부(예를 들면 거래처원장, 계정별원장, 합계잔액시산표 등)를 자유자재로 조회할 수 있어야 하므로 [회계관리] 메뉴의 추가 기능도 함께 연습해야 시험에서 점수를 잘 얻을 수 있다.

2. 부가가치 메뉴

전산세무 1급 시험에서는 주로 [부가가치세 I]과 [부가가치세 II] 메뉴에서 문제가 주로 출제된다.

(1) 부가가치세 I 메뉴

전산세무 2급 시험에 비해 전산세무 1급 시험에서는 부가가치세 문제에서 난이도가 어렵게 출제된다. 실무시험에서 부가가치세 관련해서는 문제 2번에서 부가가치세 신고서를 직접 작성하는 문제가 주로 출제되고 있다. 신고서 작성 중에서도 예정신고누락분을 반영하여 확정신고서를 작성하는 문제 뿐 아니라 수정신고 및 기한후신고 문제가 골고루 출제되고 있으며 이를 위해서는 가산세 계산 방법에 대해 정확하게 알고 있어야 한다. 이 외에도 신용카드매출전표등수령금액합계표(갑)을 작성하는 문제 등도 간혹 출제되고 있으니 작성방법을 연습해야 한다.

(2) 부가가치세 II 메뉴

부가가치세 II 메뉴에서는 부가가치세 신고서와 함께 작성해야 하는 주요 부속신고서가 작성된다. 이 중 대손세액공제신고서, 의제매입세액공제신고서, 부동산임대공급가액명세서 등을 작성하는 문제 등이 주로 출제되고 있다는 것을 기억하기로 하자.

　이 중에서도 공제받지못할매입세액명세서가 가장 많이 출제되며 이는 부가가치세법상의 공통매입세액안분·정산, 납부환급세액재계산에 대한 이론적인 학습이 선행되어야 문제를 풀 수 있다.

3. 원천징수 메뉴

　전산세무 1급의 원천징수 메인화면은 [근로소득관리], [일용직근로소득관리], [기타소득관리], [퇴직소득관리], [사업소득관리] 등으로 구성되어 있다. 실기시험 4번으로 원천징수 문제가 출제되는데, [근로소득관리] 중 [사원등록]과 [연말정산추가자료입력]에서 집중적으로 문제가 나온다. 그러나 근로소득 외에도 기타소득, 퇴직소득, 사업소득 등에서도 시험문제가 출제되고 있으므로 관련 메뉴는 모두 학습해야 한다. 시험에서의 점수 비중은 실기점수 총 70점 중 10점 정도를 차지한다.

4. 법인조정 메뉴

[법인조정 Ⅰ]

[법인조정 II]

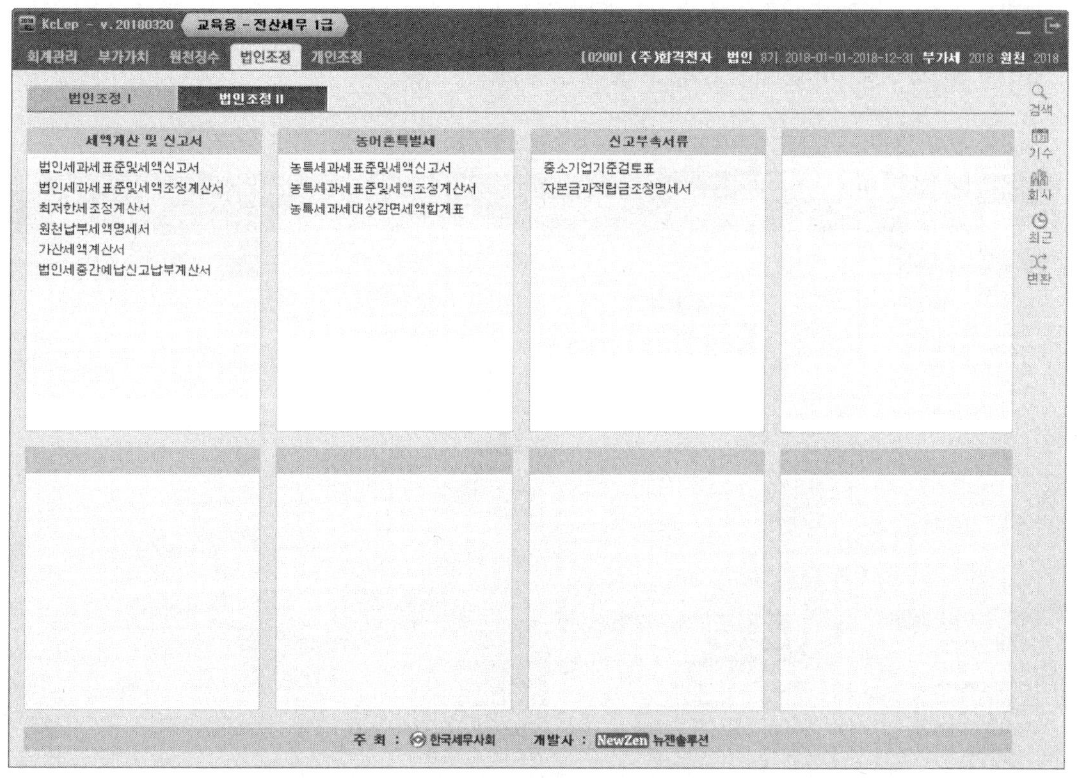

전산세무 1급의 법인조정 화면은 [수입금액조정], [과목별세무조정], [감가상각조정], [세액계산및신고서], [특별비용및공제감면조정] 등으로 구성되어 있다. 실기시험 5번으로 법인조정 문제가 출제되는데 [수입금액조정] 중 [과목별세무조정]과 [감가상각조정]에서 집중적으로 문제가 나온다. 시험에서의 점수 비중은 실기점수 총 70점 중 30점 정도를 차지한다.

참고

개인조정 탭은 회사등록이 법인이 아닌 개인으로 되어 있어야 활성화된다. 전산세무 1급 시험은 법인회사를 중심으로 문제를 출제하므로 개인조정 탭에서 실기 문제가 나오지는 않으므로 수험생은 개인조정 탭을 별도로 학습할 필요는 없다.

> **참고**

HIT전산세무 1급 백업데이터를 실행시킨 후 해당 백데이터로 연습을 할 때에는 [답안저장] 메뉴가 나타나지 않는다. 그러나 실제 시험장에서 설치해 주는 백데이터는 프로그램 메인 화면에 [답안저장] 메뉴가 나타나며 여기에 객관식 이론 문제에 대한 답안을 저장하게 되어 있다.

참고로 76회 전산세무 1급 기출문제를 수험용 프로그램으로 실행시킨 메인화면은 다음과 같다.

[이론문제 답안작성]을 누르면 다음과 같이 이론문제의 답을 체크할 수 있는 메뉴가 나타난다. 모든 사항을 입력한 후 [닫기]를 누른다.

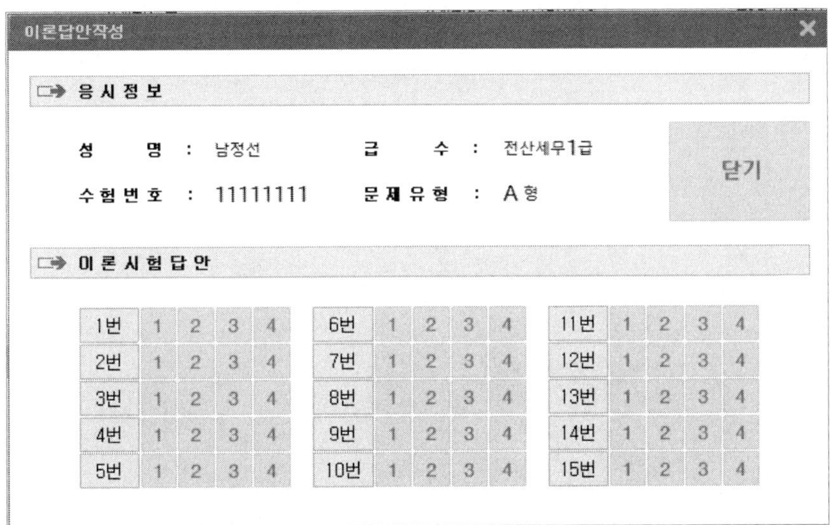

교재의 내용을 연습할 때에는 백데이터를 하나하나 따로 실행시키는 불편함을 해소하기 위하여 [답안저장] 메뉴 없이 실기 연습만을 할 수 있도록 백데이터 내용이 구성되어 있다는 점을 참고하도록 하자. 시험문제 풀이 완료 후에는 [답안저장(USB저장)]을 반드시 눌러야 한다.

법인세 세무조정

PART

01

전산회계 프로그램 기초 01

① 회계의 흐름

회계는 "회계정보이용자가 합리적 판단이나 의사결정을 할 수 있도록 기업실체에 관한 유용한 경제적 정보를 식별, 측정, 전달하는 과정"을 말한다.

이러한 유용한 정보는 기업실체에 관한 재무상태, 경영성과 등을 알려주는 재무상태표(대차대조표) 및 손익계산서 등의 재무제표를 통해 보고되는데 이러한 재무제표는 매 회계기간별로 ①거래 식별 → ② 거래의 분개 → ③ 장부에 기록 → ④ 수정전시산표 작성 → ⑤ 결산분개 → ⑥ 수정후시산표 작성 → ⑦ 재무제표 작성의 순환 과정을 거쳐서 생산된다.

일련의 과정을 예전에는 수기로 작성했다면 지금은 회계프로그램을 이용해서 위의 작업을 수행하며 여기에 세무신고 기능(부가가치세, 원천징수, 법인세)을 추가한 것이 요즘의 회계프로그램이다.

※ 회계 및 세무신고 관계 ※

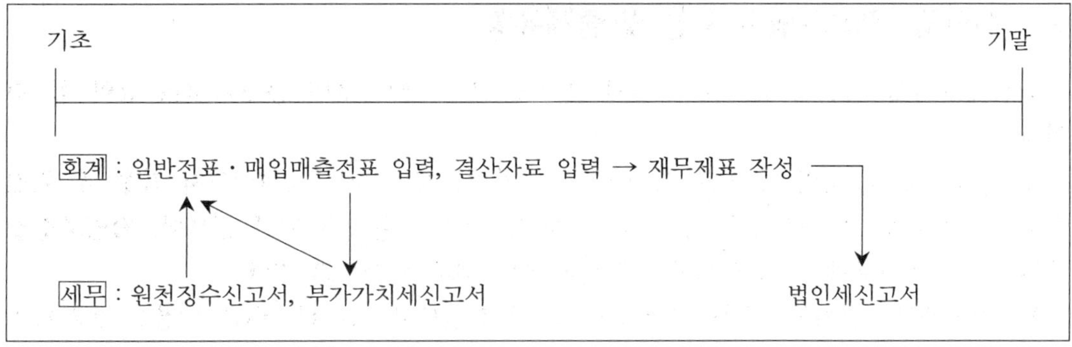

※ 회계흐름 요약 ※

순서	주의사항	
① 기중 분개	• 접대비 중 신용카드 사용여부 구분 • 재고자산 타계정 대체 • 원천징수분 입력 • 기타(부가가치세 정리 등)	
② 결산자료수집 및 결산작업	**수동결산항목**	**자동결산항목**
	• 선급비용, 선수수익 • 미지급비용, 미수수익 • 선수금 · 선급금 • 가지급금 및 가수금 정리 • 부가세예수금 · 대급금정리 • 재고자산 감모손실의 계상 • 외화자산 및 외화부채의 환산 • 비유동부채의 유동성대체 • 소모품 및 소모품비의 계상 • 유가증권의 기말평가	• 매출원가의 계산 • 퇴직급여충당부채 전입액 • 감가상각비(유 · 무형자산) • 대손충당금 설정 • 준비금 • 법인세등 입력
③ 재무제표의 확정	• 제조원가명세서 • 손익계산서 • 이익잉여금처분계산서 • 재무상태표	
④ 표준재무제표변경	전산세무 1급 시험에서는 표준재무제표 변경 부분은 출제되지 않는다. 실무에서는 법인조정을 위해 제무제표를 확정한 후 표준재무제표로 변경해 주어야 한다.	

❷ 「케이렙」 프로그램의 구성 및 출제유형

전산세무 1급 시험의 실기문제 출제 유형을 큰 틀에서 보면 총 5가지로 요약 할 수 있다.

① 일반전표 및 매입매출전표 입력 ② 결산정리분개 ③ 부가가치신고서 작성 ④ 원천징수신고서 작성 및 연말정산 ⑤ 법인세 세무조정으로 출제가 되고 있으며, 법인조정을 제외하고는 전산회계 및 전산세무 2급에서 어느 정도는 다루고 있다.

즉, 전산세무 1급에서는 전산회계 1 · 2급 및 전산세무 2급에서 배운 내용을 심화함과 동시에 법인조정이라는 부분을 새롭게 학습을 해야 하는 것이다.

전산세무 1급 출제경향에 맞추어 「케이렙」 프로그램은 회계관리, 부가가치, 원천징수, 법인조정 총 4개의 메뉴로 구성이 되어 있다.

각 메뉴의 출제 사례를 보면 다음과 같다.

프로그램	출제유형	출제사례
회계관리 부가가치	전표입력	• 외화환산 • 사채의 발행 및 상환 • 주식의 발행, 감자, 자기주식 관련 분개 등 • 국고보조금(정부보조금) • 법인세정리 • 잉여금 전입 및 처분 • 충당금설정 및 상계 • 부가가치세 예수금·대급금 정리 • 기타

	부가가치세신고서	• 부가가치세신고서 작성
		  - 수정신고 및 가산세 계산
		  - 예정신고누락분 반영 후 신고서 작성
		  - 기한후신고 및 가산세 계산
		
		• 부가가치세신고 첨부서류 작성
		  - 세금계산서 합계표
		  - 신용카드매출전표등 수령명세서
		  - 신용카드매출전표등 발행금액집계표
		  - 매입자발행세금계산서 합계표
		  - 공제받지못할 매입세액명세서
		  - 대손세액공제신고서
		  - 부동산임대공급가액명세서
		  - 수출실적명세서
		  - 의제매입세액공제신고서
		  - 건물등 감가상각자산 취득명세서

원천징수 (인사급여)		• 사원등록 • 급여자료 입력 • 연말정산추가자자료 입력 • 퇴직소득·사업소득·기타소득 원천징수 • 원천징수이행상황신고서의 작성
법인조정		• 기장 자료 검토 • 과목별 세무조정 • 과세표준및세액신고서 작성 등

③ 법인조정 메뉴의 구성

「케이렙」 교육용 프로그램에서 법인조정 메뉴는 9개의 메뉴(데이터관리 제외)로 구성되어 있다. 그리고 9개의 메뉴는 다시 52개의 하부메뉴로 구성되어 있는데 이 중 실무에서 주로 활용하는 것 위주로 20~30개의 메뉴가 전산세무 1급 시험의 주된 출제 대상이 된다. 본 교재는 시험에 자주 나오는 메뉴의 서식을 중심으로 예제 등을 구성하였으며 이들 서식을 잘 작성할 수 있으면 전산세무 1급 시험 합격에 충분할 것이다.

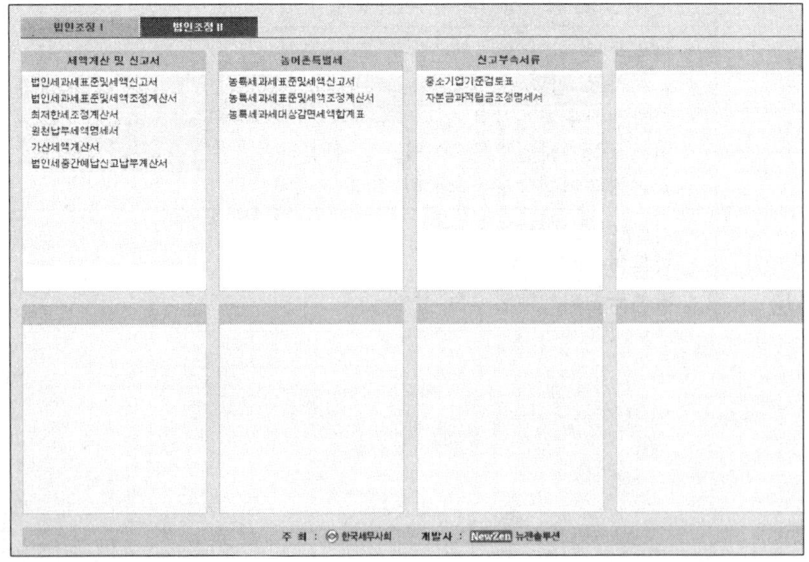

※ 법인조정 메뉴의 주요 구성항목 ※

법인조정메뉴	하부메뉴	
기초정보관리	회사 기본사항 등록	**기초정보관리** 회사등록 계정과목및적요등록
	계적과목 및 적요 등록	
표준재무제표	표준재무상태표	**표준재무제표** 표준대차대조표 표준손익계산서 표준원가명세서 이익잉여금처분계산서
	표준손익계산서	
	표준원가명세서	
	이익잉여금처분계산서	
수입금액 조정	**수입금액조정명세서**	**수입금액조정** 수입금액조정명세서 조정후수입금액명세서 수입배당금액명세서 임대보증금등의간주익금조정명세서
	조정후수입금액명세서	
	수입배당금액명세서	
	임대보증금등의간주익금조정명세서	
감가상각 조정	**고정자산 등록**	**감가상각비조정** 고정자산등록 미상각분감가상각비 양도자산감가상각비 미상각자산감가상각조정명세서 양도자산감가상각조정명세서 감가상각비조정명세서합계표
	미상각분감가상각비	
	양도자산감가상각비	
	미상각자산감가상각조정명세서	
	양도자산감가상각조정명세서	
	감가상각조정명세서합계표	
과목별세무조정	**퇴직급여충당금조정명세서**	**과목별세무조정** 퇴직급여충당금조정명세서 퇴직연금부담금등조정명세서 대손충당금및대손금조정명세서 접대비조정명세서 재고자산(유가증권)평가조정명세서 세금과공과금명세서 선급비용명세서 가지급금등의인정이자조정명세서 업무무관부동산등에관련한차입금이... 건설자금이자조정명세서 외화자산등평가차손익조정명세서 기부금조정명세서
	퇴직연금부담금등조정명세서	
	대손충당금및대손금조정명세서	
	접대비조정명세서	
	재고자산(유가증권)평가조정명세서	
	세금과공과금명세서	
	선급비용명세서	
	가지급금등의인정이자조정명세서	
	업무무관부동산등에관련한지급이자조정	
	건설자금이자조정명세서	
	외화자산등평가차손익조정명세서	
	기부금조정명세서	

법인조정메뉴	하부메뉴
소득및과표계산	**소득금액조정합계표 및 명세서** 익금불산입조정명세서
	소득및과표계산 소득금액조정합계표및명세서 익금불산입조정명세서
공제감면세액조정 Ⅰ	연구·인력개발준비금조정명세서 **일반연구및인력개발비명세서** 소득공제조정명세서 특별비용조정명세서
	공제감면세액조정 Ⅰ 연구·인력개발준비금조정명세서 일반연구및인력개발비명세서 소득공제조정명세서 특별비용조정명세서
공제감면세액조정 Ⅱ	**공제감면세액계산서(1)** **공제감면세액계산서(2)** **세액공제조정명세서(3)** **공제감면세액계산서(4)** **공제감면세액계산서(5)** **공제감면세액계산서(6)** 공제감면세액및추가납부세액합계표
	공제감면세액조정 Ⅱ 공제감면세액계산서(1) 공제감면세액계산서(2) 세액공제조정명세서(3) 공제감면세액계산서(4) 공제감면세액계산서(5) 추가납부세액계산서(6) 공제감면세액및추가납부세액합계표
세액계산및신고서	법인세과세표준 및 세액신고서 **법인세과세표준 및 세액조정계산서** **최저한세조정명세서** **원천납부세액명세서** **가산세액계산서** 법인세중간예납신고납부계산서
	세액계산 및 신고서 법인세과세표준및세액신고서 법인세과세표준및세액조정계산서 최저한세조정계산서 원천납부세액명세서 가산세액계산서 법인세중간예납신고납부계산서
농어촌특별세	농특세과표및세액신고서 농특세과표및세액조정계산서 농특세감면세액합계표
	농어촌특별세 농특세과세표준및세액신고서 농특세과세표준및세액조정계산서 농특세과세대상감면세액합계표
신고부속서류	중소기업기준검토표 **자본금과적립금조정명세서**
	신고부속서류 중소기업기준검토표 자본금과적립금조정명세서

법인조정 순서 및 계산구조　02

❶ 법인조정 순서

1. 법인조정 전 사전검토

법인세 세무조정 전에 결산법인의 사업연도 월수 및 세무상 중소기업 여부 등을 검토하여야 한다.

결산법인의 사업연도 월수는 접대비 기본한도 또는 감가상각 범위액 계산시 내용연수 등에 영향을 미치며, 세무상 중소기업 여부는 접대비 한도, 부도외상매출금의 대손금 손금산입시기, 법인세 분납기간 등에 영향을 미치는 사항이므로 실무 업무시에는 항상 주의해서 검토해야 하며 실제 시험에서는 법인조정 문제에서 회사기초사항 설명에서 중소기업인지 여부를 확인 후 문제를 해결한다.

● **결산법인의 사업연도 월수**

- 접대비 한도액 계산 : 기본한도 × $\dfrac{\text{해당 사업연도 월수}}{12\text{개월}}$

- 감가상각범위액 계산시 내용연수 환산
- 산출세액 계산의 특례
- 연구 및 인력개발비세액공제액의 계산 등

● **세무상 중소기업의 영향 (법인세법상 세제지원)**

구　분	중소기업	중소기업 아닌 법인
접대비 한도액	24,000,000원(2018.12.31.까지) 18,000000원 (2019년부터)	12,000,000원
부도외상매출금의 대손금 손금산입시기	부도발생일 이전의 외상매출금으로서 부도발생일로부터 6개월 이상 지난 외상매출금은 대손금으로 인정 (비망금액 1,000원 제외)	해당사항 없음
법인세 분납기간	납부기한 경과일로부터 2개월 이내 분납 가능	납부기한 경과일로부터 1개월 이내 분납 가능
결손금 소급공제	직전연도의 납부한 세액에 대해 당해연도의 결손금을 소급공제하여 법인세 환급 선택 가능	해당사항 없음

2. 표준재무제표의 확정

법인의 해당 사업연도의 결산을 확정한 후에 재무제표가 완성되면 법인세 신고시 첨부가 가능하도록 표준재무제표를 작성한다.

3. 수입금액의 조정

- 수입금액조정명세서
- 조정후수입금액명세서

4. 고정자산 감가상각비의 세무조정

- 고정자산 등록
- 미상각자산 감가상각조정명세서
- 감가상각비 조정명세서 합계표

5. 과목별세무조정

- 퇴직급여충당금 및 퇴직연금부담금 조정명세서
- 대손충당금 및 대손금 조정명세서
- 접대비 조정명세서
- 재고자산(유가증권)평가조정명세서
- 세금과공과금명세서
- 선급비용명세서
- 가지급금인정이자조정명세서
- 업무무관부동산등에 관련한 차입금이자조정명세서
- 건설자금이자조정명세서
- 외화자산등 평가차손익조정명세서
- 기부금조정명세서

6. 소득금액 및 과세표준의 계산

- 소득금액조정합계표의 작성

7. 공제감면세액의 계산

- 세액감면 : 공제감면세액계산서(2)
- 세액공제 : 새액공제조정명세서(3)
- 연구 및 인력개발비 명세서
- 세액공제신청서 및 세액감면신청서
- 공제감면세액 및 추가납부세액 합계표

8. 법인세 과세표준 및 세액신고서의 완성

위의 순서에서 3.수입금액조정 ~8.법인세과세표준 및 세액신고서의 완성까지를 법인조정 화면에서 표시하면 다음과 같다.

위의 순서 중에서도 앞의 작업이 뒤에 영향을 미치는 경우가 있으나 큰 틀에서 보면 위의 순서대로 프로그램을 활용하여 서식을 작성하면 된다.

❷ 법인세 계산구조와 프로그램

법인세를 계산하기 위한 각 항목의 내용도 충분히 숙지하여야 하지만 회사의 재무제표상 당기순이익에서 법인세가 어떻게 도출되는지 그 구조를 이해하여야 한다. 법인세는 다음과 같은 단계를 통해 계산된다.

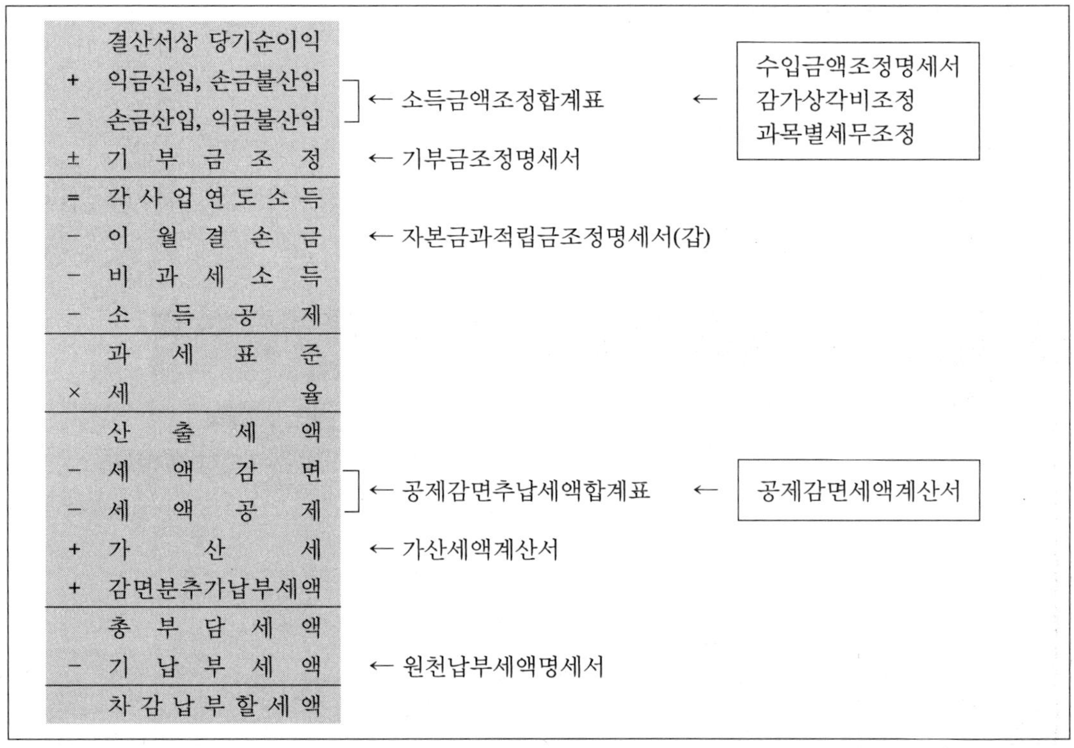

일반전표입력, 부가가치세 신고, 원천세 신고, 결산작업, 법인조정 등을 통하여 하나의 회계기간 동안의 소득에 대한 법인세를 계산하기 위한 모든 내용이 집적된 서식이 위의 "법인세과세표준 및 세액조정계산서"이다.

결산서상의 당기순이익에서 차감납부할 세액까지 이 서식 안에 내용을 담아야 하는데 그러기 위해서는 이미 정확하게 작업되어 있는 세무조정 내용들을 반영하여야만 한다. 그래서 위의 흐름과 같이 선작업되어 있는 서식의 내용이 "법인세과세표준 및 세액조정계산서"의 어디에 반영되는지, 서식간에 서로 어떤 영향을 미치는지 한번쯤 눈에 익히고 간다면 전산회계 프로그램을 통한 법인조정을 좀 더 수월하게 접근할 수 있을 것이다.

각 사업연도 소득금액의 계산 03

❶ 기초정보관리 및 요약재무제표

1. 기초정보관리

기초정보관리
회사등록
계정과목및적요등록

기초정보관리는 [회사등록]과 [계정과목 및 적요등록]으로 구성되어 있다.

회사등록사항은 「회계관리」의 "기초정보등록"에서 입력한 것이 그대로 반영된 것이므로 법인조정시 추가로 회사등록을 하는 것은 아니므로 전산세무 1급 시험에서 출제되지는 않는 부분이다.

다만, 회사등록사항은 법인세 신고시 신고서의 기재내용에 반영되고 입력사항 중에 세무조정에 영향을 미치는 항목이 있으므로 실무에서는 법인조정 전에 회사의 기수가 정확한지, 중소기업 등의 체크여부 등 입력되어 있는 회사등록사항이 정확한지 검토한 후 신고서 작성을 하여야 한다.

참고로 기초정보관리의 내용을 수정하거나 추가작성하는 것은 전산회계 1급 시험에서 출제되고 있으므로 본서에서는 법인조정에 영향을 미치는 몇 가지만 확인한다.

※ 기본사항입력이 신고서 및 세액에 영향을 미치는 항목 ※

기본사항 입력번호	항목	확인내용	내 용
13	법 인 구 분	내국, 외국, 외국투자	법인세과세표준 및 세액신고서 서식의 법인구분에 반영되며, 외국법인에 대한 조세협약감면, 외국인 투자기업감면 등을 구분하기 위해 표시
14	종류별 구 분	중소, 일반, 상장, 비상장대기업, 공공, 비영리, 협회등록	법인세과세표준 및 세액신고서의 종류별 구분에 반영
15	중소기업 여 부	중소, 비중소	중소기업의 선택여부에 따라 접대비한도, 준비금, 세액공제, 최저한세 등에 영향을 미치는 중요한 항목임

※ 실무상 접대비한도, 세액공제 등을 적용할 때 중소기업의 판단은 조세특례제한법 시행령 제2조에 따라서 업종, 규모, 독립성 등을 판단하여 결정해야 한다. 단순히 규모가 작은 회사를 중소기업이라 하는 것이 아니므로 실무에 적용시 유의해야 한다.

2. 요약(표준)재무제표

법인조정을 한 후 법인소재지 관할세무서에 신고 할 때에 기업회계기준에 의해서 작성한 재무제표도 제출되어야 하는데 수많은 회사의 계정과목이 모두 동일할 수는 없으므로 통일된 계정과목을 이용하여 재무제표를 작성하여 신고하도록 하고 있다.

이처럼 통일된 계정과목으로 신고하는 이유는 기업간 비교가 용이하고 각종 통계에 사용 및 관리를 위해서이다.

표준재무제표는 재무회계에서 작성된 재무제표의 계정과목을 통합하거나 분할하여 작성된다. 예를 들어 재무회계의 재무상태표(대차대조표) 중 현금, 당좌예금, 보통예금은 표준재무상태표의 '현금 및 현금성자산' 계정에 통합되어 집계된다.

결산시 재무제표를 정확히 작성하면 표준재무제표로의 변환은 전산회계프로그램에서 자동으로 변환되므로 전산세무 1급 수험생은 이를 변환시키는 방법만 정확히 숙지하면 된다. 만약 재무회계 메뉴에서 표준재무제표를 변환시켜주는 작업을 하지 않으면 법인조정에서 표준재무제표가 조회가 안 되므로 다음과 같은 순서대로 변환시켜준다.

※ 재무회계 메뉴의 [**결산 및 재무제표**]에서

---
① 제조원가명세서를 선택후 조회 → 표준[법인]용 클릭
② 손익계산서를 선택후 조회 → 표준[법인]용 클릭
③ 이익잉여금처분계산서조회
④ 재무상태표(대차대조표)를 선택후 조회 → 표준[법인]용 클릭
---

(1) 표준대차대조표

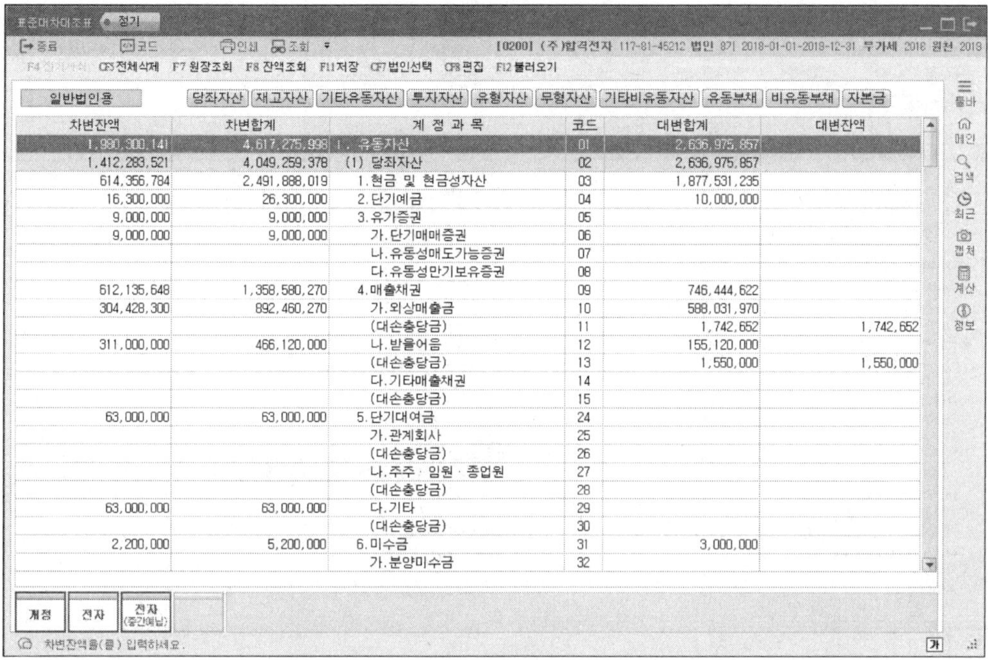

차변잔액	차변합계	계 정 과 목	코드	대변합계	대변잔액
1,980,300,141	4,617,275,998	1. 유동자산	01	2,636,975,857	
1,412,283,521	4,049,259,378	(1) 당좌자산	02	2,636,975,857	
614,356,784	2,491,888,019	1.현금 및 현금성자산	03	1,877,531,235	
16,300,000	26,300,000	2.단기예금	04	10,000,000	
9,000,000	9,000,000	3.유가증권	05		
9,000,000	9,000,000	가.단기매매증권	06		
		나.유동성매도가능증권	07		
		다.유동성만기보유증권	08		
612,135,648	1,358,580,270	4.매출채권	09	746,444,622	
304,428,300	892,460,270	가.외상매출금	10	588,031,970	
		(대손충당금)	11	1,742,652	1,742,652
311,000,000	466,120,000	나.받을어음	12	155,120,000	
		(대손충당금)	13	1,550,000	1,550,000
		다.기타매출채권	14		
		(대손충당금)	15		
63,000,000	63,000,000	5.단기대여금	24		
		가.관계회사	25		
		(대손충당금)	26		
		나.주주·임원·종업원	27		
		(대손충당금)	28		
63,000,000	63,000,000	다.기타	29		
		(대손충당금)	30		
2,200,000	5,200,000	6.미수금	31	3,000,000	
		가.분양미수금	32		

- F12 불러오기 : 재무회계에서 작성된 재무상태표를 불러온다.

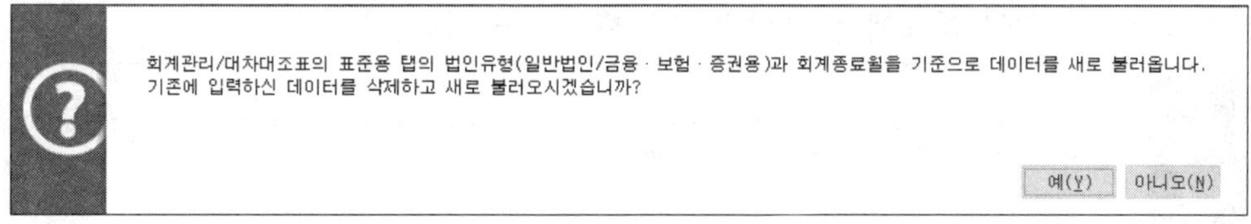

- 편집 : 표준대차대조표의 금액을 수정할 때 사용한다.
- 법인 선택

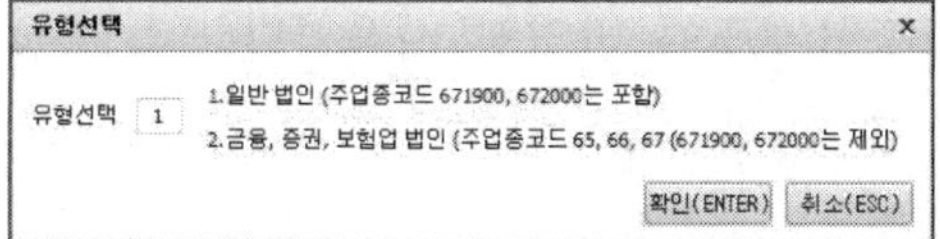

☞ 재무회계에서 작성된 재무상태표는 일반법인용이므로 해당 법인이 금융업 등을 영위하는 법인인 경우에는 금융, 증권, 보험업 법인용을 클릭한다.

- 전체삭제 : 작성되어 있는 내용을 전부삭제할 때 사용한다.

회사가 임의로 설정한 계정과목이 표준재무제표의 계정에 집계 될 때 내용이 불합리하거나 적정하지 않은 경우에는 [편집] 키를 누르고 적정하지 않은 내용을 선택하여 수정할 수 있다.

단, [편집] 키를 누른 후 청색으로 표시되는 부분만 수정가능하며 녹색부분은 하부의 금액을 집계한 것이므로 수정할 수 없다.

수정하는 경우에 내용을 변경하고 종료시 저장 여부를 선택하고 작업을 종료하도록 한다.

(2) 표준손익계산서

- **F12 불러오기** : 재무회계에서 작성된 손익계산서를 불러온다.

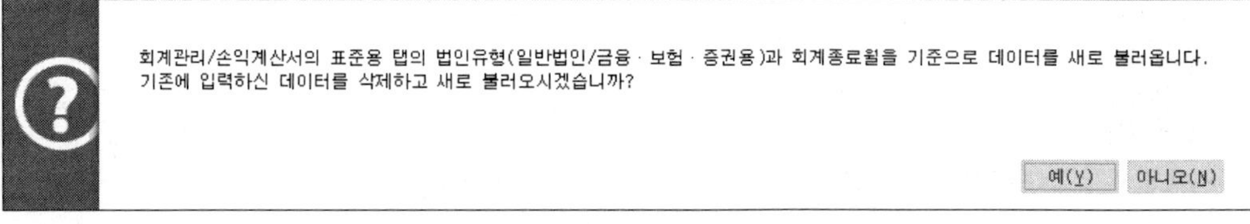

- **편집** : 표준손익계산서의 금액을 수정할 때 사용한다.
- **F3 조정 등록** : 세무조정사항을 소득금액조정합계표에 반영시 사용한다.
- **법인선택**

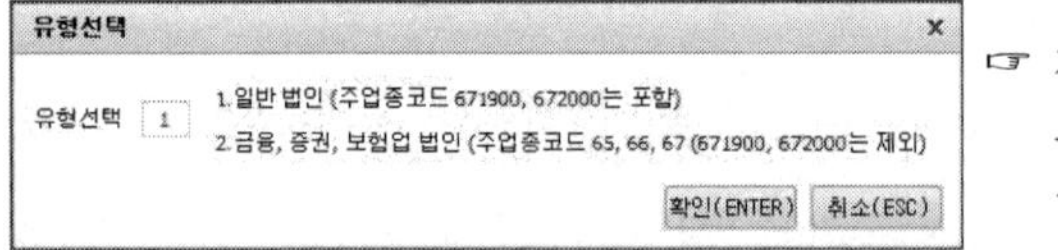

☞ 재무회계에서 작성된 손익계산서는 일반법인용이
  므로 해당 법인이 금융업 등을 영위하는 법인인
  경우에는 금융, 증권, 보험업 법인용을 클릭한다.

- **전체삭제** : 작성되어 있는 내용을 전부 삭제할 때 사용한다.

　　법인조정은 법인세를 정확히 산출하기 위한 과정이므로 법인세비용이 차감되어 있는 손익계산서의 당기순이익으로부터 세무조정을 하면 법인세를 실제보다 과소 계산하게 된다.

　　따라서 법인세비용은 손금불산입하여 기타사외유출로 처분하여야 하는데 표준손익계산서 화면에서 [F3조정 등록]을 클릭하여 소득금액조정합계표(소득 및 과세표준 계산)를 열어 놓고 세무조정사항을 반영한다.

　　실제 시험에서는 소득금액조정합계표를 직접 추가 작성하는 문제에서 법인세비용을 세무조정하도록 요구하고 있으므로 "소득금액조정합계표" 작성시 세무조정에 반영한다.

※ 조정 등록 화면

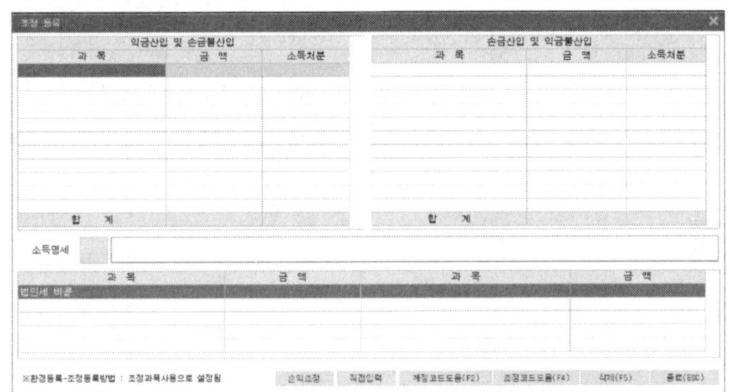

☞ 표준손익계산서 화면에서 조정 등록을 클릭하면 해당서식에서 세무조정해야 할 법인세비용이 [조정 등록]화면 하단의 좌측에 표시된다.

(3) 표준원가명세서

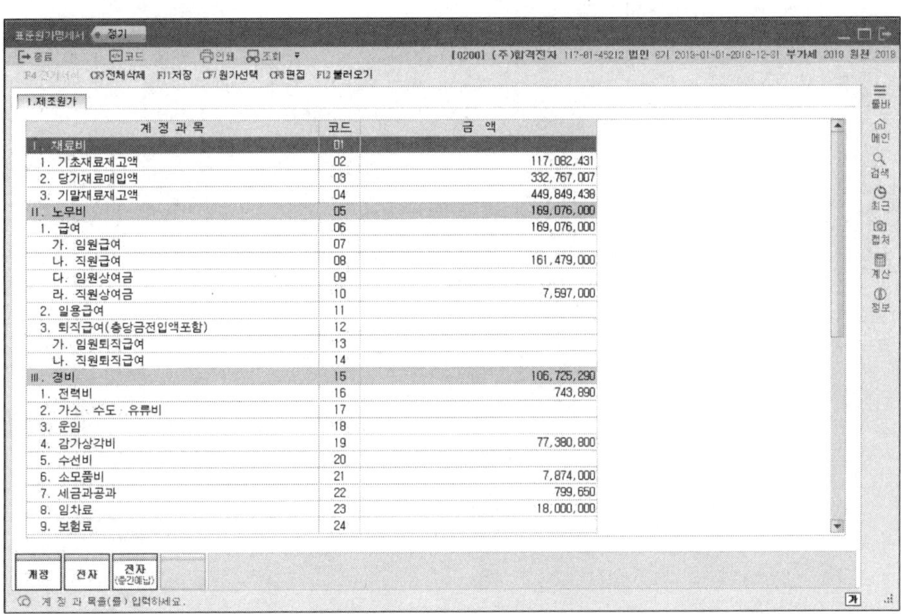

• [F12]불러오기 : 재무회계에서 작성된 원가명세서를 불러온다.

- 원가선택 : 원가명세서의 유형을 선택한다.
- 편집 : 표준원가명세서의 금액을 수정할 때 사용한다.
- 전체삭제 : 작성되어 있는 내용을 전부삭제할 때 사용한다.

표준원가명세서는 제조원가명세서, 공사원가명세서, 임대원가명세서, 분양원가명세서, 운송원가명세서, 기타원가명세서로 세분화되어 있으며 표준원가명세서를 클릭하면 우선 아래그림과 같은 원가명세서 유형을 선택하는 화면을 볼 수 있다. 여기서 6가지 유형 중에 해당항목을 선택 후 [확인]을 클릭하면 [결산/재무제표]에서 작성되어 있는 표준원가명세서를 조회할 수 있다.

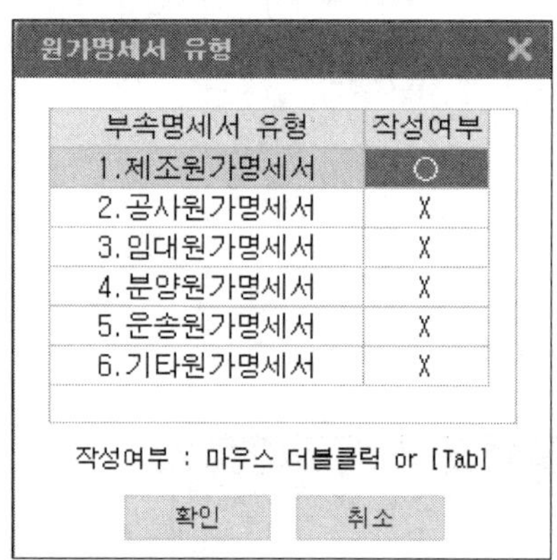

(4) 이익잉여금처분(결손금처리)계산서

- **F12 불러오기** : 재무회계에서 작성된 이익잉여금처분계산서(또는 결손금처리계산서)를 불러온다.

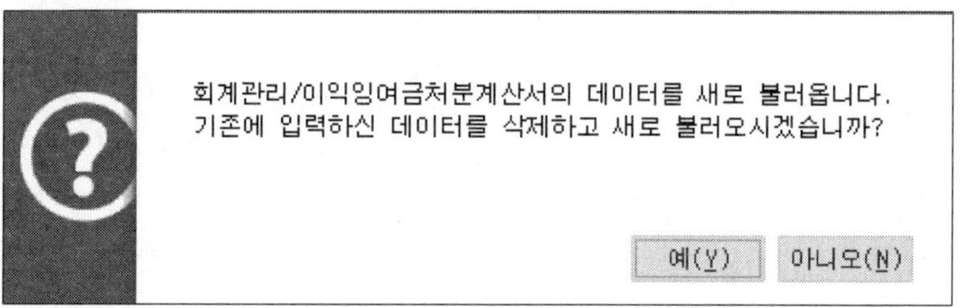

- **편집** : 이익잉여금처분계산서(또는 결손금처리계산서)의 금액을 수정할 때 사용한다.
- **전체삭제** : 작성되어 있는 내용을 전부 삭제할 때 사용한다.

　이익잉여금처분계산서는 재무회계에서 표준[법인]용을 조회하는 내용이 없으므로 요약 재무제표의 이익잉여금처분계산서를 열어서 [새로불러오기]를 클릭하여 [결산/재무제표]에서 작성된 이잉잉여금처분계산서를 조회하여 반영하도록 한다.

　그리고 주식회사는 주주총회 승인을 통하여 잉여금의 처분을 확정하게 되는데 [처분일]을 클릭하여 처분확정일(주주총회 결의일)을 입력하여야 한다.

※ 전산세무 1급 시험에서는 표준재무제표를 별도로 수정하거나 재무회계에서 직접 표준재무제표로 변환하는 과정을 시험에 출제하고 있지는 않으나 실무에서는 이 과정을 거쳐야만 법인조정을 할 수 있으므로 반드시 이 과정을 기억해두도록 한다.

❷ 수입금액 조정

수입금액 조정은 기초정보관리와 요약재무제표를 확인한 후에 법인세를 계산하기 위한 가장 첫 단계이다.

회사가 기업회계기준 등에 의해서 수익을 인식한 경우에도 법인세법에서 규정하는 손익의 귀속시기와 차이가 있다면 세법규정을 우선적으로 적용하여야 하므로 세법이 정하는 바에 따라 세무조정을 하여야 한다.

전산세무 1급에서는 **수입금액조정명세서**와 **조정후수입금액명세서**가 주로 출제되고 있다.

1. 수입금액조정명세서

결산서상 수입금액과 세법상 수입금액의 차이가 있는 경우 법인은 그 차이를 설명하고 법인세법상 수입금액(조정후수입금액)으로 조정하여야 하는데 이 때 작성하는 서식이 수입금액조정명세서이다.

서식 작성이 어렵다기보다는 기업회계와 법인세법상의 수익인식 시기의 차이에 대한 이론 내용을 정확히 구분하지 못하면 내용을 올바르게 서식에 반영하지 못하므로 프로그램 활용과 더불어 수익인식 시기에 대한 이론도 명확하게 학습해야 한다.

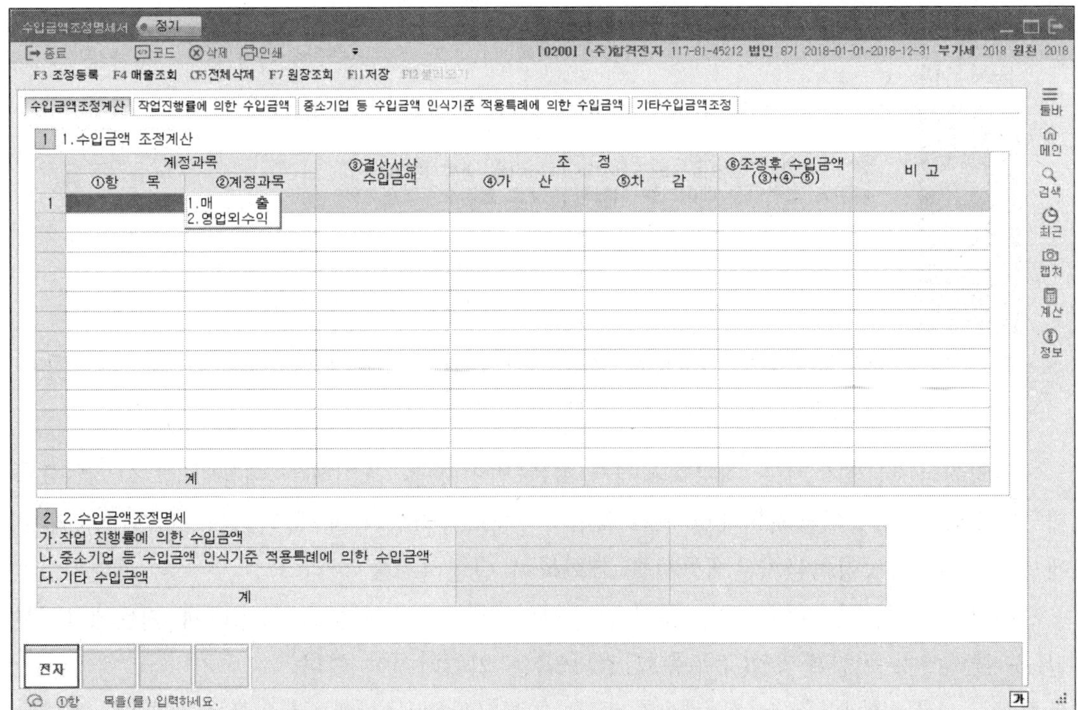

● 메뉴설명

- F2 코드 : 계정과목 입력시 계정과목내역을 조회하는 경우에 사용한다.
- F3 조정 등록 : 세무조정내용을 소득금액조정합계표에 반영시 사용한다.
- F4 매출조회 : 손익계산서의 매출과 영업외수익을 조회한다.
- Ctrl+F5 전체삭제 : 작성된 내용을 전체삭제할 때 사용한다.
- F7 원장조회 : 재무회계의 계정별원장을 조회할 때 사용한다.
- 전체삭제 : 작성된 내용을 전부 삭제할 때 사용한다.

● 작성순서

적색메뉴 **1**1.수입금액조정계산 → **2**2.수입금액조정명세 → [F3조정 등록]의 순서로 조정명세서를 작성한다.

(1) 수입금액 조정계산 (적색메뉴 **1**)

적색메뉴 **1** 수입금액조정계산은 결산서상 반영되어 있는 수입금액을 법인세법상 매출액(⑥조정후 수입금액)으로 계산하기 위해 작성한다.

계정과목		③결산서상 수입금액	조정		⑥조정후 수입금액 (③+④-⑤)	비 고
①항 목	②계정과목		④가 산	⑤차 감		
1	1.매 출 2.영업외수익					

● ⑥조정후수입금액

수입금액조정명세서에서 작성된 "⑥조정후수입금액"은 "조정후수입금액명세서"의 ⑫합계의 "④계"란의 금액과 일치해야한다.

1) 결산서상수입금액

결산서상수입금액 란에는 계정과목별로 총매출액 및 영업외수익 등으로 구분하여 수입금액에 해당하는 금액을 기재한다.

영업외수익은 발생된 모든 항목을 입력하는 것이 아니라 영업외수익에 계상된 금액 중에서 부산물 매각액 또는 작업폐기물 매각액과 같은 영업수익(매출)에 해당하는 금액만 구분하여 기재하여야 한다.

 ● F4매출조회

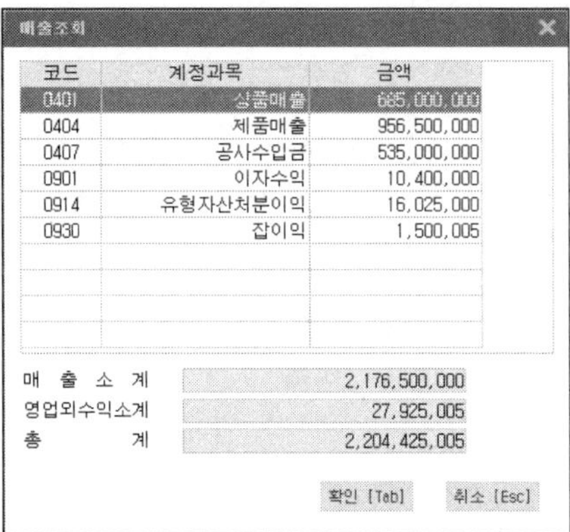

계정과목 입력시 ①항목에서 매출과 영업외수익을 선택 후에 F4매출조회를 클릭하면 매출(401~430계정코드)와 영업외수익(901~950계정코드) 중 손익계산서에 반영된 금액을 조회하여 계정과목과 수입금액을 입력할 수 있다.

※ 자동입력 : 해당 계정과목을 더블클릭 또는 확인[Enter]

2) 조정가산

■ 2. 수입금액조정명세의 "가.작업진행률에 의한 수입금액의 (16)조정액", "나. 중소기업 등 수입금액 인식기준 적용특례에 의한 수입금액의 (21)조정액" 및 "다. 기타수입금액의 (25)수입금액"이 양수(+)인 경우에 그 금액을 기재한다.

 ● ■ 2. 수입금액조정명세

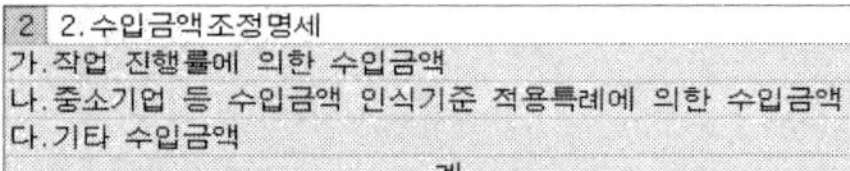

- "가","나", "다" 서식을 작성하면 "가"의 (16)조정액과 "나"의 (21)조정액이 양수(+)인 경우와 "다"의 (25)수입금액이 양수(+)인 경우에는 위 서식의 왼편 및 해당계정과목의 "조정가산"란에 자동반영된다. 반면에 음수(-)인 경우에는 위 서식의 오른편과 해당계정과목의 "조정차감란"에 자동반영된다.
- 임의로 입력한 계정과목인 경우에는 조정가산 또는 조정차감란에 자동반영이 안되므로 직접 조정금액을 입력하도록 한다.

3) 조정차감

■ 2. 수입금액조정명세의 "가.작업진행률에 의한 수입금액의 (16)조정액", "나. 중소기업 등 수입금액 인식기준 적용특례에 의한 수입금액의 (21)조정액" 및 "다. 기타수입금액의 (25)수입금액"이 음수(-)인 경우에 그 금액을 기재한다.

 ● 매출할인 등

매출할인은 해당 매출액에서 차감하여 기재하여야 하나 회사가 잡손실등으로 기재한 경우에는 잡손실로 계상되어있는 매출할인등의 금액을 "조정차감"란에 직접 기입하여야 한다. 그러나 별도의 세무조정을 하지는 않는다.

(2) 수입금액조정명세(적색메뉴 **2**)

1) 가. 작업진행률에 의한 수입금액

이 서식에서는 공사수익금액 등의 작업진행률을 계산하여 결산서상의 공사수입금액과의 차이를 조정할 때 사용한다.

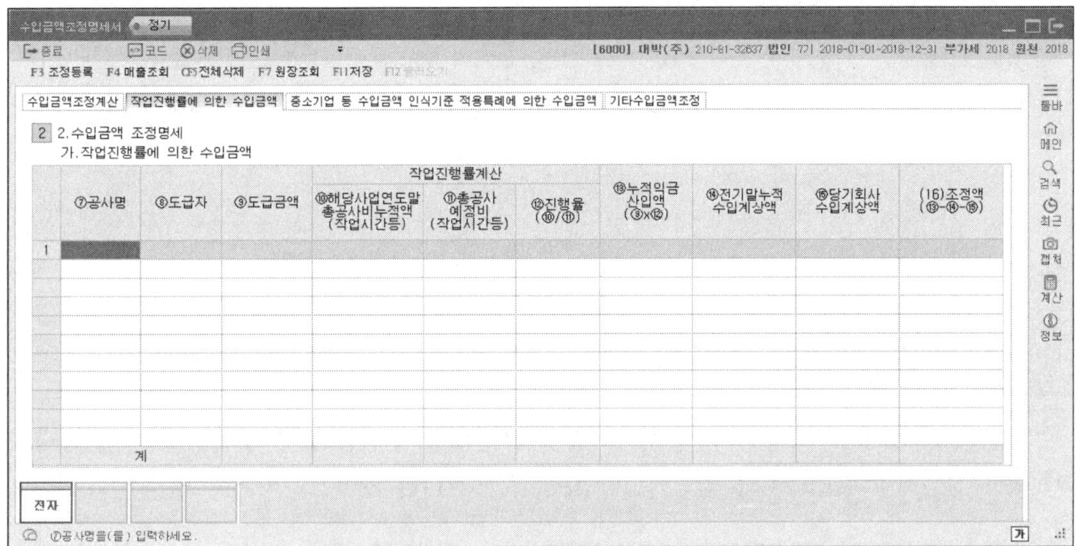

① "⑨도급금액"

공사현장별로 총도급금액을 입력기재한다.

② "⑫진행률"

해당 사업연도말까지 발생한 "⑩총공사비누적액"이 "⑪총공사예정비"에서 차지하는 비율로 계산하되 작업시간(일수) 또는 기성공사의 면적이나 물량 등과 비례관계가 있고 전체 작업시간 등에서 이미 투입되었거나 완성된 부분이 차지하는 비율을 객관적으로 산정할 수 있는 경우에는 그 비율로 계산할 수 있다.

③ (16)조정액

"⑬누적익금산입액"이 계산되면 "⑭전기말누적수입계상액"과 "⑮당기회사수입계상액"을 입력하여 (16)조정액계의 금액이 양수(+)인 경우에는 조정가산란에 음수(-)인 경우에는 조정차감 란에 기재한다.

 ● **작성 방법**

- 진행률 : $\dfrac{총공사비누적액}{총공사예정비}$ (문제에서 총공사비누적액과 총공사예정비를 확인후 입력)
- 누적 익금산입액 : 도급금액 × 진행률
- 세무상 당기공사수익 : 누적익금산입액 - 전기말 수입계상액

---

2) 나. 중소기업 등 수입금액 인식기준 적용특례에 의한 수입금액

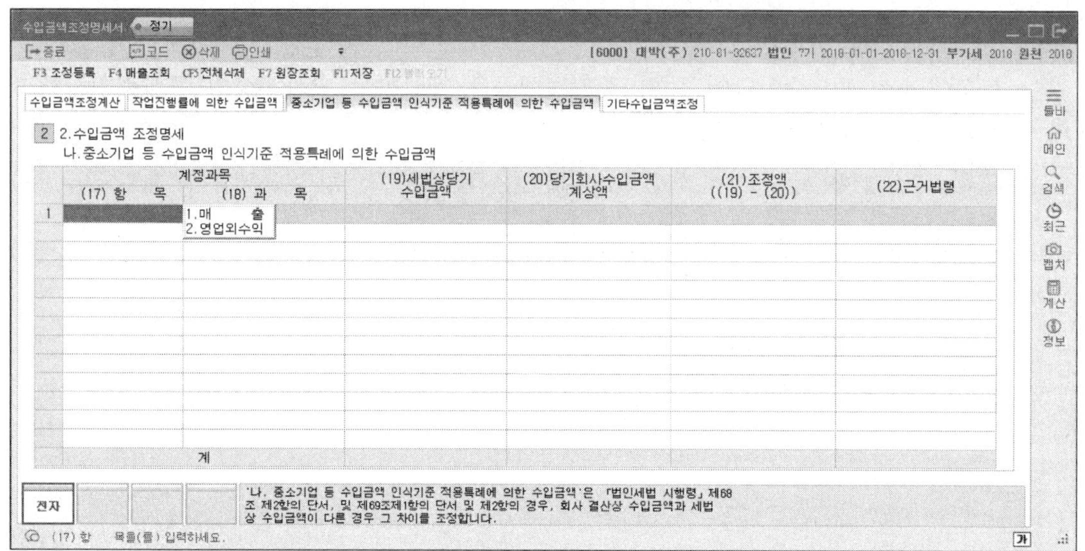

"나. 중소기업 등 수입금액 인식기준 적용특례에 의한 수입금액"은 다음의 사유에 해당되어 회사 결산서상 수입금액과 법인세법상 수입금액이 다른 경우 그 차이를 조정할 수 있다.

① 중소기업인 법인의 장기할부거래 회수기일 도래기준의 신고조정

K-IFRS을 적용하는 중소기업의 경우 장기할부조건으로 자산을 판매하거나 양도한 경우 기업회계에서 인도기준을 적용하도록 하고 있다. 법인세법에서도 인도기준을 적용하는 것이 원칙이나 장기할부매출의 경우 매출금액이 모두 회수되지 않은 상태에서 인도기준을 적용하면 인도시점에 법인세가 한꺼번에 과세되므로 법인의 세부담이 상당히 커지므로 인도기준으로 결산서를 작성한 경우에도 회수기일 도래기준에 따라 신고조정 할 수 있도록 허용하고 있는데 이 때 위 서식의 내용을 작성한다.

② 중소기업의 단기건설 인도기준 신고조정

K-IFRS을 적용하는 중소기업은 단기건설의 경우 진행기준을 적용하도록 하고 있다. 법인세법에서는 단기건설의 경우 진행기준이 원칙이나 인도기준도 선택가능한데, K-IFRS을 중소기업의 경우 결산서에 진행기준으로 인식한 경우에도 인도기준으로 신고조정을 할 수 있도록 허용하여 회계처리에 관계없이 인도기준을 적용할 수 있도록 하고 있다.

③ K-IFRS을 적용해야 하는 법인이 수행하는 예약매출의 경우

3) 다. 기타수입금액

"가" 및 "나" 외의 수익으로 조정계산이 필요한 경우와 그 밖에 수입금액이 누락된 경우에 작성한다.

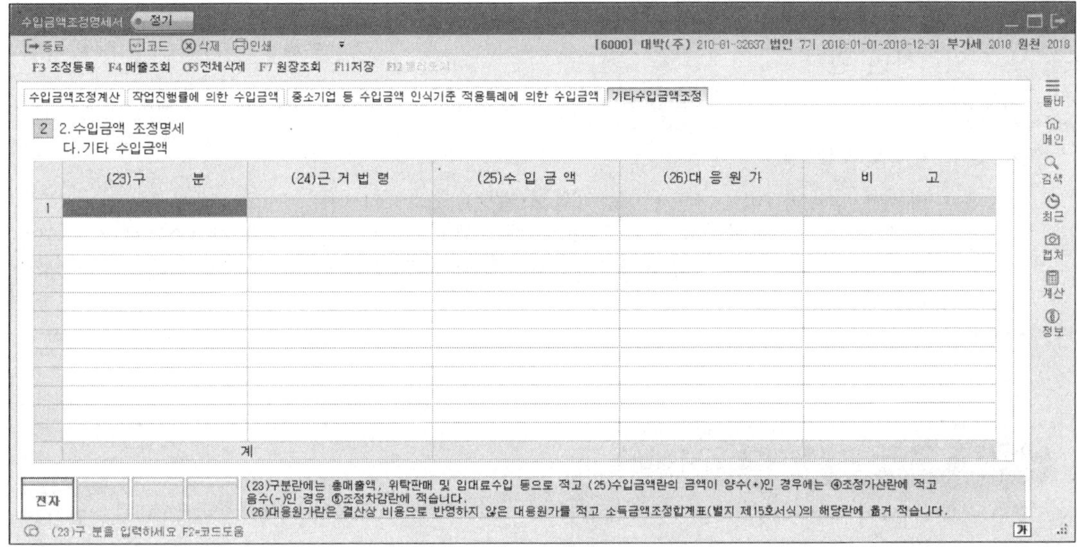

① (23)구분

총매출액, 위탁판매 및 임대료수익 등 계정과목이나 알기쉽게 해당 내용을 간략하게 적고 수입금액이 양수(+)인 경우에는 "조정가산란"에 수입금액이 음수(-)인 경우에는 "조정차감란"에 기재한다.

② (26)대응원가

결산상 비용으로 반영하지 않은 대응원가를 적고 소득금액조정합계표에 세무조정 사항을 직접반영한다.

● **기타수입금액 조정 사례**

- 당기 위탁판매분 매출누락한 경우 : (25)수입금액란에 (+) 기재
- 전기 위탁판매분 매출누락분을 당기 매출액으로 계상한 경우 : (25)수입금액란에 (-) 기재
- 당기 시송품판매 매출누락한 경우 : (25)수입금액란에 (+) 기재
- 당기 상품권판매를 상품매출로 반영한 경우 : (25)수입금액란에 (-)기재
- ※ 상품권이 상품과 교환되지 않은 경우

● **대응원가**

수입금액조정명세서상의 조정란에 입력하지 않는다. 본 서식은 결산서의 매출금액과 법인세법상 매출금액의 차이를 조정하는 것이므로 관련된 대응원가는 소득금액조정합계표에 세무조정 내용을 반영하도록 한다.

(3) 조정 등록

수입금액과 관련한 작업이 완료되면 세무조정 된 내용을 수입금액조정명세서의 상단 [조정 등록]을 통해 소득금액조정합계표에 반영해야 하며, 세무조정 할 금액을 소득금액조정합계표의 하단의 "세무조정사항"에서 확인할 수 있으므로 그 요약된 세무조정 내용을 보고 입력하면 된다.

● **유보 소득처분**

당기에 발생된 가산·차감금액은 〈유보(발생)〉으로 처분하며, 전기에 세무조정된 유보금액에 대해 당기에 반대의 세무조정을 통해 소멸시키는 경우에는 〈유보(감소)〉로 처분하여 준다. 이는 모든 세무조정 내용에 대해서 소득금액조정합계표를 작성할 때에도 동일하게 적용된다.

✿ **수입금액조정명세서 작성사례**

다음 자료에 의하여 대박(주)(회사코드 : 6000)의 수입금액조정명세서를 작성하고 필요한 세무조정을 소득금액조정합계표에 반영하시오.

1) 손익계산서 내역
   - 제품매출액   : 956,500,000원
   - 상품매출액   : 685,000,000원
   - 공사수입금매출액 : 535,000,000원

2) 공사현황
   - 도급금액 : 8억
   - 공사명 : 본사사옥공사   - 건축주 : (주)항우
   - 계약일 : 2017년 1월 1일   - 공사계약기간 : 2017.2.1~2019.1.31
   - 당기말까지 총공사비누적액 : 3억   - 총공사예정비 : 5억
   - 전기말수입금액계상액 : 2억   - 당기 장부상 수입계상액 : 2.5억

   이 건 공사와 관련해서 전기에 세무조정된 금액은 없으며 이 건 이외의 공사수입금액은 적정하게 계상되어 있다.

3) 기타
   - 당기 중 상품매출할인 금액을 영업외비용의 잡손실 계정에 2,000,000원을 계상하였다.
   - 당사는 위탁제품에 대한 매출 누락분 20,000,000원에 대해서 부가가치세를 수정신고 하였으나, 결산서에는 반영하지 못하였다. (위탁매출원가는 적정히 반영되었다)
   - 잡이익 계정에는 제품 생산과정에서 발생한 부산물 매각액 1,000,000원이 포함되어 있다.

>> 해 설

1. 수입금액조정계산 입력

1. 수입금액 조정계산							
계정과목		③결산서상 수입금액	조　정		⑥조정후 수입금액 (③+④-⑤)	비 고	
①항　목	②계정과목		④가　산	⑤차　감			
1 매　출	제품매출	956,500,000			956,500,000		
2 매　출	상품매출	685,000,000			685,000,000		
3 매　출	공사수입금	535,000,000			535,000,000		
4 영업외수익	잡이익	1,000,000			1,000,000		
5							
	계	2,177,500,000			2,177,500,000		

- F4매출조회를 통하여 결산서에 반영되어 있는 수입금액반영
- 부산물매각대금 : 잡이익 1,500,005원을 반영한 후 잡이익의 금액을 1,000,000원으로 수정하는 방법 등을 통해서 부산물 매각대금만 반영

※ 실제 시험에서는 잡이익 금액 중 부산물매각액의 금액을 "원장조회"를 통하여 기장되어 있는 내용 중에 부산물매출 등으로 적요가 표시되어 있는 금액을 찾아서 반영해야 하는 경우도 있다.

2. 작업진행률에 의한 수입금액 입력

수입금액조정계산 | 작업진행률에 의한 수입금액 | 중소기업 등 수입금액 인식기준 적용특례에 의한 수입금액 | 기타수입금액조정

2. 수입금액 조정명세
　가. 작업진행률에 의한 수입금액

			작업진행률계산						
⑦공사명	⑧도급자	⑨도급금액	⑩해당사업연도말 총공사비누적액 (작업시간등)	⑪총공사 예정비 (작업시간등)	⑫진행률 (⑩/⑪)	⑬누적익금 산입액 (⑨×⑫)	⑭전기말누적 수입계상액	⑮당기회사 수입계상액	(16)조정액 (⑬-⑭-⑮)
1 본사사옥공사	(주)함우	800,000,000	300,000,000	500,000,000	60.00	480,000,000	200,000,000	250,000,000	30,000,000
2									
계		800,000,000	300,000,000	500,000,000		480,000,000	200,000,000	250,000,000	30,000,000

전자 ④조정가산란의 계금액과 ⑤조정차감란의 계금액을 각각 익금산입 및 손금산입하여야 하며, (16)조정액 계금액란과 (19)수입금액란의 계금액을 합계한 금액이 ④조정가산란의 계금액에서 ⑤조정차감란 계금액을 차감한 금액과 일치하여야 합니다.

- 공사명과 도급자, 도급금액을 입력
- 전기말 누적수입금액 계상액에 2억 및 당기 회사수입 계상액 란에 2.5억 입력
- 조정금액이 양수(+)인 경우에는 조정가산란에 입력

공사연도	2018년
도급금액	8억
공사비 누적액(공사시작~2018.12.31)	3억(실제)
총공사 예정비	5억
진행률	60%
누적공사수익	480,000,000
전기누적공사수익	200,000,000
당기공사수익(법인세법상)	280,000,000
결산서상수익	250,000,000
세무조정금액	익금산입 30,000,000 유보

※ 진행률 = $\dfrac{누적공사원가}{총공사예정비}$

※ 누적공사수익 = 도급금액 × 진행률

※ 당기공사수익 = 누적공사수익 - 전기누적공사수익

3. 기타수입금액 입력

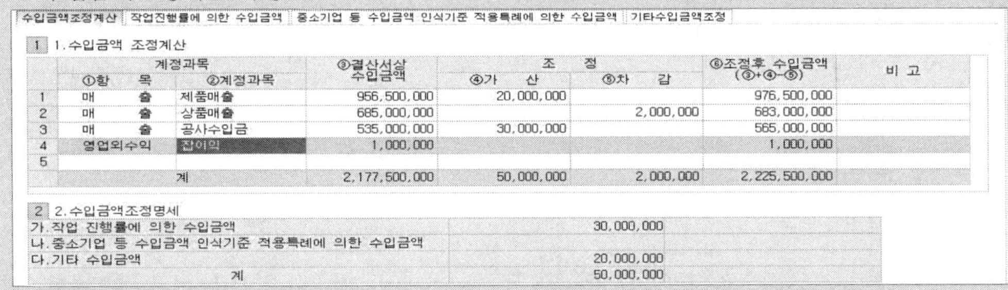

- 구분에는 해당 내용을 알 수 있도록 간략하게 "위탁매출"등으로 입력
- (25)수입금액란에 누락된 매출 20,000,000원 입력
- (25)수입금액란이 양수(+)인 경우 조정가산란에 입력

4. 수입금액조정계산 작성

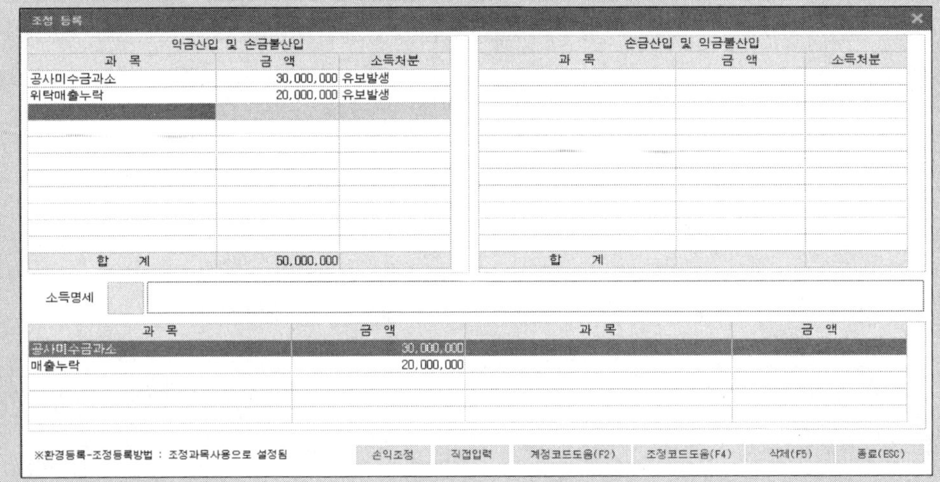

- 상품 매출할인은 상품매출의 "조정차감"란에 2,000,000원 입력
- 작업진행율에 의한 (16)조정액 30,000,000원은 공사수입금액과목의 "조정가산"란에 입력
- 기타수입금액조정(위탁매출)의 (25)수입금액 20,000,000원을 제품매출 "조정가산"란에 입력

※ 법인세법상 수입금액은 매출할인, 매출에누리를 차감한 후의 금액을 말하므로 잡손실 계정의 2,000,000원을 차감하여 조정후수입금액을 계산한다.

(→ 잡손실로 이미 2,000,000원이 차감되어 당기순이익이 계산되었으므로 매출 금액만 조정하고 별도의 세무조정은 하지 않는다.)

5. 조정 등록

- [F3조정 등록]을 클릭하여 소득금액조정합계표를 활성화한 다음에 [직접입력]을 클릭하여 과목, 금액, 소득처분 입력

2. 조정후 수입금액명세서

　　조정후 수입금액명세서는 수입금액조정명세서에서 법인세법에 따라 작성된 "조정후 수입금액"을 업태 및 종목별로, 국내매출(내수)과 수출로 구분 작성하도록 하고 있는데 이는 해당과세기간 동안 부가가치 과세표준 신고내용 중에 업태 및 종목별 과세표준과 영세율과세표준을 비교할 수 있도록 하는데 의미가 있다.

　　여기에 업종별 국내매출(내수)은 다시 국내생산품에서 발생된 매출금액과 수입상품에서 발생된 매출로 각각 구분하여 작성하도록 하고 있는데 조정후수입금액명세서는 결국 **법인세법상 수입금액과 부가가치과세표준과의 비교 및 차이를 설명하는 서식이라고 볼 수 있다.**

● 메뉴설명

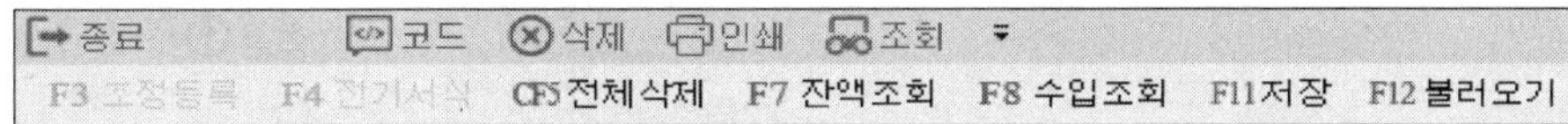

- F2 코드 : 기준경비율코드 조회시 사용한다.
- F5 삭제 : 작성된 내용을 일부삭제할 때 사용한다.
- F7 잔액조회 : 재무회계의 계정별원장을 잔액을 조회할 때 사용한다.
- F8 수입조회 : 수입금액조정명세서의 "조정후수입금액"을 조회시 사용한다.
- F12 불러오기 : 수입금액조정명세서에서 작성한 금액을 불러온다.
- 전체삭제 : 작성된 내용을 전부삭제할 때 사용한다.

● 작성순서

새로불러오기 → ■ 1.업종별 수입금액 명세서 → ■ 2.부가가치세과세표준과 수입금액 차액검토 순으로 작성한다.

(1) 업종별 수입금액 명세서(적색메뉴❶)

①업 태	②종 목	순번	③기준(단순)경비율번호	수입금액계정조회 ④계(⑤+⑥+⑦)	⑤국내생산품	⑥수입상품	⑦수 출 (영세율대상)
		01					
		02					
		03					
		04					
		05					
		06					
		07					
		08					
		09					
		10					
(111)기 타		11					
(112)합 계		99					

①업태,②종목,③기준(단순)경비율번호란에는 법인세 과세표준신고일 현재 최근에 제정된 기준(단순)경비율의 업태·종목 및 코드번호를 기입하되, 수입금액이 큰 종목부터 순차적으로 기입하며, 수입금액의 점유비가 5%미만이거나 종목수가 11개 이상이 되는 경우는 (111)기타란에 합계로 기입하고 기준(단순)경비율번호란은 공란으로 합니다.

1) 업태, 종목, 기준(단순)경비율 코드입력

법인세 과세표준신고일 현재 최근에 제정된 기준(단순)경비율의 업태·종목 및 코드번호를 기입하되, 수입금액이 큰 종목부터 순차적으로 기입하고, 수입금액 점유비가 5% 미만이거나 종목수가 11개 이상이 되는 경우에는 <111>란에 "기타"로 표시하여 기입하고 기준(단순)경비율번호란은 공란으로 한다.

- **F12 불러오기**

  F12불러오기 클릭하면 업태·종목 및 기준경비율은 회사등록사항에서 자동반영되고 수입금액조정명세서의 "⑥조정후수입금액"을 수입금액 순서대로 불러와 입력된다. 업종이 여러 개의 경우에는 직접입력한다.

- **기준(단순)경비율**

  실제 시험에서는 주어진 코드를 입력하면 되고 조회할 경우에는 커서를 기준(단순경비율)에 둔 다음 F2클릭한다.

2) 수입금액 계정

"수입금액 ④계"란은 수입금액조정명세서상의 ⑥조정후수입금액란의 금액과 일치하여야 한다.

- **F8 수입조회**

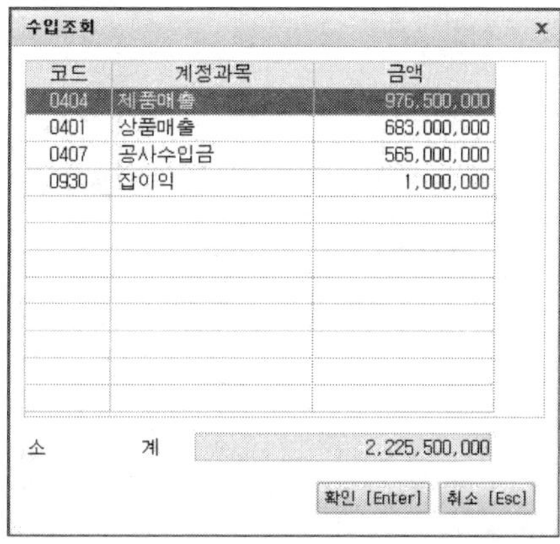

"수입금액 계④"에서 F8 수입조회를 클릭하여 조회 후 반영할 수 있다.

3) 수입상품 및 수출(영세율대상)

⑥수입상품란에는 국내 및 국외무역업자 등 타인으로부터 수입상품을 매입하여 판매하는 수입금액이 포함된다.

⑦수출란에는 부가가치세법 제11조 제1항에 따른 수출, 국외제공용역, 외국항행용역, 기타외화획득재화 또는 용역의 공급으로 생긴 수입금액을 기재한다.

- **수입상품 및 수출입력 방법**
    - "수입금액계(④)"의 금액은 "내수판매"의 국내생산품의 금액에 전액 자동반영
    - 수입상품 및 수출에 해당하는 금액을 국내생산품에서 직접차감 계산한 금액 입력
    - 수입상품에 반영된 금액에서 수출에 해당하는 금액을 직접차감 계산한 금액 입력

(2) 과세표준과 수입금액 차액검토 (적색메뉴 2)

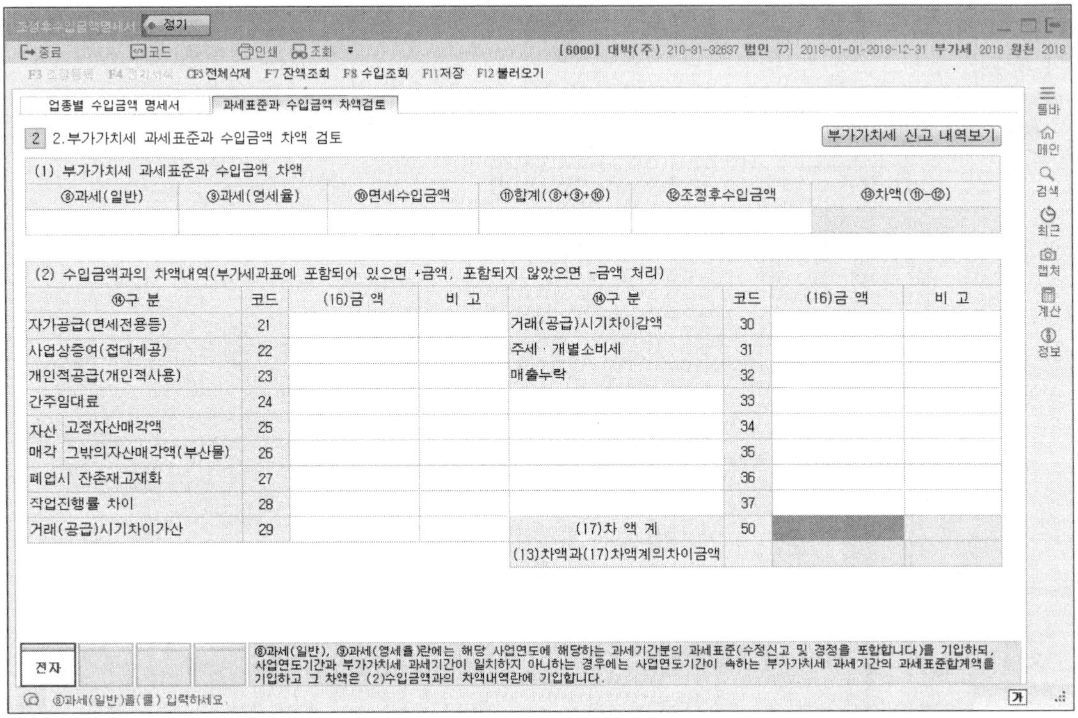

조정후수입금액명세서 정기

종료 코드 인쇄 조회 [6000] 대박(주) 210-31-32637 법인 7기 2018-01-01-2018-12-31 부가세 2018 원천 2018

F3 조정등록 F4 전기서식 CF5 전체삭제 F7 잔액조회 F8 수입조회 F11저장 F12 불러오기

업종별 수입금액 명세서 | 과세표준과 수입금액 차액검토

2 2.부가가치세 과세표준과 수입금액 차액 검토 부가가치세 신고 내역보기

(1) 부가가치세 과세표준과 수입금액 차액

⑧과세(일반)	⑨과세(영세율)	⑩면세수입금액	⑪합계(⑧+⑨+⑩)	⑫조정후수입금액	⑬차액(⑪-⑫)

(2) 수입금액과의 차액내역(부가세과표에 포함되어 있으면 +금액, 포함되지 않았으면 -금액 처리)

⑭구 분	코드	(16)금 액	비 고	⑭구 분	코드	(16)금 액	비 고
자가공급(면세전용등)	21			거래(공급)시기차이감액	30		
사업상증여(접대제공)	22			주세 · 개별소비세	31		
개인적공급(개인적사용)	23			매출누락	32		
간주임대료	24				33		
자산매각 고정자산매각액	25				34		
자산매각 그밖의자산매각액(부산물)	26				35		
폐업시 잔존재고재화	27				36		
작업진행률 차이	28				37		
거래(공급)시기차이가산	29			(17)차 액 계	50		
				(13)차액과(17)차액계의차이금액			

전자

⑧과세(일반), ⑨과세(영세율)란에는 해당 사업연도에 해당하는 과세기간분의 과세표준(수정신고 및 경정을 포함합니다)를 기입하되, 사업연도기간과 부가가치세 과세기간이 일치하지 아니하는 경우에는 사업연도기간이 속하는 부가가치세 과세기간의 과세표준합계액을 기입하고 그 차액은 (2)수입금액과의 차액내역란에 기입합니다.

⑧과세(일반)를(를) 입력하세요.

1) 부가가치세 과세표준과 수입금액 차액

(1) 부가가치세 과세표준과 수입금액 차액					
⑧과세(일반)	⑨과세(영세율)	⑩면세수입금액	⑪합계(⑧+⑨+⑩)	⑫조정후수입금액	⑬차액(⑪-⑫)

① "⑧과세(일반), ⑨과세(영세율)"

해당사업연도에 해당하는 과세기간분의 과세표준(수정신고 및 경정을 포함)을 기입하되, 사업연도기긴과 부가가치세 과세기간이 일치하지 않는 경우에는 사업연도기간이 속하는 부가가치세 과세기간의 과세표준합계액을 기입하고 그 차액은 "(2)수입금액과의 차액내역"란에 기입한다.

② "⑩면세수입금액"

부가가치세가 면제되는 재화 또는 용역의 공급에서 발생한 수입금액을 기입한다.

- F12불러오기

  F12불러오기를 하면 부가가치세 신고서상의 "일반" "영세율" "면세수입금액"에 자동 반영된다.

- **부가세신고내역보기**

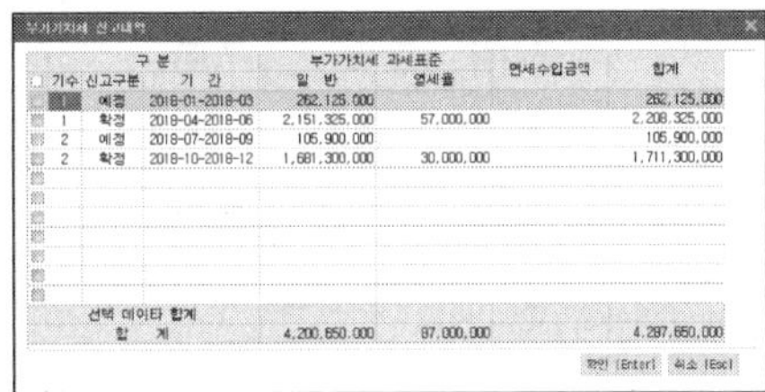

저장되어있는 부가세신고서를 기수별로 일반, 영세율, 면세수입금액 종류별로 확인가능하고 해당내용을 선택하여 "(1)부가가치세 과세표준과 수입금액차액검토란"에 반영할 수 있다.

2) 수입금액과의 차액내역

⑭구 분	코드	(16)금 액	비 고	⑭구 분	코드	(16)금 액	비 고
자가공급(면세전용등)	21			거래(공급)시기차이감액	30		
사업상증여(접대제공)	22			주세·개별소비세	31		
개인적공급(개인적사용)	23			매출누락	32		
간주임대료	24				33		
자산 고정자산매각액	25				34		
매각 그밖의자산매각액(부산물)	26				35		
폐업시 잔존재고재화	27				36		
작업진행률 차이	28				37		
거래(공급)시기차이가산	29			(17)차 액 계	50		
				(13)차액과(17)차액계의차이금액			

(2) 수입금액과의 차액내역(부가세과표에 포함되어 있으면 +금액, 포함되지 않았으면 -금액 처리)

① "⑭구분"

자가공급, 고정자산매각액, 주세·특별소비세, 자가공급, 거래시기차이 등 해당란에 분류하여 기입하되, 해당하는 항목이 없는 경우에는 공란에 차액항목을 기입하고 관련 금액을 기입한다.

● **차액검토시 조정부호**

부가가치과세표준에는 간주공급, 고정자산매각 등이 포함되지만 법인세법상 수입금액에는 포함되지 않으므로 부가가치세 과세표준과 법인세법상 수입금액이 다른 경우가 생긴다. 법인세 세무조정시 이 차이를 조정해 주어야 하는데 차액의 내용은 해당화면에서 직접 금액을 입력한다.

구　　분	과세표준	수입금액	조정부호
간주공급	포함	제외	+
고정자산매각	포함	제외	+
작업진행률차이	포함	제외	+
	제외	포함	－
매출누락	제외	포함	－
부산물매각	포함	포함	없음

※ 과표와 (조정후)수입금액 두군데 모두 포함되어 있거나 제외되어 있는 경우는 조정금액이 발생하지 않는다.
- 부가가치과세표준 = 수입금액　 ± 조정액
- 포함 (100)　　　 = 제외 (　0) ＋ 100
- 제외 (　0)　　　 = 포함 (100) － 100

※ 조정후 수입금액명세서는 수입금액과 부가가치과세표준과 차이를 검토하는 서식이므로 별도의 조정사항이 발생하는 것은 아니다.

❖ 조정후수입금액명세서 작성사례

다음 자료에 의하여 대박(주)(코드번호 : 6000)의 [조정후 수입금액명세서]를 작성하시오.(교재 앞부분의 수입금액조정명세서 예제와 연결하여 풀이하시오.)

1) 추가자료
　① 수입금액은 조회하여 입력하시오.
　② 업종별 기준경비율 코드

구분	업태/종목	기준경비율코드	비고
제품매출	제조 / 사무용가구	361003	해외수출분 57,000,000원 포함
상품매출	도매 / 사무용가구	515051	국내생산품의 전액 내수
공사수입금	건설 / 비주거용건물공사	451104	

　③ 부가가치세 과세표준 내역
　　- 일반매출　：2,151,325,000원
　　- 영세율매출：　57,000,000원
　④ 기타
　　- 부가가치세 과세표준에는 차량을 7,400,000원에 매각한 금액이 포함되어 있다.
　　- 부가가치세 과세표준에는 개인적공급 5,425,000원이 포함되어 있다.
　　- 작업진행율에 의한 수입금액으로 수입금액조정명세서에 30,000,000원이 가산되었다.
　　- 위탁매출 20,000,000원에 대해서는 부가가치세 수정신고를 적정하게 했으며 결산서상 수입금액에는 포함되어 있지 않다. 단, 수입금액조정시 반영하였다.
　　- 매출할인 금액은 정상적으로 (-)세금계산서 발행되었지만 매출금액에서 차감하지 않고 잡손실로 계상한 금액이다.

>> 해 설

1) 업종별 수입금액 명세서 입력

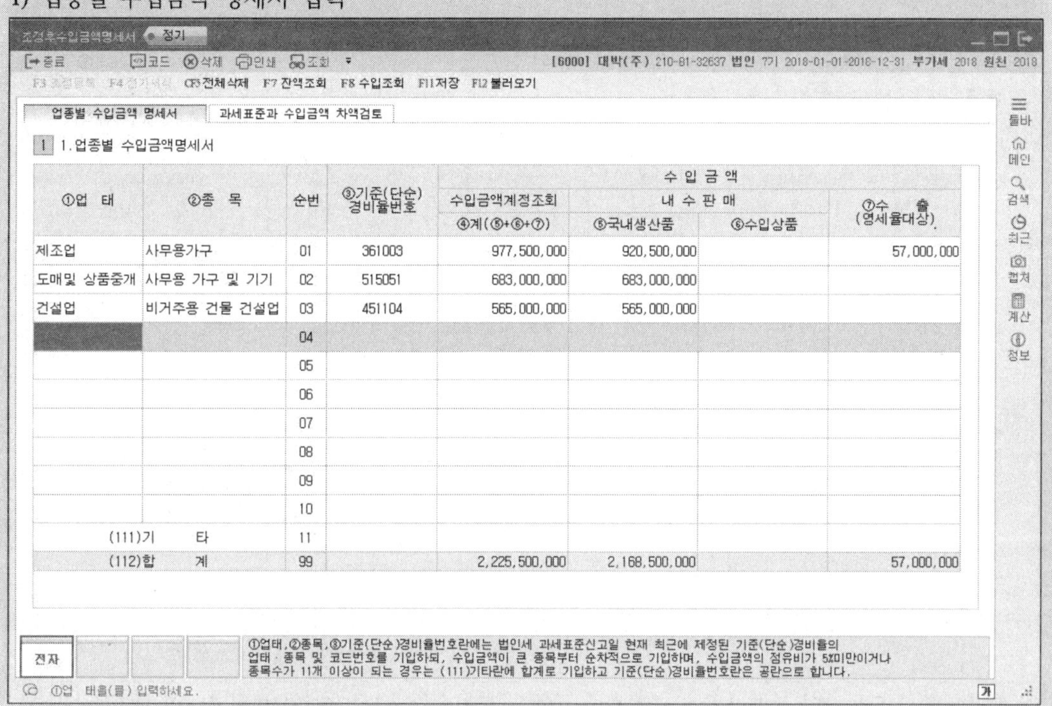

①업 태	②종 목	순번	③기준(단순)경비율번호	수입금액			
				수입금액계정조회	내 수 판 매		⑦수 출(영세율대상)
				④계(⑤+⑥+⑦)	⑤국내생산품	⑥수입상품	
제조업	사무용가구	01	361003	977,500,000	920,500,000		57,000,000
도매및 상품중개	사무용 가구 및 기기	02	515051	683,000,000	683,000,000		
건설업	비거주용 건물 건설업	03	451104	565,000,000	565,000,000		
		04					
		05					
		06					
		07					
		08					
		09					
		10					
(111)기 　 타		11					
(112)합 　 계		99		2,225,500,000	2,168,500,000		57,000,000

①업태,②종목,③기준(단순)경비율번호란에는 법인세 과세표준신고일 현재 최근에 제정된 기준(단순)경비율의 업태·종목 및 코드번호를 기입하되, 수입금액이 큰 종목부터 순차적으로 기입하며, 수입금액의 점유비가 5%미만이거나 종목수가 11개 이상이 되는 경우는 (111)기타란에 합계로 기입하고 기준(단순)경비율번호란은 공란으로 합니다.

- F12불러오기를 이용하거나 F8수입조회를 통하여 수입금액조정명세서의 금액을 반영한다.
 (업종이 여러개인 경우 업태나 종목별로 각각 나누어 입력하며 수입금액명세서상의 수입금액이 큰 순서대로 배열하도록 한다.)
- 제품매출 금액은 976,500,000원이 반영되는데 부산물 매각대금 1,000,000원은 제품매출금액에 가산하여 977,500,000원으로 수정하여 입력한다.
- 제품매출에 수출이 포함되어 있으므로 국내생산품란에 반영된 977,500,000원에서 57,000,000원을 차감한 금액 920,500,000원을 입력하면 수입상품에 57,000,000원이 반영된다. 이 금액이 수출란에 반영되어야 하므로 수입상품에 57,000,000원으로 입력된 부분을 "0"을 입력하면 수출란에 반영할 수 있다.

2) 부가가치세 과세표준과 수입금액 차액검토

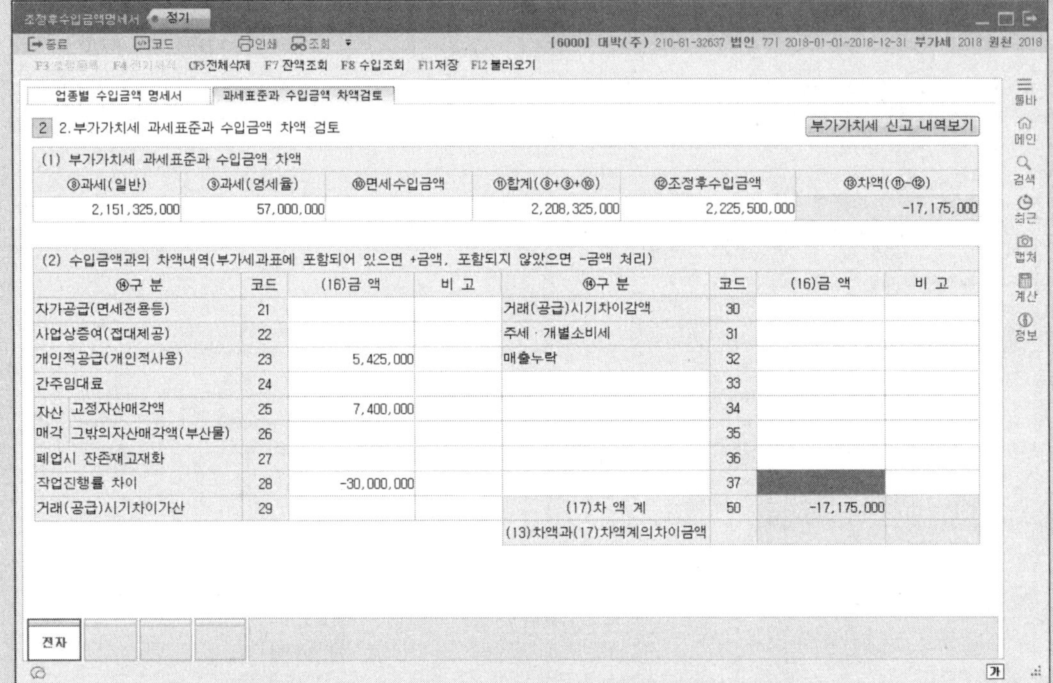

(1) 부가가치세 과세표준과 수입금액 차액

⑧과세(일반)	⑨과세(영세율)	⑩면세수입금액	⑪합계(⑧+⑨+⑩)	⑫조정후수입금액	⑬차액(⑪-⑫)
2,151,325,000	57,000,000		2,208,325,000	2,225,500,000	-17,175,000

(2) 수입금액과의 차액내역(부가세과표에 포함되어 있으면 +금액, 포함되지 않았으면 -금액 처리)

⑭구 분	코드	(16)금 액	비 고	⑭구 분	코드	(16)금 액	비 고
자가공급(면세전용등)	21			거래(공급)시기차이감액	30		
사업상증여(접대제공)	22			주세 · 개별소비세	31		
개인적공급(개인적사용)	23	5,425,000		매출누락	32		
간주임대료	24				33		
자산 고정자산매각액	25	7,400,000			34		
매각 그밖의자산매각액(부산물)	26				35		
폐업시 잔존재고재화	27				36		
작업진행률 차이	28	-30,000,000			37		
거래(공급)시기차이가산	29			(17)차 액 계	50	-17,175,000	
				(13)차액과(17)차액계의차이금액			

- F12불러오기를 통하여 부가가치세 과세표준 금액을 불러오거나 [부가가치세 신고내역 보기]를 통하여 기입력된 부가세 신고내용을 반영한다.
- 마지막으로 차액 내역을 입력하여 부가가치세 과세표준과 조정후수입금액과의 차액내역을 정리해 주어야 한다.

"부가가치세 과세표준 = 수입금액 ± 조정금액"

※ 차액내역검토

코드	구분(내용)	부가가치과세표준	= 조정후수입금액	± 조정
23	개인적 공급	5,425,000(포함)	제외	+ 5,425,000
25	고정자산 매각	7,400,000(포함)	제외	+ 7,400,000
28	작업진행률 차이	(제외)	30,000,000(포함)	- 30,000,000
	차액 계			- 17,175,000

3. 임대보증금 간주익금

부동산을 임대하고 받는 임대료는 익금에 해당한다. 그러나 임대료 대신에 임대보증금이나 전세금 등으로 받는 경우는 부채에 해당하므로 익금 대상이 아니다. 이때 임대료는 과세하고 임대보증금을 받아서 얻는 이익에는 과세하지 않으면 임대료를 받는 경우와 과세 형평이 맞지 않으며, 임대보증금으로 다른 부동산을 취득하여 부동산 투기를 조장할 수 있으므로 이를 방지하기 위하여 임대보증금에서 발생하는 일정한 경제적 이익을 익금으로 간주하여 과세토록 하고 있다.

(1) 간주임대료의 계산 대상

차입금이 자기자본의 2배를 초과하는 **차입금과다법인**이면서 **부동산임대업을 주업**으로 하는 **내국영리법인**이 일정한 주택을 제외한 부동산등을 대여하고 보증금등을 받는 경우에는 간주임대료계산대상이다. 부동산임대업을 주업으로 한다는 것은 사업연도 종료일 현재 자산총액 중 임대사업에 사용된 자산가액이 50%이상이면 부동산임대업을 주업으로 하는 것으로 본다.

(2) 간주임대료 계산방법 (추계결정 이외의 경우)

$$\{보증금적수 - 임대용부동산의\ 건설비\ 적수\} \times \frac{1}{365(윤년\,366)} \times 정기예금이자율\ -\ 금융수익$$

1) 보증금등의 적수

보증금등이란 부동산이나 부동산에 관한 권리를 빌려주고 받은 보증금·전세금 및 이와 유사한 금액을 말하며, 다만 주택 및 그 부수토지(법 소정 한도 내의 부수토지)에 대한 보증금은 제외한다.

2) 임대용부동산의 건설비 적수

당해 건축물 등(토지는 제외)의 취득가액으로 자본적지출액은 포함하고 재평가차액은 제외한다.

$$임대용부동산의\ 건설비\ 적수 \times \frac{임대면적의\ 적수}{건물\ 연면적의\ 적수}$$

3) 금융수익

해당사업연도 보증금에서 발생한 수입이자와 할인료, 수입배당금, 유가증권처분이익, 신주인수권처분이익은 간주임대료 계산시 차감한다. 이 때 차감하는 금액에는 기간경과분에 대한 미수이자도 포함된다.(기업회계기준에 의한 발생주의 적용)

- **추계결정하는 경우 간주임대료계산 대상**

  장부 및 기타 증빙의 미비로 인하여 법인세를 추계결정하는 경우에는 모든 법인이 주택을 포함하여 간주임대료 계산대상이다.

- **추계결정하는 경우 간주임대료계산방법**

  추계시에는 건설비적수 및 금융수익을 고려하지 않는다.

(3) 임대보증금등의 간주익금조정

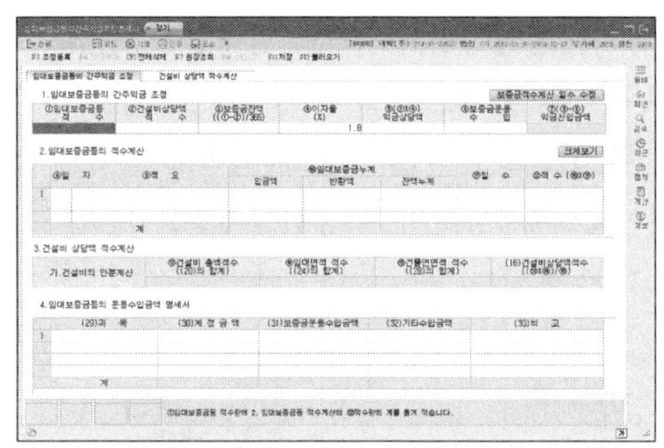
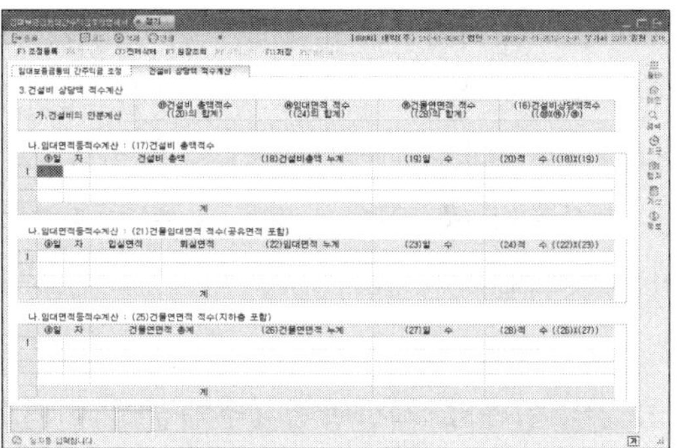

- **메뉴설명**

- **F12 불러오기** : 임대보증금에 대한 재무회계 데이터를 불러올 때 사용

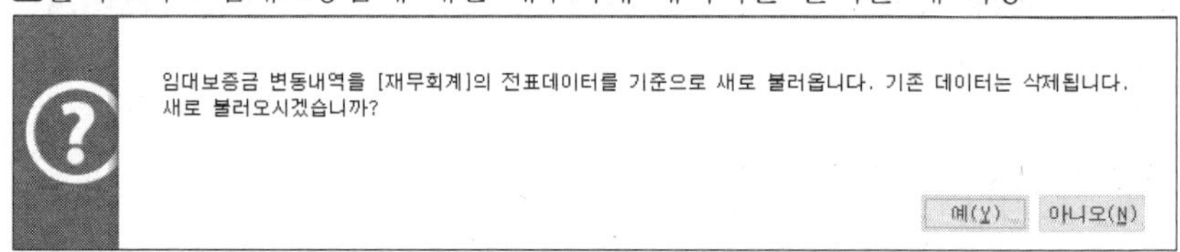

- **F3 조정 등록** : 세무조정 내역이 발생한 경우 소득금액조정합계표에 반영시킬 때 사용

- **작성순서**

  [2.임대보증금등의 적수계산 → 3.건설비상당액적수계산 → 4.임대보증금등의 운용수입금액명세서]의 순으로 작성하면 [1.임대보증금등의 간주익금 조정] 부분에 내용이 반영된다.

1) 임대보증금등의 간주익금 조정

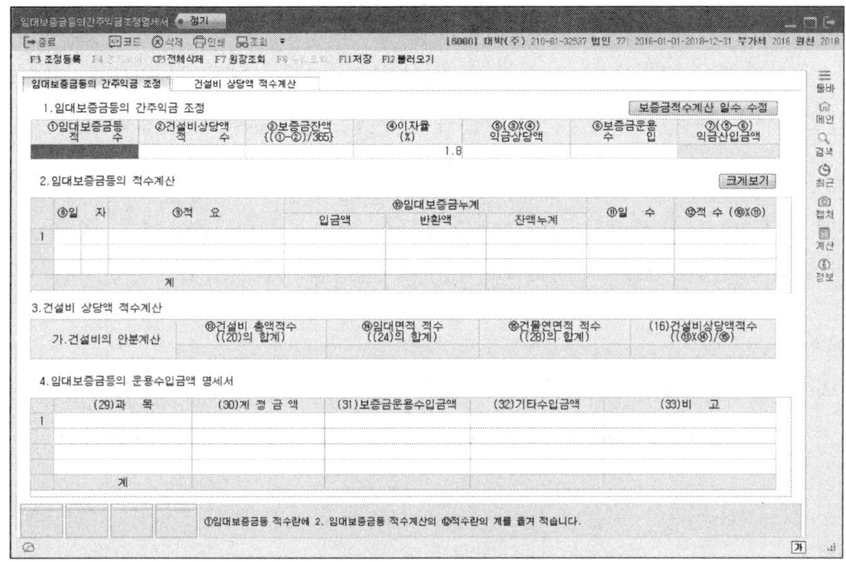

 **● 2. 임대보증금등의 적수 계산**

- 불러오기 : 임대보증금 (계정코드 294)로 전표입력되어있는 경우 해당 변동사항을 불러 온다.
- 직접입력 : 임대보증금 수령한 금액은 입금액란에 반환한 금액은 반환액란에 일자별로 기입한다.

2) 건설비 상당액 적수계산

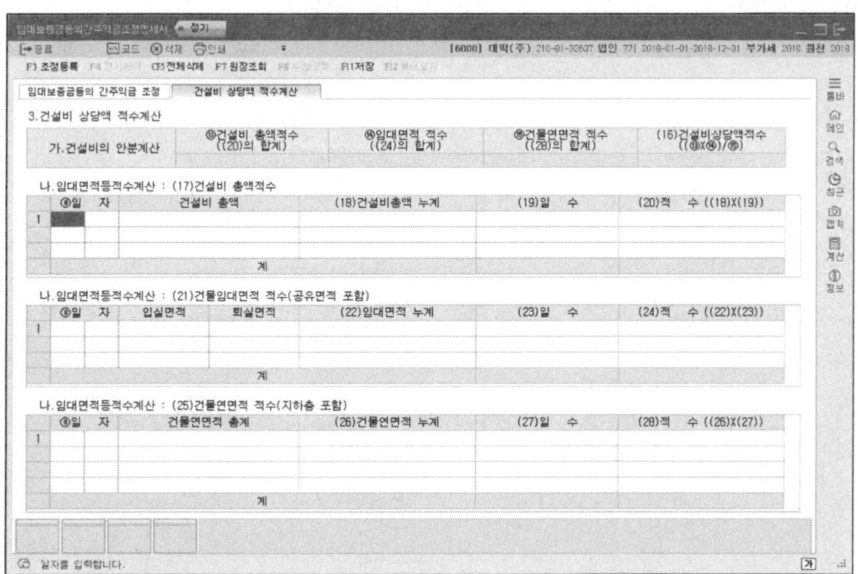

① (17) 건설비 총액 적수

건설비총액누계란에는 건물의 취득·건설비총액(취득 후 발생된 자본적지출액을 포함하고 재평가차액 및 토지가액은 제외)을 기입하고 임대일수란에는 해당 사업연도 최초 임대개시일을 기산일로 하여 건설비 총액의 변동일까지의 일수를 순차로 기입한다.

② (21)건물 임대면적 적수

실제 임대에 제공된 건물면적 합계를 기입하고 (23)일수란에는 해당 사업연도 최초 임대개시일을 기산일로 하여 임대면적변동일까지의 일수를 순차로 기입한다.

③ (25) 건물 연면적 적수

건출물관리대장상의 건물연면적(지하층포함)을 기입하고 (27)일수란에는 해당사업연도 최초 임대개시일을 기산일로 하여 건물연면적 변동일까지의 일수를 순차로 기입한다.

● **작성방법**

계산산식	건설비총액 적수	× 임대면적 적수	÷ 건물연면적 적수	차감할 건설비 적수
가. 건설비 안분계산	⑬건설비총액 적수	⑭임대면적 적수	⑮건물연면적 적수	(16)건설비상당액 적수
나. 임대면적 등의 적수계산	(17)건설비총액 적수	(21)건물임대면적 적수	(25)건물연면적 적수	

서식 작성시 "나.임대면적등의 적수계산((17). 건설비총액적수, (21).건설임대면적적수, (25).건물연면적 적수)"을 입력하면 → "가.건설비의 안분계산"이 자동계산된다.

- (17)건설비총액적수 → (20)적수 → ⑬건설비총액 적수
- (21)건물임대면적적수 → (24)적수 → ⑭임대면적적수
- (25)건물연면적적수 → (28)적수 → ⑮건물연면적 적수

✤ 임대보증금 등의 간주익금조정명세서 작성사례

다음 자료에 의하여 대박(주)(코드번호 : 6000)의 [임대보증금등의 간주익금조정명세서]를 작성하시오. (조정 등록은 생략하고 간주익금 계산해야 하는 요건에 해당하는 회사로 가정하며 원장의 내용을 고려하지 않는다)

• 임대부동산 현황

구분	임대면적	임대기간	보증금	임대료
상가건물 (300㎡)	200㎡	2017.1.1~2019.12.31	300,000,000	없음

※ 적수계산시 초일산입한다.

• 건설비 현황

준공일자	건설비	토지가액
2017.1.1	100,000,000	200,000,000

※ 건설비적수 계산시 토지가액은 제외

• 이자수익 계정금액은 11,400,000원이나 임대보증금 운용으로 인한 이자수익 6,000,000원으로 가정한다.
• 간주임대료 계산시 적용이자율은 1.8%로 가정한다.

>> 해 설
1) 임대보증금 등의 간주익금 및 적수계산 입력

- "2. 임대보증금등의 적수계산" : 일자는 1/1입력 후 적요에 [0.전기이월분]을 선택하고 입금에 3억원 입력
- "4.임대보증금등의 운용수입금액 명세서"
  제시된 이자수입금액과 임대보증금 등의 운용을 통해 발생된 이자수익을 각각 11,400,000원과 6,000,000원을 입력한다. (문제 유형에 따라 원장을 조회하여 이자수익 입력하는 경우도 있다)

2) 건설비 상당액 적수 계산

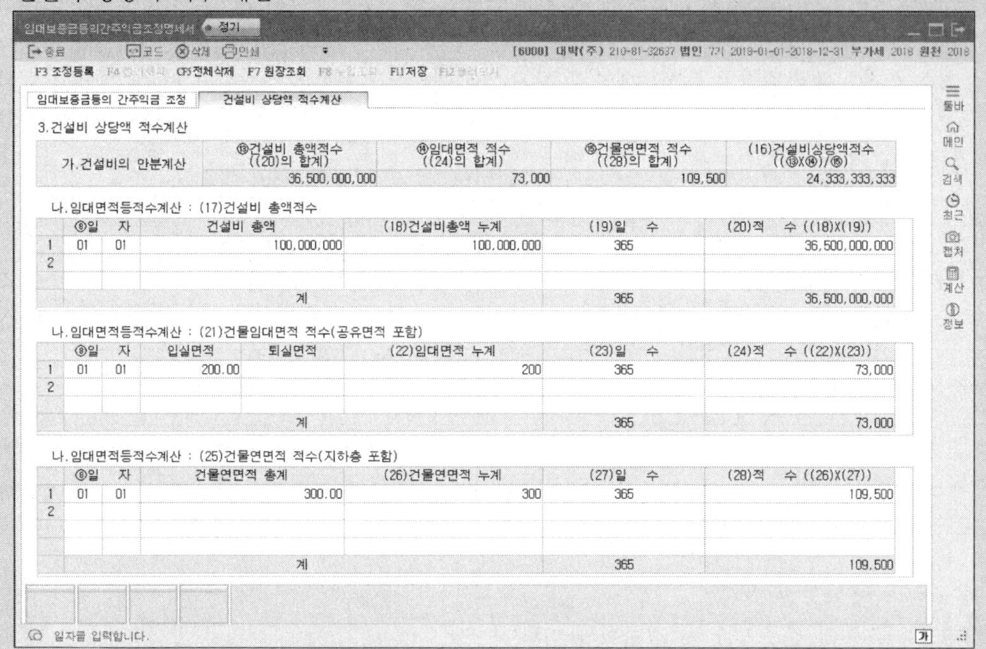

임대보증금등의간주익금조정명세서

[6000] 대박(주) 210-81-32637 법인 7기 2019-01-01~2018-12-31 부가세 2018 원천 2018

F3 조정등록   CF5 전체삭제   F7 원장조회   F11 저장

임대보증금등의 간주익금 조정	건설비 상당액 적수계산

3. 건설비 상당액 적수계산

가.건설비의 안분계산	⑬건설비 총액적수 ((20)의 합계)	⑭임대면적 적수 ((24)의 합계)	⑮건물연면적 적수 ((28)의 합계)	(16)건설비상당액적수 ((⑬X⑭)/⑮)
	36,500,000,000	73,000	109,500	24,333,333,333

나. 임대면적등적수계산 : (17)건설비 총액적수

	⑧일	자	건설비 총액	(18)건설비총액 누계	(19)일 수	(20)적 수 ((18)X(19))
1	01	01	100,000,000	100,000,000	365	36,500,000,000
2						
			계		365	36,500,000,000

나. 임대면적등적수계산 : (21)건물임대면적 적수(공유면적 포함)

	⑧일	자	입실면적	퇴실면적	(22)임대면적 누계	(23)일 수	(24)적 수 ((22)X(23))
1	01	01	200.00		200	365	73,000
2							
			계			365	73,000

나. 임대면적등적수계산 : (25)건물연면적 적수(지하층 포함)

	⑧일	자	건물연면적 총계	(26)건물연면적 누계	(27)일 수	(28)적 수 ((26)X(27))
1	01	01	300.00	300	365	109,500
2						
			계		365	109,500

ⓒ 일자를 입력합니다.

- 나. 임대면적등 적수계산 (17) 건설비총액적수 : 토지가액은 적용안되므로 건설비 1억입력
- 나. 임대면적등 적수계산 (21) 건물임대면적적수 : 실제 임대하고 있는 면적 200㎡입력
- 나. 임대면적등 적수계산 (25) 건물임대면적적수 : 건물연면적 300㎡입력

3) 세무조정

본 문제의 경우 익금상당액이 **4,199,999원**이고 보증금으로 인한 운용수익이 **6,000,000원**이므로 세무조정을 통하여 익금산입할 금액은 없다. 문제에서 조정 등록을 생략한다는 언급이 없다고 하더라도 세무조정할 사항이 없는 문제임을 참고하면 될 것이다.

연습문제

1 ㈜백두기업(회사코드 : 6100)의 수입금액조정명세서를 작성하고 소득금액조정합계표에 반영하시오.

> 1. 결산서상 수입금액은 다음과 같다.
>   - 제품매출액 : 1,136,000,000원(특수관계인 매출 500,000,000 포함)
>   - 상품매출액 : 720,000,000원
>   - 제품부산물매각액 : 50,000,000원(잡이익 계정에 기입됨)
>
> 2. 회사는 상품재고액 중에 4,000,000원(판매가액 4,800,000원)은 시송품으로 거래처에 기반출한 것으로 상대방이 구입의사를 표시했으나 결산서에는 시송매출이 반영되지 않은 상태다.
>
> 3. 회사는 일부 제품에 대해서 위탁판매를 하고 있으며 이 중 전기 12월에 수탁회사에서 판매한 물품 15,000,000원(대응원가 : 10,000,000원)에 대해서 전기에 장부에 계상하지 아니하였고, 당기에 계상하였다. 단, 전기의 매출과 매출원가에 대하여 전기에 세무조정은 적정하게 처리하였다.
>
> 4. 회사는 상품판매에 대하여 상품권을 발행하고 있으며 12월31일에 상품권 12,000,000원을 발행하고 상품매출로 처리하였다. 12월 31일까지 회수한 상품권은 없다.

1. 수입금액조정 계산

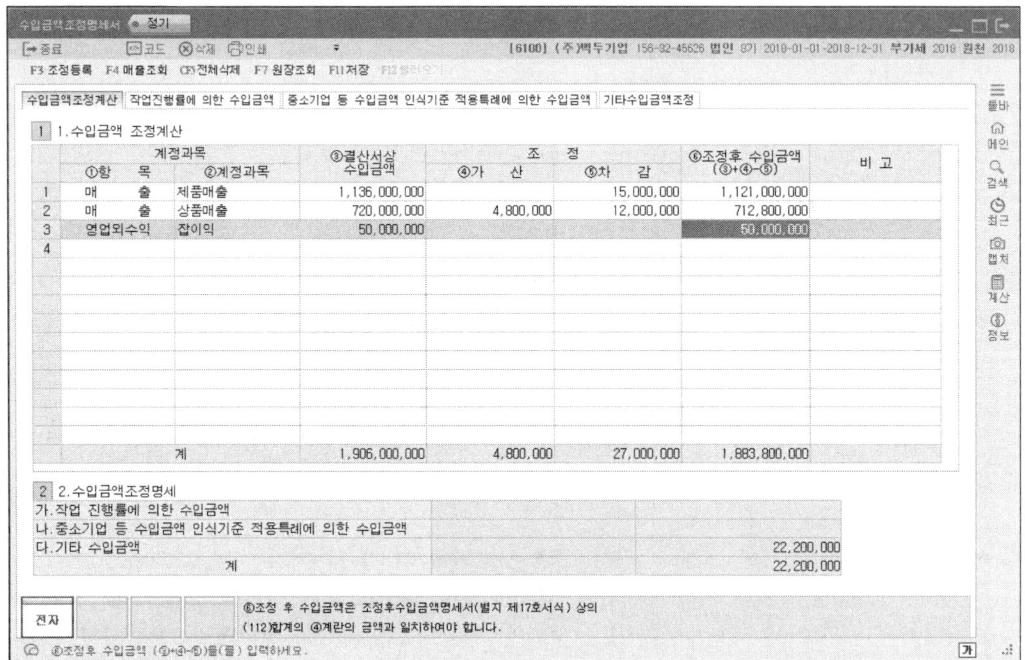

2. 기타수입금액 조정

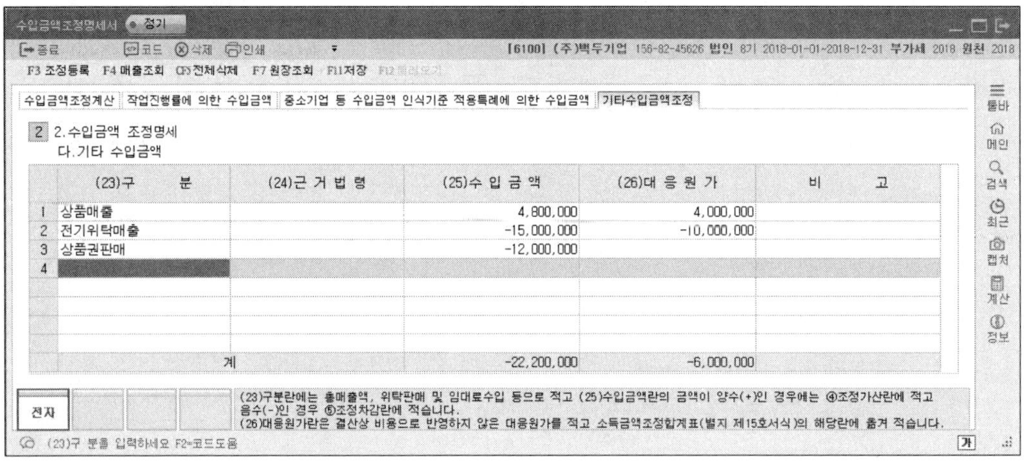

3. 소득금액조정합계표

익금산입 및 손금불산입			손금산입 및 익금불산입		
과　목	금　액	소득처분	과　목	금　액	소득처분
시송품매출	4,800,000	유보발생	시송품매출원가	4,000,000	유보발생
전기위탁매출원가누락	10,000,000	유보감소	전기위탁매출누락	15,000,000	유보감소
			상품권매출	12,000,000	유보발생
합　계	14,800,000		합　계	31,000,000	

소득명세

과　목	금　액	과　목	금　액
매출원가과대	6,000,000	매출과대	22,200,000

※환경등록-조정등록방법 : 조정과목사용으로 설정됨　　손익조정　각집입력　계정코드도움(F2)　조정코드도움(F4)　삭제(F5)　종료(ESC)

2   ㈜한라기업 (회사코드 : 6200)의 조정후 수입금액명세서를 작성하시오.

1. 손익계산서 매출액 및 영업외손익 자료는 다음과 같다.
   - 제품매출액 : 1,915,500,000원(특수관계인 매출 500,000,000원 포함)
   - (제품)부산물 매출액 : 33,500,000원(영업외수익 중 잡이익 계정과목으로 처리함)
   - 제품매출액은 제품과 관련된 매출할인 5,000,000원이 차감된 금액임

2. 부가세신고자료
   - 부가세 2기 확정신고서에는 사업용고정자산 매각대금 8,000,000원 이 포함되어 있다.
   - 거래처에 선물로 제공한 제품이 포함되어있으며 회계처리는 제품에서 직접 차감하였다.
     제공한 제품의 시가는 5,000,000원이며, 원가는 4,000,000원이다.(해당금액은 부가가
     치세 신고서에 적법하게 반영되어있다.)

3. 제품매출액에는 부가가치세 신고서의 영세율(기타)란에 기재되어 있는 수출 250,000,000
   원이 포함되어 있다.

4. 수입금액명세서는 이미 작성되어 있다.

● 해답

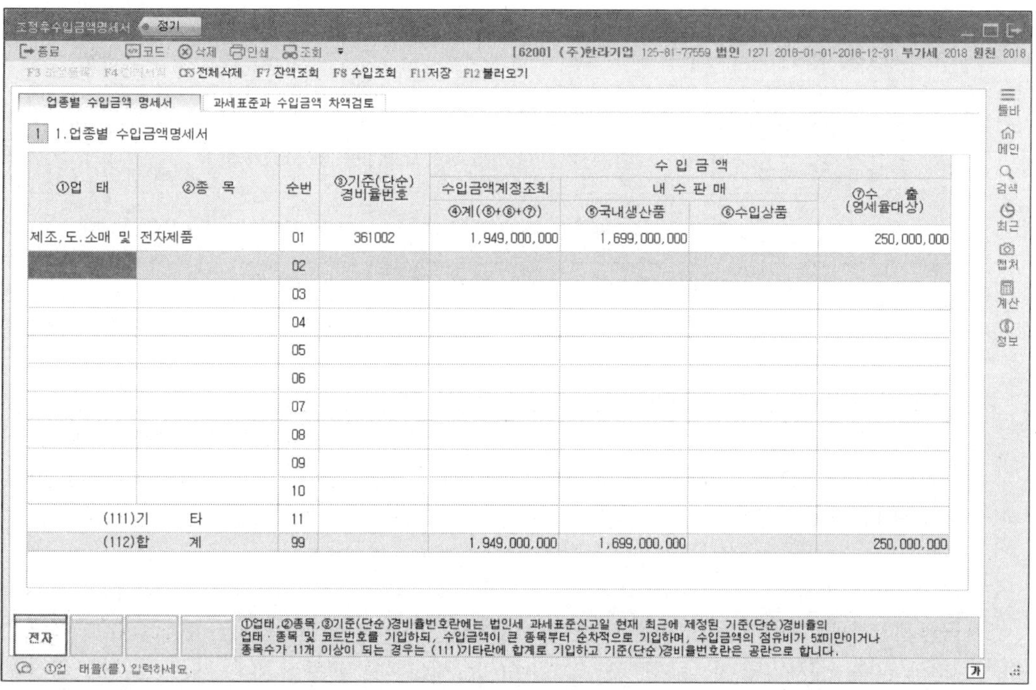

①업 태	②종 목	순번	③기준(단순)경비율번호	수입금액계정조회 ④계(⑤+⑥+⑦)	내 수 판 매 ⑤국내생산품	⑥수입상품	⑦수 출 (영세율대상)
제조,도.소매 및	전자제품	01	361002	1,949,000,000	1,699,000,000		250,000,000
		02					
		03					
		04					
		05					
		06					
		07					
		08					
		09					
		10					
(111)기 타		11					
(112)합 계		99		1,949,000,000	1,699,000,000		250,000,000

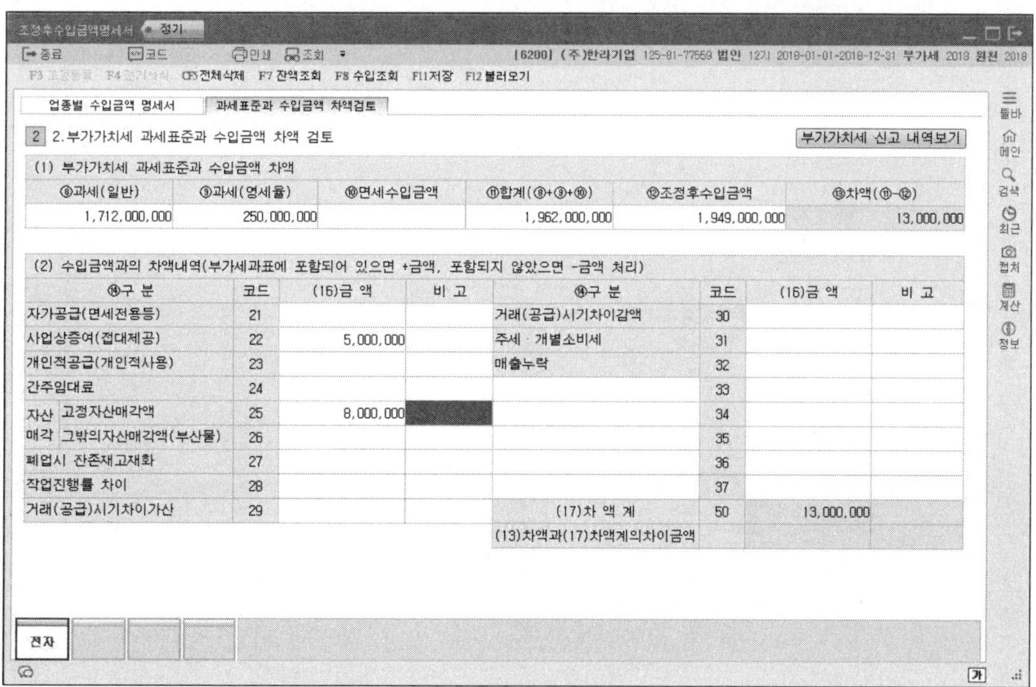

(1) 부가가치세 과세표준과 수입금액 차액

⑧과세(일반)	⑨과세(영세율)	⑩면세수입금액	⑪합계(⑧+⑨+⑩)	⑫조정후수입금액	⑬차액(⑪-⑫)
1,712,000,000	250,000,000		1,962,000,000	1,949,000,000	13,000,000

(2) 수입금액과의 차액내역(부가세과표에 포함되어 있으면 +금액, 포함되지 않으면 -금액 처리)

⑭구 분	코드	(16)금 액	비 고	⑭구 분	코드	(16)금액	비 고
자가공급(면세전용등)	21			거래(공급)시기차이감액	30		
사업상증여(접대제공)	22	5,000,000		주세·개별소비세	31		
개인적공급(개인적사용)	23			매출누락	32		
간주임대료	24				33		
자산 고정자산매각액	25	8,000,000			34		
매각 그밖의자산매각액(부산물)	26				35		
폐업시 잔존재고재화	27				36		
작업진행률 차이	28				37		
거래(공급)시기차이가산	29			(17)차 액 계	50	13,000,000	
				(13)차액과(17)차액계의차이금액			

3 ㈜금강기업(회사코드: 6300)의 수입금액조정명세서 및 조정후수입금액명세서를 작성하고 세무조정하시오.

1. 손익계산서상 수익 계상 내역

구분			기준경비율코드	금액	비고
매출	제품 매출	제조/일반철물	289302	1,200,000,000	해외수출 8,000,000원포함
	상품 매출	도매/금속제품	514210	800,000,000	전액국내내수
영업외수익	제품부산물매각(잡이익)		289302	10,000,000	
	유형자산처분이익			2,000,000	9월30일

2. 회사의 재고자산 제품 계정에는 적송품 12,000,000원(1,000개, 개당@12,000원)이 포함되어있다. 이중 수탁회사는 700개를 2018년 12월 31일에 판매하였고 나머지 300개는 차기에 판매하였다. 수탁자의 판매가격은 제조원가에 30%이익을 가산한 금액이다(판매수수료 및 부가세예수금등은 무시하고 동 매출과 관련한 부가가치세 수정신고는 적정하게 이루어졌다).

3. 공급시기가 2019년 2월인 제품 매출액에 대하여 2018년 12월에 대금 16,500,000원(부가세포함)을 결제받고 공급시기 전 (선발급)세금계산서를 교부하였다. 해당 금액은 결산서에 선수금으로 처리하였다.

● 해답

1. 수입금액조정명세서

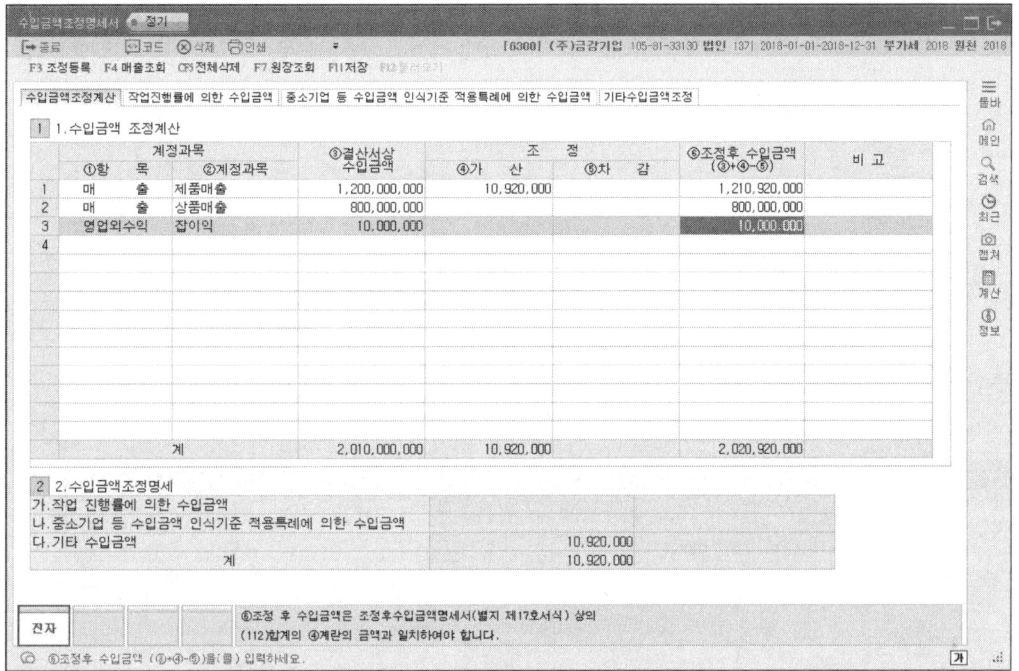

- 매출누락(당기 위탁매출) : 8,400,000 (700개 × 12,000원) × 130% = 10,920,000원
  따라서 제품위탁매출 10,920,000원과 제품위탁매출원가 8,400,000원이 누락된 것임

- 기타수입금액

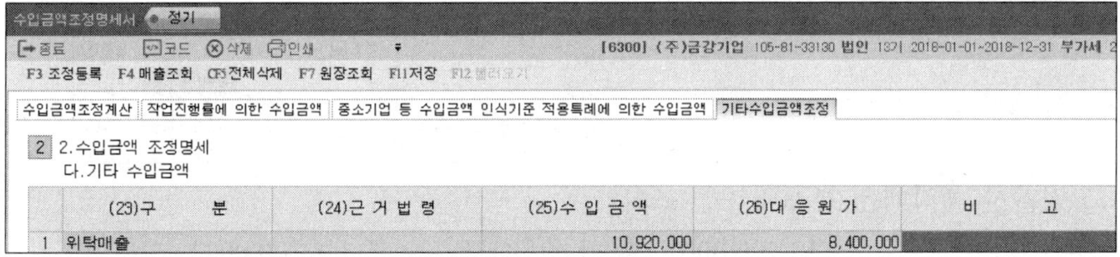

- 세무조정

　　<익금산입> 위탁매출 10,920,000 (유보 발생)

　　<손금산입> 위탁매출원가 8,400,000 (유보 발생)

조정 등록						
익금산입 및 손금불산입			손금산입 및 익금불산입		
과 목	금 액	소득처분	과 목	금 액	소득처분
위탁매출	10,920,000	유보발생	위탁매출원가	8,400,000	유보발생

2. 조정후수입금액명세서

- 업종별수입금액명세서

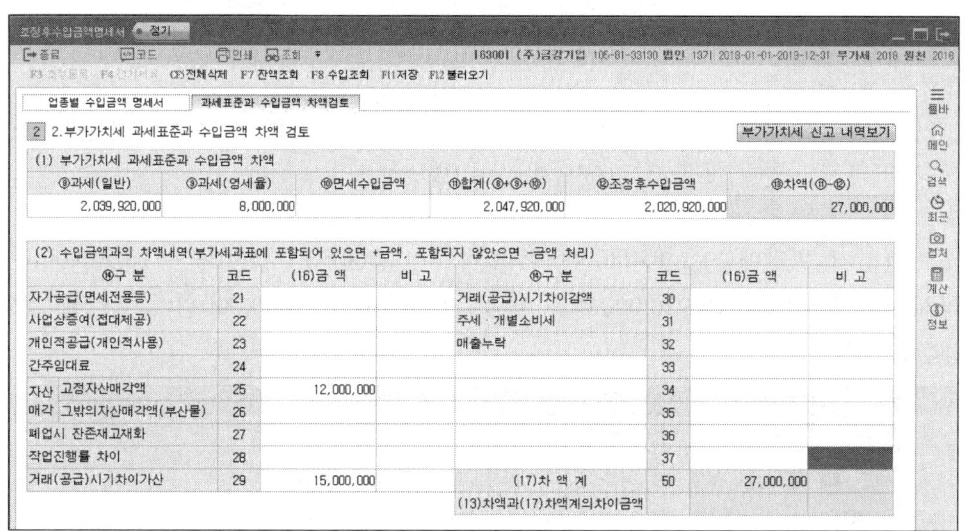

부산물매각액은 제조에 합산하여 기재한다.

- 과세표준과 수입금액 차액검토

- 고정자산 매각액은 분개내역을 조회

현 금	13,200,000	/ 부가세예수금	1,200,000
감가상각누계액	5,000,000	/ 차량운반구	15,000,000
		유형자산처분이익	2,000,000

- 선세금계산서 발행분은 2019년 매출이므로 당기분에는 포함되어 있지 않으나 부가
  세과세표준에는 포함되어있으므로 해당금액을 거래시기차이 가산란에 입력한다.
- 위탁매출은 조정후 수입금액에도 포함되었고 부가세도 수정신고하였으므로 차액이
  발생하지 않는다.

❸ 감가상각비 조정

> "감가상각"이란 고정자산의 취득원가에서 잔존가액을 차감한 잔액을 그 자산의 경제적 효익이 발
> 생하는 내용연수동안 배분하는 과정을 말한다.
> 기업회계기준에서는 감가상각자산을 취득시 추정잔존가치를 고려하여 합리적인 방법을 선택 후
> 추정내용연수 기간동안 계속적으로 감가상각비를 계산하도록 규정하고 있다. 하지만 세법에서는
> 내용연수와 잔존가액 및 감가상각 방법을 규정하고 있으며, 결산서에 반영된 감가상각비가 세무상
> 한도금액을 초과하면 세무조정하도록 하고 있다.

1. 고정자산 등록

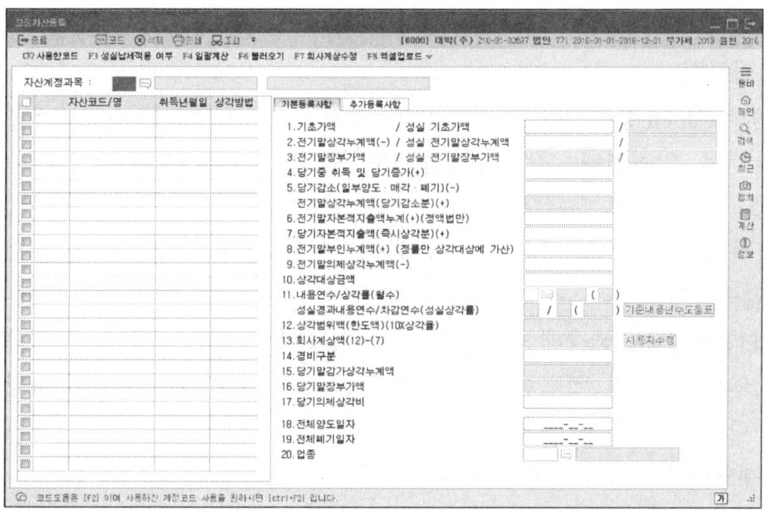

● 메뉴 설명

- F2 코드 : 자산항목 계정코드 확인시 사용한다.
- 사용한코드: 등록된 자산 계정과목을 조회하는 경우에 사용한다(커서위치는 자산계정과
  목란 위치 시 해당버튼이 활성화된다)
- F4 일괄계산 : 연말정산 또는 반기결산기준으로 사용자수정을 포함하여 일괄재계산시
  사용한다.
- F5 삭제 : 작성된 내용을 일부삭제할 때 사용한다.
- F7 회사계상수정 : 선택한 고정자산의 13.회사계상액을 "0"으로 수정시 사용한다.

● **작성순서**
  - 고정자산 계정과목코드 입력 또는 선택 (195:설비장치~228:웹사이트원가)
  - 자산코드 및 자산명 : 원하는 코드 6자리까지 입력가능
  - 취득년월일 및 상각방법(1.정률법,2.정액법)
  - 기본등록사항 입력
  - 추가등록사항 입력

(1) 기본등록사항의 입력

1) **1.기초가액** : 전기말 현재의 취득가액을 입력한다.

2) **2.전기말상각누계액(-)** : 전기말 현재의 감가상각누계액을 입력한다.

3) **3.전기말장부가액** : "1.기초가액"과 "2.전기말상각누계액"을 반영하여 자동계산된 금액이 표시된다.
   - 유형자산 : 1.기초가액 − 2.전기말상각누계액을 반영
   - 무형자산 : 1.기초가액 = 3.전기말장부가액

4) **4.당기중 취득 및 당기 증가** : 당기에 신규취득한 자산이나 당기에 추가취득한 경우에 해당금액을 입력한다.

5) **5.당기감소(일부양도·매각·폐기)** : 기중에 부분매각 및 폐기한 내역이 있으면 감소된 자산금액을 입력한다.

6) **6.전기말자본적지출액누계(+)(정액법만)** : 전기까지 자본적지출에 해당하는 금액을 비용으로 계상한 금액을 입력한다. 감가상각방법을 정액법으로 선택한 경우에만 입력이 활성화된다.

7) **7.당기자본적지출액(즉시상각분)(+)** : 자본적지출에 해당하는 금액을 당기에 비용으로 계상한 금액을 입력한다.

8) **8.전기말부인누계액(+)(정률만 상각대상에 가산)** : 전기말까지 감가상각비 한도를 초과해서 부인된 금액이 있으면 입력한다. 정률법을 적용하는 경우에만 상각대상 금액에 영향을 미친다.

9) **9.전기말의제상각누계액(-)** : 전기말까지 의제상각비를 입력한다.

10) **10. 상각대상금액** : 1번~9번 항목에 입력된 금액에 의하여 자동계산된다.

11) **11. 내용연수/상각률(월수)** : 해당자산의 내용연수를 입력하면 상각률은 자동계산된다.

12) **12. 상각범위액(한도액)** : 상각대상금액을 상각률로 자동계산되어 반영된다.

13) **13. 회사계상액** : 상각대상금액을 상각률을 적용하여 자동계산되어 반영되며, 회사가 계상한 감가상각비로 수정할 수 있다.(사용자수정)

14) **14. 경비구분** : 고정자산의 용도에 따라 경비구분을 선택하여 관리할 수 있다. 결산 시 선택한 경비 구분번호에 따라 경비 구분별로 감가상각비 반영된다.

> 1. 500번대 (제조) 2. 600번대(도급) 3. 650번대 (보관)
> 4. 700번대(분양) 5. 750번대(운송) 6.800번대(판관비)

15) **15. 당기말감가상각누계액** : 전기말상각누계액과 상각비의 합계액이 자동 표시된다.

16) **16. 당기말장부가액** : 기초가액에서 당기말상각누계액을 차감한 금액이 자동 반영된다.

17) **17. 당기의제상각비** : 당기발생 의제상각비를 입력한다.

18) **18. 전체양도일자** : 연도 중에 양도한 자산의 양도일자를 입력한다. 양도일자가 입력된 자산은 양도자산 감가상각비메뉴와 고정자산 관리대장 메뉴에서 조회된다.

19) **19. 전체폐기일자** : 연도 중에 폐기한 자산의 폐기일자를 입력한다. 폐기일자가 입력된 자산은 고정자산 관리대장 메뉴에서만 조회된다.

20) **20. 업종** : 업종코드번호를 입력한다.

● **감가상각자산 범위**

유형고정자산	무형고정자산
- 건물(부속설비 포함)및 구축물 - 차량 및 운반구, 공구, 기구 및 비품 - 선박 및 항공기 - 기계장치 및 동물 및 식물 - 기타 이와 유사한 유형고정자산	- 영업권, 디자인권, 실용신안권, 상표권 등 - 특허권, 어업권, 유료도로관리권, 전기가스공급시설이용권 등 - 광업권, 전신전화전용시설이용권 등 - 댐사용권, 사용수익기부자산가액, 주파수이용권 및 공항시설관리권 - 개발비, 사용수익기부자산가액 등

※ 감가상각 자산에 포함하는 것
 - 장기할부조건으로 매입한 고정자산 : 소유권 여부와 관계없이 감가상각자산으로 본다.
 - 금융리스자산 : 리스자산의 경우 금융리스자산은 리스이용자의 감가상각자산으로 하며 그 이외의 리스는 리스회사의 감가상각자산으로 한다.

● **감가상각 방법**

구　분		신고시	무신고시
유형 고정 자산	건축물	정액법	정액법
	광업용 유형고정자산	생산량비례법, 정액법, 정률법 중 선택	생산량비례법
	기타 고정자산	정액법과 정률법 중 선택	정률법
무형고정자산		정액법	정액법

(2) 추가등록사항

1) **1.사용부서코드** ：부서/사원등록에서 입력이 선행되야 반영된다.
2) **2.프로젝트** : 프로젝트등록이 선행되야 반영된다.
3) **3.현장코드** ： 현장등록이 선행되야 반영된다.
4) **4.특별상각율** : 특별상각 적용율을 직접입력한다.
5) **5.특별상각비** : 입력한 특별상각율에 의한 상각비가 계산되어 표시된다.
6) **6.특례내용 연수적용여부** : 특례적용 여부를 입력한다. "1:여"의 경우에는 특례내용 연수를 직접입력한다.
7) **7.규격~11.제작사** : 해당사항을 직접입력한다.

2. 미상각분 감가상각비

고정자산 등록에 입력한 각 자산이 계정과목별로 나타나는 화면이며, 고정자산 등록에서 입력된 내역을 확인하는 것이므로 추가 입력이나 삭제는 되지 않는다.

당기상각비를 고정자산에서 상각 수정한 것과 동일하게 사용자 수정이 가능하다.

3. 양도자산 감가상각비

고정자산 등록의 [18. 전체양도일자]에서 양도일자가 입력된 자산이 집계되며 각 계정과목별로 나타나는 화면이다.

4. 미상각자산 감가상각조정명세서

고정자산 등록 메뉴에 있는 데이터를 자동으로 불러오거나 해당 자산의 기초자료를 직접 입력하여 조정할 수 있다. 고정자산 등록 메뉴의 내역을 불러오는 것이 기본이므로 항상 고정자산 등록 후 "미상각자산 감가상각조정명세서"에서 감가상각계산 데이터를 불러오도록 한다.

(1) 유형자산(정액법)

해당 화면은 고정자산 등록내용을 불러오므로 실제 서식 작성시 각 란에 기재되어야 하는 금액은 정률법의 작성방법을 참조하도록 한다.

● **정액법 계산구조**
- 상각범위액 = 취득가액 × 상각률
- 세무상 취득가액의 계산요소
    당기말 재무상태표상의 취득가액
  + 비용계상한 자본적 지출액(당기분)
  + 비용계상한 자본적 지출액(전기 이전분)
  = 세무상 취득가액

(2) 유형자산(정률법)

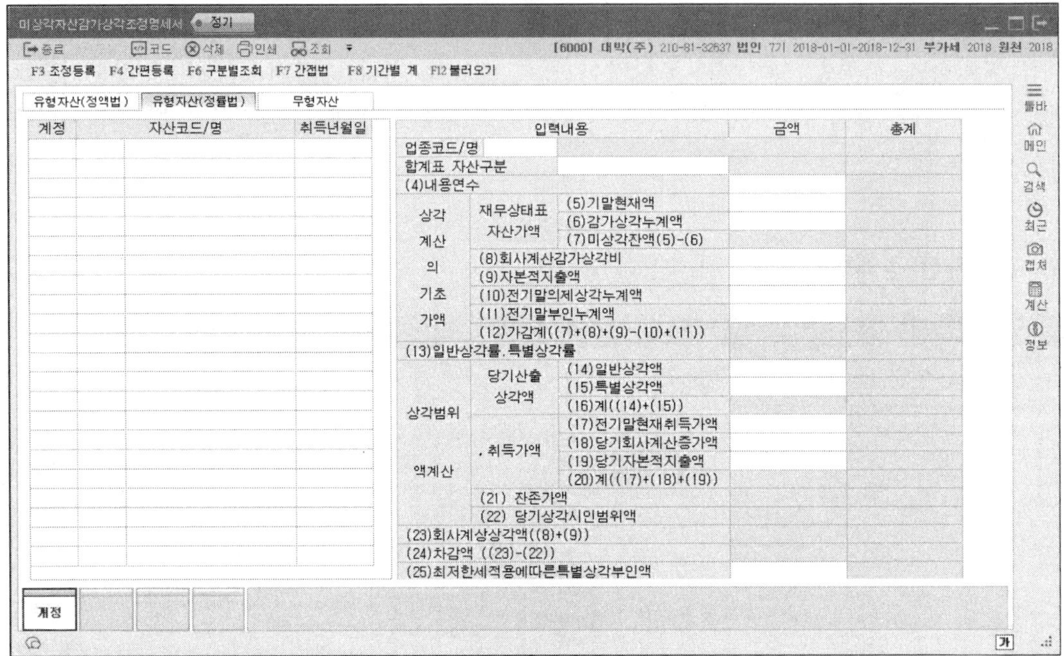

- **정률법 계산구조**
  - 상각범위액 = 미상각잔액 × 상각률
  - 세무상 미상각잔액의 계산

당기말 재무상태표상의 취득가액	: (5) 기말현재액
− 당기말 재무상태표상의 감가상각누계액	: (6) 감가상각누계액
= 재무상태표상 미상각잔액	: (7) 미상각잔액
+ 당기에 증가한 감가상각누계액	: (8) 회사계산감가상각비
+ 비용 계상한 자본적 지출액(당기 발생분)	: (9) 자본적지출액
− 의제 상각액	: (10) 전기말의제상각누계액
+ 전기이월 상각 부인액(유보)	: (11) 전기말부인누계액
= 세무상 미상각잔액	: (12) 가감액

1) 상각계산의 기초가액

상각 계산 의 기초 가액	재무상태표 자산가액	(5)기말현재액		
		(6)감가상각누계액		
		(7)미상각잔액(5)−(6)		
	(8)회사계산감가상각비			
	(9)자본적지출액			
	(10)전기말의제상각누계액			
	(11)전기말부인누계액			
	(12)가감계((7)+(8)+(9)−(10)+(11))			

● **고정자산 등록이 미상각분 감가상각 계산에 미치는 영향**

미상각분감가상각조정명세서		고정자산 등록
(5)기말현재액	←	1. 기초가액 + 4. 당기중취득(증가)
(6)감가상각누계액	←	2. 전기말상각누계액
(8)회사감가상각비	←	13. 회사계상액
(9)자본적지출액	←	7. 당기의 자본적지출액
(10)전기말의제상각누계액	←	9. 전기말의제상각누계액
(11)전기말부인누계액	←	8. 전기말부인누계액

2) 상각범위액 계산

상각범위 · 액계산	당기산출 상각액	(14)일반상각액	
		(15)특별상각액	
		(16)계((14)+(15))	
	취득가액	(17)전기말현재취득가액	
		(18)당기회사계산증가액	
		(19)당기자본적지출액	
		(20)계((17)+(18)+(19))	
	(21) 잔존가액		
	(22) 당기상각시인범위액		

- (14) 일반상각액

상각계산의 기초가액 가감계(⑫)에 일반상각률(⑬)을 곱한 금액이 기재된다.

- (22) 당기상각시인범위액

상각계산의 기초가액 가감계(⑫)에서 잔존가액(㉑)을 차감한 잔액을 한도로 한 당기산출상각액(⑯)이 반영되며 다만, 상각계산의 기초가액 가감계(⑫)에서 당기산출상각액(⑯)을 차감한 금액이 잔존가액(㉑) 이하인 경우에는 상각계산의 기초가액 가감계(⑫)의 금액이 반영된다.

3) (23)회사계산 상각액

회사계산상각비(⑧)와 세무계산 자본적지출액(⑨)의 합계액이 반영된다.

4) (24)차감액

회사계산상각액(㉓)에서 당기상각시인범위액(㉒)을 차감한 잔액이 기입되고, 미달액이 있는 경우에는(-)표시로 기재된다.

5) 조정액 중 (26)상각부인액

차감액(㉔)이 양수(+)인 경우 당기상각부인액(㉖)에 반영된다.

※ <손금불산입>조정 및 유보 발생처분

6) 조정액 중 (27)기왕부인액 중 당기손금추인액

차감액(㉔)이 음수(-)이면서, 전기말 부인누계액(⑪)이 있는 경우에 전기말 부인액 누계(⑪)를 한도로 한 시인부족액이 기재된다.

※ <손금산입> 조정 및 유보 감소처분

7) (28)당기말 부인누계

전기말 부인액 누계(⑪)에 당기상각부인액(㉖)또는 기왕부인액중 당기손금추인액(㉗)을 가감하여 반영된다.

8) (29)당기 의제상각액

감가상각의제에 해당하는 법인으로서 차감액(㉔)란의 시인부족액(△표시분)이 표시되며, 기왕부인액중 당기손금추인액(㉗)이 있는 경우 차감하여 반영된다.

6. 양도자산 감가상각조정명세서

양도연월일을 입력하는 것 이외에는 미상각자산 감가상각조정명세서의 입력방법과 동일하다.

7. 감가상각비 조정명세서 합계표

건축물, 기계장치, 기타자산, 무형고정자산별로 감가상각내용을 요약한 표로 말하며 감가상각비 조정금액을 한눈에 확인할 수 있다.

1.자산 구분		코드	2.합 계 액	유 형 고 정 자 산			6.무형고정자산
				3.건 축 물	4.기계장치	5.기타자산	
재무상태표상가액	101.기말현재액	01					
	102.감가상각누계액	02					
	103.미상각잔액	03					
	104.상각범위액	04					
	105.회사손금계상액	05					
조정금액	106.상각부인액 (105-104)	06					
	107.시인부족액 (104-105)	07					
	108.기왕부인액 중 당기손금추인액	08					
	109.신고조정손금계상액	09					

❖ 감가상각비조정 사례

대박(주)(회사코드 : 6000)에 대한 다음 자료를 고정자산 등록하고 감가상각비조정명세서 작성 후 조정등록을 하시오.

자산명(코드)	본사건물(1)	기계(1)	화물차(1)
상각방법	정액법	정률법	정률법
취득연월일	2014.10.1	2017.1.1	2018.4.1
내용연수	20년	5년	5년
업종코드	03	13	01
취득가액	800,000,000원	100,000,000원	13,200,000원
전기말상각누계액	122,000,000원	15,000,000원	0원
회사감가상각비	38,000,000원	38,335,000원	2,320,770원
참고사항	전기 상각부인액 8,000,000원 있음	6,000,000원을 수익적지출로 처리했으나 이는 자본적지출임 (공장사용 기계장치임)	공장에서 사용하며 구입시 취득세 500,000원을 세금과공과로 처리함

※ 해당 내역만 감가상각조정하도록 한다.

>> 해 설

<고정자산 등록>

1) 본사건물 고정자산 등록

기본등록사항	추가등록사항

```
1.기초가액               / 성실 기초가액              800,000,000 /
2.전기말상각누계액(-)     / 성실 전기말상각누계액      122,000,000 /
3.전기말장부가액          / 성실 전기말장부가액        678,000,000 /
4.당기중 취득 및 당기증가(+)
5.당기감소(일부양도·매각·폐기)(-)
  전기말상각누계액(당기감소분)(+)
6.전기말자본적지출액누계(+)(정액법만)
7.당기자본적지출액(즉시상각분)(+)
8.전기말부인누계액(+) (정률만 상각대상에 가산)      8,000,000
9.전기말의제상각누계액(-)
10.상각대상금액                                    800,000,000
11.내용연수/상각률(월수)        20 [💬] 0.05 ( 12 )
   성실경과내용연수/차감연수(성실상각률)   /  (      )  기준내용년수도움표
12.상각범위액(한도액)(10X상각율)                    40,000,000
13.회사계상액(12)-(7)                               38,000,000   사용자수정
14.경비구분                    6.800번대/판관비
15.당기말감가상각누계액                             160,000,000
16.당기말장부가액                                   640,000,000
17.당기의제상각비

18.전체양도일자                ---- - - --
19.전체폐기일자                ---- - - --
20.업종                        03 [💬] 철골,철골,석조
```

- 8.전기말부인누계액란에 8,000,000원을 입력
- "사용자수정"을 통하여 결산서에 반영된 감가상각비 38,000,000원을 "13.회사계상상각비"에 입력
- 경비구분 : 본사 사옥 건물이므로 6.800번대/판관비 선택

2) 기계 고정자산 등록

| 기본등록사항 | 추가등록사항 |

1. 기초가액   / 성실 기초가액   100,000,000 /
2. 전기말상각누계액(-) / 성실 전기말상각누계액   15,000,000 /
3. 전기말장부가액   / 성실 전기말장부가액   85,000,000 /
4. 당기중 취득 및 당기증가(+)
5. 당기감소(일부양도·매각·폐기)(-)
   전기말상각누계액(당기감소분)(+)
6. 전기말자본적지출액누계(+)(정액법만)
7. 당기자본적지출액(즉시상각분)(+)   6,000,000
8. 전기말부인누계액(+) (정률만 상각대상에 가산)
9. 전기말의제상각누계액(-)
10. 상각대상금액   91,000,000
11. 내용연수/상각률(월수)   5 ⊡ 0.451 (12)
    성실경과내용연수/차감연수(성실상각률)   / (   )   기준내용년수도움표
12. 상각범위액(한도액)(10X상각율)   41,041,000
13. 회사계상액(12)-(7)   38,335,000   사용자수정
14. 경비구분   1.500번대/제조
15. 당기말감가상각누계액   53,335,000
16. 당기말장부가액   46,665,000
17. 당기의제상각비
18. 전체양도일자   ---- - --
19. 전체폐기일자   ---- - --
20. 업종   13 ⊡ 제조업

- 자본적지출액 6,000,000원은 즉시상각의제에 해당하므로 "7.당기자본적지출액"에 입력
- 경비구분 : 공장 기계장치이므로 1.500번대/제조 선택

3) 화물차 고정자산 등록

| 기본등록사항 | 추가등록사항 |

1. 기초가액   / 성실 기초가액   /
2. 전기말상각누계액(-) / 성실 전기말상각누계액   /
3. 전기말장부가액   / 성실 전기말장부가액   /
4. 당기중 취득 및 당기증가(+)   13,200,000
5. 당기감소(일부양도·매각·폐기)(-)
   전기말상각누계액(당기감소분)(+)
6. 전기말자본적지출액누계(+)(정액법만)
7. 당기자본적지출액(즉시상각분)(+)   500,000
8. 전기말부인누계액(+) (정률만 상각대상에 가산)
9. 전기말의제상각누계액(-)
10. 상각대상금액   13,700,000
11. 내용연수/상각률(월수)   5 ⊡ 0.451 (9)
    성실경과내용연수/차감연수(성실상각률)   / (   )   기준내용년수도움표
12. 상각범위액(한도액)(10X상각율)   4,634,025
13. 회사계상액(12)-(7)   2,320,770   사용자수정
14. 경비구분   1.500번대/제조
15. 당기말감가상각누계액   2,320,770
16. 당기말장부가액   10,879,230
17. 당기의제상각비
18. 전체양도일자   ---- - --
19. 전체폐기일자   ---- - --
20. 업종   1 ⊡ 차량및운반구

- "4.당기중 취득 및 당기증가"에 취득가액을 입력 (당기 중 신규취득자산)
- 즉시상각의제에 해당하는 금액 500,000원은 "7.당기자본적지출액"란에 입력
- "사용자수정"을 통하여 결산서에 반영된 감가상각비 2,320,770원을 "13.회사계상상각비"에
- 경비구분 : 공장에서 사용하는 화물차이므로 1.500번대/제조 선택입력

<미상각자산 조정명세서>

1) 공장건물

미상각분감가상각조정화면에서 "불러오기"를 클릭하면 고정자산 등록에서 입력된 내용이 자동반영
되어진다.

① 본사건물의 고정자산 등록내역 불러오기

입력내용			금액	총계
업종코드/명　03		철골,철골,석조		
합계표 자산구분		1. 건축물		
(4)내용연수(기준.신고)			20	
상각 계산 의 기초 가액	재무상태표 자산가액	(5)기말현재액	800,000,000	800,000,000
		(6)감가상각누계액	160,000,000	160,000,000
		(7)미상각잔액(5)-(6)	640,000,000	640,000,000
	회사계산 상각비	(8)전기말누계	122,000,000	122,000,000
		(9)당기상각비	38,000,000	38,000,000
		(10)당기말누계(8)+(9)	160,000,000	160,000,000
	자본적 지출액	(11)전기말누계		
		(12)당기지출액		
		(13)합계(11)+(12)		
(14)취득가액((7)+(10)+(13))			800,000,000	800,000,000
(15)일반상각률.특별상각률			0.05	
상각범위 액계산	당기산출 상각액	(16)일반상각액	40,000,000	40,000,000
		(17)특별상각액		
		(18)계((16)+(17))	40,000,000	40,000,000
	(19) 당기상각시인범위액		40,000,000	40,000,000
(20)회사계상상각액((9)+(12))			38,000,000	38,000,000
(21)차감액((20)-(19))			-2,000,000	-2,000,000
(22)최저한세적용에따른특별상각부인액				

- 회사계상액 : (9)당기상각비 38,000,000 = (20)회사계상상각액 38,000,000원
- 세무상한도 : (19)당기상각시인범위액 40,000,000원
- 시인부족액 : (21)차감액 -2,000,000원
- 세무조정 : <손금산입> 전기상각부인액 2,000,000 (유보 감소)

조정액	(23) 상각부인액((21)+(22))		
	(24) 기왕부인액중당기손금추인액	2,000,000	2,000,000
부인액 누계	(25) 전기말부인누계액	8,000,000	8,000,000
	(26) 당기말부인누계액 (25)+(23)-|24|	6,000,000	6,000,000

※ 고정자산 등록시 "8.전기말부인누계액"에 입력한 금액 : 8,000,000원 → (25)전기말부인액누계란에 반영 → (24)기
왕부인액중당기손금추인 2,000,000원이 계산

※ 정액법의 자본적지출액

정액법하에서의 자본적지출액은 당기분뿐만 아니라 당기이전 자본적지출액도 고려해야한다. 따라서 문제에서 자본적지출액이 주어지면 전기와 당기구별해서 고정자산 등록의 주요등록사항에 입력하면 미상각분 감가상각조정명세서에 자동으로 불러온다.

고정자산 등록　→　미상각분감가상각명세

6. 전기말자본적지출액누계(+)(정액법만)
7. 당기자본적지출액(즉시상각분)(+)

상각 계산 의 기초 가액	재무상태표 자산가액	(5)기말현재액	800,000,000	800,000,000
		(6)감가상각누계액	160,000,000	160,000,000
		(7)미상각잔액(5)-(6)	640,000,000	640,000,000
	회사계산 상각비	(8)전기말누계	122,000,000	122,000,000
		(9)당기상각비	38,000,000	38,000,000
		(10)당기말누계(8)+(9)	160,000,000	160,000,000
	자본적 지출액	(11)전기말누계		
		(12)당기지출액		
		(13)합계(11)+(12)		

2) 정률법의 미상각자산 감가상각조정명세서

① 기계의 고정자산 등록내역 불러오기

입력내용			금액	총계
업종코드/명	13	제조업		
합계표 자산구분		2. 기계장치		
(4)내용연수			5	
상각 계산 의 기초 가액	재무상태표 자산가액	(5)기말현재액	100,000,000	113,200,000
		(6)감가상각누계액	53,335,000	55,655,770
		(7)미상각잔액(5)-(6)	46,665,000	57,544,230
		(8)회사계산감가상각비	38,335,000	40,655,770
		(9)자본적지출액	6,000,000	6,500,000
		(10)전기말의제상각누계액		
		(11)전기말부인누계액		
		(12)가감계((7)+(8)+(9)-(10)+(11))	91,000,000	104,700,000
(13)일반상각률.특별상각률			0.451	
상각범위 액계산	당기산출 상각액	(14)일반상각액	41,041,000	45,675,025
		(15)특별상각액		
		(16)계((14)+(15))	41,041,000	45,675,025
	취득가액	(17)전기말현재취득가액	100,000,000	100,000,000
		(18)당기회사계산증가액		13,200,000
		(19)당기자본적지출액	6,000,000	6,500,000
		(20)계((17)+(18)+(19))	106,000,000	119,700,000
	(21) 잔존가액		5,300,000	5,985,000
	(22) 당기상각시인범위액		41,041,000	45,675,025
(23)회사계상상각액((8)+(9))			44,335,000	47,155,770
(24)차감액 ((23)-(22))			3,294,000	1,480,745
(25)최저한세적용에따른특별상각부인액				

- 회사계상액 : (8)회사계산감가상각비 38,335,000 + (9)자본적지출액 6,000,000원
　　　　　= (23)회사계상상각액 44,335,000원
- 세무상한도 : (22)당기상각시인범위액　41,041,000원
- 한도초과액 : (21)차감액 3,294,000원
- 세무조정 : <손금불산입> 기계 감가상각비 한도초과액 3,294,000 (유보 발생)

② 화물차의 고정자산내역불러오기

입력내용			금액	총계
업종코드/명	01	차량밓운반구		
합계표 자산구분		3. 기타자산		
(4)내용연수			5	
상각 계산 의 기초 가액	재무상태표 자산가액	(5)기말현재액	13,200,000	113,200,000
		(6)감가상각누계액	2,320,770	55,655,770
		(7)미상각잔액(5)-(6)	10,879,230	57,544,230
	(8)회사계산감가상각비		2,320,770	40,655,770
	(9)자본적지출액		500,000	6,500,000
	(10)전기말의제상각누계액			
	(11)전기말부인누계액			
	(12)가감계((7)+(8)+(9)-(10)+(11))		13,700,000	104,700,000
(13)일반상각률.특별상각률			0.451	
상각범위 액계산	당기산출 상각액	(14)일반상각액	4,634,025	45,675,025
		(15)특별상각액		
		(16)계((14)+(15))	4,634,025	45,675,025
	취득가액	(17)전기말현재취득가액		100,000,000
		(18)당기회사계산증가액	13,200,000	13,200,000
		(19)당기자본적지출액	500,000	6,500,000
		(20)계((17)+(18)+(19))	13,700,000	119,700,000
	(21) 잔존가액		685,000	5,985,000
	(22) 당기상각시인범위액		4,634,025	45,675,025
(23)회사계상상각액((8)+(9))			2,820,770	47,155,770
(24)차감액 ((23)-(22))			-1,813,255	1,480,745
(25)최저한세적용에따른특별상각부인액				

- 회사계상액 : (8)회사계산감가상각비 2,320,770원 + (9)자본적지출액 500,000원
　　　　　　 = (23)회사계상상각액 2,820,770원
- 세무상한도 : (22)당기상각시인범위액 4,634,025원
- 시인부족액 : (21)차감액 -1,813,255원
- 세무조정 :　없음

3) 감가상각비조정명세서 합계표 및 조정 등록(본 서식은 문제의 요구사항에서 작성하라고 하지 않았으나 참고사항으로 제시하였음)

① 감가상각비 조정명세서

1.자 산 구 분		코드	2.합 계 액	유형 고정 자산			6.무형고정자산
				3.건 축 물	4.기계장치	5.기타자산	
재무 상태표 상가액	101.기말현재액	01	913,200,000	800,000,000	100,000,000	13,200,000	
	102.감가상각누계액	02	215,655,770	160,000,000	53,335,000	2,320,770	
	103.미상각잔액	03	697,544,230	640,000,000	46,665,000	10,879,230	
	104.상각범위액	04	85,675,025	40,000,000	41,041,000	4,634,025	
	105.회사손금계상액	05	85,155,770	38,000,000	44,335,000	2,820,770	
조정 금액	106.상각부인액 (105-104)	06	3,294,000		3,294,000		
	107.시인부족액 (104-105)	07	3,813,255	2,000,000		1,813,255	
	108.기왕부인액 중 당기손금추인액	08	2,000,000	2,000,000			
	109.신고조정손금계상액	09					

감가상각내용을 유형고정자산(건축물, 기계장치, 기타자산)과 무형고정자산으로 구분하여 해당분류별로 감가상각 내역들을 합산해서 보여준다.

② 소득금액조정합계표

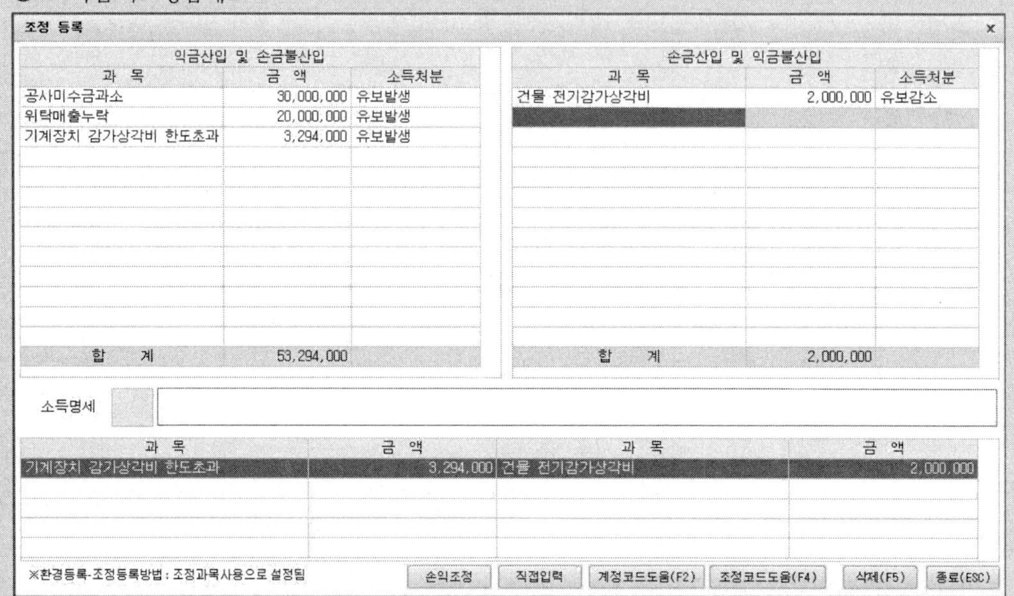

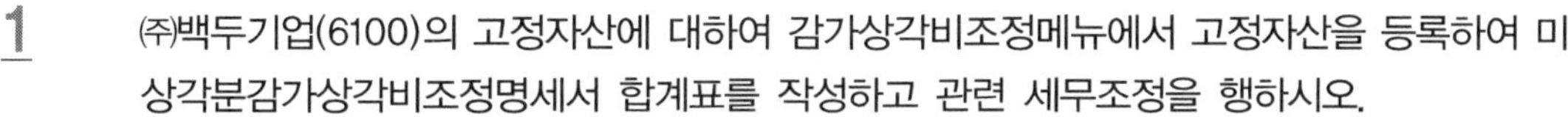

연습문제

1 ㈜백두기업(6100)의 고정자산에 대하여 감가상각비조정메뉴에서 고정자산을 등록하여 미상각분감가상각비조정명세서 합계표를 작성하고 관련 세무조정을 행하시오.

1) 감가상각자산 보유내역

과목	자산 코드	자산명	취득일	취득가액	전기말감가 상각누계	상각부인액 (시인부족액)	기준내 용연수
건물	000001	공장건물	2017.02.01	300,000,000	15,000,000	13,654,167	20년
기계 장치	000001	기계장치1	2015.05.20	50,000,000	15,650,000	5,166,666	8년
	000002	기계장치2	2016.04.01	100,000,000	43,475,000	(3,952,325)	8년

2) 건물은 전기에 취득세 13,000,000원을 세금과공과로 처리하였다. 전기에 감가상각비 세무조정시 적정하게 반영되었다.

3) 기계장치1에 대한 주요시스템 교체비용 3,500,000원을 당기수선비로 회계처리하였다. 해당금액은 자본적지출에 해당하는 금액이다.

4) 기계장치2에 대한 전기분 시인부족액 3,952,325원 대해 당기에 다음과 같이 회계처리하였다.
   (차) 전기오류수정손실(이익잉여금)   3,952,325   (대) 감가상각누계액   3,952,325

5) 당기에 회사가 감가상각비를 반영한 금액은 다음과 같다.
   – 건물감가상각비 15,000,000원
   – 기계장치1 감가상각비 10,751,550원
   – 기계장치2 감가상각비 17,692,325원

6) 회사는 감가상각 방법 및 내용연수를 신고하지 않았으며 해당 자산은 모두 제조부분이다.
   (업종코드는 고려하지 마시오)

● 해답

1. 건물

① 고정자산 등록

▪ 공장건물(정액법)

기본등록사항	추가등록사항	
1.기초가액 / 성실 기초가액	300,000,000 /	
2.전기말상각누계액(-) / 성실 전기말상각누계액	15,000,000 /	
3.전기말장부가액 / 성실 전기말장부가액	285,000,000 /	
4.당기중 취득 및 당기증가(+)		
5.당기감소(일부양도 · 매각 · 폐기)(-)		
전기말상각누계액(당기감소분)(+)		
6.전기말자본적지출액누계(+)(정액법만)	13,000,000	
7.당기자본적지출액(즉시상각분)(+)		
8.전기말부인누계액(+) (정률만 상각대상에 가산)	13,654,167	
9.전기말의제상각누계액(-)		
10.상각대상금액	313,000,000	
11.내용연수/상각률(월수)	20 [·] 0.05 (12)	
성실경과내용연수/차감연수(성실상각률)	/ ( )	기준내용년수도움표
12.상각범위액(한도액)(10X상각율)	15,650,000	
13.회사계상액(12)-(7)	15,000,000	사용자수정
14.경비구분	1.500번대/제조	
15.당기말감가상각누계액	30,000,000	
16.당기말장부가액	270,000,000	
17.당기의제상각비		
18.전체양도일자	----.--.--	
19.전체폐기일자	----.--.--	
20.업종	[·]	

- 6.전기말자본적지출액누계(+)란에 13,000,000원 입력

- 8.전기말부인누계액란에 13,654,167원 입력

- 13.회사계상액에 당기감가상각비 15,000,000원 입력

- 경비구분 : 1.500번대/제조 선택

② 건물미상각자산감가상각조정명세서

입력내용			금액	총계
업종코드/명				
합계표 자산구분		1. 건축물		
(4)내용연수(기준.신고)			20	
상각	재무상태표 자산가액	(5)기말현재액	300,000,000	300,000,000
계산		(6)감가상각누계액	30,000,000	30,000,000
의		(7)미상각잔액(5)-(6)	270,000,000	270,000,000
기초	회사계산 상각비	(8)전기말누계	15,000,000	15,000,000
가액		(9)당기상각비	15,000,000	15,000,000
		(10)당기말누계(8)+(9)	30,000,000	30,000,000
	자본적 지출액	(11)전기말누계	13,000,000	13,000,000
		(12)당기지출액		
		(13)합계(11)+(12)	13,000,000	13,000,000
(14)취득가액((7)+(10)+(13))			313,000,000	313,000,000
(15)일반상각률.특별상각률			0.05	
상각범위 액계산	당기산출 상각액	(16)일반상각액	15,650,000	15,650,000
		(17)특별상각액		
		(18)계((16)+(17))	15,650,000	15,650,000
	(19) 당기상각시인범위액		15,650,000	15,650,000
(20)회사계상상각액((9)+(12))			15,000,000	15,000,000
(21)차감액((20)-(19))			-650,000	-650,000
(22)최저한세적용에따른특별상각부인액				
조정액	(23) 상각부인액((21)+(22))			
	(24) 기왕부인액중당기손금추인액		650,000	650,000
부인액 누계	(25) 전기말부인누계액		13,654,167	13,654,167
	(26) 당기말부인누계액 (25)+(23)-│24│		13,004,167	13,004,167
당기말	(27) 당기의제상각액 │△(21)│-│(24)│			

- 회사계상액 : (9)당기상각비 15,000,000 = (20)회사계상상각액 15,000,000원
- 세무상한도 : (19)당기상각시인범위액 15,650,000원
- 시인부족액 : (21)차감액 -650,0000원
- 세무조정 : <손금산입> 전기상각부인액 650,000 (유보 감소)
  전기말 한도초과액 13,654,167원을 한도로 하여 손금산입

2. 기계장치1

① 고정자산 등록

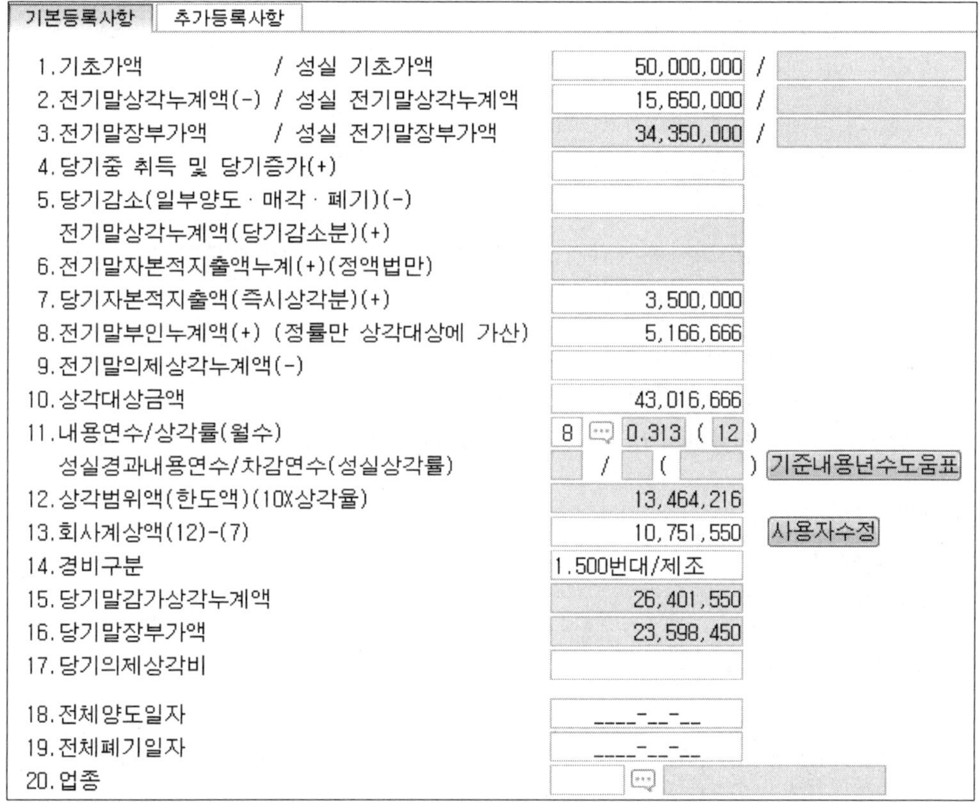

- 자본적지출액 3,500,000원은 즉시상각의제에 해당하므로 "7.당기자본적지출액"에 입력
- 전기말까지 상각부인액 8".전기말부인누계액" 5,166,666원 입력
- "(13) 회사계상액에 당기감가상각비 10,751,550원 입력
- 경비구분 : 공장기계장치이므로 1.500번대/제조 선택

② 기계장치1 미상각자산감가상각조정명세서

입력내용			금액	총계
업종코드/명				
합계표 자산구분		2. 기계장치		
(4)내용연수			8	
상각 계산 의 기초 가액	재무상태표 자산가액	(5)기말현재액	50,000,000	150,000,000
		(6)감가상각누계액	26,401,550	91,521,200
		(7)미상각잔액(5)-(6)	23,598,450	58,478,800
	(8)회사계산감가상각비		10,751,550	32,396,200
	(9)자본적지출액		3,500,000	3,500,000
	(10)전기말의제상각누계액			
	(11)전기말부인누계액		5,166,666	5,166,666
	(12)가감계((7)+(8)+(9)-(10)+(11))		43,016,666	99,541,666
(13)일반상각률.특별상각률			0.313	
상각범위 액계산	당기산출 상각액	(14)일반상각액	13,464,216	31,156,541
		(15)특별상각액		
		(16)계((14)+(15))	13,464,216	31,156,541
	취득가액	(17)전기말현재취득가액	50,000,000	150,000,000
		(18)당기회사계산증가액		
		(19)당기자본적지출액	3,500,000	3,500,000
		(20)계((17)+(18)+(19))	53,500,000	153,500,000
	(21) 잔존가액		2,675,000	7,675,000
	(22) 당기상각시인범위액		13,464,216	31,156,541
(23)회사계상상각액((8)+(9))			14,251,550	35,896,200
(24)차감액 ((23)-(22))			787,334	4,739,659
(25)최저한세적용에따른특별상각부인액				
조정액	(26) 상각부인액 ((24)+(25))		787,334	4,739,659
	(27) 기왕부인액중당기손금추인액			

- 회사계상액 : (8)회사계산감가상각비10,751,550원 + (9)자본적지출액 3,500,000원

  = (23)회사계상상각액14,251,550원

- 세무상한도 : (22)당기상각시인범위액 13,464,216원

- 한도초과액 : (21)차감액 787,334원

- 세무조정 : <손금불산입> 기계1감가상각비한도초과액 787,334 (유보 발생)

3. 기계장치2

① 고정자산 등록

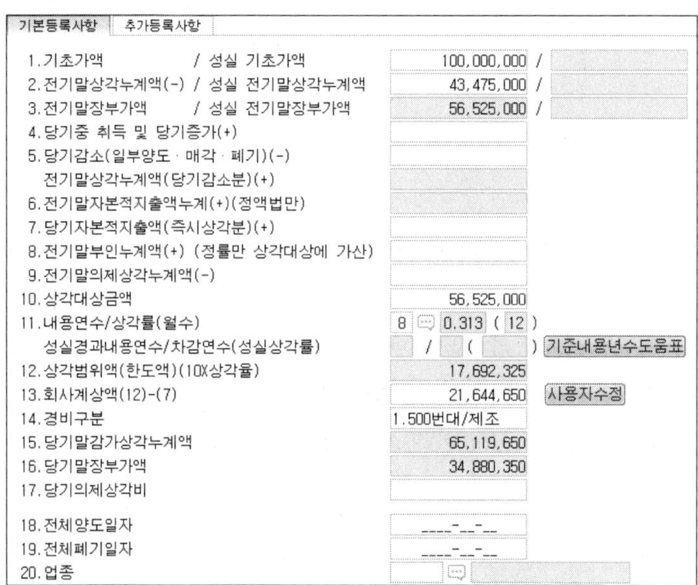

- "(13)회사계상액에 당기감가상각비 17,692,325원과 전기오류수정손실(잉여금)
  3,952,325을 합산한 21,644,650원 입력
- 경비구분 : 공장기계장치이므로 1.500번대/제조 선택

② 기계장치2 미상각자산감가상각조정명세서

입력내용			금액	총계
업종코드/명				
합계표 자산구분		2. 기계장치		
(4)내용연수			8	
상각 계산 의 기초 가액	재무상태표 자산가액	(5)기말현재액	100,000,000	150,000,000
		(6)감가상각누계액	65,119,650	91,521,200
		(7)미상각잔액(5)-(6)	34,880,350	58,478,800
	(8)회사계산감가상각비		21,644,650	32,396,200
	(9)자본적지출액			3,500,000
	(10)전기말의제상각누계액			
	(11)전기말부인누계액			5,166,666
	(12)가감계((7)+(8)+(9)-(10)+(11))		56,525,000	99,541,666
(13)일반상각률.특별상각률			0.313	
상각범위 액계산	당기산출 상각액	(14)일반상각액	17,692,325	31,156,541
		(15)특별상각액		
		(16)계((14)+(15))	17,692,325	31,156,541
	취득가액	(17)전기말현재취득가액	100,000,000	150,000,000
		(18)당기회사계산증가액		
		(19)당기자본적지출액		3,500,000
		(20)계((17)+(18)+(19))	100,000,000	153,500,000
	(21) 잔존가액		5,000,000	7,675,000
	(22) 당기상각시인범위액		17,692,325	31,156,541
(23)회사계상상각액((8)+(9))			21,644,650	35,896,200
(24)차감액 ((23)-(22))			3,952,325	4,739,659
(25)최저한세적용에따른특별상각부인액				
조정액 (26) 상각부인액 ((24)+(25))			3,952,325	4,739,659

- 회사계상액 : (8)회사계산감가상각비21,644,650원 = (23)회사계상상각액21,644,650원
- 세무상한도 : (22)당기상각시인범위액 17,692,325원
- 한도초과액 : (21)차감액 3,952,325원
- 세무조정 : <손금산입> 전기오류수정손실 3,952,325 (기타)

    <손금불산입> 기계2감가상각비한도초과액3,952,325 (유보 발생)

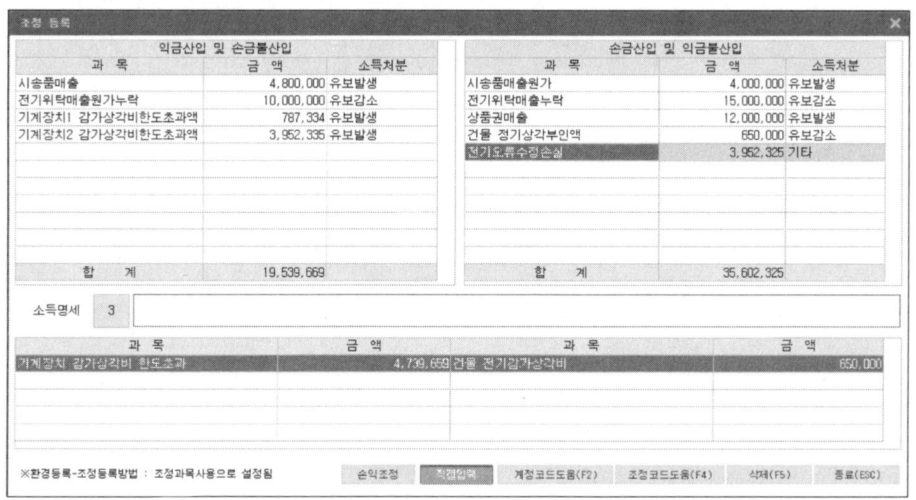

조정 등록						
익금산입 및 손금불산입			손금산입 및 익금불산입			
과 목	금 액	소득처분	과 목	금 액	소득처분	
시송품매출	4,800,000	유보발생	시송품매출원가	4,000,000	유보발생	
전기위탁매출원가누락	10,000,000	유보감소	전기위탁매출누락	15,000,000	유보감소	
기계장치1 감가상각비한도초과액	787,334	유보발생	상품권매출	12,000,000	유보발생	
기계장치2 감가상각비한도초과액	3,952,335	유보발생	건물 정기상각부인액	650,000	유보감소	
			전기오류수정손실	3,952,325	기타	
합 계	19,539,669		합 계	35,602,325		

소득명세 [3]

과 목	금 액	과 목	금 액
기계장치 감가상각비 한도초과	4,739,659	건물 전기감가상각비	650,000

※환경등록-조정등록방법 : 조정과목사용으로 설정됨   손익조정 직접입력 계정코드도움(F2) 조정코드도움(F4) 삭제(F5) 종료(ESC)

2 ㈜한라기업(6200)의 고정자산에 대하여 감가상각비조정메뉴에서 고정자산을 등록하여 미
상각분감가상각비조정명세서 합계표를 작성하고 관련 세무조정을 행하시오.

1) 감가상각자산 보유내역 (자산코드는 1로 입력)

자산 명칭	공장 건물	영업부 승합차
업종코드	02	01
취득일	2014.04.25	2016.05.20
취득가액	180,000,000	48,000,000
당기말 감가상각누계액	60,000,000	37,306,368
회사계상 상각비	12,000,000	11,962,368
상각부인액	3,000,000	8,448,000
전기말 의제상각누계액	-	16,422,912

2) 회사는 감가상각방법을 세법에서 정하는 시기에 정률법으로 신고하였다.

3) 회사의 감가상각대상자산의 내용연수와 관련된 자료는 다음과 같으며 내용연수는 세법에
서 정한 범위내에서 세부담 최소화에 따른 기간을 세법에서 정한 시기에 신고하였다.

구분	기준내용연수(년)	내용연수범위(년)
건물	20년	15년~25년
차량운반구	5년	4년~6년

4) 수선비에는 건물에 대한 자본적지출액 17,000,000원이 포함되어 있다.

● 해답

1. 고정자산 등록

① 공장건물 고정자산 등록

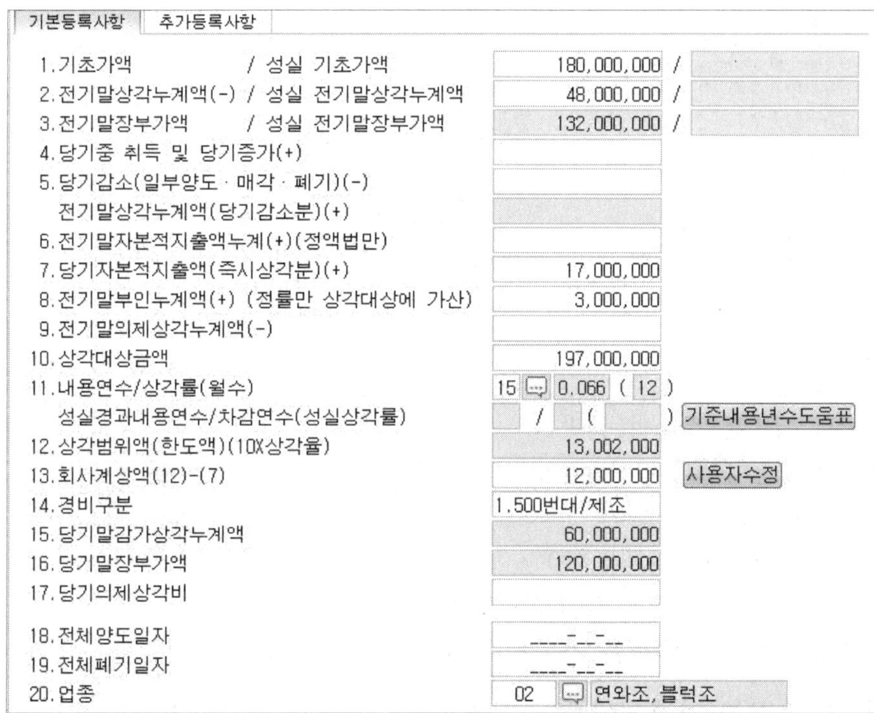

- 감가상각 방법은 정률법으로 신고했어도 건물은 정액법만 적용됨
- 2.전기말상각누계액은 당기말감가상각누계액에서 당기감가상각비를 차감한
  48,000,000원 입력
- 7.당기 자본적지출액 란에 건물에 대한 자본적지출액 17,000,000원 입력
- 8.전기말 부인누계액 3,000,000원 입력
- 내용연수는 세부담최소화 가정에 따라 가장 짧은 15년 선택

② 차량운반구 고정자산 등록

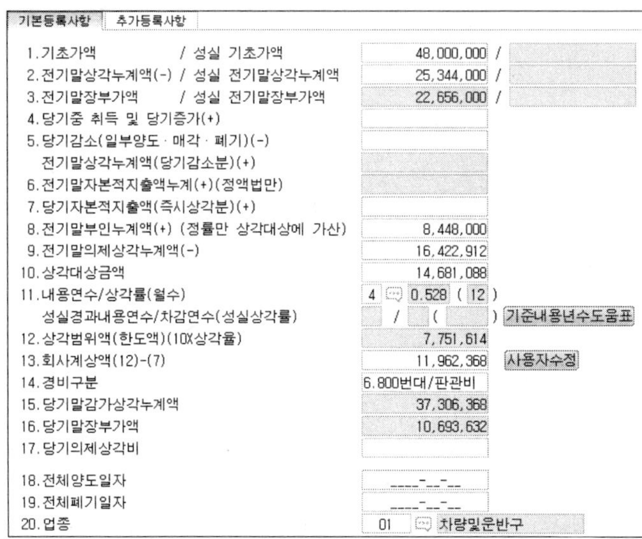

- 감가상각 방법은 정률법 선택
- 2.전기말상각누계액은 당기말감가상각누계액에서 당기감가상각비를 차감한 25,344,000원 입력
- 8.전기말 부인누계액 8,448,000원 입력
- 9.전기말 의제상각누계액 16,422,912원 입력
- 내용연수는 세부담 최소화 가정에 따라 가장 짧은 4년 선택

2. 미상각자산 감가상각조정명세서

① 공장건물

입력내용			금액	총계
업종코드/명	02	연와조, 블럭조		
합계표 자산구분		1. 건축물		
(4)내용연수(기준.신고)			15	
상각 계산 의 기초 가액	재무상태표 자산가액	(5)기말현재액	180,000,000	180,000,000
		(6)감가상각누계액	60,000,000	60,000,000
		(7)미상각잔액(5)-(6)	120,000,000	120,000,000
	회사계산 상각비	(8)전기말누계	48,000,000	48,000,000
		(9)당기상각비	12,000,000	12,000,000
		(10)당기말누계(8)+(9)	60,000,000	60,000,000
	자본적 지출액	(11)전기말누계		
		(12)당기지출액	17,000,000	17,000,000
		(13)합계(11)+(12)	17,000,000	17,000,000
(14)취득가액((7)+(10)+(13))			197,000,000	197,000,000
(15)일반상각률.특별상각률			0.066	
상각범위 액계산	당기산출 상각액	(16)일반상각액	13,002,000	13,002,000
		(17)특별상각액		
		(18)계((16)+(17))	13,002,000	13,002,000
	(19) 당기상각시인범위액		13,002,000	13,002,000
(20)회사계상상각액((9)+(12))			29,000,000	29,000,000
(21)차감액((20)-(19))			15,998,000	15,998,000
(22)최저한세적용에따른특별상각부인액				
조정액	(23) 상각부인액((21)+(22))		15,998,000	15,998,000
	(24) 기왕부인액중당기손금추인액			
부인액 누계	(25) 전기말부인누계액		3,000,000	3,000,000
	(26) 당기말부인누계액 (25)+(23)-[24]		18,998,000	18,998,000

- 회사계상액 : (9)당기상각비 12,000,000 + (12)당기지출액 = (20)회사계상액
  29,000,000원

- 세무상한도 : (19)당기시인범위액 13,002,000원

- 한도초과액 : (21)차감액 15,998,000원

- 세무조정 : <손금불산입>공장건물감가상각비한도초과액 15,998,000원 (유보 발생)

② 차량운반구

입력내용			금액	총계
업종코드/명	01	차량및운반구		
합계표 자산구분		3. 기타자산		
(4)내용연수			4	
상각 계산 의 기초 가액	재무상태표 자산가액	(5)기말현재액	48,000,000	48,000,000
		(6)감가상각누계액	37,306,368	37,306,368
		(7)미상각잔액(5)-(6)	10,693,632	10,693,632
	(8)회사계산감가상각비		11,962,368	11,962,368
	(9)자본적지출액			
	(10)전기말의제상각누계액		16,422,912	16,422,912
	(11)전기말부인누계액		8,448,000	8,448,000
	(12)가감계((7)+(8)+(9)-(10)+(11))		14,681,088	14,681,088
(13)일반상각률.특별상각률			0.528	
상각범위 액계산	당기산출 상각액	(14)일반상각액	7,751,614	7,751,614
		(15)특별상각액		
		(16)계((14)+(15))	7,751,614	7,751,614
	취득가액	(17)전기말현재취득가액	48,000,000	48,000,000
		(18)당기회사계산증가액		
		(19)당기자본적지출액		
		(20)계((17)+(18)+(19))	48,000,000	48,000,000
	(21) 잔존가액		2,400,000	2,400,000
	(22) 당기상각시인범위액		7,751,614	7,751,614
(23)회사계상상각액((8)+(9))			11,962,368	11,962,368
(24)차감액 ((23)-(22))			4,210,754	4,210,754
(25)최저한세적용에따른특별상각부인액				
조정액	(26) 상각부인액 ((24)+(25))		4,210,754	4,210,754
	(27) 기왕부인액중당기손금추인액			

- 회사계상액 : (8)회사계산감가상각비 11,962,368원 = (23)회사계상상각액
  11,962,368원

- 세무상한도 : (22)당기상각시인범위액 7,751,614원

- 한도초과액 : (24)차감액 4,210,754원

- 세무조정 : <손금불산입> 차량감가상각비한도초과액 4,210,754원 (유보 발생)

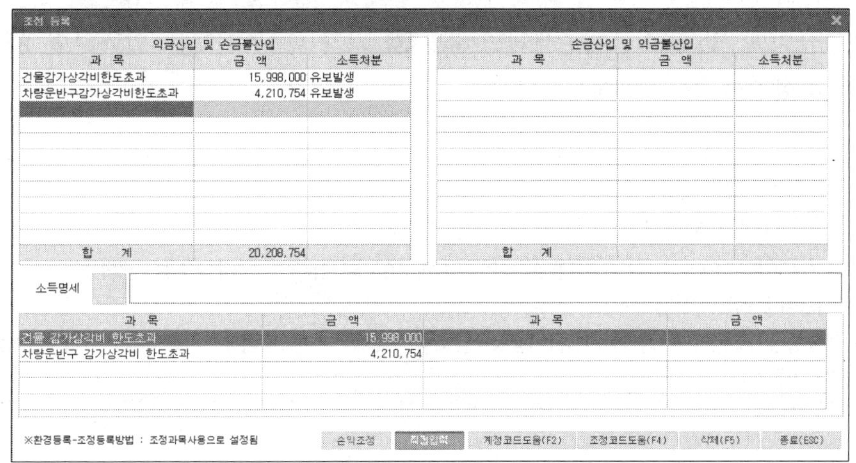

❹ 퇴직급여충당금 및 퇴직연금부담금등조정명세서

1. 퇴직급여충당금 조정명세서

> 퇴직급여충당금은 임직원이 퇴직할 때 지급하게 될 퇴직급여에 충당하기위해 설정하는 충당금으로 장래에 지급할 퇴직급여를 근로를 제공한 기간의 비용으로 배분하기 위하여 설정하는 부채이다. 법인세법에서는 퇴직급여충당금을 결산상 비용으로 처리한 경우(결산조정사항)에 일정한 금액을 한도로 하여 손금산입한다.

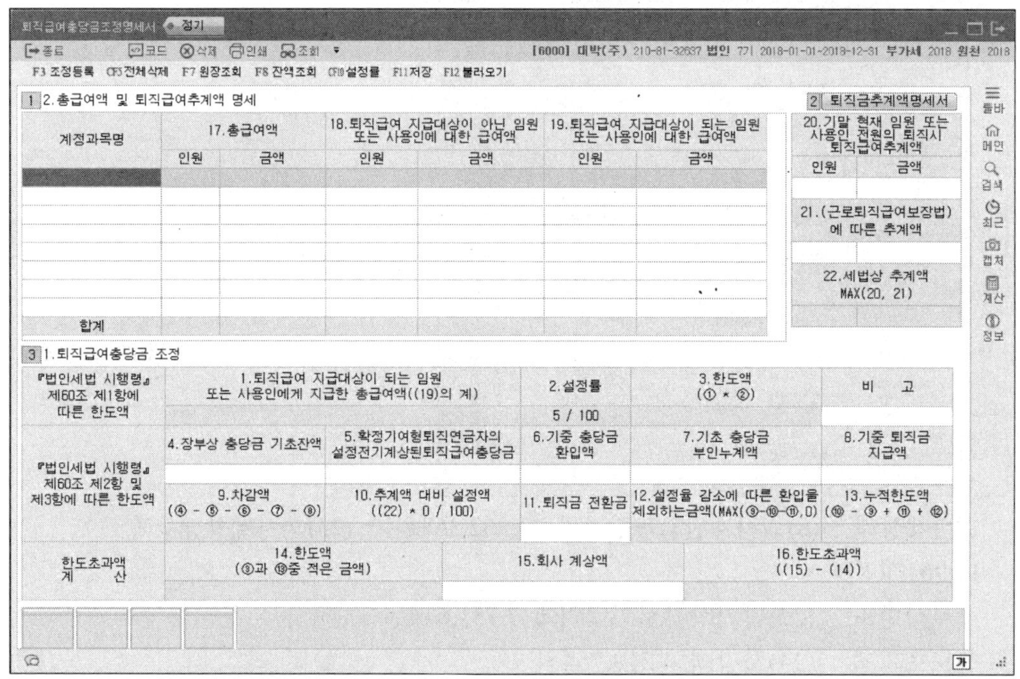

퇴직급여충당금의 세무상한도는 급여액기준과 추계액기준 둘 중에 적은 금액을 한도로 하며 **1**.2.총급여액 및 퇴직급여추계액명세와 **2** 퇴직급여추계액을 입력하면 **3** 1.퇴직급여 충당금 조정에서 한도가 계산된다.

> 손금산입한도액 =Min [㉠, ㉡]
> ┌─ ㉠ 퇴직급여 지급대상이 되는 임원, 사용인의 총급여 × 5%
> └─ ㉡ (퇴직급여 추계액 × 0% + 퇴직금전환금 잔액) − 세무상 퇴직급여충당금설정전 잔액
>   ※ 세무상 퇴직급여충당금 설정전 잔액
>   결산상퇴직급여충당금기초잔액 − 결산상퇴직급여충당금감소액 − (퇴직급여충당금유보기초잔액 ± 퇴직급여충당금 설정전 유보 변동액)

- **메뉴설명**

➡️종료	</>코드	⊗삭제	🖨️인쇄	🔗조회 ▾
F3 조정등록	CF5 전체삭제	F7 원장조회	F8 잔액조회	CF10 설정률　F11 저장　F12 불러오기

- F5삭제 : 작성된 내용을 일부삭제할 때 사용한다.
- F7원장조회 : 재무회계의 계정별원장을 잔액을 조회할 때 사용한다.
- F8잔액조회 : 계정별원장의 기초, 증가, 감소, 기말 금액을 조회할 때 사용한다.
- 설정률 : 추계액기준에 적용할 설정률을 선택할 때 사용한다.
- F12불러오기 : 계정별원장의 급여내역을 불러온다.

- **작성순서**

■ 2.총급여액 및 퇴직급여추계액의 명세 → ② 퇴직급여추계액 → ③ 1.퇴직급여 충당금 조정의 순서로 작성

(1) ■ 2.총급여액 및 퇴직급여추계액의 명세

계정과목명	17.총급여액		18.퇴직급여 지급대상이 아닌 임원 또는 사용인에 대한 급여액		19.퇴직급여 지급대상이 되는 임원 또는 사용인에 대한 급여액		20.기말 현재 임원 또는 사용인 전원의 퇴직시 퇴직급여추계액	
	인원	금액	인원	금액	인원	금액	인원	금액
							21.(근로퇴직급여보장법) 에 따른 추계액	
							22.세법상 추계액 MAX(20, 21)	
합계								

(표 우측 상단: ② 퇴직금추계액명세서)

1) 총급여액의 입력

계정별로 기입하되「법인세법시행령」제 43조에 따라 손금불산입되는 금액과「근로자퇴직급여보장법」에 따른 확정기여형 퇴직연금제도가 설정된 자는 제외하고 입력하며 (18)퇴직급여 지급대상이 아닌 임원 또는 사용인에 대한 급여액과 (19)퇴직급여 지급대상이 되는 임원 또는 사용인에 대한 급여액으로 구분하여 기재한다.

> (17) 총급여액입력시 제외하는 금액(사례)
> - 소득세법 12조에 따른 비과세소득(ex : 자가운전보조금, 10만원 이하의 식대 등)
> - 손금불산입되는 인건비 (ex : **임원상여금한도초과액**, 동일직위 임직원 과다보수등)
> - **확정기여형 퇴직연금에 가입한 임직원의 급여**
> (18) 퇴직급여 지급대상이 아닌 임원 또는 사용인에 대한 급여에 입력하는 금액(사례)
> - **회사규정에 따라 퇴직금을 지급하지 않는 경우 1년미만근속자의 급여**
> - 퇴직금중간정산자의 중간정산일 이전급여

2) 퇴직금 추계액명세서의 입력

① (20)기말현재 임원 또는 사용인 전원의 퇴직시 퇴직급여 추계액

정관이나 기타 퇴직급여지급규정 등에 의하여 계산한 금액을 말하며, 퇴직급여지급규정 등이 없는 법인은 「근로자퇴직급여 보장법」이 정하는 바에 따라 계산한 금액으로 하고 **확정기여형 퇴직연금제도가 설정된 자를 제외한다.**

② (21) 「근로자퇴직급여 보장법」에 따른 추계액

「근로자퇴직급여 보장법」 제12조제5호가목에 따라 산정된 금액으로써 매 사업연도 말일 현재를 기준으로 산정한 가입자의 예상 퇴직시점까지의 가입기간에 대한 급여에 드는 비용 예상액의 현재가치에서 장래 근무기간분에 대하여 발생하는 부담금 수입 예상액의 현재가치를 뺀 금액을 적되, 확정기여형 퇴직연금제도가 설정된 자를 제외한다.

> - 임원퇴직금의 한도를 초과하여 추계액 설정시
>
> 다음의 금액을 한도로 하여 한도초과된 금액은 추계액에서 제외하여 입력한다.
>
> Min [근로자퇴직급여보장법에 따른 퇴직금, 퇴직직전 1년간총급여 $\times \dfrac{1}{10} \times$ 근속연수]

(2) 3 1.퇴직급여충당금 조정

3 1.퇴직급여충당금 조정				
『법인세법 시행령』 제60조 제1항에 따른 한도액	1.퇴직급여 지급대상이 되는 임원 또는 사용인에게 지급한 총급여액((19)의 계)	2.설정률	3.한도액 (① * ②)	비 고
		5 / 100		
『법인세법 시행령』 제60조 제2항 및 제3항에 따른 한도액	4.장부상 충당금 기초잔액	5.확정기여형퇴직연금자의 설정전기계상된퇴직급여충당금	6.기중 충당금 환입액	7.기초 충당금 부인누계액	8.기중 퇴직금 지급액
	9.차감액 (④ - ⑤ - ⑥ - ⑦ - ⑧)	10.추계액 대비 설정액 ((22) * 0 / 100)	11.퇴직금 전환금	12.설정률 감소에 따른 환입을 제외하는금액(MAX(⑨-⑩-⑪,0))	13.누적한도액 (⑩ - ⑨ + ⑪ + ⑫)
한도초과액 계 산	14.한도액 (③과 ⑬중 적은 금액)	15.회사 계상액		16.한도초과액 ((15) - (14))	

적색메뉴 **1,2**을 정확하게 작성하면 대부분의 내용이 반영된다. 추가로 입력할 부분은 적색메뉴 **3**의 4.장부상충당금기초잔액, 5.확정기여형퇴직연금가입자의퇴직급여충당금 6.기중충당금환입액, 7.기초충당금부인누계액, 8.기중퇴직금지급액, 15.회사계상액을 입력한다.

1) "1.퇴직급여 지급대상이 되는 임원 또는 사용인에게 지급한 총급여액"

「19.퇴직급여 지급대상이 되는 임원 또는 사용인에 대한 급여액」란 중 계란의 금액을 기재한다.

2) "5.확정기여형 퇴직연금자의 퇴직연금 설정전 기계상된 퇴직급여충당금"

확정기여형퇴직연금등이 설정된 임원 또는 사용인에 대하여 그 설정 전에 계상된 퇴직급여충당금을 입력한다.

3) "7.기초충당금 부인누계액"

「4.장부상 충당금 기초잔액」 중에 세무상 부인액이 포함되어 있는 경우에 동 부인액(확정기여형 퇴직연금 등 설정자의 설정전 기 계상된 퇴직급여충당금과 관련된 부인액은 제외)을 적습니다.

4) "9.차감액"

「4.장부상충당금기초잔액」에서 「5.확정기여형 퇴직연금자의 퇴직급여충당금」, 「6.기중충당금환입액」, 「7.충당금부인누계액(기중환입분을 제외합니다)」 및 「8.기중퇴직금지급액」을 뺀 잔액으로 기재한다.

> ※ 차감액이 (-)인 경우
> 그 금액을 손금산입 조정하고 퇴지급여충당금 설정 전 유보액을 "0" 으로 하여 퇴직급여충당금 한도액을 계산하게 된다.

5) "10.추계액 대비 설정액"

「20.기말현재 임원 또는 사용인 전원이 퇴직시 퇴직급여추계액」과 「21.근로자퇴직급여보장법에 따른 추계액」 중 큰 금액을 「22.세법상 추계액」란에 기재한 후 그 금액에 아래의 설정률을 곱한 금액을 입력한다.

- **설정률의 변동**

사업연도 개시일	'10년 중	'11년 중	'12년 중	'13년 중	'14년 중	'15년 중	'16년 중
설정률	30%	25%	20%	15%	10%	5%	0%(폐지)

- **설정률의 수정**

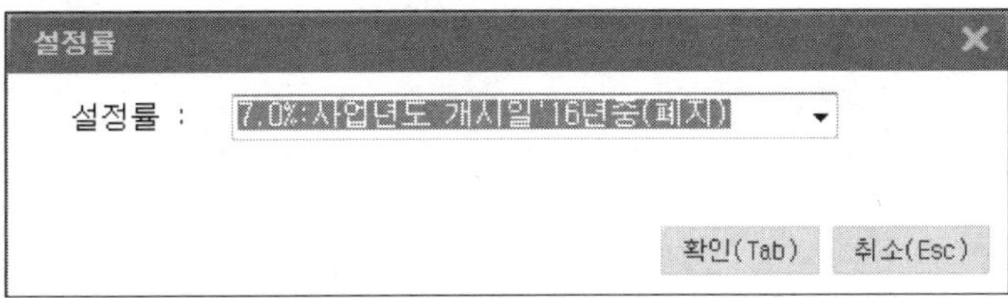

6) "11.퇴직금전환금"

해당 사업연도종료일 현재 「국민연금법」에 따라 국민연금관리공단에 납부하고 재무상태표상 자산으로 계상한 금액을 적습니다.

7) "15.회사계상액"

당기에 회사가 퇴직급여충당금으로 전입한 금액을 입력한다.

8) 「16.한도초과액」은 손금불산입하고, 「9.차감액란」의 미달액(△)은 손금산입합니다.

● **F8 잔액조회를 통한 퇴직급여충당금 변동사항 조회**

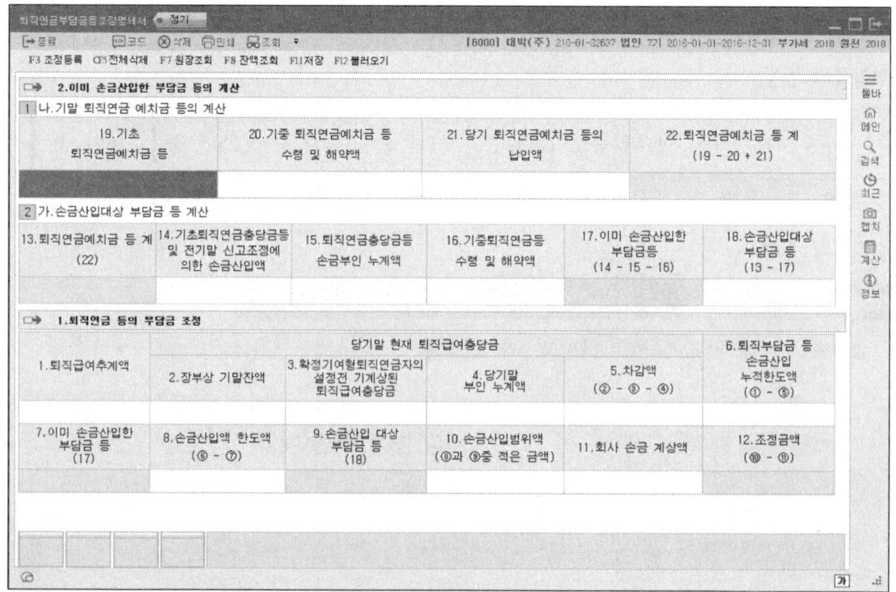

잔액조회를 통해서 「4.장부상충당금 기초잔액」, 「6.기중충당금환입액」, 「8.기중퇴직금지급액」, 「15.회사계상액」을 조회한다.

2. 퇴직연금부담금등 조정명세서

근로자의 안정적인 퇴직금 수급권을 보장하기 위해 기업의 퇴직급여재원을 외부의 금융회사 등에 적립하게 하는 제도로 확정급여형과 확정기여형제도가 있다.
확정기여형인 경우에는 퇴직연금기관에 부담한 보험료등은 전액손금산입하며 확정급여형 퇴직연금은 퇴직급여추계액기준 및 퇴직연금운용자산기말잔액 기준으로 계산한 일정한 금액을 손금산입할 수 있다. 퇴직연금부담금조정명세서는 확정급여형퇴직연금에 가입한 경우에 작성한다.

퇴직급여충당금 명세서를 이미 작성한 경우 F12불러오기를 통해서 1.퇴직급여추계액란
에 퇴직급여충당금조정명세서의 「22.세법상추계액」을 불러온다. 자동입력이 안되는 항목
은 적색메뉴의 순서대로 작성한다.

ㆍ ⑦ 세무조정 방법
　　회사 : 결산서에 비용계상한 부담금
　　세법 : - 손　금　한　도　액
　　　　　　　　차　　　　　　　액　　　ㆍ (+) : 손금불산입 　 : 유보(발생)
　　　　　　　　　　　　　　　　　　　　ㆍ (-) : 손금산입 　　 : 유보(발생)
ㆍ ⓛ 손금한도액*

* 손금한도액 = Min [ⓐ추계액기준,ⓑ운용자산기준] - 이미 손금 산입한 부담금
　ㆍ ⓐ 추계액기준 : 기말 퇴직급여 추계액 - 기말 세무상 퇴직급여충당금 잔액
　ㆍ ⓑ 퇴직연금운용자산기준 : 당기말 퇴직연금운용자산 기말잔액
* 추계액 : Max [기말현재 모든 임직원 퇴직시 퇴직급여추계액, 근로자퇴직급여보장법에 따른 추계액]
* 이미손금산입한 부담금
　기초퇴직연금충당금 등 및 전기말신고조정에 의한 손금산입액 - 퇴직연금충당금 등 손금부인누계액 - 기중퇴직연금
　등 수령 및 해약액

● F12 불러오기
퇴직급여충당금조정명세서에서 ❷.퇴직금추계액명세서의 금액 「22.세법상추계액 max
[20,21]」의 금액과 ❸.퇴직급여충당금조정의 「5.확정기여형퇴직연금자의 설정전 기계상된
퇴직급여충당금」을 불러온다.

---

(1) ❶ 나. 기말퇴직연금예치금 등의 계산

19.기초 퇴직연금예치금 등	20.기중 퇴직연금예치금 등 수령 및 해약액	21.당기 퇴직연금예치금 등의 납입액	22.퇴직연금예치금 등 계 (19 - 20 + 21)

1 나.기말 퇴직연금 예치금 등의 계산

확정급여형퇴직연금운용자산의 변동내역을 기재하고 「20. 기중 퇴직연금예치금등 수령
및 해약액」에는 확정기여형 퇴직연금등으로 전환된 금액과 퇴직보험·신탁의 해약금액을
포함하여 기재한다.

● F8 잔액조회

잔액조회					×
계정코드범위(코드)　0186 　퇴직연금운용자산　 ~ 　0186 　퇴직연금운용자산					
코드	계정과목명	기초잔액	당기증가	당기감소	잔액
0186	퇴직연금운용자산	50,000,000	20,000,000		70,000,000

퇴직연금운용자산의 변동사항을 조회하여 입력한다.

(2) ❷ 가. 손금산입대상 부담금 등 계산(이미손금산입한 부담금의 계산)

2 가.손금산입대상 부담금 등 계산					
13.퇴직연금예치금 등 계 (22)	14.기초퇴직연금충당금등 및 전기말 신고조정에 의한 손금산입액	15.퇴직연금충당금등 손금부인 누계액	16.기중퇴직연금등 수령 및 해약액	17.이미 손금산입한 부담금등 (14 - 15 - 16)	18.손금산입대상 부담금 등 (13 - 17)

1) "14.기초퇴직연금충당금등 및 전기말 신고조정에 의한 손금산입액"

재무상태표상 기초퇴직연금충당금 등 잔액과 직전 사업연도 세무조정계산서상 퇴직연금부담금 등의 손금산입누계액을 입력한다.

2) "15.퇴직연금충당금 등 손금부인누계액"

결산조정으로 인하여 세무상 손금불산입된 금액을 입력하며, 자본금과 적립금조정명세서(을)에서 확인 할 수 있다

3) "16.기중퇴직연금등 수령 및 해약액"

확정기여형 퇴직연금등으로 전환된 금액과 퇴직보험·신탁의 해약금액을 포함하여 적습니다.

(3) 추계액기준 한도계산 및 세무조정

1.퇴직급여추계액	당기말 현재 퇴직급여충당금				6.퇴직부담금 등 손금산입 누적한도액 (① - ⑤)
	2.장부상 기말잔액	3.확정기여형퇴직연금자의 설정전 기계상된 퇴직급여충당금	4.당기말 부인 누계액	5.차감액 (② - ③ - ④)	
7.이미 손금산입한 부담금 등 (17)	8.손금산입액 한도액 (⑥ - ⑦)	9.손금산입 대상 부담금 등 (18)	10.손금산입범위액 (⑧과 ⑨중 적은 금액)	11.회사 손금 계상액	12.조정금액 (⑩ - ⑪)

1) "1.퇴직급여추계액"

["퇴직급여충당금조정명세서"의 「22.세법상 추계액란의 금액」]을 기재한다.

2) 당기말 현재 퇴직급여충당금

① "2. 장부상기말잔액"
퇴직급여충당금의 재무상태표 기말잔액을 기입한다.

② "3.확정기여형 퇴직연금자의 퇴직연금 설정전 기계상된 퇴직급여충당금"
확정기여형퇴직연금등이 설정된 임원 또는 사용인에 대하여 그 설정 전에 계상된 퇴직급여충당금을 입력한다.

③ "4.당기말부인누계액"

장부상 기말잔액 중에 세무상 부인액이 포함되어 있는 경우에 그 부인액(확정기여형 퇴직연금 등 설정자의 설정전 기 계상된 퇴직급여충당금과 관련된 부인액은 제외)을 입력한다.

3) "8.손금산입한도액"

「6.퇴직부담금등 손금산입 누적한도액」에서 「7.이미 손금산입한 부담금등」을 뺀 금액을 기입한다.(추계액기준한도)

4) "11.회사손금계상액"란에는 당기의 퇴직연금충당금 등 전입액을 입력한다.

5) "12.조정금액"란이 양수(+)인 경우에는 손금산입하고, 음수(-)인 경우에는 손금불산입 조정한다.

✿ 퇴직급여충당금 작성사례

다음 자료에 의하여 대박(주)(회사코드 : 6000)의 퇴직급여충당금조정명세서를 작성하고 필요한 세무조정을 소득금액조정합계표에 반영하시오.

1) 사원 및 급여내역

계정과목	총급여액		1년미만근속자	
	인원	금액	인원	금액
임금(제)	13명	120,000,000	1명	20,000,000
급여(판)	7명	119,000,000		
계	20명	239,000,000	1명	20,000,000

※ 회사는 규정상 1년 미만 근속자에게는 퇴직급여를 지급하지 않는다.
　판매직사원의 급여에는 임원에게 규정을 초과하여 지급한 상여금액 9,000,000원이 포함되어있다.

2) 퇴직급여충당금 당기 증감내역은 다음과 같다.

퇴직급여충당금 (단위 : 원)

감소	0	기초	20,000,000
기말	56,000,000	설정	36,000,000

3) 기말현재 모든 임직원이 퇴직시 지급할 퇴직금추계액은 130,000,000원이며 근로자퇴직급여보장법에 따른 퇴직급여추계액은 120,000,000원이다.

4) 전기말 퇴직급여충당금 한도초과액은 8,000,000원이 있다.

>> 해 설

1) 총급여 및 퇴직급여추계액 명세 입력

1 | 2.총급여액 및 퇴직급여추계액 명세

계정과목명	17.총급여액		18.퇴직급여 지급대상이 아닌 임원 또는 사용인에 대한 급여액		19.퇴직급여 지급대상이 되는 임원 또는 사용인에 대한 급여액	
	인원	금액	인원	금액	인원	금액
0504.임금(제)	13	120,000,000	1	20,000,000	12	100,000,000
0801.급여(판)	7	110,000,000			7	110,000,000
합계	20	230,000,000	1	20,000,000	19	210,000,000

2 | 퇴직금추계액명세서

20.기말 현재 임원 또는 사용인 전원의 퇴직시 퇴직급여추계액	
인원	금액
19	130,000,000
21.(근로퇴직급여보장법)에 따른 추계액	
19	120,000,000
22.세법상 추계액 MAX(20, 21)	
	130,000,000

- 총급여액의 입력

  504(제)임금(120,000,000), 801(판) (110,000,000원) 입력 (임원상여금한도초과액은 총급여입력시 제외)

  <손금불산입> 임원상여금한도초과액 9,000,000 (상여)

- 18.퇴직급여지급대상이 아닌 임·직원 급여액에서 504(제)임금란에 20,000,000원 입력

※ 총급여기준한도의 계산

3 | 1.퇴직급여충당금 조정

『법인세법 시행령』 제60조 제1항에 따른 한도액	1.퇴직급여 지급대상이 되는 임원 또는 사용인에게 지급한 총급여액((19)의 계)	2.설정률	3.한도액 (① * ②)	비 고
	210,000,000	5 / 100	10,500,000	

- 20.번란 모든임직원퇴직시 퇴직금추계액 19명 130,000,000원을 입력
- 21.란에 근로자퇴직급여보장법에 따른 퇴직급여추계액 19명 120,000,000원을 입력

※ 추계액기준한도의 계산

3 | 1.퇴직급여충당금 조정

『법인세법 시행령』 제60조 제1항에 따른 한도액	1.퇴직급여 지급대상이 되는 임원 또는 사용인에게 지급한 총급여액((19)의 계)	2.설정률	3.한도액 (① * ②)	비 고
	210,000,000	5 / 100	10,500,000	

『법인세법 시행령』 제60조 제2항 및 제3항에 따른 한도액	4.장부상 충당금 기초잔액	5.확정기여형퇴직연금자의 설정전기계상된퇴직급여충당금	6.기중 충당금 환입액	7.기초 충당금 부인누계액	8.기중 퇴직금 지급액
	20,000,000			8,000,000	
	9.차감액 (④ - ⑤ - ⑥ - ⑦ - ⑧)	10.추계액 대비 설정액 ((22) * 0 / 100)	11.퇴직금 전환금	12.설정율 감소에 따른 환입율 제외하는금액(MAX(⑨-⑩-⑪,0)	13.누적한도액 (⑩ - ⑨ + ⑪ + ⑫)
	12,000,000				12,000,000

한도초과액 계 산	14.한도액 (③과 ⑬중 적은 금액)	15.회사 계상액	16.한도초과액 ((15) - (14))

2) 퇴직급여충당금 조정 입력

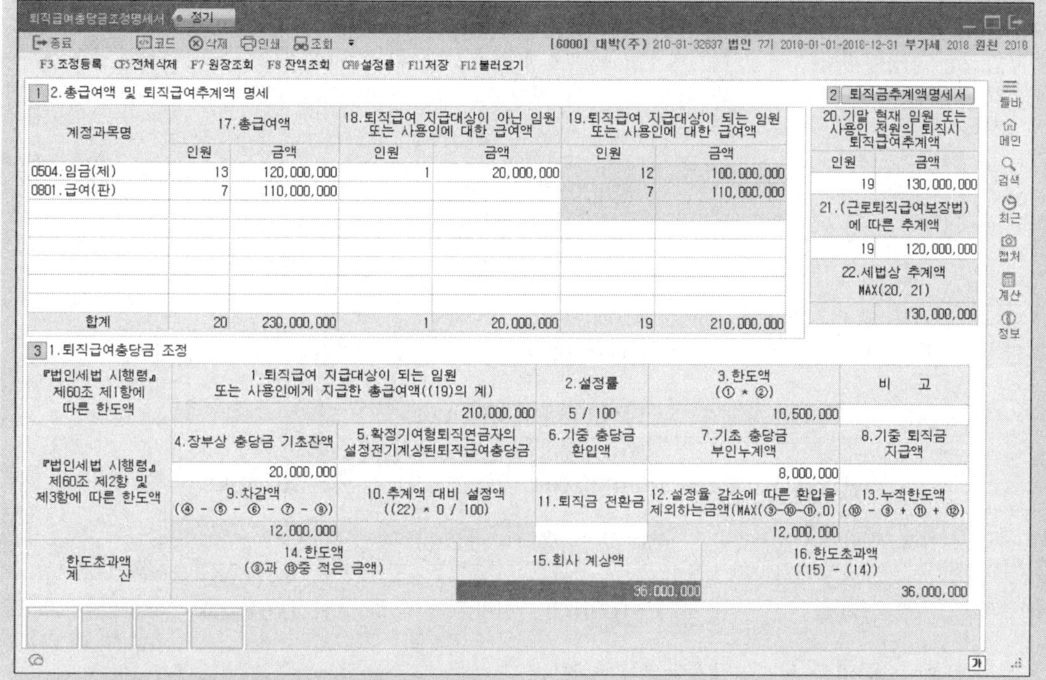

- 4.장부상충당금기초잔액에 20,000,000원 입력
- 7.충당금부인누계액 8,000,000원 입력
- 15.회사계상액   36,000,000원 입력

3) 조정 등록

- <손금불산입> 임원상여금한도초과 9,000,000 (상여)
- <손금불산입> 퇴직급여충당금한도초과 36,000,000 (유보 발생)

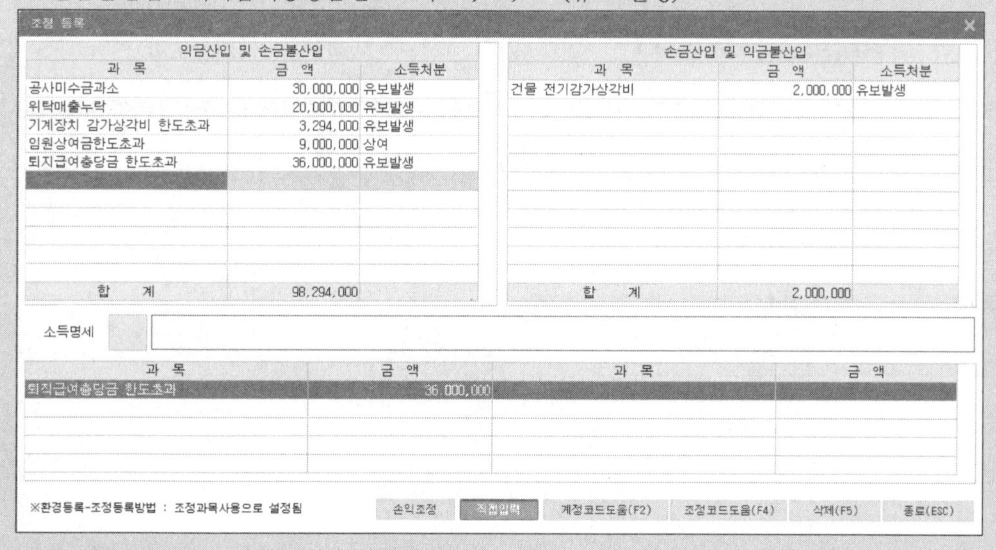

❖ 퇴직연금부담금 조정명세서 작성사례

대박(주)(회사코드 : 6000)는 확정급여형 퇴직연금제도를 운영하고 있다. 다음 자료를 이용하여 퇴직연금부담금등 조정명세서를 작성하고 필요한 세무조정을 하시오. 단, 회사입장에서 세부담최소화를 가정하고 퇴직연금에 대한 세무조정만 행하고 퇴직급여충당금 등 기타세무조정을 적정하게 이루어졌다고 가정한다.

퇴직급여충당부채(295)

감소		기초	20,000,000
기말	56,000,000	설정	36,000,000

- 당해사업연도 퇴직금 추계액은 130,000,000원이다.
- 당기말 퇴직급여충당금 한도초과액은 44,000,000원이다.

퇴직연금운용자산(186)

기초	50,000,000	감소	
불입	20,000,000	기말	70,000,000

퇴직연금충당부채(329)

감소		기초	50,000,000
기말	63,000,000	설정	13,000,000

- 전기에 손금불산입된 퇴직연금충당부채는 없다.

>> 해 설

1) 퇴직연금운용자산과 퇴직급여충당부채, 퇴직연금충당부채의 기초잔액 및 당기증가, 당기감소, 기말잔액을 조회·확인한다.(문제에서 제시된 경우에는 제시된 금액을 기초로 하여 문제를 해결하면 된다.)

퇴직급여충당부채 조회   퇴직연금운용자산조회

퇴직연금충당부채 조회

2) 퇴직연금부담금 등 조정명세서의 작성

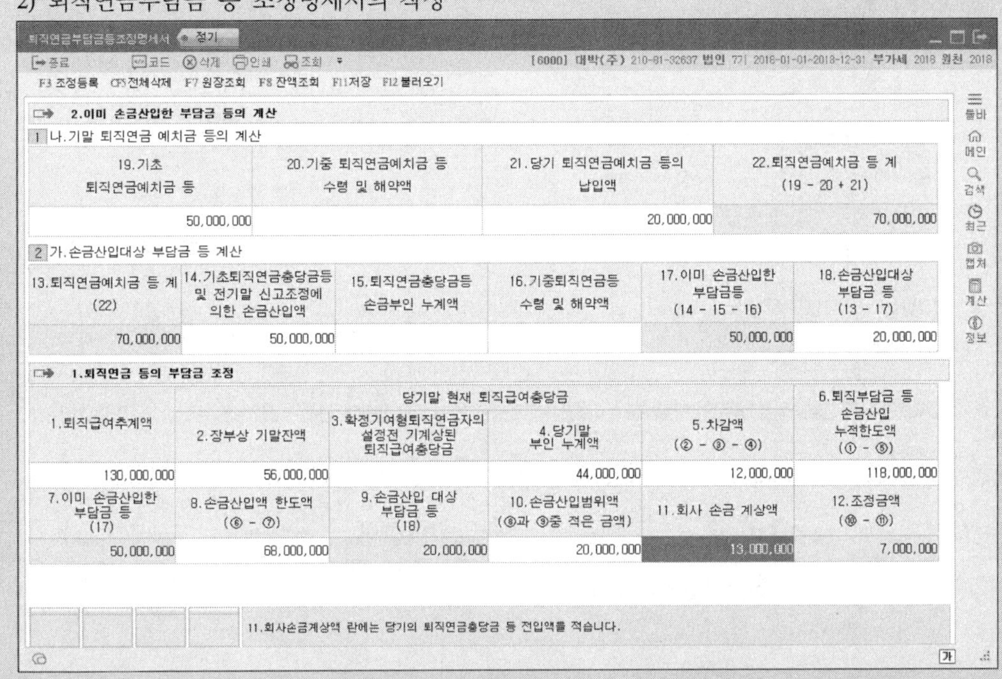

2.이미 손금산입한 부담금 등의 계산

나.기말 퇴직연금 예치금 등의 계산

19.기초 퇴직연금예치금 등	20.기중 퇴직연금예치금 등 수령 및 해약액	21.당기 퇴직연금예치금 등의 납입액	22.퇴직연금예치금 등 계 (19 - 20 + 21)
50,000,000		20,000,000	70,000,000

가.손금산입대상 부담금 등 계산

13.퇴직연금예치금 등 계 (22)	14.기초퇴직연금충당금등 및 전기말 신고조정에 의한 손금산입액	15.퇴직연금충당금등 손금부인 누계액	16.기중퇴직연금등 수령 및 해약액	17.이미 손금산입한 부담금등 (14 - 15 - 16)	18.손금산입대상 부담금 등 (13 - 17)
70,000,000	50,000,000			50,000,000	20,000,000

1.퇴직연금 등의 부담금 조정

1.퇴직급여추계액	당기말 현재 퇴직급여충당금				6.퇴직부담금 등 손금산입 누적한도액 (① - ⑤)
	2.장부상 기말잔액	3.확정기여형퇴직연금자의 설정전 기계상된 퇴직급여충당금	4.당기말 부인 누계액	5.차감액 (② - ③ - ④)	
130,000,000	56,000,000		44,000,000	12,000,000	118,000,000

7.이미 손금산입한 부담금 등 (17)	8.손금산입액 한도액 (⑥ - ⑦)	9.손금산입 대상 부담금 등 (18)	10.손금산입범위액 (⑧과 ⑨중 적은 금액)	11.회사 손금 계상액	12.조정금액 (⑩ - ⑪)
50,000,000	68,000,000	20,000,000	20,000,000	13,000,000	7,000,000

11.회사손금계상액 란에는 당기의 퇴직연금충당금 등 전입액을 적습니다.

① [불러오기]를 하면 퇴직급여충당금조정명세서에서 작성된 퇴직급여추계액이 적색메뉴 **3**의 1.기 말현재사용인 및 임원 전원이 퇴직시 퇴직급여추계액 란과 2.장부상기말잔액, 3.확정기여형퇴직 연금자의 퇴직급여충당금란에 반영된다. 그렇지 않은 경우에는 문제에서 주어진 추계액을 입력하 면 된다.

② 나.기말퇴직연금예치금등의 계산
19.기초퇴직연금예치금란에 조회하거나 문제에서 주어진 50,000,000과 21.당기퇴직연금예치금납 입액 20,000,000을 입력한다.

③ 가.손금산입대상 부담금 등 계산(이미손금산입한 부담금 등 계산)
14.기초퇴직연금충당금등 및 전기말 신고조정에 의한 손금산입액란에 50,000,000을 입력하고 15. 퇴직연금충당금등 손금부인액 누계액과 16번란의 자료가 있는 경우에 추가 입력하면 17.이미 손 금 산입한 부담금등과 18손금산입 대상 부담금을 계산할 수 있다.

④ 1.퇴직연금등의 부담금 조정
퇴직급여추계액을 130,000,000 입력하고 대차대조표(재무상태표)상 당기말 퇴직급여충당금 잔액 56,000,000과 부인누계액 44,000,000을 2.란과 4번란에 각각 입력한다. 그러면 6.퇴직부담금등 손금 산입 누적한도액 118,000,000원을 계산할 수 있다

⑤ 회사 손금 계상액
퇴직연금충당부채를 2018년도에 13,000,000원 추가설정하였으므로 "11.회사계상액"에 입력한다.

3) 조정 등록

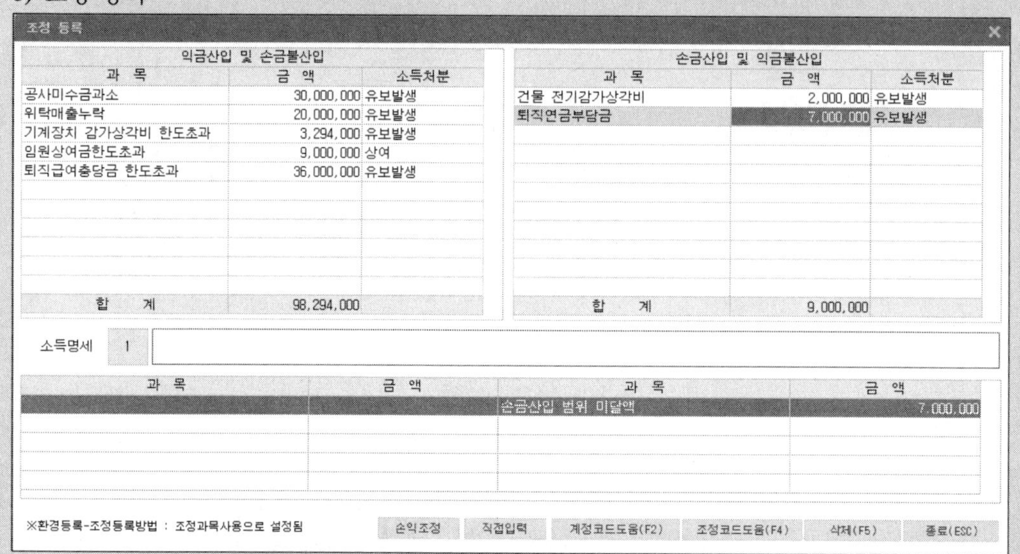

연습문제

1 ㈜태백기업 (6400)의 퇴직급여충당금 조정명세를 작성하고 필요한 세무조정을 하시오.

1) 급여내역

구분	총급여내역		퇴직급여지급대상이 아닌 급여	
	인원	금액	인원	금액
임금(제)	5명	150,000,000	1명	11,500,000
급여(판)	3명	130,000,000	1명	9,800,000

- 총급여 중에는 확정기여형 퇴직연금가입자의 급여는 다음과 같이 포함되어 있다.
  - 임금(제) : 20,000,000원
  - 급여(판) : 10,000,000원

2) 퇴직급여충당금

퇴직급여충당금

감소	?	기초	20,500,000
기말	26,500,000	설정	?

- 전기퇴직급여충당금부인액 1,500,000원
- 당기 퇴직금지급시 다음과 같이 회계처리하였다.
  퇴직급여충당금 4,000,000원 / 보통예금 3,815,000원
  　　　　　　　　　　　　　　　 예수금　　 165,000원

3) 추가내용

- 확정기여형 퇴직연금자의 퇴직급여충당금 기설정액 : 11,000,000원
- 퇴직금추계액 : 120,000,000원 (확정기여형퇴직연금가입자 관련 추계액 30,000,000원 포함)

● 해답

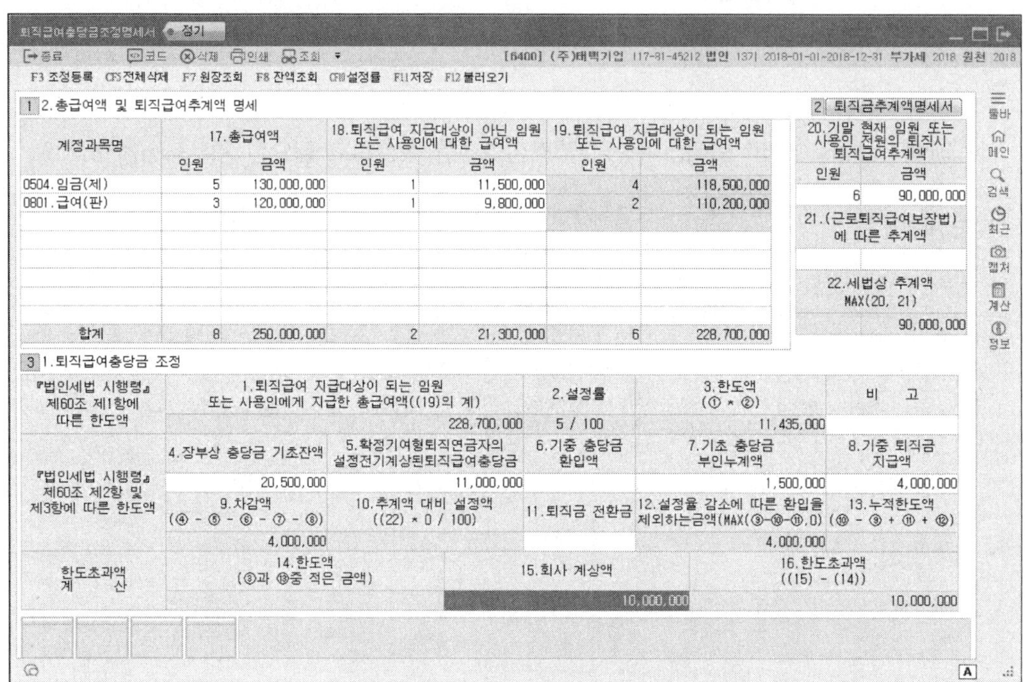

퇴직급여충당금조정명세서   ● 정기   [6400] (주)태백기업 117-91-45212 법인 13기 2018-01-01-2018-12-31 부가세 2018 원천 2018

종료   코드   삭제   인쇄   조회   F3 조정등록 CF5 전체삭제 F7 원장조회 F8 잔액조회 CF10 설정률 F11 저장 F12 불러오기

1 2.총급여액 및 퇴직급여추계액 명세

계정과목명	17.총급여액		18.퇴직급여 지급대상이 아닌 임원 또는 사용인에 대한 급여액		19.퇴직급여 지급대상이 되는 임원 또는 사용인에 대한 급여액	
	인원	금액	인원	금액	인원	금액
0504.임금(제)	5	130,000,000	1	11,500,000	4	118,500,000
0801.급여(판)	3	120,000,000	1	9,800,000	2	110,200,000
합계	8	250,000,000	2	21,300,000	6	228,700,000

2 퇴직금추계액명세서

20.기말 현재 임원 또는 사용인이 전원의 퇴직시 퇴직급여추계액	
인원	금액
6	90,000,000
21.(근로퇴직급여보장법)에 따른 추계액	
22.세법상 추계액 MAX(20, 21)	
	90,000,000

3 1.퇴직급여충당금 조정

『법인세법 시행령』 제60조 제1항에 따른 한도액	1.퇴직급여 지급대상이 되는 임원 또는 사용인에게 지급한 총급여액((19)의 계)	2.설정률	3.한도액 (① * ②)	비 고
	228,700,000	5 / 100	11,435,000	

『법인세법 시행령』 제60조 제2항 및 제3항에 따른 한도액	4.장부상 충당금 기초잔액	5.확정기여형퇴직연금자의 설정전기계상된퇴직급여충당금	6.기중 충당금 환입액	7.기초 충당금 부인누계액	8.기중 퇴직금 지급액
	20,500,000	11,000,000		1,500,000	4,000,000
	9.차감액 (④ - ⑤ - ⑥ - ⑦ - ⑧)	10.추계액 대비 설정액 ((22) * 0 / 100)	11.퇴직금 전환금	12.설정율 감소에 따른 환입을 제외하는금액(MAX(⑨-⑩-⑪,0))	13.누적한도액 (⑩ - ⑨ + ⑪ + ⑫)
	4,000,000				4,000,000

한도초과액 계산	14.한도액 (③과 ⑬중 적은 금액)	15.회사 계상액	16.한도초과액 ((15) - (14))
		10,000,000	10,000,000

- 총급여란 : 확정기여형퇴직연금가입자의 급여는 17.총급여에서 차감하여 입력한다.
- 추계액 : 추계액 120,000,000원에서 확정기여형퇴직연금가입자관련 추계액은 30,000,000원은 제외하고 입력
- "5.확정기여형 퇴직연금자의 설정 전 기계상된 퇴직급여충당금 : 확정기여형가입자의 기계상된 퇴직급여충당금은 한도계산시 제외하므로 11,000,000원 입력
- 회사계상액 : 10,000,000원
- 세무조정
<손금불산입> 퇴직급여충당금한도초과 10,000,000 (유보 발생)

조정 등록						
익금산입 및 손금불산입				손금산입 및 익금불산입		
과 목	금 액	소득처분		과 목	금 액	소득처분
퇴직급여충당금한도초과	10,000,000	유보발생				

2　㈜소백기업(6500)의 퇴직급여충당금 조정명세서를 작성하시오.

1) 기말 재무상태표의 퇴직급여충당금 변동내역은 다음과 같다.

퇴직급여충당금

당기감소	14,000,000	기초잔액	30,000,000
기말잔액	31,000,000	당기증가	15,000,000

– 퇴직급여충당금 기초잔액과 관련된 퇴직급여충당금한도초과액이 18,000,000원이다.

2) 결산상반영된 인건비내역

계정	총급여액		1년미만		추계액
급여(판)	5명	200,000,000	1명	30,000,000	50,000,000
개발비	3명	150,000,000			60,000,000

– 회사는 1년 미만 근속자에 대해서도 당사의 퇴직급여지급규정에 따라 퇴직 시 퇴직급여를 지급한다.
– 근로자 퇴직급여보장법에 의한 퇴직급여추계액은 100,000,000원이다.

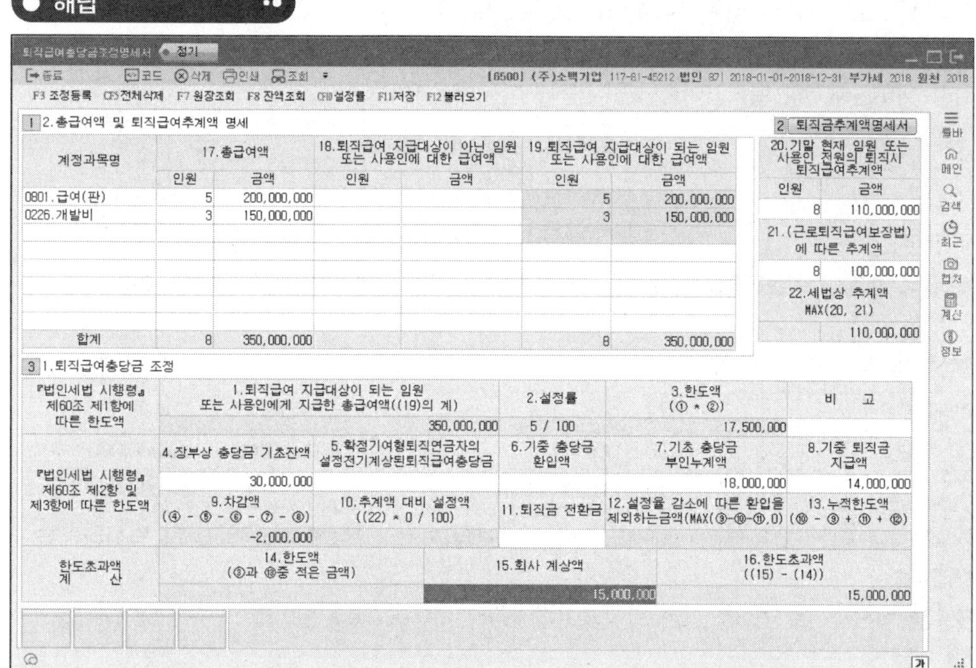

- 1년 미만 근속자도 퇴직급여를 지급하는 규정이 있으므로 "18란"에 입력하는 금액은 없다.
- 9.차감액 : -2,000,000원 (자동계산)

  충당금기초잔액 30,000,000원에서 당기감소액 14,000,000원을 차감하면 재무상태표상 16,000,000원의 잔액이 남게 되는데 충당금부인액 중에 충당금 설정하기 전 결산상 금액 16,000,000원을 초과하는 금액을 기초충당금부인누계액 중 2,000,000을 유보추인해야 한다.

- 한도의 계산
  - 회사설정액 : 15,000,000원
  - 한도   : 5,500,000원
  - 한도초과액 : 9,500,000원 손금불산입 조정

- 세무조정

<손금산입> 퇴직급여충당금유보추인 2,000,000 (유보 감소)
<손금불산입> 퇴직급여충당금한도초과 15,000,000 (유보 발생)

조정 등록						
익금산입 및 손금불산입				손금산입 및 익금불산입		
과 목	금 액	소득처분		과 목	금 액	소득처분
퇴직급여충당금한도초과	15,000,000	유보발생		퇴직급여충당금유보추인	2,000,000	유보감소

3 ㈜설악기업(6600)은 확정급여형 퇴직연금제도를 운영하고 있으며 다음 자료를 이용하여 퇴직연금부담금등 조정명세서를 작성하고 필요한 세무조정을 행하시오. 단, 퇴직급여충당금과 관련된 세무조정은 고려하지 않는다.

1) 당기말 퇴직급여추계액 120,000,000

2) 당기 기말 현재 재무상태표상 퇴직급여충당금 잔액 48,000,000 (유보잔액 6,000,000원)

3) 퇴직연금충당금 계정내역은 다음과 같다.

퇴직연금충당금

| 당기감소 | 8,000,000 | 기초잔액 | 70,000,000 |
| 기말잔액 | 74,000,000 | 당기증가 | 12,000,000 |

전기말까지 퇴직연금충당금에 대한 세무조정사항은 없다.

4) 당기의 퇴직연금운용자산 계정내역은 다음과 같다.

퇴직연금운용자산

| 기초잔액 | 70,000,000 | 당기감소 | 8,000,000 |
| 당기납부 | 15,000,000 | 기말잔액 | 77,000,000 |

5) 퇴직금지급시 회계처리

| 퇴직급여충당금 | 5,000,000 | / 보통예금 | 5,000,000 |
| 퇴직연금충당금 | 8,000,000 | / 퇴직연금운용자산 | 8,000,000 |

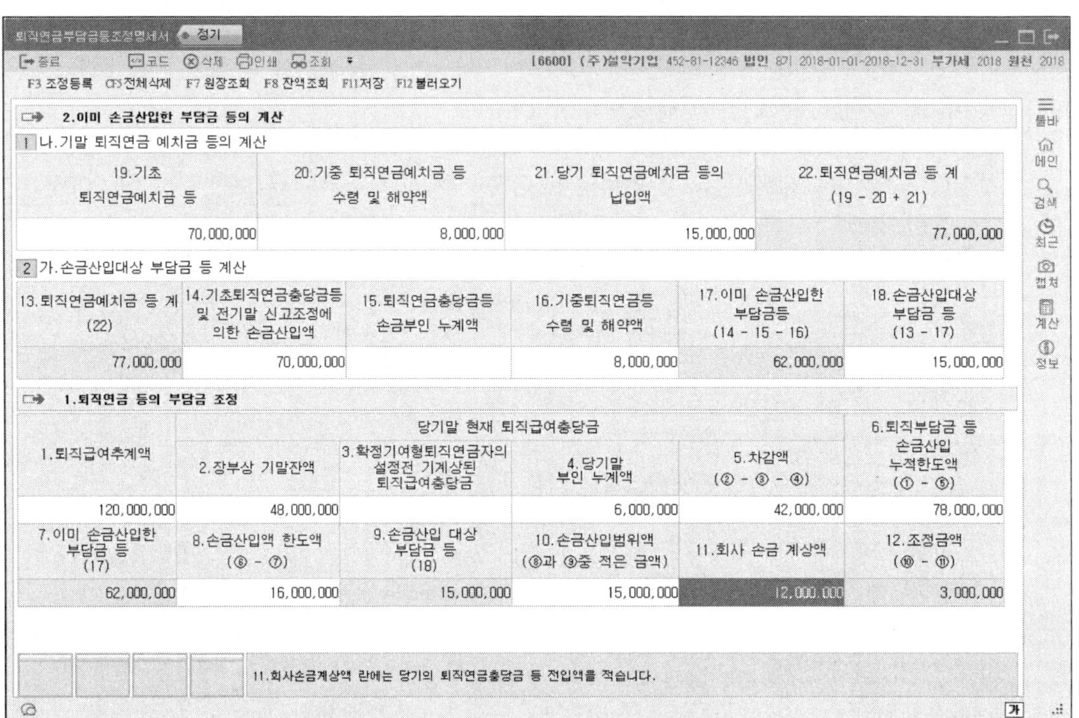

퇴직연금부담금등조정명세서 ◆ 정기

[6600] (주)설악기업 452-81-12346 법인 8기 2018-01-01-2018-12-31 부가세 2018 원천 2018

F3 조정등록 CF5 전체삭제 F7 원장조회 F8 잔액조회 F11 저장 F12 불러오기

▢➡ 2.이미 손금산입한 부담금 등의 계산

1 나.기말 퇴직연금 예치금 등의 계산

19.기초 퇴직연금예치금 등	20.기중 퇴직연금예치금 등 수령 및 해약액	21.당기 퇴직연금예치금 등의 납입액	22.퇴직연금예치금 등 계 (19 - 20 + 21)
70,000,000	8,000,000	15,000,000	77,000,000

2 가. 손금산입대상 부담금 등 계산

13.퇴직연금예치금 등 계 (22)	14.기초퇴직연금충당금등 및 전기말 신고조정에 의한 손금산입액	15.퇴직연금충당금등 손금부인 누계액	16.기중퇴직연금등 수령 및 해약액	17.이미 손금산입한 부담금등 (14 - 15 - 16)	18.손금산입대상 부담금 등 (13 - 17)
77,000,000	70,000,000		8,000,000	62,000,000	15,000,000

▢➡ 1.퇴직연금 등의 부담금 조정

1.퇴직급여추계액	당기말 현재 퇴직급여충당금				6.퇴직부담금 등 손금산입 누적한도액 (① - ⑤)
	2.장부상 기말잔액	3.확정기여형퇴직연금자의 설정전 기계상된 퇴직급여충당금	4.당기말 부인 누계액	5.차감액 (② - ③ - ④)	
120,000,000	48,000,000		6,000,000	42,000,000	78,000,000

7.이미 손금산입한 부담금 등 (17)	8.손금산입액 한도액 (⑥ - ⑦)	9.손금산입 대상 부담금 등 (18)	10.손금산입범위액 (⑧과 ⑨중 적은 금액)	11.회사 손금 계상액	12.조정금액 (⑩ - ⑪)
62,000,000	16,000,000	15,000,000	15,000,000	12,000,000	3,000,000

11.회사손금계상액 란에는 당기의 퇴직연금출당금 등 전입액을 적습니다.

- 16. 기중퇴직연금 등 수령 및 해약액

결산조정에 의해 기 손금산입된 금액 70,000,000원 중에 8,000,000원은 지급되었으므로 "16"란에 입력한다.

- 12.조정금액 : 3,000,000원은 <손금산입>조정한다.

- 세무조정

<손금산입>퇴직연금등손금산입 3,000,000 (유보 발생)

조정 등록						
익금산입 및 손금불산입				**손금산입 및 익금불산입**		
과 목	금 액	소득처분		과 목	금 액	소득처분
				퇴직연금등손금산입	3,000,000	유보발생

4　㈜무등기업 (6700)의 확정급여형 퇴직연금제도를 운영하고 있으며 전액 신고조정에 의해 세무조정하고 있다. 퇴직급여충당부채와 관련된 세무조정은 고려하지 않고 다음의 내용을 참조하여 퇴직연금부담금조정명세서를 작성하고 세무조정하시오.

1) 퇴직급여충당부채 계정내역은 다음과 같다.

퇴직급여충당부채

당기감소	20,000,000	기초잔액	28,000,000
기말잔액	23,000,000	당기증가	15,000,000

– 당기말 퇴직급여추계액 120,000,000원이다.

– 당기말 퇴직급여충당부채 유보잔액은 3,000,000원이다.

2) 당기의 퇴직연금운용자산 계정의 기초잔액은 전기에 신고조정에 의하여 손금산입 되었으며 전기의 자본금과 적립금 조정명세서(을)에 70,000,000(△유보)로 기입되어있다.

퇴직연금운용자산

기초잔액	70,000,000	당기감소	8,000,000
당기납부	20,000,000	기말잔액	82,000,000

3) 당기 퇴직요건을 충족한 근로자가 퇴직(일시금선택)시 발생한 회사의 회계처리는 다음과 같다.

퇴직급여충당부채　20,000,000　/　퇴직연금운용자산　8,000,000

　　　　　　　　　　　　　　　　　보통예금　　　　　 12,000,000

● 해답

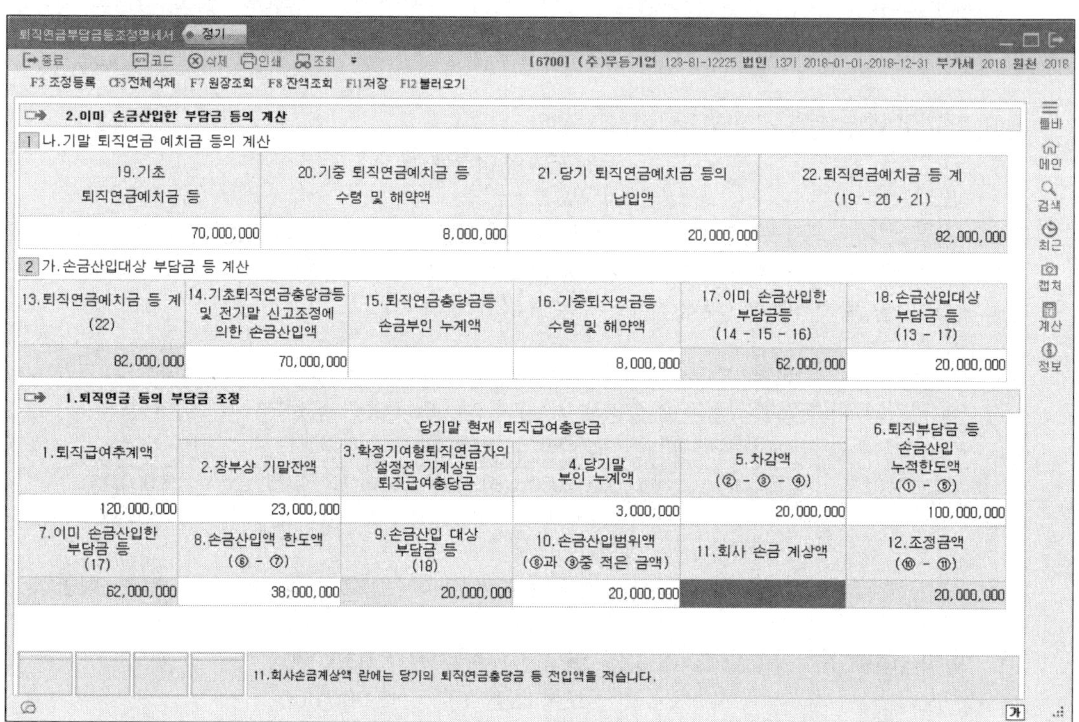

- 16. 기중퇴직연금 등 수령 및 해약액

신고조정에 의해 기 손금산입된 금액 70,000,000원 중에 8,000,000원은 지급되었으므로 <손금불산입>조정하고 "16"란에 입력한다.

- 12.조정금액 : 한도액 20,000,000원은 <손금산입>조정한다.

- 세무조정

<손금불산입>퇴직연금지급 8,000,000 (유보 감소)

<손금산입>퇴직연금등손금산입 20,000,000 (유보 발생)

조정 등록					
익금산입 및 손금불산입			손금산입 및 익금불산입		
과 목	금 액	소득처분	과 목	금 액	소득처분
퇴직연금등지급	8,000,000	유보감소	퇴직연금등손금산입	20,000,000	유보발생

❺ 대손충당금 및 대손금조정명세서

> 대손금은 채권 중에 회수할 수 없는 금액을 말하며 대손충당금은 기말에 회사가 보유하고 있는 채권
> 이 장래에 회수불능에 대비하여 대손예상액을 비용으로 설정한 평가성 충당금을 말한다. 세법에서
> 대손금은 세법에서 정하는 요건에 해당하는 경우에만 손금을 인정하고 있으며 대손충당금은 일정한
> 한도내에서만 인정하므로 대손금이 요건미충족한 경우 또는 대손충당금이 한도초과된 경우에는 세무
> 조정해야 한다.

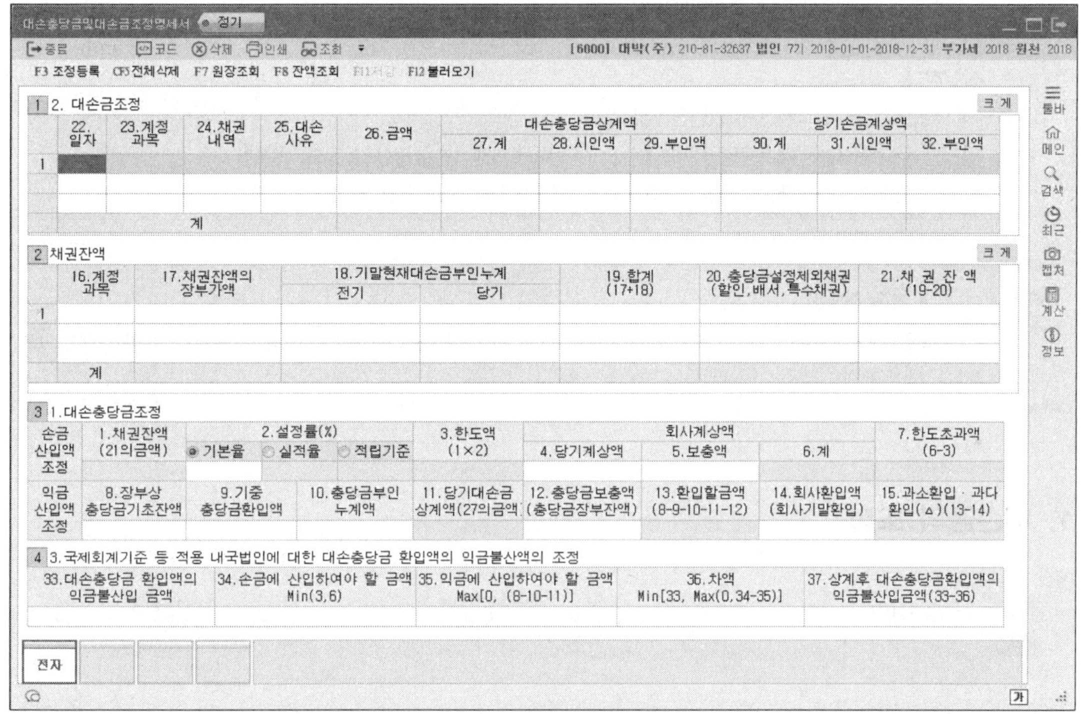

　　대손금과 대손충당금은 대손금조정 → 대손충당금 조정의 순서로 하며 프로그램은 적
색 메뉴 **1** → **2** → **3**의 순서로 작성하면 된다.

　　적색메뉴 **1**은 대손금을 조정하며, **2**메뉴는 대손충당금 설정대상 채권잔액의 계산,
3의 메뉴는 대손충당금 한도조정 및 전기분 대손충당금 한도초과액 손금산입 금액을
계산한다.

대손금 및 대손충당금 세무조정순서

1) 1단계 : 전기의 세무조정사항 중 당기 추인되는 사항에 대한 세무조정
   ① 전기 대손충당금한도초과액은 무조건 **〈손금산입〉 유보(감소)**로 세무조정한다.
   ② 전기대손금 부인액이 있는 경우 그 금액 중 대손사유가 충족되는 금액이 있는 지 확인하여 〈손금산입〉 유보(감소)로 세무조정한다.

2) 2단계 : 당기 대손금에 대한 세무조정
   ① 당기의 대손금이나 대손충당금과 상계된 금액 중 대손사유 충족 여부를 확인하고 다음과 같이 처리한다.
      - 대손요건 충족시 : 세무조정없음
      - 대손요건 미충족시 : 손금불산입(유보, 발생)
   ② 당기말 채권 중에 신고조정으로 손금산입할 수 있는 채권금액이 있는지 확인하고 대손사유 충족시 손금산입한다.

3) 3단계 : 대손충당금 한도계산과 관련된 세무조정
   ① 당기말 대손충당금 − 대손충당금한도액 = (+) : 한도초과액 : **손금불산입(유보, 발생)**
   ② 당기말 대손충당금 − 대손충당금한도액 = (−) : 시인부족액 : 세무조정 없음

- [F12]불러오기
  2.채권잔액에 재무상태표의 외상매출금, 받을어음, 대여금등의 계정과목을 자동반영할 때 사용한다.

---

1. 대손금의 조정

2. 대손금조정						대손충당금상계액			당기손금계상액			크 계
22.일자	23.계정과목	24.채권내역	25.대손사유	26.금액		27.계	28.시인액	29.부인액	30.계	31.시인액	32.부인액	
1												
	계											

(1) "26.금액"

당기 대손회계처리한 총액을 적고, 대손충당금상계액의 「29.부인액란」에는 부당상계액을 적으며, 당기손금계상액 중 「32.부인액」란에는 부당대손처리분을 기재한다. 대손충당금상계액 중 「29.부인액」은 익금산입하고, 당기손금계상액 중 「32.부인액」은 손금불산입 세무조정한다.

- **작성방법**
  - 대손금액을 입력
    당기손금계상액의 「31.시인액」과 「30.계」에 반영 ->대손요건미충족 금액은 「32.부인액」
    입력
  - 대손충당금과 상계한 경우
    대손요건 충족여부를 판단하여 「28.시인액」,과 「29.부인액」에 각각 입력

- **24.채권내역**

  [1.매출채권 2.미수금 3.기타채권] 선택

- **25.대손사유**

  [1.파산 2.강제집행 3.사망,실종 4.정리계획 5.부도(6개월경과) 6.소멸시효완성] 선택

(2) 「28.시인액」 또는 「31.시인액」에 입력 사항

결산조정항목 및 신고조정항목 중에 요건이 충족된 금액을 결산반영시 대손회계처리
한 경우에는 대손충당금하고 상계했으면「28.시인액」에 당기손금계상했으면 「31.시인액」
에 입력한다.

① 결산조정항목

구 분	구체적인 범위
부도발생일로부터 6월 이상 경과한 채권	해당 채무자의 재산에 저당권을 설정하고 있는 경우를 제외하고 **부도발생일로부터 6개월 이상 경과한 수표 또는 어음상의 채권 및 중소기업의 외상매출금**(중소기업의 외상매출금으로서 부도발생일 이전의 것에 한정) ※ 사업연도 종료일 현재 회수되지 않은 채권금액에서 1,000원을 제외한 금액으로 한다.
기타	㉠ 채무자의 파산, 강제집행, 형의집행, 사업의 폐지, 사망, 실종, 행방불명으로 인하여 회수할 수 없는 채권 ㉡ 회수기일을 6개월 이상 경과한 채권 중 채무자별 채권금액이 20만원 이하인 소액채권 ㉢ 금융회사 등의 채권으로 감독기관의 승인을 얻은 일정한 채권

② 신고조정항목

구 분	구체적인 범위
소멸시효 완성채권	상법, 어음법, 수표법, 민법에 따른 소멸시효가 완성된 외상매출금, 미수금, 어음, 수표, 대여금 및 선급금
기 타	㉠ 채무자의 회생 및 파산에 관한 법률에 따라 회수불능으로 확정된 채권 ㉡ 민사집행법에 따라 채무자의 재산에 대한 경매가 취소된 압류채권 ㉢ 물품의 수출 또는 외국에서의 용역제공으로 인하여 발생한 채권으로 한국은행 총재 또는 외국환은행의 장으로부터 채권회수의무를 면제받은 것

● 직접 소득금액조정합계표에 반영하는 경우

- 전기대손금 부인액이 있는 경우 그 금액중 대손사유가 충족되는 금액이 있는 지 확인하여 <손금산입> 유보(감소)로 세무조정한다.
- 당기말 대손사유 충족한 신고조정항목을 결산반영안했다면 <손금산입>유보 발생 세무조정한다.

(3) 「29.부인액」 또는 「32.부인액」에 입력 사항

① 대손금으로 손금처리 할 수 없는 채권을 대손회계처리한 경우 해당금액 전액

- 채무보증으로 인하여 발생한 구상채권 금액
- 특수관계인에 대한 업무무관가지급금 금액

② 결산조정사항 중 요건 미충족분

결산조정사항 중 결산서에 대손충당금 또는 대손상각비로 회계처리한 경우에 해당 항목의 요건이 세무상 충족되지 않은 경우에는 <손금불산입> 세무조정한다.

- 부도발생일로부터 6개월 미경과된 수표 어음상의 채권 및 중소기업의 외상매출금을 대손회계처리한 경우 해당금액 전액
- 부도발생일로부터 6개월 경과된 수표,어음상의 채권 및 중소기업의 외상매출금 전액을 대손회계처리한 경우 비망금액 1,000원
- 회수기일을 6개월 경과하지 않은 소액채권 전액
- 회수기일을 6개월 경과후 대손회계처리한 금액 중에 소액채권이 아닌 경우 전액

2. 대손충당금 한도의 계산

한도액 = 해당 사업연도 종료일 현재 세무상 설정대상채권의 장부가액 합계 × 대손율

(1) 설정대상채권의 범위

기말재무상태표상 채권가액 − 설정제외대상 채권가액 ± 채권관련 유보금액

2 채권잔액						크게
16.계정과목	17.채권잔액의 장부가액	18.기말현재대손금부인누계 전기	당기	19.합계 (17+18)	20.충당금설정제외채권 (할인,배서,특수채권)	21.채 권 잔 액 (19-20)
1						
계						

① "17. 채권잔액의 장부가액"

재무상태표상 대손충당금 설정대상 채권의 장부가액을 계정과목별로 기입한다.

※ 동일인에 대한 채권·채무가 있는 경우
법인이 동일인에 대하여 매출채권 및 매입채무를 동시에 가지고 있는 경우 해당 매입채무를 상계하지 않고 대손충당금을 계상할 수 있다. 단, 당사자간의 약정에 의해 상계하기로 한 경우에는 상계한 순액을 기준으로 설정한다.

 ● F12 불러오기

재무제표의 외상매출금 받을어음등 채권잔액이 있는 경우에 해당금액과 "12.대손금조정"의 29부인액과 32.부인액금액을 불러온다.

② "18.기말현재대손금부인누계"

전기말 현재 대손금부인누계액에서 당기손금산입액을 빼고 당기 부인액을 더한 금액으로 입력한다.
- 전기분 : 당기이전에 <손금불산입> 또는 <손금산입> 조정된 유보잔액을 입력한다.
- 당기분 : 당기에 세무조정에 의해 익금 또는 손금에 산입한 채권금액을 입력한다.

③ "20.충당금설정제외채권"

충당금설정시 제외되는 채권금액을 입력한다.

※ 충당금설정제외채권사례
- 채무보증으로 인해 발생한 구상채권
- 특수관계인에게 지급한 업무무관가지급금
- 부당행위계산부인규정을 적용받는 시가초과액에 상당하는 채권
- 매각거래에 해당하는 할인어음 또는 배서어음

 ● 설정대상채권의 범위

설정대상채권	설정대상에서 제외되는 채권
- 외상매출금 - 대여금 - 받을어음, 부도어음 등 어음상의 채권 (선일자수표 포함) - 미수금 - 기타	- 채무보증으로 인하여 발생한 구상채권 - 특수관계인에게 해당법인이 업무와 관련없이 지급한 가지급금 - 할인어음, 배서양도어음(매각거래인 경우) - 부당행위계산규정을 적용받는 고가매입거래에 있어서 시가초과액에 상당하는 채권

(2) 대손충당금의 한도

3 |1.대손충당금조정							
손금 산입액 조정	1.채권잔액 (21의금액)	2.설정률(%) ⦿기본율 ◯실적율 ◯적립기준		3.한도액 (1×2)	회사계상액		7.한도초과액 (6-3)
					4.당기계상액	5.보충액	6.계	
익금 산입액 조정	8.장부상 충당금기초잔액	9.기중 충당금환입액	10.충당금부인 누계액	11.당기대손금 상계액(27의금액)	12.충당금보충액 (충당금장부잔액)	13.환입할금액 (8-9-10-11-12)	14.회사환입액 (회사기말환입)	15.과소환입·과다 환입(△)(13-14)

① "1.채권잔액"

"21.채권잔액"란 중 계란의 금액을 기재한다.

② "2.설정률"

1/100과 실적률 중 큰 비율을 입력한다.

> ※ 실적률계산 = $\dfrac{\text{당기대손금(적색메뉴 }\blacksquare\text{의 (28)과 (31)의 합계액)}}{\text{전기채권잔액(전기분 조정서식의 적색메뉴}\blacksquare\text{의 채권잔액(1)의 금액}}$

③ "4.당기계상액 및 5.보충액"

「4. 당기계상액」에는 당기설정금액을 입력하고 「5.보충액」란에는 대손충당금 기말잔액에서 「4. 당기계상액」을 차감한 금액을 입력한다.

- **"11. 당기대손금상계액"**

  「27.계」란의 금액이 반영되며 대손충당금하고 상계한 총금액을 입력하면 된다.

- **"12. 충당금보충액"**

  「5.보충액」를 입력하면 하단의 당기설정보충액(12)에 자동입력된다.

④ "10.충당금부인누계액"

전기에 손금불산입된 대손충당금한도초과액을 입력한다.

⑤ 세무조정

- "7.한도초과액" : 당기분 대손충당금 한도초과액이 반영되며 <손금불산입> (유보 발생) 세무조정한다.
- "15.과소환입,과다환입" : 전기분 대손충당금 한도초과액이 반영되며 <손금산입>(유보 감소) 세무조정한다.

❖ 대손충당금 및 대손금조정명세서 작성사례

다음 자료에 의하여 대박(주)(회사코드 : 6000)의 대손충당금 및 대손금 조정명세서를 작성하고 조정등록을 하시오.(단, 세부담 최소화를 가정한다)

① 외상매출금(108)과 받을어음(110)에 대해서만 대손충당금 설정한다.
② 대손처리내역
  · 6월 3일 6,000,000원 : 소멸시효 완성분
          300,000원 : 회수기일로부터 6개월 이상 경과한 소액채권(채무자별 합계금액임)
  · 회계처리내역
   (차) 대손충당금   6,300,000원   (대) 외상매출금   6,000,000원
                                              외상매출금   300,000원
  · 9월 6일 8,000,000원 : 거래처부도(부도발생일 2018.09.06)
  · 회계처리내역
   (차) 대손충당금   8,000,000원   (대) 받을어음   8,000,000원
③ 대손충당금내역

대손충당금

감소	14,300,000원	기초	23,800,000원
기말	23,680,000원	설정	14,180,000원

④ 실제 대손실적률은 1.3%로 가정한다.
⑤ 전년도 대손충당금부인액은 800,000원이 있다.
⑥ 받을어음 중에는 배서양도한 어음 500,000원이 있으며 이 금액은 설정대상채권에서 제외한다.

>> 해 설
① 대손금조정

1	2. 대손금조정					대손충당금상계액			당기손금계상액			크 계
	22.일자	23.계정과목	24.채권내역	25.대손사유	26.금액	27.계	28.시인액	29.부인액	30.계	31.시인액	32.부인액	
1	06.03	외상매출금	1.매출채권	6.소멸시효	6,000,000	6,000,000	6,000,000					
2	06.03	외상매출금	1.매출채권	6개월경과한	300,000	300,000		300,000				
3	09.06	받을어음	1.매출채권	5.부도(6개	8,000,000	8,000,000		8,000,000				
			계		14,300,000	14,300,000	6,000,000	8,300,000				

- 소멸시효 완성분은 신고조정사항이지만 회사가 이를 결산시 대손충당금과 상계했으므로 "28.시인액"에 입력
- 6개월 이상 경과한 채권은 20만원 이하인 경우에만 결산조정사항이므로 대손요건을 충족하지 못했으므로 "29.부인액"에 300,000원을 입력
- 부도금액은 "부도발생일로부터 6개월 미경과분 어음이므로 손금대상이 아니다. 따라서 충당금 상계액 중 전액을 "29.부인액"에 8,000,000원을 입력

☞ 세무조정
  <손금불산입> 외상매출금 300,000(유보 발생)
  <손금불산입> 부도어음 8,000,000(유보 발생)

② 대손충당금 설정대상 채권의 계산

2 채권잔액						크 게
16.계정과목	17.채권잔액의 장부가액	18.기말현재대손금부인누계		19.합계 (17+18)	20.충당금설정제외채권 (할인,배서,특수채권)	21.채 권 잔 액 (19-20)
		전기	당기			
1 외상매출금	856,120,000		300,000	856,420,000		856,420,000
2 받을어음	19,000,000		8,000,000	27,000,000	500,000	26,500,000
3						
계	875,120,000		8,300,000	883,420,000	500,000	882,920,000

F12 불러오기를 통해 외상매출금과 받을어음 계정별원장잔액을 입력한 후에 외상매출금 중 6개월이 상경과한 채권금액 300,000원과 받을어음 중 부도어음 8,000,000원이 손금불산입 대상이므로 "18.기 말현재 대손금 부인누계액"의 "당기"란에 계정별로 입력하고 충당금 설정제외 채권에 배서한 어음 500,000원 입력한다.

③ 대손충당금 조정

대손설정률은 세부담최소화의 가정에 따라 1%와 실적율 중 큰 비율을 선택하면 되므로 실적율을 선택하고 1.3%를 입력한다.

3 1.대손충당금조정								
손금 산입액	1.채권잔액 (21의금액)	2.설정률(%)		3.한도액 (1×2)	회사계상액			7.한도초과액 (6-3)
		○기본율 ●실적율 ○적립기준			4.당기계상액	5.보충액	6.계	
조정	882,920,000	1	1.3	11,477,960	14,180,000	9,500,000	23,680,000	12,202,040
익금 산입액	8.장부상 충당금기초잔액	9.기중 충당금환입액	10.충당금부인 누계액	11.당기대손금 상계액(27의금액)	12.충당금보충액 (충당금장부잔액)	13.환입할금액 (8-9-10-11-12)	14.회사환입액 (회사기말환입)	15.과소환입·과다 환입(△)(13-14)
조정	23,800,000		800,000	14,300,000	9,500,000	-800,000		-800,000

ⓛ 손금산입액의 조정(손금산입한 금액의 조정 → 손금불산입 발생)

한도액(3)은 설정률을 입력하면 자동으로 계산되므로 당기 한도초과액을 계산하기 위하여 회사계상 액 중에 당기계상액(4)은 조회화면을 통하여 외상매출금과 받을어음의 대손충당금 당기 증가분 14,180,000원을 입력한다.

보충액(5)은 외상매출금과 받을어음의 대손충당금 기말잔액에서 당기증가분을 차감한 9,500,000원 을 입력하면 [한도액(3)]의 금액과 [회사계상액중 계(5)]의 금액이 자동으로 비교되어 12,202,040원 한도초과액(7)이 계산된다.

☞ 세무조정

　　<손금불산입> 대손충당금 한도초과 12,202,040원 (유보 발생)

ⓒ 익금산입액의 조정(익금산입한 금액의 조정 → 손금산입 또는 익금불산입 발생)

장부상 충당금 기초잔액(8)은 외상매출금과 받을어음의 대손충당금 기초잔액을 조회하거나 문제 에서 제시된 금액을 입력한다. 충당금 부인누계액(10)은 전기에 대손충당금 한도초과되어 세무조 정되었던 금액 800,000원을 입력한다.

→ 과소환입 과다환입(15)의 금액 -800,000은 전기에 손금불산입된 금액이다.

☞ 세무조정

　　<손금산입> 전기대손충당금한도초과 800,000원 (유보 감소)

④ 조정 등록

익금산입 및 손금불산입			손금산입 및 익금불산입		
과 목	금 액	소득처분	과 목	금 액	소득처분
공사미수금과소	30,000,000	유보발생	건물 전기감가상각비	2,000,000	유보발생
위탁매출누락	20,000,000	유보발생	퇴직연금부담금	7,000,000	유보발생
기계장치 감가상각비 한도초과	3,294,000	유보발생	전기대손충당금한도초과	800,000	유보감소
임원상여금한도초과	9,000,000	상여			
퇴직급여충당금 한도초과	36,000,000	유보발생			
외상매출금	300,000	유보발생			
부도어음	8,000,000	유보발생			
대손충당금 한도초과	12,202,040	유보발생			
합 계	118,796,040		합 계	9,800,000	

소득명세

과 목	금 액	과 목	금 액
대손금 부인액	8,300,000	대손충당금 과다환입액	800,000
대손충당금 한도초과	12,202,040		

※환경등록-조정등록방법 : 조정과목사용으로 설정됨   손익조정 직접입력 계정코드도움(F2) 조정코드도움(F4) 삭제(F5) 종료(ESC)

- 외상매출금 대손부인액 300,000원 손금불산입, 유보(발생)
- 받을어음 대손부인액 8,000,000원 손금불산입, 유보(발생)
- 대손충당금 한도초과 12,202,040원 손금불산입, 유보(발생)
- 대손충당금 과다환입 800,000원 손금산입, 유보(감소)
  (−800,000으로 확인되는 금액은 신고서식 작성을 위한 것이므로 조정 등록할 때에는 손금산입 800,000원으로 한다)

연습문제

1 ㈜백두기업(6100)의 다음 자료를 이용하여 대손충당금 및 대손금조정명세서를 작성하고 세무조정하시오.(중소기업임)

1) 전기(2017년) 자본금과 적립금조정명세서(을)의 기말잔액
   - 대손충당금 한도초과액 : 500,000원
   - 외상매출금 대손금 부인액 3,000,000원 (2018.1.15 소멸시효 완성)

2) 당기중 대손충당금과 상계처리한 내역은 다음과 같다.

날짜	계정과목	금액	비고
2월 4일	외상매출금	170,000	회수기일 6개월이상 경과한 소액채권
6월 28일	받을어음	1,300,000	부도발생일로부터 6개월 경과된어음 1,300,000원

3) 대손충당금 계정의 내역은 다음과 같다.

대손충당금

감 소	1,470,000	기 초	4,500,000
이 월	6,000,000	설 정	2,970,000

4) 당기 매출채권기말잔액
   - 외상매출금 : 300,000,000원
   - 받을어음   : 280,000,000원
   제시된 채권 이외의 채권은 무시한다.

5) 대손실적률은 0.7%이며 대손충당금 환입은 기업회계기준에 따라 보충법을 사용하고 있다.

● 해답

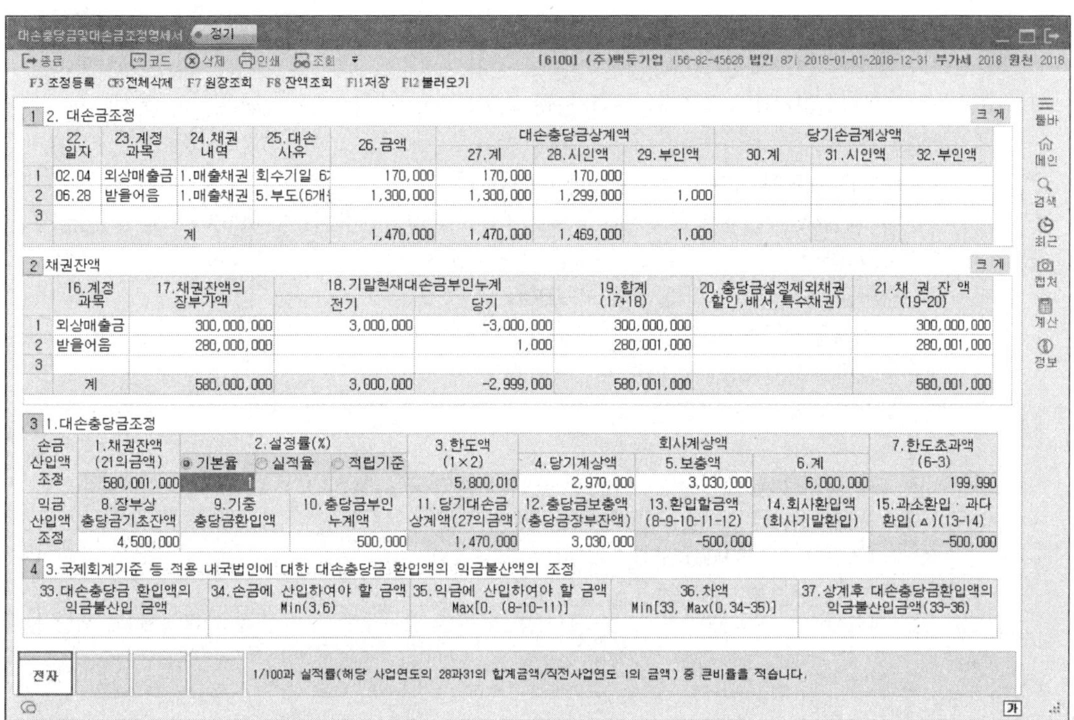

- 세무조정

<손금산입> 전기대손금부인액 3,000,000 (유보 감소)

<손금불산입> 받을어음 1,000 (유보 발생)

<손금산입> 전기대손충당금 한도초과액 500,000 (유보 감소)

<손금불산입 > 대손충당금 한도초과액 199,990 (유보 발생)

조정 등록

익금산입 및 손금불산입			손금산입 및 익금불산입		
과 목	금 액	소득처분	과 목	금 액	소득처분
시송품매출	4,800,000	유보발생	시송품매출원가	4,000,000	유보발생
전기위탁매출원가누락	10,000,000	유보감소	전기위탁매출누락	15,000,000	유보감소
기계장치1 감가상각비한도초과액	787,334	유보발생	상품권매출	12,000,000	유보발생
기계장치2 감가상각비한도초과액	3,952,335	유보발생	건물 정기상각부인액	650,000	유보감소
받을어음	1,000	유보발생	전기오류수정손실	3,952,325	기타
대손충당금 한도초과액	199,990	유보발생	전기대손금부인액	3,000,000	유보감소
			전기대손충당금 한도초과액	500,000	유보감소

2 ㈜한라기업(6200)의 다음 자료를 이용하여 세부담최소화를 가정하여 대손충당금 및 대손 금조정명세서를 작성하고 세무조정하시오.(중소기업임)

1) 회사가 계상한 연간 대손상각내역은 다음과 같다.
  – 2/15 전기소멸시효 완성분에 대한 금액 4,500,000원 (전기에 세무조정은 적절하게 되었다)
    대손충당금 4,500,000 / 외상매출금 4,500,000
  – 10/16 거래처 부도발생일로부터 6개월 이상 경과한 어음금액 999,000원 (어음금액 1,000,000원)
    대손충당금 999,000 / 받을어음 999,000
  – 12/15 거래처 파산으로 인한 외상매출금 1,000,000
    대손충당금 501,000   외상매출금 1,000,000
    대손상각비 499,000

2) 당기말 재무상태표상 채권잔액 (다음의 금액만 충당금 설정한다)

계정과목	금액	비고
외상매출금	200,000,000	
받을어음	150,000,000	
단기대여금	40,000,000	특수관계인에 대한 업무무관 가지급금 30,000,000원 포함

3) 대손충당금 계정의 내역은 다음과 같다.

대손충당금

감소	6,000,000	기초	6,000,000
이월	5,070,000	설정	5,070,000

4) 대손실적률은 1.3%이다.

5) 전기대손충당금 한도초과액은 250,000원이 있다.

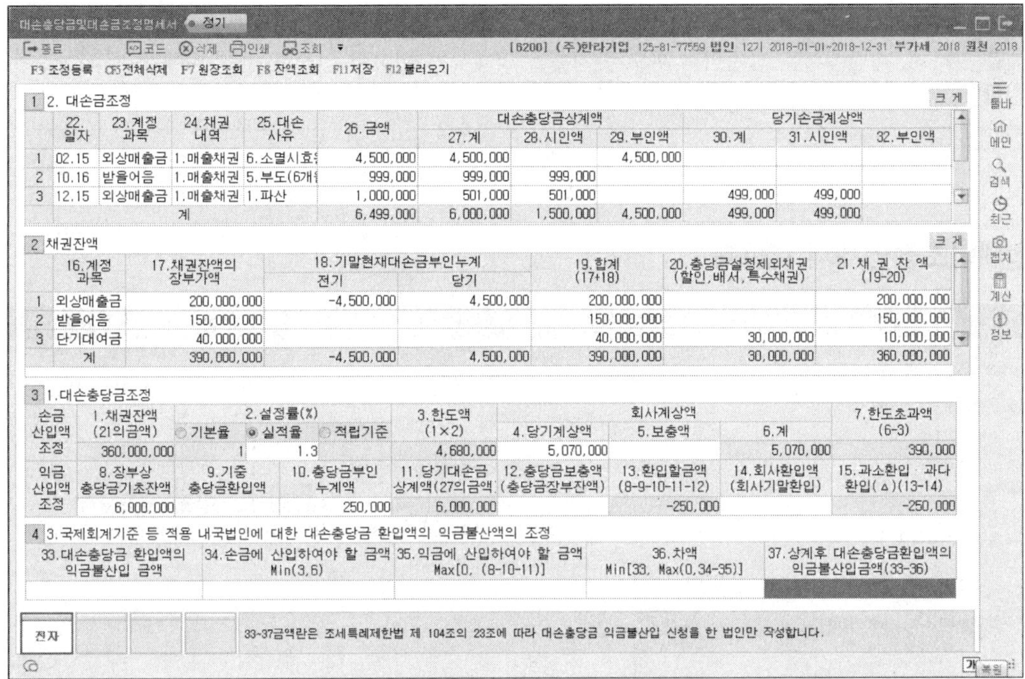

- 세무조정

<손금불산입> 대손금부인액 4,500,000 (유보 감소)

<손　금　산　입> 전기대손충당금 한도초과액 250,000 (유보 감소)

<손금불산입> 대손충당금한도초과액 390,000 (유보 발생)

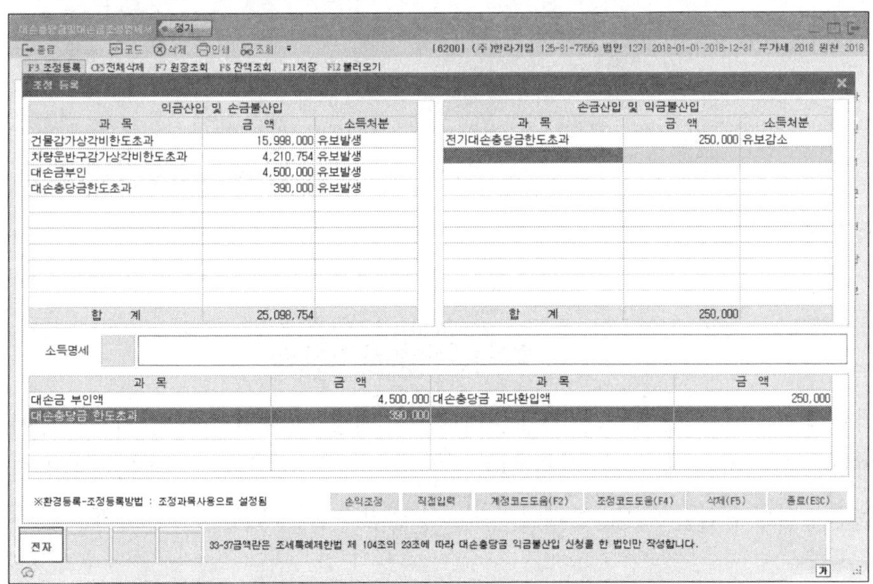

❻ 접대비조정명세서

> 접대비는 교제비, 사례금 등의 명목과 상관없이 이와 유사한 성질의 비용으로 업무와관련하여 지출한 금액을 말하며, 세법에서는 접대비의 과도한 지출을 억제하기 위하여 일정한 한도 내에서 손금으로 인정한다.

1. 접대비조정명세서 (을)표

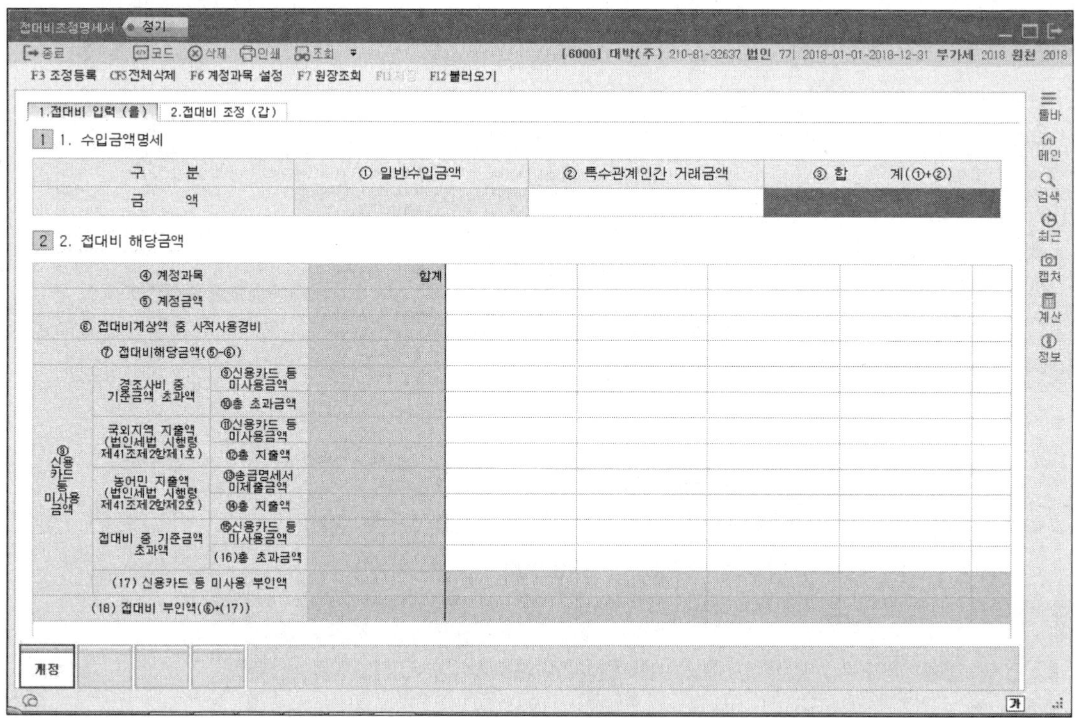

(1) ▉ 1.수입금액명세

구 분	① 일반수입금액	② 특수관계인간 거래금액	③ 합 계(①+②)
금 액			

　「①일반수입금액란」과 「②특수관계인간 거래금액」란은 해당 업종별로 기업회계기준에 따라 계산한 매출액에 상당하는 금액을 기재한다. F12 불러오기 하면 수입금액 조정명세서에서 작성된 「③결산서상수입금액」의 합계금액을 「①일반수입금액」란과 「③합계」 란에 자동반영된다.

- **수입금액의 범위**

접대비한도계산시 수입금액은 기업회계기준에의한 매출액이므로 기업회계기준에의해 적정하게 작성했지만 법인세법상 익금과의 차액을 세무조정한 경우에는 수입금액조정명세서의 「③결산서상 수입금액」 합계금액을 기입한다.

(2) ② 2.접대비 해당금액

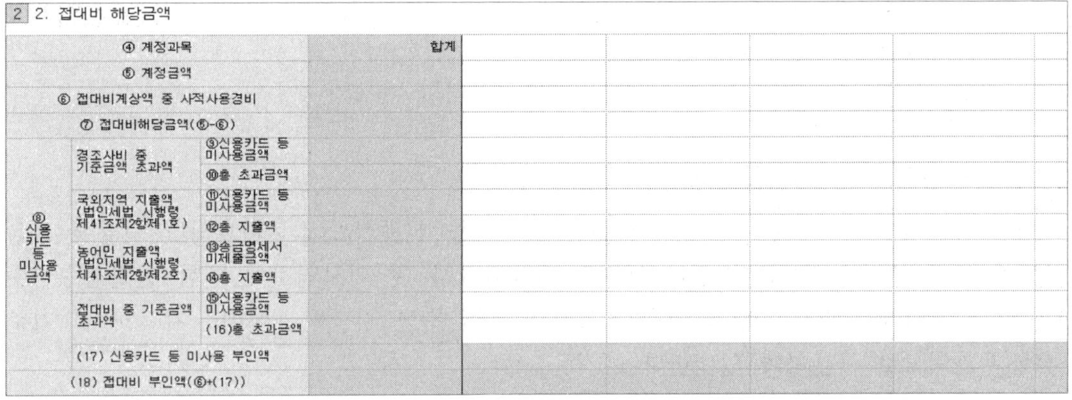

1) "④계정과목" 및 "⑤계정금액"

접대비로 사용된 비용, 건설 중인 자산 또는 고정자산 등의 계정과목과 금액을 입력한다.

- 현물접대비

　현물접대비는 시가와 장부가액 중 큰 금액으로 평가하여야 하므로 계정금액에 장부가액으로 기재되어있는 경우 (시가〉 장부가액)에는 시가와 장부가액 차이를 직접 수정해서 입력한다.(별도의 세무조정은 생략)
- 접대비귀속시기

　당해연도에 지출한 접대비를 선급금등으로 처리하여 이연한 경우에는 〈손금산입〉조정하고 해당계정과목과 금액을 입력한다.

- **F12 불러오기**

불러오기시 접대비계정코드(513~843)에 입력된 금액과 계정과목이 반영된다, 세법상 접대비해당하는 금액이 접대비이외의 타계정에 입력되어있는 경우 해당 계정과목 및 계정금액을 직접입력한다.

2) "⑥접대비계상액 중 사적사용경비"

접대비 지출금액 중 사적비용 성격의 접대비와 신용카드 등 증빙미수취에 따라 손금에 산입되지 않는 금액을 입력한다.

> ● 사적사용경비
>   법인의 접대비가 아니므로 손금불산입하고 그 귀속자에 따라 배당, 상여등으로 처분한다.
> ● 증빙누락분
>   증빙없는 접대비는 전액 손금불산입하고 대표자에 대한 상여로 처분한다.

● [F12] 불러오기

접대비 입력시 11.증빙불비접대비 및 12.개인적용도의 업무무관비용으로 적요선택한 금액을 불러오기를 통하여 입력할 수 있다.
11.증빙불비접대비 → ⑮에 반영
12.개인적용도의 업무무관비용 → ⑥에 반영

3) "⑧신용카드 등 미사용금액"

해당 사업연도에 지출한 「⑦접대비 해당 금액」 중 신용카드(직불카드와 해외발행 신용카드를 포함합니다), 현금영수증, 계산서·세금계산서 및 비사업자에 대한 원천징수영수증을 발급·발행하지 아니한 금액을 경조사비, 국외지역 지출액, 농어민 지출액 및 기준금액 초과액으로 구분하여 입력한다.

① 경조사비 중 기준금액 초과액
- 「⑨」1회 20만원 초과 경조사비지출금액 중 신용카드 등 미사용 금액
- 「⑩」1회 20만원 초과 경조사비 총금액

② 국외지역 지출액
- 「⑪」국외지역에서 지출한 금액 중 현금 외에 다른 지출수단이 없어 적격증빙을 구비하기 어려운 지역 외에서 지출한 신용카드 등 미사용 금액
- 「⑫」에는 국외지역에서 지출한 총 금액

③ 농어민 지출액
- 「⑬」농어민에게 직접구매한 금액 중 금융거래를 통해서 대가를 지급하지 않거나 송금명세서 미제출한 금액
- 「⑭」농어민에게 직접구매한 총 금액

④ 접대비 중 기준금액 초과액
- 「⑮」⑩, ⑫ 및 ⑭란의 지출금액을 제외한 1만원 초과 접대비 지출액 중 신용카드 등 미사용 금액
- 「⑯」1회 1만원 초과 접대비 총액

⑤ "⑰신용카드 등 미사용 부인액"
- ⑨, ⑪, ⑬ 및 ⑮란의 합계액을 입력한다.

4) "⑱접대비부인액"

사적사용경비 성격의 접대비와 신용카드 등 증빙미수취에 따른 손금불산입 접대비 금액을 더하여(⑥란과 ⑰란의 합계) 입력한다.

• F12 불러오기

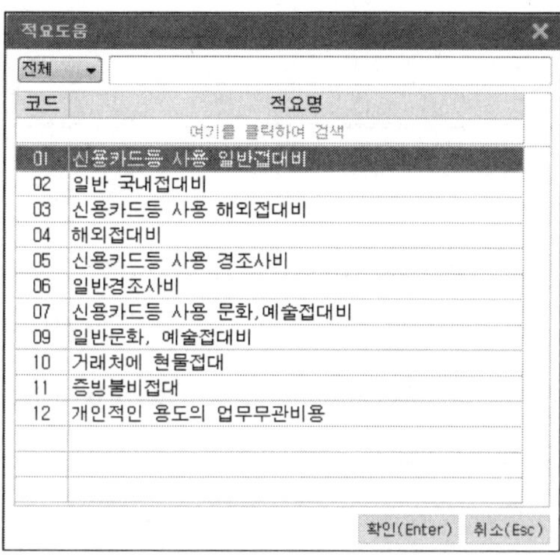

접대비 입력시 해당 적요를 선택하여 입력해야 접대비 조정명세서의 ⑨~⑯의 금액을 불러올 수 있다.

2. 접대비조정명세서 (갑)표

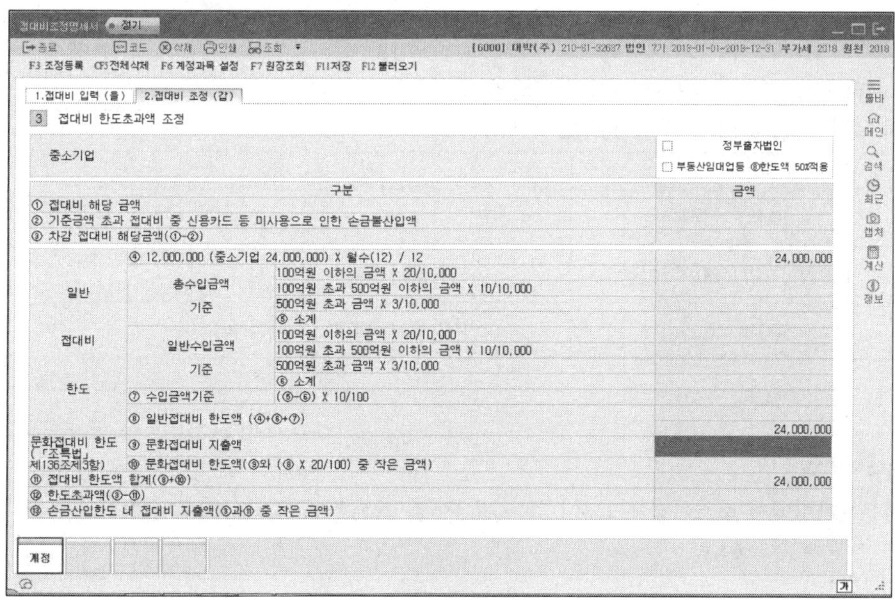

(1) "① 접대비해당금액"

"접대비조정명세서(을)"의 ⑦접대비 해당 금액의 합계란 금액을 입력한다.

(2) "②기준금액 초과 접대비 중 신용카드 등 미사용으로 인한 손금불산입액"

"접대비조정명세서(을)"의 ⑯신용카드 등 미사용 부인액의 합계란 금액을 입력한다.

> * 기준금액
> - 경조사비 : 20만원
> - 경조사비 외의 접대비 : 1만원

(3) 일반접대비한도

① 「④란」에서 중소기업 외의 법인은 1,200만원 (중소기업 2,400만원)

② 총수입금액 기준란의 금액란

"접대비조정명세서(을)"의 「③합계」(특수관계인간 거래금액 포함한 매출액)의 금액을 금액별 적용률에 따라 계산된 금액을 입력한다.

③ 일반수입금액 기준란의 금액

"접대비조정명세서(을)"의 ①일반수입금액(특수관계인간 거래금액제외한 매출액)의 금액을 금액별 적용률에 따라 계산된 금액을 입력한다.

> ※일반 접대비 한도액
>
> 기본 한도 + 수입금액비율 한도
>
> ㉠ 기본한도 : 1,200만원(중소기업의 경우 2,400만원) × $\dfrac{\text{사업연도월수}}{12}$
>
> ㉡ 수입금액비율 : (일반수입금액 × 적용율) + (특정수입금액 × 적용율 × 10%)
>
> ※ 적용율 적용시 일반수입금액 적용 후 특정수입금액 적용한다.
>
> | 구 분 | | 적 용 율 |
> |---|---|---|
> | 수입금액 | 100억 이하 | $\dfrac{2}{1,000}$ |
> | | 100억 초과 500억 이하 | 2천만원 + 100억 초과분 × $\dfrac{1}{1,000}$ |
> | | 500억 초과 | 6천만원 + 500억 초과분 × $\dfrac{0.3}{1,000}$ |

 ● 접대비 한도

회사등록사항에서 중소기업체크되어 있는 경우에는 기본한도 24,000,000원 반영되고 총한도는 자동계산된다.

(4) 문화접대비 한도(⑨~⑩)

문화접대비 지출금액이 있는 경우에 작성한다.

문화접대비
- 문화예술의 공연이나 전시회 또는 박물관의 입장권 구입
- 체육활동의 관람을 위한 입장권 구입
- 비디오물, 음반 및 음악영상물, 간행물의 구입
- 문화관광축제의 관람 또는 체험을 위한 입장권, 이용권의 구입
- 관광공연자의 입장권으로 입장권 가격 중 식사, 주류가격과 공연물 관람 가격이 각각의 시가 등에 비례하여 적절하게 구분되어 있는 것의 구입
- 기획재정부령으로 정하는 박람회의 입장권 구입

(5) ⑭한도초과액

접 대 비 해 당 액	
− 한 도 액	
한 도 초 과 액	손금불산입(기타사외유출)
또는 한 도 미 달 액	세무조정 없음

3. 자산계상접대비

접대비 중에 자산성이 있는 금액을 건설중인자산 또는 고정자산으로 계상한 금액이 있는 경우 그 금액을 회사계상 접대비에 포함하여 한도초과 여부를 검토하여야 한다.

자산으로 계상한 접대비를 포함하여 접대비 시부인계산 한 결과 한도초과액이 발생한 경우 한도초과액을 손금불산입한다. 이때 한도초과액은 다음 순서로 구성된 것으로 본다.

> 비용 계상액 → 건설중인자산 → 고정자산

- 한도초과액 중 비용계상액 : 이미 손금불산입 했으므로 추가 세무조정이 필요없다.
- 한도초과액 중 자산계상액 : 한도 초과로 손금불산입된 금액은 세무상 자산의 원가로 계상될 수 없으므로 해당 금액을 손금산입(유보)의 세무조정을 한다.

❖ 자산계상 접대비 계산 사례

1. 회사의 접대비 회계처리 내역

과목	금액	비고
판매비와관리비	30,000,000	
건설중인 자산	20,000,000	건설중인자산과 관련된 접대비
계	50,000,000	

2. 접대비는 모두 법정증명서류를 수취하였고 접대비한도는 19,000,000원이다.

>> 해 설

- 접대비한도초과액 : 회사 50,00,000원
  한도 19,000,000원
  한도초과 : 31,000,000원 ⇒ 손금불산입 (기타사외유출)

- 자산계상접대비세무조정
  비용계상 접대비 → 건설중인자산 접대비 순으로 한도초과액이 발생된 것으로 본다. 따라서 판매비관리비에서 30,000,000원, 건설중인 자산에서 1,000,000원 한도초과 되었다.
  건설중인 자산이 과다계상되었으므로 <손금산입> 건설중인자산 1,000,000 (△유보)조정한다.

❖ 접대비 조정명세서 작성사례

다음 자료에 의하여 대박(주)(회사코드 : 6000)의 접대비등 조정명세서를 작성 후 조정 등록하시오.

1. 수입금액 : 기업회계기준에 의한 매출 금액은 2,177,500,000원으로 가정하며 이중 특수관계인에 대한 매출 500,000,0000원이 포함되어 있다.

2. 접대비 계정금액(결산서상 금액)

계정과목	금액
접대비(제:513)	3,650,000원
접대비(판 : 813)	45,151,000원
해외접대비(판 : 843)	3,000,000원

3. 접대비(813) 계상금액 중 1,000,000원은 1회에 대표이사가 개인적으로 사용한 금액이며 적격증빙을 수취하였다.

4. 해외접대비 중에서 500,000원은 신용카드가 가맹된 외국에서 현금으로 사용한 것으로 나머지 2,500,000원은 적격증빙을 받을 수 없는 곳에서 사용한 금액이다.

5. 1회 1만원 이상 초과접대비중 적격증빙 미수취분은 기장된 내역을 반영하여 작성한다.

6. 당해연도에 당사 상품으로 지출한 접대비가 있으며 원가는 100만원, 시가는 150만원이다.
  부가가치세신고는 적정하세 이루어졌으며, 해당거래의 분개는 다음과 같다.

```
접대비(제조)      1,150,000원  /  상품              1,000,000원
                                  부가세예수금         150,000원
```

>> 해 설

1. 접대비조정명세서(을)표의 작성

1) 수입금액 조정 : 기업회계기준에의한 매출액 2,177,500,000원으로 수정 후 특수관계인에 대한 매출 500,000,000을 입력한다.

1. 수입금액명세			
구 분	① 일반수입금액	② 특수관계인간 거래금액	③ 합 계(①+②)
금 액	1,677,500,000	500,000,000	2,177,500,000

※ 수입금액조정명세서의 "③결산서상수입금액 2,177,500,000원을 불러온다.

2) 접대비 해당금액 조정

2. 접대비 해당금액			합계	접대비(제조)	접대비(판관)	해외접대비(판관)	
④ 계정과목							
⑤ 계정금액			52,301,000	4,150,000	45,151,000	3,000,000	
⑥ 접대비계상액 중 사적사용경비			1,000,000		1,000,000		
⑦ 접대비해당금액(⑤-⑥)			51,301,000	4,150,000	44,151,000	3,000,000	
⑧ 신용카드 등 미사용금액	경조사비 중 기준금액 초과액	⑨신용카드 등 미사용금액	250,000		250,000		
		⑩총 초과금액	250,000		250,000		
	국외지역 지출액 (법인세법 시행령 제41조제2항제1호)	⑪신용카드 등 미사용금액	500,000			500,000	
		⑫총 지출액	3,000,000			3,000,000	
	농어민 지출액 (법인세법 시행령 제41조제2항제2호)	⑬송금명세서 미제출금액					
		⑭총 지출액					
	접대비 중 기준금액 초과액	⑮신용카드 등 미사용금액	11,000,000		11,000,000		
		(16)총 초과금액	47,521,000	4,150,000	43,371,000		
(17) 신용카드 등 미사용 부인액			11,750,000		11,250,000	500,000	
(18) 접대비 부인액(⑥+(17))			12,750,000		12,250,000	500,000	

㉠ 대표이사의 개인적 경비 1,000,000원을 6.접대비계상액 중 사적사용경비란에 입력하고 "(16)총 초과금액"란에 금액도 44,371,000원에서 개인적경비 1,000,000원 차감한 43,371,000원으로 수정해서 입력한다.

월 일 번호 구분	계정과목	거래처	차변	대변	적요	카드등
6 28 00001 출금	0813 접대비		1,000,000	(현금)	12 개인적인 용도의 업무무관비용	

단, 분개입력시 적요가 "12.개인적인 용도의 업무무관비용"으로 입력되어있으므로 별도로 입력하지 않아도 불러오기를 통해서 접대비명세서에 반영할 수 있다.

㉡ 현물접대비반영

현물접대비는 시가가 장부가액보다 큰 경우 시가기준으로 접대비한도계산을 해야한다. 접대비(제조)에는 1,150,000원이 반영된 금액이 불러오므로 시가와 장부가액과의 차액 "500,000원"을 "계정금액"및 "(16)총초과금액"에 가산하여 입력한다.(3,650,000+500,00=4,150,000)

㉢ 해외접대비중 500,000원은 신용카드가 가맹된 지역에서 현금지출한 금액이므로 국외지역지출액 중 11.신용카드 등 미사용금액에 반영되었는지 확인한다.

⇒ 세무조정 : <손금불산입> 개인적 경비 1,000,000 (상여)
　　　　　　 <손금불산입> 적격증빙미수취 접대비 11,750,000 (기타사외유출)

3. 접대비조정명세서 (갑)의 작성

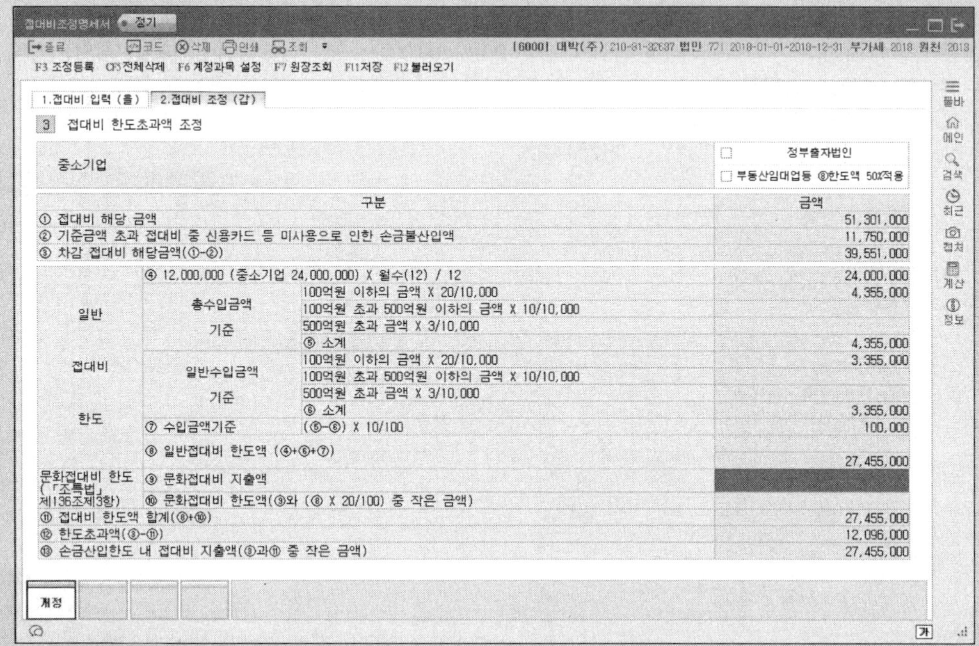

"②기준금액초과접대비 중 신용카드미사용으로 인한 손금불산입액"과 "⑭한도초과액"의 금액이 세무조정 대상 금액이다 "②.기준금액초과접대비 중 신용카드미사용으로 인한 손금불산입액"은 "을"표의 "(17)신용카드등의 미사용부인액"의 합계금액이다.

⇒ 세무조정 : <손금불산입> 접대비한도초과액 **12,096,000** (기타사외유출)

4. 조정 등록

익금산입 및 손금불산입			손금산입 및 익금불산입		
과 목	금 액	소득처분	과 목	금 액	소득처분
위탁매출누락	20,000,000	유보발생	건물 전기감가상각비	2,000,000	유보발생
기계장치 감가상각비 한도초과	3,294,000	유보발생	퇴직연금부담금	7,000,000	유보발생
임원상여금한도초과	9,000,000	상여	전기대손충당금한도초과	800,000	유보감소
퇴직급여충당금 한도초과	36,000,000	유보발생			
외상매출금	300,000	유보발생			
부도어음	8,000,000	유보발생			
대손충당금 한도초과 ,	12,202,040	유보발생			
접대비중사적경비	1,000,000	상여			
접대비중신용카드미사용	11,750,000	기타사외유출			
접대비한도초과액	12,096,000	기타사외유출			
합 계	143,642,040		합 계	9,800,000	

소득명세

과 목	금 액	과 목	금 액
접대비 중 사적경비	1,000,000		
접대비 중 신용카드 미사용	11,750,000		
접대비 한도 초과액	12,096,000		

※환경등록-조정등록방법 : 조정과목사용으로 설정됨

1 ㈜태백기업(6400)은 중소기업이며 해당자료를 참조하여 접대비조정명세서를 작성하시오.

1) 기업회계기준에 의한 매출액은 1,756,000,000원이며 이 중 특수관계인에 대한 매출액은 75,000,000원이다.

2) 접대비 계상액은 다음과 같으며 모두 건당 1만원 초과금액이다.

구분	계정금액	신용카드등 사용액	
접대비 (제조원가)	11,150,000	9,750,000	신용카드사용액에는 임직원카드 400,000원 포함
접대비(판매비와관리비)	24,000,000	22,800,000	접대비계정금액에는 20만원초과 경조사비 120만원이 포함
선급금	1,250,000	1,250,000	

– 선급금 당기에 지출된 금액을 이연시킨금액이다.

3) 신용카드 미사용액에 대한 세무조정은 합계금액을 하나의 세무조정으로 하시오.

● 해답

1. 접대비조정명세서 (을)

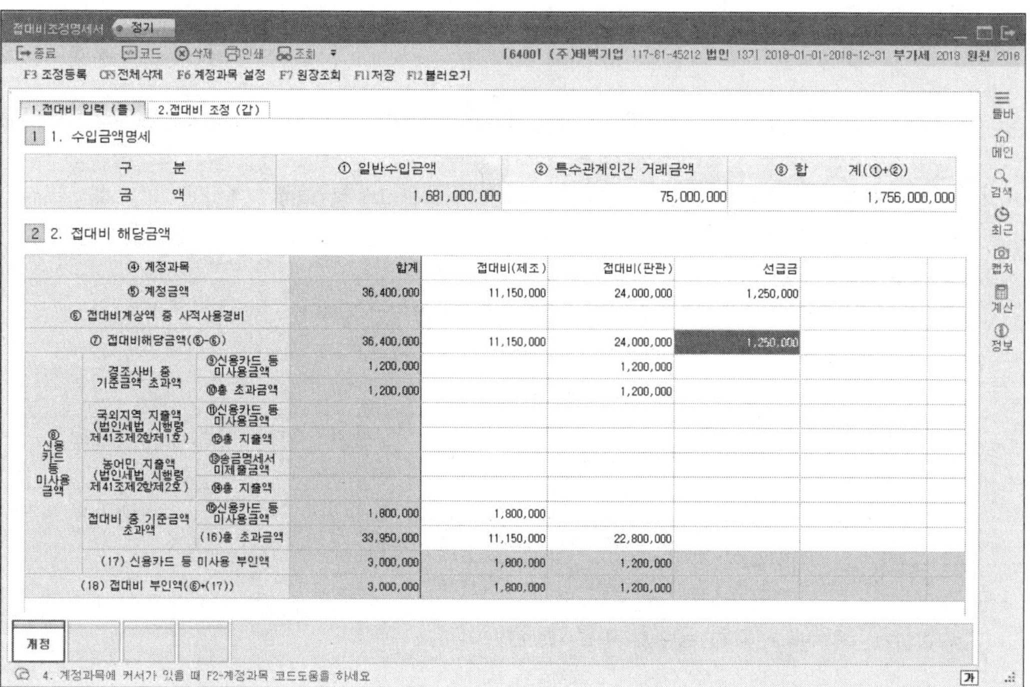

- 접대비(제조원가) 신용카드 미사용금액 : 11,150,000(계정금액) - 9,350,000(신용카드 사용액)

  신용카드사용액에는 임직원명의의 카드사용금액은 제외
- 접대비의 귀속시기는 발생주의에 따르므로 선급금은 당기의 접대비로 보아 세무조정한다.
- 세무조정

<손금산입> 선급금 1,250,000 (유보 발생)

<손금불산입> 신용카드미사용액 3,000,000 (기타사외유출)

2. 접대비조정명세서 (갑)

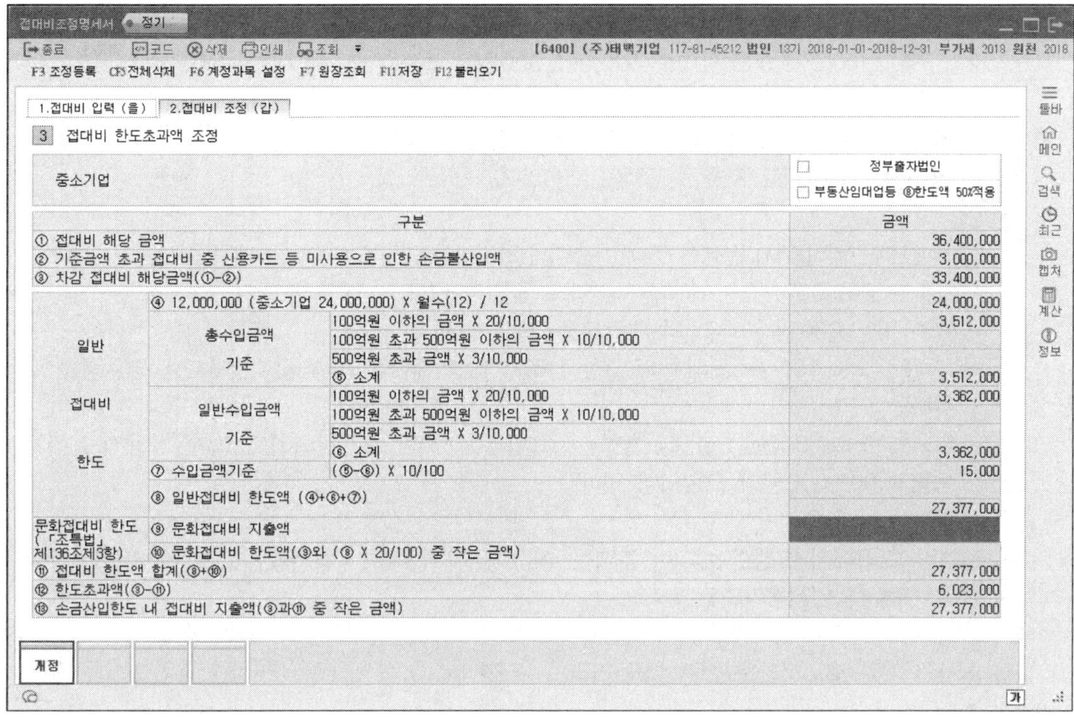

- 세무조정

<손금불산입> 접대비한도초과액 6,023,000(기타사외유출)

2   ㈜소백기업(6500)의 접대비조정명세서를 작성하시오(중소기업임)

1) 수입금액 2,100,000,000원(이중 600,000,000원은 특수관계인에 대한 수입금액이다)

2) 접대비(제조원가)는 15,000,000원이며 전액 1만원 초과하며 신용카드 사용금액이다. 이중에는 공장장의 돌잔치로 지출된 금액이 2,500,000원이 있다.

3) 접대비(판매관리비)에서 발생한 접대비 총액은 21,150,000원이며 자세한 내역은 다음과 같다.
   - 2/8 : 1,000,000원 → 거래처 회식대로 증빙이 없다.
   - 6/8 : 800,000원 → 사원의 개인신용카드로 결제
   - 10/13 : 250,000 → 거래처에 대한 경조사 1건의 금액이며 현금지급후 간이영수증을 수취하였다.
   - 위외 : 19,100,000원 → 건당 1만원 이하의 50,000원이 포함되어 있으며 신용카드 미사용금액 900,000원이 포함되어 있다.

4) 접대비(도급)에서 발생한 접대비 총액은 40,000,000원이며 이는 모두 건설중인자산에 해당한다. (모두 법인신용카드로 결제)

5) 회사의 기말 재고자산은 전액 "0"원이라고 가정한다.

● 해답

1. 접대비조정명세서(을)

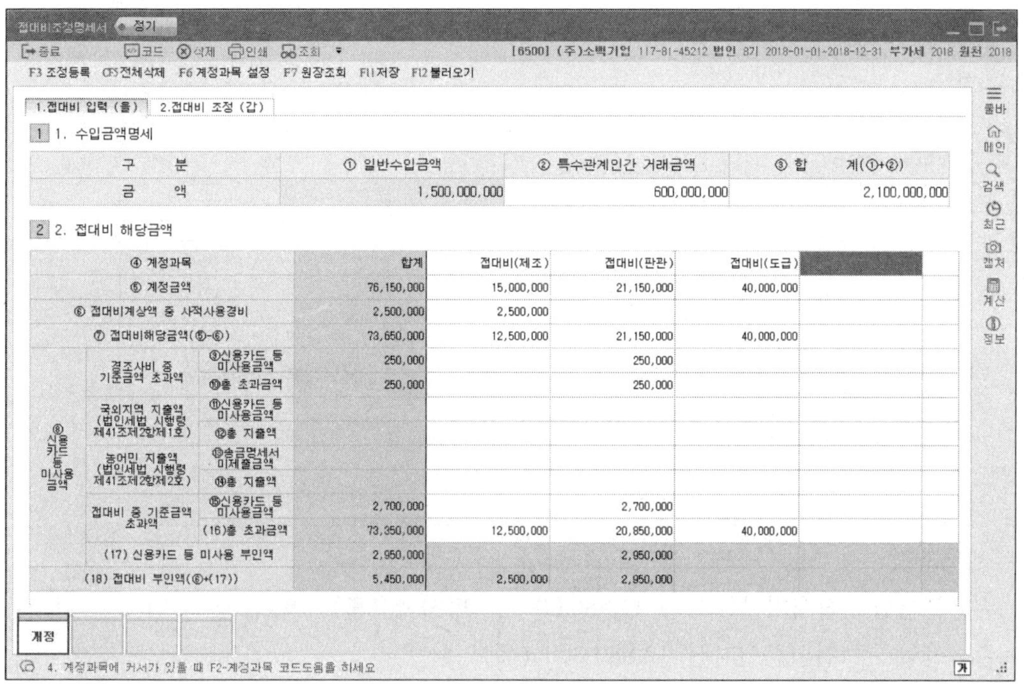

1. 수입금액명세

구 분	① 일반수입금액	② 특수관계인간 거래금액	③ 합 계(①+②)
금 액	1,500,000,000	600,000,000	2,100,000,000

2. 접대비 해당금액

④ 계정과목		합계	접대비(제조)	접대비(판관)	접대비(도급)	
⑤ 계정금액		76,150,000	15,000,000	21,150,000	40,000,000	
⑥ 접대비계상액 중 사적사용경비		2,500,000	2,500,000			
⑦ 접대비해당금액(⑤-⑥)		73,650,000	12,500,000	21,150,000	40,000,000	
⑧ 신용카드등미사용금액	경조사비 중 기준금액 초과액	⑨신용카드 등 미사용금액	250,000		250,000		
		⑩총 초과금액	250,000		250,000		
	국외지역 지출액 (법인세법 시행령 제41조제2항제1호)	⑪신용카드 등 미사용금액					
		⑫총 지출액					
	농어민 지출액 (법인세법 시행령 제41조제2항제2호)	⑬송금명세서 미제출금액					
		⑭총 지출액					
	접대비 중 기준금액 초과액	⑮신용카드 등 미사용금액	2,700,000		2,700,000		
		(16)총 초과금액	73,350,000	12,500,000	20,850,000	40,000,000	
(17) 신용카드 등 미사용 부인액		2,950,000		2,950,000		
(18) 접대비 부인액(⑥+(17))		5,450,000	2,500,000	2,950,000		

- 접대비(제조) 사적사용경비 2,500,000원 입력

　“16 총초과금액” 란에는 15,000,000원에서 사적사용경비를 차감 입력

- 접대비(판관)

　“16.총초과금액” ; 21,150,000원 - 경조사비 250,000원 - 1만원이하금액 50,000

　“15. 신용카드미사용금액 : 무증빙 1,000,000 + 개인신용카드 800,000 + 신용카드 미사용 900,000

- 세무조정

<손금불산입> 사적사용경비 2,500,000(상여)

<손금불산입> 증빙없는 접대비 1,000,000 (상여) : 대표자에 대한 상여임

<손금불산입> 신용카드 미사용 접대비 1,7000,000(기타사외유출)

<손금불산입> 신용카드미사용경조사비 250,000(기타사외유출)

2. 접대비조정명세서 (갑)

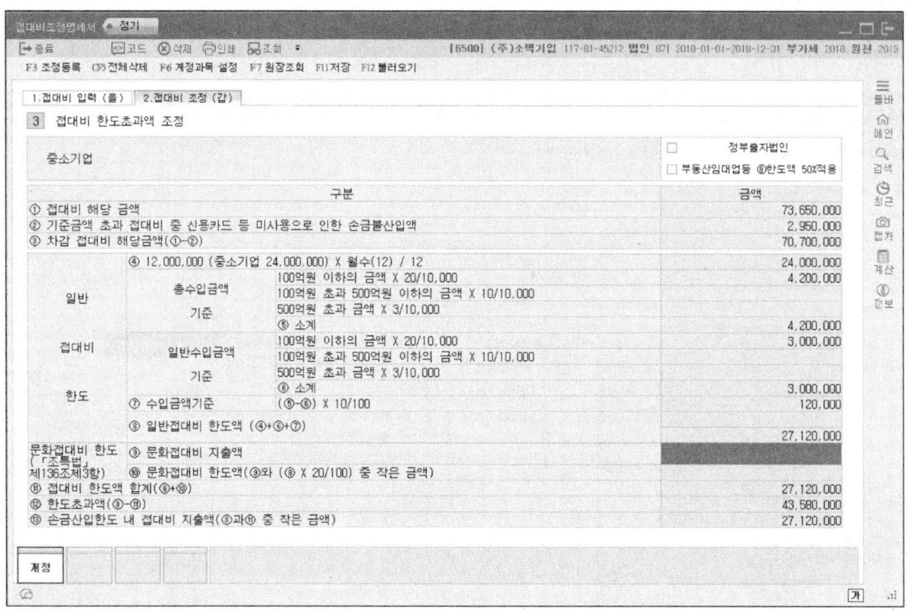

- 세무조정

<손금불산입> 접대비한도초과 43,580,000 (기타사외유출)

<손금산입>   건설중인자산 12,880,000 (유보 발생)

구분	접대비해당액	한도부인액	부인순서
비용계상 접대비	30,700,000	30,700,000	1순위
건설중인자산	40,000,000	12,880,000	2순위
합　계	70,700,000	43,580,000	

조정 등록

익금산입 및 손금불산입			손금산입 및 익금불산입		
과 목	금 액	소득처분	과 목	금 액	소득처분
퇴직급여충당금한도초과	15,000,000	유보발생	퇴직급여충당금유보추인	2,000,000	유보감소
접대비중사적경비	2,500,000	상여	건설중인자산	12,880,000	유보발생
접대비중 증빙없는접대비	1,000,000	상여			
신용카드미사용접대비	1,700,000	기타사외유출			
신용카드미사용경조사비	250,000	기타사외유출			
접대비한도초과	43,580,000	기타사외유출			

> ### ※ 참고
>
> - 회사의 기말 재고자산이 없다고 전제하였으므로 제조원가에 해당하는 접대비도 모두 매출원가로 비용처리된 것으로 보아야 한다. 만약 시험문제에서 기말 재고자산에 대한 단서를 주지 않는 경우에는 접대비(제조)에 해당하는 금액 중 자산계상 접대비 금액이 얼마인지 언급하지 않으면 이는 모두 비용으로 처리된 것으로 보고 문제를 풀어야 할 것이다.
> - 따라서 본 문제는 자산으로 처리된 접대비가 접대비(도급)에 계상된 금액 외에는 없는 것으로 보고 문제풀이를 해야 할 것이다.
> - 계산 근거 : 비용으로 처리된 접대비
>   = 접대비(판관)과 접대비(제조) 중 기 손금부인액을 제외한 금액
>   = (21,150,000원 − 250,000원 − 2,700,000원) + (15,000,000원 − 2,500,000원)
>   = 30,700,000원

❼ 재고자산평가 조정명세서

재고자산의 평가는 회사의 매출원가와 직접적인 관련이 있으며 기말재고자산이 어떻게 결정되는지에 따라 매출원가가 영향을 받는데 이러한 이유 때문에 법인세법은 재고자산의 평가방법을 구체적으로 규정하고 있다.

재고자산과 유가증권의 평가조정명세는 적색메뉴 **1** → **2**의 순서로 작성한다.

※ 재고자산평가가 과세표준에 미치는 영향

- 기말재고가 세무상금액보다 과다평가되어있는 경우

회사		세무상금액		세무조정
매출원가	900,000	매출원가	970,000	☞ 회사 기말재고가 70,000원 과다평가되어있고
- 기 초	100,000	- 기 초	100,000	매출원가는 70,000원 과소평가되어있다.
- 당기매입	1,000,000	- 당기매입	1,000,000	따라서 세무조정은 다음과 같이 한다.
- 기 말	200,000	- 기 말	130,000	<손금산입>재고평가증 70,000 (유보 발생)

- 기말재고가 세무상금액보다 과소평가되어있는 경우

회사		세무상금액		세무조정
매출원가	900,000	매출원가	830,000	☞ 회사 기말재고가 70,000원 과소평가되어있고
- 기 초	100,000	- 기 초	100,000	매출원가는 70,000원 과다평가되어있다.
- 당기매입	1,000,000	- 당기매입	1,000,000	따라서 세무조정은 다음과 같이 한다.
- 기 말	200,000	- 기 말	270,000	<손금불산입>재고평가감 70,000 (유보 발생)

(1) 재고자산 평가방법 검토

1 1. 재고자산 평가방법 검토					
4.자산별	2.신고일	3.신고방법	4.평가방법	5.적부	6.비고
제 품 및 상 품					
반제품및재공품					
원 재 료					
저 장 품					
유가증권(채권)					
유가증권(기타)					

1) 신고일과 신고방법

자산은 제품 및 상품, 반제품 및 제공품, 원재료, 저장품, 유가증권(채권), 유가증권(기타)로 구분되어 있으며 해당 항목별로 평가방법을 신고한 것이 있으면 2.신고일과 3.신고방법을 입력한다.

평가방법을 신고하지 않았다면 신고일은 공란으로 두고 신고방법은 무신고로 체크한다.

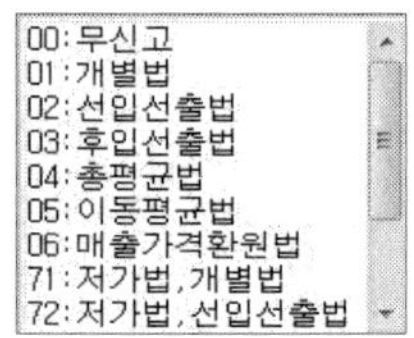

2) 평가방법과 적부의 입력

회사가 실제 재고자산을 평가한 방법이 있으면 그 방법을 [4.평가방법]에 기입하면 된다.

[5.적부]의 표시는 신고방법과 평가방법이 일치하지 않는 다면 적부란에서 (×)를, 일치하는 경우에는 (○)를 선택한다.

재고자산의 평가방법 신고와 변경

- 신설법인

  해당 법인의 설립일 또는 수익사업개시일이 속하는 사업연도의 법인세 과세표준의 신고기한까지 평가방법신고

  ※ 신고기한이 지난 후 신고하는 경우
  그 신고일이 속하는 사업연도까지는 무신고로 보아 무신고시 평가방법을 적용하고 그 후 사업연도부터는 법인이 신고한 평가방법을 적용한다.

- 변경하고자 하는 법인

  변경할 평가방법을 적용하고자 하는 사업연도의 종료일 이전 3월이 되는 날까지 평가방법 변경신고

  ※ 변경 신고기한이 지난 후 변경신고하는 경우
  변경 신고일이 속하는 사업연도까지는 임의 변경시 평가방법을 적용하고, 그 후 사업연도부터 법인이 변경 신고한 평가방법을 적용한다.

---

(2) 평가조정의 계산

2	2. 평가조정 계산												
	7.과목		8.품명	9.규격	10.단위	11.수량	회사계산(장부가)		조정계산금액				18.조정액
	코드	과목명					12.단가	13.금액	세법상신고방법		FIFO(무신고,임의변경시)		
									14.단가	15.금액	16.단가	17.금액	
1													
					계								

1) 과목 등의 입력

① 과목은 해당 계정과목의 코드를 입력한다(예 : 상품 : 146, 제품 : 150, 원재료 : 153, 재공품 : 169 등).

② 품명, 규격, 단위, 수량, 단가, 금액 : 주어진 내용을 입력한다.

회사계산의 12.단가 와 13.금액은 회사가 결산서에 입력한 방법대로의 단가와 금액을 입력한다.

2) 회사계산 (장부가)

결산상 재고자산명세와 일치해야 한다.

3) 조정계산금액

신고방법과 선입선출법에 의한 단가와 금액을 입력하여야 하는데 회사가 계산한 방법이 신고한 방법과 일치하는 경우에는 신고방법의 [14.단가] 와 [15.금액]만 입력하고 회사가 계산한 방법과 신고방법이 일치하지 않는 경우(즉, 임의변경 또는 무신고시)에는 선입선출법에도 [16.단가] [17.금액]에도 추가로 입력한다.

4) "18.조정액"

(+)로 계산되면 <익금산입> 재고자산평가감 (유보, 발생)

(−)로 계산되면 <손금산입> 재고자산평가증 (유보, 발생)

무신고 및 임의변경시 평가방법		
구 분	무신고시	평가방법 임의변경시
일반적인 재고자산	선입선출법 (매매목적 소유부동산은 개별법)	MAX [무신고시 방법, 당초 신고한 방법] ※ 임의변경 : 법인이 신고한 평가방법이외의 방법으로 평가 또는 평가방법의 변경신고기한 내에 변경신고를 하지 아니하고 그 방법을 변경한 경우
유가증권	총평균법에 의한 평가액	MAX [무신고시 방법, 당초 신고한 방법]

✤ 재고자산평가 조정명세서 작성사례

다음자료에 의하여 대박(주)(회사코드 : 6000)의 재고자산평가 조정명세서를 작성하고 조정 등록하시오.

1. 평가방법의 검토

구 분	신고한 평가방법	회사평가	비고
제 품	후입선출법	총평균법	제품은 2018년 9월 10일 총평균법에서 후입선출법으로 변경신고함
재공품	총평균법	총평균법	
원재료	후입선출법	총평균법	
저장품	총평균법	총평균법	

※ 재공품과 원재료는 최초 법인세 신고시(2011년 3월 20일) 평가방법을 총평균법과 후입선출법으로 각각 신고하였다.
※ 제품과 저장품은 2012년 10월 1일 총평균법으로 평가방법을 신고하였고 이 중 제품 평가방법만 변경신고하였다.

2. 종류별 평가금액

구 분	장부상 평가금액	총평균법	후입선출법	선입선출법
제 품	25,000,000	25,000,000	18,000,000	20,000,000
재공품	13,000,000	13,000,000	10,000,000	15,000,000
원재료	7,500,000	7,500,000	6,000,000	7,200,000
저장품	5,900,000	6,100,000	5,500,000	6,300,000

※ 저장품은 신고한 평가방법으로 평가하였으나 기장, 계산상의 착오가 있는 금액이다.
※ 기장된 내역은 고려하지 않는다.

>> 해 설

1. 재고자산 평가방법 검토

1. 재고자산 평가방법 검토					
4.자산별	2.신고일	3.신고방법	4.평가방법	5.적부	6.비고
제 품 및 상 품	2018-09-10	03:후입선출법	04:총평균법	×	
반제품및재공품	2011-03-20	04:총평균법	04:총평균법	○	
원 재 료	2011-03-20	03:후입선출법	04:총평균법	×	
저 장 품	2012-10-01	04:총평균법	04:총평균법	○	
유가증권(채권)					
유가증권(기타)					

- 제품 : 평가방법을 변경하고자 하는 사업연도의 종료일 이전 3월까지 변경신고를 했으므로 당기에는 후입선출법이 신고된 방법이다. 따라서 신고일은 2018.09.10로 기재하고 신고방법은 2018년도에 적용해야하는 후입선출법으로 입력한다.
- 재공품, 원재료, 저장품 : 당초 신고한 방법을 각각 입력한다.
- 평가방법의 검토
  실제 회사가 평가한 방법을 입력하고 신고방법과 평가방법이 일치하는 경우에는 적(0), 일치하지 않는 경우에는 부(×)를 선택한다.

2. 평가조정 계산

	7.과목		8.품명	9.규격	10.단위	11.수량	회사계산(장부가)		조정계산금액				18.조정액
							12.단가	13.금액	세법상신고방법		FIFO(무신고,임의변경시)		
	코드	과목명							14.단가	15.금액	16.단가	17.금액	
1	0150	제품						25,000,000		18,000,000		20,000,000	-5,000,000
2	0169	재공품						13,000,000		13,000,000			
3	0153	원재료						7,500,000		6,000,000		7,200,000	-300,000
4	0167	저장품						5,900,000		6,100,000			200,000
5													
	계							51,400,000		43,100,000		27,200,000	-5,100,000

- 품명, 규격, 단위, 수량에 대한 자료가 없으므로 생략한다.
- 회사 계산액의 입력
  - 제 품 : 회사가 장부상 평가한 금액 25,000,000원을 입력
  - 재공품 : 회사가 장부상 평가한 금액 13,000,000원을 입력
  - 원재료 : 회사가 장부상 평가한 금액 7,500,000원을 입력
  - 저장품 : 회사가 장부상 평가한 금액 5,900,000원을 입력
- 조정계산금액입력(신고방법의금액 및 선입선출법금액 입력)
  - 제 품 : 회사가 당초에 신고한 방법은 (적정하게 변경신고한 방법) 후입선출법이므로 후입선출법에 해당하는 금액 18,000,000원을 입력하고 무신고시 적용방법인 선입선출법상 평가금액 20,000,000원도 추가로 입력한다.
  - 재공품 : 평가방법 검토에서 [적·부]표시할 때 (0)로 표시했으므로 신고방법의 금액만 입력한다.
  - 원재료 : 신고방법 란에는 당초 신고한 후입선출법의 금액을 입력하고 회사가 평가한 방법과 신고한 방법이 일치하지 않으므로 선입선출법에도 금액을 추가로 입력한다.
  - 저장품 : 평가방법과 신고방법인 일치하므로 신고 세법상신고금액만 입력한다(착오에 의해서 신고방법과 장부금액이 틀리지만 임의변경은 아니므로 선입선출법 금액은 입력하지 않는다.)

1) 제품
   회사는 변경신고기간에 적절하게 후입선출법으로 변경신고 했기 때문에 후입선출법을 적용하여 평가를 하여야 한다.
   그러나 총평균법을 적용했으므로 임의변경에 해당되어 MAX[선입선출법(20,000,000), 당초 신고한 방법(후입선출법 : 18,000,000원)] 중 선입선출법의 금액이 더 크므로 20,000,000원이 세법상 평가액이다.

2) 원재료
   회사는 후입선출법을 신고했으나 회사가 총평균법을 적용하여 평가했으므로 임의변경에 해당한다. 임의변경은 MAX[선입선출법 7,200,00과 후입선출법 6,000,000]이므로 선입선출법에 의한 평가액 7,200,000원이 세무상 평가금액이다.

3) 저장품
   저장품은 신고한 방법대로 평가했으나 착오에 의한 금액이므로 임의변경으로 보지 않으므로 착오금액만 세무조정한다.

3. 조정 등록

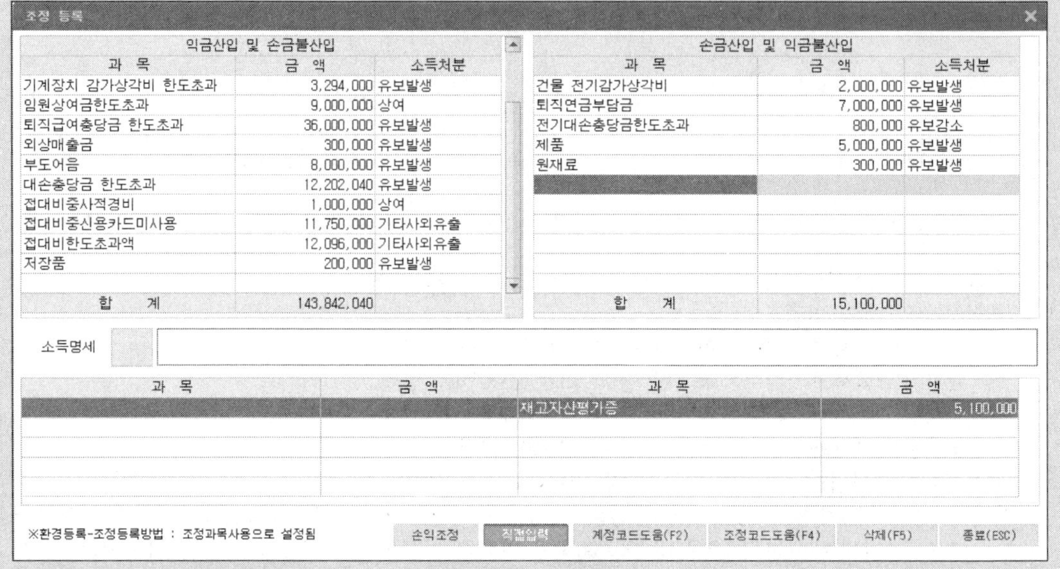

조정 등록

익금산입 및 손금불산입				손금산입 및 익금불산입		
과 목	금 액	소득처분		과 목	금 액	소득처분
기계장치 감가상각비 한도초과	3,294,000	유보발생		건물 전기감가상각비	2,000,000	유보발생
임원상여금한도초과	9,000,000	상여		퇴직연금부담금	7,000,000	유보발생
퇴직급여충당금 한도초과	36,000,000	유보발생		전기대손충당금한도초과	800,000	유보감소
외상매출금	300,000	유보발생		제품	5,000,000	유보발생
부도어음	8,000,000	유보발생		원재료	300,000	유보발생
대손충당금 한도초과	12,202,040	유보발생				
접대비중사적경비	1,000,000	상여				
접대비중신용카드미사용	11,750,000	기타사외유출				
접대비한도초과액	12,096,000	기타사외유출				
저장품	200,000	유보발생				
합 계	143,842,040			합 계	15,100,000	

소득명세

과 목	금 액	과 목	금 액
		재고자산평가증	5,100,000

※환경등록-조정등록방법 : 조정과목사용으로 설정됨

손익조정 직접입력 계정코드도움(F2) 조정코드도움(F4) 삭제(F5) 종료(ESC)

구 분	회사평가	세무상평가액	세무조정
제 품	25,000,000	20,000,000	<손금산입> 제 품 5,000,000 유보(발생)
재공품	13,000,000	13,000,000	
원재료	7,500,000	7,200,000	<손금산입> 원재료 300,000 유보(발생)
저장품	5,900,000	6,100,000	<익금산입> 저장품 200,000 유보(발생)

연습문제

1 ㈜설악기업 (6600)의 다음 자료를 이용하여 재고자산평가조정명세서를 작성하시오.

구분	규격	회사계상액	총평균법	후입선출법	선입선출법
제품	갑	3,300,000	3,100,000	3,300,000	3,200,000
원재료	을	5,800,000	6,200,000	5,800,000	4,100,000
저장품	병	5,500,000	4,800,000	5,500,000	5,000,000

- 제품은 2011.3.30 총평균법으로 신고하고 2018.10.02 후입선출법으로 변경신고하였다.
- 원재료는 2011.3.30 총평균법으로 신고하고 2015.10.03 후입선출법으로 변경신고하였다.
- 원재료에 대해서 전기의 자본금과 적립금 조정명세서(을)에는 재고자산평가증 700,000원이 계상되어 있다.
- 저장품은 평가방법을 무신고하였으나 후입선출법에 의해 평가하고 있다.

● 해답

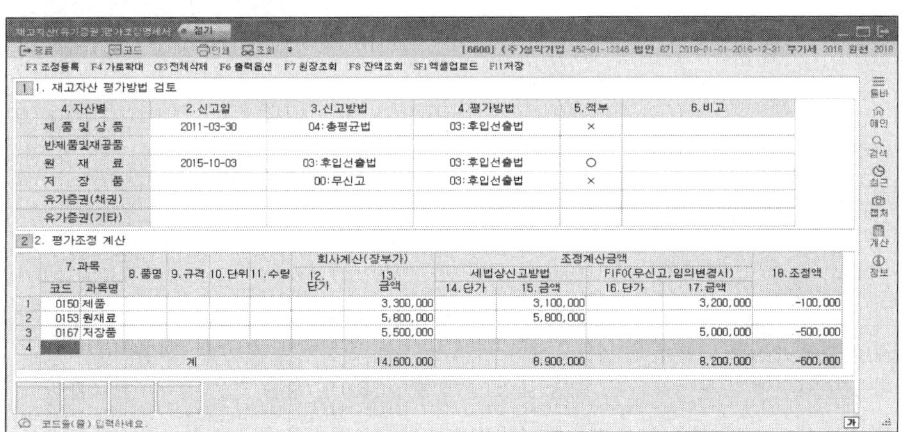

세무조정

- <익금산입> 전기원재료 평가증 700,000 (유보 감소)
- <손금산입> 제품평가증 100,000 (유보 발생)
- <손금산입> 저장품평가증 500,000 (유보 발생)

익금산입 및 손금불산입			손금산입 및 익금불산입		
과 목	금 액	소득처분	과 목	금 액	소득처분
전기원재료 평가증	700,000	유보감소	퇴직연금등손금산입	3,000,000	유보발생
			제품평가증	100,000	유보발생
			저장품평가증	500,000	유보발생

⑧ 세금과공과금 명세서

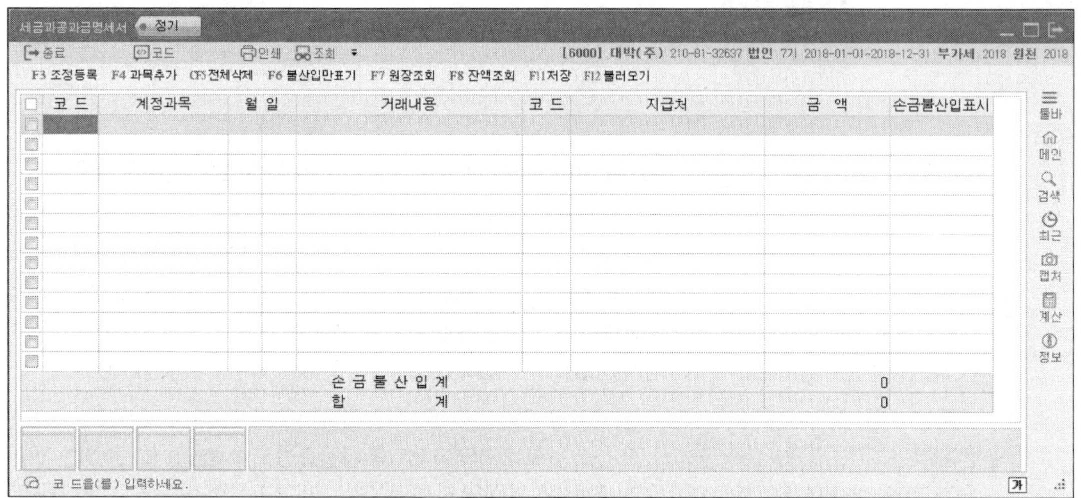

● **작성방법**

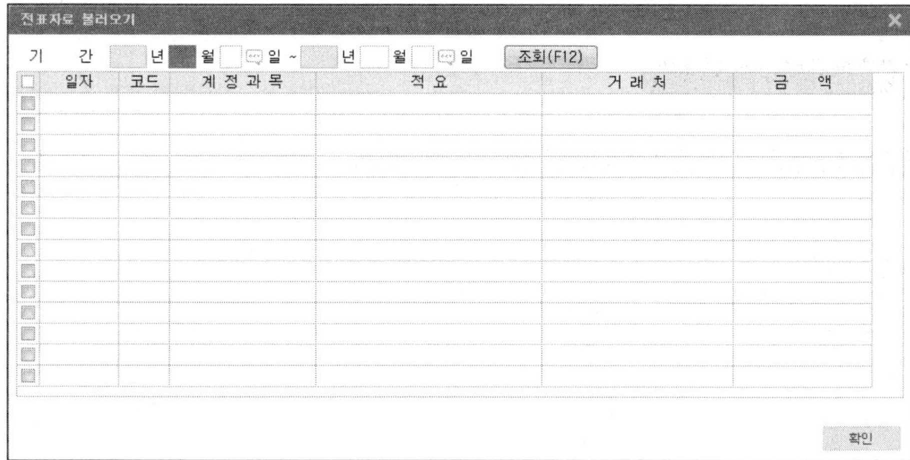

- 해당 도움박스를 이용하여 불러오고자 하는 기간을 입력하고 확인을 클릭하면 기장된 내용이 화면에 자동반영되며, 해당 내용 중에 손금불산입 항목 있는 경우 "손금불산입표시"란에서 [0:손금산입, 1: 손금불산입]으로 세무조정사항을 반영한다.
- 계정별원장의 내용을 불러오지 않는 경우에는 해당 내용을 직접 입력한다.

1. 조세

　법인이 납부하였거나 납부할 조세는 순자산의 감소금액이므로 그것이 업무와 관련이 있는 경우 법인의 손금으로 인정된다.

구　분		종　류
손금인정 조세	지출당시의 손금	- 재산세, 자동차세, 종합부동산세 - 지역자원시설세, 지방교육세등
	원가가산후 차후 손금	- 취득세, 등록면허세 등
손금으로 인정되지 않는 조세		- 법인세 및 법인세분 지방소득세, 농어촌특별세등 소득세 - 부가가치세 매입세액, 개별소비세, 주세,「교통·에너지·환경세」 등의 간접세 - 세무상 의무불이행으로 인한 가산세액

> ### ※ 부가가치세 매입세액
>
> - 부가가치세법에 따른 공제되는 매입세액 : 일반적인 매입세액(사업자부담이 아님)
> - 부가가치세법에 따른 공제되지 않는 매입세액
>
> | 구　분 | 내　용 |
> |---|---|
> | 손금으로 인정하지 않는 것 | - 사업과 관련없는 매입세액
- 세금계산서 미수령, 부실기재분 매입세액
- 매입처별세금계산서합계표 미제출, 부실기재분 매입세액
- 등록전매입세액 |
> | 손금으로 인정하는 것 | - 접대비관련 매입세액 : 접대비로 보아 한도 내에서 손금 인정
- 비영업용 소형승용차 구입·유지·임차 관련 매입세액
- 면세 관련 매입세액
- 토지 조성 관련 매입세액
- 영수증 교부받은 거래분 매입세액
- 간주임대료에 대한 매입세액 : 임차인 또는 임대인 중 부담한 자의 손금으로 인정 |
>
> 면세사업 관련분, 토지분, 비영업용 소형승용차 관련 매입세액, 영수증 교부분은 자산의 취득과 관련된 금액이면 취득원가에 가산한 후 감가상각 또는 처분과정을 거쳐 손금으로 인정되며 자산의 취득과 관련이 없는 경우는 지출연도의 손금으로 인정된다.

2. 공과금

공과금은 손금산입이 원칙이나 다음과 같이 강제성이 없거나 제재목적의 공과금은 손금산입하지 아니한다.

<손금불산입 항목인 공과금>

- 법령에 따라 의무적으로 납부하는 것이 아닌 것 : 임의적인 출연금 등
- 의무의 불이행등 : 폐수배출부담금 등

※ 폐기물처리부담금, 교통유발부담금, 장애인고용부담금은 손금항목이다.

3. 벌금·과료·과태료·가산금·가산세·체납처분비 – 손금불인정

- 연체이자, 지체상금 등은 손금인정

벌금등에 해당하는 것(손금불산입)	벌금 등에 해당하지 않는 것 (손금인정)
- 법인의 임원 또는 사용인이 관세법을 위반하고 지급한 벌과금 - 업무와 관련하여 발생한 교통사고 벌과금 - 산업재해보상보험법의 규정에 의하여 징수하는 산재보험료의 가산금 - 금융기관의 최저예금지급준비금 부족에 대하여 한국은행법의 규정에 의하여 금융기관이 한국은행에 납부하는 과태료 - 국민건강보험법 규정에 의하여 징수하는 가산금 - 외국의 법률에 의하여 국외에서 납부하는 벌금	- 사계약상 의무불이행으로 인하여 과하는 지체상금(정부와 납품계약으로 인한 지체상금 포함하며, 구상권 행사가 가능한 지체상금 제외) - 보세구역에 장치되어 있는 수출용 원자재가 관세법상의 장치기간 경과로 국고귀속이 확정된 자산의 가액 - 산업재해보상보험법의 규정에 의한 산업재해보상보험료의 연체금 - 국유지 사용료의 연체료 - 전기요금의 납부지연으로 인한 연체가산금 - 철도화차사용료 미납액에 대한 연체이자

❖ 세금과공과금명세서 작성사례

대박(주)(회사코드 : 6000)의 기장된 자료를 이용하여 세금공과금 명세서를 작성하고 소득금액조정합계표에 세무조정내역을 반영하시오. 본 문항의 내용 및 세무조정사항이 다른 세무조정에 영향을 미치는 경우 해당영향은 무시하기로 하고 세무조정은 각 건별로 행하는 것으로 한다. 단, 화물차량에 대한 취득세는 즉시상각의제에 해당하여 감가상각비조정시 반영한 내용이며 기장입력된 내용은 업무와 관련있는 지출이다.

>> 해 설

1) 세금공과금 명세서의 작성

① 조세

- 법인지방소득세 - 손금불산입
- 재산세, 자동차세, 종합부동산세 - 손금인정

※ 취득세 500,000은 차량구입시 지출한 금액으로 자본적지출을 수익적지출로 장부상 계상한 금액이다. 이는 즉시상각의제에 해당하므로 감가상각비 조정에 반영한 후 시부인계산한다.

② 공과금

- 폐수배출부담금 - 법령에 의한 공과금이나 의무불이행으로 인한 것이므로 손금불산입
- 상공회의소회비 - 손금인정

※ 조합비, 협회비

구　분	종　류	세무상처리
법인이거나 주무관청에 등록된 조합, 협회에 대한 회비 (예 : 상공회의소)	일반회비	전액손금인정
	특별회비	지정기부금으로 보아 한도계산
위 이외에 임의로 조직된 조합, 협회에 대한 회비	모든회비	지정기부금으로보아 한도계산

2. 조정 등록

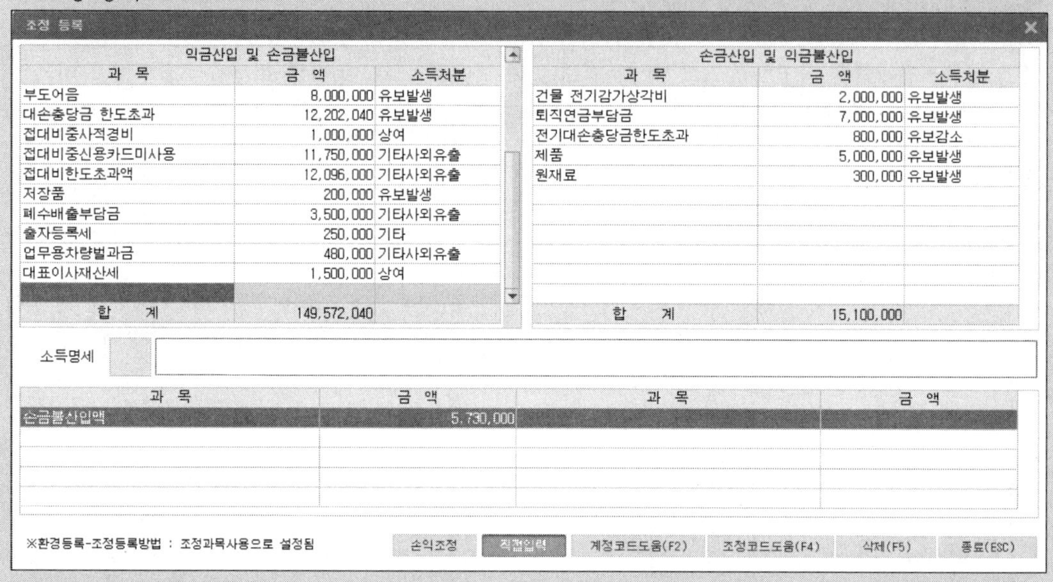

연습문제

1 ㈜무등기업(6700)의 세금과공과금명세서를 작성하시오. 단, 본 문항의 내용 및 세무조정이 다른 세무조정에 영향을 미치는 경우 해당 영향은 무시하기로 하고 세무조정은 각 건별로 행하는 것으로 한다.

계정과목	일시	적요	금액
세금과공과(판)	4/15	소득분지방소득세	4,800,000원
세금과공과(제)	6/5	종업원에 대한 산재보험료	5,200,000원
세금과공과(제)	7/15	재산분 주민세	1,400,000원
세금과공과(판)	8/14	대한적십자회비	50,000원
세금과공과(판)	10/8	단기매매증권인 주식양도 증권거래세	840,000원
세금과공과(판)	12/16	본사사옥 종합부동산세	6,250,000원
세금과공과(판)	12/19	주차위반과태료	70,000원

● 해답

세금과공과금명세서 정기   [6700] (주)무등기업 123-81-12225 법인 13기 2018-01-01-2018-12-31 부가세 2018 원천 2018

종료 코드 인쇄 조회

F3 조정등록 F4 과목추가 CF5 전체삭제 F6 불산입만표기 F7 원장조회 F8 잔액조회 F11저장 F12 불러오기

코드	계정과목	월	일	거래내용	코드	지급처	금액	손금불산입표시
0817	세금과공과금	4	15	소득분지방소득세			4,800,000	손금불산입
0517	세금과공과금	6	5	종업원에대한 산재보험료			5,200,000	
0517	세금과공과금	7	15	재산분 주민세			1,400,000	
0817	세금과공과금	8	14	대한적십자회비			50,000	
0817	세금과공과금	10	8	단기매매증권 주식양도 증권거래세			840,000	
0817	세금과공과금	12	16	본사사옥 종합부동산세			6,250,000	
0817	세금과공과금	12	19	주차위반과태료			70,000	손금불산입
	손 금 불 산 입 계						4,870,000	
	합 계						18,610,000	

코 드를(를) 입력하세요.

<손금불산입> 소득분지방소득세 4,800,000 (기타사외유출)

<손금불산입> 주차위반과태료 70,000 (기타사외유출)

조정 등록

익금산입 및 손금불산입			손금산입 및 익금불산입		
과 목	금 액	소득처분	과 목	금 액	소득처분
퇴직연금등지급	8,000,000	유보감소	퇴직연금등손금산입	20,000,000	유보발생
소득분지방소득세	4,800,000	기타사외유출			
주차위반과태료	70,000	기타사외유출			

❾ 선급비용명세서

선급비용의 조정은 두 개 이상의 사업연도에 걸쳐 용역 등을 제공받고 이에 대한 대가를 미리 지급한 경우 나타나게 된다. 즉, 해당 사업연도의 대가가 아닌 차기 이후의 용역 수행에 대한 대가를 미리 지급한 경우 그 금액을 정확하게 계산하여 이를 당해 연도에 손금불산입하고 다음 사업연도 이후의 손금으로 처리하는 절차를 거쳐야 하는 것이다. 선급비용의 경우 해당 계정과목을 조회하여 회사가 결산조정을 통하여 선급비용으로 계상한 금액과 세무상 계상해야 할 금액을 비교한 후 세무조정한다.

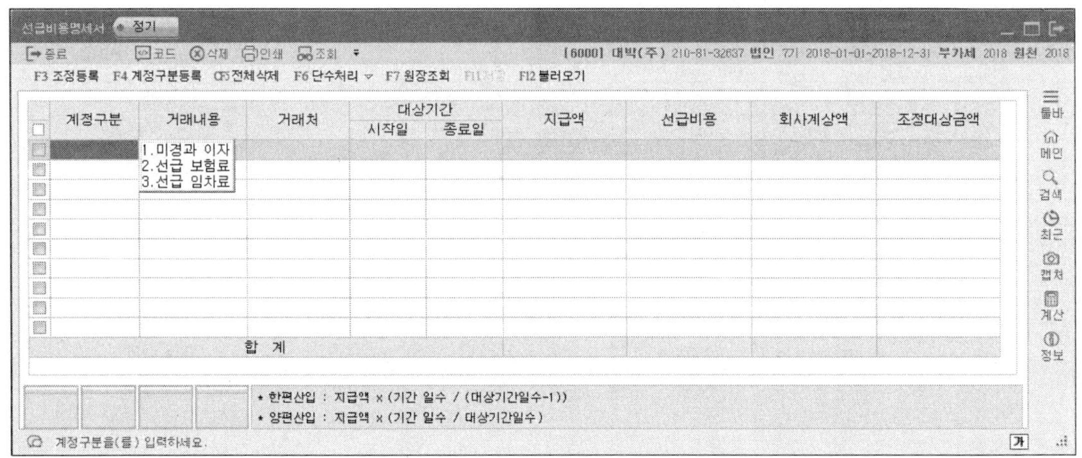

(1) 계정구분

① 미경과이자

② 선급보험료

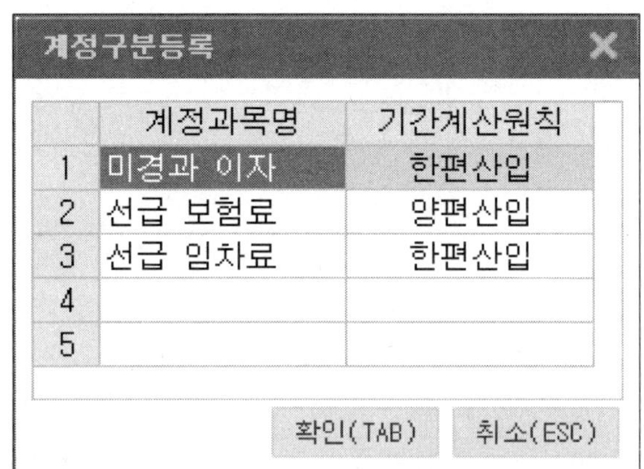

③ 선급임차료

해당 항목이 있는 경우에 계정구분에서 코드를 선택하여 입력한다. 3가지 경우 이외에 추가 구분 등록이 필요한 경우에는 화면 상단의 F4계정구분등록을 클릭하여 추가등록할 수 있다.

(2) 거래내용 및 거래처

"계정구분"의 항목에 대한 거래내용 및 거래처를 입력한다. 거래처는 "F2코드"를 통해 조회가능하다.

(3) 대상기간과 지급액

해당 비용항목의 대상기간과 지급액을 입력하면 세무조정 대상금액이 계산된다.

만약에 2018.7.1~2019.6.30까지 보험을 적용받을 수 있는 자동차보험료 3,660,000원을 2018.07.01에 지출하고 지출시 전액을 비용계상한 경우에는 해당기간에 2018.7.1~ 2019.6.30을 입력하고 지급액에 3,660,000원을 입력한다.

| | 계정구분 | 거래내용 | 거래처 | 대상기간 | | 지급액 | 선급비용 | 회사계상액 | 조정대상금액 |
				시작일	종료일				
□	선급 보험료			2017-07-01	2018-06-30	3,660,000	1,814,958		1,814,958

자동차 보험료 3,660,000원을 2018년과 2019년 비용으로 각각 안분하여 계산해 보면 2018년의 비용은 $3,660,000 \times \frac{184}{366} = 1,840,000$원, 2019년의 비용은 $3,660,000 \times \frac{181}{365} = 1,814,958$원이다.

따라서 회사가 1,814,958원에 해당하는 선급비용을 결산분개 했어야 하는데 이를 결산서에 반영하지 않았다면 1,814,958원만큼을 손금불산입해야 하는 것이다.

❖ 선급비용명세서 작성사례

다음자료에 의하여 대박(주)(회사코드 : 6000)의 선급비용 명세서를 작성하고 소득처분 유형을 확정하시오(원장의 내용을 고려하지 않는다).

1) • 2018년 10월 1일 자동차보험료 949,000원을 지출하면서 전액 당기비용처리하였다. 보험기간은 2018.10.1~2019.09.30까지이다. 회사는 선급비용을 계상하지 않았다.
   • 전기에 선급비용 미계상으로 375,000원을 적정하게 세무조정하였다.

2) 2018.8.1~2019.7.31까지의 임차료 12,000,000원을 8월 1일 지급하고 다음과 같이 회계처리하였다.
   　8월　1일 : (차) 임　차　료　12,000,000 / (대) 현　　금　　12,000,000
   12월 31일 : (차) 선급임차료　6,989,010 / (대) 임　차　료　　6,989,010

>> 해 설

1) 선급보험료 및 선급임차료의 계산

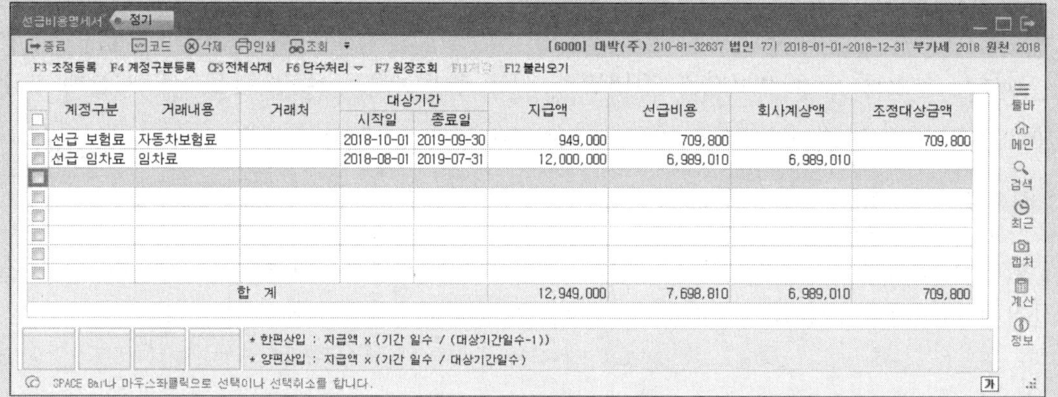

계정구분	거래내용	거래처	대상기간 시작일	대상기간 종료일	지급액	선급비용	회사계상액	조정대상금액
선급 보험료	자동차보험료		2018-10-01	2019-09-30	949,000	709,800		709,800
선급 임차료	임차료		2018-08-01	2019-07-31	12,000,000	6,989,010	6,989,010	
합　계					12,949,000	7,698,810	6,989,010	709,800

* 한편산입 : 지급액 x (기간 일수 / (대상기간일수-1))
* 양편산입 : 지급액 x (기간 일수 / 대상기간일수)

2) 조정 등록

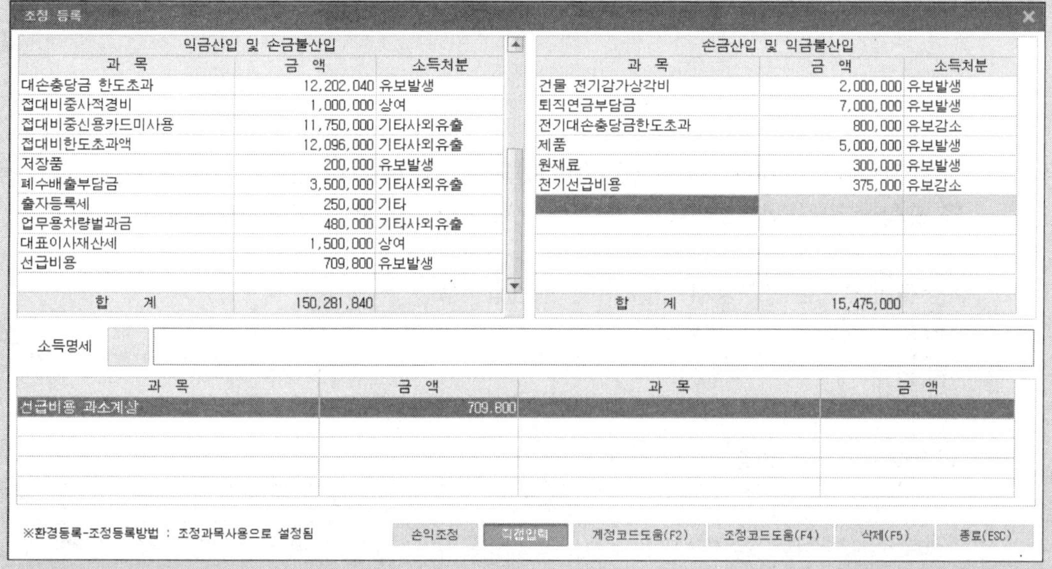

- 당기 자동차보험료는 2019.01.01~2019.09.30 기간에 해당하는 비용 709,800원을 과다계상하였으므로 <손금불산입>선급비용 709,800원 (유보 발생)으로 세무조정한다.
- 전기 자동차보험료 중 세무조정되었던 금액 375,000원은 당기 (2018년)에 그 기간이 만료가 되었으므로 반대세무조정한다. <손금산입> 전기선급비용 375,000 (유보 감소)

연습문제

1 다음 자료를 이용하여 ㈜금강기업 (6300)의 선급비용명세서를 작성하고 전기분 선급비용을 포함한 관련 세무조정을 행하시오.(단, 회사는 전기에 선급비용을 계상하지 않았다.)

1. 자본금과 적립금 조정명세서(을)의 전기분선급비용

과목	금액	참고사항
선급비용	900,000	선급기간 2018.01.01~03.31

2. 당기말 현재의 보험료 기간미경과분

구분	지출액	거래처	보험기간	비고
화재보험료(제조)	2,800,000	불조심화재	2018.05.01~2019.04.30	선급비용 미계상
자동차보험(판관)	4,500,000	제일싼보험	2018.04.01~2019.03.31	장부상 선급비용 1,000,000원 계상

● 해답

선급비용명세서 ● 정기

[6300] (주)금강기업 105-81-33130 법인 13기 2018-01-01-2018-12-31 부가세 20

계정구분	거래내용	거래처	대상기간 시작일	대상기간 종료일	지급액	선급비용	회사계상액	조정대상금액
선급 보험료	화재보험료		2018-05-01	2019-04-30	2,800,000	920,547		920,547
선급 보험료	자동차보험료		2018-04-01	2019-03-31	4,500,000	1,109,589	1,000,000	109,589

<손금산입> 전기선급비용 900,000 (유보 감소)

<손금불산입> 선급비용 1,030,136 (유보 발생)

조정 등록

익금산입 및 손금불산입			손금산입 및 익금불산입		
과 목	금 액	소득처분	과 목	금 액	소득처분
위탁매출	10,920,000	유보발생	위탁매출원가	8,400,000	유보발생
선급비용	1,030,136	유보발생	전기선급비용	900,000	유보감소

❿ 가지급금인정이자 조정명세서

부당행위계산의 유형 중 하나로 특수관계인에게 금전을 무상 또는 시가의 이자율보다 낮은 금액으로 대여한 경우 실제로 수령한 이자와 시가와의 차액에 해당하는 금액을 익금에 산입하여야 하는데 이를 가지급금인정이자라고 한다.
가지급금은 명칭과 상관없이 **특수관계인에게 업무와 관련이 없이 대여한 금액**을 말한다. 이 경우 세법이 정하는 적정이자율로 계산한 이자(인정이자)와 회사가 계상한 이자와의 차이를 익금산입하고 귀속자에 따라 '상여'나 '배당' 등으로 소득처분하여야 한다.

가지급금인정이자는 1.가지급금, 가수금입력 ➡ 2.차입금입력 ➡ 3.인정이자계산(을) ➡ 4.인정이자조정(갑)의 순서로 작성한다.

$$\text{가지급금인정이자} = \text{가지급금등의 적수} \times \text{인정이자율} \times \frac{1}{365}\,(\text{윤년은 } \frac{1}{366})$$

1. 가지급금·가수금 적수계산

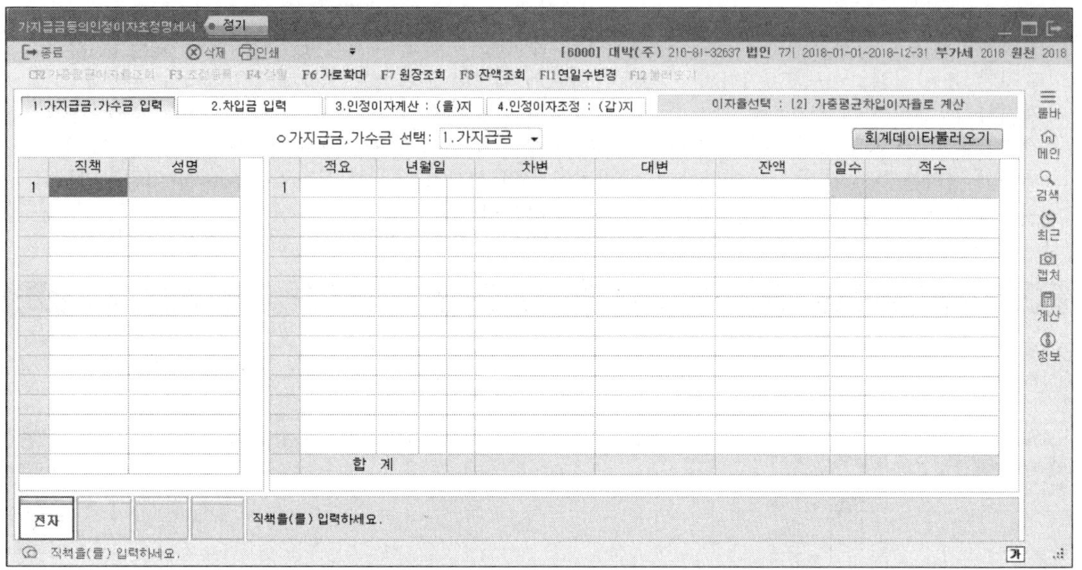

(1) 가지급금

회사가 특수관계인에게 업무와 관련없는 자금의 대여액인 가지급금의 발생 과 회수가 있는 경우 그 내역을 정리하는 서식으로 일자별로 정리하여 가지급금 잔액 적수를 계산한다.

- 적요 : 1.전기이월, 2.대여, 3.회수
- 발생 : 차변란 입력
- 회수 : 대변란 입력

가지급금인정이자 계산 대상에서 제외되는 가지급금의 범위

- 일시적인 급여의 가불금
- 사용인에 대한 경조사비 대여액
- 사용인(또는 그 자녀)에 대한 학자금 대여액
- 소득세법상 지급시기 의제 규정에 의하여 지급한 것으로 보는 배당소득 및 상여금에 대한 소득세 대납액
- 내국법인이 국외투자법인에 종사하거나 종사할 자에게 여비, 급여, 기타비용을 가지급한 금액
- 우리사주조합 또는 그 조합원에게 당해 법인의 주식취득에 소요되는 자금의 대여액
- 국민연금법에 의해 근로자가 지급받은 것으로 보는 퇴직금전환금
- 사외로 유출된 금액의 귀속이 불분명하여 대표자에 대한 상여로 소득처분한 금액에 대한 소득세를 법인이 납부하고 이를 가지급금으로 계상한 금액

(2) 가수금

회사의 가수금의 발생과 상환이 있는 경우 그 내역을 정리하는 서식으로 일자별로 정리하여 가수금 잔액 적수를 계산한다.

- 적요 : 1.전기이월, 2.가수 3.반제
- 발생 : 대변란 입력
- 상환 : 차변란 입력

● 회계데이터 불러오기

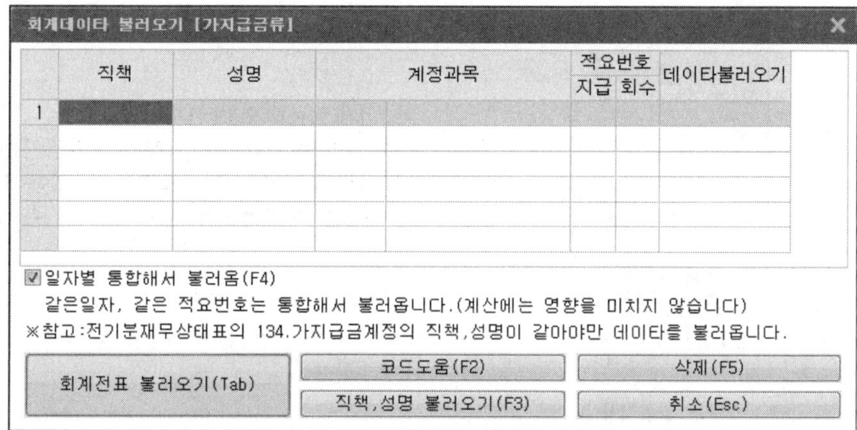

직책과 성명을 입력하고 불러오고자하는 계정과목 (가지급금 또는 가수금)입력후 적요번호(1과4, 2와5, 3과6)를 각각입력하고 [회계전표불러오기]를 선택한다.

2. 차입금 입력

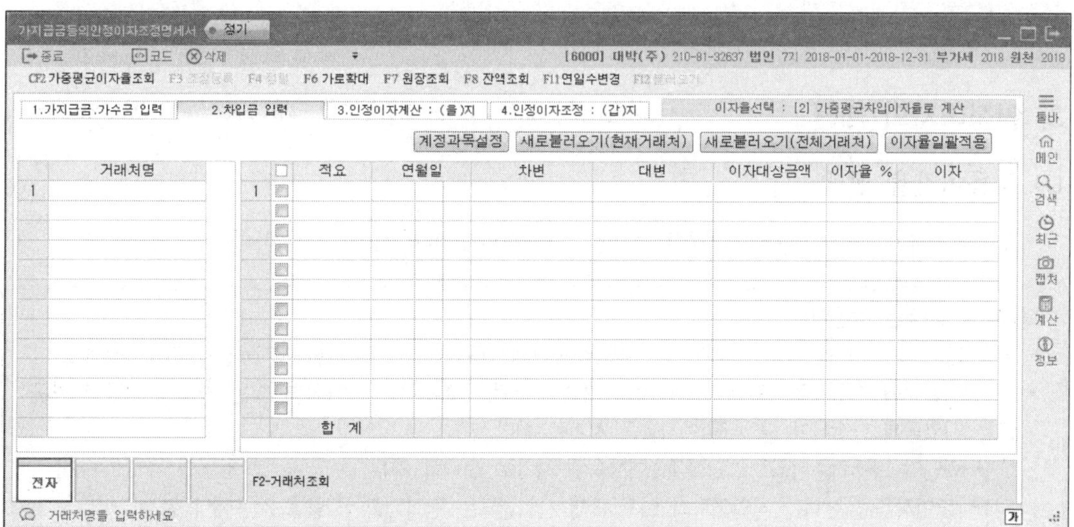

차입금과 관련된 내용이 기장입력 되어있는 경우 거래처명을 입력하고 [새로불러오기]를 클릭하면 해당거래처의 기장되어있는 차입금의 변동사항을 불러와서 입력할 수 있다. 기장된 내용이 없으면 직접 거래처별로 차입금 변동사항을 입력한다.

[차입금입력]부분을 작성하면 회사의 가중평균차입이자율을 계산 할 수 있다. 당좌대출이자율을 적용해서 인정이자를 계산하는 경우에는 필수적으로 작성해야 하는 부분은 아니다.(특수관계인에 대한 차입금은 입력 제외)

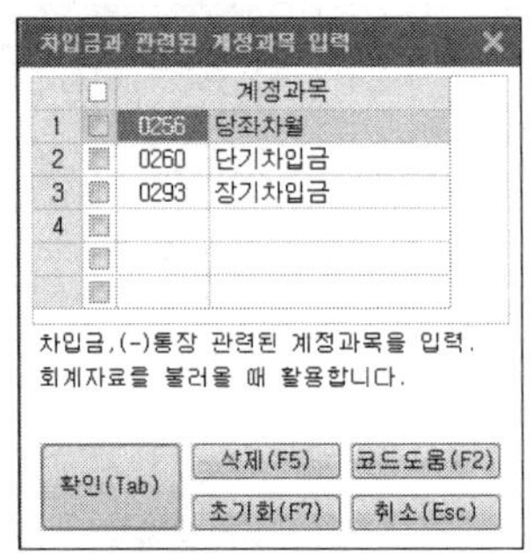

● 계정과목 설정

☞ [새로불러오기(현재거래처 또는 전체거래처)]를 클릭하면 해당거래처의 당좌차월, 단기차입금, 장기차입금을 불러올 수 있는데 불러올 수 있는 계정과목을 추가 입력할 수 있다.

● 이자율 일괄적용

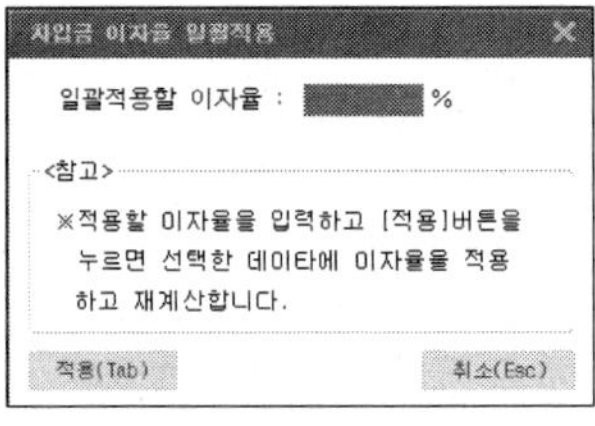

☞ 거래처별로 차입금 변동사항을 입력 후 이자율 입력시 연간 이자율이 일정한 경우 "이자율"란에 일괄적으로 반영할 수 있다

3. 인정이자의 계산

(1) 적용이자율 선택

금전의 대여 또는 차용의 경우 시가는 **가중평균차입이자율**로 한다.

<table>
<tr><td>

당좌대출이자율을 적용하는 경우
- 가중평균차입이자율의 적용이 불가능한 경우(해당 사업연도에 한해 당좌대출이자율을 시가로 한다)
- 대여한 날부터 해당사업연도 종료일까지의 기간이 5년을 초과하는 대여금이 있는 경우 : 해당 대여금 또는 차입금에 한정하여 당좌대출이자율을 시가로 한다.
- 해당 법인이 과세표준 신고시 당좌대출이자율을 시가로 선택한 경우
당좌대출이자율을 선택한 사업연도와 이후 2개 사업연도는 당좌대출이자율을 적용해야 함.

</td></tr>
</table>

- **적용이자율선택**
  - [1] 당좌대출이자율로 계산
  - [2] 가중평균차입이자율로 계산
  - [3] 해당사업연도만 당좌대출이자율로 계산
  - [4] 해당대여금만 당좌대출이자율로 계산

(2) 인정이자계산 (을)

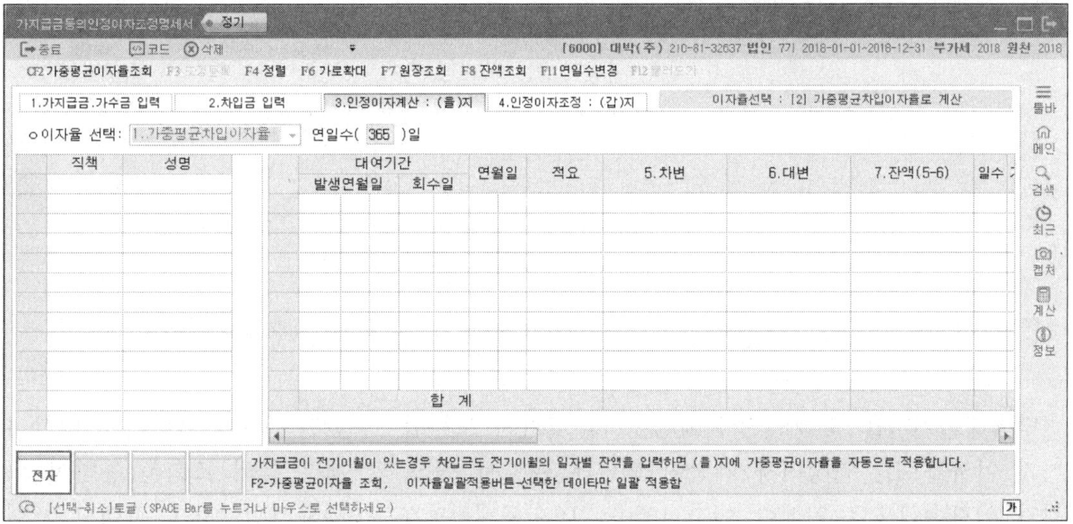

1) 직책, 성명별로 가지급금과 가수금 변동사항을 입력

인명별로 가지급, 가수금내역을 다시 불러온다. 가지급금인정이자계산은 원칙적으로 동일인에 대한 가수금은 상계한 후에 계산을 하기 때문에 인정이자를 계산하기 위한 순 가지급금을 계산한다.

- **이자율별 차이점**

☞ 당좌대출이자율

월일	적요	차변	대변	잔액	일수	가지급금적수	가수금적수	차감적수

☞ 가중편균차입 이자율

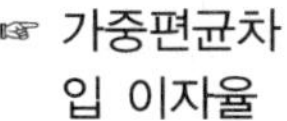

대여기간		연월일	적요	5.차변	6.대변	7.잔액(5-6)	일수	가지급금적수(7X8)	10.가수금적수	11.차감적수	이자율(%)	13.인정이자(11X12)
발생연월일	회수일											

가중평균차입이자율을 선택하여 불러온경우에는 "이자율"란에 [차입금입력]에서 계산된 가중평균차입이자율을 입력하거나 문제에서 제시된 가중평균차입이자율을 직접입력한다.

[차입금입력]에서 입력된 내용에 따라 가중평균차입이자율을 반영하는 경우에는 "이자율"란에 커서를 두고 F2를 클릭하면 계산된 가중평균차입이자율을 반영할 수 있다.

(3) 인정이자조정 (갑)

당좌대출이자율 및 가중평균차입이자율 2가지 모두를 작성하는 것이 아니라 선택한 1가지 이자율로만 인정이자 계산이 되는데 여기서 원장 및 계정 등의 조회를 통하여 회사가 이자수익으로 인식한 이자금액을 "16회사계상액"(가중평균차입이자율 선택시 "6회사계상액")입력하면 세무조정할 금액을 계산할 수 있으며 조정액은 소득금액조정합계표에 익금산입하고 귀속자에 따라 상여 등으로 소득 처분한다.

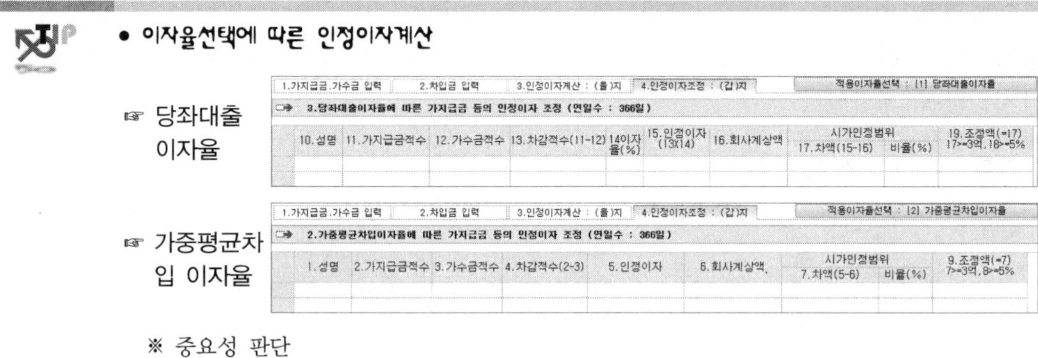

TIP ● 이자율선택에 따른 인정이자계산

☞ 당좌대출
  이자율

☞ 가중평균차
  입 이자율

※ 중요성 판단
  [인정이자 − 회사계상액] ≥ Min{3억, 인정이자 × 5%}인 경우 세무 조정한다.

❖ 가지급금인정이자조정명세서 작성사례

다음 자료에 의하여 대박(주)(회사코드 : 6000) 가지급금 등의 인정이자 조정명세서를 작성하고 세무조정내용에 대한 소득금액조정합계표를 작성하시오.

1) 차입금현황(주어진 자료만 가정)

이자율	차입금	거래처(거래처코드)	발생일
9%	150,000,000	신한은행(98100)	2018.09.01
8%	20,000,000	기업은행(98200)	2018.03.08
3%	600,000,000	국민은행(98000)	전기이월

2) 가지급금 가수금 현황

구 분	일자	가지급금	일자	가수금
대표이사 박정현	3.30	65,000,000	10.15	11,500,000
	7.02	(5,000,000)		
직원 이수진	5.06	50,000,000		

3) 회사가 인식한 이자수익은 원장조회를 통하여 확인한다.
4) 이수진에 대한 가지급금은 직원 이수진의 주택구입을 위하여 회사가 무상으로 대여한 금액이며, 대표자에 대한 가지급금은 인정이자 계산대상이다.
5) 가중평균차입이자율을 적용한다.(차입금입력을 통해 계산된 이자율을 반영한다)

>> 해 설

1) 가지급 가수금 적수의 계산
   ① 가지급금 입력

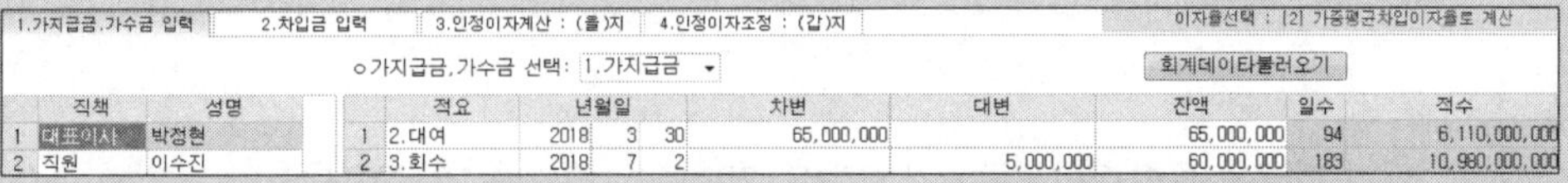

1.가지급금.가수금 입력	2.차입금 입력	3.인정이자계산 : (을)지	4.인정이자조정 : (갑)지	이자율선택 : [2] 가중평균차입이자율로 계산

○가지급금.가수금 선택: 1.가지급금 ▼   회계데이타불러오기

	직책	성명		적요	년월일	차변	대변	잔액	일수	적수
1	대표이사	박정현	1	2.대여	2018 3 30	65,000,000		65,000,000	94	6,110,000,000
2	직원	이수진	2	3.회수	2018 7 2		5,000,000	60,000,000	183	10,980,000,000

가지급금, 가수금 적수계산 화면에서 대표이사 박정현, 직원 이수진을 입력하고 [회계데이터 불러오기]를 선택하면 대표이사의 가지급금·가수금의 기장된 내역을 불러온다.

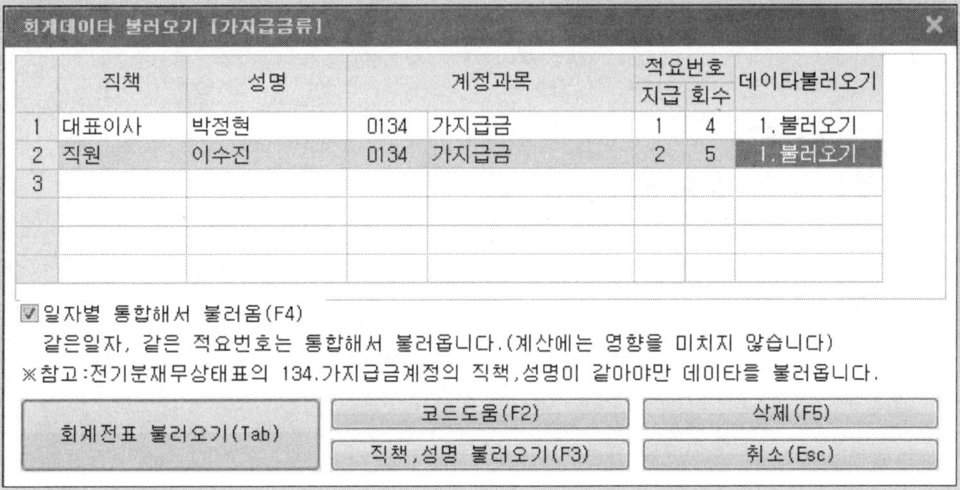

회계데이타 불러오기 [가지급금류]   ✕

	직책	성명	계정과목		적요번호 지급	적요번호 회수	데이타불러오기
1	대표이사	박정현	0134	가지급금	1	4	1.불러오기
2	직원	이수진	0134	가지급금	2	5	1.불러오기
3							

☑ 일자별 통합해서 불러옴(F4)

　같은일자, 같은 적요번호는 통합해서 불러옵니다.(계산에는 영향을 미치지 않습니다)

※참고:전기분재무상태표의 134.가지급금계정의 직책,성명이 같아야만 데이타를 불러옵니다.

회계전표 불러오기(Tab)	코드도움(F2)	삭제(F5)
	직책,성명 불러오기(F3)	취소(Esc)

- 직원 이수진의 가지급금
주택구입을 위한 대여금은 가지급금 대상이므로 직원 이수진의 가지급금도 작성한다.

	직책	성명		적요	년월일	차변	대변	잔액	일수	적수
1	대표이사	박정현	1	2.대여	2018 5 6	50,000,000		50,000,000	240	12,000,000,000
2	직원	이수진	2							

② 가수금 입력

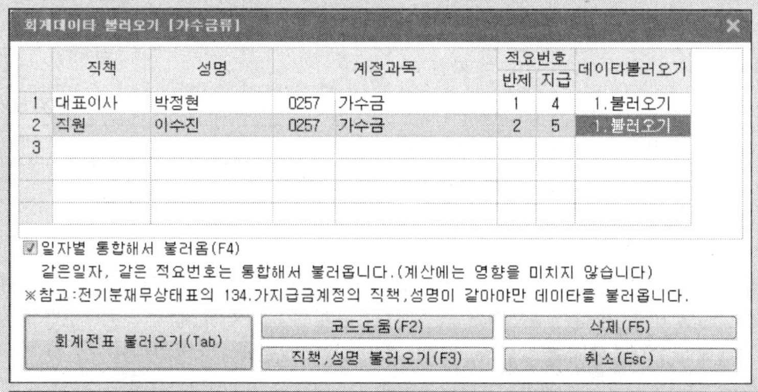

② 가수금 입력 화면

	직책	성명		적요	년월일	차변	대변	잔액	일수	적수
1	대표이사	박정현	1	2.가수	2018 10 15		11,500,000	11,500,000	78	897,000,000

2) 차입금 입력

거래처명에서 거래처 조회 후 [새로불러오기]를 통하여 입력한다. 기장된 내용이 없으면 직접 해당사항을 작성하면 된다.

① 신한은행 차입금 입력

	거래처명			적요	연월일	차변	대변	이자대상금액	이자율 %	이자
1	국민은행		1	2.차입	2018 9 1		150,000,000	150,000,000	9.00000	13,500,000
2	기업은행		2							
3	신한은행									

② 기업은행 차입금 입력

	거래처명			적요	연월일	차변	대변	이자대상금액	이자율 %	이자
1	국민은행		1	2.차입	2018 3 8		20,000,000	20,000,000	8.00000	1,600,000
2	기업은행		2							
3	신한은행									

③ 국민은행 차입금 입력

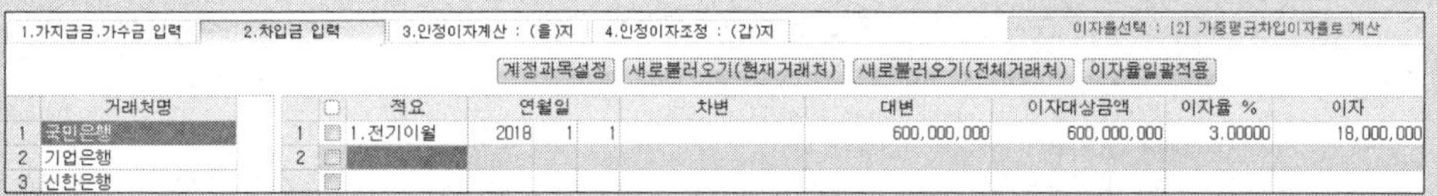

	1.가지급금.가수금 입력	2.차입금 입력	3.인정이자계산 : (을)지	4.인정이자조정 : (갑)지			이자율선택 : [2] 가중평균차입이자율로 계산	

계정과목설정　새로불러오기(현재거래처)　새로불러오기(전체거래처)　이자율일괄적용

	거래처명			적요	연월일	차변	대변	이자대상금액	이자율 %	이자
1	국민은행	1		1.전기이월	2018 1 1		600,000,000	600,000,000	3.00000	18,000,000
2	기업은행	2								
3	신한은행									

3) 인정이자의 계산

① 가중평균 차입이자율 선택
② 인정이자 계산 (을)지 작성

- 대표이사 인정이자(을)지

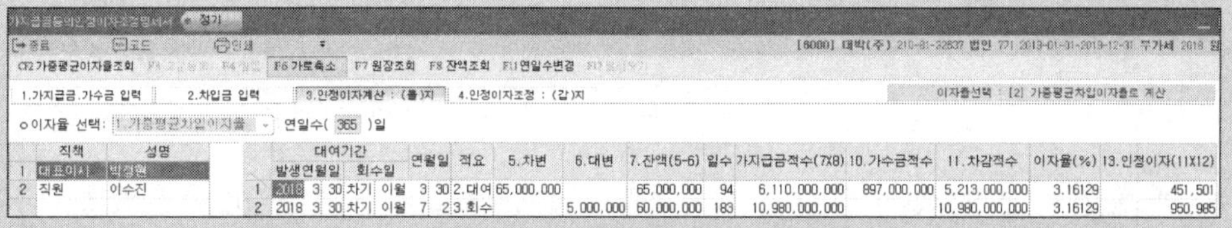

	1.가지급금.가수금 입력	2.차입금 입력	3.인정이자계산 : (을)지	4.인정이자조정 : (갑)지		이자율선택 : [2] 가중평균차입이자율로 계산

ㅇ이자율 선택: 1. 가중평균차입이자율　연일수 (365)일

	직책	성명		대여기간 발생연월일	회수일	연월일	적요	5.차변	6.대변	7.잔액(5-6)	일수	가지급금적수(7X8)	10.가수금적수	11.차감적수	이자율(%)	13.인정이자(11X12)
1	대표이사	박정현	1	2018 3 30 차기	이월	3 30	2.대여	65,000,000		65,000,000	94	6,110,000,000	897,000,000	5,213,000,000	3.16129	451,501
2	직원	이수진	2	2018 3 30 차기	이월	7 2	3.회수		5,000,000	60,000,000	183	10,980,000,000		10,980,000,000	3.16129	950,985

이자율 란은 차입금입력에서 작성한 차입금에 대한 가중평균차입이자율을 반영해야 하므로 이자율란에 커서를 두고 F2도움을 통해 가중평균차입이자율을 조회하여 입력한다.

- 직원의 인정이자 (을)지

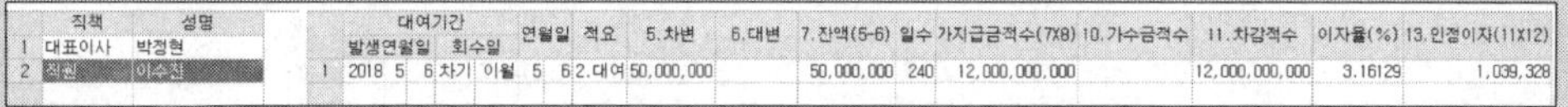

	직책	성명		대여기간 발생연월일	회수일	연월일	적요	5.차변	6.대변	7.잔액(5-6)	일수	가지급금적수(7X8)	10.가수금적수	11.차감적수	이자율(%)	13.인정이자(11X12)
1	대표이사	박정현														
2	직원	이수진	1	2018 5 6 차기	이월	5 6	2.대여	50,000,000		50,000,000	240	12,000,000,000		12,000,000,000	3.16129	1,039,328

- 가중평균차입이자율의 계산근거

  대표이사의 대여금발생 (3월30일) 및 직원이수진의 대여금발생 (5월6일)일 현재의 차입금은 전기이월된 국민은행 (6억, 3%)차입금과 기업은행 (2천만원, 8%)차입금이다. 가중평균차입이 자율은 가지급금 발생시점의 차입금이자율을 가중평균하므로 계산하면 다음과 같다.

$$\frac{\text{이자: 6억} \times 3\% + \text{2천만원} \times 8\%}{\text{차입금: 6억} + \text{2천만원}} = 3.16129\%$$

이자율조회 및 계산근거

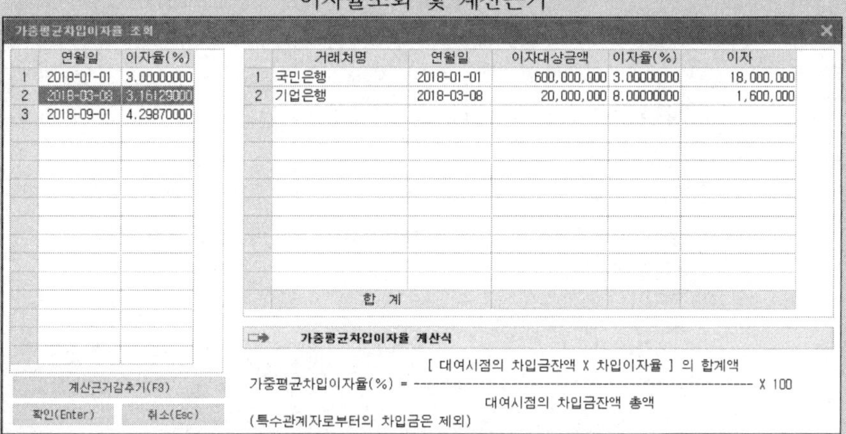

	연월일	이자율(%)
1	2018-01-01	3.00000000
2	2018-03-08	3.16129000
3	2018-09-01	4.29870000

	거래처명	연월일	이자대상금액	이자율(%)	이자
1	국민은행	2018-01-01	600,000,000	3.00000000	18,000,000
2	기업은행	2018-03-08	20,000,000	8.00000000	1,600,000
	합 계				

□➡ **가중평균차입이자율 계산식**

$$\text{가중평균차입이자율(\%)} = \frac{[\ \text{대여시점의 차입금잔액} \times \text{차입금이자율}\ ]\ \text{의 합계액}}{\text{대여시점의 차입금잔액 총액}} \times 100$$

(특수관계자로부터의 차입금은 제외)

계산근거감추기(F3)
확인(Enter)　취소(Esc)

③ 인정이자의 (갑)지의 작성

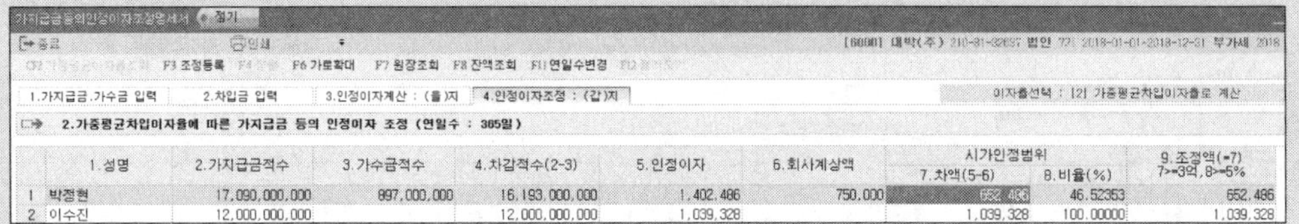

	1.성명	2.가지급금적수	3.가수금적수	4.차감적수(2-3)	5.인정이자	6.회사계상액	7.차액(5-6)	8.비율(%)	9.조정액(=7) 7>=3억,8>=5%
1	박정현	17,090,000,000	897,000,000	16,193,000,000	1,402,486	750,000	652,486	46.52353	652,486
2	이수진	12,000,000,000		12,000,000,000	1,039,328		1,039,328	100.00000	1,039,328

대표이사에 대한 이자수익은 원장을 조회하여 확인하여 입력하면 조정할 금액을 계산할 수 있다. 조정액에 계산된 금액은 소득금액조정합계표에 반영한다.

※ 원장 조회내역

기 간	2018 년 1 월 1 일 ~ 2018 년 12 월 31 일	전표수정(F3)	합계옵션(F6)	원장인쇄(F9)			
계정과목	0901 이자수익	-	0901 이자수익	<< < 0901:이자수익		> >>	

일자	번호	적 요	코드	거 래 처	차 변	대 변	잔 액
03-31	00013	보통예금이자 원본대체	00216	신한은행		1,600,000	1,600,000
		[월 계]				1,600,000	
		[누 계]				1,600,000	
06-25	00001	이자수익	00216	신한은행		1,000,000	2,600,000
06-30	00040	보통예금이자 원본대체	00216	신한은행		4,000,000	6,600,000
		[월 계]				5,000,000	
		[누 계]				6,600,000	
12-30	00009					2,193,169	8,793,169
12-31	00004	대표이사대여금 이자수령				750,000	9,543,169
12-31	00005	2014.11.01 대여분 당기분 미수이				856,831	10,400,000
12-31	00040	손익계정에 대체			10,400,000		
		[월 계]			10,400,000	3,800,000	
		[누 계]			10,400,000	10,400,000	

4) 조정 등록

<익금산입> 인정이자(대표)　652,486원 (상여)
<익금산입> 인정이자(직원)　1,039,328원 (상여)

연습문제

1 다음 자료를 이용하여 ㈜태백기업(6400)의 가지급금인정이자 조정명세서를 작성하고 필요한 세무조정을 행하시오.

1) 당사는 가중평균차입이자율을 적용한다.

2) 당사의 가지금금과 가수금은 모두 대표이사 김건강씨에 대한 것으로서 이에 대한 이자를 수령하거나 지급하지 않았다.

가지급금		가수금	
발생일	금액	발생일	금액
2018.03.05	45,000,000	2018.10.01	5,000,000
		2018.12.01	3,000,000

3) 당기의 차입금 내역은 다음과 같으며 모두 만기상환 조건인 고정금리로 차입하였다.

구 분	조은은행	상호저축
계정과목	장기차입금	장기차입금
차입기간	2017.06.01~2019.05.31	2016.1.1~2019.12.31
차입금액	40,000,000	60,000,000
이자율	4.2%	3.8%
당기이자비용	1,680,000	2,280,000

1. 가지급금과 가수금 입력

1.가지급금.가수금 입력	2.차입금 입력	3.인정이자계산 : (을)지	4.인정이자조정 : (갑)지	이자율선택 : [2] 가중평균차입이자율로 계산

ㅇ가지급금,가수금 선택: 1.가지급금 ▾   회계데이타불러오기

	직책	성명			적요	년월일		차변	대변	잔액	일수	적수
1	대표이사	김건강		1	2.대여	2018 3	5	45,000,000		45,000,000	302	13,590,000,000

1.가지급금.가수금 입력	2.차입금 입력	3.인정이자계산 : (을)지	4.인정이자조정 : (갑)지	이자율선택 : [2] 가중평균차입이자율로 계산

ㅇ가지급금,가수금 선택: 2.가수금 ▾   회계데이타불러오기

	직책	성명			적요	년월일		차변	대변	잔액	일수	적수
1	대표이사	김건강		1	2.가수	2018 10	1		5,000,000	5,000,000	61	305,000,000
2				2	2.가수	2018 12	1		3,000,000	8,000,000	31	248,000,000

2. 차입금 입력

1.가지급금.가수금 입력	2.차입금 입력	3.인정이자계산 : (을)지	4.인정이자조정 : (갑)지	이자율선택 : [2] 가중평균차입이자율로 계산

계정과목설정 새로불러오기(현재거래처) 새로불러오기(전체거래처) 이자율일괄적용

	거래처명				적요	연월일		차변	대변	이자대상금액	이자율 %	이자
1	조은은행			1	1.전기이월	2018 1	1		40,000,000	40,000,000	4.20000	1,680,000
2	상호저축			2								

1.가지급금.가수금 입력	2.차입금 입력	3.인정이자계산 : (을)지	4.인정이자조정 : (갑)지	이자율선택 : [2] 가중평균차입이자율로 계산

계정과목설정 새로불러오기(현재거래처) 새로불러오기(전체거래처) 이자율일괄적용

	거래처명				적요	연월일		차변	대변	이자대상금액	이자율 %	이자
1	조은은행			1	1.전기이월	2018 1	1		60,000,000	60,000,000	3.80000	2,280,000
2	상호저축			2								

3. 인정이자의 계산

1.가지급금.가수금 입력	2.차입금 입력	3.인정이자계산 : (을)지	4.인정이자조정 : (갑)지	이자율선택 : [2] 가중평균차입이자율로 계산

ㅇ이자율 선택: 가중평균차입이자율 ▾ 연일수(365)일

	직책	성명			월일	적요	5.차변	6.대변	7.잔액(5-6)	일수	가지급금적수(7X8)	10.가수금적수	11.차감적수	이자율(%)	13.인정이자(11X12)
1	대표이사	김건강		1	5	2.대여	45,000,000		45,000,000	302	13,590,000,000	553,000,000	13,037,000,000	3.96000	1,414,425

4. 조정 등록

<익금산입> 인정이자 1,414,425 (상여)

⑪ 업무무관부동산 차입금지급이자 조정명세서

차입금에 대한 지급이자는 순자산감소의 원인이므로 손금으로 인정되는 것이 원칙이다.
그러나 법인세법에서는 채권자불분명사채이자, 비실명채권증권의 이자, 건설자금이자, 업무와 관련 없는 자산등과 관련한 이자를 손금불산입하도록 규정하고 있다.

1. 업무무관 부동산 차입금이자 조정명세서(을)

(1) 업무무관부동산 입력

업무무관 부동산 차입금이자 조정명세서(을)표에서는 업무무관부동산, 동산, 가지급금, 가수금, 기타자산의 적수를 계산한다.

- 적요 : [1.전기이월, 2.취득, 3.매각]
- 업무무관부동산등 취득 : 차변란에 입력
- 업무무관부동산등 처분 : 대변란에 입력

● 불러오기

☞ 불러오고자 하는 계정과목 코드를 검생하
여 [확인]을 클릭하면 입력되어있는 내용
을 불러올 수 있다.

(2) 가지급금 및 가수금의 입력

구분	가지급금	가수금
적요	1.전기이월, 2.지급, 3.회수	1.전기이월, 2.가수, 3.상환
차변	전기이월, 가지급발생 입력	가수금 상환금액입력
대변	가지급금 회수금액 입력	전기이월, 가수금발생금액 입력

■ 가지급금의 범위에서 제외하는 금액
- 사용인에 대한 월정액 급여액의 범위 내에서의 일시적인 급료의 가불금, 경조사비, 학자금대여액
- 소득의 귀속이 불분명하여 대표자에게 상여처분한 금액에 대한 소득세 대납액
- 소득세법상 지급시기의제규정에 의하여 지급한 것으로 보는 배당소득 및 상여금에 대한 소득세를 법인
  이 대납하고 이를 가지급금으로 계상한 금액
- 정부의 허가를 받아 국외에 자본을 투자한 내국법인이 해당 국외투자법인에 종사하거나 종사할 자의 여
  비, 급료 기타비용을 대신 부담하고 이를 가지급금 등으로 계상한 금액
- 법인이 우리사주조합 또는 그 조합원에게 해당 법인의 주식취득에 소요되는 자금을 대여한 금액
- 국민연금법에 의하여 근로자가 지급받은 것으로 보는 퇴직금 전환금
※ 동일인에 대한 가지급금과 가수금이 함께 있는 경우는 상계한 후의 잔액으로 한다.

- **F12불러오기**

  가지급금인정이자조정명세서가 작성된 경우 가지급금, 가수금의 변동사항을 불러와서 입력할 수 있다.

- **적수 입력된 금액이 반영**

  (을)표에서 계산된 적수는 "갑"표의 적색메뉴**2**에 반영된다.

①지급이자	적 수				⑥차입금(=19)	⑦ ⑤와 ⑥중 적은 금액	⑧손금불산입지급이자(①×⑦÷⑤)
	②업무무관부동산	③업무무관동산	④가지급금 등	⑤계(②+③+④)			

  가지급금 등은 가지급금 적수와 가수금 적수가 상계되어 반영된다.
  ※ 자기자본 적수계산은 세법의 개정으로 입력할 필요가 없어졌다.

2. 업무무관 부동산 차입금이자 조정명세서(갑)

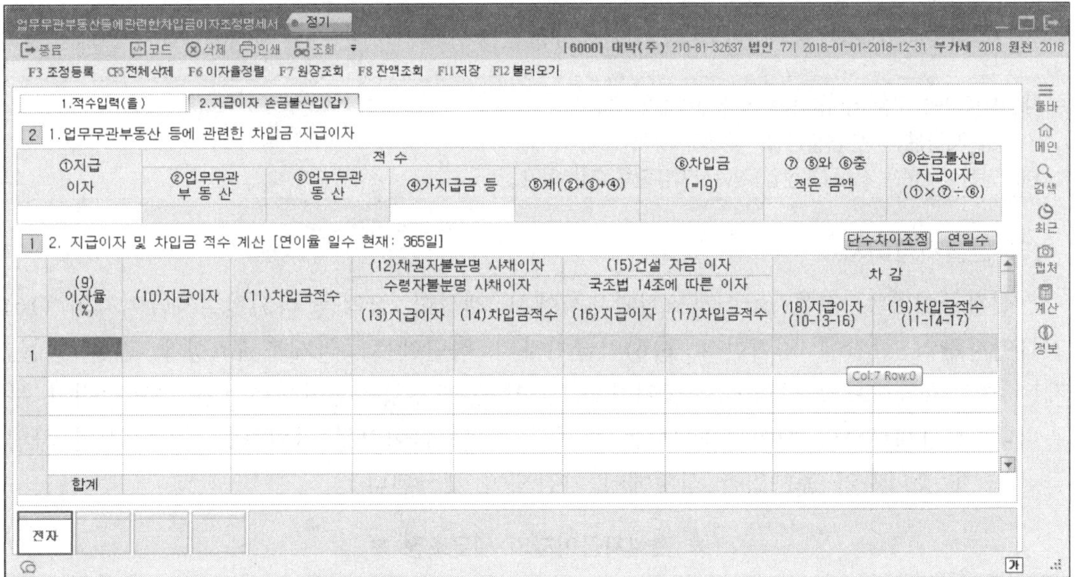

(1) 지급이자 및 차입금적수 계산

적색메뉴 **1**의 (9)이자율, (10)지급이자, (11)차입금적수는 직접 이자율과 지급이자를 입력한다.

※ 지급이자의 구분 ※

지급이자에 포함되는 것	지급이자에 포함되지 않는 것
• 금융어음의 할인료 • 사채할인발행차금 상각액 • 사채이자 • 미지급이자 계상액 • 금융리스료 중 이자상당액	• 상업어음 할인료 : 채권처분손실 • 현재가치할인차금 상각액 : 자산의 취득원가 • 연지급 수입이자 : 자산의 취득원가 • 기업구매자금 대출이자 : 정책자금 • 선순위에서 손금불산입된 이자 • 운용리스료 : 임차료

(2) 채권자불분명사채이자의 입력

- (12)채권자불분명사채이자

  (13)지급이자란의 상단에 채권자불분명사채이자의 지급이자를 입력한다.

- (12)비실명채권증권의 이자

  (13)지급이자란 중에 하단칸에 수령자불분명사채이자의 지급이자를 입력한다.

> 채권자불분명 또는 수령자불분명사채이자의 세무조정
> - 이자 지급분 : 〈손금불산입〉 대표자 상여
> 단, 원천징수분은 〈손금불산입〉기타사외유출로 처분한다.

(3) 건설자금이자

건설자금이자는 건설자금이자조정명세서에서 계산한 금액을 (15)건설자금이자의 (16)
지급이자란의 상단에 입력한다. (16)지급이자의 하단에는 「국제조세조정에 관한 법률」
제14조에 따라 손금불산입한 지급이자를 입력하는데 이는 전산세무 1급 수험범위와 무
관하다. 전산세무 1급 시험문제에서는 주어진 건설자금이자를 입력하면 해당이자와 차입
금 적수가 총이자와 총차입금 적수에서 차감되어 계산된다.

※ 건설자금이자의 세무조정 ※

구 분			당 기	차 기
과소 계상	비상각자산(토지등)		손금불산입(유보)	처분시 손금산입 (△유보)
	상각 자산	건설중	손금불산입(유보)	상각, 처분시 손금산입(△유보)
		건설완료	감가상각비로보아시부인 (즉시상각의제)	-
과대 계상	-		손금산입(△유보)	상각, 처분시 손금불산입(유보)

※ 과소계상 : 특정차입금이자를 비용계상한 경우

(4) 업무무관부동산 등에 관련한 차입금 지급이자

2 1. 업무무관부동산 등에 관련한 차입금 지급이자							
①지급 이자	적 수				⑥차입금 (=19)	⑦ ⑤와 ⑥중 적은 금액	⑧손금불산입 지급이자 (①×⑦÷⑥)
	②업무무관 부 동 산	③업무무관 동 산	④가지급금 등	⑤계(②+③+④)			

차입금이 비생산적인 용도로 사용되는 것을 규제하기 위하여 ㉠ 법인이 업무무관자산을 취득, 보유하고 있거나 ㉡ 특수관계인에게 업무와 관련 없는 가지급금 등을 지급하고 있는 경우 이 금액에 상당하는 지급이자를 손금불산입한다.

$$\text{손금불산입액} = \text{지급이자} \times \frac{\text{업무무관자산가액적수} + \text{가지급금적수}}{\text{차입금적수}}$$

㉠ 지급이자 = 총지급이자 − 채권자불분명사채이자 − 비실명채권 · 증권이자 − 건설자금이자

㉡ 차입금적수 = 총차입금적수 − 채권자불분명사채적수 − 비실명채권증권적수 − 건설소요차입금적수

❖ 차입금이자조정명세서 작성사례

다음 자료에 의하여 대박(주)(회사코드 : 6000)의 업무무관 부동산에 대한 차입금이자 조정명세서를 작성하고 소득금액조정합계표에 반영 하시오.

1) 업무무관부동산 및 동산의 내역
   - 2018년 5월 1일 취득한 건물 15,000,000원
   - 2018년 8월 3일 취득한 대표이사 부인이 사용하는 자동차 8,000,000원

   ※ 기장된 자료와 무관하므로 명세서에서 직접 작성한다.

2) 가지급금 가수금 현황

구 분	일자	가지급금	일자	가수금
대표이사 박정현	3.30	65,000,000	10.15	11,500,000
	7.02	(5,000,000)		
직원 이수진	5.6	50,000,000		

이수진에 대한 가지급금은 직원 이수진의 주택구입을 위하여 회사가 무상으로 대여한 금액이다.
※ 가지급금인정이자 서식 작성시 입력한 데이터를 활용한다.

3) 지급이자비용 및 이자율

이자율	차입금	당기이자비용	비 고
20%	2,000,000	400,000	채권자불분명 사채이자이며 원천징수세액은 없다.
9%	150,000,000	4,500,000	은행차입금 이자비용
8%	20,000,000	1,200,000	은행차입금 이자비용으로 건설자금이자 대상이다.
3%	600,000,000	18,000,000	은행차입금 이자비용으로 미지급이자 2,500,000원이 포함되어 있다.

※ 주어진 자료만 가정하고, 건설자금이자 대상 자산은 기말현재 미완성 상태이다.

>> 해 설

1) 업무무관 부동산 차입금 이자 조정명세서 (을)
   ① 업무무관 부동산 입력

①월일	②적요	③차변	④대변	⑤잔액	⑥일수	⑦적수
5 1	취득	15,000,000		15,000,000	245	3,675,000,000

5월 1일 취득한 건물은 업무무관 부동산이므로 차변에 입력한다.

   ② 업무무관 동산 입력

①월일	②적요	③차변	④대변	⑤잔액	⑥일수	⑦적수
8 3	취득	8,000,000		8,000,000	151	1,208,000,000

8월 3일 대표이사의 부인의 차량취득은 업무와 관련이 없으므로 8,000,000원을 차변에 입력한다.

③ 가지급금 적수 입력

	①월일	②적요	③차변	④대변	⑤잔액	⑥일수	⑦적수
1	3 30	지 급	65,000,000		65,000,000	37	2,405,000,000
2	5 6	지 급	50,000,000		115,000,000	57	6,555,000,000
3	7 2	회 수		5,000,000	110,000,000	183	20,130,000,000

[새로불러오기]를 하면 가지급금인정이자조정명세서를 작성한 경우 자동 반영된다.
수기로 입력하는 경우에는 가지급금의 발생은 차변에, 회수는 대변에 각 일자별로 입력한다.

④ 가수금 적수 입력

	①월일	②적요	③차변	④대변	⑤잔액	⑥일수	⑦적수
1	10 15	가 수		11,500,000	11,500,000	78	897,000,000

가수금도 가지급금인정이자조정명세서를 작성한 경우 자동반영된다.
수기로 입력하는 경우 가수금의 발생은 대변항목에 각 일자별로 입력한다.

2) 업무무관 부동산 차입금 이자 조정명세서 (갑)

① (을)표 작성 후의 화면

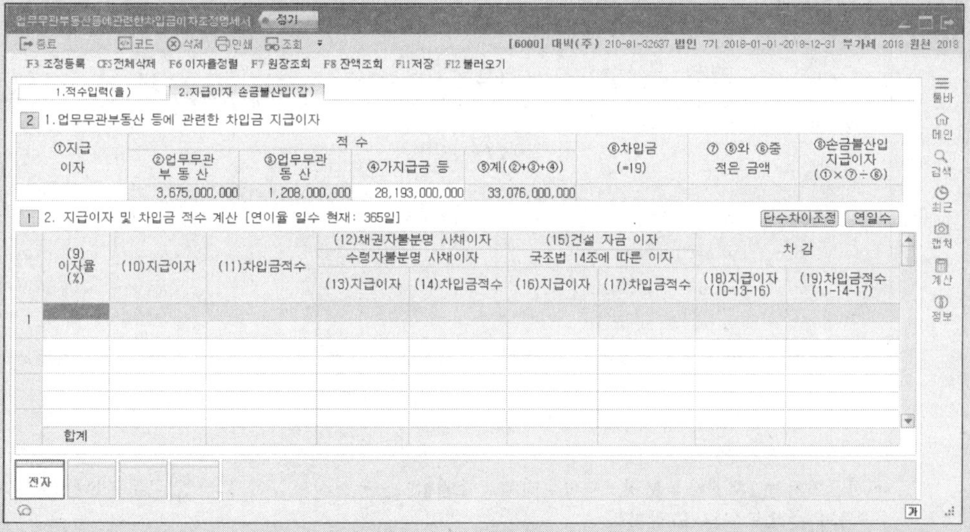

1. 업무무관부동산 등에 관련한 차입금 지급이자

①지급이자	적수				⑥차입금 (=19)	⑦ ⑤와 ⑥중 적은 금액	⑧손금불산입 지급이자 (①×⑦÷⑥)
	②업무무관 부동산	③업무무관 동산	④가지급금 등	⑤계(②+③+④)			
	3,675,000,000	1,208,000,000	28,193,000,000	33,076,000,000			

2. 지급이자 및 차입금 적수 계산 [연이율 일수 현재: 365일]

	(9)이자율(%)	(10)지급이자	(11)차입금적수	(12)채권자불분명 사채이자 수령자불분명 사채이자		(15)건설 자금 이자 국조법 14조에 따른 이자		차 감	
				(13)지급이자	(14)차입금적수	(16)지급이자	(17)차입금적수	(18)지급이자 (10-13-16)	(19)차입금적수 (11-14-17)
1									
합계									

(을)표를 작성하면 업무무관부동산, 동산, 가지급금 등의 적수가 (갑)표에 반영된다.

② 적색메뉴 **1**(2.지급이자 및 차입금 적수계산)의 작성
각 이자율별로 지급이자를 입력하면 차입금적수가 계산된다.

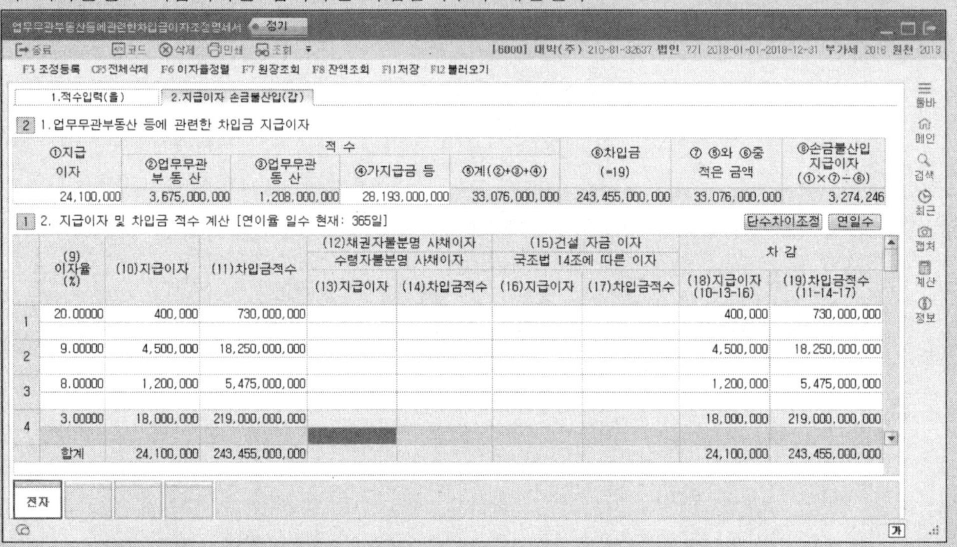

③ 채권자불분명사채(비실명채권증권이자)의 입력

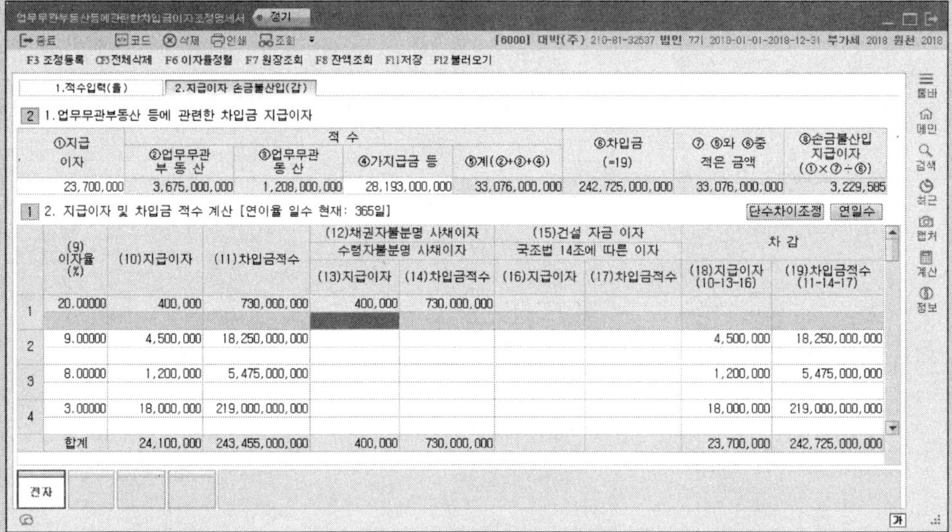

- 지급이자는 [채권자불분명 → 비실명채권증권이자 → 건설자금이자 → 업무무관부동산등의 관련이자]의 순으로 세무조정한다.
- 채권자불분명사채이자, 비실명채권증권이자, 건설자금이자는 직접 입력하여 총지급이자와 총차입금적수에서 제외시켜준다.
- 채권자불분명사채이자의 지급이자를 입력하면 채권자불분명사채이자에 대한 차입금적수가 자동계산되어 지급이자와 차입금 적수는 자동제외된다(채권자불분명사채이자는 상단부에, 비실명채권증권이자는 하단부에 입력한다).

④ 건설자금이자의 입력

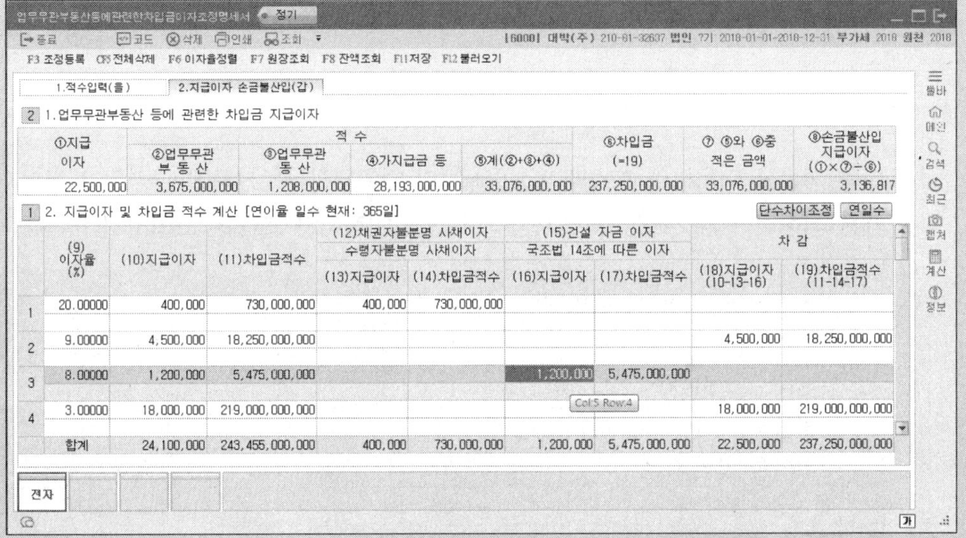

건설자금이자부분을 입력하면 지급이자 손금불산입 대상 지급이자는 총지급이자 24,100,000원에서 채권자불분명사채이자 400,000원과 건설자금이자 1,200,000원이 차감된 지급이자 22,500,000원이 적색 메뉴**1**의 "①지급이자"에 계산되어 반영되고 차입금적수도 채권자불분명사채와 건설자금과 관련된 차입금적수가 차감되어 적색메뉴**1**의 "⑥차입금"에 반영된다.

2 1.업무무관부동산 등에 관련한 차입금 지급이자							
①지급이자	적 수				⑥차입금(=19)	⑦ ⑤와 ⑥중 적은 금액	⑧손금불산입 지급이자 (①×⑦÷⑥)
	②업무무관부동산	③업무무관동산	④가지급금 등	⑤계(②+③+④)			
22,500,000	3,675,000,000	1,208,000,000	28,193,000,000	33,076,000,000	237,250,000,000	33,076,000,000	3,136,817

$$\text{지급이자} \times \frac{(\text{업무무관자산등적수} + \text{가지급금등적수})}{\text{차입금적수}} : 3{,}136{,}817(\text{선순위 조정이자 제외 후})$$

- 업무무관자산적수 + 가지급금적수 : 33,076,000,000
- 차입금적수 : 237,250,000,000(채권자불분명, 건설자금관련 차입금 적수가 차감된 후의 적수)

⑤ 조정 등록

- < 손금불산입> 채권자불분명사채이자 400,000(상여)
- <손금불산입> 건설자금이자 1,200,000(유보, 발생)
- < 손금불산입> 업무무관자산지급이자(또는 지급이자 손금불산입) 3,136,817(기타사외유출)

연습문제

1 다음 자료를 이용하여 ㈜소백기업(6500)의 업무무관부동산등에 관련한 지급이자 조정명세를 작성하고 세무조정하시오(단, 가지급금 인정이자 조정은 고려하지 않는다)

1) 손익계산서상의 이자비용의 명세는 다음과 같다.

구분	이자율	이자비용
금융어음 할인료	15%	5,500,000원
차입금 이자	14%	13,000,000원
상업어음 할인료	8%	1,500,000원
연지급수입이자	6%	2,200,000원
차입금 이자	5.3%	500,000원
차입금 이자	3%	1,002,739원

- 차입금이자 (14%)에는 채권자가 불분명한 사채이자 1,500,000원이 포함되어 있으며 원천징수세액은 412,500원이다.
- 차입금이자 (5.3%)는 당기 미지급이자분이다.

2) 당사는 건설중인 사업용 고정자산으로 공장건물을 짓고 있으며 회사의 이자율별 차입금액 내역은 다음과 같다.

자산명	차입일	차입금액	이자율	당기지급이자
공장부속 창고	2018.09.01	1억	3%	1,002,739원

3) 당기말 재무상태표에 반영되어있는 자산 중 업무와 관련없는 자산은 다음과 같다.

자산	금액(원)	비고
토지	120,000,000원	현재 나대지이며 투기목적으로 2018.02.01취득하였다
가지급금	5,000,000원	업무와 무관하며 전기이월된 금액이다.

위 자산과 관련하여 발생한 비용이 손익계산서에 다음과 같이 반영되어 있다.
- 세금과공과 10,000,000 : 토지취득당시 납부한 취득세이다.
- 세금과공과 1,200,000 : 토지의 재산세 납부액이다.
- 관리비 8,800,000 : 토지 관리인(직원)의 인건비이다.

● 해답

1. 적수입력(을) :

■ 토지 취득가액 130,000,000(=토지가액 120,000,000 + 취득세 10,000,000)

	1.적수입력(을)	2.지급이자 손금불산입(갑)						
1.업무무관부동산	2.업무무관동산	3.가지급금	4.가수금	5.그밖의			불러오기	적요수정
	①월일	②적요	③차변	④대변	⑤잔액	⑥일수	⑦적수	
1	2 1	취득	130,000,000		130,000,000	334	43,420,000,000	

	1.적수입력(을)	2.지급이자 손금불산입(갑)						
1.업무무관부동산	2.업무무관동산	3.가지급금	4.가수금	5.그밖의			불러오기	적요수정
	①월일	②적요	③차변	④대변	⑤잔액	⑥일수	⑦적수	
1	1 1	전기이월	5,000,000		5,000,000	365	1,825,000,000	

2. 지급이자조정

1.적수입력(을)	2.지급이자 손금불산입(갑)

2 1. 업무무관부동산 등에 관련한 차입금 지급이자

①지급이자	적 수				⑥차입금(=19)	⑦ ⑤와 ⑥중 적은 금액	⑧손금불산입 지급이자 (①×⑦÷⑥)
	②업무무관부동산	③업무무관동산	④가지급금 등	⑤계(②+③+④)			
17,500,000	43,420,000,000		1,825,000,000	45,245,000,000	46,808,872,416	45,245,000,000	16,915,329

1 2. 지급이자 및 차입금 적수 계산 [연이율 일수 현재: 365일]   단수차이조정 연일수

	(9)이자율(%)	(10)지급이자	(11)차입금적수	(12)채권자불분명 사채이자 / 수령자불분명 사채이자		(15)건설 자금 이자 / 국조법 14조에 따른 이자		차 감	
				(13)지급이자	(14)차입금적수	(16)지급이자	(17)차입금적수	(18)지급이자 (10-13-16)	(19)차입금적수 (11-14-17)
1	15.00000	5,500,000	13,383,333,333					5,500,000	13,383,333,333
2	14.00000	13,000,000	33,892,857,142	1,500,000	3,910,714,285			11,500,000	29,982,142,857
3	5.30000	500,000	3,443,396,226					500,000	3,443,396,226
4	3.00000	1,002,739	12,199,991,166			1,002,739	12,199,991,166		

3. 조정 등록

<손금불산입> 세금과공과 10,000,000 (유보 발생) : 토지 취득세

<손금불산입> 세금과공과 1,200,000 (기타사외유출) : 업무무관부동산 재산세

<손금불산입> 관리비 8,800,000 (상여)

<손금불산입> 채권자불분명사채이자 1,087,500 (상여)

<손금불산입> 채권자불분명사채이자(원천징수세액) 412,500 (기타사외유출)

<손금불산입> 건설자금이자 1,002,739 (유보 발생)

<손금불산입> 지급이자 손금불산입(업무무관자산지급이자) 16,915,329 (기타사외유출)

⑫ 건설자금이자명세서

건설자금이자는 자산의 건설, 제조 등에 소요되는 차입금에서 발생하는 이자비용을 말한다. 법인세법에서는 건설자금이자를 특정차입금이자와 일반차입금이자로 구분하여 특정차입금이자는 자산의 취득원가에 가산하도록 규정하고 있으며 일반차입금이자는 당기이자비용으로 손금처리하거나 취득원가산입 중 선택하여 적용할 수 있다. 건설자금이자 중 특정차입금이자를 해당기간에 비용으로 계상한 경우에는 이를 손금불산입하도록 하고 있다.

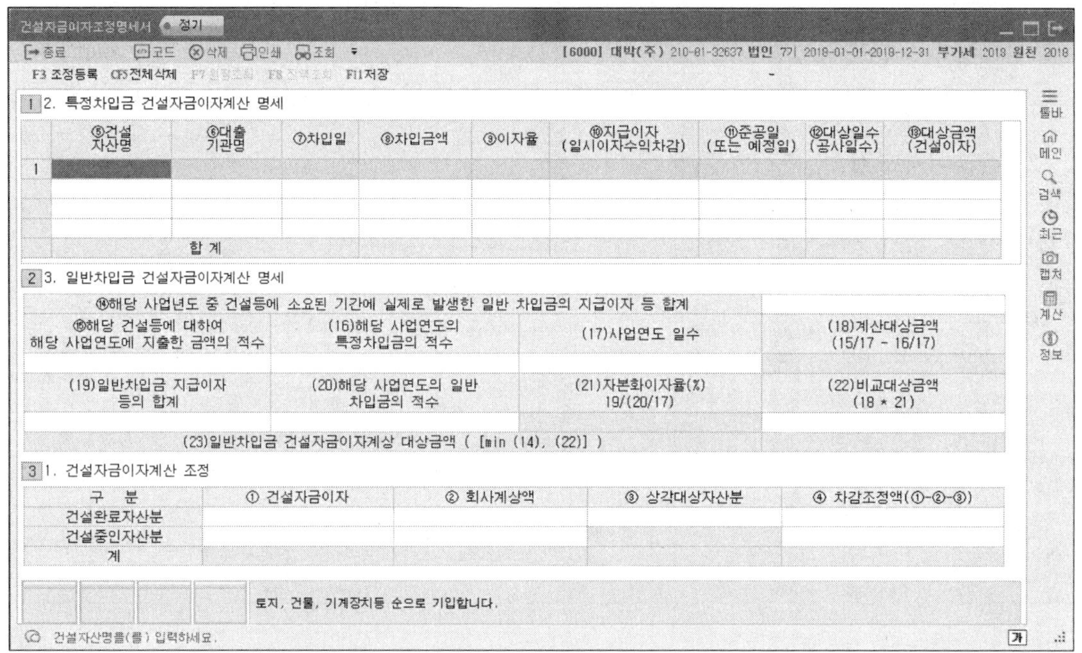

1. ▣ 2.특정차입금 건설자금이자 계산명세

1) 건설자산명(⑤) : 토지, 건물, 기계장치 등 문제에서 주어진 순서대로 입력한다.

2) 차입금액(⑧) : 건설자금에 충당하기 위하여 차입한 총금액을 입력한다. 단, 그 차입금의 일부를 운영자금에 사용한 경우에는 동 금액을 차감하여 입력한다.

3) 지급이자(⑩) : 당해 차입금의 지급이자를 입력하되 차입금의 일시예금 등에서 생기는 수입이자를 차감하여 입력한다.

4) 준공일(⑪) : 준공일을 입력한다.
   - 토지매입시 : 그 대금을 청산한날. 대금청산전에 토지를 사업에 사용하는 경우는 사용일
   - 건축물 : 취득일 또는 사용개시일 중 빠른날
   - 기타 사업용 고정자산 : 사용개시일

- 건설자금이자 계상 대상금액(⑬)
  - 당기 중에 건설완료시 : 착공일(또는 이자기산일)부터 준공일까지의 이자금액 입력
  - 건설이 진행중인 경우 : 착공일(또는 이자기산일)부터 당기말까지의 이자금액입력

  ※ 착공일보다 이자기산일이 더 뒤에 있는 경우 실제 이자가 계산되는 날부터 준공일까지의 지급이자만 건설자금이자로 계산한다. 또한 이자기산일보다 착공일이 뒤에 있는 경우에는 건설에 사용한 날부터 건설자금이자를 계산하여야 하므로 착공일부터 준공일까지의 건설자금이자를 계산한다.

2. ❸ 1.건설자금이자 조정의 작성

- 건설자금이자(①) : 적색메뉴 **❶**에서 작성된 건설자금이자계산대상금액(⑬)을 건설완료자산 해당부분과 건설중인자산 해당부분으로 구분하여 입력한다.
- 회사계상액(②) : 회사가 건설자금이자 해당하는 금액을 자산(건설중인자산) 등으로 회계처리한 금액을 입력한다.
- 상각대상자산분(③) : 토지와 같이 상각대상이 아닌 비상각자산분을 제외한 금액을 입력한다.

- 특정차입금에 대한 건설자금이자를 비용계상한 경우 세무조정

구 분	당기의 세무조정	차기이후 세무조정
비상각자산	손금불산입(유보)	처분시에 손금산입
상각자산	손금불산입(유보) ※ 당기말까지 건설이 완료된 경우에는 즉시상각의제로 보아 시부인계산한다.	상각 또는 처분시에 손금산입

✤ 건설자금이자 조정명세서 작성사례

주어진 자료를 참고하여 대박(주)(회사코드 : 6000)의 건설자금이자조정명세서를 완성하시오.(조정 등록은 생략) (원장의 내용은 고려할 필요 없다 : 전액 고정자산 관련임)

1) 토지 구입대금 및 이자내역
  • 계약일 : 2018.06.01
  • 잔금일(사용수익일) : 2018.08.31

차입일자	차입금액	이자율	당기이자비용	차입은행	비고
2018.06.01	40,000,000원	15%	3,517,808원	국민은행(코드 004)	계속 차입중

회사는 차입금이자와 관련해서 전액 지급이자로 비용처리하였고 건설자금이자 대상 금액은 1,512,328원이다.

※ 건설자금이자 계산대상 일수 : 92일
  추가로 조정 등록이나 업무무관부동산차입금이자조정명세서(갑)에 반영하지 않는다.

>> 해 설

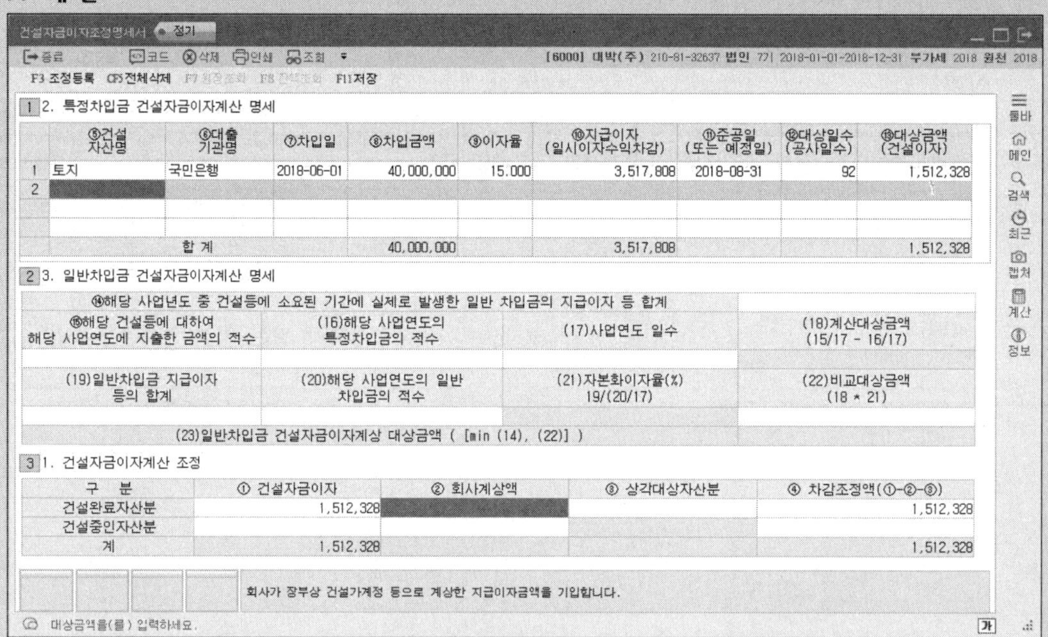

• 건설자금이자 계산 대상 금액의 계산

$$40,000,000원 \times 15\% \times \frac{92일}{365일} = 1,512,328원$$

  ※ 계약일 ~ 잔금일 : 6월(30일) 7월(31일) 8월(31일) 총 92일

• 건설자금이자(①) : 준공이 되었으므로 건설완료 자산분에 해당 건설자금이자를 입력한다.
• 회사계상액(②) : 회사는 전액 지급이자로 비용처리하였으므로 회사계상액에 입력하는 금액은 없다.
• 차감조정액 : 1,512,318원의 금액은 손금불산입(유보, 발생)으로 처분하고 이금액은 업무무관부동산차입금조정명세서(갑)에 건설자금이자금액으로 반영하여야 한다. 본 문제에서는 서식만 작성하도록 하고 있으므로 여기까지 작성하면 된다.

  ※ 상각대상 자산분
   건설이 완료된 자산의 경우에 회사가 건설자금이자에 해당하는 금액을 전액 이자비용으로 계상하였으면 즉시상각의제금액으로 보아 감가상각한도시부인계산하면 된다. 따라서 건설자금이자부분에서 세무조정이 발생하면 안되므로 상각대상 자산분에 해당금액을 입력하면 세무조정할 금액이 없어진다.

⑬ 외화자산 등 평가차손익 조정명세서

기업이 외화자산 및 부채를 보유하고 있는 경우에 그 가치는 환율에 따라 변동하므로 법인세법에서는 외화자산과 부채에 대한 평가규정을 두고 있다. 비은행인 경우에는 외화자산 및 부채에 대한 평가를 선택하여 적용 할 수 있으므로 평가를 선택한 경우에는 관할 세무서에 신고하고 신고한 평가방법에 따라 그 후의 사업연도에도 계속적용하여야 한다.

1. 외화자산 평가차손익 조정명세서(을)의 작성

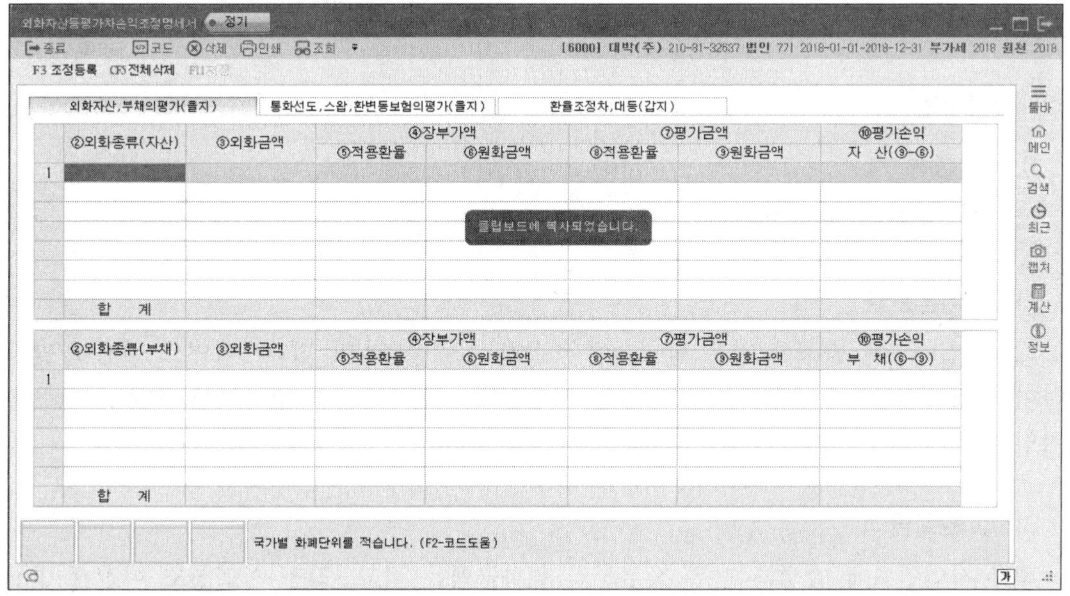

(1) 의의

금융회사 외의 법인이 외화자산, 외화부채, 통화선도, 통화스왑을 보유하면서 사업연도 종료일 현재의 매매기준율 등으로 평가하고자 관할세무서장에게 신고한 경우에는 사업연도 종료일마다 외화자산 등을 평가하여야 하므로 해당 서식을 작성한다.

외화자산등 평가차손익 조정명세서(을)표의 작성은 각 종류별 탭을 클릭하여 다음의 해당내역을 순차적으로 입력하여 계산된 평가손익을 세무조정한다.

②외화종류(자산)	③외화금액	④장부가액		⑦평가금액		⑩평가손익
		⑤적용환율	⑥원화금액	⑧적용환율	⑨원화금액	자 산 (⑨-⑥)
1						
합 계						

| ②외화종류(부채) | ③외화금액 | ④장부가액 | | ⑦평가금액 | | ⑩평가손익 |
		⑤적용환율	⑥원화금액	⑧적용환율	⑨원화금액	부 채(⑥-⑨)
1						
합 계						

평가대상 외화 자산 및 부채	
평가대상 외화자산 · 부채	평가대상에서 제외하는 외화자산 · 부채
외화채권 · 채무, 외화현금 · 예금, 외화보증금 등	재화용역에 대한 선급금, 선수금, 외화표시주식 · 출자지분 등

(2) 작성방법

1) 외화종류

국명과 화폐단위를 기입한다.

2) ⑤ 적용환율

해당사업연도에 발생한 경우 발생시에 적용한 환율을 적고, 직전사업연도 이전에 발생하여 해당사업연도로 이월된 경우 직전 사업연도 종료일 현재 평가시에 적용한 환율을 기입한다.

3) ⑥ 원화금액

해당 사업연도에 발생한 경우 장부상의 원화금액을 적고, 직전 사업연도 이전에 발생하여 해당 사업연도로 이월된 경우에는 직전 사업연도 종료일 현재 세법상의 방법에 의하여 평가한 금액(장부상 원화금액에서 세무상 유보금액을 더하거나 뺀 금액)을 기입

4) ⑧ 적용환율

금융회사 등 외의 법인의 화폐성 외화자산 · 부채, 통화선도 · 통화스왑의 경우 관할세무서장에게 신고한 매매기준율 등을 기입한다.

5) ⑩ 평가손익란

「⑦평가금액」 란의 「⑨원화금액」에서 「④ 장부가액」의 「⑥원화금액」을 차감한 금액을 입력한다.

평가손익 = (외화금액 × 사업연도 종료일 현재의 매매기준율) − 환산 전 원화 기장액

2. 외화자산등 평가차손익 조정명세서(갑)

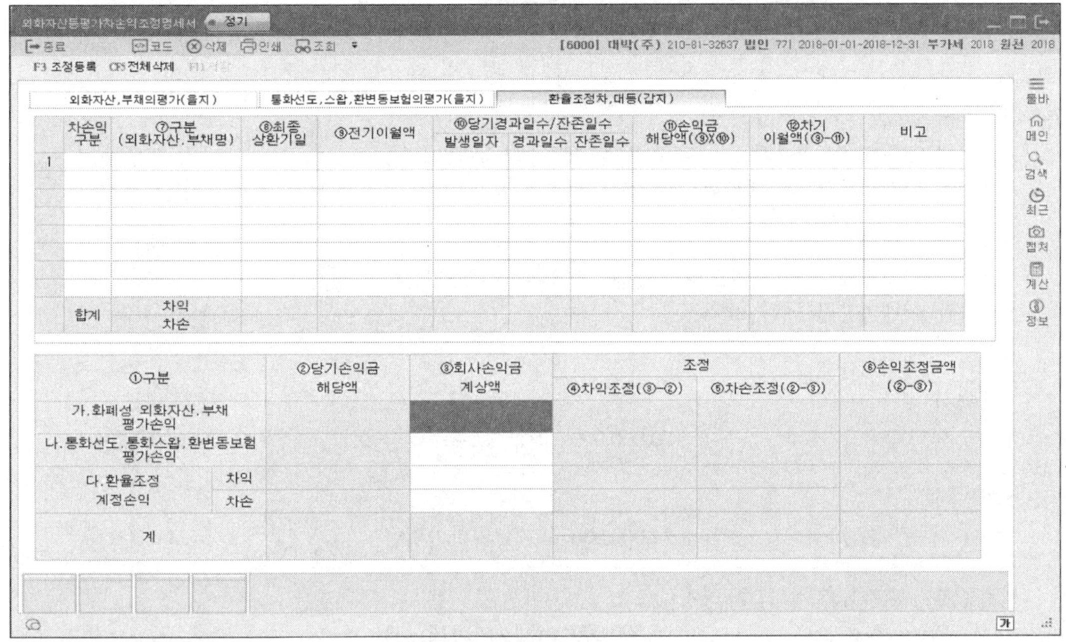

　(갑)표는 금융회사나 금융회사 이외의 법인으로서 환산평가방법을 적용하는 법인, 1998년 12.31이전 개시한 사업연도에서 발생한 장기성외화자산·부채에 대한 평가차손익을 환율조정계정으로 계상하고 미상각잔액이 남아 있는 법인이 작성한다.

　전산세무 1급에서 다루는 법인은 금융회사 이외의 법인으로서 기말평가를 적용하는 법인을 대상으로 작성하므로 다음의 화면에서 발생한 내역을 세무조정한다.

| ①구분 | ②당기손익금 해당액 | ③회사손익금 계상액 | 조정 | | ⑥손익조정금액 (②-③) |
			④차익조정(③-②)	⑤차손조정(②-③)	
가. 화폐성 외화자산·부채 평가손익					
나. 통화선도·통화스왑·환변동보험 평가손익					
다. 환율조정 계정손익　　차익					
차손					
계					

(1) ②당기손익금해당액

　을표에서 작성된 ⑩평가손익 란의 총계금액이 자동반영된다.

(2) ③회사손익금계상액

　회사가 외환평가손익 및 평가손실을 반영한 경우 해당 금액을 입력한다.

(3) ⑥손익조정금액

　(-)인 경우에는 손금산입하고 (+)인 경우에는 익금산입 조정한다.

✤ 외화자산등 평가차손익 조정명세서 작성사례

다음 자료에 의하여 대박(주)(회사코드 : 6000)의 외화자산 및 부채를 평가하고 세무조정하시오. 기장된 내역과 무관하며 신고서 작성과 소득금액조정합계표에만 반영한다.

① 외화대여금내역
- 당기에 $50,000를 대여했으며 대여시 환율은 ₩1,400/$이다.
- 당기말 매매기준율 등 : ₩1,300/$

② 외화차입금 내역
- 당기중 $20,000를 차입하였으며 차입시 환율은 ₩1,200/$ 이다.
- 당기말 매매기준율 : ₩1,300/$

③ 회사의 회계처리내역
- 대여시

(차) 외화대여금	70,000,000	(대) 보 통 예 금	70,000,000

- 차입시

(차) 보 통 예 금	24,000,000	(대) 외화차입금	24,000,000

- 기말평가시(₩1,350/$ 으로 평가)

(차) 외화환산손실	5,500,000	(대) 외화대여금	2,500,000
		외화차입금	3,000,000

>> 해 설

① 외화자산등평가차손익조정명세서 (을)

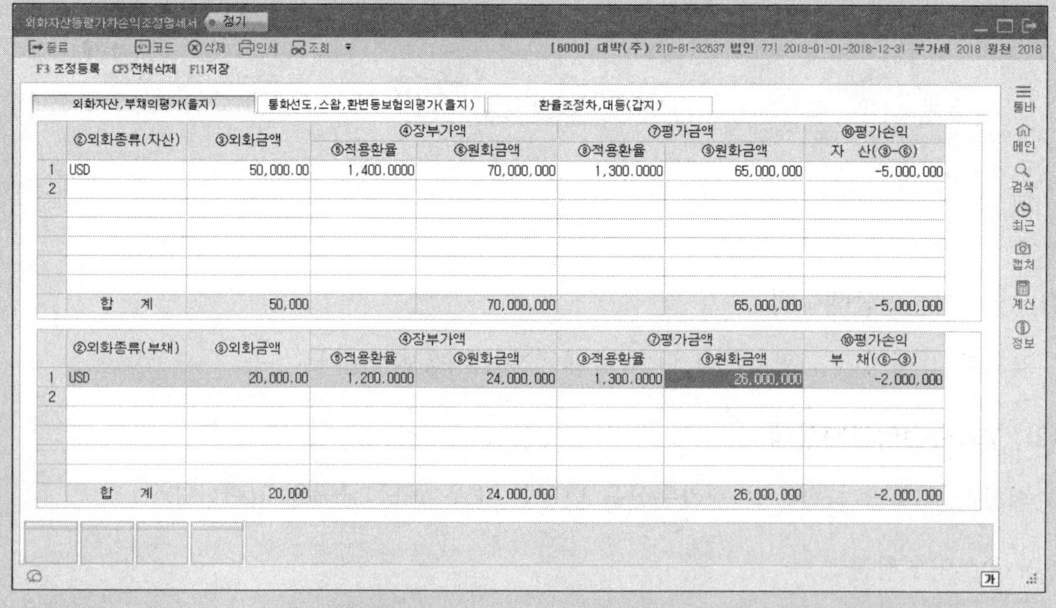

- 외화종류(②) : 통화코드도움을 통해 작성한다.

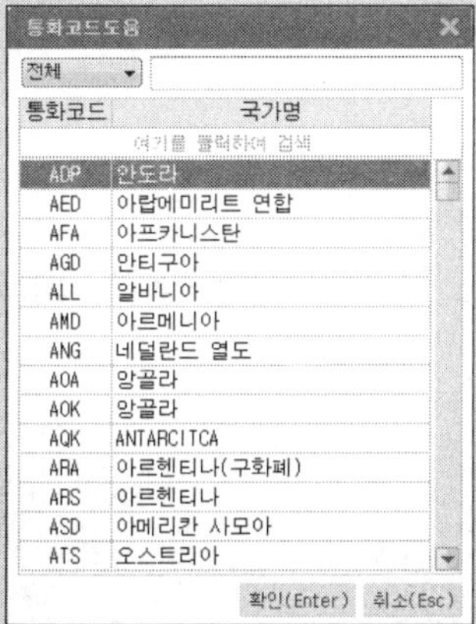

- 적용환율(⑤) : 당기 외화자산, 외화부채 발생당시의 환율기재
- 적용환율(⑧) : 당기말 매매기준율 기재

② 외화자산등평가차손익조정명세서 (갑)

- 회사손익금계상액(③) : 회사가 외화평가손실로 계상한 금액을 입력한다.

③ 조정 등록

구 분	외화대여금	외화차입금
회사계상 외화손실	-2,500,000	-3,000,000
세무상 외화손실	-5,000,000	-2,000,000
세무조정	<손금산입> 외화대여금 2,500,000(유보 발생)	<손금불산입> 외화차입금 1,000,000(유보 발생)

외화대여금은 외화환산손실을 과소계상, 외화차입금은 외화환산손실을 과대계상함

연습문제

1 다음 자료를 이용하여 ㈜금강기업 (6300)의 외화자산등 평가차손익 조정(갑, 을)을 작성하고 이에 대한 세무조정을 행하시오.

계정과목	발생일자	외화종류	외화금액	발생시적용환율	기말매매기준율
외상매출금	2017.12.12	달러	$12,000	$당1,100원	$당 1,250원

- 당기 화폐성 외화자산과 부채는 위의 자료뿐이다.

- 발생시 적용환율은 일반기업회계기준과 법인세법상 환율이다.

- ㈜금강기업은 전년도부터 외화 자산과 부채에 대한 평가손익을 인식하기로 하고 이에 대한 신고서를 적법하게 제출하였고 외상매출금에 대해서 2017년도 말에 회사는 $당 1,140원으로 평가했으나 기말 매매기준율은 $당 1,150원이었다.
  - 전년도 기말 외화평가 회계처리
    외상매출금 480,000 / 외화평가이익 480,000
  - 전년도 세무조정사항
    〈 익금산입 〉 외화평가이익 120,000 (유보)

- 당기말 회사는 $당 1,200원을 적용하여 외화환산 손익으로 회계처리하였다.
  외상매출금 720,000 / 외화평가이익 720,000

- 법인세신고시 적용할 환율은 기말 매매기준율로 신고하기로 한다.

 해답

① 외화자산등평가차손익조정명세서(을)

	②외화종류(자산)	③외화금액	④장부가액		⑦평가금액		⑩평가손익
			⑤적용환율	⑥원화금액	⑧적용환율	⑨원화금액	자 산(⑨-⑥)
1	USD	12,000.00	1,150.0000	13,800,000	1,250.0000	15,000,000	1,200,000
2	USD						
	합 계	12,000		13,800,000		15,000,000	1,200,000

- ⑤적용환율 : 전기에 평가시 적용한 환율(전기말 매매기준율) 입력

※ 당기발생분은 발생시에 적용한 환율을 적고 직전사업연도 이전에 발생하여 이월
  경우는 직전사업연도 종료일 현재 평가시 적용한 환율을 입력한다.

- ⑧적용환율 : 당기에 매매기준율입력

② 외화자산등 평가차손익조정명세서(갑)

- ③회사손익금계상액에 회사가 외화평가이익 반영한 금액입력

세무조정

<익금산입> 외화평가이익 480,000 (유보 발생)

익금산입 및 손금불산입			손금산입 및 익금불산입		
과 목	금 액	소득처분	과 목	금 액	소득처분
위탁매출	10,920,000	유보발생	위탁매출원가	8,400,000	유보발생
선급비용	1,030,136	유보발생	전기선급비용	900,000	유보감소
외화평가이익	480,000	유보발생			

⑭ 기부금조정명세서

기부금이란 특수관계 없는 자에게 사업과 직접 관련없이 무상으로 지출하는 재산적 증여의 가액을 말한다. 이러한 기부금은 업무와 관련이 없는 비용에 해당하지만 공익성 있는 기부금에 대해서는 법인세법에서 일정한 금액을 손금으로 인정하고 있다.

1. 기부금입력

(1) 기부금명세서

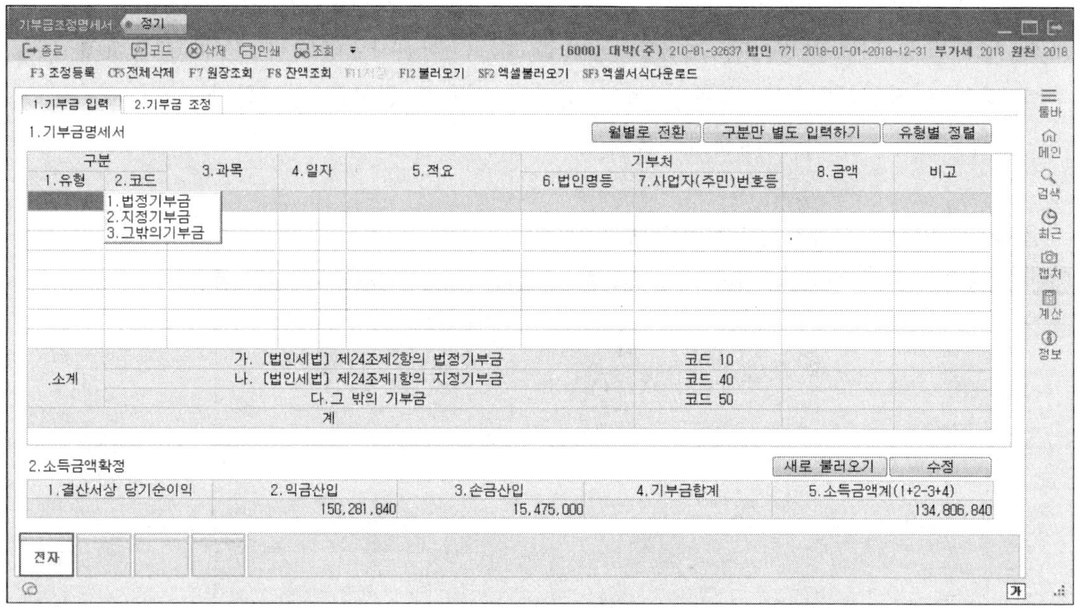

1) 유형 및 코드

① 유형

- 「법인세법」 제24조제2항에 따른 기부금은 "법정"

- 「법인세법」 제24조제1항에 따른 기부금은 "지정"

- 그 밖의 기부금은 "기타"

　동일한 기부처에 대하여는 월별로 합계하여 입력한다. 다만, 기부처가 국가기관인 경우(고유번호증의 등록번호 중 가운데 번호가 "83"인 것)에는 최초 지급월을 적고 해당 사업연도의 합계액으로 적을 수 있으며, 이 경우 비고란에 "합계"라고 기재한다.

<table>
<tr><td colspan="2">- 기부금의 구분</td></tr>
<tr><th>법정기부금</th><th>지정기부금</th></tr>
<tr><td>

• 국가나 지방자치단체에 무상으로 기증하는 금품의 가액
• 국방헌금과 국군장병 위문금품의 가액
• 천재·지변으로 생기는 이재민을 위한 구호 금품의 가액
• 사립학교 등에 지원하는 시설비·교육비·장학금·연구비
• 국립대학병원 등에 지출하는 시설비·교육비·연구비
• 전문모금기관등에 지출하는 기부금

</td><td>

• 사회복지법인 등 비영리법인 고유목적사업에 지출하는 기부금
  - 학술연구단체 등에 지출하는 기부금
  - 문화예술단체 등에 지출하는 기부금
  - 종교단체 등에 지출하는 기부금
  - 의료법인 등에 지출하는 기부금
• 학교의 장이 추천하는 개인에게 교육비, 연구비, 장학금으로 지출하는 기부금
• 불우이웃을 돕기 위해 지출하는 기부금
• 영업자단체로 법인 또는 등록된 조합등에 지출하는 특별회비
• 공공기관 등에 지출하는 기부금
• 사회복지시설 등에 지출하는 기부금

</td></tr>
</table>

② 코드

- 「법인세법」 제24조제2항에 따른 법정기부금은 "10"
- 「법인세법」 제24조제1항에 따른 지정기부금은 "40"
- 그 밖의 기부금은 "50"

2) 과목

회사 장부에 기록되어 있는 계정과목을 입력한다(기부금 이외의 계정과목으로 계상했으면 설정되어있는 계정과목을 입력한다).

3) 기부처 (법인명과 사업자번호)

기부금을 수취하는 법인명이나 단체명, 상호와 사업자등록번호, 고유번호, 주민번호를 입력한다.

4) 금액

가지급금으로 이연 처리한 기부금등은 지출한 사업연도의 기부금에 포함하고 미지급분은 그 밖의 기부금에 포함시키며, 기부금을 금전 외의 자산으로 제공한 경우 해당 자산의 가액은 이를 제공한 때의 시가(시가가 장부가액보다 낮은 경우에는 장부가액)를 입력한다. 금전 외의 현물기부의 경우에는 비고란에 자산내역을 간략히 기입한다.

현물기부금의 입력

- 법정기부금·지정기부금(특수관계인이 아닌 경우) : 장부가액
- 지정기부금(특수관계인인 경우)·비지정기부금 : 시가와 장부가액 중 큰 금액

기부금의 귀속시기

- 가지급기부금 (이연처리한 기부금) : 지출한 사업연도의 기부금이므로 〈손금산입〉 조정후 기부금명세에 입력하여 한도계산한다.
- 미지급기부금 : 실제로 지출할 때까지는 기부금으로 보지 않으므로 〈손금불산입〉조정 후 기부금명세에는 반영되지 않게 작성한다.

의제기부금

법인이 특수관계인 외의 자에게 정당한 사유없이 자산을 정상가액보다 낮은 가액으로 양도하거나, 정상가액보다 높은 가액으로 매입함으로써 그 차액 중 실질적으로 증여한 것으로 인정되는 금액은 기부금으로 의제한다. (의제기부금에 해당하는 금액을 기부금명세서에 입력한다)

※ 정상가액 : 시가의 30%을 가산하거나 감액한 금액

예) 시가 10,000,000원 토지를 특수관계인 이외의 자에게 6,000,000에 양도한 경우

- 정상가액 10,000,000 − 10,000,000 × 30% = 7,000,000원
- 의제기부금 : 7,000,000 − 6,000,000 = 1,000,000원

- **F12불러오기**

  재무회계에서 기장한 데이터가 있는 경우 화면 상단에 F12불러오기를 통하여 구분, 과목, 일자, 적요, 기부처, 금액의 내용을 자동반영 할 수 있다.

---

(2) 소득금액 확정

2.소득금액확정			새로 불러오기	수정 해제
1.결산서상 당기순이익	2.익금산입	3.손금산입	4.기부금합계	5.소득금액계(1+2-3+4)

기준소득금액을 계산하기 위한 것으로 결산서상 당기순이익에 소득금액조정합계표의 익금산입을 가산하고 손금산입을 차감한 후 기부금을 가산한 금액을 계산한다.

※ 기부금 한도액을 계산하기 위해서는 기부금 이외의 모든 세무조정 및 미지급기부금, 비지정기부금에 대한 세무조정까지 완료한 후에 서식을 작성한다.

- 기준소득금액의 계산(5.소득금액계)

	손익계산서상의 당기순이익	
(+)	익 금 산 입 , 손 금 불 산 입	← 기부금 한도초과액 이외의 모든 세무조정 반영
(−)	손 금 산 입 , 익 금 불 산 입	
	차 가 감 소 득 금 액	

• 기준소득금액 : 차가감소득금액 + 법정기부금 + 지정기부금

2. 기부금 손금산입 한도액의 계산 (2.기부금조정)

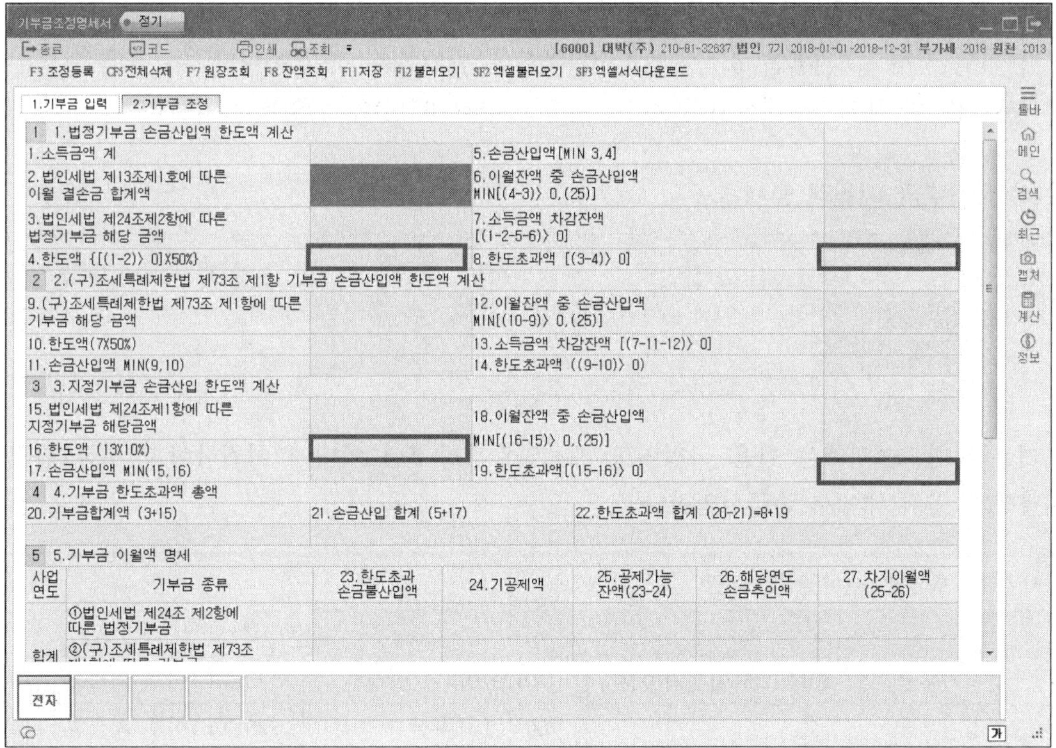

(1) 이월결손금

각사업연도 개시일전 10년 이내의 이월결손금(2008년 12월 31일 이전의 결손금은 사업개시일 전 5년)을 입력한다.

※ 2018년 문제풀이시 기부금 조정에서 2009년~2017년에 발생한 이월결손금 중에 결손금 보전에 충당한 금액을 제외하고 입력한다.

(2) 「4.한도액」(법정기부금한도) 및 「16.한도액」(지정기부금한도)

1) 「4.한도액」 법정기부금한도 : (기준소득금액 − 이월결손금) × 50%

2) 「16.한도액」 지정기부금한도 : (기준소득금액 − 이월결손금 − 법정기부금 손금산입액) × 10%

● 기준소득금액

2.소득금액확정				새로 불러오기 수정 해제
1.결산서상 당기순이익	2.익금산입	3.손금산입	4.기부금합계	5.소득금액계(1+2-3+4)

5.소득금액계의 금액을 불러온다

(3) 「8.한도초과액」 및 「19.한도초과액」

각 기부금 한도초과액은 소득금액조정합계표에 반영하는 것이 아니다. 이 금액은 법인세과세표준 및 세액조정계산서의 기부금한도초과액(105번)에 반영된다.

(4) 5.기부금 이월액 명세

5 5.기부금 이월액 명세						
사업연도	기부금 종류	23.한도초과손금불산입액	24.기공제액	25.공제가능잔액(23-24)	26.해당연도손금추인액	27.차기이월액(25-26)
합계	①법인세법 제24조 제2항에 따른 법정기부금					
	②(구)조세특례제한법 제73조 제1항에 따른 기부금					
	③법인세법 제24조 제1항에 따른 지정기부금					

기부금 한도초과액은 다음 사업연도 개시일로부터 5년 이내에 이월하여 기부금 한도미달액의 범위 내에서 손금산입한다.

- 기부금 종류별 이월손금산입 기간			
기부금종류	1년	3년	5년
법정기부금	2011.12.31이전지출분	2012~2014년 발생분	2015.1.1이후 지출분
지정기부금	-	2009.12.31이전 지출분	2010.1.1이후 지출분

❖ 기부금조정명세서 작성사례

다음의 자료를 이용하여 대박(주)의 기부금조정명세서를 작성하고 세무조정하시오.

1) 손익계산서상 기부금 (기부처 사업자등록번호입력은 생략한다.)

일자	적요(기부금 내역)	금 액
1/30	이재민 구호기부금	3,000,000(시가 4,000,000)
7/20	사회복지공동모금회	4,500,000(3,000,000원은 2019년 1월 5일 만기의 어음)
11/15	건설업협회 특별회비	1,500,000
12/ 1	불우이웃돕기 성금	5,000,000
12/23	국립대학 동창회	2,500,000

※ 이재민구호기부금은 현물로 제공한 것이며 그 장부가액 3,000,000원을 손익계산서에 기부금으로 계상하였다.

※ 건설업협회는 주무관청에 등록된 단체이다.

※ 국립대학동창회 기부금은 비지정기부금이다.

2) 결산서상 당기순이익 : 337,776,638원
- 익금산입 : 157,703,799원
- 손금산입 : 17,975,000원

단, 기부금 중에 미지급기부금 및 비지정기부금 조정 전 금액이다.

3) 전기 이전의 이월결손금 내역은 다음과 같다.

2006년	2008년	2010년	2011년
10,000,000	5,000,000	21,000,000	4,000,000

4) 지정기부금 한도 미달되어 이월된 금액은 다음과 같고 당기 지정기부금이 한도액에 미달할 경우 이월액의 최대금액을 손금산입한다.

2011년	2012년
15,000,000	1,600,000

>> 해 설

1) 기부금명세서의 작성

구분		3.과목	4.일자		5.적요	기부처		8.금액	비고
1.유형	2.코드					6.법인명등	7.사업자(주민)번호등		
법정기부금	10	기부금	1	30	이재민구호기부금			3,000,000	
법정기부금	10	기부금	7	20	사회복지공동모금회			1,500,000	
기타	50	기부금	11	15	건설업협회특별회비			1,500,000	
지정기부금	40	기부금	12	1	불우이웃돕기성금			5,000,000	
기타	50	기부금	12	23	국립대학동창회			2,500,000	
소계		가. [법인세법] 제24조제2항의 법정기부금					코드 10	4,500,000	
		나. [법인세법] 제24조제1항의 지정기부금					코드 40	5,000,000	
		다.그 밖의 기부금					코드 50	4,000,000	
		계						13,500,000	

- 새로불러오기를 한 후 각 기부금마다 유형을 지정해 준다.

법정기부금	지정기부금	비지정기부금
이재민구호금 사회복지공동모금회기부금	불우이웃돕기성금	국립대학동창회 건설업협회특별회비

- 사회복지공동모금회 기부금 4,500,000원 중에 3,000,000원(2019년 1월 5일 만기결제 어음)은 미지급기부금이므로 특례기부금에는 1,500,000원으로 변경입력

2) 조정 등록

<손금불산입> 어음기부금 3,000,000 (유보 발생)

<손금불산입> 건설업협회특별회비 2,500,000 (기타사외유출)

<손금불산입> 동창회기부금 2,500,000 (기타사외유출)

3) 소득금액의 확정

2.소득금액확정				새로 불러오기 수정 해제
1.결산서상 당기순이익	2.익금산입	3.손금산입	4.기부금합계	5.소득금액계(1+2-3+4)
337,776,638	164,703,799	17,975,000	9,500,000	494,005,437

- 익금산입 : 157,703,799원 + 3,000,000(미지급기부금) + 4,000,000(비지정기부금) = 164,703,799원
- 손금산입 17,975,000원

3) 기부금조정명세서의 작성

① 이월결손금의 입력 : 사업개시일 전으로부터 10년 이내의 결손금 25,000,000원을 입력한다.
   (단, 2008년이전 결손금은 5년 이내의 결손금)

② 기부금이월액 명세의 입력
   - 2011년 : 15,000,000 (2018년 손금추인 가능)
   - 2012년 : 1,600,000 (2018년 손금추인 가능)

기부금조정명세서 ● 정기

종료   코드 삭제 인쇄 조회 ▼   [6000] 대박(주) 210-81-32637 법인 7기 2018-01-01-2018-12-31 부가세 201

F3 조정등록   CF5 전체삭제   F7 원장조회   F8 잔액조회   F11 저장   F12 불러오기   SF2 엑셀불러오기   SF3 엑셀서식다운로드

[1.기부금 입력]   [2.기부금 조정]

1 1.법정기부금 손금산입액 한도액 계산

항목	금액	항목	금액
1.소득금액 계	494,005,437	5.손금산입액[MIN 3, 4]	4,500,000
2.법인세법 제13조제1호에 따른 이월 결손금 합계액	25,000,000	6.이월잔액 중 손금산입액 MIN[(4-3)〉 0,(25)]	
3.법인세법 제24조제2항에 따른 법정기부금 해당 금액	4,500,000	7.소득금액 차감잔액 [(1-2-5-6)〉 0]	464,505,437
4.한도액 {[(1-2)〉 0]X50%}	234,502,718	8.한도초과액 [(3-4)〉 0]	

2 2.(구)조세특례제한법 제73조 제1항 기부금 손금산입액 한도액 계산

항목	금액	항목	금액
9.(구)조세특례제한법 제73조 제1항에 따른 기부금 해당 금액		12.이월잔액 중 손금산입액 MIN[(10-9)〉 0,(25)]	
10.한도액(7X50%)	232,252,718	13.소득금액 차감잔액 [(7-11-12)〉 0]	464,505,437
11.손금산입액 MIN(9,10)		14.한도초과액 ((9-10)〉 0)	

3 3.지정기부금 손금산입 한도액 계산

항목	금액	항목	금액
15.법인세법 제24조제1항에 따른 지정기부금 해당금액	5,000,000	18.이월잔액 중 손금산입액 MIN[(16-15)〉 0,(25)]	16,600,000
16.한도액 (13X10%)	46,450,543		
17.손금산입액 MIN(15,16)	5,000,000	19.한도초과액 [(15-16)〉 0]	

4 4.기부금 한도초과액 총액

20.기부금합계액 (3+15)	21.손금산입 합계 (5+17)	22.한도초과액 합계 (20-21)=8+19
9,500,000	9,500,000	

5 5.기부금 이월액 명세

사업연도	기부금 종류	23.한도초과 손금불산입액	24.기공제액	25.공제가능 잔액(23-24)	26.해당연도 손금추인액	27.차기이월액 (25-26)
합계	①법인세법 제24조 제2항에 따른 법정기부금					
	②(구)조세특례제한법 제73조 제1항에 따른 기부금					
	③법인세법 제24조 제1항에 따른 지정기부금	16,600,000		16,600,000	16,600,000	
2011	법인세법 제24조1항에따른 지정기부금	15,000,000		15,000,000	15,000,000	
2012	법인세법 제24조1항에따른 지정기부금	1,600,000		1,600,000	1,600,000	

※ 기부금 한도초과액과 이월기부금손금산입은 소득금액조정합계표에 반영하는 것이 아니라 기부금조정완료후 "법인세과세표준및 세액조정계산서"에서 새로불러오기를 하면 105.기부금한도초과액 또는 106.기부금한도초과이월액손금산입에 반영된다.

연습문제

1   ㈜무등기업(6700)의 기부금 조정을 하시오.

1) 기부금종류

일자	적요	법인명	사업자번호	금액
03/30	사회복지법인기부금	재단법인 행복	233-12-46249	5,000,000
04/05	국립대학병원 연구비	한국대학	412-51-34156	3,000,000
05/06	노인정지원금	노인정	123-65-45672	300,000

– 노인정지원금은 회사 인근 노인정 설립행사에 지원한 기부금이다.

– 8/8에 당사와 특수관계없는 종교를 목적으로 하는 단체인 조계사(231-51-41311)에 "고유 목적사업지원금"을 위하여 시가가 2,000,000원이고 장부가액이 1,500,000원인 비품을 기부차원에서 500,000원에 양도하고 다음과 같이 회계처리하였다.

보통예금	500,000	/ 비품	1,500,000
유형자산처분손실	1,000,000		

– 12.31에 광명대학교(321-25-21040)에 "사립학교에 장학금"으로 지출한 기부금 1,500,000원을 회사는 선급금으로 처리하여 2019년 1월 중에 기부금으로 대체처리 하였다.

2) 기부금 세무조정을 반영하기 전 익금산입 및 손금산입 금액은 저장된 데이터를 무시하고 다음의 금액으로 한다.

당기순이익	익금산입	손금산입
200,000,000	5,000,000	2,000,000

3) 2013년 지정기부금 한도초과액이 26,000,000원이 있다.(2018년 이전에 손금추인된 금액 없음)

● 해답

1. 기부금입력

1.기부금명세서   월별로 전환   구분만 별도 입력하기   유형별 정렬

구분 1.유형	2.코드	3.과목	4.일자		5.적요	기부처 6.법인명등	7.사업자(주민)번호등	8.금액	비고
지정기부금	40	기부금	3	30	사회복지법인 기부금	재단법인 행복	233-12-46249	5,000,000	
법정기부금	10	기부금	4	5	국립대학병원연구비	한국대학	412-51-34156	3,000,000	
기타	50	기부금	5	6	노인정지원금	노인정	123-65-45672	300,000	
지정기부금	40	기부금	8	8	고유목적사업지원금	조계사	231-51-41311	900,000	
법정기부금	10	기부금	12	31	장학금	광명대학교	321-25-21040	1,500,000	
소계			가. 〔법인세법〕 제24조제2항의 법정기부금				코드 10	4,500,000	
			나. 〔법인세법〕 제24조제1항의 지정기부금				코드 40	5,900,000	
			다. 그 밖의 기부금				코드 50	300,000	
			계					10,700,000	

2.소득금액확정   새로 불러오기   수정 해제

1.결산서상 당기순이익	2.익금산입	3.손금산입	4.기부금합계	5.소득금액계(1+2-3+4)
200,000,000	5,300,000	3,500,000	10,400,000	212,200,000

전자

- 의제기부금의 계산

  시가 × (1−30%) − 양도가액 = 900,000

- 선급금 : 당기의 지출금액이므로 당기의 기부금에 포함하여 세무조정한다.

- 세무조정

  <손금불산입> 비지정기부금 300,000 (기타사외유출)

  <손금산입> 선급기부금 1,500,000 (유보 발생)

조정 등록

익금산입 및 손금불산입			손금산입 및 익금불산입		
과 목	금 액	소득처분	과 목	금 액	소득처분
퇴직연금등지급	8,000,000	유보감소	퇴직연금등손금산입	20,000,000	유보발생
소득분지방소득세	4,800,000	기타사외유출	선급기부금	1,500,000	유보발생
주차위반과태료	70,000	기타사외유출			
비지정기부금	300,000	기타사외유출			

2. 기부금한도의 조정

기부금조정명세서　● 정기

[➡종료　　Ⅷ코드　⊗삭제　🖶인쇄　🖧조회　▾　　　　　　　　【6700】 (주)무등기업 123-81-12225 법인 13기 2018-01-01-2018-12-31 부가세 20

F3 조정등록　CF5 전체삭제　F7 원장조회　F8 잔액조회　F11 저장　F12 불러오기　SF2 엑셀불러오기　SF3 엑셀서식다운로드

| 1.기부금 입력 | 2.기부금 조정 |

1　1.법정기부금 손금산입액 한도액 계산

1.소득금액 계	212,200,000	5.손금산입액[MIN 3,4]	4,500,000
2.법인세법 제13조제1호에 따른 이월 결손금 합계액		6.이월잔액 중 손금산입액 MIN[(4-3)〉0,(25)]	
3.법인세법 제24조제2항에 따른 법정기부금 해당 금액	4,500,000	7.소득금액 차감잔액 [(1-2-5-6)〉0]	207,700,000
4.한도액 {[(1-2)〉0]X50%}	106,100,000	8.한도초과액 [(3-4)〉0]	

2　2.(구)조세특례제한법 제73조 제1항 기부금 손금산입액 한도액 계산

9.(구)조세특례제한법 제73조 제1항에 따른 기부금 해당 금액		12.이월잔액 중 손금산입액 MIN[(10-9)〉0,(25)]	
10.한도액(7X50%)	103,850,000	13.소득금액 차감잔액 [(7-11-12)〉0]	207,700,000
11.손금산입액 MIN(9,10)		14.한도초과액 ((9-10)〉0)	

3　3.지정기부금 손금산입 한도액 계산

15.법인세법 제24조제1항에 따른 지정기부금 해당금액	5,900,000	18.이월잔액 중 손금산입액 MIN[(16-15)〉0,(25)]	14,870,000
16.한도액 (13X10%)	20,770,000		
17.손금산입액 MIN(15,16)	5,900,000	19.한도초과액[(15-16)〉0]	

4　4.기부금 한도초과액 총액

20.기부금합계액 (3+15)	21.손금산입 합계 (5+17)	22.한도초과액 합계 (20-21)=8+19
10,400,000	10,400,000	

5　5.기부금 이월액 명세

사업 연도	기부금 종류	23.한도초과 손금불산입액	24.기공제액	25.공제가능 잔액(23-24)	26.해당연도 손금추인액	27.차기이월액 (25-26)
합계	①법인세법 제24조 제2항에 따른 법정기부금					
	②(구)조세특례제한법 제73조 제1항에 따른 기부금					
	③법인세법 제24조 제1항에 따른 지정기부금	26,000,000		26,000,000	14,870,000	11,130,000
2013	법인세법 제24조1항에따른 지정기부금	26,000,000		26,000,000	14,870,000	11,130,000

- 2014년 한도초과된 지정기부금 26,000,000원 입력후 당기손금추인액(26번란)에 14,870,000원 입력

소득 및 과표계산 04

❶ 소득금액조정합계표, 명세서

1. 소득금액조정합계표

① 과목별세무조정사항을 집계하는 서식으로 각 세무조정 메뉴에서 F3조정 등록을 통하여 본 서식에 반영한다. 세무조정 서식에서 작업하지 않은 사항과 이월된 세무조정 금액 중에 당기에 반영할 사항은 직접 입력한다.

② 과목 및 금액 처분

• 과목 : 해당과목은 F2코드를 클릭하여 계정코드도움을 받아 조회후 입력할 수도 있고 직접 간단명료하게 요약 입력한다.

• 처분 : 처분란에 커서가 위치할 때 익금산입 및 손금불산입은 [1.유보(발생) 2.유보(감소) 3.배당. 4.상여 5.기타소득, 6.기타사외유출, 7.기타] 중에 대상항목을 선택하고 손금산입 및 익금불산입은 [1.유보(발생) 2.유보(감소) 3.기타]로 처분한다.

> **유보**
>
> 각 사업연도 소득금액 계산상 세무조정금액이 사외로 유출되지 않고 회사에 남아있는 것으로 다음 사업연도 이후의 각 사업연도소득금액에 영향을 미치는 항목

> **사외유출**
>
> - 배당 : 각 사업연도 세무조정(가산조정) 금액이 사외로 유출되어 출자자(사용인 및 임원 제외)에게 귀속된 경우(기타사외유출로 처분되는 경우 제외)
> - 상여 : 각 사업연도 세무조정(가산조정) 금액이 사외로 유출되어 사용인 또는 임원에게 귀속된 경우
> - 기타사외유출 : 각 사업연도 세무조정(가산조정) 금액이 사외로 유출되어 법인이나 사업을 영위하는 개인에게 귀속된 경우
> - 기타소득 : 각 사업연도 세무조정(가산조정) 금액이 사외로 유출되어 출자자, 사용인, 임원이외의 자에게 귀속된 경우(기타사외유출로 처분되는 경우는 제외)

③ 유보(발생)과 유보(감소)

자산·부채의 회계상 금액과 세무상 금액의 차이를 조정하는 세무조정사항 중 당기 세무조정사항은 유보(발생)으로 처분하고 전기이전에 유보내역을 당기에 상쇄시키는 경우에는 유보(감소)를 선택하여야 한다.

이는 [자본금과 적립금조정명세서(을)]에 유보의 증감내역을 자동반영하기 위해서이다.

④ 소득금액조정합계표상의 금액은 "법인세 과세표준 및 세액조정계산서"의 익금산입(102)과 손금산입(103)에 자동으로 반영된다.

2. 소득명세

각 세무조정 항목의 "소득명세"란에 커서를 두고 화면 하단부의 [F2코드]를 클릭하면 세무조정 내역 중에 자주 쓰이는 내용을 미리 입력해 놓은 것을 조회할 수 있다. 이 중 해당되는 내용을 클릭하여 선택하면 된다.

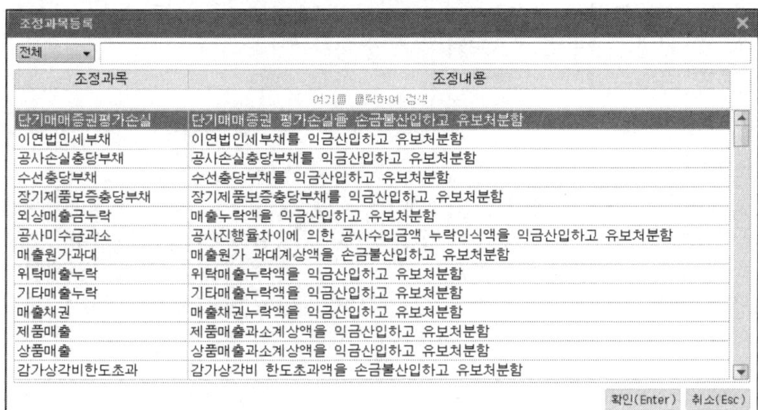

❖ 소득금액조정합계표 작성사례

다음의 세무조정사항이 추가로 발견되었다. 다음의 자료를 이용하여 대박(주)의 추가적인 세무조정을 완성하시오. (단, 주어진 자료는 적정하게 회계처리되어 있으며 각 내용은 별개의 것이다)

1. 손익계산서에 법인세 비용으로 101,482,166원이 계상되어있다.
2. 회사는 2018.11.01에 20,000,000원을 대여하고 4개월 후에 원금과 이자를 같이 받기로 하였다. 회사는 발생주의에 따라 다음과 같이 회계처리하였다(원천징수대상 이자소득임).
   (차) 미수수익　　　　　　　　856,831원　(대) 이자수익　　　　　　　　856,831원
3. 회사는 대주주인 김갑수로부터 시가 300만원인 유가증권을 120만원에 매입하였다.
   (차) 유가증권　　　　　　　1,200,000원　(대) 현　　　금　　　　　　1,200,000원
4. 자기주식을 1,200,000원에 취득한 후 1,500,000원에 처분하고 기업회계기준에 따라 회계처리하였다.
5. 당기에 대주주가 결손보전 목적으로 기증한 자산수증이익 14,000,000원은 손익계산서상 영업외 수익에 포함되어있다. 이월결손금 내역은 다음과 같다.

2006년	2008년	2009년	2010년
10,000,000	5,000,000	21,000,000	4,000,000

>> 해 설

- 법인세비용 : 소득에 대한 조세를 비용으로 반영했으므로 전액 <손금불산입>으로 세무조정하고 (기타사외유출)로 소득처분한다.
- 미수이자 : 법인세법상 이자수익시기는 소득세법에 따른 이자소득 수입시기를 준용한다. 예금이자는 실제받은 날이 수익인식시기이고 원천징수대상 이자수익이므로 결산상 이미 경과한 기간에 대응하는 인정하지 않는다.
  따라서 이자수익 반영한 금액을 전액 <익금불산입>조정하고 (유보 발생)처분한다.

- 특수관계인에게 유가증권 저가매입
  회사 : 유가증권　120만원　/　현　　금　　　120만원
  세법 : 유가증권　300만원　/　현　　금　　　120만원
  　　　　　　　　　　　　　　　수　　익　　　180만원
  특수관계인에게 유가증권을 저가매입한 경우에는 시가와 매입가액과의 차액을 익금으로 본다. 단, 유가증권이외에 타자산의 저가매입은 시가와 매입가액과의 차액을 익금으로 보지 않는다.

- 자기주식의 처분
  회사 : 현　　금　150만원　/　자기주식　　　120만원
  　　　　　　　　　　　　　　기타자본잉여금　30만원
  세법 : 현　　금　150만원　/　자기주식　　　120만원
  　　　　　　　　　　　　　　수　　익　　　30만원

- 결손보전목적의 자산수증이익
  자산수증이익과 채무면제이익은 익금이지만, 결손법인의 재무구조를 개선하기위해 이월결손금의 보전에 충당한 경우에는 익금으로 보지 않는다. 따라서 <익금불산입> 자산수증이익 14,000,000원 (기타)로 세무조정 및 소득처분하고 보전에 충당된 이월결손금은 소멸되므로 과세표준 계산상 공제할 수 없으며 자본금과적립금조정명세서(갑)표의 이월결손금에서 제외한다. (자본금과 적립금조정명세서(갑)작성사례 참조)

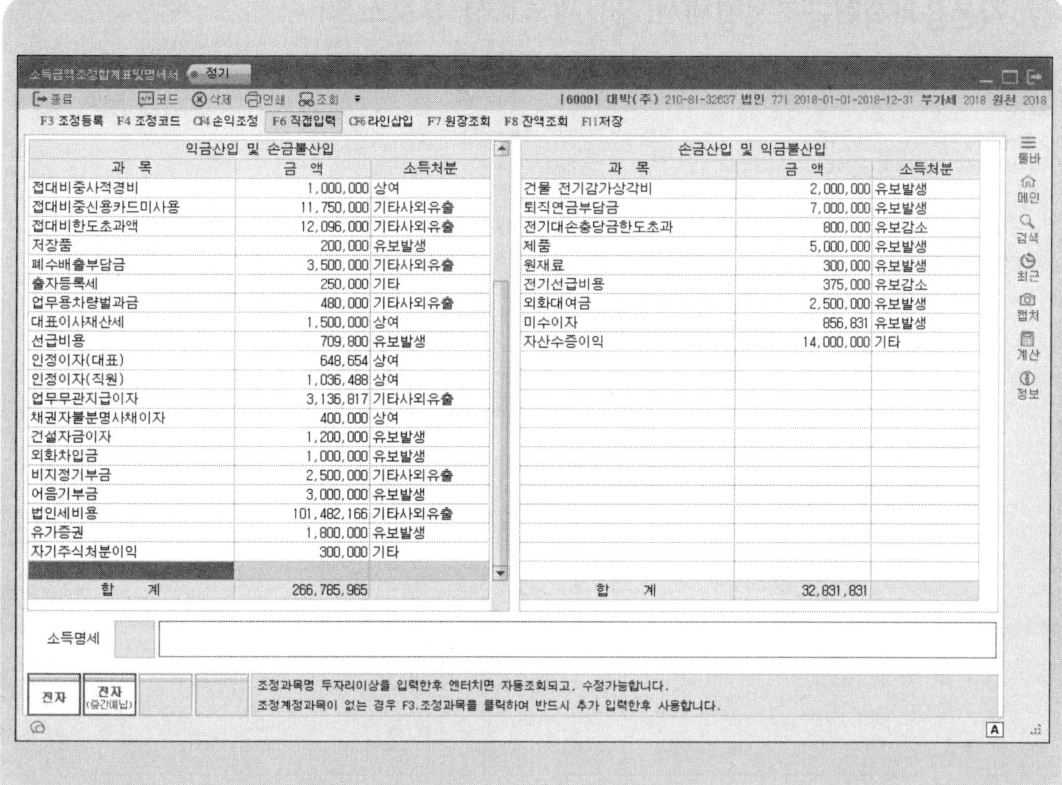

익금산입 및 손금불산입

과 목	금 액	소득처분
접대비중사적경비	1,000,000	상여
접대비중신용카드미사용	11,750,000	기타사외유출
접대비한도초과액	12,096,000	기타사외유출
저장품	200,000	유보발생
폐수배출부담금	3,500,000	기타사외유출
출자등록세	250,000	기타
업무용차량벌과금	480,000	기타사외유출
대표이사재산세	1,500,000	상여
선급비용	709,800	유보발생
인정이자(대표)	648,654	상여
인정이자(직원)	1,036,488	상여
업무무관지급이자	3,136,817	기타사외유출
채권자불분명사채이자	400,000	상여
건설자금이자	1,200,000	유보발생
외화차입금	1,000,000	유보발생
비지정기부금	2,500,000	기타사외유출
어음기부금	3,000,000	유보발생
법인세비용	101,482,166	기타사외유출
유가증권	1,800,000	유보발생
자기주식처분이익	300,000	기타
합 계	**266,785,965**	

손금산입 및 익금불산입

과 목	금 액	소득처분
건물 전기감가상각비	2,000,000	유보발생
퇴직연금부담금	7,000,000	유보발생
전기대손충당금한도초과	800,000	유보감소
제품	5,000,000	유보발생
원재료	300,000	유보발생
전기선급비용	375,000	유보감소
외화대여금	2,500,000	유보발생
미수이자	856,831	유보발생
자산수증이익	14,000,000	기타
합 계	**32,831,831**	

❷ 자본금과적립금조정명세서(을)(세무조정 유보소득)

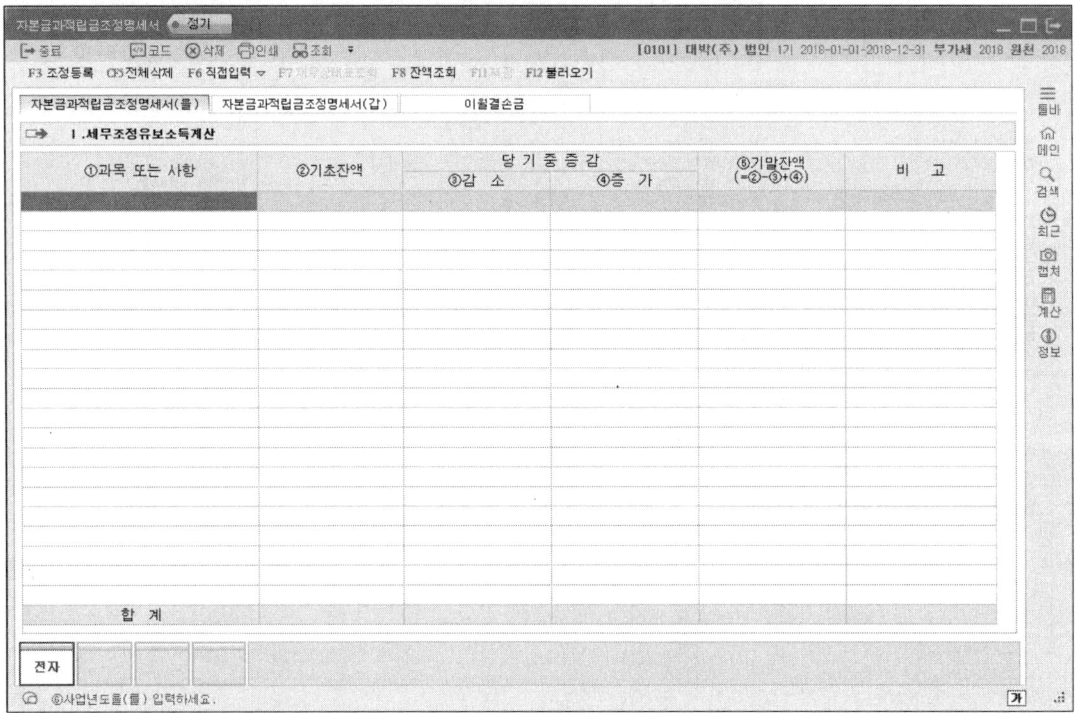

　　세무조정시 유보(발생, 감소)조정된 금액을 정리하는 표로 [새로불러오기]를 클릭하면
"소득금액조정합계표"의 유보로 처분된 증가, 감소의 내용이 자동반영되어 기말잔액이
자동계산된다.

　　[새로불러오기]를 하면 기초 잔액에 있던 금액들이 해당 연도의 소득금액조정합계표상
의 금액으로 대체되므로 전기의 자본금과적립금조정명세서(을)의 기말잔액을 당기의 기
초잔액에 입력한다(또는 기초잔액의 내용을 메모해 둔다).

❸ 자본금과적립금조정명세서(갑)(세무상 자본금과 적립금)

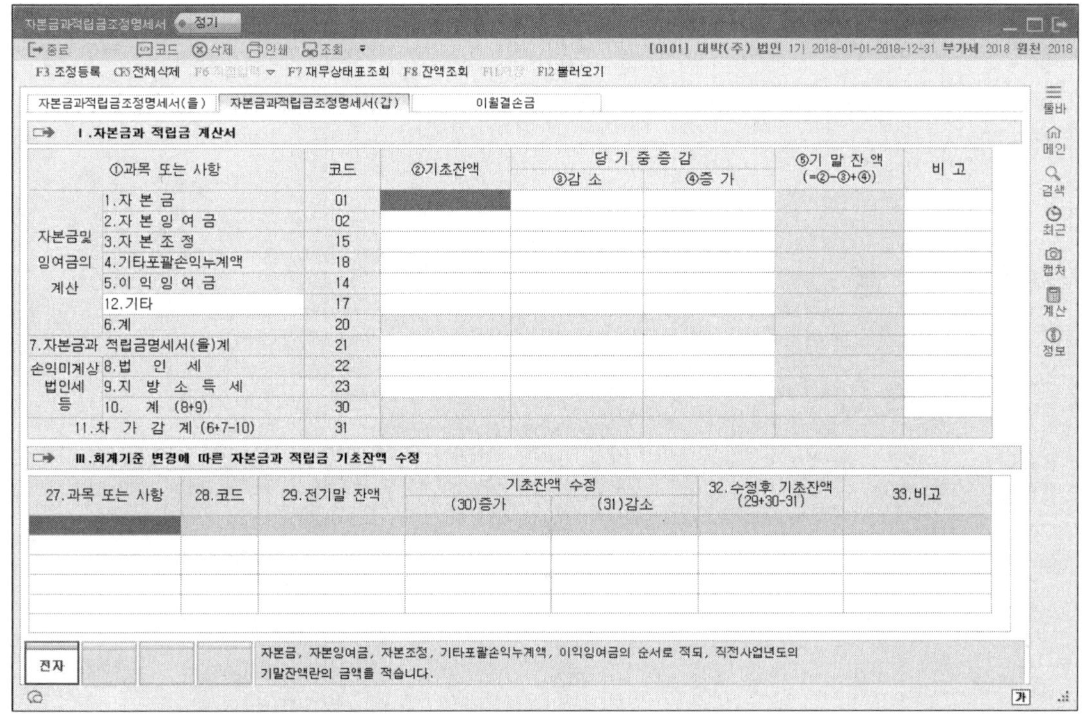

1) 자본금, 자본잉여금, 이익잉여금 등의 순서로 입력하되 기초 잔액은 직전 사업연도의 자본금과 적립금 조정명세서(갑)의 기말잔액을 입력한다.

2) 자본금과 적립금계산서(을)란은 (을)지에서 자동 반영된다.

3) 손익미계상 법인세 : 손익계산서에 기재되어 있는 법인세 비용 이외에 법인세등을 기재한다(조정계산서상의 실제법인세액과 손익계산서상의 법인세비용간 차액을 입력하면 된다).

※ 손익미계상 법인세등 = (법인세총부담세액 + 지방소득세법인세분+법인세감면세액에 대한 농어촌특별세) - 손익계산서상 법인세비용

※ 세무상순자산의 계산 ※

기업회계상 순자산	자산 - 부채 = 자본금 + 자본잉여금 + 자본조정 + 기타포괄손익누계액 + 이익잉여금
(±) 유 보 소 득	± 자본금과 적립금조정명세서(을)의 합계금액
(±) 법인세비용과 대 또는과소계상액	
(=) 세 무 상 순 자 산	

❹ 자본금과적립금조정명세서(갑)(이월결손금)

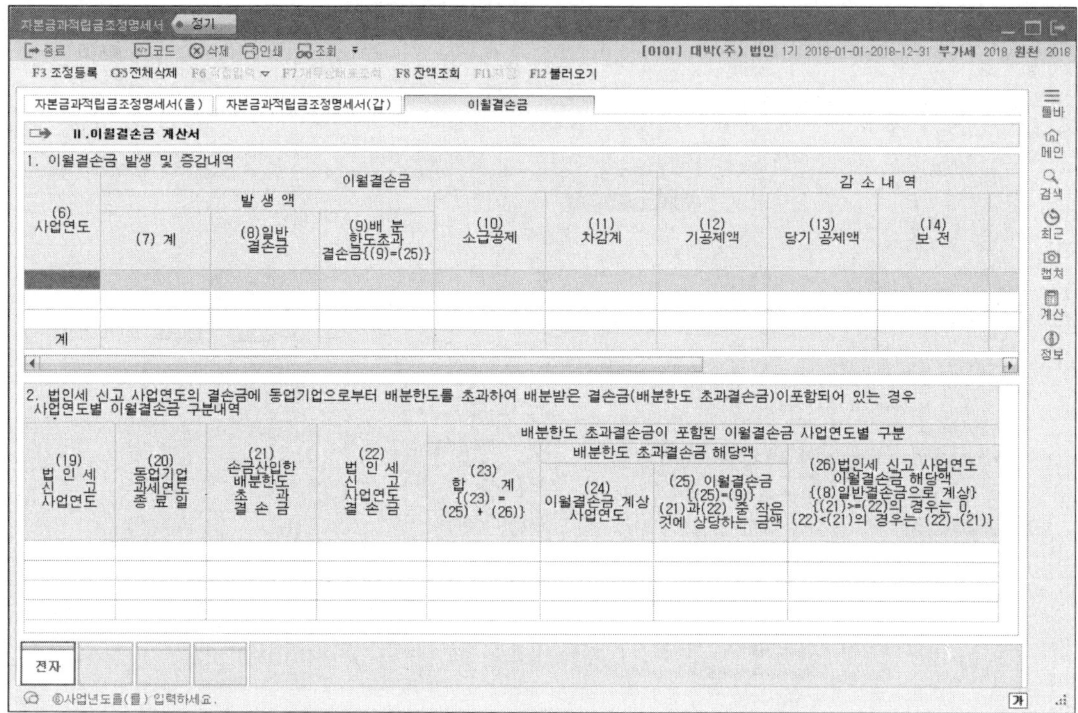

1) 사업연도 별로 이월결손금 발생액, 소급공제 받은 금액, 차감액을 입력한다.

2) 감소내역란의 "(12)기공제세액" : 전사업연도까지 소득금액계산상 공제된 이월결손금 누계액을 입력한다.

3) 감소내역란의 "(13)당기공제세액" : 당기공제대상 이월결손금을 기재하되 법인세 과세표준 및 세액조정계산서의 각사업연도소득금액을 한도로 한다.(단, 비중소기업의 경우에는 각사업연도소득금액의 2018년 귀속 70%를 한도로 함) (2019년귀속 60%)

4) (14)보전 : 세무계산상 이월결손금 발생액 중에 채무면제이익·자산수증이익 등 과세표준에서 공제한 것으로 보는 보전금액을 입력한다.

- **결손금**

  각 사업연도의 손금총액이 익금총액을 초과하는 금액

- **과세표준시 계산 시에 각 사업연도소득에서 공제하는 이월결손금**

  당해 사업연도 개시일 전 10년 (2008.12.31 이전에 개시한 사업연도에서 발생한 결손금은 5년) 이내에 개시한 사업연도에서 발생한 세무상 결손금으로 그 후 사업연도에서 공제되지 않은 금액

❖ 자본금과 적립금조정명세서 작성사례

대박(주)(회사코드 : 6000)의 자본금과 적립금조정명세서를 작성하시오. 단, 다음의 자료만 가정하고 문제를 해결하시오

1) 전기 자본금과적립금조정명세서(을)의 유보 기말잔액의 내용(전액 가산조정에 대한 유보임)
   - 퇴직급여충당금 한도초과액 : 8,000,000원
   - 대손충당금 한도초과액 : 800,000원
   - 공장건물감가상각비 한도초과액 : 8,000,000원
   - 선급비용 : 375,000

2) 당기의 자료는 다음의 내용만 있다고 가정하고 (을)표를 작성하며 세무조정사항을 "소득금액조정합계표"에 반영하지 않는다.
   - 당기퇴직급여 한도초과액이 36,000,000원 발생하였다.
   - 당기대손충당금 한도초과액이 12,202,040원 발생하였다.
   - 공장건물은 당기에 감가상각비 시인부족액이 2,000,000원 발생하여 손금추인세무조정하였다.
   - 기계장치의 감가상각비가 당기에 3,294,000원 한도초과되었다.
   - 전기선급비용은 당기에 세무조정하였다.

3) 재무상태표상 기초자본금 계정 잔액은 200,000,000원이며, 당기중 유상증자에 따른 자본금 증가금액은 20,000,000원이다.

4) 당기 중 증자시 주식할인발행차금 3,000,000원이 발생하였다.

5) 전기말 이익잉여금계정은 147,459,520원이며, 당기말 이익잉여금은 485,236,158원이다.

6) 손익계산서에 미계상된 법인세는 다음과 같으며 전기분은 고려하지 않는다.

법인세	지방소득세
10,000,000원	1,000,000원

7) 전기이전의 이월결손금 내역은 다음과 같으며 이월결손금 잔액은 당기에 대주주가 결손보전목적으로 기증한 자산수익이익 14,000,000원을 상계하기 전 금액이며 해당 사업연도의 각사업연도소득금액은 4억원으로 가정하여 이월결손금 공제를 하기로 한다.(회계처리와 세무조정은 적정하게 반영된 것으로 가정한다)

2007년	2009년	2010년	2011년
10,000,000원	5,000,000원	21,000,000원	4,000,000원

>> 해 설

① 자본금과적립금 조정명세서 (을)

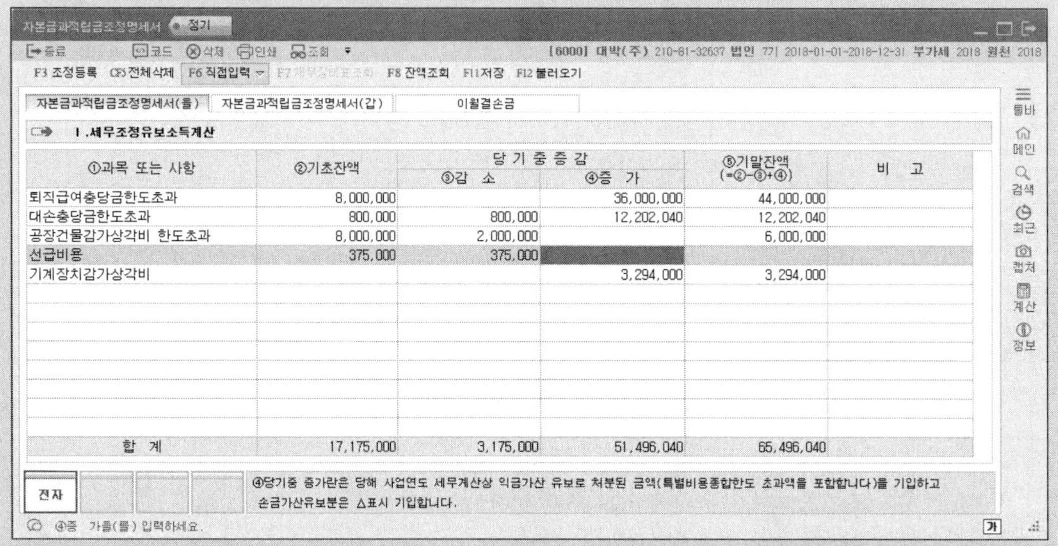

자본금과적립금조정명세서   ● 정기

[6000] 대박(주) 210-81-32637 법인 77| 2018-01-01-2018-12-31 부가세 2018 원천 2018

F3 조정등록 CF5 전체삭제 F6 직접입력 F7 재무상태표조회 F8 잔액조회 F11저장 F12불러오기

자본금과적립금조정명세서(을) | 자본금과적립금조정명세서(갑) | 이월결손금

Ⅰ.세무조정유보소득계산

①과목 또는 사항	②기초잔액	③감 소 (당기 중 증감)	④증 가 (당기 중 증감)	⑤기말잔액 (=②-③+④)	비 고
퇴직급여충당금한도초과	8,000,000		36,000,000	44,000,000	
대손충당금한도초과	800,000	800,000	12,202,040	12,202,040	
공장건물감가상각비 한도초과	8,000,000	2,000,000		6,000,000	
선급비용	375,000	375,000			
기계장치감가상각비			3,294,000	3,294,000	
합 계	17,175,000	3,175,000	51,496,040	65,496,040	

④당기중 증가란은 당해 사업연도 세무계산상 익금가산 유보로 처분된 금액(특별비용종합한도 초과액을 포함합니다)를 기입하고 손금가산유보분은 △표시 기입합니다.

⊙ ④증 가름(플) 입력하세요.

② 자본금과 적립금조정명세서(갑)

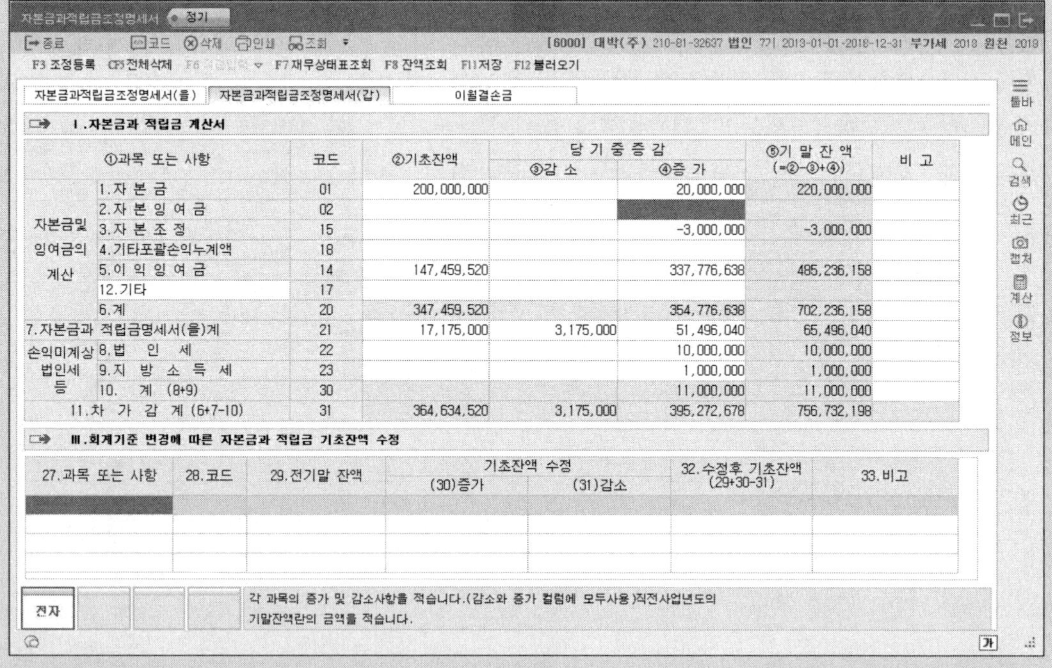

자본금과적립금조정명세서   ● 정기

[6000] 대박(주) 210-81-32637 법인 77| 2018-01-01-2018-12-31 부가세 2018 원천 2018

F3 조정등록 CF5 전체삭제 F6 직접입력 F7 재무상태표조회 F8 잔액조회 F11저장 F12불러오기

자본금과적립금조정명세서(을) | 자본금과적립금조정명세서(갑) | 이월결손금

Ⅰ.자본금과 적립금 계산서

	①과목 또는 사항	코드	②기초잔액	③감 소 (당기 중 증감)	④증가 (당기 중 증감)	⑤기 말 잔 액 (=②-③+④)	비 고
자본금및 임여금의 계산	1.자 본 금	01	200,000,000		20,000,000	220,000,000	
	2.자 본 잉 여 금	02					
	3.자 본 조 정	15			-3,000,000	-3,000,000	
	4.기타포괄손익누계액	18					
	5.이 익 잉 여 금	14	147,459,520		337,776,638	485,236,158	
	12.기타	17					
	6.계	20	347,459,520		354,776,638	702,236,158	
7.자본금과 적립금명세서(을)계		21	17,175,000	3,175,000	51,496,040	65,496,040	
손익미계상 법인세 등	8.법 인 세	22			10,000,000	10,000,000	
	9.지 방 소 득 세	23			1,000,000	1,000,000	
	10. 계 (8+9)	30			11,000,000	11,000,000	
11.차 가 감 계 (6+7-10)		31	364,634,520	3,175,000	395,272,678	756,732,198	

Ⅲ.회계기준 변경에 따른 자본금과 적립금 기초잔액 수정

27.과목 또는 사항	28.코드	29.전기말 잔액	기초잔액 수정 (30)증가	기초잔액 수정 (31)감소	32.수정후 기초잔액 (29+30-31)	33.비고

각 과목의 증가 및 감소사항을 적습니다.(감소와 증가 칼럼에 모두사용)직전사업년도의 기말잔액란의 금액을 적습니다.

③ 이월결손금

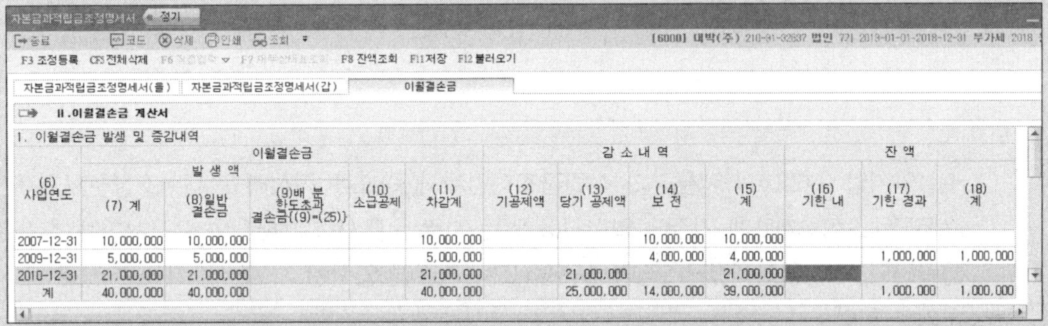

(6) 사업연도	이월결손금			(10) 소급공제	(11) 차감계	감 소 내 역					잔 액		
	발 생 액		(9)배 분 한도초과 결손금{(9)=(25)}			(12) 기공제액	(13) 당기 공제액	(14) 보 전	(15) 계		(16) 기한 내	(17) 기한 경과	(18) 계
	(7) 계	(8)일반 결손금											
2007-12-31	10,000,000	10,000,000			10,000,000			10,000,000	10,000,000				
2009-12-31	5,000,000	5,000,000			5,000,000			4,000,000	4,000,000			1,000,000	1,000,000
2010-12-31	21,000,000	21,000,000			21,000,000		21,000,000		21,000,000				
계	40,000,000	40,000,000			40,000,000		25,000,000	14,000,000	39,000,000			1,000,000	1,000,000

※ 이월결손금 요약(단위 : 만원)

사업 연도	이월결손금					감소내역				잔액		
	발생액			소급 공제	차감계	기 공제액	당기 공제	보전	계	기한내	기한 경과	계
	계	일반 결손금	배분 한도 초과 결손금									
2007	1,000	1,000			1,000			1,000	1,000			
2009	500	500			500			400	400		100	100
2010	2,100	2,100			2,100		2,100		2,100			
2011	400	400			400		400		400			
계	4,000	4,000			4,000		2,500	1,400	3,900		100	100

이월결손금에 충당한 자산수증이익은 발생연도에 제한이 없으므로 과세표준에서 공제받을 수 없는 이월결손금에서 먼저 충당한다(보전란에 입력). 2006년, 2008년 이월결손금에서 공제하고 남은 금액 1,000,000원은 과세표준에서 공제되지 않는 금액이므로 기간경과 분에 1,000,000원을 기재한다.

연습문제

1 ㈜설악기업 (6600)의 자본금과 적립금조정명세서(을)표를 작성하고 세무조정하시오.(단, 소득금액조정합계표에 기존에 입력되어 있는 자료는 무시하고 문제의 요구사항을 추가로 입력하되, 자본금과적립금조정명세서(을)표는 기존에 입력된 자료는 삭제하고 새로 작성하기로 한다.)

1) 전가 자본금과 적립금조정명세서 (을)

과목	기초잔액	당기중증감		기말잔액
		감소	증가	
대손충당금한도초과			2,000,000	2,000,000
재고자산평가증			-750,000	-750,000
위탁매출	10,000,000	10,000,000		
위탁매출원가	-8,000,000	-8,000,000		
선급비용	500,000	500,000	-800,000	-800,000
외상매출금	2,100,000	2,100,000	1,900,000	1,900,000

2) 당기자료
- 당기중 퇴직연금에 대한 손금산입 금액이 3,000,000원 있다.
- 전기분대손충당금은 전액 환입되었고 당기 대손충당금 한도초과액은 없다.
- 당기분 재고자산 금액은 적정하다.
- 전기에 부도 발생하여 대손처리했던 외상매출금이 당기에 부도발생일로부터 6개월 경과되었다.
- 전기에 세무조정한 선급비용은 당기에 전액 비용계상하였다.

 해답

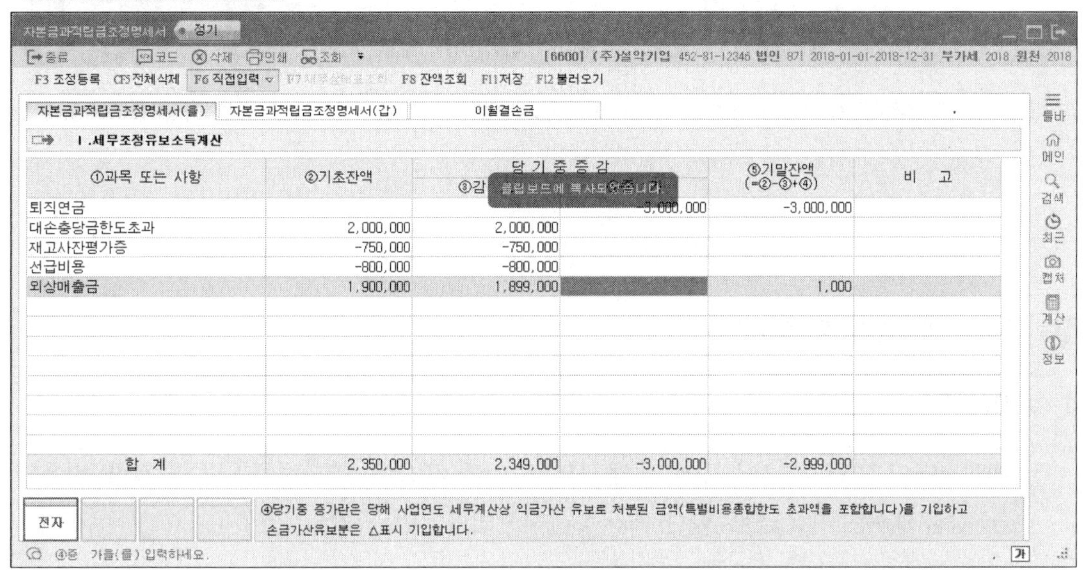

- 세무조정

<손금산입> 퇴직연금 3,000,000 (유보 발생)

<손금산입> 전기대손충당금한도초과액 2,000,000 (유보 감소)

<손금불산입> 전기재고자산평가증 750,000 (유보 감소)

<손금불산입> 전기선급비용 800,000 (유보 감소)

<손금산입> 외상매출금 1,899,000 (유보 감소)

조정 등록					
익금산입 및 손금불산입			손금산입 및 익금불산입		
과 목	금 액	소득처분	과 목	금 액	소득처분
전기원재료 평가증	700,000	유보감소	퇴직연금등손금산입	3,000,000	유보발생
전기재고자산평가증	750,000	유보감소	제품평가증	100,000	유보발생
전기선급비용	800,000		저장품평가증	500,000	유보발생
			퇴직연금	3,000,000	유보발생
			전기대손충당금한도초과액	2,000,000	유보감소
			외상매출금	1,899,000	유보감소

특별비용 및 공제감면조정 05

❶ 공제감면세액 이론요약

1. 세액감면

① 세액감면의 의의 : 특정소득에 대해 사후적으로 세금을 면제해주거나 일정한 비율만큼 경감해주는 제도를 말한다(조세특례제한법에서만 규정).

② 감면세액의 계산방법 : 감면세액 = 법인세산출세액 $\times \dfrac{감면소득}{과세표준} \times$ 감면율

감면소득은 해당소득금액에서 이월결손금, 비과세소득 및 소득공제를 공제한 금액으로 감면대상 과세표준을 말한다.

③ 세액감면의 종류

구 분	일반 감면	기간 감면
의 의	감면대상소득이 발생하면 시기의 제한이 없이 감면	감면대상사업에서 최초로 소득이 발생한 과세연도부터 해당기간까지 감면
사 례	중소기업에대한 특별세액감면	창업중소기업에 대한 세액감면 (창업중소기업, 창업벤처중소기업 감면)
감면비율	5%~30%	3~7년간 50%~100%
최저한세 적용여부	최저한세 적용대상	최저한세 적용대상
작성서식	공제감면세액계산서(2)	공제감면세액계산서(2)

④ 중소기업에 대한 특별세액감면 비율

구 분		제조, 광업, 건설업 등	도 · 소매
중기업	수도권	지식기반사업에 한해서 10%	-
	수도권 외	15%	5%
소기업	수도권	20%	10%
	수도권 외	30%	10%

- 지식기반 사업 : 엔지니어링사업, 부가통신업, 연구 및 개발업과 정보처리 및 기타컴퓨터운영관련업, 영화 및 비디오제작업, 전문디자인업, 오디오기록매체출판업, 광고물작성업
- 소기업 : 중소기업 중 상시 사용하는 종업원수가 10인 미만인 기업을 말하되 매출액이 100억원 이상인 경우에는 소기업으로 보지 않는다. 단, 제조업은 100인 미만, 광업, 건설업, 출판업 등은 50인 미만을 말한다. 중기업은 소기업을 제외한 중소기업으로 한다.

2. 세액공제

① 세액공제의 의의 : 산출세액에서 일정액을 공제하는 것

② 세액공제의 종류

구분	종　류	작성서식	최저한세 적용여부	이월공제여부
법 인 세 법	• 외국납부세액공제	공제감면세액계산서(5)	최저한세 적용대상 아님	5년간 이월공제
	• 재해손실세액공제	공제감면세액계산서(1)		-
	• 사실과 다른 회계처리에 기인한 경정에 따른 세액공제	-		5년간 이월공제
조 세 특 례 제한법	• 중소기업투자세액공제 • 연구인력개발비세액공제 • 연구인력개발설비투자세액공제 • 각종투자세액공제 • 기타세액공제	세액공제조정명세서(3)	최저한세 적용대상	대부분 5년간 이월공제

※ 최저한세적용대상이 아닌 연구인력개발비세액공제
　중소기업의 연구인력개발비세액공제,

※ 세액감면 · 공제의 순서
　법인세의 감면과 공제규정이 동시에 적용되는 경우에는 별도의 규정이 있는 경우를 제외하고는 다음의 순서에 따른다.
　① 세액감면
　② 이월공제가 인정되지 않는 세액공제
　③ 이월공제가 인정되는 세액공제(이월된 미공제액이 있는 경우에는 이월된 공제금액부터)
　④ 사실과 다른 회계처리로 인한 경정에 따른 세액공제

3. 조세특례제한법상 공제감면세액 계산 작업순서

조세특례제한법상 공제·감면을 적용받기위해서는 실무상 소득구분계산서가 작성되어 있어야 한다.

소득구분계산서가 작성되어 있다고 가정하고 최저한세를 적용하는 경우의 작성순서는 다음과 같다.

① 법인세과세표준 및 세액조정계산서 : 과세표준과 산출세액 조회(공제·감면 적용하기 전 과세표준과 산출세액을 계산한다)
② 공제감면세액조정계산(1~6번 서식작성) : 공제받을 세액을 확정한다.
③ 공제감면세액합계표 작성 : 공제감면세액을 공제감면세액합계표에 반영한다.
④ 법인세 과세표준 및 세액조정계산서 재작성(새로불러오기) : 공제감면 적용 후 과세표준 및 세액을 계산한다.
⑤ 최저한세조정명세서 작성 : 최저한세 적용시 공제·감면을 배제할 금액 계산한다.
⑥ 공제감면세액조정계산(1~7번 재작성) : 공제금액에서 최적한세 적용으로 인해서 제외되는 금액을 반영한다.
⑦ 공제감면세액합계표 재작성 : 공제감면세액조정계산서의 재작성분을 [새로불러오기]한다.
⑧ 법인세 과세표준 및 세액조정계산서 재작성

❷ 공제감면세액계산 프로그램 활용

1. 공제감면세액계산서(1)

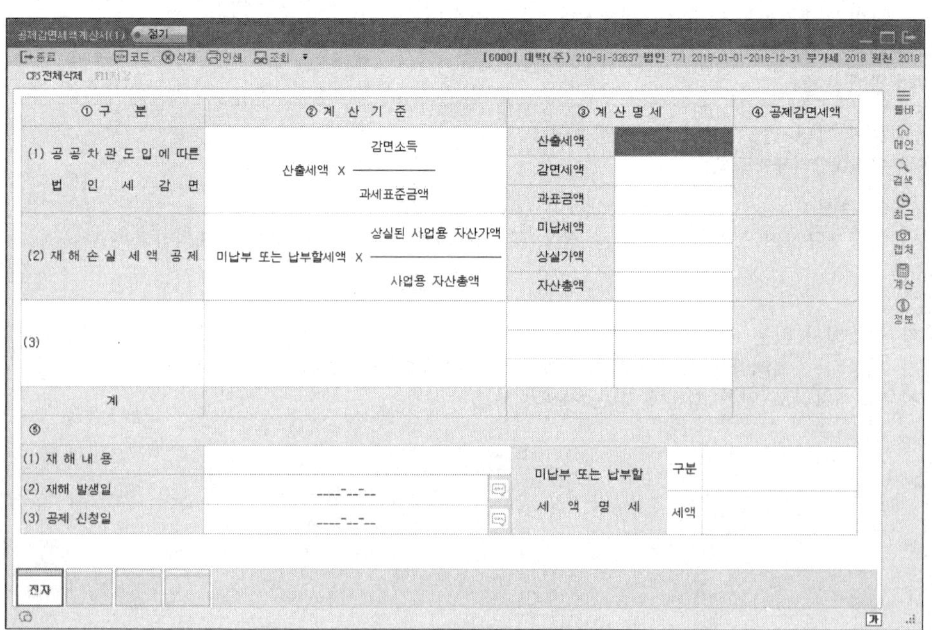

　조세특례제한법상 공공차관 도입에 따른 법인세 감면과 법인세법상 재해손실 세액공제를 계산하기 위한 서식이다.

　재해손실세액공제(법인세법 58조)는 사업용자산(토지 제외)이 재해로 20% 이상 상실된 경우 납부할 세액(미납부세액포함) 중에 재해상실 비율만큼 공제한다.

$$※\ 재해상실비율 = \frac{상실된사업용자산}{상실전사업용자산총액(토지제외)}$$

2. 공제감면세액계산서(2)

　조세특례제한법상 세액감면을 작성하는 서식이다.

　[F12불러오기]를 클릭하면 법인세과세표준 및 세액조정계산서에서 계산되어 있는 산출세액과 과세표준을 반영하며 소득구분계산서에서 감면대상소득을 확인하여 입력한 다음 감면율을 선택후 클릭하면 감면받을 세액이 자동으로 계산된다.

- F2코드

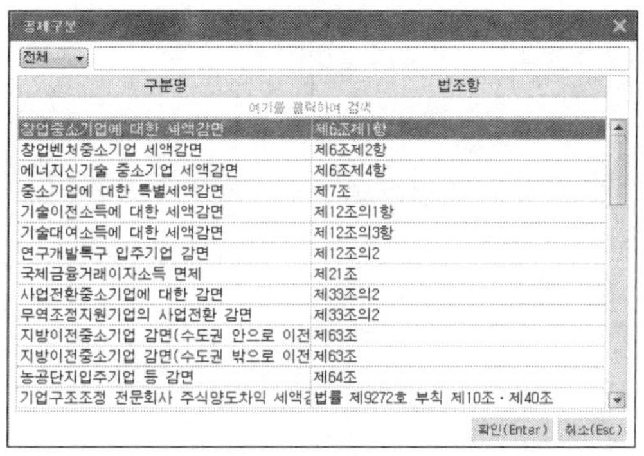

"①구분"란에 직접 입력할 수 없으므로 다음과 같이 "F2코드"를 클릭하여 해당되는 내용을 선택한다.

• F4 구분추가

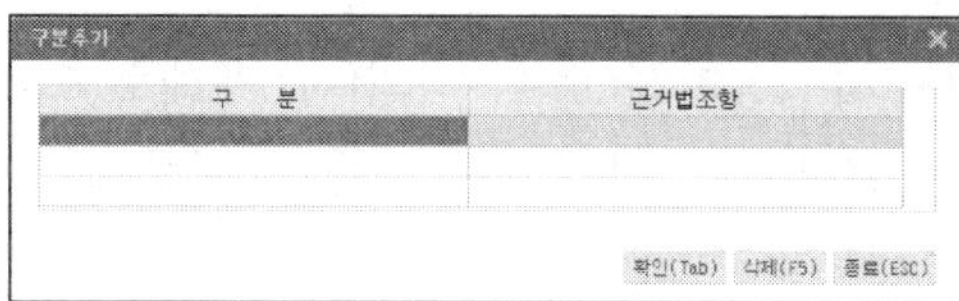

구분을 추가하고자 하는 경우에는 "F4" 를 클릭하여 감면내용을 추가한다.

✿ 공제감면세액계산서(2) 작성사례

대박(주)(회사코드 : 6000)은 수도권에 위치한 소기업으로 중소기업특별세액감면을 받을 수 있으며 다음과 같이 가정한다.

• 산출세액 : 86,027,619원
• 감면율 : 제조업은 20%

구　분	제조(감면대상)	서비스(감면제외)	계
각사업연도소득	118,851,006원	436,287,091원	555,138,097원
이월결손금	5,000,000원	20,000,000원	25,000,000원
과세표준	113,851,006원	416,287,091원	530,138,097원

>> 해 설

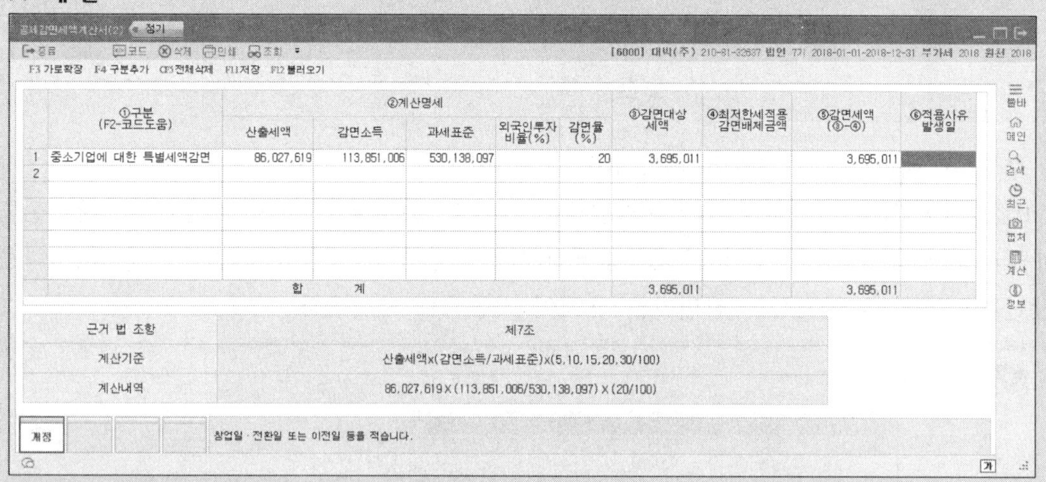

감면세액의 계산
- 감면소득 : 제조업소득에서 이월결손금을 차감한 감면대상 과세표준
- 과세표준 : 모든 업종을 포함한 과세표준

3. 세액공제조정명세서(3)

※ 세액공제(1) ※

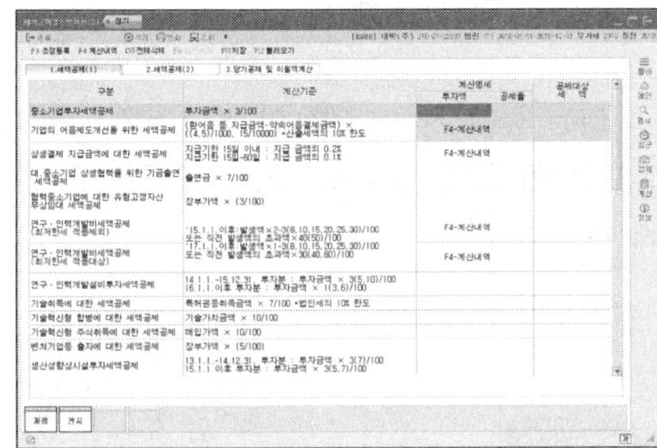

※ 세액공제(2) ※

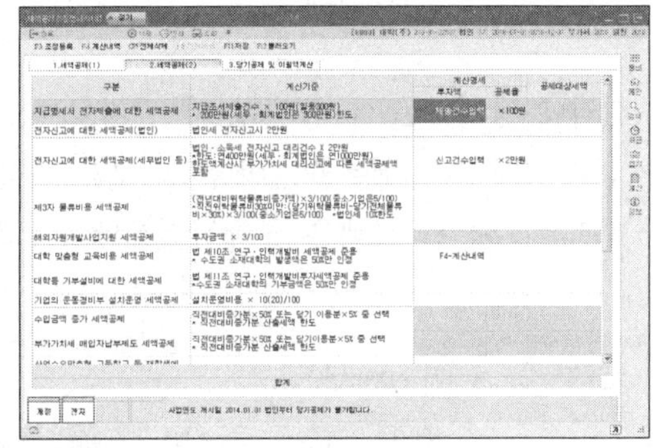

조세특례제한법상 세액공제를 계산하며 세액공제(1) 및 세액공제(2)에서 해당 공제대상 항목을 구분에서 선택하고 투자금액을 입력하면 계산내역 및 공제대상 세액이 계산되어 입력된다.

세액공제 중에는 당기에 공제받지 못하는 경우 [외국납부세액공제(5년), 연구인력개발비세액공제(5년), 각종 투자세액공제(5년), 기타의 세액공제(대부분5년)]는 5년간 이월공제되므로 이월되어 공제되는 금액을 계산하기위하여 "당기공제 및 이월액계산"을 작성하여 사후관리한다.

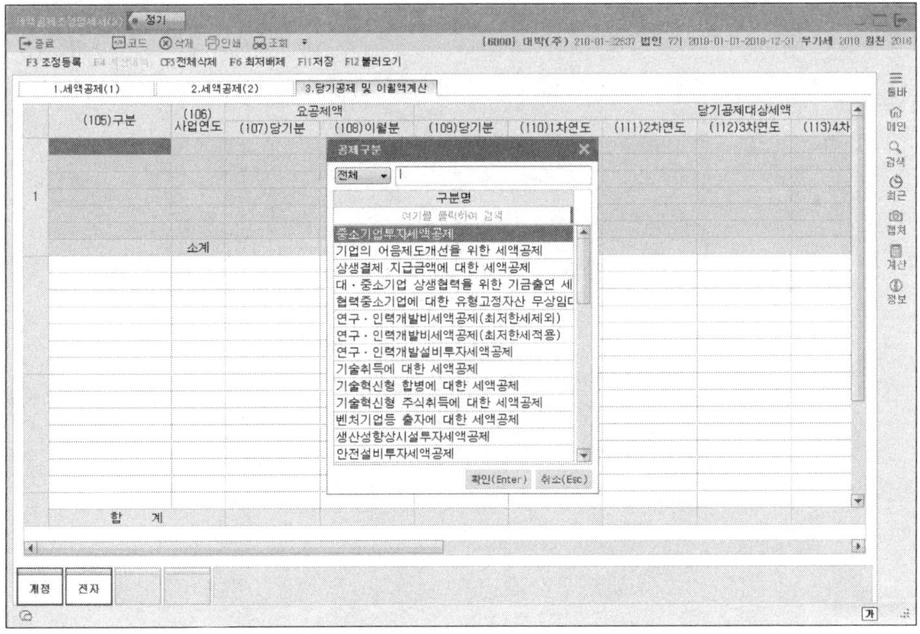

"**F2** 코드"를 통하여 공제대상명칭을 (105)구분에 입력후 (106)번 사업연도에 해당연도 입력하고 (107)번 당기분란에 "세액공제(1)"에서 계산된 공제대상세액 금액을 입력하면 당기분(109), 당기공제세액(계 : 115)번과, 공제세액(118)에 반영된다.

만약에 당기 이전에 공제를 다 받지 못하고 이월된 공제금액이 있으면 해당연도를 입력후 (108)번란에 이월분을 입력하고 해당 이월액을 (110)~(114)에 해당연차에 입력해 준다. 여기서 계산된 금액은 공제감면세액합계표에 반영된다.

- **F6** 최저배제

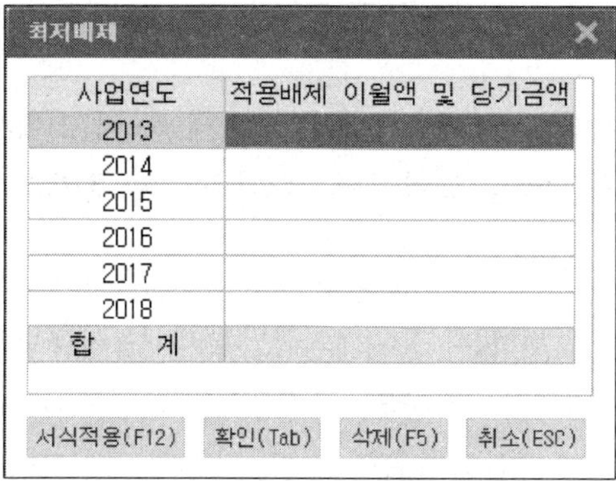

최저한세가 배제되는 항목이 있는 경우 입력한다.

✿ 세액공제조정명세서(3) 작성사례

다음자료에 의하여 대박(주)(회사코드 : 6000)의 세액공제조정명세서(3)을 작성하시오.

(1) 당기에 신규투자한 기계장치에 대하여 중소기업투자세액공제를 적용받고자 한다.
다음 자료에 의하여 세액공제조정명세서를 작성하시오

구 분	취득일	취득가액	비 고
기계장치 A	17.03.15	20,000,000	중고품
기계장치 B	17.05.20	150,000,000	신제품

(2) 최저한세는 고려하지 않으며 당기에 공제없이 전액 이월하도록 한다.

>> 해 설

구분	계산기준	계산명세		공제대상 세액
		투자액	공제율	
중소기업투자세액공제	투자금액 × 3/100	150,000,000	3	4,500,000
기업의 어음제도개선을 위한 세액공제	(환어음 등 지급금액-약속어음결제금액) × ((4,5)/1000, 15/10000) *산출세액의 10% 한도	F4-계산내역		
대.중소기업 상생협력을 위한 기금출연 세액공제	출연금 × 7/100			

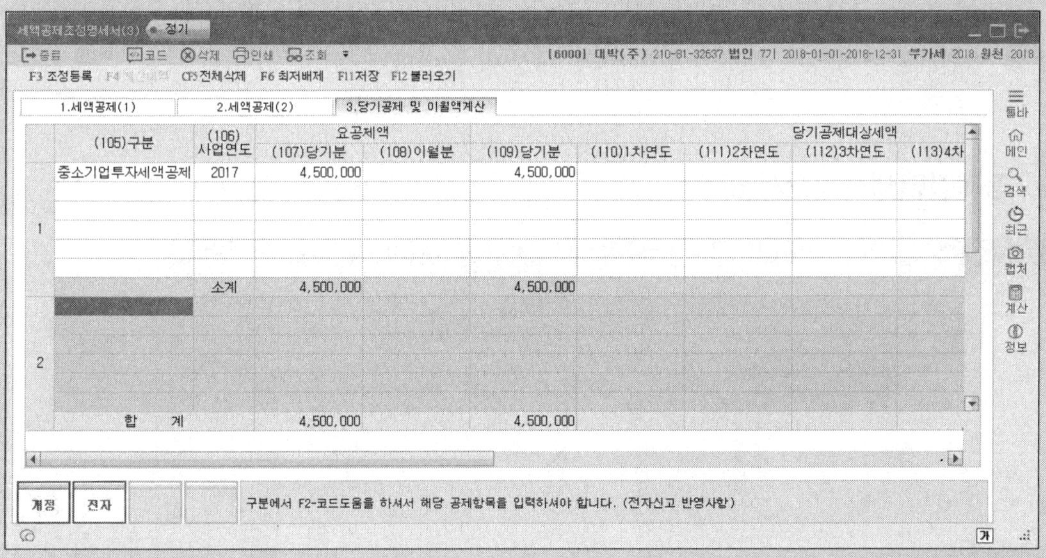

• 요공제액 : 당기분(107)에 당기의 공제대상세액을 입력한다.

• 전액 당기에 공제 없이 이월하기로 하였으므로 (117)번 기타사유로 인한 미공제액에 입력한다.

4. 공제감면세액계산서(4)

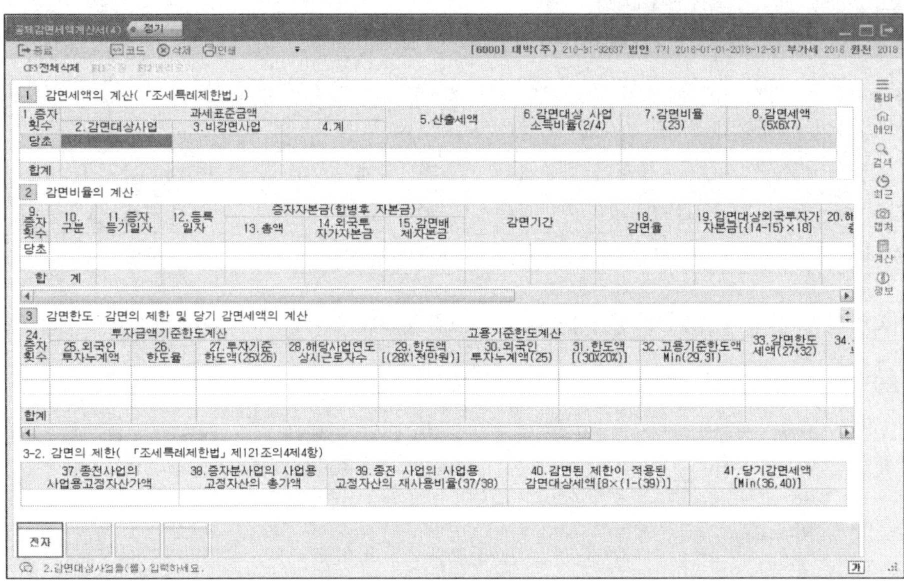

  공제감면세액계산서(4)는 외국인투자기업의 법인세감면세액을 계산한다. 외국인투자기업의 법인세감면세액은 최저한세 계산의 대상이 아니다.

5. 공제감면세액계산서(5)

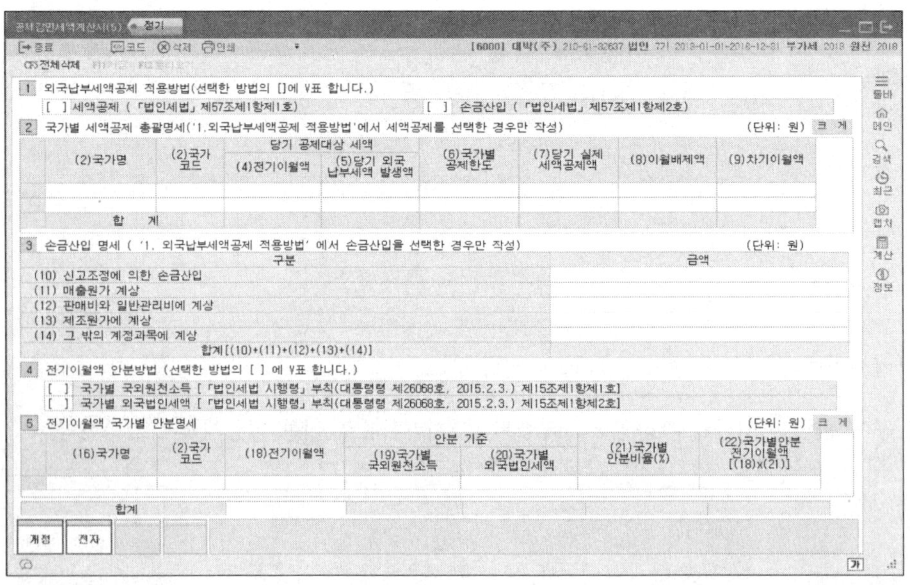

  법인세법상의 외국납부세액공제액을 계산한다. 외국납부세액공제액도 최저한세 계산의 대상이 아니다.

(1) **1** 3.국외원천소득의 총액계산

국가코드는 F2코드를 이용하여 해당 국가의 명칭을 선택하고 해당국가별로 국외원천소득을 (15)이자, (16)배당, (17)임대 · 사용료, (18)인적용역, (19)양도, (20)사업, (21)그외 소득으로 구분하여 입력한다.

(2) **2** 4.차감되는 감면 국외원천소득계산 내역

- F2도움을 이용하여 해당 국가의 명칭을 선택하고 조특법 또는 기타 법률에 의하여 세액면제 또는 감면을 적용받은 국외원천소득(24)을 입력한다.
- 감면비율(25) : 세액면제의 경우 100%, 세액감면의 경우 당해 감면비율을 입력한다.
- 차감되는 감면국외원천소득(26) : 국외원천소득(24)와 감면비율(25)를 입력하면 차감 되는 감면 국외원천소득이 자동계산된다.

(3) **3** 1.공제한도액계산

[F12불러오기]를 통하여 "법인세과표 및 세액조정계산서"의 내역을 불러온다.

(4) **4** 2.공제세액계산

- 사업연도(7) : 직전 5개 사업연도 중 외국납부세액 발생분을 오래된 사업연도분부터 순차적으로 기재한다.
- 외국납부발생세액(8) : 의제외국납부세액을 포함하고 손금산입하는 외국납부세액은 제외한다.
- 해당 사업연도 공제분 : 이월공제분(10)과 해당연도 발생분(11)에 해당금액을 각각 입력한다.
- 이월잔액 : 외국납부세액발생액에서 기공제액을 차감한 잔액으로 5년이 미경과한 연도의 금액은 (13)기한내, 5년 이상 경과한 연도의 금액은 (14)기한경과 란에 입력한다.

6. 추가납부세액계산서(6)

  추가납부세액계산서(6)에서는 준비금환입, 소득공제, 공제감면세액의 변동에 따른 법인세 추가납부세액과 이자상당 가산액을 계산한다. 추가납부세액은 공제감면세액합계표(을)에 자동으로 반영시키면, 법인세과세표준 및 세액조정계산서의 감면분 추가납부세액란에 자동으로 반영된다.

7. 연구 및 인력개발비 발생명세서

내국인(소비성 서비스업 제외)이 각 과세연도에 연구·인력개발비가 있는 경우 일정한 금액을 해당과세연도의 법인세에서 공제한다. 실무상으로는 연구·인력개발비 중에 일반연구개발비 이외에 신성장동력 연구개발비와 원천기술 연구개발비를 세분화 하고 있는데 본 교재에서는 일반연구개발비에 대한 세액공제만 다루기로 한다.

(1) 발생명세 및 증가발생액 계산

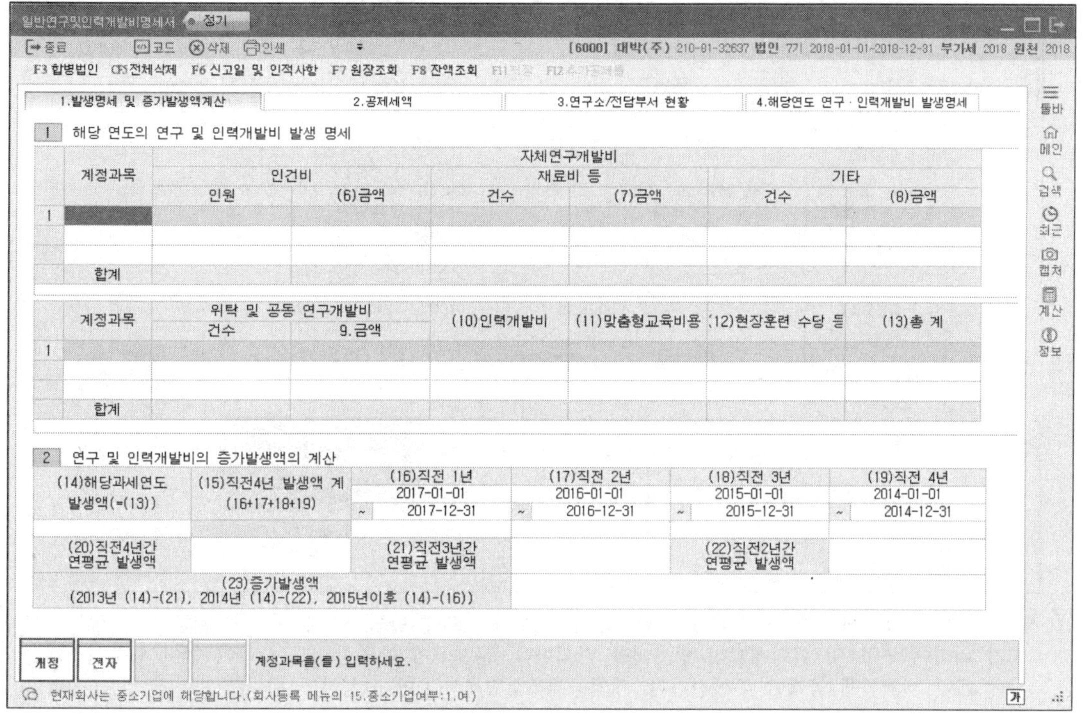

① 적색메뉴 **1** 해당연도의 연구 및 인력개발비 발생 명세

해당연도에 연구 및 인력개발을 위한 인건비, 재료비, 위탁 및 공동기술개발비, 맞춤형 교육비용 등이 있는 경우 계정과목별로 입력한다.

② 적색메뉴 **2** 연구 및 인력개발비의 증가발생액 계산

과거 4년간 발생한 연구 및 인력개발비의 연평균발생액의 계산을 위하여 개시일부터 소급하여 4년간 발생한 금액을 입력한다.

 **연구인력개발비 세액공제 계산방법**

Max [㉠, ㉡]

㉠ 증가발생금액 공제
   (해당 과세연도에 발생한 연구·인력개발비 − 직전 2년간 발생한 연구·인력개발비의
   연평균 발생액) × 40% (중소기업은 50%)

㉡ 해당연도 총 발생금액 공제
   해당 과세연도에 발생한 연구·인력개발비 × 공제율(3%~8%) (중소기업은 25%)

☞ 직전 4년간 일반연구·인력개발비가 발생하지 않았거나 직전 과세연도에 발생한 일반
   연구·인력개발비가 직전 4년간 발생한 일변연구·인력개발비의 연평균 발생액보다
   적은 경우에는 증가분 방식을 적용할 수 없다.

2) 공제세액 (갑) :적색메뉴 3 공제세액의 계산

일반연구및인력개발비명세서 ● 정기

[6000] 대박(주) 210-81-32637 법인 7기 2018-01-01~2018-12-31 부가세 2018 원천 2018

| | 1.발생명세 및 증가발생액계산 | 2.공제세액 | 3.연구소/전담부서 현황 | 4.해당연도 연구·인력개발비 발생명세 |

3 공제세액

구분		(24)대상금액(=13)	(25)공제율			(26)공제세액
해당 연도 총발생금액 공제	중소기업	(24)대상금액(=13)	25%			(26)공제세액
	중소기업 유예기간 종료이후 5년내기업	(27)대상금액(=13)	(28)유예기간 종료연도 ----‑--	(29)유예기간 종료이후년차	(30)공제율	(31)공제세액
	중견기업	(32)대상금액(=13)	8%			(34)공제세액
	일반기업	(35)대상금액(=13)	공제율			(39)공제세액
			(36)기본율 1%	(37)추가	(38)계	

증가발생금액 공제	(40)대상금액(=23)	(41)공제율	(42)공제세액	※공제율 중소기업 : 50% 중견기업 : 40% 일반기업 : 30%
		50%		

(43)해당연도에 공제받을 세액	중소기업(26과 42 중 선택)	※ 최저한세 설정
	중소기업 유예기간 종료이후 5년내 기업(31과 42 중 선택)	● 제외
	중견기업(34와 42 중 선택)	○ 대상
	일반기업(39와 42 중 선택)	

계정   전자

ⓒ 현재회사는 중소기업에 해당합니다.(회사등록 메뉴의 15.중소기업여부:1.여)

※ 연구인력개발비에 대한 세액공제는 세액공제조정명세서(3)에 반영하여야 하는데 반영될 금액을 계산하기 위하여 연구 및 인력개발비 명세서를 작성한다. 문제에서 특별한 요구사항이 없이 연구인력개발비에 대한 세액공제 금액이 주어진다면, 세액공제조정명세서(3)만 작성하면 된다.

❖ 일반연구 및 인력개발비 명세서 작성사례

다음 자료에 의하여 대박(주)(회사코드 : 6000)의 연구 및 인력개발비 명세서를 작성하시오

① 연구 및 인력개발비 지출내역

계정과목	인건비	재료비	위탁 및 공동기술 개발비
경상연구개발비(판관비)	1명 : 5,000,000	10건 : 20,000,000	2건 : 50,000,000

② 직전 4년간 지출한 연구 인력개발비 내역

기수	사업연도	연구 및 인력개발비
6기	2017.1.1~12.31	31,000,000
5기	2016.1.1~12.31	31,000,000
4기	2015.1.1~12.31	31,000,000
3기	2014.1.1~12.31	31,000,000

• 해당 명세서만 작성하도록 한다.

>> 해 설

① 발생명세 및 증가발생액 계산

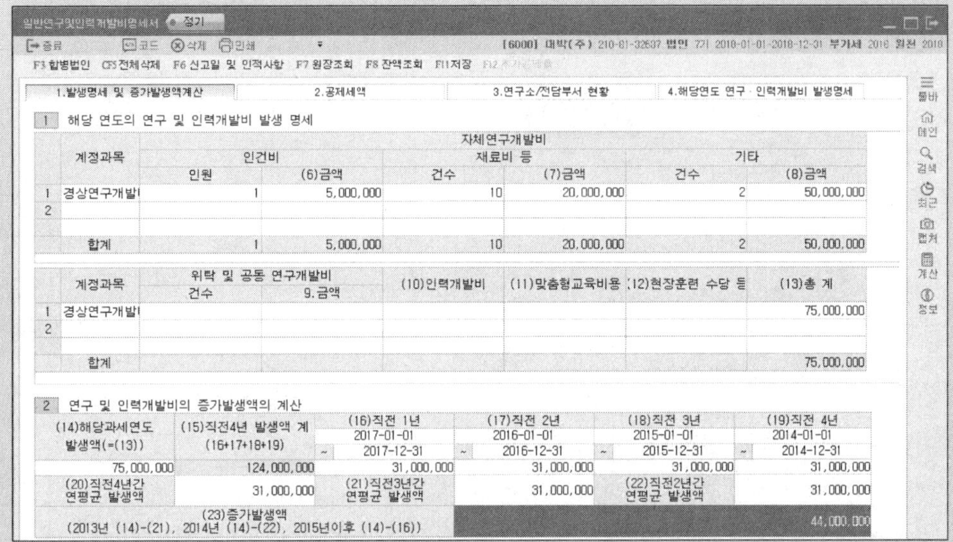

- 적색메뉴 1의 인건비, 재료비, 위탁 및 공동기술개발비를 각각 입력하면 경상연구개발비 합계액이 계산된다. (당기 발생액 : 75,000,000원)
- 적색메뉴 2에서 직전 4년간 연구비를 입력하면 당기발생액에서 직전년도 금액을 차감한 증가발생 금액이 계산된다. (증가발생금액 : 44,000,000원)

② 공제세액의 계산

연구 및 인력개발비의 증가발생액을 계산하며 본 서식의 하단부 증가발생금액 공제금액에 반영이 되며 "해당연도에 공제받을 세액"에서 "해당연도의 발생금액공제"와 "증가발생공제" 중에 큰 금액 이 반영된다.

8. 소득공제조정명세서

	①구 분	②근거법조항	③계산기준	④계산기준금액	⑤공제율	⑥소득공제대상금액 (④×⑤)	⑦최저한세적용 감면배제금액	⑧소득공제액 (⑥-⑦)
조세특례제한법	(101)국민주택임대 소득공제	법 제55조의2 제4항	해 당 소득금액		50/100			
	(102)주택임대소득공제 (연면적149㎡이하)	법 제55조의2 제5항	해 당 소득금액		100/100			
	(103)고용유지 중소기업 소득공제	법 제30조의3	임 금 삭감액		50/100			
	(108)계(101 ~ 107)							
법인세법	(109)배당금액소득공제	법 제51조의2	배당금액		100/100			
	(110)외국법인외국항행 소득공제	법 제91조	외 국 항행소득					
	(112)계(109 ~ 111)							
(113)합계(108 + 112)								

    소득공제조정명세서는 법인의 소득공제 금액 중 최저한세 적용 감면 배제금액이 발생한 경우에 조정하여 작성하는 서식이다. 최저한세 적용 감면 배제금액은 최저한세 조정계산서를 작성한 후 "조정감"의 금액을 입력하면 실제 소득공제 받을 수 있는 금액이 ⑧소득공제액에 반영된다.

    반영된 금액은 "법인세과세표준 및 세액조정계산서"에 [새로불러오기]를 이용하여 다시 반영한다.

9. 공제감면세액 및 추가납부세액합계표

(1) 최저한세배제 감면 및 공제

※ 최저한세배제 감면 ※   ※ 최저한세 배제 공제 ※

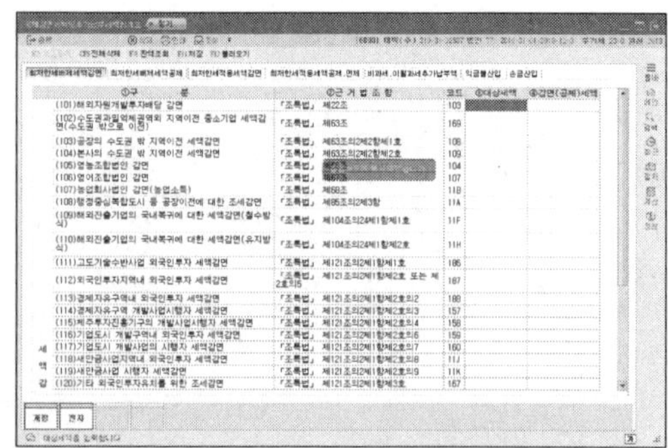

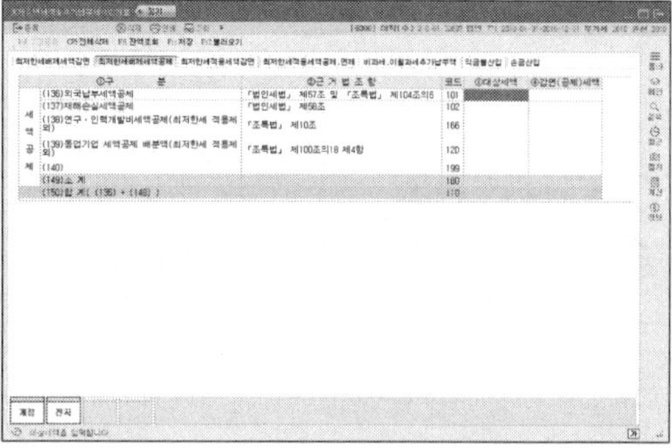

1) 대상세액

공제감면 대상세액이 있는 경우 각 공제감면세액계산서에 의하여 작성된 금액을 [F12불러오기]를 클릭하여 입력하거나 직접 입력한다.

2) 감면(공제)세액

각 공제감면세액계산서에 의하여 작성된 공제세액 중 당기에 공제될 세액의 범위 안에서 공제순위에 따라 감면 구분별로 입력한다.

(2) 최저한세적용 감면 및 공제

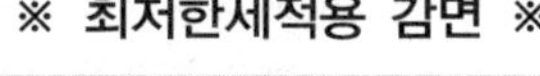

※ 최저한세적용 감면 ※	※ 최저한세 적용 공제 ※

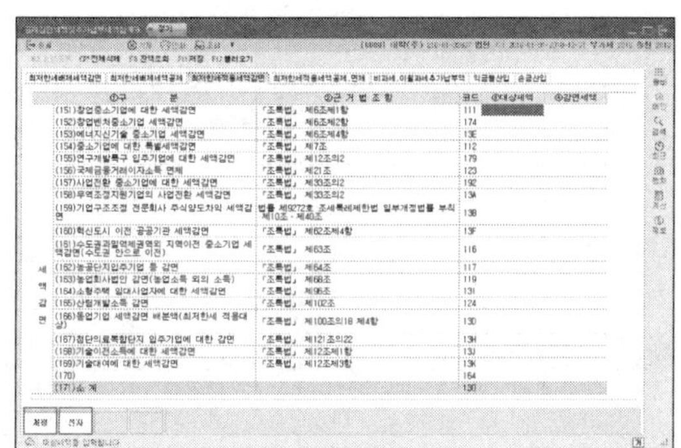
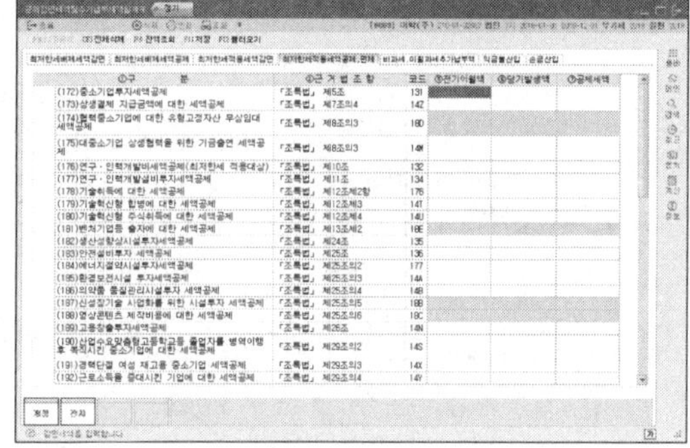

1) 대상세액

공제감면 대상세액이 있는 경우 각 공제감면세액계산서에 의하여 작성된 금액을 [F12불러오기]를 클릭하여 입력하거나 직접 입력한다.

2) 감면(공제)세액

각 공제감면세액계산서에 의하여 작성된 공제세액 중 당기에 공제될 세액의 범위 안에서 공제순위에 따라 감면 구분별로 입력한다.

> **※ 세액공제 및 세액감면의 순서**
> - 각 사업연도 소득에 대한 세액감면
> - 이월공제가 인정되지 아니하는 세액공제
> - 이월공제가 인정되는 세액공제(이월된 미공제액이 있는 경우 이월된 미 공제금액부터 공제한다)
> - 사실과 다른 회계처리에 기인한 경정에 따른 세액공제
> - 사실과 다른 회계처리에 기인한 경정에 따른 세액공제

❖ 공제감면세액 및 추가납부세액합계표

다음 자료에 의하여 대박(주)(회사코드 : 6000)의 공제감면세액합계표를 작성하시오

① 중소기업특별세액감면 : 감면대상세액 3,695,011원

② 중소기업투자세액공제 : 당기분 4,500,000원은 당기에 공제받지 않는다.

이미 작성된 내용을 참조한다.

>> 해 설

① 최저한세 적용 세액감면

공제감면세액및추가납부세액합계표 ● 정기

종료   ⊗삭제 인쇄 조회 ▾   [6000] 대박(주) 210-81-32637 법인 7기 2013-01-01-2018-12-31 부가세 2018
F3 조정등록   CF5 전체삭제 F8 잔액조회 F11 저장 F12 불러오기

| 최저한세배제세액감면 | 최저한세배제세액공제 | **최저한세적용세액감면** | 최저한세적용세액공제,면제 | 비과세,이월과세추가납부액 | 익금불산입 | 손금산입 |

①구　　　　分	②근 거 법 조 항	코드	③대상세액	④감면세액
(151)창업중소기업에 대한 세액감면	「조특법」 제6조제1항	111		
(152)창업벤처중소기업 세액감면	「조특법」 제6조제2항	174		
(153)에너지신기술 중소기업 세액감면	「조특법」 제6조제4항	13E		
(154)중소기업에 대한 특별세액감면	「조특법」 제7조	112	3,695,011	3,695,011
(155)연구개발특구 입주기업에 대한 세액감면	「조특법」 제12조의2	179		

② 최저한세 적용 세액공제

공제감면세액및추가납부세액합계표 ● 정기

종료   ⊗삭제 인쇄 조회 ▾   [6000] 대박(주) 210-81-32637 법인 7기 2018-01-01-2018-12-31 부가세 2018
F3 조정등록   CF5 전체삭제 F8 잔액조회 F11 저장 F12 불러오기

| 최저한세배제세액감면 | 최저한세배제세액공제 | 최저한세적용세액감면 | **최저한세적용세액공제,면제** | 비과세,이월과세추가납부액 | 익금불산입 | 손금산입 |

①구　　　　分	②근 거 법 조 항	코드	⑤전기이월액	⑥당기발생액	⑦공제세액
(172)중소기업투자세액공제	「조특법」 제5조	131		4,500,000	
(173)상생결제 지급금액에 대한 세액공제	「조특법」 제7조의4	14Z			

06 세액계산 및 신고서

① 법인세 중간예납 신고납부 계산서

중간예납세액은 직전 사업연도 실적을 기준으로 하는 방법과 가결산 방법 중 한 가지를 다음의 구분을 선택하여 중간예납세액을 계산할 수 있다.

다만, 다음의 경우에는 반드시 가결산 방법에 의하여 중간예납세액을 계산하여 납부한다.

- 직전사업연도의 법인세로서 확정된 산출세액이 없는 법인
- 해당 중간예납기간 만료일까지 직전 사업연도 법인세액이 확정되지 않은 법인의 경우
- 분할 신설법인 및 분할합병의 상대방법인의 분할 후 최초의 사업연도의 경우

1. 직전 사업연도 법인세 기준

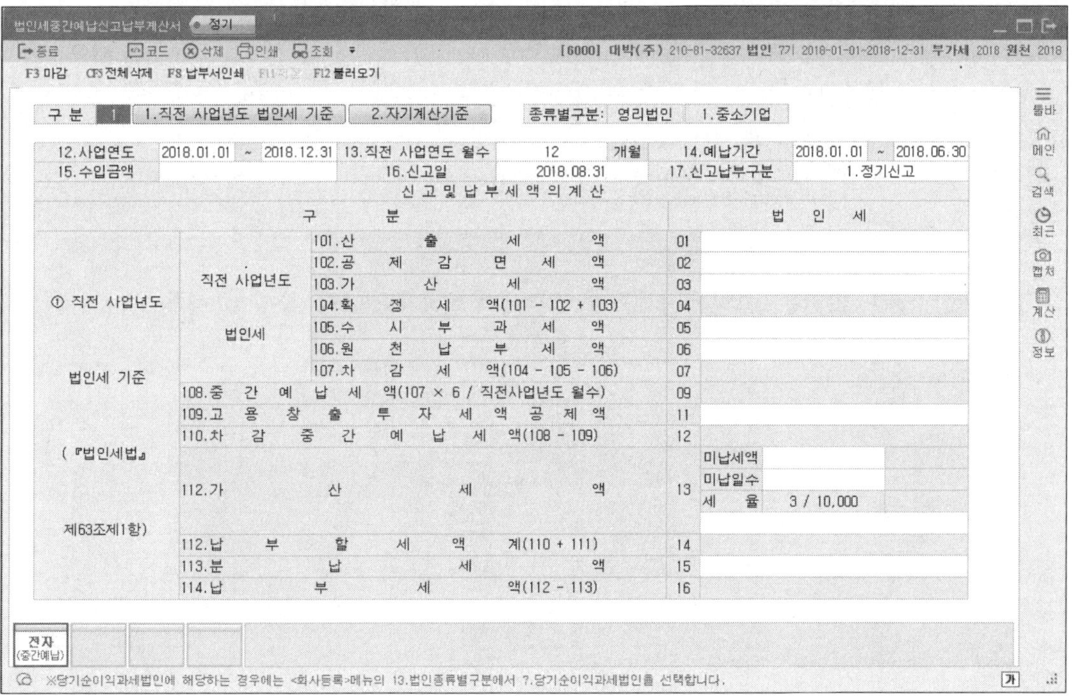

- (101)산출세액 : 직전사업연도의 [법인세과세표준 및 세액조정계산서]상의 산출세액 란의 금액을 기입한다. 단, 수정신고, 경정, 결정의 경우에는 재계산된 산출세액을 입력한다.
- (102)공제감면세액 : 직전사업연도에 감면된 법인세액을 기입하며, 소득에서 공제되는 금액은 제외한다.

2. 자기계산 기준

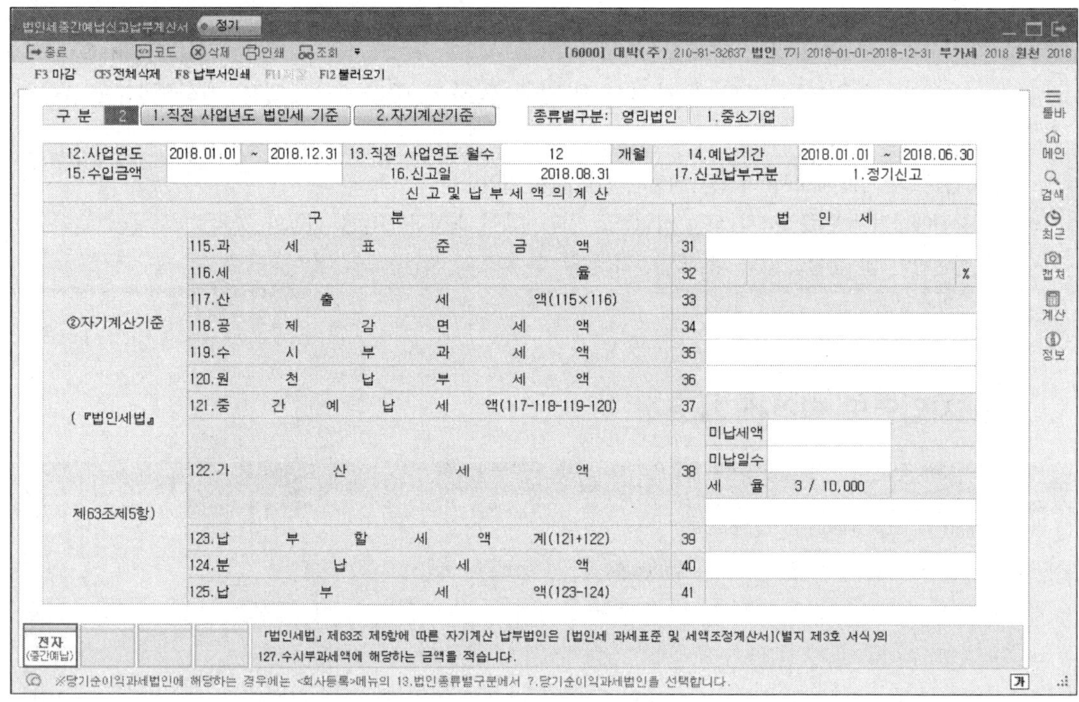

자기계산 납부 법인은 법인세과세표준 및 세액조정계산서의 작성 요령을 준용한다.

❷ 가산세액 계산서

종 류		가산세액
무신고가산세	부당무신고	Max ① 산출세액 × $\dfrac{\text{부당무신고 과세표준}}{\text{과세표준}}$ × 40%(60%) ② 부당무신고 수입금액 × 0.14%
	일반무신고	Max ① 산출세액 × $\dfrac{\text{일반무신고 과세표준}}{\text{과세표준}}$ × 20% ② 일반무신고 수입금액 × 0.07%
과소신고가산세	부당과소신고	Max ① 산출세액 × $\dfrac{\text{부당과소신고 과세표준}}{\text{과세표준}}$ × 40%(60%) ② 부당과소신고 수입금액 × 0.14%
	일반과소신고	산출세액 × $\dfrac{\text{일반과소신고 과세표준}}{\text{과세표준}}$ × 10%
무기장가산세	장부비치, 기장의무 불이행	Max ① 산출세액 × 20% ② 수입금액 × 0.07%
초과환급신고	부당초과 환급신고	초과환급신고세액 × $\dfrac{\text{부당과소신고 과세표준}}{\text{과세표준}}$ × 40%(60%)
	일반초과 환급신고	초과환급신고세액 × $\dfrac{\text{일반과소신고 과세표준}}{\text{과세표준}}$ × 10%
납부환급 불성실가산세		미납,미달납부세액(초과환급세액) × 미납기간 × $\dfrac{3}{10,000}$ (미납기간 : 납부기한(환급받은날)의 다음날부터 자진납부일까지
적격증명서류 불성실가산세		법정증빙서류를 수취하지 않은 금액 또는 사실과 다른 증빙수취금액 × 2%
주식등 변동상황명세서 제출불성실가산세		미제출, 누락제출, 불분명 주식 등의 액면금액 × 1% (제출기한 경과후 1개월 이내 제출시 0.5%)
지급명세서 제출불성실가산세		미제출, 불분명 지급금액 × 1%(제출기한 경과후 3개월 이내 제출시 0.5%)
계산서불성실가산세		필요적 기재사항의 부실기재 및 미제출 공급가액 × 1% (제출기한 경과 1개월 이내 제출시 0.5%) ※ 미발급, 가공허위계산서 발급 : 공급가액 × 2%
기부금영수증 발급 및 보관불성실		사실과 다르게 발급한 금액 × 2% 및 작성, 보관하지 아니한 금액 0.2%
신용카드매출전표 발급불성실		발급거부 및 사실과 다르게 발급한 금액 5%와 건별 5천원 중 큰 금액
현금영수증 가입 및 발급 불성실		• 미가입시 미가입 기간 총수입금액의 1% • 발급거부 및 사실과 다르게 발급한 금액 × 5% 와 건별 5천원 중 큰 금액
주주등명세서 제출불성실가산세		설립등기일부터 2개월이내 주주등의 명세서를 미제출·누락제출·불명분주식 등의 액면금액 × 0.5% (제출기한경과 1월 이내 제출시 0.25%)

가산세액계산서 정기   ─ □ ⤶

종료   코드   삭제   인쇄   조회   [6000] 대박(주) 210-81-32637 법인 7기 2018-01-01~2018-12-31 부가세 2018 원천 2018

F3 조정등록   CF5 전체삭제   F6 납부일   F11 저장   F12 불러오기

| 신고납부가산세 | 미제출가산세 | 토지등양도소득가산세 | 미환류소득 |

①구분		②계산기준	각 사업년도 소득에 대한 법인세분			
			③기준금액	④가산세율	⑤코드	⑥가산세액
무기장		산출세액		20/100	27	
		수입금액		7/10,000	28	
무신고	일반	무신고납부세액		20/100	29	
		수입금액		7/10,000	30	
	부정	무신고납부세액		40/100	31	
		무신고납부세액		60/100	80	
		수입금액		14/10,000	32	
과소신고	일반	과소신고납부세액		10/100	3	
	부정	과소신고납부세액		40/100	22	
		과소신고납부세액		60/100	81	
		과소신고수입금액		14/10,000	23	
초과환급 신고	일반	초과환급세액		10/100	33	
	부정	초과환급세액		40/100	34	
		초과환급세액		60/100	82	
부정 공제감면		공제감면세액		40/100	71	
납부(환급)	납부	(일수) 미납세액		3/10,000	4	

⑦구분		⑧과소신고납부세액(초과환급신고)	과소신고 과세표준				과소신고납부세액(초과환급신고세액)			
			⑨계	⑩일반	⑪부정	⑫부정(국제거래)	⑬계	⑭일반(⑧X(⑩/⑨))	⑮부정(⑧X(⑪/⑨))	16 부정(국제거래)⑧X(⑫/⑨)
각사업연도 소득	과소신고									
	초과환급									
	기납부세액 과다등									
토지 등 양도소득	과소신고									
	초과환급									

전자   전자(중간예납)

가산세액계산서 정기   ─ □ ⤶

종료   코드   삭제   인쇄   조회   [6000] 대박(주) 210-81-32637 법인 7기 2018-01-01~2018-12-31 부가세 2018 원천 2018

F3 조정등록   CF5 전체삭제   F6 납부일   F11 저장   F12 불러오기

| 신고납부가산세 | 미제출가산세 | 토지등양도소득가산세 | 미환류소득 |

구분		계산기준	기준금액	가산세율	코드	가산세액
지출증명서류		미(허위)수취금액		2/100	8	
지급 명세서	미(누락)제출	미(누락)제출금액		10/1,000	9	
	불분명	불분명금액		1/100	10	
	상증법 82조 1 6	미(누락)제출금액		2/1,000	61	
		불분명금액		2/1,000	62	
	상증법 82조 3 4	미(누락)제출금액		2/10,000	67	
		불분명금액		2/10,000	68	
	소 계				11	
주식등변동 상황명세서	미제출	액면(출자)금액		10/1,000	12	
	누락제출	액면(출자)금액		10/1,000	13	
	불분명	액면(출자)금액		1/100	14	
	소 계				15	
주주등명세서	미(누락)제출	액면(출자)금액		5/1,000	69	
	불분명	액면(출자)금액		5/1,000	73	
	소 계				74	
계산서	계산서미발급	공급가액		2/100	16	
	계산서지연발급 등	공급가액		1/100	94	
	계산서가공(위장)수수	공급가액		2/100	70	
	계산서불분명	공급가액		1/100	17	
전자계산서	지연전송	공급가액		5/1,000	92	
	미전송	공급가액		10/1,000	93	
계산서합계표	미제출	공급가액		5/1,000	18	
	불분명	공급가액		5/1,000	19	
세금계산서합계표	미제출	공급가액		5/1,000	75	
	불분명	공급가액		5/1,000	76	
	소 계				20	
영수증취외받급		받급액		2/100	24	

전자   전자(중간예납)

　법인세법 등의 규정을 위반한 경우 해당 항목에 대한 가산세를 납부하여야 하는데 이 때 해당 기준금액에 각종 가산세대상 금액을 입력하면 가산세율(④)이 자동으로 적용되어 가산세액을 계산할 수 있다.

　가산세 종류별로 여러개의 가산세율을 적용할 수 있는 경우, 시험문제에서 세율을 수정해야 하는 경우가 있을 수 있다. 세율의 수정은 가산세율(④)란 중에 활성화 되어있는 곳에 커서를 대면 가산세율을 선택 적용할 수 있다.

✤ 가산세명세서 작성사례

다음 자료에 의하여 대박(주)(회사코드 : 6000)의 가산세명세서를 작성하시오

① 당사가 지출한 경비는 다음의 금액을 제외하고 법인세법에서 요구하는 적격증명서류를 갖추었다.

구　분	금　액	비　고
사무용품비	700,000원	전부 건래건당 3만원 이하의 금액이다.
판매장려금	1,500,000원	전부 현금으로 지급하였다.
복리후생비	2,000,000원	전부 거래건당 3만원 초과금액이다.

② 당사는 회계담당자의 실수로 4/4분기 일용근로자의 지급명세서를 2019년 3월 20일에 제출하였다. 해당분기 일용근로자의 임금총액은 25,000,000원이다.

>> 해 설

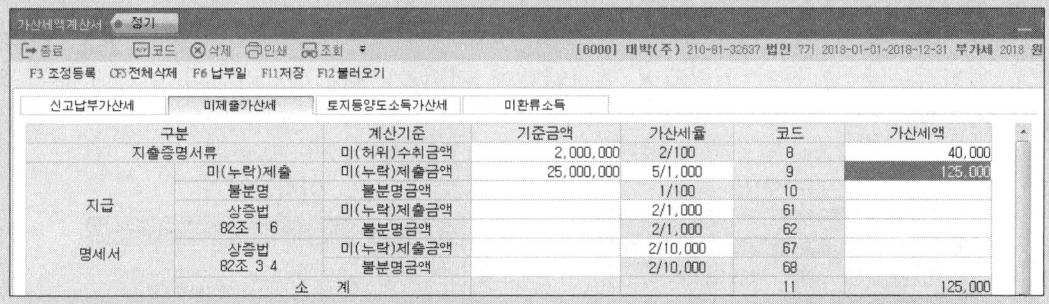

가산세액계산서　정기

[→]종료　[코드]코드　⊗삭제　[인쇄]　[조회] ▼				[6000] 대박(주) 210-81-32637 법인 7기 2018-01-01~2018-12-31 부가세 2018 원		

F3 조정등록　CF5 전체삭제　F6 납부일　F11 저장　F12 불러오기

신고납부가산세	미제출가산세	토지등양도소득가산세	미환류소득			
구분		**계산기준**	**기준금액**	**가산세율**	**코드**	**가산세액**
지출증명서류		미(허위)수취금액	2,000,000	2/100	8	40,000
	미(누락)제출	미(누락)제출금액	25,000,000	5/1,000	9	125,000
지급	불분명	불분명금액		1/100	10	
	상증법 82조 1 6	미(누락)제출금액		2/1,000	61	
		불분명금액		2/1,000	62	
명세서	상증법 82조 3 4	미(누락)제출금액		2/10,000	67	
		불분명금액		2/10,000	68	
	소　계				11	125,000

※ 참고 : 지급명세서를 제출기한(일용근로자의 4/4분기 지급명세서 제출기한은 2월 말일임) 경과 후 3개월 이내에 제출하였으므로 가산세율 0.5%를 적용하여야 한다.

❸ 원천납부세액명세서(갑)

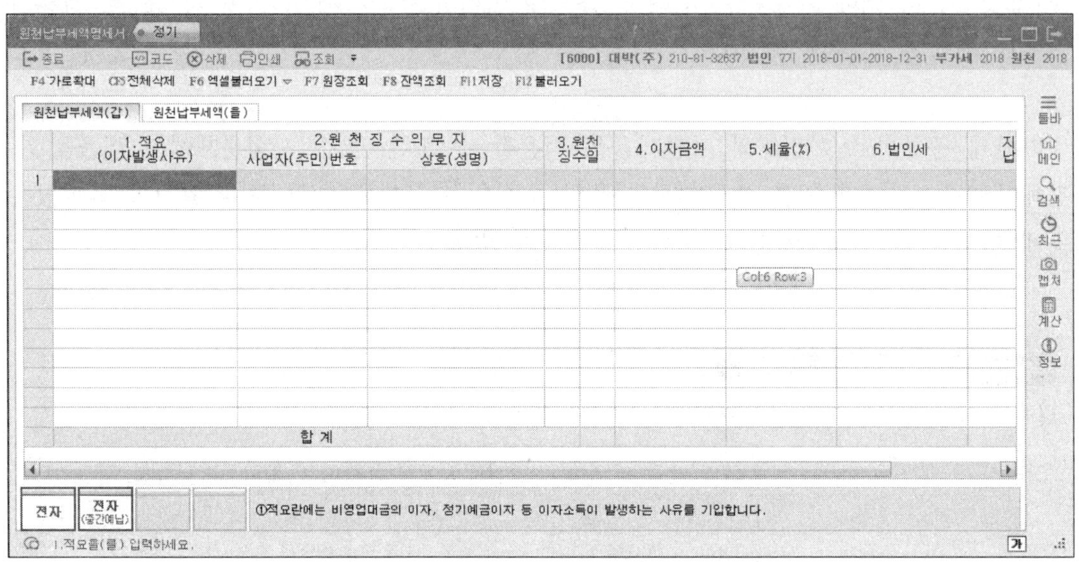

법인세법상 원천징수 대상인 이자 등에 대해 회사가 원천징수당해서 기납부된 세액이 있다면 이를 법인세법상 공제하기 위해 작성하는 서식이다. 이자수익 등을 재무회계 메뉴에서 기장한 경우에 [F12불러오기]를 클릭하면 이자수익 등과 관련된 계정과목이 나타나며 계정과목이 없는 경우에는 추가로 해당 계정과목을 등록할 수도 있다.

F12불러오기를 눌러 해당 서식에 기장된 내용이 반영되면 적요(①), 원천징수의무자(②), 원천징수일(③) 등이 입력되며 이자금액에 커서를 대면 해당라인의 이자내역을 조회할 수 있다.

불러오기   이자금액

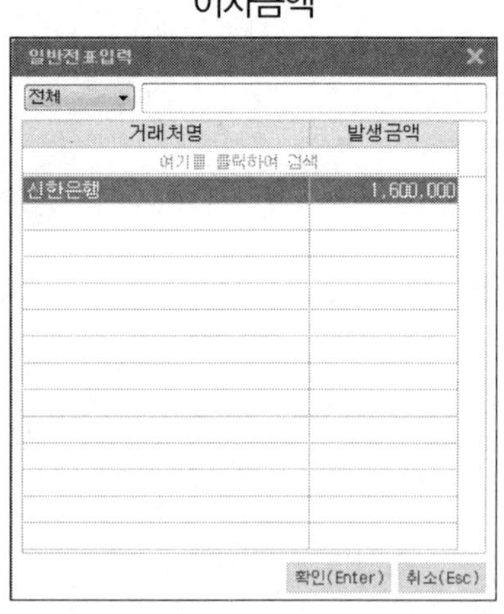

❖ 원천납부세액명세서 작성사례

대박(주)(회사코드 : 6000)의 계정별원장 데이터 불러오기를 이용하여 원천납부세액명세서를 작성하시오.(단, 원천징수의무자의 사업자번호는 고려하지 않는다.)

>> 해 설

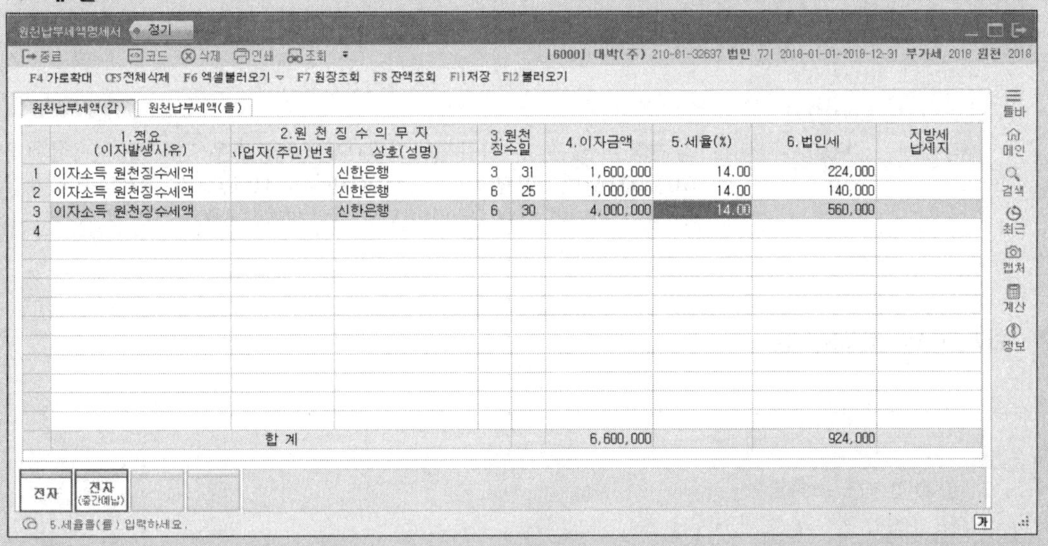

	1.적요 (이자발생사유)	2.원 천 징 수 의 무 자		3.원천 징수일		4.이자금액	5.세율(%)	6.법인세	지방세 납세지
		사업자(주민)번호	상호(성명)						
1	이자소득 원천징수세액		신한은행	3	31	1,600,000	14.00	224,000	
2	이자소득 원천징수세액		신한은행	6	25	1,000,000	14.00	140,000	
3	이자소득 원천징수세액		신한은행	6	30	4,000,000	14.00	560,000	
4									
	합 계					6,600,000		924,000	

④ 최저한세 조정계산서

1. 의의

기업이 조세감면을 적용받는 경우 일정 세율에 의해 계산된 세금(최저한세)에 미달하는 경우 그 미달하는 부분에 대해서 조세감면을 배제하는 제도를 말한다.

예)

산출세액	10,000,000
감면세액	8,000,000
차감세액	2,000,000

→ 감면적용 받은 후 차감세액이 2,000,000인 경우 만약에 최저한세가 6,000,000원 이라면 감면세액 8,000,000원 중 4,000,000을 배제하여 실제감면 받는 세액이 4,000,000원이 되면 차감세액이 6,000,000으로 계산된다.

2. 최저한세 조정구조

	결산서상당기순이익
(±)	세 무 조 정
	각사업연도 소득금액
(−)	소 득 공 제 등
	과 세 표 준
(×)	세 율
	산 출 세 액
(−)	최저한세 적용 대상 공제·감면세액
	차 감 세 액
(−)	최저한세 적용 대상 제외·감면세액
	총 부 담 세 액

세율 →
- 과세표준 2억원 이하분 : 10%
- 과세표준 2억원 초과 200억원 이하분 : 20%
- 과세표준 200억원 초과 3,000억원 이하분 : 22%
- 과세표준 3,000억원 초과분 : 25%

차감세액 →
- 감면후세액 ≥ 최저한세 : 인정
- 감면후세액 < 최저한세 : 조세감면 중 일부배제

3. 최저한세 계산

최저한세의 계산은 최저한세 적용대상인 비과세, 익금불산입, 준비금, 소득공제를 적용하지 않은 경우의 과세표준에 최저한세율을 곱하여 산출되는 세액을 말한다.

※ 최저한세율 : 중소기업 및 사회적기업 7%

4. 최저한세 적용 대상이 되는 조세감면 범위

최저한세적용대상	최저한세적용제외
조특법에 따른 준비금, 손금산입, 익금불산입, 비과세, 소득공제 등	–
조세특례제한법에 따른 세액감면	• 공공차관도입에 대한 과세특례 • 수도권 외의 지역으로 이전하는 중소기업세액감면 • 법인의 공장, 본사를 수도권 밖으로 이전하는 경우 법인세 감면 • 기타
조세특례제한법에 따른 세액공제	• 중소기업의 연구·인력개발비 세액공제 • 지급명세서 세액공제

5. 최저한세 미달시 적용배제 순서

- 신고시 : 감면 등을 적용받은 후의 결정세액이 최저한세액에 미달하는 때에는 감면 받은 항목 중 기업이 선택한 항목의 감면을 배제하여 계산한다.
- 경정시 : **준비금 → 손금산입 및 익금불산입 → 세액공제 → 세액감면 → 소득공 제 및 비과세**의 순으로 감면을 배제한다.

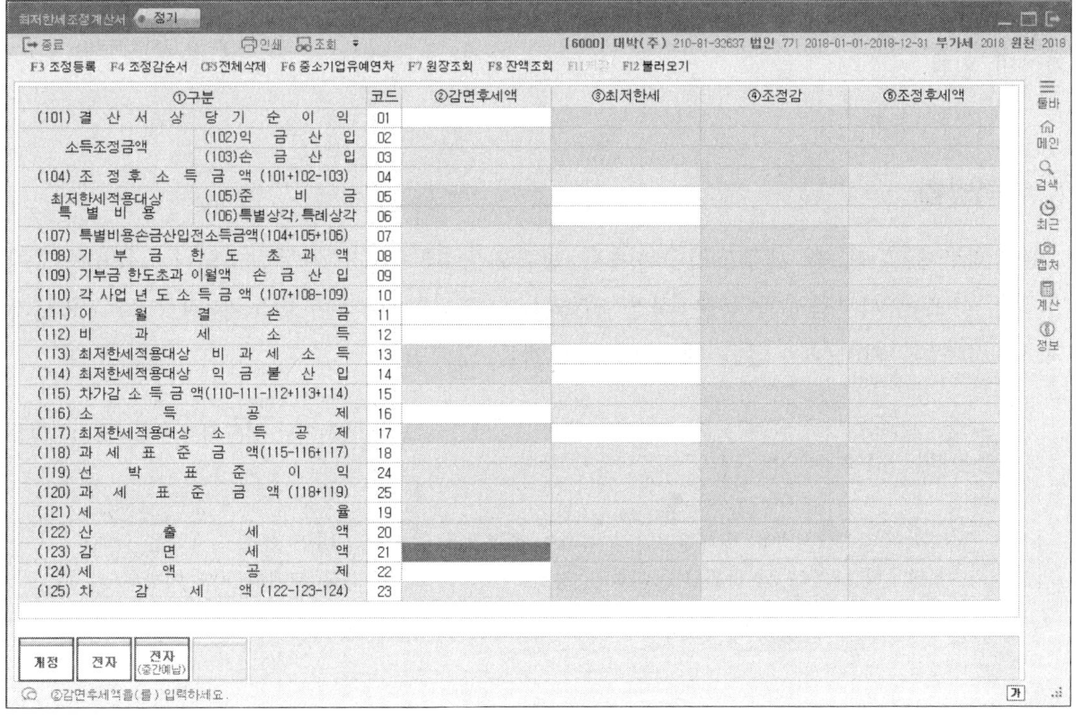

❺ 법인세과세표준 및 세액조정계산서

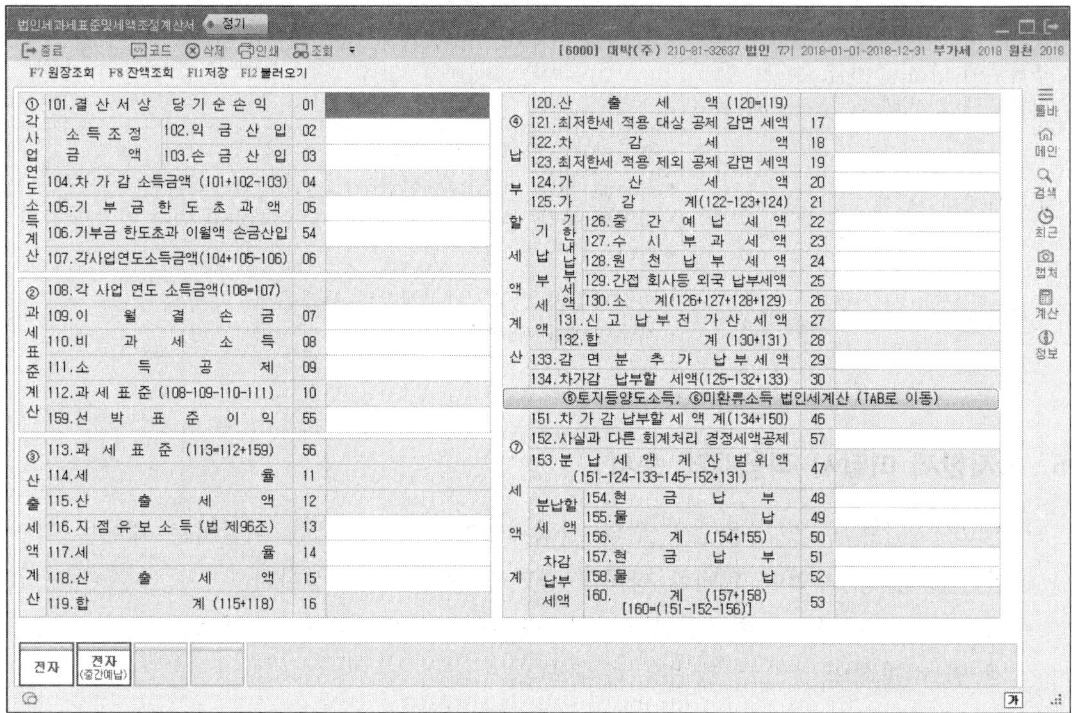

본 메뉴는 각 세무조정메뉴에서 입력된 자료에 의해 자동 작성되며 일부분만 추가 입력하면 된다.

1. 입력방법

표준재무제표 및 각 세무조정항목에서 연관되는 데이터가 자동반영되나, (126)중간예납세액, (127)수시부과세액 등은 직접 입력한다. 분납할 세액은 한도가 자동으로 표시가 되므로 분납에 커서를 두었을 때 보이는 금액을 입력한다.

※ 분납

자진납부할 세액이 1천만원을 초과하는 경우 일정한 금액을 납부기한이 지난 날부터 1개월 (중소기업은 2개월)이내에 분납할 수 있다.

구　　　분	분납할 수 있는 금액
납부할 세액이 1천만원 초과 2천만원 이하인 경우	1천만원을 초과하는 금액
납부할 세액이 2천만원을 초과하는 경우	해당 세액의 50% 이하의 금액

2. [새로불러오기]를 클릭하면 화면에 보라색으로 표시되는 부분에 다음의 내용이 반영된다.

- 표준재무제표상 당기순이익
- 소득금액조정합계표상 익금산입 금액과 손금산입 금액의 합계액
- 기부금조정명세서의 기부금한도초과액 및 이월손금산입액
- 자본금과 적립금조정명세서상의 이월결손금 당기공제액
- 가산세액계산서의 가산세액
- 원천납부세액명세서의 원천납부세액
- 공제·감면세액합계표의 최저한세 적용 대상 공제감면세액 및 최저한세 적용 제외 공제감면세액

3. 최저한세 조정명세서와의 관계

최저한세 조정을 하는 경우에는 "조정감"의 발생여부에 따라 다음과 같이 작성한다.

- 조정감이 발생하지 않은 경우 : 법인세과세표준 및 세액조정계산서에서 별도의 작업 불필요
- 조정감이 발생한 경우 : 조정감 발생 각 항목의 세무조정 메뉴에서 최저한세 적용 손금부인액란에 입력작업을 완료하고 소득금액조정합계표, 자본금과 적립금조정명세서, 공제감면세액계산서 등을 수정한 다음 법인세과세표준 및 세액조정계산서에서 새로불러오기를 한다.

❖ **법인세과세표준 및 세액조정계산서 작성사례**

대박(주)(회사코드 : 6000)의 법인세과세표준 및 세액조정계산서와 최저한세조정계산서를 작성하시오

- 결산서상당기순이익 : 337,776,638원
- 익금산입 : 266,785,965원
- 손금산입 : 32,831,831원
- 기부금한도초과이월액 : 16,600,000원
- 공제가능한 이월결손금 : 25,000,000원
- 중소기업특별세액감면 : 3,695,011원
- 중소기업투자세액공제 : 4,500,000원 (전액 당기 공제에서 제외한다)
- 연구인력개발비세액공제 : 22,000,000원
  ※ 중소기업의 연구인력개발비로 최저한세적용대상이 아니다.
- 가산세 : 165,000원
- 결산시 법인세 계정으로 대체한 선납세금계정(8,280,000원)에는 중간예납세액(7,356,000원)과 원천납부세액(924,000원)이 포함되어 있다.
- 분납은 최대한 금액을 분납하도록 처리한다.

>> **해 설**

① 법인세 과세표준 및 세액조정계산서

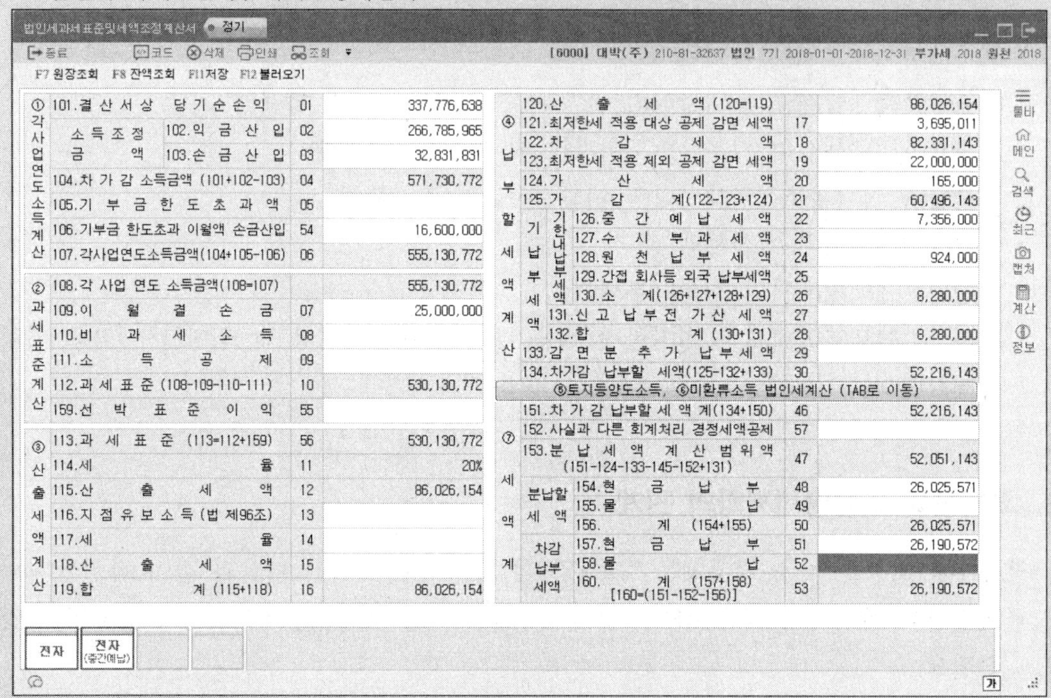

대부분의 내용은 "새로불러오기"를 클릭하면 지금까지 작성한 내용이 서식에 반영된다.
연습문제를 정확하게 기입했다면 "새로불러오기"할 때 입력되어 있지 않은 부분만 추가로 입력하면 된다.

- 이월결손금 : 이월결손금은 신고부속서류의 자본금과 적립금조정명세서의 (갑)이월결손금의 감소내역 중에 (13)당기공제액이 입력되어있다면 "F12불러오기"를 하면 (13)당기공제액의 합계금액을 자동반영시킬수 있으나 본 문제에서는 직접 입력한다.
- 최저한세 적용대상 공제감면세액 : "F12불러오기"를 하면 연습문제에서 작성한 중소기업특별세액감면 금액 3,695,011원을 불러온다. 투자세액공제는 당기 미공제로 입력했으므로 불러오지 않는다.(원칙 : 중소기업특별세액감면과 투자세액공제는 중복적용되지 않는다)
- 연구인력개발비 세액공제는 최저한세적용대상이 아니므로 "최저한세적용제외공제감면세액"란에 입력한다.
- 분납 : 분납할 세액에 커서를 두면 화면 아래쪽에 분납가능한 최대 금액이 계산되어 나타나는데, 문제에서 최대한의 금액을 분납하기로 가정하였다면 분납할세액(현금납부)란에 해당 금액을 입력한다.

② 최저한세조정명세서

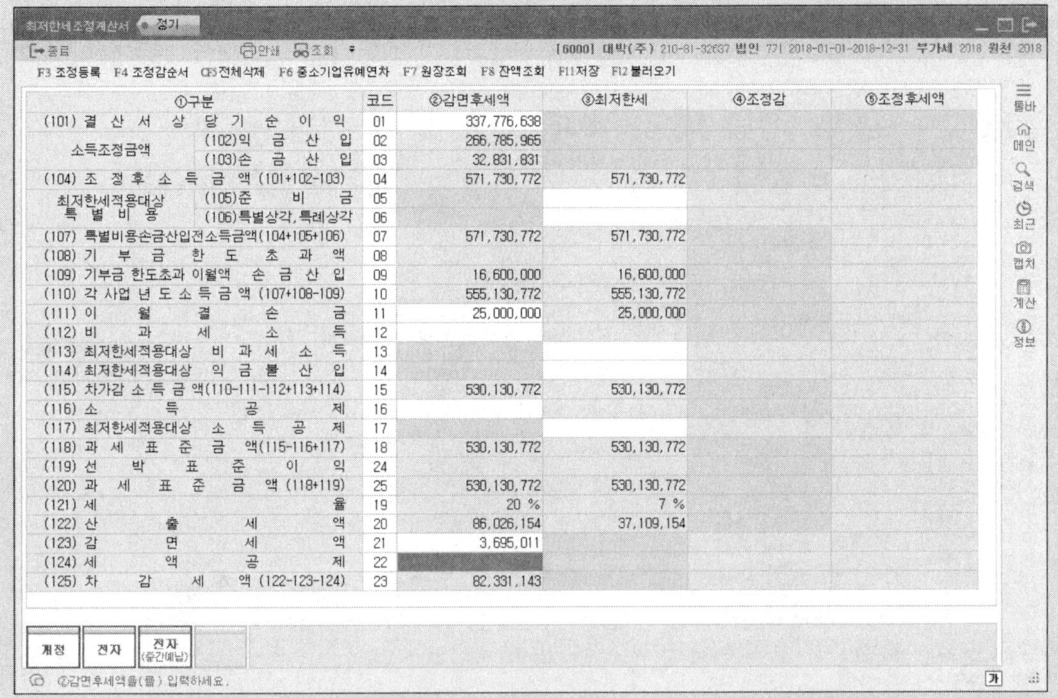

①구분		코드	②감면후세액	③최저한세	④조정감	⑤조정후세액
(101) 결 산 서 상 당 기 순 이 익		01	337,776,638			
소득조정금액	(102)익 금 산 입	02	266,785,965			
	(103)손 금 산 입	03	32,831,831			
(104) 조 정 후 소 득 금 액 (101+102-103)		04	571,730,772	571,730,772		
최저한세적용대상 특 별 비 용	(105)준 비 금	05				
	(106)특별상각, 특례상각	06				
(107) 특별비용손금산입전소득금액(104+105+106)		07	571,730,772	571,730,772		
(108) 기 부 금 한 도 초 과 액		08				
(109) 기부금 한도초과 이월액 손 금 산 입		09	16,600,000	16,600,000		
(110) 각 사업 년 도 소 득 금 액 (107+108-109)		10	555,130,772	555,130,772		
(111) 이 월 결 손 금		11	25,000,000	25,000,000		
(112) 비 과 세 소 득		12				
(113) 최저한세적용대상 비 과 세 소 득		13				
(114) 최저한세적용대상 익 금 불 산 입		14				
(115) 차가감 소 득 금 액(110-111-112+113+114)		15	530,130,772	530,130,772		
(116) 소 득 공 제		16				
(117) 최저한세적용대상 소 득 공 제		17				
(118) 과 세 표 준 금 액(115-116+117)		18	530,130,772	530,130,772		
(119) 선 박 표 준 이 익		24				
(120) 과 세 표 준 금 액 (118+119)		25	530,130,772	530,130,772		
(121) 세 율		19	20 %	7 %		
(122) 산 출 세 액		20	86,026,154	37,109,154		
(123) 감 면 세 액		21	3,695,011			
(124) 세 액 공 제		22				
(125) 차 감 세 액 (122-123-124)		23	82,331,143			

⑥ 법인세과세표준 및 세액신고서

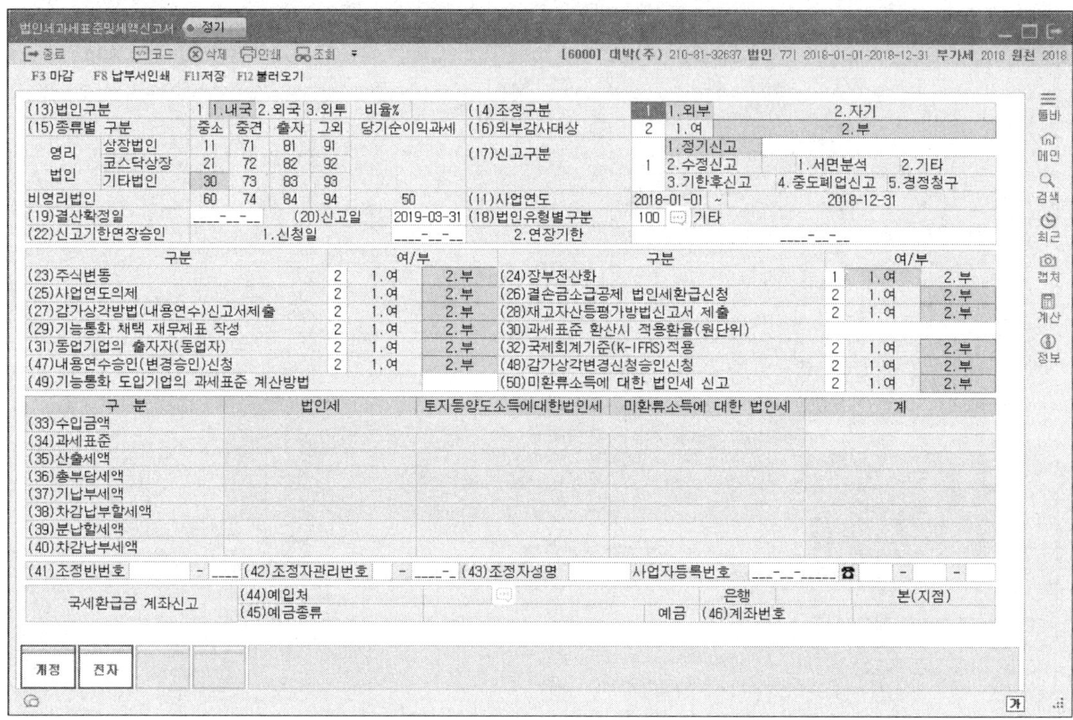

- 수입금액 : 조정후 수입금액명세서상 수입금액 합계액이 자동반영된다.
- 조정구분이 외부일 경우 조정반 번호 및 조정자관리번호를 반드시 입력한다.
- 외부회계감사 : 회계감사 여, 부를 선택한다.
- 결산 확정일 : 주주총회 등에 의하여 실제로 결산이 확정된 날짜를 입력한다.
- 신고일 : 세무서에 신고서를 접수한 날을 입력한다.
- 장부전산화 : 장부와 증빙서류의 전부 또는 일부를 전산화하여 작성, 보전여부표시 한다.
- 법인유형 : 기타, 금융기관, 투자회사, 비영리조합, 공기업 등 중에서 선택하여 입력 한다.
- 신고구분 : 신고구분을 입력
- 수시부과기간 : 중도폐업신고의 경우 수시부과기간은 회사등록기간을 자동 반영한다.
- 주식이동여부 : 주식이동 여부를 선택한다.

법인세 세무조정 연습문제

1　저녁상회(주)(회사코드 : 6800)는 전자기기와 전자부품을 생산하고 제조·도매업을 영위하는 중소기업이며, 당해 사업연도(제11기)는 2018.1.1~2018.12.31이다. 법인세무조정메뉴를 이용하여 재무회계 기장자료와 제시된 보충자료에 의하여 당해 사업연도의 세무조정을 하시오.

[1] 수입금액조정명세서와 조정후수입금액명세서를 작성하시오.

> (1) 손익계산서상 매출액 및 영업외손익 자료는 다음과 같다.
> - 상품매출액　：　500,000,000원
> - 제품매출액　：　1,500,000,000원
> - 부산물매출액 ：　10,000,000원(제품제조과정에서 발생된 것으로 잡이익 계정에 기입됨)
>
> (2) 부가가치세 신고자료
> - 사업용고정자산 매각대금 6,000,000원이 포함되어 있다.
> - 영세율매출은 제품매출에서 발생한 것이다.
> - 거래처에 선물로 제공한 상품이 포함되어 있으며, 회계처리는 상품에서 직접 차감하였다. 제공한 상품의 시가는 5,000,000원이며, 원가는 4,000,000원이다.
>
> (3) 업태/종목별 기준경비율 코드번호는 다음과 같다.
>
> | 구　분 | 업　태 | 종　목 | 기준경비율 코드 |
> |---|---|---|---|
> | 상　품 | 도매업 | 전자기기 | 513221 |
> | 제　품 | 제조업 | 전자부품 | 300100 |

[2] 다음 자료에 의하여 재고자산평가조정명세서를 작성하시오. 원재료에 대하여 종전의 총평균법에서 후입선출법으로 당기부터 평가방법을 변경하기로 하고 2018년 12월 15일에 이에 대한 변경신고를 행하였다. 재고자산에 대한 평가증과 평가감을 각각 세무조정하시오.

구 분	제 품	재공품	원재료
평가방법 신고일	무신고	2005. 3. 31	2005. 3. 31
신고한 평가방법	무신고	총평균법	총평균법
회사 평가방법	총평균법	총평균법	후입선출법
선입선출법평가액	7,140,000원	17,300,000원	570,000원
후입선출법평가액	7,470,000원	15,720,000원	527,000원
총평균법평가액	7,530,000원	16,800,000원	545,000원

[3] 당사는 근로자의 퇴직금에 대하여 퇴직연금 중 확정급여형으로 가입하였으며, 그 자료는 다음과 같다. 퇴직연금부담금조정명세서를 작성하고 세무조정사항을 소득금액조정합계표에 반영하시오.

> (1) 당기말 현재 재무상태표상 퇴직급여충당부채잔액은 50,000,000원이다.
> (2) 전기 이전에 발생된 것으로 퇴직급여충당부채 한도초과 누적액이 15,000,000원이다.
> (3) 당기말 퇴직급여추계액은 80,000,000원이다.
> (4) 전기말 재무상태표상의 퇴직연금운용자산계정의 잔액은 7,000,000원이다.
> (5) 당기말 재무상태표상의 퇴직연금운용자산계정의 잔액은 15,000,000원이다.
> (6) 전기 소득금액조정합계표상에 손금산입 퇴직연금운용자산 7,000,000원(△유보)으로 세무
>   조정되어 있다.

[4] 위의 조정사항과 다음 자료에 대하여 소득금액조정합계표(조정명세서는 생략한다)를 완성하시오.

> (1) 영업외비용 중 투자자산처분손실 2,000,000원은 장부가액 30,100,000원인 상장주식을
>   임원인 김철민에게 28,100,000원에 양도함에 따른 것이다. 양도당시 상장주식의 시가는
>   31,000,000원으로 평가되었다.
> (2) 8월 20일에 지출된 세금과공과 3,000,000원은 대표이사 개인소유의 비상장주식을 매각
>   하여 발생한 증권거래세이다.
> (3) 당기 실적에 의하여 잉여금처분에 의한 성과급의 회계처리는 다음과 같다.(사전에 서면으
>   로 약정한 성과배분상여금으로 임원분 15,000,000원이 포함되었으며, 나머지는 근로자
>   에 대한 것으로 주총 결의가 있었다)
>   ※ 12기 이익처분을 결의한 때(2019년 2월 20일) 회계처리
>
> | (차) 미처분 이익잉여금 | 40,000,000원 | (대) 미지급상여금 | 40,000,000원 |
> |---|---|---|---|
>
> (4) 9월 15일에 자기주식을 처분하여 발생된 이익을 자본잉여금의 자기주식처분이익계정으로
>   처리하였다.
> (5) 법인세등이 손익계산서에 반영되어 있다.

[5] 다음 자료를 이용하여 법인세과세표준 및 세액조정계산서를 작성하시오. 다음 주어진 자료 이외에는 없는 것으로 하고, 기존에 입력된 자료는 무시한다.

1) 손익계산서의 일부분이다.

손익계산서 2018.1.1~2018.12.31	(원)
- 중간생략 -	
Ⅷ 법인세차감전순이익	550,000,000
Ⅸ 법인세등	50,000,000
Ⅹ 당기순이익	500,000,000

2) 위의 자료를 제외한 세무조정 자료는 다음과 같다.
　① 접대비한도초과액　　　：　3,000,000원(기타사외유출)
　② 국세환급가산금　　　　：　　500,000원(기타)
　③ 감가상각부인액　　　　：　1,000,000원
　④ 임원상여금 한도초과　：　　500,000원
　⑤ 단기매매증권평가이익：　3,000,000원
　⑥ 지정기부금한도초과액：　5,000,000원
　⑦ 재고자산평가증　　　　：　1,500,000원

3) 이월결손금의 내역은 다음과 같다.

발생연도	2007년	2009년	2012년
금　　　　액	100,000,000원	30,000,000원	5,000,000원

4) 세액공제 및 감면세액은 다음과 같다.
　① 중소기업특별세액감면 :　1,000,000원
　② 연구인력개발세액공제 :　5,000,000원
　③ 외국납부세액공제　　　:　3,000,000원

5) 기납부세액내역은 다음과 같다.
　① 중간예납세액　　　　　　　　　:　15,000,000원
　② 이자수익에 대한 원천징수세액 :　　500,000원

6) 법인세 신고시점에 매출액 중 계산서의 필요적 기재사항이 부실기재된(착오 아님) 매출액 5,000,000원이 있음을 발견하였다.

7) 납부세액은 분납이 가능한 경우 분납신청하고자 한다.(가능한 최대 금액을 분납할 것)

● 해답

1) 수입금액조정명세서 및 조정후수입금액명세서

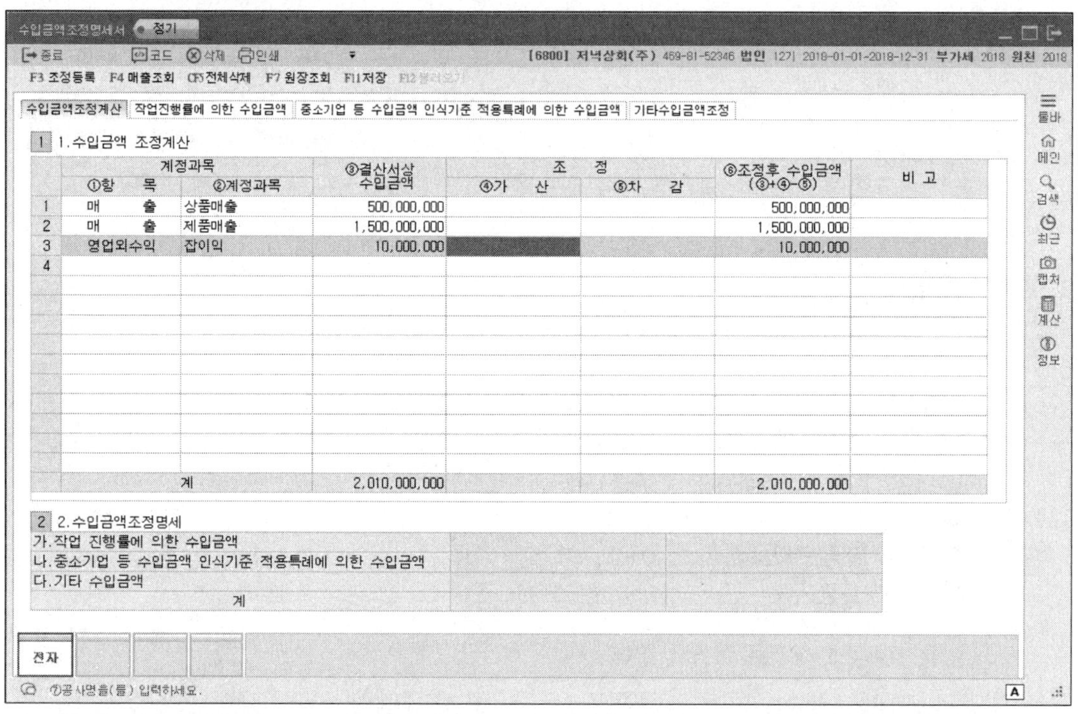

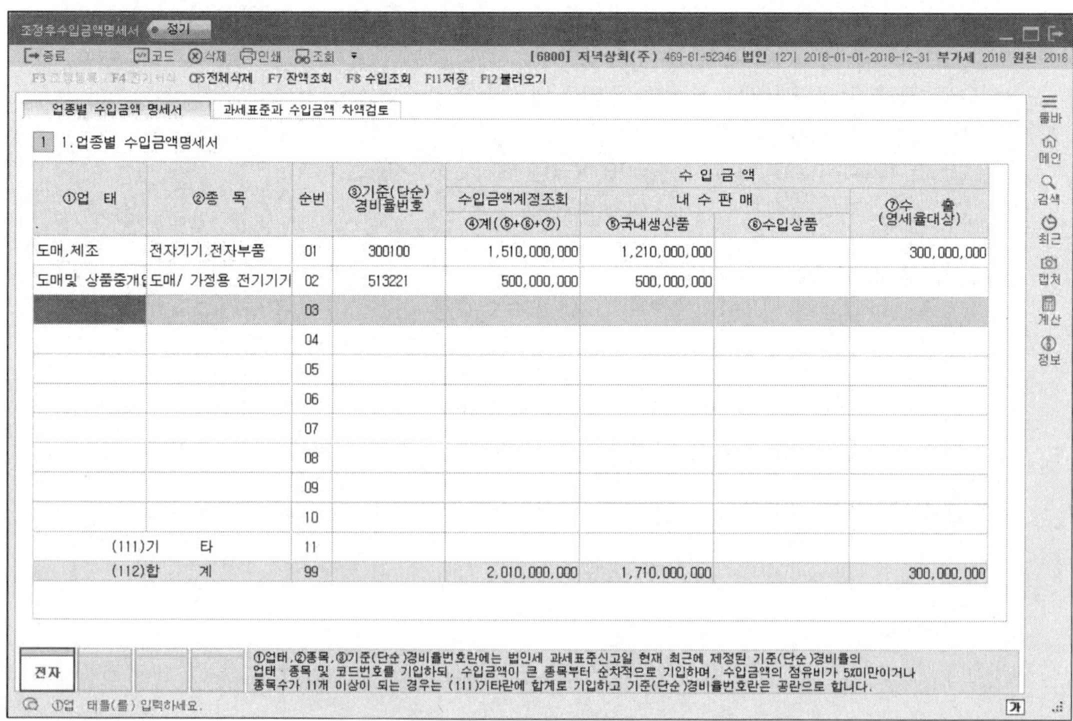

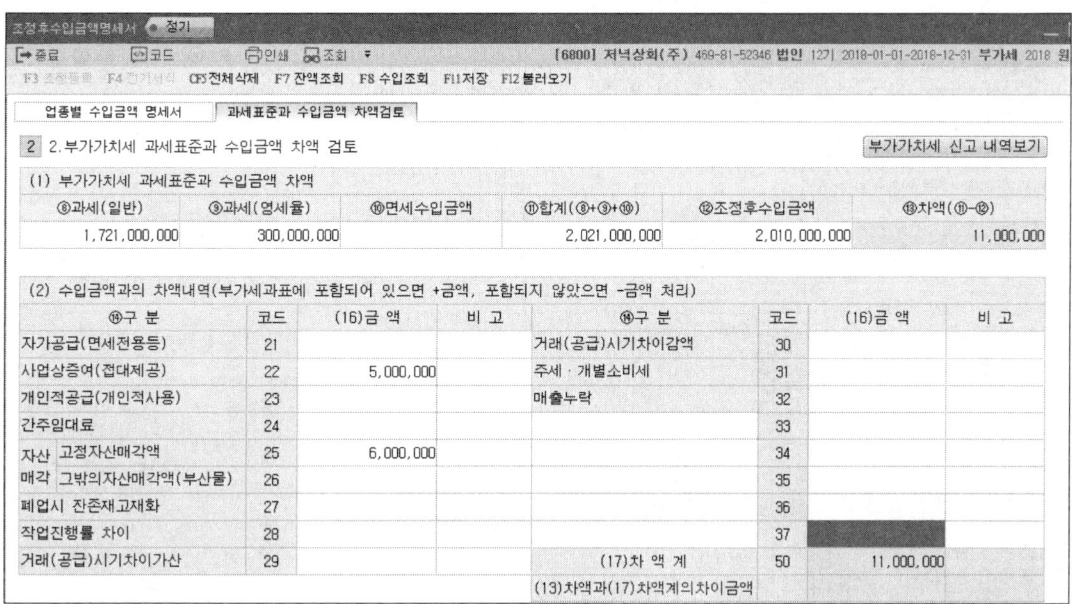

2) 재고자산평가조정명세서

<익금산입> 원재료평가감 43,000 (유보 발생)

<손금산입> 제품평가증 390,000 (유보 발생)

조정 등록					
익금산입 및 손금불산입			손금산입 및 익금불산입		
과 목	금 액	소득처분	과 목	금 액	소득처분
원재료평가감	43,000	유보발생	제품평가증	390,000	유보발생

3) 퇴직연금충당부채

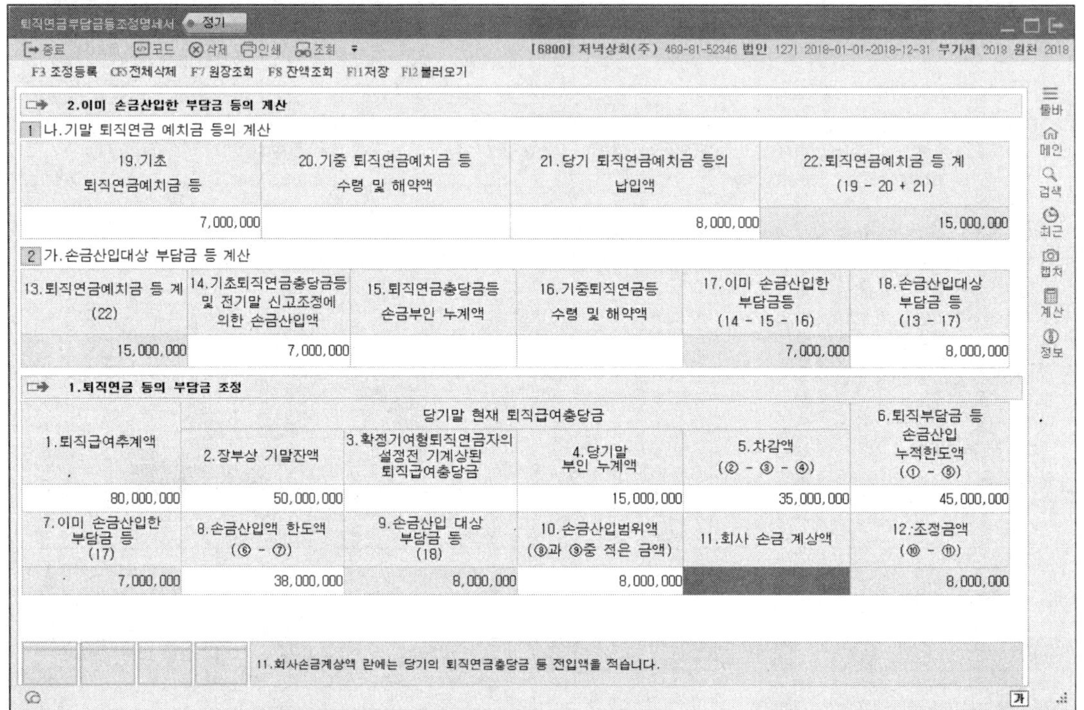

퇴직연금부담금등조정명세서 ● 정기   [6800] 저녁상회(주) 469-81-52346 법인 12기 2018-01-01-2018-12-31 부가세 2018 원천

F3 조정등록 CF5 전체삭제 F7 원장조회 F8 잔액조회 F11저장 F12 불러오기

2.이미 손금산입한 부담금 등의 계산

1 나.기말 퇴직연금 예치금 등의 계산

19.기초 퇴직연금예치금 등	20.기중 퇴직연금예치금 등 수령 및 해약액	21.당기 퇴직연금예치금 등의 납입액	22.퇴직연금예치금 등 계 (19 - 20 + 21)
7,000,000		8,000,000	15,000,000

2 가.손금산입대상 부담금 등 계산

13.퇴직연금예치금 등 계 (22)	14.기초퇴직연금충당금등 및 전기말 신고조정에 의한 손금산입액	15.퇴직연금충당금등 손금부인 누계액	16.기중퇴직연금등 수령 및 해약액	17.이미 손금산입한 부담금등 (14 - 15 - 16)	18.손금산입대상 부담금 등 (13 - 17)
15,000,000	7,000,000			7,000,000	8,000,000

1.퇴직연금 등의 부담금 조정

1.퇴직급여추계액	당기말 현재 퇴직급여충당금				6.퇴직부담금 등 손금산입 누적한도액 (① - ⑤)
	2.장부상 기말잔액	3.확정기여형퇴직연금자의 설정전 기계상된 퇴직급여충당금	4.당기말 부인 누계액	5.차감액 (② - ③ - ④)	
80,000,000	50,000,000		15,000,000	35,000,000	45,000,000

7.이미 손금산입한 부담금 등 (17)	8.손금산입액 한도액 (⑥ - ⑦)	9.손금산입 대상 부담금 등 (18)	10.손금산입범위액 (⑧과 ⑨중 적은 금액)	11.회사 손금 계상액	12.조정금액 (⑩ - ⑪)
7,000,000	38,000,000	8,000,000	8,000,000		8,000,000

11.회사손금계상액 란에는 당기의 퇴직연금충당금 등 전입액을 적습니다.

<손금산입> 퇴직연금운용자산 8,000,000 (유보, 발생)

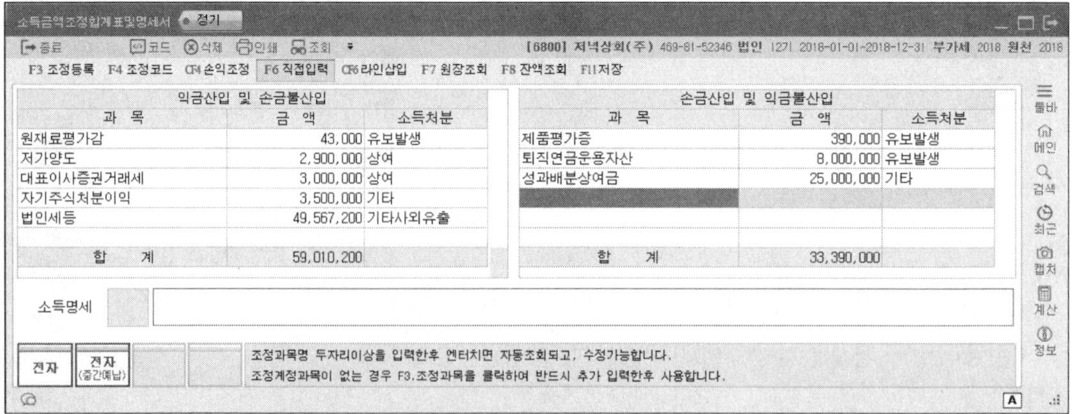

조정 등록

익금산입 및 손금불산입			손금산입 및 익금불산입		
과 목	금 액	소득처분	과 목	금 액	소득처분
원재료평가감	43,000	유보발생	제품평가증	390,000	유보발생
			퇴직연금운용자산	8,000,000	유보발생

4) 소득금액조정합계표

소득금액조정합계표및명세서 ● 정기   [6800] 저녁상회(주) 469-81-52346 법인 12기 2018-01-01-2018-12-31 부가세 2018 원천 2018

F3 조정등록 F4 조정코드 CF4 손익조정 F6 직접입력 CF6 라인삽입 F7 원장조회 F8 잔액조회 F11저장

익금산입 및 손금불산입			손금산입 및 익금불산입		
과 목	금 액	소득처분	과 목	금 액	소득처분
원재료평가감	43,000	유보발생	제품평가증	390,000	유보발생
저가양도	2,900,000	상여	퇴직연금운용자산	8,000,000	유보발생
대표이사증권거래세	3,000,000	상여	성과배분상여금	25,000,000	기타
자기주식처분이익	3,500,000	기타			
법인세등	49,567,200	기타사외유출			
합 계	59,010,200		합 계	33,390,000	

소득명세

전자 전자(중간(예납))

조정과목명 두자리이상을 입력한후 엔터치면 자동조회되고, 수정가능합니다.
조정계정과목이 없는 경우 F3.조정과목을 클릭하여 반드시 추가 입력한후 사용합니다.

5) 법인세과세표준 및 세액조정계산서

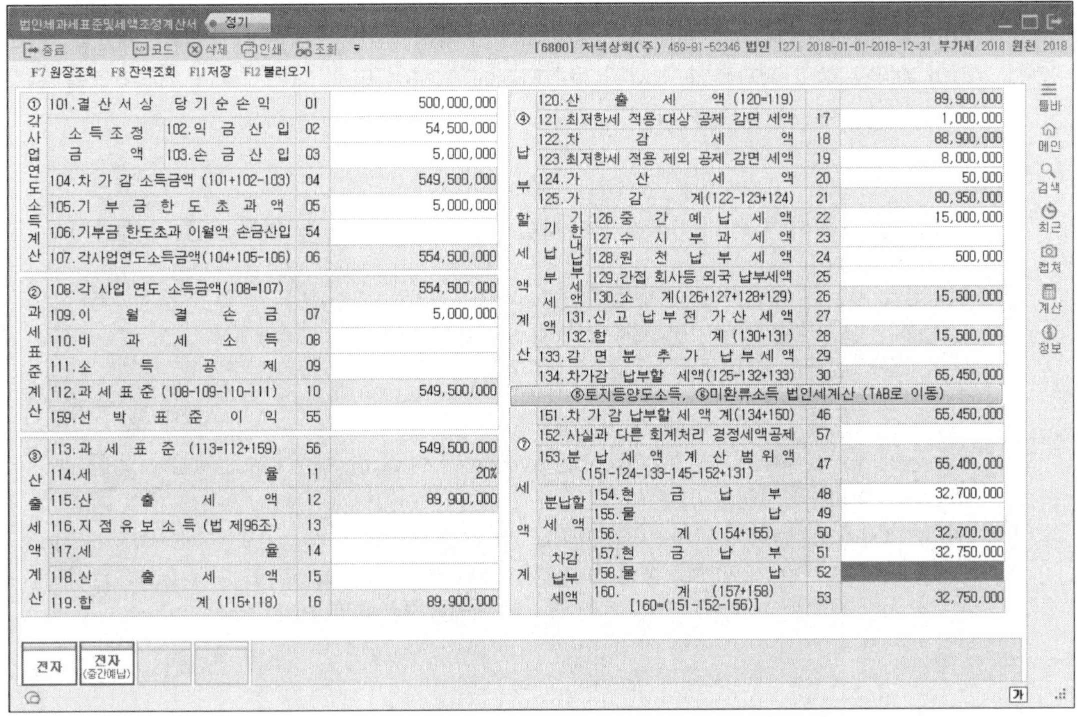

법인세과세표준및세액조정계산서 ◆ 정기

종료 코드 삭제 인쇄 조회
F7 원장조회 F8 잔액조회 F11 저장 F12 불러오기

[6800] 저녁상회(주) 459-81-52346 법인 12기 2018-01-01-2018-12-31 부가세 2018 원천 2018

① 각 사 업 연 도 소 득 계 산	101.결 산 서 상 당 기 순 손 익	01	500,000,000
	소득조정 금 액 102.익 금 산 입	02	54,500,000
	103.손 금 산 입	03	5,000,000
	104.차 가 감 소득금액 (101+102-103)	04	549,500,000
	105.기 부 금 한 도 초 과 액	05	5,000,000
	106.기부금 한도초과 이월액 손금산입	54	
	107.각사업연도소득금액(104+105-106)	06	554,500,000

② 과 세 표 준 계 산	108.각 사 업 연 도 소득금액(108=107)		554,500,000
	109.이 월 결 손 금	07	5,000,000
	110.비 과 세 소 득	08	
	111.소 득 공 제	09	
	112.과 세 표 준 (108-109-110-111)	10	549,500,000
	159.선 박 표 준 이 익	55	

③ 산 출 세 액 계 산	113.과 세 표 준 (113=112+159)	56	549,500,000
	114.세 율	11	20%
	115.산 출 세 액	12	89,900,000
	116.지 점 유 보 소 득 (법 제96조)	13	
	117.세 율	14	
	118.산 출 세 액	15	
	119.합 계 (115+118)	16	89,900,000

④ 납 부 할 세 액 계 산	120.산 출 세 액 (120=119)		89,900,000
	121.최저한세 적용 대상 공제 감면 세액	17	1,000,000
	122.차 감 세 액	18	88,900,000
	123.최저한세 적용 제외 공제 감면 세액	19	8,000,000
	124.가 산 세 액	20	50,000
	125.가 감 계(122-123+124)	21	80,950,000
	기한내납부세액 126.중 간 예 납 세 액	22	15,000,000
	127.수 시 부 과 세 액	23	
	128.원 천 납 부 세 액	24	500,000
	129.간접 회사등 외국 납부세액	25	
	130.소 계(126+127+128+129)	26	15,500,000
	131.신 고 납 부 전 가 산 세 액	27	
	132.합 계 (130+131)	28	15,500,000
	133.감 면 분 추 가 납 부 세 액	29	
	134.차가감 납부할 세액(125-132+133)	30	65,450,000

⑤토지등양도소득, ⑥미환류소득 법인세계산 (TAB로 이동)

⑦ 세 액 계	151.차 가 감 납부할 세 액 계(134+150)	46	65,450,000
	152.사실과 다른 회계처리 경정세액공제	57	
	153.분 납 세 액 계 산 범 위 액 (151-124-133-145-152+131)	47	65,400,000
	분납할 세액 154.현 금 납 부	48	32,700,000
	155.물 납	49	
	156. 계 (154+155)	50	32,700,000
	차감 납부 세액 157.현 금 납 부	51	32,750,000
	158.물 납	52	
	160. 계 (157+158) [160=(151-152-156)]	53	32,750,000

전자 전자(중간예납)

2 남해안상사(주)(회사코드 : 6900)는 사무용가구에 대한 제조·도매업을 영위하는 중소기업이며, 당해 사업연도(제12기)는 2018.1.1~2018.12.31이다. 법인세무조정메뉴를 이용하여 재무회계 기장자료와 제시된 보충자료에 의하여 당해 사업연도의 세무조정을 하시오. ※ 회사선택에 유의할 것.

[1] 다음 자료를 이용하여 접대비조정명세서를 작성하고 필요한 세무조정을 행하시오.

1. 접대비로 계상된 금액은 다음과 같고, 접대비(판) 중에는 대표이사가 휴가 중에 개인적으로 법인 신용카드를 사용하여 지출한 금액 350,000원이 포함되어 있다.

계정과목	접대비(판)	접대비(제)
총 금 액	31,661,300원	11,816,800원

2. 수입금액 1,250,000,000원은 전액 제품 매출액이며 이 중에는 특수관계인에 대한 매출 400,000,000원이 포함되어 있다.
3. 1회 접대비가 1만원을 초과하는 금액(경조사비 제외) 중 법인 신용카드를 사용하지 아니하고 간이영수증이나 직원명의 신용카드를 사용한 금액은 접대비(판)의 경우 31,600,000원 중 120,000원이고, 접대비(제)의 경우 11,800,000원 중 60,000원이다.

[2] 다음 자료를 이용하여 고정자산 등록 메뉴에 등록하고, 감가상각에 대한 세무조정을 하고, 소득금액조정합계표에 반영하시오.

[자료1] 건물과 기계장치에 대한 자산코드는 각각 1로 입력한다.

구 분	자산명	취득일	취득가액	전기말 상각누계액	손익계산서상 회사계상 상각비	구분
건물(업종코드:02)	공장건물	2014.3.25	150,000,000원	17,500,000원	7,500,000원	제조
기계장치(업종코드:13)	조립기	2015.06.1	60,000,000원	16,000,000원	6,000,000원	제조

[자료2]
① 회사는 감가상각 방법을 세법에서 정하는 시기에 정액법으로 신고하였다.
② 회사는 감가상각 대상자산의 내용연수를 세법에서 정한 범위 내에서 세부담 최소화에 따른 기간을 세법에서 정한 시기에 신고하였다.
③ 회사의 감가상각 대상자산의 내용연수와 관련된 자료는 다음과 같다. 상각률은 세법이 정한 기준에 의한다.

구 분	기준내용연수(년)	내용연수범위(년)
건 물	40	30~50
기계장치	8	6~10

④ 수선비계정에는 건물에 대한 자본적 지출액 15,000,000원이 포함되어 있다.
⑤ 기계장치(조립기)의 전기말 상각부인액은 5,500,000원이다.

[3] 다음 자료의 내용을 소득금액조정합계표에 반영하고, 자본금과적립금조정명세서(을)
  을 작성하시오.

[자료 1] 전기 자본금과적립금조정명세서(을)표상의 자료는 다음과 같다.

과　　목	기초잔액(원)	당기중증감(원)		기말잔액(원)
		감　　소	증　　가	
대손충당금한도초과			5,000,000	5,000,000
재고자산평가감			7,500,000	7,500,000
적송품매출액	100,000,000	100,000,000		
적송품매출원가	-75,000,000	-75,000,000		
외 상 매 출 금	3,000,000	3,000,000	6,000,000	6,000,000
선 급 비 용	2,000,000	2,000,000	-3,000,000	-3,000,000
감가상각비한도초과(기계장치)			5,500,000	5,500,000
계	30,000,000	30,000,000	21,000,000	21,000,000

[자료 2] 당기의 관련 자료는 다음과 같다.
① 전기대손충당금 한도초과액은 전부 환입되었고, 당기 대손충당금 한도초과액은 없다.
② 당기분 재고자산의 금액은 적정하다.
③ 전기에 부도가 발생하여 대손처리했던 외상매출금 6,000,000원의 대손요건이 당기에 충
  족되었다.(비망금액 1,000원 제외)
④ 전기에 세무조정하였던 선급비용은 전액 당기에 비용으로 계상하였다.
⑤ [문제2]의 [2]에서와 같이 감가상각에 대한 세무조정이 발생하였다.

[4] 위 [1]~[3]의 조정사항과 다음 자료에 대하여 소득금액조정합계표(조정명세서는 생략
  한다)를 완성하시오.
  (1) 법인세 등이 계상되어 있다.(재무회계 기장데이타를 참고하시오)
  (2) 잡이익 중에는 부가가치세 환급 시에 수령한 국세환급가산금 53,000원이 포함되
    어 있다.
  (3) 당기 손익계산서상 세금과공과 계정에는 교통사고벌과금 180,000원과 전기요금
    납부지연으로 인한 연체금 58,000원이 포함되어 있다.
  (4) 출자상근임원에 대한 상여금을15,350,000원 지급하였으나, 지급규정상으로는 10,000,000
    원으로 되어 있음을 발견하였다. 지급규정보다 추가 지급된 이유는 회사에 기여한 공
    로가 많아 지급된 것이다.

[5] 주어진 자료와 다음 자료를 이용하여 기부금조정명세서(기부금명세서 포함)를 작성하고 필요한 세무조정을 행하시오.

1. 기부금 계정의 내역은 다음과 같다.

일자	금액	기부처명	사업자등록번호	비고
7월 11일	3,000,000원	광명대학교	212-56-32586	사립학교에 연구비로 지출한 기부금
8월 30일	7,000,000원	사회정의실천연합	421-58-65822	지정기부금단체에 고유목적사업비로 지출한 기부금
9월 6일	1,000,000원	제주향우회	321-25-21040	대표이사 고향 향우회에 찬조금으로 지출한 기부금
12월 30일	1,500,000원	광명대학교	212-56-32586	사립학교에 장학금으로 지출한 기부금

2. 10월 6일에 당사와 특수관계 없는 종교를 목적으로 하는 공공기관인 (재)광명(고유번호 : 105-82-10361)의 고유목적사업을 위하여 시가가 1,000,000원이고 장부금액이 800,000원인 비품을 기부차원에서 100,000원에 저가로 양도하고 다음과 같이 회계처리 하였다.

(차) 보통예금	100,000원	(대) 비 품	800,000원
유형자산처분손실	700,000원		

3. 소득금액계산시 세무조정된 익금산입 및 손금산입 금액은 저장된 데이터를 무시하고, 다음의 금액으로 한다.

- 당기순이익 : 15,360,192원
- 익금산입 : 51,824,788원
- 손금산입 : 22,512,000원

※ 익금산입 금액은 기타기부금조정을 포함한 금액으로 가정한다.

1) 접대비조정명세서

업무무관접대비 <손금불산입> 350,000원 (대표자상여)

신용카드미사용접대비 <손금불산입> 180,000원 (기타사외유출)

접대비한도초과액 <손금불산입> 17,168,100원 (기타사외유출)

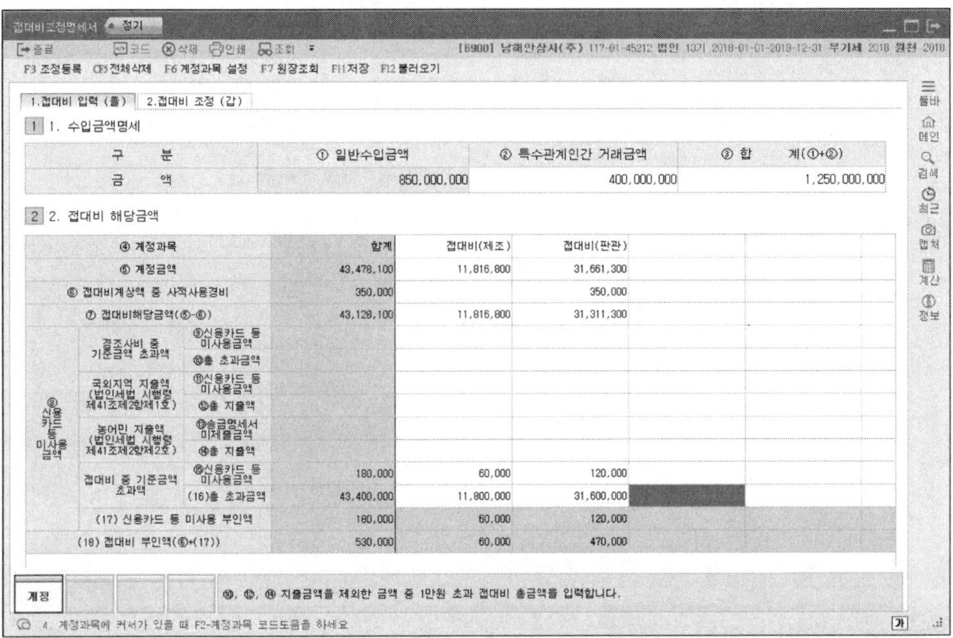

1. 접대비 입력 (을)

1. 수입금액명세

구 분	① 일반수입금액	② 특수관계인간 거래금액	③ 합 계(①+②)
금 액	850,000,000	400,000,000	1,250,000,000

2. 접대비 해당금액

④ 계정과목		합계	접대비(제조)	접대비(판관)
⑤ 계정금액		43,478,100	11,816,800	31,661,300
⑥ 접대비계상액 중 사적사용경비		350,000		350,000
⑦ 접대비해당금액(⑤-⑥)		43,128,100	11,816,800	31,311,300
⑧ 신용카드 등 미사용금액	경조사비 중 기준금액 초과액	⑨신용카드 등 미사용금액		
		⑩총 초과금액		
	국외지역 지출액 (법인세법 시행령 제41조제2항제1호)	⑪신용카드 등 미사용금액		
		⑫총 지출액		
	농어민 지출액 (법인세법 시행령 제41조제2항제2호)	⑬송금명세서 미제출금액		
		⑭총 지출액		
	접대비 중 기준금액 초과액	⑮신용카드 등 미사용금액	180,000	60,000	120,000
		(16)총 초과금액	43,400,000	11,800,000	31,600,000
(17) 신용카드 등 미사용 부인액		180,000	60,000	120,000
(18) 접대비 부인액(⑥+(17))		530,000	60,000	470,000

⑩, ⑫, ⑭ 지출금액을 제외한 금액 중 1만원 초과 접대비 총금액을 입력합니다.

4. 계정과목에 커서가 있을 때 F2-계정과목 코드도움을 하세요

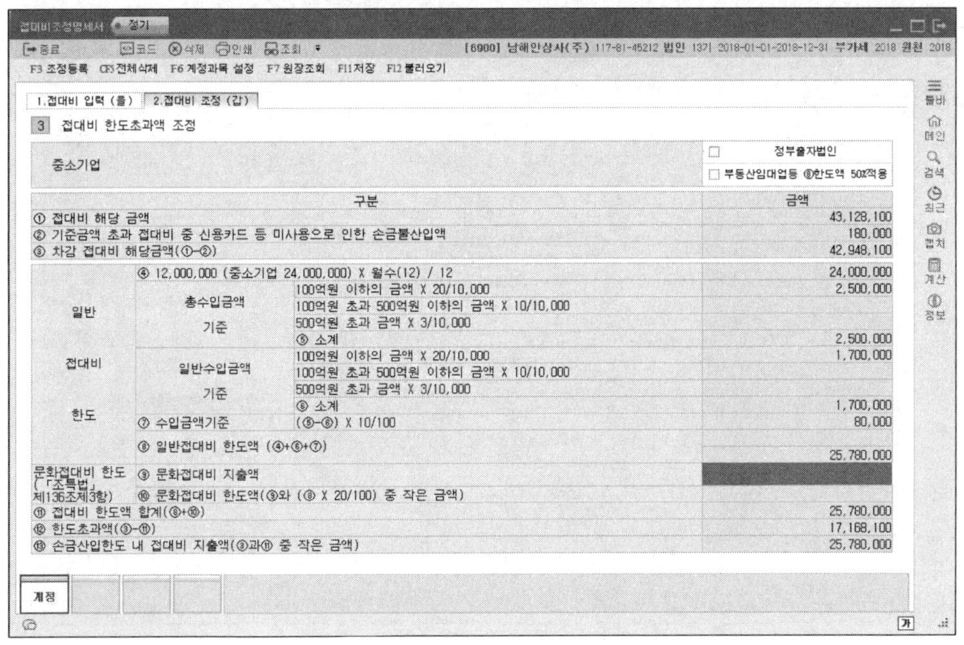

2. 접대비 조정 (갑)

3 접대비 한도초과액 조정

구분			금액
중소기업		□ 정부출자법인 □ 부동산임대업등 ⑧한도액 50%적용	
① 접대비 해당 금액			43,128,100
② 기준금액 초과 접대비 중 신용카드 등 미사용으로 인한 손금불산입액			180,000
③ 차감 접대비 해당금액(①-②)			42,948,100
접대비 한도	④ 12,000,000 (중소기업 24,000,000) X 월수(12) / 12		24,000,000
	일반 총수입금액 기준	100억원 이하의 금액 X 20/10,000	2,500,000
		100억원 초과 500억원 이하의 금액 X 10/10,000	
		500억원 초과 금액 X 3/10,000	
		⑤ 소계	2,500,000
	일반수입금액 기준	100억원 이하의 금액 X 20/10,000	1,700,000
		100억원 초과 500억원 이하의 금액 X 10/10,000	
		500억원 초과 금액 X 3/10,000	
		⑥ 소계	1,700,000
	⑦ 수입금액기준	(⑤-⑥) X 10/100	80,000
	⑧ 일반접대비 한도액 (④+⑥+⑦)		25,780,000
문화접대비 한도 (「조특법」 제136조제3항)	⑨ 문화접대비 지출액		
	⑩ 문화접대비 한도액(⑨와 (⑧ X 20/100) 중 작은 금액)		
⑪ 접대비 한도액 합계(⑧+⑩)			25,780,000
⑫ 한도초과액(③-⑪)			17,168,100
⑬ 손금산입한도 내 접대비 지출액(③과⑪ 중 작은 금액)			25,780,000

2) 감가상각비조정

감가상각방법과 내용연수를 정상적으로 신고하였으므로 상각방법은 정액법을 적용하며 내용연수는 신고내용연수로 건물은 30년 기계장치는 6년을 적용하여 세무조정한다.

① 고정자산 등록

② 미상각자산감가상각조정명세서

입력내용			금액	총계
업종코드/명　02　연와조,블럭조				
합계표 자산구분　1. 건축물				
(4)내용연수(기준.신고)			30	
상각 계산 의 기초 가액	재무상태표 자산가액	(5)기말현재액	150,000,000	210,000,000
		(6)감가상각누계액	25,000,000	47,000,000
		(7)미상각잔액(5)-(6)	125,000,000	163,000,000
	회사계산 상각비	(8)전기말누계	17,500,000	33,500,000
		(9)당기상각비	7,500,000	13,500,000
		(10)당기말누계(8)+(9)	25,000,000	47,000,000
	자본적 지출액	(11)전기말누계		
		(12)당기지출액	15,000,000	15,000,000
		(13)합계(11)+(12)	15,000,000	15,000,000
(14)취득가액((7)+(10)+(13))			165,000,000	225,000,000
(15)일반상각률.특별상각률			0.034	
상각범위 액계산	당기산출 상각액	(16)일반상각액	5,610,000	15,570,000
		(17)특별상각액		
		(18)계((16)+(17))	5,610,000	15,570,000
	(19) 당기상각시인범위액		5,610,000	15,570,000
(20)회사계상상각액((9)+(12))			22,500,000	28,500,000
(21)차감액((20)-(19))			16,890,000	12,930,000
(22)최저한세적용에따른특별상각부인액				
조정액	(23) 상각부인액((21)+(22))		16,890,000	16,890,000
	(24) 기왕부인액중당기손금추인액			3,960,000
부인액 누계	(25) 전기말부인누계액			5,500,000
	(26) 당기말부인누계액 (25)+(23)-|24|		16,890,000	18,430,000
당기말	(27) 당기의제상각액 |△(21)|-|(24)|			

<손금불산입> 건물 감가상각비 한도초과액 16,890,000 (유보 발생)

입력내용			금액	총계
업종코드/명　13　제조업				
합계표 자산구분　2. 기계장치				
(4)내용연수(기준.신고)			6	
상각 계산 의 기초 가액	재무상태표 자산가액	(5)기말현재액	60,000,000	210,000,000
		(6)감가상각누계액	22,000,000	47,000,000
		(7)미상각잔액(5)-(6)	38,000,000	163,000,000
	회사계산 상각비	(8)전기말누계	16,000,000	33,500,000
		(9)당기상각비	6,000,000	13,500,000
		(10)당기말누계(8)+(9)	22,000,000	47,000,000
	자본적 지출액	(11)전기말누계		
		(12)당기지출액		15,000,000
		(13)합계(11)+(12)		15,000,000
(14)취득가액((7)+(10)+(13))			60,000,000	225,000,000
(15)일반상각률.특별상각률			0.166	
상각범위 액계산	당기산출 상각액	(16)일반상각액	9,960,000	15,570,000
		(17)특별상각액		
		(18)계((16)+(17))	9,960,000	15,570,000
	(19) 당기상각시인범위액		9,960,000	15,570,000
(20)회사계상상각액((9)+(12))			6,000,000	28,500,000
(21)차감액((20)-(19))			-3,960,000	12,930,000
(22)최저한세적용에따른특별상각부인액				
조정액	(23) 상각부인액((21)+(22))			16,890,000
	(24) 기왕부인액중당기손금추인액		3,960,000	3,960,000
부인액 누계	(25) 전기말부인누계액		5,500,000	5,500,000
	(26) 당기말부인누계액 (25)+(23)-|24|		1,540,000	18,430,000
당기말	(27) 당기의제상각액 |△(21)|-|(24)|			

<손금산입> 조립기 손금 추인액 3,960,000 (유보 감소)

3) 자본금과 적립금조정명세서(을)

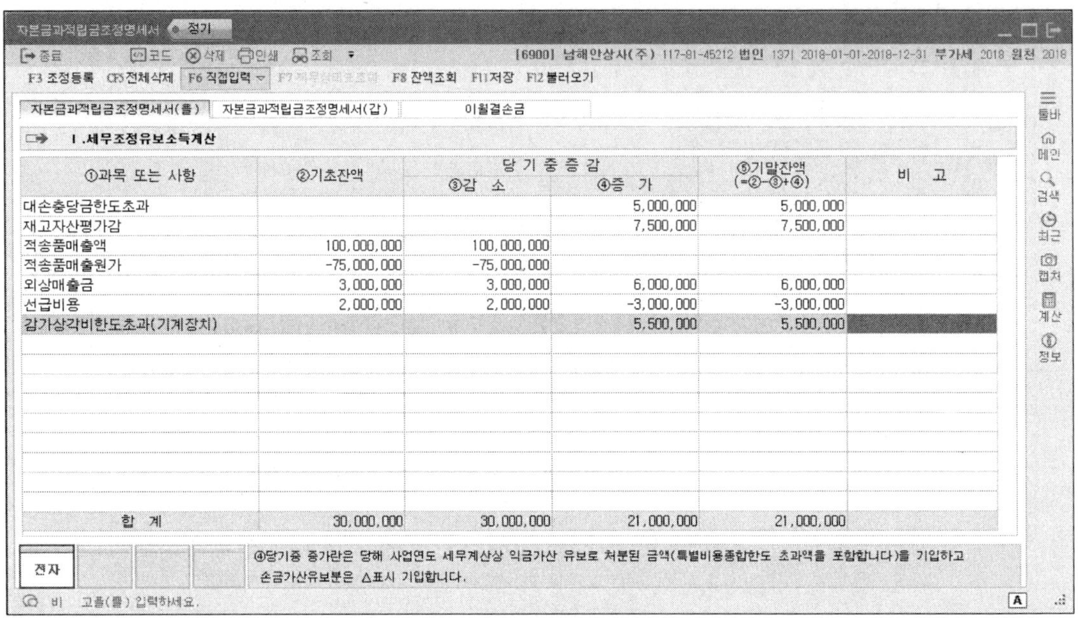

• 소득금액조정합계표

<익금산입> 전기 선급비용 3,000,000원 (유보, 감소)

<손금산입> 전기 대손충당금 5,000,000원 (유보, 감소)

전기 재고자산평가감 7,500,000원 (유보, 감소)

외상매출금 5,999,000원 (유보, 감소)

4) 소득금액조정합계표

조정 등록

익금산입 및 손금불산입			손금산입 및 익금불산입		
과 목	금 액	소득처분	과 목	금 액	소득처분
접대비중신용카드미사용	180,000	기타사외유출	조립기 손금추인	3,960,000	유보감소
접대비한도초과액	17,518,100	기타사외유출	전기대손충당금	5,000,000	유보감소
업무무관접대비	350,000	상여	전기재고자산평가감	7,500,000	유보감소
건물감가상각비한도초과	16,890,000	유보발생	외상매출금	5,999,000	유보감소
선급비용	3,000,000	유보감소	국세환급가산금	53,000	기타
법인세등	1,706,688	기타사외유출			
벌과금등	180,000	기타사외유출			
임원상여금한도초과	5,350,000	상여			
합 계	45,174,788		합 계	22,512,000	

소득명세

5) 기부금명세서

<손금불산입> 비지정(기타)기부금　1,000,000원 (대표자상여)

의제기부금 = 시가 × (1 - 30%) − 양도가액 = 1,000,000원 × (1−30%) − 100,000원 = 600,000원

[법정기부금] 광명대학교 사립학교연구비 (7월 11일)　3,000,000원

사립학교장학금 (12월 30일)　1,500,000원

[지정기부금] 사회정의실천연합 (8월 30일)　7,000,000원

(재)광명 (의제기부금)　　　　　600,000원

지정기부금한도초과액　　　　2,372,702원

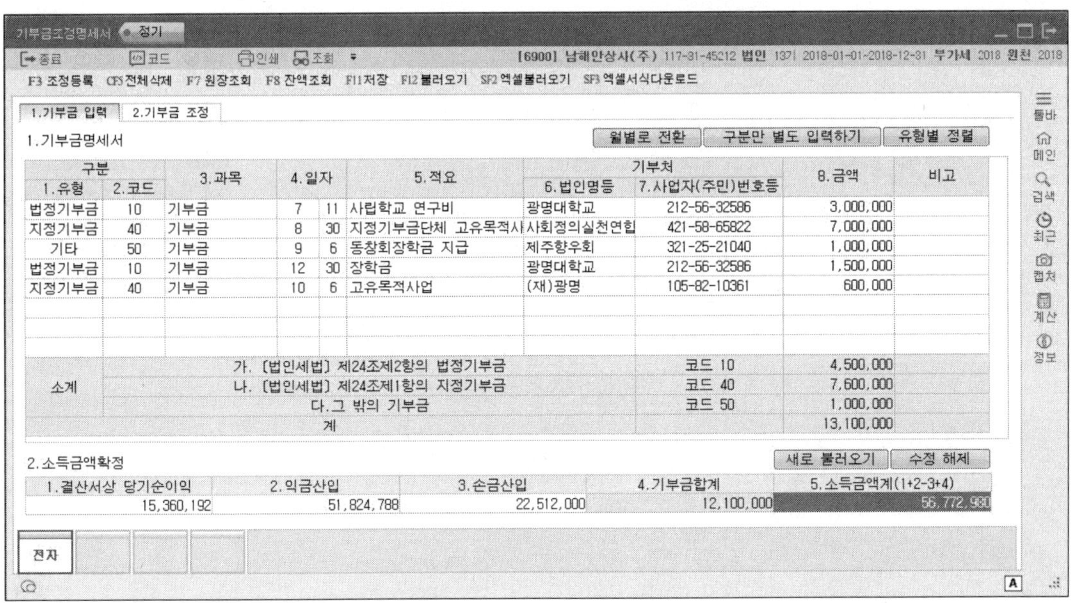

구분		3.과목	4.일자		5.적요	기부처		8.금액	비고
1.유형	2.코드					6.법인명등	7.사업자(주민)번호등		
법정기부금	10	기부금	7	11	사립학교 연구비	광명대학교	212-56-32586	3,000,000	
지정기부금	40	기부금	8	30	지정기부금단체 고유목적사	사회정의실천연합	421-58-65822	7,000,000	
기타	50	기부금	9	6	동창회장학금 지급	제주향우회	321-25-21040	1,000,000	
법정기부금	10	기부금	12	30	장학금	광명대학교	212-56-32586	1,500,000	
지정기부금	40	기부금	10	6	고유목적사업	(재)광명	105-82-10361	600,000	
소계		가. [법인세법] 제24조제2항의 법정기부금					코드 10	4,500,000	
		나. [법인세법] 제24조제1항의 지정기부금					코드 40	7,600,000	
		다. 그 밖의 기부금					코드 50	1,000,000	
		계						13,100,000	

1.결산서상 당기순이익	2.익금산입	3.손금산입	4.기부금합계	5.소득금액계(1+2-3+4)
15,360,192	51,824,788	22,512,000	12,100,000	56,772,980

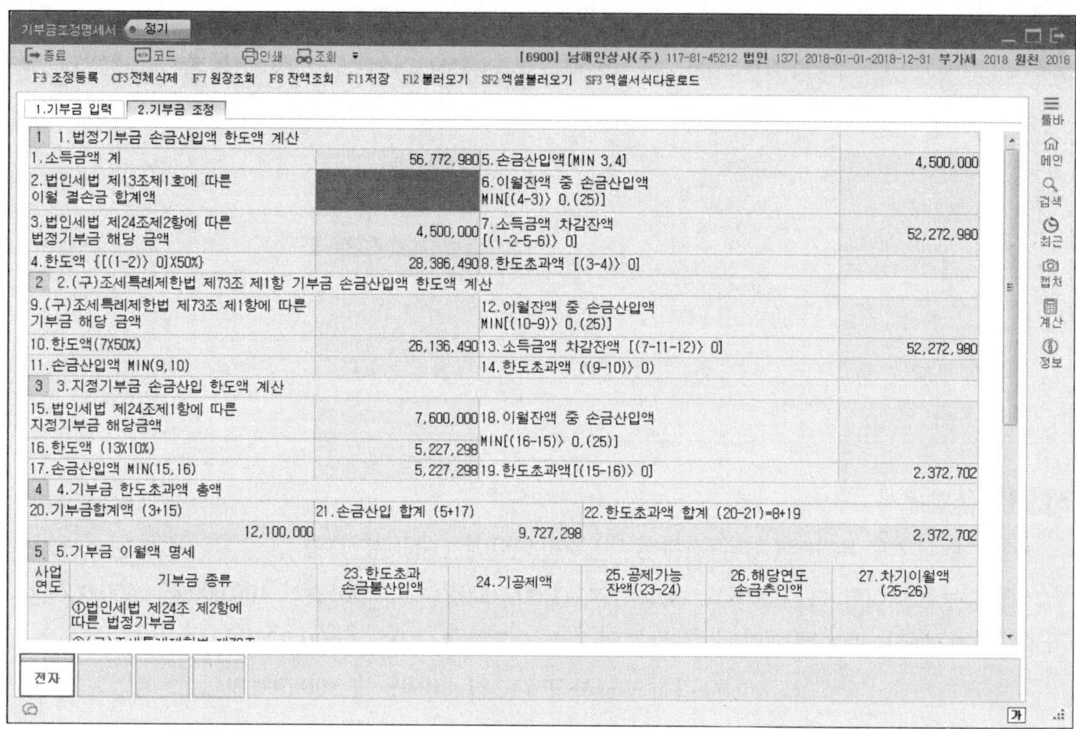

기부금조정명세서 ● 정기
종료   코드   인쇄 조회   [6900] 남해안상사(주) 117-81-45212 법인 13기 2018-01-01~2018-12-31 부가세 2018 원천 2018
F3 조정등록 CF5 전체삭제 F7 원장조회 F8 잔액조회 F11 저장 F12 불러오기 SF2 엑셀불러오기 SF3 엑셀서식다운로드
1.기부금 입력   2.기부금 조정
1 1.법정기부금 손금산입액 한도액 계산
1.소득금액 계   56,772,980 5.손금산입액[MIN 3,4]   4,500,000
2.법인세법 제13조제1호에 따른 이월 결손금 합계액   6.이월잔액 중 손금산입액 MIN[(4-3)〉 0,(25)]
3.법인세법 제24조제2항에 따른 법정기부금 해당 금액   4,500,000 7.소득금액 차감잔액 [(1-2-5-6)〉 0]   52,272,980
4.한도액 {[(1-2)〉 0]X50%}   28,386,490 8.한도초과액 [(3-4)〉 0]
2 2.(구)조세특례제한법 제73조 제1항 기부금 손금산입액 한도액 계산
9.(구)조세특례제한법 제73조 제1항에 따른 기부금 해당 금액   12.이월잔액 중 손금산입액 MIN[(10-9)〉 0,(25)]
10.한도액(7X50%)   26,136,490 13.소득금액 차감잔액 [(7-11-12)〉 0]   52,272,980
11.손금산입액 MIN(9,10)   14.한도초과액 ((9-10)〉 0)
3 3.지정기부금 손금산입 한도액 계산
15.법인세법 제24조제1항에 따른 지정기부금 해당금액   7,600,000 18.이월잔액 중 손금산입액 MIN[(16-15)〉 0,(25)]
16.한도액 (13X10%)   5,227,298
17.손금산입액 MIN(15,16)   5,227,298 19.한도초과액[(15-16)〉 0]   2,372,702
4 4.기부금 한도초과액 총액
20.기부금합계액 (3+15)   21.손금산입 합계 (5+17)   22.한도초과액 합계 (20-21)=8+19
12,100,000   9,727,298   2,372,702
5 5.기부금 이월액 명세
사업연도 | 기부금 종류 | 23.한도초과 손금불산입액 | 24.기공제액 | 25.공제가능 잔액(23-24) | 26.해당연도 손금추인액 | 27.차기이월액 (25-26)
①법인세법 제24조 제2항에 따른 법정기부금
전자

<u>3</u> 호방상회(주)(회사코드 : 7000)는 철구조물에 대한 제조·도매업을 영위하는 중소기업이며, 당해 사업연도(제12기)는 2018.1.1~2018.12.31이다. 법인세무조정메뉴를 이용하여 재무회계 기장자료와 제시된 보충자료에 의하여 당해 사업연도의 세무조정을 하시오.
※ 회사선택에 유의할 것.

[1] 수입금액조정명세서 및 조정후수입금액명세서를 작성하고 관련 세무조정사항을 소득금액조정합계표에 반영하시오.

> (1) 손익계산서상 수익계상내역은 다음과 같다.
> - 제품매출액 : 1,500,000,000원(특수관계인간의 거래 500,000,000원 포함) 다만, 위탁매출(적송매출) 누락분 5,200,000원에 대해서는 부가가치세 수정신고를 하였으나, 결산서에는 반영하지 못하였다.(위탁매출원가는 적정히 반영되었다)
> - 상품매출액 : 500,000,000원
>
> | 구 분 | | | 기준경비율코드 |
> |---|---|---|---|
> | 매출액 | 제품매출 | 제조/철구조물 | 289302 |
> | | 상품매출 | 도매/철구조물 | 514210 |
>
> (2) 부가가치세 신고자료(과세표준)
> - 기계장치 매각대금 16,000,000원이 포함되어 있다.
> - 사업상증여 4,800,000원이 포함되어 있다.
> - 부가가치세법상의 관련규정은 모두 준수하였으며, 수정신고내용도 반영되어 있다.
> - 영세율매출은 제품매출에서 발생한 금액이다.
> (3) 수입금액은 모두 국내생산품에 의한 국내매출이다.

[2] 다음의 추가자료와 기입력된 자료를 이용하여 가지급금인정이자조정명세서를 작성하고 필요한 세무조정을 하여 소득금액조정합계표에 추가하시오.

> (1) 대표이사 김주원에 대한 가지급금과 가수금 내역은 다음과 같으며 이에 대한 회계처리는 자료에 입력되어 있다. 프로그램상 적요는 1과 4를 사용하였다. 당사는 가지급금에 대하여 이자를 수령하거나 지급하지 아니하였다.
>
> | 구 분 | 날짜 | 금액(원) |
> |---|---|---|
> | 가지급금 발생 | 4월 2일 | 26,000,000 |
> | 가지급금 회수 | 7월 3일 | 24,000,000 |
>
> (2) 당사는 인정이자 계산시 당좌대출이자율을 적용하기로 약정서를 작성하였다. 현행 당좌대출이자율은 4.6%이다.
> (3) 당사는 기말결산분개시 인정이자에 대한 기말결산 회계처리를 하지 않았다.

[3] 다음 자료에 의하여 외화자산등 평가차손익조정(갑, 을)을 작성하고 이에 대한 세무조정을 하여 소득금액조정합계표에 추가하시오.

계정과목	발생일자	외화종류	외화금액	발생시 적용환율	기말 매매기준율
외상매출금	2018.1. 5	달러	$10,000	$당 1,110원	$당 1,167.6원
장기차입금	2018.6.10	달러	$ 8,000	$당 1,250원	$당 1,167.6원

- 당기 화폐성 외화자산과 외화부채는 위의 자료뿐이다.
- 발생시 적용환율은 일반기업회계기준과 법인세법상 환율이다.
- 호방상회(주)는 2018년도부터 외화자산과 외화부채에 대한 평가손익을 인식하기로 하였으며 이에 대한 신고를 하기 위하여 외화자산 등 평가차손익조정(갑, 을)을 작성하여 법인세 신고시 제출하고자 한다.
- 호방상회(주)는 2018년 결산 회계처리시 임의적으로 $당 1,160원을 적용하여 외화환산손익으로 회계처리 하였다.
- 법인세신고시 적용되는 환율은 기말매매기준율로 신고하기로 한다.

[4] 다음의 주어진 자료에 의하여 세금과공과금 조정명세서를 작성하고, 개별 항목별로 세무조정을 하시오.

일 자	적 요	금 액(원)
1/28	자동차세	840,000
2/26	재산분 주민세	1,600,000
4/30	법인세분지방소득세	5,300,000
6/30	간주임대료부가세	950,000
7/20	토지취득세	1,600,000
8/20	대표이사 비상장주식매각 증권거래세	3,000,000
8/27	주차위반 과태료(업무상)	120,000
9/30	산재보험 연체료	200,000
10/10	지급명세서 미제출가산세	2,000,000
12/15	환경개선부담금	880,000

[5] 다음 자료를 통하여 접대비조정명세서를 작성하고, 소득금액조정합계표에 세무조정을 반영하시오.

① 수입금액 : 2,005,200,000원 (이 중 500,000,000원은 특수관계인에 대한 수입금액이다) 단, 수입금액 관련하여 입력된 자료는 무시하고 주어진 수입금액을 적용한다.

② 영업부에서 발생한 접대비 총액은 22,054,000원이며, 자세한 내역은 다음과 있다.

날 짜	금 액	비 고
3월 6일	1,000,000원	거래처회식대로서 증빙이 없다.
7월 4일	2,000,000원	사원 김태종씨 개인의 신용카드로 결제했음.
8월 7일	300,000원	거래처에 대한 경조사 1건의 금액이며, 현금지급한 후 간이영수증을 수취하였다.
위 이외	18,754,000원	이 금액 중 20,000원은 모두 건당 만원 이하의 금액이다. 18,734,000원은 건당 만원을 초과하는 접대비이며, 이 금액 중 4,500,000원은 신용카드 등을 사용하지 않았다.

③ 제조부에서 발생한 접대비 총액은 57,300,000원(50,000,000원은 건설중인 자산에 해당하며 전액 건당 1만원 초과금액이다.)이며, 모두 법인신용카드로 결제하였다.

● 해답

(1) 수입금액조정명세서

　　404.제품매출 = 1,505,200,000원

　　401.상품매출 500,000,000원

　　(익금산입) 적송매출누락액 5,200,000(유보 발생)

　　잡이익계정에서 조회되는 부산물매출을 반영하여 작성해도 정답

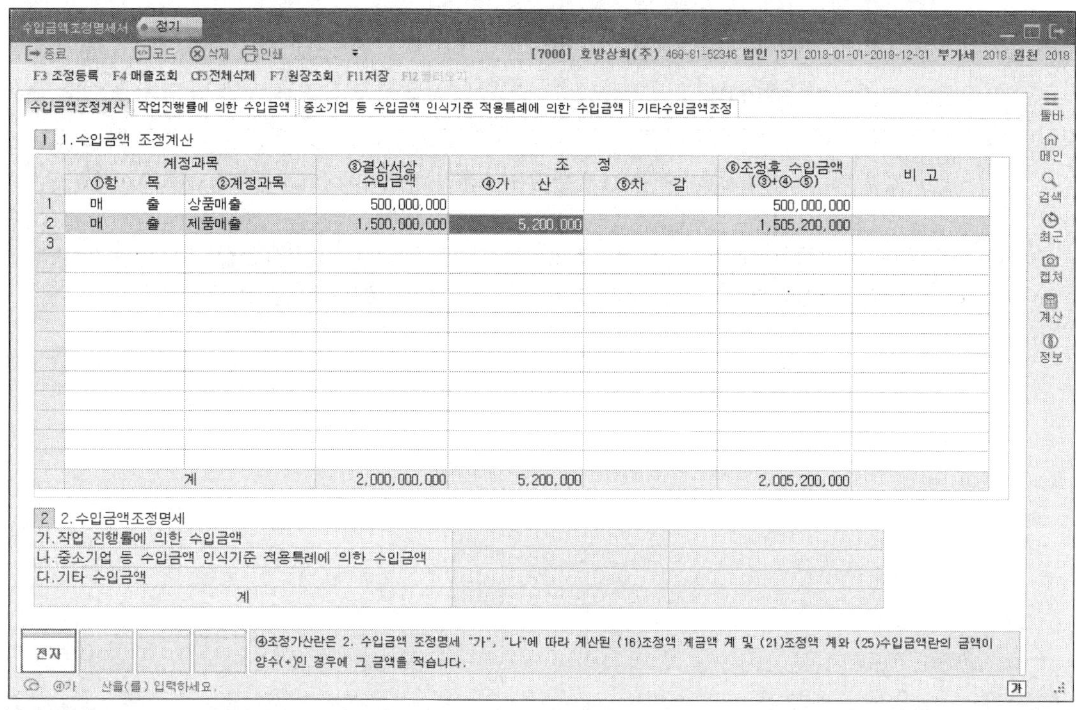

(2) 조정후 수입금액명세서

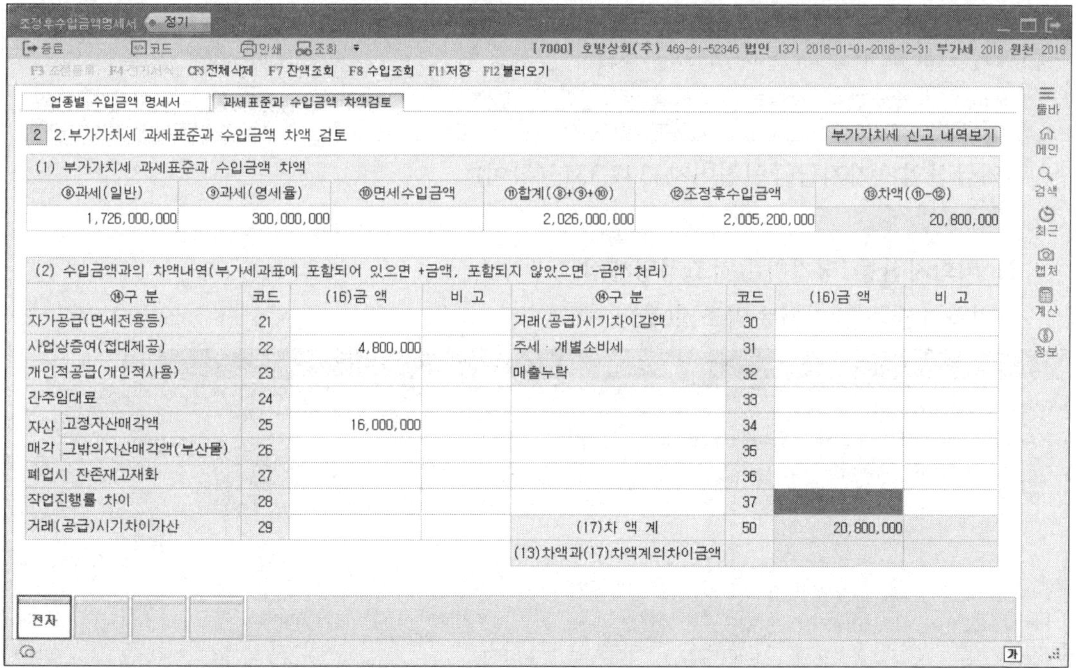

1. 업종별 수입금액명세서

①업 태	②종 목	순번	③기준(단순)경비율번호	수입금액 ④계(⑤+⑥+⑦)	수입금액 내수판매 ⑤국내생산품	수입금액 내수판매 ⑥수입상품	⑦수 출(영세율대상)
도매,제조	철구조물	01	289302	1,505,200,000	1,205,200,000		300,000,000
도매및 상품중개업	도매 / 철근	02	514210	500,000,000	500,000,000		
		03					
		04					
		05					
		06					
		07					
		08					
		09					
		10					
(111)기 타		11					
(112)합 계		99		2,005,200,000	1,705,200,000		300,000,000

2. 부가가치세 과세표준과 수입금액 차액 검토

부가가치세 신고 내역보기

(1) 부가가치세 과세표준과 수입금액 차액

⑧과세(일반)	⑨과세(영세율)	⑩면세수입금액	⑪합계(⑧+⑨+⑩)	⑫조정후수입금액	⑬차액(⑪-⑫)
1,726,000,000	300,000,000		2,026,000,000	2,005,200,000	20,800,000

(2) 수입금액과의 차액내역(부가세과표에 포함되어 있으면 +금액, 포함되지 않았으면 -금액 처리)

⑭구 분	코드	(16)금 액	비 고	⑭구 분	코드	(16)금 액	비 고
자가공급(면세전용등)	21			거래(공급)시기차이감액	30		
사업상증여(접대제공)	22	4,800,000		주세ㆍ개별소비세	31		
개인적공급(개인적사용)	23			매출누락	32		
간주임대료	24				33		
자산 고정자산매각액	25	16,000,000			34		
매각 그밖의자산매각액(부산물)	26				35		
폐업시 잔존재고재화	27				36		
작업진행률 차이	28				37		
거래(공급)시기차이가산	29			(17)차 액 계	50	20,800,000	
				(13)차액과(17)차액계의차이금액			

전자

2) 가지급금인정이자 조정명세서.

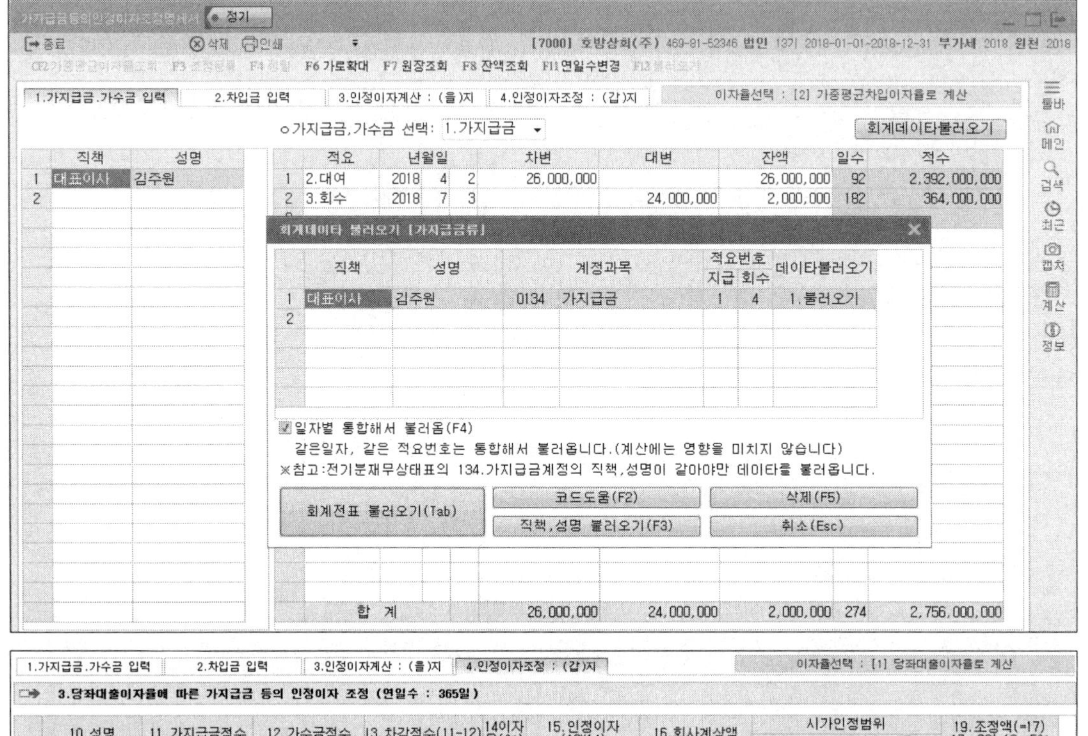

<익금산입> 가지급금인정이자 347,331 (상여)

3) 외화자산등 평가차손익조정명세서
- 외화자산등 평가차손익조정(을)

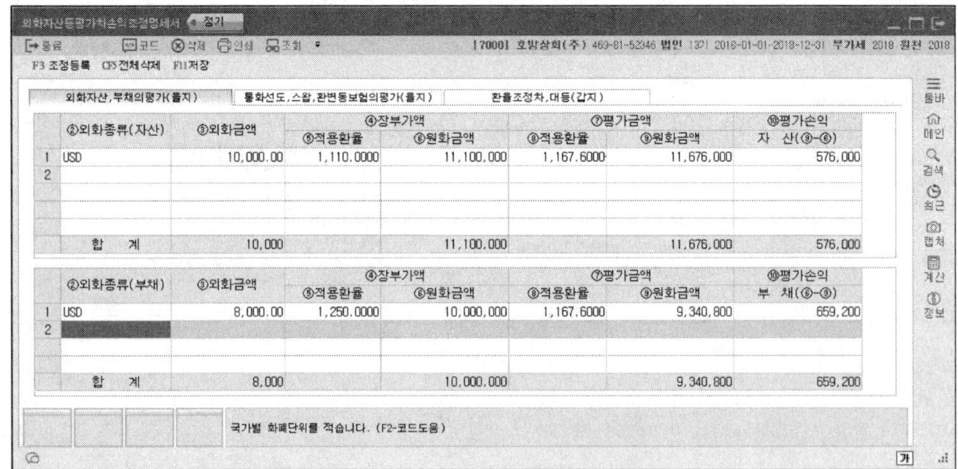

- 외화자산등 평가차손익조정(갑)

(3) 세무조정 <익금산입> 외화평가이익 15,200 (유보(발생))

또는 외화자산과 외화부채에 대한 세무조정을 각각 구분하여 세무조정

익금산입 및 손금불산입			손금산입 및 익금불산입		
과 목	금 액	소득처분	과 목	금 액	소득처분
가지급금인정이자(대표이사)	347,331	상여			
외화평가이익	15,200	유보발생			

4) 세금과공과명세서

코 드	계정과목	월	일	거래내용	코 드	지급처	금 액	손금불산입표시
0817	세금과공과금	1	28	자동차세			840,000	
0817	세금과공과금	2	26	재산분 주민세			1,600,000	
0817	세금과공과금	4	30	법인세분 지방소득세			5,300,000	손금불산입
0817	세금과공과금	6	30	간주임대료에 대한 부가가치세			950,000	
0817	세금과공과금	7	20	토지 취득세			1,600,000	손금불산입
0817	세금과공과금	8	20	대표이사 비상장주식의 매각 증권기			3,000,000	손금불산입
0817	세금과공과금	8	27	업무상 주차위반 과태료			120,000	손금불산입
0817	세금과공과금	9	30	산재보험 연체료			200,000	
0817	세금과공과금	10	10	지급조서미제출가산세			2,000,000	손금불산입
0817	세금과공과금	12	15	환경개선부담금			880,000	
				손 금 불 산 입 계			12,020,000	
				합 계			16,490,000	

<손금불산입> 법인세분지방소득세 5,300,000 (기타사외유출)

<손금불산입> 토지취득세 1,600,000 (유보, 발생)

<손금불산입> 대표이사증권거래세 3,000,000 (상여)

<손금불산입> 주차위반과태료 120,000 (기타사외유출)

<손금불산입> 지급명세서미제출가산세 2,000,000 (기타사외유출)

5) 접대비조정명세서

<손금불산입> 증빙불비접대비 1,000,000 (상여)

<손금불산입> 법인명의외 신용카드접대비 2,000,000 (기타사외유출)

<손금불산입> 신용카드미사용경조사접대비 300,000 (기타사외유출)

<손금불산입> 신용카드미사용접대비 4,500,000 (기타사외유출)

<손금불산입> 접대비한도초과액 44,443,600 (기타사외유출)

<손금산입> 건설중인자산 22,889,600 (유보 발생)

또는

<손금불산입> 증빙불비접대비 1,000,000 (상여)

<손금불산입> 접대비 51,243,600(기타사외유출)

<손금산입> 건설중인자산 22,889,600 (유보 발생)

- 접대비한도초과액 44,443,600원 중 비용계상한 접대비 21,554,000원을 초과하는 금액(22,889,600원)은 건설중인 자산에 대한 접대비한도초과금액으로서 손금산입으로 세무조정해야 한다.

① 접대비조정명세서 (을)

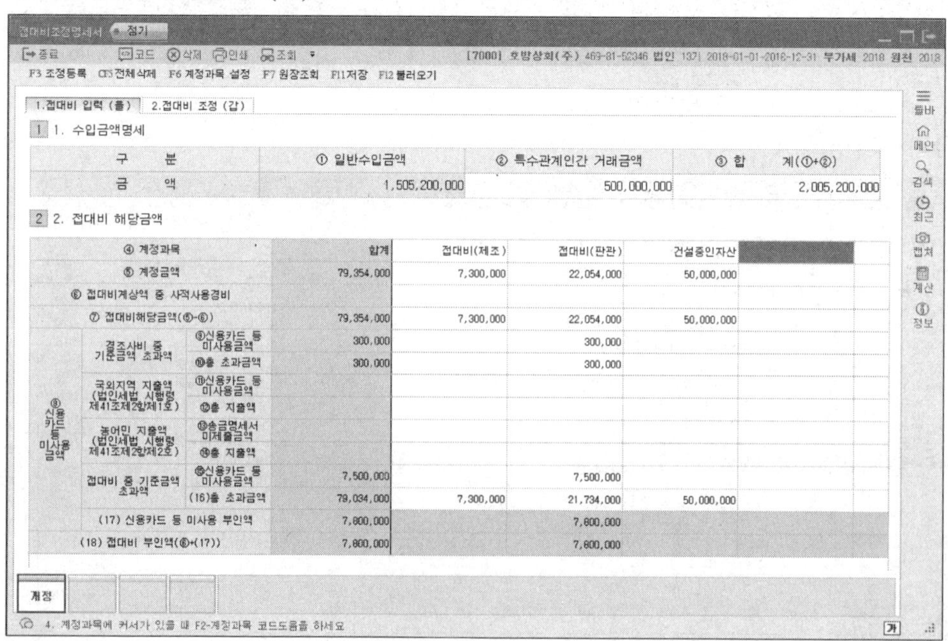

1. 접대비 입력 (을)   2. 접대비 조정 (갑)

1. 수입금액명세

구 분	① 일반수입금액	② 특수관계인간 거래금액	③ 합 계(①+②)
금 액	1,505,200,000	500,000,000	2,005,200,000

2. 접대비 해당금액

④ 계정과목		합계	접대비(제조)	접대비(판관)	건설중인자산
⑤ 계정금액		79,354,000	7,300,000	22,054,000	50,000,000
⑥ 접대비계상액 중 사적사용경비					
⑦ 접대비해당금액(⑤-⑥)		79,354,000	7,300,000	22,054,000	50,000,000
경조사비 중 기준금액 초과액	⑨신용카드 등 미사용금액	300,000		300,000	
	⑩총 초과금액	300,000		300,000	
국외지역 지출액 (법인세법 시행령 제41조제2항제1호)	⑪신용카드 등 미사용금액				
	⑫총 지출액				
농어민 지출액 (법인세법 시행령 제41조제2항제2호)	⑬송금명세서 미제출금액				
	⑭총 지출액				
접대비 중 기준금액 초과액	⑮신용카드 등 미사용금액	7,500,000		7,500,000	
	(16)총 초과금액	79,034,000	7,300,000	21,734,000	50,000,000
(17) 신용카드 등 미사용 부인액		7,800,000		7,800,000	
(18) 접대비 부인액(⑥+(17))		7,800,000		7,800,000	

- (16) 총초과금액 : 22,054,000원 - 경조사비 300,000 - 1만원이하금액 20,000
    = 21,734,000원
- (15) 신용카드미사용액 : 1,000,000 + 2,000,000 + 4,500,000 = 7,500,000원

② 접대비조정명세서 (갑)

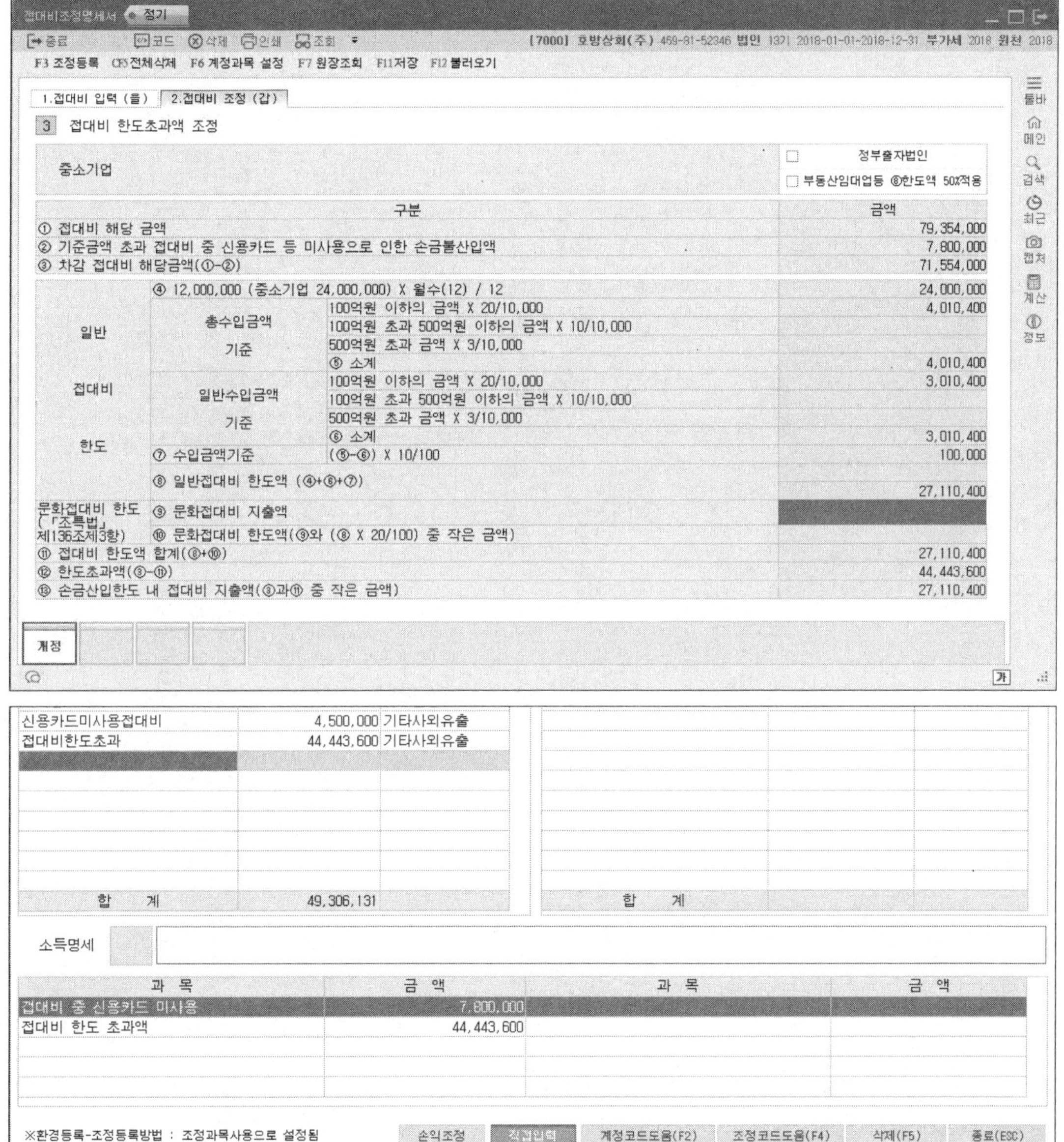

중소기업			□ 정부출자법인 □ 부동산임대업등 ⑧한도액 50%적용	
구분				**금액**
① 접대비 해당 금액				79,354,000
② 기준금액 초과 접대비 중 신용카드 등 미사용으로 인한 손금불산입액				7,800,000
③ 차감 접대비 해당금액(①-②)				71,554,000
일반 접대비 한도	④ 12,000,000 (중소기업 24,000,000) X 월수(12) / 12			24,000,000
	총수입금액 기준	100억원 이하의 금액 X 20/10,000		4,010,400
		100억원 초과 500억원 이하의 금액 X 10/10,000		
		500억원 초과 금액 X 3/10,000		
		⑤ 소계		4,010,400
	일반수입금액 기준	100억원 이하의 금액 X 20/10,000		3,010,400
		100억원 초과 500억원 이하의 금액 X 10/10,000		
		500억원 초과 금액 X 3/10,000		
		⑥ 소계		3,010,400
	⑦ 수입금액기준	(⑤-⑥) X 10/100		100,000
	⑧ 일반접대비 한도액 (④+⑥+⑦)			27,110,400
문화접대비 한도 (「조특법」 제136조제3항)	⑨ 문화접대비 지출액			
	⑩ 문화접대비 한도액(⑨와 (⑧ X 20/100) 중 작은 금액)			
⑪ 접대비 한도액 합계(⑧+⑩)				27,110,400
⑫ 한도초과액(③-⑪)				44,443,600
⑬ 손금산입한도 내 접대비 지출액(③과⑪ 중 작은 금액)				27,110,400

계정

신용카드미사용접대비	4,500,000	기타사외유출			
접대비한도초과	44,443,600	기타사외유출			
합 계	49,306,131		**합 계**		

소득명세

과 목	금 액	과 목	금 액
접대비 중 신용카드 미사용	7,800,000		
접대비 한도 초과액	44,443,600		

전표입력

PART

02

제1장 일반전표 입력
제2장 매입매출전표 입력

일반전표 입력 01

<<< 케이렙 프로그램 활용 전 확인할 사항

실무활용 : F2 키의 활용 → 코드도움

KcLep(케이렙) 프로그램을 사용할 때 계정과목 코드나 거래처코드 등을 조회하고자 하는 경우에는 여러 가지 관련된 메뉴를 활용할 수 있으나 가장 많이 쓰이는 것이 F2 기능키이다. F2는 계정코드, 거래처코드 등에 대한 [코드검색] 기능을 제공하므로 이 기능을 자주 활용하면 편리할 것이다.

실무활용 : 숫자 입력시 "＋" 키의 기능 : "000" 입력

케이렙 프로그램에 숫자를 입력할 때에 1,000,000원 단위 혹은 10,000,000원 단위로 숫자를 입력하는 경우에는 <u>키보드의 숫자판에 있는 ＋ 키를 누르면</u> "0"이 한꺼번에 세 개("000")씩 생성된다. 단위가 큰 숫자를 입력할 때 유용한 기능이므로 미리 알고 잘 활용하도록 하자.

Esc 의 활용

실무프로그램 입력시 별도의 저장 탭이 없는 경우 Esc를 누르거나, 화면 상단의 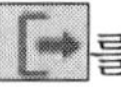를 눌러 메뉴를 닫으면 저장이 완료되게 된다.

1 전표입력

<<< 전표 입력시 주의할 사항

• 비용의 성격 구분 : 제조경비와 판매관리비의 구분

케이렙 프로그램에서는 제조경비는 500번대 계정을 사용하고 판매관리비는 800번대 계정을 사용한다. 제조경비는 제품 제조원가에 반영되어야 하는 경비로서 공장직원 급여, 공

장 건물 감가상각비, 공장 기계장치 수선비 등을 말하며, 영업부서 직원 급여, 본사 건물 감가상각비 등은 판매관리비에 해당된다. 예를 들어 똑같은 복리후생비라고 하더라도 공장직원을 위한 복리후생비는 500번대로 입력해야 하고, 판매부서나 영업부서를 위한 복리후생비는 800번대로 구분해서 입력해야 하는 것이다. 500번대로 입력한 경비는 나중에 제품원가에 포함되어 매출원가를 구성하게 되므로 이들 경비의 구분은 매우 중요하다.

·세금계산서 유무의 구분

판매관리비든 제조경비든 비용을 지출할 때 세금계산서·계산서(세금계산서·계산서에 준하는 신용카드매출전표, 현금영수증 등 포함, 이하에서는 '세금계산서 등'이라고 부르기로 함)를 받은 거래와 세금계산서 등을 받지 않은 거래로 구분할 수 있다. 세금계산서 등을 받지 않고 일반 영수증만 받은 경우에는 [일반전표]로 입력해야 하고 세금계산서 등을 받은 거래는 [매입매출전표]로 입력해야 한다. 특히 이 중 [매입매출전표]는 부가가치세 신고서와 세금계산서합계표, 매입매출장에 자동으로 반영되므로 주의를 기울여 정확하게 입력해야 한다. *(다만, 전산세무 1급 시험에서는 일반전표 입력 혹은 매입매출전표 입력 여부를 수험생이 결정할 필요는 없고 문제에서 요구하는대로 입력하면 된다.)*

비용 지출시 세금계산서 유무	입력 장소
세금계산서 등을 주고받은 거래 ☞ 부가가치세 신고서에 반영해야 하는 거래	전표입력 ⇨ 매입매출전표
세금계산서 등을 주고받지 않은 거래 ☞ 부가가치세 신고서에 반영하지 않는 거래	전표입력 ⇨ 일반전표

1. 일반전표입력

일반전표는 출금전표, 입금전표, 대체전표로 구분된다. 현금이 지출되거나 들어오는 거래에 대해서는 출금전표와 입금전표가 작성되고 현금이 오가지 않는 거래 및 선급금 등 다른 계정과목이 섞인 거래에 대해서는 대체전표를 작성한다. 현금전표, 즉 입금전표와 출금전표는 거래가 일어났을 때 전표 한장만 입력하면 분개가 완성된다. 반면 대체전표는 하나의 거래에 대해 차변과 대변 양쪽으로 입력을 해야 하므로 두 번 이상의 입력을 하게 된다.

구　분	전표종류	내　용	구　분	
			입력	표시
현금전표	① 출금전표	현금의 지출이 있는 거래에서 사용 ☞ 분개의 차변과 대변에 각각 계정과목이 하나씩만 있고, 분개의 대변이 전액 현금인 경우 사용	1	출금
	② 입금전표	현금의 수입이 있는 거래에서 사용 ☞ 분개의 차변과 대변에 각각 계정과목이 하나씩만 있고, 분개의 차변이 전액 현금인 경우 사용	2	입금
대체전표	③ 차변전표	분개의 차변에 입력하기 위한 전표 ☞ 현금의 수입과 지출이 없거나 현금거래가 부분적인 경우 해당 거래의 차변 입력	3	차변
	④ 대변전표	분개의 대변에 입력하기 위한 전표 ☞ 현금의 수입과 지출이 없거나 현금거래가 부분적인 경우 해당 거래의 대변 입력	4	대변

이러한 전표 코드는 일반전표 입력 메뉴 입력시 [구분]란에 커서를 놓으면 아래와 같이 코드 설명이 나타나므로 별도로 외울 필요는 없으며 분개연습을 많이 하면 자동으로 전표 구분 코드는 외워진다. 수험목적상 [5.결산차변]과 [6.결산대변]은 문제에서 별도의 언급이 없는 한 직접 입력하지 않으므로 전표 입력시에는 1.2.3.4번 코드를 사용하기로 한다.

> ⓒ 구분을 입력하세요. 1.출금, 2.입금, 3.차변, 4.대변, 5.결산차변, 6.결산대변

입금전표는 화면에 [입금]이라고 표시되고 출금전표는 [출금]이라고 표시된다. 대체전표는 차변과 대변으로 각각 입력해야 하는데, '차변을 입력하는 대체전표'는 [3]을 입력하면 되고 화면에 [차변]이라고 표시된다. 마찬가지로 '대변을 입력하는 대체전표'는 [4]를 입력하면 되고 화면에 [대변]이라고 표시되므로 회계처리를 이론적으로 할 수 있다면 실무 시험에서 입력을 하는 것은 그다지 어렵지 않을 것이다. *(대부분의 수험생이 전표 입력 문제를 어려워하고 있다. 그 이유는 재무회계 이론 학습 시간이 부족한 경우가 대부분이다. 전표입력은 분개(회계처리)이고 분개는 재무회계 기본 이론을 잘 알아야만 잘할 수 있다는 것을 항상 기억하도록 하자.)*

일반전표의 입력 방법에 대해 순서대로 알아보도록 하자.

(1) 입금전표

> (주)경인전자(회사코드 5001)는 7월 4일에 국민은행에서 3년 만기 차입금 1억원을 빌렸으며, 동 금액은 현금으로 즉시 수령하였다.
> 〈회계처리〉 (차) 현   금   100,000,000   (대) 장기차입금   100,000,000
> (거래처 : 국민은행)

• [전체메뉴]의 [전표입력] 하단의 [일반전표입력]을 클릭한다.

전표입력
일반전표입력
매입매출전표입력
전자세금계산서발행

• 전표입력 화면이 나오면 왼쪽 상단의 [▼ 월]의 세모표시를 클릭한 후 입력하고자 하는 월을 선택하거나 직접 해당 월을 입력한다.

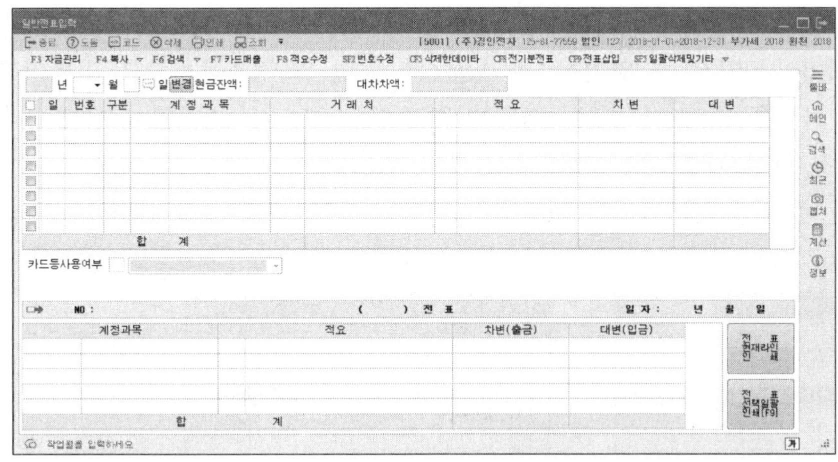

- 위 메뉴에서 7월을 선택한 후 일자까지 지정하고 싶으면 화면의 일자 란에 숫자를 입력하고 7월의 전표를 날짜 구분 없이 한꺼번에 입력하고 싶으면 화면의 일자 란에 숫자를 입력하지 말고 [Enter↵]를 친다. 이 경우 날짜는 메뉴의 일자 란에 직접 입력하면 된다.

- [번호]는 전표일련번호를 말하는 것으로서 별도로 입력하지 말고 [Enter↵]를 치면 자동으로 생성된다. 전표 일련번호를 수정할 때에는 화면 위쪽의 [SF2 번호수정]탭을 클릭한 후 수정한다. 시험문제에서 전표 일련번호는 채점의 대상이 아니다.

[번호수정]탭을 클릭하면 [번호]칸에 직접 전표번호를 입력하여 수정할 수 있게 되며 화면 오른쪽 위에 [번호수정]이라는 글자가 나타난다. 번호수정이 완료되면 다시 화면 위의 [번호수정]탭을 눌러야 번호수정 기능이 닫힌다.

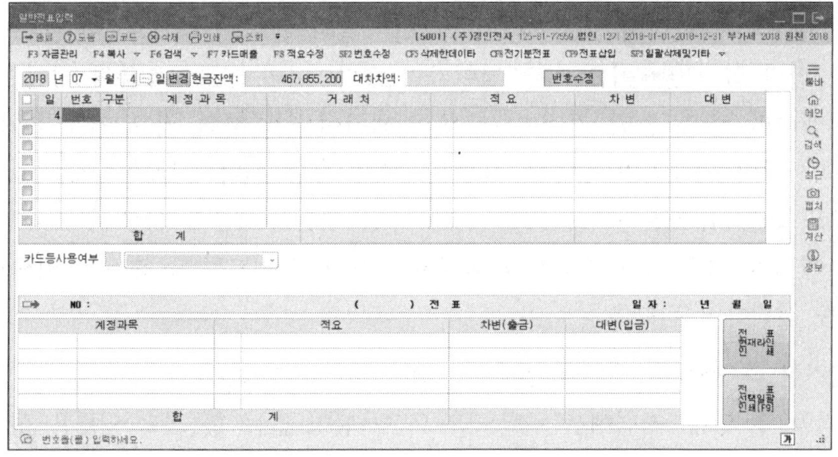

- [구분]에 "2"를 입력하면 [입금]이라는 글자가 나타나는데 이것은 입금전표를 선택한다는 의미이다. [구분]을 입력한 후 [Enter↵]를 치면 [계정과목] 칸으로 넘어간다. 계정과목은 이름을 입력하는 것이 아니라 해당되는 코드를 조회하여 이를 입력해야 한다. 계정코드를 모른다면 [F2]를 누르거나 코드의 공란을 더블클릭하여 계정과목을 입력한 후 [Enter↵]를 눌러서 코드를 조회한다. 계정과목 조회시 2글자 이상 입력하면 해당 이름이 들어가는 계정이 모두 조회된다.

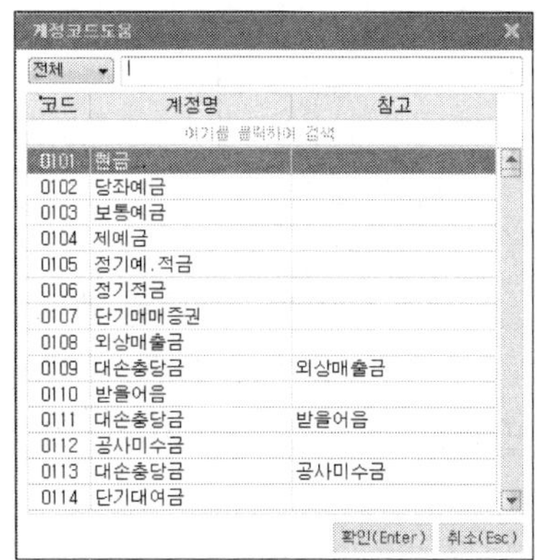 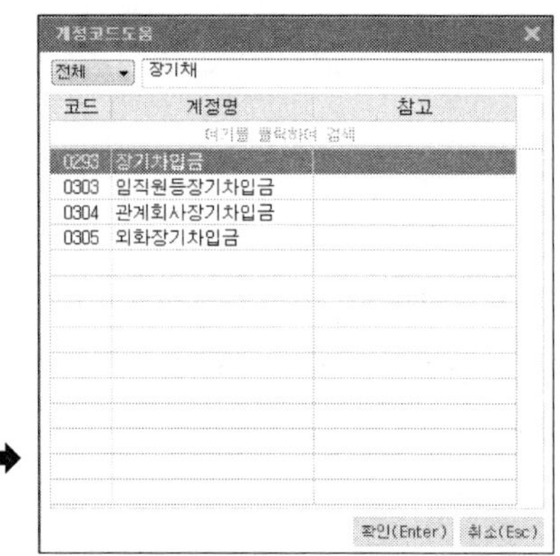

- 계정과목코드 도움박스를 클릭하여 화면 하단의 [검색]란에 '장기차'라는 글자를 입력해 보면 위의 그림과 같이 해당 이름이 들어가는 계정과목이 모두 조회되는 것을 볼 수 있다. 이 중 본 예제의 해당 계정은 '장기차입금'(3년 만기이므로)이므로 '장기차입금'을 클릭하여 입력한다.

- [계정과목] 코드 입력을 마친 후 [거래처] 코드를 입력하여야 한다. 단, 전산세무 1급 시험에서 채권·채무와 관련된 계정과목은 반드시 거래처코드 입력을 하여야 하지만 그 외의 계정과목에 대해서는 거래처 코드를 걸지 않아도 되므로 이 경우에는 거래처 코드 입력 없이 [Enter↵]를 치고 넘어가면 된다. 이미 거래처등록이 되어 있는 회사와의 거래라면 [F2]를 눌러 거래처코드를 검색하여 입력하면 되고 거래처등록을 하지 않은 회사와의 거래라면 신규로 거래처등록을 하면 된다. 거래처 코드 조회도 계정과목 코드 조회와 마찬가지로 코드 란에 해당 이름을 2글자 이상 입력하여 조회한다. 이 예제의 경우 국민은행은 거래처코드 '98001'번으로 등록되어 있으므로 거래처코드를 선택하면 된다.

- 거래처를 입력한 후 적요는 등록된 번호 중 해당되는 것을 선택하거나 [적요] 란에 직접 입력할 수 있다. 시험에서는 별도의 요구사항이 없는 한 적요 입력은 생략하면 된다. 다만, 타계정대체 거래에 대해서는 적요를 반드시 입력하여야 한다.

- 적요 입력을 한 후(또는 적요입력을 생략하려면 Enter⏎를 치고 넘어간 후) 대변에 기입할 금액을 입력한다. 입금전표는 해당 금액을 대변에 한번만 입력하면 차변과 대변에 모두 동일한 금액이 입력되게 되므로 차변의 현금 금액도 자동으로 기입되는 것이다.

□	일	번호	구분	계 정 과 목	거 래 처	적 요	차 변	대 변
■	4	00001	입금	0293 장기차입금	98001 국민은행		(현금)	10,000,000

거래처코드를 걸어야 하는 계정과목의 종류

회사의 채권·채무 및 각종 예금 계정 등에 대해서는 일반전표·매입매출전표 입력시 거래처코드를 반드시 걸어야 한다. 다만, 전산세무 1급 시험에서는 채권·채무 관련 계정과목에 대해 거래처코드를 등록하라고 하고 있으므로 문제에서 별다른 언급을 하지 않는다면 보통예금, 정기예금 등에 대해서는 거래처코드를 걸지 않아도 된다. 시험과 관련하여 거래처코드 등록을 반드시 해야 하는 계정과목은 대표적으로 **"외상매출금, 받을어음, 외상매입금, 지급어음, 미지급금, 미수금, 선급금, 선수금, 가지급금, 가수금, 단기차입금, 장기차입금, 유동성장기부채, 단기대여금, 장기대여금 등의 채권 및 채무"** 등이 있다.

(2) 출금전표

출금전표의 입력 방법도 입금전표와 거의 동일하다. 다만 [구분]에 숫자 "1"을 입력해야 [출금]이라는 글자가 나타나면서 출금전표 입력이 되게 된다는 것만 주의하면 된다.

> (주)경인전자(회사코드 5001)는 (주)가영상사에 대해 외상매입금 1,650만원(2월 26일에 발생)을 8월 15일에 현금으로 지급하였다.
> 〈회계처리〉　(차) 외상매입금　　　16,500,000　　(대) 현　　　금　　　16,500,000
> 　　　　　　　(거래처 : (주)가영상사)

- 날짜를 8월 15일로 선택한다.

- 출금전표를 입력하기 위해 [구분]에 "1"을 입력한다.

- 계정코드를 선택하고 코드를 모를 때에는 F2를 누르거나 코드란을 더블클릭한다. 혹은 코드의 숫자를 입력하는 란에 "외상"이라고 한글 두글자를 입력하면 관련 계정을 선택할 수 있는 화면이 나타나므로 이 중에서 외상매입금을 선택한다.

- 거래처코드를 선택하는데 코드란에 커서를 놓고 F2를 눌러 거래처 검색을 한 후 (주)가영상사를 선택한다. 또는 [코드]란에 '가영'이라고 입력한 후 Enter⏎를 친다.

- 차변에 금액을 입력한 후 분개가 정확하게 되었는지 확인한다.

□	일	번호	구분	계 정 과 목	거 래 처	적 요	차 변	대 변
■	15	00002	출금	0251 외상매입금	00204 (주)가영상사		16,500,000	(현금)

참고

※ (주)가영상사에 대한 외상매입금에 대한 거래처원장 조회 화면

일자	적요	코드	거래처	차변	대변	잔액	번호	코드	부서/사원	코드	현장
	[전기이월]	00204	(주)가영상사		3,300,000	3,300,000					
02-26	원재료	00204	(주)가영상사		16,500,000	19,800,000	50003				
	[월 계]	00204			16,500,000						
	[누 계]	00204			19,800,000						
03-08	외상매입금반제 어음ᆫ	00204	(주)가영상사	1,000,000		18,800,000	00001				
	[월 계]	00204		1,000,000							
	[누 계]	00204		1,000,000	19,800,000						

(3) 대체전표

현금의 거래가 없거나 현금과 외상 거래 등이 혼합된 경우 이를 대체거래라고 한다. 대체거래에 대해서는 차변계정과목에 대한 입력과 대변계정과목에 대한 입력을 별도로 각각 해야 한다. 차변계정과목에 대한 대체전표는 [구분]을 "3"으로 선택하고 대변계정 과목에 대해서는 [구분]을 "4"로 선택해야 한다. 대체전표를 입력할 때에 차변과 대변 중 어느 것을 먼저 입력해도 상관없으며 거래에 따라서는 차변이 두 줄 이상이거나 대 변이 두 줄 이상일 수도 있다.

출금전표는 분개의 대변이 전액 현금인 경우에 사용하는 전표이고, 입금전표는 분개의 차 변이 전액 현금인 경우 사용하는 전표이다. 즉, 현금전표(출금전표와 입금전표)란 분개의 어느 한쪽이 완전히 현금인 거래에 대해 사용하는 것이다. 대체전표란 이러한 현금전표 이외의 거래에 해당하므로 분개의 한쪽에 현금계정이 다른 계정과목과 섞여서 나타나는 분개는 대체전표를 사용하면 된다.

계 정 과 목	구 분
차변계정과목	'3' [차변]
대변계정과목	'4' [대변]

(주)경인전재(회사코드 5001)는 9월 20일에 (주)은성기업의 주식 100주를 매입하였다.(장기보유 목적이며 (주)은성기업 주식은 상장주식임) 주식 1주당 단가는 10,000원이며 대금은 전액 보통예 금 계좌에서 이체하여 지급하였다. 주식은 매도가능증권(투자자산)으로 처리하기로 한다. 주식매 입과 관련한 수수료 5만원이 현금으로 지급되었다.

〈회계처리〉　　(차) 매도가능증권　　　1,050,000　　　(대) 보 통 예 금　　　1,000,000
　　　　　　　　　　　　　　　　　　　　　　　　　　　　　　현　　　금　　　　　50,000

- 대체전표 입력시 거래처명이나 금액, 적요 등은 입금전표, 출금전표의 입력방법과 동일하다. 따라서 [구분]의 선택과 정확한 계정과목 코드 입력에만 주의하면 되며, 입력이 끝난 후에는 화면에 분개가 제대로 되었는지 확인해야 한다.

- 차변에 '매도가능증권'(투자자산)을 입력하기 위해서는 [구분]란에 숫자 "3"을 입력한 후 계정과목 코드 선택을 한다. [코드]란에 "매도"라고 입력한 후 Enter↵ 를 치면 아래와 같이 매도가능증권 관련 코드가 모두 조회된다. 매도가능증권은 별도의 언급이 없는 한 투자자산으로 처리해야 하므로 투자자산 코드 범위에 해당하는 178 번을 선택한 후 Enter↵ 를 누른다.(투자자산 코드 범위는 [계정과목 및 적요등록] 메뉴에서 [코드체계]를 조회하면 알 수 있다.

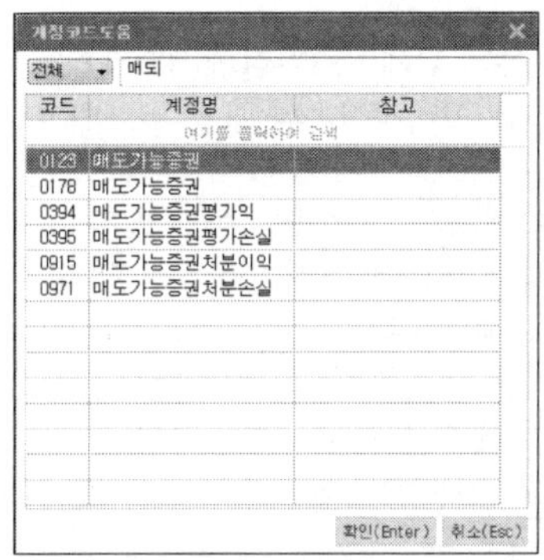

참고

※ 계정과목 및 적요등록 메뉴의 투자자산 코드체계

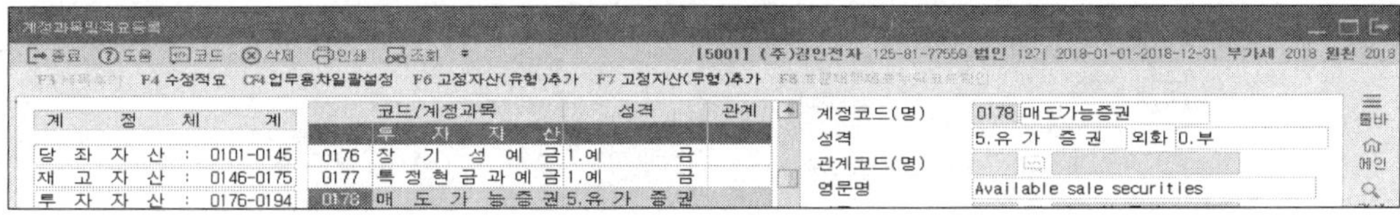

- 시험에서 일반적인 문제의 경우 적요 입력은 생략하며, 실무에서는 적절한 적요 번호를 선택하거나 적요번호에 "0"을 입력한 후 적요 내용을 수기로 입력할 수 있다. 단, 타계정대체 거래의 경우에는 적요코드를 반드시 걸어야 점수를 획득할 수 있다.

- 대변에 '보통예금'을 입력하기 위해서 [구분]에 "4"를 입력하고 보통예금코드 '103' 을 입력한 후 100만원을 입력하면 된다. 현금 역시 "4"를 입력하고 5만원을 입력한다. 현금거래와 다른 결제 수단이 섞여 있기 때문에 이때에는 대체전표로 현금을 입력하는 것이다.

- 보통예금에 대해 실무에서는 거래처코드를 걸어야 하지만, 전산세무 1급 시험에서는 별도의 언급이 없는 한 채권, 채무에 대한 거래에만 거래처코드를 걸도록 하고 있다. 따라서 보통예금에 대해서는 거래처코드를 걸지 않아도 된다.

위 분개를 완성하면 다음과 같으며 화면 하단부 분개도 다음과 같이 나타난다.

일	번호	구분	계정과목	거래처	적요	차변	대변
20	00001	차변	0178 매도가능증권			1,050,000	
20	00001	대변	0103 보통예금				1,000,000
20	00001	대변	0101 현금				50,000
			합계			1,050,000	1,050,000

계정과목	적요	차변(출금)	대변(입금)	
0178 매도가능증권		1,050,000		
0103 보통예금			1,000,000	
0101 현금			50,000	
합계		1,050,000	1,050,000	

대체거래에 현금이 포함된 경우에는 입금전표나 출금전표를 별도로 입력하지 않고 대체거래(구분 3, 4)로 입력하면서 계정코드를 "101"로 선택하여 입력하면 된다.

거래처코드 등록

케이렙 프로그램에서는 거래처코드란에 "00000"을 입력하거나 "＋"키를 누른 후 거래처명에 거래처의 회사명을 입력하고 Enter↵를 누르면 이미 등록된 거래처의 코드가 자동으로 선택된다. 또는 거래처코드란에서 F2를 누른 후 화면 하단의 [신규등록]을 클릭해도 된다.

기등록되지 않은 거래처의 경우에는 아래와 같이 거래처등록을 할 것인지 묻는 화면이 나타나는데 이 화면에서 새로운 거래처를 등록할 수 있다. 이 경우 거래처코드는 자동으로 부여되어 나타나는데 해당 코드를 수정하고 싶다면 아래와 같이 거래처코드 란에 직접 수정하고자 하는 숫자를 입력한 후 화면 하단의 [수정]탭을 누른다. 그리고 나서 화면 하단에 추가적인 등록사항을 입력하면 되는 것이다.

다음 그림은 '은성'을 거래처로 등록하는 경우의 화면 예시이다.

일	번호	구분	계정과목	거래처	적요	차변	대변
28		출금	0259 선수금	00000 은성			

◆ 거래처등록

거래처코드: 00118 코드조회[F2]
거래처 명: 은성

등록[Enter] 수정[tab] 취소[Esc]

카드등사용여부

➡ 거래처등록

거래처코드:
거래처명:
사업자등록번호: 사업자등록상태조회
주민등록번호: 주민등록기재분: 0:부 1:여
대표자명: 업태: 종목:
우편번호,주소:
전화번호: (   ) -

실무에서는 거래처를 별도로 관리할 필요가 없는 거래의 경우 거래처코드를 입력하지 않고 거래처명만 입력하는 경우도 있다. 그러나 거래처코드를 입력하지 않으면 거래처별 외상매출금 등을 관리할 때 그 내용이 반영되지 않으므로 외상매입금과 지급어음, 외상매출금과 받을어음 등에 대해서는 반드시 거래처코드를 적절히 등록해야 한다. 다만, 전산세무 1급 시험의 수험목적상 거래처코드를 별도로 입력하라는 요구가 없는 경우에는 특별한 경우를 제외하고는 거래처코드를 입력하지 않아도 무방하다.

거래처등록 메뉴는 일반거래처, 금융기관, 신용카드 거래처로 나뉘어 있는데 전표입력시에 나타나는 메뉴는 일반거래처 등록사항을 입력하는 메뉴이다. 따라서 금융기관이나 신용카드 거래처를 입력하고자 할 때에는 전표입력을 하기 전에 [기초정보관리] 메뉴 하단의 [거래처등록] 메뉴에 해당 거래처를 먼저 입력하는 것이 좋다.

출금전표나 입금전표를 대체전표로 입력하는 것도 가능하다.
예를 들어 "(차) 현금 1,000,000 (대) 상품매출 1,000,000"에 대한 분개를 입력하기 위해서는
입금전표 1장으로 입력해도 되고, 대체전표 2장(차변전표 1장 + 대변전표 1장)으로 입력해
도 된다.

※ 입금전표로 입력한 경우 화면

□	일	번호	구분	계정과목	거래처	적요	차변	대변
	22	00001	입금	0401 상품매출			(현금)	1,000,000

계정과목	적요	차변(출금)	대변(입금)	
0401 상품매출			1,000,000	전재라인표현인쇄
0101 현금		1,000,000		
합 계		1,000,000	1,000,000	

※ 대체전표(차변+대변)로 입력한 경우 화면

□	일	번호	구분	계정과목	거래처	적요	차변	대변
	22	00001	차변	0101 현금			1,000,000	
	22	00001	대변	0401 상품매출				1,000,000

계정과목	적요	차변(출금)	대변(입금)	
0101 현금		1,000,000		전재라인표현인쇄
0401 상품매출			1,000,000	
합 계		1,000,000	1,000,000	

위 그림에서 알 수 있다시피 어떤 방법으로 입력하든 차변에 현금, 대변에 상품매출 계정과
목이 생성된 것을 확인할 수 있을 것이다. 따라서 순수한 현금거래라고 하더라도 현금전표
가 아닌 대체전표로 입력하여도 된다는 것을 알 수 있다.

전표입력시 대손충당금과 감가상각누계액 코드 = "관련 자산 코드 + 1"

대손충당금과 감가상각누계액은 관련된 자산에 대해 각각 설정해야 한다. 예를 들어 대손
충당금의 경우 외상매출금에 대한 대손충당금과 받을어음에 대한 대손충당금은 각각 따로
설정되는 것이다. 외상매출금의 코드가 108이므로 외상매출금에 대해 설정한 대손충당금
은 108에 "1"을 더한 109번이 되는 것이다. 감가상각누계액 코드도 관련 자산 코드에 "1"을
더하면 된다.

 **타계정 대체 적요등록이 필요한 경우**

원재료, 상품, 제품 등의 재고자산이 타계정에서 대체되거나 타계정으로 대체되는 경우에는 해당금액이 제조원가명세서와 손익계산서 등에 반영될 수 있도록 하려면 반드시 적절한 적요를 선택해야만 한다. 적요를 알맞게 선택하지 않으면 전표를 입력했다고 하더라도 해당 금액이 제조원가명세서와 손익계산서에 반영되지 않으므로 반드시 올바른 적요를 입력해야 한다. 전산세무 1급 시험에서는 주로 '타계정으로 대체'가 출제되므로 이에 대해 살펴보기로 한다.

타계정으로 대체	재고자산이 해당 원가와 무관한 계정으로 대체되는 것이다. 예를 들어 차량을 만드는 회사에서 그 차량(제품)을 회사의 영업용으로 사용한 경우 '타계정으로 대체'가 된다. 즉, 재고자산인 제품이 해당 원가와 무관한 차량운반구 계정으로 대체되었으므로 반드시 적요 8번의 '타계정으로 대체'를 선택해야 하는 것이다.

예를 들어 제품의 경우를 보자.
① (차) 제품매출원가   1,000,000   (대) 제   품   1,000,000
② (차) 기 부 금   1,000,000   (대) 제   품   1,000,000

정상적인 거래의 경우 제품은 판매되어 제품매출원가로 대체되는 것이 일반적이다. 따라서 제품이 대변에 입력될 때에는 ①번과 같은 분개가 될 때에는 타계정대체 적요를 걸 필요가 없지만 ②번과 같은 분개(즉, 차변에 제품매출원가 이외의 계정과목이 오는 경우)를 입력할 때에는 제품 계정 입력시 반드시 [8번 타계정으로 대체] 적요를 걸어야 한다.

(차변)	(대변)	설 명
제품매출원가	제 품	제품, 상품, 재공품, 원재료 등이 대변에 기입되면서 차변에 제품매출원가, 상품매출원가 등이 오지 않는 경우 대변의 재고자산 계정과목에 [8.타계정으로 대체] 적요를 입력
상품매출원가	상 품	
제 품	재 공 품	
원재료비 또는 재공품	원 재 료	

● 원재료 계정의 적요

적 요	
1 원재료 외상매입	6 의제매입세액공제신고서 자동반영분
2 원재료 매입 부대비용	7 재활용폐자원매입세액공제신고서 자동반영분
3 원재료 매입환출 및 에누리	8 타계정으로 대체액 원가명세서 반영분
4 원재료 매입할인	9 타계정에서 대체액 원가명세서 반영분
5 원재료비 대체	

● 제품 계정의 적요

적 요	
1 제조원가 제품대체	
2 제품 매출원가 대체	
6 제품 재고감모손실 대체	
8 타계정으로 대체액 손익계산서 반영분	
9 타계정에서 대체액 손익계산서 반영분	

● 상품 계정의 적요

적 요	
1 상품 외상매입	7 재활용폐자원매입세액공제신고서 반영분
2 상품 매입 부대비용	8 타계정으로 대체액 손익계산서 반영분
3 상품 매입환출 및 에누리	9 타계정에서 대체액 손익계산서 반영분
4 상품매출원가 대체	
6 의제매입세액공제신고서 반영분	

일반전표입력 연습문제

※ 전표 입력시 주의할 사항은 다음과 같다.

입력시 유의사항

- 적요의 입력과 카드 등 사용여부의 입력은 생략하지만, 타계정 대체거래는 적요번호를 선택하여 입력한다.
- 세금계산서 · 계산서 수수거래와 채권 · 채무관련거래는 별도의 요구가 없는 한 등록되어 있는 거래처코드를 선택하는 방법으로 거래처명을 반드시 입력한다.
- 제조경비는 500번대 계정코드를, 판매비와 관리비는 800번대 계정코드를 사용한다.
- 회계처리 시 계정과목은 등록되어 있는 계정과목 중 가장 적절한 과목으로 한다.
- 매입매출전표입력시 입력화면 하단의 분개까지 처리하고, 전자세금계산서는 전자입력으로 반영한다.

● [1]~[10] : 회사코드 0300 (주)성공기업에 입력하시오.

[1] 전기 이익잉여금처분계산서의 내역을 조회하여 처분확정일인 2018년 3월 25일에 필요한 회계처리를 하시오(원천징수 등은 무시하기로 한다).

● 해답

(차) 배당평균적립금	7,500,000	(대) 미지급배당금	20,000,000
이월이익잉여금	34,500,000	이익준비금	2,000,000
		감채적립금	20,000,000

□	일	번호	구분	계 정 과 목	거 래 처	적 요	차 변	대 변
	25	00001	차변	0358 배당평균적립금			7,500,000	
	25	00001	차변	0375 이월이익잉여금			34,500,000	
	25	00001	대변	0265 미지급배당금				20,000,000
	25	00001	대변	0351 이익준비금				2,000,000
	25	00001	대변	0357 감채적립금				20,000,000

※ 참고 : 위 분개를 아래와 같이 두개로 나누어 입력해도 무관하다.
- 3월 25일(임의적립금 이입에 대한 분개)

(차) 배당평균적립금	7,500,000	(대) 이월이익잉여금	7,500,000

- 3월 25일(이익잉여금 처분에 대한 분개)

(차) 이월이익잉여금	42,000,000	(대) 미지급배당금	20,000,000
		이익준비금	2,000,000
		감채적립금	20,000,000

※ 참고 : 전기분이익잉여금처분계산서
  임의적립금 등의 이입액은 이월이익잉여금을 증가시키고, 이익잉여금의 처분액은 이월이익잉여금을 감소시킨다.

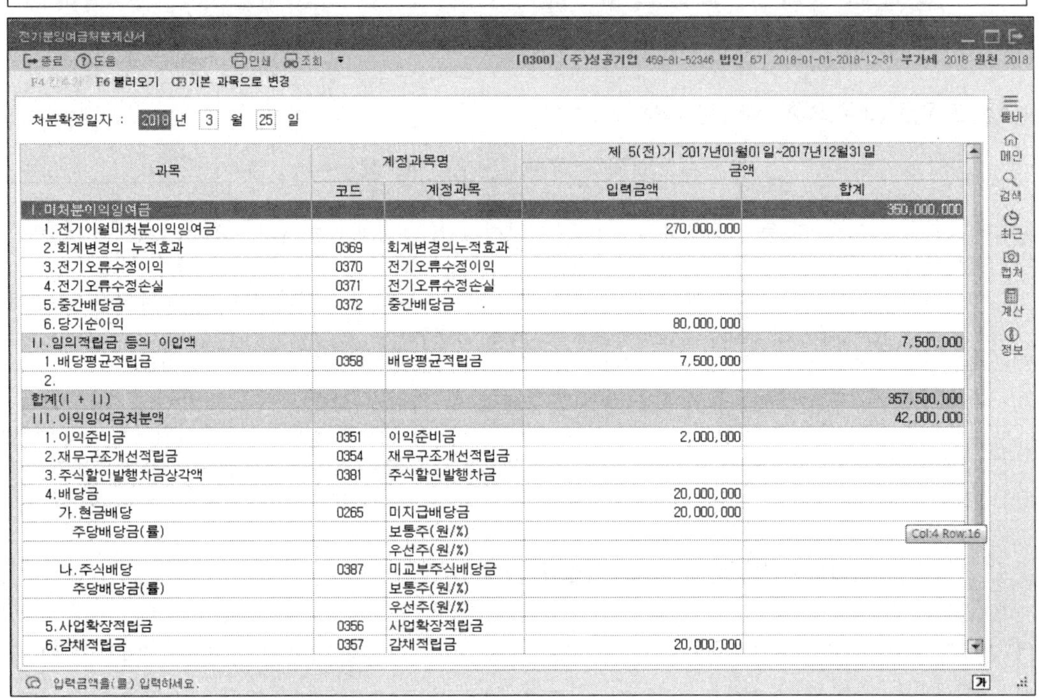

※ 참고 : 배당에 대한 회계처리 사례 연습

전기분 이익잉여금처분계산서는 다음과 같으며, 회사는 2018년 3월 25일에 처분 확정(결의)을 하였으며, 현금배당과 주식배당을 실제로 지급한 것은 2018년 4월 1일이라고 가정하고 일반전표 입력을 해 보도록 하자.

III. 이익잉여금처분액				31,000,000
1. 이익준비금	0351	이익준비금	1,000,000	
2. 재무구조개선적립금	0354	재무구조개선적립금		
3. 주식할인발행차금상각액	0381	주식할인발행차금		
4. 배당금			30,000,000	
가. 현금배당	0265	미지급배당금	10,000,000	
주당배당금(률)		보통주		
		우선주		
나. 주식배당	0387	미교부주식배당금	20,000,000	
주당배당금(률)		보통주		
		우선주		

1. 처분 확정일(결의일)의 회계처리
   2018년 3월 25일 일반전표 입력

   <현금배당>
   (차변) 이월이익잉여금   11,000,000   (대변) 미지급배당금   10,000,000
                                                        이익준비금   1,000,000

   <주식배당>
   (차변) 이월이익잉여금   20,000,000   (대변) 미교부주식배당금   20,000,000

2. 실제 지급일의 회계처리
   2018년 4월 1일 일반전표 입력

   <현금배당>
   (차변) 미지급배당금   10,000,000   (대변) 현   금   10,000,000

   <주식배당>
   (차변) 미교부주식배당금   20,000,000   (대변) 자 본 금   20,000,000

[2] 3월 10일 : 공장 건설을 위한 토지를 매입하면서 법령에 의한 공채를 액면가액으로 함께 구입하고 대금 2,000,000원은 현금으로 지급하였다. 공채의 매입 당시 공정가치는 1,750,000원으로 평가되며 단기매매증권으로 분류하도록 한다.

● 해답

| (차) 단기매매증권 | 1,750,000 | (대) 현　　　금 | 2,000,000 |
| 토　　　지 | 250,000 | | |

□	일	번호	구분	계정과목	거래처	적요	차변	대변
	10	00007	차변	0107 단기매매증권			1,750,000	
	10	00007	차변	0201 토지			250,000	
	10	00007	대변	0101 현금				2,000,000

※ 참고 : 전표 번호는 문제 풀이 순서에 따라 달라질 수 있으므로 분개대차차액이 나타나는 경우 외에는 전표번호는 신경쓰지 않아도 된다. 본 문제의 경우 공채를 구입한 후 처분하지 않았으므로 해당 채권에 대한 취득 회계처리를 해야 하는 것이다.

[3] 3월 22일 : 공정가액이 230,000원인 공채를 300,000원에 현금으로 매입하다. 이 공채는 유형자산인 건물의 취득시 법령에 따라 매입한 것으로서 이는 일반기업회계기준상 투자자산이다. 공채의 계정과목은 매도가능증권으로 한다.

● 해답

| (차) 매도가능증권(178번) | 230,000 | (대) 현　　　금 | 300,000 |
| 건　　　물 | 70,000 | | |

□	일	번호	구분	계정과목	거래처	적요	차변	대변
	22	00001	차변	0178 매도가능증권			230,000	
	22	00001	차변	0202 건물			70,000	
	22	00001	대변	0101 현금				300,000

※ 참고 : 건물의 취득과 관련된 경우 채권의 공정가액과 매입가액의 차이를 건물 계정으로 처리해야 한다. [2]번 문제의 경우 토지 취득을 위한 지출이므로 토지 계정으로 처리하였던 것과 비교학습하면 될 것이다.

[4] 3월 30일 : 회사가 보유한 건실은행의 장기차입금 50,000,000원을 출자전환하기로 하고 주식 2,000주(액면가액 10,000원)를 발행하여 교부하였으며 자본증자 등기를 마쳤다.

● 해답

| (차) 장기차입금 | 50,000,000 | (대) 자　본　금 | 20,000,000 |
| (거래처 : 건실은행) | | 주식발행초과금 | 30,000,000 |

□	일	번호	구분	계정과목	거래처	적요	차변	대변
	30	00002	차변	0293 장기차입금	98201 건실은행		50,000,000	
	30	00002	대변	0331 자본금				20,000,000
	30	00002	대변	0341 주식발행초과금				30,000,000

[5] 4월 8일 : 전기에 수출한 GM.LTD의 외상매출금(USD $10,000)이 전액 회수되어 보통예금에 입금하였다. 동 외상매출금과 관련된 회계처리는 일반기업회계기준을 준수하였으며 관련 환율정보는 다음과 같다.

구　분	1달러당 환율정보
발 생 시	1,000원
2017.12.31	1,100원
회수 입금시	1,200원

● 해답

(차) 보 통 예 금　　12,000,000　　(대) 외상매출금　　11,000,000
　　　　　　　　　　　　　　　　　　　　　　(거래처 : GM.LTD)
　　　　　　　　　　　　　　　　　　　　　　외 환 차 익　　1,000,000

□	일	번호	구분	계정과목	거래처	적요	차변	대변	▲
	8	00002	차변	0103 보통예금			12,000,000		
	8	00002	대변	0108 외상매출금	00101 GM.LTD			11,000,000	
	8	00002	대변	0907 외환차익				·1,000,000	

※ 참고 : 화폐성 외화자산·부채는 기말환율로 평가하여 평가손익을 당기손익으로 반영하여야 한다. 따라서 2018.4.8. 현재의 GM.LTD의 외상매출금의 장부가액은 전기의 기말 환율로 평가되어 있을 것이므로 11,000,000원(=$10,000×1,100원)이다. 따라서 회수시에는 회수시점의 장부가액(11,000,000원)을 기준으로 외환차손익을 계산하여야 한다.

[6] 4월 22일 : 당사는 외환은행과 확정급여형(DB형) 퇴직연금으로 매년 말에 퇴직금 추계액의 60%를 적립하고 적립액의 2%를 적립수수료로 지급하기로 계약하였다. 계약에 따라 올해 관리직 사원에 대한 퇴직연금 부담금 10,000,000원과 적립수수료 200,000원을 보통예금 계좌에서 이체하였다.

● 해답

(차) 퇴직연금운용자산　　10,000,000　　(대) 보 통 예 금　　10,200,000
　　수수료비용(800번대)　　200,000

□	일	번호	구분	계정과목	거래처	적요	차변	대변
	22	00001	차변	0186 퇴직연금운용자산			10,000,000	
	22	00001	차변	0831 수수료비용			200,000	
	22	00001	대변	0103 보통예금				10,200,000

[7] 5월 16일 : 장기투자목적으로 구입한 (주)K사의 주식(시장성 있음) 300주를 1주당 22,000원에 처분하였고 대금은 보통예금에 입금되었다. 주식처분에 따른 증권거래세 30,000원과 거래수수료 12,000원은 현금으로 지급하였다.

> ※ (주)K사 주식의 취득 및 변동내역
> 　2017.10.20 : 500주 취득 (주당 20,000원 소요)
> 　2017.12.31의 공정가액 : 1주당 18,000원

● 해답

(차) 보 통 예 금　　　　　6,600,000　　(대) 매도가능증권　　　　5,400,000
　　　　　　　　　　　　　　　　　　　　　(계정과목 코드 : 178)
　　　　　　　　　　　　　　　　　　　　　매도가능증권평가손실　600,000
　　　　　　　　　　　　　　　　　　　　　매도가능증권처분이익　558,000
　　　　　　　　　　　　　　　　　　　　　현　　　　금　　　　　42,000

□	일	번호	구분	계 정 과 목	거 래 처	적 요	차 변	대 변
	16	00001	차변	0103 보통예금			6,600,000	
	16	00001	대변	0178 매도가능증권				5,400,000
	16	00001	대변	0395 매도가능증권평가손실				600,000
	16	00001	대변	0915 매도가능증권처분이익				558,000
	16	00001	대변	0101 현금				42,000

[8] 6월 30일 : 2018년 제1기 부가가치세 확정신고시 적용할 원재료 매입에 대한 의제매입
세액이 부가가치세법 규정에 따라 350,000원으로 계산되었다고 가정하고, 공제되는 의
제매입세액에 대한 회계처리를 하시오(회계처리금액은 음수(−)로 처리하지 말 것).

● 해답

(차) 부가세대급금　　　　　350,000　　(대) 원 재 료　　　　　350,000
　　(또는 부가세예수금)　　　　　　　　　　(적요 : 8.타계정으로 대체액)

□	일	번호	구분	계 정 과 목	거 래 처	적 요	차 변	대 변
	30	00012	차변	0135 부가세대급금			350,000	
	30	00012	대변	0153 원재료		8 타계정으로 대체액 원가명세서 반영분		350,000

※ 원재료 계정의 적요 8번은 [타계정으로 대체액 원가명세서반영분]이라고 되어 있으나 학습의 편의상 [타계정으로 대체액]이
　라고만 기억하면 될 것이다.

[9] 7월 11일 : 회사는 전기에 퇴직급여충당부채 10,000,000원이 미계상된 점을 발견하고
일반기업회계기준에 따라 즉시 퇴직급여충당부채를 추가로 계상하였다(발견된 오류
는 중대하지 아니하다).

● 해답

(차) 전기오류수정손실　　10,000,000　　(대) 퇴직급여충당부채　　10,000,000
　　(계정과목 코드 : 영업외비용, 962번)

□	일	번호	구분	계 정 과 목	거 래 처	적 요	차 변	대 변
☐	11	00001	차변	0962 전기오류수정손실			10,000,000	
☐	11	00001	대변	0295 퇴직급여충당부채				10,000,000

※ 참고 : 당기에 발견한 전기 또는 그 이전 기간의 오류가 중대하지 않은 경우 당기 손익계산서에 영업외손익 중 전기오류수정손익으로 보고한다.

※ 참고 : 계정과목 코드체계
[기초정보등록]메뉴 중 [계정과목 및 적요등록]메뉴를 확인하면 계정과목 코드체계를 알 수 있다. 전기오류수정손익 중 중대한 오류는 이익잉여금 코드로 처리해야 하며, 중대하지 않은 오류는 영업외손익으로 처리해야 한다.(아래의 코드 체계를 참고하여 입력한다.)

계 정 체 계		계 정 체 계	
당 좌 자 산 :	0101-0145	매 출 :	0401-0430
재 고 자 산 :	0146-0175	매 출 원 가 :	0451-0470
투 자 자 산 :	0176-0194	제 조 원 가 :	0501-0600
유 형 자 산 :	0195-0217	도 급 원 가 :	0601-0650
무 형 자 산 :	0218-0230	보 관 원 가 :	0651-0700
기타비유동자산 :	0231-0250	분 양 원 가 :	0701-0750
유 동 부 채 :	0251-0290	운 송 원 가 :	0751-0800
비 유 동 부 채 :	0291-0330	판 매 관 리 비 :	0801-0900
자 본 금 :	0331-0340	영 업 외 수 익 :	0901-0950
자 본 잉 여 금 :	0341-0350	영 업 외 비 용 :	0951-0997
자 본 조 정 :	0381-0391	법 인(소 득) :	0998~0999
기 타 포괄손익 :	0392-0399		
이 익 잉 여 금 :	0351-0380	특 수 계 정 과 목 :	1000~1010

[10] 7월 27일 : 액면가액 300,000,000원인 사채 중 200,000,000원을 210,000,000원에 당좌수표를 발행하여 조기에 상환하다. 7월 27일 현재 당사의 다른 사채는 없으며 상환일 현재 사채 관련 계정을 조회한 후 회계처리하시오.

● 해답

(차) 사   채   200,000,000   (대) 당 좌 예 금   210,000,000
     사채할증발행차금   8,000,000
     사채상환손실   2,000,000

※ 사채할증발행차금 = 12,000,000원 × $\dfrac{200,000,000원}{300,000,000원}$ = 8,000,000원

□	일	번호	구분	계 정 과 목	거 래 처	적 요	차 변	대 변
☐	27	00001	차변	0291 사채			200,000,000	
☐	27	00001	차변	0313 사채할증발행차금			8,000,000	
☐	27	00001	차변	0968 사채상환손실			2,000,000	
☐	27	00001	대변	0102 당좌예금				210,000,000

● **[11]~[20] : 회사코드 0400 (주)열공기업에 입력하시오.**

[11] 1월 6일 : 회사는 전기에 취득한 자기주식을 전액 5,000,000원에 처분하였다. 대금은 당사의 보통예금 계좌로 입금되었다. 관련되는 계정을 조회한 후 회계처리하시오.

● 해답

(차) 보통예금	5,000,000	(대) 자기주식	4,500,000
		자기주식처분손실	200,000
		자기주식처분이익	300,000

□	일	번호	구분	계 정 과 목	거 래 처	적 요	차 변	대 변
	6	00001	차변	0103 보통예금			5,000,000	
	6	00001	대변	0383 자기주식				4,500,000
	6	00001	대변	0390 자기주식처분손실				200,000
	6	00001	대변	0343 자기주식처분이익				300,000

※ 참고 : 자기주식처분이익과 자기주식처분손실은 서로 상계하여 표시하여야 한다.

[12] 3월 11일 : 회사는 액면금액 5,000원인 자기주식을 1주당 6,000원에 1,000주를 취득하였으며 대금은 보통예금에서 계좌이체를 통해 지급했다.

● 해답

(차) 자 기 주 식	6,000,000	(대) 보 통 예 금	6,000,000

□	일	번호	구분	계 정 과 목	거 래 처	적 요	차 변	대 변
	11	00001	차변	0383 자기주식			6,000,000	
	11	00001	대변	0103 보통예금				6,000,000

[13] 4월 5일 : 회사는 3월 11일에 취득한 액면금액 5,000원인 자기주식 1,000주를 4월 5일에 모두 소각하였다(단, 소각일 현재 관련 계정을 조회한 후 회계처리할 것).

● 해답

(차) 자 본 금	5,000,000	(대) 자기주식	6,000,000
감자차익	300,000		
감자차손	700,000		

※ 참고 : 감자차익과 감자차손은 서로 상계하여 표시하여야 한다.

□	일	번호	구분	계 정 과 목	거 래 처	적 요	차 변	대 변
	5	00001	대변	0383 자기주식				6,000,000
	5	00001	차변	0331 자본금			5,000,000	
	5	00001	차변	0342 감자차익			300,000	
	5	00001	차변	0389 감자차손			700,000	

[14] 4월 22일 : 현재 총계정원장의 당좌예금 잔액을 은행의 잔액증명서 잔액과 비교한 결과 발견된 차액의 원인은 당좌차월에 대한 이자비용 200,000원으로 밝혀졌다.

● 해답

(차) 이 자 비 용   200,000   (대) 당 좌 예 금   200,000

□	일	번호	구분	계 정 과 목	거 래 처	적 요	차 변	대 변
▣	22	00001	차변	0951 이자비용			200,000	
▣	22	00001	대변	0102 당좌예금				200,000

[15] 4월 26일 : 회사는 근로자퇴직급여보장법에 의하여 직원 등과 협의하여 확정기여형 퇴직연금에 가입하고 50,000,000원(생산부서 직원분 30,000,000원 포함)을 보통예금 계좌에서 이체하여 지급하였다.

● 해답

(차) 퇴직급여(500번대)   30,000,000   (대) 보 통 예 금   50,000,000
　　 퇴직급여(800번대)   20,000,000

□	일	번호	구분	계 정 과 목	거 래 처	적 요	차 변	대 변
▣	26	00011	차변	0508 퇴직급여			30,000,000	
▣	26	00011	차변	0806 퇴직급여			20,000,000	
▣	26	00011	대변	0103 보통예금				50,000,000

[16] 5월 2일 : 거래처 (주)미건통상으로부터 3월 5일에 영세율전자세금계산서를 발급받은 상품 매입대금 전액을 외환은행의 외화 보통예금 통장에서 송금하여 결제하고 다음과 같은 거래계산서를 발급받았다. 이체수수료는 현금지급하였다.

환전/송금/금매매 거래계산서				
거 래 일 : 2018년 5월 2일				고객명 : (주)열공기업
거래종류 : 국내자금 당발이체 실행(창구)				
구분	통화	외화금액	환율	원화금액
외화대체	USD	130,000.00	1,230.00	₩159,900,000
적요 당발이체 수수료 ₩10,000 내신 외화금액 USD 130,000.00　　　　내신 원화금액 : ₩10,000 수취인 : (주)미건통상				

● 해답

(차) 외상매입금	156,000,000	(대) 보 통 예 금	159,900,000
(거래처 : (주)미건통상))		현　　　금	10,000
외 환 차 손	3,900,000		
수수료비용(800번대)	10,000		

※ 참고 : 3월 5일의 매입매출전표를 확인하면 (주)미건통상에 대한 외상매입금이 156,000,000원임을 확인할 수 있다.

□	일	번호	구분	계 정 과 목	거 래 처	적 요	차 변	대 변
	2	00001	차변	0251 외상매입금	00631 (주)미건통상		156,000,000	
	2	00001	차변	0952 외환차손			3,900,000	
	2	00001	차변	0831 수수료비용			10,000	
	2	00001	대변	0103 보통예금				159,900,000
	2	00001	대변	0101 현금				10,000

[17] 5월 5일 : 회사는 신주 10,000주(액면가액 1주당 5,000원)를 1주당 6,000원에 발행하고 납입대금 전액을 보통예금에 입금하였으며, 신주발행비 4,500,000원은 당좌수표를 발행하여 지급하였다(기장된 주식할인발행차금을 조회하여 회계처리 하시오).

● 해답

(차) 보 통 예 금	60,000,000	(대) 자 본 금	50,000,000
		주식할인발행차금	2,000,000
		주식발행초과금	3,500,000
		당 좌 예 금	4,500,000

□	일	번호	구분	계 정 과 목	거 래 처	적 요	차 변	대 변
	5	00001	차변	0103 보통예금			60,000,000	
	5	00001	대변	0331 자본금				50,000,000
	5	00001	대변	0381 주식할인발행차금				2,000,000
	5	00001	대변	0341 주식발행초과금				3,500,000
	5	00001	대변	0102 당좌예금				4,500,000

[18] 5월 8일 : 당사와 동일 업종을 영위하는 공무상사를 매수합병(포괄양도양수에 해당함)하고 합병대금 12,000,000원은 5월 8일에 당좌수표를 발행하여 지급하였다. 합병일 현재 공무상사의 자산은 토지(장부가액 8,000,000원, 공정가액 9,300,000원)와 특허권(장부가액 580,000원, 공정가액 1,400,000원)뿐이며 부채는 없다.

● 해답

(차) 토　　　지	9,300,000	(대) 당좌예금	12,000,000
특 허 권	1,400,000		
영 업 권	1,300,000		

※ 매수합병으로 회사를 인수한 경우 해당 회사가 가지고 있던 자산 등은 공정가액으로 처리하고 지급한 금액과 인수한 순자산
가액과의 차이는 영업권으로 처리한다.

□	일	번호	구분		계정과목	거래처	적요	차변	대변
	8	00001	차변	0201	토지			9,300,000	
	8	00001	차변	0219	특허권			1,400,000	
	8	00001	차변	0218	영업권			1,300,000	
	8	00001	대변	0102	당좌예금				12,000,000

[19] 5월 11일 : 당사는 전기이월된 (주)천호상사에 대한 외상매입금 30,000,000원 중
25,000,000원을 금일 보통예금 계좌에서 이체하여 상환하였고, 나머지는 (주)천호상
사의 배려로 탕감받았다. 단, 이와 관련한 이자부분은 고려하지 않기로 한다.

● 해답

(차) 외상매입금   30,000,000   (대) 보 통 예 금   25,000,000
　　(거래처 : (주)천호상사)   채무면제이익   5,000,000

□	일	번호	구분		계정과목	거래처		적요	차변	대변
	11	00001	차변	0251	외상매입금	00612	(주)천호상사		30,000,000	
	11	00001	대변	0103	보통예금					25,000,000
	11	00001	대변	0918	채무면제이익					5,000,000

[20] 다음의 1기 확정 부가가치세 신고내용과 관련된 회계처리를 <u>부가가치세 확정과세
기간 종료일</u>에 하시오. (대손금에 대한 회계처리는 생략하되 대손세액공제액은 반
영한다). 단, 납부할 부가가치세는 '<u>미지급세금</u>' 계정으로 처리하고, 단수차액에 대
한 회계처리는 납부시에 하기로 한다. (기존에 매입매출전표 및 부가가치세 신고서
에 입력된 데이터는 무시하고 아래 자료에 따라 회계처리한다.)

구		분	금 액	세 액
과세표준 및 매출세액	과 세	세금계산서 발급분	500,000,000	50,000,000
		기 타	0	0
	영 세 율	세금계산서 발급분	100,000,000	0
		기 타	50,000,000	0
	대 손 세 액 가 감			−5,000,000[주1]
매입세액	세금계산서수취분	일 반 매 입	280,000,000	28,000,000
		고 정 자 산 매 입	0	0
	기타공제매입세액	의 제 매 입 세 액	102,000,000	2,000,000[주2]
납 부 할 세 액				15,000,000

주1) 3월 30일에 거래처 상권상회의 외상매출금의 소멸시효가 완성되어 대손세액 공제를 신청한 것이다.

주2) 의제매입세액공제 적용요건은 충족되었으며, 이는 원재료 구입과 관련된 것으로 구입시 의제매입세액 공제액은 회계처리에 반영하지 않았다.

● 해답

6월 30일 일반전표 입력

(차) 부가세예수금	50,000,000	(대) 부가세대급금	28,000,000
		원 재 료	2,000,000
		(적요8.타계정으로 대체)	
		외상매출금	5,000,000
		(거래처 : 상권상회)	
		미지급세금	15,000,000

※ 참고 : 의제매입세액 공제액은 원재료의 차감항목이며, 대손세액공제액은 매출채권(외상매출금)에서 차감하는 것이다.

	일	번호	구분	계 정 과 목	거 래 처	적 요	차 변	대 변
	30	00001	차변	0255 부가세예수금			50,000,000	
	30	00001	대변	0135 부가세대급금				28,000,000
	30	00001	대변	0153 원재료		8 타계정으로 대체액 원		2,000,000
	30	00001	대변	0108 외상매출금	00698 상권상회			5,000,000
	30	00001	대변	0261 미지급세금				15,000,000

● **[21]~[30] : 회사코드 0500 (주)제일기업에 입력하시오.**

[21] 3월 11일 : 전기에 (주)번영가구의 외상매출금 4,400,000원(부가가치세 포함)을 회수 불능채권으로 대손처리하였으나 당일 전액 현금으로 회수되었다. 단, 상기금액은 2017년 제1기 부가가치세 확정신고시 대손요건 충족으로 대손세액공제를 받은바 있다.

● **해답**

(차) 현　　　금　　　　4,400,000　　　　(대) 대손충당금(109번)　　　4,000,000
　　　　　　　　　　　　　　　　　　　　　　　부가세예수금　　　　　　400,000

	일	번호	구분		계 정 과 목	거 래 처	적 요	차 변	대 변	
	11	00008	차변	0101	현금			4,400,000		
	11	00008	대변	0109	대손충당금				4,000,000	
	11	00008	대변	0255	부가세예수금				400,000	

[22] 4월 9일 : 전기에 ABC사에 대여하여 장기대여금으로 계상하였던 10,000$을 현금으로 회수하였다. 각각의 기준환율은 다음과 같으며, 회사는 전기 말에 외화자산·부채에 대한 평가를 적절히 하였다(전기 4월 21일에 발생함).

(단위 : 원)

구　　분	전기 4월 21일	전기말	당기 4월 09일
기준환율	₩1,300/$	₩1,350/$	₩1,400/$
원화평가액	13,000,000	13,500,000	14,000,000

● **해답**

(차) 현　　　금　　　　14,000,000　　　　(대) 장기대여금　　　　　13,500,000
　　　　　　　　　　　　　　　　　　　　　　　(거래처 : ABC사)
　　　　　　　　　　　　　　　　　　　　　　　외 환 차 익　　　　　500,000

	일	번호	구분		계 정 과 목	거 래 처		적 요	차 변	대 변	
	9	00005	차변	0101	현금				14,000,000		
	9	00005	대변	0179	장기대여금	00101	ABC사			13,500,000	
	9	00005	대변	0907	외환차익					500,000	

[23] 4월 15일 : 당사는 유상증자를 위하여 신주(보통주) 1,000주를 5,000,000원(액면가
@5,000원)에 발행하고 전액 당좌예입하다. 주식발행과 관련하여 주권인쇄비 100,000
원을 현금으로 지급하였다.

● 해답

(차) 당 좌 예 금　　5,000,000　　(대) 자 본 금　　5,000,000
　　주식할인발행차금　　100,000　　현　　금　　100,000

※ 참고 : 주식발행과 직접적으로 관련된 비용은 주식의 발행가액에서 직접 차감하도록 하고 있으므로 본 문제의 경우 액면발
　행이 아닌 할인발행이 된다. 따라서 차변에 주식할인발행차금이 생기게 된다.

□	일	번호	구분	계정과목		거래처	적요	차변	대변	▲
▣	15	00019	차변	0102	당좌예금			5,000,000		
▣	15	00019	차변	0381	주식할인발행차금			100,000		
▣	15	00019	대변	0331	자본금				5,000,000	
▣	15	00019	대변	0101	현금				100,000	

[24] 4월 17일 : 장기성예금으로 처리되어 있던 국민은행 정기적금이 금일 만기가 도래하
여 원금 5,000,000원과 이자 1,000,000원 중 원천징수세액 154,000원을 제외한 잔
액은 보통예금에 대체하다. (거래처 코드 입력할 것)

● 해답

(차) 보통예금　　5,846,000　　(대) 장기성예금　　5,000,000
　　선납세금　　154,000　　　　(거래처 : 국민은행)
　　　　　　　　　　　　　　　　이자수익　　1,000,000

□	일	번호	구분	계정과목		거래처	적요	차변	대변	▲
▣	17	00002	차변	0103	보통예금			5,846,000		
▣	17	00002	차변	0136	선납세금			154,000		
▣	17	00002	대변	0176	장기성예금	98203 국민은행			5,000,000	
▣	17	00002	대변	0901	이자수익				1,000,000	

[25] 4월 18일 : 전기이월된 사채의 액면가액 300,000,000원 중 액면가액 100,000,000원
어치에 대해서 조기상환을 실시하였다. 조기상환을 위해 110,000,000원을 보통예금
계좌에서 이체하여 지급하였다. 사채상환일 현재 당사의 다른 사채 및 사채할인발
행차금 등 사채 관련 계정금액은 없었다.

● 해답

(차) 사   채   100,000,000   (대) 보 통 예 금   110,000,000

　　　사채상환손실   20,000,000   사채할인발행차금   10,000,000

※ 참고 : 사채의 상환시 사채의 액면가액과 비례하여 사채할인발행차금 혹은 사채할증발행차금을 없애는 분개를 한 후 남는
대차차액을 사채상환손실로 처리하여야 한다. 매도가능증권의 처분시에도 기존에 있던 매도가능증권의 처분비율에 비례하
여 매도가능증권평가이익 혹은 매도가능증권평가손실을 없애는 분개를 하고 남는 금액을 처분이익 혹은 처분손실로 반영한
다. (자기주식처분손익 혹은 감가차손익의 경우에는 기존의 자기주식 수에 비례하여 상계시키는 것이 아니라 장부가액 전액
을 없애야 하는 점과 구분하도록 한다.)

□	일	번호	구분	계 정 과 목	거 래 처	적 요	차 변	대 변
	18	00001	차변	0291 사채			100,000,000	
	18	00001	차변	0968 사채상환손실			20,000,000	
	18	00001	대변	0103 보통예금				110,000,000
	18	00001	대변	0292 사채할인발행차금				10,000,000

[26] 4월 22일 : 업무에 사용하던 기계장치에 화재가 발생하여 완전히 소실되었다. 회사
의 기계장치는 한대뿐이며 다른 기계장치는 없다. 당기의 감가상각비는 계상하지
않기로 한다. (단, 해당 기계장치는 손해보험에 가입되어 있지 않았음)

● 해답

(차) 감가상각누계액(207번) 35,000,000   (대) 기 계 장 치   52,000,000

　　　재 해 손 실   17,000,000

□	일	번호	구분	계 정 과 목	거 래 처	적 요	차 변	대 변
	22	00001	차변	0207 감가상각누계액			35,000,000	
	22	00001	차변	0961 재해손실			17,000,000	
	22	00001	대변	0206 기계장치				52,000,000

※ 참고 : 4월 22일의 합계잔액시산표를 조회하면 기계장치의 장부가액(취득가액 및 감가상각누계액)을 알 수 있다.

[27] 4월 25일 : 당사의 확정급여형(DB형) 퇴직연금에 대하여 건실은행(퇴직연금운용사
업자)으로부터 계약에 따른 퇴직연금운용수익 1,000,000원이 지급되었음을 통지받
았다. 단, 퇴직연금운용수익과 관련된 운용수수료는 없는 것으로 가정하며, 프로그
램에 등록되어 있는 적절한 계정과목을 사용할 것.

● 해답

(차) 퇴직연금운용자산   1,000,000   (대) 이 자 수 익   1,000,000

□	일	번호	구분	계 정 과 목	거 래 처	적 요	차 변	대 변
	25	00001	차변	0186 퇴직연금운용자산			1,000,000	
	25	00001	대변	0901 이자수익				1,000,000

※ 참고 : 퇴직연금 운용수익은 원칙적으로 퇴직연금운용수익이라는 계정과목을 사용하여야 하지만 문제의 데이터에 계정과목
이 등록되어 있지 않다면 이를 이자수익으로 처리하면 된다. 따라서 27번과 같은 문제가 나온다면 반드시 먼저 '퇴직연금운
용수익' 계정을 찾아보고 해당 계정이 없을 경우 '이자수익'으로 처리하면 된다.

[28] 5월 20일 : 단기매매차익 목적으로 시장성 있는 주식인 (주)제일섬유 주식 250주를 1주당 5,000원에 취득하면서 거래수수료 15,000원을 포함하여 현금으로 결제하였다. 당사는 동주식에 대하여 단기매매증권으로 분류하기로 한다.

● 해답

(차) 단기매매증권　　　　　　　1,250,000　　　(대) 현　　　　금　　　　　　1,265,000
　　　수수료비용(965번)　　　　　　15,000

일	번호	구분	계정과목		거래처	적요	차변	대변	
20	00010	차변	0107	단기매매증권			1,250,000		
20	00010	차변	0965	수수료비용			15,000		
20	00010	대변	0101	현금				1,265,000	

※ 주식 취득은 판매활동 및 제조활동과는 관련없는 활동이므로 수수료는 900번대 계정을 사용한다. 단, 시험문제 풀이시 900 번대 계정이 설정되어 있지 않다면 제조활동과 관련되지 않은 경우 800번대로 처리하면 된다. 앞으로의 시험에서는 28번과 같은 문제를 낼 경우 900번대 수수료비용을 정확하게 설정하여 주고 입력하라고 하는 문제가 출제될 것으로 예상되고 있다.

[29] 5월 22일 : 당사가 보유중인 매도가능증권은 (주)은성무역의 주식으로서 총 100주이다. 당사는 5월 22일에 매도가능증권 중 70주를 주당 120,000원에 처분하고 처분가액은 전액 현금 수령하였다. 처분시 주식처분 수수료로 20,000원이 보통예금 계좌에서 지급되었다.

● 해답

(차) 현　　　　금　　　　　　8,400,000　　　(대) 매도가능증권(178번)　　6,300,000
　　　　　　　　　　　　　　　　　　　　　　　보 통 예 금　　　　　　　　20,000
　　　　　　　　　　　　　　　　　　　　　　　매도가능증권평가손실　　　700,000
　　　　　　　　　　　　　　　　　　　　　　　매도가능증권처분이익　1,380,000

	일	번호	구분	계정과목		거래처	적요	차변	대변	
	22	00001	차변	0101	현금			8,400,000		
	22	00001	대변	0178	매도가능증권				6,300,000	
	22	00001	대변	0103	보통예금				20,000	
	22	00001	대변	0395	매도가능증권평가손				700,000	
	22	00001	대변	0915	매도가능증권처분이				1,380,000	

※ 참고 : 매도가능증권 코드
　　매도가능증권은 178번과 123번이 있다. 이 중 원칙적인 투자자산으로서의 매도가능증권은 178번 코드를 사용하고, 매도가 능증권 중 채권이 만기가 결산일로부터 1년 이내로 도래하여 유동자산으로 재분류를 하는 경우에는 123번 코드를 사용한다. 따라서 일반적인 경우 별도의 언급이 없으면 매도가능증권은 178번 코드를 사용하여야 한다.

[30] 5월 26일 : 당사는 회사채(액면가액 : 1억원, 만기 : 2년, 액면이자율 : 10%)를 100,000,000원
에 발행하고 대금은 보통예금 계좌로 이체받았다. 회사채 발행과 관련된 수수료
2,000,000원은 당일 현금으로 지급하였다.

● 해답

(차) 보 통 예 금   100,000,000   (대) 사   채   100,000,000
    사채할인발행차금   2,000,000   현   금   2,000,000

□	일	번호	구분	계 정 과 목	거 래 처	적 요	차 변	대 변
	26	00001	차변	0103 보통예금			100,000,000	
	26	00001	차변	0292 사채할인발행차금			2,000,000	
	26	00001	대변	0291 사채				100,000,000
	26	00001	대변	0101 현금				2,000,000

매입매출전표 입력 02

매입매출전표를 입력하면 그 금액은 부가가치세 신고서에 자동으로 반영된다. 따라서 매입매출전표의 경우 입력을 잘못하면 부가가치세 신고서가 잘못되게 되어 추후 가산세 부담 등이 나타나게 되므로 입력 시 주의를 기울여야 한다.

매입매출전표는 원칙적으로는 세금계산서를 입력하는 메뉴이다. 그러나 매출의 경우에는 부가가치세법상 세금계산서 발급을 하였는지의 여부와 관계없이 모든 과세매출을 신고서에 반영하여 세금을 내도록 하고 있으므로 과세 대상 제품 등을 팔았다고 하면 모두 매출전표로 입력하여야 한다. 특히 간주공급(이론교재 참고) 등의 경우에도 반드시 매출전표로 입력하여 부가가치세 신고서에 그 금액이 반영되도록 하는 것이 원칙이다. 또한 매입의 경우에도 세금계산서를 발급받은 건에 대해서는 반드시 매입전표로 입력하여야 하나, 공급가액과 부가가치세가 구분기재되어 있는 신용카드 전표, 현금영수증 등에 대해서는 매입세액 공제가 허용되므로 이러한 금액도 매입전표에 입력하는 것이다. 또한 계산서를 발급하거나 발급받은 거래도 부가가치세에 직접적인 영향은 미치지 않는 경우가 더 많으나, 부가가치세 신고서에 계산서 합계표를 첨부하여 제출하여야 하므로 이를 매입매출전표에 입력하여야 부가가치세 신고가 적법하게 완료된다.

매출의 경우와 매입의 경우 세금계산서 모양이 다르므로 아래 표의 내용을 확인해 놓도록 하자. 특히 매입세액의 경우 매입세액공제가 가능한 금액은 부가가치세대급금(자산) 계정으로, 매출세액을 부가가치세예수금(부채) 계정으로 처리한다는 점은 반드시 기억해 두어야 할 사항이다.

구 분	색 깔	제 목	관련 세액
매입세금계산서	파란색	공급받는자 보관용	매입세액(부가세대급금)
매출세금계산서	빨간색	공급자 보관용	매출세액(부가세예수금)

매입매출전표 입력 방법에 대해 알아보도록 하자.

　　[회계관리] 메뉴 중 [전표입력] 메뉴 하단의 [매입매출전표] 메뉴가 보일 것이다. 이를 클릭하면 아래와 같은 화면이 나타난다.

　　매입매출전표에 대한 회계처리는 두 단계를 거쳐 작성되는데, 먼저 화면의 위쪽에서 부가가치세 과세자료를 입력한 후 아래쪽에서 회계처리 내용을 입력하는 것이다. 즉, 화면 위쪽(상단부)은 부가가치세 신고를 위한 자료입력이며 아래쪽(하단부)은 회계장부(재무상태표, 손익계산서)를 작성하기 위한 입력 화면이라는 점을 기억하고 있어야 한다.

참고

※ 매입매출전표 [전체입력], [전자입력], [매출과세] 등의 구분

매입매출전표 입력시 [11.매출과세] 전표만 집중적으로 입력하고 싶다면 메뉴 상단의 [11.매출과세] 탭을 클릭한 후 입력하면 유형이 자동으로 11번으로 기입되어 입력이 편리하다. 이러한 기능은 실무에서 사용하는 기능이므로 시험에서는 문제에서 특별한 언급이 없으면 별도의 탭을 클릭할 필요 없이 [전체입력]탭에 입력하면 되고 따라서 본서에는 [전체입력]탭에 대해서만 설명할 것이다.

(주)열공테크(회사코드 2000번)의 1월분 매입매출전표를 조회한 화면은 다음과 같다.

❶ 상단부 입력

매입매출전표입력 메뉴 중 아래의 화면을 상단부라고 하고 그 아래 부분을 하단부라고 한다. 상단부 입력방법은 다음과 같다.

	일	번호	유형	품목	수량	단가	공급가액	부가세	코드	공급처명	사업자주민번호	전자	분개
			유형별-공급처별 [1]건										

- 월·일 : 몇월인지는 화면 상단의 월 선택 메뉴를 통해 선택한다. 일자 란에 아무 숫자도 넣지 않고 [Enter↵]를 치면 해당 월의 모든 날짜를 입력할 수 있게 된다. 특정 일자의 전표를 여러장 한꺼번에 입력하고자 할 때에는 화면 상단의 일자 란에 해당 일자를 입력한 후 [Enter↵]를 치면 동일한 날짜의 전표를 여러장 한꺼번에 입력할 수 있게 된다.

- 유형 : 월·일을 입력하고 [Enter↵]를 치면 [유형]에 파란색 표시가 되며, 이 때에 아래와 같이 화면 아래에 [부가세유형]의 설명이 나타난다. 아래 유형 코드를 보고 해당하는 숫자를 입력하면 된다. 매입매출전표 문제에서는 유형을 정확하게 선택해야 오류가 나는 것을 막을 수 있다. 코드체계 11번에서 24번까지는 매출에 대한 코드이고 51번에서 62번까지는 매입에 대한 코드이다. 이 중 해당되는 번호를 골라 클릭하거나 숫자를 직접 입력하여 세금계산서 유형을 선택해야 이것이 부가가치세 신고서에 적절하게 반영된다.

<table>
<tr><td colspan="12" align="center">부 가 세 유 형</td></tr>
<tr><td colspan="6" align="center">매출</td><td colspan="6" align="center">매입</td></tr>
<tr><td>11.과세</td><td>과세매출</td><td>16.수출</td><td>수출</td><td>21.전자</td><td>전자화폐</td><td>51.과세</td><td>과세매입</td><td>56.금전</td><td>금전등록</td><td>61.현과</td><td>현금과세</td></tr>
<tr><td>12.영세</td><td>영세율</td><td>17.카과</td><td>카드과세</td><td>22.현과</td><td>현금과세</td><td>52.영세</td><td>영세율</td><td>57.카과</td><td>카드과세</td><td>62.현면</td><td>현금면세</td></tr>
<tr><td>13.면세</td><td>계산서</td><td>18.카면</td><td>카드면세</td><td>23.현면</td><td>현금면세</td><td>53.면세</td><td>계산서</td><td>58.카면</td><td>카드면세</td><td></td><td></td></tr>
<tr><td>14.건별</td><td>무증빙</td><td>19.카영</td><td>카드영세</td><td>24.현영</td><td>현금영세</td><td>54.불공</td><td>불공제</td><td>59.카영</td><td>카드영세</td><td></td><td></td></tr>
<tr><td>15.간이</td><td>간이과세</td><td>20.면건</td><td>무증빙</td><td></td><td></td><td>55.수입</td><td>수입분</td><td>60.면건</td><td>무증빙</td><td></td><td></td></tr>
</table>

이러한 유형 중 전산세무 1급 시험에 자주 출제되는 유형의 내용을 설명하면 다음과 같다.

※ 매출유형

코드	유형	내 용
11	과세	부가가치세 과세 매출을 하고 세금계산서를 발급한 경우 입력 ☞ 부가가치세 10%인 과세매출 + 세금계산서 발급
12	영세	내국신용장(Local L/C), 구매확인서 등에 의해 영세율 매출을 하고 세금계산서를 발급한 경우 선택(영세율 대상 거래 중 세금계산서 발급한 거래 입력) ☞ 부가가치세 0%인 영세율매출 + 세금계산서 발급
13	면세	면세 매출을 하고 계산서를 발급한 경우 선택
14	건별	세금계산서가 발급되지 않은 과세매출 및 간주공급 입력시 선택 (예 : 증빙을 전혀 발급하지 않거나 영수증·금전등록기 영수증 등을 발행시) ▶간주공급 : 간주공급 중 직매장반출을 제외한 경우에는 세금계산서 발급 의무가 없으므로 이 경우 [14.건별]로 입력하여야 함 ▶[건별]은 일반적인 경우 공급가액 란에 공급대가를 입력하고 [Enter↵]를 치면 자동으로 공급가액과 부가가치세로 구분 기재됨(단, 기초정보관리 하단의 환경등록 메뉴에서 아래와 같이 [카과], [현과], [건별]에 대해 [부가세 포함 여부]가 [1.포함]으로 설정되어 있는 경우에만 공급대가를 기입하면 공급가액과 부가가치세액으로 자동으로 나누어 입력되는 것이다. 대부분의 시험문제는 환경등록이 아래와 같이 되어 있으나 그렇지 않은 경우에는 수기로 직접 공급가액과 부가가치세를 입력하면 된다.)

<table>
<tr><td>4</td><td>부가세 포함 여부</td><td></td></tr>
<tr><td></td><td>카과, 현과의 공급가액에 부가세 포함</td><td>1.전체포함</td></tr>
<tr><td></td><td>건별 공급가액에 부가세 포함</td><td>1.포함</td></tr>
<tr><td></td><td>과세 공급가액에 부가세 포함</td><td>0.전체미포함</td></tr>
</table>

15	간이	간이과세자의 매출액을 입력
16	수출	직수출 등 세금계산서가 발급되지 않는 영세율 매출 입력
17	카과	부가가치세 과세 매출을 하고 신용카드로 결제받은 경우 입력(10% 매출) ▶ 일반적인 경우 공급가액 란에 공급대가를 입력하고 [Enter↵]를 치면 자동으로 공급가액과 부가가치세로 구분 기재됨(단, 기초정보관리 하단의 환경등록 메뉴에서 아래와 같이 [카과], [현과], [건별]에 대해 [부가세 포함 여부]가 [1.포함]으로 설정되어 있는 경우에만 공급대가를 기입하면 공급가액과 부가가치세액으로 자동으로 나누어 입력되는 것이다. 대부분의 시험문제는 환경등록이 아래와 같이 되어 있으나 그렇지 않은 경우에는 수기로 직접 공급가액과 부가가치세를 입력하면 된다.) 4 부가세 포함 여부 카과, 현과의 공급가액에 부가세 포함 1.전체포함 건별 공급가액에 부가세 포함 1.포함 과세 공급가액에 부가세 포함 0.전체미포함
18	카면	부가가치세 면세 매출을 하고 신용카드로 결제받은 경우 입력
19	카영	영세율 적용 매출에 대해 신용카드로 결제받은 경우 입력(0% 매출)
20	면건	계산서가 발급되지 않은 면세 매출 입력(무증빙)
21	전자	전자적 결제수단으로 매출한 경우 입력(주의!!! : 전자세금계산서 아님!!)
22	현과	현금영수증에 의한 과세매출(10%) 입력(지출증빙용 + 소득공제용 모두 입력) ▶ 일반적인 경우 공급가액 란에 공급대가를 입력하고 [Enter↵]를 치면 자동으로 공급가액과 부가가치세로 구분 기재됨(단, 기초정보관리 하단의 환경등록 메뉴에서 아래와 같이 [카과], [현과], [건별]에 대해 [부가세 포함 여부]가 [1.포함]으로 설정되어 있는 경우에만 공급대가를 기입하면 공급가액과 부가가치세액으로 자동으로 나누어 입력되는 것이다. 대부분의 시험문제는 환경등록이 아래와 같이 되어 있으나 그렇지 않은 경우에는 수기로 직접 공급가액과 부가가치세를 입력하면 된다.) 4 부가세 포함 여부 카과, 현과의 공급가액에 부가세 포함 1.전체포함 건별 공급가액에 부가세 포함 1.포함 과세 공급가액에 부가세 포함 0.전체미포함
23	현면	현금영수증에 의한 면세매출 입력
24	현영	영세율 대상 매출에 대해 현금영수증이 발급된 경우 입력

※ 매입유형

코드	유형	내 용
51	과세	과세 재화 등을 공급받고 세금계산서를 적법하게 교부받은 경우 선택 부가가치세 10%인 과세매입으로서 매입세액 공제 대상인 것
52	영세	영세율 매입세금계산서를 발급받은 경우 입력
53	면세	면세분 매입계산서를 받은 경우 선택
54	불공	과세 재화 등을 공급받고 세금계산서를 적법하게 교부받았지만(증빙은 세금계산서임) 부가가치세법에서 매입세액 불공제 대상으로 규정하고 있는 것을 입력할 때에 선택(➡ 즉, 매입세액 불공제 대상인 세금계산서를 입력할 때 선택) **참고** 불공제 대상 매입세액의 종류 사업자가 사업과 직접적 관련이 없는 지출을 하였거나 면세사업에 지출한 경우 등에는 해당 매입세액을 공제받을 수 없다. 이러한 불공 매입세액의 유형은 다음과 같다. <불공제사유> 54.불공 을 선택하고 공급가액과 세액까지 입력하면 화면 중간에 [불공제사유]를 선택할 수 있는 메뉴가 활성화되는데 여기에서 […]를 클릭하면 아래와 같은 불공제사유가 나타난다. 이 중 해당사항을 클릭한 후 아래쪽 [확인]을 클릭하면 된다. 불공제 사유는 반드시 입력하도록 연습하자. 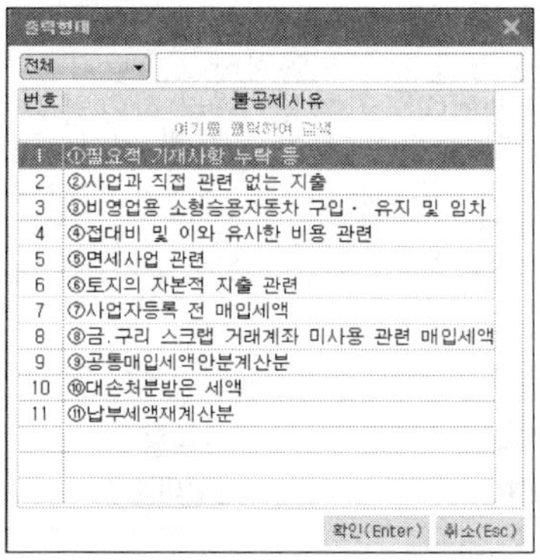
55	수입	재화의 수입시 세관장이 발행한 수입세금계산서 입력시 선택 ※ 수입세금계산서 입력시 세금계산서상의 공급가액을 상단부에 입력하되, 문제에서 별도의 요구사항이 없는 경우 하단부 분개 입력시에는 공급가액은 입력 대상이 아니고 부가가치세만 입력하면 됨
56	금전	현재는 입력하는 사항 없음
57	카과	매입세액 공제가 가능한 신용카드전표 입력시 선택 ▶ 일반적인 경우 공급가액 란에 공급대가를 입력하고 [Enter↵]를 치면 자동으로 공급가액과 부가가치세로 구분 기재됨(단, 기초정보관리 하단의 환경등록 메뉴에서 아래와 같이 [카과], [현과], [건별]에 대해 [부가세 포함 여부]가 [1.포함]으로 설정되어 있는 경우에만 공급대가를 기입하면 공급가액과 부가가치세액으로 자동으로 나누어 입력되는 것이다. 대부분의 시험문제는 환경등록이 아래와 같이 되어 있으나 그렇지 않은 경우에는 수기로 직접 공급가액과 부가가치세를 입력하면 된다.) 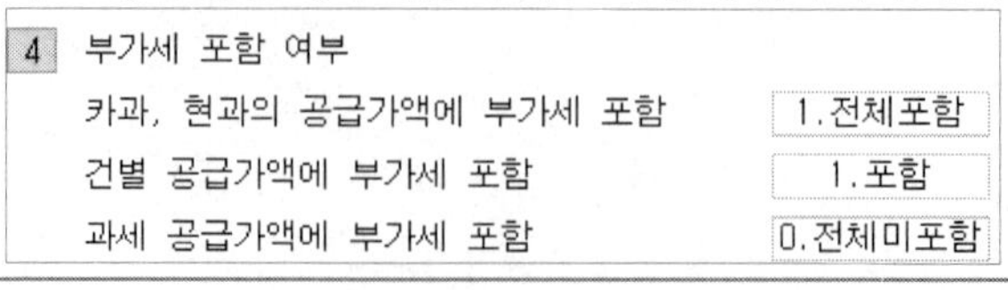 4 부가세 포함 여부 카과, 현과의 공급가액에 부가세 포함 1.전체포함 건별 공급가액에 부가세 포함 1.포함 과세 공급가액에 부가세 포함 0.전체미포함

58	카면	신용카드에 의한 면세 매입을 입력
59	카영	신용카드에 의한 영세율 적용 대상 매입을 입력
60	면건	계산서가 발급되지 않은 면세 매입 입력
61	현과	현금영수증(지출증빙용)에 의한 부가가치세 10%짜리 매입 입력 ▶ 일반적인 경우 공급가액 란에 공급대가를 입력하고 Enter↵를 치면 자동으로 공급가액과 부가가치세로 구분 기재됨(단, 기초정보관리 하단의 환경등록 메뉴에서 아래와 같이 [카과], [현과], [건별]에 대해 [부가세 포함 여부]가 [1.포함]으로 설정되어 있는 경우에만 공급대가를 기입하면 공급가액과 부가가치세액으로 자동으로 나누어 입력되는 것이다. 대부분의 시험문제는 환경등록이 아래와 같이 되어 있으나 그렇지 않은 경우에는 수기로 직접 공급가액과 부가가치세를 입력하면 된다.) 4 부가세 포함 여부 카과, 현과의 공급가액에 부가세 포함　　1.전체포함 건별 공급가액에 부가세 포함　　1.포함 과세 공급가액에 부가세 포함　　0.전체미포함
62	현면	현금영수증에 의한 면세 매입 입력

- **수량, 단가 등** : 세금계산서상의 품목명, 수량, 단가를 그대로 입력하면 공급가액과 세액이 자동으로 계산된다. 또는 수량과 단가를 입력하지 않고 직접 공급가액과 부가가치세를 입력할 수도 있다.

- **공급가액 및 부가가치세** : 세금계산서 등에 적힌 공급가액을 정확하게 기입한다. 공급가액의 10%가 부가가치세이며 이 금액은 [부가세]란에 반영된다.

- **거래처** : 매입매출전표를 입력할 때에는 반드시 거래처코드를 입력해야 하는데 거래처코드 입력을 하면 하단부의 분개시 자동으로 거래처코드가 연결된다. **거래처코드를 신규로 입력할 때에는 코드란에 "00000"이나 "+"키를 입력한 후 거래처명에 상호를 입력하면 거래처코드를 손쉽게 등록할 수 있다. 단, 거래처에 대한 보다 더 정확하게 자세한 사항을 입력하기 위해서는 전표 입력 전에 먼저 거래처등록 메뉴에 직접 거래처 등록을 한 후 전표 입력을 하는 것이 더 좋다.**

 **매입매출전표 입력 화면에서 거래처코드 등록 방법**

① 매입매출전표 입력시 공급가액과 부가가치세까지 입력 후 [Enter↵]를 치면 [공급처명] 앞의 [코드]란에 커서가 놓이게 되는데 여기에서 숫자판의 "⊞" 키를 누르면 아래 그림과 같이 코드 란에 "00000"의 숫자가 기입된다.

② 코드에 00000을 입력한 상태에서 [Enter↵]를 친 후 [공급처명]란에 등록하고자 하는 회사명을 입력한 후 다시 [Enter↵]를 친다. 예를 들어 (주)남정선을 입력하면 아래와 같은 화면이 나타난다.(거래처코드 조회 화면에서 화면 하단의 [신규등록] 클릭해도 됨)

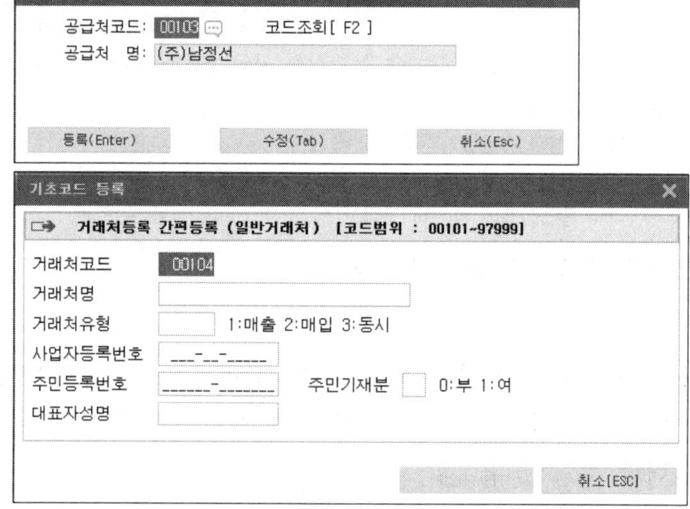

③ 거래처코드 등을 변경하고 사업자등록번호 등을 추가로 입력하고자 하는 경우에는 먼저 공급처 코드를 원하는 숫자로 바꾸어 입력을 한 후, 위 화면 하단의 [수정]탭을 클릭한다. 그러면 아래와 같이 거래처 내용 등록 및 수정을 할 수 있는 메뉴가 화면 아래쪽에 나타나므로 여기에 해당 내용을 모두 반영한 후 [Enter↵]를 계속 누르면 거래처등록이 완료된다.

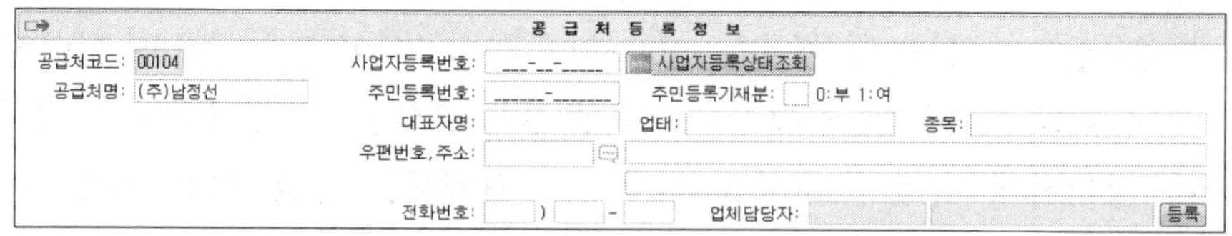

• **전자** : 전자세금계산서 및 전자계산서를 발급하거나 발급받은 경우에 [전자]란에서 숫자 "1"을 입력하면 [여]로 표시된다. 법인과 직전연도의 사업자별 공급가액이 3억원이 넘는 개인사업자는 전자세금계산서 및 전자계산서를 발급할 의무가 있으며 따라서 시험문제에서도 전자세금계산서 또는 전자계산서를 주고받은 문제가 많이 나오고 있으니 문제를 꼼꼼히 읽고 전자세금계산서 또는 전자계산서이면 매출이건 매입이건 [전자] 여부를 정확하게 입력하여야 한다.(단, 전자세금계산서 등을 직접 발급하라는 문제가 나오면 [전자]에 "여"를 입력하지 않고 본서의 뒤에 설명한 전자세금계산서 발급 절차를 따라야 한다.)

 **전자계산서 발급시 전자 여부 체크해야 함**

시험문제에서 '전자계산서'를 수령하거나 발급한 거래에 대한 문제가 나올 수 있다. 전자계산서의 경우에도 [전자] 탭에 [여]를 체크해야 한다는 점을 반드시 기억하도록 하자.

② 하단부 입력

아래의 화면을 하단부라고 한다. 하단부 입력 방법은 다음과 같다.

구분	계정과목	적요	거래처	차변(출금)	대변(입금)	
						(세금)계산서 현재라인인쇄
						거래명세서 현재라인인쇄
						전표 현재라인인쇄
				합 계		

하단부 분개의 내용을 입력하는 방법은 다음과 같다. 하단부 입력 방법은 상단부 메뉴의 [분개]의 [0],[1],[2],[3],[4] 중에서 어떤 것을 선택했는지에 따라 달라진다. 분개유형과 각각의 입력방법을 요약하면 다음과 같다.

• **분개** : [0.분개없음, 1.현금, 2.외상, 3.혼합, 4.카드] 중 하나를 선택한다.

하단부 분개를 하지 않으려는 경우에는 "0"을 입력하고, 전액 출금전표 혹은 입금전표로 처리할 수 있는 현금거래의 경우에는 "1"을 입력한다. 차변에 외상매출금, 혹은 대변에 외상매입금 전액을 기입하는 분개는 "2"를 입력한다. 또한 일반적인 대체거래(차변, 대변으로 나누어 입력하는 거래)의 경우에는 "3"을 입력한다. 마지막으로 "4.카드"의 경우, 일반적으로 신용카드 매출 또는 매입을 입력하는 경우에 선택한다.

전표 유형을 [17.카과]로 선택한 경우에는 공급처코드와 공급처명까지 입력을 하고 나면 화면 가운데의 신용카드사 코드 입력란으로 커서가 이동된다. 여기에서 [⋯]를 클릭하면 거래처등록 메뉴에서 [매출]유형으로 등록해 놓은 카드거래처가 조회되며 이 중 해당하는 카드사를 클릭하면 된다. 최근 프로그램이 업그레이드되면서 [봉사료]를 기입하는 란도 있지만 시험에서 별도의 언급이 없는 한 시험과는 관계없는 것으로 보면 된다.

신용카드사:	⋯	봉사료:	

이와 마찬가지로 전표 유형을 [57.카과]를 선택한 경우에는 공급처명까지 입력하고 나면 역시 화면 가운데에 신용카드사 입력 메뉴가 활성화되는데 여기에서 ⬜를 눌러 카드사를 조회하면 [매입]유형으로 등록해 놓은 카드거래처가 조회된다. 이 중 해당하는 카드사를 클릭한다.

이러한 분개 유형별 특징을 요약하면 다음과 같다.

분 개		내 용
0	분개없음	• 하단부에 분개를 입력하지 않는 경우 선택한다.
1	현 금	• 전액 현금거래인 경우에 사용한다. • [1.현금]을 선택하는 경우 매출거래에 대해서는 하단부가 전액 "입금전표"로 처리되고 매입거래에 대해서는 하단부가 전액 "출금전표"로 처리된다.
2	외 상	• 전액 외상매출금, 외상매입금으로 분개될 때 사용된다. • [2.외상]을 선택하는 경우 매출거래는 차변에 "외상매출금"이 자동으로 생성되고, 매입거래는 대변에 "외상매입금"이 자동으로 생성된다.
3	혼 합	• 현금과 외상이 포함된 거래 등에 사용된다. 받을어음, 지급어음, 선급금, 선수금, 미지급금 등의 계정과목을 입력해야 한다면 3번 혼합분개로 입력하여야 한다. • 이 경우 하단부 분개는 매출거래의 경우 대변에 제품매출이나 상품매출 등 기본계정으로 등록해 놓은 매출 계정과목 코드가 기입되며 부가가치세 세액이 대변에 부가세예수금으로 기입된다. • 매입거래의 경우 차변에 원재료 혹은 상품 등 기본계정으로 등록해 놓은 매입 r계정과목 코드가 기입되며, 부가가치세 세액이 차변에 부가세대급금으로 된다, 다만, 불공제 대상 매입의 경우(54번 코드) 부가세대급금이 나타나지 않고 차변의 계정과목이 부가가치세 포함 금액(공급대가)으로 나타난다.
4	카 드	• 해당 거래가 카드로 결제된 경우에 사용한다. [4.카드]를 선택했을 경우에는 매출의 경우에는 일반적으로 차변에 '미수금' 계정이 자동으로 생성되며, 매입의 경우에는 대변에 '미지급금' 계정이 자동으로 생성되도록 하는 기능이 있으며, 이 중 매출 내역은 자동으로 신용카드매출발행집계표에 반영된다. 단, 환경등록에서 신용카드 매출채권 계정이 외상매출금으로 되어 있는 경우에는 매출거래의 경우 [4.카드]를 입력하면 차변에 외상매출금이 나타나게 된다는 점에 주의한다.

4.카드 유형 선택시 나타나는 계정과목

신용카드 매출 입력시 [카드]를 선택하면 일반적인 경우, 차변에 '미수금' 계정이 자동으로 생성되고, 신용카드 매입 입력시 [카드]를 선택하면 대변에 '미지급금' 계정이 자동으로 생성되면서 이를 계정에 대한 거래처 코드가 해당 카드회사로 등록된다.

단, 기초정보관리 중 환경등록 중 분개유형설정을 아래와 같이 한 경우에 미수금, 미지급금이 나타나는 것이며, 시험에서 기본적으로 제공하는 백업데이터에 분개유형이 신용카드매출채권에 대해서는 '외상매출금'으로 처리되어 있는 경우도 있으므로 주의하여야 한다. 이러한 경우에는 [4.카드] 유형을 선택하면 매출거래의 경우 차변에 외상매출금이 나탄다. 따라서 [4.카드] 유형으로 분개를 입력할 때에는 반드시 자동으로 입력된 계정과목이 적절하게 되어 있는지를 확인한 후 문제풀이를 완료하여야 한다.

2 분개유형 설정		
매 출	0404	제품매출
매 출 채 권	0108	외상매출금
매 입	0153	원재료
매 입 채 무	0251	외상매입금
신용카드매출채권	0108	외상매출금
신용카드매입채무	0253	미지급금

아래 사례를 통해 매입매출전표 입력 방법에 대해 알아보자.

✤ 사례

다음은 (주)열공테크(회사코드 2000)의 거래이다. (주)열공테크는 전자제품을 제조하여 판매하는 회사이다.

㉠ (주)열공테크는 (주)산마을에 제품인 노트북을 판매하고 아래와 같이 전자세금계산서를 발급하였다. 대금 중 500,000원은 현금으로 수령하고 나머지 금액은 보통예금 계좌(국민은행)로 즉시 입금되었다.

전자세금계산서			승인번호				
공급자	등록번호	105-86-54182	종사업장번호		공급받는자	등록번호	606-33-89534	종사업장번호
	상호(법인명)	(주)열공테크	성명	이종하		상호(법인명)	(주)산마을	성명	이대성
	사업장주소	서울시 서초구 서초동 1101 바다빌딩 701				사업장주소	서울시 종로구 인사동 110	
	업태	제조업	종목	컴퓨터		업태	제조.도소매	종목	카메라외
	이메일					이메일		
						이메일		

작성일자	공급가액	세액	수정사유		
2018/04/06	1,000,000	100,000			
비고					

월	일	품목	규격	수량	단가	공급가액	세액	비고
4	6	노트북				1,000,000	100,000	

합계금액	현금	수표	어음	외상미수금	이 금액을 (청구)함
1,100,000					

- **날짜** : 세금계산서상의 작성연월일인 "4월 6일"을 입력한다.
- **유 형** : 세금계산서가 발행된 10%짜리 과세매출이므로 "과세[11번]" 코드를 선택한다.
- **품명** : 세금계산서상 품목을 보고 입력하므로 "노트북"이라고 입력한다.
- **수량, 단가** : 세금계산서에 숫자가 없으면 입력하지 않는다.
- **공급가액 및 부가세** : 공급가액 란에 1,000,000원을 입력한 후 Enter↲를 치면 부가가치세는 자동으로 반영된다.
- **공급처 코드 및 공급처명** : 공급처코드 란에 커서를 놓고 F2를 눌러 거래처 조회를 하거나 공급처명 란에 (주)산마을 중 두글자를 입력하여 코드를 입력한다. (주)산마을을 선택한 후 Enter↲를 친다.
- **전자** : 전자세금계산서에 해당되므로 [전자]란에 숫자 "1"을 입력한다.
- **분개** : 현금 거래와 보통예금 거래가 섞여 있을 경우에는 "3.혼합" 분개를 입력한다. "4.카드"로 입력하면 차변에 전액 미수금이 나타나므로 현금과 보통예금을 각각 입력하기 위해서는 "3"번 혼합으로 분개하는 것이다. 혼합 분개를 선택하면 아래 그림과 같이 하단분에 대변 기입사항은 공급가액은 제품매출 계정으로, 세액은 부가세예수금 각각 나타나는 것을 볼 수 있다. 여기에서 부가세예수금은 수정할 수 없으나 제품매출 계정은 계정코드를 다른 것으로 변경할 수 있다. 이 문제에서는 컴퓨터 제조 회사가 노트북(컴퓨터)를 판 것이므로 "제품매출"이 나타나는 것은 맞으므로 대변은 그대로 둔 채, 차변에 현금과 보통예금을 입력해야 한다. 해당 거래를 입력한 화면은 다음과 같다.

□	일	번호	유형	품목	수량	단가	공급가액	부가세	코드	공급처명	사업자주민번호	전자	분개
	6	50001	과세	노트북			1,000,000	100,000	00174	(주)산마을	606-33-89534	여	혼합
	6												
		유형별-공급처별 [1]건					1,000,000	100,000					

구분	계정과목		적요	거래처		차변(출금)	대변(입금)	
대변	0255	부가세예수금	노트북	00174	(주)산마을		100,000	(세금)계산서 현재라인인쇄
대변	0404	제품매출	노트북	00174	(주)산마을		1,000,000	
차변	0101	현금	노트북	00174	(주)산마을	500,000		거래명세서 현재라인인쇄
차변	0103	보통예금	노트북	00174	(주)산마을	600,000		
				합 계		1,100,000	1,100,000	전 표 현재라인인쇄

참고

시험에서는 채권, 채무에 대해서만 거래처 코드를 걸면 되므로 보통예금에 대해서는 거래처 코드를 별도로 걸지 않아도 된다. 그러나 실무에서는 보통예금, 당좌예금 등도 거래처 코드를 거는 것이 원칙이므로 아래와 같이 거래처코드를 국민은행으로 바꿀 수 있다는 것 정도는 알아두도록 하자.(시험 때에는 보통예금 등에 대해서는 문제에서 언급이 없는 한 거래처를 바꾸지 말고 Enter↲를 치고 넘어간다.)

 **매출전표 입력시 "제품매출", 매입전표 입력시 "원재료"가 나타나는 이유**

[기초정보관리]의 [환경등록]을 클릭해 보자. 여기에서 [2.분개유형설정]을 보면 매출은 제품매출, 매입은 원재료가 설정되어 있는 것을 알 수 있다. 매입매출전표 입력을 할 때에 매출유형을 선택하면 자동으로 제품매출이 입력되고, 매입유형을 선택하면 자동으로 매입유형이 선택되는 것이 환경등록에서 이러한 계정을 설정해 두었기 때문이다. 시험은 제조기업을 대상으로 출제되므로 이렇게 두고 문제를 풀면 되지만, 실무에서 제조기업이 아닌 경우에는 분개유형 설정을 바꾸어서 회사의 편의에 맞게 기본 계정을 바꿀 수 있다는 것 정도는 상식으로 알아두도록 하자.

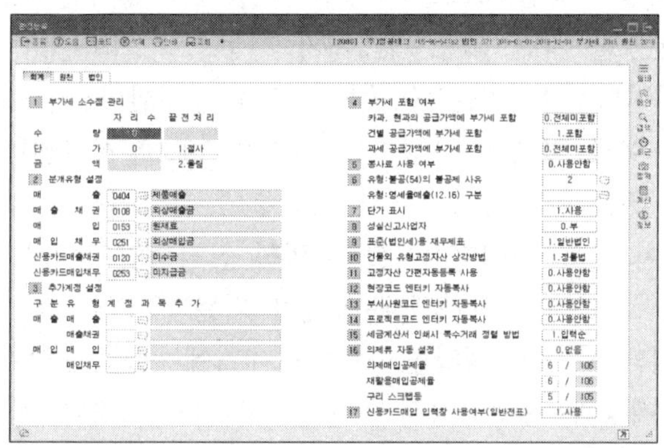

ⓛ 회사의 배달용 트럭을 수리하고 대금은 전액 현금 지급을 한 후 아래와 같은 전자세금계산서를 발급받았다. 트럭 수리비용은 수익적 지출에 해당하며 회사는 이를 "수선비" 계정으로 처리하기로 한다.

전자세금계산서						승인번호			
공급자	등록번호	134-81-78514	종사업장번호			공급받는자	등록번호	105-86-54182	종사업장번호	
	상호(법인명)	(주)신대양정비	성명	이병섭			상호(법인명)	(주)열공테크	성명	이종하
	사업장주소	경기도 안산시 상록구 팔곡이동 50-18					사업장주소	서울 서초구 서초동 1101 바다빌딩 701		
	업태	서비스, 제조	종목	자동차및건설기계정비			업태	제조	종목	컴퓨터
	이메일						이메일	1811samjung@hanmail.net		
							이메일			

작성일자	공급가액	세액	수정사유
2018/04/20	100,400	10,040	

비고	

월	일	품목	규격	수량	단가	공급가액	세액	비고
04	20	차량수리비				100,400	10,040	

합계금액	현금	수표	어음	외상미수금	이 금액을 (영수)함
110,440					

- **날짜** : 세금계산서상의 작성연월일인 4월 20일을 입력한다.
- **유형** : 매입유형 중 매입세액 공제가 되는 과세[51번] 코드를 선택한다.
- **품명** : 세금계산서상 품목을 보고 입력하므로 "차량수리비"라고 입력한다.
- **수량, 단가** : 세금계산서에 숫자가 없으면 입력하지 않는다.
- **공급가액 및 부가세** : 공급가액 란에 100,400원을 입력한 후 Enter⏎를 치면 부가가치세는 자동으로 반영된다.
- **공급처 코드 및 공급처명** : 공급처코드 란에 커서를 놓고 (주)신대양정비 중 두 글자만 입력한 후 Enter⏎ 를 치면 해당 거래처가 자동으로 입력된다.
- **전자** : 전자세금계산서이므로 [전자]란에 숫자 "1"을 입력한다.
- **분개** : 전액 현금으로 대금 결제를 하였다고 하였으므로 분개 란에 "1"을 입력하면 아래와 같이 [현금]분개가 생성되면서 하단부에 출금전표로 부가세대급금, 원재료가 나타나는 것이 보일 것이다. 이를 자세히 살펴보면 부가세대급금은 수정할 수 없게 되어 있다. 이는 부가가치세 공제가 되는 매입세액의 경우 차변에 부가세대급금으로 입력되는 것이 정확한 것이며 여기에 예외는 없기 때문에 전산회계 프로그램에서 계정과목을 고정시켜 놓는 것이다. 그러나 원재료의 경우 해당 계정과목을 수정할 수 있으며 수정하고자 하는 경우에는 원하는 계정과목 코드를 계정과목 명칭 앞의 코드 란에 입력하면 된다.

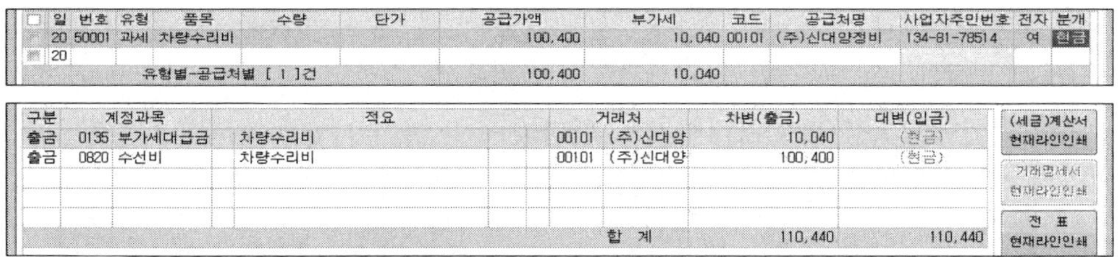

또한 문제에서 "수선비" 계정으로 처리하도록 했으므로 계정 코드를 조회하면 520번과 820번이 조회되는데 회사의 "배달용" 트럭이므로 판매활동을 위해 사용하는 트럭이고 이를 위한 수선비이므로 820번 수선비를 선택하면 된다.

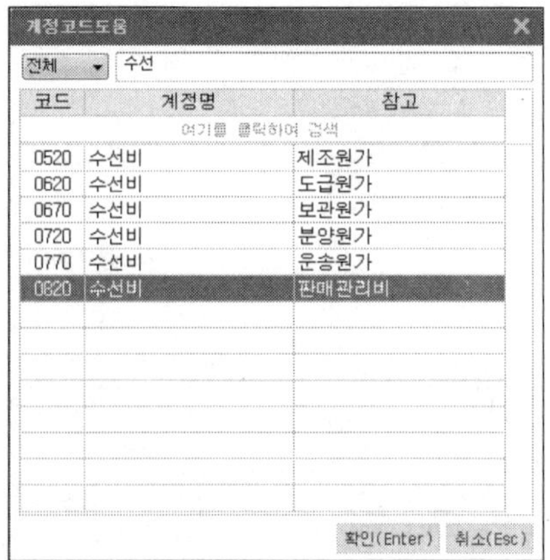

❸ 전자세금계산서발행(KcLep 프로그램에서 새로 생긴 메뉴임)

전산세무 1급 시험에서 아직까지 전자세금계산서를 발급하여 이를 입력하라는 문제는 한번도 출제되지 않았다. 그러나 현재 사용되는 수험용 프로그램(케이렙)에는 전자세금 계산서를 발급하는 기능이 있어서 앞으로의 시험에서는 매입매출전표 입력시 전자세금 계산서를 발행하고 입력하라는 문제가 나올 가능성이 있다. 따라서 아래에서 설명하는 전자세금계산서 발행 방법을 정확히 숙지해 놓아야 할 것이다.

《《《 전자세금계산서 발급 순서

① 해당 거래내역을 매입매출전표에 먼저 입력해야 한다. 단, [전자] 탭은 [여]로 입력 하지 않고 공란으로 두어야 한다.

② [전자세금계산서발행] 메뉴를 실행한 후 세금계산서 발행기간을 입력하면 매입매출 전표에 입력한 데이터를 불러온다.

③ 전자발행하려고 하는 전표를 체크한 후 [수신자]탭에 받는이(담당자)의 이메일을 등록한다. 수신자가 입력되어 있지 않으면 전자세금계산서가 발행되지 않으므로 반드시 이메일 입력을 정확히 하는 연습을 해야 한다.

④ 전자발행하려는 세금계산서를 선택한 후 화면상단의 [전자발행] 탭을 클릭한다.

⑤ 발행버튼을 클릭하면 전자세금계산서를 발급할 것인지 묻는 창이 나타나는데 여기 에서 [예]를 눌러야 한다.

⑥ [예]를 누르면 [베트스빌 로그인] 화면이 나타나는데 교육용 프로그램에서는 아이 디와 비밀번호를 모두 "kacpta"라고 입력한다. 단, 시험문제에서 별도의 아이디와 비밀번호를 제시하면 해당 아이디 등을 입력하면 된다.

⑦ 아이디와 비밀번호를 입력한 후 [확인]을 누르면 국세청에 전송하기 위한 e세로 인 증서 화면이 나타나는데, 수험용 프로그램에서는 인증서암호가 미리 입력되어 있으 므로 [확인]버튼만 클릭하면 된다.

⑧ 확인버튼을 클릭하면 전자세금계산서가 국세청에 전송되었다는 메시지가 나타나게 된다.

⑨ 전자세금계산서발행 메뉴에서 국세청에 해당 세금계산서가 전송되었는지의 내역을 확인한다. 발행상태와 국세청전송상태를 확인한 후 매입매출전표를 해당 날짜로 다 시 조회해 보면 ①단계에서 입력한 전자세금계산서의 [전자]란에 [여]라고 자동입 력되어 있는 것을 확인할 수 있다. 여기까지 완료되면 전자세금계산서 발행이 잘 된 것이다.

<<< 발급 사례

> (주)열공테크가 강변전자(주)에 8월 14일 제품을 10,000,000원어치(부가세 별도) 판매하고 대금은 외상으로 하였다고 가정하자. 이러한 거래에 대해 전자세금계산서를 발급하고 매입매출전표에 입력하는 것을 연습해 보자.
> (수신자 : 담당자명은 남정선이며, 메일 주소는 njstax@kacpta.or.kr 이다).

① 해당 거래내역을 매입매출전표에 입력한다. 단, [전자] 탭은 [여]로 입력하지 않고 공란으로 두어야 한다. 입력이 끝나면 화면을 닫는다.

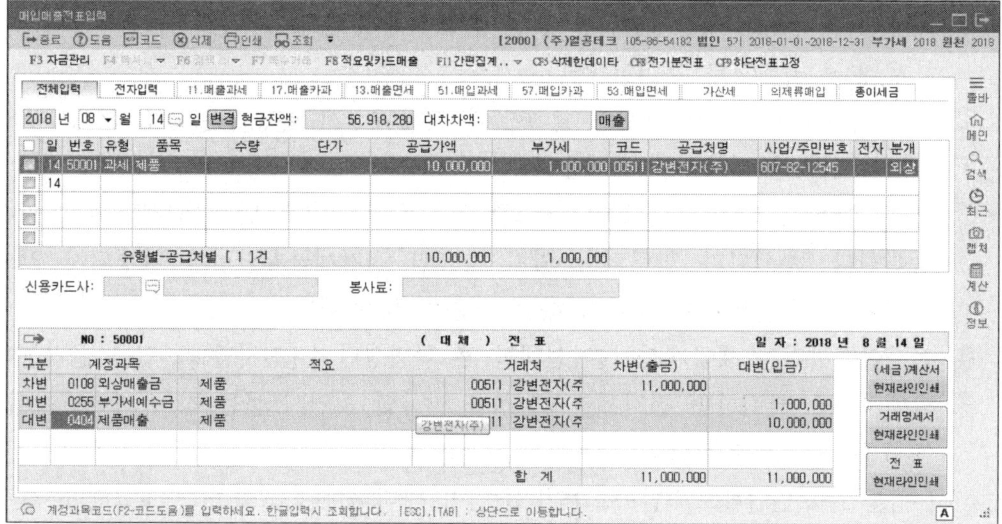

② [전자세금계산서발행] 메뉴를 실행한 후 세금계산서 발행기간을 입력하면 매입매출전표에 입력한 데이터를 아래와 같이 불러온다.

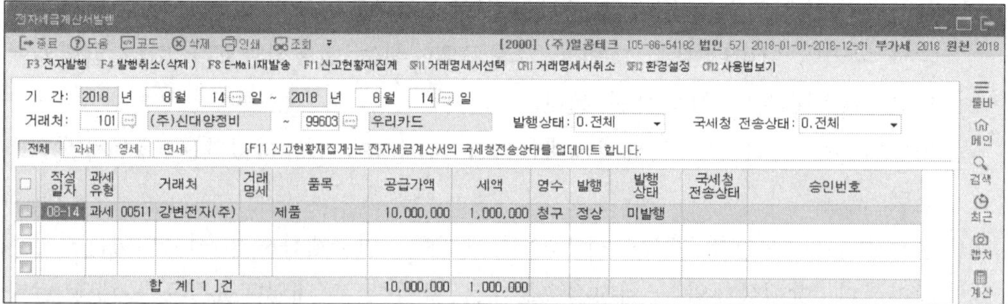

③ 전자발행하려고 하는 전표를 체크한 후 화면 하단의 수신자 탭에 사용여부는 [사용]으로 클릭하고 담당자명과 메일 주소를 입력한다.

④ 수신자 이메일 주소까지 입력이 끝난 후 화면상단의 [F3 전자발행] 탭을 클릭하면 아래와 같은 [전자세금계산서 발행] 메뉴가 나타난다.

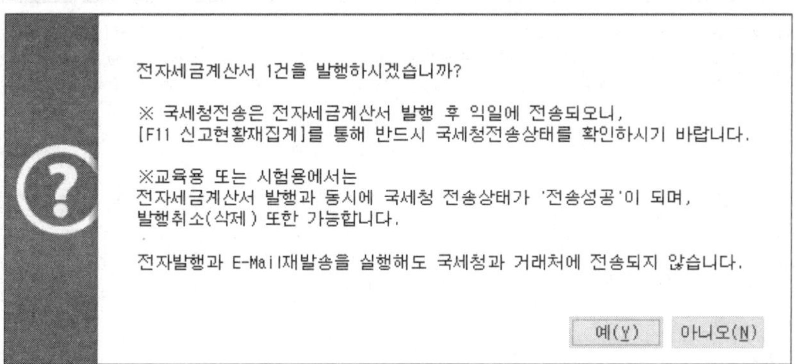

이 메뉴 오른쪽 위의 [발행] 탭을 클릭하면 아래와 같은 메시지가 나타나는데 여기에서 [예]를 클릭한다.

⑤ 위 화면에서 [예]를 클릭하면 아래와 같이 베스트빌 로그인 화면이 나타나는데, 여기에 아이디와 비밀번호를 모두 "kacpta"로 입력한다.

⑥ 아이디와 비밀번호를 입력한 후 [확인]을 누르면 국세청에 전송하기 위한 e세로 인증서 화면이 나타나는데, 수험용 프로그램에서는 인증서 암호가 미리 입력되어 있으므로 [확인]버튼만 클릭하면 된다.

⑦ 확인버튼을 클릭하면 전자세금계산서가 국세청에 전송되었다는 메시지가 나타나게 되고 아래와 같이 전자세금계산서 발행 메뉴의 [발행상태]가 '발행'으로 입력되어 있는 것을 확인할 수 있다. 성공 여부를 확인한 후 [닫기]를 클릭한다.

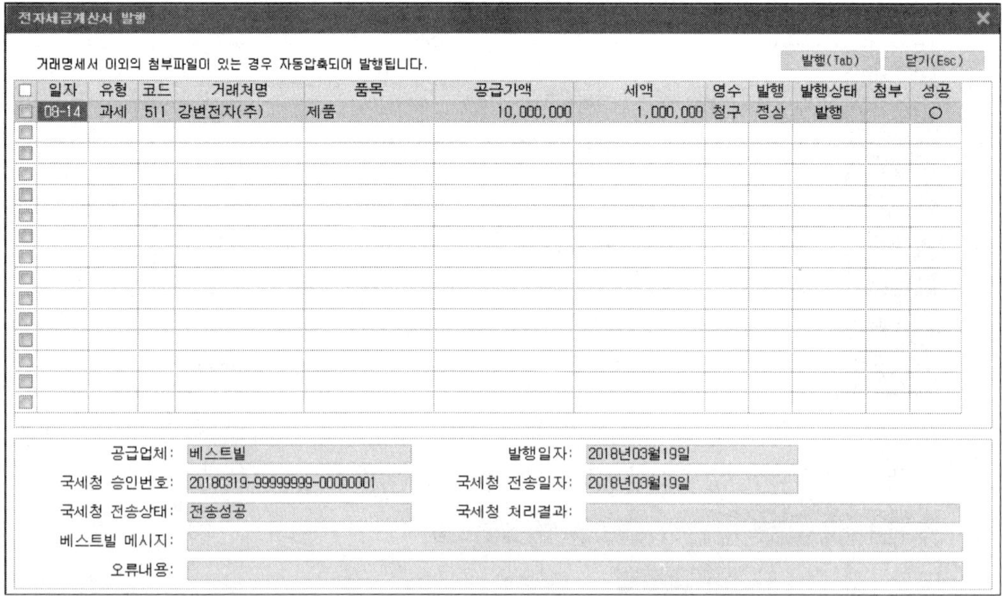

⑧ 전자세금계산서발행 메뉴를 보면 아래와 같이 [발행상태]는 '발행'으로 [국세청전송
   상태]는 '전송성공'으로 나와 있으면 완료된 것이다.

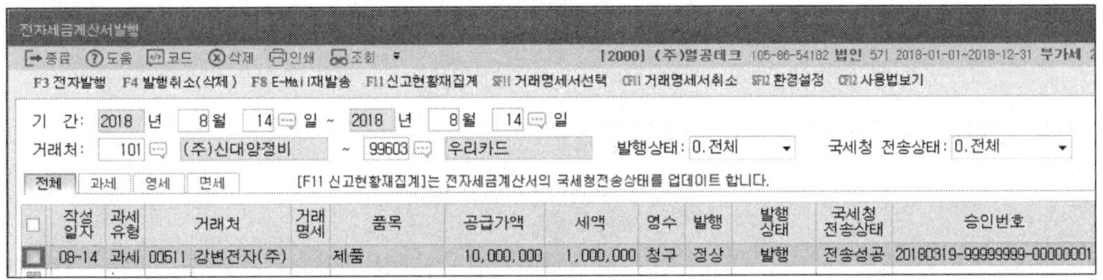

이렇게 입력이 완료된 후 매입매출전표를 8월 14일자로 다시 조회해 보면 아래와 같
이 [전자]에 [여]로 자동으로 체크되어 있는 것을 확인할 수 있다.

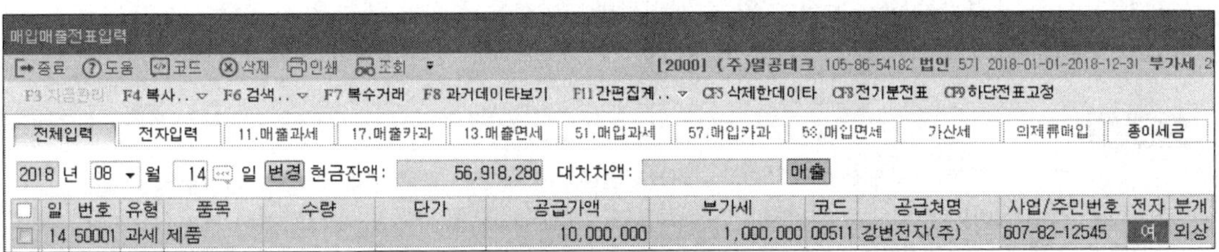

매입매출전표입력연습문제

※ 전표 입력시 주의할 사항은 다음과 같다.

입력시 유의사항

- 적요의 입력과 카드 등 사용여부의 입력은 생략하지만, 타계정 대체거래는 적요번호를 선택하여 입력한다.
- 세금계산서 · 계산서 수수거래와 채권 · 채무관련거래는 별도의 요구가 없는 한 등록되어 있는 거래처코드를 선택하는 방법으로 거래처명을 반드시 입력한다.
- 제조경비는 500번대 계정코드를, 판매비와 관리비는 800번대 계정코드를 사용한다.
- 회계처리 시 계정과목은 등록되어 있는 계정과목 중 가장 적절한 과목으로 한다.
- 매입매출전표입력시 입력화면 하단의 분개까지 처리하고, 전자세금계산서는 전자입력으로 반영한다.

참고

매입매출전표 입력시 하단부 분개에 대해서는 거래처코드가 자동으로 입력된다. 따라서 상단부의 거래처 코드와 다른 경우가 아니면 별도로 답안지에 거래처 코드를 기재하지 않았으며, 상단부에서 등록한 거래처 코드와 다른 거래처 코드가 입력되어야 하는 경우에만 분개에 거래처 코드를 표시하였으니 참고하도록 하자.

참고

매입매출전표 입력시 분개유형은 문제에서 별도로 언급하지 않는 한 어떤 유형을 선택하든 크게 중요하지 않다. 분개유형이 어떤 식으로 되든 하단부 분개만 맞으면 되며, 따라서 해답의 분개유형은 참고사항일 뿐이고, 만약 2.외상 또는 4.카드로 입력하라는 해답에서도 3.혼합 으로 입력하되 분개의 계정과목 코드와 금액이 맞으면 분개는 맞는 것이다. 단, 문제에서 별도의 분개유형을 선택하라고 요구하는 경우에는 해당 요구사항에 따라야 한다는 점에 주의한다.

● [1]~[10] : 회사코드 0600 (주)보람상사에 입력하시오.

[1] 1월 26일 : (주)보람상사는 사용 중이던 건물을 (주)해성물류에 매각하였다. 토지와 건물을 합하여 매각대금은 300,000,000원(부가가치세 별도)이고 관련 자료는 다음과 같다. 계약조건에 따라 전자세금계산서와 전자계산서를 각각 발급하였으며, 매각대금은 보통예금계좌에 입금되었다. 세금계산서와 계산서는 매입매출전표에서 입력하되 분개는 토지와 건물을 합하여 일반전표에서 입력하시오.

구 분	토 지	건 물
기준시가	150,000,000원	50,000,000원

- 토지와 건물의 공급가액을 기준시가 비율로 안분계산하기로 함
- 장부가액 : 토지 200,000,000원, 건물 500,000,000원, 건물 감가상각누계액 400,000,000원

● 해답

• 1월 26일 매입매출전표 입력(전자세금계산서와 전자계산서를 각각 입력)

날 짜	유 형	공급가액	공급처명	전 자	분 개
1/26	과세[11]	75,000,000[*1)]	(주)해성물류	여	없음("0")
	면세[13]	225,000,000[*2)]	(주)해성물류	여	없음("0")

☐	일	번호	유형	품목	수량	단가	공급가액	부가세	코드	공급처명	사업자주민번호	전자	분개
	26	50001	과세	건물매각			75,000,000	7,500,000	00207	(주)해성물류	132-81-21577	여	
	26	50002	면세	토지매각			225,000,000		00207	(주)해성물류	132-81-21577	여	

* 1) 건물의 공급가액 : $300{,}000{,}000원 \times \dfrac{50{,}000{,}000원}{200{,}000{,}000원} = 75{,}000{,}000원$

* 2) 토지의 공급가액 : $300{,}000{,}000원 \times \dfrac{150{,}000{,}000원}{200{,}000{,}000원} = 225{,}000{,}000원$

• 1월 26일 일반전표입력

    (차) 감가상각누계액(건물)　400,000,000　　(대) 건　　　물　500,000,000

    　　　보 통 예 금　　　307,500,000　　　　　토　　　지　200,000,000

    　　　　　　　　　　　　　　　　　　　　　부가세예수금　　7,500,000

☐	일	번호	구분	계정과목	거 래 처	적 요	차 변	대 변
	26	00002	차변	0103 보통예금			307,500,000	
	26	00002	차변	0203 감가상각누계액			400,000,000	
	26	00002	대변	0202 건물				500,000,000
	26	00002	대변	0201 토지				200,000,000
	26	00002	대변	0255 부가세예수금				7,500,000

[2] 1월 27일 : 제품 7,300,000원을 (주)동명물산에 내국신용장에 의하여 매출하면서 전자세금계산서를 발급하고 대금 중 1,300,000원은 현금으로 받고 나머지는 외상으로 하다.

● 해답

날 짜	유 형	공급가액	공급처명	전 자	분 개
1/27	영세[12]	7,300,000	(주)동명물산	여	혼 합

※ 영세율구분 : 3.내국신용장·구매확인서에 의하여 공급하는 재화

    (차) 현　　　금　　1,300,000　　(대) 제품매출　　　7,300,000

    　　　외상매출금　　6,000,000

☐	일	번호	유형	품목	수량	단가	공급가액	부가세	코드	공급처명	사업자주민번호	전자	분개
	27	50001	영세	제품			7,300,000		00331	(주)동명물산	123-12-21349	여	혼합

[3] 1월 30일 : 회사는 공장건설을 위하여 취득한 토지(현재 임야임)를 공장건설에 적합하도록 지목 및 형질 변경을 위한 공사를 진행하였으며, 동 공사와 관련하여 대호기업으로부터 150,000,000원(부가가치세 별도)의 전자세금계산서를 발급받았으며, 대금은 10일 후에 지급할 예정이다.

● 해답

날 짜	유 형	공급가액	공급처명	전 자	분 개
1/30	불공[54]	150,000,000	대호기업	여	혼 합

※ 불공제사유 : ⑥ 토지의 자본적 지출 관련
* 참고 : 토지의 취득 및 형질변경 공장부지 및 택지의 조성 등에 관련된 매입세액은 공제하지 않는다.

(차) 토   지   165,000,000   (대) 미 지 급 금   165,000,000

□	일	번호	유형	품목	수량	단가	공급가액	부가세	코드	공급처명	사업자주민번호	전자	분개
	30	50004	불공	토지			150,000,000	15,000,000	00206	대호기업	120-81-66756	여	혼합

[4] 2월 6일 : 선적지인도조건으로 영국의 GM.LTD사에 제품을 $60,000에 직수출하기 위해 선적완료하였다. 선적일의 기준환율은 1$당 1,300원이고, 수출 대금은 6개월 후에 지급받기로 하였다.

● 해답

날 짜	유 형	공급가액	공급처명	전 자	분 개
2/06	수출[16]	78,000,000	GM.LTD사	—	외 상

※ 영세율구분 : 1.직접수출(대행수출 포함)

(차) 외상매출금   78,000,000   (대) 제 품 매 출   78,000,000

□	일	번호	유형	품목	수량	단가	공급가액	부가세	코드	공급처명	사업자주민번호	전자	분개
	6	50001	수출	제품			78,000,000		00103	GM.LTD			외상

[5] 2월 10일 : (주)금영테크와 지난해에 30,000,000원에 당사의 업무관리 S/W개발계약을 체결하고 개발을 의뢰한 바 있으며, 당일 완성되어 인수하고 전자세금계산서(공급가액 30,000,000원 부가가치세 3,000,000원)를 교부받았다. 대금은 지급한 계약금을 차감하고 전액 현금으로 지급하였다(무형자산으로 계상할 것, (주)금영테크에 대한 선급금은 전액 해당 거래에 대한 것이다.)

● 해답

날 짜	유 형	공급가액	공급처명	전 자	분 개
2/10	과세[51]	30,000,000	(주)금영테크	여	혼 합

* 거래처원장에서 (주)금영테크에 대해 전기에서 이월된 선급금 금액을 확인한다.

(차) 소프트웨어	30,000,000	(대) 선 급 금	3,000,000
부가세대급금	3,000,000	현 금	30,000,000

□	일	번호	유형	품목	수량	단가	공급가액	부가세	코드	공급처명	사업자주민번호	전자	분개
	10	50001	과세	S/W 개발			30,000,000	3,000,000	00315	(주)금영테크	104-81-00335	여	혼합

[6] 2월 12일 : (주)대덕에 제품 100,000,000원(부가가치세 별도)을 3월 20일까지 납품하기로 약정하고 선수금 명목으로 30,000,000원(부가가치세 별도)을 현금 수령하고 동 금액에 대하여 전자세금계산서를 발급하였다.

● 해답

날 짜	유 형	공급가액	공급처명	전 자	분 개
2/12	과세[11]	30,000,000	(주)대덕전자	여	현 금

> 세금계산서의 발급은 재화의 공급시기에 하는 것이 원칙이나 공급시기 도래 전에 세금계산서를 발급하고 그 발급일로부터 7일 내에 그 대금을 수령한 경우에는 부가가치세법상의 적법한 세금계산서로 인정하며 재화의 공급시기는 그 발급하는 때를 공급시기로 의제하고 있다. 따라서 선수금 수령액에 대해서 세금계산서를 발급하는 것은 적법한 것이다.

(차) 현 금	33,000,000	(대) 선 수 금	30,000,000
		부가세예수금	3,000,000

□	일	번호	유형	품목	수량	단가	공급가액	부가세	코드	공급처명	사업자주민번호	전자	분개
	12	50002	과세	제품			30,000,000	3,000,000	00408	(주)대덕	107-81-35148	여	현금

[7] 3월 11일 : 원재료 매입처인 (주)우영물산에 제품을 무상으로 제공하였는데 당해 제품의 원가는 800,000원이고 시가는 1,200,000원이며, 이는 부가가치세 과세대상 간주공급에 해당된다. 이에 대하여 매입매출전표 입력을 하되, 분개는 모두 일반전표에서 처리하기로 한다.

● 해답

① 3월 11일 매입매출전표 입력

날 짜	유 형	공급가액	공급처명	전 자	분 개
3/11	건별[14]	1,200,000	(주)우영물산	—	없음("0")

□	일	번호	유형	품목	수량	단가	공급가액	부가세	코드	공급처명	사업자주민번호	전자	분개
	11	50001	건별	무상제공			1,200,000	120,000	00322	(주)우영물산	110-81-42102		

② 3월 11일 일반전표 입력

(차) 접대비(500번대)   920,000   (대) 부가세예수금   120,000

제 품   800,000

(적요8. 타계정으로 대체)

□	일	번호	구분	계 정 과 목	거 래 처	적 요	차 변	대 변
	11	00007	차변	0513 접대비			920,000	
	11	00007	대변	0135 부가세대급금				120,000
	11	00007	대변	0150 제품		8 타계정으로 대체액 손익계산서 반영분		800,000

[8] 3월 13일 : 회사는 (주)동명물산에 제품(공급가액 : 15,000,000원, 부가가치세 1,500,000원)을 외상으로 납품하고 전자세금계산서를 발급하였다. 동 거래는 수출과 관련된 것으로서 구매확인서 발급을 요청한 상태이나 3월 13일 현재 구매확인서는 미발급상태이다. 이에 대해 부가가치세법에 적법한 세금계산서를 발급하였으며, 이에 대해 매입매출전표 입력을 하시오.

● 해답

날 짜	유 형	공급가액	공급처명	전 자	분 개
3/13	과세[11]	15,000,000	(주)동명물산	여	외 상

재화 또는 용역을 공급할 때에 내국신용장이나 구매확인서가 발급되어 있지 않은 경우에는 영세율 적용을 받지 못하므로 이 경우에는 10%의 세금이 부과되며 따라서 10%의 부가가치세가 기재된 세금계산서를 발급하는 것이 적법한 처리이다. 따라서 유형은 [11]번을 선택한다. 본 문제는 [9]번 문제와 연결되어 있으므로 두 문제를 반드시 함께 학습하기로 한다.

(차) 외상매출금   16,500,000   (대) 제 품 매 출   15,000,000

부가세예수금   1,500,000

□	일	번호	유형	품목	수량	단가	공급가액	부가세	코드	공급처명	사업자주민번호	전자	분개
	13	50002	과세	제품			15,000,000	1,500,000	00331	(주)동명물산	123-12-21349	여	외상

[9] 4월 1일 : 회사가 3월 13일 (주)동명물산에 공급한 제품에 대해 4월 1일에 구매확인서가 발급되었다. 구매확인서 사후발급에 따라 회사는 부가가치세법 규정에 의해 수정전자세금계산서를 발급하였다. 이에 대한 입력을 하시오.

● 해답

부가가치세법에 따르면 3월 13일자로 수정세금계산서를 2매 발급하여야 하므로(내국신용장 및 구매확인서의 사후발급에 따른 수정세금계산서 발급) 이를 매입매출전표 메뉴에 각각 입력한다.

① 3월 13일 매입매출전표 입력

날 짜	유 형	공급가액	공급처명	전 자	분 개
3/13	과세[11]	- 15,000,000	(주)동명물산	여	외 상

일	번호	유형	품목	수량	단가	공급가액	부가세	코드	공급처명	사업자주민번호	전자	분개
13	50003	과세	제품			-15,000,000	-1,500,000	00331	(주)동명물산	123-12-21349	여	외상

    (차) 외상매출금　　　－16,500,000　　　(대) 제 품 매 출　　　－15,000,000
　　　　　　　　　　　　　　　　　　　　　　　　부가세예수금　　　－1,500,000

② 3월 13일 매입매출전표 입력

날 짜	유 형	공급가액	공급처명	전 자	분 개
3/13	영세[12]	15,000,000	(주)동명물산	여	외 상

일	번호	유형	품목	수량	단가	공급가액	부가세	코드	공급처명	사업자주민번호	전자	분개
13	50003	과세	제품			-15,000,000	-1,500,000	00331	(주)동명물산	123-12-21349	여	외상
13	50004	영세	제품			15,000,000		00331	(주)동명물산	123-12-21349	여	외상

※ 영세율구분 : 3.내국신용장· 구매확인서에 의하여 공급하는 재화

    (차) 외상매출금　　　15,000,000　　　(대) 제 품 매 출　　　15,000,000

> 재화 또는 용역을 공급한 후 공급시기가 속하는 과세기간 종료 후 25일 이내에 구매확인서가 발급이 되는 경우에는 당초 재화 또는 용역의 공급시에는 과세(10%)세금계산서를 발급하며, 구매확인서가 과세기간 종료 후 25일 이내에 발급된 경우 **당초 공급시기를 작성일자로 하여** 기 발급한 과세세금계산서에 대하여 수정세금계산서와 영세율세금계산서를 발급하여야 한다.

[10] 4월 29일 : (주)팽성에 제품을 납품하는 과정에서 다음과 같은 문제가 발생하였으며 이러한 문제를 고려하여 부가가치세법상의 매출세금계산서(전자세금계산서 아님)를 발급하였다. 관련 자료를 매입매출전표에 입력하시오.

① 4월 20일 : 회사는 (주)팽성으로부터 제품 100개를 개당 1,000원에 납품주문을 받았다. (부가가치세 별도)
② 4월 29일 : 제품이 인도되어, (주)팽성에서 제품을 검수하는 과정 중 10개의 제품에서 미미한 하자가 발생하여 10개의 제품에 대하여 개당 100원씩 판매가격을 인하하고 검수를 완료하였다.
③ 대금은 한달 후에 받기로 하였다.

● 해답

날 짜	유 형	공급가액	공급처명	전 자	분 개
4/29	과세[11]	99,000	(주)팽성	—	외 상

본 문제의 경우 제품의 인도와 공급가액의 확정이 모두 이루어진 후 물품의 하자가 발생하여 금액을 깎아주는 매출에누리와는 구별된다. 본 문제는 제품의 인도시점에 검수를 통하여 공급가액의 변동이 일어난 것으로서 이는 엄밀하게 말하면 '거래할인'에 해당된다고 할 수 있다. 따라서 제품 인도시점에 인하한 금액을 제외한 나머지 금액을 공급가액으로 하여 세금계산서를 발급하여야 하는 거래이다. 100개 × 1,000원 - 10개 × 100원 = 99,000원이므로 공급가액은 99,000원으로 하여 세금계산서 1매를 발급하면 된다.

(차) 외상매출금   108,900   (대) 제 품 매 출   99,000
                                              부가세예수금   9,900

□	일	번호	유형	품목	수량	단가	공급가액	부가세	코드	공급처명	사업자주민번호	전자	분개
	29	50001	과세	제품			99,000	9,900	00203	(주)팽성	122-81-07995		외상

● **[11]~[20] : 회사코드 1700 (주)대한기업에 입력하시오.**

[11] 1월 3일 : 당사는 수출업자와 수출재화임가공용역계약을 체결한 (주)강파전자에 제품(공급가액 50,000,000원, 부가가치세 별도)을 외상으로 납품하고 전자세금계산서는 부가가치세법 규정을 준수하여 발행 교부하였다.

● **해답**

날 짜	유 형	공급가액	공급처명	전 자	분 개
1/03	과세[11]	50,000,000	(주)강파전자	여	외 상

수출임가공용역계약의 경우 수출업자와 직접 도급계약에 의한 경우만 영세율이 적용되며 기타의 경우에는 영세율이 적용되지 아니한다. 따라서 (주)왕보상사와의 거래는 영세율 적용대상이 아니므로 10%의 부가가치세가 붙은 과세세금계산서를 발급하는 것이 적법한 것이다.

(차) 외상매출금　　　　　55,000,000　　　(대) 제 품 매 출　　　　　50,000,000
　　　　　　　　　　　　　　　　　　　　　　부가세예수금　　　　　5,000,000

□	일	번호	유형	품목	수량	단가	공급가액	부가세	코드	공급처명	사업자주민번호	전자	분개
	3	50003	과세	제품			50,000,000	5,000,000	00509	(주)강파전자	107-81-03699	여	외상

[12] 1월 7일 : 한국정육점에서 한우갈비세트를 1개월 후 지급조건으로 1,000,000원에 외상으로 구입하고, 전자계산서를 수취하였다. 이 중 300,000원은 복리후생 차원에서 당사 공장직원들에게 제공하였고, 나머지는 매출거래처에 증정하였다.(하나의 전표로 입력할 것)

● **해답**

날 짜	유 형	공급가액	공급처명	전 자	분 개
1/07	면세[53]	1,000,000	한국정육점	여	혼 합

(차) 복리후생비(511번)　　　300,000　　　(대) 미 지 급 금　　　　　1,000,000
　　접 대 비(813번)　　　700,000

□	일	번호	유형	품목	수량	단가	공급가액	부가세	코드	공급처명	사업자주민번호	전자	분개
	7	50002	면세	한우갈비세트			1,000,000		00201	한국정육점	101-81-12341	여	혼합

[13] HANS.CO.LTD에 상품을 직수출하고, 수출대금은 전액을 이달 말일에 미국 달러화로 받기로 하였다. 수출과 관련된 날짜 및 내용은 다음과 같다.

- 수출신고일 : 2018.1.18
- 선하증권(B/L)상의 선적일 : 2018.1.19
- 수출가격 : $100,000

일 자	1월 18일	1월 19일	1월 31일
기준환율	1,250원/1$	1,200원/1$	1,230원/1$

● 해답

- 1월 19일 매입매출전표 입력(수출신고일이 아닌 선하증권상의 선적일의 매출전표로 입력하여야 함)

날 짜	유 형	공급가액	공급처명	전 자	분 개
1/19	수출[16]	120,000,000	HANS.CO.LTD	—	외 상

※ 영세율구분 : 1.직접수출(대행수출 포함)

□	일	번호	유형	품목	수량	단가	공급가액	부가세	코드	공급처명	사업자주민번호	전자	분개
	19	50002	수출	상품			120,000,000		00114	HANS.CO.LTD			외상

(차) 외상매출금   120,000,000   (대) 상품매출   120,000,000

[14] 1월 25일 : 영업소 경비실 건물을 신축하기 위해 해당 건물을 철거하였다. 철거당시 건물 관련 자료는 다음과 같다.

- 건물 장부가액 : 4,000,000원(취득원가 20,000,000원, 감가상각은 철거 시점까지 이루어진 것으로 가정)
- 철거비용 : 1,000,000원(전자세금계산서 수취, 부가가치세 별도 금액이며 철거비용은 수수료비용으로 회계처리 하기로 한다)
- 철거작업은 (주)대길이 시행하였고, 비용은 보통예금 계좌에서 이체되었다.

● 해답

날 짜	유 형	공급가액	공급처명	전 자	분 개
1/25	과세[51]	1,000,000	(주)대길	여	혼 합

□	일	번호	유형	품목	수량	단가	공급가액	부가세	코드	공급처명	사업자주민번호	전자	분개
	25	50007	과세	건물철거			1,000,000	100,000	00603	(주)대길	116-81-02170	여	혼합

(차) 감가상각누계액(203) 16,000,000   (대) 건   물   20,000,000
　　 부가세대급금   100,000   보 통 예 금   1,100,000
　　 유형자산처분손실   4,000,000
　　 수수료비용(판)   1,000,000

[15] 2월 2일 : 현재 (주)대미전자에 대해 100,000,000원의 단기차입금을 보유하고 있다. 동 채무의 만기는 2018년 12월 31일이지만 (주)대한기업이 소유하고 있던 건물(취득원가 150,000,000원, 감가상각누계액 90,000,000원, 공정가액 80,000,000원이라고 가정)과 현금 12,000,000원을 지급하고 단기차입금을 상환하면서 전자세금계산서(공급가액 80,000,000원, 세액 8,000,000원)를 발급하였다.

● 해답

날 짜	유 형	공급가액	공급처명	전 자	분 개
2/02	과세[11]	80,000,000	(주)대미전자	여	혼 합

□	일	번호	유형	품목	수량	단가	공급가액	부가세	코드	공급처명	사업자주민번호	전자	분개
	2	50004	과세	채무			80,000,000	8,000,000	00403	(주)대미전자	121-85-00245	여	혼합

(차) 감가상각누계액	90,000,000	(대) 부가세예수금	8,000,000
단기차입금	100,000,000	건　　물	150,000,000
		현　　금	12,000,000
		유형자산처분이익	20,000,000

[16] 2월 3일 : 미국의 **AB TRADE Co.**에 총 $25,000에 수출하기로 계약한 제품을 2월 3일 선적하고, 1월 31일에 수령한 계약금 $2,500을 제외한 나머지 대금은 2월 28일에 받기로 하다. 단, 1월 31일에 국민은행의 외화예금 통장으로 수취한 계약금은 나머지 대금을 수령한 후 일시에 원화로 환가하기로 하였다.

> • 1월 31일 기준환율 1$ = 1,000원
> • 2월　3일 기준환율 1$ = 1,100원
> • 2월 28일 기준환율 1$ = 1,150원

● 해답

날 짜	유 형	공급가액	공급처명	전 자	분 개
2/03	수출[16]	27,500,000	AB TRADE Co.	—	혼 합

□	일	번호	유형	품목	수량	단가	공급가액	부가세	코드	공급처명	사업자주민번호	전자	분개
	3	50002	수출	제품			27,500,000		00116	AB TRADE Co.			혼합

※ 영세율구분 : 1.직접수출(대행수출 포함)

(차) 선　수　금	2,500,000	(대) 제 품 매 출	27,500,000
외상매출금	25,000,000		

> ※ 공급가액 계산근거 : 1월 31일 계약금을 수령하였으나 인도일이 도래하기 전에 동 계약금을 원화로 환가하지 않았으므로 이 계약금은 원화로 환가한 날과 관계없이 재화의 공급시기인 선적일의 환율을 적용하여야 한다. 따라서 수출대금(계약금 포함) 전액에 대하여 선적일인 2월 3일의 환율을 적용하여 공급가액을 계산하는 것이다.
> $25,000 × 1,100원 = 27,500,000원

[17] 2월 17일 : 2월 13일에 (주)대박상사에 40,000,000원(부가가치세 별도) 외상으로 제품을 매출하였으나, 2월 17일자에(10일 이내에) 매출대금을 회수하여 2% 매출할인을 해주었다. 이에 대하여 현행 부가가치세법에 따라 발급된 전자세금계산서의 적절한 회계처리를 행하시오. 회계처리시 외상매출금과 제품매출에서 직접 차감한다.(회수한 외상매출금에 대한 분개는 생략하고 수정세금계산서에 대한 입력만 하도록 한다.)

● 해답

날 짜	유 형	공급가액	공급처명	전 자	분 개
2/17	과세[11]	- 800,000	(주)대박상사	여	외 상

□	일	번호	유형	품목	수량	단가	공급가액	부가세	코드	공급처명	사업자주민번호	전자	분개
	17	50002	과세	제품			-800,000	-80,000	00501	(주)대박상사	105-81-12343	여	외상

(차) 외상매출금	-880,000	(대) 제 품 매 출	-800,000
		부가세예수금	-80,000

[18] 2월 25일 : 마곡전자로부터 소프트웨어를 취득하고 세금계산서(종이세금계산서, 공급가액 35,000,000원, 부가가치세 별도)를 수취하였다. 회사는 주식(액면금액 25,000,000원, 공정가액 35,000,000원)을 발행하여 제공하고, 부가가치세는 현금으로 지급하였다.

● 해답

날 짜	유 형	공급가액	공급처명	전 자	분 개
2/25	과세[51]	35,000,000	마곡전자	—	혼 합

※ 참고 : 부가가치세법상 금전 이외의 대가를 지급한 경우 과세표준은 자기가 공급한 재화나 용역의 시가이므로 판매하는 우리정보기술의 과세표준인 취득당시 소프트웨어의 시가인 35,000,000원이며 일반기업회계기준서상 무형자산을 주식을 발행하여 취득하는 경우의 취득가액은 제공한 지분증권의 공정가액이므로 소프트웨어 취득가액은 주식의 공정가액 35,000,000원이다.

□	일	번호	유형	품목	수량	단가	공급가액	부가세	코드	공급처명	사업자주민번호	전자	분개
	25	50003	과세	소프트웨어			35,000,000	3,500,000	00408	마곡전자	123-36-23815		혼합

(차) 부가세대급금	3,500,000	(대) 현 금	3,500,000
소프트웨어	35,000,000	자 본 금	25,000,000
		주식발행초과금	10,000,000

[19] 3월 9일 : 당사는 화물운반용으로 사용하기 위하여 금융업을 영위하는 국민은행 도곡동 지점(면세사업자임)에서 사용하던 차량을 다음과 같이 구입하기로 하고 대금은 당좌수표를 발행하여 지급하였다.

> 〈차량 매각회사인 국민은행의 자료〉
> ① 차명 : 1톤 포터   ② 취득가액 : 15,000,000원
> ③ 감가상각누계액 : 8,000,000원   ④ 판매가격 : 5,000,000원
> ⑤ 국민은행 도곡지점 담당자는 세법에 따라 적법하게 전자세금계산서 또는 전자계산서를 발행하였다.

● 해답

면세사업자가 공급하는 경우에는 비록 과세재화일지라도 면세재화로 보아 전자계산서가 발급된다.(부수재화 및 용역의 공급) 따라서 매입매출전표입력 메뉴에서 다음과 같이 입력한다.

날 짜	유 형	공급가액	공급처명	전 자	분 개
3/09	면세[53]	5,000,000	국민은행	여	혼 합

※ 참고 : 면세사업을 영위하는 국민은행이 사업과 관련하여 일시우발적으로 과세재화를 공급한 경우 이는 부수재화에 대한 공급으로서 면세재화로 본다. 따라서 본 거래에 대해 부가가치세법에 따라 발급된 영수증은 (면세재화이므로) 전자계산서이다.

□	일	번호	유형	품목	수량	단가	공급가액	부가세	코드	공급처명	사업자주민번호	전자	분개
	9	50002	면세	화물운반용			5,000,000		98003	국민은행		여	혼합

(차) 차량운반구   5,000,000   (대) 당 좌 예 금   5,000,000

[20] 3월 26일 : 임원의 업무수행을 위해 고려자동차(주)로부터 승용차(5인승, 2,000cc)를 임차(렌탈)하고, 월 이용료 800,000원(부가가치세 별도)를 현금으로 지출한 후 세금계산서를 수취하였다. 고려자동차(주)를 거래처등록 메뉴에 등록하시오.(거래처코드 102, 사업자등록번호 : 211-88-51072, 유형 : 동시, 대표자 : 김고려) (전자세금계산서 아니라고 가정)

● 해답

날 짜	유 형	공급가액	공급처명	전 자	분 개
3/26	불공[54]	800,000	고려자동차(주)	—	현 금

□	일	번호	유형	품목	수량	단가	공급가액	부가세	코드	공급처명	사업자주민번호	전자	분개
	26	50003	불공	승용차임차			800,000	80,000	00102	고려자동차(주)	211-88-51072		현금

* 불공제 유형 : ③ 비영업용 소형승용자동차 구입·유지 및 임차
* 거래처등록을 먼저 수행한 후 전표입력을 한다. 또는 전표입력을 하면서 공급처명을 등록할 때에 코드 란에 '00000' 을 치고 거래처등록사항을 입력한 후 전표입력을 완료해도 된다.

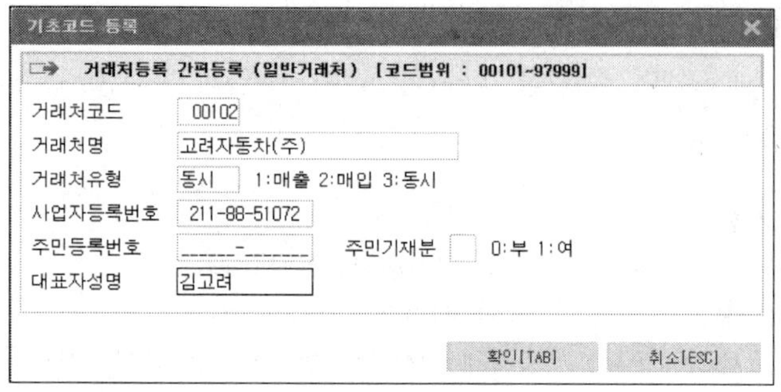

(차) 임차료(판)   880,000   (대) 현   금   880,000

● **[21]~[25] : 회사코드 0800 (주)힐링산업에 입력하시오.**

[21] 1월 2일 : 제품매출처 (주)신품상사의 1월 2일 현재의 외상매출금 잔액을 다음과 같이 전액 회수하였다. 이에 대하여 현행 부가가치세법에 따라 발행된 수정세금계산서의 회수내용을 회계처리하시오. 회계처리시 해당 금액은 외상매출금과 제품매출에서 직접 차감하기로 하며 세금계산서는 전자세금계산서이다.

> 대금의 조기결제시 할인을 해주기로 한 사전 약정에 의하여 550,000원(부가가치세 포함)은 할인하여 주고, 4,000,000원은 (주)신품상사 발행의 약속어음(2018. 8. 10.만기)으로 받았으며 잔액은 당사 보통예금 계좌로 입금되었다.

● **해답**

날 짜	유 형	공급가액	공급처명	전 자	분 개
1/02	과세[11]	− 500,000	(주)신품상사	여	혼 합

□	일	번호	유형	품목	수량	단가	공급가액	부가세	코드	공급처명	사업자주민번호	전자	분개
	2	50001	과세	제품			−500,000	−50,000	01002	(주)신품상사	601-81-13568	여	혼합

※ 외상매출금과 제품매출에서 직접 차감한다는 것은 제품매출에 대한 매출할인 계정을 사용하지 않는다는 의미이므로 시험문제에서 이와 같이 나온 경우에는 위와 같이 제품매출 금액을 "−"로 처리하도록 한다.

(차) 받 을 어 음	4,000,000	(대) 외상매출금	11,000,000원
보 통 예 금	6,450,000	부가세예수금	−50,000원
		제 품 매 출	−500,000원

[22] 1월 3일 : 당사의 공장용 화물트럭이 원재료 운반도중 접촉사고가 발생하여 이를 수리한 뒤, (주)한중자동차공업으로부터 아래와 같은 내용의 전자세금계산서 1매를 교부받았고, 관련 대금은 다음달 말일에 지급할 예정이다. 단, 이 사고와 관련하여 이외의 거래사항은 없으며, 세금계산서 입력은 복수거래로 처리하시오.   (단위 : 원)

품 명	공급가액	세 액	합 계	비 고
엔진 교체	5,000,000원	500,000원	5,500,000원	자본적 지출
앞 유리 교체	300,000원	30,000원	330,000원	수익적 지출
앞 범퍼 교체	500,000원	50,000원	550,000원	〃
합 계	5,800,000원	580,000원	6,380,000원	

● 해답

날 짜	유 형	공급가액	공급처명	전 자	분 개
1/03	과세[51]	5,000,000	(주)한중자동차공업	여	혼 합

□	일	번호	유형	품목	수량	단가	공급가액	부가세	코드	공급처명	사업자주민번호	전자	분개
	3	50001	과세	엔진 교체외			5,800,000	580,000	01000	(주)한중자동차공	123-01-23429	여	혼합

※ 품목 입력시 화면 상단의 [F7 복수거래]를 클릭하면 화면 하단부에 복수거래의 품목과 공급가액을 입력할 수 있는 화면이 나타나므로 여기에 해당 내역을 각각 입력한다. 입력이 완료된 후에는 화면 상단의 전표를 클릭하면 다시 상단부를 입력할 수 있게 된다.

(차) 차량운반구	5,000,000	(대) 미 지 급 금	6,380,000
수 선 비(500번대)	800,000		
부가세대급금	580,000		

	품목	규격	수량	단가	공급가액	부가세	합계	비고
1	엔진 교체				5,000,000	500,000	5,500,000	
2	앞 유리 교체				300,000	30,000	330,000	
3	앞 범퍼 교체				500,000	50,000	550,000	
4								
	합 계				5,800,000	580,000	6,380,000	

복 수 거 래 내 용 (F 7) (입력가능갯수 : 100개)

[23] 1월 24일 : (주)혜민상사의 매출실적이 당초 목표를 초과하여 본사와의 약정에 따라 판매장려금을 본사의 제품(원가 15,000,000원, 시가 20,000,000원)으로 제공하였다 (재화의 공급에 해당하는 부분은 매입매출전표 메뉴에서 입력하고, 분개는 일반전표입력 메뉴에서 판매장려금 계정으로 처리하기로 한다).

● 해답

① 1월 24일 매입매출전표 입력

날 짜	유 형	공급가액	공급처명	전 자	분 개
1/24	건별[14]	20,000,000	(주)혜민상사	—	없음("0")

□	일	번호	유형	품목	수량	단가	공급가액	부가세	코드	공급처명	사업자주민번호	전자	분개
	24	50001	건별	판매장려금			20,000,000	2,000,000	01058	(주)혜민상사	113-22-80258		

* 판매장려금의 경우 금전으로 지급하는 경우에는 재화의 공급에 해당하지 않는다. 그러나 이를 현물로 지급하는 경우에는 간주공급(사업상 증여)에 해당되므로 제공한 제품의 시가를 과세표준에 포함한다.

공급가액란에 공급대가(22,000,000 = 20,000,000 + 20,000,000 × 10%)로 입력하되, 분개는 "0"으로 하여 매입매출전표 입력 메뉴의 하단부는 입력하지 말고, 관련 회계처리는 일반전표입력에서 다음과 같이 입력한다.

② 1월 24일 일반전표 입력

(차) 판매장려금	17,000,000	(대) 제　　　품	15,000,000
		(적요 : 8.타계정으로 대체)	
		부가세예수금	2,000,000

※ 해설 : 관련 회계처리를 매입매출전표에서 처리하는 경우 결산시 제품 15,000,000원의 감소분을 인식하지 못하여 감소분이 매출원가에 포함되는 문제가 발생하므로 자가공급의 경우 회계처리는 일반전표로 입력하도록 한 것이다.

□	일	번호	구분	계 정 과 목	거 래 처	적 요	차 변	대 변
	24	00001	차변	0808 판매장려금			17,000,000	
	24	00001	대변	0150 제품		8 타계정으로 대체액 손익		15,000,000
	24	00001	대변	0255 부가세예수금				2,000,000

[24] 3월 21일에 재화(제품)를 공급하고 발급한 아래와 같은 세금계산서를 입력누락하였던 것을 4월 29일에 발견하여 입력하기로 한다. 세금계산서는 세법상 적법하게 발급되었는데 담당자의 실수로 장부에 누락되어 1기 예정신고시 이를 반영하지 못하였다. 이를 입력하여라. 단, 본 거래는 1기 부가가치세 확정신고서에 반영하기로 한다.(은성상사를 거래처로 입력하여라. 거래처 코드는 107번으로 하고 우편번호 입력은 생략한다.)

<table>
<tr><td colspan="5" rowspan="2">전자세금계산서(공급자보관용)</td><td>승인번호</td><td colspan="5">12121212-41000000-95842153</td></tr>
<tr><td>관리번호</td><td colspan="5"></td></tr>
<tr>
<td rowspan="5">공
급
자</td>
<td>등 록
번 호</td><td colspan="2">156-82-45626</td><td>종 사 업 장
번　　호</td><td></td>
<td rowspan="5">공
급
받
는
자</td>
<td>등 록
번 호</td><td>121-13-15168</td><td>종사업장
번　호</td><td></td>
</tr>
<tr>
<td>상 호
(법인명)</td><td colspan="2">(주)힐링산업</td><td>성 명
(대표자)</td><td>이한빛</td>
<td>상 호
(법인명)</td><td>은성상사</td><td>성 명
(대표자)</td><td>이은성</td>
</tr>
<tr>
<td>사 업 장
주　　소</td><td colspan="4">서울시 관악구 신사동 2</td>
<td>사 업 장
주　　소</td><td colspan="3">경기도 의정부시 민락동 76</td>
</tr>
<tr>
<td>업 태</td><td colspan="2">제조업 등</td><td>종 목</td><td>컴퓨터</td>
<td>업 태</td><td>소매</td><td>종 목</td><td>전자제품</td>
</tr>
</table>

작성	공 급 가 액	세 액	수정사유
년 월 일	천 백 십 억 천 백 십 만 천 백 십 일	십 억 천 백 십 만 천 백 십 일	
2018 3 21	3 0 0 0 0 0	3 0 0 0 0	

비고	

월	일	품　　　　　목	규 격	수량	단가	공 급 가 액	세 액	비 고
3	21	컴퓨터		1		3,000,000	300,000	

합 계 금 액	현 금	수 표	어 음	외 상 미 수 금	이 금액을	영수 청구 함
3,300,000		1,300,000	2,000,000			

● 해답

날 짜	유 형	공급가액	공급처명	전 자	분 개
3/21	매출[11]	3,000,000	은성상사	여	혼 합

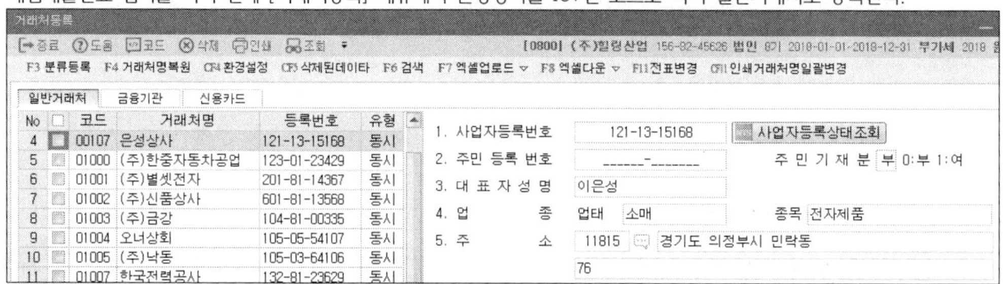

* 매입매출전표 입력을 하기 전에 [거래처등록] 메뉴에서 은성상사를 107번 코드로 하여 일반거래처로 등록한다.

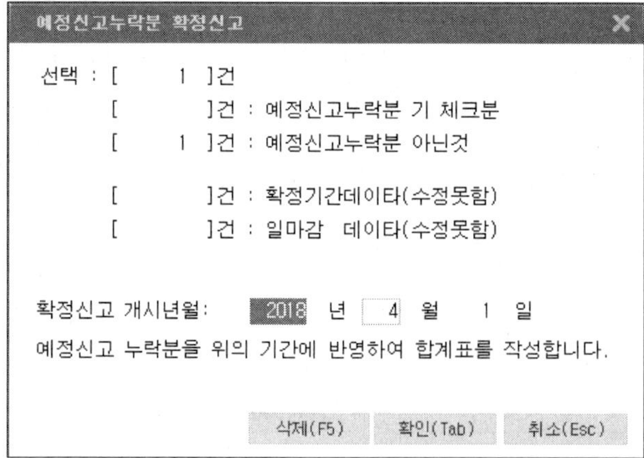

(차) 받 을 어 음	1,300,000원	(대) 제 품 매 출	3,000,000원
외상매출금	2,000,000원	부가가치세예수금	300,000원

※ 예정누락분 입력 : 상단부 분개를 하고 화면 오른쪽 끝의 [분개]란에 커서가 오면 화면 상단의 [F11] 간편집계및기타]란 오른쪽의 세모를 클릭한다. 해당 메뉴 하단에 있는 [예정누락]을 클릭하여 예정누락분임을 입력하여야 한다. 이 전표를 1기 확정신고서에 반영하여야 하므로 확정신고서의 대상 기간의 첫번째 달인 2018년 4월로 숫자를 입력하여야 한다.
※ 거래처 등록을 한 후 전표입력을 한다.

[25] 3월 30일 : 한성식당에 대한 공장직원 10월분 식대 2,200,000원(부가가치세 포함)을 현대법인카드로 결제하였다. 세금계산서는 수령하지 않았으며 부가가치세 매입세액 공제를 위한 요건은 모두 구비하였다.

● 해답

날 짜	유 형	공급가액	공급처명	전 자	분 개
3/30	카과[57]	2,000,000	한성식당	—	카 드

□	일	번호	유형	품목	수량	단가	공급가액	부가세	코드	공급처명	사업자주민번호	전자	분개
	30	50002	카과	식대			2,000,000	200,000	01025	한성식당	124-81-00606		카드

(차) 복리후생비(511번)	2,000,000	(대) 미 지 급 금	2,200,000
부가세대급금	200,000	(거래처 : 현대법인카드)	

> ※ [4.카드] 분개 입력 : 매입유형 57번을 선택하면 경비 등을 지출시 카드 사용을 한 것이므로 해당 카드 거래처를 입력하는 화면이 나타나며 여기에 사용한 카드를 입력하면 된다. 그 후 분개 란에 [4.카드]를 입력하면 대변에 '미지급금' 계정이 자동으로 나타나며 이에 해당 카드 거래처가 자동으로 등록되게 되어 매우 편리하다. 이는 기초정보등록 메뉴 하단의 환경등록에서 아래와 같이 분개유형설정의 신용카드 매입채무가 '미지급금'으로 설정되어 있기 때문에 미지급금이 자동으로 입력되는 것이다.

2 분개유형 설정		
매 출	0404	제품매출
매 출 채 권	0108	외상매출금
매 입	0153	원재료
매 입 채 무	0251	외상매입금
신용카드매출채권	0108	외상매출금
신용카드매입채무	0253	미지급금

부가가치세

PART

03

　케이렙 프로그램에서 부가가치세 메뉴는 회계관리 메뉴와 원천징수 메뉴의 가운데에 있다. 다음은 ㈜하나패스(회사코드 1200)의 부가가치세 메인메뉴 화면이다.

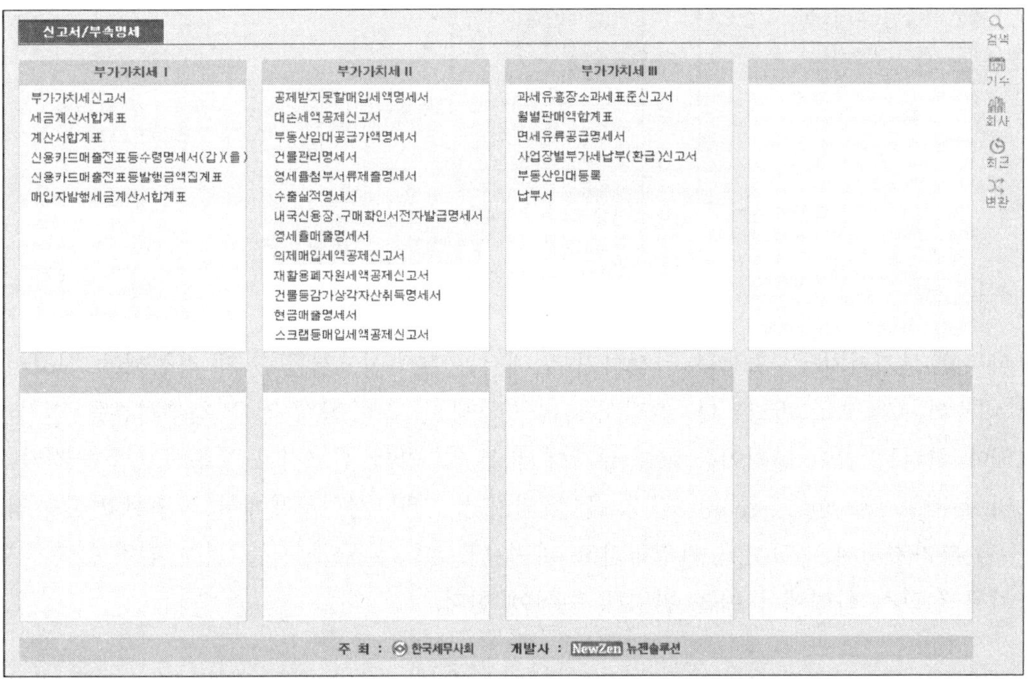

　부가가치세의 주메뉴는 [부가가치세 I]과 [부가가치세 II], [부가가치세 III]으로 나누어져 있는데, 이는 별다른 구분은 아니고 부가가치세 메뉴 구성 내역이 많아 세 개의 범주로 분류해 놓은 것이다. 이 중 전산세무 1급 시험에서는 [부가가치세 I]과 [부가가치세 II]메뉴에서 시험문제가 주로 출제되고 있다. 특히 [부가가치세 I]의 제일 위에 있는 부가가치세 신고서를 작성하는 문제는 거의 매회 출제되고 있으며 그밖에 신용카드매출전표등수령명세서(갑)(을), 공제받지못할매입세액명세서, 대손세액공제신고서, 부동산임대공급가액명세서, 수출실적명세서, 의제매입세액공제신고서 등이 시험문제에 자주 출제되고 있다. 따라서 본서에서는 주로 아래 메뉴 중 시험에 나오는 것 위주로 학습을 하게 될 것이다. (학습의 편의상 부가가치세신고서 외의 다른 신고서를 부속신고서라고 부르기로 하자.)

부가가치세 Ⅰ	부가가치세 Ⅱ
부가가치세신고서	공제받지못할매입세액명세서
세금계산서합계표	대손세액공제신고서
계산서합계표	부동산임대공급가액명세서
신용카드매출전표등수령명세서(갑)(을)	건물관리명세서
신용카드매출전표등발행금액집계표	영세율첨부서류제출명세서
매입자발행세금계산서합계표	수출실적명세서
	내국신용장.구매확인서전자발급명세서
	영세율매출명세서
	의제매입세액공제신고서
	재활용폐자원세액공제신고서
	건물등감가상각자산취득명세서
	현금매출명세서
	스크랩등매입세액공제신고서

실무상 부가가치세신고서를 작성하기 위해서는 부속신고서를 먼저 작성해야 신고서에 그 내용이 자동으로 반영된다. 따라서 부가가치세 신고서 작성 전에 첨부서류를 먼저 작성해야 한다는 것이 원칙이다. 시험문제에서 부가가치세 신고서와 부속신고서를 각각 별도의 문제로 제시한 경우에는 각각 풀면 되지만, 만약 시험문제에서 부속신고서를 작성한 후 부가가치세 신고서에 반영하라고 하면 반드시 부속신고서를 먼저 입력한 후 부가가치세 신고서 화면에서 이를 반영해 주어야 한다.

부가가치세와 관련된 설명은 주로 (주)하나패스(회사코드 1200)을 중심으로 설명할 것이다.

❶ 부가가치세 신고서

1. 부가가치세 기본 내용

부가가치세의 기본내용에 대해서는 이론편에서 공부해서 잘 알고 있을 것이다. 우리나라는 전단계세액공제법을 채택하고 있으므로 총매출세액에서 공제가능한 매입세액을 빼고 나머지 금액을 세무서에 납부하도록 되어 있다. 재화나 용역을 팔고 소비자에게 대신 받아놓은 세금을 '부가가치세예수금'이라고 하고, 이는 부가가치세법상 '매출세액'이라고 부른다. 부가가치세예수금은 부채이므로 부채의 증가는 대변항목이다. 따라서 매출세액이 발생하면 부가가치세예수금이 대변에 회계처리되어야 한다. 반대로 '부가가치세대급금'은 '(공제가능한)매입세액'이고 나중에 낼 세금을 줄여주므로 자산에 해당되어 차변에 회계처리되어야 한다. 이러한 회계처리를 매입매출전표를 입력할 때 정확하게 입력하였다면 부가가치세신고서에 올바르게 반영된다. 따라서 시험문제에서는 날짜를 정확하게 입력하여 매입매출전표에 입력한 내용을 불러온 후 자동으로 반영된 숫자는 그대로 두고 몇가지 추가사항을 입력하거나 수정하는 문제가 출제되고 있다.

부가가치세예수금(대변)	매출세액
부가가치세대급금(차변)	(공제 가능한) 매입세액

<<< 과세표준명세

부가가치세 신고서에 반영하여야 할 금액 입력을 모두 마쳤다면 메뉴 상단의 F4 과표명세 를 클릭하여 과세표준명세를 작성하여야 한다. 최근들어 과세표준명세 입력을 할 수 있는 지 물어보는 문제가 간혹 출제되고 있으므로 과세표준명세 작성방법도 알고 있어야 한다.

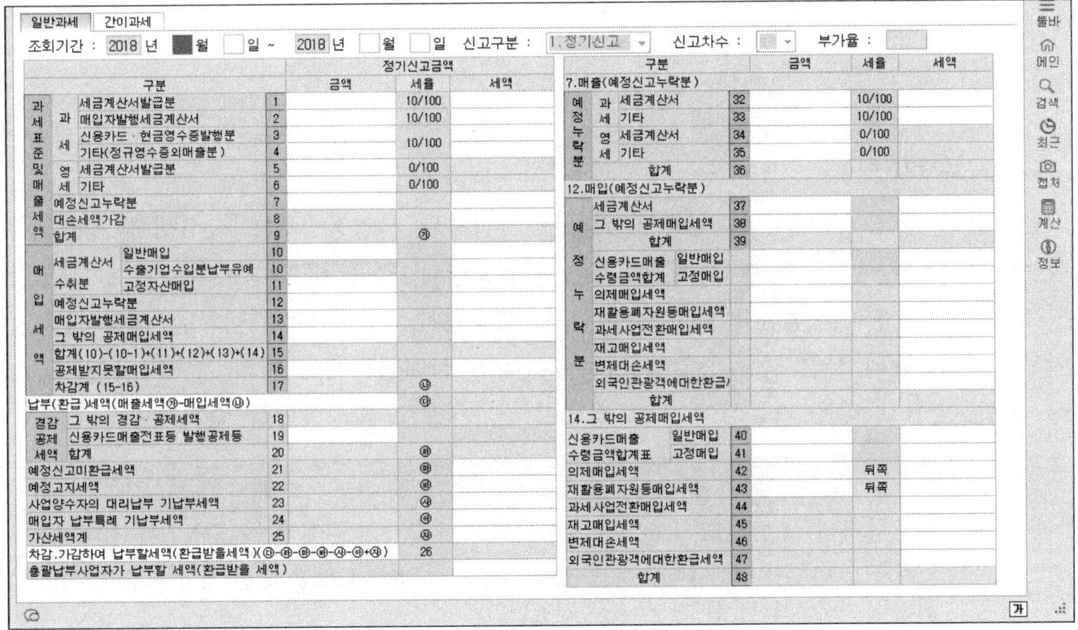

과세표준명세

신고구분 : 2 (1.예정 2.확정 3.영세율 조기환급 4.기한후과세표준)
국세환급금계좌신고 [···]   은행   지점
계좌번호 :
폐업일자 : ----_--_--   폐업사유 :   ▼

	과세표준명세			
	업태	종목	코드	금액
27	제조,도매	컴퓨터주변기기외	300100	706,085,000
28				10,000,000
29				
30	수입금액제외		300100	21,660,000
31	합계			737,745,000

	면세사업수입금액			
	업태	종목	코드	금액
78	제조,도매	컴퓨터주변기기외	300100	247,038,000
79				
80	수입금액제외			
81	합계			247,038,000

계산서발급 및 수취명세	82.계산서발급금액	247,038,000
	83.계산서수취금액	

세무대리인정보
성명 □   사업자번호 ---_--_-----   전화번호
신고년월일 2018-07-25   핸드폰
e-Mail

회사정보 불러오기   확인[TAB]

《《《 사업장명세

　음식점·숙박업·기타서비스업을 영위하는 사업자는 사업장명세를 작성해서 제출해야 하는데 부가가치세신고서 메뉴 상단의 [F8 사업장명세] 탭을 클릭하여 작성한다. 사업장명세는 부가가치세 확정신고 때에 음식업자, 숙박업자, 기타 서비스업자만 제출하는 것이고 다른 업종의 사업자는 입력하지 않는다.(따라서 시험문제에 거의 출제되지 않고 있다. 다만, 앞으로 나올 가능성이 있고 방법이 간단하므로 작성방법을 숙지하도록 한다.)

사업장명세 입력 내용 요약	
기본사항	자신 소유의 사업장이면 [자가]를 선택하고 타인 소유의 사업장이면 [타가]를 선택
기본경비	임차료 등 기본경비의 입력은 확정신고의 마지막 달(6월과 12월) 혹은 폐업의 경우 폐업직전월을 기준으로 작성하며 금액은 천원단위로 입력

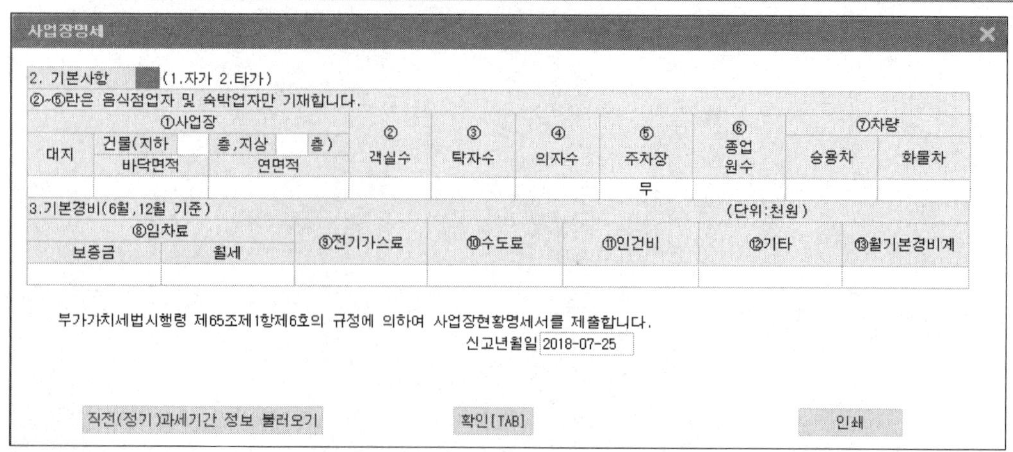

2. 부가가치세신고서 작성방법

[매입매출전표]로 입력된 내용과 각종 부속신고서(예 : 대손세액공제신고서, 의제매입세액신청서 등)의 내용이 반영되어 부가가치세 신고서의 금액이 자동으로 반영된다. 필요한 경우 이 금액 중 일부를 수정하거나 새로운 내용을 추가로 입력하면 부가가치세 신고서 작성이 완료된다. 신고서상의 금액을 수정하거나 삭제 혹은 추가로 입력해야 할 필요가 있는 경우에는 마우스, 화살표키를 이용하여 칸을 이동하여 작업할 수 있다.

부가가치세신고서 작성을 위한 기본적인 절차는 다음과 같다.

- [부가가치] 메뉴 중 [부가가치세Ⅰ]의 [부가가치세신고서]를 클릭한다.

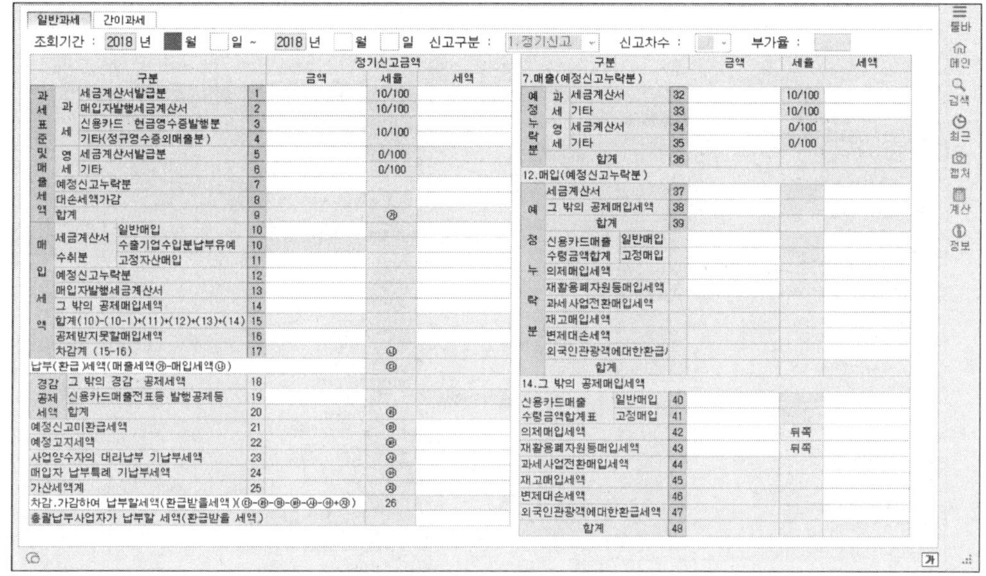

- [일반과세]와 [간이과세] 중 하나의 탭을 선택한다. 전산세무 2급 시험은 법인회사(주식회사)를 기준으로 문제가 출제되므로 간이과세를 선택하지 않고 바로 날짜를 입력한다.

- 신고서 작성 대상 기간을 선택한다. 예를 들어 일반과세자 중 법인사업자의 경우 1기 예정신고시 1월 1일에서 3월 31일까지로 선택하면 된다. 아래의 각 과세기간은 반드시 암기해 두도록 하자.

신고 구분	과세대상 기간
1기 예정신고	1월 1일 ~ 3월 31일
1기 확정신고	4월 1일 ~ 6월 30일
2기 예정신고	7월 1일 ~ 9월 30일
2기 확정신고	10월 1일 ~ 12월 31일

전산세무 2급 실기시험은 주식회사(법인)를 대상 회사로 하므로 이들은 일반과세자
이며 법인이다. 따라서 문제에서 별도의 언급이 없더라도 회사가 예정신고와 확정
신고를 모두 하는 회사로 생각하고 문제를 풀면 된다. (주)하나패스에 대해 1월 1일
부터 3월 31일까지로 기간 입력을 하면 아래와 같은 화면이 생성된다. 부가가치세
신고서 작성시 날짜를 입력한 후 Enter↵를 치면 매입매출전표에 입력된 내용과 부
가가치세 부속서류에 미리 작성하여 저장한 금액이 모두 자동으로 불려오게 된다.

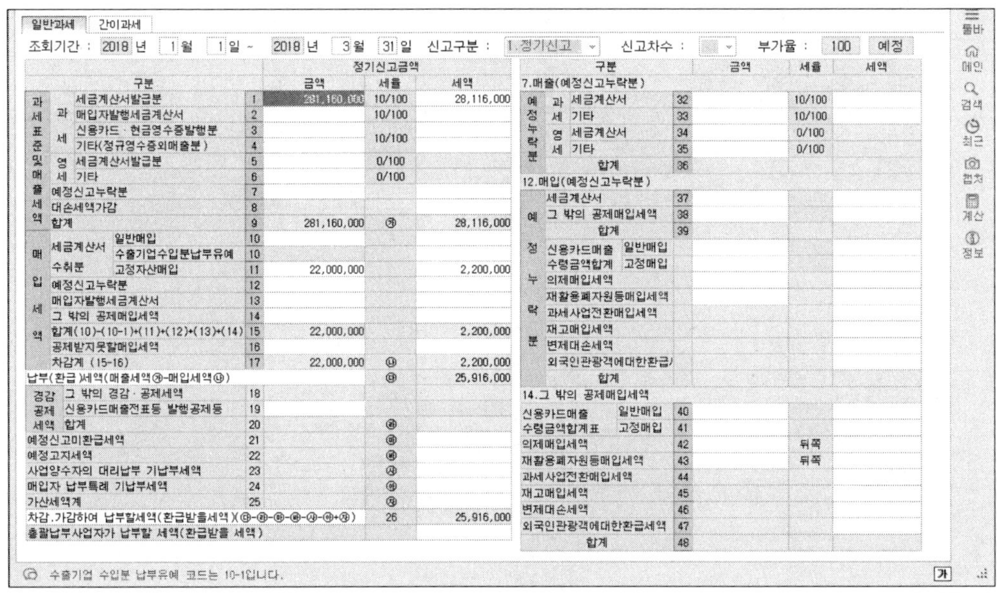

- 부가가치세 신고서 화면을 열었다면 화면 왼쪽의 신고서 내역을 확인하면서 추가
  로 입력하거나 수정할 사항이 있는지 확인하여야 한다. 시험문제에서 부가가치세
  확정신고서 작성시 예정신고누락분 매출이나 매입에 관한 내역을 입력하라고 할
  경우에는 [7.예정신고누락분-매출] 또는 [12.예정신고누락분-매입]에 해당 금액을 입
  력하고 반드시 [25.가산세]에 해당사항이 있는지 검토하여 입력하여야 한다. 단,
  KcLep 프로그램에서는 예정신고 누락분을 화면 오른쪽에 직접 입력하도록 하고
  있다. 아래의 32, 33, 34, 35, 36번 칸에 매출 관련 예정신고누락분 내역을 그 성
  격별로 입력하고, 37, 38, 39번에는 매입 관련 예정신고누락분 내역을 성격별로 구

분하여 입력하는 것이다.

구분				금액	세율	세액
7.매출(예정신고누락분)						
예정누락분	과세	세금계산서	32		10/100	
		기타	33		10/100	
	영세	세금계산서	34		0/100	
		기타	35		0/100	
		합계	36			
12.매입(예정신고누락분)						
예정누락분		세금계산서	37			
		그 밖의 공제매입세액	38			
		합계	39			
	신용카드매출 수령금액합계	일반매입				
		고정매입				
		의제매입세액				
		재활용폐자원등매입세액				
		과세사업전환매입세액				
		재고매입세액				
		변제대손세액				
		외국인관광객에대한환급/				
		합계				

(1) 과세표준과 매출세액

부가가치세 과세표준과 매출세액은 크게 과세분과 영세율분으로 나뉘며 해당 화면은 아래와 같다. 각 항목의 금액은 [매입매출전표]의 입력사항이 자동으로 반영되어 표시된다.

구분				정기신고금액		
				금액	세율	세액
과세표준및매출세액	과세	세금계산서발급분	1		10/100	
		매입자발행세금계산서	2		10/100	
		신용카드·현금영수증발행분	3		10/100	
		기타(정규영수증외매출분)	4			
	영세	세금계산서발급분	5		0/100	
		기타	6		0/100	
	예정신고누락분		7			
	대손세액가감		8			
	합계		9		㉮	

번호	구 분	내 용
1	[과 세] 세 금 계 산 서 발 급 분	• 부가가치세 10% 과세대상 거래 중 세금계산서를 발행한 매출액 입력 • 매입매출전표에서 [11. 과세]로 입력한 매출액 자동으로 반영됨
2	[과 세] 매 입 자 발 행 세 금 계 산 서	• 부가가치세법에 따라 매입자가 직접 매입자발행세금계산서를 적법하게 발행한 경우 그 매출액을 입력
3	[과 세] 신 용 카 드 현 금 영 수 증 발 행 분	• 세금계산서를 발급하지 않은 과세거래 중 신용카드 매출전표, 현금영수증을 발급한 거래를 입력한다. • 매입매출전표에서 [17. 카과], [22.현과]로 입력한 매출금액이 자동으로 반영됨
4	[과 세] 기 타 (정규영수증외매출분)	• 부가가치세 과세대상 거래 중 세금계산서 등을 발행하지 않은 거래 • 매입매출전표에서 [14. 건별]로 입력한 매출금액이 자동으로 반영됨
5	[영세율] 세 금 계 산 서 발 급 분	• 영세율 대상 거래 중 세금계산서를 발행한 매출액을 입력 • 매입매출전표에서 [12.영세]로 입력한 매출액이 자동으로 반영됨
6	[영세율] 기 타	• 영세율 대상 거래 중 세금계산서를 발급하지 않은 매출액 입력 • 매입매출전표에서 [16.수출]로 입력한 매출액 등이 자동으로 반영됨
7	예 정 신 고 누 락 분 (★실무시험 빈출)	• 예정신고를 할 때에 누락한 매출금액을 확정신고 때에 신고하는 때에 그 금액을 입력하는 란임 • [7.예정신고누락분]은 예정신고누락분 명세의 36번 금액이 자동으로 반영됨. 단, 이를 입력할 때에는 7번 란에 입력하지 말고 화면 오른쪽의 예정누락분 32번, 33번, 34번, 35번에 해당 내용을 각각 입력하여야 함 • 32번부터 35번의 칸에 문제에서 주어진 금액을 입력하면 36번과 7번 칸에 해당 공급가액과 세액이 자동으로 반영됨 • 매출과 매입 구분, 과세(세율 10%가 적용되는 매출)와 영세율 매출 구분 및 각각에 대해 세금계산서 발급 여부를 구분하여 입력하여야 함
8	대 손 세 액 가 감	• '대손세액공제신고서'를 작성한 경우 해당 금액 자동 반영 • 대손세액공제를 받는 경우 대손세액을 마이너스 금액으로 입력하고 대손금액을 회수하여 그에 관련된 대손세액을 납부하는 경우에는 플러스 금액을 입력 • 예를 들어 대손세액공제 금액이 100,000원인 경우 대손세액가감 란은 다음과 같이 표시됨
9	합 계	• 과세표준 및 매출세액의 합계가 자동으로 반영됨

7번 구분 내 표:

		구분		금액	세율	세액
7.매출(예정신고누락분)						
예 정 누 락 분	과 세	세금계산서	32		10/100	
		기타	33		10/100	
	영 세	세금계산서	34		0/100	
		기타	35		0/100	
		합계	36			

8번 구분 내 표:

대손세액가감	8		-100,000

(2) 매입세액

매입세액 관련 화면은 아래와 같다.

매입세액	세금계산서 수취분	일반매입	10			
		수출기업수입분납부유예	10			
		고정자산매입	11			
	예정신고누락분		12			
	매입자발행세금계산서		13			
	그 밖의 공제매입세액		14			
	합계(10)-(10-1)+(11)+(12)+(13)+(14)		15			
	공제받지못할매입세액		16			
	차감계 (15-16)		17		㉴	

번호	구 분	내 용
10	[세금계산서] 일 반 매 입	• 매입매출전표에서 [51. 과세], [52. 영세], [54. 불공], [55. 수입]으로 입력한 매입금액의 총합계가 반영됨(고정자산 매입분 제외) • [54. 불공]으로 입력한 매입액은 아예 매입액에서 처음부터 제외시키는 것이 아니라 세금계산서를 받은 매입([10]혹은 [11])으로 자동반영되었다가 아래의 [16]'공제받지못할 매입세액'으로 차감되는 구조로 되어 있음
10	[세금계산서] 수 출 기 업 수 입 분 납 부 유 예	• 수입재화에 대하여 세관장에게 미리 신청하여 납부유예를 적용받는 수출기업의 경우 수입재화에 대하여 재화의 수입시 납부유예를 받고 수입세금계산서를 발급받으며 이를 예정신고 또는 확정신고시 납부 또는 정산함 • 납부유예를 받은 수입재화에 대한 공급가액과 부가가치세를 [10. 수출기업수입분납부유예] 칸에 입력함.
11	[세금계산서] 고정자산매입	• 세금계산서를 발급받은 매입액 중 고정자산 매입분은 [11]에 별도로 입력됨 • 여기에는 매입매출전표에서는 [51. 과세], [52. 영세], [54. 불공], [55. 수입]으로 입력하고 하단의 분개를 할 때 고정자산 코드로 입력된 계정의 매입액과 매입세액이 자동으로 반영됨
12	예 정 신 고 누 락 분 (★실무시험 빈출)	• 예정신고를 하면서 누락된 매입세액을 확정신고시에 신고하는 경우 입력함 • 매출에서와 마찬가지로 12번 칸은 아래의 37번과 38번을 입력하면 자동으로 12번에 금액이 반영되는 것이므로 수험생은 예정신고시 누락된 매입세액은 화면 오른쪽(아래 그림)의 해당 란에 각각 입력하여야 함. • 예정신고누락된 매입 내역 중 세금계산서를 수령한 건은 37번 칸에 입력하되, 만약 그 금액 중 불공제 대상 금액이 있다면 37번에 입력한 후 16번의 공제받지 못할 매입세액에도 입력하여야 한다는 점에 주의 • 예정신고누락분 매입내역 중 세금계산서 외의 증빙을 수령한 경우에는 37번 칸에 직접 입력하는 것이 아니라 하단의 신용카드매출수령금액합계 등의 칸에 해당 항목별로 입력한다. 신용카드매출전표 수령금액 합계 내역 역시 일반매입과 고정자산매입을 구분하여 입력하여야 함

12.매입(예정신고누락분)

예정누락분				
	세금계산서	37		
	그 밖의 공제매입세액	38		
	합계	39		
	신용카드매출 수령금액합계	일반매입		
		고정매입		
	의제매입세액			
	재활용폐자원등매입세액			
	과세사업전환매입세액			
	재고매입세액			
	변제대손세액			
	외국인관광객에대한환급			
	합계			

번호	구 분	내 용
13	매입자발행세금계산서	• 매입자발행세금계산서를 발행한 경우 그 금액을 입력함
14	기 타 공 제 매 입 세 액	• 재화나 용역의 매입시 신용카드매출전표를 발급받은 매입의 경우와 의제매입세액, 재활용폐자원에 대한 매입세액, 재고매입세액 등을 입력 • 14번 금액란은 부가가치세 신고서 화면 오른쪽 하단의 아래와 같은 세부적인 내역을 입력하면 합계 금액이 자동으로 반영됨 **14.그 밖의 공제매입세액** |				
---	---	---	---	---
신용카드매출	일반매입	40		
수령금액합계표	고정매입	41		
의제매입세액		42	뒤쪽	
재활용폐자원등매입세액		43	뒤쪽	
과세사업전환매입세액		44		
재고매입세액		45		
변제대손세액		46		
외국인관광객에대한환급세액		47		
합계		48			 • [40] 신용카드매출전표 수령금액 합계표 제출분(일반) : 고정자산 매입 이외의 경우 신용카드매출전표등 수령금액 합계표를 제출하여 매입세액을 공제받는 경우 입력함 • [41] 신용카드매출전표등 수령금액 합계표 제출분(고정자산) : 고정자산 매입과 관련하여 신용카드매출전표등 수령금액 합계표를 제출하여 매입세액을 공제받는 경우 입력함 • [42] 의제매입세액 : 의제매입세액공제신고서를 먼저 작성한 후 부가가치세 신고서 작성을 나중에 하면 42번 의제매입세액공제 금액이 자동으로 반영됨 • [43] 재활용폐자원등 매입세액 : 재활용폐자원에 대한 매입세액을 공제받고자 하는 사업자는 재활용폐자원의 매입금액을 입력 • [44] 과세사업전환매입세액 : 면세사업자가 과세사업자로 전환한 경우, 당초 면세사업자일 때 매입한 재고자산, 유형자산 등에 대해서는 매입세액공제를 받지 못하였을 것인데, 과세사업으로 전환되는 시점에 보유하는 자산에 대해 매입세액 공제를 받게 해 주는 경우 해당 금액을 44번 란에 입력함 • [45] 재고매입세액 : 간이과세자에서 일반과세자로 변경된 사업자가 변경일 현재의 재고품 및 감가상각자산에 대해 매입세액공제를 받고자 하는 경우 입력 • [46] 변제대손세액 : 매입채무를 받지 못해 거래상대방이 대손세액공제를 받았을 때 자신의 매입세액을 불공제받았다가 나중에 다시 그 매입채무를 갚음(변제함)으로써 대손세액을 다시 공제받게 될 때 세액만 입력함 • [47] 외국인관광객에 대한 환급세액 : 시험문제에 해당 명칭이 나오면 입력하고 그렇지 않은 경우에는 신경쓰지 않고 넘어가면 됨

번호	구 분	내 용
16	공제받지못할 매 입 세 액	• 부가가치세 신고서의 [16번. 공제받지 못할 매입세액] 란을 클릭하면 화면 오른쪽이 다음과 같이 바뀐다. 이 중 화면 상단의 [16.공제받지못할 매입세액] 란에 해당 금액을 입력하면 된다. _(아래 표)_ • [50]번 공통매입세액면세등사업분은 과세·면세 겸영사업자의 경우 과세사업과 면세사업에 공통되는 매입세액이 있을 경우 이를 안분계산하여 면세사업에 해당하는 공급가액과 세액을 입력, 공제받지못할매입세액명세서를 미리 작성한 경우 해당 서식의 금액이 50번 칸에 자동으로 반영됨 • 부가가치세가 과세되는 재화나 용역을 공급받고 매입세액공제를 받았는데, 매입채무를 갚지 못해 거래상대방이 이를 대손세액공제 받았다면 매입자는 관련 대손세액을 [51]대손처분받은세액 란에 입력

표 내용:

구분		금액	세율	세액
16.공제받지못할매입세액				
공제받지못할 매입세액	49			
공통매입세액면세등사업분	50			
대손처분받은세액	51			
합계	52			
18.그 밖의 경감·공제세액				
전자신고세액공제	53			
전자세금계산서발급세액공제	54			
택시운송사업자경감세액	55			
현금영수증사업자세액공제	56			
기타	57			
합계	58			

(3) 경감 · 공제세액

경감공제세액 화면은 아래와 같다.

경감	그 밖의 경감·공제세액	18		
공제	신용카드매출전표등 발행공제등	19		
세액	합계	20		㉑

번호	구 분	내 용

18	기 타 경 감 ·
	공 제 세 액
		• 부가가치세 신고서 오른쪽 화면의 각 항목별로 해당 금액을 입력하면 부가가
		치세 신고서 [18]번 란에 해당 금액이 자동으로 반영된다.
		
		18.그 밖의 경감·공제세액
		
		  전자신고세액공제 53
		  전자세금계산서발급세액공제 54
		  택시운송사업자경감세액 55
		  현금영수증사업자세액공제 56
		  기타 57
		  합계 58
		
		※ 기타공제·경감세액의 종류(보조화면에 나옴)
		  ▷ 전자신고 세액공제
		  ▷ 전자세금계산서 발급 세액공제(2018년에는 개인과 법인 모두 공제 불가)
		  ▷ 택시운전사업자경감세액공제
		  ▷ 현금영수증사업자 세액공제
		  ▷ 기 타
		
		• [53] 전자신고세액공제 : 납세자 스스로 부가가치세를 전자신고한 경우 1만원
		을 공제함
		• [54] 전자세금계산서발급세액공제 : 전자세금계산서를 발급 및 전송한 1건당
		200원씩 공제, 연간 한도 100만원임. 단 2016년 이후 발급분은 공제대상 아님
		
		[53][54]외의 다른 세액공제는 시험문제에 나올 가능성이 희박하므로 설명 생략

19	신 용 카 드 매 출 전 표 등 발 행 공 제	• 개인사업자로서 소매업, 음식·숙박업 등을 영위하는 사업자가(영수증 교부 대상 사업자) 신용카드나 현금영수증 등에 의한 매출을 한 경우 신용카드매 출전표 발행공제를 받음(법인과 공급가액 10억원 초과 개인사업자는 제외) ※ 세액공제액 = 신용카드 등의 발행 금액(부가가치세 포함 금액) × 1.3%(음식점업, 숙박업을 영위하는 간이과세자의 경우 2.6%) ※ 단, 연간 공제 한도가 500만원이라는 점에 주의

(4) 예정신고미환급세액·예정고지세액·가산세액 등

	번호		금액
예정신고미환급세액	21	⑩	
예정고지세액	22	⑪	
사업양수자의 대리납부 기납부세액	23	㉑	
매입자 납부특례 기납부세액	24	⑪	
가산세액계	25	㉔	

번호	구 분	내　　용
21	예 정 신 고 미 환 급 세 액	• 예정신고시 환급세액이 있었을 경우 반드시 여기에 그 금액을 적어야 함 • 부가가치세의 환급은 확정신고 때에만 이루어지므로 예정신고때 발생한 환급은 확정신고서의 [21]번에 적어서 확정신고 때에 환급받는 것임
22	예정고지세액	• 개인사업자는 대부분 예정신고를 하지 않고 예정고지를 받아 부가가치세를 납부하는데 그 금액을 [22]번에 입력
23	사업양수자의 대 리 납 부 기 납 부 세 액	• 사업을 포괄양수하고 이에 대한 부가가치세를 대리납부한 경우 해당 대리납부세액을 대금 지급일이 속하는 달의 다음달 10일까지 대리납부하고 이를 부가가치세 신고시 공제받는 경우 해당 대리납부세액을 입력
25	가　산　세	[25]가산세액 란을 작성하기 위해서는 부가가치세 신고서 화면 오른쪽의 하단 [25.가산세명세]에 각각의 세부 내역을 입력하여야 한다. 가산세는 부가가치세 이론과 매우 밀접한 관련이 있으므로 반드시 가산세에 대한 이론을 숙지한 후 가산세를 직접 계산하는 연습을 하여야 한다.

25. 가산세명세		번호		세율	
사업자미등록등		59		1/100	
세 금 계산서	지연발급 등	60		1/100	
	지연수취	61		5/1,000	
	미발급 등	62		2/100	
전자세금 발급명세	지연전송	63		5/1,000	
	미전송	64		1/100	
세금계산서 합계표	제출불성실	65		5/1,000	
	지연제출	66		3/1,000	
신고 불성실	무신고(일반)	67		뒤쪽	
	무신고(부당)	68		뒤쪽	
	과소·초과환급(일반)	69		뒤쪽	
	과소·초과환급(부당)	70		뒤쪽	
납부불성실		71		뒤쪽	
영세율과세표준신고불성실		72		5/1,000	
현금매출명세서불성실		73		1/100	
부동산임대공급가액명세서		74		1/100	
매입자 납부특례	거래계좌 미사용	75		뒤쪽	
	거래계좌 지연입금	76		뒤쪽	
	합계	77			

예정신고미환급세액과 예정고지세액은 동시에 발생하지 않음

- 법인사업자는 예정신고를 무조건 해야 하므로 예정신고시 환급세액이 발생했다면 반드시 예정신고미환급세액 란에 입력해야 한다.
- 일반과세자인 개인사업자의 경우 일반적으로는 예정고지서를 받으므로 예정고지서를 받고 납부한 경우에는 예정고지세액 란에 기입한다. 단, 개인사업자가 부가가치세 예정신고를 했다면 예정고지서는 폐기하면 되는데 이 경우에는 예정신고시 환급액이 발생한 경우 예정신고미환급세액 란에 입력한다.
- 따라서 부가가치세 신고서상의 [21], [22]번 란은 동시에 금액이 적힐 수 없다. 만약 이 두 칸에 금액이 모두 입력되어 있다면 이는 신고서를 잘못 작성한 것이다.

가산세

가산세 란은 가산세를 내야 하는 사업자만 입력하는 것이다. 케이렙프로그램이 가산세까지 자동으로 계산해 줄 것이라고 생각했던 초심자들이라면 조심해야 한다. 케이렙프로그램에는 실무자가 직접 계산하여 입력해야 하는 부분이 상당히 많다. 부가가치세 신고서의 가산세 역시 그러한 입력사항 중 하나이며 부가가치세에 대한 실무상의 실력을 평가받을 수 있는 부분이 되는 것이다.

실무시험의 부가가치세 문제에서는 예정신고누락분을 반영한 부가가치세확정신고서를 작성하라는 문제가 자주 출제되고 있다. 이 경우 반드시 예정신고누락분에 대한 가산세를 입력해야 한다는 점에 주의해야 한다. 가산세 문제는 감면 문제와 더불어 자주 출제되므로 기본적인 가산세 계산방법을 암기하되, 감면 규정에 대해서도 잘 알고 있어야 한다.

수정신고시 가산세 감면

법정신고기한 경과 후 6월 이내에 수정신고를 할 경우 다음의 가산세를 감면한다.
➡ 과소신고가산세, 초과환급신고가산세, 영세율과세표준신고불성실가산세
(예정신고 누락분을 확정신고서에 반영하는 것도 수정신고의 개념임에 주의!)

법정신고기간 경과 후	감면율
6개월 이내	50%
6개월 초과 ~ 1년 이내	20%
1년 초과 ~ 2년 이내	10%

기한후신고시 가산세 감면

법정신고기한 경과 후 6월 이내에 기한후신고를 할 경우 다음의 가산세를 감면한다.
➡ 무신고가산세

법정신고기간 경과 후	감면율
1개월 이내	50%
1개월 초과 ~ 6개월 이내	20%

(5) 과세표준명세 등

부가가치세신고서 메뉴 위쪽의 F4 과표명세를 클릭하면 다음과 같은 보조화면이 나타난다.(회사코드 1200번 ㈜하나패스의 1기 예정신고 가정)

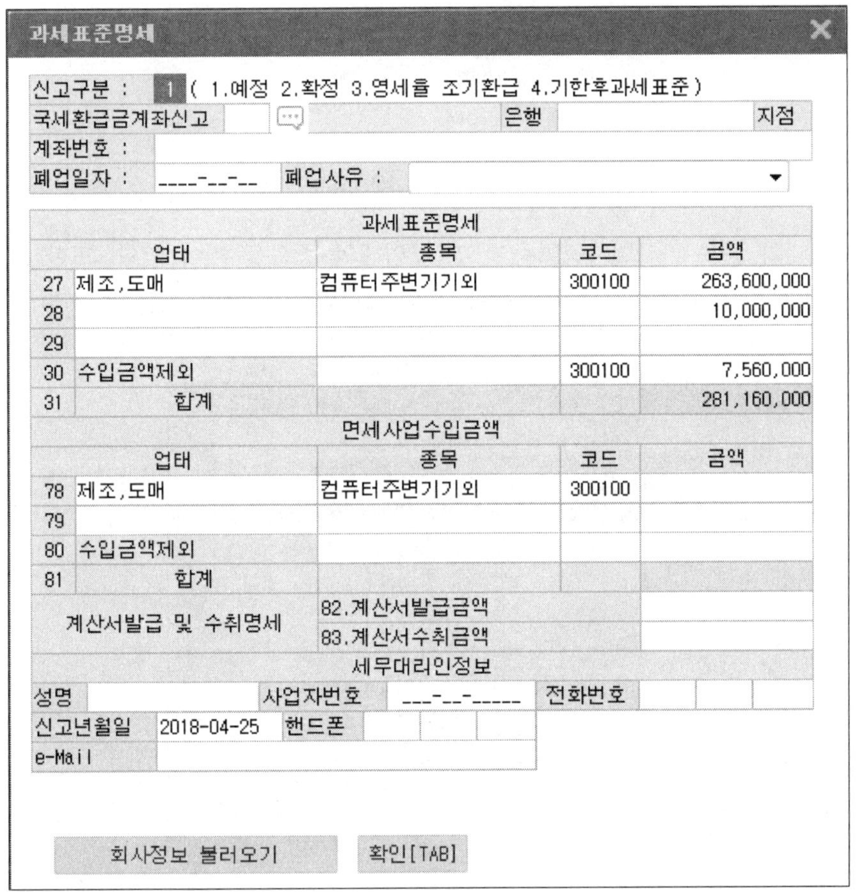

<<< **작성방법**

① 신고구분 : 예정신고, 확정신고, 영세율등조기환급, 기한후과세표준 중 어디에 해당하는 것인지 반드시 체크하여 클릭한다. 해당되는 숫자를 입력하면 체크된다.

② 국세환급금 계좌신고 : 부가가치세의 매입세액이 매출세액보다 커서 세금을 환급받게 될 경우에는 국세환급금계좌를 적어놓으면 번거롭지 않게 회사의 통장으로 바로 환급금이 입금되므로 편리하다. 시험문제에서 환급금 계좌를 입력하라고 하면 화면의 물음표를 클릭하여 금융기관을 선택한 후 계좌번호를 입력한다.

국세환급금계좌신고		⋯		은행		지점
계좌번호 :						

③ 폐업신고 : 사업을 폐업할 때 부가가치세 확정신고를 해야 하는데 이러한 사업자는 동 [폐업일자]와 [폐업사유]란에 해당되는 내용을 입력한다. 시험문제에서는 별도의 요구사항이 없으면 입력하지 않는다.

④ 과세표준명세

과세표준명세			
업태	종목	코드	금액
27 제조,도매	컴퓨터주변기기외	300100	263,600,000
28			10,000,000
29			
30 수입금액제외		300100	7,560,000
31 합계			281,160,000

- [27]-[29] 업태와 종목 : 사업자등록증에 있는 업태와 종목을 써야 한다. 또한 코드 번호 란에 커서를 놓고 F2를 눌러 아래와 같은 화면이 나타나면 이를 참고하여 코드를 입력해야 한다.

- [30] 수입금액 제외 : 이는 부가가치세 과세표준에는 해당되지만 법인세나 소득세의 수입금액에서 제외되어야 하는 금액을 입력해야 한다. 예를 들어 간주공급 중 '판매목적 타사업장 반출'이 있었다면 이는 법인세법에서 수입금액에 해당되지 않으므로 그 금액을 [30]에 적는 것이다.

매입매출전표와 과세표준명세의 관계
- 매출전표 입력시 상품매출(401) 코드로 입력된 것은 [도소매]로 자동반영됨
- 매출전표 입력시 제품매출(404) 코드로 입력된 것은 [제조]로 자동반영됨
- 매출전표 입력시 401, 404 외의 코드로 입력된 것은 [기타]로 자동반영됨

⑤ 면세수입금액

매입매출전표 입력시 계산서 발급금액 및 카드면세 매출금액 등의 합계가 아래 화면에 자동으로 반영된다. 단, 시험문제에서 별도로 자료를 주고 입력하라고 할 경우 면세 매출금액을 아래에 입력하면 된다.

면세사업수입금액			
업태	종목	코드	금액
78 제조,도매	컴퓨터주변기기기외	300100	
79			
80 수입금액제외			
81 합계			

⑥ 계산서발급 및 수취내역

문제에서 계산서 발급 및 수취내역을 직접 기입하라는 요구를 할 경우 아래의 [82], [83]번 란에 숫자를 반영하면 된다.

계산서발급 및 수취명세	82.계산서발급금액	
	83.계산서수취금액	

모든 입력사항의 입력이 완료되면 화면을 닫는다.

 **예정신고누락분을 확정신고서에 반영시 전표입력 주의사항**

예정신고누락분을 확정신고서에 반영할 경우, 해당 매입매출전표를 입력시 메뉴 상단의
[F11 간편집계.. ▼] 의 왼쪽 세모를 눌러 아래와 같은 화면이 나타나면 이 중 [예정누락분]을 클릭한다. 여기에 확정신고 개시년월을 입력한 후 [확인]키를 반드시 클릭한다. 그러면 확정신고서에 예정신고누락분이 자동으로 반영되므로 수험생은 입력된 내용이 맞는지 확인하고 가산세 등 기타사항만 추가로 신고서에 입력하면 된다.

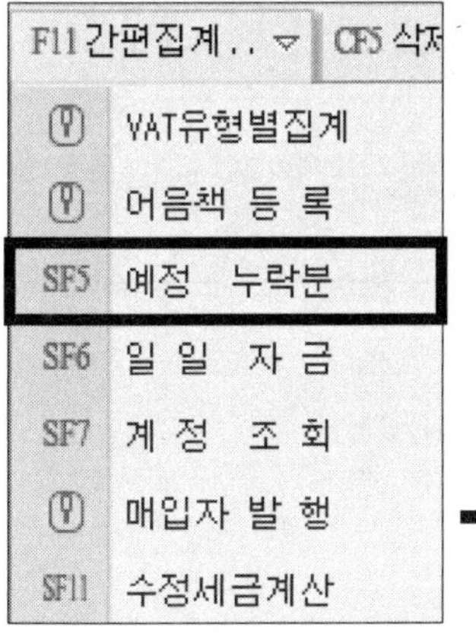

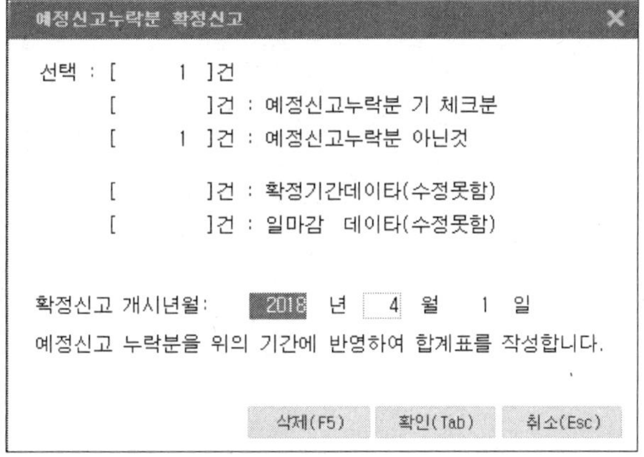

② 세금계산서 합계표

매출전표와 매입전표가 입력되고 나면 이는 세금계산서합계표에 자동으로 반영된다. 매출처별 혹은 매입처별 세금계산서합계표는 부가가치세 신고시 반드시 함께 제출해야 하는 서류이다. 세금계산서합계표 조회 화면 위쪽을 보면 거래처별 세금계산서 매수와 공급가액, 부가가치세를 볼 수 있도록 되어 있다. 또한 과세기간 종료일 다음달 11일까지 전송된 전자세금계산서 발급분과 그 외의 발급분이 구분되어 자동으로 작성된다.

본 메뉴는 매입매출전표만 입력하면 자동으로 작성되는 메뉴이므로 시험에서 작성 문제를 낸 적은 없다. 따라서 간단하게 조회하는 방법만 알고 있으면 될 것이다.

(주)하나패스(회사코드 1200)의 세금계산서 합계표 메뉴를 살펴보면 다음과 같다.

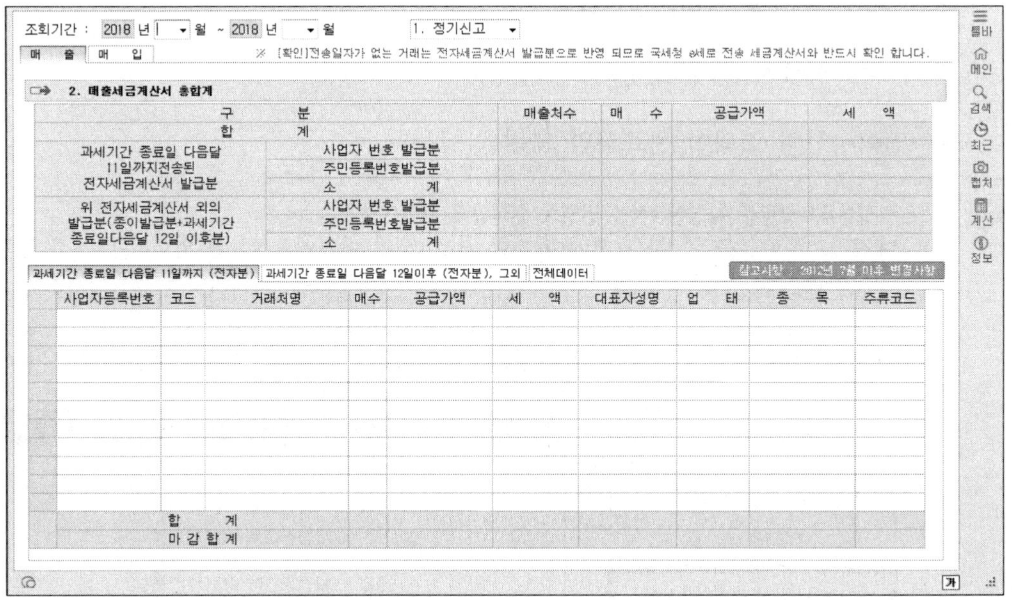

② 세금계산서 합계표

 **기간선택방법**

구 분	기간선택	비 고
1기 예정신고	1월 - 3월	
1기 확정신고	4월 - 6월	1기 예정신고를 하지 않고 예정고지를 받아 납부한 경우에는 [1월 - 6월]로 선택해야 함
2기 예정신고	7월 - 9월	
2기 확정신고	10월 - 12월	2기 예정신고를 하지 않고 예정고지를 받아 납부한 경우에는 [7월 - 12월]로 선택해야 함

* 전산세무 2급 실기시험은 주식회사(법인)을 기준으로 문제가 출제되므로 1기 확정신고는 4월~6월로 2기 확정신고는 10월에서 12월로 기간 조회를 하면 된다. (∵ 법인은 예정신고를 하기 때문임)

1. 매출세금계산서합계표 조회

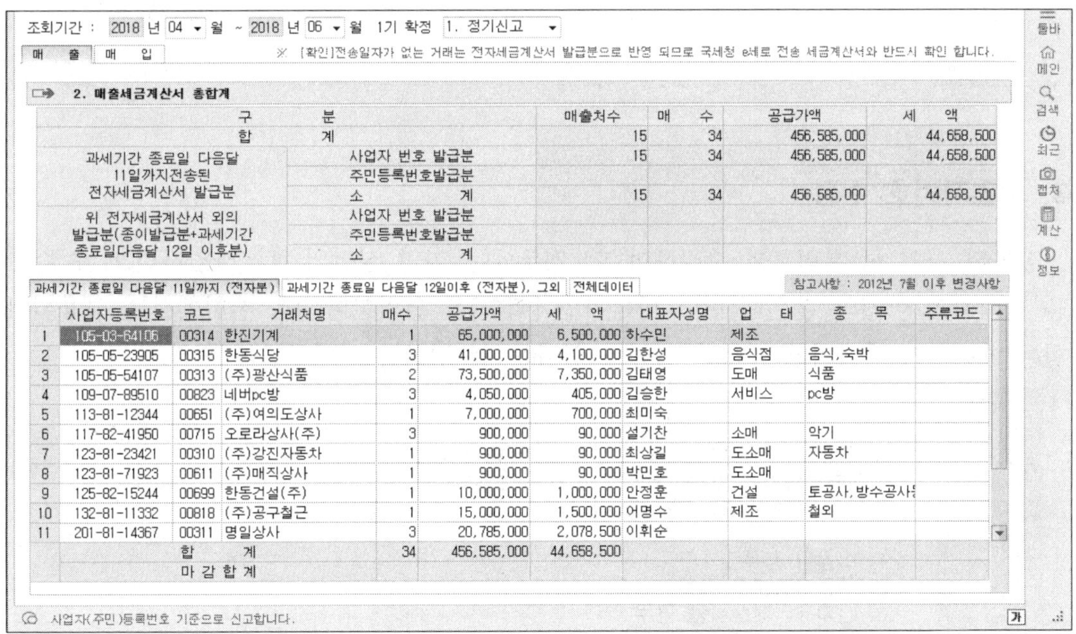

조회기간 : 2018 년 04 월 ~ 2018 년 06 월 1기 확정 1. 정기신고

매 출 | 매 입   ※ [확인]전송일자가 없는 거래는 전자세금계산서 발급분으로 반영 되므로 국세청 e세로 전송 세금계산서와 반드시 확인 합니다.

2. 매출세금계산서 총합계

구 분		매출처수	매 수	공급가액	세 액
합 계		15	34	456,585,000	44,658,500
과세기간 종료일 다음달 11일까지전송된 전자세금계산서 발급분	사업자 번호 발급분	15	34	456,585,000	44,658,500
	주민등록번호발급분				
	소 계	15	34	456,585,000	44,658,500
위 전자세금계산서 외의 발급분(종이발급분+과세기간 종료일다음달 12일 이후분)	사업자 번호 발급분				
	주민등록번호발급분				
	소 계				

과세기간 종료일 다음달 11일까지 (전자분) | 과세기간 종료일 다음달 12일이후 (전자분), 그외 | 전체데이터   참고사항 : 2012년 7월 이후 변경사항

	사업자등록번호	코드	거래처명	매수	공급가액	세 액	대표자성명	업 태	종 목	주류코드
1	105-03-64106	00314	한진기계	1	65,000,000	6,500,000	하수민	제조		
2	105-05-23905	00315	한동식당	3	41,000,000	4,100,000	김한성	음식점	음식,숙박	
3	105-05-54107	00313	(주)광산식품	2	73,500,000	7,350,000	김태영	도매	식품	
4	109-07-89510	00823	네버pc방	3	4,050,000	405,000	김승한	서비스	pc방	
5	113-81-12344	00651	(주)여의도상사	1	7,000,000	700,000	최미숙			
6	117-82-41950	00715	오로라상사(주)	3	900,000	90,000	설기찬	소매	악기	
7	123-81-23421	00310	(주)강진자동차	1	900,000	90,000	최상길	도소매	자동차	
8	123-81-71923	00611	(주)매직상사	1	900,000	90,000	박민호	도소매		
9	125-82-15244	00699	한동건설(주)	1	10,000,000	1,000,000	안정훈	건설	토공사,방수공사	
10	132-81-11332	00818	(주)공구철근	1	15,000,000	1,500,000	어명수	제조	철외	
11	201-81-14367	00311	명일상사	3	20,785,000	2,078,500	이휘순			
			합 계	34	456,585,000	44,658,500				
			마 감 합 계							

사업자(주민)등록번호 기준으로 신고합니다.   가

2. 매입세금계산서합계표 조회

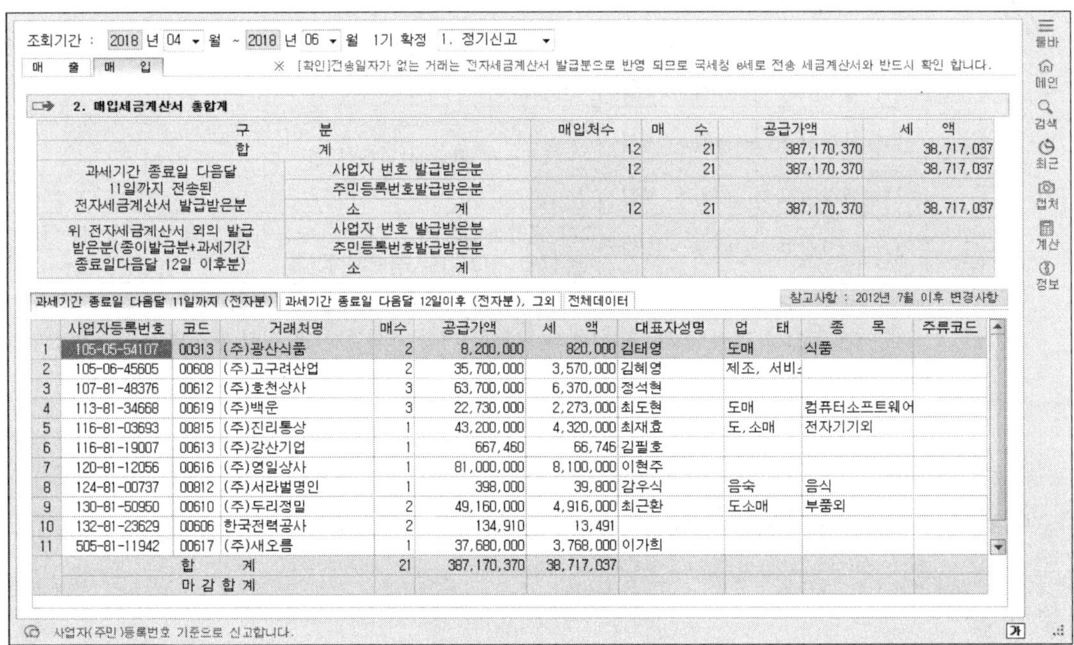

2. 매입세금계산서 총합계		매입처수	매 수	공급가액	세 액
구 분					
합 계		12	21	387,170,370	38,717,037
과세기간 종료일 다음달 11일까지 전송된 전자세금계산서 발급받은분	사업자 번호 발급받은분	12	21	387,170,370	38,717,037
	주민등록번호발급받은분				
	소 계	12	21	387,170,370	38,717,037
위 전자세금계산서 외의 발급 받은분(종이발급분+과세기간 종료일다음달 12일 이후분)	사업자 번호 발급받은분				
	주민등록번호발급받은분				
	소 계				

과세기간 종료일 다음달 11일까지 (전자분) 과세기간 종료일 다음달 12일이후 (전자분), 그외 전체데이터   참고사항 : 2012년 7월 이후 변경사항

	사업자등록번호	코드	거래처명	매수	공급가액	세 액	대표자성명	업 태	종 목	주류코드
1	105-05-54107	00313	(주)광산식품	2	8,200,000	820,000	김태영	도매	식품	
2	105-06-45605	00608	(주)고구려산업	2	35,700,000	3,570,000	김혜영	제조, 서비스		
3	107-81-48376	00612	(주)호천상사	3	63,700,000	6,370,000	정석현			
4	113-81-34668	00619	(주)백운	3	22,730,000	2,273,000	최도현	도매	컴퓨터소프트웨어	
5	116-81-03693	00815	(주)진리통상	1	43,200,000	4,320,000	최재효	도, 소매	전자기기외	
6	116-81-19007	00613	(주)강산기업	1	667,460	66,746	김필호			
7	120-81-12056	00616	(주)영일상사	1	81,000,000	8,100,000	이현주			
8	124-81-00737	00812	(주)서라벌명인	1	398,000	39,800	감우식	음숙	음식	
9	130-81-50950	00610	(주)두리정밀	2	49,160,000	4,916,000	최근환	도소매	부품외	
10	132-81-23629	00606	한국전력공사	2	134,910	13,491				
11	505-81-11942	00617	(주)새오름	1	37,680,000	3,768,000	이가희			
		합 계		21	387,170,370	38,717,037				
		마 감 합 계								

사업자(주민)등록번호 기준으로 신고합니다.

3. 사업자번호 수정

잘못된 사업자등록번호를 수정해야 할 경우에는 화면 상단의 [F3 사업자번호 수정]란을 클릭하여 아래와 같은 화면이 나타나면 [확인]을 클릭한다. 단, 시험에서는 사용되기 힘든 메뉴이기는 하지만 이러한 기능이 있다는 것 정도는 알아두도록 한다.

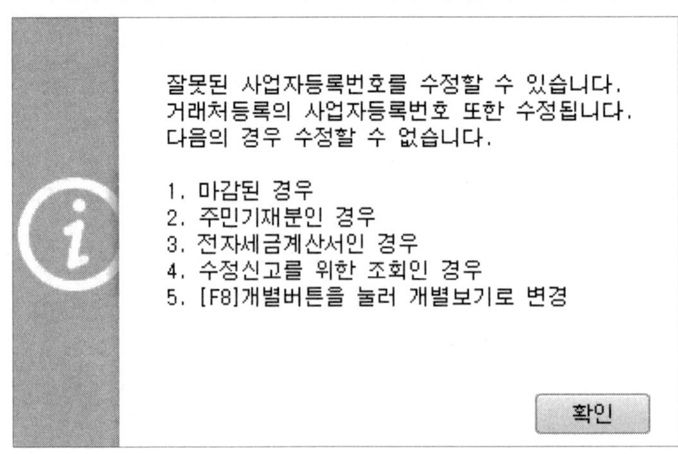

4. 마 감

세금계산서합계표 조회 화면의 위쪽에 F7 마감 이라는 버튼이 보일 것이다. 이는 세금계산서합계표를 마감하여 부가가치세 전자신고를 하기 위해 필요한 것이다. F7 마감 을 클릭하면 화면 왼쪽 상단에 ● 마감 이라는 표시가 나타난다. 마감을 해제하려면 [F7 마감취소]를 누르면 된다.

계산서합계표

실무상 세금계산서와 계산서를 혼동하는 사람이 많은데 주의해야 한다. 세금계산서는 부가가치세 과세사업자가 발행하는 것이고 계산서는 부가가치세 면세사업자가 발행하는 것이므로 이 둘은 엄연히 다른 것이다. 계산서합계표 작성 방법은 세금계산서합계표 작성 방법과 동일하다.

❸ 신용카드매출전표등수령명세서(갑)(을)

신용카드매출전표등수령명세서(갑)(을)은 신용카드, 현금영수증 등을 수령하여 매입세액 공제를 받는 경우에 작성하는 서식이다. 실무에서는 매입매출전표의 매입유형 중 [카과] [현과] 등으로 입력된 사항이 자동으로 불려오게 되므로 작성이 별로 어렵지 않으나 시험문제로 출제될 때에는 이를 전표로 입력하여 불러오기 하지 않고, 직접 작성을 하도록 출제가 되고 있어 주의가 요망된다. 신용카드매출전표등수령명세서(갑)(을)에는 매입세액 공제가 가능한 신용카드, 현금영수증 등이 입력되어야 하므로 간이과세자가 발행한 신용카드, 면세사업자가 발행한 신용카드, 접대비 관련 신용카드 전표, 비영업용 소형승용차 관련 신용카드 전표 등은 입력하지 않는다. 즉, 공급자가 일반과세자인 경우의 신용카드 전표 중에서 회사의 업무 관련 지출을 입력하되, 해당 지출이 접대비 등의 매입세액 불공제 대상 내역이 아닌 경우에 신용카드매출전표등수령명세서(갑)(을)에 반영하는 것이다.

㈜하나패스의 4월에서 6월 사이의 신용카드매출전표등수령명세서(갑)(을)을 조회한 화면은 다음과 같다. 화면 하단에 금액과 카드번호 등 구체적인 사항을 입력하면 입력한 사항의 집계 내역이 화면 상단에 자동으로 반영된다.

- 월/일 : 해당 신용카드 등 지출일의 거래일자를 월일의 순서로 숫자만 입력하면 된다.
- 구분 : 현금영수증, 복지카드, 사업용카드, (일반)신용카드 중 하나를 선택입력한다. 아래 그림의 해당 란을 클릭하면 된다. 일반적으로 회사 법인카드는 '사업용'으로 체크하면 되고, 임직원 개인명의의 카드는 '신용'으로 체크한다. '복지'는 화물운전자가 발급받은 화물운전자복지카드 사용금액을 적는 것이므로 시험문제에서는 출제 가능성이 낮다.

구분	공급자
1.현금	
2.복지	
3.사업	
4.신용	

- 공급자, 공급자(가맹점) 사업자등록번호 : 공급자의 사업자등록번호를 입력한다. 공급자가 면세사업자이거나 과세사업자인 경우에는 해당 금액에 대해서는 매입세액공제를 받을 수 없다. 또한 공급자가 일반과세자라고 하더라도 택시사업자, 목욕탕, 이용실, 미용실, 여객운송업 등 세법상 세금계산서 발급을 못하게 되어 있는 사업자인 경우에는 해당 매입세액은 공제 대상이 아니므로 입력하지 않는다. 공급자 란에 커서를 놓고 F2를 누르면 해당 거래처 코드가 등록되어 있는지 확인할 수 있는데 만약 코드 등록이 되어 있으면 코드 입력을 하고 코드 입력이 되어 있지 않으면 공급자명과 공급자 사업자등록번호를 직접 입력하면 된다.
- 카드회원번호 : 카드회원번호를 입력한다. 단, 사업자등록번호 입력시 숫자와 숫자

사이에 있는 하이픈"-"은 자동으로 생성되지만 카드회원번호의 경우에는 자동으로 생성되지 않으므로 수험생이 직접 문제에서 주어진 숫자를 입력하면 된다.

- 거래건수 : 해당되는 거래 건수를 입력한다.
- 공급가액, 세액 : 매입세액 공제 대상이 되는 공급가액과 세액을 입력한다.
- 새로불러오기 : 만약 위와 같이 직접 입력하지 않고 전표로 입력된 금액 등을 불러오고 싶다면 화면 상단의 [새로불러오기] 탭을 클릭한 후 아래와 같은 화면이 나타나면 [예]를 선택한다.(시험문제에서는 직접 금액 등을 입력하라고 하는 문제가 대부분임)

매입세액 불공제 대상은 입력하지 않음

접대비 등의 경우가 아니라면 회사법인카드로 사용한 금액뿐 아니라 회사 임직원 개인명의의 신용카드를 사용해도 다른 조건을 충족시킨다면 매입세액 공제가 가능하다. 따라서 회사 임직원 명의의 카드라고 하더라도 업무 관련 비용이고 원칙적으로 매입세액 공제가 가능하다면 이를 입력하면 된다. 따라서 접대비 관련 지출, 비영업용소형승용차 구입·유지·임차 관련 지출, 면세사업 관련 지출, 토지의 자본적 지출 관련 매입세액 등은 신용카드 전표가 있다고 하더라도 매입세액 공제 대상이 아니므로 본 메뉴에 입력하지 않는다.

④ 신용카드매출전표발행집계표

신용카드매출전표발행집계표는 [부가가치세Ⅰ]메뉴 하단에 있다. 회사가 발행한 신용카드 금액 중 과세매출과 면세매출분을 신용카드등과 현금영수증으로 각각 구분하여 입력하는 것이다. 신용카드발행과 세금계산서, 계산서 교부가 동시에 된 금액은 화면 하단의 [3. 신용카드매출전표 등 발행금액 중 세금계산서 교부내역]란에 입력하면 된다.

또한 해당 서식은 부가가치세신고서 작성시 신용카드매출전표발행금액에 대한 공제를 받을 때 세액공제액 계산을 하는 근거를 제공한다. 신용카드매출전표발행집계표의 과세매출분 합계액이 신고서의 [19]번 금액 란에 반영되는 것이다. 단, 해당 공제는 법인은 받지 못하는 것이므로 시험문제가 출제되더라도 신용카드매출전표발행집계표만 작성하고 이를 신고서와 연관시켜서 작성하는 문제는 출제되지 않을 가능성이 높다.

- 신용카드매출전표 등 발행금액 현황 : 부가가치세 과세 매출분, 면세 매출분 및 봉사료로 각각 구분하여 기입하고, 과세 매출분란은 공급대가를 입력한다.
- 신용카드매출전표 등 발행금액 중 세금계산서 또는 계산서 발급내역 : [세금계산서교부금액]란은 과세 매출분 신용카드 및 현금영수증 합계금액 중 세금계산서를 발급한 금액을 기입하고, [계산서교부금액]란은 면세매출분 신용카드와 현금영수증 합계 금액 중 계산서를 발급한 금액을 각각 입력한다.

참고

※ 신용카드매출전표등 발행세액공제

개인사업자로서 소매업, 음식·숙박업을 영위하는 사업자가(영수증 교부대상 사업자) 신용카드나 현금영수증 등에 의한 매출을 한 경우 신용카드매출전표 발행공제를 받음

※ 세액공제액 = 신용카드 등의 발행 금액(부가가치세 포함 금액) × 1.3%(음식점업, 숙박업을 영위하는 간이과세자의 경우 2.6%)(연간 한도 500만원)

⑤ 매입자발행세금계산서합계표

매입자가 적법한 요건을 갖추어 발행한 세금계산서를 아래의 합계표에 반영하여 제출한다. 시험에는 한번도 나오지 않았으므로 이러한 메뉴가 있다는 것 정도만 알아두면 된다.

⑥ 공제받지못할 매입세액명세서

[부가가치] 전체 메뉴 중 [부가가치세Ⅱ] 하단의 [공제받지못할매입세액명세서]를 클릭하면 아래와 같은 화면이 나타난다.

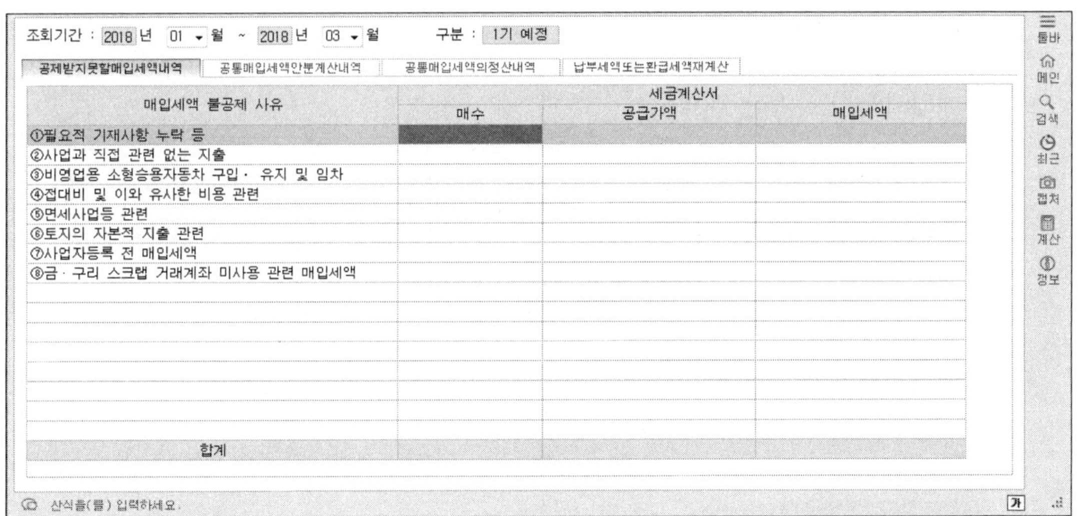

화면 위쪽에 조회기간을 입력하면 해당 과세기간이 언제인지 [구분]란에 표시된다.

매입매출전표 입력시 [54.불공]으로 입력한 불공제 항목은 모두 본 메뉴의 [공제받지 못할 매입세액 내역] 탭에 반영된다. 단, 시험문제에서는 매입매출전표에 입력하지 않고 직접 매입세액불공제 사유(사유, 매수, 공급가액, 매입세액)를 입력하는 문제를 출제할 수도 있다.

과세사업과 면세사업을 겸영하는 겸영사업자의 경우에는 과세·면세 공통매입에 대한 매입세액을 안분, 정산하고 과세기간이 지나면 감가상각자산에 대한 납부환급세액 재계산을 하여야 하는데, 본 메뉴의 [공통매입세액안분계산내역], [공통매입세액의정산내역], [납부세액또는환급세액재계산] 탭에서 이러한 처리를 하게 된다. 각각의 탭의 모양을 살펴보면 다음과 같다.

- 공제받지 못할 매입세액 내역

공제받지못할매입세액내역	공통매입세액안분계산내역	공통매입세액의정산내역	납부세액또는환급세액재계산

매입세액 불공제 사유	세금계산서		
	매수	공급가액	매입세액
①필요적 기재사항 누락 등			
②사업과 직접 관련 없는 지출			
③비영업용 소형승용자동차 구입·유지 및 임차			
④접대비 및 이와 유사한 비용 관련			
⑤면세사업등 관련			
⑥토지의 자본적 지출 관련			
⑦사업자등록 전 매입세액			
⑧금·구리 스크랩 거래계좌 미사용 관련 매입세액			

- 공통매입세액 안분계산 내역

공제받지못할매입세액내역	공통매입세액안분계산내역	공통매입세액의정산내역	납부세액또는환급세액재계산

산식	구분	과세·면세사업 공통매입		⑫총공급가액등	⑬면세공급가액등	면세비율 (⑬÷⑫)	⑭불공 [⑪
		⑩공급가액	⑪세액				
	1:당해과세기간의 공급가액기준 2:당해과세기간의 매입가액기준 3:당해과세기간의 예정공급가액기준 4:당해과세기간의 예정사용면적기준 5:당해과세기간의 총도축두수						

- 공통매입세액의 정산내역

공제받지못할매입세액내역	공통매입세액안분계산내역	공통매입세액의정산내역	납부세액또는환급세액재계산

산식	구분	(15)총공통 매입세액	(16)면세 사업확정 비율			(17)불공제매입 세액총액 ((15)*(16))	(18)기불공제 매입세액	세
			총공급가액	면세공급가액	면세비율			
	1:당해과세기간의 공급가액기준 2:당해과세기간의 매입가액기준 3:당해과세기간의 예정공급가액기준 4:당해과세기간의 예정사용면적기준 5:당해과세기간의 총도축두수							

● 납부세액 또는 환급세액 재계산

| | | 공제받지못할매입세액내역 | 공통매입세액안분계산내역 | 공통매입세액의정산내역 | 납부세액또는환급세액재계산 | |

자산	(20)해당재화의 매입세액	(21)경감률[1-(체감률* 경과된과세기간의수)]				(22)증가 또는 감소된 면세공급가액(사용면적)비율					(23)가산또는 공제되는 매입세액 (20)*(21)*(22)
		취득년월	체감률	경과과세기간	경감률	당기		직전		증가율	
						총공급	면세공급	총공급	면세공급		
	1:건물,구축물 2:기타자산										

이 네가지 탭에 대한 입력방법을 모두 익혀놓아야 한다. 본 메뉴는 시험문제에서 자주 출제되므로 본 메뉴와 관련한 이론적 지식(부가가치세법상 공통매입세액 안분, 정산, 납부환급세액 재계산)도 다시한번 복습한 후 실무 연습을 하면 더 좋을 것이다.

1. 공제받지 못할 매입세액 내역

본 메뉴는 총 8가지의 매입세액불공제 사유별로 해당되는 세금계산서의 매수와 공급가액, 세액을 입력한다. 이는 매입매출전표 입력시 [54]번 '불공'으로 입력한 세금계산서가 자동으로 반영되는 서식이다. 세금계산서를 받은 매입의 경우 원칙적으로는 매입세액공제를 하는 것이 맞지만 접대비 관련 매입세액 등 세법에서 정하는 몇가지 경우에는 세금계산서를 수령하였음에도 불구하고 매입세액 공제를 하지 않는 것이 있으며, 본 메뉴는 해당 사항을 정리한 것이라고 생각하면 된다. 시험에서는 매입매출전표 입력을 하지 않고 문제에서 주어진 요구사항대로 해당 불공제 매입세금계산서의 매수와 금액을 입력하도록 하는 문제를 출제하고 있다. 따라서 수험목적상 매입세액불공제 대상과 공제대상을 구분하고 매입세액불공제 대상에 대한 사유를 파악할 줄 아는 정도의 지식만 있으면 본 메뉴는 작성이 가능할 것이다.

매입세액 불공제 사유
①필요적 기재사항 누락 등
②사업과 직접 관련 없는 지출
③비영업용 소형승용자동차 구입 · 유지 및 임차
④접대비 및 이와 유사한 비용 관련
⑤면세사업등 관련
⑥토지의 자본적 지출 관련
⑦사업자등록 전 매입세액
⑧금 · 구리 스크랩 거래계좌 미사용 관련 매입세액

시험문제에서 매입매출전표에 입력된 자료를 불러와서 작성하라는 요구사항이 있다면 화면 상단의 ⎡F4 불러오기⎤ 탭을 눌러서 기존에 전표로 입력된 자료를 자동으로 반영하면 된다.

또한 시험에서 공제받지못할매입세액명세서의 신고일을 수정하라는 요구사항이 주어
진다면 화면 상단의 [F8 신고일]을 클릭하여 아래와 같은 화면이 나오면 신고일을 수정하
면 된다.

2. 공통매입세액 안분계산 내역

부가가치세 예정신고기간(1기 : 1월 1일-3월 31일, 2기 : 7월 1일-9월 30일)에 과세사
업과 면세사업에 공통으로 사용하는 재화 등을 매입하고 이를 안분하는 경우에 사용하
는 메뉴이다. 따라서 조회기간을 '1월에서 3월' 혹은 '7월에서 9월'로 입력하여야만 해
당 메뉴의 조회·입력이 가능하다.

본 메뉴는 부가가치세 과세사업과 면세사업을 겸영하는 겸영사업자의 경우 과세사업
과 면세사업에 공통으로 사용하는 자산을 매입한 경우 매입세액을 안분하는 메뉴이다.
매입세액을 안분하는 기준은 당해 과세기간의 공급가액을 기준으로 안분하는 것이 원칙
이며, 만약 당해 과세기간의 공급가액이 문제에서 제시되어 있지 않거나 과세매출 혹은
면세매출 중 어느 한쪽의 공급가액이 "0"원이라면 당해 과세기간의 매입가액 기준을 적
용한다. 매입가액도 없을 경우에는 예정공급가액 기준, 예정사용면적 기준의 순서로 적
용하여야 한다.(법에 정해진 순서임. 이론편 참고)

따라서 본 메뉴의 조회기간을 1기 예정 또는 2기 예정 신고기간으로 입력하면 아래와
같이 산식을 [1][2][3][4]번 중 하나를 선택하게 되어 있는데 이 중 어느 하나를 자유롭
게 선택하는 것이 아니라 문제에 당해 과세기간의 공급가액이 주어져 있으면 무조건 [1]
번을 선택하는 것이다. 당해 과세기간의 공급가액이 없으면 매입가액이 있는지 확인하고
[2]번을 선택하는 식으로 하면 된다.

공제받지못할매입세액내역	공통매입세액안분계산내역	공통매입세액의정산내역	납부세액또는환급세액재계산			
산식	구분	과세·면세사업 공통매입		⑫총공급가액등	⑬면세공급가액등	면세비율 (⑬÷⑫)
		⑩공급가액	⑪세액			
	1: 당해과세기간의 공급가액기준					
	2: 당해과세기간의 매입가액기준					
	3: 당해과세기간의 예정공급가액기준					
	4: 당해과세기간의 예정사용면적기준					
	5: 당해과세기간의 총도축두수					

[1]번을 클릭하면 아래와 같이 전표데이터를 불러올 것인지 묻는 화면이 나타나며 여기에서 [예]를 클릭한다. 해당 기간에 입력된 면세공급가액과 총공급가액이 자동으로 조회되어 나타나며 수험생은 여기에 과세·면세 공통매입의 공급가액을 입력하면 된다. 단, 시험문제에서 기존에 입력된 자료를 무시하고 문제에서 주어지는 자료를 활용하라고 할 경우에는 문제에서 제시된 공통매입세액, 총공급가액, 면세공급가액을 입력하면 된다.

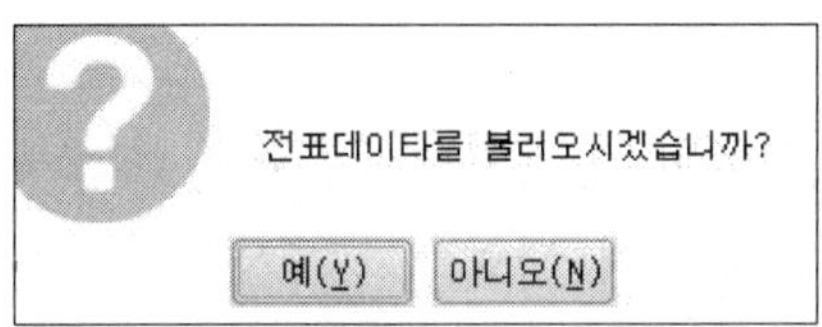

예를 들어 1월에서 3월까지의 공통매입 공급가액 100,000,000원, 총공급가액 1,000,000,000원, 면세공급가액 400,000,000원인 경우 입력 화면은 다음과 같다. 면세비율과 불공제매입세액은 자동으로 계산되므로 공통매입공급가액 등 주어진 자료만 정확하게 입력하면 된다. (문제에서 구분입력에 대한 별도의 언급이 없을 경우 무시한다.)

공제받지못할매입세액내역	공통매입세액안분계산내역	공통매입세액의정산내역	납부세액또는환급세액재계산			
산식	구분	과세·면세사업 공통매입		⑫총공급가액등	⑬면세공급가액등	면세비율 (⑬÷⑫)	⑭불공제매입세액 [⑪*(⑬÷⑫)]
		⑩공급가액	⑪세액				
1. 당해과세기간의 공급가액기준		100,000,000	10,000,000	1,000,000,000.00	400,000,000.00	40.000000	4,000,000

모든 입력이 완료된 후에는 화면 상단의 [F11 저장]을 클릭한다.

3. 공통매입세액의 정산 내역

공통매입세액은 과세기간(일반과세자의 경우 6개월) 단위로 계산한 면세비율(총공급가액 대비 면세공급가액 비율)로 안분계산하는 것이 원칙이다. 그러므로 부가가치세 예정신고를 할 때에 공통매입세액 안분을 한 경우에는 반드시 부가가치세 확정신고를 할 때에 이를 정산하는 절차를 거쳐야 한다. 따라서 공통매입세액의 정산 내역은 확정신고 때에만 작성하는 것이므로 1기의 경우 '4월에서 6월'로, 2기의 경우 '10월에서 12월'로 기간 조회를 하여야 한다.

공통매입세액 정산도 공통매입세액 안분과 마찬가지로 당해 과세기간의 공급가액을 기준으로 안분하는 것이 원칙이며, 만약 당해 과세기간의 공급가액이 문제에서 제시되어 있지 않거나 과세매출 혹은 면세매출 중 어느 한쪽의 공급가액이 "0"원이라면 당해 과세기간의 매입가액 기준을 적용한다. 매입가액도 없을 경우에는 예정공급가액 기준, 예정사용면적 기준의 순서로 적용하여야 한다.

산식을 선택하면 아래와 같이 전표데이터를 불러올지 물어보는 메뉴가 나타난다.

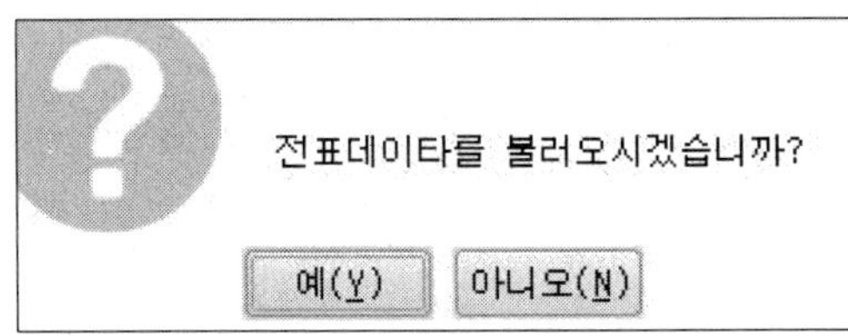

그러면 해당 과세기간의 총공급가액, 면세공급가액, 면세비율 등과 기불공제 매입세액(해당 과세기간의 공통매입세액 안분시 불공제된 매입세액)이 자동으로 반영된다. 여기에 해당 과세기간 6개월동안의 총 공통매입세액을 입력하면 된다. 예정신고 때의 공통매입세액도 포함한 금액을 입력해야 한다는 점에 주의한다. 공통매입세액 정산은 과세기간 단위로 하는 것이므로 1기 혹은 2기 전체 6개월단위의 공통매입세액, 총공급가액, 면세공급가액 등을 입력해야 한다는 점에 주의한다. 시험에서 기존에 입력된 자료는 무시하라고 가정하고 요구사항대로 입력하라고 하면 그대로 입력하면 된다.

예를 들어 아래와 같은 경우의 공통매입세액 정산내역은 다음과 같다.(단, 예정신고때에 기불공제세액 4,000,000원이 있다고 가정)

구　　분	예정신고기간	과세기간 최종 3개월	합　　계
면세공급가액	400,000,000원	600,000,000원	1,000,000,000원
과세공급가액	600,000,000원	2,400,000,000원	3,000,000,000원
총공급가액	1,000,000,000원	3,000,000,000원	4,000,000,000원
공통매입세액	10,000,000원	15,000,000원	25,000,000원

공제받지못할매입세액내역	공통매입세액안분계산내역	공통매입세액의정산내역	납부세액또는환급세액재계산

산식	구분	(15)총공통매입세액	(16)면세 사업확정 비율			(17)불공제매입세액총액 ((15)*(16))	(18)기불공제매입세액	(19)가산또는공제되는매입세액((17)-(18))
			총공급가액	면세공급가액	면세비율			
1.당해과세기간의 공급가액기준		25,000,000	4,000,000,000.00	1,000,000,000.00	25.000000	6,250,000	4,000,000	2,250,000

6개월간(과세기간)의 총공급가액과 면세공급가액을 입력하면 면세비율이 25%로 자동 계산되는데 총공통매입세액(예정+확정)에 25%를 곱한 금액이 6개월간 불공제 대상이 되는 것이다. 그런데 예정신고 때에 이미 4,000,000원이 불공제되었으므로 확정신고 때에는 6,250,000원에서 4,000,000원을 차감한 나머지 금액만 불공제하면 되는 것이다.

본 메뉴는 공제받지못할매입세액명세서 작성 문제 중 가장 자주 나오는 유형이므로 입력하는 방법을 자세히 기억해 두도록 한다.

4. 납부(환급)세액 재계산

전산세무 2급 시험에서는 공통매입세액 안분, 공통매입세액 정산 문제가 주로 출제되는 편이다. 납부(환급)세액 재계산 문제는 상대적으로 출제 빈도가 낮은 편이지만 공통매입세액 안분 및 정산 관련한 메뉴이므로 잘 알아두도록 하자.

공제받지못할매입세액내역	공통매입세액안분계산내역		공통매입세액의정산내역	납부세액 또는 환급세액재계산					
자산	(20)해당재화의 매입세액	(21)경감률[1-(체감률* 경과된과세기간의수)]			(22)증가 또는 감소된 면세공급가액(사용면적)비율				(23)가산또는 공제되는 매입세액 (20)*(21)*(22)
		취득년월	체감률	경과과 세기간	경감률	당기		직전		증가율	
						총공급	면세공급	총공급	면세공급	
1:건물,구축물 2:기타자산										

당초에 공통매입세액 안분·정산을 했던 공통사용 재화 중 감가상각자산(건물, 구축물, 비품, 차량운반구, 기계장치 등)은 과세기간별로 면세 매출 비율이 변동되면 기존에 정산한 내역을 다시 수정하여 추가로 납부하거나 환급받는 등의 절차를 거치게 된다. 건물, 구축물은 20과세기간(10년) 동안 매 과세기간별로 5%씩의 체감율을 적용하여 재계산하도록 하고 있으며 기타의 감가상각자산은 4과세기간(2년) 동안 매 과세기간별로 25%의 체감율을 적용하여 재계산하도록 하고 있다.

납부환급세액 재계산은 예정신고 때에는 하지 않고 확정신고 때에 하는 것이다. 따라서 1기의 경우 4월에서 6월로 날짜를 조회하고 2기의 경우 10월에서 12월로 조회해야 메뉴 입력이 가능하다. 날짜 조회를 하면 가장 먼저 해당 자산이 건물과 구축물인지 그 외의 자산인지 선택해야 한다.

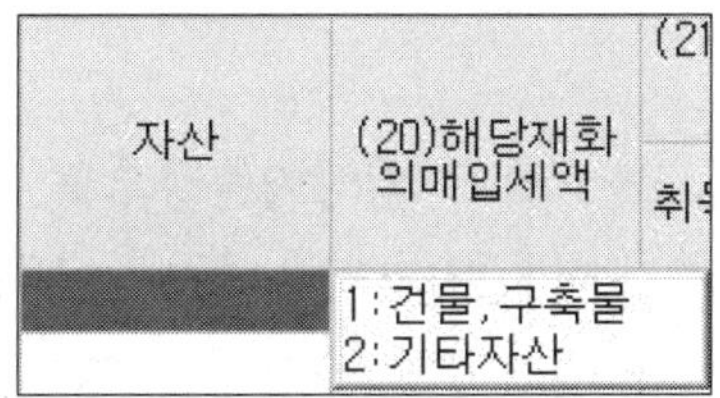

자산의 종류를 선택하면 건물, 구축물에 대해서는 5%, 기타의 감가상각자산에 대해서는 25%가 자동으로 선택된다. 여기에 해당 재화의 매입세액(매입시 부담한 부가가치세)과 취득년월, 경과된 과세기간 수, 이번 과세기간과 직전 과세기간의 총공급가액 및 면세공급가액을 입력한다.

경과된 과세기간 수

예를 들어 2018년 1기에 취득한 자산에 대해 2019년 1기에 재계산을 한다면 경과된 과세기간 수는 2과세기간이므로 숫자 "2"를 입력한 후 Enter⏎ 를 친다. 단, 케이렙 프로그램에서는 해당 자산의 취득연월을 입력하면 경과된 과세기간 수를 자동으로 계산해 주는 기능이 있으므로 시험에서는 취득연월을 정확히 입력하기만 하면 된다.

면세비율 증가율

케이렙 프로그램에 당기 과세기간과 직전 과세기간의 총공급가액(과세공급가액과 면세공급가액의 합계)과 면세공급가액을 각각 입력하면 면세비율의 증가 및 감소(증가율)가 자동으로 계산된다: 면세비율이 증가하면 증가율은 "+"로 표시되고 면세비율이 감소하면 증가율은 "-"로 표시된다. 면세비율까지 모두 계산되고 나면 가산 또는 공제되는 매입세액이 자동으로 계산된다.

모든 입력이 완료되면 저장을 하고 메뉴를 종료한다.

참고

위와 같이 입력한 공통매입세액 금액은 부가가치세 신고서상의 [16. 공제받지 못할 매입세액]란에 반영된다. 이를 반영하기 위해서는 부가가치세 신고서상의 화면 오른쪽의 [50]번 란에 해당 금액과 세액이 반영되게 하여야 하며, 공제받지못할매입세액명세서를 먼저 정확히 작성한 후 저장하고 부가가치세 신고서를 조회하면 해당 금액이 자동으로 반영된다.

구분		금액	세율	세액
16.공제받지못할매입세액				
공제받지못할 매입세액	49			
공통매입세액면세등사업분	50			
대손처분받은세액	51			
합계	52			

❼ 대손세액공제신고서

A사업자가 B사업자에게 물건을 100만원(부가가치세 별도)에 팔고 외상매출금으로 회계처리했다고 가정하자. B사업자는 물건값 100만원과 부가가치세 10만원을 합한 110만원을 A에게 주어야 한다. 그런데 B가 파산 등으로 인해 A사업자에게 외상대금 결제를

못해 주게 된 경우 A사업자는 어떻게 회계처리해야 하는가. 물건값 100만원은 대손충당금과 상계처리해야 하며(대손회계처리), 매출부가가치세 10만원은 부가가치세법상의 대손세액공제를 받아야 한다. 즉, 대손된 금액 중 부가가치세에 해당하는 금액을 '대손세액'이라고 한다. 대손세액을 부가가치세법상 공제받기 위해서는 반드시 대손세액공제신고서를 제출해야 한다.

대손세액공제는 대손이 확정된 과세기간의 확정신고시에만 공제하도록 되어 있으므로 부가가치세 확정신고서를 작성할 때에 대손세액공제신고서를 작성하는 것이다. 원칙적으로는 대손세액공제신고서를 먼저 작성한 후 부가가치세 신고서를 작성하는 것이 올바른 순서이다.

※ 대손세액의 처리 ※

구　분	공급자	공급받는 사업자
대손이 확정되는 경우	매출세액으로 납부한 대손세액을 매출세액에서 차감함	이미 매입세액으로 공제받은 경우 대손처분받은세액을 매입세액에서 차감함
대손이 변제되는 경우	공제받았던 대손세액을 매출세액에 가산함	공제받지 못한 변제대손세액을 매입세액에 가산함

⟨⟨⟨ 작성 방법

부가가치세 메뉴 중 [부가가치세 Ⅱ] 하단에 대손세액공제신고서를 클릭한다.

대손세액공제신고서는 [대손발생] 탭과 [대손변제] 탭으로 구성되어 있는데, 공급자(매출자)의 입장에서 대손세액공제를 받거나 공제받은 대손세액을 다시 납부해야 하는 경우에는 [대손발생] 탭을 작성한다. 반면, 공급받는자(매입자)의 입장에서 대손처분받았던 세액을 공급자에게 다시 상환하고 이에 대해 매입세액공제를 다시 받고자 하는 경우에는 [대손변제]탭에 해당 내용을 작성하는 것이다. 전산세무 2급 실기에서는 공급자가 채권을 회수하지 못하여 대손된 경우를 대부분 가정하므로 시험에서는 대부분 [대손발생]탭에 내용을 입력해야 한다.

- 대손확정일 : 대손이 확정된 날짜를 숫자로 기입한다. 예를 들어 2018년 2월 12일에 대손이 확정되었다면 "20180212"로 숫자만 입력하면 된다.
- 대손금액 : 대손금액은 부가가치세가 포함된 공급대가를 입력한다.
- 공제율 : 공제율은 10/110이 자동으로 반영되므로 공급대가를 입력하면 대손세액이 자동으로 계산된다. (대손세액은 부가가치세에 해당되는 부분임)
- 거래처 : 거래처 란에 커서가 오면 F2를 눌러 거래처코드 도움박스를 통해 거래처 코드를 입력한다. 시험문제에서 거래처코드가 등록되어 있지 않은 경우에는 직접 거래처명을 입력하고 화면 하단에 대표자 성명, 사업자등록번호, 소재지 등을 입력한다.

성명		사업자등록번호	___-__-_____
소재지		주민등록번호	______-_______

- 대손사유 : 아래의 대손사유 중 해당되는 것을 클릭하거나 번호를 숫자로 입력하면 된다.

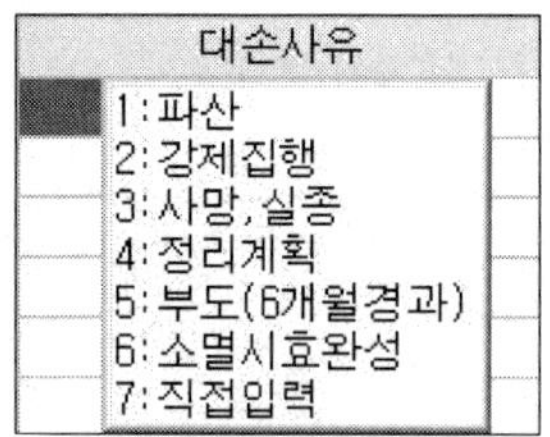

본 메뉴의 [대손세액]란에 자동계산된 금액은 부가가치세 신고서의 대손세액공제란에 반영된다. 단, 대손세액공제신고서의 세액의 부호가 "+"이면 이는 세액공제를 해주어서 세금이 줄어든다는 것이므로 부가가치세 신고서상의 숫자는 "-"로 반영되게 된다. 또한 대손세액공제신고서의 세액의 부호가 "-"이면 이는 기존에 대손세액공제를 받았으나 이를 다시 회수하여 세액공제가 취소되어야 하므로, 내야할 세금이 늘어난다는 것이므로 부가가치세 신고서상의 숫자는 "+"로 반영되게 된다.

참고

※ 대손금액 입력시 주의사항

- 대손확정 금액을 입력하되 반드시 부가가치세가 포함된 금액을 적어야 한다. 예를 들어 100만원(부가가치세 10만원 별도)짜리 물건을 외상으로 팔고 나중에 그 돈을 못받게 된 경우, [금액]란에 110만원을 적어야 하는 것이다. 그러면 케이렙 프로그램에서 110만원에 공제율 10/110을 곱한 대손세액 10만원을 자동으로 신고서에 반영하도록 되어 있다.

- 대손세액공제를 받았던 외상매출금을 다시 회수한 경우에는 [대손발생]에 입력하되 그 금액을 "—"로 입력해야 한다. 즉, 위 110만원을 다시 돌려받게 되었다면 대손세액공제를 받았던 금액을 다시 내야 하므로 [금액]란에 같은 방법으로 입력하되, "—"(마이너스)로 입력해야 하는 것이다.

⑧ 부동산임대공급가액명세서

부동산임대업을 영위하는 사업자는 부가가치세신고서와 함께 부동산임대공급가액명세서를 반드시 제출해야 한다. 부동산을 임대하는 방법에는 월세와 전세가 있다. 월세의 경우 소액의 보증금을 받고 매달 일정한 금액을 임대료로 받는 방법이다. 부가가치세법에서는 실제로 받은 월세뿐 아니라 **보증금에 대한 이자 해당액도 월세를 받은 것으로 보아** 이 금액을 합해 부가가치세를 내도록 하고 있는데 이것이 간주임대료이다. **간주임대료는 부동산임대공급가액명세서에서 작성된다.** 정확한 금액을 계산하기 위해서는 필요한 항목을 정확하게 입력해야 하며 간주임대료 금액은 자동계산된다.

[부가가치세Ⅱ] 하단의 [부동산임대공급가액명세서]를 클릭한 후 해당 사항을 입력한다. (주)하나패스의 부동산임대공급가액명세서(기간 : 4월 1일 - 6월 30일)를 클릭한 초기 화면은 다음과 같다.

부동산임대공급가액명세서를 작성하면 간주임대료를 구하여 이를 부가가치세 신고서에 반영할 수 있다. 작성 방법은 다음과 같다.

- 코드 : 임차인을 거래처로 등록해 놓은 경우 코드 조회를 통해 거래처를 입력할 수 있다. 거래처코드를 입력하면 거래처명(임차인)과 사업자등록번호 등이 반영된다.
- 거래처명(임차인) : 거래처명(임차인) 란에 커서를 두고 해당 란에 입력한다. 만약 임차인의 거래처코드가 등록되어 있으면 거래처코드를 입력하면 되고, 코드 등록이 안되어 있다면 이를 직접 입력하면 된다.
- 사업자등록번호 및 주민등록번호 : 문제에서 주어진 번호를 입력한다.
- 면적 : 문제에서 제시한 면적을 ㎡ 단위로 입력한다.
- 용도 : 시험문제에서 '사무용' 혹은 '점포' 등 용도를 제시하면 그대로 입력하면 된다.
- 임대기간에 따른 계약내용 : 임대기간을 입력하되, 계약갱신을 했다면 당초의 임대기간에 대한 보증금, 월세 등의 정보를 입력한 후 계약갱신일 이후의 임대기간에 대한 보증금, 월세 등도 추가로 반드시 입력하여야 한다. 예를 들어 2017년 5월 1일부터 2018년 4월 30일까지 당초에 계약했다가 2018년 5월 1일에 계약을 갱신하여 계약기간을 1년 연장하였다면 해당 날짜를 아래와 같이 입력하되, 위의 칸에 대한 보증금, 월세도 입력하고 아래쪽 기간에 대한 보증금, 월세 등도 따로 입력하여야 한다.

	계약갱신일	임대기간		
1		2017-05-01	~	2018-04-30
2	2018-05-01	2018-05-01	~	2019-04-30

- 금액, 당해 과세기간계 : 각 임대기간별 보증금과 월세 및 관리비(월별 금액)를 아래의 [금액] 란에 입력하면 월세 및 관리비의 당해과세기간 합계 금액이 자동으로 계산된다. 또한 해당 기간의 보증금에 대한 간주임대료가 계산되어 자동으로 숫자가 나타난다.

6.계 약 내 용	금 액	당해과세기간계	
보 증 금			
월 세			
관 리 비			
7.간주 임대료			일
8.과 세 표 준			

모든 입력이 완료되면 화면 상단의 [F11 저장]을 눌러 저장한다.
- 이자율 : 시험문제에서 별도로 이자율을 변경하라고 하면 화면 상단의 [F6 이자율]을 클릭하여 이자율 변경을 한다.

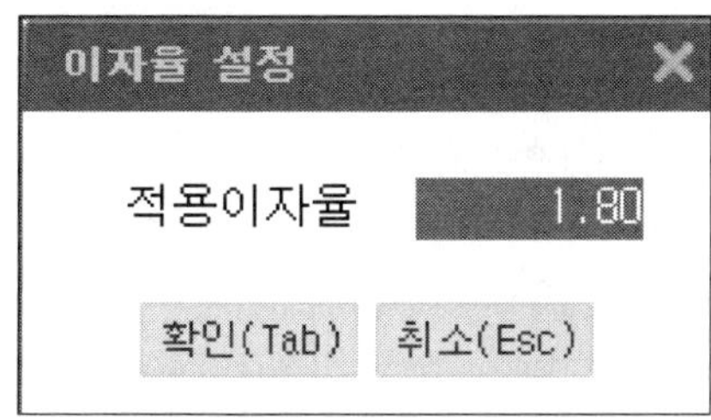

적용이자율은 케이렙 프로그램에서 자동으로 반영하게 되므로 수험생은 이자율이 얼마인지 외울 필요는 없다. 실무에서는 매일매일의 프로그램 업데이트를 통해 이자율 변경 사항을 프로그램에 반영하게 되지만 교육용 프로그램의 경우 업데이트가 늦어질 수 있으므로 실무상의 이자율과 (시험출제 목적의) 교육용 프로그램의 이자율이 다르다고 해서 걱정할 필요는 없는 것이다.

- 재계산 : 화면 상단의 F8 재계산 탭을 누르거나 오른쪽의 세모 표시를 누르면 아래와 같이 현재라인만 재계산할지 전체라인 모두 재계산할지 체크할 수 있다. 문제를 풀다가 입력사항을 변경한 경우에는 반드시 전체라인 모두 재계산을 하여 금액이 정확하게 반영되도록 하는 것이 좋다.

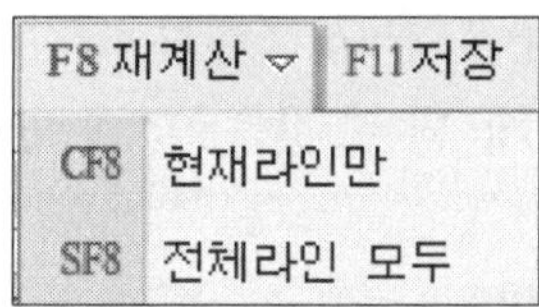

- 일수 확인 : 해당 연도의 일수가 366일인 경우(윤년)에는 2.366에 체크를 해야 간주임대료가 정확하게 계산된다. 2018년은 윤년이 아니므로 1.365로 되어 있는 것을 바꾸라는 문제는 나오지 않을 것으로 예상되지만 수험생은 이러한 기능이 있다는 것 정도는 알고 있어야 한다.

<<< 자료의 삭제와 수정

입력되어 있는 자료를 삭제할 때에는 해당되는 자료에 커서를 놓은 후 화면 위쪽 툴바의 [F5 삭제]를 클릭하면 자료가 삭제된다. 삭제 탭을 눌렀을 때 아래와 같은 화면이 나타나면 [예]를 클릭하면 된다.

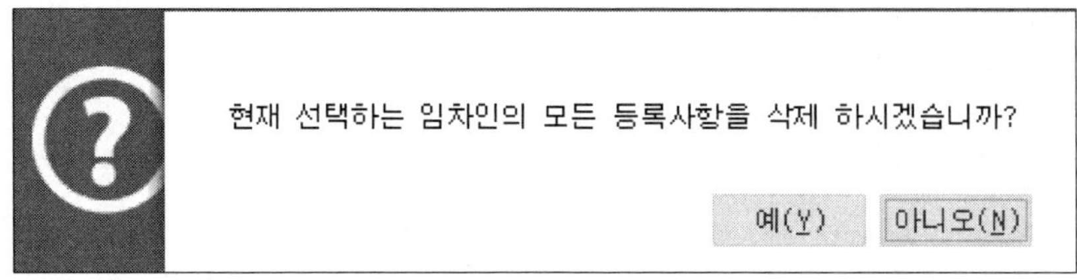

또한 자료를 수정하고자 할 때에는 이미 입력되어 있는 내용을 별도로 지울 필요 없이 새로운 내용을 바로 입력하면 자료가 수정된다.

⑨ 수출실적명세서

수출실적명세서는 외국으로 재화를 직접 반출(수출)하여 영세율을 적용받는 사업자가 작성하는 서식이다. 수출신고번호가 있는 경우에는 화면 아래쪽에 해당 사항을 입력하고, 조회기간을 입력한 후 수출신고번호, 선적일 등 문제에서 주어진 자료를 입력하면 된다.

예를 들어 (주)하나패스(회사코드 1200번)의 수출실적명세서를 4월에서 6월로 기간을 설정하여 조회하면 화면 하단에 수출신고번호 등을 입력할 수 있게 되는 것을 알 수 있다.

- 수출신고번호 : 수출신고필증의 수출신고번호를 입력한다. 하이픈("−") 없이 숫자만 입력하면 자동으로 하이픈이 기입된다. 입력한 숫자에 오류가 있다면 아래와 같은 경고 메시지가 나타나므로 숫자를 다시 올바르게 고쳐야 한다.

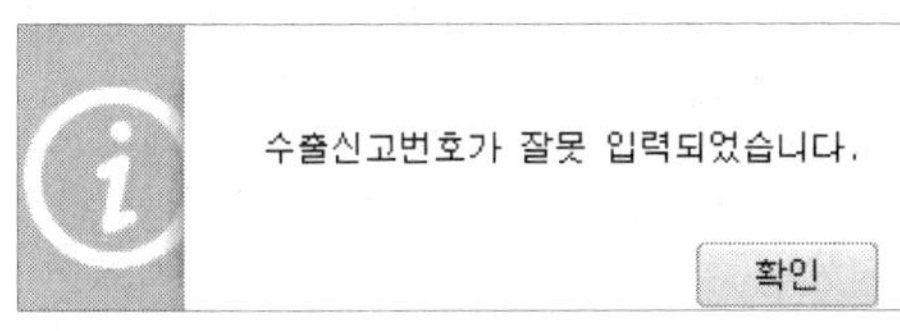

- 선적일자 : 선적일은 수출신고필증에 있는 선적일이 아닌 선하증권(B/L)상의 선적일을 기재하여야 한다. 연월일을 숫자만 입력한다. 예를 들어 2018년 4월 2일 선적을 했으면 20180402로 숫자를 입력하면 자동으로 연월일에 숫자가 기입된다.
- 통화코드 : 통화코드는 F2를 눌러서 아래와 같은 코드도움 박스가 나타나면 여기에서 해당 코드를 선택한다.

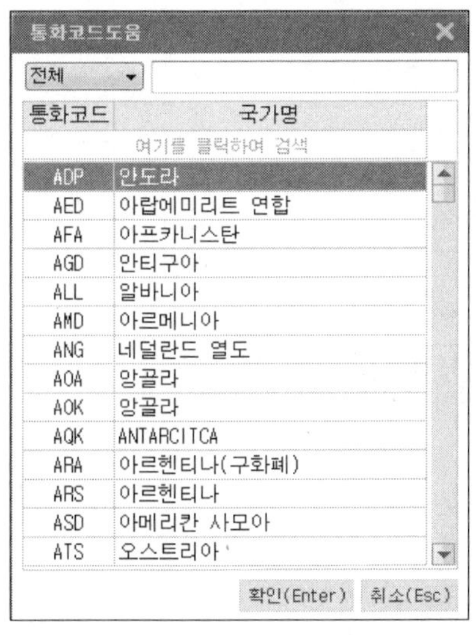

- 환율 : 수출재화의 선적일자에 해당하는 외국환거래법에 의한 기준환율(매매기준율) 또는 재정환율(재정된 매매기준율)을 기재한다.
- 외화 : 수출물품의 인도조건에 따라 지급받기로 한 전체 수출금액으로 소수점 미만 2자리까지 기재한다.
- 원화 : 환율과 외화 금액이 입력되면 원화 금액이 자동으로 반영된다. 단, 선적일 전에 수출대금(수출선수금)을 원화로 환가한 경우에는 그 금액을 원단위 미만은 절사하고 기재한다.
- 거래처코드 및 거래처명 : 거래처코드 란에 커서를 두고 F2를 누르면 거래처코드 도움박스가 나타난다. 여기에 등록된 거래처는 해당 코드를 선택한 후 [확인]키를 누르면 되고 만약 거래처등록이 되어 있지 않으면 직접 거래처명을 입력하면 된다.

모든 입력이 완료되면 화면 상단의 [F11 저장]을 클릭한다.

수출실적명세서 상단의 의 ⑩과 ⑪의 구분

⑩ 수출재화 : 관세청에 수출신고 후 외국으로 직접 반출(수출)하는 재화의 총건수, 외화금액 합계, 원화금액 합계를 기재하며, ⑫항란의 1번부터 마지막 번호까지를 모두 합계한 건수, 외화금액, 원화금액을 입력하면 ⑩번 란에 금액이 자동반영된다.

⑪ 기타영세율적용 : 관세청에 수출신고 후 외국으로 직접 반출(수출)하는 재화 이외의 영세율적용분(국외제공용역 등)으로 세금계산서를 발급하지 아니하는 분의 총건수, 외화금액 합계, 원화금액 합계를 기재한다. 즉, 수출신고번호가 없는 외국수출 등의 경우 ⑪번 란에 직접 입력하는 것이다.

전표처리

수출실적명세서에 해당 수출을 입력한 후 수출신고번호 앞의 체크박스에 체크를 하고 화면 상단의 [F4 전표처리]를 클릭하면 다음과 같이 매입매출전표에 입력할 수 있는 화면이 나타난다.

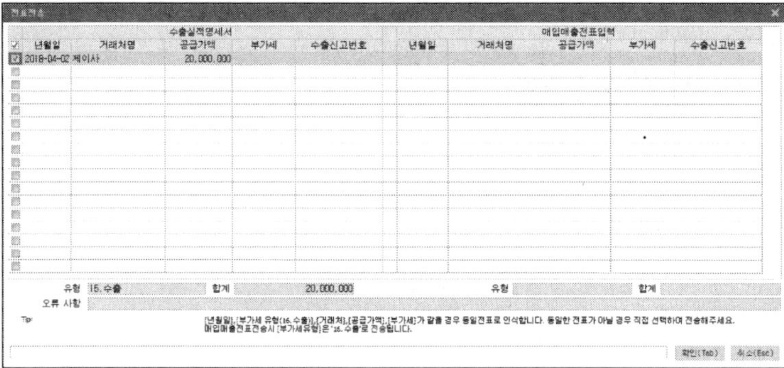

위 화면에서 [확인]키를 클릭하면 다음과 같이 전표전송을 하겠다는 메뉴가 나타나며 여기에서 화면 하단의 [일괄분개] 키를 먼저 클릭해야 된다.

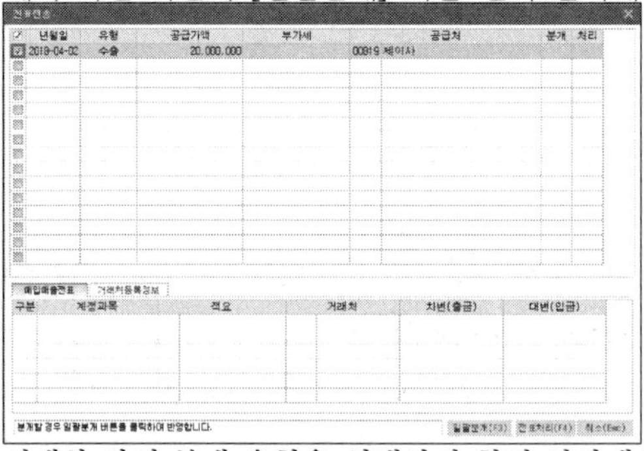

아래와 같이 분개 유형을 선택하여 화면 하단에서 입력해야 할 분개를 확인한 후 맞으면 [전표처리]키를 클릭한다.

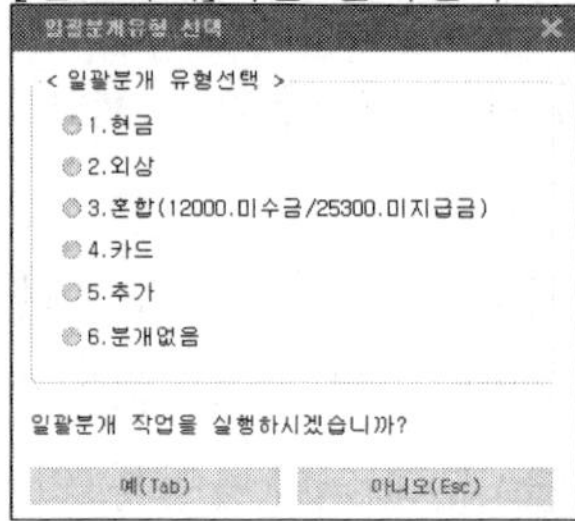

❿ 의제매입세액공제 신고서

　　부가가치세 과세사업자가 면세사업자로부터 면세재화를 구입한 경우에는 이에 대해 매입세액공제를 받지 못한다. 이로 인해 거래의 중간단계에서 면세사업자와 거래하게 되면 부가가치세의 부담이 더 커지게 되는 효과가 발생하는데 이러한 문제를 줄이기 위해 의제매입세액공제 제도를 두고 있다.

　　과세사업을 영위하는 사업자가 면세로 농·축·수·임산물 등을 공급받아 원재료로 하여 과세재화를 생산한 경우에 면세농산물 등의 매입가액에 일정한 비율을 곱한 금액을 매입세액으로 공제해 주고 있는데, 이를 의제매입세액공제라고 한다.

⟨⟨⟨ 의제매입세액 공제율

- 음식점 : 개별소비세법상 과세유흥장소는 $\dfrac{4}{104}$, 그 외의 음식점 중 개인은 $\dfrac{8}{108}$, 과세표준 2억원 이하인 경우에는 2019년 12월 31일까지 $\dfrac{9}{109}$ (간이과세자의 경우 과세표준 4억원 이하인 경우 2019년 12월 31일까지 $\dfrac{9}{109}$), 법인은 $\dfrac{6}{106}$ 적용

- 제조업 중 중소기업과 개인사업자 : $\dfrac{4}{104}$ 적용

- 위 외의 사업 : $\dfrac{2}{102}$ (비중소기업인 제조업(법인)의 경우 $\dfrac{2}{102}$ 적용)

　　의제매입세액공제를 받기 위해서는 먼저 [부가가치세Ⅱ] 하단의 [의제매입세액공제신고서]를 작성한 후 부가가치세 신고서를 작성하여야 한다.

　　(주)하나패스(회사코드 1200번)의 1기 확정신고기간에 대한 의제매입세액공제신고서를 클릭한 초기 화면은 다음과 같다.

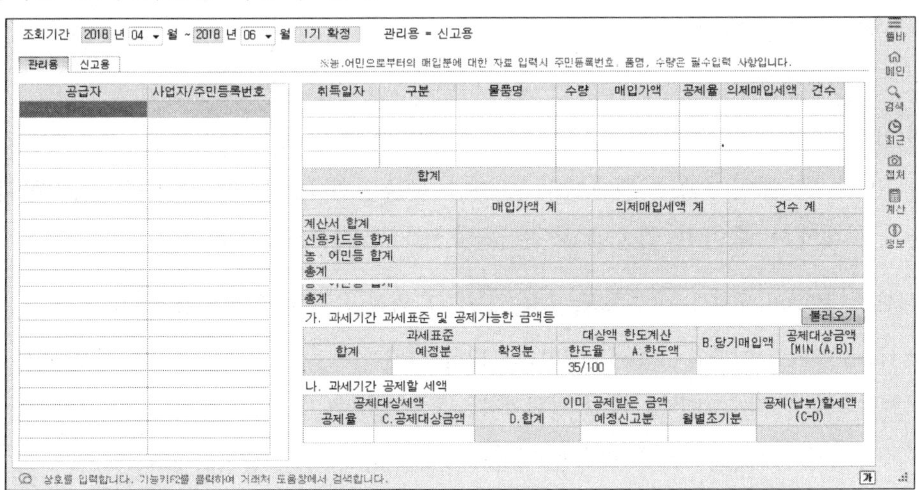

매입매출전표입력시 [53.면세] 등을 입력하면서 하단의 원재료 계정에 대해 6번 적요 (의제매입세액공제신고서 자동반영분)를 걸면 의제매입세액공제신고서의 기간조회를 했을 때 해당 거래가 자동으로 반영된다. 그러나 매입매출전표 입력시 해당 적요 코드를 걸어주지 않으면 53번 면세 매입을 입력했다고 하더라도 의제매입세액공제신고서에 해당 금액이 자동반영되지 않는다. 시험문제에서는 전표입력을 한 후 의제매입세액공제신고서를 작성하라고 하기도 하지만 대부분의 경우 본 서식을 직접 작성하라고 하는 경우가 많다.(매입매출전표 상단의 간편집계 메뉴 중 [의제매입세액 또는 재활용세액 계산] 메뉴를 활용해도 신고서에 자동반영이 가능하다.)

의제매입세액공제신고서를 직접 작성하는 방법은 다음과 같다. 일단 메뉴 상단은 관리용 탭과 신고용 탭으로 구성되어 있는데 이 중 관리용 탭에 입력을 하면 신고용 탭에서 신고서 서식이 나오는 것이므로 수험생은 관리용 탭에 입력하면 된다.

- 공급자 및 사업자등록번호 : 공급자 란에 커서를 놓고 F2를 눌러 거래처코드를 조회한 후 해당 거래처를 입력한다. 만약 문제에서 데이터에 거래처코드가 등록되어 있지 않으면 해당 거래처명과 사업자등록번호를 직접 입력한다.
- 취득일자 : 원재료의 취득일자를 숫자로 기입한다.
- 구분 : 원재료를 매입하면서 받은 증명서류가 '계산서'이면 1번을 클릭하고, '신용카드·직불카드·현금영수증 등'이면 2번을 클릭한다. 제조업의 경우에는 농어민으로부터의 직접 구입분에 대해서 의제매입세액 공제가 가능한데 이 경우에는 [3.농어민매입]을 클릭한다. 제조업이 아닌 업종은 농어민으로부터의 직접 구입분을 공제받지 못한다는 점에 주의해야 한다. 농어민매입분에 대해서는 사업자등록번호 대신 주민등록번호를 기재한다.

```
1.계산서
2.신용카드등
3.농어민매입
```

- 물품명 및 수량, 매입가액 : 문제에서 주어진 물품명과 수량, 매입가액을 입력한다.
- 공제율 : 문제에서 주어진 업종에 맞는 공제율을 선택한다.

> ㉠ 음식점 : 개별소비세법상 과세유흥장소는 $\frac{4}{104}$, 그 외의 음식점 중 개인은 $\frac{8}{108}$, 과세표준 2억원 이하인 경우에는 2019년 12월 31일까지 $\frac{9}{109}$ (간이과세자의 경우 과세표준 4억원 이하인 경우 2019년 12월 31일까지 $\frac{9}{109}$), 법인은 $\frac{6}{106}$
>
> ㉡ 중소기업과 개인사업자로서 제조업을 영위하는 자 : $\frac{4}{104}$
>
> ㉢ 위 외의 사업 : $\frac{2}{102}$

　　해당되는 내용을 모두 입력한 후에 화면 오른쪽 상단의 [F11 저장]을 클릭하면 작성이 완료된다. 의제매입세액공제신고서 작성 자체는 어렵지 않으나 면세 매입 중 원재료 매입에 대해서만 의제매입세액공제가 가능하다는 점 등 여러가지 이론적인 점검이 필요한 메뉴이므로 반드시 부가가치세법 이론 중 의제매입세액 공제 관련 내용을 암기해 놓도록 하자.

전표데이타 새로 불러오기

의제매입세액공제신고서 화면 오른쪽 위에 [F4 불러오기]라는 탭이 있다. 이것을 클릭하면 아래와 같은 화면이 나온다.

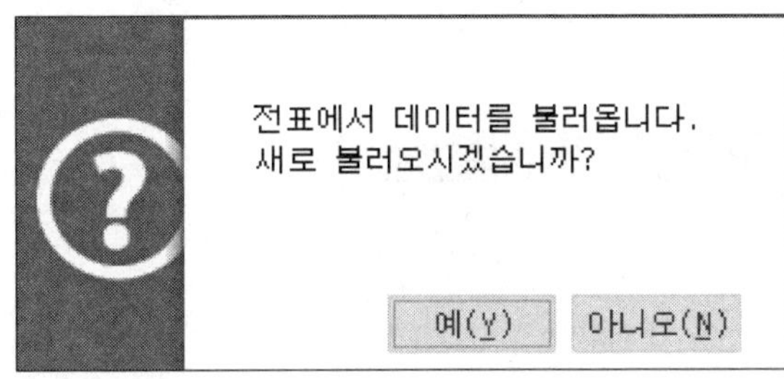

여기에서 [예]를 클릭하면 본 메뉴에서 수기로 입력한 다른 데이터는 모두 삭제되고 [일반전표입력]과 [매입매출전표입력]에서 입력된 기존의 초기 데이터만 다시 불러들이는 것이므로 사용에 주의를 요한다.

전표 입력시 원재료 계정의 적요 6번 입력

일반전표 입력 혹은 매입매출전표 입력시 원재료 계정의 적요 6번 [의제매입세액공제신고서 자동반영분]을 선택한 경우 의제매입세액신청서에 해당 금액이 자동으로 반영됨

사업자로부터의 매입분이 원칙적인 공제 대상임(예외 : 제조업)

일반적인 경우 의제매입세액 공제는 계산서, 신용카드전표, 현금영수증 등을 수취하여야만 공제가능하다. 따라서 사업자로부터의 면세 농·축·수·임산물 매입시 공제가 되는 것이다. 그러나 제조업의 경우에는 농어민으로부터 직접 구입한 면세 농·축·수·임산물(영수증 수취분)도 의제매입세액 공제 대상이 된다. 이러한 내용을 잘 알아두어야 문제의 요구사항을 정확하게 입력할 수 있음에 주의하자.

의제매입세액공제 한도 체크

의제매입세액공제 한도는 예정신고 때에는 한도 적용을 하지 않고 확정신고 때에 한도 체크를 하여 한도초과 금액은 공제 대상에서 제외한다. 따라서 시험문제에서 확정신고시 의제매입세액공제신고서를 작성하라고 하면 화면 하단의 한도 체크 서식을 반드시 작성하여야 하며 이 경우 문제에서 주어지는 예정신고와 확정신고기간의 해당 공급가액(면세 매입과 관련된 공급가액)을 입력하고 이미 공제받은 세액을 입력하면 된다.

신용카드로 면세 원재료를 매입한 경우의 회계처리

의제매입세액공제 대상이 되는 미가공 농축수임산물을 구입하고 신용카드로 결제한 경우
그 회계처리는 다음과 같다.

<매입매출전표 입력> 유형 : [58.카면]

(차) 원 재 료	100	(대) 외상매입금	100
(적요 : 6 의제매입세액 원재료 차감(부가))			

의제매입세액공제 대상이 되는 면세 매입액을 입력할 때에 위와 같이 차변의 원재료 계정
에 6번 적요를 걸어놓으면 해당 금액이 의제매입세액공제신고서 작성시 자동으로 불려오
게 된다. 전산세무 2급 시험에서 이러한 매입매출전표 입력과 의제매입세액공제신고서 작
성을 함께 하는 문제가 출제되었던 적이 있으므로 관련된 적요 코드를 잘 알아두어야 할
것이다.

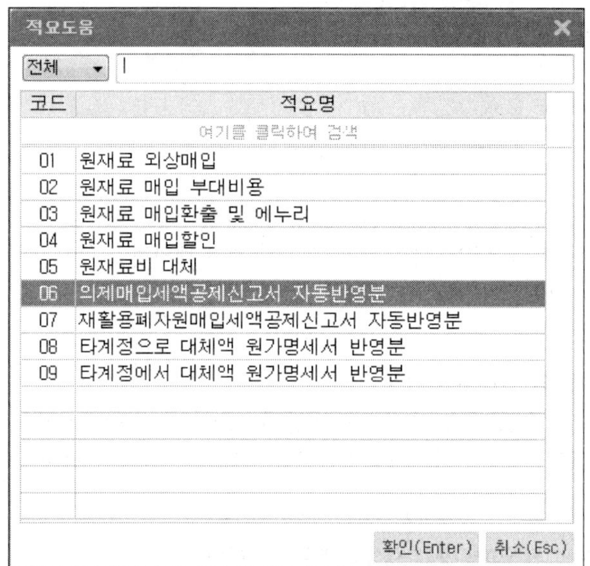

의제매입세액공제신고서에 계산된 의제매입세액의 회계처리

의제매입세액공제신고서에 계산된 의제매입세액의 회계처리

의제매입세액이 있다면 부가가치세 과세기간 종료일자로 일반전표에 입력해야 한다.
예를 들어 의제매입세액 공제액이 100원이라면 그 회계처리는 다음과 같다.

<일반전표 입력>

(차) 부가세대급금	100	(대) 원 재 료	100
		(적요 : 8 타계정으로 대체액)	

이와 같이 의제매입세액 금액은 일반전표에 입력하며 원재료를 차감하는 식으로 회계처리
하게 되어 있다는 점을 기억하자. 또한 원재료를 대변에 입력할 때에는 적요 8번(타계정으
로 대체)을 걸어야 매출원가 계산이 정확하게 된다.

⑪ 건물 등 감가상각자산 취득명세서

건물 등 감가상각자산취득명세서는 건물이나 기계장치, 차량운반구 등을 취득하고 세금계산서 및 신용카드 전표 등을 받은 경우에 제출하는 서식이다.

화면 위쪽에 조회기간을 입력하면 아래쪽에 취득월일과 거래상대방의 상호, 사업자등록번호, 자산구분 등을 입력하는 란이 나타나는데 여기에 해당 내용을 입력하면 된다.

입력 방법은 다음과 같다.

- 월/일 : 날짜를 숫자로 입력한다. 예를 들어 4월 23일에 취득하였으면 "0423"으로 입력하면 된다.
- 상호 및 사업자등록번호 : 상호 란에 커서를 놓고 F2를 누르면 거래처 코드 도움박스가 나타나며 여기에서 해당되는 거래처 코드를 선택한다. 만약 거래처 등록이 되어 있지 않다면 시험문제에서 주어진 상호와 사업자등록번호를 직접 입력하면 된다.
- 자산구분 : 건물 및 구축물, 기계장치, 차량운반구, 기타 자산 중 하나를 선택한다. 예를 들어 컴퓨터(비품)의 경우에는 [4.기타]를 선택하면 된다.

```
1:건물,구축물
2:기계장치
3:차량운반구
4:기타
```

- 공급가액 및 세액 : 공급가액을 입력하면 세액은 자동으로 반영된다.

불러오기 기능의 활용

메뉴 상단의 F4 불러오기 메뉴를 클릭하면 아래와 같이 매입매출전표 입력시 하단부 분개가 차변에 202번, 204번 등의 코드로 입력된 자료를 불러오는 메시지가 나타난다. 여기에서 전표불러오기를 실행하려면 화면 하단의 [확인]키를 누른다.

단, 전표불러오기를 실행하면 아래 메시지와 같이 기존에 서식에 입력된 자료가 삭제된다는 점에 주의한다.

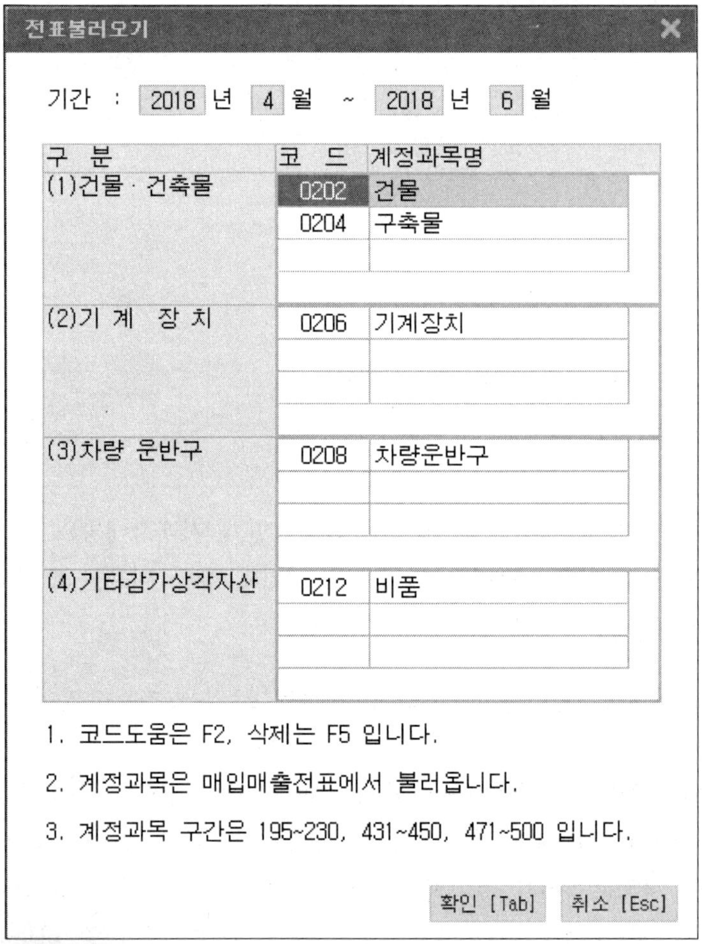

전표불러오기		

기간 : 2018 년 4 월 ~ 2018 년 6 월

구 분	코 드	계정과목명
(1)건물 · 건축물	0202	건물
	0204	구축물
(2)기 계 장 치	0206	기계장치
(3)차량 운반구	0208	차량운반구
(4)기타감가상각자산	0212	비품

1. 코드도움은 F2, 삭제는 F5 입니다.

2. 계정과목은 매입매출전표에서 불러옵니다.

3. 계정과목 구간은 195~230, 431~450, 471~500 입니다.

확인 [Tab]   취소 [Esc]

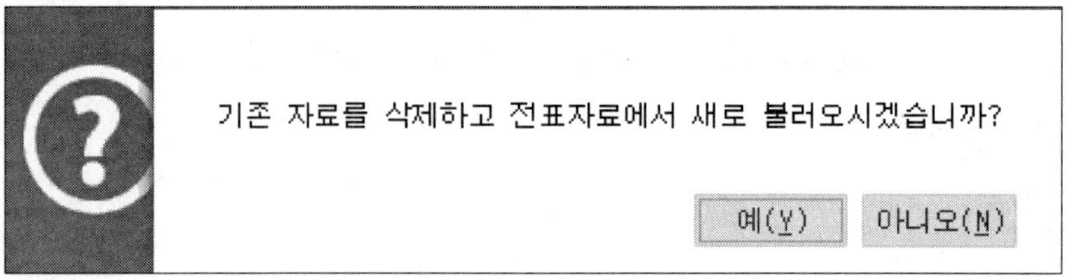

기존 자료를 삭제하고 전표자료에서 새로 불러오시겠습니까?

예(Y)   아니오(N)

모든 입력이 완료되고 나면 [F11 저장]을 클릭한다.

⑫ 재활용폐자원세액공제신고서

재활용폐자원에 대한 매입세액을 공제하는 경우에 작성하는 서식이다.

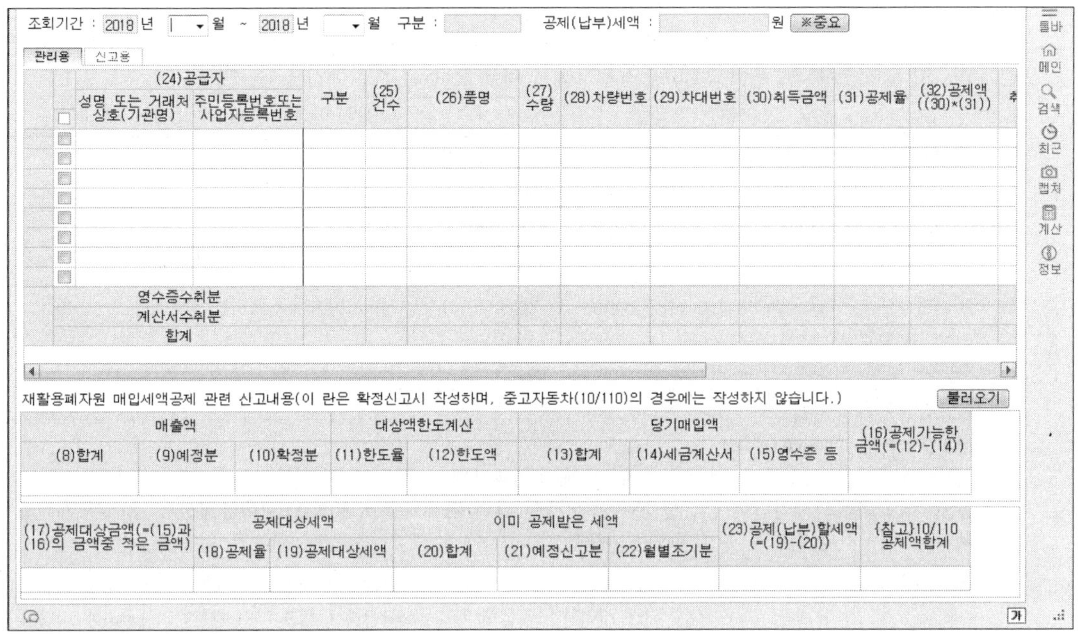

공급자명 및 사업자증록번호는 공급자 성명 란에 커서를 두고 코드조회를 하여 거래처 코드를 입력하는 방식으로 입력 가능하다. 문제에서 제시한대로 영수증 구분(영수증 또는 계산서), 품명, 수량, 취득가액을 제시하면 해당 금액을 입력한 후 공제율을 체크하면 된다. (중고자동차의 경우를 제외하면 공제율은 103분의 3을 클릭한다.)

공제 한도를 계산하기 위해 문제에서 매출액 및 당기 세금계산서 매입액, 이미 공제받은 세액 등을 제시하면 화면의 아래쪽 칸에 입력하면 재활용폐자원에 대한 매입세액이 자동으로 계산된다.

참고   재활용폐자원 등에 대한 매입세액공제

재활용폐자원 및 중고자동차를 수집하는 사업자가 세금계산서를 발급할 수 없는 자(국가, 지방자치단체, 면세사업자, 간이과세자 등)로부터 재활용폐자원 및 중고자동차를 취득하여 제조, 가공하거나 이를 공급하는 경우에는 다음의 금액을 매출세액에서 매입세액으로 공제할 수 있다.

단, 공제 대상 금액은 해당 과세기간의 영수증과 계산서 수취분 재활용 폐자원 취득가액으로 하되, 해당 과세기간에 공급한 재활용 폐자원 관련 과세표준의 80%에서 세금계산서 수취분 매입가액을 뺀 금액을 한도로 한다.

구분	재활용폐자원에 대한 매입세액
고철, 폐지, 폐유리, 폐합성수지, 폐합성고무, 폐금속캔, 폐건전지, 폐비출금속류, 폐타이어, 폐섬유, 폐유	공제대상 금액 $\times \dfrac{3}{103}$ 주)
중고자동차(출고일부터 수출면장발급일자까지의 기간이 1년 미만인 중고자동차를 수출하는 경우 제외)	취득가액 $\times \dfrac{9}{109}$

주) 재활용폐자원의 공제율 : 103분의 3. 다만, 2015년 1월 1일부터 2017년 12월 31일까지 취득하는 경우에는 105분의 5로 한다.

단, 중고자동차를 제외한 고철, 폐지 등의 자원의 공제대상금액이란 다음의 금액을 말한다.

> 공제대상 금액 = MIN[①, ②]
> ① 해당 과세기간 영수증과 계산서 수취분 재활용폐자원의 취득가액
> ② 한도액 : (해당 과세기간에 공급한 재활용폐자원 관련 과세표준 × 80%주) - 세금계산서 수취분 재활용폐자원 매입가액(사업용 고정자산은 제외)

주) 재활용폐자원을 수집하는 사업자가 재활용폐자원에 대한 부가가치세 매입세액 공제특례를 적용받는 경우에는 부가가치세 확정신고를 할 때 해당 과세기간에 해당 사업자가 공급한 재활용폐자원과 관련한 부가가치세 과세표준에 100분의 80(2007년 12월 31일까지 취득한 재활용폐자원에 대해서는 100분의 90을 적용한다)을 곱하여 계산한 금액에서 세금계산서를 발급받고 매입한 재활용폐자원 매입가액(해당 사업자의 사업용 고정자산 매입가액은 제외한다)을 뺀 금액을 한도로 하여 계산한 매입세액을 매출세액에서 공제할 수 있다.

부가가치세 연습문제

1 예정신고누락분 확정신고서에 반영

[1] 다음은 (주)합격전자(회사코드 0200)의 자료이다. 기존에 입력된 자료는 무시하고 다음의 자료를 토대로 2018년 1기 확정신고기간(2018.4.1~2018.6.30)의 부가가치세신고서를 작성하시오.

매출자료	• 전자세금계산서 발행 매출 : 90,000,000원(부가가치세 별도) • 수출신고하고 선적한 수출매출 : 40,000,000원 • 2018년 1기 예정신고기간(1.1~3.31)에 발행된 카드매출을 예정신고시 신고누락하고 1기확정신고시 신고하였는데 그 금액은 3,000,000원(부가가치세 별도)이었다.(가산세 계산시 미납일수는 90일로 가정한다)
매입자료	• 세금계산서 수취한 매입액은 60,000,000원(부가가치세 별도)인데, 이 중 공장의 기계장치를 취득한 고정자산매입분이 10,000,000원(부가가치세 별도)있고, 접대 목적으로 구입한 물품 매입액 5,000,000원(부가가치세 별도)이 있다. • 원재료를 구입하고 직원명의의 신용카드로 결제하여 부가가치세 매입세액공제를 받는 금액이 4,400,000원(부가가치세 포함) 있다.
기타자료	• 전자세금계산서를 발행한 건수는 총 100건이다. • 위에서 주어진 자료 이외에는 거래내역이 없다. • 부가가치세신고서의 부속서류는 작성하지 않는다. • 예정신고 누락분에 대해 별도의 전표 입력은 하지 않는다.

[2] 다음은 (주)행복기업(회사코드 1300)의 제 1기 부가가치세 예정신고시 누락된 내역이다. 해당 자료를 전표입력하고 1기 확정 부가가치세 신고서를 작성하시오. 가산세 적용시 미납일수는 91일로 하며, 일반과소신고가산세율을 적용하기로 한다. 예정신고누락 내역 외의 사항은 기존에 입력된 자료를 그대로 활용한다.

- 예정신고 누락내역 -

① 2월 23일
  나임대에게 공장임차료 1,000,000원(부가가치세 별도)을 현금지급하고 교부받은 종이세금계산서
② 3월 29일
  제품 2,000,000원(부가가치세 별도)을 (주)누리상사에 현금매출하고 교부한 전자세금계산서(4월 30일에 지연 발급하였으며, 전송은 적법하게 함)

● **해답** ••

[1] 부가가치세신고서 작성(기간 : 2018년 4월 1일 – 6월 30일)

예정신고누락분을 확정신고서에 반영할 경우 전표 입력을 하라는 요구사항이 없으면 직접 신고서에 해당 금액을 입력하면 된다. 1기 확정신고서에 예정신고 누락분을 반영하고 당초 예정신고분에 대해서는 별도의 수정을 하지 않는다. 문제에서 전자세금계산서 발급 건수를 제시했지만 법인은 전자세금계산서 발급세액공제를 받지 못한다는 점에 주의한다.

구 분			금액(원)	세액(원)
과세표준 및 매출세액	과 세	세금계산서 발급분	90,000,000	9,000,000
	영세율	기타	40,000,000	0
	예정신고누락분	과세-기타(33)	3,000,000	300,000
매입세액	세금계산서수취분	일반매입	50,000,000	5,000,000
		고정자산매입	10,000,000	1,000,000
	기타공제매입세액	신용일반매입(40)	4,000,000	400,000
	공제받지못할 매입세액(49)		5,000,000	500,000
경감공제세액	전자세금계산서발급세액공제(54)			0
가산세	신고불성실-과소·초과환급(일반)(69)		300,000	15,000
	납부불성실(71)		300,000	8,100
	가산세계			23,100

<가산세 계산 근거>

① 과소신고가산세(일반) : 300,000 × 10% × 50% 감면 = 15,000원
② 납부불성실가산세 : 300,000 × 90 × 3/10,000 = 8,100원
③ 가산세 합계 : 23,100원

참고   예정신고누락분을 매입매출전표에 입력하라고 하는 경우

- 문제의 요구사항에서 예정신고누락분을 매입매출전표에 입력하라고 하는 경우 해당 거래일자별로 매입매출전표에 입력하되, 상단부 오른쪽 끝의 [분개] 메뉴에 커서가 왔을 때에 화면 상단의 [F11 간편집계및기타]를 클릭하여 '예정누락분'을 클릭하여야 한다. (매입매출전표 입력 본문 내용 참고)
- 이렇게 매입매출전표 입력을 한 후 부가가치세 신고서를 조회하면 해당 예정신고누락분 내역이 신고서 7번과 12번 란에 자동으로 반영되므로 일반적인 경우 가산세만 추가로 계산하여 입력하면 된다.

[2] (1) 매입매출전표 입력

매입매출전표를 다음과 같이 입력한다.**(예정누락분으로 입력)**

①

날 짜	유 형	공급가액	공급처명	전 자	분 개
2/23	과세[51]	1,000,000	나임대	-	현 금
분 개	(차) 임 차 료(500번대)　1,000,000　(대) 현　　　금　　1,100,000 　　　　부가세대급금　　　　　100,000				

	일	번호	유형	품목	수량	단가	공급가액	부가세	코드	공급처명	사업자주민번호	전자	분개
✓	23	50001	과세	임차료			1,000,000	100,000	01042	나임대	206-14-44466		현금
	23												
			공급처별 매출(입)전체 [1]건			1,000,000	100,000					

②

날 짜	유 형	공급가액	공급처명	전 자	분 개
3/29	과세[11]	2,000,000	(주)누리상사	여	현 금
분 개	(차) 현　　　금　　2,200,000　(대) 제 품 매 출　　2,000,000 　　　　　　　　　　　　　　부가세예수금　　200,000				

	일	번호	유형	품목	수량	단가	공급가액	부가세	코드	공급처명	사업자주민번호	전자	분개
	29	50001	과세	제품			2,000,000	200,000	01030	(주)누리상사	124-81-34620	여	현금
	29												
			공급처별 매출(입)전체 [1]건			2,000,000	200,000					

단, 입력시 `F11 간편집계.. ▽`의 왼쪽 세모를 눌러 아래와 같은 화면이 나타나면 이
중 [예정누락분]을 클릭한다. 여기에 확정신고 개시년월을 입력한 후 [확인]키를
반드시 클릭한다. 정확하게 입력되면 화면 오른쪽 상단에 [누락]이라는 메시지가
표시되므로 반드시 이를 확인한 후 부가가치세 신고서를 작성하여야 한다.

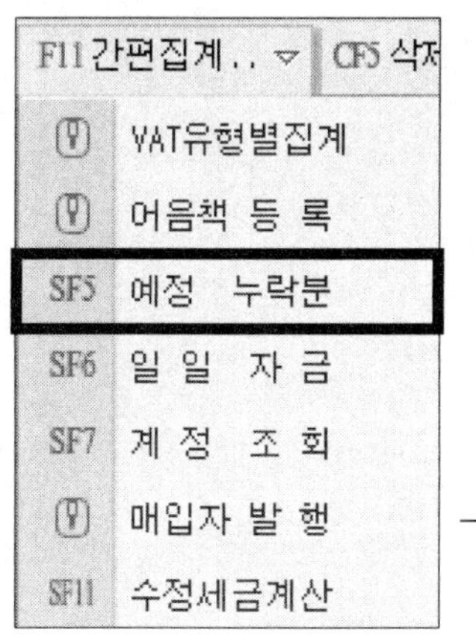

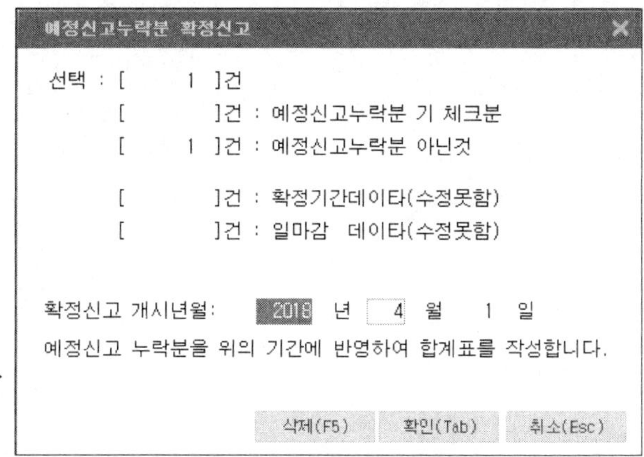

(2) 부가가치세 신고서 작성(조회기간 : 2018년 4월 1일 ~ 6월 30일)

부가가치 메뉴 하단의 부가가치세 신고서를 작성하되 날짜는 4월 1일에서 6월 30일로 조회한다.

① 예정신고 누락분

- 매출 - 과세 - 세금계산서 : 공급가액 2,000,000원, 부가가치세 200,000원
- 매입 - 세금계산서 : 공급가액 1,000,000원, 부가가치세 100,000원

② 가산세 명세서

- 세금계산서 지연발급가산세 : 2,000,000원 × 1% = 20,000원
- 과소신고가산세(일반) : (200,000원 − 100,000원) × 10% × 50% = 5,000원
- 납부불성실가산세 : (200,000원 − 100,000원) × 3/10,000 × 91일 = 2,730원
- 합계 : 27,730원

※ 예정신고누락분을 확정신고서에 반영하는 경우 신고불성실 가산세는 [69.과소·초과환급(일반)] 란에 입력한다.(단, 문제에서 부당한 과소신고라고 할 경우에는 70번 란에 입력한다.)

2   수정신고서 작성

[1] (주)성공기업(회사코드 : 0300)의 2018년 1기 확정 부가가치세를 법정신고기한인 2018년 7월 27일에 신고·납부하였으나 2018년 8월 5일에 다음과 같은 내용이 누락된 것을 발견하여 수정신고 및 납부를 하고자 한다. 매입매출전표에 누락사항을 입력(단, 하단 분개는 고정자산 매입만 입력하고 그 외의 거래는 생략)하고 부가가치세 수정신고서를 작성하되 가산세 적용시 일반과소신고에 의한 가산세율을 적용하는 것으로 한다.(신고구분은 [수정신고]로 하여 입력하고, 수정신고한 날짜를 신고서에 반영하여라.)

> [매출관련]
> * 4월 20일 : 동해전자(사업자등록번호 105-05-54107)에 수출용 제품을 3,600,000원에 내국신용장에 의하여 매출하고 전자세금계산서를 발급함.(4월 20일의 거래는 다른 증명서류 등에 의해 4월 20일의 거래로 확인되었으며 작성연월일을 4월 20일로 하여 5월 12일에 발급하고 이를 당일 즉시 국세청에 전송하였다. 단, 매출처별세금계산서합계표에 이를 반영하지 않았다. 가산세 계산시 이를 고려할 것.)
> * 5월 09일 : 비사업자인 이종희에게 제품을 990,000원(부가가치세포함)에 카드(카드거래처 : 삼성카드사)로 매출함.
>
> [매입관련]
> * 4월 23일 : (주)지축(사업자등록번호 116-81-02170)으로부터 당사 공장 부지의 토지 정지 용역을 공급받았으며, 공급가액 1,000,000월(현금결제)에 대한 전자세금계산서를 수령함.
> * 6월 09일 : (주)명성산업(사업자등록번호 206-86-15333)으로부터 원재료를 500,000원(부가가치세 별도)에 매입하고 전자세금계산서를 수령함.

[2] 다음은 (주)하늘기업(회사코드 1500)의 제 2기 부가가치세 확정신고(2018. 10. 1 ~ 12. 31)에서 누락된 항목이다. 다음의 내용을 반영하여 2018년 4월 27일에 부가가치세 수정신고서를 작성하여, 신고·납부하려고 한다. 미납일수는 92일이며, 신고불성실가산세율은 일반 과소신고에 의한 가산세율 10%를 적용하여 부가가치세 신고서를 작성하시오. 단, 전표입력을 하되 회계처리는 생략해도 무방하고, 과세표준명세 작성 및 수정신고서의 적색기입은 생략하기로 한다.(단, 신고구분을 [정기신고]로 하여 작성할 것)

> ① 10월 5일 : 군산지점에 대해 제품의 판매목적 타사업장 반출(1,500,000원, 부가가치세 별도)을 하였으며 전자세금계산서를 발급 및 전송하였는데 이를 신고 누락하였다.
> ② 10월 20일 : 판매거래처((주)삼건통상)에 접대할 목적으로 자가제조 제품(시가 : 800,000원, 원가 : 600,000원, 부가가치세 별도)을 제공하였다.
> ③ 11월 25일 : HARRSON에 대한 제품 직수출액 20,000,000원이 누락되었다.

④ 11월 29일 : (주)한성에 대한 제품매출 전자세금계산서 1매(공급가액 3,000,000원, 부가
  가치세 300,000원)를 신고 누락하였다. 단, 전자세금계산서 발급 및 전송은 적법하다.
⑤ 11월 30일 : (주)제일상사로부터 거래처 이전개업 축하선물을 매입하고 전자세금계산서
  1매를 발급받았다. (공급가액 1,000,000원, 부가가치세 별도)

참고

• 예정신고시 환급세액 300,000원이 발생하였다.(조기환급 사유에 해당되지 않음)

● 해답 ••

[1] 신고서는 당초 작성했던 부가가치세신고서를 수정하여야 하므로, 기간은 당초의 신
  고기간인 2018년 4월 1일에서 6월 30일로 입력한다. 문제의 요구사항대로 신고구분
  을 [2.수정신고]로 선택한다. (실무적으로 수정신고의 경우 조회기간 입력 후 [신고구
  분]을 반드시 [2.수정신고]로 선택하여 입력하여야 정확한 수정신고서 작성이 가능
  하다.)

① 매입매출전표 입력
  • 4월 20일 : 12.영세, 거래처 : 동해전자, 공급가액 3,600,000원, 전자 : 여

□	일	번호	유형	품목	수량	단가	공급가액	부가세	코드	공급처명	사업자주민번호	전자	분개
	20	50001	영세	제품			3,600,000		01038	동해전자	105-05-54107	여	

  • 5월 9일 : 17.카과, 거래처 : 이종희, 카드거래처 : 삼성카드사, 공급가액 900,000원

□	일	번호	유형	품목	수량	단가	공급가액	부가세	코드	공급처명	사업자주민번호	전자	분개
	9	50001	카과	제품			900,000	90,000	01039	이종희			
	9												
			유형별-공급처별 [1]건				900,000	90,000					

신용카드사: 99700 ⋯ 삼성카드사   봉사료:

  • 4월 23일 : 54.불공, 거래처 : (주)지축, 공급가액 1,000,000원, 전자 : 여, 분개 : 현금
          (차) 토   지   1,100,000원   (대) 현   금   1,100,000원
          (불공제 사유 : 6. 토지의 자본적 지출 관련)

□	일	번호	유형	품목	수량	단가	공급가액	부가세	코드	공급처명	사업자주민번호	전자	분개
	23	50002	불공	정지비용			1,000,000	100,000	01023	(주)지축	116-81-02170	여	현금
			유형별-공급처별 [1]건				1,000,000	100,000					

  • 6월 9일 : 51.과세, 거래처 : (주)명성산업, 공급가액 500,000원, 전자 : 여

□	일	번호	유형	품목	수량	단가	공급가액	부가세	코드	공급처명	사업자주민번호	전자	분개
	9	50002	과세	원재료			500,000	50,000	00916	(주)명성산업	206-86-15333	여	

② 부가가치세 수정신고서 작성(기간 : 2018년 4월 1일－6월 30일)

→ [신고구분]을 [2.수정신고]로, [신고차수]를 [1차]로 하여 수정신고서를 불러들인 후 가산세를 입력하여야 한다. 가산세 입력시 [25.가산세액계] 란을 클릭한 후 [TAB]키를 눌러서 화면의 오른쪽에 수정사항을 입력한다. 입력이 완료되면 화면 하단의 [확인]을 클릭한다.

부가세신고서 2쪽 수정신고

25.가산세명세					
사업자미등록등		59		1/100	
세 금	지연발급 등	60		1/100	
	지연수취	61		5/1,000	
계산서	미발급 등	62		2/100	
전자세금	지연전송	63		5/1,000	
발급명세	미전송	64		1/100	
세금계산서	제출불성실	65		5/1,000	
합계표	지연제출	66		3/1,000	
신고	무신고(일반)	67		뒤쪽	
	무신고(부당)	68		뒤쪽	
불성실	과소·초과환급(일반)	69		뒤쪽	
	과소·초과환급(부당)	70		뒤쪽	
납부불성실		71		뒤쪽	
영세율과세표준신고불성실		72		5/1,000	
현금매출명세서불성실		73		1/100	
부동산임대공급가액명세서		74		1/100	
매입자	거래계좌 미사용	75		뒤쪽	
납부특례	거래계좌 지연입금	76		뒤쪽	
	합계	77			

25.가산세명세					
사업자미등록등		59		1/100	
세 금	지연발급 등	60	3,600,000	1/100	36,000
	지연수취	61		5/1,000	
계산서	미발급 등	62		2/100	
전자세금	지연전송	63		5/1,000	
발급명세	미전송	64		1/100	
세금계산서	제출불성실	65		5/1,000	
합계표	지연제출	66		3/1,000	
신고	무신고(일반)	67		뒤쪽	
	무신고(부당)	68		뒤쪽	
불성실	과소·초과환급(일반)	69	40,000	뒤쪽	2,000
	과소·초과환급(부당)	70		뒤쪽	
납부불성실		71	40,000	뒤쪽	108
영세율과세표준신고불성실		72	3,600,000	5/1,000	9,000
현금매출명세서불성실		73		1/100	
부동산임대공급가액명세서		74		1/100	
매입자	거래계좌 미사용	75		뒤쪽	
납부특례	거래계좌 지연입금	76		뒤쪽	
	합계	77			47,108

〈가산세 계산내역〉

① 세금계산서 지연발급등 가산세 = 3,600,000원 × 1% = 36,000원

② 과소신고가산세(일반) = (90,000원 － 50,000원) × 10% × 50% = 2,000원

③ 영세율신고불성실 가산세 = 3,600,000원 × 0.5% × 50%(6개월 내 수정신고) = 9,000원

④ 납부불성실 가산세 = (90,000원 － 50,000원) × 3/10,000 × 9일 = 108원

※ 수정신고서를 작성하는 경우 신고불성실 가산세는 [69.과소·초과환급(일반)] 란에 입력한다. 일반과소신고인 경우 69번에 입력하고 문제에서 부당한 과소신고라고 한다면 70번 란에 입력한다.

참고

만약 신고불성실가산세 및 납부불성실가산세 금액이 0원 이하인 경우에는 0원으로 본다.

※ 가산세 계산시 소숫점 이하의 숫자가 나오면 반올림하지 말고 원단위 미만의 숫자는 절사한다.

※ 전자세금계산서를 공급시기가 속하는 달의 다음달 10일까지 발급하지 않았으므로 이는 지연발급 가산세 대상이다. 단, 전자세금계산서를 지연발급한 후 당일에 전송하였으므로 전송관련 불성실가산세 대상은 아니다. 전자세금계산서 발급명세를 국세청에 전송한 경우 매출처별세금계산서합계표 제출불성실 가산세는 적용되지 않는다. 따라서 본 문제에서는 전자세금계산서 지연발급가산세를 계산하여 입력하면 된다.

입력이 완료된 후의 화면은 다음과 같다.

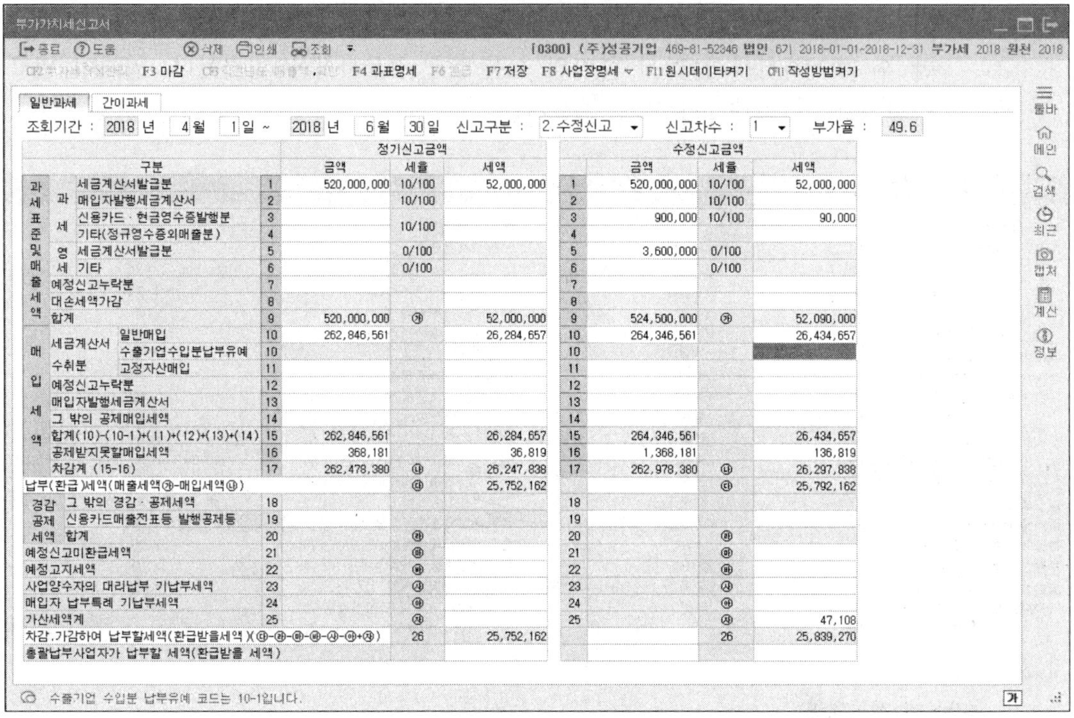

③ 수정신고서의 날짜 수정 : 부가가치세 신고서의 화면 상단에 있는 F4과표명세를 클릭하여 신고년월일을 2018년 8월 5일로 수정한다.

[2] ① 매입매출전표에 상단부만 입력한다. (분개유형 [0.분개없음]으로 입력)

· 2018년 10월

□	일	번호	유형	품목	수량	단가	공급가액	부가세	코드	공급처명	사업자주민번호	전자	분개
	5	50001	과세	제품			1,500,000	150,000	00706	군산지점	231-81-29857	여	
	20	50005	건별	제품			800,000	80,000	00631	(주)삼건통상	120-81-09304		

· 2018년 11월

□	일	번호	유형	품목	수량	단가	공급가액	부가세	코드	공급처명	사업자주민번호	전자	분개
	25	50005	수출	제품			20,000,000		00713	HARRSON			
	29	50001	과세	제품			3,000,000	300,000	00651	(주)한성	113-81-12344	여	
	30	50001	불공	축하선물			1,000,000	100,000	00609	(주)제일상사	610-81-86503	여	

② 부가가치세 신고서(기간 10월 1일 -12월 31일)

　• 신고구분 : 1.정기신고, 정기신고를 클릭하면 [수정신고금액]란이 별도로 나타나지 않고, 위에서 입력한 매입매출전표와 기존에 입력된 매입매출전표가 모두 정기신고금액에 함께 반영된다. 단, 이 경우 연습문제 등을 풀이할 때에 문제에서

별도의 요구사항이 없다면 '기존에 저장된 데이터를 불러올 것인지' 묻는 질문에는 '아니오'로 체크한 후 문제풀이를 하여야 한다.

- [21]번 예정신고미환급세액 란에 300,000원 입력(조기환급사유에 해당되지 않는 경우 예정신고서상의 환급세액은 확정신고서의 [21]번 란에 반영함)

- 가산세는 [25번]에 커서를 두고 화면 오른쪽의 가산세 세부 내역에 아래와 같이 입력한 후 [확인] 클릭

  (1) 신고불성실가산세 : 과소·초과환급(일반)

  (150,000원 + 80,000원 + 300,000원) × 10% × 50% = 26,500원

  (2) 납부불성실가산세

  530,000원 × 3/10,000 × 92일 = 14,628원

  (3) 영세율과세표준신고불성실가산세

  20,000,000원 × 0.5% × 50% = 50,000원

- 모든 사항을 입력한 후의 화면은 다음과 같다.

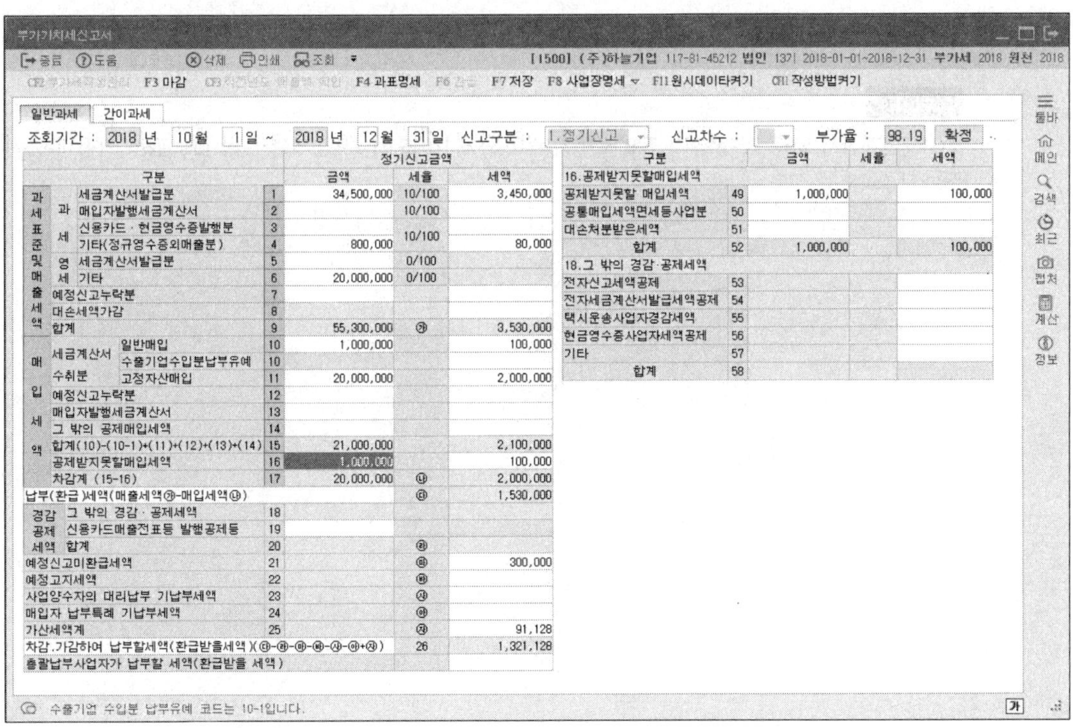

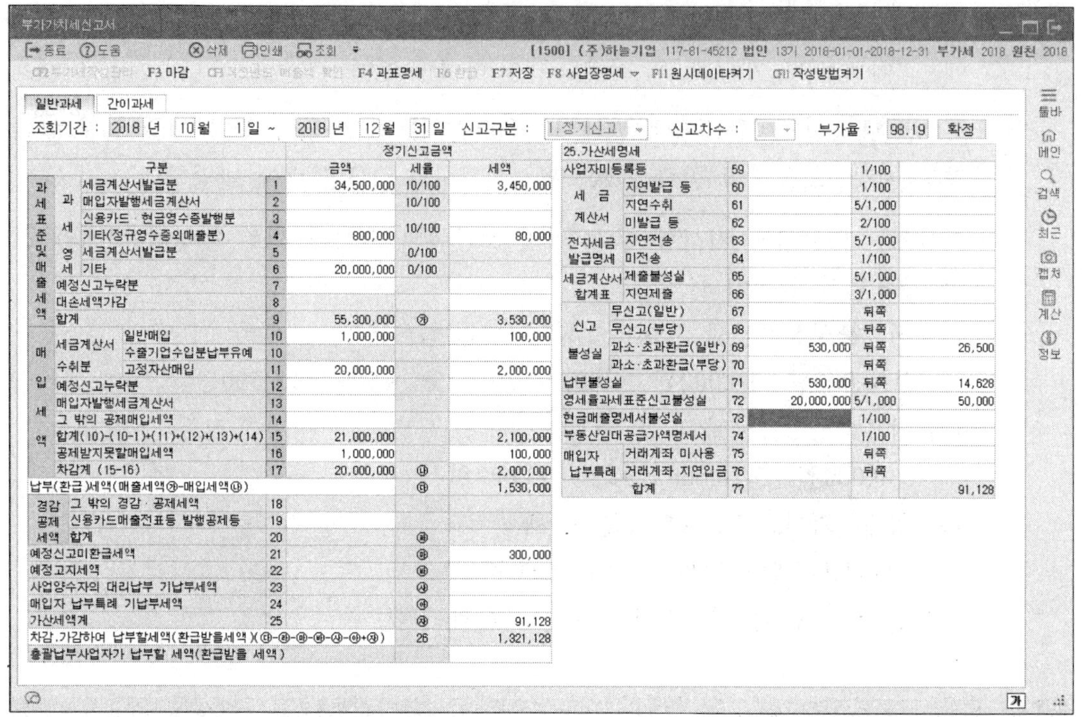

구분				정기신고금액			25.가산세명세					
				금액	세율	세액						
과세표준및매출세액	과세	세금계산서발급분	1	34,500,000	10/100	3,450,000	사업자미등록등	59		1/100		
		매입자발행세금계산서	2		10/100		세금계산서	지연발급 등	60		1/100	
		신용카드 · 현금영수증발행분	3		10/100			지연수취	61		5/1,000	
		기타(정규영수증외매출분)	4	800,000		80,000		미발급 등	62		2/100	
	영세	세금계산서발급분	5		0/100		전자세금발급명세	지연전송	63		5/1,000	
		기타	6	20,000,000	0/100			미전송	64		1/100	
	예정신고누락분		7				세금계산서합계표	제출불성실	65		5/1,000	
	대손세액가감		8					지연제출	66		3/1,000	
	합계		9	55,300,000	㉮	3,530,000	신고불성실	무신고(일반)	67		뒤쪽	
매입세액	세금계산서수취분	일반매입	10	1,000,000		100,000		무신고(부당)	68		뒤쪽	
		수출기업수입분납부유예	10					과소·초과환급(일반)	69	530,000	뒤쪽	26,500
		고정자산매입	11	20,000,000		2,000,000		과소·초과환급(부당)	70		뒤쪽	
	예정신고누락분		12				납부불성실		71	530,000	뒤쪽	14,628
	매입자발행세금계산서		13				영세율과세표준신고불성실		72	20,000,000	5/1,000	50,000
	그 밖의 공제매입세액		14				현금매출명세서불성실		73		1/100	
	합계(10)-(10-1)+(11)+(12)+(13)+(14)		15	21,000,000		2,100,000	부동산임대공급가액명세서		74		1/100	
	공제받지못할매입세액		16	1,000,000		100,000	매입자납부특례	거래계좌 미사용	75		뒤쪽	
	차감계 (15-16)		17	20,000,000	㉯	2,000,000		거래계좌 지연입금	76		뒤쪽	
납부(환급)세액(매출세액㉮-매입세액㉯)					㉰	1,530,000	합계		77			91,128
경감공제세액	그 밖의 경감·공제세액		18									
	신용카드매출전표등 발행공제등		19									
세액 합계			20		㉱							
예정신고미환급세액			21		㉲	300,000						
예정고지세액			22		㉳							
사업양수자의 대리납부 기납부세액			23		㉴							
매입자 납부특례 기납부세액			24		㉵							
가산세액계			25		㉶	91,128						
차감.가감하여 납부할세액(환급받을세액)(㉰-㉱-㉲-㉳-㉴-㉵+㉶)			26			1,321,128						
총괄납부사업자가 납부할 세액(환급받을 세액)												

참고

전자세금계산서 발급 및 전송이 적법하게 이루어졌다면 매출처별세금계산서 합계표 관련 가산세는 적용되지 않는다.

3 기한후신고서 작성

다음은 (주)열공기업(회사코드 : 0400)의 자료이다. 2018년 1기 확정 부가가치세 신고를 2018년 7월 31일에 기한후신고로 신고납부하고자 한다. 다음 자료를 매입매출전표에 입력(하단부 분개는 생략)하고 부가가치세 신고서를 작성하시오. 가산세는 일반무신고가산세를 적용하고, 미납일수는 6일로 하며, 과세표준명세는 생략하도록 한다. (6점)

- 4월 6일 : 원재료 3,600,000원(부가가치세 별도)을 (주)구리부품으로부터 매입하고 전자세금계산서를 교부받았다.
- 4월 21일 : 제품 7,000,000원(부가가치세 별도)을 (주)조은상사에 매출하고 전자세금계산서를 교부하고 전송하였다.
- 5월 9일 : 제품 4,100,000원을 중국의 '유림'으로 직수출하고, 이에 대한 첨부서류는 기한후 신고시 제출할 예정이다.
- 6월 8일 : 화물차에 대한 유류대금 110,000원(부가가치세 포함)을 (주)강원주유소에서 법인카드인 유명카드로 결제하였다. 결제액은 매입세액공제 요건을 충족하였다.

● 해답 ●●

기한후 신고를 할 경우 당초의 해당 과세기간에 대해 신고서를 작성하여야 하므로 신고서의 기간은 2018년 4월 1일에서 2018년 6월 30일로 입력한다. 본 문제의 경우 매입매출전표 입력을 요구하였으므로 전표입력을 완료한 후 신고서 작성을 하여야 한다.

① 매입매출전표 입력(하단부 분개는 생략함. 분개란에 "0" 입력하면 됨)
- 4월 6일 매입매출전표

  51.과세, 전자, 공급처명 : (주)구리부품, 공급가액 3,600,000원, 부가세 360,000원
- 4월 21일 매입매출전표

  11.과세, 전자, 공급처명 : (주)조은상사, 공급가액 7,000,000원, 부가세 700,000원

일	번호	유형	품목	수량	단가	공급가액	부가세	코드	공급처명	사업자주민번호	전자	분개
6	50003	과세	원재료			3,600,000	360,000	00628	(주)구리부품	135-81-12456	여	
21	50005	과세	제품			7,000,000	700,000	00630	(주)조은상사	251-81-12568	여	

- 5월 9일 매입매출전표

  16.수출, 공급처명 : 유림, 공급가액 4,100,000원

일	번호	유형	품목	수량	단가	공급가액	부가세	코드	공급처명	사업자주민번호	전자	분개
9	50001	수출	제품			4,100,000		00813	유림	213-85-53212		

- 6월 8일 매입매출전표

  57.카과, 공급처명 : (주)강원주유소, 공급가액 100,000원, 부가세 10,000원

일	번호	유형	품목	수량	단가	공급가액	부가세	코드	공급처명	사업자주민번호	전자	분개
8	50001	카과	유류대			100,000	10,000	00617	(주)강원주유소	505-81-11942		

2 2018년 1기 확정(기간 : 4월 1일 – 6월 30일) 부가가치세 신고서 작성

→ 매입매출전표를 정확하게 입력하였다면 매출세액과 매입세액 등이 정확한 금액으로 반영되었을 것이므로 가산세(25번)만 추가로 입력하면 된다.

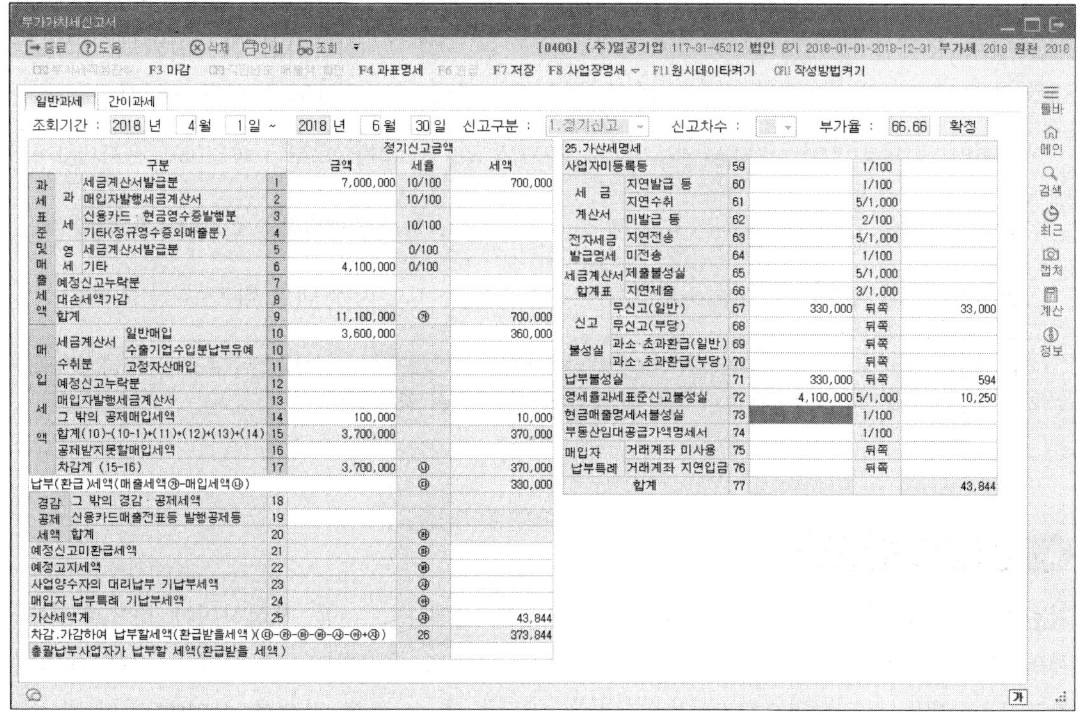

구분				정기신고금액 금액	세율	세액
과세표준및매출세액	과세	세금계산서발급분	1	7,000,000	10/100	700,000
		매입자발행세금계산서	2		10/100	
		신용카드·현금영수증발행분	3		10/100	
		기타(정규영수증외매출분)	4		10/100	
	영세	세금계산서발급분	5		0/100	
		기타	6	4,100,000	0/100	
	예정신고누락분		7			
	대손세액가감		8			
	합계		9	11,100,000	㉮	700,000
매입세액	세금계산서수취분	일반매입	10	3,600,000		360,000
		수출기업수입분납부유예	10			
		고정자산매입	11			
	예정신고누락분		12			
	매입자발행세금계산서		13			
	그 밖의 공제매입세액		14	100,000		10,000
	합계(10)-(10-1)+(11)+(12)+(13)+(14)		15	3,700,000		370,000
	공제받지못할매입세액		16			
	차감계 (15-16)		17	3,700,000	㉯	370,000
납부(환급)세액(매출세액㉮-매입세액㉯)					㉰	330,000
경감공제	그 밖의 경감·공제세액		18			
	신용카드매출전표등 발행공제등		19			
세액 합계			20		㉱	
예정신고미환급세액			21		㉲	
예정고지세액			22		㉳	
사업양수자의 대리납부 기납부세액			23		㉴	
매입자 납부특례 기납부세액			24		㉵	
가산세액계			25		㉶	43,844
차감.가감하여 납부할세액(환급받을세액)X(㉰-㉱-㉲-㉳-㉴-㉵+㉶)			26			373,844
총괄납부사업자가 납부할 세액(환급받을 세액)						

25.가산세명세

		번호	금액	세율	세액
사업자미등록등		59		1/100	
세금계산서	지연발급 등	60		1/100	
	지연수취	61		5/1,000	
	미발급 등	62		2/100	
전자세금발급명세	지연전송	63		5/1,000	
	미전송	64		1/100	
세금계산서합계표	제출불성실	65		5/1,000	
	지연제출	66		3/1,000	
신고불성실	무신고(일반)	67	330,000	뒤쪽	33,000
	무신고(부당)	68		뒤쪽	
	과소·초과환급(일반)	69		뒤쪽	
	과소·초과환급(부당)	70		뒤쪽	
납부불성실		71	330,000	뒤쪽	594
영세율과세표준신고불성실		72	4,100,000	5/1,000	10,250
현금매출명세서불성실		73		1/100	
부동산임대공급가액명세서		74		1/100	
매입자 납부특례	거래계좌 미사용	75		뒤쪽	
	거래계좌 지연입금	76		뒤쪽	
합계		77			43,844

〈가산세 계산내역〉

- 무신고가산세(일반) = (700,000원 – 360,000원 – 10,000원) × 20% × 50% = 33,000원
- 영세율과세표준신고불성실가산세 = 4,100,000 × 0.5% × 50% = 10,250원
- 납부불성실가산세 = (700,000원 – 360,000원 – 10,000원) × 3/10,000 × 6일 = 594원
- 가산세 합계 = 43,844원

※ 신고불성실가산세는 일반무신고가산세 20%를 적용하되, 신고기한으로부터 1개월 이내에 기한후신고를 하였으므로 무신고가산세의 50%가 감면된다. 기한후신고의 경우 신고불성실가산세는 무신고가산세가 적용되므로 67번 [무신고(일반)]란에 해당 금액을 입력한다.

※ 전자세금계산서가 적법하게 전송되었다고 가정하였으므로 매출처별세금계산서 합계표 제출 의무가 없으며, 따라서 세금계산서합계표 미제출 가산세는 적용하지 않는다.

참고

만약 시험문제에서 과세표준명세를 작성하라는 언급이 있다면 [과세표준명세]에서 [4.기한후과세표준]에 체크하고, 신고연월일을 2018년 7월 31일로 수정한다.

4 신용카드매출전표등 수령명세서 작성

[1] 다음은 (주)열공기업(회사코드 : 0400)의 10월부터 12월까지 공급가액과 부가가치세를 구분 기재한 신용카드매출전표를 교부받은 내용이다. 「신용카드매출전표 수령명세서」를 작성하고 제2기 확정 부가가치세신고서에 그 내용을 반영하시오. (전표입력은 생략해도 무방하다.)

사용한 신용카드내역	거래처명 (등록번호)	성명 (대표자)	거래 일자	발행금액 (VAT포함)	공급자의 업종 등	거 래 내 용	비 고
우리법인카드 (법인카드, 사업용카드) (번호 : 4100-5210- 9135-7777)	향초 (105-03-43135)	정동환	10.10	220,000원	소매업, 일반과세자	거래처 선물구입비용	세금계산서 미발급
	초원 (105-05-91233)	김성환	11.03	440,000원	음식점업, 일반과세자	직원 회식대 (복리후생비)	세금계산서 미발급
	차이나라 (205-06-45604)	송승헌	11.21	330,000원	소매업, 간이과세자	사무용품 구입	세금계산서 미발급
신한카드 (종업원 홍길동명의, 일반카드) (번호 : 1234-7896- 4510-5461)	장수탕 (610-81-16502)	김정원	11.25	110,000원	목욕업, 일반과세자	직원의 야근목욕비용	세금계산서 미발급
	KG마트 (206-23-76392)	강경훈	11.30	880,000원	소매업, 일반과세자	컴퓨터 구입 (업무사용 목적)	세금계산서 미발급
	허욱영변호사 (105-03-86508)	허욱영	12.05	770,000원	변호사, 일반과세자	법률 자문료	세금계산서 수령

[2] 다음은 (주)행복기업(회사코드 1300)이 법인카드(우리법인카드)로 지출한 내역이다. 아래 자료를 보고 제 2기 확정분 신용카드매출전표등수령명세서(갑)(을)를 작성하시오. 단, 매입매출전표에 입력하지 않고, 카드유형은 사업용신용카드로서 개별거래를 해당 서식에 입력하시오.

※ 법인카드(우리법인카드)카드번호 : 5021-2365-6406-3125

거래처 (사업자등록번호)	성 명	거래 일자	발행금액 (부가세포함)	내 역	거래내용	비 고
케이마트 (105-81-23909)	김성환	10.04	880,000원	복사 용지	영업부서 소모품	일반과세자
박진헤어샵 (213-85-53212)	정호진	10.17	220,000원	미용비	광고모델인 김하나의 미용비	일반과세자

거래처 (사업자등록번호)	성 명	거래 일자	발행금액 (부가세포함)	내 역	거래내용	비 고
대한의원 (135-04-29086)	이유나	10.20	100,000원	진료비	직원 독감 예방주사	면세사업자
해바라기정비소 (124-81-00606)	김부자	10.21	550,000원	수리비	운반용 트럭 수리비	일반과세자
궁중요리 (105-05-91233)	도경환	11.22	660,000원	식사비	직원회식대	일반과세자
북경반점 (105-06-45605)	이광욱	12.23	77,000원	식사비	직원야식대	간이과세자

● 해답

[1] ① 신용카드매출전표등수령명세서(갑)(을)에 입력할 거래의 내용
(2018년 2기 확정, 조회기간 : 10월~12월)

월일	구분	공급가액	세액	건수	상호	사업자등록번호	성명(법인명)	카드회원번호
11.3	사업	400,000	40,000	1	초원	105-05-91233	우리법인카드	4100-5210-9135-7777
11.30	일반	800,000	80,000	1	KG 마트	206-23-76392	신한카드 (홍길동)	1234-7896-4510-5461

▷ 2. 신용카드 등 매입내역 합계

구분	거래건수	공급가액	세액
합 계	2	1,200,000	120,000
현금영수증			
화물운전자복지카드			
사업용신용카드	1	400,000	40,000
기 타 신용카드	1	800,000	80,000

▷ 3. 거래내역입력

월/일	구분	공급자	공급자(가맹점) 사업자등록번호	카드회원번호	기타 신용카드 등 거래내역 합계		
					거래건수	공급가액	세액
11-03	사업	초원	105-05-91233	4100-5210-9135-7777	1	400,000	40,000
11-30	신용	KG마트	206-23-76392	1234-7896-4510-5461	1	800,000	80,000
		합계			2	1,200,000	120,000

공급자가 간이과세자인 경우와 공급자가 목욕, 이발, 미용업, 여객운송업(전세버스 제외), 입장권을 발행하여 영위하는 사업에 해당하는 일반과세자인 경우 신용카드등 매입세액공제 배제됨. 또한 매입세액 불공제 사유인 접대비, 업무무관 자산의 경우에도 매입세액이 공제배제됨. 세금계산서 수취한 경우에는 매입세금계산서로 입력하며, 신용카드 전표는 입력하지 않는다.

<입력시 주의사항>

- 신용카드 가맹점(공급자)의 상호 란에 커서를 두고 더블클릭하여 거래처 코드를 조회한 후 해당 거래처가 있으면 더블클릭하여 입력하고 해당 거래처가 없으면 수기로 입력하면 된다.
- 홍길동 명의 신용카드 사용분에 대해서는 문제에서 별도의 언급이 없는 한 신용카드 회원 인적사항에 직원 성명을 입력하면 된다. (ex. 신한카드(홍길동))

※ 입력 제외 대상과 그 이유 ※

거래처명 (등록번호)	입력안하는 이유
향초 (105-03-43135)	거래처 선물 구입비용 : 접대비 관련 매입세액은 불공제
차이나라 (205-06-45604)	간이과세자로부터 발급받은 신용카드 전표는 매입세액 불공제
장수탕 (610-81-16502)	목욕업은 세금계산서 발급 못하는 업종이므로 신용카드 전표를 수령하였다고 하더라도 매입세액 공제 안됨
허욱영변호사 (105-03-86508)	세금계산서 발급과 신용카드 전표 발급이 동시에 이루어진 경우 세금계산서로 매입세액 공제를 받고 신용카드 전표로는 매입세액 공제를 받지 않는 것임

② 제2기 확정 부가가치세신고서를 불러들여 '기타공제매입세액'에 신용카드매출수령합계표에 금액 1,200,000원, 세액 120,000원 반영(일반매입의 공급가액 400,000원, 세액 40,000원 입력하고, 고정자산 매입의 공급가액 800,000원, 세액 80,000원 입력)(이는 매입매출전표 입력에서 상단부분에 [57.카과]로 입력하면 자동반영되며, 매입매출전표 입력을 하지 않은 경우에는 신고서에 직접 반영하여야 함)

14.그 밖의 공제매입세액					
신용카드매출	일반매입	40	400,000		40,000
수령금액합계표	고정매입	41	800,000		80,000
의제매입세액		42		뒤쪽	
재활용폐자원등매입세액		43		뒤쪽	
과세사업전환매입세액		44			
재고매입세액		45			
변제대손세액		46			
외국인관광객에대한환급세액		47			
합계		48	1,200,000		120,000

※ 위의 기타공제매입세액이 부가가치세 신고서에 반영된 화면은 다음과 같다.

그 밖의 공제매입세액	14	1,200,000	120,000

[2] 신용카드매출전표등수령명세서(갑)(을)에 다음과 같이 입력한다.

• 조회기간 : 2018년 10월 ~ 2018년 12월

2. 신용카드 등 매입내역 합계

구분	거래건수	공급가액	세액
합 계	3	1,900,000	190,000
현금영수증			
화물운전자복지카드			
사업용신용카드	3	1,900,000	190,000
기 타 신용카드			

3. 거래내역입력

월/일	구분	공급자	공급자(가맹점) 사업자등록번호	카드회원번호	기타 신용카드 등 거래내역 합계 거래건수	공급가액	세액
10-04	사업	케이마트	105-81-23909	5021-2365-6406-3125	1	800,000	80,000
10-21	사업	해바라기정비소	124-81-00606	5021-2365-6406-3125	1	500,000	50,000
11-22	사업	궁중요리	105-05-91233	5021-2365-6406-3125	1	600,000	60,000
		합계			3	1,900,000	190,000

대한의원은 면세사업자이므로 부가가치세 매입세액 공제가 불가능하므로 입력하지 않는다. 북경반점은 공급자가 간이과세자이므로 매입세액 공제 대상이 아니며, 박진헤어샵(미용실)의 경우 일반과세자라고 할지라도 세금계산서를 발급할 수 없는 업종이므로 매입세액 공제가 불가능하다. 매입세액 공제가 불가능한 전표는 신용카드매출전표등수령명세서(갑)(을)에 반영하지 않는 것이다. 모든 입력이 끝나면 반드시 화면 상단의 [F11 저장] 탭을 클릭한다.

5   수출실적명세서 작성

[1] (주)열공기업(회사코드 : 0400)의 수출신고필증을 참고하여 아래 사항에 대한 매입매
출전표 입력(제품 품명별로 구분)을 하고, 수출실적명세서를 작성하시오.

> 6월 21일 일본 AB TRADE Co.사에 제품을 직수출(수출통관절차를 거침. B/L상 선적일 6월 21일)
> 하고 대금은 6월 30일에 받기로 하였다(1$ 당 환율은 6월 21일 1,200원, 6월 30일 1,150원).

품 명	수 량	단 가
K제품	1,000	U$10.00/ea
Y제품	2,000	U$12.00/ea

수 출 신 고 필 증

<table>
<tr><td colspan="2">제출번호 99999-99-9999999</td><td colspan="2">⑤신고번호
020-15-06-0138408-6</td><td>⑥신고일자
2018/06/20</td><td>⑦신고구분
H</td><td>⑧C/S구분</td></tr>
<tr><td colspan="2">①신 고 자   강남 관세사</td><td colspan="2" rowspan="4"></td><td colspan="3"></td></tr>
<tr><td colspan="2">②수 출 자 (주)열공기업</td><td>⑨거래구분 11</td><td>⑩종류   A</td><td>⑪결제방법 TT</td></tr>
<tr><td colspan="2">부호 99999999 수출자구분 (A)</td><td>⑫목적국   JP JAPAN</td><td colspan="2">⑬적재항 ICN 인천공항</td></tr>
<tr><td colspan="2">위 탁 자
(주소)</td><td>⑭운송형태   40 ETC</td><td colspan="2">⑮검사방법선택 A
검사희망일 2018/06/20</td></tr>
<tr><td colspan="2">(대표자)
(통관고유부호) (주)열공기업 1-97-1-01-9
(사업자등록번호)</td><td colspan="2"></td><td>⑯물품소재지</td><td colspan="2"></td></tr>
<tr><td colspan="2">③제 조 자
(통관고유부호)</td><td colspan="2">⑰L/C번호</td><td colspan="2">⑱물품상태</td></tr>
<tr><td colspan="2">제조장소   산업단지부호</td><td colspan="2">⑲사전임시개청통보여부</td><td colspan="2">⑳반송 사유</td></tr>
<tr><td colspan="2">④구 매 자 AB TRADE Co.</td><td colspan="2">㉑환급신청인(1:수출/위탁자, 2:제조자)</td><td colspan="2">간이환급</td></tr>
<tr><td colspan="2">(구매자부호)</td><td colspan="2">㉒환급기관</td><td colspan="2"></td></tr>
<tr><td colspan="7">• 품명·규격 (란번호/총란수: 999/999)</td></tr>
<tr><td colspan="3">㉓품 명
㉔거래품명</td><td colspan="4">㉕상표명</td></tr>
<tr><td colspan="3">㉖모델·규격</td><td>㉗성분</td><td>㉘수량</td><td>㉙단가(USD)</td><td>㉚금액(USD)</td></tr>
<tr><td colspan="3">K</td><td></td><td>1,000(EA)</td><td>10</td><td>10,000</td></tr>
<tr><td colspan="3">Y</td><td></td><td>2,000(EA)</td><td>12</td><td>24,000</td></tr>
<tr><td>㉛세번부호</td><td>9999.99-9999</td><td>㉜순중량</td><td colspan="2">㉝수량</td><td>㉞신고가격(FOB)</td><td>$ 34,000
₩40,460,000</td></tr>
<tr><td>㉟송품장부호</td><td></td><td>㊱수입신고번호</td><td colspan="2">㊲원산지</td><td>㊳포장갯수(종류)</td><td></td></tr>
<tr><td>㊴총중량</td><td></td><td>㊵총포장갯수</td><td colspan="2"></td><td>㊶총신고가격
(FOB)</td><td>$ 34,000
₩40,460,000</td></tr>
<tr><td colspan="2">㊷운임(₩)</td><td colspan="2">㊸보험료(₩)</td><td></td><td>㊹결제금액</td><td>FOB - $ 34,000</td></tr>
<tr><td colspan="3">㊺수입화물 관리번호</td><td colspan="2"></td><td>㊻컨테이너번호</td><td></td></tr>
<tr><td colspan="3">㊼수출요건확인
(발급서류명)</td><td colspan="4"></td></tr>
<tr><td colspan="3">※신고인기재란</td><td colspan="4">㊽세관기재란</td></tr>
<tr><td colspan="3">㊾운송(신고)인
㊿기간   YYYY/MM/DD부터 YYYY/MM/DD까지</td><td colspan="2">(51)신고
수리일자</td><td>2018/06/20</td><td>(52)적재
의무기한   2018/06/20</td></tr>
</table>

[2] (주)하나패스(회사코드 1200)에 대한 다음 자료를 보고 2018년 1기 부가가치세 확정신고시 수출실적명세서를 작성하라. 단, 아래의 모든 거래는 영세율 적용대상거래(세금계산서 교부대상이 아님)로서, 거래대금은 모두 선적일 이전에 미국 달러화(USD)로 송금받았다. 단, 거래처코드와 거래처명은 입력 생략한다.

상대국	수출신고번호	선적일 (공급시기)	환전일	수출액	적용환율	
					선적(공급)시 기준환율	환전시 적용환율
미국	021-11-23-0897775-7	2018.04.07	2018.04.01	$10,000	1,130원/$	1,160원/$
일본	020-06-41-1257663-7	2018.05.06	2018.05.10	$20,000	1,150원/$	1,180원/$
독일	-	2018.05.22	2018.05.22	$1,000	1,250원/$	1,240원/$
영국	023-05-12-0321273-1	2018.06.03	2018.06.26	$2,000	1,330원/$	1,380원/$

- "수출신고번호"가 없는 거래는 국외제공용역 등의 거래에 해당한다.
- "환전일"은 수출대금을 원화로 환전한 날을 말한다.

● 해답 ••

[1] 수출신고필증이 있는 직수출분에 대한 전표입력 유형이다. 부속명세서로 수출실적명세서도 작성해야 한다.

1️⃣ 매입매출전표입력 : 6월 21일 [16.수출], 공급가액 40,800,000원
    [유형]은 [16.수출]을 선택하고 [품목]란에서 상단의 [복수거래]를 눌러 해당 [품목] [수량] 선적일 환율로 계산한 [단가]를 입력하면 공급가액 합계 금액이 자동으로 계산된다.
    - K제품 단가 = @10 U$ × 환율 US$1,200 = 12,000원
    - Y제품 단가 = @12 U$ × 환율 US$1,200 = 14,400원
    [분개]는 [2.외상]을 선택하면 대변계정에 [404.제품매출]로 자동 생성되며 [108.외상매출금]으로 40,800,000원을 입력한다.

□	일	번호	유형	품목	수량	단가	공급가액	부가세	코드	공급처명	사업자주민번호	전자	분개
	21	50002	수출	K제품외			40,800,000		00103	AB TRADE Co.사			외상

② 수출실적명세서 작성 : 조회기간 4월 ~ 6월

수출실적명세서 화면에서

① [구분]을 1기 확정신고기간, 4월에서 6월로 입력한다.

② [수출신고번호]는 수출신고필증의 ⑤신고번호를 입력한다.

③ [선적일자]는 실제 선적일 6월 21일을 입력한다.

④ [통화코드]는 F2를 눌러 [미국]을 입력한 후 엔터를 치면 USD로 나타난다.

⑤ [환율]을 선적일 현재의 환율(1,200원)을 입력한다.

⑥ [외화금액]을 수출신고필증의 44번 [결제금액]($34,000)을 입력한다.

⑦ [원화금액]은 자동으로 환산되어진다(40,800,000원).

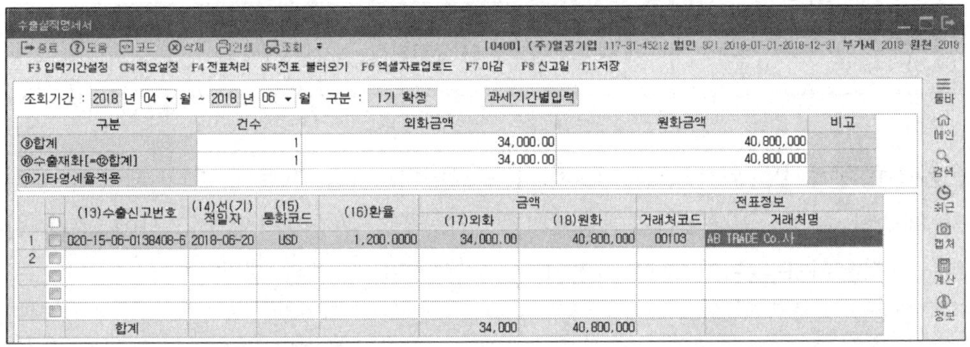

[2] 수출실적명세서 입력시에는 월별로 조회하여 입력한 후 신고기간으로 재조회하면 된다.

• 수출신고번호 없는 거래는 ⑪번 기타영세율적용 란에 입력 : 외화 $1,000 입력하고 원화 1,250,000($1,000 × 1,250원/$ = 1,250,000) 입력, 건수는 1건으로 입력

구 분	건수	외화금액	원화금액	비고
⑨합계	4	33,000.00	38,510,000	
⑩수출재화(=⑫합계)	3	32,000.00	37,260,000	
⑪기타영세율적용	1	1,000.00	1,250,000	

⑫ 일련번호	⑬수출신고번호	⑭ 선(기)적 일자	⑮ 통화 코드	⑯ 환율	⑰외화	⑱원화
합 계					32,000	37,260,000
1	021-11-23-0897775-7	2018.04.07	USD	1,160	10,000	11,600,000
2	020-06-41-1257663-7	2018.05.06	USD	1,150	20,000	23,000,000
3	023-05-12-0321273-1	2018.06.03	USD	1,330	2,000	2,660,000

참고

외화 환산시 선적일의 환율을 적용하는 것이 원칙이다. 그러나 예외적으로 선적일 전에 원화로 환가한 경우에는 선적일의 환율을 적용하지 않고 환가한 날의 환율을 적용해야 한다.

6   부동산임대공급가액명세서 작성

[1] 다음은 (주)하나패스(회사코드 : 1200)의 제2기 확정 부가가치세 신고기간에 대한 자료이다. 다음 자료에 의하여 부동산임대공급가액명세서를 작성하시오.
(적용이자율은 1.8%로 가정하며, 부동산 동 입력은 생략한다.)

임차인	층/호수/용도/면적		임대보증금	월임대료	임대기간
(주)남양주부품 (135-81-12456)	지상1층	1동 101호	50,000,000원	800,000원	2017.11.1~2019.10.31
	식당	500㎡			
(주)별셋전자 (202-81-14360)	지상2층	2동 201호	20,000,000원	500,000원	2016.12.1~2018.11.30 (계약 갱신하지 않음)
	사무실	300㎡			

[2] 다음은 (주)행복기업(회사코드 : 1300)의 자료이다. 다음 자료에 따라 제 1기 예정신고시 제출할 부동산임대공급가액명세서를 작성하고 부가가치세 신고서에 추가 반영하시오. (적용이자율은 1.8%로 가정하며, 부동산 동 입력은 생략한다.)

층	호수	상호 (사업자번호)	면적 (㎡)	용도	임대기간	보증금 (원)	월세 (원)	관리비 (원)
지상 1층	101	미림슈퍼 (451-02-17983)	400	점포	2017.11.01. ~ 2018.02.28	23,000,000	500,000	30,000
					2018.03.01. ~ 2019.02.28	35,000,000	550,000	40,000
지상 2층	201	우리호프 (105-05-91252)	600	점포	2018.01.05. ~ 2020.01.04	60,000,000	300,000	50,000
지상 3층	301	성수상사 (202-81-54324)	600	사무실	2017.04.03. ~ 2019.04.02	50,000,000	200,000	50,000

※ 월세와 관리비에 대해서는 세금계산서를 적법하게 발급하고 있으며, 해당 금액은 매입매출전표에 모두 적절하게 입력되어 있다고 가정한다. 위 표의 금액은 공급가액이다.

● 해답

[1] 부동산임대공급가액명세서 작성

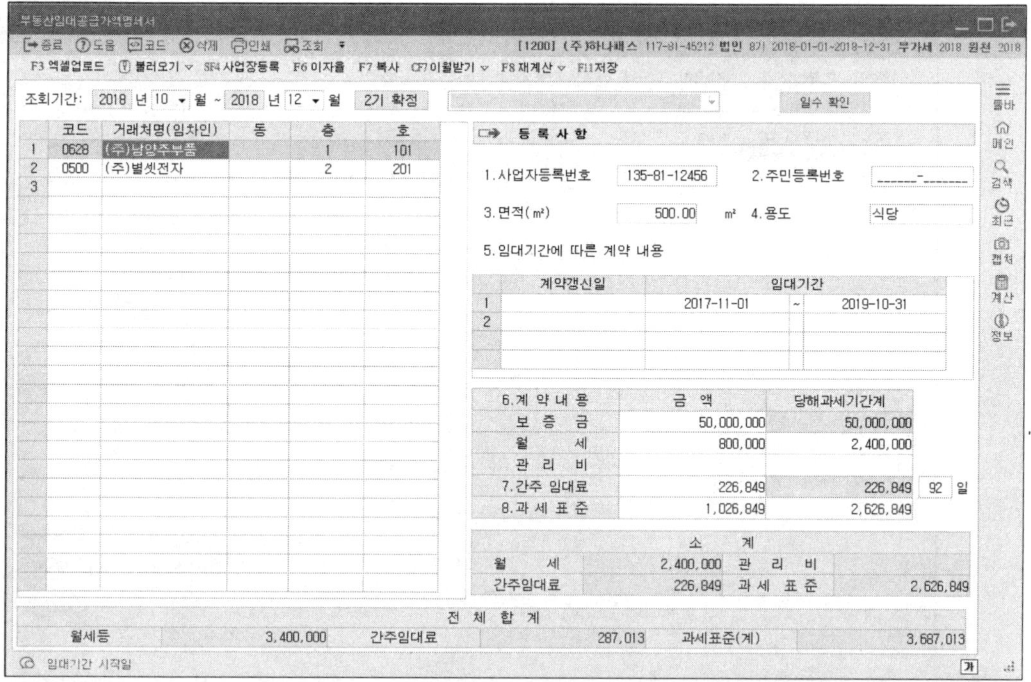

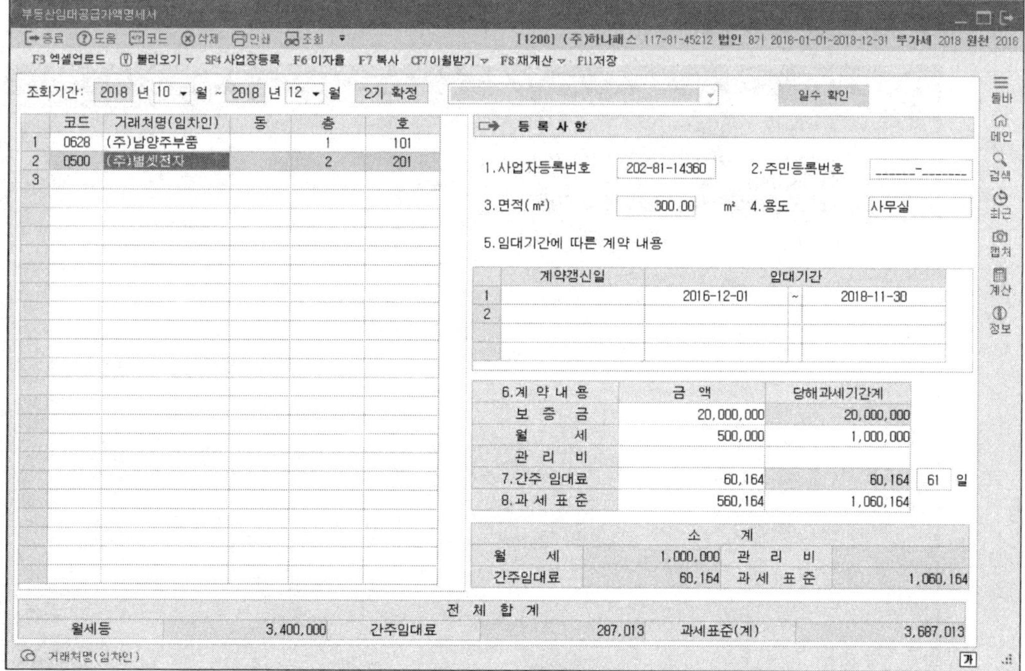

- 간주임대료 합계 : 287,013원

[2] ① 문제의 요구사항대로 부동산임대공급가액명세서를 먼저 작성한다.

　　(기간 : 1기 예정신고, 1월 1일 - 3월 31일)

　　• 미림슈퍼(계약갱신 전)

　　• 미림슈퍼(계약갱신 후)

- 우리호프

- 성수상사

입력이 모두 완료된 후에는 화면 상단의 [F11 저장]을 반드시 클릭한다.

② 부동산임대공급가액명세서 메뉴 하단의 [간주임대표] 금액이 부가가치세 신고서의 [과세-기타 4번]란에 반영되어야 하므로 이를 1기 예정 부가가치세신고서에 반영한 후 저장하면 된다. 간주임대료는 공급가액 입력란(금액란)에 입력하여야 하며 간주임대료를 입력하면 부가가치세는 자동으로 반영된다. (이자율 1.8%를 가정했을 경우 간주임대료 합계는 596,808원이며 이를 4번의 금액 란에 입력함)

구분				정기신고금액		
				금액	세율	세액
과세표준	과세	세금계산서발급분	1	445,077,000	10/100	44,507,700
		매입자발행세금계산서	2		10/100	
		신용카드·현금영수증발행분	3			
		기타(정규영수증외매출분)	4	596,808	10/100	59,680

<u>7</u> 의제매입세액공제신고서 작성

[1] (주)열공기업(회사코드 : 0400)은 6월 20일에 과세제품 제조에 원재료로 사용되는 면세농산물 감 800상자(공급가액 11,440,000원)을 ㈜도현으로부터 외상으로 구입하고 전자계산서를 교부받았다.(물품명 : 감, 수량 800개) 해당되는 계산서를 입력하고, 의제매입세액공제신고서를 작성하고, 이를 부가가치세신고서에 반영하시오. (주)열공기업은 중소기업이며 해당 원재료는 제조활동에 직접 사용된다고 가정한다. 또한 해당 원재료와 관련한 공급가액은 1월에서 3월 사이에는 50,000,000원, 4월에서 6월 사이에는 200,000,000원이었다고 가정한다.

[2] 다음은 (주)솔이기업(회사코드 1400)의 자료이다. 2018년 1기 예정 부가가치세 신고 시 다음 자료에 의하여 의제매입세액공제신고서를 직접 입력하여 작성하고, 2018년 3월 31일자로 의제매입세액공제액과 관련한 적절한 회계처리(관련 계정은 '부가세대급금'을 사용할 것)를 일반전표입력메뉴에 입력하시오. 단, 본 문제와 관련한 업태는 제조업, 종목은 김치로 가정하며 (주)솔이기업은 중소기업이 아니라고 가정한다(매입매출전표입력은 생략해도 무방함).

공급 일자	매입처	품명	공급가액 (원)	비 고
1/25	(주)삼성농장 (130-02-31754)	배추 (수량 : 1,000kg)	50,000,000	계산서를 발급받았고, 이 중 5,000,000원은 3월 31일 현재 미사용분 상태로 남아 있다.
2/10	(주)삼성농장 (130-02-31754)	무우 (수량 : 500kg)	10,000,000	법인신용카드(삼성카드)로 구입하였다.
3/20	최불식 (580112-1223621)	당근 (수량 : 1,000kg)	5,000,000	농어민으로부터 직접 구입하였으며, 500kg은 (주)진성에 양도하고 나머지는 김치 제조에 사용하였다.
		위의 매입한 품목들은 전부 "원재료"계정으로 처리되어 있다고 가정한다.		

● 해답

[1] ① 6월 20일 매입매출전표입력

유형 : 53.면세, 공급가액 : 11,440,000, 거래처 : (주)도현, 전자 : 여, 분개 : 외상
(차) 원 재 료   11,440,000   (대) 외상매입금   11,440,000

- 외상매입금 계정에 대해 [적요 6.의제매입세액신고서 자동반영분] 입력
- 하단부 분개시 계정과목 뒤의 적요 코드 란에 커서를 놓고 F2를 누르면 적요코드가 조회됨

☐ 일 번호	유형	품목	수량	단가	공급가액	부가세	코드	공급처명	사업자주민번호	전자	분개
20 50001	면세	감			11,440,000		00619	(주)도현	113-81-34668	여	외상
20											
	유형별-공급처별 [1]건				11,440,000	0					

② 의제매입세액공제 신고서(기간 : 1기 확정, 2018년 4월 1일－6월 30일)작성

→ 의제매입세액 : 440,000원이 자동계산됨(중소기업인 제조업이므로 공제율 $\frac{4}{104}$)

참고

화면 하단의 [가. 과세기간 과세표준 및 공제가능한 금액 등] 란에 예정분 과세표준 5,000만원과 확정분 과세표준 2억원을 기입하여 한도 체크를 한다.

참고

매입매출전표 입력시에 적요 6번을 걸어놓은 경우 의제매입세액공제신청서를 조회하면 매입매출전표에서 입력한 내용이 자동으로 반영된다. 만약 적요 6번을 걸지 않은 경우에는 의제매입세액공제신청서의 세부 내역을 수기로 입력하여야 하므로 반드시 매입매출전표 입력시 적요입력이 정확히 되었는지 확인하여야 한다.)

③ 부가가치세 신고서 작성(기간 : 1기 확정, 2018년 4월 1일−6월 30일)

기타공제매입세액 의제매입세액 : 금액 11,440,000원, 세액 440,000원 입력 확인

14.그 밖의 공제매입세액				
신용카드매출	일반매입	40	100,000	10,000
수령금액합계표	고정매입	41		
의제매입세액		42	11,440,000 뒤쪽	440,000
재활용폐자원등매입세액		43	뒤쪽	
과세사업전환매입세액		44		
재고매입세액		45		
변제대손세액		46		
외국인관광객에대한환급세액		47		
합계		48	11,540,000	450,000

참고

㉠ 의제매입세액 440,000원에 대한 회계처리를 하라는 요구사항이 나온다면 해당 과세기간 종료일(이 문제의 경우 6월 30일, 단, 문제에서 날짜를 지정해 주면 해당 날짜 입력)의 일반전표에 입력하여야 한다. 이 문제의 경우 의제매입세액 금액을 전표입력하면 다음과 같다.

(차) 부가세대급금　　　　440,000　　　(대) 원재료(적요 8.타계정으로 대체)　　440,000

㉡ 연습문제 3번(p.418)를 푼 후 연습문제 7−[1]을 푸는 경우에는 부가가치세 신고서 작성시 '저장된 데이터'를 불러올 것인지 묻는 화면이 나타난다. 이 경우 [아니오]를 클릭하고, 의제매입세액공제 대상 공급가액과 의제매입세액이 신고서의 42번 란에 반영되었는지 확인 후 저장하면 된다.

[2] ① 의제매입세액공제신고서 작성

중소기업이 아닌 제조업의 경우 공제율은 2/102이며 제조업의 경우 농어민으로 직접구입한 경우에도 공제가능하나 면세상태로 그대로 양도한 경우에는 공제하지 않는다. 또한 의제매입세액공제의 시기는 농축수산물을 구입한 시점을 기준으로 공제하므로 과세기간 종료일 현재 미사용분도 공제대상이다. 따라서 아래와 같이 입력한다.(공급처 코드 조회를 하여 해당 거래처가 없는 경우에는 직접 입력하면 됨)

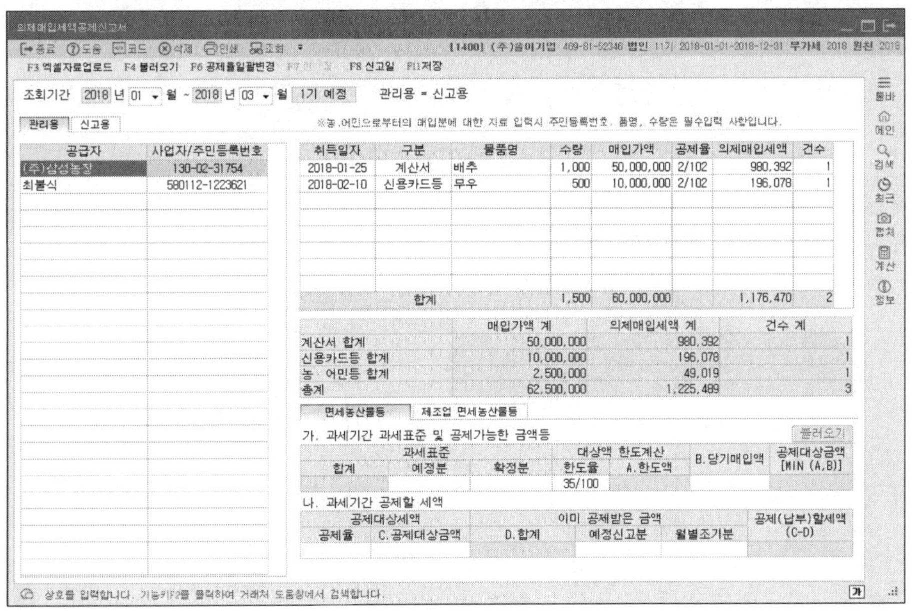

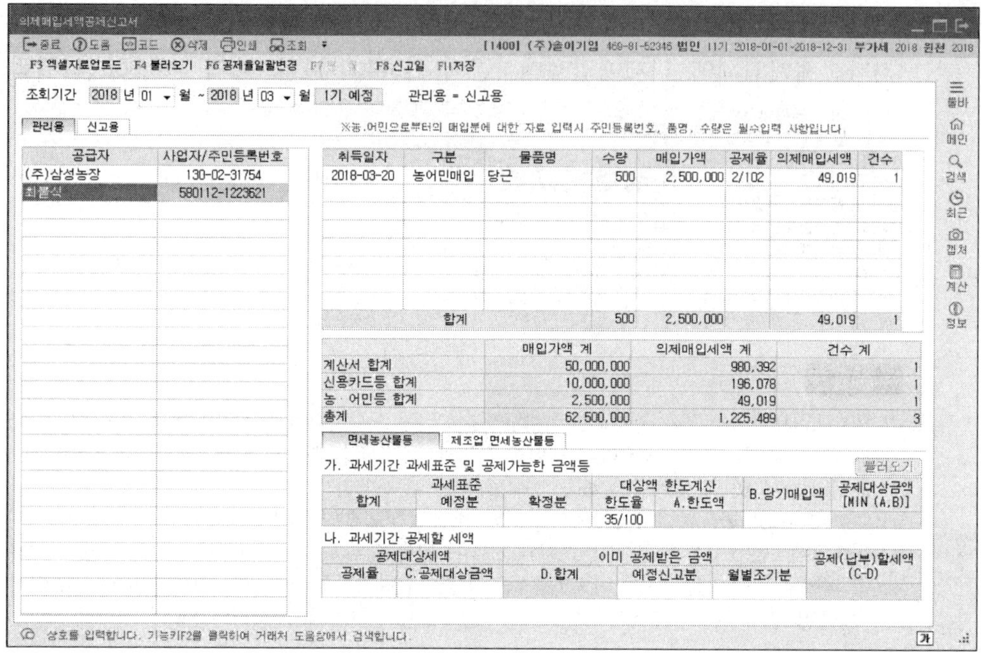

참고

예정신고 때에는 의제매입세액공제 한도를 점검하지 않고 확정신고 때에 점검하는 것이므로 본 문제에서는 한도 체크를 하지 않는다.

② 3월 31일 일반전표입력

(차) 부가세대급금 1,225,489 (대) 원재료 1,225,489(적요 : 8.타계정으로 대체액)

□	일	번호	구분	계 정 과 목	거 래 처	적 요	차 변	대 변	
▦	31	00003	차변	0135 부가세대급금			1,225,489		
▦	31	00003	대변	0153 원재료		8 타계정으로 대체액 원가		1,225,489	

8-1　　공제받지못할매입세액명세서 작성 : 공통매입세액 안분계산

다음은 (주)행복기업(회사코드 1300)의 7월에서 9월까지의 매출과 매입 내역이다. 다음 자료를 보고 당사(과세 및 면세 겸영사업자로 가정)의 2018년 2기 예정 부가가치세 신고시 부가가치세 신고부속서류 중 공제받지못할매입세액명세서를 작성하라. 단, 아래의 매출과 매입은 모두 관련 세금계산서 또는 계산서를 적정하게 수수한 것이며, 과세분 매출과 면세분 매출은 모두 공통매입분과 관련된 것이다(기존에 입력된 자료는 무시하고 아래 자료에 따라 입력한다).

구　분		공급가액	세액	합계액
매출내역	과세분	40,000,000	4,000,000	44,000,000
	면세분	60,000,000	-	60,000,000
	합　계	100,000,000	4,000,000	104,000,000
매입내역	과세분	30,000,000	3,000,000	33,000,000
	공통분	50,000,000	5,000,000	55,000,000
	합　계	80,000,000	8,000,000	88,000,000

● 해답　∙∙

[부가가치세Ⅱ]메뉴 하단의 [공제받지못할매입세액명세서]를 클릭한 후 [공통매입세액 안분계산내역] 탭을 클릭한다. 그리고 공급가액 비율로 안분하는 [1번] 산식을 클릭한 후 공통매입가액과 면세공급가액, 총공급가액을 입력한다. 입력 후 화면은 다음과 같다. 입력이 끝난 후에는 반드시 [F11 저장]을 클릭한다. 본 문제에서는 해당 공제받지못할매입세액명세서를 부가가치세신고서에 반영하라는 언급이 없으므로 해당 서식만 작성하면 완료된다.

• 조회기간 : 2018년 7월 ~ 2018년 9월

공제받지못할매입세액내역	공통매입세액안분계산내역	공통매입세액의정산내역	납부세액또는환급세액재계산

산식	구분	과세·면세사업 공통매입		⑫총공급가액등	⑬면세공급가액등	면세비율 (⑬÷⑫)	⑭불공제매입세액 [⑪*(⑬÷⑫)]
		⑩공급가액	⑪세액				
1.당해과세기간의 공급가액기준		50,000,000	5,000,000	100,000,000.00	60,000,000.00	60.000000	3,000,000
합계		50,000,000	5,000,000	100,000,000	60,000,000		3,000,000

불공제매입세액 (3,000,000) = 세액(5,000,000) * 면세공급가액 (60,000,000) / 총공급가액 (100,000,000)

8-2   공제받지못할매입세액명세서 작성 : 공통매입세액 정산

[1] 다음 자료에 의하여 면세사업과 과세사업을 겸영하고 있는 제조기업 (주)제일기업(회사코드 : 0500)의 2018년 1기 확정 부가가치세 신고시 공제받지 못할 매입세액 명세서를 작성하시오. 전표입력 및 부가가치세 신고서 작성은 생략하며 주어진 자료 이외에 매입자료는 없다고 가정한다. 아래 금액은 모두 부가가치세 별도금액이며 적정하게 세금계산서를 발급받았다고 가정한다. (기존에 입력된 자료는 무시하고 아래 내용에 따라 서식을 직접 작성하기로 한다.)

1. 2018년 1기 예정신고기간(1월 1일 ~ 3월 31일) 매입 및 신고내역
   (1) 과세 면세 공통사용 기계장치 매입액 : 100,000,000원
   (2) 제1기 예정신고시 공통매입세액 불공제분 : 4,000,000원
2. 2018년 1기 중 후반 3개월(4월 1일 ~ 6월 30일) 매입 공급가액 내역
   (1) 원재료 매입액 : 과세사업 사용분 150,000,000원(1매)
                        면세사업 사용분 50,000,000원(1매)
   (2) 비영업용소형승용차 임차료 : 3,000,000원(1매)
   (3) 거래처 접대용 선물구입분 : 10,000,000원(매수는 2매이며, 2매의 공급가액 합계 10,000,000원)
   (4) 공통사용 부재료 매입액 : 25,500,000원(1매)
3. 기간별 공급가액

구 분	2018년 1기 예정(1월 1일 ~ 3월 31일)	2018년 1기 확정(4월 1일 ~ 6월 30일)
과세분	200,000,000원	300,000,000원
면세분	200,000,000원	100,000,000원
합 계	400,000,000원	400,000,000원

[2] 다음 자료를 이용하여 (주)제일기업(회사코드 : 0500)의 2기 확정 부가가치세 신고시 매입세액불공제내역서를 작성하시오(기존의 매입매출전표에 입력된 자료는 무시하고, 다음의 자료는 매입매출전표에 추가로 입력하지 말 것).

[자료1]

구분	거래처	적 요	공급가액	매수	세 액
매입	신라금속	거래처 선물(의류)	5,000,000	1매	500,000
	오토카센타	업무용 승용차	50,000,000	1매	5,000,000
	(주)진성	건물 구입	100,000,000	1매	10,000,000
	현주컴퓨터	노트북 구입	2,000,000	1매	200,000
	한국기업	직원 작업복 구입	1,000,000	1매	100,000

1) 업무용 승용차는 1,200cc로서 5인승이다.

2) (주)진성으로부터 구입한 건물은 구입과 동시에 철거하고 공장을 신축할 예정이다.

3) 현주컴퓨터에서 발급받은 세금계산서는 당해 법인 대표자 주민등록번호로 작성되었다.

[자료2]

2기 과세기간의 과세사업과 면세사업에 공통으로 사용된 총 매입세금계산서는 공급가액 150,000,000원(부가가치세 별도)이다. 2기 과세기간별 공급가액 내역은 다음과 같다.

(단위 : 원)

구 분	과세사업 공급가액	면세사업공급가액	합 계
예정과세기간	500,000,000	200,000,000	700,000,000
확정과세기간	1,000,000,000	300,000,000	1,300,000,000
합 계	1,500,000,000	500,000,000	2,000,000,000

[자료3]

2기 예정신고시 공통매입세액안분계산에 의하여 기불공제된 매입세액은 2,000,000원이다.

● 해답

참고

공통매입세액 안분, 정산, 납부환급세액 재계산 문제에 있어서 문제의 요구사항이 기존에 입력된 전표 자료를 활용하라고 하면 아래와 같은 화면이 나타날 때(산식 체크 후 바로 나타남) [예]를 누르면 된다. 그러나 본 문제에서와 같이 기존에 입력된 자료를 무시하고 입력하라고 요구사항이 제시되어 있으면 [아니오]를 클릭해야 한다.

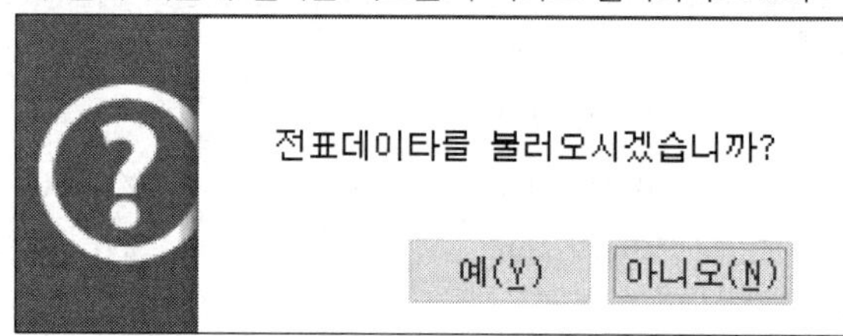

[1] 공제받지못할매입세액명세서 작성 (2018년 4월~6월)

① 공제받지못할매입세액내역 탭 작성

공제받지못할매입세액내역	공통매입세액안분계산내역	공통매입세액의정산내역	납부세액또는환급세액재계산

매입세액 불공제 사유	세금계산서		
	매수	공급가액	매입세액
①필요적 기재사항 누락 등			
②사업과 직접 관련 없는 지출			
③비영업용 소형승용자동차 구입·유지 및 임차	1	3,000,000	300,000
④접대비 및 이와 유사한 비용 관련	2	10,000,000	1,000,000
⑤면세사업등 관련	1	50,000,000	5,000,000
⑥토지의 자본적 지출 관련			
⑦사업자등록 전 매입세액			
⑧금·구리 스크랩 거래계좌 미사용 관련 매입세액			
합계	4	63,000,000	6,300,000

② 공통매입세액 정산내역 탭 작성 (2018년 4월~6월)

※ 총공통매입세액은 예정신고시와 확정신고시의 공통매입세액을 합산하여 입력하여야 하고 (17)기불공제매입세액은 예정신고시 불공제한 4,000,000원을 입력하여야 함

공제받지못할매입세액내역	공통매입세액안분계산내역	공통매입세액의정산내역	납부세액또는환급세액재계산

산식	구분	(15)총공통매입세액	(16)면세 사업확정 비율			(17)불공제매입세액총액 ((15)*(16))	(18)기불공제매입세액	(19)가산또는 공제되는매입세액((17)-(18))
			총공급가액	면세공급가액	면세비율			
1.당해과세기간의 공급가액기준		12,550,000	800,000,000.00	300,000,000.00	37.500000	4,706,250	4,000,000	706,250
합계		12,550,000	800,000,000	300,000,000		4,706,250	4,000,000	706,250

가산또는공제되는매입세액(706,250) = 총공통매입세액(12,550,000) * 면세비율(%)(37.500000) - 기불공제매입세액(4,000,000)

[2] 공제받지못할매입세액명세서(10월~12월) 작성

매입자료 중 직원작업복 구입은 매입세액공제대상이며, 대성실업으로부터 구입한 건물을 구입과 동시에 철거하고 공장을 새로이 신축하는 경우 토지의 자본적 지출에 해당하므로 매입세액불공제한다. 전자랜드에서 대표자 주민등록번호로 교부받은 세금계산서는 필요적 기재사항 누락으로 매입세액불공제하며, 비영업용승용차에 대한 매입세액도 매입세액불공제대상이다.

① 공제받지못할매입세액내역 탭 작성 (2018년 10월~12월)

공제받지못할매입세액내역	공통매입세액안분계산내역	공통매입세액의정산내역	납부세액또는환급세액재계산

| 매입세액 불공제 사유 | 세금계산서 | | |
	매수	공급가액	매입세액
①필요적 기재사항 누락 등	1	2,000,000	200,000
②사업과 직접 관련 없는 지출			
③비영업용 소형승용자동차 구입·유지 및 임차	1	50,000,000	5,000,000
④접대비 및 이와 유사한 비용 관련	1	5,000,000	500,000
⑤면세사업등 관련			
⑥토지의 자본적 지출 관련	1	100,000,000	10,000,000
⑦사업자등록 전 매입세액			
⑧금·구리 스크랩 거래계좌 미사용 관련 매입세액			
합계	4	157,000,000	15,700,000

② 공통매입세액 정산내역 탭 작성 (2018년 10월~12월)

공제받지못할매입세액내역	공통매입세액안분계산내역	공통매입세액의정산내역	납부세액또는환급세액재계산

| 산식 | 구분 | (15)총공통매입세액 | (16)면세 사업확정 비율 | | | (17)불공제매입세액총액 ((15)*(16)) | (18)기불공제매입세액 | (19)가산또는공제되는매입세액((17)-(18)) |
			총공급가액	면세공급가액	면세비율			
1.당해과세기간의 공급가액기준		15,000,000	2,000,000,000.00	500,000,000.00	25.000000	3,750,000	2,000,000	1,750,000
합계		15,000,000	2,000,000,000	500,000,000		3,750,000	2,000,000	1,750,000

가산또는공제되는매입세액 (1,750,000) = 총공통매입세액(15,000,000) * 면세비율(%)(25.000000) - 기불공제매입세액(2,000,000)

8-3 공제받지못할매입세액명세서 작성 : 납부환급세액 재계산

[1] 다음 자료를 보고 (주)합격전자(회사코드 0200)의 2018년 1기 부가가치세 확정신고 시 공제받지못할 매입세액명세서(납부세액 재계산)를 작성하시오(2017년 2기까지 납부세액 재계산은 올바르게 신고되었다고 가정하고 기입력된 자료를 무시하고 아래 자료에 의해 작성한다).

1. 과세사업과 면세사업에 공통으로 사용되는 자산의 구입명세

구 분	취득일자	공급가액	부가가치세	비고
건 물	2016.07.22	100,000,000원	10,000,000원	
비 품	2017.05.10	20,000,000원	2,000,000원	

2. 2017년 및 2018년의 공급가액 명세

구 분	2017년 제1기	2017년 제2기	2018년 제1기
과세공급가액	150,000,000원	300,000,000원	240,000,000원
면세공급가액	250,000,000원	200,000,000원	360,000,000원
총공급가액	400,000,000원	500,000,000원	600,000,000원

[2] 다음은 (주)합격전자(회사코드 0200)의 자료이다. 다음 자료를 보고 2018년 2기 부가가치세 확정신고시 납부세액재계산을 위한 공제받지못할매입세액명세서를 작성하시오. 기입력된 자료는 무시하고 아래 내역에 따라 작성하기로 한다.

• 과세사업과 면세사업에 공통으로 사용되는 자산의 구입내역

계정과목	취득일자	공급가액	부가가치세	비고
토 지	2017.11.25.	100,000,000원	-	
건 물	2017.12.05.	150,000,000원	15,000,000원	
기계장치	2018.01.12.	50,000,000원	5,000,000원	

• 2017년 및 2018년의 공급가액 내역

구 분	2017년 제2기	2018년 제1기	2018년 제2기
과세사업	200,000,000원	-	400,000,000원
면세사업	300,000,000원	350,000,000원	600,000,000원

[3] 다음은 (주)열공기업(회사코드 0400)의 자료이다. 다음 자료를 보고 2018년 2기 부가
　　가치세 확정신고시 납부세액재계산을 위한 공제받지못할매입세액명세서를 작성하시
　　오. 기입력된 자료는 무시하고 아래 내역에 따라 작성하기로 한다.
　　([2]번과 비교하여 학습할 것)

* 과세사업과 면세사업에 공통으로 사용되는 자산의 구입내역

계정과목	취득일자	공급가액	부가가치세	비고
상　품	2017.11.25.	100,000,000원	10,000,000원	
건　물	2017.12.05.	150,000,000원	15,000,000원	
기계장치	2018.01.12.	50,000,000원	5,000,000원	

* 2017년 및 2018년의 공급가액 내역

구　분	2017년 제2기	2018년 제1기	2018년 제2기
과세사업	200,000,000원	220,000,000원	300,000,000원
면세사업	300,000,000원	280,000,000원	700,000,000원

[1] [부가가치세II] 하단의 [공제받지못할매입세액명세서]의 [납부세액 또는 환급세액 재계산] 란에 아래와 같이 입력한다. (기간 : 4월에서 6월로 조회)

- 해당 자산의 종류(1.건물, 구축물, 2.기타자산)와 매입세액을 정확하게 입력한다. 취득년월을 입력하면 경과과세기간이 자동으로 계산되므로 반드시 취득연월을 정확하게 입력하도록 한다. 예를 들어 2017년 7월 취득이면 "201707"이라고 입력하면 된다.
- 당기와 직전 과세기간의 총공급가액과 면세공급가액을 입력하면 면세비율의 증가 및 감소가 자동으로 계산된다. 참고로 매 과세기간별 면세비율은 다음과 같다.

면세비율	2017년 1기	2017년 2기	2018년 1기
비율	0.625	0.4	0.6

입력을 완료한 화면은 다음과 같다. 입력후 화면 상단의 [F11 저장]을 반드시 눌러준다.

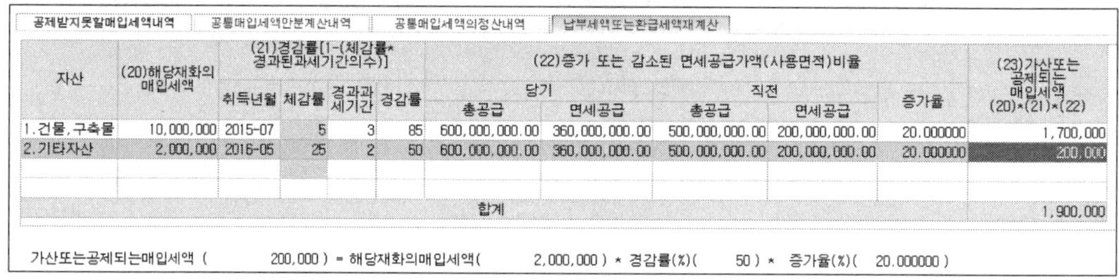

| 공제받지못할매입세액내역 | 공통매입세액안분계산내역 | 공통매입세액의정산내역 | 납부세액또는환급세액재계산 |

자산	(20)해당재화의 매입세액	(21)경감률[1-(체감률*경과된과세기간의수)]				(22)증가 또는 감소된 면세공급가액(사용면적)비율					(23)가산또는 공제되는 매입세액 (20)*(21)*(22)
		취득년월	체감률	경과과세기간	경감률	당기		직전		증가율	
						총공급	면세공급	총공급	면세공급		
1.건물,구축물	10,000,000	2015-07	5	3	85	600,000,000.00	360,000,000.00	500,000,000.00	200,000,000.00	20.000000	1,700,000
2.기타자산	2,000,000	2016-05	25	2	50	600,000,000.00	360,000,000.00	500,000,000.00	200,000,000.00	20.000000	200,000
합계											1,900,000

가산또는공제되는매입세액 (200,000) = 해당재화의매입세액(2,000,000) * 경감률(%)(50) *   증가율(%)(20.000000)

[2] [부가가치세Ⅱ] 하단의 [공제받지못할매입세액명세서]의 [납부세액 또는 환급세액 재계산] 란에 아래와 같이 입력한다. (기간 : 10월에서 12월로 조회)

자산	(20)해당재화의 매입세액	(21)경감률[1-(체감률* 경과된과세기간의수)]				(22)증가 또는 감소된 면세공급가액(사용면적)비율					(23)가산또는 공제되는 매입세액 (20)*(21)*(22)
		취득년월	체감률	경과과 세기간	경감률	당기		직전		증가율	
						총공급	면세공급	총공급	면세공급		
1.건물,구축물	15,000,000	2016-12	5	2	90	1,000,000,000.	600,000,000.00	350,000,000.00	350,000,000.00	-40.000000	-5,400,000
2.기타자산	5,000,000	2017-01	25	1	75	1,000,000,000.	600,000,000.00	350,000,000.00	350,000,000.00	-40.000000	-1,500,000
						합계					-6,900,000

가산또는공제되는매입세액 (-1,500,000) = 해당재화의매입세액(5,000,000) * 경감률(%)(75) * 증가율(%)(-40.000000)

- 토지의 경우 면세재화에 해당하므로 공통사용매입세액이 없으므로 재계산 대상이 아니다. 따라서 토지를 제외한 건물과 기계장치에 대한 납부환급세액 재계산을 수행하여야 한다.

- 건물은 2017년 2기에 취득하였고 이번 과세기간은 2018년 2기에 해당되므로 [경과된 과세기간수]는 2과세기간이다.

- 기계장치의 경우 2018년 1기에 취득한 것이므로 2018년 2기의 입장에서 볼 때 [경과된 과세기간수]는 1과세기간이다.

- 건물은 2017년 2기에 공통매입세액 안분을 한 후 2018년 1기에 납부환급세액 재계산을 하였을 것이다. 왜냐하면 2017년 2기의 면세 공급가액 비율은 60% 인데 2018년 1기에 100%로 증가하였으므로 이에 대한 재계산을 한 것이다. 따라서 건물에 대해 최종적인 재계산을 한 면세비율이 100%이므로 100%와 2018년 2기의 면세비율인 60%를 비교하면 된다. 면세공급가액 비율이 40% 감소하였으므로 [증가(감소)된 면세공급가액 비율]란에는 "－40"이라고 적어야 한다.

- 기계장치의 경우 2018년 1기에 공통매입세액 안분과 정산을 하였을 것이다. 따라서 면세비율 100%로 계산되어 공통매입세액 전액이 불공제되었다. 따라서 2018년 2기의 면세공급가액 비율을 계산하면 60%이므로 면세비율은 40% 감소된 것으로 하여 다시 재계산을 하여야 한다. 따라서 건물과 마찬가지로 [증가(감소)된 면세공급가액 비율]란에는 "－40"이라고 적어야 한다.

[3] [부가가치세Ⅱ] 하단의 [공제받지못할매입세액명세서]의 [납부세액 또는 환급세액 재계산] 란에 아래와 같이 입력한다. (기간 : 10월에서 12월로 조회)

| 공제받지못할매입세액내역 | 공통매입세액안분계산내역 | 공통매입세액의정산내역 | 납부세액또는환급세액재계산 |

자산	(20)해당재화의 매입세액	(21)경감률[1-(체감률* 경과된과세기간의수)]				(22)증가 또는 감소된 면세공급가액(사용면적)비율					(23)가산또는 공제되는 매입세액 (20)*(21)*(22)
		취득년월	체감률	경과과 세기간	경감률	당기		직전		증가율	
						총공급	면세공급	총공급	면세공급		
1.건물,구축물	15,000,000	2016-12	5	2	90	1,000,000,000.	700,000,000.00	500,000,000.00	300,000,000.00	10.000000	1,350,000
2.기타자산	5,000,000	2017-01	25	1	75	1,000,000,000.	700,000,000.00	500,000,000.00	280,000,000.00	14.000000	525,000
합계											1,875,000

가산또는공제되는매입세액 (525,000) = 해당재화의매입세액(5,000,000) * 경감률(%)(75) * 증가율(%)(14.000000)

- 상품의 경우 감가상각자산이 아니므로 납부환급세액 재계산 대상에서 제외된다. 따라서 상품을 제외한 건물과 기계장치에 대한 납부환급세액 재계산을 수행하여야 한다.
- 건물은 2017년 2기에 취득하였고 이번 과세기간은 2018년 2기에 해당되므로 [경과된 과세기간수]는 2과세기간이다.
- 기계장치의 경우 2018년 1기에 취득한 것이므로 2018년 2기의 입장에서 볼 때 [경과된 과세기간수]는 1과세기간이다.
- 건물은 2017년 2기에 공통매입세액 안분을 한 후 2018년 1기에 납부환급세액 재계산을 한번 수행하였을 것이다. 왜냐하면 2017년 2기의 면세 공급가액 비율은 60%인데 2018년 1기에 56%로 감소하였으므로 면세매출비율의 차이가 5% 미만이다. 따라서 이 경우 납부환급세액 재계산을 생략하였다. 따라서 2018년 2기에 납부환급세액 재계산을 할 때에는 2018년 1기와 면세매출비율을 비교하는 것이 아니라 2017년 2기와 비교하여 재계산을 하여야 한다. 따라서 직전의 총공급가액인 2017년 2기의 금액을 입력하여야 한다.
- 기계장치의 경우 2018년 1기에 공통매입세액 안분과 정산을 하였을 것이다. 따라서 면세비율 56%로 계산되었다. 따라서 2018년 2기의 면세공급가액 비율을 계산하면 70%이므로 면세비율은 5% 이상 증가하였으므로 기계장치는 건물과 달리 2018년 1기와 2018년 2기의 면세매출비율을 비교하여 납부환급세액 재계산을 하는 것이다.

> **참고**
>
> [3]번 문제의 경우 부가가치세 이론과 실기의 상급능력을 갖춘 경우 이해가 될 수 있는 아주 어려운 문제이다. 따라서 처음에 학습할 때에 [3]번 문제가 이해가 되지 않더라도 먼저 [1]번과 [2]번 문제를 반복학습하고 나중에 다시 [3]번 문제를 풀면 이해가 될 것이다. 어떤 문제이든지 실기를 하기 전에 이론 학습이 선행되어야 실기 문제 이해가 빠를 수 있다는 점을 기억하고 반복연습을 많이 하도록 하자.

9　대손세액공제 신고서

다음은 (주)솔이기업(회사코드 : 1400)의 자료이다. 부가가치세신고와 관련하여 다음 물음에 답하시오. 다음의 내용에 의하여 대손세액공제신고서를 작성하시오(조회기간은 10월 1일~12월 31일로 입력하고, 기존의 입력 자료는 무시하고 아래 내용에 따라 입력할 것).

① 2018년 2월 21일 대한물산(대표자 : 최대한, 116-81-55041)에 상품을 매출하고, 대금(부가가치세 포함) 15,400,000원은 대한물산 발행 약속어음으로 수령하였다. 동 어음은 거래일로부터 6개월이 지난 2018년 8월 21일에 주거래은행으로부터 부도확인을 받았다.

② 외상매출금 중 88,000,000원은 2015년 9월 5일 흥진상사(대표자 : 김흥진, 204-05-00761)에 대한 것이다. 이 외상매출금의 회수를 위해 당사는 법률상 회수노력을 다하였으나, 결국 회수를 못하였고, 2018년 9월 5일자로 동 외상매출금의 소멸시효가 완성되었다.

③ 소멸시효 완성으로 인해 2017년 1기 부가가치세 확정신고시 공제받지 못할 매입세액(대손처분받은 세액)으로 신고하였던 청수상사(대표자 : 김청수, 204-06-67885)에 대한 외상매입금 3,300,000원을 2018년 10월 1일 전액 현금으로 상환하였다.

④ 2018년 10월 10일자로 다도물산(대표자 : 김다도, 601-05-01239)에 대한 채권잔액 중 187,000원(부가가치세 포함)을 대손처리하다. 동 채권은 회수기일로부터 7개월이 경과된 것이다.

※ 2018년 2기 확정신고시 제출할 대손세액공제신고서 작성을 할 것

※ 다도물산에 대한 대손사유는 "6개월 경과 소액채권"으로 직접 입력할 것

● 해답 ••

①번 대한물산 어음의 경우 부도발생일로부터 6개월 이내이므로 대손세액공제가 불가능하며 이는 2019년 1기 확정신고 때에 대손세액공제를 받으면 된다.

③번 청수상사에 대한 외상매입금을 현금으로 상환한 금액은 매입자로서 대손처분받은 세액을 다시 매입세액공제를 받고자 하는 것이므로 이는 [대손변제]란에 입력하여야 하며, 나머지는 공급자로서의 처리를 하는 것이므로 모두 [대손발생]란에 입력하여야 한다.

해당 사항을 모두 입력한 내용은 다음과 같다.

대손세액공제(변제)신고서

2. 대손세액 계산신고 내용

대손확정 연월일	대손 금액	공제율 (10/110)	대손 세액	공급받는 자 상호	성명	등록번호	대손사유
18.09.05	88,000,000	10/110	8,000,000	홍진상사	김홍진	204-05-00761	소멸시효 완성
18.10.10	187,000	10/110	17,000	다도물산	김다도	601-05-01239	6개월 경과 소액채권

3. 변제세액 계산신고 내용

변제 연월일	변제 금액	공제율 (10/110)	변제 세액	공급자 상호	성명	등록번호	변제 사유
18.10.01	3,300,000	10/110	300,000	청수상사	김청수	204-06-67885	소멸시효 완성

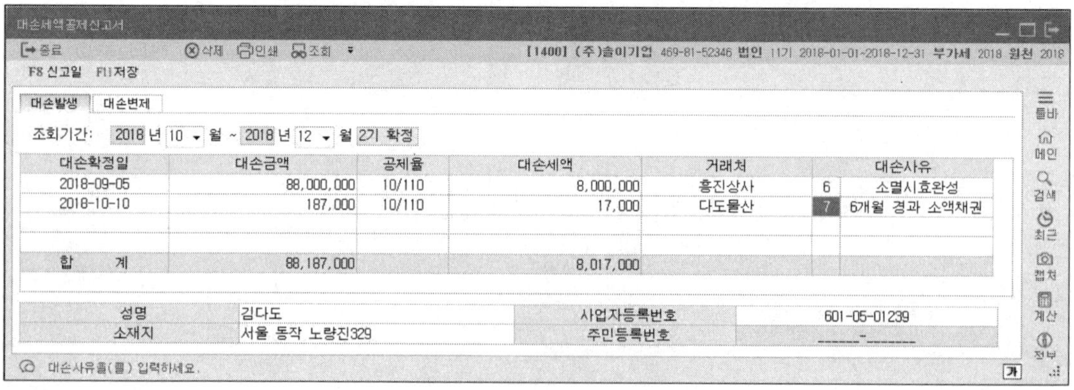

대손세액공제신고서

[1400] (주)솔이기업 469-81-52346 법인 1기 2018-01-01-2018-12-31 **부가세** 2018 **원천** 2018

F8 신고일   F11저장

| 대손발생 | 대손변제 |

조회기간: 2018 년 10 월 ~ 2018 년 12 월 2기 확정

대손확정일	대손금액	공제율	대손세액	거래처		대손사유
2018-09-05	88,000,000	10/110	8,000,000	홍진상사	6	소멸시효완성
2018-10-10	187,000	10/110	17,000	다도물산	7	6개월 경과 소액채권
합 계	88,187,000		8,017,000			

성명	김다도	사업자등록번호	601-05-01239
소재지	서울 동작 노량진329	주민등록번호	-

◎ 대손사유를(를) 입력하세요.

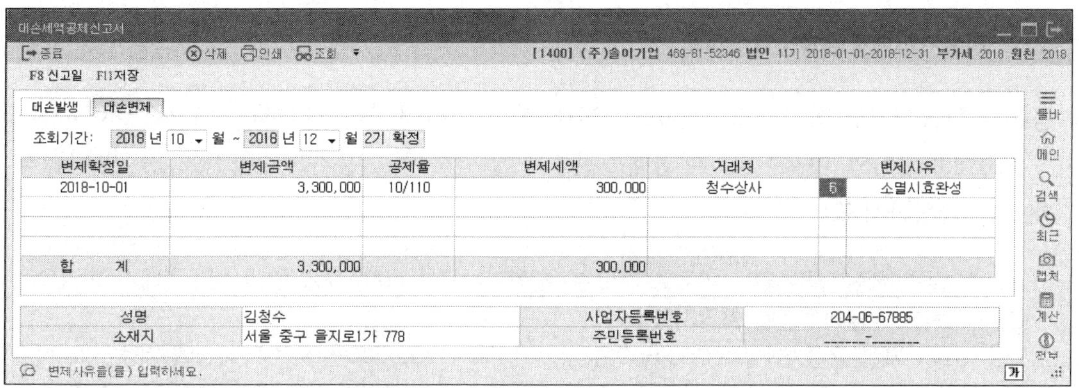

* 매입채무를 상환한 경우에는 <대손변제>란에 입력해야 한다.

참고

시험과 관련하여 우리는 위의 내용을 입력한 후 [Esc]를 눌러 저장하고 종료하기만 하면 된다. 다만, 이를 부가가치세 신고서에 반영하라는 요구사항이 있을 경우에는 대손세액공제 신청서를 작성한 후 반드시 부가가치세 확정신고서를 조회하여 대손세액 란에 위 세액합계가 입력된 것을 확인하고 부가가치세 신고서를 저장하여야 한다. 대손세액공제 신청서의 대손세액 금액이 "+"인 경우에는 신고서에 "―"로 반영되며, 반대로 대손세액공제 신청서의 대손세액 금액이 "―"인 경우에는 신고서에 "+"로 반영된다는 점을 기억하도록 하자.

10   신용카드매출발행금액집계표

다음은 (주)솔이기업(회사코드 1400)의 2018년 1기 확정 부가가치세 신고기간(2018.04. 01 ~ 2018.06.30)의 자료이다. 매입매출전표에 입력하여 신용카드매출전표 등 발행금액 집계표를 작성하시오.

> ① 4월 20일 : 제품(공급가액 : 15,000,000원, 부가가치세 : 1,500,000원)을 김주원에게 현금으로 제공하고 현금영수증을 발급하였다.
> ② 5월 15일 : 제품(공급가액 : 3,000,000원 부가가치세 : 300,000원)을 (주)미성에 납품하고 전자세금계산서를 발급하였으며 대금은 (주)미성의 법인카드(국민카드)로 결제 받았다. 단, 매출채권으로 처리할 것.
> ③ 6월 15일 : 제품(공급가액 : 8,000,000원 부가가치세 : 800,000원)을 (주)번창가구에 납품하고 (주)번창가구의 법인카드(국민카드)로 결제 받았다.

● 해답 ••

[신용카드매출전표등 발행금액집계표] 작성

(1) 매입매출전표 입력

①

날 짜	유 형	공급가액	공급처명	전 자	분 개
4/20	현과[22]	15,000,000	김주원	-	현 금
분 개	(차) 현 금 16,500,000 (대) 제 품 매 출 15,000,000 부가세예수금 1,500,000				

일	번호	유형	품목	수량	단가	공급가액	부가세	코드	공급처명	사업자주민번호	전자	분개
20	50001	현과	제품			15,000,000	1,500,000	00101	김주원			현금
			공급처별 매출(입)전체 [1]건			15,000,000	1,500,000					

② 외상매출금의 거래처 코드가 국민카드로 변경되었는지 확인

날 짜	유 형	공급가액	공급처명	전 자	분 개
5/15	과세[11]	3,000,000	(주)미성 카드 : 국민카드	여	카 드
분 개	(차) 외상매출금 3,300,000 (대) 제 품 매 출 3,000,000 (거래처 : 국민카드) 부가세예수금 300,000				

일	번호	유형	품목	수량	단가	공급가액	부가세	코드	공급처명	사업자주민번호	전자	분개
15	50001	과세	제품			3,000,000	300,000	00801	(주)미성	220-81-12341	여	카드
15												
			공급처별 매출(입)전체 [1]건			3,000,000	300,000					

③ 외상매출금의 거래처 코드가 국민카드로 변경되었는지 확인

날 짜	유 형	공급가액	공급처명	전 자	분 개
6/15	17[카과]	8,000,000	(주)번창가구 카드 : 국민카드	-	카 드
분 개	(차)　외상매출금　　　　8,800,000　(대)　제 품 매 출　　　8,000,000 　　　　(거래처 : 국민카드)　　　　　　　부가세예수금　　　800,000				

☐	일	번호	유형	품목	수량	단가	공급가액	부가세	코드	공급처명	사업자주민번호	전자	분개
	15	50001	카과	제품			8,000,000	800,000	01034	(주)번창가구	125-81-54124		카드
☐	15												
			공급처별 매출(입)전체 [1]건				8,000,000	800,000					

(2) 신용카드매출전표등 발행금액집계표 작성

- 조회기간 : 2018년 4월에서 6월
- 화면 하단의 세금계산서 교부 금액이 3,300,000원이 반영되어야 한다. 세금계산서
  와 신용카드전표가 동시에 발급된 경우에는 매입매출전표입력시 세금계산서로 보
  아 입력하되, 분개를 [4.카드]유형으로 하면 해당 금액이 신용카드매출전표등발행
  금액집계표에 반영된다. 이 금액은 이미 세금계산서로 입력된 것이므로 부가가치
  세 과세표준에서 차감하여야 하며 이를 위해 화면 하단의 세금계산서 교부금액
  란에 해당 금액을 입력하는 것이다.

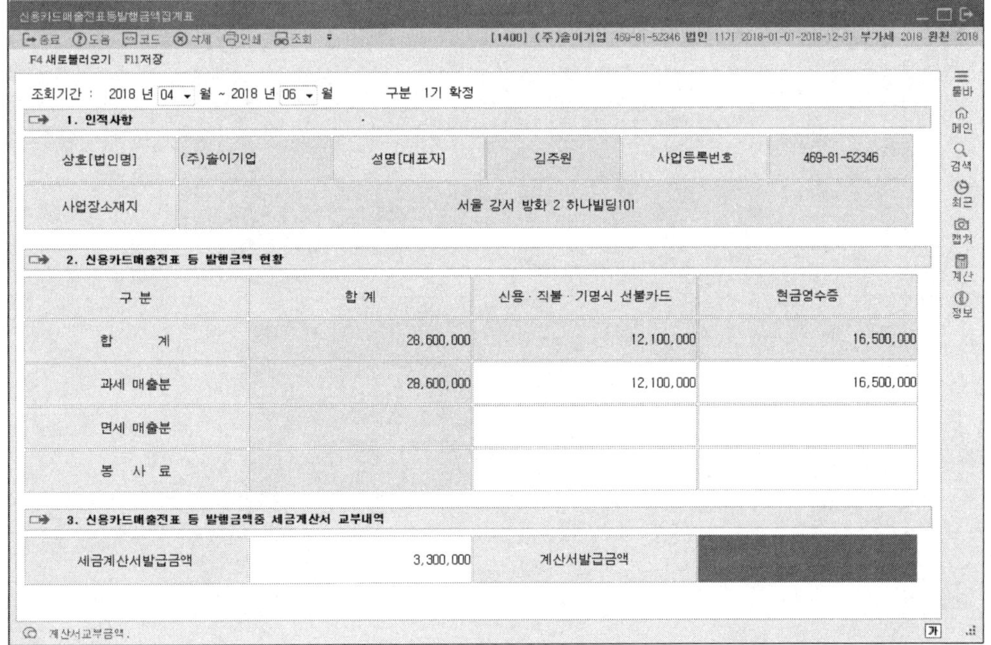

참고

본 문제는 데이터의 [회계관리] 메뉴 중 [환경등록]의 신용카드매출채권이 [외상매출금]으로 설정되어 있기 때문에 [4.카드]로 분개를 입력할 때에 차변에 외상매출금이 입력된다. 문제에서 매출채권으로 처리하라고 하였으므로 외상매출금으로 처리하면 맞는 것이다.

2 분개유형 설정		
매 출	0404	제품매출
매 출 채 권	0108	외상매출금
매 입	0153	원재료
매 입 채 무	0251	외상매입금
신용카드매출채권	0108	외상매출금
신용카드매입채무	0253	미지급금

11   건물등감가상각자산취득명세서

다음은 (주)하나패스(회사코드 1200)이 10월부터 12월까지 신용카드매출전표를 교부받은 내용이다.(공급가액과 부가가치세를 구분 기재됨) 다음 자료에 따라 「신용카드매출전표 등수령명세서(갑)」 및 「건물 등 감가상각자산취득명세서」를 작성하고 제2기 확정 부가가 치세신고서에 그 내용을 반영하시오(전표입력은 생략해도 무방).

사용한 신용카드내역	거래처명 (등록번호)	성명 (대표자)	거래 일자	발행금액 (VAT포함)	공급자의 업종 등	거래내용	비 고
현대카드 (법인카드, 사업용카드) (번호 : 9843-8765-3021-1234)	새움카센타 (213-85-53212)	김유림	10.10	220,000원	서비스업, 일반과세자	아반떼 수리비용	세금계산서 미교부
	한동식당 (105-05-23905)	김한성	11.03	440,000원	음식점업, 일반과세자	직원 회식대 (복리후생비)	세금계산서 미교부
	미도슈퍼 (204-23-22037)	김남한	12.15	330,000원	소매업, 간이과세자	소모품 구입	세금계산서 미교부
신한카드 (종업원 홍길동명의, 일반 신용카드) (번호 : 1234-7896-4510-5461)	새로고속버스 (151-65-61565)	김정란	10.25	330,000원	여객운송업, 일반과세자	직원의 출장교통비	세금계산서 미교부
	컴퓨터사랑 (701-83-94128)	정수만	11.30	5,500,000원	소매업, 일반과세자	노트북 구입	세금계산서 미교부

※ 아반떼는 배기량 1,000CC 초과, 8인승 이하 차량으로서 영업부 직원들이 업무 관련 목적으로 사용하고 있다.

● 해답

① 신용카드매출전표등 수령명세서(갑)(을)에 입력할 거래의 내용(2018년 2기 10월~12월)

거래 일자	공급가액	세액	건수	상호 (공급자)	사 업 자 등록번호	카 드 회원번호	카드 유형
11. 3	400,000	40,000	1	한동식당	105-05-23905	9843-8765-3021-1234	사업
11.30	5,000,000	500,000	1	컴퓨터사랑	701-83-94128	1234-7896-4510-5461	신용

공급자가 간이과세자인 경우, 공급자가 목욕, 이발, 미용업, 여객운송업(전세버스 제외), 입장권을 발행하여 영위하는 사업에 해당하는 일반과세자인 경우 신용카드등 매입세액공제 배제됨. 또한 매입세액 불공제 사유인 비영업용소형승용차의 구입·유지·임차의 경우에도 매입세액이 불공제되므로 입력하지 않는다.

• 조회기간 : 2018년 10월 ~ 12월

2. 신용카드 등 매입내역 합계

구분	거래건수	공급가액	세액
합 계	2	5,400,000	540,000
현금영수증			
화물운전자복지카드			
사업용신용카드	1	400,000	40,000
기 타 신용카드	1	5,000,000	500,000

3. 거래내역입력

월/일	구분	공급자	공급자(가맹점) 사업자등록번호	카드회원번호	거래건수	공급가액	세액
11-03	사업	한동식당	105-05-23905	9843-8765-3021-1234	1	400,000	40,000
11-30	신용	컴퓨터사랑	701-83-94128	1234-7896-4510-5461	1	5,000,000	500,000
							세액
		합계			2	5,400,000	540,000

② 건물 등 감가상각자산취득명세서 작성

매입매출전표 입력을 하지 않았으므로 새로불러오기를 해도 금액이 자동반영되지 않는다. 따라서 아래 그림과 같이 직접 입력하면 된다. 입력이 끝나면 반드시 저장을 한다.

• 조회기간 : 2018년 10월 ~ 12월

취득내역

감가상각자산종류	건수	공급가액	세 액	비 고
합 계	1	5,000,000	500,000	
건물 · 구축물				
기 계 장 치				
차 량 운 반 구				
기타감가상각자산	1	5,000,000	500,000	

거래처별 감가상각자산 취득명세

	월/일	상호	사업자등록번호	자산구분	공급가액	세액	건수
1	11-30	컴퓨터사랑	701-83-94128	기타	5,000,000	500,000	1
2							
		합 계			5,000,000	500,000	

③ 제 2기 확정 부가가치세 신고서 [14번. 기타공제매입세액] 란에 5,400,000원(세액 540,000원)을 입력한다. 이는 신고서의 40번과 41번칸에 해당 금액을 입력하면 자동으로 반영된다.

14.그 밖의 공제매입세액				
신용카드매출	일반매입	40	400,000	40,000
수령금액합계표	고정매입	41	5,000,000	500,000
의제매입세액		42		뒤쪽
재활용폐자원등매입세액		43		뒤쪽
과세사업전환매입세액		44		
재고매입세액		45		
변제대손세액		46		
외국인관광객에대한환급세액		47		
합계		48	5,400,000	540,000

세	그 밖의 공제매입세액	14	5,400,000	540,000

(참고 : 백업데이터에 기입력된 금액이 얼마이든 본 문제에서 신고서에 반영하여야 할 부분은 [14]번, [40]번, [41]번 칸의 금액이다.)

결산자료입력

PART

04

결산이란 1년간의 회계처리에 대해 12월 31일에 장부를 마감하고 재무제표를 만들어 내는 일련의 과정을 말한다. 12월 31일 일반전표로 결산수정분개를 모두 입력한 후 제조원가명세서, 손익계산서, 이익잉여금처분계산서, 재무상태표 등의 순서로 재무제표를 작성한다.

① 결산자료입력

결산자료입력이란 회계기간 말에 결산정리분개(수정분개)를 입력하는 과정을 말한다. 결산정리분개는 발생주의와 현금주의의 차이를 조정하거나 자산·부채의 평가 등을 함으로써 외부에 공시되는 재무제표가 일반기업회계기준에 맞게 공시되도록 하는 것을 말한다.

결산정리분개는 원칙적으로 12월 31일자 일반전표에 입력하는 것이다. 그런데, 이러한 결산분개 중 일부분은 분개의 차변과 대변 계정과목이 정해져 있어서 금액만 정확하게 찾으면 어느 누가 입력하더라도 정확하게 분개가 똑같은 모양이 나타나는 항목이 있다. 예를 들어 감가상각비 분개의 경우 무조건 차변에 감가상각비, 대변에 감가상각누계액이라는 계정과목이 나타나므로 금액만 정확하게 찾으면 항상 분개의 모양은 똑같이 나타나게 된다.

이러한 분개를 묶어 케이렙 프로그램에서는 해당 금액만 입력하면 자동으로(한꺼번에) 12월 31일의 일반전표가 생성되도록 메뉴를 설정하여 놓았다. 이러한 메뉴에 입력하는 항목을 자동결산항목이라고 부르며, 그 이외의 분개(12월 31일자의 일반전표에 직접 수기로 입력해야 하는 분개)를 수동결산항목이라고 한다. 이들 항목 중 반드시 수동결산항목을 모두 입력하고 난 후 자동결산항목을 입력하고 분개를 생성시키는 [F3 전표추가]탭을 눌러주어야 결산분개가 완성되는 것이다. 전산세무 1급의 결산자료입력 문제를 잘 풀기 위해서는 반드시 수동결산항목과 자동결산항목을 구분하는 것을 정확하게 연습하여야 한다.

결산분개를 하는 것은 원칙적으로는 12월 31일자의 일반전표에 수정분개를 입력하는 것이므로 자동결산항목이라고 하더라도 결산자료입력 메뉴에 입력하지 않고 12월 31일의 일반전표에 직접 전표를 입력하여 처리할 수도 있다. 다만, 실무편의와 시험시간 단축을 위해서는 자동결산항목을 제대로 추려내어 해당 메뉴에 금액만 입력하는 것이 가장 빠르고 정확할 것이다. 또한 결산을 완성하기 위해서는 문제에서 수동결산항목만 주어진다고 하더라도(즉, 자동결산항목 금액을 추가로 입력하지 않더라도) 해당 메뉴의 [F3 전표추가]키를 무조건 클릭해야 한다는 것도 알고 있어야 한다.

만약 문제에서 이익잉여금처분과 관련된 내역을 제시하면 ① 수동결산항목 입력 ② 자동결산항목 입력 ③ [전표추가] 클릭 ④ 제조원가명세서·손익계산서 등 조회 ⑤ 이익잉여금처분계산서 입력 후 [전표추가]의 순서로 결산작업을 진행하여야 한다. 시험문제에서 이익잉여금처분과 관련된 내역을 제시하지 않는 경우에는 위 단계 중 ①,②,③까지 하고 문제풀이를 완료하면 시간을 단축시킬 수 있다.

결산자료입력 문제의 구성	문제풀이 순서
이익잉여금 처분 문제가 없을 경우	① 수동결산항목 입력 : 12월 31일 일반전표 입력
	② 자동결산항목 입력 : [결산자료입력] 메뉴에 입력
	③ 결산자료입력 메뉴 상단의 [전표추가] 반드시 클릭
이익잉여금 처분 문제가 있을 경우	① 수동결산항목 입력 : 12월 31일 일반전표 입력
	② 자동결산항목 입력 : [결산자료입력] 메뉴에 입력
	③ 결산자료입력 메뉴 상단의 [전표추가] 반드시 클릭
	④ 제조원가명세서 12월 말일자로 조회
	⑤ 손익계산서 12월 말일자로 조회
	⑥ 이익잉여금처분계산서 조회 후 해당사항 입력
	⑦ 이익잉여금처분계산서 화면 상단의 [전표추가] 반드시 클릭
	⑧ 재무상태표 12월 말일자로 조회

자동결산항목과 수동결산항목의 사례는 다음과 같다.

수동결산	[결산자료입력] 메뉴에 자동결산항목으로 나타나지 않은 결산정리항목에 대해서는 수동결산을 해야 한다. 수동결산은 결산분개를 12월 31일자 일반전표로 입력하는 방법이다. 수동결산항목의 예는 다음과 같다. • 선급비용(예 : 화재보험료, 임차료 등의 선급액)의 계상 • 선수수익(예 : 임대료 등의 선수액)의 계상 • 미지급비용(예 : 이자비용 등의 미지급액)의 계상 • 미수수익(예 : 이자수익 등의 미수액)의 계상 • 외화자산·부채의 환산 : 외화환산이익 및 외화환산손실의 환산 • 재고자산 감모손실(비정상적 감모손실)의 계상 • 소모품, 소모품비의 적절한 계상 • 비유동부채의 유동성 대체 • 가지급금 및 가수금 정리 • 단기매매증권·매도가능증권의 기말 평가 등
자동결산	[결산자료입력] 메뉴에 해당 금액을 입력한 후 메뉴의 [F3] 전표추가]키를 이용하여 결산을 완료하는 방법을 말한다. 자동결산항목의 예는 다음과 같다. • 매출원가 계산(기말원재료 재고액, 기말재공품 재고액, 기말제품 재고액 입력) • 퇴직급여충당부채 전입액 : 퇴직급여(전입액) • 유형자산 감가상각비 계상 • 무형자산상각비(개발비, 영업권 상각액 등) 계상 • 대손충당금 설정 • 법인세 등(선납세금 및 미지급세금 포함)

(1) 수동결산

수동결산이란 **12월 31일의 일반전표**에 결산정리분개를 직접 입력하는 것이다. 수동결산을 하기 위해서는 결산정리분개에 대한 기본적인 이론내용을 잘 알고 있어야 한다(결산정리분개에 대한 내용이 이해가 잘 안된다면 본 교재의 재무회계편(이론편)에 대해 다시 복습을 해야 정확한 결산분개를 찾아내는 능력을 키울 수 있다). 아래에서 수동결산 항목의 대표적인 사례 몇가지를 살펴보도록 하자.

① 선급비용 : 보험료 등

✿ 사례

(주)혜민은 2018년 9월 1일에 1년분의 임차료 120만원을 한꺼번에 현금으로 지급하고 선급비용(자산) 계정 차변에 계상하였다. 그러므로 2018년 12월 31일에 결산을 하면서 선급비용 중 4개월분(9·10·11·12월분)인 40만원은 임차료(비용)로 인식하여야 하고, 2019년 1월부터 8월까지 8개월분 임차료인 80만원은 선급비용(자산) 계정으로 남아 있어야 한다. 이 경우 회사의 회계처리는 다음과 같다.

• 2018. 9. 1(임차료 선급시 당초의 회계처리)				(단위 : 만원)
(차) 선 급 비 용(자산)	120	(대) 현　　　금		120
• 2018. 12. 31(결산일의 결산정리분개)				
(차) 임 차 료(비용)	40	(대) 선 급 비 용(자산)		40

그러나 회사가 2018년 9월 1일에 다음과 같이 분개하였다고 가정하자.

• 2018. 9. 1(임차료 선급시)				(단위 : 만원)
(차) 임 차 료(비용)	120	(대) 현　　　금		120
• 2018. 12. 31(결산일의 결산정리분개)				
(차) 선급비용(자산)	80	(대) 임 차 료(비용)		80

즉, 선급비용의 경우에는 회사가 회계기간 중에 어떻게 회계처리하였는가에 따라 기말수정분개가 달라지므로 자동으로 분개를 생성시킬 수가 없다. 따라서 12월 31일의 일반전표에 분개를 직접 입력하는 것이다. (수동결산항목)

② 선수수익 : 임대료 등

✤ 사례

(주)혜민은 상가임대를 하고 있으며 2018년 12월 1일에 2018년 12월 1일부터 2019년 5월 31일까지의 6개월분 임대료 600만원을 한꺼번에 현금으로 미리 받았다. 회사는 12월 1일에 600만원을 전부 임대료(수익)로 회계처리하였다. 이 경우 600만원 중 100만원은 2017년의 임대료이고 나머지 500만원은 2019년의 임대료이므로 이에 대한 결산분개가 필요하다. 2019년에 수익(임대료)으로 처리해야 할 금액은 아직은 2018년의 수익이 아니므로 선수수익으로 부채 처리를 해야 한다. 따라서 결산분개는 다음과 같다.

			(단위 : 만원)
• 2018. 12. 1(임대료 수령시 회계처리)			
(차) 현 금	600	(대) 임 대 료(수익)	600
• 2018. 12. 31(결산일의 결산정리분개)			
(차) 임 대 료(수익)	500	(대) 선 수 수 익(부채)	500

그러나 회사가 2018년 12월 1일에 다음과 같이 분개하였다고 가정하자.

			(단위 : 만원)
• 2018. 12. 1(임대료 수령시 회계처리)			
(차) 현 금	600	(대) 선 수 수 익(부채)	600
• 2018. 12. 31(결산일의 결산정리분개)			
(차) 선 수 수 익(부채)	100	(대) 임 대 료(수익)	100

선수수익 역시 회사가 회계기간 중에 어떻게 회계처리하였는가에 따라 기말수정분개가 달라지므로 자동으로 분개를 생성시킬 수가 없다. 따라서 12월 31일의 일반전표에 분개를 직접 입력하는 것이다. (수동결산항목)

③ 미지급비용 : 이자비용, 임차료 등

✤ 사례

(주)혜민은 2018년 11월 1일, (주)은행으로부터 1,000만원을 연이자율 12%로 6개월간 차입했다. 차입금에 대한 이자는 2019년 4월 30일에 차입금을 상환할 때에 한꺼번에 지급하기로 하였다.

이 경우 (주)혜민은 2018년 연도 중에는 이자비용에 대한 회계처리를 하지 않았지만, 차입금을 빌려온 기간은 6개월인데 그 중 2개월이 지났으므로(2018년 11월, 12월) 그 기간동안 발생한 이자는 12월 31일에 결산분개로 입력해야 하는 것이다. 이자율은 연이자율로 12%라고 하였으므로 한달에 1,000만원의 1%씩 이자가 발생하는 것이므로 11월과 12월에 발생한 이자는 20만원이다.

따라서 2018년 12월 31일에 아래와 같은 분개를 한다.

			(단위 : 만원)
• 2018. 11. 1(차입금 차입시 회계처리)			
(차) 현 금	1,000	(대) 단기차입금	1,000
• 2018. 12. 31(결산일의 결산정리분개)			
(차) 이 자 비 용(비용)	20	(대) 미지급비용(부채)	20

미지급비용은 회사가 아직 지급하기로 한 날짜는 도래하지 않았지만 이미 일정한 기간이 지나서 지급할 의무가 생긴 부채에 대해 사용하는 계정과목이며, 미지급비용 역시 케이렙 프로그램에서는 이를 수동결산항목으로 하고 있다.

④ 미수수익 : 이자수익 등

✿ 사 례

(주)은행은 2018년 11월 1일 (주)혜민에게 대여금 1,000만원을 6개월 만기로 빌려주었고, 이에 대한 이자는 연이자율 12%로 대여금의 만기일인 2019년 4월 30일에 한꺼번에 수령하기로 하였다. 이 경우 (주)은행은 2018년 회계기간 중에는 이자를 현금으로 수령하지는 않지만, 이자를 얻기 위한 가장 중요한 사건인 '기간의 경과'가 2개월 동안 일어났으므로 2018년 11월분과 12월분 이자수익에 대한 분개를 해야 한다. 이에 대한 12월 31일의 분개를 살펴보면 다음과 같다.

• 2018. 11. 1(단기대여금 지급 회계처리)						(단위 : 만원)
(차) 단기대여금		1,000	(대) 현 금			1,000
• 2018. 12. 31(결산일의 결산정리분개)						
(차) 미 수 수 익(자산)		20	(대) 이 자 수 익(수익)			20

미수수익은 아직 회사가 받은 현금 이자는 아니지만 이미 이자수령을 위한 일정한 기간이 지나서 받을 권리가 생긴 금액을 결산시에 손익계산서의 수익으로 반영해 줄 때에 사용하는 계정과목이다. 이 경우 대변에 수익 계정을 써서 손익계산서에 반영하되, 차변에는 아직 현금이 들어온 것이 아니므로 미수수익(자산)계정을 사용하는 것이다. 이 역시 케이렙 프로그램에서는 수동결산항목으로 처리해야 한다.

⑤ 소모품 및 소모품비

✿ 사 례

(주)혜민은 2018년 7월 5일에 소모품 100만원어치를 매입하였다. 이 중 2018년 12월 31일 현재 남아있는 소모품은 30만원어치이다. 이에 대한 결산분개를 해보도록 하자. 최초 7월 5일의 분개에 따라 결산분개도 아래와 같이 두가지 형태로 나타난다.

• 2018. 7. 5(소모품 구입시 회계처리)						(단위 : 만원)
(차) 소 모 품 비(비용)		100	(대) 현 금			100
• 2018. 12. 31(결산일의 결산정리분개)						
(차) 소 모 품(자산)		30	(대) 소 모 품 비(비용)			30

그러나 회사가 2018년 7월 5일에 다음과 같이 분개하였다고 가정하자.

• 2018. 7. 5(소모품 구입시 회계처리)						(단위 : 만원)
(차) 소 모 품(자산)		100	(대) 현 금			100
• 2018. 12. 31(결산일의 결산정리분개)						
(차) 소 모 품 비(비용)		70	(대) 소 모 품(자산)			70

소모품 및 소모품비의 경우 소모품 구입시에 어떻게 분개했는지에 따라 결산분개 처리가 달라지게 되므로 이 역시 케이렙 프로그램에서는 수동결산항목으로 처리하고 있다.

⑥ 외화환산이익 또는 외화환산손실

✤ 사례

(주)혜민은 2018년 12월 10일에 제품을 수출하고 제품 대금을 아직 수령하지 못했다. 제품 대금은 $10,000이며 12월 10일의 기준환율은 달러당 1,000원이었다. 12월 31일 현재 해당 외상매출금은 아직 회수하지 못했으며 12월 31일의 기준환율은 달러당 1,020원으로 변동되었다. 이에 대한 결산분개를 하여라.

• 2018. 12. 10(제품 수출(선적)시 회계처리)				(단위 : 만원)
(차) 외상매출금	1,000	(대) 제품매출		1,000
• 2018. 12. 31(결산일의 결산정리분개)				
(차) 외상매출금	20	(대) 외화환산이익		20

이 경우 회사가 12월 10일에 수출을 한 것이 아니라 상품 수입을 한 것이라고 가정해 보자(금액 $10,000, 환율 1,000원/$). 이 경우의 회계처리는 다음과 같다.

• 2018. 12. 10(상품 수입시 회계처리)				(단위 : 만원)
(차) 상 품	1,000	(대) 외상매입금		1,000
• 2018. 12. 31(결산일의 결산정리분개)				
(차) 외화환산손실	20	(대) 외상매입금		20

외화로 표시된 화폐성 외화자산·외화부채를 12월 31일 현재 보유하고 있는 경우 해당 자산 및 부채에 대해 환율평가를 하여야 하고 이 경우 외화환산이익 및 외화환산손실이라는 계정과목이 나타난다. 이러한 외화환산의 문제도 수동결산항목의 대표적인 사례이다.

이 외에도 수동결산항목의 사례는 다양하다. 재무회계 이론에서 전반적으로 배우는 내용들이 모두 수동결산을 잘 하기 위한 것이라고 보아도 과언이 아닐 정도로 종류가 많은 것이다. 따라서 다양한 사례를 재무회계 이론 및 실기 연습문제를 통해 연습해 두어야 한다.

(2) 자동결산

자동결산정리항목에 대해서는 **결산정리항목을 [결산및재무제표] 하단의 [결산자료입력]메뉴에 입력한 후 [F3전표추가]키를 클릭하면 자동으로 전표가 생성되어 일반전표에 추가되는 것이다.** 자동결산항목을 입력하기 위해 [결산및재무제표] 하단의 [결산자료입력]을 클릭하면 아래와 같은 화면이 나온다. (사례 : (주)열공테크(회사코드 2000))

이 화면에서 결산일자를 "1월부터 12월까지"로 기간을 선택하면 다음과 같은 화면이 나온다. (기존에 입력된 사항은 모두 무시하기로 한다.)

±	코드	과 목	결산분개금액	결산전금액	결산반영금액	결산후금액
		1. 매출액		1,155,921,004		1,155,921,004
	0401	상품매출		18,630,912		18,630,912
	0404	제품매출		1,137,290,092		1,137,290,092
		2. 매출원가		837,133,610		837,133,610
	0455	제품매출원가				837,133,610
		1)원재료비		690,892,200		690,892,200
	0501	원재료비		690,892,200		690,892,200
	0153	① 기초 원재료 재고액		4,700,000		4,700,000
	0153	② 당기 원재료 매입액		686,492,200		686,492,200
	0153	⑥ 타계정으로 대체액		300,000		300,000
	0153	⑩ 기말 원재료 재고액				
		3)노 무 비		54,820,000		54,820,000
		1). 임금 외		54,820,000		54,820,000
	0504	임금		54,820,000		54,820,000
	0508	2). 퇴직급여(전입액)				
	0550	3). 퇴직연금충당금전입액				
		7)경 비		78,721,410		78,721,410
		1). 복리후생비 외		78,721,410		78,721,410
	0511	복리후생비		4,866,900		4,866,900
	0512	여비교통비		961,150		961,150
	0513	접대비		565,000		565,000
	0514	통신비		221,000		221,000
	0515	가스수도료		644,060		644,060
	0516	전력비		4,927,700		4,927,700
	0517	세금과공과금		268,500		268,500
	0519	임차료		500,000		500,000

매출액:[1,155,921,004] 당기순이익:[168,004,890] 소득평율:14.53%

이 중 문제의 요구사항에 해당되는 곳에 금액을 입력하면 된다. 만약 매출원가 코드를 변경하거나 새롭게 등록하고 싶다면 화면 상단 메뉴 중 [F4 원가설정]메뉴를 눌러 매출 원가 코드 및 원가경비를 선택하면 된다. 시험에서는 매출원가및경비가 455번 제품매출 원가, 500번대 제조경비로 선택되어 있다. 그러나 만약 시험문제에서 원가설정이 되어 있지 않다면 반드시 [F4 원가설정] 탭을 클릭하여 아래와 같이 [455번 제품매출원가] 앞 의 사용여부 란에 '여'로 체크를 해야 한다.

사용여부	매출원가코드 및 계정과목		원가경비		화면
여	0455	제품매출원가	1	0500번대	제조
부	0452	도급공사매출원가	2	0600번대	도급
부	0457	보관매출원가	3	0650번대	보관
부	0453	분양공사매출원가	4	0700번대	분양
부	0458	운송매출원가	5	0750번대	운송

[참고사항]
1.편집(tab)을 선택하면 사용여부를 1.여 또는 0.부로 변경하실 수 있습니다.
2.사용여부를 1.여로 입력 되어야만 매출원가코드를 변경하실 수 있습니다.
  (편집(tab)을 클릭하신 후에 변경하세요)
3.사용여부가 1.여인 매출원가코드가 중복 입력되어 있는 경우 본 화면에
  입력하실 수 없습니다.

확인(Enter)   편집(Tab)   자동설정(F3)   취소(ESC)

결산자료입력 화면에 파란색 줄이 길게 생겨서 추가 입력이 불가능하게 되어 있는 것은 자동결산항목이 아니고 아래 그림처럼 해당 칸에만 파란색이 칠해지면서 글씨를 입력할 수 있게 되는 것이 자동결산항목이다. 문제에서 주어진 자동결산항목 관련 금액을 각각 해당란에 입력하면 된다.

입력하지 못하는 란		1)원재료비	690,892,200	690,892,200
	0501	원재료비	690,892,200	690,892,200
	0153	① 기초 원재료 재고액	4,700,000	4,700,000
	0153	② 당기 원재료 매입액	686,492,200	686,492,200
	0153	⑥ 타계정으로 대체액	300,000	300,000
	0153	⑩ 기말 원재료 재고액		

※ 위와같이 길게 생긴 칸에는 숫자 입력이 불가능하다.

입력할 수 있는 란 (= 결산정리항목)		1)원재료비	690,892,200	690,892,200
	0501	원재료비	690,892,200	690,892,200
	0153	① 기초 원재료 재고액	4,700,000	4,700,000
	0153	② 당기 원재료 매입액	686,492,200	686,492,200
	0153	⑥ 타계정으로 대체액	300,000	300,000
	0153	⑩ 기말 원재료 재고액		

※ 위와같이 작은 칸이 만들어지면 여기에 숫자를 바로 입력할 수 있다.

결산자료를 입력한 후에는 반드시 화면 위의 [F3 전표추가]키를 눌러 입력한 사항을 일반전표에 자동으로 추가해야 한다. [전표추가]키를 직접 클릭하거나 F3을 입력하면 아래와 같은 화면이 나타나며 여기에서 [예]를 선택하면 12월 31일의 일반전표가 자동으로 추가되는 것이다.

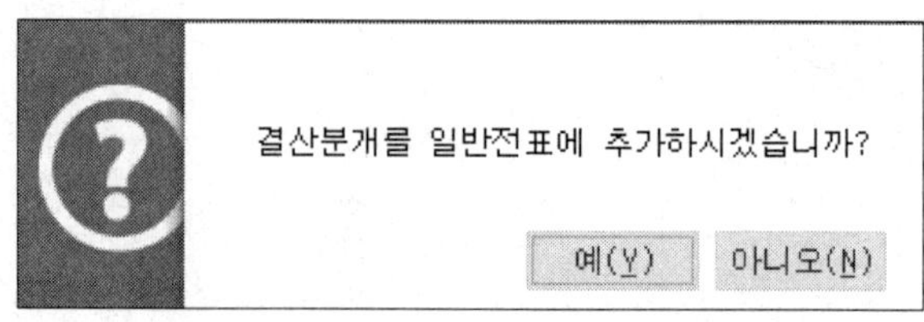

결산분개 추가 후 12월 31일자의 일반전표를 조회해 보자. 아래와 같이 화면 오른쪽 위에 [결산]이라는 글자가 생기는 전표는 모두 결산자료입력 메뉴를 통해 자동으로 생성된 전표이다. 자동으로 생성된 전표는 [구분]란에 [결차], [결대]로 표시되는 것을 알 수 있다.

결산의 오류정정

한번 결산분개를 한 후 그 상태에서 다시 새롭게 결산분개의 전표를 추가할 수는 없다. 이미 결산자료입력이 되어 있는 상태에서 자동으로 입력된 자료를 삭제하기 위해서는 화면 상단의 [일괄삭제및기타]를 누르거나, 12월 31일의 일반전표입력 화면에서 Shift +F5 (Shift 과 F5를 동시에 누름)를 눌러 아래와 같은 일괄삭제 메뉴가 나타나면 [확인]을 누르면 자동으로 입력된 결산분개를 체크해 주며 해당 분개가 모두 체크된 후에 화면 상단의 ⊗삭제를 누르면 된다.

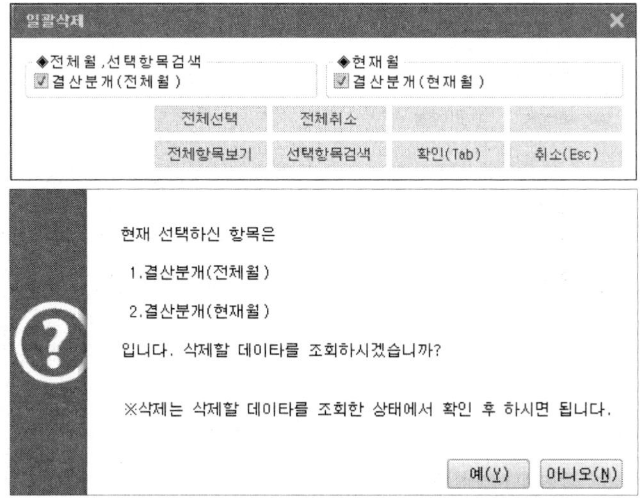

또는 [결산자료입력]화면 상단의 [결산분개삭제]버튼을 클릭하면 아래와 같은 화면이 나타나는데 이 경우 전표를 다시 입력하기 위해서는 아래 그림의 [예]를 클릭한 후 다시 전표추가를 해도 된다.

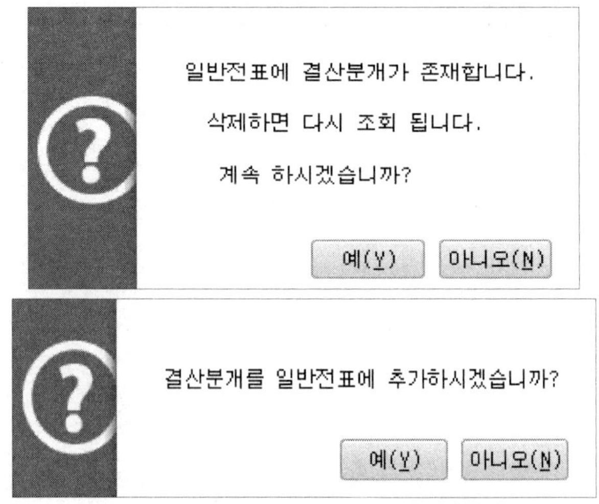

 **대손충당금 자동 계산 및 입력**

KcLep 프로그램에서는 외상매출금, 받을어음 등에 대한 대손충당금을 자동으로 계산해 주는 메뉴가 있다. [결산자료입력] 메뉴의 기간을 1월에서 12월로 설정한 후 메뉴 상단의 [F8 대손상각]이라는 탭을 클릭하면 12월말 현재의 외상매출금 등 채권 잔액과 대손충당금 잔액이 아래 화면과 같이 나타난다.

코드	계정과목명	금액	설정전 충당금 잔액			추가설정액(결산반영) [(금액x대손율)-설정전충당금잔액]	유형
			코드	계정과목명	금액		
0108	외상매출금	583,220,000	0109	대손충당금	150,000	5,682,200	판관
0110	받을어음	130,550,000	0111	대손충당금	890,000	415,500	판관
0114	단기대여금	10,000,000	0115	대손충당금		100,000	영업외
0120	미수금	2,000,000	0121	대손충당금		20,000	영업외
0131	선급금	8,600,000	0132	대손충당금		86,000	영업외
	대손상각비 합계					6,097,700	판관
	기타의 대손상각비					206,000	영업외

대손율(%) 1.00

새로불러오기　결산반영　취소(Esc)

이 화면의 왼쪽 위에 대손율(%)을 수정할 수 있는 칸이 있으므로 시험문제에서 대손율을 2% 또는 1.5% 등으로 설정하라고 한다면 여기에 숫자를 수정하여 입력하면 된다. 현재 1%의 설정율을 적용한 상태에서 외상매출금에 대한 대손충당금 추가 설정액은 5,682,200원인 것을 위 그림에서 확인할 수 있다. 외상매출금과 받을어음은 매출채권이므로 이들에 대한 대손충당금 설정액은 '대손상각비'로 처리되고 대여금, 미수금 등의 채권에 대해서는 이들이 영업외 활동으로 인한 채권이므로 '기타의대손상각비'로 영업외비용 처리가 되는데 프로그램에서는 이러한 작업까지 자동으로 진행해 준다. 대손충당금을 여기에 있는 금액으로 설정하려면 메뉴 오른쪽 하단의 [결산반영] 탭을 클릭한다.

이렇게 자동으로 입력된 대손충당금 설정액을 살펴보면 판매관리비 하단에 외상매출금과 받을어음에 대한 금액이 입력되고, 영업외비용 하단에 단기대여금과 미수금에 대한 금액이 입력되어 있음을 알 수 있다.

0835	5). 대손상각			6,097,700	6,097,700
0108	외상매출금			5,682,200	5,682,200
0110	받을어음			415,500	415,500
0954	2). 기타의대손상각			206,000	206,000
0114	단기대여금			100,000	100,000
0120	미수금			20,000	20,000
0131	선급금			86,000	86,000

 **감가상각비 자동 계산**

대손충당금과 마찬가지로 결산자료입력 메뉴에서 감가상각비도 자동으로 구해서 입력할 수 있다. 이는 결산자료입력 메뉴 상단의 [F7 감가상각] 탭을 통해 가능하다. 감가상각 탭을 클릭하면 다음과 같은 화면이 나타난다.

단, 자동으로 감가상각비를 계산하고 입력하려면 결산을 하기 전에 먼저 고정자산등록을 해 두어야 한다. 고정자산등록에 대해서는 뒷부분에서 다루기로 하고, 여기에서는 감가상 각비 계상도 대손충당금 설정과 마찬가지로 자동으로 입력하는 기능이 있다는 것만 알아두 도록 하자.

선납세금의 계상

종전의 더존 프로그램에서는 법인세등에 대한 회계처리를 할 때에 선납세금은 수동결산으로 하여 12월 31일자 일반전표로 ((차) 법인세등 *** (대)선납세금 ***)의 회계처리를 한 후 나머지 미지급법인세에 대해서만 자동결산이 가능하도록 프로그램이 설정되어 있어 수험생의 불편함이 있었다.

그러나 현재의 수험용 프로그램인 **KcLep** 프로그램에서는 선납세금에 대한 입력도 결산자료입력 메뉴에서 한꺼번에 자동결산을 할 수 있게 구성되었다.

회계기간 중 선납세금에 대한 분개가 있었다면, 결산자료입력을 할 때에 메뉴 하단의 [9.법인세등] 아래쪽에 '선납세금' 을 입력하는 란이 생성된다. 여기에 해당 '선납세금' 금액과 '추가계상액'을 각각 입력한 후 [전표추가]를 하면 된다.

예를 들어 법인세 선납세금이 **3,000,000원** 입력되어 있는 상태에서 결산자료입력 메뉴를 조회하면 다음과 같이 선납세금이 보이는 것이다.

0998	9. 법인세등			
0136	1). 선납세금		3,000,000	
0998	2). 추가계상액			

위 그림에서 진하게 표시된 부분에 3,000,000원을 입력하고 아래쪽 추가계상액 란에 추가로 계상해야 할 법인세를 입력하면 된다. 선납세금을 입력한 후 아래쪽의 추가계상액 란에 나머지 미지급세금 금액을 입력하면 된다.

퇴직급여충당부채의 자동 계산 및 입력

결산자료입력 메뉴 상단의 CF8 퇴직충당 탭을 클릭하면 아래와 같은 화면이 나타난다.

전기분 재무상태표에 퇴직급여충당부채가 설정되어 있다면(계정과목은 하나이지만, 전기분 재무상태표에는 생산직 사원에 대한 퇴직급여충당부채와 사무직 사원에 대한 퇴직급여충당부채가 별도로 입력되어 있음) 설정전 잔액 입력되어 있다. 시험문제에서 퇴직급여추계액을 제시하므로 해당 란에 금액을 입력하면 퇴직금 추가설정액이 나타나면 해당 금액을 결산에 반영하고자 할 경우 화면 하단의 [결산반영] 탭을 누르면 된다.

이렇게 자동으로 퇴직급여충당부채 추가 설정액을 계산하여 자동입력하는 기능이 있으므로 앞으로의 시험에서는 해당 기능을 활용하는 문제도 출제될 것으로 예상된다. 단, 시험문제에서 퇴직급여충당부채를 직접 입력하라고 하거나 위 화면처럼 당초 설정되어 있는 퇴직급여충당부채 등이 전산에 반영되어 있지 않아 자동계산이 어려운 경우에는 결산자료입력 메뉴에 아래와 같이 직접 입력하여도 된다.

- 생산직 임직원에 대한 퇴직급여충당부채 추가설정액 : [제품매출원가] 하단의 [(3) 노무비] 중 [퇴직급여(전입액)]란에 직접입력
- 사무직 임직원에 대한 퇴직급여충당부채 추가설정액 : [판매비와 일반관리비] 하단의 [(2) 퇴직급여(전입액)]란에 직접 입력

② 손익계산서

재무제표를 작성하는 것은 일정한 순서에 따라 해야 한다. 가장 먼저 손익계산서를 작성한 후 이익잉여금처분계산서를 작성해야 재무상태표를 제대로 작성할 수 있다. 즉, 손익계산서 작성을 해야 당기순이익을 산출할 수 있고 이것이 이익잉여금처분계산서의 당기순이익에 반영된다. 또한 이익잉여금처분계산서가 작성완료되어야 여기의 미처분이익잉여금이 재무상태표의 이월이익잉여금으로 반영되게 되므로 결산 순서는 정확히 지켜야 한다.

결산시 별도의 다른 입력작업을 하지 않더라도 무조건 손익계산서를 먼저 클릭하여 기간을 12월로 입력하여 손익계산서를 조회한 후 Esc 를 눌러 종료한 후 다른 작업을 해야 한다.

과　　목	제 5(당)기 2018년1월1일 ~ 2018년12월31일 금액	제 4(전)기 2017년1월1일 ~ 2017년12월31일 금액
Ⅰ.매출액	1,155,921,004	279,061,200
상품매출	18,630,912	
제품매출	1,137,290,092	279,061,200
Ⅱ.매출원가	837,133,610	54,798,000
제품매출원가	837,133,610	54,798,000
기초제품재고액	10,000,000	41,038,000
당기제품제조원가	827,133,610	23,760,000
기말제품재고액		10,000,000
Ⅲ.매출총이익	318,787,394	224,263,200
Ⅳ.판매비와관리비	157,088,200	95,106,200
급여	60,700,000	67,438,400
복리후생비	7,129,200	8,900,000
여비교통비	409,800	
접대비	39,479,500	
통신비	1,272,610	3,130,000
수도광열비	773,760	2,251,300
세금과공과금	993,000	1,653,000
감가상각비	2,500,000	2,858,500
임차료	2,750,000	4,000,000
수선비	7,426,000	650,000
보험료	7,296,000	
차량유지비	2,888,210	780,000
운반비	782,000	950,000
도서인쇄비	100,000	770,000

제조기업의 경우에는 손익계산서 작성 전에 반드시 제조원가명세서를 확정하여 '당기제품 제조원가' 금액을 결정해야 이 금액이 손익계산서에 반영되게 된다. 제조기업이 아닌 경우에는 제조원가명세서는 작성할 필요가 없다.

❸ 이익잉여금처분계산서

이익잉여금처분계산서를 처음 작성할 때에는 당기의 (이익잉여금)처분예정일과 전기의 (이익잉여금)처분확정일을 각각 입력하여야 한다.

과목		계정과목명	제 5(당)기 2018년01월01일~2018년12월31일 제 5기(당기) 금액	제 4(전)기 2017년01월01일~2017년12월31일 제 4기(전기) 금액
I.미처분이익잉여금			1,168,795,500	163,657,000
1.전기이월미처분이익잉여금			163,657,000	35,500,000
2.회계변경의 누적효과	0369	회계변경의누적효과		
3.전기오류수정이익	0370	전기오류수정이익		
4.전기오류수정손실	0371	전기오류수정손실		
5.중간배당금	0372	중간배당금		
6.당기순이익			1,005,138,500	128,157,000
II.임의적립금 등의 이입액				
1.				
2.				
합계			1,168,795,500	163,657,000
III.이익잉여금처분액				
1.이익준비금	0351	이익준비금		
2.재무구조개선적립금	0354	재무구조개선적립금		
3.주식할인발행차금상각액	0381	주식할인발행차금		
4.배당금				
가.현금배당	0265	미지급배당금		
주당배당금(률)		보통주		
		우선주		
나.주식배당	0387	미교부주식배당금		
주당배당금(률)		보통주		
		우선주		
5.사업확장적립금	0356	사업확장적립금		
6.감채적립금	0357	감채적립금		

시험문제에서 처분확정일 등을 준 경우에는 해당 날짜를 입력하고 아래의 서식에 해당 금액 등을 입력한다. 결산자료입력 메뉴와 마찬가지로 이익잉여금처분계산서 입력란에서도 파랗게 길게 표시된 부분은 입력이 불가능한 부분이고, 그렇지 않고 조그맣게 파란 박스가 표시되는 부분이 입력가능한 부분이다.

손익계정을 마감하고 이익잉여금 잔액을 재무상태표에 반영하기 위해 최종적으로 메뉴 상단의 [F6전표추가]를 클릭하여 일반전표에 자동분개를 추가하여야 한다.

[F6전표추가]를 클릭하면 아래와 같은 안내 문구가 나타나면서 일반전표가 추가된다.

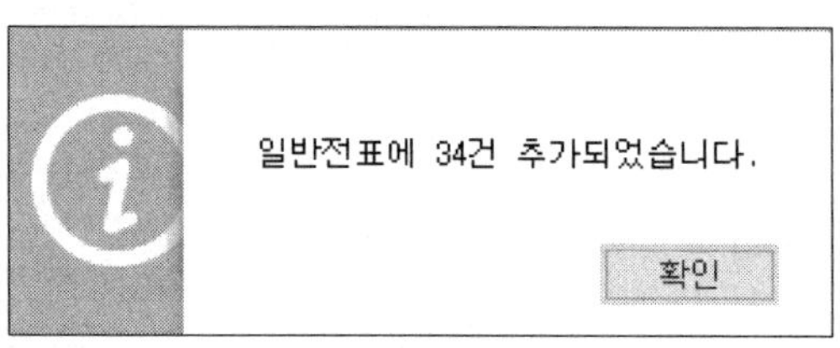

시험문제에서 현금배당을 입력하라고 했을 경우에는 문제에서 별도의 언급이 없더라도 반드시 현금배당금액의 10%를 이익준비금 란에 기입하여야 한다.

④ 재무상태표

결산분개 ⇨ (제조원가명세서) ⇨ 손익계산서 ⇨ 이익잉여금처분계산서의 순서로 작업이 원활하게 이루어졌다면 마지막으로 재무상태표를 조회해 보자. 2018년 12월로 재무상태표를 조회한 화면은 아래와 같이 나타난다.

과 목	제 5(당)기 2018년1월1일 ~ 2018년12월31일	금액	제 4(전)기 2017년1월1일 ~ 2017년12월31일	금액
자산				
Ⅰ.유동자산		1,259,204,827		842,925,957
① 당좌자산		1,259,204,827		825,525,957
현금		40,895,450		130,897,000
당좌예금		319,654,952		215,378,952
보통예금		66,977,400		353,700,000
정기예.적금		50,000,000		50,000,000
기타단기금융상품		1,590,005		1,590,005
단기매매증권		24,000,000		
외상매출금	583,220,000		56,000,000	
대손충당금	5,832,200	577,387,800	150,000	55,850,000
받을어음	130,550,000		17,000,000	
대손충당금	1,305,500	129,244,500	890,000	16,110,000
단기대여금	10,000,000			
대손충당금	100,000	9,900,000		
미수금	2,000,000		2,000,000	
대손충당금	20,000	1,980,000		2,000,000
선급금	8,600,000			
대손충당금	86,000	8,514,000		
선급비용		600,000		
가지급금		150,000		
부가세대급금		27,810,720		
주.임.종단기채권		500,000		
② 재고자산				17,400,000

❺ 고정자산/감가상각

1. 고정자산등록

[고정자산등록]은 감가상각대상인 고정자산을 처음 취득했을 때 하는 것이며 고정자산 등록을 해 놓으면 해당 고정자산의 당기분 감가상각비를 손쉽게 구할 수 있다. 전산세무 1급 시험에서 고정자산 등록 문제는 자주 출제되지는 않으나 최근들어 결산자료입력 문제를 낼 때 유형자산의 감가상각비를 고정자산 등록 메뉴를 통해 직접 구하여 입력하도록 하는 문제가 출제되었다. 따라서 결산과 관련하여 고정자산 등록 메뉴를 정확하게 익혀놓도록 하자.

고정자산등록을 하기 위해서는 재무회계 전체화면의 [고정자산등록] 메뉴 하단의 [고정자산등록]을 클릭하면 된다. 아래와 같은 등록화면에 고정자산을 계정과목별로 자산코드, 자산명칭, 취득일, 기초가액, 전기말상각누계액 등 문제에서 주어진 자료를 입력하면 된다.

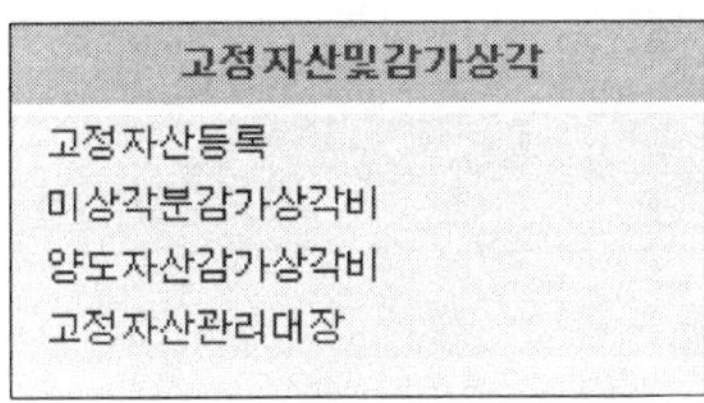

[자산계정과목]을 선택하려면 아래 화면의 ⊡를 클릭하여 입력하고자 하는 계정코드를 더블클릭한다(또는 클릭하여 선택한 후 Enter↵를 쳐도 된다). 예를 들어 "건물"을 선택한 화면은 다음과 같다. 계정과목 선택이 끝나면 자산명과 취득연월일을 입력한다.

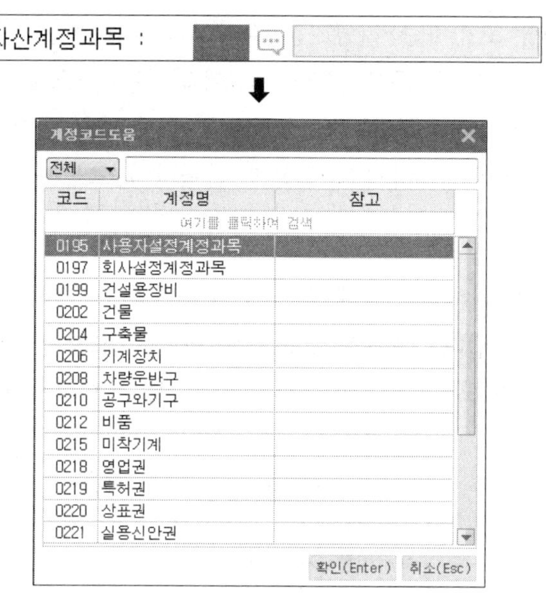

건물을 선택한 후의 화면은 다음과 같다.

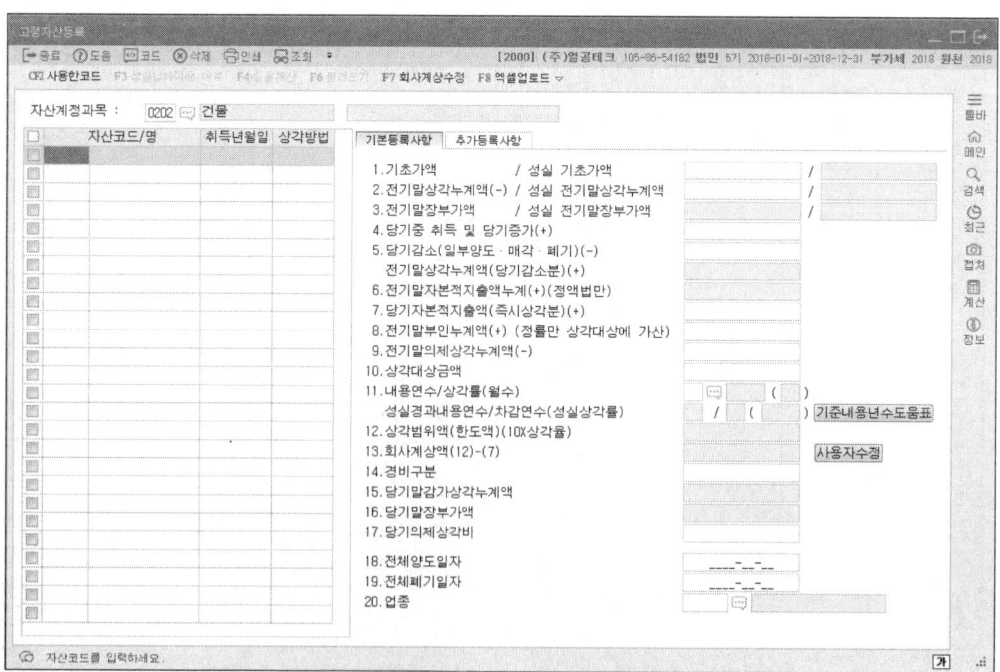

<<< 등록사항 입력방법

주요등록사항 중 시험에 주로 나오는 중요한 입력사항 위주로 살펴보면 다음과 같다. 감가상각 대상 자산의 코드와 명칭은 화면 왼쪽에 입력하고, 취득연월일과 상각방법 (정액법, 정률법 등)도 화면 왼쪽에서 입력한 후 자세한 사항을 기본등록사항에 아래와 같이 입력하면 된다.

기본등록사항	추가등록사항			
1.기초가액	/ 성실 기초가액		/	
2.전기말상각누계액(-) / 성실 전기말상각누계액			/	
3.전기말장부가액	/ 성실 전기말장부가액		/	
4.당기중 취득 및 당기증가(+)				
5.당기감소(일부양도·매각·폐기)(-)				
전기말상각누계액(당기감소분)(+)				
6.전기말자본적지출액누계(+)(정액법만)				
7.당기자본적지출액(즉시상각분)(+)				
8.전기말부인누계액(+) (정률만 상각대상에 가산)				
9.전기말의제상각누계액(-)				
10.상각대상금액				
11.내용연수/상각률(월수)		⊡	(	)
성실경과내용연수/차감연수(성실상각률)		/	(	) 기준내용년수도움표
12.상각범위액(한도액)(10X상각률)				
13.회사계상액(12)-(7)				사용자수정
14.경비구분				
15.당기말감가상각누계액				
16.당기말장부가액				
17.당기의제상각비				
18.전체양도일자		----―--―--		
19.전체폐기일자		----―--―--		
20.업종		⊡		

① [1.**기초가액**] : 자산의 취득원가를 입력한다.

② [2.**전기말상각누계액**] : 전기말 현재의 감가상각누계액을 입력한다.

③ [4.**당기중취득 및 당기증가**] : 당기에 신규로 취득한 자산을 입력한다.

④ [11.**내용연수**] : 자산의 내용연수를 입력한다. 내용연수를 숫자로 입력하면 상각률 은 자동입력된다. 내용연수를 숫자로 입력하고 Enter↵ 를 치거나, ⊡를 클릭하여 아래와 같은 화면이 나오면 여기에서 해당되는 내용연수를 클릭해도 된다.

⑤ **[14.경비구분]** : 해당 자산이 공장 등 제조에 사용되는 것이면 제조경비(1.500번 대)에 반영되어야 하고, 본사나 영업부 등 제조와 직접적으로 관련되지 않은 곳에 사용된다면 판매비와관리비(6.800번대)로 입력해야 한다. 제조경비로 반영하기 위해서는 "1"을 선택하고 판매비와관리비로 처리하기 위해서는 "6"을 선택한다.

⑥ **[20.업종]** : 회사의 업종을 조회하여 입력한다. 문제에서 별도의 언급이 없으면 입력은 생략한다.

이러한 사항을 입력하면 [13. 회사계상액] 란에 당기 감가상각비 금액이 자동으로 계산되어 입력되는데, 이 금액을 수정하고자 할 경우에는 [사용자수정] 탭을 클릭하여 금액을 수정하면 된다.

<<< 추가등록사항 입력방법

추가등록사항은 사용부서코드, 현장코드, 규격, 모델 등을 입력하는 것으로서 시험문제에서 나오는 감가상각비 계산과는 관계가 없다. 단, [5.특별상각비]에 대한 언급을 시험문제에서 하면 추가등록사항의 [5.특별상각비] 란에 입력하되, 실무적으로나 시험에서나 특별상각비를 계상하는 경우는 거의 없다고 보면 된다.

다음 예제를 통해 고정자산 등록을 해 보도록 하자.

고정자산등록

(주)열공테크(회사코드 2000)는 다음과 같은 고정자산을 보유하고 있다. 이에 대한 고정자산 등록을 하여라. 단, 업종 입력은 생략한다.

구 분	① 공장건물	② 영업부 배달용 트럭
코 드	1	1
자 산 명	홍천 공장 1	포터(40고7777)
취 득 가 액	500,000,000	30,000,000
취 득 일	2014년 4월 12일	2018년 5월 1일
전 기 말 상 각 누 계 액	200,000,000	0
내 용 연 수	10년	5년
감 가 상 각 방 법	정액법	정률법
용 도	공장건물	판매업무

해답

① 공장건물

계정과목 선택 : 화면 위쪽의 고정자산 계정과목 란에서 ┈를 클릭하면 아래와 같은 계정코드 도움 화면이 나타나는데 여기서 건물(코드 : 0202)을 선택한다.

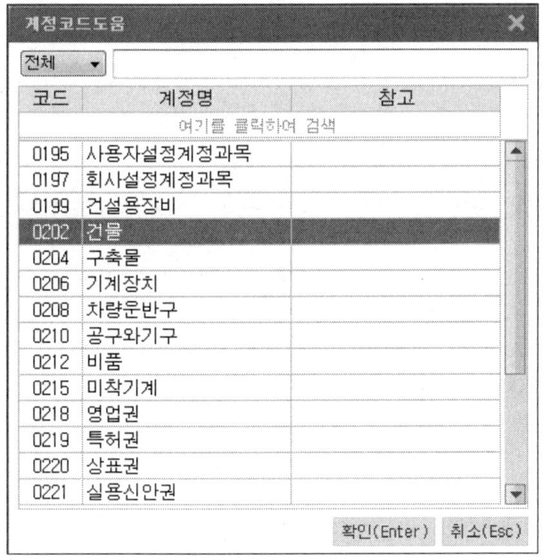

- 취득연월일 : 취득연월일을 2014년 4월 12일로 입력하고 자산 명칭을 입력한다. 입력시 20140412 의 순서로 숫자만 입력하면 된다.
- 기초가액 : [1.기초가액] 란에 500,000,000원을 입력한다.
- 전기말 상각누계액 : [2.전기말상각누계액] 란에 200,000,000원을 입력한다.
- 상각방법 : 건물에 대한 상각방법은 자동으로 정액법으로 선택되므로 수정할 수 없다.
- 내용연수(상각률) : [11.내용연수] 란에 숫자 '10'을 입력한다.

- 경비구분 : [14.경비구분] 란에 클릭하여 1번(500번대)을 선택한다.(공장건물이므로)
- 해당 내역을 모두 입력하고 나면 [13.당기상각범위액] 란에 50,000,000이라는 숫자가 자동으로 기입된 것을 알 수 있다. 당기 상각범위액(한도액)은 50,000,000원이다. 문제에서 별다른 언급이 없으면 이 숫자가 당기 감가상각비로 처리해야 할 금액이다.

이렇게 입력을 마친 후의 화면은 다음과 같다.

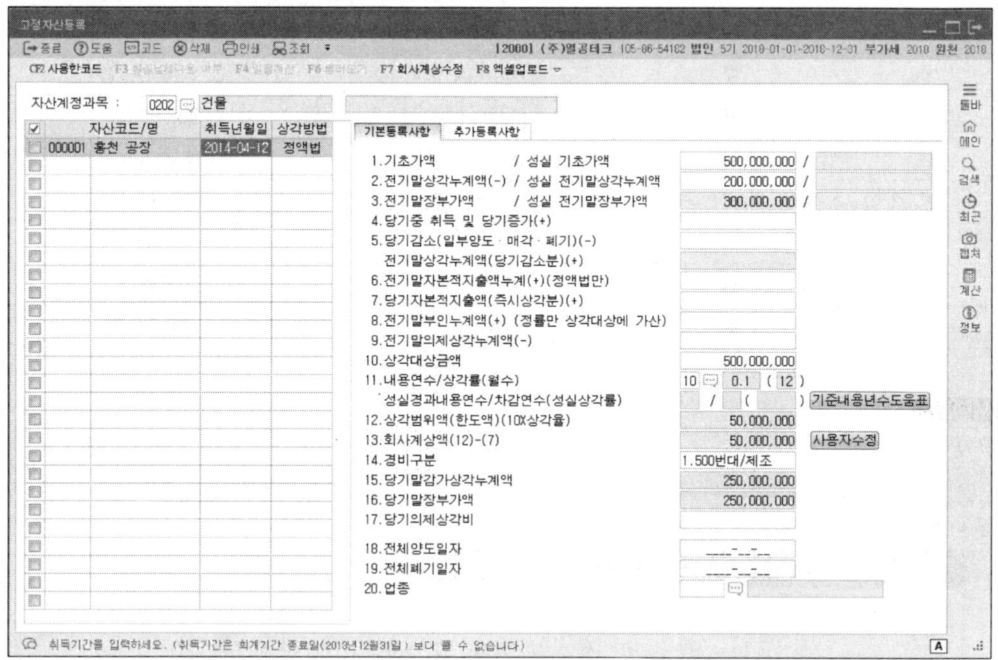

② 영업부트럭
- 자산계정과목을 [0208.차량운반구]로 선택하고 자산코드 1번, 자산 명칭은 '포터(40고7777)'로 입력한다.
- 취득일을 "20180501"로 입력한다. 상각방법은 정률법으로 기본적으로 설정된다. 정액법으로 변경하라고 하면 취득연월일 옆의 [상각방법]란에서 숫자 "2"를 입력하여 정액법으로 바꾼다.
- 2018년 연도 중 신규로 취득한 자산이므로 [1.기초가액]과 [2.전기말상각누계액]은 입력하지 않고 [4.당기중 취득 및 당기증가] 란에 취득가액 30,000,000원을 입력한다.
- 내용연수(상각률) : [11.내용연수] 란에 숫자 "5"를 입력한다.
- 경비구분 : [14.경비구분] 란에 숫자 "6"을 입력하여 800번대 코드를 선택한다. 트럭을 회사의 영업부에서 사용하므로 경비구분은 800번대(6번)로 해야 한다는 점에 주의한다.
- 여기에서도 별도의 언급이 없는 한 특례내용연수나 의제상각비는 입력할 필요가 없다.
- 모든 사항을 다 입력하고 나면 [13.회사계상액] 란에 당기의 상각범위액 9,020,000원이 자동으로 계산된 것을 알 수 있다.

모든 사항을 입력한 후의 화면은 다음과 같다.

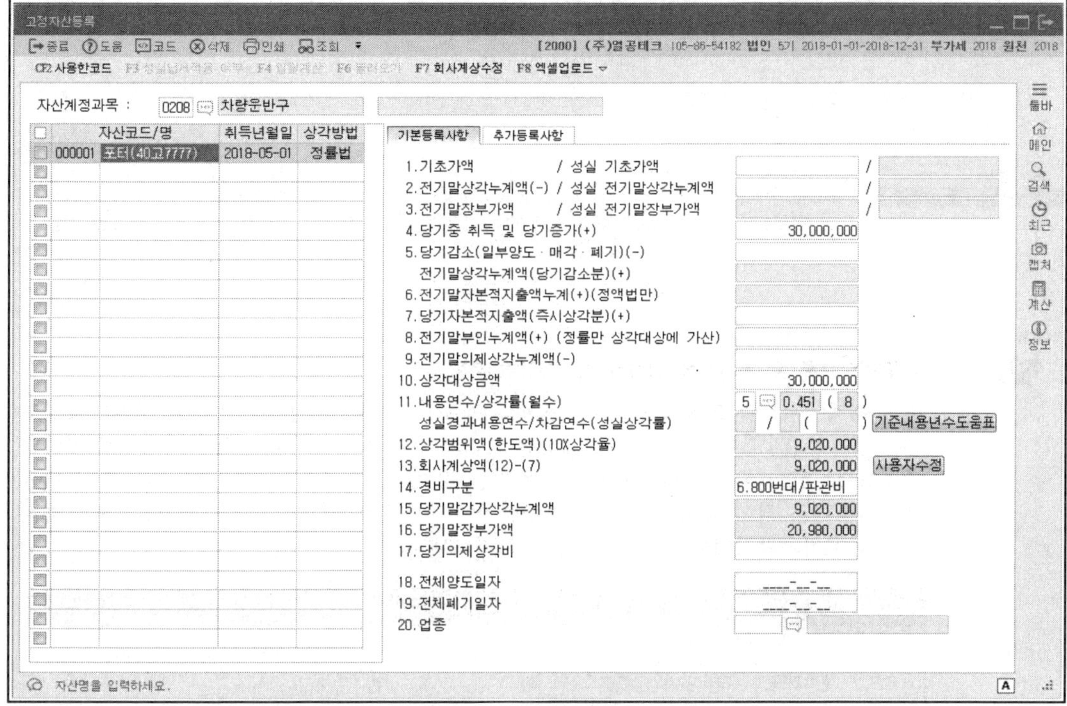

2. 미상각분 감가상각계산

결산을 할 때에 감가상각비를 계산하기 위해서는 [회계관리]메뉴 중 [고정자산등록]메뉴에 고정자산등록을 먼저 해야 한다. 고정자산등록 메뉴에서 당기분 감가상각비 금액을 조회할 수도 있지만 [고정자산등록]메뉴의 하단에 있는 [미상각분 감가상각비]메뉴에서 확인하는 것도 가능하다. 본 메뉴에서는 유형자산, 무형자산 등 자산의 구분별로 감가상각비를 조회할 수도 있고, 전체 자산의 감가상각비를 조회할 수도 있다. 단, 고정자산등록이 되어 있는 자산에 대한 조회기능만 제공하므로 시험과 관련해서는 그다지 중요한 메뉴는 아니다. 이러한 메뉴가 있다는 것 정도만 알고 넘어가도록 하자.

계정과목	자산명	경비구분 (14)	감가상각비 (13)	기초가액(1)	당기증감 (4-5)	기말잔액 (1+4-5)	전기말상각 누계액(2)	상각대상 금액(10)
0202 건물	홍천 공장	500번대	50,000,000	500,000,000		500,000,000	200,000,000	500,000,000
0208 차량운반구	<500번대소계>		50,000,000	500,000,000		500,000,000	200,000,000	500,000,000
	[자산합계]		50,000,000	500,000,000		500,000,000	200,000,000	500,000,000

미상각분감가상각비

| [2000] (주)열공테크 105-86-54182 법인 5기 2018-01-01~2018-12-31 부가세 201 |

| 3 | 1.유형자산 | 2.무형자산 | 3.전 체 | 계정과목 : 0202 건물 | ~ | 0208 차량운반구 |

계정과목	자산명	경비구분 (14)	감가상각비 (13)	기초가액(1)	당기증감 (4-5)	기말잔액 (1+4-5)	전기말상각 누계액(2)	상각대상 금액(10)
0202 건물	포터(40고7777)	800번대	9,020,000	30,000,000	30,000,000			30,000,000
0208 차량운반구	<800번대소계>		9,020,000	30,000,000	30,000,000			30,000,000
	[자산합계]		9,020,000	30,000,000	30,000,000			30,000,000

 **고정자산 등록 후 결산자료 입력시 감가상각비 조회**

위의 예제에서처럼 고정자산등록을 정상적으로 하였다면 결산과 관련하여 결산자료입력 메뉴 상단의 [F7 감가상각] 탭을 클릭하면 아래와 같이 감가상각비 금액이 자동으로 계산되어 나오는 것을 알 수 있다. 이 메뉴를 조회한 후 아래쪽의 [결산반영] 탭을 누르면 경비구분이 '제조'로 되어 있는 것은 제품매출원가에 자동으로 입력되고, '판관'으로 되어 있는 것은 판매비와관리비에 자동으로 숫자가 입력된다.

감가상각

코드	계정과목명	경비구분	고정자산등록 감가상각비	감가상각비 감가상각비X(조회기간월수/내용월수)	결산반영금액
020200	건물	제조	50,000,000	50,000,000	50,000,000
020800	차량운반구	판관	9,020,000	9,020,000	9,020,000
	감가상각비(제조)합계		50,000,000	50,000,000	50,000,000
	감가상각비(판관)합계		9,020,000	9,020,000	9,020,000

새로불러오기 결산반영 취소(Esc)

결산자료입력 연습문제

1 다음의 결산정리사항에 대하여 결산정리분개를 하거나 입력을 하여 결산을 완료하시오.
(회사코드 1000 : (주)꿈희망)

[1] 결산일 현재 공장직원에 대한 퇴직금추계액은 40,000,000원이고 본사 사무직 직원에 대한 퇴직금추계액은 60,000,000원이다. 당사는 매기 결산일에 퇴직급여충당부채를 보충법으로 퇴직금추계액의 100%를 설정하고자 한다.

[2] 다음과 같은 감가상각자산에 대해 감가상각비를 계상하다. 당해 자산에 대해서는 감가상각비를 계상한 적이 없다. 고정자산 등록을 한 후 감가상각을 하여라.

코드	자산명	계정과목	취득일자	취득가액	상각방법	내용연수
123	공장기계장치	기계장치	2016년 4월 1일	10,000,000원	정률법	5년
456	영업부컴퓨터	비　품	2017년 7월 1일	5,000,000원	정액법	5년

[3] 결산일을 기준으로 상품 재고자산에 대하여 실사를 한 결과 장부상의 수량(10,000개)과 실제수량(8,500개)과 차이가 발생하였다. 그 차이원인을 확인 한 결과 80%는 원가성이 있으나 나머지는 원가성이 전혀 없는 것으로 밝혀졌다. 동 상품의 장부상 단위당 가액은 3,000원이며 이는 기말현재 공정가액과 일치한다. 이러한 수량차이에 대하여 일반기업회계기준에 따라 회계처리하고자 한다. 그밖에 원재료 기말 재고는 10,000,000원이 있으며 장부상 수량 및 실제수량이 동일하다.

[4] 회사는 당기초 재무상태표상 특허권 미상각 잔액이 8,000,000원이 있다. 특허권은 전기 초에 취득하여 전기 초부터 사용하였고 모든 무형자산은 사용가능한 시점부터 5년간 상각한다. 단, 고정자산등록은 생략한다.

[5] (주)꿈희망의 '법인세등'은 결산서상 법인세차감전순이익에 현행 법인세법상의 세율을 적용하여 산출세액을 계산하고, 산출세액에서 공제감면세액 및 기납부세액을 공제한 후 추가로 납부해야할 법인세와 법인세할 지방소득세를 미지급세금(미지급법인세)로 계상한다(장부상 선납세금계정에는 법인세 중간예납세액 및 원천납부세액이 계상되어 있다).

법인세등 = ① + ②
① : 법인세 산출세액 – 법인세 공제감면세액(4,600,000원)
② : 법인세분 지방소득세
주 : 공제감면세액은 연구 및 인력개발비 세액공제금액이다.

[6] 당기 이익잉여금처분(안)은 다음과 같다. 단, 이익잉여금처분계산서에 저장된 데이터를 불러오기 하지 않고 직접 입력하기로 한다.

(단위 : 원)

처분일자	당기 처분예정일 : 2019.02.28 전기 처분확정일 : 2018.02.25	
처분내역	이 익 준 비 금	100,000
	현 금 배 당 금	1,000,000
	수출손실준비금	3,000,000

● 해답 ••

풀이 순서 : 수동결산항목을 먼저 12월 31일자 일반전표로 입력한 후 자동결산항목을 결산자료입력 메뉴에 해당 금액을 찾아 입력한다. 자동결산 항목 중 법인세등 계상 문제를 가장 마지막에 풀어야 하며, 결산자료입력 메뉴 상단의 [F3 전표추가]키를 반드시 클릭한다. 본 문제는 이익잉여금 처분에 관한 문제가 있으므로 제조원가명세서, 손익계산서의 순서로 12월 31일의 장부를 조회한 후 이익잉여금처분계산서에 해당 날짜와 금액을 입력하고 메뉴 상단의 전표추가 키를 클릭하면 문제풀이가 완료된다.

참고

결산자료입력 메뉴 실행시 제품매출원가가 나타나지 않는다면, 결산자료입력 메뉴 상단의 [F4원가설정]을 클릭하여 매출원가 코드를 455.제품매출원가, 원가경비 코드를 1.500번대 로 선택한 후 [사용여부]를 [여]로 체크하여야 한다.

사용여부	매출원가코드 및 계정과목		원가경비		화면
여	0455	제품매출원가	1	0500번대	제조
부	0452	도급공사매출원가	2	0600번대	도급
부	0457	보관매출원가	3	0650번대	보관
부	0453	분양공사매출원가	4	0700번대	분양
부	0458	운송매출원가	5	0750번대	운송

[참고사항]
1.편집(tab)을 선택하면 사용여부를 1.여 또는 0.부로 변경하실 수 있습니다.
2.사용여부를 1.여로 입력 되어야만 매출원가코드를 변경하실 수 있습니다.
  (편집(tab)을 클릭하신 후에 변경하세요)
3.사용여부가 1.여인 매출원가코드가 중복 입력되어 있는 경우 본 화면에 입력하실 수 없습니다.

확인(Enter) 편집(Tab) 자동설정(F3) 취소(ESC)

[1] 자동결산항목 : [결산자료입력]메뉴에 입력(1월-12월로 조회)

결산자료입력 메뉴 상단의 [CF8 퇴직충당] 을 클릭하여 아래와 같은 화면이 나타나면 퇴직금추계액을 생산직과 사무직으로 나누어 각각 입력한다.

• 입력전

코드	계정과목명	퇴직급여추계액	설정전 잔액				추가설정액(결산반영) (퇴직급여추계액-설정전잔액)	유형
			기초금액	당기증가	당기감소	잔액		
0508	퇴직급여		19,000,000			19,000,000	-19,000,000	제조
0806	퇴직급여		13,500,000			13,500,000	-13,500,000	판관

새로불러오기 결산반영 취소(Esc)

- 입력후

퇴직금추계액의 100%를 퇴직급여충당부채로 설정한다고 하였으므로 각각 40,000,000원,
60,000,000원의 금액을 입력한다. 입력이 완료되면 화면 하단의 결산반영 탭을 눌러
서 금액을 해당 란에 자동으로 입력하도록 한다.

[2] 자동결산항목 : [결산자료입력]메뉴에 입력

① 먼저 고정자산 등록을 한다. 고정자산등록시 문제에서 별도의 코드에 대한 언급
   이 없어도 [14.경비구분]을 500번대인지 800번대인지 반드시 체크하여야 결산자
   료입력시 자동계산 메뉴에 해당 금액이 반영된다. 고정자산등록을 한 화면은 다
   음과 같다.

- 공장 기계장치(취득연월일 : 2017-04-01, 상각방법 : 정률법)

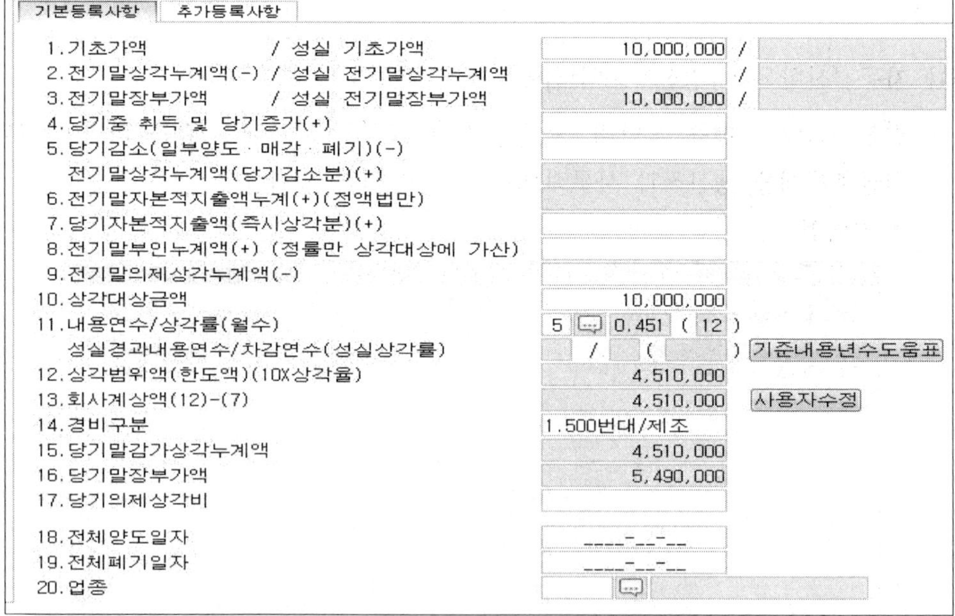

- 영업부 컴퓨터(취득연월일 : 2018-07-01, 상각방법 : 정액법)

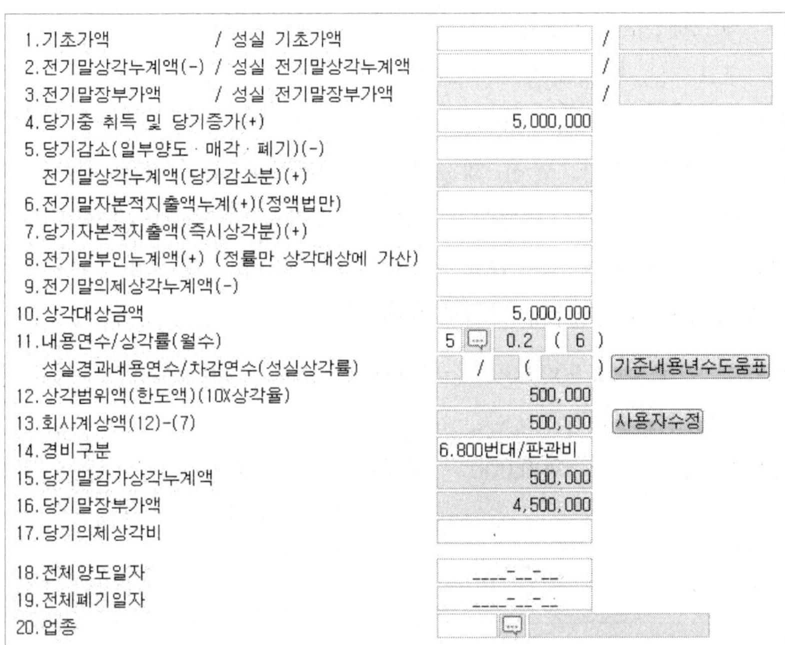

② F7 감가상각 탭을 클릭하여 자동으로 해당 금액을 계산 후 화면 하단의 결산반영 을 클릭하여 자동으로 해당 란에 금액을 입력한다.

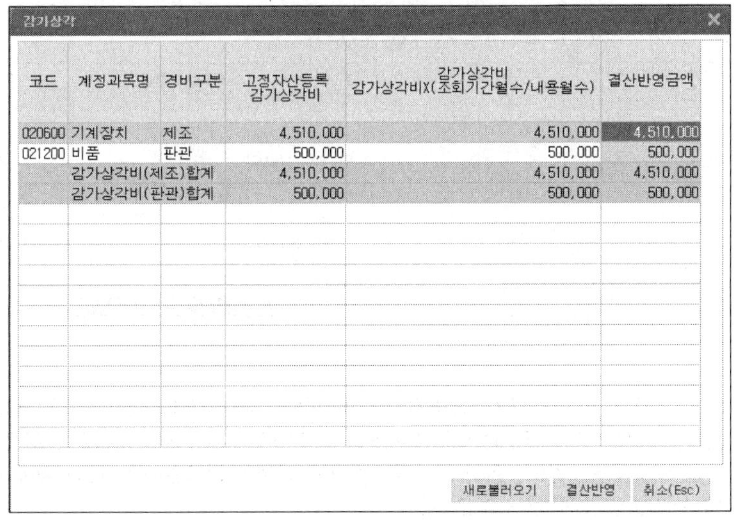

코드	계정과목명	경비구분	고정자산등록 감가상각비	감가상각비X (조회기간월수/내용월수) 감가상각비	결산반영금액
020600	기계장치	제조	4,510,000	4,510,000	4,510,000
021200	비품	판관	500,000	500,000	500,000
	감가상각비(제조)합계		4,510,000	4,510,000	4,510,000
	감가상각비(판관)합계		500,000	500,000	500,000

만약 본 메뉴를 이용하고 싶지 않을 때에는 아래와 같이 해당 란에 직접 금액을 입력하여도 된다.

- 제품매출원가 ➡ 7) 경비 ➡ 일반감가상각비 : 기계장치 4,510,000원 입력
- 판매비와 일반관리비 ➡ 4) 감가상각비 : 비품 500,000원 입력

[3] 수동결산항목 + 자동결산항목

본 문제의 경우 재고자산감모손실을 정상감모분과 비정상감모분으로 나누어 별도로 처리해야 한다. 재고자산 비정상감모손실의 경우 영업외비용으로 처리되므로 이를 매출원가에 반영하면 안되기 때문에 이는 일반전표입력 메뉴에 직접 입력하여 [8.타계정대체] 적요를 걸어야 한다. 반면 재고자산 정상감모손실의 경우 별도로 회계처리할 필요 없이 재고자산 정상감모손실을 제외한 나머지 실제 기말재고자산 가액을 자동결산항목 메뉴에 입력하면 정상감모손실이 매출원가에 자동으로 반영되게 된다. 따라서 아래와 같은 순서로 결산에 반영하여야 한다.

① 재고자산 비정상 감모손실 900,000원(= 1500개 × 20% × 3,000원) : 수동결산항목
　　→ 12월 31일 일반전표 입력

　　(차) 재고자산감모손실　　　　900,000　　(대) 상　　　품　　　　900,000
　　　　　　　　　　　　　　　　　　　　　　　(적요 : 8.타계정으로대체)

일	번호	구분	계정과목	거래처	적요	차변	대변
31	00004	차변	0959 재고자산감모손실			900,000	
31	00004	대변	0146 상품		8 타계정으로 대체액 원가		900,000

② 재고자산 정상감모손실 : 자동결산항목이므로 결산자료입력 메뉴에 반영
　　→ [결산자료입력]메뉴의 기말상품재고액란에 25,500,000원(= 8,500 × 3,000원)을 입력하면 재고자산 정상감모손실이 매출원가에 자동으로 반영된다. 기말 원재료 재고액에 10,000,000원을 추가로 입력한다.

코드	과 목	결산분개금액	결산전금액	결산반영금액	결산후금액
	2. 매출원가		2,639,372,800		2,629,382,800
0451	상품매출원가				94,500,000
0146	① 기초 상품 재고액		100,000,000		100,000,000
0146	② 당기 상품 매입액		20,000,000		20,000,000
0146	⑩ 기말 상품 재고액			25,500,000	25,500,000
0455	제품매출원가				2,534,882,800
	1)원재료비		1,983,484,800		1,973,484,800
0501	원재료비		1,983,484,800		1,973,484,800
0153	① 기초 원재료 재고액		67,000,000		67,000,000
0153	② 당기 원재료 매입액		1,916,484,800		1,916,484,800
0153	⑩ 기말 원재료 재고액			10,000,000	10,000,000

참고

재고자산은 이를 판매하여 수익을 인식한 기간에 매출원가로 인식한다. 재고자산의 시가가 장부가액 이하로 하락하여 발생한 평가손실은 재고자산의 차감계정으로 표시하고 매출원가에 가산한다. 재고자산의 장부상 수량과 실제 수량과의 차이에서 발생하는 감모손실의 경우 정상적으로 발생한 감모손실은 매출원가에 가산하고 비정상적으로 발생한 감모손실은 영업외비용으로 분류한다.

[4] 자동결산항목 : [결산자료입력]메뉴에 입력

무형고정자산 상각의 특허권 란에 2,000,000원을 반영한다.

※ 계산근거 : 전기 초에 특허권을 취득하여 전기에 1회 상각되었으므로 당기말 현재 잔여내용연수
는 4년(= 5년 − 1년)이다. 당기초 현재 미상각잔액이 8,000,000원이므로 이를 4년으로 나누면
당기 특허권 상각비는 2,000,000원이 된다.

±	코드	과　　목	결산분개금액	결산전금액	결산반영금액	결산후금액	▲
	0840	6). 무형자산상각비			2,000,000	2,000,000	
	0218	영업권					
	0219	특허권			2,000,000	2,000,000	
	0226	개발비					

참고

본 문제의 경우 고정자산등록을 하지 않아도 된다고 했고, 계산이 간단하므로 감가상각비를 해당 란에 직접
입력하면 된다.

[5] 자동결산항목 : [결산자료입력]메뉴에 입력

아래와 같이 [9.법인세등] 메뉴 하단에 선납세금과 추가계상액을 각각 10,000,000원,
7,000,000원 입력한다. 법인세 추가계상액의 계산근거는 다음과 같다.

±	코드	과　　목	결산분개금액	결산전금액	결산반영금액	결산후금액	▲
	0998	9. 법인세등			230,727,620	230,727,620	
	0136	1). 선납세금		10,000,000	10,000,000	10,000,000	
	0998	2). 추가계상액			220,727,620	220,727,620	

※ 법인세 추가계상액 계산 근거

수동결산항목과 자동결산항목(법인세 제외)을 모두 입력한 상태에서 8.법인세차감전 이익을 구
한 후 해당 금액을 기준으로 아래와 같이 미지급법인세를 구한다(본 문제의 경우 위의 모든 사
항을 입력하면 법인세차감전이익이 1,171,761,910원이라는 것을 확인할 수 있다).

코드	과　　목	결산분개금액	결산전금액	결산반영금액	결산후금액
	8. 법인세차감전이익		1,210,771,910	−39,010,000	1,171,761,910

- 법인세차감전순이익 : 1,171,761,910원
- 법인세 산출세액 = 2억원 × 10% + (1,171,761,910원 − 2억원) × 20%

$$= 214,352,382원$$

  ① = 214,352,382원 − 4,600,000원 = 209,752,382원

  ② = 20,975,238원

- 법인세 등 : 230,727,620원(= ① + ②)
- 미지급세금 : 230,727,620원 − 10,000,000원 = 220,727,620원

※ 결산자료 입력이 모두 끝나고 난 후에는 반드시 [결산자료입력]메뉴의 [F3] 전표추개키를 클릭하여 결산분개를 일반전표에 대체시켜야 한다.

[1]~[5]번까지의 입력이 모두 끝나고 나면 12월 31일자로 제조원가명세서, 손익계산서를 순서대로 조회한 후 이익잉여금처분계산서 작성을 아래와 같이 한다.

[6] 이익잉여금처분계산서에서 다음 사항을 입력

- 당기처분예정일 : 2019년 2월 28일, 전기처분확정일: 2018년 2월 25일
- 이익준비금 : 100,000원
- 현금배당 : 1,000,000원
- 수출손실준비금(이익잉여금 코드) : 3,000,000(프로그램 상단의 [F4] 칸추가]를 클릭하여 367, 수출손실준비금 입력칸을 설정해야 함)

위 입력사항을 모두 입력한 후에는 메뉴 상단의 [F6] 전표추가] 를 클릭한다.

참고 **수출손실준비금을 367번으로 입력하는 이유**

[계정과목 및 적요등록] 메뉴를 조회하면 아래와 같이 이익잉여금 코드가 351번에서 380번 사이로 설정되는 것을 확인할 수 있다. 따라서 이익잉여금처분계산서상의 이익잉여금 처분내역에는 수출손실준비금 코드를 조회하여 이익잉여금 코드 범위 내에 있는 367번으로 설정하여야 한다.

비 유 동 부 채 :	0291-0330
자 본 금 :	0331-0340
자 본 잉 여 금 :	0341-0350
자 본 조 정 :	0381-0391
기 타 포괄손익 :	0392-0399
이 익 잉 여 금 :	0351-0380

이를 반영하여 입력한 이익잉여금 처분내역은 다음과 같다.

항목	코드	계정과목			
III.이익잉여금처분액					4,100,000
1.이익준비금	0351	이익준비금	100,000		
2.재무구조개선적립금	0354	재무구조개선적립금			
3.주식할인발행차금상각액	0381	주식할인발행차금			
4.배당금			1,000,000		
가.현금배당	0265	미지급배당금	1,000,000		
주당배당금(률)		보통주			
		우선주			
나.주식배당	0387	미교부주식배당금			
주당배당금(률)		보통주			
		우선주			
5.사업확장적립금	0356	사업확장적립금			
6.감채적립금	0357	감채적립금			
7.배당평균적립금	0358	배당평균적립금			
8.기업합리화적립금	0352	기업합리화적립금			
9.수출손실준비금	0367	수출손실준비금	3,000,000		
IV.차기이월미처분이익잉여금				1,741,814,530	805,780,240

2　다음의 결산정리사항에 대하여 결산정리분개를 하거나 입력을 하여 결산을 완료하시오.
　　(회사코드 1100 : (주)혜성기업)

[1] 당기에 매입하여 기말현재 장기투자 목적으로 보유하고 있는 주식(매도가능증권)의
　　공정가액은 다음과 같다. 종목별로 회계처리하시오.

회 사 명	평가 전 장부가액	기말 공정가액 평가액
A사 보통주	22,000,000원	24,000,000원
B사 보통주	55,000,000원	53,500,000원

[2] 결산일 현재 영업부 직원에 대한 12월분 귀속 급여는 15,600,000원인데 급여지급일
　　은 다음해 1월 5일이다. 또한, 당기 12월 1일 지급한 영업부 임차료에는 차기이후
　　귀속분 5,500,000원이 포함되어 있다.

[3] 기말현재 외상매출금과 받을어음, 단기대여금에 대하여 대손충당금을 설정한다. 보충
　　법을 적용하되, 단기대여금에 대해서는 1%, 매출채권에 대해서는 1.5%의 대손율을
　　적용한다. 선급금에 대하여는 설정하지 않기로 한다.

[4] 관리부에 근무하는 임직원의 퇴직급여충당부채 추가설정액은 15,000,000원이며 생산
　　부 임직원들의 퇴직급여충당부채 추가설정액은 30,000,000원이다. 결산자료입력 메
　　뉴의 해당 란에 직접 금액을 입력하시오.

[5] 2018년 12월 25일부터 27일까지 3일간 부산으로 업무차 출장갔던 영업사원 이규영
　　에 대한 출장비 지급액과 정산후 반납액이 결산일 현재 각각 가지급금 계정과 가수
　　금 계정에 계상되어 있다. 결산일에 이를 정산하는 분개를 하며, 출장비는 전액 여
　　비교통비로 처리한다.

[6] 회사는 다음과 같이 외화예금을 보유하고 있다.

계정과목	외화(US$)	발생일자	회수상환일자	장부상금액
장기성예금	50,000	2017. 9. 22	–	55,000,000원

※ 당기 말 기준환율은 1 USD$ 당 1,500.40원이다.

[7] (주)혜성기업의 '법인세등'은 결산서상 법인세차감전순이익에 현행 법인세법상의 세율을 적용하여 산출세액을 계산하고, 산출세액에서 공제감면세액 및 기납부세액을 공제한 후 추가로 납부해야할 법인세와 법인세할 지방소득세를 미지급세금(미지급법인세)로 계상한다(장부상 선납세금계정에는 법인세 중간예납세액 및 원천납부세액이 계상되어 있다).

> 법인세등 = ① + ②
> ① : 법인세 산출세액 – 법인세 공제감면세액(40,000,000원)
> ② : 법인세할 지방소득세

● 해답

풀이 순서 : 수동결산항목을 먼저 12월 31일자 일반전표로 입력한 후 자동결산항목을 결산자료입력 메뉴에 해당 금액을 찾아 입력한다. 자동결산 항목 중 법인세등 계상 문제를 가장 마지막에 풀어야 하며, 결산자료입력 메뉴 상단의 [F3 전표추가]키를 반드시 클릭한다. 본 문제는 이익잉여금 처분에 관한 문제가 없으므로 시험문제 풀이를 위한 시간을 절약하기 위해 결산자료입력에서 전표 추가를 하는 것까지 문제를 풀면 된다.

결산자료입력 메뉴 실행시 제품매출원가가 나타나지 않는다면, 결산자료입력 메뉴 상단의 [원가설정]을 클릭하여 매출원가 코드를 455.제품매출원가, 원가경비 코드를 1.500번대 로 선택해야 한다.

[1] 수동결산항목 : 12월 31일 일반전표 입력

| (차) 매도가능증권 | 2,000,000 | (대) 매도가능권평가이익 | 2,000,000 |
| (차) 매도가능증권평가손실 | 1,500,000 | (대) 매도가능증권 | 1,500,000 |

□	일	번호	구분	계 정 과 목		거 래 처	적 요	차 변	대 변
	31	00004	차변	0178	매도가능증권			2,000,000	
	31	00004	대변	0394	매도가능증권평가익				2,000,000
	31	00004	차변	0395	매도가능증권평가손			1,500,000	
	31	00004	대변	0178	매도가능증권				1,500,000

※ 장기투자목적의 매도가능증권은 투자자산에 해당되므로 178번 코드를 사용하여 입력한다.

[2] 수동결산항목 : 12월 31일 일반전표 입력

| ① (차) 직원급여(800번대) | 15,600,000 | (대) 미지급비용 | 15,600,000 |
| ② (차) 선급비용 | 5,500,000 | (대) 임차료(800번대) | 5,500,000 |

□	일	번호	구분	계 정 과 목		거 래 처	적 요	차 변	대 변
	31	00005	차변	0801	직원급여			15,600,000	
	31	00005	대변	0262	미지급비용				15,600,000
	31	00006	차변	0133	선급비용			5,500,000	
	31	00006	대변	0819	임차료				5,500,000

[3] 자동결산항목 : [결산자료입력]메뉴에 입력(1월-12월로 조회)

결산자료입력 화면 상단의 F8 대손상각 을 클릭하면 다음과 같은 화면이 나타난다. 문제에서 매출채권에 대해서 1.5%의 대손율을 적용하라고 하였으므로 화면 상단의 대손율 란에 1.5라고 입력한다. 단기대여금에 대해서는 1%의 대손율을 적용해야 하므로 직접 해당 금액을 계산하여 [추가설정액] 란에 1,200,000원을 직접 입력한다.

※ 계산내역 : 120,000,000원 × 1% − 0원 = 1,200,000원

대손상각							×

대손율(%)   1.50

코드	계정과목명	금액	설정전 충당금 잔액			추가설정액(결산반영) [(금액x대손율)-설정전충당금잔액]	유형
			코드	계정과목명	금액		
0108	외상매출금	318,500,000	0109	대손충당금	3,200,000	1,577,500	판관
0110	받을어음	107,000,000	0111	대손충당금	1,250,000	355,000	판관
0114	단기대여금	120,000,000	0115	대손충당금		1,200,000	영업외
0131	선급금	50,000,000	0132	대손충당금			영업외
	대손상각비 합계					1,932,500	판관
	기타의 대손상각비					1,200,000	영업외

새로불러오기   결산반영   취소(Esc)

모든 입력을 완료한 후 화면 하단의 결산반영 탭을 눌러서 결산자료입력 메뉴에 해당 금액을 각각 반영한다. 이 중 매출채권인 외상매출금과 받을어음에 대한 대손충당금 추가설정액은 판매비와 일반관리비에 '대손상각비' 계정으로 반영되고, 기타의 채권(이 문제에서는 단기대여금)에 대한 대손충당금 추가설정액은 영업외비용의 '기타의대손상각비'에 반영되게 된다.

[4] 자동결산항목 : [결산자료입력]메뉴에 입력

본 문제의 경우 해당 란에 금액을 직접 입력하라고 하였으므로 퇴직급여충당부채 추가설정액을 아래와 같이 각각 입력한다. 문제에서 퇴직금추계액을 제시한 것이 아니라 추가설정액을 제시한 것이므로 별도의 계산과정이 필요없고 추가설정액으로 제시된 금액을 직접 입력하면 된다.

- 생산직 임직원 퇴직급여충당부채 설정액 30,000,000원

  제품매출원가 → 3) 노무비 → 2) 퇴직급여(전입액) 란에 30,000,000원을 입력

- 관리부 임직원 퇴직급여충당부채 설정액 15,000,000원

  판매비와 일반관리비 → 2) 퇴직급여(전입액) 란에 15,000,000원을 입력

±	코드	과 목	결산분개금액	결산전금액	결산반영금액	결산후금액
		3)노 무 비		530,000,000	30,000,000	560,000,000
		1). 임금 외		530,000,000		530,000,000
	0504	임금		330,000,000		330,000,000
	0505	상여금		200,000,000		200,000,000
	0508	2). 퇴직급여(전입액)			30,000,000	30,000,000

±	코드	과 목	결산분개금액	결산전금액	결산반영금액	결산후금액
		4. 판매비와 일반관리비		532,007,350	16,932,500	548,939,850
		1). 직원급여 외		240,600,000		240,600,000
	0801	직원급여		180,600,000		180,600,000
	0803	상여금		60,000,000		60,000,000
	0806	2). 퇴직급여(전입액)			15,000,000	15,000,000

[5] 수동결산항목 : 12월 31일자 일반전표 입력

(차) 가수금(거래처 : 이규영)   75,000   (대) 가지급금(거래처 : 이규영) 300,000

여비교통비(800번대)   225,000

□	일	번호	구분	계 정 과 목	거 래 처	적 요	차 변	대 변	▲
	31	00007	차변	0257 가수금	00621 이규영		75,000		
	31	00007	차변	0812 여비교통비			225,000		
	31	00007	대변	0134 가지급금	00621 이규영			300,000	

[6] 수동결산항목 : 외화 환율 변동으로 인한 외화환산손익은 12월 31일자 일반전표에 입력하여야 한다.

(차) 장기성예금   20,020,000   (대) 외화환산이익   20,020,000

□	일	번호	구분	계 정 과 목	거 래 처	적 요	차 변	대 변	▲
	31	00008	차변	0176 장기성예금			20,020,000		
	31	00008	대변	0910 외화환산이익				20,020,000	

※ 계산근거

장기성예금 증가 : $50,000 × 1,500.40 − 55,000,000원 = 20,020,000원(증가)

[7] 자동결산항목 : [결산자료입력]메뉴에 입력

아래와 같이 [9.법인세등] 메뉴 하단에 선납세금과 추가계상액을 각각 30,000,000원, 111,940,084원으로 입력한다. 법인세 추가계상액의 계산근거는 다음과 같다.

±	코드	과 목	결산분개금액	결산전금액	결산반영금액	결산후금액	▲
	0998	9. 법인세등			141,940,084	141,940,084	
	0136	1). 선납세금		30,000,000	30,000,000	30,000,000	
	0998	2). 추가계상액			111,940,084	111,940,084	

> ※ 법인세 추가계상액 계산 근거
> 수동결산항목과 자동결산항목(법인세 제외)을 모두 입력한 상태에서 8.법인세차감전 이익을 구한 후 해당 금액을 기준으로 아래와 같이 미지급법인세를 구한다(본 문제의 경우 위의 모든 사항을 입력하면 법인세차감전이익이 945,182,200원이라는 것을 확인할 수 있다).
>
> | 코드 | 과 목 | 결산분개금액 | 결산전금액 | 결산반영금액 | 결산후금액 |
> |---|---|---|---|---|---|
> | | 8. 법인세차감전이익 | | 993,314,700 | −48,132,500 | 945,182,200 |
>
> - 법인세차감전순이익 : 945,182,200원
> - 법인세 산출세액 = 2억원 × 10% + (945,182,200원 − 2억원) × 20%
>   = 169,036,440원
>   ① = 169,036,440원 − 40,00,000원 = 129,036,440원
>   ② = 12,903,644원
> - 법인세 등 : 141,940,084원(= ① + ②)
> - 미지급세금 : 141,940,084원 − 30,000,000원 = 111,940,084원

→ 결산자료입력 메뉴의 모든 금액을 입력완료하였다면 반드시 메뉴 상단의 [F3 전표추가] 클릭

원천징수

PART

05

원천징수 관련 메인화면은 다음과 같다. 원천징수 관련 실무시험은 일반적으로 10점이 배점되며 사원등록, 급여자료 입력, 연말정산추가자료입력, 근로소득원천징수영수증, 원천징수이행상황신고서 등에서 주로 출제된다. 특히 사원등록과 급여자료입력, 연말정산추가자료입력은 거의 매번 빠지지 않고 출제되는 문제이므로 시간이 부족한 수험생이라면 사원등록과 급여자료입력, 연말정산추가자료입력 메뉴부터 배우는 것이 효율적일 것이다. 본서에서는 수험생의 편의를 위하여 전산세무 1급 시험과 관련하여 주로 출제되는 메뉴 위주로 집중하여 설명하되, 시험문제의 대상이 되지 않는 메뉴는 설명을 간략하게 하거나 생략하기로 한다.

근로/퇴직/사업

근로소득관리	일용직근로소득관리	기타소득관리	퇴직소득관리
사원등록	일용직사원등록	기타소득자등록	퇴직금계산
급여자료입력	일용직급여자료입력	기타소득자자료입력	퇴직소득자료입력
원천징수이행상황신고서	일용근로소득지급명세서	이자배당소득자료입력	퇴직소득원천징수영수증
소득자별근로소득원천징수부		이자배당소득원천징수영수증	퇴직소득자료제출집계표
연말정산추가자료입력		기타소득지급명세서(영수증)	
근로소득공제신고서		비거주의사업·기타소득지급명세서(…	
신용카드소득공제신청서		기타이자배당소득제출집계표	
의료비지급명세서			
기부금명세서			
근로소득원천징수영수증			
근로소득자료제출집계표			

기초코드등록	사업소득관리	데이타관리	
회사등록	사업소득자등록	데이타백업	
부서등록	사업소득자료입력	사원코드변환	
	사업소득자연말정산	마감후이월	
	사업소득원천징수영수증(연말정산용)		
	거주자의사업소득원천징수영수증		
	사업소득지급명세서(연간집계표)		
	사업소득자료제출집계표		

① 근로소득 원천징수

① 사원등록

사원등록 화면은 [원천징수] 탭의 [근로소득관리] 메뉴 하단에 있으며 사원등록 메뉴를 클릭하면 다음과 같은 화면이 나타난다.

F3 조건검색 F6 기초등록 ▼ F7 추가공제 F8 부양가족불러오기 ▼ CF10 소득세적용률 CF11 엑셀간편저장 CF12 엑셀데이터불러오기

	사번	성명	주민(외국인)번호

기본사항 부양가족명세 추가사항

1. 입사년월일   년   월   일
2. 내/외국인
3. 외국인국적   체류자격
4. 주민구분   여권번호
5. 거주구분   6. 거주지국코드
7. 국외근로제공 부   8. 단일세율적용 부   9. 외국법인 파견근로자 부
10. 생산직여부 부   야간근로비과세 부   전년도총급여
11. 주소

12. 국민연금(기준소득월액)   국민연금납부액
13. 건강보험료(표준보수월액)   장기요양보험적용 부
    건강보험납부액   장기요양보험료
14. 고용보험적용 부   (대표자 여부 부   )
    고용보험보수월액   고용보험납부액
15. 산재보험적용 부   16. 퇴사년월일   년   월   일
※ 퇴직금 중간 정산일(퇴직금 계산 및 퇴직자료입력 메뉴로 정산일이 반영됩니다.)

구분	정산일 시작	정산일 종료	지급일자

전체인원   재직자수   퇴직자수

ⓒ 사원코드(10자리)를 입력합니다.(환경등록 > 원천징수 > 1.사원코드형태에 따라 문자,숫자를 입력할 수 있습니다.)

사원등록에서는 각 사원의 기본사항과 부양가족명세, 추가사항을 입력한다.

기본사항에서는 입사일, 주민등록번호 등의 기초정보를 입력하며, 연말정산시 공제받을 수 있는 기본공제대상자를 등록하는 것은 부양가족명세 메뉴이다. 추가사항에서는 급여이체은행이나 전화번호, 직종, 직위 등 기타 사항을 입력하도록 되어 있다. 따라서 시험에서는 기본사항과 부양가족명세에서 주로 문제가 출제된다.

사원등록 메뉴에 입력한 자료는 근로소득원천징수와 연말정산에 그대로 반영되므로 정확하게 기재해야 한다.

⟨⟨⟨ 사원등록 방법

사원등록을 하기 위해서는 먼저 각 사원의 사원코드를 부여해야 하는데 이를 사번이라고 한다. 사원등록을 하기 위해서는 사번과 사원의 성명을 등록한 후 [기본사항]과 [부양가족명세] 등을 각각 입력해야 한다.

① 사 번

숫자나 문자를 이용하여 10자 이내의 사원코드를 부여한다. 단, 한글은 5자 이내이며, 숫자와 문자를 혼합하여 사원코드로 사용할 수 있다.

② 성 명

사원의 이름은 20자 이내로 입력한다.

③ 주민(외국인)번호

[1.주민등록번호] 또는 [2.외국인등록번호], [3.여권번호] 중 하나를 선택한다. 일반적인 경우 시험문제에서는 내국인의 주민등록번호를 제시하고 있다.

1. 기본사항

기본사항	부양가족명세	추가사항

1. 입사년월일　　　　년　　월　　··· 일
2. 내/외국인
3. 외국인국적　　···　　　　　　체류자격　　···
4. 주민구분　　　　　　여권번호
5. 거주구분　　　　　　6. 거주지국코드　　···
7. 국외근로제공　　부　　　　8. 단일세율적용　　부　　9. 외국법인 파견근로자　　부
10. 생산직여부　　부　　야간근로비과세　　부　　전년도총급여
11. 주소　　···

12. 국민연금(기준소득월액)　　　　　　국민연금납부액
13. 건강보험료(표준보수월액)　　　　　　장기요양보험적용　　부
　　　건강보험납부액　　　　　　장기요양보험료
14. 고용보험적용　　부　　（대표자 여부　　부　　）
　　　고용보험보수월액　　　　　　고용보험납부액
15. 산재보험적용　　부　　16. 퇴사년월일　　　년　　월　　··· 일

※ 퇴직금 중간 정산일(퇴직금 계산 및 퇴직자료입력 메뉴로 정산일이 반영됩니다.)

구분	정산일 시작	정산일 종료	지급일자

① 입사년월일

해당 사원의 입사일자를 입력한다.

② 내/외국인

내국인이면 [1]을, 외국인이면 [2]를 입력한다. 문제에서 별도의 언급이 없다면 내국인이므로 [1]을 입력하면 된다.

③ 외국인국적

사원이 외국인인 경우 국적을 입력한다.

④ 주민구분

주민등록번호, 외국인등록번호, 여권번호 중 하나를 선택한다. 대부분의 시험문제는 주민등록번호를 제시하므로 [1. 주민등록번호]를 클릭하고 주민등록번호를 입력한다.

⑤ 거주구분, 거주지국코드

거주자인 경우에는 1.거주자 로 선택하고, 비거주자는 2.비거주자 로 선택한다. 거주자란 "국내에 주소가 있거나, 183일 이상 거소가 있는 자" 등이다. 거주자에 해당하는 경우에는 거주지국코드가 [한국]으로 선택된다. 만약 비거주자라면 [💬]를 눌러 거주지국코드를 선택하면 된다.

⑥ 국외근로제공

국외근로소득이 있는 경우 일반적인 경우에는 [1.(일반) 100만원 비과세]로 입력한다. 국외근로소득이 원양어업선박, 국외 등을 항행하는 선박에서 발생하는 경우에는 [2.(원양,외항) 300만원 비과세]로 입력하고, 국외 등의 건설현장 근로자에게 지급되는 국외근로소득은 [3.(건설) 300만원 비과세]를 입력한다. 만약 국외근로소득이 없으면 [0.부]를 입력한다.

> **참고**
>
> 급여자료 입력시 비과세되는 국외근로소득을 입력하기 위해서는 먼저 사원등록 메뉴에서 국외근로제공 란에 해당 국외근로소득 코드를 입력한 후 급여자료입력 메뉴 상단에서 수당등록을 하여야 한다. 국외근로소득의 비과세 코드는 다음과 같으므로 수당등록시 참고하도록 한다.

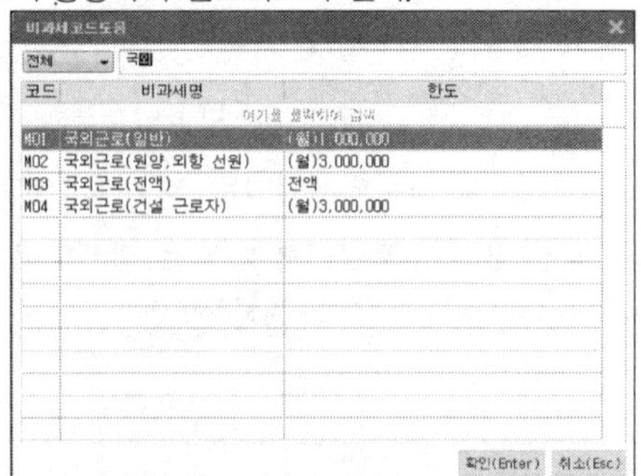

⑦ 단일세율 적용

12월 31일 현재 국적이 외국인인 근로자인 경우 단일세율을 적용하여 근로소득에 대한 소득세를 정산하고 분리과세 할 것인지 묻는 메뉴이다. 내국인 근로자는 체크할 필요가 없다.

⑧ 생산직 여부

사무직이면 [0]을, 생산직이면 [1]을 입력한다.

소득세법상 연장근로수당 및 야간근로수당의 비과세적용 해당 사원은 반드시 [생산직여부]에서 [1.여]를 선택한다. 그리고 [야간근로비과세]에 [1.여]를 입력해야 한다. 만약 생산직이라고 하더라도 야간근로 등에 대해 비과세 적용을 받지 못하는 사원은 [생산직여부]에만 [1.여]로 체크하고 [야간근로비과세]는 [0.부]로 하여야 한다.

참고

급여자료 입력시 생산직근로자의 연장근로수당 및 야간근로수당 비과세 항목을 입력하기 위해서는 가장 먼저 사원등록 메뉴에서 생산직 사원으로 체크한 후, [야간근로비과세]에 [1.여]로 체크해야 한다. 그러고 나서 급여자료입력 메뉴 상단에서 수당등록을 하여야 한다. 생산직근로자의 연장근로 및 야간근로의 비과세 코드는 다음과 같으므로 수당등록시 참고하도록 한다.

비과세코드도움

코드	비과세명	한도
001	야간근로수당	(년)2,400,000
P01	식대	(월)100,000
P02	현물급식	전액
Q01	육아수당	(월)100,000
R01	국군포로가 받는 보수 등	전액
R10	「교육기본법」 제28조제1항에	전액
R11	직무발명보상금	(년)3,000,000
S01	주식매수선택권	(년)30,000,000
T01	외국인기술자	(년)근로소득-한도내 입력
T10	(100%)중소기업에 취업하는 청	소득세의 100%(전액)
T11	(50%)중소기업에 취업하는 청	소득세의 50%
T12	(70%)중소기업에 취업하는 청	소득세의 70%
T20	조세조약 상 교직자 조항의 소	전액
X01	(폐지)외국인 근로자	전액 (소득합계의 30%)

확인(Enter) 취소(Esc)

⑨ 주소

주소 입력을 할 때에는 ⋯ 를 눌러서 도로명주소와 지번주소, 또는 건물명 주소의 우편번호 중 하나를 선택하여 도로명 또는 동이름 등을 입력하여 주소를 조회입력한다. 우편번호를 선택하여 기본적인 주소 입력이 되면 주소입력칸 하단에 상세 주소를 입력하면 된다. 다음은 주소 입력시 도로명주소로 "부산광역시 금정구 구서로 11(구서동)"을 입력한 화면이다.

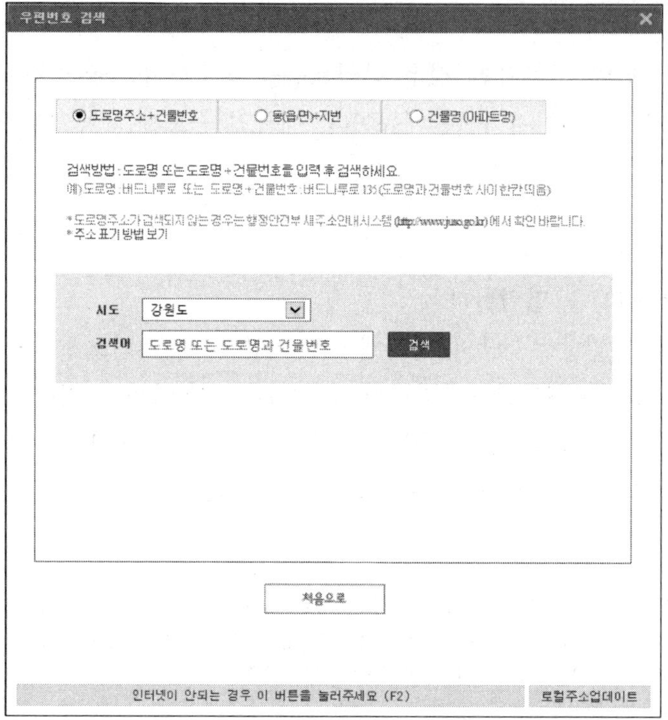

11. 주소	46243 💬	부산광역시 금정구 구서로 11
		(구서동)

참고

인터넷이 안되는 경우 화면 하단의 [인터넷이 안되는 경우 이 버튼을 눌러주세요]를 누르면 아래와 같은 화면이 나타난다. 여기에 해당 주소를 입력하여 조회하면 된다.

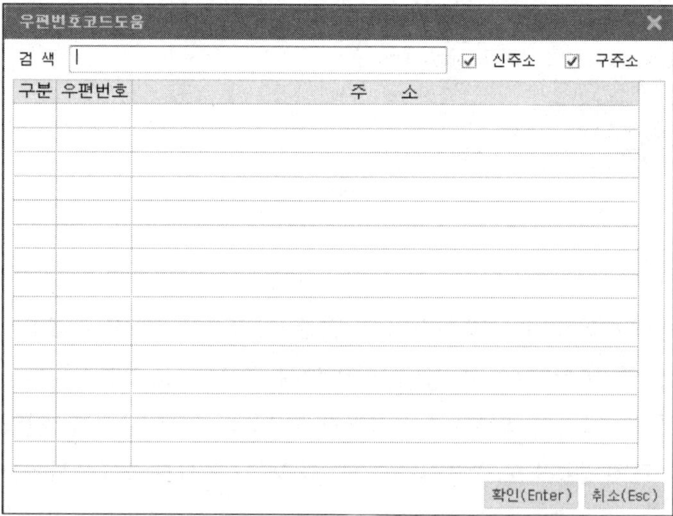

⑩ 국민연금(기준소득월액), 건강보험료(표준보수월액), 고용보험보수월액, 산재보험

시험문제에서 사원등록을 하라고 하면서 국민연금, 건강보험, 고용보험 기준이 되는 금액을 제시하는 경우에는 사원등록 메뉴의 [기본사항]에 11번, 12번, 13번 칸에 각각 해당 금액을 입력하면 된다. 산재보험 적용 여부에 대한 언급이 나오면 14.산재보험적용 칸에 적용여부를 체크한다.

⑪ 퇴사년월일

사원이 퇴사한 경우 해당 연월일을 입력한다. 따라서 현재 회사에 근무하고 있는 사원의 경우 퇴사일은 입력되어 있지 않은 것이 정상이며, 시험문제에서 퇴사자에 대한 급여자료를 입력하라는 문항이 나오면 사원등록을 먼저 확인하여 퇴사일이 입력되어 있는지 확인하고 미입력시 추가로 입력하여야 한다.

만약 실질적인 퇴직은 하지 않았으나 법에 의해 인정되는 퇴직금 중간정산을 하였다고 문제가 나오면 퇴사년월일은 입력하지 않고 화면 하단의 표에 퇴직금 중간정산일을 입력한다. 이러한 문제가 나올 경우 구분은 실제 퇴사가 아니면 [2.중도]로 입력하되, 정산 대상 시작일과 종료일, 지급일자는 문제에서 주는 날짜를 그대로 입력하면 된다.

※ 퇴직금 중간 정산일(퇴직금 계산 및 퇴직자료입력 메뉴로 정산일이 반영됩니다.)			
구분	정산일 시작	정산일 종료	지급일자

퇴사년월일 구분
1. 실제 퇴사를 한 경우 : [1.퇴직]으로 구분 입력
2. 퇴직금 중간정산을 한 경우 : [2.중도]로 구분 입력

2. 부양가족명세

부양가족명세를 입력하는 화면은 다음과 같다. 본 메뉴는 근로자의 기본공제 대상자를 입력하고 이들에 대한 추가공제 여부를 입력하는 메뉴이다. 또한 기본공제 대상은 아니라고 하더라도 교육비(연령요건으로 인해 기본공제 배제된 자), 의료비(연령과 소득금액 요건으로 인해 기본공제 배제된 자) 등을 공제받을 수 있는 사람에 대한 인적사항도 여기에 입력해야 한다. (참고 : 근로자 본인의 이름을 남정선으로 등록한 화면이다. 그 외의 사항은 입력하지 않은 상태이므로 참고하도록 한다.)

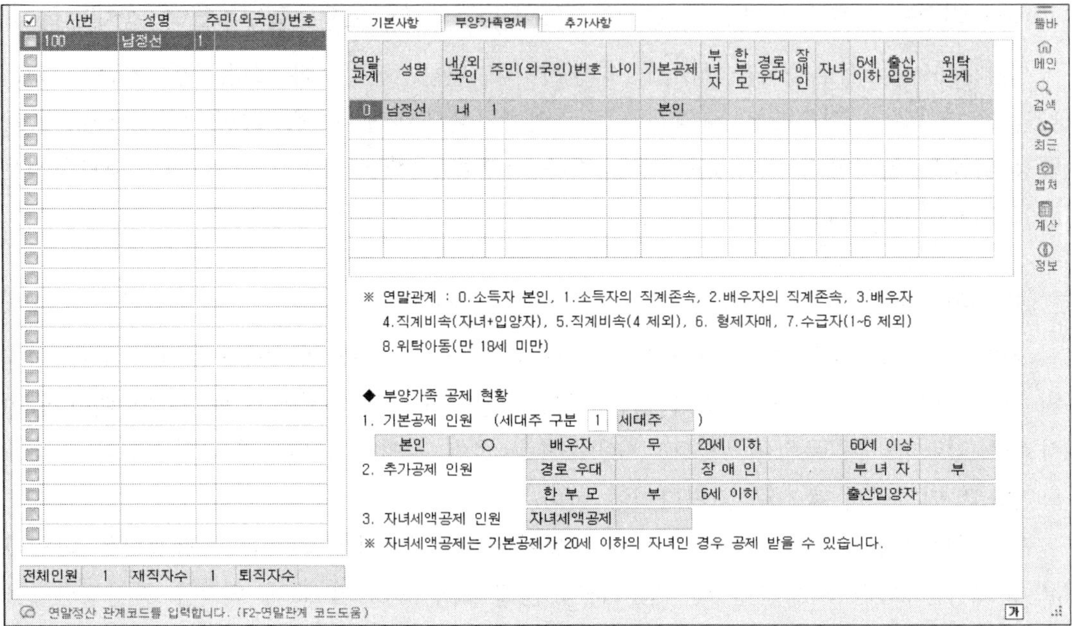

> **참고**
>
> ### 추가공제 요건
>
> - 경로우대 : 기본공제 대상자의 연령이 70세 이상인 경우 경로 우대 공제
> - 장 애 인 : 기본공제 대상자가 장애인인 경우 장애인 공제
> - 부녀자공제 : 근로자 본인이 배우자가 있는 여성이거나, 배우자 없는 세대주인 여성으로서 기본공제 대상인 부양가족이 있는 경우(단, 본인의 종합소득금액이 3,000만원 이하인 자만 적용 가능하며 한부모공제와 중복적용 가능한 경우 부녀자공제를 적용 배제하고 한부모공제를 적용함)
> - 한부모공제 : 근로자 본인이 한부모로서 기본공제 대상자인 직계비속, 입양자가 있는 자의 경우 한부모공제 대상임(단, 부녀자공제와 중복시 한부모공제만 적용함)

부양가족명세를 입력하는 문제는 시험문제에 자주 출제되는 것이므로 반드시 정확하게 숙지하여야 한다.

- 연말관계 : 근로자 본인과 어떤 관계인지 입력하는 것으로서 아래 코드 중 하나를 선택한다. 직계존속이란 부모님, 조부모님 등을 말하고 직계비속이란 자녀, 손자녀 등을 말한다. 직계비속 중 자녀와 입양자에 대해서는 4번 코드로 입력하고 손자녀 등에 대해서는 5번 코드로 입력한다. 직계존속을 입력할 때에는 근로자 본인의 직계존속은 1번 코드로 입력하고, 배우자의 직계존속은 2번 코드로 입력한다.

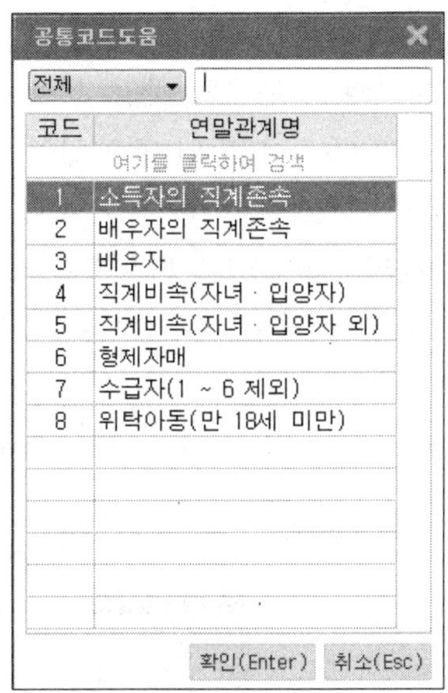

참고

자녀세액공제는 근로자의 기본공제 대상자인 자녀 1인당 일정금액을 공제해 주는 제도이다. 자녀세액공제 대상이 되는 경우 가장 먼저 [연말관계]란에 [4.직계비속입양자]로 체크한 후 부양가족명세의 [자녀]란에 [1. 여]로 입력하여야 한다. 이렇게 자녀세액공제 대상을 입력한 경우 이는 연말정산추가자료입력 메뉴의 [연말정산내역조회]란의 (56)번 자녀(세액공제)란에 해당 세액공제 금액이 반영된다. 자녀 2인 이하인 경우 자녀 1인당 15만원의 세액공제가 되고, 자녀가 2인을 초과하는 경우 2인을 초과하는 인원에 대해서는 1인당 30만원의 세액공제를 한다.

- 성명 : 성명을 입력한다.

- 내/외국인 : 내국인이면 [1], 외국인이면 [2]를 입력한다. 별도의 입력 없이 Enter↵를 치면 내국인으로 자동 입력된다.

- 주민(외국인)번호 : 주민등록번호, 외국인등록번호, 여권번호 중 하나를 클릭한다. 일반적인 문제는 주민등록번호를 주므로 숫자로 1을 입력해도 되고 아래 화면의 1. 주민등록번호를 클릭해도 된다. 주민등록번호란 앞에 숫자 "1"을 입력하지 않으면 나이가 자동으로 조회되지 않으므로 반드시 숫자 "1"을 입력하여야 한다. 주민등록번호는 가운데 하이픈"-"을 입력하지 않고 숫자만 입력하면 된다. 주민등록번호에 오류가 있을 경우 글자가 붉은색으로 표시된다는 점에 주의한다.

```
1  1:주민등록번호
   2:외국인등록번호
   3:여권번호
```

- 나이 : 주민등록번호를 정확하게 입력하면 과세기간 종료일 현재의 나이를 프로그램에서 자동으로 계산하여 입력하여 준다.

- 기본공제 : 기본공제 대상자의 관계를 클릭한다. 본인, 배우자, 20세 이하, 60세 이상 등으로 클릭하되(장애인의 경우에도 해당 연령이 있으면 20세 이하 또는 60세 이상으로 입력), 20세 초과 60세 미만인 장애인이 기본공제 대상자에 해당될 때에는 [5.장애인]을 체크한다. 예를 들어 19세인 자녀가 장애인인 경우에는 [3.20세이하]로 체크한 후 추가공제의 [장애인]을 [1.여]로 체크하고, 37세인 소득없는 동생이 장애인이어서 기본공제 대상이 되는 경우 기본공제를 [5.장애인]으로 체크한다.

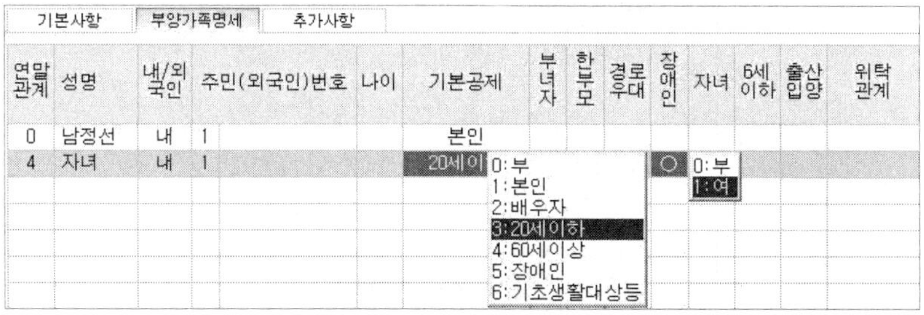

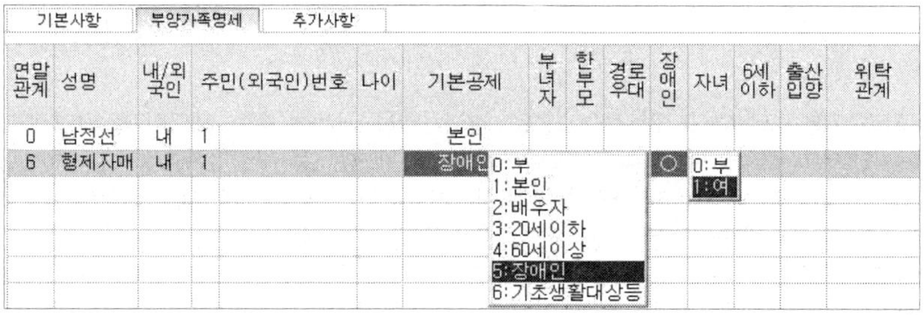

| 기본사항 | 부양가족명세 | 추가사항 | | | | | | | | | | | | |

연말관계	성명	내/외국인	주민(외국인)번호	나이	기본공제	부녀자	한부모	경로우대	장애인	자녀	6세이하	출산입양	위탁관계
0	남정선	내	1		본인								
4	자녀	내	1		20세이				○	0:부 1:여			

0:부
1:본인
2:배우자
3:20세이하
4:60세이상
5:장애인
6:기초생활대상등

| 기본사항 | 부양가족명세 | 추가사항 | | | | | | | | | | | | |

연말관계	성명	내/외국인	주민(외국인)번호	나이	기본공제	부녀자	한부모	경로우대	장애인	자녀	6세이하	출산입양	위탁관계
0	남정선	내	1		본인								
6	형제자매	내	1		장애인				○	0:부 1:여			

0:부
1:본인
2:배우자
3:20세이하
4:60세이상
5:장애인
6:기초생활대상등

기본공제 대상이 아닌데 입력해야 하는 경우([0.부]로 체크)

예를 들어 연령요건이 충족되지 않아 기본공제를 받지 못하는 자녀에 대한 교육비세액공제가 가능한 경우 등에는 기본공제 코드를 [부]로 체크하되 주민등록번호와 성명 등 인적사항은 입력해 놓아야 한다.

- 부녀자 : 근로자 본인이 배우자가 있는 여성이거나, 연말현재 세대주로서 기본공제 대상자인 부양가족이 있는 여성이면 배우자가 없더라도 부녀자공제를 받을 수 있다. 단, 근로자 본인의 종합소득금액이 3,000만원 이하인 경우에만 부녀자 공제를 적용할 수 있으며 한부모공제와 부녀자공제가 중복되는 경우에는 부녀자공제를 받을 수 없다. 만약 시험문제에서 부녀자공제를 받을 수 있다면 [1.여]를 클릭한다.(주민등록번호가 여성으로 입력되지 않는 경우 부녀자 란에 체크되지 않음)

- 한부모 : 근로자 본인이 배우자가 없는 자로서(여성 및 남성 포함) 기본공제 대상이 되는 직계비속 및 입양자가 있는 경우에는 한부모공제를 적용한다. 한부모공제

대상이 된다면 [1.여]를 클릭한다. 따라서 케이렙 프로그램에서는 부녀자공제와 한부모공제가 중복체크되지 않도록 설정되어 있다. 단, 프로그램 오류로 중복체크가 된 경우가 나타난다면 직접 부녀자공제 체크를 해제하여야 한다.

한부모 공제 및 부녀자공제

- 해당 거주자가 배우자가 없는 사람으로서 기본공제대상자인 직계비속 또는 입양자가 있는 경우에는 한부모공제 대상이 되며 이 경우 연 100만원을 공제한다. 한부모공제는 부녀자공제와 마찬가지로 거주자 본인(근로자 본인)만 받을 수 있다는 점에 주의한다. 단, 해당 거주자가 한부모공제와 부녀자공제 모두에 해당되는 경우에는 한부모공제만 적용한다.
- 부녀자 공제의 경우 종합소득금액이 3,000만원 이하인 경우에만 부녀자공제를 적용받을 수 있다는 점에 주의한다.

- 경로우대 : 12월 31일 현재 만 70세 이상인 자는 경로우대자에 대한 추가공제를 받을 수 있다. 주민등록번호 입력시 "1"을 입력하고 주민등록번호를 입력한 후 나이가 자동으로 나오면 70세 이상인 경우 경로우대 란에 [1.여]로 체크한다. 단, 장애인공제와 경로우대공제는 기본공제 대상에 대해서만 공제해 주는 것이므로 소득금액이 100만원 초과하는 자에 대해서는 경로우대공제를 받지 못한다는 점에 주의한다.

- 장애인 : 기본공제 대상자가 장애인인 경우에는 [1.여]를 클릭한다. 기본공제 관계를 [장애인]으로 체크한 경우 자동으로 장애인으로 입력되어 장애인추가공제를 받을 수 있다. 20세 이하이거나 60세 이상이어서 기본공제를 장애인으로 체크하지 않은 경우에는 장애인 란에서 [1.여]로 체크하면 장애인공제를 받을 수 있다. 문제에서 장애인복지법에 의한 장애인, 국가유공자, 중증환자 등에 해당하는 장애인인지 여부를 언급하면 아래의 1.2.3번 중 문제의 요구사항에 맞는 번호를 클릭하여 입력하여야 한다.

```
0:부
1:장애인복지법
2:국가유공자등
3.중증환자등
```

- 자녀 : 기본공제 대상자인 자녀가 있는 경우 자녀 1인당 일정금액의 자녀세액공제를 받을 수 있으므로 이 경우 자녀 란에 [1.여]로 체크한다.

- 위탁관계 : [기본공제] 란에서는 배우자, 20세 이하, 60세 이상자 등 기본공제 대상자로서의 요건만 점검한다. 그런데 이들이 근로자 본인과 구체적으로 어떠한 관계인지는 [위탁관계]란에서 입력한다. 예를 들어 근로자 본인의 직계존속 중 부모님에 해당되면 2번,3번 코드를 입력 혹은 클릭하고, 직계존속 중 조부모님에 해당되면 46번 코드를 입력한다. (클릭하거나 숫자 "46"을 입력) 단, 시험에서는 별도의 언급이 없는 한 위탁관계는 입력하지 않아도 무방하다.

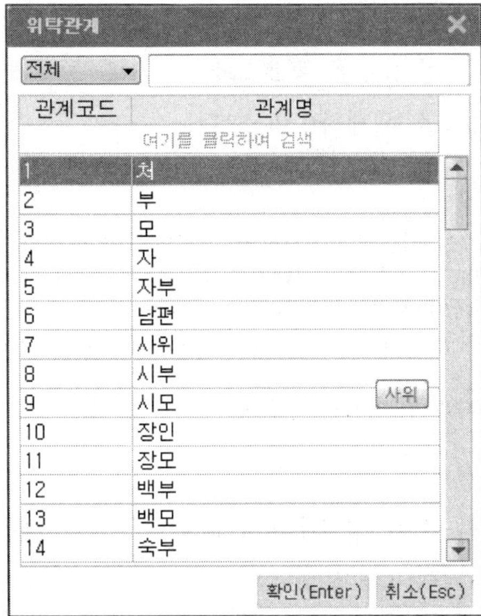

- 세대주 구분 : 근로자 본인이 세대주인지의 여부를 체크한다. 세대주이면 [1]을 입력하고 세대주가 아니면 [2]를 입력한다.

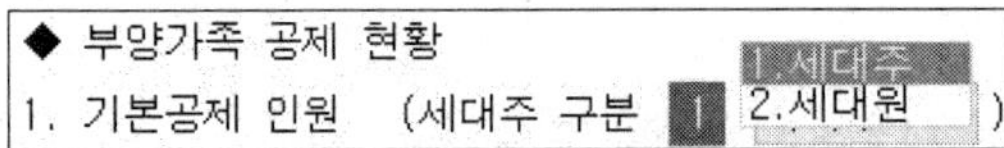

3. 추가사항

추가사항 메뉴는 다음과 같다

급여이체은행, 전화번호, 직위, 이메일 등을 입력하는 메뉴이므로 본 메뉴는 시험문제에서 다루지 않았던 부분이다. 세법적인 지식이 필요한 메뉴가 아니기 때문에 추가등록 메뉴에 이러한 내용을 입력할 수 있다는 것만 알아두면 시험에서 관련 내용을 입력하라는 문제가 나오더라도 단순하게 입력만 하면 된다.

사원등록을 잘못한 경우 삭제 방법 : 메뉴 상단의 ⊗삭제를 클릭하여 삭제

사원등록을 잘못해서 그 사원에 관한 정보를 전부 삭제하고 싶을 경우 어떻게 해야 할까? 삭제하고자 하는 사원의 [사번] 앞 체크박스에 체크한 후 사원등록 메뉴 상단의 ⊗삭제를 클릭하여 삭제하면 된다. 단, 급여자료가 이미 입력되어 있는 경우에는 해당 사원코드는 삭제가 불가능하다. 시험문제에서 사원등록을 하라고 했는데 코드 등을 잘못 입력한 경우에는 삭제 기능을 알고 있어야 편리할 것이다.

추가사항의 [12.소득세 적용율]은 간이세액표의 세액 그대로 원천징수할 경우에는 [1. 100%]를 선택하고 간이세액표의 80% 혹은 120%로 원천징수하는 것을 신청한 경우에는 [2. 80%] 혹은 [3. 120%]를 클릭한다.

② 급여자료 입력

[원천징수] 메뉴의 [근로소득관리] 하단 두번째에 [급여자료입력] 메뉴가 있다. 본 메뉴는 일반근로소득자(일용직 근로자가 아닌 근로자, 상용근로자)의 월 급여를 입력하는 메뉴이다. 메뉴를 클릭하면 아래와 같은 초기 화면이 나타난다.

급여자료를 입력하기 전에 회사의 급여 지급내역 중 식대, 자가운전보조금 등의 비과세 등록을 해야 한다면 메뉴 상단의 F4 수당공제 를 클릭하여 해당 사항을 미리 등록하여야 한다.

1. 수당등록 및 공제등록

수당 및 공제등록 메뉴는 급여자료입력 메뉴의 F4 수당공제 를 클릭하여 입력한다. 메뉴는 아래와 같이 수당등록과 공제등록으로 구성되어 있다.

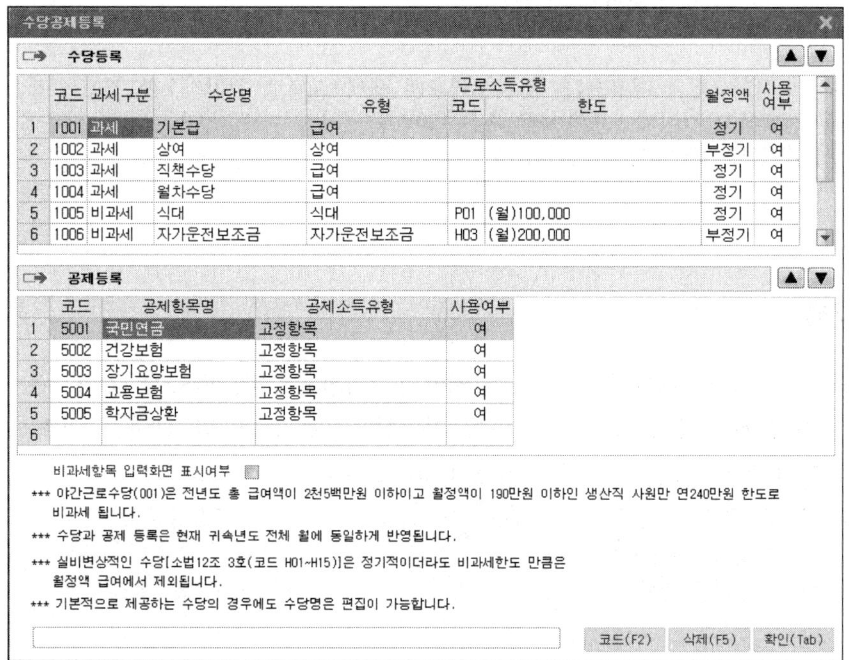

코드	과세구분	수당명	근로소득유형 유형	코드	한도	월정액	사용여부
1001	과세	기본급	급여			정기	여
1002	과세	상여	상여			부정기	여
1003	과세	직책수당	급여			정기	여
1004	과세	월차수당	급여			정기	여
1005	비과세	식대	식대	P01	(월)100,000	정기	여
1006	비과세	자가운전보조금	자가운전보조금	H03	(월)200,000	부정기	여

코드	공제항목명	공제소득유형	사용여부
5001	국민연금	고정항목	여
5002	건강보험	고정항목	여
5003	장기요양보험	고정항목	여
5004	고용보험	고정항목	여
5005	학자금상환	고정항목	여

(1) 수당등록

코드	과세구분	수당명	근로소득유형 유형	코드	한도	월정액	사용여부
1001	과세	기본급	급여			정기	여
1002	과세	상여	상여			부정기	여
1003	과세	직책수당	급여			정기	여
1004	과세	월차수당	급여			정기	여
1005	비과세	식대	식대	P01	(월)100,000	정기	여
1006	비과세	자가운전보조금	자가운전보조금	H03	(월)200,000	부정기	여

수당등록 메뉴에 이미 등록되어 있는 기본급, 상여 등과 비과세 항목인 식대, 자가운전보조금 등은 별도로 수정하지 못한다. 만약 시험문제에서 식대나 자가운전보조금 등을

비과세 요건을 충족하는 것으로 제시하면 이미 기 등록되어 있는 수당에 대해 사용여부를 [여]로 클릭하여 사용하면 된다. 그러나 만약 식대나 자가운전보조금에 대해 문제에서 비과세 요건을 충족시키지 못하는 것으로 제시하면 이 경우에는 기 등록되어 있는 비과세 수당을 고치지 않고, 과세 대상인 식대와 자가운전보조금을 새롭게 입력하여 사용여부를 [여]로 클릭한다. 이때 기존에 등록되어 있던 비과세 식대나 비과세 자가운전보조금 코드는 사용여부를 [0.부]로 클릭하여야 한다는 점에 주의하여야 한다.

새로운 수당을 등록하는 방법은 다음과 같다.

- 코드 : 코드는 자동으로 부여되므로 별도로 입력하지 않는다. 시험문제에서도 별도의 언급이 없다면 코드는 채점의 대상이 아니다.
- 과세구분 : 과세급여인지 비과세급여인지 입력한다. 과세구분 란에 커서를 놓으면 [1:과세 / 2:비과세]라는 메뉴가 나타나며 이들 중 해당되는 항목을 클릭하면 된다. 만약 [2.비과세]를 클릭한 후 [수당명]에서 F2를 누르면 아래와 같이 소득세법상 비과세 급여로 정해진 항목이 나타나는데 이들 중 해당되는 것을 찾아 클릭하면 해당 수당명칭이 자동으로 입력된다.

	코드	과세구분	수당명	근로소득유형			월정액	사용여부
				유형	코드	한도		
3	1003	과세	직책수당	급여			정기	여
4	1004	과세	월차수당	급여			정기	여
5	1005	비과세	식대	식대	P01	(월)100,000	정기	여
6	1006	비과세	자가운전보조금	자가운전보조금	H03	(월)200,000	부정기	여
7	1007	비과세	1:과세 / 2:비과세 ~당	야간근로수당	001	(년)2,400,000	부정기	여
8								

- 수당명 : 문제에서 주어진 수당명칭을 정확하게 입력한다.
- 근로소득유형 : 해당되는 근로소득이 급여, 상여, 인정상여 등 아래 메뉴에 주어진 코드 중 어디에 해당되는지 선택하여 클릭하면 된다. 비과세 수당을 입력한 후 커서가 [수당명]에 있을 때, 수당 및 공제등록 메뉴 오른쪽 아래의 [코드 F2]를 클릭하면 아래와 같은 화면이 나타난다. 예를 들어 비과세 학자금의 경우에는 코드 G01번을 클릭하면 된다. 해당 코드를 클릭하면 비과세 한도가 있는 것은 한도 란에 금액이 표시된다.

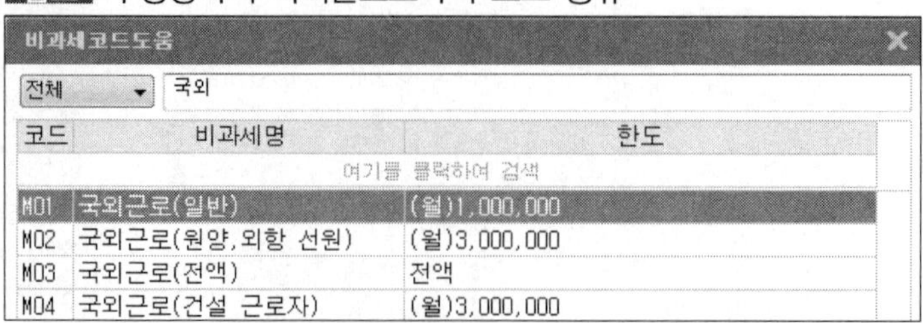

- 월정액 : 생산직 근로자에 대한 연장근로수당 및 야간근로수당에 대한 비과세 적용 시 월정액 급여를 계산할 때에 적용할 월정액 급여에 해당하는지 아니면 부정기적 급여라서 월정액 급여 계산시 포함하지 않는지 체크한다. 문제에서 별도의 언급이 없으면 [Enter↵]를 치고 넘어간다.

- 사용여부 : [0.부], [1.여] 중 하나를 선택한다. 기등록되어 있는 수당코드를 사용하지 않고자 할 때에는 [0.부]를 선택하고, 사용하고자 할 때에는 [1.여]를 선택하면 된다.

모든 입력사항이 입력되고 나면 화면 하단의 [확인]키를 클릭하여 저장하면 된다.

비과세되는 국외근로소득이 있을 경우

비과세되는 국외근로소득이 있을 경우에는 사원등록메뉴에서 [7.국외근로제공]란에 해당 국외근로소득이 100만원 비과세, 300만원 비과세 중 어느 것인지를 먼저 체크해야 한다. 그리고 나서 급여자료입력 메뉴의 수당등록에서 국외근로소득에 대한 입력을 별도로 하되, 사원등록 메뉴에서 입력한 비과세 한도와 정확하게 일치하는 국외근로소득을 입력하여야 급여자료입력 메뉴에 국외근로소득 입력 란이 정상적으로 생성되고 비과세 금액 체크도 정확하게 진행된다.

참고 수당등록시 국외근로소득의 코드 종류

코드	비과세명	한도
	전체　국외	
	여기를 클릭하여 검색	
M01	국외근로(일반)	(월)1,000,000
M02	국외근로(원양,외항 선원)	(월)3,000,000
M03	국외근로(전액)	전액
M04	국외근로(건설 근로자)	(월)3,000,000

(2) 공제등록

공제등록 역시 수당등록과 마찬가지로 급여자료 입력 전에 반드시 선행되어야 하는 작업이다. 이는 급여 총액(급여 및 상여, 기타 지급액 총 합계액)에서 차감하고 지급할 금액을 입력하는 란이다. 소득세와 소득분 지방소득세는 자동으로 차감되므로 별도로 입력하지 않는다. 국민연금 등 기 입력되어 있는 공제등록 사항 외에 노동조합비 등 회사에서 급여 지급시에 차감하고 지급하는 것이 있다면 해당 내역을 공제등록 메뉴에 등록한 후 금액을 입력하면 된다.

	코드	공제항목명	공제소득유형	사용여부
1	5001	국민연금	고정항목	여
2	5002	건강보험	고정항목	여
3	5003	장기요양보험	고정항목	여
4	5004	고용보험	고정항목	여
5	5005	학자금상환	고정항목	여
6				

- 코드 : 코드는 자동으로 부여되므로 별도로 입력하지 않는다.
- 공제항목명 : 문제에서 주어진 공제항목명을 기입한다.
- 공제소득유형 : 공제항목명을 입력하고 [Enter↵]를 친 후 [F2]를 누르면 다음과 같은 공통코드 도움박스가 나타난다 . 해당사항을 클릭하여 입력한다. 예를 들어 기부금을 회사에서 일괄공제하는 경우에는 3.기부금을 선택하면 된다.

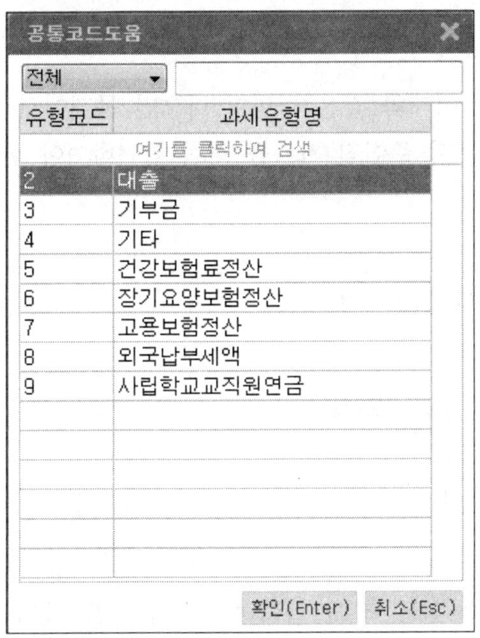

- 사용여부 : 사용할 것인지의 여부를 선택한다.

2. 급여자료 입력

　급여자료 입력은 일용직 근로자를 제외한 상용 근로자의 월별 급여와 상여를 입력하는 메뉴이다. [급여자료입력]에 입력된 자료는 [원천징수이행상황신고서]와 [소득자별 근로소득원천징수부]에 반영되게 되어 있다. 급여자료입력 메뉴는 다음과 같다.(1월 25일 지급 가정)

　급여자료입력 메뉴에 날짜를 입력하였을 때 아래와 같은 화면이 나오면 문제에서 별도의 언급이 없는 한 [아니오]를 클릭하고 문제에서 주어진 자료를 직접 입력하여야 한다.

(1) 귀속년월, 지급년월일 등 입력 : 메뉴 상단

• 귀속년월

　지급하는 급여가 몇 월분의 급여인지 해당 월을 직접 입력하거나 입력란 옆의 ▣를 클릭하여 해당 월을 선택한다. 실제 급여를 지급한 달이 아니라 근로자가 일한 날이 속하는 달을 적어야 한다는 것에 주의한다. 예를 들어 3월분 급여를 5월에 지급받은 경우, 귀속연월은 실제로 일한 기간인 3월이 되는 것이다.

- 지급년월일

지급하는 급여의 지급년월일을 입력한다.

(2) 급여항목 및 공제항목 입력

급여의 지급연월일까지 입력을 하고 나면 화면 왼쪽에 회사에 근속중인 사원이 나타난다. 급여를 입력하고자 하는 사원의 코드를 클릭한 후 메뉴의 가운데 급여항목을 먼저 입력한다.

단, 국외근로소득이 있는 경우에는 사원등록 메뉴에 국외근로소득의 비과세 한도를 체크한 후 수당등록 메뉴에서도 별도로 비과세 수당으로 해당 국외근로소득을 등록해야 급여자료입력시 국외근로소득을 입력하는 메뉴가 생성된다는 점에 주의한다.

급여항목을 입력하고 나면 공제항목이 자동으로 반영된다. 시험문제에서 전산회계 프로그램의 자료 대신 문제에 있는 금액을 입력하라는 요구사항이 나오는 경우도 있는데 이 경우에는 해당 금액을 각각 직접 입력한다.

 화면 아래쪽에 표시되는 '지급총액'이나 '과세', '비과세' 등의 숫자는 전체 사원의 인원과 기본급 등의 총합계이므로 문제에서 별 언급이 없다면 이를 참고하기만 하고 문제를 푼 후 검증용으로만 활용하면 된다.

 **중도퇴사자 정산 메뉴**

예를 들어 2018년 5월 말일자로 퇴사한 직원에 대한 연말정산을 하라는 문제가 나온다면 먼저 사원등록 메뉴의 하단에 퇴사일자를 입력하여야 한다. 그리고 나서 5월의 급여자료를 입력하여야 하는데 기본급, 상여 등 급여자료를 모두 입력한 후에는 화면 상단의 F7 중도퇴사자정산 ▽ 을 클릭한다. 그리고 나서 화면 하단의 [급여반영] 탭을 클릭하면 해당 내역이 반영되어 중도퇴사자의 연말정산 기본 절차가 완료된다. 만약 시험문제에서 중도퇴사자에 대한 연말정산을 하라고 하고 원천징수이행상황신고서를 작성하라는 요구사항을 제시한다면 위와 같이 급여를 입력하고 중도퇴사자 정산을 급여에 반영한 후 연말정산 추가자료입력 메뉴를 열어서 [중도]탭을 클릭하여 해당 사원에 대한 입력사항을 확인한 후 화면 하단의 [급여반영]을 클릭한 후에 원천징수이행상황신고서를 작성하면 된다. 중도퇴사자 정산을 적용하여 급여를 정상적으로 입력한 경우에는 화면 오른쪽 상단에 중도정산적용함 이라는 표시가 나타난다.

F6 지급일자

급여자료입력 메뉴 상단의 [F6 지급일자]를 클릭하면 아래와 같은 화면이 나타난다. 아래 화면은 급여자료를 전혀 입력하지 않은 상태에서 조회한 것이다. 만약 급여자료가 입력되어 있다면 귀속월, 인원, 총지급액 등이 조회되는데 이미 입력된 급여자료를 전부 삭제하고 싶다면 해당 월을 클릭한 후 화면 아래의 [삭제] 버튼을 누르면 된다. 시험에서는 본 메뉴를 물어보는 일이 없지만, 시험을 보다가 이미 입력한 급여자료를 삭제하여야 하는 불가피한 경우가 생길 수 있으므로 본 메뉴의 기능에 대해서는 알고 있도록 하자.

③ 연말정산추가자료입력

전산세무 1급 시험에서 연말정산추가자료를 입력하라는 문제는 거의 매회 출제되고 있다고 해도 과언이 아니다. 연말정산추가자료 입력 방법에 대해서는 반드시 숙지한 후 여러번 반복 연습을 통해 빠르고 정확하게 입력하는 것을 연습해야 한다.

연말정산추가자료 입력 화면은 다음과 같다.

참고

연말정산추가자료입력 메뉴 중 [연말정산입력] 메뉴의 전체 화면

| 소득명세 | 부양가족소득공제 | 연금저축 등 | 월세,주택임차차입 | 연말정산입력 |

정산(지급)년월 2019 년 2 월 귀속기간 2018 년 1 월 1 일 ~ 2018 년 12 월 31 일 영수일자 2019 년 2 월 28 일

구분			지출액	공제금액
21.총급여				
22.근로소득공제				
23.근로소득금액				
종합공제	기본공제	24.본인		
		25.배우자		
		26.부양가족 명)		
	추가공제	27.경로우대 명)		
		28.장애인 명)		
		29.부녀자		
		30.한부모가족		
소득공제	연금보험료공제	31.국민연금보험료		
		32. 공적연금보험공제 공무원연금		
		군인연금		
		사립학교교직원		
		별정우체국연금		
	특별소득공제	33.보험료		
		건강보험료		
		고용보험료		
		34.주택차입금 원리금상환액 대출기관		
		거주자		
		34.장기주택저당차입금이자상		
		35.기부금-2013년이전이월분		
		36.특별소득공제 계		
37.차감소득금액				
그 밖의 소득공제		38.개인연금저축		
	39.소기업,소상공인 공제부금	2015년이전가입		
		2016년이후가입		
	40.주택마련저축 소득공제	청약저축		
		주택청약		
		근로자주택마련		
	41.투자조합출자 등 소득공제			
	42.신용카드 등사용액			
	43.우리사주조합출연금			
	44.고용유지중소기업근로자			
	45.장기집합투자증권저축			
	46.그 밖의 소득공제 계			
47.소득공제 종합한도 초과액 ▶				

구분			지출액	공제대상금액	공제금액
48.종합소득 과세표준					
49.산출세액					
세액감면	50.「소득세법」 ▶				
	51.「조세특례제한법」 (52제외) ▶				
	52.「조세특례제한법」 제30조 ▶				
	53.조세조약 ▶				
	54.세액감면 계				
55.근로소득 세액공제					
56.자녀세액공제	㉮자녀 명)				
	㉯ 출산.입양 명)				
세액공제	연금계좌	57.과학기술공제			
		58.근로자퇴직연금			
		59.연금저축			
	특별세액공제	60.보장성보험 일반			
		장애인			
		61.의료비			
		62.교육비			
		63.기부금			
		1)정치자금기부금 10만원이하			
		10만원초과			
		2)법정기부금(전액)			
		3)우리사주조합기부금			
		4)지정기부금(종교단체외)			
		5)지정기부금(종교단체)			
		64.특별세액공제 계			
	65.표준세액공제				
	66.납세조합공제				
	67.주택차입금				
	68.외국납부 ▶				
	69.월세액				
	70.세액공제 계				
71.결정세액((49)-(54)-(70))					

구분		소득세	지방소득세	농어촌특별세	계
72.결정세액					
기납부세액	73.종(전)근무지				
	74.주(현)근무지				
75.납부특례세액					
76.차감징수세액					

본 메뉴는 [사원등록]과 [급여자료입력]의 데이터에 의해 작성되며, [연말정산추가자료입력] 결과는 [근로소득원천징수영수증] 및 [원천징수이행상황신고서]에 자동으로 반영된다.

근로소득자가 받을 수 있는 종합소득공제 중 인적공제(기본공제, 추가공제)는 사원등록 메뉴에서 입력하며, 그 외의 항목별공제 및 조세특례제한법에 의한 소득공제는 모두 연말정산추가자료입력 메뉴에 입력하는 것이 원칙이다.

다시 말해 [연말정산추가자료입력]은 [사원등록]이나 [급여자료입력]에서 입력하지 않은 종합소득공제 중 특별소득공제, 기타의 소득공제, 자녀세액공제, 특별세액공제, 감면세액, 종(전)근무지 급여자료 등을 추가로 입력하는 메뉴이다.(단, 부양가족 등록을 사원등록에서 하지 않고, 연말정산추가자료입력 메뉴의 [부양가족소득공제]란에서 직접 할 수도 있다.)

1. 연말정산자료 입력 상단 메뉴

[연말정산추가자료입력] 메뉴의 상단에는 위와 같은 메뉴가 있다. 이 중 [전체사원] 기능과 [부양가족소득공제탭불러오기] (**F8 부양가족소득공제탭불러오기**)기능은 시험에서 활용될 여지가 있으므로 해당 기능에 대해 알아두어야 한다.

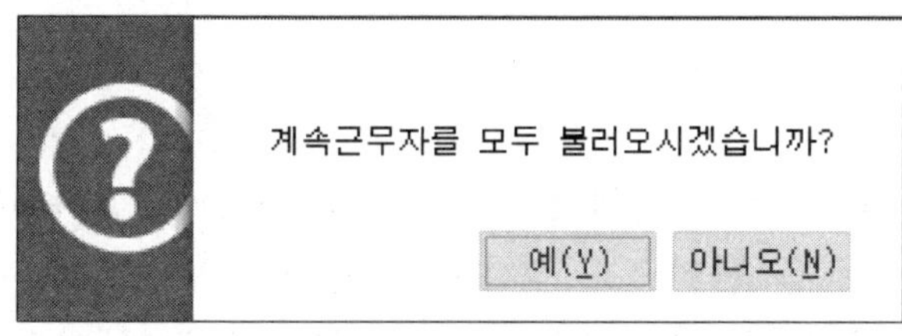

- **F3 전체사원** : [전체사원]탭을 클릭하면 아래와 같이 계속근무자(12월 31일 현재 근속하는 사원)를 모두 불러올 것인지 묻는 화면이 나타난다. 여기에서 전체 사원을 불러오기 위해서는 [예]를 클릭하면 된다.

- **F8 부양가족소득공제탭불러오기** : 부양가족소득공제 입력 탭에 기 입력한 자료를 불러오기 위해 사용하는 기능이다. [F8불러오기] 탭을 클릭하면 아래와 같은 화면이 나타나는데 여기에서 필요한 명세서를 체크한 후 화면 하단의 [불러오기]를 클릭하면 된다.

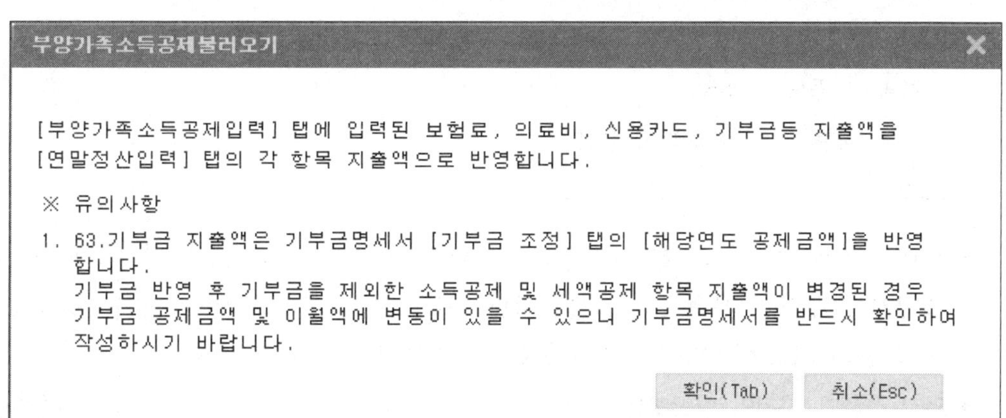

- 단, [부양가족소득공제불러오기] 메뉴 옆의 　SF2 불러오기 ▽　를 클릭하면 아래와 같은 메뉴가 보이는데 문제의 요구사항이 있을 경우, 해당 내용을 클릭하면 된다.

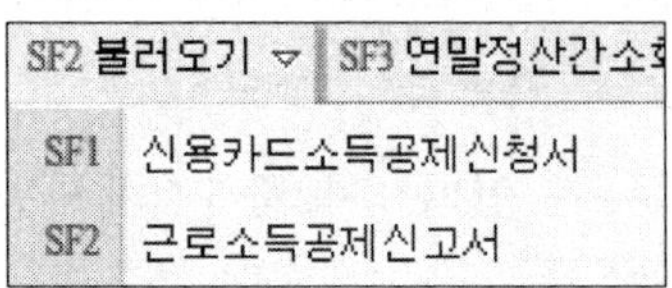

2. 연말정산추가자료 입력 방법

(1) 사번 및 사원명

연말정산추가자료 입력을 하기 위해서는 먼저 연말정산 대상 사원의 사번을 입력해야 한다. 12월 31일 현재 근속하는 전체 사원을 불러오고 싶다면 화면 상단의 [전체사원] 탭을 클릭하면 되지만 전산세무 1급 시험에서는 전체사원이 아닌 어느 한 특정 사원에 대한 연말정산을 하라고 요구하는 문제가 대부분이므로 해당하는 사원의 사번을 입력하거나 조회하여 그 사원의 부양가족명세와 급여대장 등을 불러온 후 작업을 해야 한다.

화면 왼쪽 위에는 [계속], [중도], [총괄]이라는 표시가 있다. 연도중 중도퇴사한 사원에 대한 연말정산 내역은 [중도]에서 조회되며, 12월 31일 현재 근속자에 대한 연말정산의 경우 [계속] 탭에서 조회된다. 모든 사원의 내역을 한꺼번에 보고 싶으면 [총괄]탭에서 작업하면 된다.

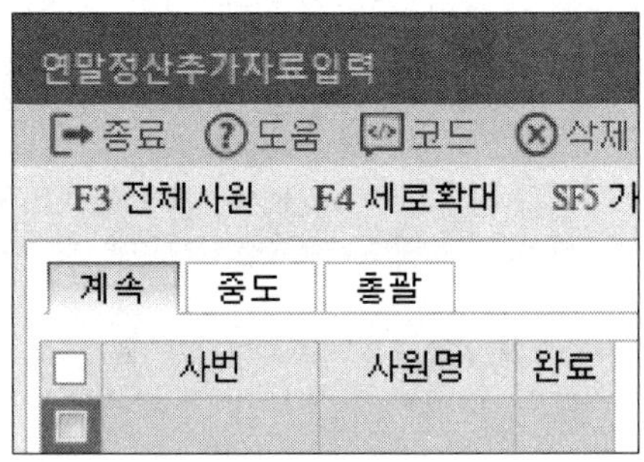

- 사번 : 사번 란을 클릭한 후 F2를 누르면 사원코드 도움박스가 나타나며 이 중 문제에서 요구하는 사원을 더블클릭하면 자동으로 해당 사원의 부양가족명세와 총급여액 등의 자료가 연말정산추가자료입력 화면에 반영되게 된다.
- 완료 : 해당 사원의 연말정산 추가자료 입력이 모두 완료되면 화면 상단의 　CF1 작업완료 ▽　를 눌러서 완료상태로 만든다. 완료상태에서는 추가적인 자료 입력이 불가능하므로 만약 입력한 내용을 수정하고 싶다면 [작업완료] 옆의 세모 표시를 눌러 화면 하단의

[완료취소](　　　　　　)를 누르면 된다.(단, 시험문제에서 별도의 언급이 없다면 작업완료를 체크하든 하지 않든 시험점수에는 지장이 없다. 문제에서 작업완료를 하라고 하면 반드시 작업완료를 해야 한다.)

(2) 소득명세

이번 연도 중 회사에 중도입사한 자가 있거나 근로소득이 2군데 이상의 회사에서 발생하는 이중근로자가 있다면 해당 사원의 종전 근무지의 원천징수영수증 등을 받아서 연말정산추가자료입력 메뉴에 이를 입력하여야 한다. 종전 근무지 원천징수영수증은 [소득명세]메뉴에 입력하며 화면 오른쪽의 [종(전)]탭에 입력하면 된다.

종전 근무지 원천징수영수증을 입력할 때에는 해당 금액을 있는대로 정확하게 입력하기만 하면 된다. 다만, 기납부세액의 소득세 및 지방소득세는 종전 근무지 원천징수영수증상의 [결정세액]이라는 점에만 주의하면 된다.

| 소득명세 | 부양가족소득공제 | 연금저축 등 | 월세,주택임차차입 | 연말정산입력 |

구분			합계	주(현)	납세조합	종(전) [1/1]
소득명세	9.근무처명					
	10.사업자등록번호			---__-_____	---__-_____	---__-_____
	11.근무기간			----_--_--~----_--_--	----_--_--~----_--_--	----_--_--~----_--_--
	12.감면기간			----_--_--~----_--_--	----_--_--~----_--_--	----_--_--~----_--_--
	13-1.급여(급여자료입력)					
	13-2.비과세한도초과액					
	13-3.과세대상추가(인정상여추가)					
	14.상여					
	15.인정상여					
	15-1.주식매수선택권행사이익					
	15-2.우리사주조합 인출금					
	15-3.임원퇴직소득금액한도초과액					
	16.계					
비과세항목	18.국외근로					
	18-1.야간근로(년240만원)	001				
	18-2.출산·보육(월10만원)	Q01				
	18-4.연구보조비(월20만원)					
	18-5.비과세학자금(납입금액)	G01				
	18-6.취재수당(월20만원)	H11				
	18-7.벽지수당(월20만원)	H12				
	18-8.재해관련급여(전액)	H13				
	18-9.무보수위원수당(전액)	H01				
	18-10.외국주둔군 등(전액)	K01				
	18-11.주식매수(년3,000만원)	S01				
	18-12.외국인기술자	T01				
	18-14.우리사주조합인출(50%)	Y02				
	18-15.우리사주조합인출(75%)	Y03				
	18-16.우리사주조합인출(100%)	Y04				
	18-18.경호·승선수당 등	H05				
	18-18.입갱·발파수당	H051				
	18-19.외국정부 등 근무	I01				
	18-20.장기미취업(월100만원)	Y21				
	18-21.장학금	R10				
	18-22.보육교사근무환경개선비	H14				
	18-23.사립유치원교사인건비	H15				
	18-24.중소기업취업청년(100%)	T10				
	18-25.중소기업취업청년(50%)	T11				
	18-26.중소기업취업청년(70%)	T12				
	18-27.조세조약상교직자	T20				
	18-28.지방이전종사자이주수당	H16				
	18-29.직무발명보상금	R11				
	19.수련보조수당	Y22				
	20.비과세소득 계					
	20-1.감면소득 계					
공제보험료명세	직장	건강보험료(직장)(33)				
		장기요양보험료(33)				
		고용보험료(33)				
		국민연금보험료(31)				
	공적연금보험료	공무원 연금(32)				
		군인연금(32)				
		사립학교교직원연금(32)				
		별정우체국연금(32)				
세액명세	기납부세액	소득세				
		지방소득세				
		농어촌특별세				
	납부특례세액	소득세				
		지방소득세				
		농어촌특별세				

(3) 부양가족 소득공제 입력

사원등록 메뉴에 입력한 부양가족명세를 불러오거나 새롭게 입력할 수 있는 메뉴이다. 시험문제에서 사원등록 메뉴에 입력이 안되어 있거나 잘못 입력된 사항이 있다면 여기에서 수정해도 된다.

본인과 기본공제 대상자별로 아래와 같은 입력란이 화면 하단에 각각 생기는데 각 사람별로 보험료, 의료비, 교육비, 신용카드 사용액, 기부금 등 공제 대상 금액을 입력하되, 이를 국세청 자료와 국세청 외의 기타 자료로 구분하여 입력하여야 한다.

아래 화면에는 소득공제 및 세액공제 대상이 되는 지출액을 입력한다는 점에 주의한다. (한도 체크는 프로그램에서 해 주므로 수험생은 소득공제 및 세액공제 가능한 금액을 총액 입력하면 된다.) 예를 들어 본인의 시력교정용 안경 구입비가 연간 70만원 지출되었다면 이 중 50만원까지만 세법상 의료비 세액공제가 가능하므로 50만원만 입력하는 것이다. 실기 문제에서 의료비나 보험료, 신용카드 사용액 등을 제시했을 때 해당 금액이 소득공제 및 세액공제 대상인지의 여부는 소득세법 이론에서 학습한 내용을 기준으로 판단하여야 하므로 원천징수 메뉴 중 연말정산추가자료입력 메뉴는 세법과 가장 밀접한 관련이 있는 메뉴라고 할 수 있다.

자료구분	보험료		의료비		교육비		신용카드 등					기부금
	건강.고용	보장성	지출액	구분	지출액	구분	신용카드	현금/직불	전통시장	대중교통	도서공연	
국세청												
기타												
합계 국세청												
기타												
의료비 최소금액(총급여의 3%)				신용카드 등 최소금액(총급여의 25%)								

- 의료비 구분 : 의료비 지출액 란이 노란색으로 표시가 되며 해당 칸에서 Space Bar 를 누르거나 숫자를 입력하면 아래와 같은 화면이 나타난다. 여기에 해당 의료증빙코드와 의료비 공제 대상자, 지급금액 등을 문제에서 주어진대로 입력하면 된다.

의료비지급명세서

(2018) 년 의료비 지급명세									
지급처			의료비 공제대상자(F2)				지급명세		
9.의료증빙코드	8.상호	7.사업자등록번호	성명	내/외	5.주민등록번호	6.본인등 해당여부	10.건수	11.금액	12.난임시술비 해당여부
1.국세청장 2.국민건강보험 3.진료·약제비 4.장기요양 5.기타영수증									
			합계						
전액공제의료비			일반공제 의료비						

의료증빙코드를 입력하세요   삭제(F5)   확인(Esc)

- 교육비 구분 : 취학전아동이면 "1"을 입력하고, 초·중·고등학생이면 "2", 대학생이면 "3"을 입력한다. 본인의 교육비나 장애인특수교육비의 경우에는 "4"를 입력한다. 이러한 입력 코드는 화면 하단의 팁에 자세히 설명되어 있으므로 문제 풀이시 참고한다.

> 1.취학전 아동(연300만원/1인), 2.초중고(연300만원/1인), 3.대학생(연900만원/1인), 4.본인/장애인(전액), 5.공제대상아님

- 신용 : 신용카드 사용액의 경우에는 신용카드 등, 직불카드, 전통시장, 대중교통 사용분을 각각 나누어 입력한다. 신용카드 입력 란을 클릭하면 아래와 같은 세부사항 입력 박스가 나타나는데 여기에 해당되는 금액을 모두 입력한 후 화면 하단의 [확인]을 클릭하면 금액이 자동으로 반영된다.

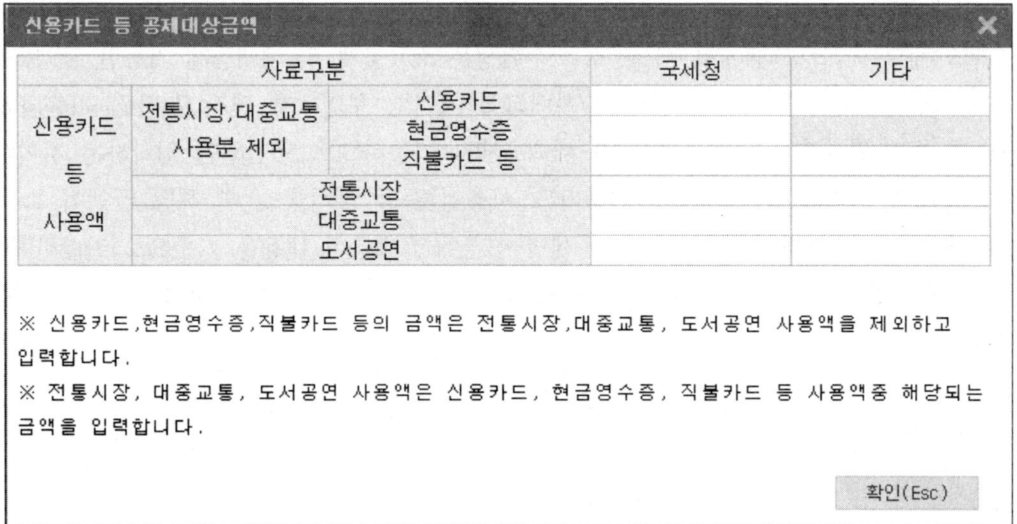

자료구분			국세청	기타
신용카드 등 사용액	전통시장,대중교통 사용분 제외	신용카드		
		현금영수증		
		직불카드 등		
	전통시장			
	대중교통			
	도서공연			

※ 신용카드,현금영수증,직불카드 등의 금액은 전통시장,대중교통, 도서공연 사용액을 제외하고 입력합니다.
※ 전통시장, 대중교통, 도서공연 사용액은 신용카드, 현금영수증, 직불카드 등 사용액중 해당되는 금액을 입력합니다.

(4) 연금저축 등

[연금/저축 등] 탭은 아래와 같다. 연금계좌 세액공제 대상인 퇴직연금계좌 및 연금저축계좌 납입 금액, 주택마련저축 납입금액 등에 대해 문제에서 요구사항이 있을 때에 여기에 입력하면 된다. 이들 연금저축 등은 근로자 본인이 납부한 금액 외에는 공제 대상이 되지 않는다는 점에 주의한다. 또한 주택마련저축의 경우 본인이 세대주인 경우에 한해서 본인이 지출한 금액만 공제 대상이 된다는 점에 주의한다.

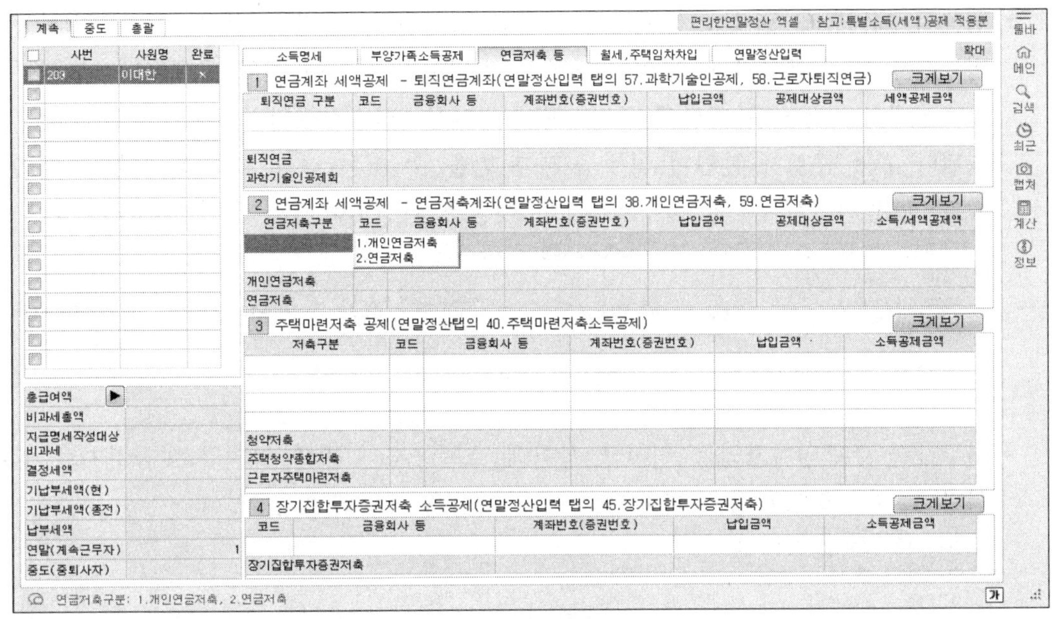

- 연금계좌세액공제-퇴직연금계좌 : 화면의 [퇴직연금 구분] 란을 클릭하여 [퇴직연금]
  과 [과학기술인공제회] 중 해당하는 계좌를 클릭한다. 코드 란에서 F2를 눌러 금융
  기관을 조회한 후 클릭하면 코드와 금융회사 명칭이 자동으로 기입되므로 문제에서
  주어진 계좌번호, 불입금액을 입력하면 세법에 따른 공제금액을 케이렙 프로그램이
  자동으로 계산해 준다.
- 연금계좌세액공제-연금저축계좌 : [연금저축구분]을 클릭하여 [1.개인연금저축], [2.
  연금저축] 중 문제의 요구사항에서 제시하는 것을 클릭한다. 퇴직연금 입력과 동일
  하게 금융기관 코드를 조회하고 해당 계좌번호와 불입금액을 입력하면 된다.
- 주택마련저축공제 : [저축구분]을 클릭하면 아래와 같이 청약저축, 주택청약종합저
  축, 근로자주택마련저축에 대해 각각 금융회사, 계좌번호, 불입금액을 입력하는 란
  이 나타난다. 주택마련저축공제는 연말현재 세대주인 근로자가 원칙적으로 공제받
  는 것이다.

(5) 월세, 주택임차차입

[월세,주택임차차입] 탭을 누르면 아래와 같은 화면이 나타난다. 본 메뉴에서는 월세에
대한 세액공제와 주택임차차입금 원리금상환액에 대한 소득공제 대상 금액을 입력한다.

- 월세액 세액공제 명세 : 문제에서 주어진 임대인명, 주민등록번호(또는 사업자등록번호), 주소지, 계약기간, 월세 지출액을 입력하면 세법에 따라 공제되는 금액을 프로그램에서 자동으로 계산해 준다. 해당 금액은 [연말정산입력] 메뉴에 자동으로 반영된다. (단, 근로자 본인이 월세 공제를 받을 수 있는 대상자인지의 여부를 세법적으로 직접 판단할 수 있도록 소득세법 이론을 확인하여 두는 것은 필요하다.)

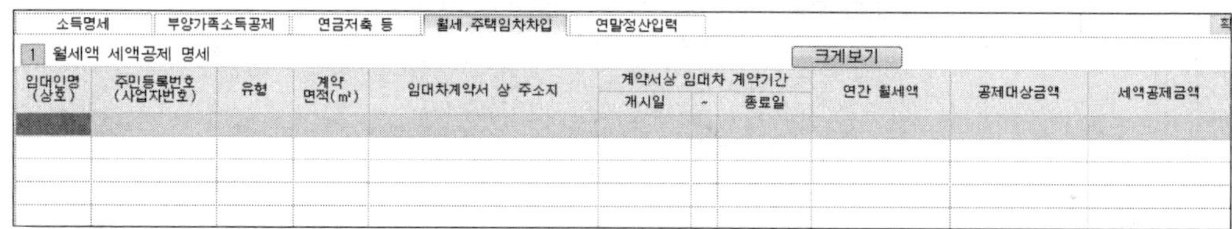

- 거주자간 주택임차차입금 원리금 상환액 소득공제 : 월세 공제와 마찬가지로 임대인명, 주민등록번호 등 문제에서 주어진 사항을 입력하면 된다.

(6) 연말정산입력

소득명세, 부양가족소득공제, 연금저축 등, 월세 및 주택임차차입금 원리금상환액을 모두 입력하였다면 이를 연말정산입력 탭에서 다시 정리하는 작업을 해야 한다.

부양가족소득명세에서는 기본공제 대상자별로 해당 금액을 국세청 자료와 기타자료로 나누어 입력하는 기능이었다면 연말정산입력 메뉴에서는 기본공제대상자가 지출한 금액을 각각의 항목별로 총 합계하여 이를 반영하는 것이다.

소득명세, 부양가족소득공제, 연금/저축 등을 모두 입력한 후 '연말정산입력'메뉴를 열 때 가장 먼저 메뉴 상단의 [F8 부양가족소득공제탭불러오기]를 클릭하여 부양가족탭의 입력자료를 불러온 후 추가자료를 입력하여야 한다. (단, 시험문제에서 부양가족소득공제 등을 입력하지 않고 연말정산입력 메뉴만 작성하라고 할 경우에는 본 과정은 생략해도 무방하지만 수험생의 입장에서는 전체 메뉴를 모두 입력한 후에 연말정산입력을 하는 것부터 연습하는 것이 더 좋을 것으로 판단된다.)

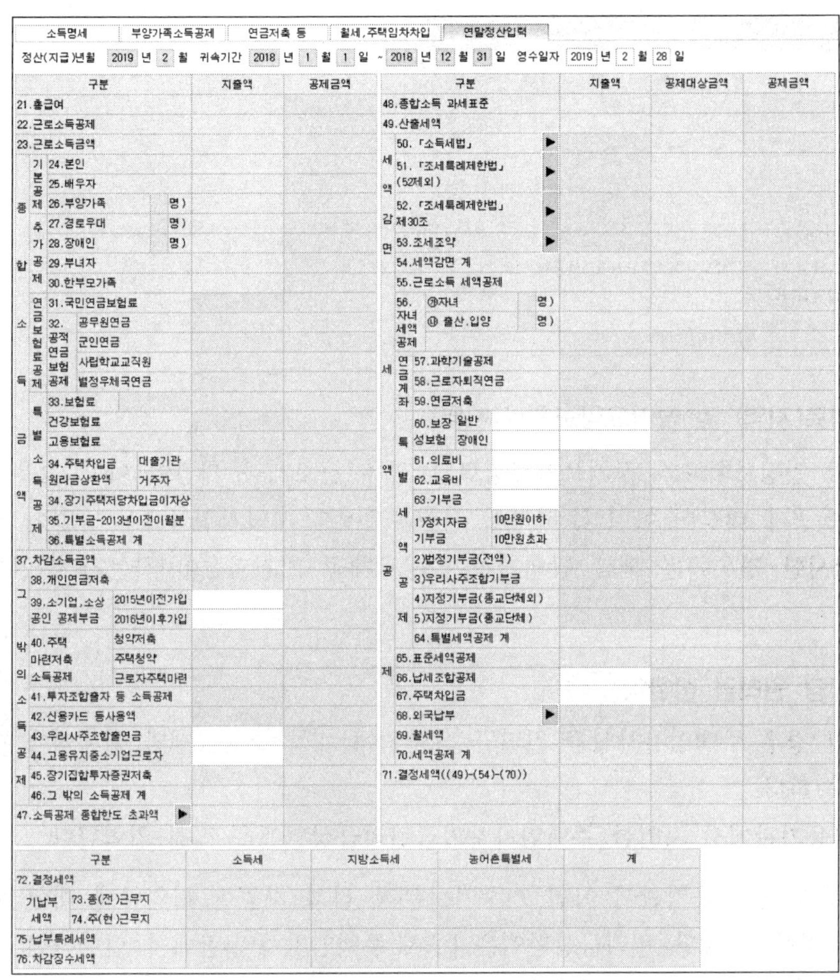

[연말정산입력] 메뉴 중 시험과 관련하여 중요한 것 위주로 아래에서 살펴보기로 한다.

① 31. 국민연금보험료(지역)

지역가입자로 납입한 국민연금보험료를 문제에서 제시하면 입력한다. 근로제공 기간 외의 기간에 지역가입자로서 납부한 국민연금보험료도 공제 대상이 되므로 이를 입력하는 것이다.

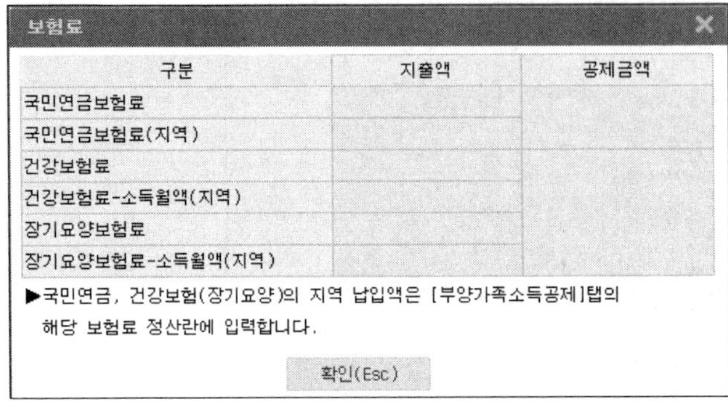

② 33. 건강보험료(지역) 및 장기요양보험료(지역)

국민연금과 달리 건강보험료와 장기요양보험료의 경우 근로제공 기간이 아닌 경우에 납입한 금액은 소득공제 대상이 아니다. 따라서 시험문제에서 지역가입자로서 납입한 건강보험료 등을 제시한 경우에는 해당 납입기간이 근로제공 기간과 일치하는지 확인을 반드시 해야 한다.

③ 34. 주택차입금 원리금 상환액

본인이 세대주인 경우 주택임차차입금 원리금 상환액에 대한 소득공제와 월세액에 대한 세액공제가 가능하다.

- 대출기관 : 금융기관에서 차입한 주택임차차입금원리금상환액을 직접 입력한다.

- 거주자 : '거주자'란 금융기관이 아닌 거주자로부터 직접 차입한 차입금에 대한 원리금상환액을 말한다. 해당 원리금상환액은 [월세,주택임차차입]란에서 입력하면 세법상의 공제 금액이 자동으로 기입된다.

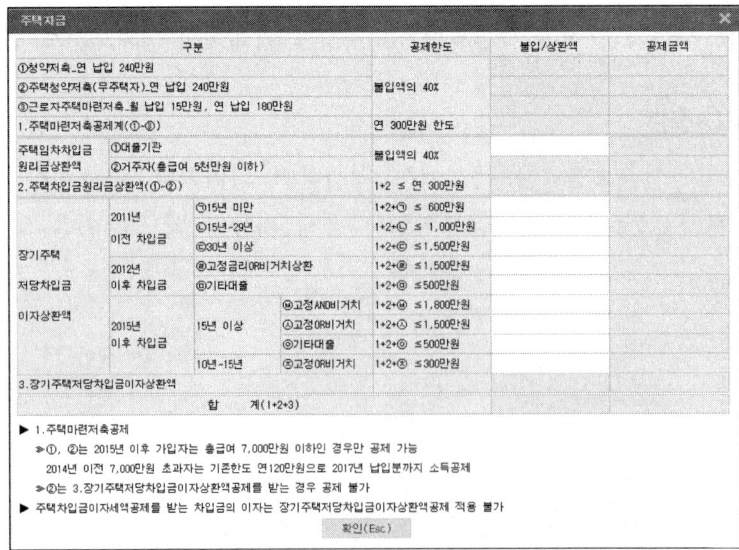

주택자금

구분			공제한도	불입/상환액	공제금액
①청약저축_연 납입 240만원					
②주택청약저축(무주택자)_연 납입 240만원			불입액의 40%		
③근로자주택마련저축_월 납입 15만원, 연 납입 180만원					
1.주택마련저축공제계(①~③)			연 300만원 한도		
주택임차차입금 원리금상환액	①대출기관		불입액의 40%		
	②거주자(총급여 5천만원 이하)				
2.주택차입금원리금상환액(①~②)			1+2 ≤ 연 300만원		
장기주택 저당차입금 이자상환액	2011년 이전 차입금	㉠15년 미만	1+2+㉠ ≤ 600만원		
		㉡15년~29년	1+2+㉡ ≤ 1,000만원		
		㉢30년 이상	1+2+㉢ ≤1,500만원		
	2012년 이후 차입금	㉣고정금리OR비거치상환	1+2+㉣ ≤1,500만원		
		㉤기타대출	1+2+㉤ ≤500만원		
	2015년 이후 차입금	15년 이상 ㉥고정AND비거치	1+2+㉥ ≤1,800만원		
		15년 이상 ㉦고정OR비거치	1+2+㉦ ≤1,500만원		
		15년 이상 ㉧기타대출	1+2+㉧ ≤500만원		
		10년~15년 ㉨고정OR비거치	1+2+㉨ ≤300만원		
3.장기주택저당차입금이자상환액					
합 계(1+2+3)					

▶ 1.주택마련저축공제
　≫①, ②는 2015년 이후 가입자는 총급여 7,000만원 이하인 경우만 공제 가능
　　　2014년 이전 7,000만원 초과자는 기존한도 연120만원으로 2017년 납입분까지 소득공제
　≫②는 3.장기주택저당차입금이자상환액공제를 받는 경우 공제 불가
▶ 주택차입금이자세액공제를 받는 차입금의 이자는 장기주택저당차입금이자상환액공제 적용 불가
확인(Esc)

④ 34. 장기주택저당차입금 이자 상환액

장기주택저당 차입금에 대한 이자상환액에 대한 공제 내역을 입력하는 란이다. 장기주택저당차입금 이자상환액에 대한 소득공제 역시 아주 예외적인 경우를 제외하고는 연말 현재 세대주인 근로자 본인이 지출한 금액에 한해서 공제 가능하다. 문제에서 제시하는 요건대로 해당 금액을 입력하면 된다.

⑤ 35. 기부금-2013년 이전 이월분

2014년 이후 기부금 관련 공제가 대폭 개정되어 기부금 이월공제를 위한 칸이 별도로 존재한다. 문제에서 2013년 이전의 기부금 이월액을 제시하면 해당 금액을 [35.기부금-2013년 이전 이월분]의 해당 란에 입력하면 된다.

35.기부금-2013년이전이월분

기부금 지출액 란에 커서를 두고 Space Bar 를 누르거나 더블클릭하면 아래와 같은 화면이 나타나며 이 중 해당 칸에 2013년 이전 이월분 기부금을 입력하면 된다.

기부금

구분	지출액	공제대상금액	공제금액
정치자금 기부금(10만원 이하분)			
정치자금 기부금(10만원 초과분)			
법정당해기부금			
법정이월(2014년)			
법정이월(2015년)			
법정이월(2016년)			
우리사주조합기부금			
종교단체외이월(2013년이전)			
종교단체이월(2013년이전)			
종교단체외 당해기부금			
종교단체외이월(2014년)			
종교단체외이월(2015년)			
종교단체외이월(2016년)			
종교단체 당해기부금			
종교단체이월(2014년)			
종교단체이월(2015년)			
종교단체이월(2016년)			

참고자료 확인(Esc)

⑥ 38. 개인연금저축 소득공제

조세특례제한법에 의한 소득공제 대상인 연금저축을 입력하는 칸이다. [연금저축 등] 메뉴에 입력한 내역이 자동으로 반영된다.(연금계좌세액공제와 다른 것임)

⑦ 39. 소기업·소상공인 공제부금 소득공제

소기업 · 소상공인 공제부금에 납입한 금액이 있다면 해당 금액을 입력하면 된다. 세법상의 공제 한도는 300만원이므로 프로그램에서 자동으로 한도 적용을 해 준다. 가입시기에 따라 공제 금액이 달라지므로 문제에서 주어지는 가입시기 란에 입력해야 한다.

39.소기업,소상	2015년이전가입	
공인 공제부금	2016년가입	

⑧ 40. 주택마련저축소득공제

[연금저축 등] 메뉴에 입력한 내역이 자동으로 반영된다.

⑨ 42. 신용카드 등 소득공제

[부양가족소득명세] 하단에 부양가족별 지출액을 입력한 후 [부양가족소득공제탭불러오기]를 클릭한다면 신용카드 사용액 입력 금액이 자동으로 불려오고, 공제 금액도 자동으로 계산된다. 문제에서 [연말정산입력] 탭만 작성하라고 요구하는 경우에는 노란색으로 표시된 부분을 클릭하여 세부내역을 직접 입력하면 된다.

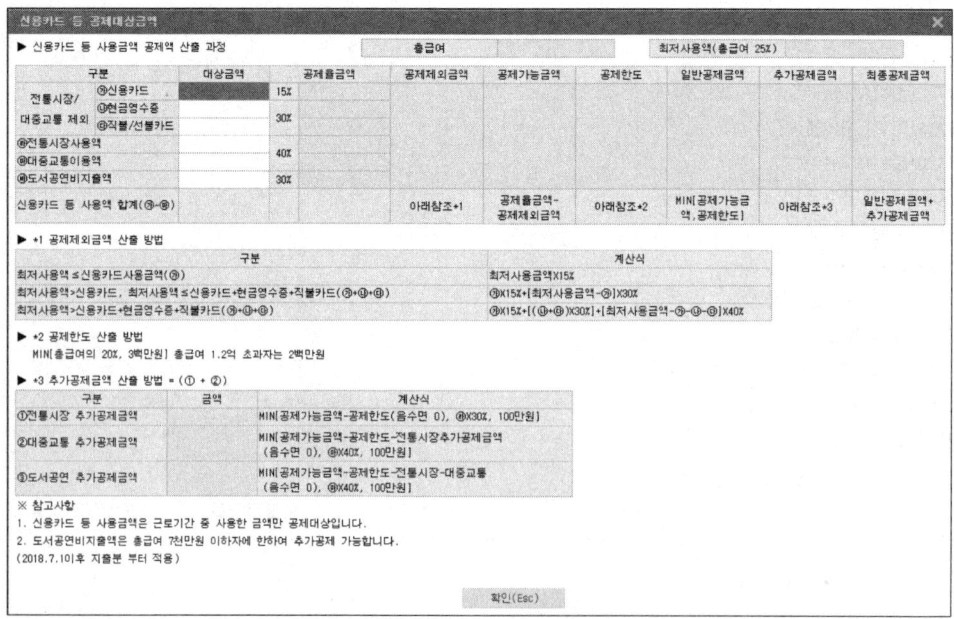

구분		대상금액	공제율금액	공제제외금액	공제가능금액	공제한도	일반공제금액	추가공제금액	최종공제금액
전통시장/ 대중교통 제외	㉮신용카드		15%						
	㉯현금영수증		30%						
	㉰직불/선불카드								
㉱전통시장사용액									
㉲대중교통이용액			40%						
㉳도서공연비지출액			30%						
신용카드 등 사용액 합계(㉮-㉳)				아래참조*1	공제율금액- 공제제외금액	아래참조*2	MIN[공제가능금액,공제한도]	아래참조*3	일반공제금액+ 추가공제금액

▶ *1 공제제외금액 산출 방법

구분	계산식
최저사용액≤신용카드사용금액(㉮)	최저사용금액X15%
최저사용액>신용카드, 최저사용액≤신용카드+현금영수증+직불카드(㉮+㉯+㉰)	㉮X15%+[최저사용금액-㉮]X30%
최저사용액>신용카드+현금영수증+직불카드(㉮+㉯+㉰)	㉮X15%+[(㉯+㉰)X30%]+[최저사용금액-㉮-㉯-㉰]X40%

▶ *2 공제한도 산출 방법
　　MIN[총급여의 20%, 3백만원] 총급여 1.2억 초과자는 2백만원

▶ *3 추가공제금액 산출 방법 =(① + ②)

구분	금액	계산식
①전통시장 추가공제금액		MIN[공제가능금액-공제한도(음수면 0), ㉱X30%, 100만원]
②대중교통 추가공제금액		MIN[공제가능금액-공제한도-전통시장추가공제금액 (음수면 0), ㉲X40%, 100만원]
③도서공연 추가공제금액		MIN[공제가능금액-공제한도-전통시장-대중교통 (음수면 0), ㉳X40%, 100만원]

※ 참고사항
1. 신용카드 등 사용금액은 근로기간 중 사용한 금액만 공제대상입니다.
2. 도서공연비지출액은 총급여 7천만원 이하자에 한하여 추가공제 가능합니다.
(2018.7.1이후 지출분 부터 적용)

확인(Esc)

⑩ 특별세액공제(노란색 표시부분을 더블클릭하면 세부 입력 메뉴가 나타남)

● 60. 보장성보험 세액공제(일반보장성보험, 장애인전용보장성보험)

— 기본공제 대상자를 위해 지출한 일반보장성보험료의 12%와 장애인전용보장성보험료의 15%가 공제된다. 단, 일반보장성보험과 장애인전용보장성보험은 각각 지출액 기준 100만원 한도가 적용되는데 [부양가족소득명세] 하단에 부양가족별 보장성보험료 지출액을 입력한 후 [불러오기] 메뉴 하단의 [보험료, 의료비, 교육비, 신용카드] 등을 클릭한다면 보장성보험료 금액이 자동으로 불려오고, 공제 금액도 자동으로 계산된다. 시험문제 풀이시에는 공제 대상 지출액을 입력하면 지출액 기준 한도를 프로그램에서 자동으로 체크하여 계산해 준다.

60.보장	일반		
성보험	장애인		

● 61. 의료비 세액공제

— 기본공제 대상자를 위해 지출한 의료비의 15%를 세액공제한다.

— [부양가족소득명세] 하단에 부양가족별 의료비지출액과 [1.전액] 또는 [2.일반] 코드를 입력한 후 메뉴 상단의 [부양가족소득공제탭불러오기]를 클릭한다면 의료비 지출액 입력 금액이 자동으로 불려오고, 공제 금액도 자동으로 계산된다.

의료비				✕
구분	지출액	공제대상금액	공제금액	
난임시술비				
장애인				
본인.경로자				
일반				

확인(Esc)

— 의료비의 경우 기본공제 대상자를 위해 지출한 의료비가 공제 대상이 되는데, 이 경우 기본공제 대상자를 판단할 때 나이와 소득금액에 관계없이 공제를 적용한다. 본인, 장애인, 65세 이상인 자와 난임시술비에 대한 의료비는 한도제한 없이 전액 공제되고(건강보험산적특례자로서 중증질환자. 희귀난치성질환자. 결핵환자도 한도제한 없는 의료비에 해당.), 그 외의 의료비는 지출액 기준 700만원 한도까지 공제되는데(단, 총급여액의 3% 초과분만 공제) 해당 지출 금액에 15%(난임시술비는 20%)를 곱한 금액이 세액공제된다.(프로그램에서 자동으로 계산해 주므로 수험생

은 공제 대상 지출액을 정확하게 입력하기만 하면 됨, 문제에서 별도의 언급이 없을 경우 지출액 한도에 관계없이 공제 대상 금액 전액을 입력하면 프로그램에서 지출액 기준 한도를 자동으로 체크해 줌)

— 세액공제 대상 의료비 지출액을 입력할 때 난임시술비는 [난임시술비]란에, 장애인에 대한 의료비는 [장애인]란에, 본인과 65세 이상인 자에 대한 의료비는 [본인·경로자]란에 입력한다. 65세 이상인 자가 장애인이면 [장애인]란에 해당 금액을 반영하면 된다. 다만, 문제에서 이 경우 [본인·경로자]란에 입력하라고 하는 요구사항이 있는 경우에는 해당 칸에 입력하면 된다. 본인, 65세 이상인 자, 장애인, 난임시술비 외의 의료비는 [일반]란에 입력한다.

참고

부양가족 등록시 장애인과 65세 이상인 자로 동시에 체크된 공제 대상자에 대하여 의료비를 입력하는 경우에는 [연말정산입력]메뉴의 [의료비세액공제] 중 [장애인공제]에 해당 금액이 반영된다. 그러나 장애인이 아닌 본인과 65세 이상인 자에 대한 의료비는 [연말정산입력] 메뉴의 63.의료비의 [전액공제의료비]란에 해당 금액이 반영된다는 점에 주의한다.

● **62. 교육비 세액공제**

— 기본공제 대상자를 위해 지출한 교육비의 15%를 세액공제한다.

— [부양가족소득명세] 하단에 부양가족별 교육비지출액과 [1.취학전아동], [2.초중고], [3.대학생], [4.본인/장애인] 코드를 입력한 후 [F8 부양가족소득공제탭불러오기] 메뉴를 클릭한다면 교육비 지출액 입력 금액이 자동으로 불러오고, 공제 금액도 자동으로 계산된다.

— [4.본인/장애인]에 있어서 장애인은 장애인에 대해 '장애인특수교육비'를 지출한 경우를 의미한다. 교육비는 직계존속 지출액은 공제되지 않지만 장애인특수교육비의 경우에는 직계존속 지출액도 공제되며, 지출액의 한도도 없다.

— 교육비의 경우 기본공제 대상자를 위해 지출한 의료비가 공제 대상이 되는데, 이 경우 기본공제 대상자를 판단할 때 나이에 관계없이 공제를 적용하며, 법에서 인정하는 해당 지출 금액에 15%를 곱한 금액이 세액공제된다.(프로그램에서 지출액의 한도와 세액공제 금액 등을 자동으로 계산해 주므로 수험생은 공제 대상 지출액을 정확하게 입력하기만 하면 됨)

교육비			✕
구분	지출액	공제대상금액	공제금액
취학전아동(1인당 300만원)			
초중고(1인당 300만원)			
대학생(1인당 900만원)			
본인			
장애인			

확인(Esc)

● **63. 기부금 세액공제**

― 기본공제 대상자(나이 요건 제외)가 지출한 기부금을 법정기부금과 지정기부금 등으로 나누어 세액공제한다.(2017년 세법 개정으로 나이 요건을 제외한 기본공제 요건을 충족한 공제 대상자가 지출한 기부금도 세액공제 가능하게 되었다. 예를 들어 27세인 소득없는 자녀와 형제자매는 기본공제 대상은 아니지만 기부금 세액공제는 가능한 것이다.)

― 부양가족소득명세 메뉴에 기부금을 입력하였더라도 해당 기부금이 법정기부금인지 지정기부금인지의 여부는 반드시 [연말정산입력]메뉴 하단의 63.기부금(세액공제)란에서 별도로 입력하여야 한다. 문제의 요구사항대로 입력하되, 정치자금기부금이 있는 경우 10만원 이하의 금액은 먼저 [10만원 이하]란에 입력하고 나머지 금액을 [10만원 초과]란에 입력하면 된다.

63.기부금		
1)정치자금	10만원이하	
기부금	10만원초과	
2)법정기부금(전액)		
3)우리사주조합기부금		
4)지정기부금(종교단체외)		
5)지정기부금(종교단체)		

기부금의 노란색 표시 부분을 더블클릭하면 아래와 같은 화면이 나타나며 여기에 세액공제 대상 기부금 지출액을 입력하면 된다.

⑪ 68. 외국납부

외국납부세액공제 금액이 있다면 해당 내역을 아래의 메뉴에 입력한다. (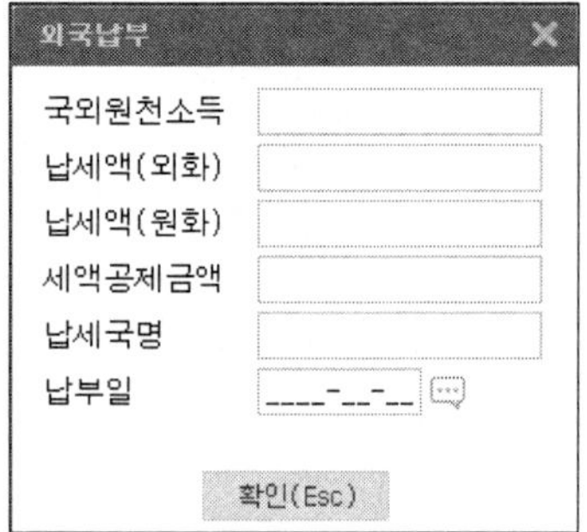를 클릭하면 메뉴가 나타남)

4 신용카드 소득공제 신청서

　　신용카드 소득공제 신청서는 신용카드사용액에 대한 소득공제를 받고자 하는 경우 입력하는 것이다. 근로자 본인과 부양가족 각각의 소득공제 대상이 되는 신용카드 사용액 등을 전통시장 사용분, 대중교통 이용분, 직불카드 및 선불카드 사용분, 그 외의 신용카드 사용분과 현금영수증 사용분 등으로 구분하여 입력하는 메뉴이다. 이들 자료를 지출한 공제 대상자별로 국세청 자료와 그 외의 자료로 구분하여 입력하면 된다. 신용카드 사용액은 기본공제 대상자가 지출한 금액을 공제하되, 기본공제 대상자를 판단할 때에 연령은 적용하지 않는다.(단, 기본공제 대상자라고 하더라도 형제자매 신용카드 사용액은 공제 대상이 아님에 주의)

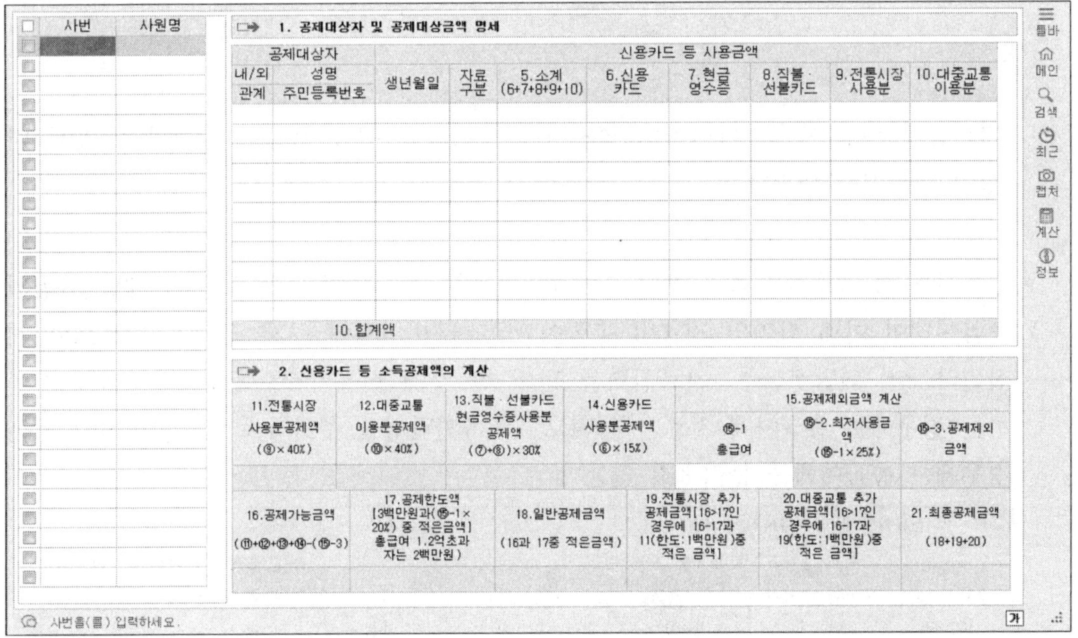

- 사번, 사원명 : 사번에 클릭한 후 F2를 누르면 사원코드 도움박스가 나타나며 여기에서 해당하는 사원을 클릭한 후 [확인]을 누른다.

- 공제대상자 및 공제대상금액 명세 : 사번과 사원명을 입력하면 사원등록 메뉴의 부양가족명세에 입력한 부양가족 자료가 불려온다. 각각의 사람별로 신용카드, 현금영수증 사용액 등을 국세청 자료와 그밖의 자료로 구분하여 해당 란에 입력한다.

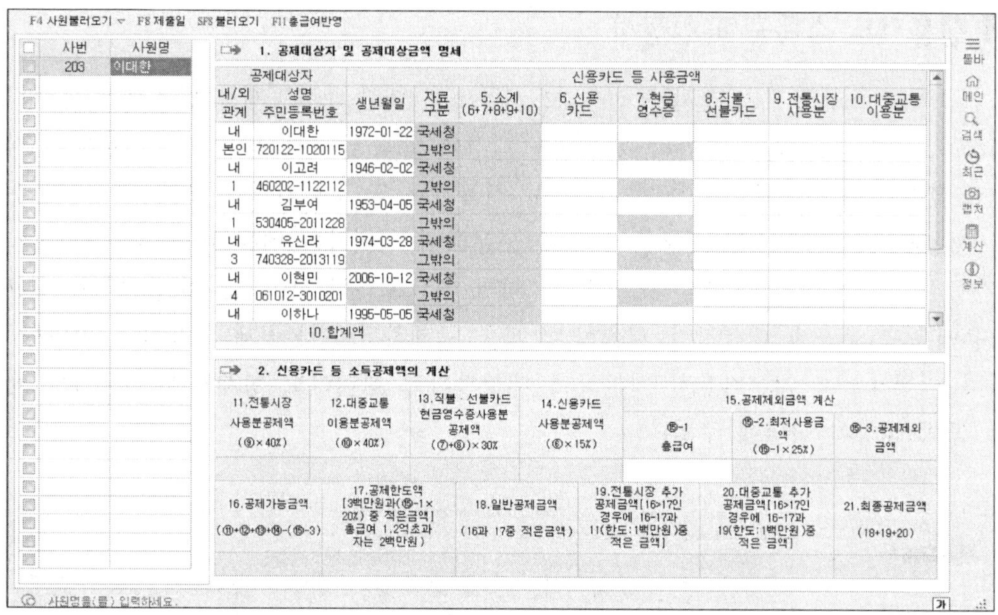

기본공제 대상자라고 하더라도 형제자매가 사용한 신용카드 등 사용액은 공제 대
상이 아님에 주의한다.

- 신용카드 등 소득공제액의 계산 : 메뉴 상단의 F11 총급여반영 을 누르면 해당 사원의
  총급여액이 아래 화면의 ⑮-1번 총급여액 란에 반영되며 공제 금액이 자동으로 계
  산된다. 단, 연말정산추가자료입력을 먼저 한 후에 신용카드소득공제신청서를 작성
  하는 경우에는 총급여액 자료가 불러오지만, [연말정산 추가자료 입력]을 하지 않은
  경우에는 총급여액을 불러오지 않는다.

▷ 2. 신용카드 등 소득공제액의 계산						
11.전통시장 사용분공제액 (⑨×40%)	12.대중교통 이용분공제액 (⑩×40%)	13.직불·선불카드 현금영수증사용분 공제액 (⑦+⑧)×30%	14.신용카드 사용분공제액 (⑥×15%)	15.공제제외금액 계산		
				⑮-1 총급여	⑮-2.최저사용금 액 (⑮-1×25%)	⑮-3.공제제외 금액
16.공제가능금액 (⑪+⑫+⑬+⑭-(⑮-3)	17.공제한도액 [3백만원과(⑮-1× 20%) 중 적은금액] 총급여 1.2억초과 자는 2백만원)	18.일반공제금액 (16과 17중 적은금액)	19.전통시장 추가 공제금액[16>17인 경우에 16-17과 11(한도:1백만원)중 적은 금액]	20.대중교통 추가 공제금액[16>17인 경우에 16-17과 19(한도:1백만원)중 적은 금액]		21.최종공제금액 (18+19+20)

모든 입력사항의 입력이 완료되고 나면 화면 상단의 F8 제출일 을 클릭하여 문제에
서 제시한 제출일자를 아래와 같이 입력한다.(2019년 3월 10일 제출 가정) 단, 시험
문제에서 별도의 언급이 없으면 제출일자 입력은 생략해도 무방하다.

5 의료비지급명세서

의료비 지급명세서 작성방법은 다음과 같다.

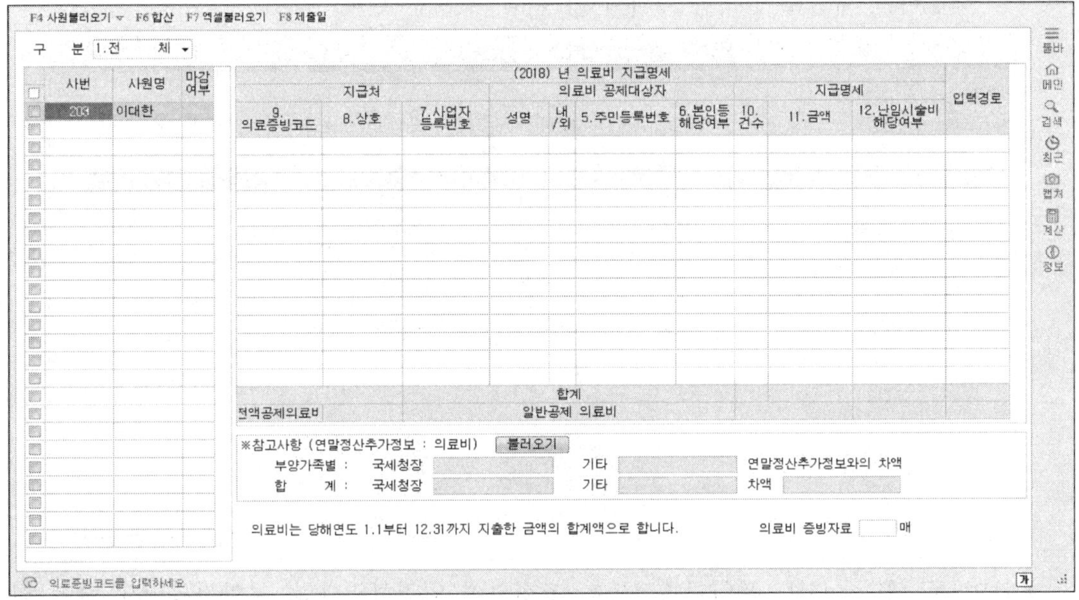

- 사번, 사원명 : 사번에 클릭한 후 F2를 누르면 사원코드 도움박스가 나타나며 여기에서 해당하는 사원을 클릭한 후 [확인]을 누른다.
- 의료증빙코드 : 사번과 사원명이 입력되면 왼쪽의 의료증빙코드로 커서가 넘어간다. 의료증빙코드는 아래와 같이 5개의 코드 중 하나를 클릭하면 된다. 시험문제에서 국세청에서 제공받은 자료라고 하면 1번을 클릭하고 국민건강보험공단에서 제공받은 자료라고 하면 2번을 클릭하면 되는 것이다.

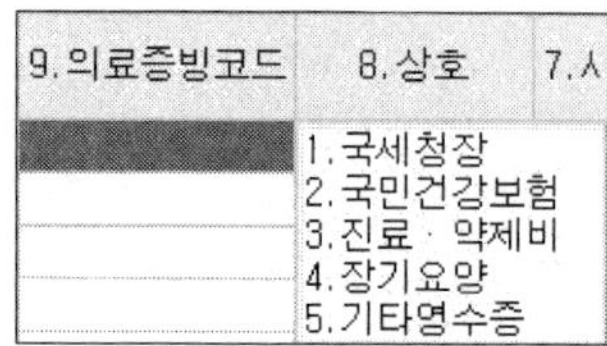

- 상호, 사업자등록번호 : 문제에서 주어진 의료기관의 상호와 사업자등록번호를 입력한다. 단, 의료증빙코드가 국세청장으로 되어 있는 경우에는 상호 및 사업자등록번호 입력 없이 의료비 공제 대상자 란으로 칸이 넘어간다.
- 성명, 내/외, 주민등록번호 : 성명, 내국인 여부, 주민등록번호를 입력한다. 성명 란에 커서를 놓고 F2를 누르면 아래와 같은 부양가족 코드 도움박스가 나타난다. 이 중 해당하는 사람을 클릭한 후 [확인] 키를 누르면 된다.

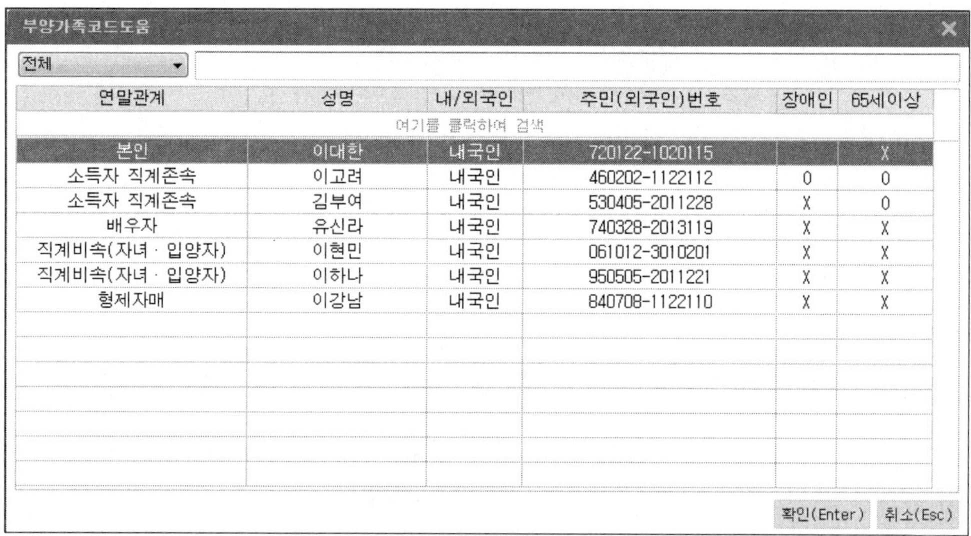

연말관계	성명	내/외국인	주민(외국인)번호	장애인	65세이상
본인	이대한	내국인	720122-1020115		X
소득자 직계존속	이고려	내국인	460202-1122112	0	0
소득자 직계존속	김부여	내국인	530405-2011228	X	0
배우자	유신라	내국인	740328-2013119	X	X
직계비속(자녀 · 입양자)	이현민	내국인	061012-3010201	X	X
직계비속(자녀 · 입양자)	이하나	내국인	950505-2011221	X	X
형제자매	이강남	내국인	840708-1122110	X	X

- 본인 등 해당 여부 : 부양가족코드를 조회하여 입력하였다면, 부양가족명세 란에 입력된 자료를 바탕으로 본인, 경로우대자(65세 이상), 장애인에 대해서는 자동으로 [본인등해당여부]란이 [o]로 표시된다. 이들에 대한 의료비는 전액공제 대상 의료비이므로 체크를 정확히 해야 한다.
- 건수 및 금액 : 문제에서 제시한 의료비 지급 건수 및 지급 총액을 입력한다.

6 기부금명세서

기부금명세서를 클릭하면 아래와 같은 화면이 나타난다.

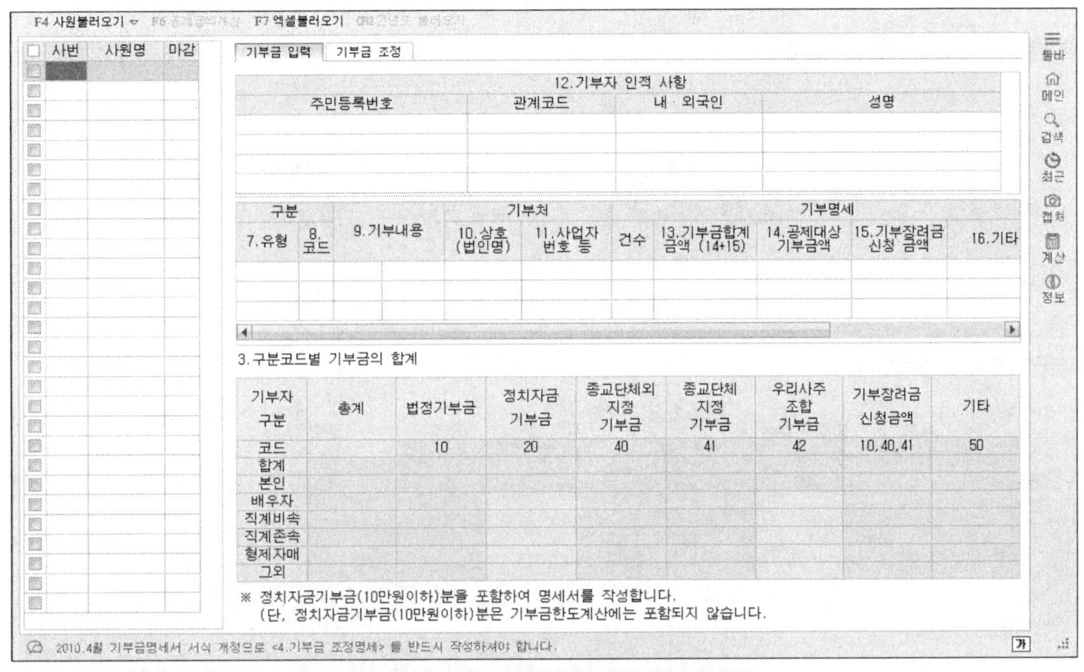

3.구분코드별 기부금의 합계

기부자 구분	총계	법정기부금	정치자금 기부금	종교단체외 지정 기부금	종교단체 지정 기부금	우리사주 조합 기부금	기부장려금 신청금액	기타
코드		10	20	40	41	42	10,40,41	50
합계								
본인								
배우자								
직계비속								
직계존속								
형제자매								
그외								

※ 정치자금기부금(10만원이하)분을 포함하여 명세서를 작성합니다.
　　(단, 정치자금기부금(10만원이하)분은 기부금한도계산에는 포함되지 않습니다.

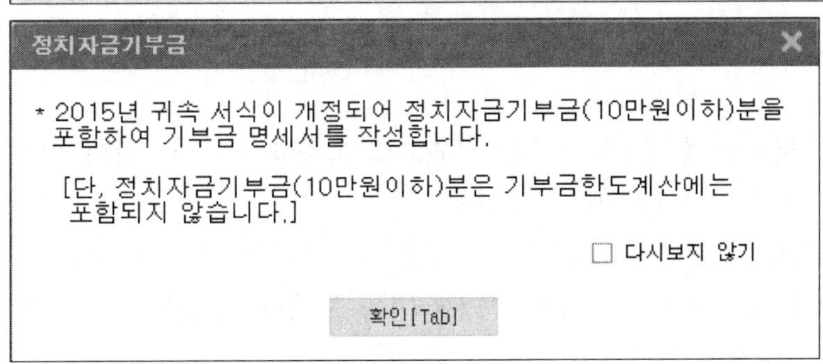

<<< 기부금 입력

기부금 입력	기부금 조정

12.기부자 인적 사항

주민등록번호	관계코드	내·외국인	성명

구분		기부처		기부명세					
7.유형	8.코드	9.기부내용	10.상호(법인명)	11.사업자번호 등	건수	13.기부금합계금액 (14+15)	14.공제대상 기부금액	15.기부장려금 신청 금액	16.기타

3.구분코드별 기부금의 합계

기부자 구분	총계	법정기부금	정치자금 기부금	종교단체외 지정 기부금	종교단체 지정 기부금	우리사주 조합 기부금	기부장려금 신청금액	기타
코드		10	20	40	41	42	10,40,41	50
합계								
본인								
배우자								
직계비속								
직계존속								
형제자매								
그외								

※ 정치자금기부금(10만원이하)분을 포함하여 명세서를 작성합니다.
  (단, 정치자금기부금(10만원이하)분은 기부금한도계산에는 포함되지 않습니다.

- 사번, 사원명 : 사번에 클릭한 후 F2를 누르면 사원코드 도움박스가 나타나며 여기에서 해당하는 사원을 클릭한 후 [확인]을 누른다.

- 기부금 입력 : 주민등록번호 란에 커서를 놓고 F2를 누르면 사원코드 도움박스가 나타나며 여기에서 해당되는 사람을 클릭한 후 [확인]을 누른다. 주민등록번호, 관계코드, 내/외국인 여부, 성명이 모두 자동으로 입력된다.

- 구분(유형, 코드) : 기부금 유형을 입력하는 란이다. [7.유형] 란에 커서를 놓고 F2를 누르면 아래와 같이 기부금 유형 코드가 나타난다. 이 중 해당되는 기부금을 클릭하고 [확인]을 누르면 기부금 유형과 코드가 자동으로 입력된다.

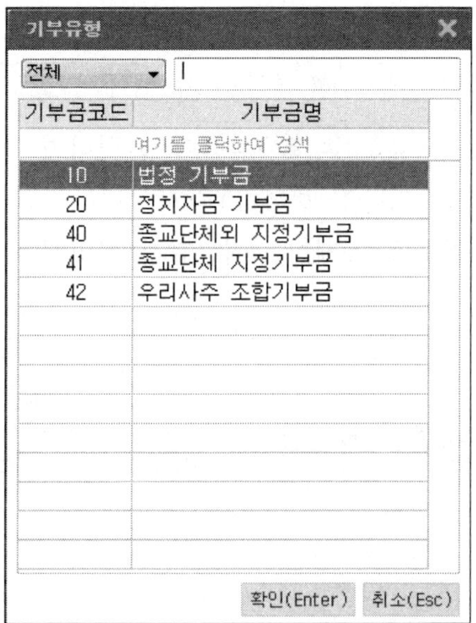

- 기부내용 : 아래와 같은 화면이 나타나면 금전기부, 현물기부 등을 선택한다.

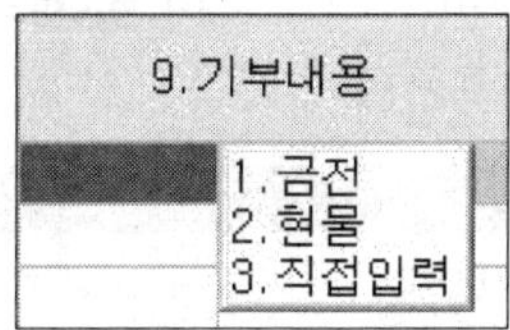

- 기부처, 사업자등록번호 : 기부를 받은 곳의 상호(법인명)과 사업자번호 또는 고유
  등록번호 등을 직접 입력한다.
- 기부내역 : 기부 건수와 금액 등을 입력한다.

❮❮❮ *기부금 조정*

기부금 이월공제에 대한 내역을 입력해야 할 경우에는 [기부금조정] 탭에서 입력한다. 전년도에 기부금 이월액이 있었다면 화면 상단의 CF12 전년도 불러오기 를 클릭하여 전년도 에 이월된 금액을 불러오면 된다. 당해연도 기부금 지출액 중 공제받지 못한 금액이 있 는 경우에는 이를 이월금액 란에 반영하여 다음연도에 공제받을 수 있게 처리하는 메뉴 이다.

기부금 입력	기부금 조정

4.기부금 조정 명세   공제금액계산

구분 (유형)	구분 (코드)	기부연도	16.기부금액	17.전년도까지 공제된금액	18.공제대상 금액(16-17)	해당연도 공제금액	해당연도에공제 (소멸금액)	해당연도에공제 (이월금액)

화면 오른쪽 위의 [공제금액 계산]을 누르면 아래와 같은 화면이 나타나며 문제의 요 구사항이 있는 경우 해당 란에 금액을 입력하여 공제금액을 계산한다.

기부금 공제금액 계산 참조

| 근로소득금액 | | 정치자금기부금 외 세액공제대상금액 | | | 세액공제가능액 | | |

코드	구분	지출액	공제대상금액	공제율1 (15%)	공제율2 (25% or 30%)	소득/세액공제액	공제초과이월액
20	정치자금(10만원 이하)						
20	정치자금(10만원 초과)						
10	법정당해기부금						
10	법정이월(2014년)						
10	법정이월(2015년)						
10	법정이월(2016년)						
42	우리사주조합기부금						
40	종교단체외이월(2013년이전)						
41	종교단체이월(2013년이전)						
40	종교단체외당해기부금						
40	종교단체외이월(2014년)						
40	종교단체외이월(2015년)						
40	종교단체외이월(2016년)						
41	종교단체당해기부금						
41	종교단체이월(2014년)						
41	종교단체이월(2015년)						
41	종교단체이월(2016년)						
	합 계						

기부금(이월액)소득공제	정치기부금10만원 초과세액공제	법정기부금 세액공제
우리사주기부금 세액공제	지정기부금(종교외) 세액공제	지정기부금(종교) 세액공제

▶ 기부금명세서 작성시 주의사항
 ① 기부를 이월하는 경우에는 기부금명세서에서 해당년도 공제금액을 반드시 확인합니다.
 ② 표준세액공제를 적용받는 경우 기부금조정명세서의 해당연도공제금액, 이월(소멸)금액은 판단하여 입력합니다.
  (표준세액공제를 적용받는 경우 정치자금기부금과 우리사주기부금은 중복공제 가능합니다.)

참고자료	불러오기	공제금액반영	전체삭제	저장	종료(Esc)

※ 근로소득공제신고서

근로소득이 있는 자는 당해 연도의 다음연도 2월분의 근로소득을 지급받는 날까지(퇴직한 때에는 퇴직한 날이 속하는 달의 근로소득을 지급받는 날까지) 근로소득공제신고서를 원천징수의무자에게 제출하여야 한다. 근로소득공제신고서의 작성을 위해서는 각 사원별로 부양가족명세와 연말정산추가자료입력을 모두 입력한 후 화면 상단의 [전체근로자 불러오기] 등을 이용하여 자동으로 자료를 불러와 작성할 수 있다. 근로소득공제신고서는 지금까지 한번도 시험에 나온 적은 없으므로 출제비중이 낮다고 할 수 있다. 그러나 시험에서 작성하라고 할 경우에는 원칙적으로 부양가족명세 등을 모두 입력한 후 해당 금액을 불러온 후 종료하기만 하면 될 것이다.

7 원천징수이행상황신고서

원천징수이행상황신고서는 원천징수의무자가 근로소득을 지급하면서 근로소득세를 원천징수한 날의 다음달 10일(반기별 납부자는 반기 마지막 달의 다음달 10일, 상시고용인원이 20인 이하인 경우)까지 관할세무서에 제출하는 서류이다. 비과세, 조정환급 또는 소액부징수 등으로 인하여 납부할 세액이 없는 때에도 신고서는 반드시 제출하여야 한다. 전산세무 1급 시험에서는 급여자료입력 문제를 낼 때에 원천징수이행상황신고서까지 작성하도록 하는 문제가 자주 출제되므로 해당 메뉴의 입력시 주의사항은 반드시 숙지하여야 한다.

위 화면에서 귀속기간과 지급기간을 입력한 후 신고구분을 [1.정기신고], [2.수정신고], [3.기한후신고] 중 하나를 선택한다. 문제에서 별도의 언급이 없으면 [1.정기신고]를 선택하는 것이다.

원천징수이행상황신고서는 [급여자료입력], [퇴직소득자료입력], [사업소득자료입력], [기타의 소득자료입력] 메뉴 각각에 따른 입력자료를 반영하여 자동으로 작성된다. 전산세무 1급에서는 퇴직소득과 사업소득은 나오지 않고 급여자료입력 문제만 나오므로 급여자료 입력과 원천징수이행상황신고서 작성을 함께 하라는 문제가 자주 출제되고 있다.

만약 전월미환급세액이 있는 경우 하단의 [12.전월미환급세액] 란에 미환급세액을 입력하여 원천징수이행상황신고서에 반영한다.

따라서 원천징수이행상황신고서 작성시에는 소득의 귀속기간과 지급기간을 정확하게 입력하는 연습을 하되, 문제에서 전월미환급세액을 주면 전월미환급세액 중 지방소득세를 제외한 소득세만 [12.전월미환급세액] 란에 입력하면 된다.

전월 미환급 세액의 계산			당월 발생 환급세액				18.조정대상환급(14+15+16+17)	19.당월조정환급세액계	20.차월이월환급세액	21.환급신청액
12.전월미환급	13.기환급	14.차감(12-13)	15.일반환급	16.신탁재산	금융회사 등	합병 등				

참고

※ 근로소득원천징수영수증

근로소득을 지급하는 원천징수의무자는 다음 연도 3월 10일까지 근로소득원천징수영수증을 근로자에게 교부하여야 한다. 만약 중도퇴사자가 있다면 퇴직일이 속하는 달분까지의 근로소득에 대하여 마지막달 급여지급일의 다음달 말일까지 근로소득원천징수영수증을 교부하여야 한다. 케이렙프로그램에서는 [급여자료입력]과 [연말정산추가자료입력]에서 입력한 자료가 [근로소득원천징수영수증]에 자동으로 반영된다. 따라서 본 메뉴에서는 조회 및 인쇄, 전자신고를 위한 마감 작업만이 가능하므로 시험에는 자주 나오지는 않으므로 해당 서식의 의미 정도만 이해해도 될 것이다.

8 근로소득공제신고서

근로소득이 있는 자는 당해 연도의 다음연도 2월분의 근로소득을 지급받는 날까지(퇴직한 때에는 퇴직한 날이 속하는 달분의 근로소득을 지급받는 날까지) 근로소득자소득공제신고서를 원천징수의무자에게 제출하여야 한다. 근로소득자소득공제신고서의 작성을 위해서는 각 사원별 근로소득자공제사항등을 입력한다. 불러오기를 이용하여 근로소득자공제신고서 출력을 원하는 사원코드의 범위를 입력하면 자동으로 작성된다.

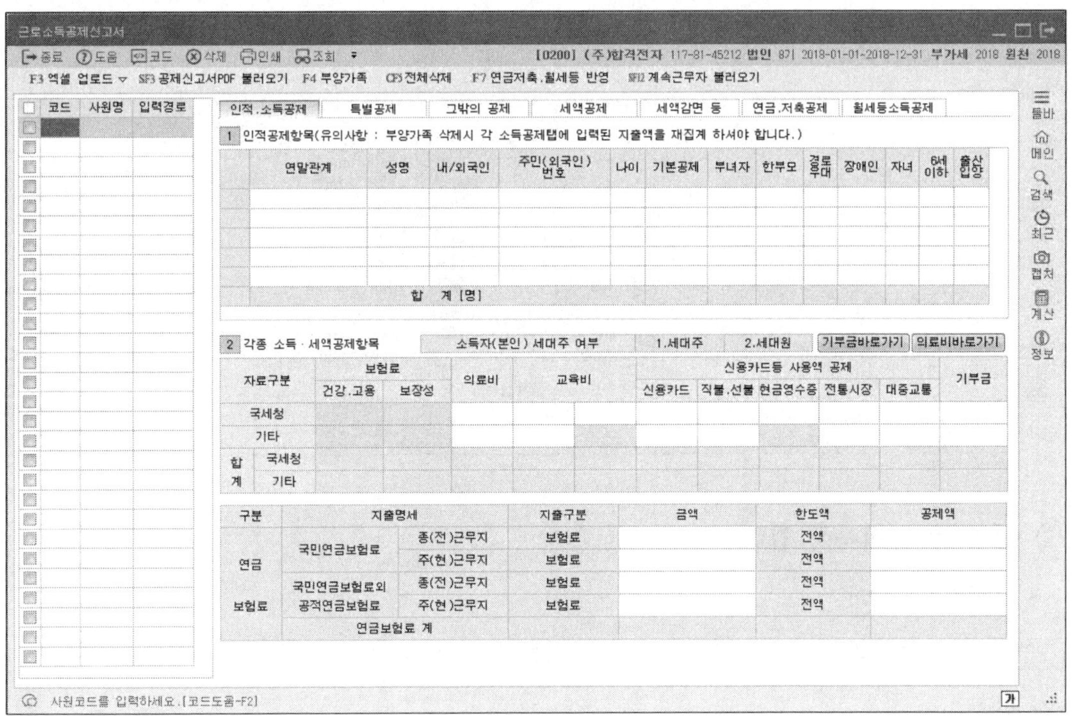

9 일용직 근로소득 관리

　[일용직 근로소득 관리] 메뉴는 일용직 사원의 등록 및 급여자료를 입력하는 메뉴이며, 여기에서 입력한 자료는 [원천징수이행상황신고서]에 반영된다. 일용직 급여자료 입력은 [일용직사원등록]과 [일용직급여자료입력] 및 [일용직지급명세서]로 되어 있다.

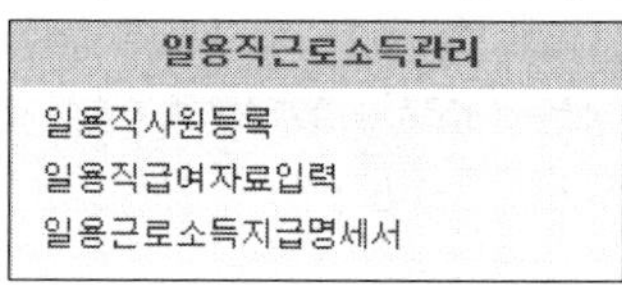

1. 일용직사원등록

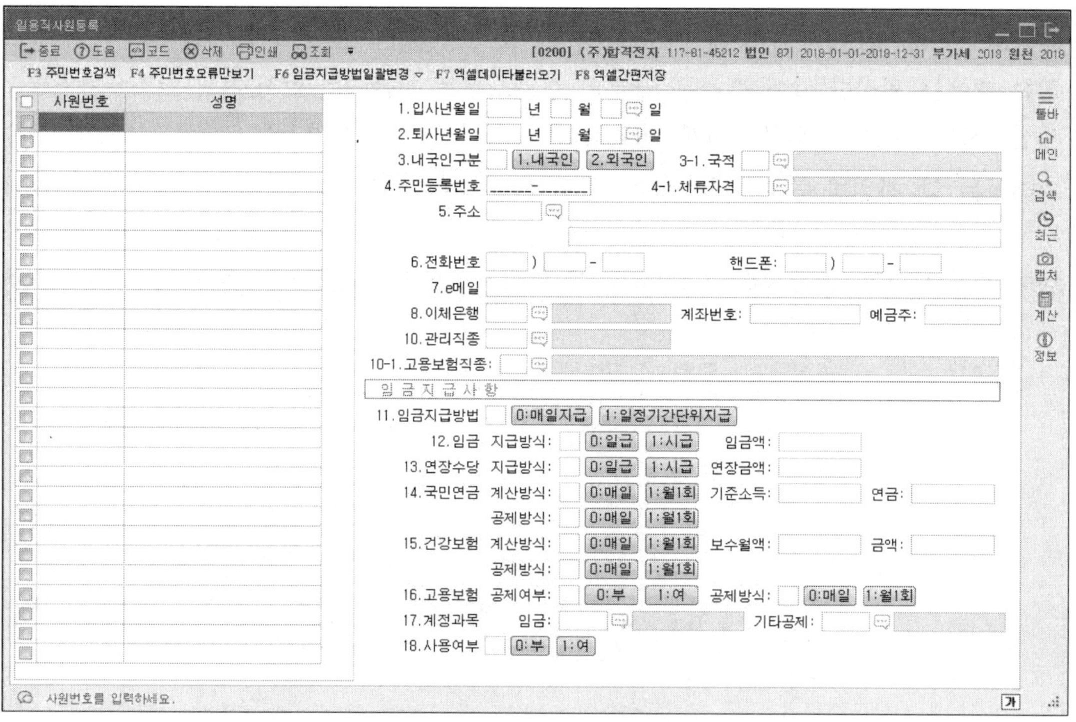

(1) 성명 등 인적사항 입력

・사원번호

문제에서 주어진 일용직 사원번호를 입력한다.

・성명

현재 일용직 사원 이름을 입력한다.

- 입사년월일 및 퇴사년월일 : 일용직 사원의 입사일자 및 퇴사일자를 입력한다.
- 주민등록번호 : 일용직사원의 주민등록번호(외국인등록번호)를 입력한다.
- 주소 : 우편번호 코드 조회를 통해 도로명주소 또는 지번주소로 조회하여 해당 주소를 입력한다.

• 임금지급사항

문제에서 주어진 임금지급 방법, 임금지급 방식 등을 입력한다.

> ※ 이 외의 사항에 대해서도 해당 사항을 문제에서 주어지는대로 입력하면 된다. 아직까지 일용직 근로소득관리 메뉴에서 시험문제가 나온적은 없으므로 출제비중이 낮다고 할 수 있다. 다만, 새롭게 문제가 출제되더라도 기본적인 기능만 알고 있으면 어렵지 않게 문제를 풀 수 있을 것이다.

참고

① 매일지급 : 각 일자별 지급액에서 근로소득공제액 100,000원을 공제 후 6%의 세율을 적용, 산출세액에서 근로소득 세액공제 55% 차감 후의 근로소득세가 1,000원 미만일 경우는 "소액부징수규정"에 의해 소득세를 징수하지 않는다.

② 일정기간 지급 : 소득세 산출방법은 매일지급과 동일하나, 근로소득세액의 징수에 있어, 매 일자별 지급액에 따른 소득세가 1,000원 미만일 경우에도 세액을 징수, 급여지급 기간의 소득세 합계액이 1,000원 이상이 되면 [원천징수이행상황신고서]에 반영, 그 세액을 납부하게 된다. 단, 급여 지급기간의 소득세합계액이 1,000원 미만인 경우에는 소액부징수 규정이 적용된다.

2. 일용직 급여자료 입력

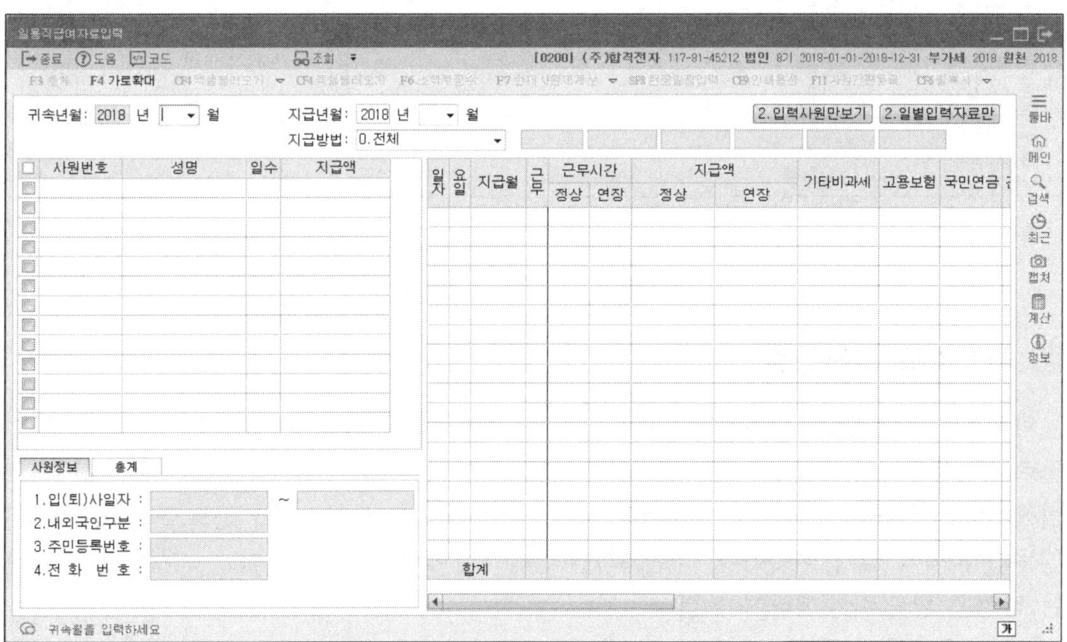

- **귀속년월**

급여지급 귀속월을 입력한다.

- **사원번호 및 성명**

입력하고자 하는 사원번호 및 성명을 선택한다.

- **입력사항**

화면 오른쪽에 해당 월의 날짜별 근무 사항을 체크할 수 있는 메뉴가 아래와 같이 나타난다. 일용직 급여에 대한 지급내역을 근무시간과 지급액을 각각 입력하면 된다.(근무시간과 지급액을 입력하면 근무 란에 ×표시가 ○표시로 바뀐다.)

일자	요일	지급월	근무	근무시간		지급액		기타비과세	고용보험	국민연금	건강보험	요양보험	기타공제액	소득세
				정상	연장	정상	연장							
1	월	2018-01	×											
2	화	2018-01	×											
3	수	2018-01	×											
4	목	2018-01	×											
5	금	2018-01	×											
6	토	2018-01	×											
7	일	2018-01	×											
8	월	2018-01	×											
9	화	2018-01	×											
10	수	2018-01	×											
11	목	2018-01	×											
12	금	2018-01	×											
13	토	2018-01	×											
14	일	2018-01	×											
15	월	2018-01	×											
16	화	2018-01	×											
17	수	2018-01	×											
18	목	2018-01	×											
19	금	2018-01	×											
20	토	2018-01	×											
21	일	2018-01	×											
22	월	2018-01	×											
합계			0	0.00	0.00	0	0	0	0	0	0	0	0	0

❷ 퇴직소득 원천징수

퇴직소득 원천징수는 원천징수 메뉴 하단의 [퇴직소득관리] 메뉴에서 실행한다. 일반 근로자(상용근로자)가 퇴사한 경우 해당 임직원에 대한 퇴직소득을 지급하는 것이므로 퇴직소득을 입력할 때에는 사원등록을 별도로 할 필요가 없다. 이미 근로소득 메뉴에 사원등록이 되어 있기 때문이다. 다만, 사원등록 메뉴에서 퇴사자에 대한 퇴사일을 입력하는 작업은 별도로 수행하여야 한다.

전산세무 1급 시험에서는 주로 [퇴직소득자료입력] 메뉴에 퇴직금 등을 직접 입력하는 문제가 출제되고 있으나 그밖에 퇴직금계산 메뉴 및 원천징수영수증에 대해서도 간략하게 검토하기로 한다.

1. 퇴직금계산

본 메뉴는 급여자료입력 메뉴에 입력된 급여, 상여액 등 금액으로, 산정된 퇴직금을 조회, 출력하는 메뉴이다. 사원등록 메뉴에 해당 근로자의 퇴사일이 입력되어 있어야 해당 메뉴 작성이 가능하다.

케이렙 프로그램에서는 퇴직금계산 메뉴를 통해 퇴직한 사원의 퇴직금 계산을 할 수 있도록 하고 있다. 퇴직금계산 메뉴에 해당 내용을 입력한 후 퇴직소득자료입력 메뉴에서 이를 불러오면 퇴직금 입력이 완료된다.

퇴직금 계산 메뉴의 입력사항은 다음과 같다.

- 입사(정산시작)일 : 실제 입사일을 입력하되, 퇴직금중간정산을 한 적이 있다면 퇴직금중간정산 기준일 다음날부터 다시 정산을 시작해야 한다.
- 퇴사(정산종료)일 : 사원등록 메뉴 하단의 퇴사일자(또는 중간정산일자)를 입력하면 퇴사일자(중간정산 종료일자)가 반영된다.

- 근속기간 : 자동으로 계산되어지는데 여기에 제외해야 할 월수나 가산해야 할 월수
  가 있다면 근속기간 옆의 해당 칸에 입력하면 된다.

입사일과 퇴사일 등을 입력하고 나면 아래에 퇴직금 계산을 위한 구체적인 기본급 등
의 금액을 입력해야 하는데, 입력 관련 탭은 [퇴직금계산], [소득세계산], [중간정산내역]
으로 구분된다. 이 중 [퇴직금계산] 메뉴는 다음과 같이 작성한다.

<<< 퇴직금 계산

1. 퇴직금 계산방법 : 년할, 월할, 일할, 기간별 계산 중 문제에서 주어진 조건을 클릭한다.
2. 급상여산정 : 급여 및 상여를 산정하는 기간을 입력한다.
3. 평균임금 : 화면 하단의 급여내역 및 상여내역을 문제에서 주어진대로 입력하면 된
   다. 각 기간별로 기본급, 각종 수당 등을 입력하면 [4.예상퇴직금] 란에 예상되는
   퇴직금 금액이 산정된다. 문제에서 본 메뉴에서 계산된 금액만큼 지급했다고 한다
   면 [4.예상퇴직금]의 금액을 실제로 지급한 것으로 보아야 하며, 문제에서 별도의
   금액을 제시한다면 문제에서 제시한 금액을 퇴직금으로 보면 된다.

- 급여내역

해당 사원에 대해 급여자료에 기본급 및 각종 수당이 입력되어 있다면 해당 금액이
자동으로 기입된다.

기본급					
직책수당					
월차수당					
식대					
자가운전보조					
야간근로수당					
급여 (요약)					
주식매수행사					
우리사주관련					
그밖의비과세					
합 계					

- 상여내역

해당 사원에 대해 급여자료에 상여금이 입력되어 있다면 해당 금액이 자동으로 기입
된다.

<<< 소득세 계산

퇴직금 계산을 입력하고 나면 소득세 계산을 입력한다. 문제에서 별도의 퇴직금, 퇴직
보험금, 명예퇴직수당 등을 직접 입력하라고 할 경우 본 메뉴에 입력하면 된다. 퇴직금
지급 란에 해당 금액을 입력하면 소득세와 지방소득세(주민세)가 자동으로 반영된다.

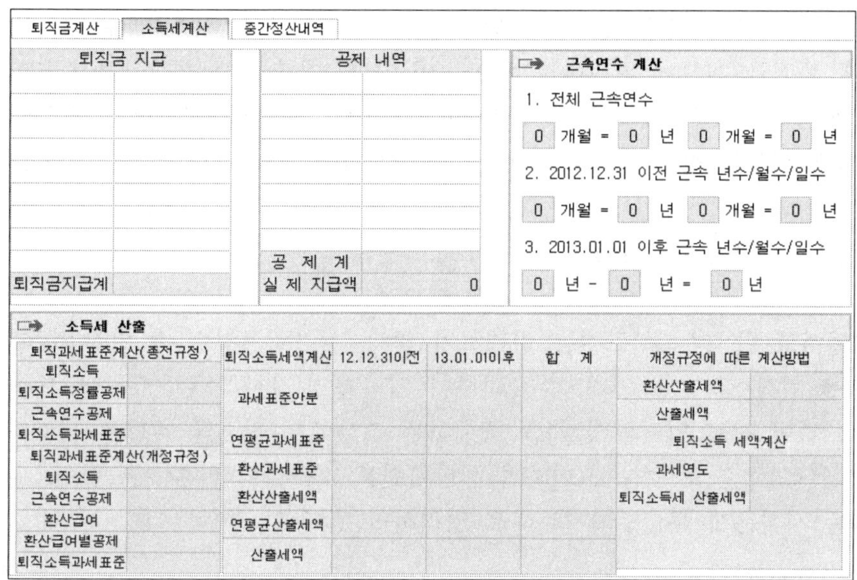

<<< 중간정산 내역

퇴직금 중간정산 내역을 입력하는 메뉴이며 아래의 내용을 문제에서 주어진대로 입력
하면 된다.

2. 퇴직소득자료 입력

본 메뉴는 퇴사자, 퇴직금 중간정산자에게 지급할 퇴직급여를 입력하는 메뉴이며 퇴직소득 관련 문제는 거의 퇴직소득자료 입력 메뉴에서 나온다고 보면 될 것이다.

퇴직소득 자료를 입력하기 위해서는 가장 먼저 [근로소득]의 [사원등록]메뉴에서 퇴사일자를 입력한 후 퇴직금 계산을 완료하는 것이 순서이다. 예를 들어 (주)합격전자(회사코드 : 0200)의 장국영 사원(사원코드 101)이 2018년 10월 31일에 퇴사했고 퇴직금은 10월 31일에 지급했다면 [사원등록]메뉴의 [15.퇴사년월일]을 먼저 입력하여야 한다.

16.퇴사년월일　　2018 년 10 월 31 … 일

퇴사일자를 입력하고 난 후 퇴직급여를 입력하기 위해서는 [원천징수 ➜ 퇴직소득관리 ➜ 퇴직금 계산 ➜ 퇴직소득자료 입력]을 클릭하여 입력을 시작한다.(단, 문제에서 퇴직금을 계산할 필요 없이 직접 입력할 금액을 제시하는 경우에는 퇴직금 계산은 생략해도 무방하다.) 화면 상단의 [F2 코드]를 조회하여 해당사원을 더블클릭한 후 지급년월, 귀속년월과 영수일자는 시험문제에서 주어지는대로 입력하면 된다.

(1) 퇴직한 사원 코드 불러오기

지급년월을 먼저 입력한 후 퇴직한 사원의 자료를 불러오기 위해 화면 상단의 [F2 코드]를 클릭한 후 해당 사원을 더블클릭하면 된다. F2를 클릭하면 실제로 퇴사한 사원과 퇴직금중간정산을 한 사원이 모두 조회되므로 이 중 해당되는 사원을 선택하면 된다.

예를 들어 (주)합격전자의 장국영 사원(사번 101)을 선택하면 아래와 같은 화면이 자동으로 나타난다. 사원등록 메뉴에서 입력한 퇴사일이 자동으로 입력되어 기산일, 입사일, 퇴사일, 지급일이 자동으로 기입된 것을 확인할 수 있다. 본 메뉴 중 중간정산이 아닌 경우에는 [최종]란의 하단에 과세퇴직급여, 비과세퇴직급여 등 문제에서 주어진 금액을 입력하면 된다.

(2) 퇴직소득자료 입력 방법

입력시 주의할 사항을 위주로 살펴보면 다음과 같다.

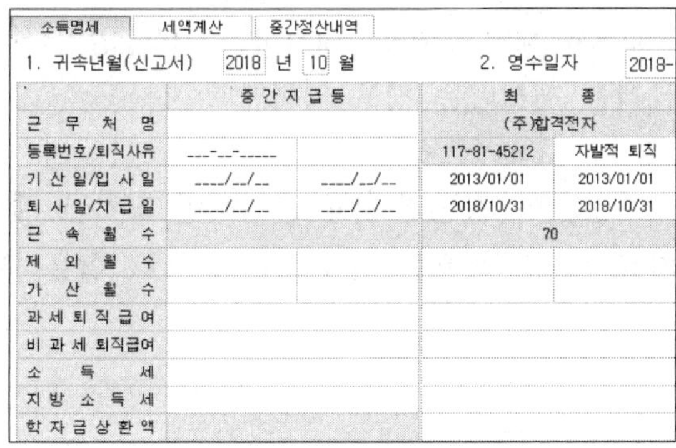

- 퇴직사유 : 정년퇴직, 정리해고, 자발적퇴직, 임원퇴직, 중간정산 등에서 해당되는 내역을 클릭한다. 별도의 언급이 없는 경우 일반적으로는 자발적퇴직으로 입력하되, 임원의 퇴직인 경우와 임직원의 퇴직금중간정산시에는 각각의 해당 내역을 입력해야 함에 주의한다.

- 근속월수, 제외월수, 가산월수 : 퇴직금 정산 기산일과 퇴사일까지의 기간이 근속월수로 자동으로 계산된다. 여기에서 퇴직금 계산시 제외해야 할 월수를 기입하거나 가산할 월수가 있으면 각각의 칸에 기입하면 된다. 단, 시험문제에서는 아직까지 제외월수, 가산월수에 대한 문제는 나온적이 없다는 점은 참고하도록 하자.(제외월수, 가산월수에 따라 퇴직소득세 금액이 달라진다.)
- 과세퇴직급여 : 문제에서 주어진 소득세 과세대상 퇴직금을 입력한다. 퇴직금을 입력하면 소득세와 지방소득세가 자동으로 반영된다. 만약 비과세 대상이라는 언급이 주어지는 경우에는 비과세퇴직급여 란에 입력하되, 문제에서 아무런 언급이 없으면 과세되는 퇴직급여로 판단하는 것이 일반적이다.
- 비과세퇴직급여 : 문제에서 비과세 퇴직급여에 대한 언급이 있으면 해당 금액을 입력한다.
- 학자금상환액 : 문제에서 주어진 금액이 있으면 그대로 입력하면 된다.
- 과세이연계좌명세 : 퇴직금을 연금계좌에 불입하고 과세이연을 받는 경우에 해당 과세이연계좌의 내역을 입력하는 것이다. 지금까지 해당 메뉴를 활용하는 문제는 시험에 나온적이 없으나 2015년 이후에는 연금계좌 취급자, 계좌 입금액 등을 문제에서 제시할 가능성도 있으므로 과세이연이 되는 퇴직연금계좌에 불입했다는 언급이 나올 경우 문제의 요구사항에 따라 반드시 해당 사항을 정확히 입력하여야 한다. 입력시 연금계좌취급자, 사업자등록번호, 계좌번호, 입금일 및 계좌입금액은 문제에서 해당하는 숫자나 금액을 제시할 것이므로 해당 내역을 입력한다.
- 확정급여형 퇴직연금제도 가입일 : 문제에서 해당 날짜를 제시하는 경우 입력한다.
- 2011.12.31 퇴직금 : 문제에서 해당 금액을 제시하는 경우 입력한다.

퇴직소득 입력이 모두 완료되고 나면 메뉴 상단의 [정산명세]를 클릭하면 퇴직금 계산 내역이 자동으로 보여진다. 이는 참고용 자료이므로 필요한 경우 검토용으로 활용하면 될 것이다.

3. 퇴직소득 원천징수영수증 작성

본 메뉴는 입력된 퇴직소득자료를 원천징수영수증으로 조회, 출력하는 메뉴이다.

퇴직급여가 입력되었다면, 퇴직소득 원천징수영수증 메뉴를 열어 지급월을 입력한다. 지급월을 입력하면 해당월에 퇴직한 사원의 원천징수 내역이 자동으로 반영된다. 해당월에 2명 이상의 사원이 퇴직한 경우 출력하고자 하는 사원을 선택하여 별도로 원천징수영수증을 선택하면 된다.

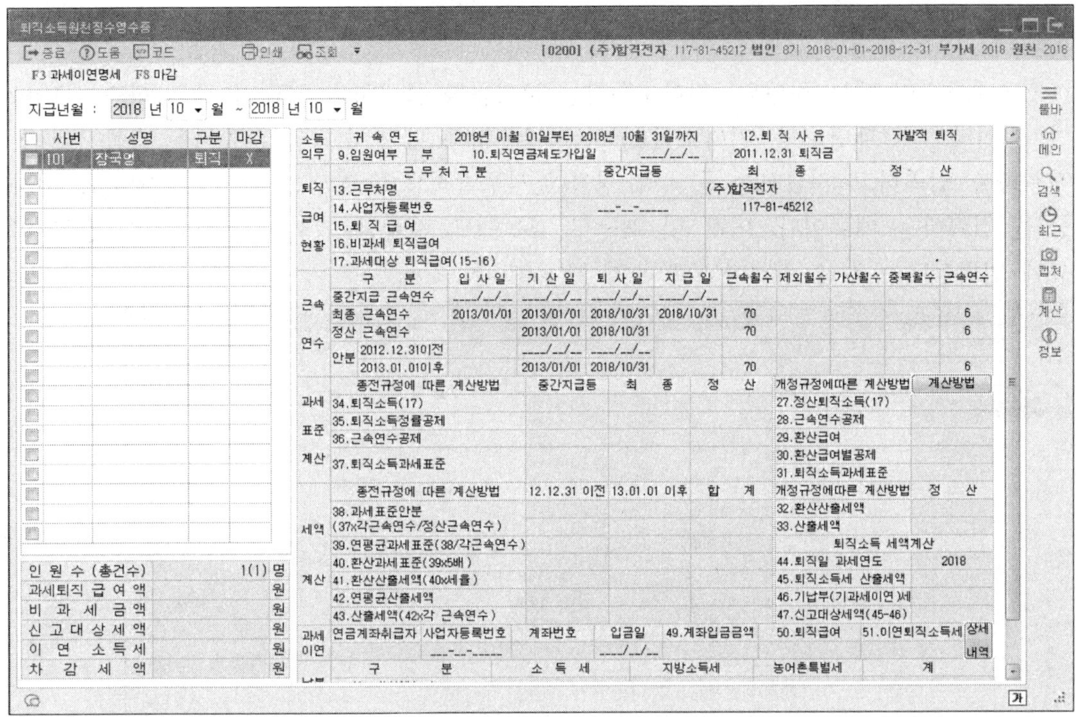

❸ 기타소득 원천징수

　기타소득 원천징수는 원천징수 메뉴의 상단의 [기타소득관리]메뉴에서 입력한다. 기타
소득관리에서는 소득세법상의 기타소득 뿐 아니라 이자소득 및 배당소득에 대한 입력을
모두 여기에서 하게 된다.

기타소득관리
기타소득자등록
기타소득자자료입력
이자배당소득자료입력
이자배당소득원천징수영수증
기타소득지급명세서(영수증)
비거주자의사업·기타소득지급명세서(…
기타이자배당소득제출집계표

　기타소득도 사업소득과 마찬가지로 기타소득을 지급받는 소득자의 인적사항을 먼저
입력하여야 한다.

1. 기타소득자등록

기타소득관리 메뉴 하단의 [기타소득자등록]메뉴를 클릭하면 아래와 같은 화면이 나타난다. 이자소득, 배당소득, 기타소득을 지급하는 경우 해당 소득을 수령하는 소득자의 인적사항을 입력하고 지급하는 금액의 성격(일시우발적으로 발생한 원고료, 강연료, 이자 등)을 입력하는 메뉴이다. 이자 및 배당의 경우에도 지급받는 자를 기타소득자 입력 메뉴에 입력한다는 점을 기억하면 도움이 될 것이다.

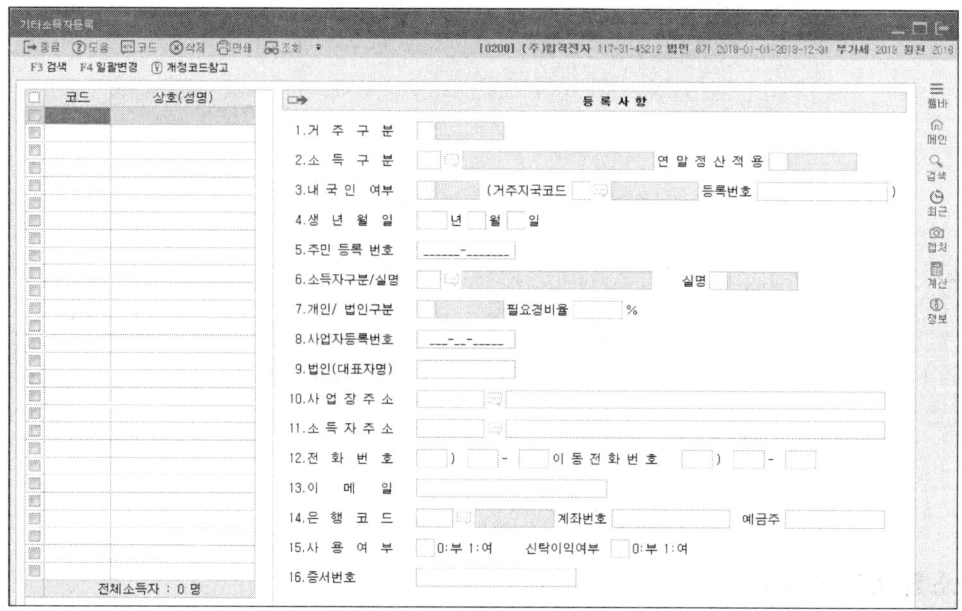

먼저 소득자의 코드와 성명 또는 상호를 문제에서 주어진대로 입력한 후 거주자 구분을 한다. 문제에서 아무 언급이 없으면 [1.거주]로 체크하면 된다.

기타소득자 등록에서 가장 중요한 것은 [2. 소득구분] 코드를 입력하는 것이다. 소득구분 코드 란에 커서를 놓고 F2를 누르면 기타소득의 코드 조회가 된다. 기타소득 입력문제에서는 소득구분 코드만 정확하게 입력하면 문제는 거의 정확하게 풀 수 있으므로 소득구분 코드를 정확하게 찾는 연습을 하자. 일시·우발적인 소득으로서 원고료는 75번, 일시우발적인 강연료 등은 76번이다.

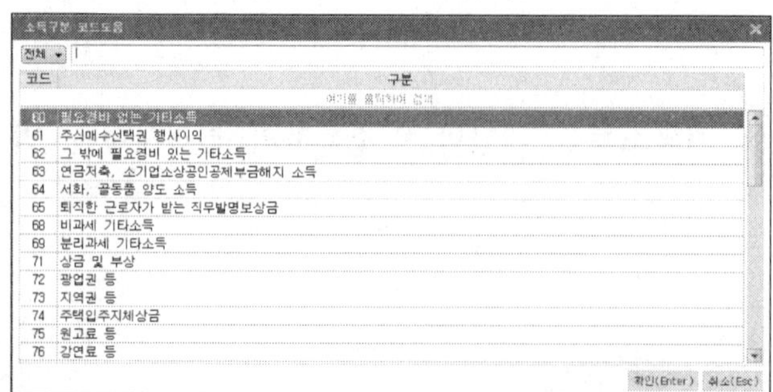

　　기타소득자의 소득구분 코드까지 정확하게 입력하고 나면 화면 아래쪽에 세부적인 내역(주민등록번호 등)을 문제의 요구사항에 맞게 입력한다. 특히 [개인/법인]의 구분 등은 정확하게 입력하여야 기타소득자료 입력시 세금이 정확하게 반영된다.

2. 기타소득자 자료 입력

　　기타소득관리 메뉴 하단의 [기타소득자 자료입력]메뉴를 클릭하면 다음과 같은 화면이 나타난다.

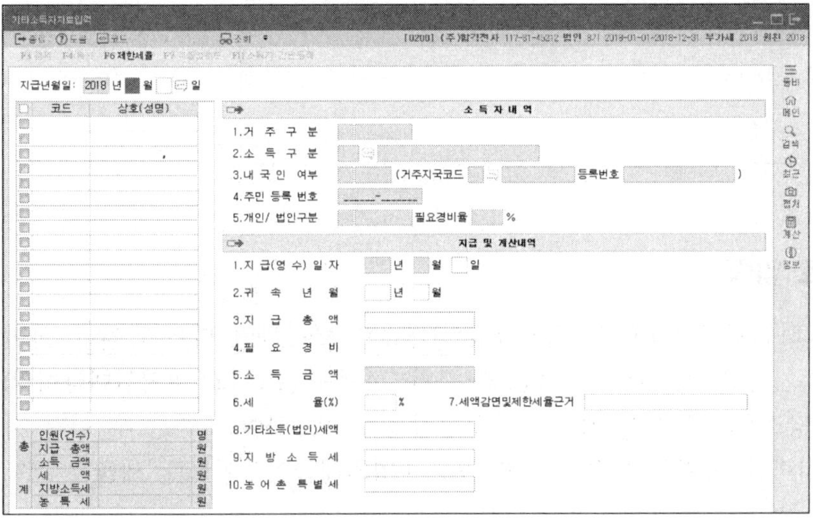

　　예를 들어 (주)합격전자의 기타소득자로 남정선(코드 1번)을 입력한 후 일시적으로 발생한 원고료 2,000,000원(귀속 : 3월, 지급 : 3월 31일 가정)원을 입력한 화면은 다음과 같다.(주민등록번호 생략된 상태이며 시험에서는 문제에서 주어진대로 주민등록번호를 입력하면 됨)

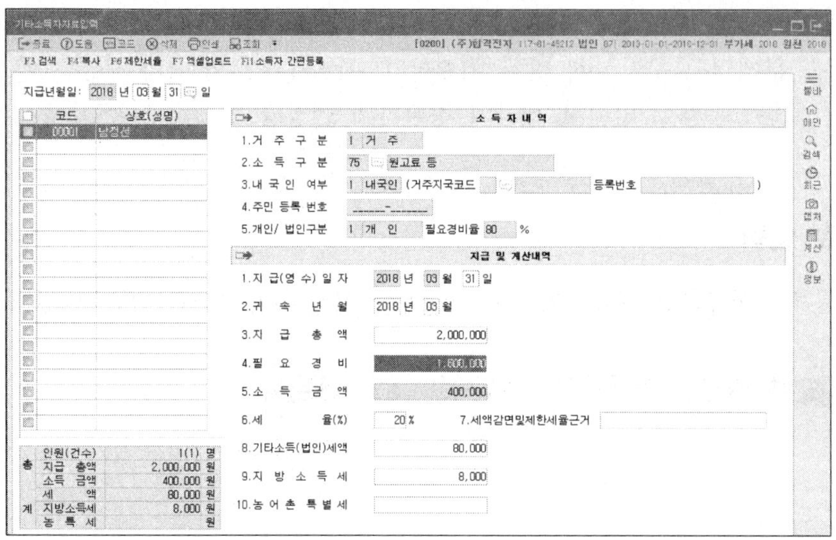

3. 이자배당소득자료 입력

　기타소득관리 메뉴 하단의 [이자배당소득자료입력]메뉴를 클릭하면 다음과 같은 화면이 나타난다. 기타소득자등록 메뉴에 이종하(코드 2번, 소득구분 : 122.비영업대금이익)를 등록한 후 [이자배당소득자료입력] 메뉴를 지급년월을 3월로 하여 조회한 후 이자 지급 금액 100만원을 입력한 화면은 다음과 같다.(단, 비영업대금이익이므로 세율을 25%로 기입함)

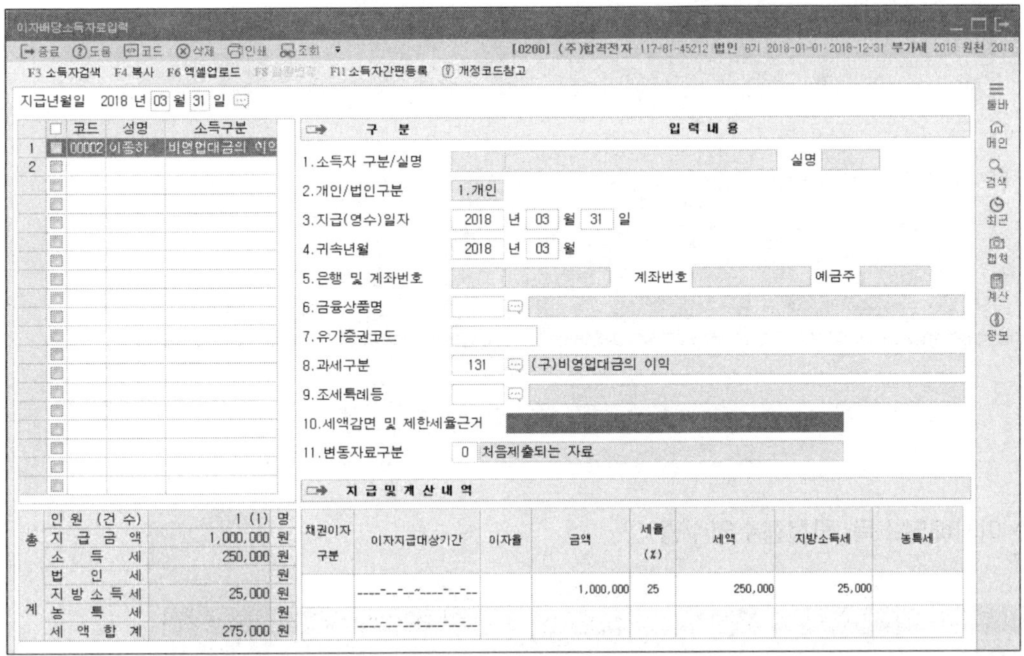

문제에서 주어지는 이자배당소득의 지급(영수)일자, 귀속년월, 금융상품명, 과세구분, 이자지급대상기간, 금액 등을 입력한 후 저장하면 된다. 단, 비영업대금이익의 경우에는 화면 상단의 [8.과세구분]란의 코드를 더블클릭하여 131번 비영업대금이익을 체크해야 하되, 만약 문제에서 별도의 과세구분 코드를 제시하면 해당되는 코드를 입력하면 된다.

화면 하단의 지급 및 계산내역 입력시 일반적인 이자와 배당의 경우에는 세율이 14%가 적용되나, 비영업대금이익과 출자공동사업자의 손익분배비율에 해당되는 배당의 경우에는 25%의 원천징수세율을 적용해야 한다. 이자 및 배당의 총 지급액과 세율을 입력하면 소득세 세액과 지방소득세는 자동으로 계산된다. 모든 입력이 끝난 후에는 화면 왼쪽 상단의 [종료]를 눌러서 마무리한다.

4. 기타소득 지급명세서 및 이자배당 원천징수영수증

기타소득관리 메뉴 하단의 기타소득지급명세서(원천징수영수증)과 이자배당원천징수영수증이 있다. 문제의 요구사항에 맞는 원천징수 영수증을 클릭하여 해당하는 기간을 입력하면 기타소득자료입력 및 이자배당소득자료입력 메뉴에 입력된 내용이 자동으로 반영된다.

① 기타소득 원천징수영수증(지급명세서)

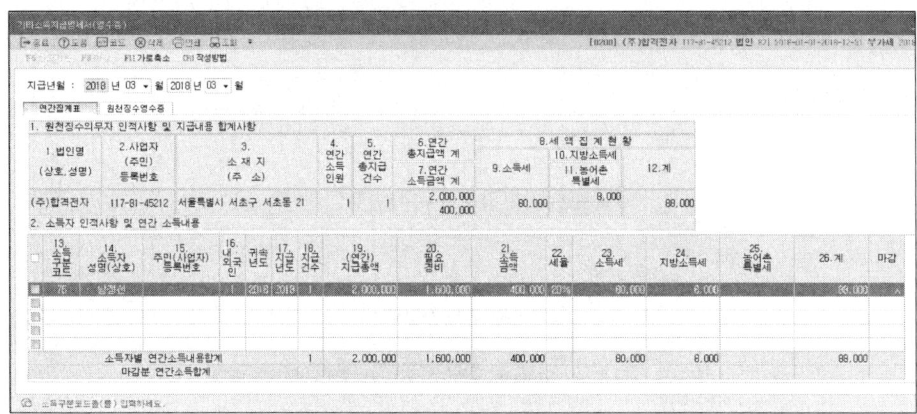

② 이자배당소득 원천징수영수증

④ 사업소득 원천징수

사업소득을 입력하기 위해서는 [원천징수 → 사업소득관리 → 사업소득자등록] 메뉴에 사업소득자 등록을 먼저 한 후 사업소득 자료를 입력하고 원천징수영수증을 작성하여야 한다.

1. 사업소득자 등록

사업소득자 등록 화면은 다음과 같다. 시험문제에서 코드와 성명 등은 별도로 제공되므로 이를 그대로 정확하게 입력하기만 하면 된다. 문제에서 소득자 자료를 줄 때에 주민등록번호가 주어지는 경우 별도의 언급이 없다면 내국인으로 체크한다. 단, 소득구분의 코드 유형이 중요하므로 이를 반드시 정확하게 입력하여야 한다.

소득구분 코드란을 클릭한 후 F2를 눌러서 아래와 같은 도움박스를 확인한 후 해당 코드를 클릭한 후 [확인]키를 누른다.

2. 사업소득자료 입력

(1) 사업소득자 등록(코드 : 100번, 성명 : 박정현, 소득구분 : 자문/고문 가정)

(2) 사업소득자료 입력

사업소득자료입력 화면에서 메뉴 상단의 [F2 코드] 를 클릭하면 사업소득자로 등록되어 있는 코드를 불러온다. 이 중 입력하고자 하는 사업소득자를 선택한다.

지급년월일, 귀속년월, 지급(영수)일, 지급액 등을 문제에서 주어진대로 입력한 후 [종료]를 눌러 메뉴를 종료시킨다.

3. 거주자의 사업소득 원천징수영수증 작성

거주자의 사업소득 원천징수영수증 메뉴에 지급년월 혹은 귀속년월을 입력하면 해당월의 사업소득 원천징수내역이 자동으로 반영된다. 해당 월에 2명 이상에게 사업소득을 지급한 경우 출력하고자 하는 소득자를 선택하면 된다.(일반적인 사업소득자의 경우 연말정산을 하지 않으므로 사업소득원천징수영수증(연말정산용)을 작성하는 것이 아니라 [사업소득관리] 메뉴의 위에서 5번째에 있는 거주자의 사업소득원천징수영수증을 작성하는 것이다.

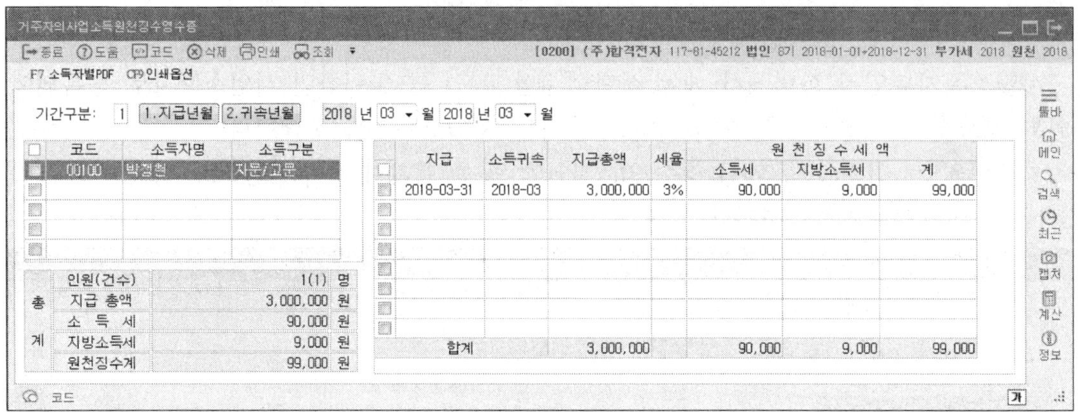

참고

※ 원천징수영수증 작성이 모두 완료된 후 원천징수이행상황신고서 작성

근로소득, 이자소득, 배당소득, 기타소득, 퇴직소득 등의 지급내역과 해당 내역에 대한 원천징수영수증 작성이 모두 완료된 후에 [근로소득관리]하단의 원천징수이행상황신고서를 조회하면 각각의 지급 내역과 소득세 금액이 반영되어 원천징수이행상황신고서자 자동으로 작성된다. 아래 화면은 사업소득, 기타소득, 이자소득을 입력한 후 원천징수이행상황신고서를 조회한 화면이다.

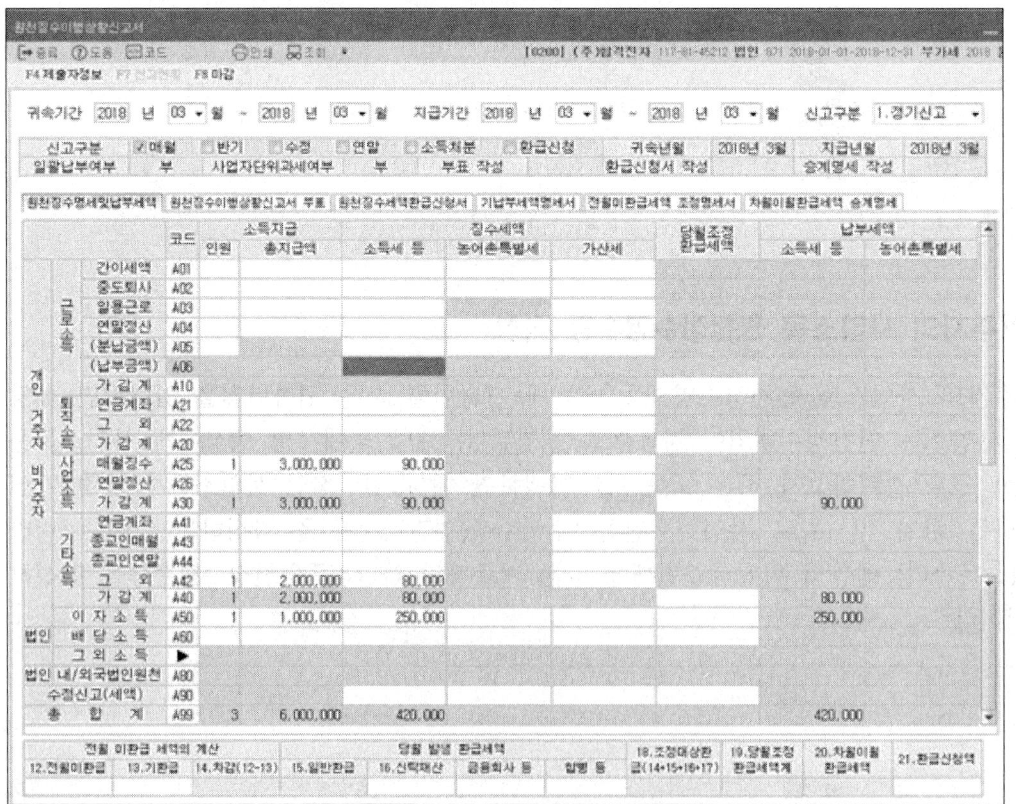

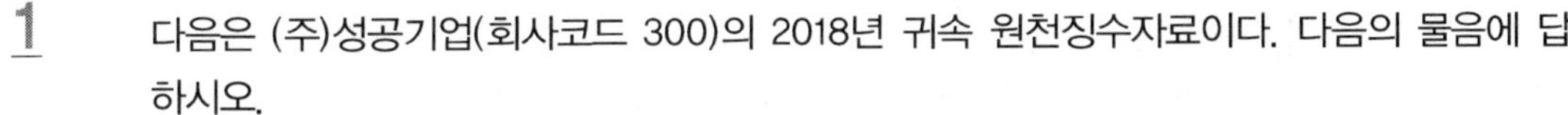

원천징수 연습문제

1　다음은 (주)성공기업(회사코드 300)의 2018년 귀속 원천징수자료이다. 다음의 물음에 답하시오.

사원 박정현(코드 201번)은 2018년 5월 20일에 퇴사하고 퇴사일에 5월분 급여를 받았다. 박정현씨의 5월분 급여지급 내역 및 퇴사하기 전까지 소득공제와 관련된 내역은 다음과 같다. 다음 자료를 토대로 2018년 5월 지급분으로 6월에 신고해야 될 원천징수이행상황신고서를 작성하시오. 단, 회사는 매월 급여신고 대상이라 가정하고, 필요한 경우 수당공제 등록을 하기로 한다.

〈급여내역〉

지급내역	금 액(원)
기 본 급	4,500,000
식　　대	200,000
성과수당	300,000
자가운전보조금	200,000

* 회사는 구내식당을 운영하지 않고 별도의 식사 제공은 하지 않는다.
* 박정현씨는 자기소유차량을 가지고 있지 않다.
* 기본급, 식대, 성과수당, 자가운전보조금은 매월 지급되는 항목이다.
* 공제내역은 프로그램에서 계산되는 금액을 반영하기로 한다.

1. [사원등록] 메뉴에서 박정현의 퇴사년월일을 2018년 5월 20일로 입력한다.

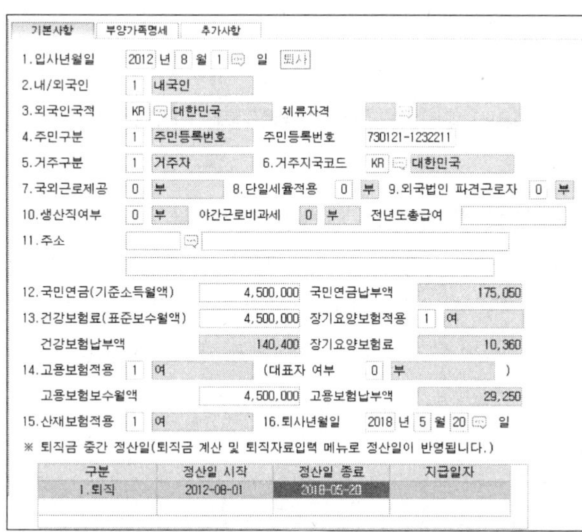

2. 급여자료 입력

① 메뉴 상단의 [수당공제]를 클릭하여 비과세 식대의 사용여부를 [여]로 수정하고, 과세되는 자가운전보조금과 성과수당을 과세로 입력한다. 입력 후 화면은 다음과 같다.(성과수당과 자가운전보조금 입력 순서는 중요하지 않다. 시험문제에서 별도의 언급이 없는 한 수당 코드는 채점에 반영되지 않기 때문이다.)

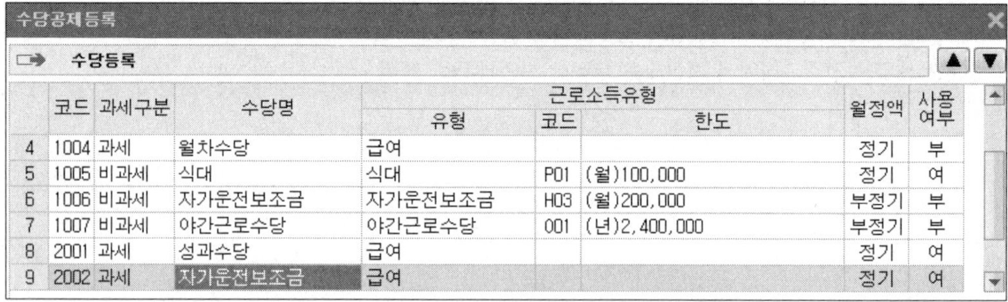

코드	과세구분	수당명	근로소득유형 유형	근로소득유형 코드	근로소득유형 한도	월정액	사용여부
4	1004	과세	월차수당	급여			정기	부
5	1005	비과세	식대	식대	P01	(월)100,000	정기	여
6	1006	비과세	자가운전보조금	자가운전보조금	H03	(월)200,000	부정기	부
7	1007	비과세	야간근로수당	야간근로수당	O01	(년)2,400,000	부정기	부
8	2001	과세	성과수당	급여			정기	여
9	2002	과세	자가운전보조금	급여			정기	여

* 자가운전보조금은 자기소유 차량이 있어야 비과세되므로 자기소유의 차량이 없는 경우에는 비과세되지 않는다. 성과수당, 자격증수당 등은 비과세 항목이 없다.

② 귀속년월 : 2018년 5월, 구분 : 1. 급여, 지급일 : 2018년 5월 20일

귀속년월 : 2018 년 05 ▼ 월   지급년월일 : 2018 년 05 ▼ 월 20 일   급여

참고

[전월데이터를 복사하겠습니까?]라는 메시지가 나오면 [아니오]를 클릭한 후 급여자료를 입력한다.

③ 급여항목과 공제항목 금액 입력
  - 먼저 급여항목에 해당 금액을 각각 입력한다.

  - 급여항목 입력 후 계속해서 Enter⏎를 치면 공제항목으로 넘어가는데 공제항목
    은 자동으로 해당 금액이 입력되므로 계속해서 Enter⏎를 친다. 고용보험에서
    소득세로 넘어갈 때 Enter⏎를 치면 아래와 같은 화면이 나타나는데, 화면 상단
    의 [영수일자]를 2018년 5월 20일로 수정한 후 별도로 추가 내용을 입력할 필
    요 없이 화면 하단의 [급여반영]을 클릭한다.

[급여반영]을 입력한 후의 화면은 다음과 같다.

- 정산(지급)년월 : 2018년 5월, 영수일자 : 2018년 5월 20일

중도퇴사 연말정산

정산(지급)년월 2018 년 5 월 귀속기간 2018 년 1 월 1 일 ~ 2018 년 5 월 20 일 영수일자 2018 년 5 월 31 일

구분	지출액	공제금액	구분	지출액	공제대상금액	공제금액
21.총급여		20,700,000	48.종합소득 과세표준			
22.근로소득공제		8,355,000	49.산출세액			
23.근로소득금액		12,345,000	50.「소득세법」 ▶			
기본공제 24.본인		1,500,000	세액 51.「조세특례제한법」 ▶			
25.배우자		1,500,000	(52제외)			
종합소득공제 26.부양가족 (4명)		6,000,000	52.「조세특례제한법」 ▶			
추가공제 27.경로우대 (1명)		1,000,000	감면 제30조			
28.장애인 (1명)		2,000,000	53.조세조약 ▶			
29.부녀자			54.세액감면 계			
30.한부모가족			55.근로소득 세액공제			
연금보험료공제 31.국민연금보험료	787,950	345,000	56. ㉮자녀 (명)			
32. 공무원연금			자녀세액공제 ㉯6세이하 (명)			
공적연금보험료공제 군인연금			㉰출산.입양 (명)			
사립학교교직원			연금계좌 57.과학기술공제			
별정우체국연금			58.근로자퇴직연금			
특별소득공제 33.보험료 725,440		725,440	59.연금저축			
건강보험료		590,890	60.보장 일반			
고용보험료		134,550	특별세액 성보험 장애인			
34.주택차입금 대출기관			61.의료비			
원리금상환액 거주자			62.교육비			

구분	소득세	지방소득세	농어촌특별세	계
72.결정세액				
기납부세액 73.종(전)근무지				
74.주(현)근무지	565,050	56,490		621,540
75.납부특례세액				
76.차감징수세액	-565,050	-56,490		-621,540

☐ 크게 보기　　　　퇴사월소득세반영　연말삭제(F5)　급여반영(Tab)　급여 미반영(F3)　취소(Esc)

급여자료입력

종료　도움　코드　삭제　인쇄　조회　　　[0300] (주)성공기업 469-91-52346 법인 6기 2018-01-01~2018-12-31 부가세 2018 원천 2019

F3 검색 ▽ F4 수당공제 F6 지급일자 F7 중도퇴사자정산 ▽ F8 마감 F9 인쇄 ▽ CF5 ㆍ CF6재계산 SF8 모바일 ▽ SF5 사원간편등록및기타 ▽ SF7 건강보험

귀속년월 : 2018 년 05 월　지급년월일 : 2018 년 05 월 20 일　급여　　중도정산적용함

사번	사원명	감면율
201	박정현(퇴사자)	

급여항목	금액	공제항목	금액
기본급	4,500,000	국민연금	202,050
식대	200,000	건강보험	140,400
성과수당	300,000	장기요양보험	10,360
자가운전보조금	200,000	고용보험	33,150
		소득세(100%)	
		지방소득세	
		농특세	
		중도정산소득세	-565,050
		중도정산지방소득세	-56,490
		중도정산농특세	
과　세	5,100,000		
비　과　세	100,000	공 제 총 액	-235,580
지 급 총 액	5,200,000	차 인 지 급 액	5,435,580

총인원(퇴사자) 1(1)

사원정보　　4.전체사원-현재 ▼ 크게

입사일(퇴사일)	2012/08/01(05/20)	지급총액	5,200,000	공제총액	-235,580
주민(외국인)번호	730121-1232211	과세	5,100,000	차인지급액	5,435,580
거주구분	거주자/내국인	총비과세	100,000	국민연금	202,050
생산직/야간근로	부/부	제출비과세		건강보험	140,400
국외/장기요양	부/여	미제출비과세	100,000	장기요양보험	10,360
국민/건강	202,050/140,400	기본급	4,500,000	고용보험	33,150

박정현 님의 급여정보입니다.

화면 상단에 [중도정산적용함]이라는 메시지를 확인한 후 화면 오른쪽 위의 ▨를 눌러 본 급여자료입력 메뉴를 종료한다.

3. 연말정산추가자료입력 메뉴 조회

중도정산자에 대한 원천징수를 하는 과정에서 급여자료입력 후 반드시 연말정산추가자료입력 메뉴를 열어 중도정산자에 대한 연말정산을 다시 확인해야 한다. 다음과 같이 메뉴를 열어 [중도]탭을 클릭하여 조회한 후 화면 오른쪽 상단의 ▨를 눌러 본 급여자료입력 메뉴를 종료한다.

문제에서 별도의 언급이 없다면 해당 사원을 조회하고 영수일자 등을 확인한 후 메뉴를 종료하고, 만약 문제에서 근로제공기간 동안의 본인 보험료나 교육비 등의 공제항목을 제시한다면 본 메뉴에서 해당 내용을 입력하면 된다.

■　정산(지급)년월 : 2018년 5월, 영수일자 : 2018년 5월 20일

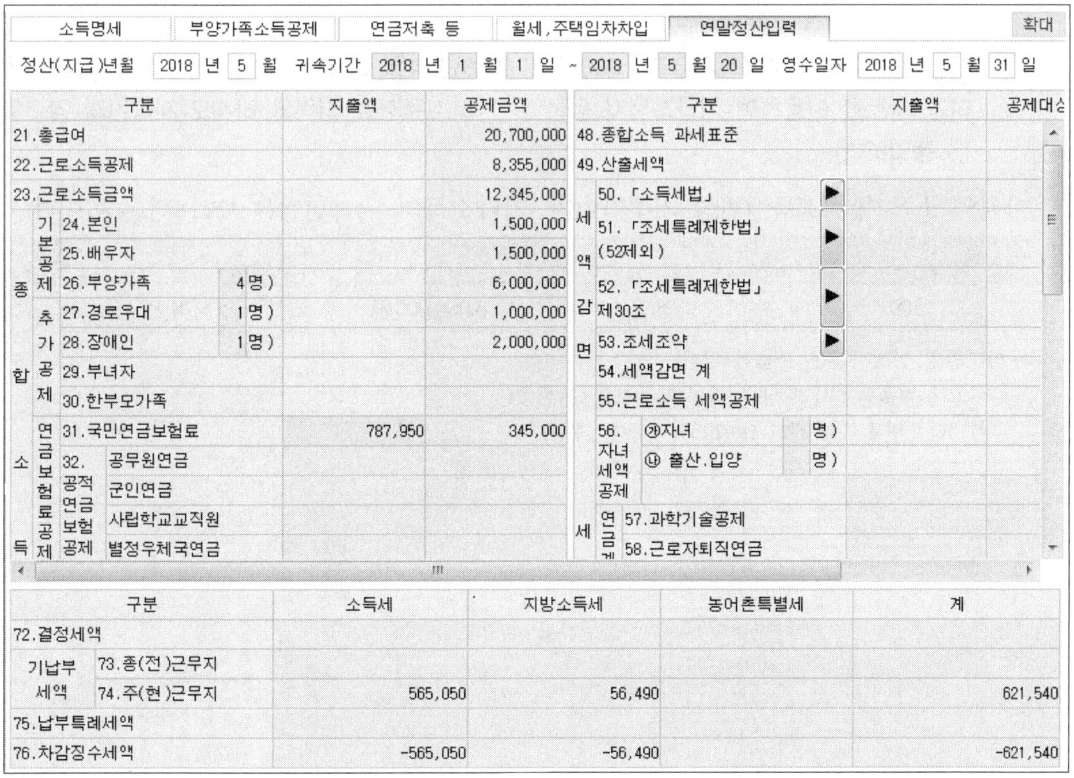

소득명세	부양가족소득공제	연금저축 등	월세,주택임차차입	연말정산입력	확대

정산(지급)년월 [2018] 년 [5] 월　귀속기간 [2018] 년 [1] 월 [1] 일 ～ [2018] 년 [5] 월 [20] 일　영수일자 [2018] 년 [5] 월 [31] 일

구분			지출액	공제금액	구분			지출액	공제대싱
21.총급여				20,700,000	48.종합소득 과세표준				
22.근로소득공제				8,355,000	49.산출세액				
23.근로소득금액				12,345,000		50.「소득세법」	▶		
종합공제	기본공제	24.본인		1,500,000	세액감면	51.「조세특례제한법」 (52제외)	▶		
		25.배우자		1,500,000					
		26.부양가족　　4명)		6,000,000		52.「조세특례제한법」 제30조	▶		
	추가공제	27.경로우대　　1명)		1,000,000					
		28.장애인　　1명)		2,000,000		53.조세조약	▶		
		29.부녀자				54.세액감면 계			
		30.한부모가족				55.근로소득 세액공제			
	연금보험료공제	31.국민연금보험료	787,950	345,000	56.자녀세액공제	㉮자녀　　명)			
소득공제		32. 공적연금보험공제	공무원연금				㉯ 출산·입양　　명)		
			군인연금			세액공제	연금계	57.과학기술공제		
			사립학교교직원							
득			별정우체국연금					58.근로자퇴직연금		

구분		소득세	지방소득세	농어촌특별세	계
72.결정세액					
기납부세액	73.종(전)근무지				
	74.주(현)근무지	565,050	56,490		621,540
75.납부특례세액					
76.차감징수세액		-565,050	-56,490		-621,540

4. 원천징수이행상황신고서 작성

- 귀속 : 2018년 5월 - 2018년 5월, 지급기간 : 2018년 5월 - 2018년 5월

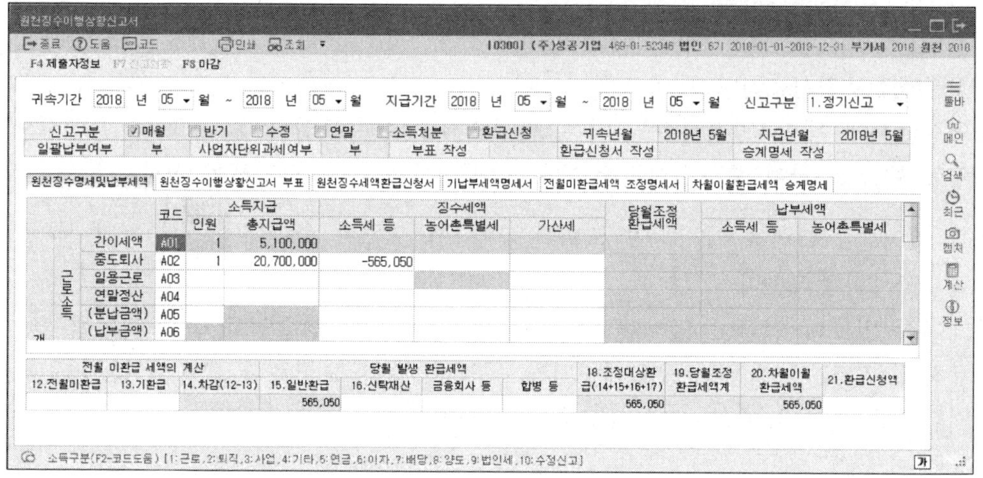

---

2 다음은 (주)성공기업(회사코드 : 0300)이 2018년 4월 20일 지급한 기타소득 내역이다. 다음 자료를 이용하여 기타소득자 등록 및 기타소득자료 입력을 하시오(지급일과 영수일은 동일하다).

아래의 소득자는 소득세법상 거주자이며, 기타소득의 귀속년월은 '2018년 4월'이다.

코 드	성 명	지급액	적 요
1100	박영민	3,000,000원	일시적인 강연료

※ 박영민의 인적사항은 다음과 같다.
- 주소 : 서울특별시 강남구 강남대로 482 (논현동)
- 주민등록번호 : 690721-1902239(내국인, 개인)

기타의 소득자로 먼저 등록한 후 기타소득 자료를 입력한다.

① 기타소득자 입력 화면

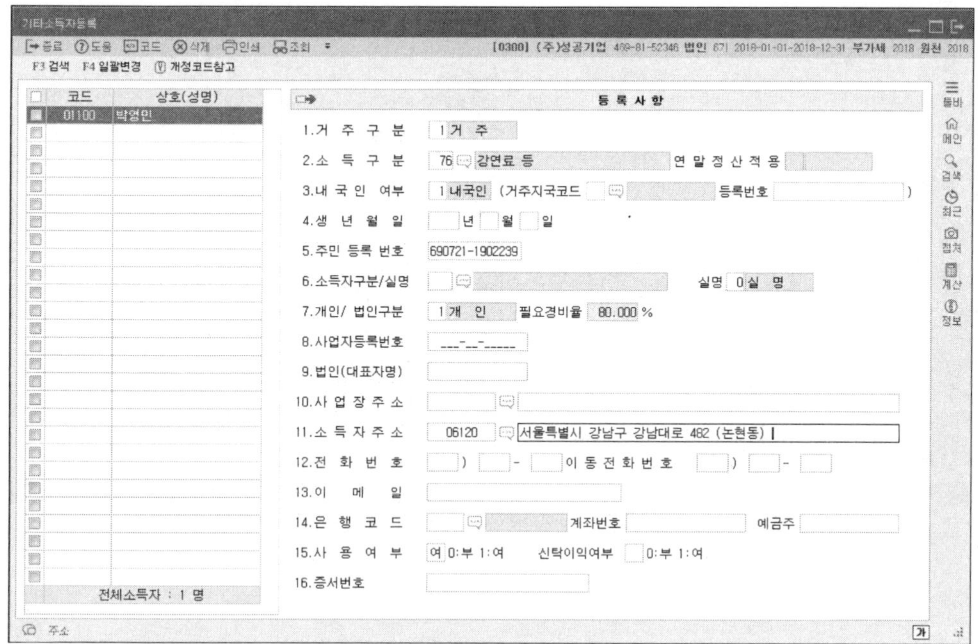

일시적인 강연료이므로 소득구분을 [76.강연료 등]으로 입력해야 한다.

② 기타소득자 자료 입력

메뉴 상단의 지급년월에 4월 20일을 입력한다.

화면 왼쪽의 소득자 코드에 1100을 직접 입력하거나, 해당 코드 란을 더블클릭하여 소득자를 클릭하여 입력한다. 소득구분코드 76번을 선택하면 기타소득 지급총액 3,000,000원을 입력함과 동시에 기타소득의 80%가 필요경비로 자동 입력되며, 소득세와 지방소득세도 자동으로 입력된다. 입력 화면은 다음과 같다.

■ 지급년월 : 2018년 4월 20일

3   다음은 (주)열공기업(회사코드 0400)의 원천징수와 관련된 자료이다. 다음 물음에 답하시오.

[1] 2014년 5월 29일 입사한 사무직 사원 김현빈(코드 106번)의 다음 자료를 참고하여 사원등록을 수정입력하고 연말정산 추가자료의 소득명세, 부양가족소득공제입력, 연말정산입력을 완성하시오.(기존에 입력된 가족의 자료는 삭제하지 않기로 한다.)

1. 기본자료

> (1) 사원명 : 김현빈 (660303-1557010)
> (2) 주소 : 경기도 부천시 소사구 소사본3동 119-1
> (3) 본인은 미혼이며, 세대주로서 생계를 같이하는 가족은 다음과 같고 부양가족의 소득은 없다.

성명	관계	주민등록번호	비 고
김영만	부친	431109-1515118	
박순희	모친	450531-2222228	당해연도 중 사망
김홍철	형	641012-1111119	장애인복지법상 장애인
김영철	동생	760224-1515551	대학원생

2. 연말정산 추가자료(특별한 언급이 없는 한 현금으로 지출하였고 국세청자료임)

구 분	세 부 내 역
보 험 료	• 본인의 자동차 보험료 : 850,000원 • 형(김홍철)의 장애인전용 보장성 보험료 : 1,100,000원
교 육 비	• 동생(김영철) 대학원 등록금 : 4,800,000원 • 본인 영어회화 학원수강료 : 3,600,000원
의 료 비	• 모친 의료비 : 12,000,000원(모친 신용카드 사용) • 본인 의료비 : 850,000원(시력교정용 안경 구입비 600,000원 포함) ※ 의료비는 모두 국세청 자료이며 지급처 입력 등은 생략한다.
기 부 금	• 노동조합비 : 1,800,000원 ※ 기부처 입력은 생략하며, 기부장려금 신청 금액은 없다.
신용카드	• 김영철의 대중교통 사용액 : 300,000원 • 모친의 의료비 사용액(신용카드) : 12,000,000원

※노동조합비는 본인이 지출하였으며, 당해 연도의 기부금 한도초과액은 없다고 가정하여 기부금조정 탭을 작성하시오.

[2] 다음 자료를 통하여 장국영 사원에 대한 1월 25일의 급여자료 입력을 완성하시오.
   (원천징수세액은 자동반영 되도록 한다)

- 2018년 1월 귀속 급여   (단위 : 원)

성명	기본급	중식대	자가운전보조금	통신수당	국민연금	건강보험료	장기요양보험료	고용보험료
장국영	3,000,000	150,000	300,000	100,000	135,000	91,800	6,010	21,770

- 회사는 구내식당을 운영하고 있으며 구내식당에서 무료로 중식을 제공하고 있다.
- 자가운전보조금은 배우자와 본인의 공동소유의 차량을 업무에 사용하여 받는 수당이다.
- 통신수당은 실비변상과 상관없이 매월 정기적으로 받는 수당이다.
- 국민연금, 건강보험료, 장기요양보험료, 고용보험료는 제시되어 있는 자료를 적용한다.
- 1월의 급여자료에 입력사항이 없는 수당은 모두 사용여부를 "부"로 설정하기로 한다.

● 해답 ••

[1] 1. 사원등록 메뉴의 [부양가족명세]에 다음과 같이 입력한다.

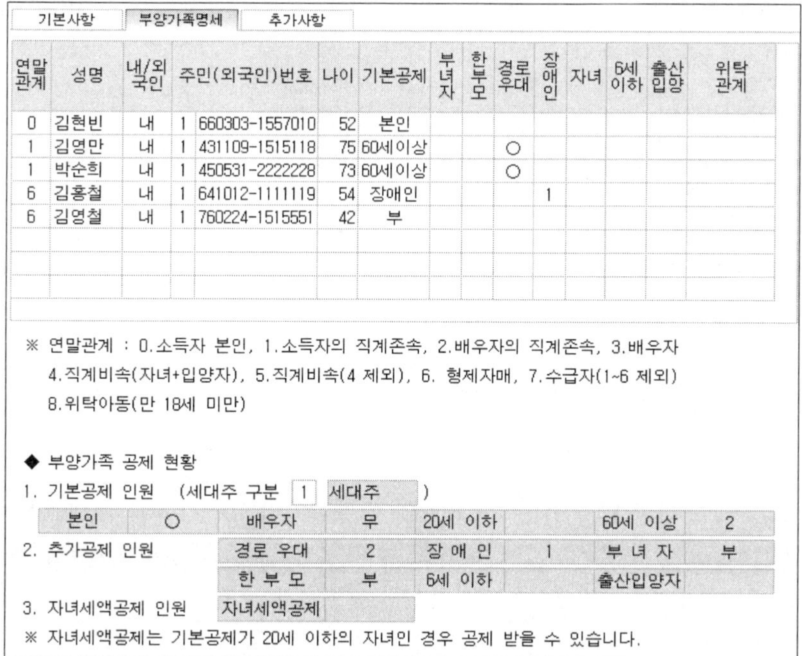

기본사항	부양가족명세	추가사항

연말관계	성명	내/외국인	주민(외국인)번호	나이	기본공제	부녀자	한부모	경로우대	장애인	자녀	6세이하	출산입양	위탁관계
0	김현빈	내 1	660303-1557010	52	본인								
1	김영만	내 1	431109-1515118	75	60세이상			○					
1	박순희	내 1	450531-2222228	73	60세이상			○					
6	김홍철	내 1	641012-1111119	54	장애인				1				
6	김영철	내 1	760224-1515551	42	부								

※ 연말관계 : 0.소득자 본인, 1.소득자의 직계존속, 2.배우자의 직계존속, 3.배우자
　4.직계비속(자녀+입양자), 5.직계비속(4 제외), 6. 형제자매, 7.수급자(1~6 제외)
　8.위탁아동(만 18세 미만)

◆ 부양가족 공제 현황
1. 기본공제 인원　(세대주 구분 [1] 세대주　)

본인	○	배우자	무	20세 이하		60세 이상	2
2. 추가공제 인원		경로 우대	2	장 애 인	1	부 녀 자	부
		한 부 모	부	6세 이하		출산입양자	

3. 자녀세액공제 인원　자녀세액공제
※ 자녀세액공제는 기본공제가 20세 이하의 자녀인 경우 공제 받을 수 있습니다.

- 모친은 당해 연도 중 사망하였으나 사망일 전일의 상황에 의해 판단하면 60세 이상인 자로서 기본공제 대상자에 해당된다.
- 김홍철은 연령 20세 초과자이지만 소득이 없으므로 장애인이기 때문에 연령과 무관하게 기본공제 대상자이다.
- 김영철은 20세 초과자이고 장애인이 아니므로 기본공제 대상자가 아니고 따라서 기본공제를 [부]로 표시해 놓는다. 기존에 입력된 자료를 삭제하지 않고 기본공제 대상에서 제외하려면 기본공제를 [부]로 표시하면 된다.

2. 연말정산 추가자료 입력
　(1) 소득명세 입력
　　본 문제의 경우 종전근무지 원천징수영수증이나 인정상여 추가 금액 등을 제시하지 않았으므로 F2코드조회를 하여 김현빈 사원을 조회한 후 [소득명세] 탭을 열어서 13-1번 칸에 급여자료가 입력되어 있는 것만 확인하면 된다. 별도의 입력은 필요 없다.
　(2) 부양가족 소득공제 입력
　　각각의 기본공제 대상자별로 해당되는 금액을 입력한다.

① 김현빈(본인)

- 보험료(일반보장성보험, 국세청) : 850,000원(건강보험료 등은 자동반영됨)

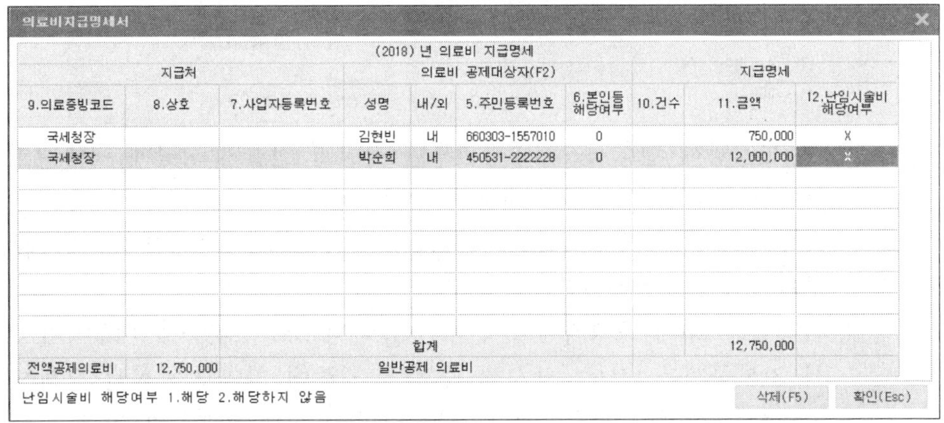

- 의료비(국세청-1.전액) : 750,000원(안경구입비 중 50만원 초과분은 제외함)

- 기부금(국세청) : 1,800,000원 입력

※ 기부금 입력시 주의사항(기부금입력 탭과 기부금조정 탭에 모두 입력하여야 하며, 기부금 한도초과액이 없다고 하였으므로 해당연도 공제금액을 180만원으로 입력한다.)

[기부금입력] 탭

기부금명세서

기부금 입력 | 기부금 조정

12.기부자 인적 사항(F2)

주민등록번호	관계코드	내·외국인	성명
660303-1557010	거주자(본인)	내국인	김현빈

구분		기부처			기부명세			자료구분
7.유형	8.코드	9.기부내용	10.상호(법인명)	11.사업자번호 등	건수	13.기부금합계금액 (14+15)	14.공제대상기부금액	15.기부장려금신청 금액	자료구분
지정	40					1,800,000	1,800,000		국세청

[기부금입력] 탭

기부금명세서   ✕

기부금 입력 | 기부금 조정

구분		기부연도	16.기부금액	17.전년도까지공제된금액	18.공제대상금액(16-17)	해당연도공제금액	해당연도에 공제받지 못한 금액	
유형	코드						소멸금액	이월금액
지정	40	2018	1,800,000		1,800,000	1,800,000		

※연말정산입력탭으로 불러오기 기능실행시 [기부금조정]탭의 해당연도공제금액이 입력되어 있어야 합니다.
※기부금명세서에서 입력한 경우 [기부금조정]탭의 20, 21 정치자금기부금은 본 메뉴에는 합산되고, [연말정산입력] 탭에는 10만원이하, 10만원 초과분으로 각각 반영합니다.
자료구분은 0.국세청 1.기타 를 선택합니다.

공제금액계산   삭제(F5)   확인(Esc)

자료구분	보험료		의료비		교육비		신용카드 등					기부금
	건강.고용	보장성	지출액	구분	지출액	구분	신용카드	현금/직불	전통시장	대중교통	도서공연	
국세청		850,000	750,000	1.전액								1,800,000
기타	1,538,760											

※ 참고 : 영어회화학원 수강료는 교육비 공제 대상 금액이 아니다.

② 박순희(모친) :

- 의료비(국세청-1.전액) : 12,000,000원

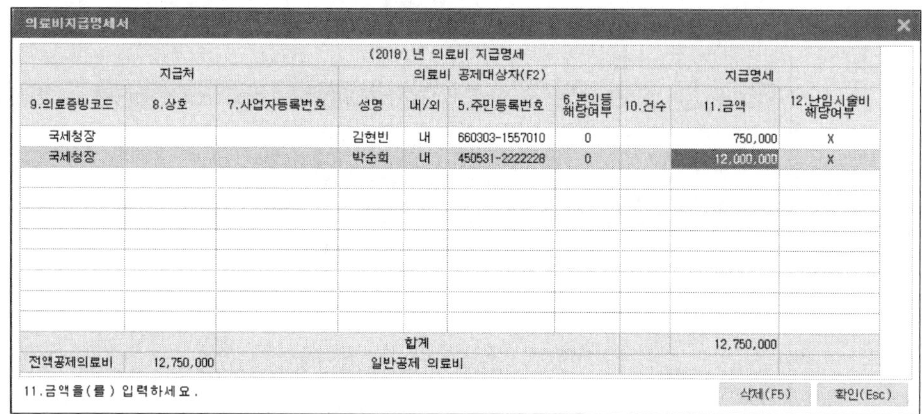

(2018) 년 의료비 지급명세										
지급처			의료비 공제대상자(F2)				지급명세		
9.의료증빙코드	8.상호	7.사업자등록번호	성명	내/외	5.주민등록번호	6.본인등해당여부	10.건수	11.금액	12.난임시술비해당여부
국세청장			김현빈	내	660303-1557010	0		750,000	X
국세청장			박순희	내	450531-2222228	0		12,000,000	X
					합계			12,750,000	
전액공제의료비	12,750,000		일반공제 의료비						

11.금액을(를) 입력하세요.   삭제(F5)   확인(Esc)

- 신용카드등(신용카드, 국세청) : 12,000,000원 입력

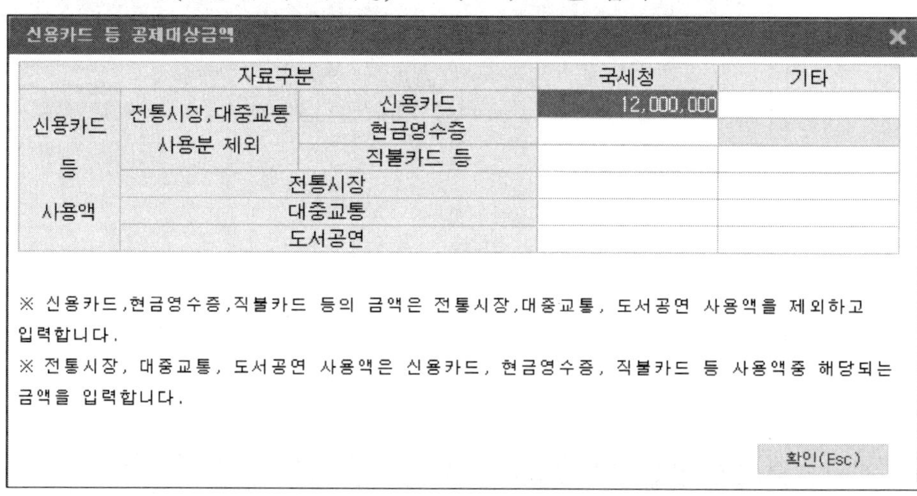

자료구분			국세청	기타
신용카드 등 사용액	전통시장,대중교통 사용분 제외	신용카드	12,000,000	
		현금영수증		
		직불카드 등		
	전통시장			
	대중교통			
	도서공연			

※ 신용카드,현금영수증,직불카드 등의 금액은 전통시장,대중교통, 도서공연 사용액을 제외하고 입력합니다.
※ 전통시장, 대중교통, 도서공연 사용액은 신용카드, 현금영수증, 직불카드 등 사용액중 해당되는 금액을 입력합니다.

확인(Esc)

자료구분	보험료		의료비		교육비		신용카드 등					기부금
	건강.고용	보장성	지출액	구분	지출액	구분	신용카드	현금/직불	전통시장	대중교통	도서공연	
국세청			12,000,000	1.전액			12,000,000					
기타												

③ 김홍철(형)

- 장애인보장성보험료(국세청) : 1,100,000원 입력

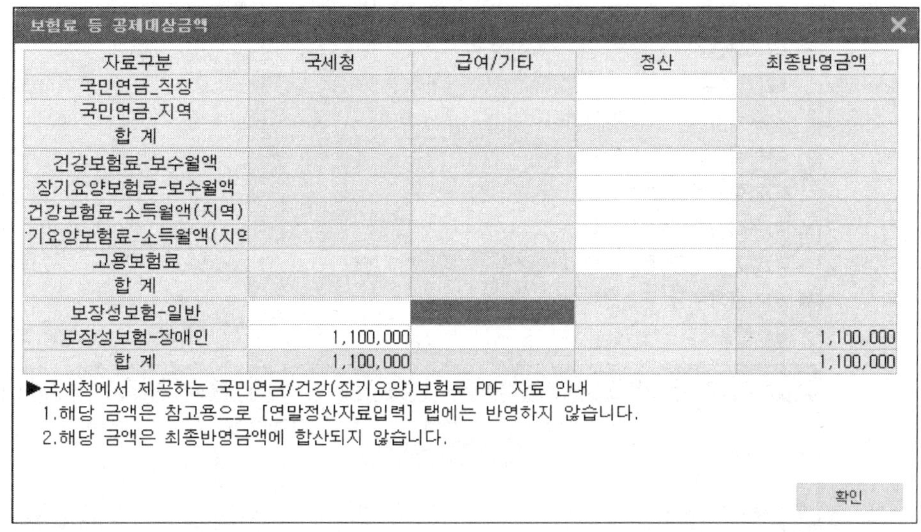

자료구분	국세청	급여/기타	정산	최종반영금액
국민연금_직장				
국민연금_지역				
합 계				
건강보험료-보수월액				
장기요양보험료-보수월액				
건강보험료-소득월액(지역)				
기요양보험료-소득월액(지○				
고용보험료				
합 계				
보장성보험-일반				
보장성보험-장애인	1,100,000			1,100,000
합 계	1,100,000			1,100,000

▶국세청에서 제공하는 국민연금/건강(장기요양)보험료 PDF 자료 안내
1.해당 금액은 참고용으로 [연말정산자료입력] 탭에는 반영하지 않습니다.
2.해당 금액은 최종반영금액에 합산되지 않습니다.

확인

자료구분	보험료		의료비		교육비		신용카드 등					기부금
	건강.고용	보장성	지출액	구분	지출액	구분	신용카드	현금/직불	전통시장	대중교통	도서공연	
국세청		1,100,000										
기타												

(3) 연말정산입력

부양가족소득공제 사항을 모두 입력한 후 [연말정산입력] 탭에서 화면 상단의 [F8 부양가족소득공제불러오기]를 클릭한 후 추가적으로 기부금세액공제 등에 추가 사항을 입력한다.(불러오기를 한 후 프로그램 오류로 인하여 연말정산입력 탭에서 자료 조회가 안되는 경우 소득명세 등 연말정산입력 탭 외의 탭을 클릭한 후 다시 연말정산입력 탭을 클릭하면 세액공제 자료 등의 조회가 가능하다.)

- 42. 신용카드 등 사용액 : 신용카드 지출액 12,000,000원
- 60. 보장성보험세액공제 지출액 : (1) 일반 850,000원
- 60. 장애인전용보장성보험세액공제 지출액 : (2) 장애인 1,100,000원
- 61. 의료비세액공제 지출액 : (2) 본인·경로자(전액공제의료비) 12,750,000원
- 63. 기부금세액공제 지출액 : (4)지정기부금 - 종교단체외기부금 1,800,000원

특	60.보장 성보험	일반	850,000	850,000	850,000	102,000
		장애인	1,100,000	1,100,000	1,000,000	150,000
별	61.의료비		12,750,000	12,750,000	10,950,000	1,642,500
	62.교육비					
세	63.기부금		1,800,000	1,800,000	1,800,000	270,000
	1)정치자금 기부금	10만원이하				
액		10만원초과				
	2)법정기부금(전액)					
공	3)우리사주조합기부금					
	4)지정기부금(종교단체외)		1,800,000	1,800,000	270,000	
제	5)지정기부금(종교단체)					
	64.특별세액공제 계					2,164,500

의료비

구분	지출액	공제대상금액	공제금액
난임시술비			
장애인			
본인.경로자	12,750,000		
일반		10,950,000	1,642,500

확인(Esc)

기부금

구분	지출액	공제대상금액	공제금액
정치자금 기부금(10만원 이하분)			
정치자금 기부금(10만원 초과분)			
법정당해기부금			
법정이월(2014년)			
법정이월(2015년)			
법정이월(2016년)			
우리사주조합기부금			
종교단체외이월(2013년이전)			
종교단체이월(2013년이전)			
종교단체외 당해기부금	1,800,000	1,800,000	270,000
종교단체외이월(2014년)			
종교단체외이월(2015년)			
종교단체외이월(2016년)			
종교단체 당해기부금			
종교단체이월(2014년)			
종교단체이월(2015년)			
종교단체이월(2016년)			

참고자료   확인(Esc)

모든 입력사항이 입력되고 난 후에는 화면 왼쪽 상단의 [Esc종료]를 눌러 완료한다.

[2] 급여자료입력 메뉴에 입력(장국영 사원)

수당등록을 먼저 한 후 급여자료를 입력한다.

① 수당등록

- 별도의 식사 및 음식물을 제공받고 있으므로 중식대 지급액은 과세급여이다. 따라서 기존에 비과세로 사용여부 "여"로 설정되어 있던 식대를 사용여부 "부"로 수정한 후 과세대상인 중식대를 별도로 수당등록하여야 한다.
- 자가운전보조금은 본인 소유 차량을 운행하는 경우에 월 20만원 이내에서 비과세 되지만 배우자와 본인의 공동소유 차량의 경우에는 본인 소유 차량으로 보아 비과세를 적용해준다. 따라서 자가운전보조금은 비과세 급여이다.
- 통신수당은 과세급여이다.(비과세항목 없음)
- 통신수당과 중식대를 수당등록해야 하는데 이 경우 통신수당과 중식대 중 어떤 것을 먼저 입력하는지는 중요하지 않다. 별도로 코드 지정을 해주지 않았기 때문에 문제에서 별도의 언급이 없는 한 수당코드는 채점에 반영되지 않는다.
- 상여, 직책수당, 월차수당, 야간근로수당과 육아수당의 사용여부를 "부"로 변경한 후 화면 하단의 확인을 누른다.

해당 사항을 입력한 화면은 다음과 같다.(수당의 입력순서 및 코드는 점수와 관계없으니 각각의 수당별로 과세 및 비과세 여부, 사용여부 등만 확인하면 된다.)

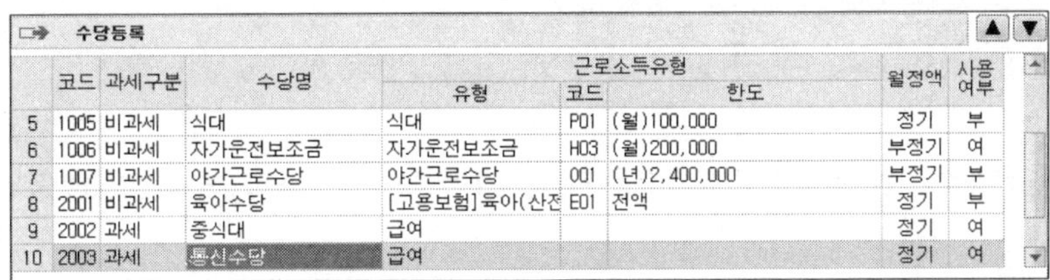

	코드	과세구분	수당명	근로소득유형 유형	코드	한도	월정액	사용여부
5	1005	비과세	식대	식대	P01	(월)100,000	정기	부
6	1006	비과세	자가운전보조금	자가운전보조금	H03	(월)200,000	부정기	여
7	1007	비과세	야간근로수당	야간근로수당	O01	(년)2,400,000	부정기	부
8	2001	비과세	육아수당	[고용보험]육아(산전	E01	전액	정기	부
9	2002	과세	중식대	급여			정기	여
10	2003	과세	통신수당	급여			정기	여

② 급여자료 입력 : 귀속년월 2018년 1월, 지급년월일 2018년 1월 25일

문제에서 주어진 금액을 모두 입력하고 나면 소득세와 지방소득세가 자동으로 반영된다.

4   다음은 (주)열공기업(회사코드 : 0400)의 원천징수 관련 자료이다. 다음 자료를 이용하여 각 문항별 해답을 작성하시오.

[1] 김철수와 (주)대한에 대한 이자소득 원천징수영수증을 작성하시오.

〈자료1〉 소득자별 이자소득 지급내역

소득자			이자소득	소득지급일/영수일
개인	101	김철수	1,000,000원	2018년 3월 5일
법인	102	(주)대한	5,000,000원	2018년 3월 10일

〈공통사항〉
• 주민등록번호 및 사업자등록번호 생략
• 이자소득의 귀속월은 김철수 및 (주)대한 모두 2018년 2월임
• 이자지급 대상 기간 : 2018년 2월 1일부터 2018년 2월 28일까지
• 소득자는 모두 금융업을 하지 않는 거주자 또는 내국법인이며, 기타소득자등록시 소득구분은 김철수와 ㈜대한 모두 '비영업대금이익'으로 하기로 가정한다.
• 그밖의 입력사항은 생략한다.

[2] 다음 자료를 이용하여 원천징수대상 소득자의 기타소득자 등록을 하고 배당소득 자료입력을 하시오.

1. 소득자별 배당소득 지급내역(소득자 성명 : 나사랑)

소득자 코드번호	배당소득	소득지급일/영수일	비　고
00150	3,000,000원	2018. 4. 10.	2017년 귀속 이익잉여금처분계산서상 배당금을 2018년 4월 지급결의 한 것이다.

2. 나사랑은 거주자(내국인, 개인)로서 소액주주이며, 당 법인은 비상장주식회사라고 가정한다. 주어진 정보로만 등록 및 자료입력을 하기로 한다. 원천징수 세율은 14%(일반세율)이다.
3. 해당 배당은 내국법인으로부터의 배당에 해당된다.
4. 소득자료 입력시 금융상품명 등은 입력생략한다.

 해답

[1] 이자소득의 경우 개인과 법인 모두 원천징수대상이며 모두 비영업대금이익으로서 원천징수세율은 25%가 적용되므로 다음과 같이 입력한다.

① 기타소득자 등록 : 소득구분을 122.비영업대금의 이익으로 하여야 한다.

② 이자배당소득 자료 입력 : 지급년월 3월로 조회후 해당 소득자 코드를 불러와 입력함

• 김철수(지급년월일 : 2018.03.05) : 비영업대금이익이므로 세율을 25%로 수정해야 함

- (주)대한(지급년월일 : 2018.03.10) : 비영업대금이익이므로 세율을 25%로 수정해야 함

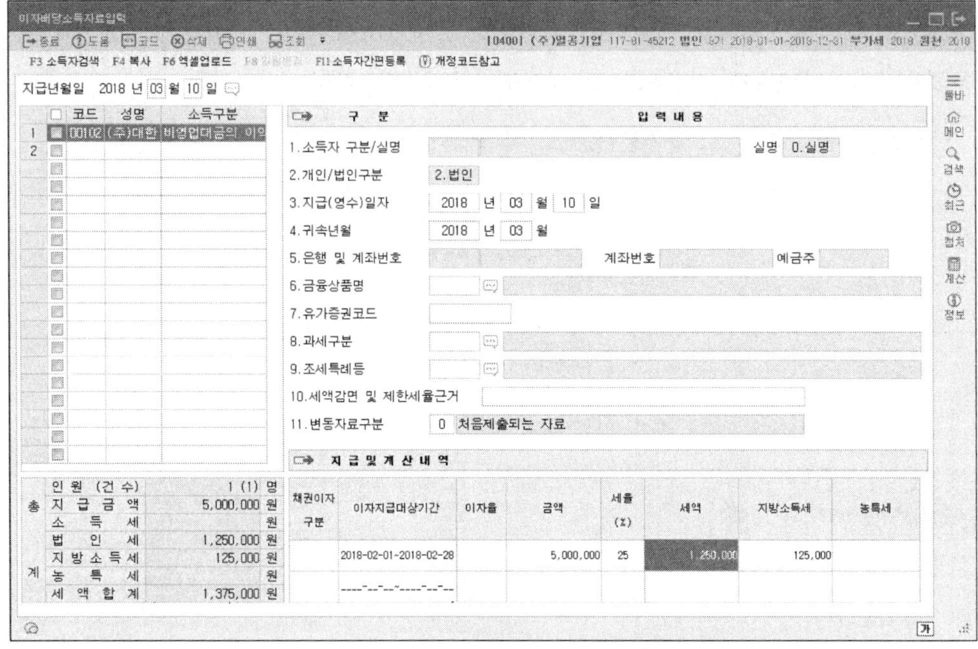

③ 이자배당 원천징수영수증 조회 : 지급년월을 2018년 3월로 조회하면 다음과 같은 화면이 나타나며 이를 조회한 후 메뉴를 Esc를 눌러 종료하면 된다.

- 김철수를 클릭한 화면

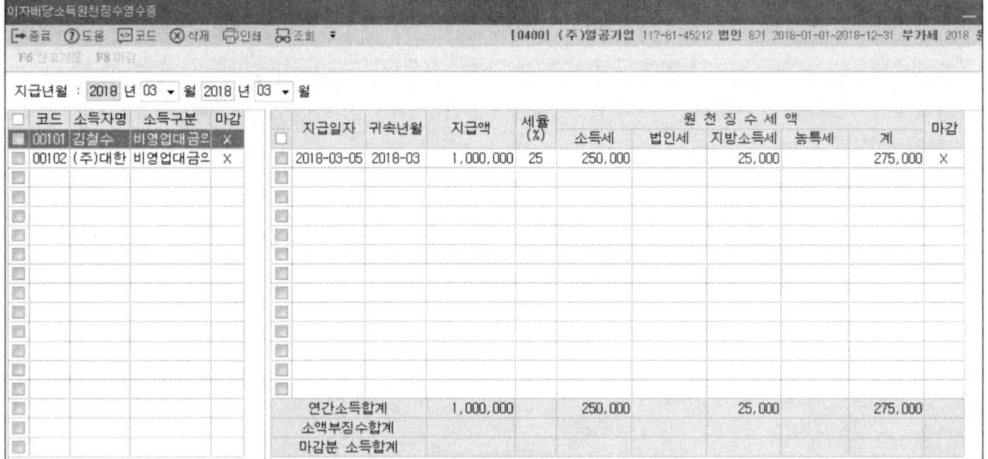

- (주)대한을 클릭한 화면

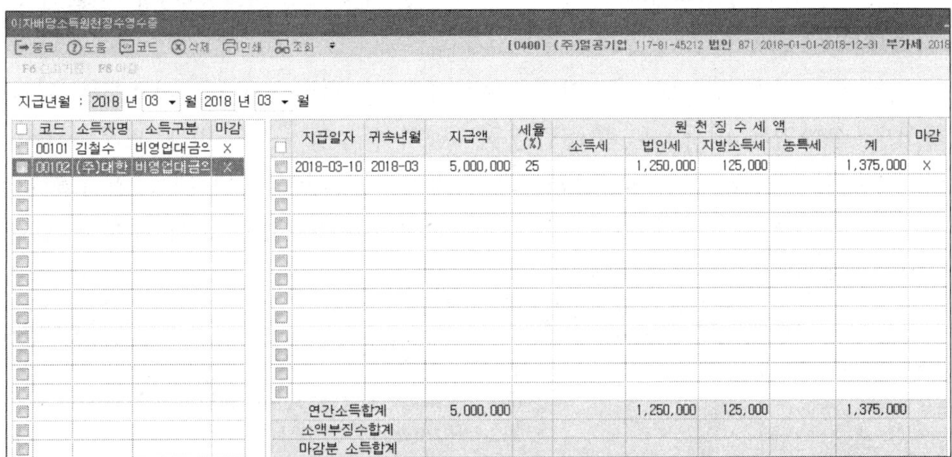

[2] 배당소득의 경우 개인은 원천징수대상이다.

① 기타소득자 등록

등 록 사 항

1. 거 주 구 분   1 거 주
2. 소 득 구 분   251 … 내국법인 배당·분배금, 건설이자 연말정산적용
3. 내 국 인 여부   1 내국인 (거주지국코드 …) 등록번호 ( )
4. 생 년 월 일   년 월 일
5. 주민 등록 번호   -
6. 소득자구분/실명 … 실명 0 실 명
7. 개인/ 법인구분   1 개 인   필요경비율 %

② 이자배당소득 자료 입력

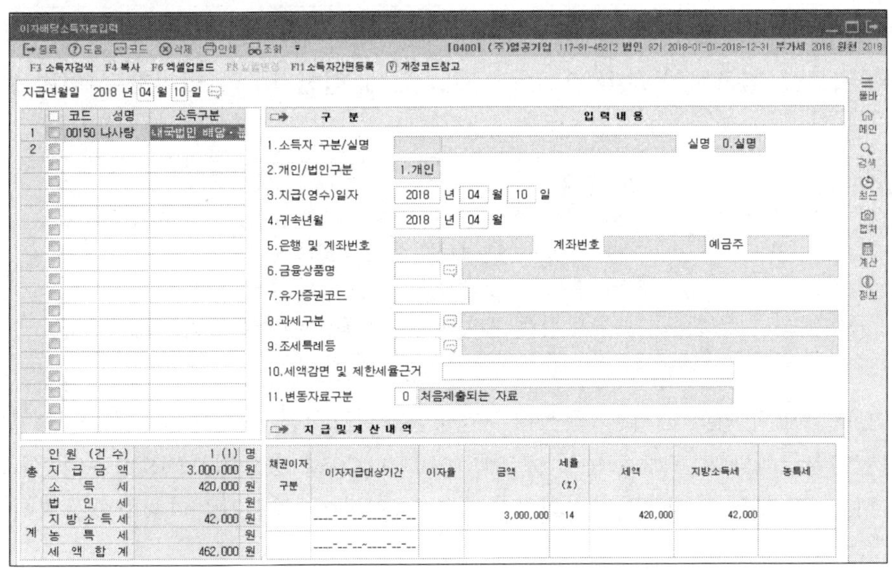

5   다음은 (주)제일기업(회사코드 0500)의 2018년 귀속 원천징수자료이다. 다음의 물음에 답하시오.

[1] 다음 아래의 사항을 반영하여 생산직 사원 윤한평(100번 코드)의 사원등록사항을 입력하시오. 윤한평의 입사일은 2018년 2월 1일이며 부양가족은 현재 생계를 같이하고 있다. 가능한 공제를 모두 적용받는다고 가정하고 아래 항목에 대한 입력을 하시오. (전제 : 기본공제 대상자가 아닌 경우 입력하지 않기로 하며 공제 대상자 입력시에는 [위탁관계]도 입력하기로 한다.)

관 계	성 명	주민등록번호	참고사항
본 인	윤한평	590301-1589634	• 내국인, 거주자 • 국외근로소득 있음(해외건설, 원양어선 등의 근로자 아님) • 주소 : (07618) 서울 강서구 방화대로 235(공항동) • 윤한평은 연말 현재 세대주임 • 국민연금 기준소득월액, 건강보험료 표준보수월액, 고용보험 보수월액 : 각각 5,000,000원으로 가정 • 장기요양보험료와 산재보험 적용함 • 윤한평은 연장근로 및 야간근로 비과세 대상 아님 • 윤한평은 매달 간이세액표의 120%로 원천징수하기를 원하여 법정 절차에 맞게 이를 신청하였다.
배우자	정영자	610511-2584657	• 사업소득금액 130만원
장 남	윤재량	910312-1896527	• 대학생, 소득없음
차 녀	윤명량	990705-2753694	• 고등학생, 소득없음
차 남	윤삼량	080303-3513498	• 초등학생, 소득없음
모 친	한길여	410701-2896320	• 소득없음
동 생	윤두평	641003-1579859	• 기타소득금액 600만원, 장애인복지법상 장애인

[2] 다음은 윤한평 사원의 2018년도 근로소득에 대한 내역이다.

① 아래의 자료를 참조하여 2018년 5월 근로소득세 원천징수의 급여자료 입력을 완성하라.

> • 급여, 상여의 지급일 : 매월 말일
> • 급여, 상여의 지급내역 : 기본급 5,000,000원, 식대(비과세) 100,000원
> 　　　　　　　　　　　　 자가운전보조금(과세) 200,000원
> • 위의 수당항목 외에는 수당등록 메뉴에서 사용여부를 [부]로 체크한다.
> • 건강보험료와 연금보험료, 소득세 등은 자동으로 계산되는 금액을 반영한다.
> • 필요한 경우 수당등록을 한 후 해당 항목을 입력하도록 한다.

② 위 1번의 급여자료를 근거로 원천징수이행상황신고서를 완성하라. 단, 신고일 현재 전월미환급세액이 지방소득세 포함하여 110,000원 있으며, 원천징수의 신고는 매월 하는 것으로 하며, 전월미환급세액을 반영하여 원천징수이행상황신고서 작성을 하여라.

● 해답 ••

[1] [사원등록]메뉴에 입력
- 사번 : 100
- 성명명 : 윤한평
- 주민구분/주민번호 : [1] 590301-1589634

① [기본사항] 탭에 아래 사항을 입력
  1. 입사년월일 : 2018년 2월 1일
  2. 내/외국인 : [1.내국인]
  5. 거주구분 : [1.거주자]
  7. 국외근로제공 : [1.(일반) 월 100만원 비과세]
  9. 생산직 여부 : [1.여], 야간근로비과세 [0.부]
  10. 주소 : [우편번호]의 말풍선(💬)을 눌러 '방화대로'로 조회하여 '서울 강서구 방화
      대로 235(공항동)'를 찾아 입력

기본사항	부양가족명세	추가사항

1.입사년월일　2018 년 2 월 1 💬 일

2.내/외국인　1　내국인

3.외국인국적　KR 💬 한국　　체류자격

4.주민구분　1　주민등록번호　주민등록번호　590301-1589634

5.거주구분　1　거주자　　6.거주지국코드　KR 💬 한국

7.국외근로제공　0　부　　8.단일세율적용　0　부　9.외국법인 파견근로자　0　부

10.생산직여부　1　여　　야간근로비과세　0　부　　전년도총급여

11.주소　07618 💬 서울특별시 강서구 방화대로 235
　　　　(공항동)

12.국민연금(기준소득월액)　5,000,000　국민연금납부액　202,050

13.건강보험료(표준보수월액)　5,000,000　장기요양보험적용　1　여
　　건강보험납부액　156,000　장기요양보험료　11,510

14.고용보험적용　1　여　　(대표자 여부　0　부　)
　　고용보험보수월액　5,000,000　고용보험납부액　32,500

15.산재보험적용　1　여　　16.퇴사년월일　　년　월 💬 일

※ 퇴직금 중간 정산일(퇴직금 계산 및 퇴직자료입력 메뉴로 정산일이 반영됩니다.)

구분	정산일 시작	정산일 종료	지급일자

② [부양가족명세]에 아래와 같이 입력

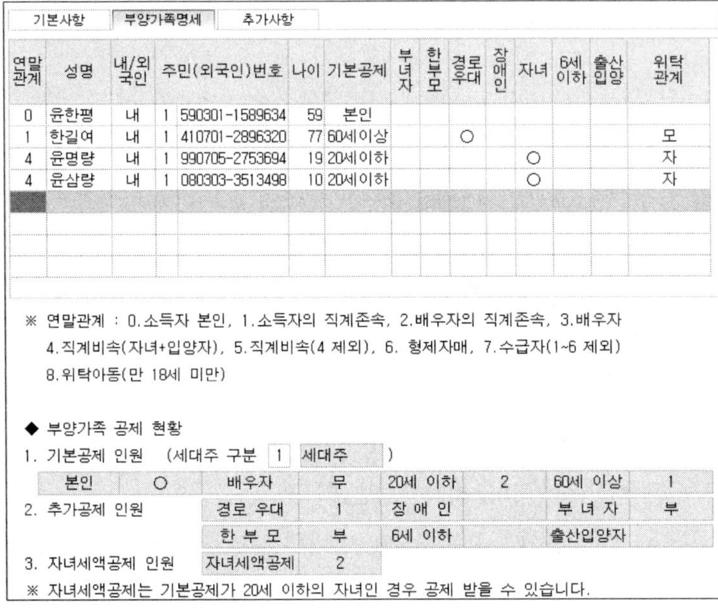

* 정영자와 윤두평은 연간 소득금액 합계가 100만원을 초과하므로 공제 대상에서 제외된다.

③ [추가사항] 탭의 하단 [12.소득세 적용률]을 [3.120%] 로 클릭

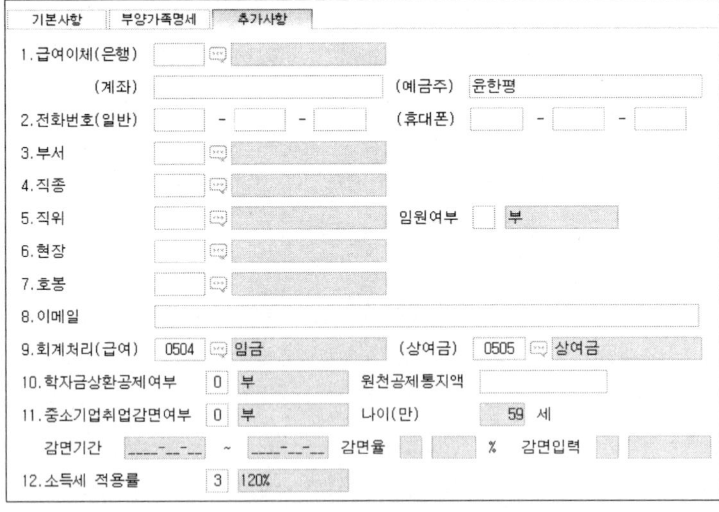

* 윤재량은 연령이 20세 이상이고 장애인이 아니므로 기본공제 대상에서 제외된다.

* 이처럼 시험문제에서 사원등록을 새롭게 하라고 하는 경우에는 기본공제 대상이 아닌 가족은 별도의 언급이 없는 한 입력하지 않는다. 다만, 이들에 대해 의료비나 교육비 공제 등을 (기본공제는 못 받더라도 추가공제 가능한 경우)

받아야 하는 경우에는 이들 부양가족의 인적사항을 입력하되, [기본공제]에 [0.부]로 입력한다. [0.부]로 입력되면 추가공제 사항은 등록되지 않는다.(본 문제에서는 기본공제 대상이 아니면 입력하지 않기로 명확하게 요구사항을 제시하였으므로 정영자, 윤두평, 윤재량은 입력하지 않는다.)

문제풀이 포인트!!

- 배우자는 사업소득금액이 100만원을 초과하였으므로 기본공제 대상자에서 제외하므로 입력하지 않는다. 단, 만약 시험문제에서 사원등록 문제와 더불어 윤한평 사원의 연말정산 추가자료 입력 문제를 풀라고 하고 배우자의 의료비가 있는 경우에는 해당 의료비가 공제 대상이므로 배우자를 부양가족명세에 입력해야 한다. 이러한 경우에는 배우자의 의료비 공제를 공제받아야 하므로, 연말관계에 [3.배우자]로 입력하되, 기본을 [0.부]로 하여 입력한다. [0.부]로 체크하는 공제 대상자는 연령이나 소득금액으로 인해 기본공제는 받지 못하되, 의료비(연령, 소득금액 불문)나 교육비(연령 불문, 단, 직계존속 교육비 제외), 신용카드사용액에 대한 소득공제(연령 불문, 단, 형제자매 사용액 제외)를 받을 수 있는 부양가족을 입력하는 것이다.
  본 문제의 경우에는 기본공제 대상자가 아닌 경우 입력하지 말라는 전제가 있으므로 입력하지 않는 것이다.

- 장남은 연령이 26세이므로(2018년 － 1991년 ＝ 27세) 공제 대상이 아니다.

- 차남과 차녀는 모두 기본공제 대상자가 된다.

- 차남, 차녀 모두 자녀 란에 [1]을 기입하여 'O' 체크를 한다.(자녀세액공제 대상임) 기본공제 대상자인 자녀에 대해서 자녀세액공제를 받을 수 있으므로 해당되는 자녀가 단 1명이라도 반드시 체크를 하여야 한다.

- 모친은 기본공제 대상자에 해당된다. 연령이 70세 이상자에 해당되므로 주민등록번호를 기입하면 자동으로 [경로우대]란에 'O' 체크가 된다. 위탁관계 란에 [2.부모]를 체크한다.

- 동생은 장애인이지만 소득금액이 100만원을 초과하므로 기본공제 대상자에서 제외한다. 따라서 입력하지 않는다.

[2] ① 급여자료입력

㉠ 수당공제 등록

급여자료입력 메뉴의 [수당공제] 메뉴를 클릭하여 아래와 같이 입력한다. 식대는 비과세항목이므로 기 등록되어 있는 1005번 코드를 사용하되 화면 오른쪽의 [사용여부]를 [여]로 체크한다. 그러나 윤한평의 자가운전보조금은 과세급여라고 문제에서 제시했으므로 해당 수당은 아래와 같이 새롭게 등록하여야 한다. 이미 등록되어 있는 자가운전보조금은 비과세 급여이므로 과세대상 자가운전보조금은 별도로 코드를 등록하는 것이다.

	코드	과세구분	수당명	근로소득유형			월정액	사용여부
				유형	코드	한도		
3	1003	과세	직책수당	급여			정기	여
4	1004	과세	월차수당	급여			정기	부
5	1005	비과세	식대	식대	P01	(월)100,000	정기	여
6	1006	비과세	자가운전보조금	자가운전보조금	H03	(월)200,000	부정기	부
7	1007	비과세	야간근로수당	야간근로수당	001	(년)2,400,000	부정기	부
8	2001	과세	자가운전보조금	급여			정기	여

    ⓛ 귀속년월 : 2018년 5월, 지급년월일 : 2018년 5월 31일(말일 지급이므로)로 입력

② 원천징수이행상황신고서

    원천징수 메뉴의 [근로소득관리]메뉴 하단에 [원천징수이행상황신고서]를 클릭한 후 귀속기간 2018년 5월부터 5월, 지급기간 2018년 5월부터 5월로 입력한다. 신고 구분은 별도의 언급이 없으므로 [1.정기신고]를 클릭한다.

    급여자료 입력한 내용이 자동으로 불려온 후 해당 메뉴 하단의 [전월 환급세액의 계산] 메뉴 중 [12.전월미환급] 란에 100,000원을 입력한 후 상단메뉴 중 저장]을 누르고 메뉴를 종료한다.(지방소득세는 원천징수이행상황신고서에 반영하지 않으므로 지방소득세 10,000원을 차감한 소득세 금액만 [12.전월미환급] 란에 입력한다.)

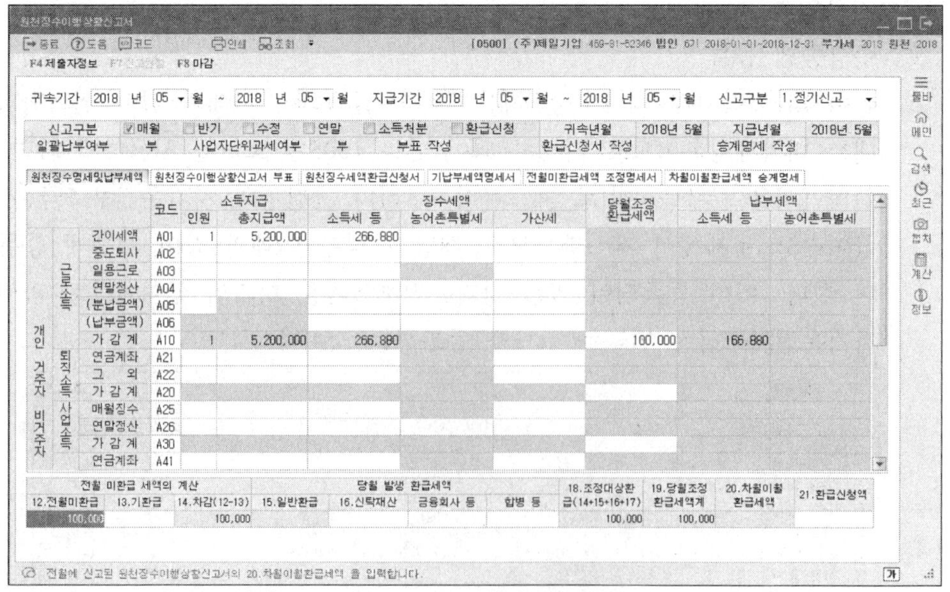

<u>6</u>　다음은 (주)보람상사(회사코드 : 0600)의 2018년 귀속 원천징수자료이다. 다음의 물음에 답하시오.

[1] 다음의 급여자료를 2월분 급여자료입력 메뉴에 반영하고, 필요한 경우 수당공제 항목을 수정입력 하시오(급여 지급일은 매월 25일이다).

사원명	부 서	급여 및 제수당(원)					
		기본급	식 대	자가운전보조금	야간근로수당	명절수당	육아수당
김희정	생산직	1,000,000	100,000	250,000	300,000	200,000	150,000
이은아	사무직	1,000,000	100,000	250,000	300,000	200,000	150,000

- 식대 및 자가운전보조금은 비과세요건을 충족한 것으로 가정함
- 명절수당은 설날(구정)을 맞이하여 지급하는 특별수당임
- 육아수당은 6세 이하의 자녀가 있는 직원에게 지급하고 있음(김희정과 이은아 모두 자녀가 6세 이하임)
- 야간근로수당은 정규근로시간을 초과하여 야간근무시에 지급하고 있으며 비과세요건을 충족한다고 가정함
- 월정액에 해당하는 수당은 식대, 자가운전보조금, 육아수당이며 그 이외의 수당은 월정액에 해당하지 않으므로 수당등록시 이를 체크할 것
- 국민연금, 건강보험, 고용보험, 장기요양보험, 소득세 및 지방소득세는 자동반영되므로 별도로 입력하지 않음
- 수당등록시 사용하지 않는 수당은 사용여부를 [부]로 등록할 것

[2] 다음의 연말정산자료를 토대로 사원 이한영의 연말정산 추가자료를 [연말정산입력]탭에서만 입력하시오. 부양가족은 모두 이한영과 생계를 같이하며, 부양가족의 소득금액은 없다.(부양가족의 주민등록번호 입력은 생략하고 아래 자료에 따라 입력한다.)

성명	관계	나이(만)	공제내역
이조부	할아버지	80	• 할아버지의 질병치료 진료비 3,000,000원을 현금으로 납부하고 이한영 명의로 현금영수증을 발급받았다.
이부친	아버지	63	• 아버지의 노인대학 등록금 2,000,000원을 현금으로 납부하였다.
김모친	어머니	62	• 어머니께서 교회헌금 5,000,000원을 납부하고 기부금 영수증을 받았다. • 신용카드 사용금액 8,000,000원 중 2,000,000원을 전통시장에서 사용하였다.

성명	관계	나이 (만)	공제내역
이한영	본인 (무주택세대주)	35	• 본인의 대학원 등록비 8,000,000원을 납부하였다. • 국민주택 임차에 대한 월세를 매월 50만원씩 600만원을 납부하였다. 당해 월세액은 세액공제 요건을 충족한다.
최부인	아내	33	• 아내를 피보험자로 하고 이한국씨를 계약자로 하는 보장성보험 50만원이 있다.
이장남	자녀	10	• 초등학교 방과후학교 수업료 500,000원(교재비 50,000원 포함)이 있다.
이차남	자녀 (장애인)	6	• 유치원 수업료 1,300,000원과 미술학원 수강료 1,500,000원이 있다. • 이차남을 피보험자로 하는 장애인 전용보장성보험 130만원과 일반 보장성보험 40만원이 있다.

※신용카드 및 현금영수증 등의 사용금액은 위에 제시된 금액 외에는 없다고 가정하고 입력한다.

※이한영의 월세 지출액 관련 자료는 다음과 같다.

구분	내용
임대인명	박정민
주민등록번호	460202-1122112
주택유형	단독주택
주택계약면적	75㎡
임대차계약서상 주소지	서울시 구로구 경인로33길 1
계약서상 임대차 계약기간	2016.07.01~2018.06.30
연간 월세액	600만원

※ 기부금 입력시 기부금조정 입력은 생략한다.

[1] (1) 수당공제등록 반영내용

- 명절수당은 비과세항목이 없으므로 과세로 등록함
- 육아수당의 경우 과세기간 개시일 현재 만 6세 이하인 자녀가 있으면 공제 대상이 되므로 비과세로 등록함
- 야간근로수당 비과세 적용을 받으려면 사원등록 메뉴에 야간근로수당 비과세 체크를 하고 수당등록 메뉴에서 비과세로 등록한 후 급여자료로 입력하여야 함. 김희정 사원은 생산직이고 문제에서 비과세요건을 충족한다고 하였으므로 비과세로 입력해야 하므로 야간근로수당을 비과세로 수당등록함
- 문제의 요구사항에 따라 식대, 자가운전보조금, 육아수당은 월정액 란에서 [정기]로 체크하고 나머지 수당은 [부정기]로 체크함. 기본급은 문제에서 언급이 없더라도 정기 급여임.
- 사용여부를 [부]로 표시하는 항목은 아래 표에는 반영하지 않았으므로 그림으로만 참고할 것

과세구분	수당명	유형	월정액	사용여부
과 세	기 본 급	급 여	정 기	여
비과세	식 대	식 대	정 기	여
비과세	자가운전보조금	자가운전보조금	정 기	여
비과세	야간근로수당	야간근로수당	부정기	여
과 세	명절수당	급 여	부정기	여
비과세	육아수당	육아수당	정 기	여

	코드	과세구분	수당명	유형	근로소득유형 코드	근로소득유형 한도	월정액	사용여부
4	1004	과세	월차수당	급여			정기	부
5	1005	비과세	식대	식대	P01	(월)100,000	정기	여
6	1006	비과세	자가운전보조금	자가운전보조금	H03	(월)200,000	부정기	여
7	1007	비과세	야간근로수당	야간근로수당	001	(년)2,400,000	부정기	여
8	2001	과세	명절수당	급여			정기	여
9	2002	비과세	육아수당	육아수당	Q01	(월)100,000	정기	여

(2) 급여자료 입력

구 분	김희정	이은아
기 본 급	1,000,000원	1,000,000원
식 대	100,000원	100,000원
자가운전보조금	250,000원	250,000원
야간근로수당	300,000원	300,000원
명절수당	200,000원	200,000원
육아수당	150,000원	150,000원
과 세	1,300,000원	1,600,000원
비 과 세	700,000원	400,000원
비과세항목	식대, 자가운전보조금, 야간근로수당, 자녀수당	식대, 자가운전보조금, 자녀수당

급여자료 입력 화면(급여항목)은 다음과 같다.

<김희정 사원>

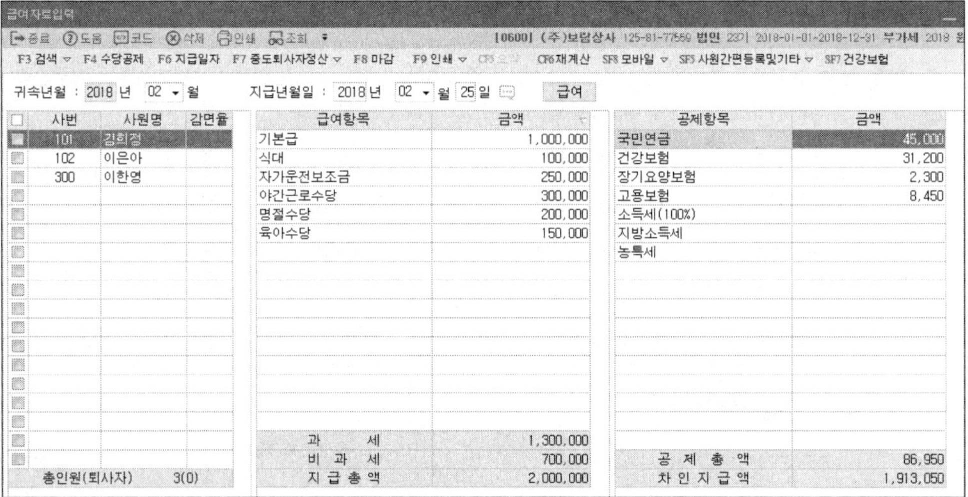

※ 야간근로수당의 경우 ① 사원등록 메뉴에 [생산직 여부]와 [야간근로 비과세]에
[여]로 체크되어 있어야 하고, ② 급여자료입력의 수당공제 등록 메뉴에 야간근로
수당 비과세 항목을 등록한 후 ③ 급여자료로 야간근로수당을 입력하면 야간근로
수당 금액이 비과세로 자동적용된다. 김희정 사원은 모든 요건을 충족시켰으므로
야간근로수당이 비과세되므로 식대, 자가운전보조금, 야간근로수당, 육아수당을 합
한 금액이 비과세로 반영된 것을 화면으로 확인할 수 있다.

※ 참고 : 김희정 사원의 사원등록 메뉴의 생산직 여부 화면

10.생산직여부	1	여	야간근로비과세	1	여

<이은아 사원>

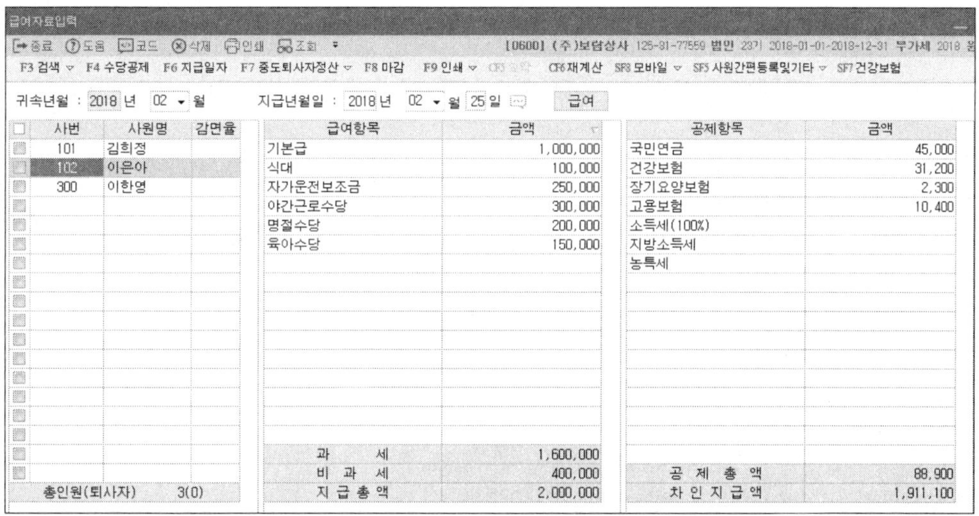

※ 야간근로수당의 경우 ① 사원등록 메뉴에 [생산직 여부]와 [야간근로 비과세]에 [여]로 체크되어 있어야 하고, ② 급여자료입력의 수당공제 등록 메뉴에 야간근로수당 비과세 항목을 등록한 후 ③ 급여자료로 야간근로수당을 입력하면 야간근로수당 금액이 비과세로 자동적용된다. 이은아 사원은 사무직 사원이므로 ①의 요건을 충족시키지 못하므로 야간근로수당 비과세를 적용받지 못한다. 따라서 프로그램에서 비과세를 자동으로 점검해 주면서 식대, 자가운전보조금, 육아수당을 합한 금액이 비과세로 반영된 것을 화면으로 확인할 수 있다.(야간근로수당은 비과세 배제되므로 비과세 금액이 400,000원임)

※ 참고 : 이은아 사원의 사원등록 메뉴의 생산직 여부 화면

10.생산직여부	1	여	야간근로비과세	1	여

[2] 연말정산추가자료입력 메뉴의 [연말정산입력] 탭에 아래와 같이 입력한다.
  • 42. 신용카드 등 사용액 : 신용카드 6,000,000원, 현금영수증 3,000,000원
                    전통시장 사용액 2,000,000원

42.신용카드 등사용액	11,000,000

신용카드 등 공제대상금액   ✕

▶ 신용카드 등 사용금액 공제액 산출 과정   총급여   60,000,000   최저사용액(총급여 25%)   15,000,000

구분		대상금액	공제율금액	공제제외금액	공제가능금액	공제한도	일반공제금액	추가공제금액	최종공제금액
전통시장/ 대중교통 제외	㉮신용카드	6,000,000	15%						
	㉯현금영수증	3,000,000	30%						
	㉰직불/선불카드								
㉱전통시장사용액		2,000,000	40%						
㉲대중교통이용액									
㉳도서공연비지출액			30%						
신용카드 등 사용액 합계(㉮~㉳)		11,000,000		아래참조*1	공제율금액- 공제제외금액	아래참조*2	MIN[공제가능금 액,공제한도]	아래참조*3	일반공제금액+ 추가공제금액

▶ *1 공제제외금액 산출 방법

구분	계산식
최저사용액≤신용카드사용금액(㉮)	최저사용금액X15%
최저사용액>신용카드, 최저사용액≤신용카드+현금영수증+직불카드(㉮+㉯+㉰)	㉮X15%+[최저사용금액-㉮]X30%
최저사용액>신용카드+현금영수증+직불카드(㉮+㉯+㉰)	㉮X15%+[(㉯+㉰)X30%]+[최저사용금액-㉮-㉯-㉰]X40%

▶ *2 공제한도 산출 방법
  MIN[총급여의 20%, 3백만원] 총급여 1.2억 초과자는 2백만원

▶ *3 추가공제금액 산출 방법 = (① + ②)

구분	금액	계산식
①전통시장 추가공제금액		MIN[공제가능금액-공제한도(음수면 0), ㉱X30%, 100만원]
②대중교통 추가공제금액		MIN[공제가능금액-공제한도-전통시장추가공제금액 (음수면 0), ㉲X40%, 100만원]
③도서공연 추가공제금액		MIN[공제가능금액-공제한도-전통시장-대중교통 (음수면 0), ㉳X40%, 100만원]

※ 참고사항
1. 신용카드 등 사용금액은 근로기간 중 사용한 금액만 공제대상입니다.
2. 도서공연비지출액은 총급여 7천만원 이하자에 한하여 추가공제 가능합니다.
(2018.7.1이후 지출분 부터 적용)

확인(Esc)

- 60. 보장성보험 세액공제 지출액 : (1)일반 900,000원
- 60. 장애인전용 보장성보험세액공제 지출액 : (2)장애인 1,300,000원
- 61. 의료비세액공제 지출액 : 본인·경로자 의료비 3,000,000원
- 62. 교육비세액공제 지출액 : 본인 8,000,000원, 영유치원 1명 2,800,000원,
  초.중.고 1명 500,000원
  (직계존속 교육비는 세액공제 대상 지출액이 아니다.)
- 63. 기부금세액공제 지출액 : 4)지정기부금 - 종교단체기부금 5,000,000원 입력
- 월세 지출액 6,000,000원은 [월세, 주택임차차입]탭에 아래와 같이 입력하면 연말
  정산입력 메뉴의 71.월세(세액공제) 란에 해당 지출액과 공제 대상 금액이 자동으
  로 반영된다.

| 소득명세 | 부양가족소득공제 | 연금저축 등 | 월세,주택임차차입 | 연말정산입력 | | 확대 |

1 월세액 세액공제 명세   크게보기

임대인명 (상호)	주민등록번호 (사업자번호)	유형	계약 면적(㎡)	임대차계약서 상 주소지	계약서상 임대차 계약기간 개시일	~	종료일	연간 월세액
박정민	460202-1122112	단독주택	75.00	서울시 구로구 경인로33길 1	2016-07-01	~	2018-06-30	6,000,000

| 69.월세액 | | | 6,000,000 | 6,000,000 | 600,000 |

7　다음은 (주)보람상사(회사코드 : 0600)의 원천징수 관련 자료이다. 다음 자료를 이용하여 해당 소득에 대한 원천징수영수증을 작성하시오.

코 드	성 명	주민등록번호	지급액	적 요
100	봉중구	700418-1234568	1,500,000원	행사도우미

<세부내역>

- 귀속년월 : 2018년 9월
- 지급일 및 영수일 : 2018년 9월 30일
- 봉중구는 거주자이며 내국인임
- 회사의 이전개업 행사 도우미로 활동한 대가로 지급한 내역임
- 봉중구는 행사도우미 용역을 계속·반복적으로 행하는 자이며 사업자등록증이 없음
- 주소 : (우편번호 01165) 서울 강북구 도봉로 100 (미아동)

● 해답　••

① 사업소득자 등록

봉중구는 계속·반복적으로 행사도우미로 활동하는 인적용역자이므로 사업소득으로 원천징수해야 한다. 따라서 아래와 같이 사업소득자등록을 먼저 한 후 사업소득자료 입력을 하여야 한다.

코드	성명
00100	봉중구

등 록 사 항

1. 소 득 구 분　940916 행사도우미　　　연 말 정 산 적 용 0 부
2. 내 국 인 여부　1 내국인 (외국인 국적) 　등록번호
3. 주 민 등 록 번 호　700418-1234568
4. 거 주 구 분　1 거 주　※ 비거주자는 기타소득에서 입력하십시오.
5. 사업자등록번호　___-__-_____　※ 소득구분 851101-병의원 필수입력사항
6. 상　　　호
7. 은 행 코 드　　　계좌번호　　　예금주
8. 사 업 장 주 소
9. 소 득 자 주 소　01165 서울특별시 강북구 도봉로 100 (미아동)

② 사업소득자료 입력

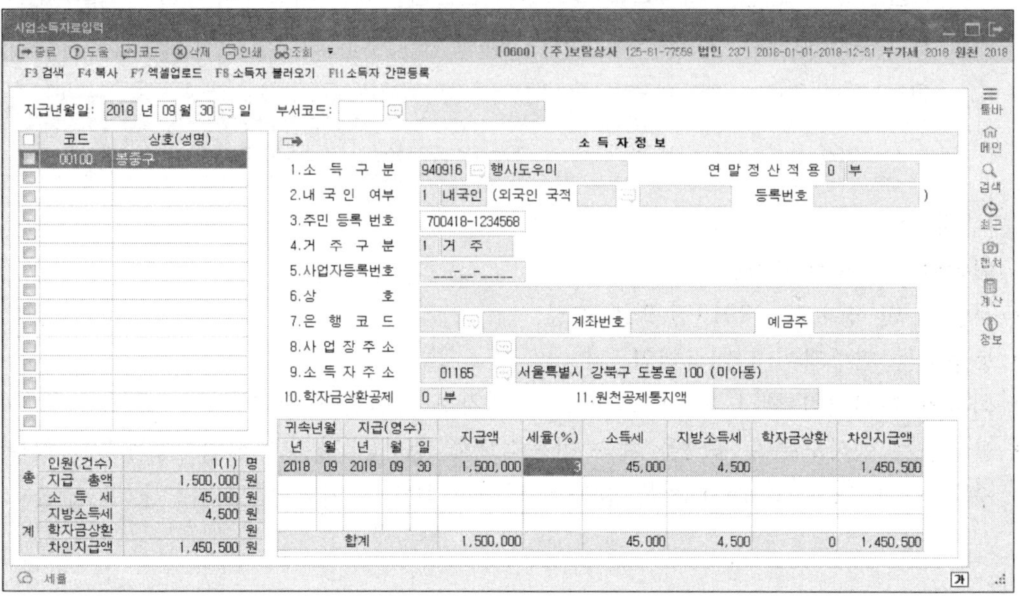

③ 사업소득 원천징수영수증 : [거주자의 사업소득 원천징수영수증]을 조회하여야 하며 [연말정산용 원천징수영수증]을 클릭하면 안된다. 지급년월 또는 귀속년월을 클릭한 후 해당되는 날짜인 9월을 입력하면 아래와 같은 화면이 조회된다. (본 문제는 지급 년월과 귀속년월이 동일하므로 어느것을 선택해도 무방하나 지급년월과 귀속년월이 다르게 제시된 경우에는 반드시 해당하는 년월을 정확하게 입력하여야 한다.)

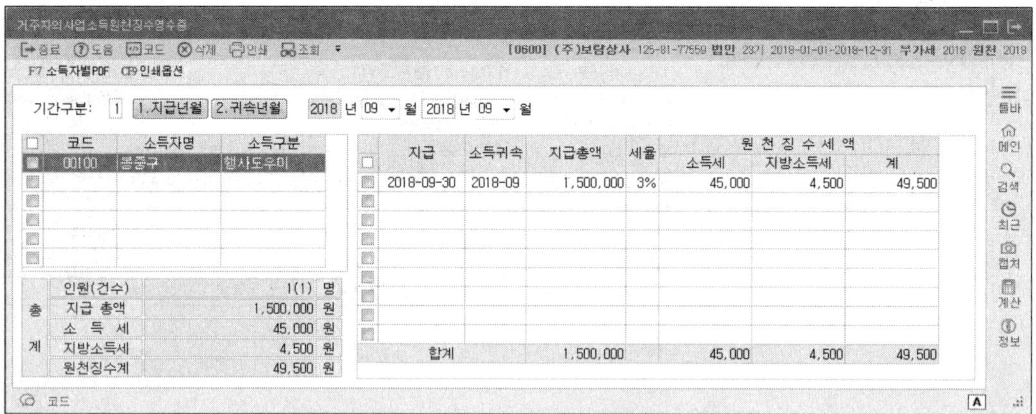

8　다음은 (주)대한기업(회사코드 1700)의 박인천 사원(사번 : 300)에 대한 연말정산 관련 자료이다.

부양가족명세는 사원등록 메뉴에 입력된 자료를 그대로 활용하되, 연말정산추가자료입력(부양가족소득공제입력, 연금저축 등, 연말정산입력 메뉴 작성) 메뉴를 작성하시오. 부양가족은 모두 한 세대를 이루고 있으며, 박인천 사원은 연말 현재 세대주이다.(부양가족 관련 사항은 기존에 입력된 자료를 활용할 것)

구　분	금　액(원)	참　고　사　항	국세청 자　료 여　부
보　험　료	500,000	배우자를 피보험자로 하고 본인이 납입하는 장애인전용 보장성 보험료(김현이는 장애인복지법상 장애인임)	국세청
	700,000	본인의 자동차 보험료	국세청
의　료　비	5,600,000	배우자의 질병 치료비(박인천의 신용카드로 결제)	국세청
	1,300,000	어머니(김옥현)의 질병치료비(중풍 치료)	국세청
교　육　비	1,500,000	본인의 대학원 교육비(국세청 자료 아님)	기타
	700,000	박대전의 미술학원 교육비(국세청 자료 아님)	기타
	3,600,000	박대전의 중학교 교육비(교복 구입비 800,000원 포함)	국세청
	400,000	박대구의 피아노학원 교육비(국세청 자료 아님)	기타
기　부　금	1,200,000	어머니가 교회에 납부한 헌금(국세청 자료 아님)	기타
	300,000	본인의 정치자금기부금	국세청
신용카드 사　용　액	8,500,000	본인 신용카드 사용액(전통시장 사용분 2,000,000원 포함) (본인의 신용카드 사용액에는 배우자의 질병 치료비가 포함되어 있음)	국세청
	1,200,000	김옥현의 현금영수증 총사용액	국세청
연금저축	6,000,000	본인 : (주)국민은행, 계좌 123-456-789, 불입액 5,000,000원 김옥현 : (주)신한은행, 계좌 521-15-7894, 불입액 1,000,000원	국세청

* 신용카드 사용액 중 추가공제율 적용 대상 금액은 없는 것으로 한다.
* 의료비 등 입력시 문제에서 제시하지 않은 사항은 입력을 생략하기로 한다. 단, 의료증빙 코드는 [국세청장]으로 한다.
* 본인 및 김옥현의 기부금은 금전으로 납부한 사실이 확인되었다. 기부금의 기부처 및 건수 등은 생략하기로 한다.
* 문제풀이 완료시 기부금명세서와 연말정산입력 메뉴의 기부금 금액의 차이는 고려하지 않기로 한다.

● 해답

공제 대상 금액을 확인하면 다음과 같다.

구 분	금 액(원)	참 고 사 항	공제여부
보 험 료	500,000	배우자를 피보험자로 하고 본인이 납입하는 장애인전용 보장성보험료(김현이는 장애인복지법상 장애인임)	○
	700,000	본인의 자동차 보험료	○
의 료 비	5,600,000	배우자의 질병(암)치료비(박인천의 신용카드로 결제)	○
	1,300,000	어머니(김옥현)의 질병치료비	○
교 육 비	1,500,000	본인의 대학원 교육비(국세청 자료 아님)	○
	3,300,000	박대전의 고등학교 교육비(교복 구입비 중 500,000원 포함)	○
	400,000	박대구의 피아노학원 교육비(취학전 아동, 국세청 자료 아님)	○
기 부 금	1,200,000	어머니가 교회에 납부한 헌금(국세청 자료 아님)	○
	300,000	본인의 정치자금기부금(1건, 금전 지출, 기부처 입력 생략)	○
신용카드 사 용 액	8,500,000	본인 신용카드 사용액(전통시장 사용분 2,000,000원 포함) (본인의 신용카드 사용액에는 배우자의 질병 치료비가 포함되어 있음)	○
	1,200,000	김옥현의 현금영수증 총사용액	○
연금저축	5,000,000	본인 : (주)국민은행, 계좌 123-456-789, 불입액 5,000,000원	○

문제풀이 포인트!!

① 보험료
- 배우자의 장애인전용보장성보험료 500,000원과 본인의 손해보험료 700,000원을 장애인전용보험과 일반보장성보험 란에 각각 입력한다. 손해보험, 생명보험 등은 보장성보험에 해당된다.

② 의료비
- 배우자의 질병치료비 5,600,000원은 전액공제 의료비이다.(부양가족 데이터에 장애인으로 되어 있음)
- 어머니의 질병치료비는 경로자(의료비의 경우 65세 이상자)의 의료비이므로 전액공제 의료비이다.

③ 교육비
- 본인의 대학원 교육비는 교육비 공제 대상이다.
- 박대전은 취학전 아동이 아니므로 미술학원 교육비는 공제 대상이 아니다.
- 박대전의 중학교 교육비 중 800,000원은 교복구입비인데, 교복구입비의 경우 중고등학생에 대해 1인당 50만원을 공제해 주므로 교육비 총 지출액 중 교복구입비 중 50만원을 초과하는 금액은 차감한 후 입력하여야 한다. 따라서 3,300,000원을 공제 대상 교육비로 입력한다.
- 박대구는 취학 전 아동이므로 피아노학원 교육비가 공제 대상이 된다.

④ 기부금
- 본인 뿐 아니라 기본공제대상자(나이요건 제외)인 배우자, 직계존비속, 형제자매가 지출하는 기부금도 공제대상이 된다. 단, 정치자금기부금은 본인이 기부한 것만 공제 대상이라는 점에 주의한다.
- 따라서 어머니가 교회에 납부한 헌금은 기부금공제 대상이다.
- 본인의 정치자금기부액 중 100,000원은 [정치자금(10만원이하)] 란에 100,000원으로 먼저 입력한다. 그리고 나머지 금액 200,000원은 [정치자금(10만원 초과)] 란에 입력한다.

⑤ 신용카드 사용액
- 본인과 김옥현의 신용카드등 사용액은 모두 공제 대상이다. 의료비세액공제를 받은 금액은 신용카드소득공제도 중복적용 가능하므로 배우자의 의료비 해당액도 입력한다.
- 본인의 신용카드 사용액 중 전통시장 사용분은 별도로 입력하고 나머지 금액을 신용카드 탭에 입력한다.

⑥ 연금저축
- 연금저축, 개인연금저축, 주택마련저축, 주택자금공제 등은 본인 명의의 불입액만 공제 대상이 된다.
- 따라서 본인의 연금저축 금액 5,000,000원만 입력한다.

연말정산추가자료입력 메뉴를 열어 사원 코드를 조회한 후 박인천 사원에 대해 입력한다.

① 연말정산 추가자료 입력

① 부양가족소득공제입력

본인과 부양가족 각각에 대해 다음과 같이 화면 하단에 입력한다.

• 박인천(정치자금기부금 지출액 전액을 입력하여야 함, 본인 대학원 학비는 공제됨)

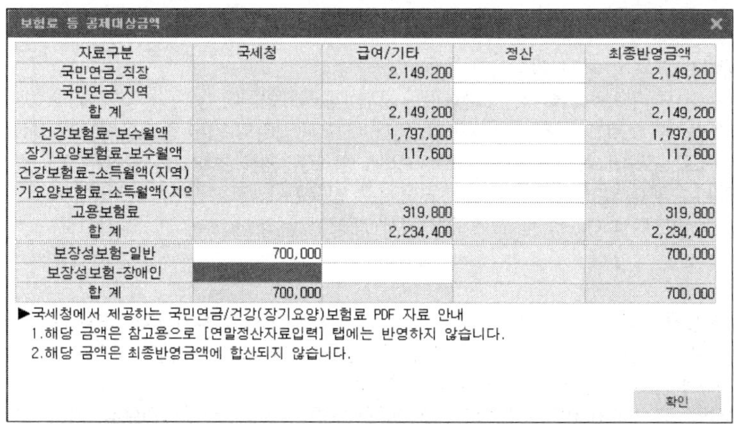

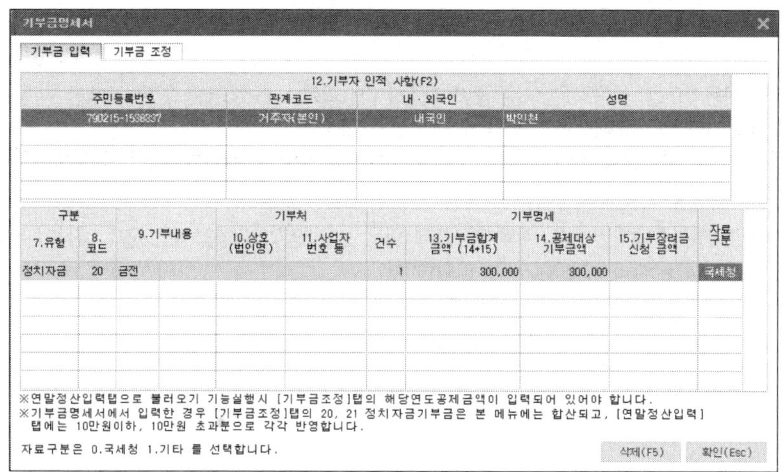

• 김옥현(65세 이상이므로 의료비는 전액공제 대상임)

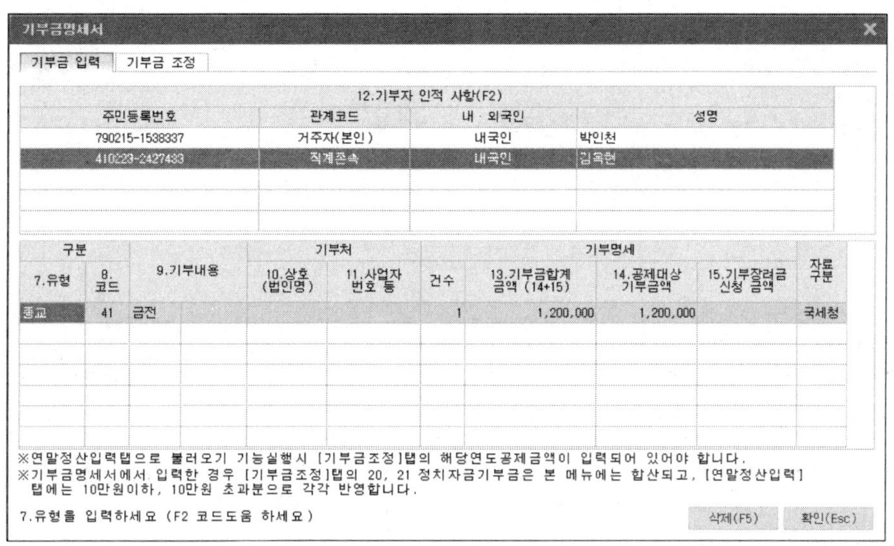

기부금명세서

기부금 입력 | 기부금 조정

12.기부자 인적 사항(F2)

주민등록번호	관계코드	내·외국인	성명
790215-1538337	거주자(본인)	내국인	박인천
410223-2427433	직계존속	내국인	김옥현

구분		기부처		기부명세				자료구분
7.유형 8.코드	9.기부내용	10.상호(법인명)	11.사업자번호 등	건수	13.기부금합계금액 (14+15)	14.공제대상기부금액	15.기부장려금신청 금액	
종교 41	금전			1	1,200,000	1,200,000		국세청

※연말정산입력탭으로 불러오기 기능실행시 [기부금조정]탭의 해당연도공제금액이 입력되어 있어야 합니다.
※기부금명세서에서 입력한 경우 [기부금조정]탭의 20, 21 정치자금기부금은 본 메뉴에는 합산되고, [연말정산입력] 탭에는 10만원이하, 10만원 초과분으로 각각 반영합니다.

7.유형을 입력하세요 (F2 코드도움 하세요)   삭제(F5)   확인(Esc)

소득명세 | 부양가족소득공제 | 연금저축 등 | 월세,주택임차차입 | 연말정산입력 | 확대

연말관계	성명	내/외국인		주민(외국인)번호	나이	기본공제	세대주구분	부녀자	한부모	경로우대	장애인	자녀	출산입양
0	박인천	내	1	790215-1538337	39	본인	세대주						
1	김옥현	내	1	410223-2427433	77	60세이상				○			
3	김현이	내	1	821205-2538339	36	배우자						1	
4	박대전	내	1	020520-3511116	16	20세이하							○
4	박대구	내	1	120615-3511113	6	20세이하							○
합 계 [명]						5				1	1	2	

자료구분	보험료		의료비		교육비		신용카드 등					기부금
	건강.고용	보장성	지출액	구분	지출액	구분	신용카드	현금/직불	전통시장	대중교통	도서공연	
국세청			1,300,000	1.전액				1,200,000				1,200,000
기타												

• 김현이(장애인으로 체크되어 있으므로 의료비는 전액공제 대상임)

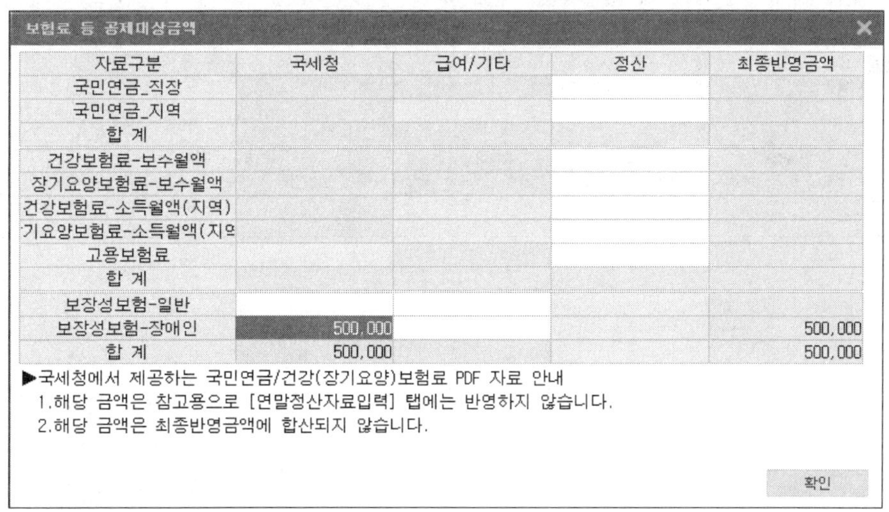

보험료 등 공제대상금액

자료구분	국세청	급여/기타	정산	최종반영금액
국민연금_직장				
국민연금_지역				
합 계				
건강보험료-보수월액				
장기요양보험료-보수월액				
건강보험료-소득월액(지역)				
기요양보험료-소득월액(지역)				
고용보험료				
합 계				
보장성보험-일반				
보장성보험-장애인	500,000			500,000
합 계	500,000			500,000

▶국세청에서 제공하는 국민연금/건강(장기요양)보험료 PDF 자료 안내
 1.해당 금액은 참고용으로 [연말정산자료입력] 탭에는 반영하지 않습니다.
 2.해당 금액은 최종반영금액에 합산되지 않습니다.

확인

의로비지급명세서

(2018) 년 의료비 지급명세

지급처			의료비 공제대상자(F2)					지급명세		
9.의료증빙코드	8.상호	7.사업자등록번호	성명	내/외	5.주민등록번호	6.본인등 해당여부	10.건수	11.금액	12.난임시술비 해당여부
국세청장			김옥현	내	410223-2427433	0		1,300,000	X
국세청장			김현이	내	821205-2538339	0		5,600,000	X
						합계		6,900,000	
전액공제의료비	6,900,000			일반공제 의료비					

성명을 입력하세요. F2 코드도움을 하시면 부양가족 명세를 확인하실수 있습니다.   삭제(F5)   확인(Esc)

소득명세	**부양가족소득공제**	연금저축 등	월세,주택임차차입	연말정산입력								확대
연말 관계	성명	내/외국인	주민(외국인)번호	나이	기본공제	세대주 구분	부녀 자	한부 모	경로 우대	장애 인	자녀	출산 입양
0	박인천	내 1	790215-1538337	39	본인	세대주						
1	김옥현	내 1	410223-2427433	77	60세이상				○			
3	김현이	내 1	821205-2538339	36	배우자					1		
4	박대전	내 1	020520-3511116	16	20세이하						○	
4	박대구	내 1	120615-3511113	6	20세이하						○	
	합 계 [명]				5					1	1	2

자료구분	보험료		의료비		교육비		신용카드 등					기부금
	건강.고용	보장성	지출액	구분	지출액	구분	신용카드	현금/직불	전통시장	대중교통	도서공연	
국세청		500,000	5,600,000	1.전액								
기타												

- 박대전(고등학생이므로 미술학원 교육비는 공제 대상이 안되고 교복구입비는 50만원을 한도로 공제함)

소득명세	**부양가족소득공제**	연금저축 등	월세,주택임차차입	연말정산입력								확대
연말 관계	성명	내/외국인	주민(외국인)번호	나이	기본공제	세대주 구분	부녀 자	한부 모	경로 우대	장애 인	자녀	출산 입양
0	박인천	내 1	790215-1538337	39	본인	세대주						
1	김옥현	내 1	410223-2427433	77	60세이상				○			
3	김현이	내 1	821205-2538339	36	배우자					1		
4	박대전	내 1	020520-3511116	16	20세이하						○	
4	박대구	내 1	120615-3511113	6	20세이하						○	
	합 계 [명]				5					1	1	2

자료구분	보험료		의료비		교육비		신용카드 등					기부금
	건강.고용	보장성	지출액	구분	지출액	구분	신용카드	현금/직불	전통시장	대중교통	도서공연	
국세청					3,300,000	2.초중고						
기타												

• 박대구(취학전 아동이므로 피아노 학원비가 교육비세액공제 대상이 됨)

연말관계	성명	내/외국인		주민(외국인)번호	나이	기본공제	세대주구분	부녀자	한부모	경로우대	장애인	자녀	출산입양
0	박인천	내	1	790215-1538337	39	본인	세대주						
1	김옥현	내	1	410223-2427433	77	60세이상				○			
3	김현이	내	1	821205-2538339	36	배우자					1		
4	박대전	내	1	020520-3511116	16	20세이하							○
4	박대구	내	1	120615-3511113	6	20세이하							○
	합 계 [명]						5				1	1	2

자료구분	보험료		의료비		교육비		신용카드 등					기부금
	건강·고용	보장성	지출액	구분	지출액	구분	신용카드	현금/직불	전통시장	대중교통	도서공연	
국세청						1.취학전						
기타					400,000							

② 연금저축 등

다음과 같이 '②연금계좌세액공제-연금저축계좌' 하단에 [2.연금저축]으로 해당 금액을 입력한다. 불입금액을 입력하면 연금계좌세액공제 금액이 자동으로 기입된다.

1 연금계좌 세액공제 - 퇴직연금계좌(연말정산입력 탭의 57.과학기술인공제, 58.근로자퇴직연금)　　크게보기

퇴직연금 구분	코드	금융회사 등	계좌번호(증권번호)	납입금액	공제대상금액	세액공제금액
퇴직연금						
과학기술인공제회						

2 연금계좌 세액공제 - 연금저축계좌(연말정산입력 탭의 38.개인연금저축, 59.연금저축)　　크게보기

연금저축구분	코드	금융회사 등	계좌번호(증권번호)	납입금액	공제대상금액	소득/세액공제액
2.연금저축	306	(주) 국민은행	123-456-789	5,000,000	4,000,000	600,000
개인연금저축						
연금저축				5,000,000	4,000,000	600,000

③ 연말정산입력 작성

[연말정산입력]메뉴에서 메뉴 상단의 　F8 부양가족소득공제불러오기　를 클릭하여 부양가족 소득공제로 입력한 금액을 모두 불러오기한다.

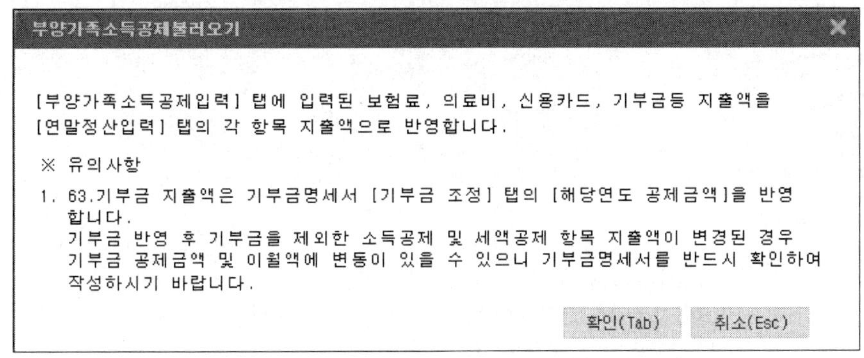

보험료, 의료비, 교육비, 신용카드 지출액은 자동으로 반영되므로 그 외의 항목을 각 각 입력한다. 기부금의 경우 총 금액인 1,500,000원만 반영되고, 기부금의 세부 내역은 수험생이 직접 입력해야 하므로 정치자금기부금 30만원과 종교단체기부금 120만원을 각각 입력한다. 특히 정치자금세액공제 금액은 10만원 이하분과 10만원 초과분을 각각 10만원과 20만원으로 구분하여 입력하여야 한다.

기부금

구분	지출액	공제대상금액	공제금액
정치자금 기부금(10만원 이하분)	100,000	100,000	90,909
정치자금 기부금(10만원 초과분)	200,000	200,000	30,000
법정당해기부금			
법정이월(2014년)			
법정이월(2015년)			
법정이월(2016년)			
우리사주조합기부금			
종교단체외이월(2013년이전)			
종교단체이월(2013년이전)			
종교단체외 당해기부금			
종교단체외이월(2014년)			
종교단체외이월(2015년)			
종교단체외이월(2016년)			
종교단체 당해기부금	1,200,000	1,183,840	177,576
종교단체이월(2014년)			
종교단체이월(2015년)			
종교단체이월(2016년)			

참고자료　확인(Esc)

▶ 연말정산입력 탭의 42.신용카드등사용액 세부 그림

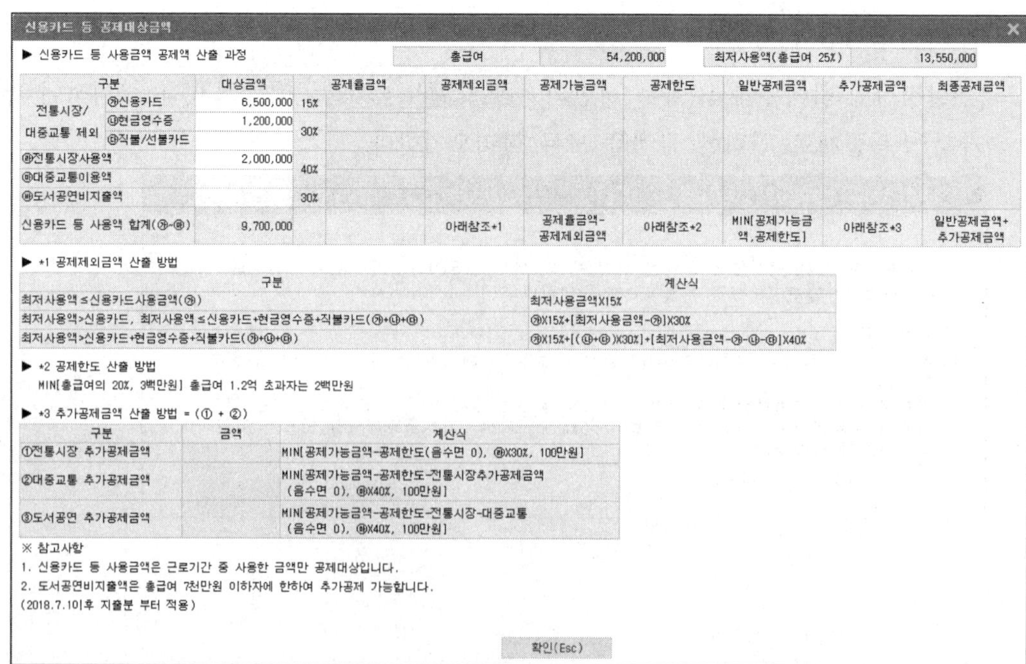

신용카드 등 공제대상금액

▶ 신용카드 등 사용금액 공제액 산출 과정　총급여　54,200,000　최저사용액(총급여 25%)　13,550,000

구분		대상금액	공제율금액	공제제외금액	공제가능금액	공제한도	일반공제금액	추가공제금액	최종공제금액
전통시장/대중교통 제외	㉮신용카드	6,500,000	15%						
	㉯현금영수증	1,200,000							
	㉰직불/선불카드		30%						
㉱전통시장사용액		2,000,000	40%						
㉲대중교통이용액									
㉳도서공연비지출액			30%						
신용카드 등 사용액 합계(㉮-㉳)		9,700,000		아래참조*1	공제율금액-공제제외금액	아래참조*2	MIN[공제가능금액,공제한도]	아래참조*3	일반공제금액+추가공제금액

▶ *1 공제제외금액 산출 방법

구분	계산식
최저사용액 ≤ 신용카드사용액(㉮)	최저사용액X15%
최저사용액>신용카드, 최저사용액 ≤ 신용카드+현금영수증+직불카드(㉮+㉯+㉰)	㉮X15%+[최저사용액-㉮]X30%
최저사용액>신용카드+현금영수증+직불카드(㉮+㉯+㉰)	㉮X15%+[(㉯+㉰)X30%]+[최저사용액-㉮-㉯-㉰]X40%

▶ *2 공제한도 산출 방법
　MIN[총급여의 20%, 3백만원] 총급여 1.2억 초과자는 2백만원

▶ *3 추가공제금액 산출 방법 = (① + ②)

구분	금액	계산식
①전통시장 추가공제금액		MIN[공제가능금액-공제한도(음수면 0), ㉱X30%, 100만원]
②대중교통 추가공제금액		MIN[공제가능금액-공제한도-전통시장추가공제금액 (음수면 0), ㉲X40%, 100만원]
③도서공연 추가공제금액		MIN[공제가능금액-공제한도-전통시장-대중교통 (음수면 0), ㉳X40%, 100만원]

※ 참고사항
1. 신용카드 등 사용금액은 근로기간 중 사용한 금액만 공제대상입니다.
2. 도서공연비지출액은 총급여 7천만원 이하자에 한하여 추가공제 가능합니다.
(2018.7.1이후 지출분 부터 적용)

확인(Esc)

▶ 입력 완료 후 연말정산입력 탭의 전체 화면은 다음과 같다.

| 소득명세 | 부양가족소득공제 | 연금저축 등 | 월세,주택임차차입 | 연말정산입력 |

정산(지급)년월 2019 년 2 월 귀속기간 2018 년 1 월 1 일 ~ 2018 년 12 월 31 일 영수일자 2019 년 2 월 28 일

구분			지출액	공제금액	구분			지출액	공제대상금액	공제금액
21.총급여				54,200,000	48.종합소득 과세표준					26,823,900
22.근로소득공제				12,460,000	49.산출세액					2,943,585
23.근로소득금액				41,740,000	세액감면 50.「소득세법」 ▶					
종합소득공제	기본공제	24.본인		1,500,000	51.「조세특례제한법」(52제외) ▶					
		25.배우자		1,500,000	52.「조세특례제한법」제30조 ▶					
	추가공제	26.부양가족 3명)		4,500,000	53.조세조약 ▶					
		27.경로우대 1명)		1,000,000	54.세액감면 계					
		28.장애인 1명)		2,000,000	55.근로소득 세액공제					660,000
		29.부녀자			56.자녀세액공제	㉮자녀 2명)				300,000
		30.한부모가족				㉯ 출산.입양 명)				
연금보험료공제	31.국민연금보험료		2,149,200	2,149,200	세액공제 연금계좌	57.과학기술공제				
	32.공적연금보험공제	공무원연금				58.근로자퇴직연금				
		군인연금				59.연금저축				
		사립학교교직원			특별세액공제	60.보장성보험	일반	700,000	700,000 700,000	84,000
		별정우체국연금					장애인	500,000	500,000 500,000	75,000
특별소득공제	33.보험료	2,266,900	2,266,900	2,266,900		61.의료비		6,900,000	6,900,000 5,274,000	791,100
	건강보험료		1,914,600	1,914,600		62.교육비		5,200,000	5,200,000 4,900,000	735,000
	고용보험료		352,300	352,300		63.기부금		1,500,000	1,500,000 1,483,840	298,485
	34.주택차입금 원리금상환액	대출기관				기부금 1)정치자금	10만원이하	100,000	100,000	90,909
		거주자					10만원초과	200,000	200,000	30,000
	34.장기주택저당차입금이자상					2)법정기부금(전액)				
	35.기부금-2013년이전이월분					3)우리사주조합기부금				
	36.특별소득공제 계			2,266,900		4)지정기부금(종교단체외)				
37.차감소득금액				26,823,900		5)지정기부금(종교단체)		1,200,000	1,183,840	177,576
그밖의소득공제	38.개인연금저축					64.특별세액공제 계				1,983,585
	39.소기업,소상공인 공제부금	2015년이전가입			65.표준세액공제					
		2016년이후가입			66.납세조합공제					
	40.주택마련저축 소득공제	청약저축			67.주택차입금					
		주택청약			68.외국납부 ▶					
		근로자주택마련			69.월세액					
	41.투자조합출자 등 소득공제									
	42.신용카드 등사용액		9,700,000							
	43.우리사주조합출연금									

구분		소득세	지방소득세	농어촌특별세	계
72.결정세액					
기납부세액	73.종(전)근무지				
	74.주(현)근무지	1,330,200	132,940		1,463,140
75.납부특례세액					
76.차감징수세액		-1,330,200	-132,940		-1,463,140

9   다음은 (주)힐링산업(회사코드 : 0800)의 원천징수 관련 자료이다. 다음의 자료를 퇴직소득자료 입력 메뉴에 입력하시오.

> (1) 2018년 박한국(사원코드 : 110번)사원에 대해 근로자퇴직급여보장법에 따른 퇴직금 중간정산을 행하고 중간정산 퇴직금 20,000,000원을 2018년 7월 5일에 지급하였다.(지급 및 영수일 : 2018년 7월 5일, 박한국 사원은 입사이후 퇴직금 중간정산을 행한 적이 없으며 본 중간정산은 관련 법령에 적법한 퇴직금 중간정산에 해당되며 퇴직금은 모두 퇴직소득세 과세대상임.)
>
> (2) 김석영(사원코드 : 151번)이 8월 25일에 자발적으로 퇴사함에 따라 퇴직금 8,000,000원을 8월 31일에 지급하였다. 김석영 사원에 대하여는 2011년 9월 30일에 법령에 따른 중간정산을 행한바 있다. (2018년 퇴직금의 지급 및 영수일 : 2018년 8월 31일)
> ※ 김석영 사원은 8월 31일에 퇴직금 8,000,000원을 전액 과세이연계좌에 입금하였다. 과세이연계좌의 취급자는 국민은행이며 사업자등록번호는 201-81-68693 이고 계좌번호는 123-15-4567 이다.

● 해답 ••

(1) 박한국 사원의 중간정산 내역 입력

　① 사원등록 메뉴에 중간정산 시작일과 종료일 입력

　　• 화면 하단의 [구분]란에 숫자 2를 입력하면 [2.정산]이라고 표시된다.

　　• 정산일 시작 : 2009년 5월 4일(입사 이후 퇴직금 중간정산을 행한적이 없으므로 입사일이 정산일 시작일임)

　　• 정산일 종료 : 2018년 7월 5일

　　• 지급일자 : 2018년 7월 5일

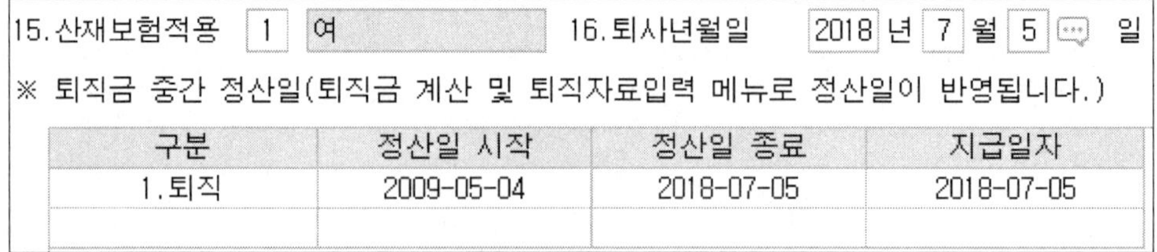

구분	정산일 시작	정산일 종료	지급일자
1.퇴직	2009-05-04	2018-07-05	2018-07-05

　　※ 참고 : 퇴직금 중간정산은 실제 퇴사가 것이 아니므로 퇴사년월일은 입력하지 않음. 또한 퇴직금 중간정산일 입력시 실제 지급한 날이 정산일 종료일이 되므로 7월 5일을 정산일 종료일로 입력하면 됨.

② [퇴직소득관리] 메뉴의 [퇴직소득자료입력] : 지급년월을 2018년 7월로 하여 조회
- 화면 상단의 F2 코드 를 누르면 다음과 같은 화면이 나타나며 여기에서 박한국 사원을 선택한 후 확인을 누른다.

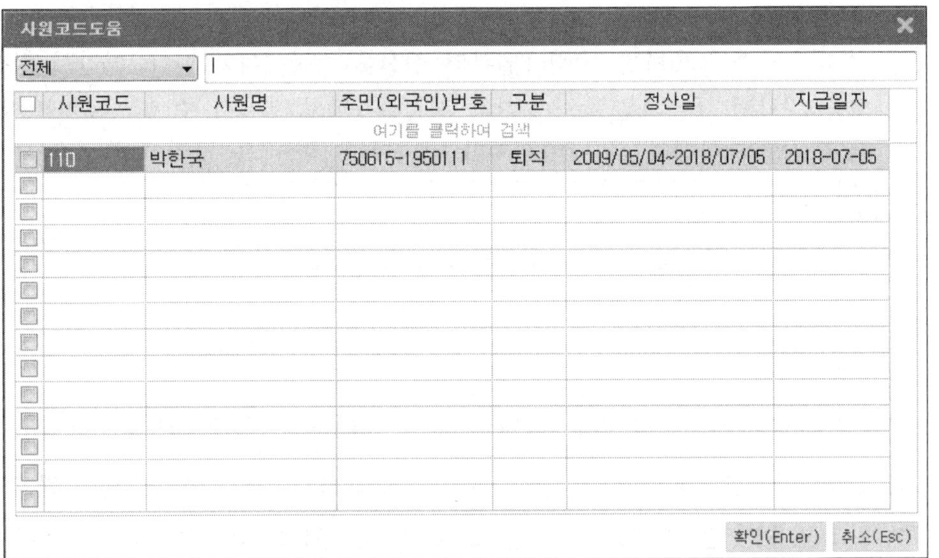

- 박한국 사원에 대한 퇴직소득자료입력 메뉴는 다음과 같이 조회되며 이 중 영수일자가 2018년 7월 5일로 되어 있는 것을 확인하고 퇴직금 금액 등을 입력하면 된다.

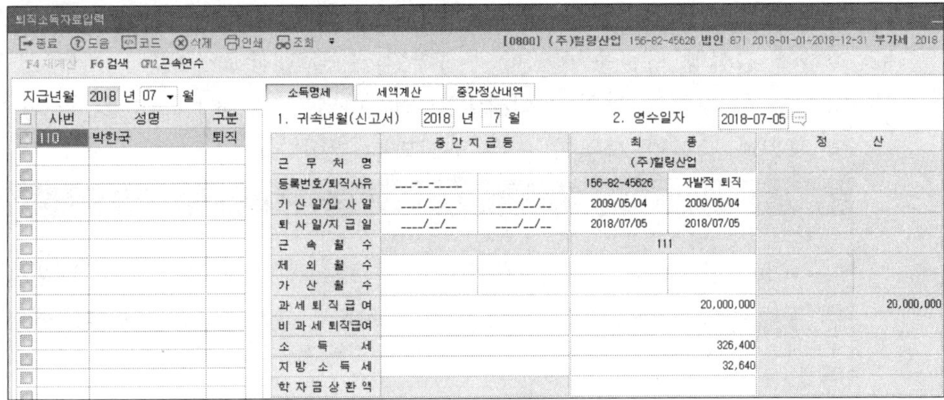

- 영수일자 : 2018년 7월 5일
- 퇴직금 : 현근무지의 퇴직급여 란의 과세퇴직급여에 20,000,000원을 입력
- 모든 입력이 완료된 후에는 화면 상단의 Esc를 눌러서 종료(과세이연계좌에 대한 언급이 없으므로 퇴직금 20,000,000원만 입력하면 됨)

(2) 김석영 사원의 퇴직소득자료 입력

① 사원등록 메뉴의 [기본사항]에 [16.퇴사년월일]을 입력한다. 해당 날짜를 입력하면 구분에 [1.퇴직], 정산일 시작일이 입사일로 정산일 종료일 퇴사일로 자동으로 반영된다. 본 문제에서는 2011년 9월 30일에 퇴직금중간정산을 하였다고 하였으므로 그 다음날짜인 2011년 10월 1일부터 정산을 시작하여야 한다. 따라서 정산일 시작일을 2011년 10월 1일로 수정하고 지급일자를 문제에서 주어진 날짜를 입력한다.

※ 참고 : 만약 아래와 같은 메시지가 나타나면 [확인]을 클릭하면 된다.

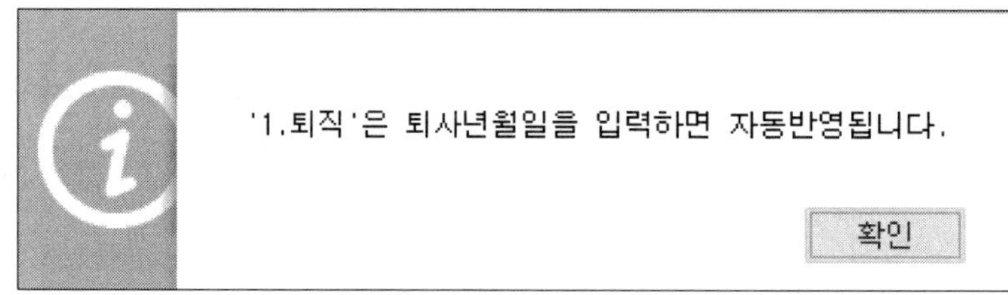

김석영 사원의 사원등록 메뉴 하단의 [15.퇴사년월일] 입력 화면은 다음과 같다.

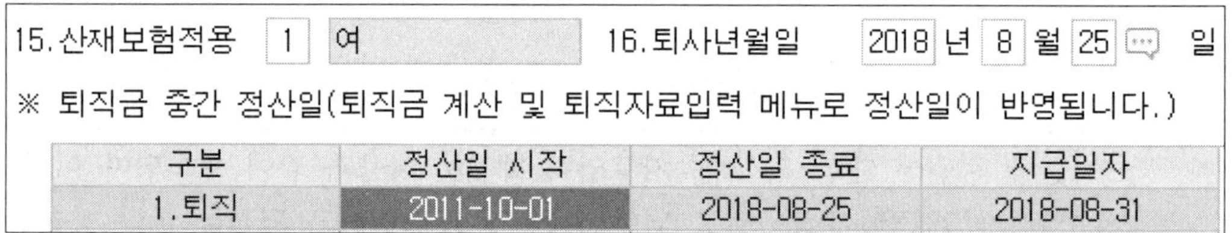

구분	정산일 시작	정산일 종료	지급일자
1.퇴직	2011-10-01	2018-08-25	2018-08-31

② [퇴직소득관리] 메뉴의 [퇴직소득자료입력] 메뉴에 퇴직금 입력

• 화면 상단의 지급년월을 2018년 8월로 입력한 후 화면 상단의 F2 코드 를 조회하여 김석영 사원을 선택한 후 [확인]키 클릭(참고 : 위의 박한국사원을 먼저 입력한 후 김석영 사원의 퇴사일을 입력하였기 때문에 (2)번을 풀 때에는 박한국 사원과 김석영 사원이 모두 조회되는 것이다.)

- 아래와 같이 [기산일]이 2011년 10월 1일로 수정된 것을 확인한 후 [과세퇴직
  급여]에 8,000,000원을 입력한다.

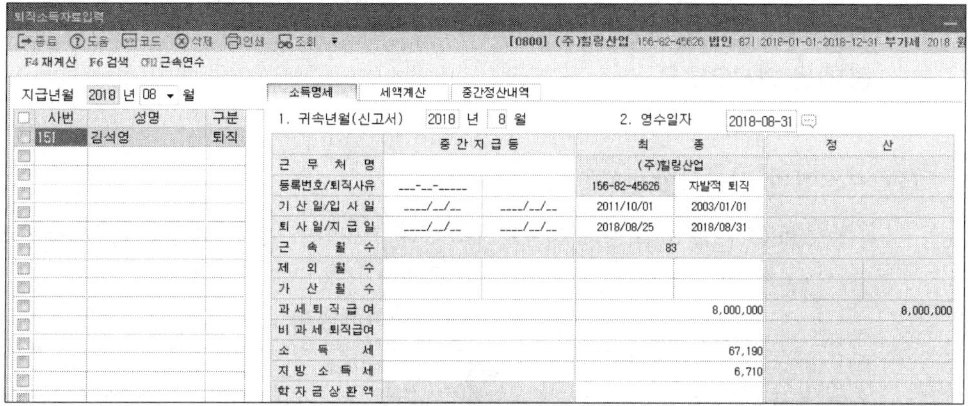

- 단, 문제에서 해당 금액을 과세이연계좌에 모두 납입하였다고 하였으므로 화면
  하단의 [과세이연계좌명세]에 해당 금액과 입금일 등을 입력하여야 한다. 입력
  이 모두 완료되고 나면 화면 상단의 소득세 금액이 0원으로 바뀌고 화면 오른
  쪽 하단의 42.이연퇴직소득세가 67,190원으로 바뀌는 것을 확인할 수 있다.
  입력 화면은 다음과 같다.

10 다음은 (주)하나패스(회사코드 1200)의 원천징수 관련 자료이다.
사원(코드 : 100번) 김도진(사무직)에 대한 제시된 국세청 제공 자료와 증빙자료를 보고 사원등록사항을 수정하고, 연말정산추가자료입력(연말정산입력 및 소득명세, 부양가족소득공제)을 하시오.

(1) 김도진의 기본사항

① 2018년 12월 31일 현재 생계를 같이하는 김도진의 가족관계증명서는 다음과 같다.

[별지 제1호 서식]

가족관계증명서

등록기준지	서울특별시 강동구 암사동 509 - 35번지			
구 분	성 명	출생연월일	주민등록번호	성별
본 인	김도진	1973년 5월 24일	730524-*******	남

가족사항				
구 분	성 명	출생연월일	주민등록번호	성별
모	이나리	1940년 05월 03일	400503-*******	여
배우자	서이수	1979년 03월 02일	790302-*******	여
자 녀	김 훈	2008년 09월 01일	080901-*******	남
자 녀	김 철	2013년 07월 01일	130701-*******	남

② 위 김도진의 가족 중 배우자(근로소득 총급여액 5백만원 있음)를 제외하고는 소득이 전혀 없다.
③ 김도진은 세대주이다.

(2) 종전근무지 자료는 다음과 같고 당사에서 합산하여 연말정산을 행하기로 한다.

- 근무처명 : (주)중도상회(사업자등록번호 : 102-82-02692)
- 근무기간 : 2018.1.1 ～ 2018.03.31
- 급   여 : 10,000,000원
- 건강보험료 : 240,000원
- 국민연금보험료 : 571,000원

	구 분	소득세	지방소득세
세액명세	결 정 세 액	10,200원	1,020원
	기 납 부 세 액	33,300원	3,330원
	차 감 징 수 세 액	△23,100원	△2,310원

(3) 연말정산관련 추가자료(교육비를 제외하고, 모두 국세청자료이다)

2018년 귀속 소득공제증명서류 : 기본[지출처별]내역 [보장성 보험, 장애인전용보장성 보험]

■ 계약자 인적사항

성 명	김도진	주민등록번호	730524-1******

■ 보장성보험(장애인전용보장성보험) 납입내역

종류	상 호	보험종류	주피보험자		납입금액 계
	사업자번호	증권번호	종피보험자		
보장성	신성화재해상보험(주)	개인용자동차보험	730524-1******	김도진	480,000원
	101-81-45***	401350110874***			
보장성	성한생명보험(주)	생명보험	790302-2******	서이수	1,100,000원
	104-81-28***	000003453***			
인 별 합 계 금 액					1,580,000원

2018년 귀속 소득공제증명서류 : 기본[지출처별]내역 [의료비]

■ 환자 인적사항

성 명	김도진	주민등록번호	730524-1******

■ 의료비 지출내역

사업자번호	상 호	종류	납입금액 계
5-07-32*	건****	일반	1,800,000원
의료비 인별합계금액			1,800,000원
시력보정용 안경구입비 인별합계금액			800,000원
인별 합계금액			2,600,000원

2018년 귀속 소득공제증명서류 : 기본[지출처별]내역 [의료비]

■ 환자 인적사항

성 명	이나리	주 민 등 록 번 호	400503-2******

■ 의료비 지출내역

사업자번호	상 호	종류	납입금액 계
8-91-45*	이****	일반	2,500,000원
6-93-03*	******	건강증진식품	700,000원
의료비 인별합계금액			3,200,000원
시력보정용 안경구입비 인별 합계금액			0원
인별 합계금액			3,200,000원

<table>
<tr><td colspan="4" align="center">2018년 귀속 소득공제증명서류 : 기본[지출처별]내역 [기부금]</td></tr>
</table>

■ 사용자 인적사항

성 명	김도진	주민등록번호	730524-1******

■ 기부금 납부내역

사업자번호	단체명	기부유형	기부금액 계
203-82-00***	강동구청	법정	6,000원
인별 합계금액		6,000원(금전으로 기부함)	

※기부금은 전액 금전으로 1건 지출되었으며 당해연도 기부금 한도초과액은 없다. 기부처의 사업자등록번호는 입력을 생략한다.

교 육 비 납 입 증 명 서

①상 호 : 암사미술학원	②사업자등록번호 : 201-90-13***
③대표자 : 김학원	④전화번호 : 02-430-4643

⑤주 소 : 서울 강동구 암사동 431 신사빌딩 5층

신청인	⑥성명 : 김도진	⑦ 주민등록번호 : 730524-1******
	⑧주소 : 서울특별시 강동구 암사동 509 - 35번지	
대상자	⑨성명 : 김 철	⑩ 신청인과의 관계 자녀

Ⅰ. 교육비 부담 명세

⑪ 납부연월	⑫ 종류	⑬ 구분	⑭ 총교육비(A)	⑮장학금등 수혜액(B)		⑯공제대상 교육비부담액 (C=A-B)
				학비감면	직접지급액	
2018. 1	학원	수업료	700,000원			700,000원
2018. 7	학원	수업료	700,000원			700,000원
계			1,400,000원			1,400,000원

<table>
<tr><td colspan="4" align="center">2018년 귀속 소득공제증명서류 : 기본[지출처별]내역 [신용카드]</td></tr>
</table>

■ 사용자 인적사항

성 명	김도진	주민등록번호	730524-1******

■ 신용카드 사용내역(전통시장 사용분 아님)

사업자번호	상 호	종류	공제대상금액
213-86-12***	k카드주식회사	일반	5,000,000원
201-81-13***	L카드(주)	일반	3,500,000원
101-81-45***	p카드(주)	일반	480,000원
인별 합계금액			8,980,000원

※ p카드(주)의 금액은 신성화재해상보험(주)에 지급한 자동차보험료임

2018년 귀속 소득공제증명서류 : [현금영수증]

■ 사용자 인적사항

성 명	이나리	주민등록번호	400503-2******

■ 현금영수증 사용내역

월	사용건수	사용금액	공제대상금액
01월	4건	36,000원	36,000원
02월	3건	87,000원	87,000원
04월	6건	55,000원	55,000원
07월	7건	85,000원	85,000원
09월	4건	46,000원	46,000원
11월	3건	70,000원	70,000원
합계	27건	379,000원	379,000원

2018년 귀속 소득공제증명서류 : 기본[지출처별]내역[직불카드등]

■ 사용자 인적사항

성 명	김도진	주민등록번호	730524-1******

■ 직불카드 등 지출내역(전통시장 사용분 아님)

사업자번호	상 호	종류	공제대상금액
201-81-72***	주식회사 H스마트카드	일반	800,000원
인별 합계금액	800,000원		

 해답

1. 사원등록사항 수정

- 배우자는 기본공제 대상이다. 배우자의 총급여액 500만원에서 근로소득공제 350만원을 빼면 근로소득금액 150만원이지만 근로소득만 있는 자의 경우 총급여액 500만원 이하이면 기본공제 대상이기 때문이다. 자녀(김훈과 김철)에 대해서는 [자녀]란에 [1.여]로 표시한다.

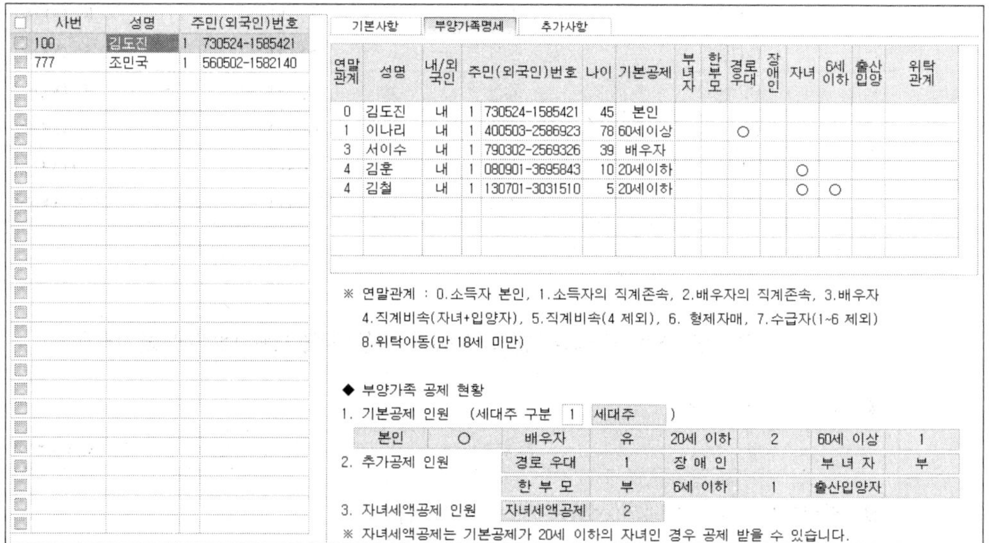

	사번	성명	주민(외국인)번호
	100	김도진	1 730524-1585421
	777	조민국	1 560502-1582140

기본사항　부양가족명세　추가사항

연말관계	성명	내/외국인	주민(외국인)번호	나이	기본공제	부녀자	한부모	경로우대	장애인	자녀	6세이하	출산입양	위탁관계
0	김도진	내	1 730524-1585421	45	본인								
1	이나리	내	1 400503-2586923	78	60세이상			○					
3	서이수	내	1 790302-2569326	39	배우자								
4	김훈	내	1 080901-3695843	10	20세이하					○			
4	김철	내	1 130701-3031510	5	20세이하					○	○		

※ 연말관계 : 0.소득자 본인, 1.소득자의 직계존속, 2.배우자의 직계존속, 3.배우자
　　4.직계비속(자녀+입양자), 5.직계비속(4 제외), 6. 형제자매, 7.수급자(1~6 제외)
　　8.위탁아동(만 18세 미만)

◆ 부양가족 공제 현황
1. 기본공제 인원　(세대주 구분 1　세대주　　)

본인	○	배우자	유	20세 이하	2	60세 이상	1

2. 추가공제 인원

경로 우대	1	장 애 인		부 녀 자	부
한 부 모	부	6세 이하	1	출산입양자	

3. 자녀세액공제 인원　자녀세액공제　2

※ 자녀세액공제는 기본공제가 20세 이하의 자녀인 경우 공제 받을 수 있습니다.

2. 김도진의 연말정산추가자료 입력

(1) 종전근무지 입력(소득명세)
- 근무처명 : (주)중도상회
- 사업자등록번호 : 102-82-02692
- 근무기간 : 2018.1.1 ~ 2018.03.31
- 급　　여(급여자료입력) : 10,000,000원
- 건강보험료(직장)(33) : 240,000원
- 국민연금보험료(31) : 571,000원
- 기납부세액(소득세) : 10,200원
- 기납부세액(지방소득세) : 1,020원

소득명세	부양가족소득공제	연금저축 등	월세,주택임차차입	연말정산입력

<table>
<tr><td colspan="2">구분</td><td>합계</td><td>주(현)</td><td>납세조합</td><td>종(전) [1/2]</td></tr>
<tr><td rowspan="15">소
득
명
세</td><td>9.근무처명</td><td></td><td>(주)하나패스</td><td></td><td>(주)중도상회</td></tr>
<tr><td>10.사업자등록번호</td><td></td><td>117-81-45212</td><td>---.--.----</td><td>102-82-02692</td></tr>
<tr><td>11.근무기간</td><td></td><td>2018-01-01 ~ 2018-12-31</td><td>----.--.-- ~ ----.--.--</td><td>2018-01-01 ~ 2018-03-31</td></tr>
<tr><td>12.감면기간</td><td></td><td>----.--.-- ~ ----.--.--</td><td>----.--.-- ~ ----.--.--</td><td>----.--.-- ~ ----.--.--</td></tr>
<tr><td>13-1.급여(급여자료입력)</td><td>70,000,000</td><td>60,000,000</td><td></td><td>10,000,000</td></tr>
<tr><td>13-2.비과세한도초과액</td><td></td><td></td><td></td><td></td></tr>
<tr><td>13-3.과세대상추가(인정상여추가)</td><td></td><td></td><td></td><td></td></tr>
<tr><td>14.상여</td><td></td><td></td><td></td><td></td></tr>
<tr><td>15.인정상여</td><td></td><td></td><td></td><td></td></tr>
<tr><td>15-1.주식매수선택권행사이익</td><td></td><td></td><td></td><td></td></tr>
<tr><td>15-2.우리사주조합 인출금</td><td></td><td></td><td></td><td></td></tr>
<tr><td>15-3.임원퇴직소득금액한도초과액</td><td></td><td></td><td></td><td></td></tr>
<tr><td>16.계</td><td>70,000,000</td><td>60,000,000</td><td></td><td>10,000,000</td></tr>
</table>

<table>
<tr><td rowspan="12">공
제
보
험
료
명
세</td><td rowspan="4">직장</td><td>건강보험료(직장)(33)</td><td>1,514,640</td><td>1,274,640</td><td></td><td>240,000</td></tr>
<tr><td>장기요양보험료(33)</td><td>83,400</td><td>83,400</td><td></td><td></td></tr>
<tr><td>고용보험료(33)</td><td>390,000</td><td>390,000</td><td></td><td></td></tr>
<tr><td>국민연금보험료(31)</td><td>2,461,000</td><td>1,890,000</td><td></td><td>571,000</td></tr>
<tr><td rowspan="4">공적
연금
보험료</td><td>공무원 연금(32)</td><td></td><td></td><td></td><td></td></tr>
<tr><td>군인연금(32)</td><td></td><td></td><td></td><td></td></tr>
<tr><td>사립학교교직원연금(32)</td><td></td><td></td><td></td><td></td></tr>
<tr><td>별정우체국연금(32)</td><td></td><td></td><td></td><td></td></tr>
<tr><td rowspan="2">세</td><td rowspan="2">기납부세액</td><td>소득세</td><td>2,185,800</td><td>2,175,600</td><td></td><td>10,200</td></tr>
<tr><td>지방소득세</td><td>218,580</td><td>217,560</td><td></td><td>1,020</td></tr>
</table>

(2) 부양가족소득공제

   1. 김도진-보험료(국세청, 일반보장성보험 480,000원), 의료비 2,300,000원(1.전액),
      신용카드등 8,500,000원, 직불카드등 800,000원, 기부금 6,000원

자료구분	보험료		의료비		교육비		신용카드 등				기부금
	건강.고용	보장성	지출액	구분	지출액	구분	신용카드	현금/직불	전통시장	대중교통	
국세청		480,000	2,300,000	1.전액			8,500,000	800,000			6,000
기타	1,988,040										

   2. 이나리-의료비 2,500,000원(1.전액), 현금영수증 379,000원

자료구분	보험료		의료비		교육비		신용카드 등				기부금
	건강.고용	보장성	지출액	구분	지출액	구분	신용카드	현금/직불	전통시장	대중교통	
국세청			2,500,000	1.전액				379,000			
기타											

   3. 서이수-보험료(국세청, 일반보장성보험 1,100,000원)

자료구분	보험료		의료비		교육비		신용카드 등				기부금
	건강.고용	보장성	지출액	구분	지출액	구분	신용카드	현금/직불	전통시장	대중교통	
국세청		1,100,000									
기타											

   3. 김   철-교육비 1,400,000원(1.취학전)

자료구분	보험료		의료비		교육비		신용카드 등				기부금
	건강.고용	보장성	지출액	구분	지출액	구분	신용카드	현금/직불	전통시장	대중교통	
국세청						1.취학전					
기타					1,400,000						

(3) "부양가족소득공제입력"화면에서 입력 후 화면 상단의 [부양가족소득공제불러오기] 탭을 눌러서 [연말정산입력] 메뉴에 자동으로 입력시킨 후 아래의 금액 확인
- 42. 신용카드 사용액 : - 신용카드 8,500,000원, 현금영수증 379,000원
                        - 직불카드 800,000원
- 60. 보험료세액공제 지출액 : (1)일반 1,580,000원
- 61. 의료비세액공제 지출액 : (2)본인·경로자 4,800,000원
- 62. 교육비세액공제 지출액 : (3)자녀등교육비 : 영유치원 1명 1,400,000원
- 63. 기부금세액공제 지출액 : (2)법정기부금(전액) 6,000원

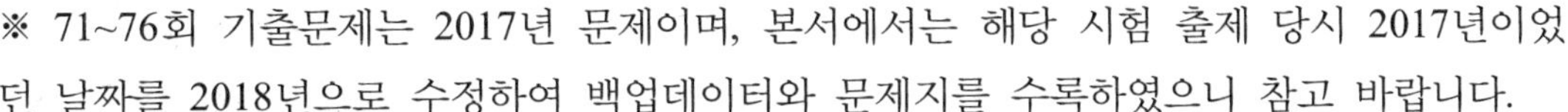

제76회 기출문제

※ 71~76회 기출문제는 2017년 문제이며, 본서에서는 해당 시험 출제 당시 2017년이었던 날짜를 2018년으로 수정하여 백업데이터와 문제지를 수록하였으니 참고 바랍니다.

● 실무시험 ••

㈜동해기업(회사코드:0760)은 제조·도매업(합성수지, 업종코드 241302)을 영위하는 중소기업이며, 당기는 제9기로 회계기간은 2018.1.1.~2018.12.31.이다. 전산세무회계 수험용 프로그램을 이용하여 다음 물음에 답하시오.

≪≪ 문제 1.

다음 거래 자료에 대하여 적절한 회계처리를 하시오. (12점)

> **입력시 유의사항**
>
> · 일반적인 적요의 입력은 생략하지만, 타계정 대체거래는 적요번호를 선택하여 입력한다.
> · 세금계산서·계산서 수수거래와 채권·채무관련거래는 별도의 요구가 없는 한 등록되어 있는 거래처코드를 선택하는 방법으로 거래처명을 반드시 입력한다.
> · 제조경비는 500번대 계정코드를, 판매비와 관리비는 800번대 계정코드를 사용한다.
> · 회계처리 시 계정과목은 등록되어 있는 계정과목 중 가장 적절한 과목으로 한다.
> · 매입매출전표입력시 입력화면 하단의 분개까지 처리하고, 전자세금계산서 및 전자계산서는 전자입력으로 반영한다.

[1] 1월 1일 : 다음은 전기 결산내용으로 기업회계기준에 따라 정상적으로 회계처리하였으며 동 사항과 관련하여 당기에 미치는 영향이 있다면 1월 1일자로 정리하고자 한다.(3점)

> · 공장건물 화재보험료 10,000,000원 중 3,000,000원은 보험기간 미경과분이다.
> · 2018년에 모든 보험 기간이 도래한다.

[2] 7월 17일 : 당사는 미국의 GN Company와 FOB조건의 수출계약을 체결하고 주문받은 제품(미화 60,000달러)은 7월 17일 선적하였다. 대금은 6월 17일에 선수금 미화 50,000달러를 즉시 52,500,000원으로 환전했고, 8월 17일에 잔금을 수령하기로 하였다. 대금수수내역 및 기준환율은 다음과 같고, 동 거래에 대하여 부가가치세법상 과세표준으로 선적일의 회계처리를 하시오.(3점)

일자	금액	기준환율
6월 17일	50,000달러	$1 = 1,050원
7월 17일	-	$1 = 1,100원
8월 17일	10,000달러	$1 = 1,070원

[3] 8월 27일 : 아래와 같이 전기(2017년)에 취득한 자기주식 50주를 주당 6,000원에 처분하고, 대금은 전액 현금으로 수령하였다.(3점)

2017년 12월 4일	자기주식 100주, 최초 취득(일시소유목적)	1주당 7,000원
2017년 12월 31일	자기주식 10주 처분	1주당 8,000원

[4] 9월 20일 : 영업부서는 ㈜가든주류로부터 매출처에 증정할 선물을 다음과 같이 외상으로 구입하고 전자세금계산서를 수취하였다.(전액 비용으로 회계 처리할 것)(3점)

		전자세금계산서					승인번호	20180920-31000013-44346631	
공급자	사업자등록번호	123-12-12345	종사업장번호		공급받는자	사업자등록번호	107-81-12349	종사업장번호	
	상호(법인명)	가든주류	성명(대표자)	이수근		상호(법인명)	㈜동해기업	성명(대표자)	박영수
	사업장주소	서울 영등포구 영신로 9아길 5				사업장주소	충청북도 충주시 금가면 경촌1길 2		
	업 태	도매	종 목	주류		업 태	제조,도매업	종 목	합성수지
	이메일					이메일			

작성일자	공급가액	세액	수정사유			
2018-09-20	3,000,000	300,000	해당없음			
비고						

월	일	품 목	규 격	수 량	단 가	공 급 가 액	세 액	비 고
9	20	와인		200개	15,000	3,000,000	300,000	

합 계 금 액	현 금	수 표	어 음	외 상 미 수 금	
3,300,000				3,300,000	이 금액을 청구함

‹‹‹ 문제 2.

다음 주어진 요구사항에 따라 부가가치세 신고서 및 부속서류를 작성 하시오.(10점)

[1] 다음은 부가가치세 신고와 관련된 부속명세서 자료이다. 이를 참조하여 2기 확정분 부가가치세신고서를 완성하시오.(단, 주어진 자료 외에는 없는 것으로 하며 매입매출전표에 입력된 자료는 무시하고, 매입매출전표에 추가로 입력하지 아니한다. 미납일수는 92일로 가정하고, 과세표준명세작성은 생략할 것)(10점)

1. 매출처별세금계산서 합계표의 일부자료

구 분	매출 처수	매 수	공급가액(원)	세액(원)
합 계	5	10	506,000,000	50,600,000
과세기간종료일다음달11일까지전송된세금계산서발급분 — 사업자등록번호발급분	5	10	506,000,000	50,600,000
과세기간종료일다음달11일까지전송된세금계산서발급분 — 주민등록번호발급분				
과세기간종료일다음달11일까지전송된세금계산서발급분 — 소 계	5	10	506,000,000	50,600,000

2. 매입처별세금계산서합계표의 일부자료

구 분	매입 처수	매수	공급가액(원)	세액(원)
합 계	7	12	312,000,000	31,200,000
과세기간종료일다음달11일까지전송된세금계산서발급받은분 — 사업자등록번호발급받은분	5	10	300,000,000	30,000,000
과세기간종료일다음달11일까지전송된세금계산서발급받은분 — 주민등록번호발급받은분				
과세기간종료일다음달11일까지전송된세금계산서발급받은분 — 소 계	5	10	300,000,000	30,000,000
위전자세금계산서외의 발급받은분 — 사업자등록번호발급받은분	2	2	12,000,000	1,200,000
위전자세금계산서외의 발급받은분 — 주민등록번호발급받은분				
위전자세금계산서외의 발급받은분 — 소 계	2	2	12,000,000	1,200,000

※ '과세기간 종료일 다음달 11일까지 전송된 전자세금계산서외 발급받은분 매입처별 명세'는 정확하게 작성되었다.

3. 공제받지 못할 매입세액 명세자료 일부

2. 공제받지 못할 매입세액 명세

매입세액 불공제 사유	세 금 계 산 서			비고
	매수	공급가액	매입세액	
①필요적 기재사항 누락 등				
②사업과 직접 관련 없는 지출				
③비영업용 소형승용자동차 구입·유지 및 임차				
④접대비 및 이와 유사한 비용 관련	1	3,500,000	350,000	
⑤면세사업등 관련	1	1,200,000	120,000	
⑥토지의 자본적 지출 관련				
⑦사업자등록 전 매입세액				
⑧금·구리 스크랩 거래계좌 미사용 관련 매입세액				
⑨합계	2	4,700,000	470,000	

4. 신용카드매출전표 등 발행금액 집계표의 일부자료

2. 신용카드매출전표 등 발행금액 현황

구 분	합 계	신용·직불·기명식 선불카드	현금영수증
합 계	33,000,000	33,000,000	
과세 매출분	33,000,000	33,000,000	
면세 매출분			
봉 사 료			

3. 신용카드매출전표 등 발행금액중 세금계산서 교부내역

세금계산서교부금액	5,500,000	계산서교부금액	

5. 예정신고 시 신고누락한 매출과 매입자료(위의 세금계산서합계표 내용에 포함되어 있지 아니하며 부당과소가산세 대상은 아님)

구 분	적 요	공급가액(원)	전자세금계산서
매 출	제품매출	10,000,000	과세분 세금계산서 발급, 전송함
매 입	원재료 매입	5,000,000	과세분 세금계산서 수취함

‹‹‹ 문제 3.

다음의 결산정리사항에 대하여 결산정리분개를 하거나 입력을 하여 결산을 완료하시오.(9점)

[1] 당사는 퇴직연금에 가입하고 있으며 12월 31일에 생산부서 직원에 대한 퇴직연금은 확정급여형으로 가입하고 50,000,000원을 보통예금으로 납입하였고 판매부서 직원에 대한 퇴직연금은 확정기여형으로 가입하고 20,000,000원을 보통예금으로 납입하였다.(3점)

[2] 결산일 현재 외화장기차입금은 전액 ME사에서 2017년 9월 7일에 5년 후 일시상환 조건으로 차입한 차입금으로 $50,000이다. 필요한 회계처리를 하시오.(2점)

계정과목	2017년 9월 7일 기준환율	2017년 12월 31일 기준환율	2018년 12월 31일 기준환율
외화장기차입금	1,000원	1,500원	1,350원

[3] 결산일 현재 장부에 계상된 영업권은 2018년 7월 1일에 취득하여 즉시 사용하기 시작한 것으로서 사용시작 후 5년간 정액법(잔존가치는 없음)으로 상각하고 있다.(2점)

[4] 기말 현재 재고자산은 다음과 같다. 다음 거래 자료를 일반전표 또는 결산자료 입력 메뉴에 입력하시오. 재고자산별로 저가법 여부를 평가한다고 가정한다.(2점)

항목	실사수량	단위당 장부금액	단위당 시가
원재료	820개	500원/1개당	550원/1개당

<<< **문제 4.**

원천징수와 관련된 다음 물음에 답하시오.(9점)

[1] 다음 자료를 보고 사원등록메뉴에 김수원(사원코드:101)을 등록하고 5월분 급여자료 입력을 하고(필요한 수당공제항목은 등록할 것), 5월 귀속분(지급일:5월 31일)에 대한 원천징수이행상황신고서를 작성하시오.(단, 매월 신고업체이다)(6점)

인적사항	·입사일 : 2018년 5월 1일 · 성명 : 김수원 · 주민등록번호 : 700105-1025545 ·국적 : 대한민국, 내국인 · 생산직 ·부양가족명세 : 이수영, 배우자, 710202-2029454, 기본공제대상자에 해당, 장애인(장애인복지법),내국인 ·위의 해당사항만 입력할 것 ·주민등록번호는 모두 올바른 것으로 가정한다.
급여항목	·기본급 : 2,150,000원 · 직책수당 : 150,000원 · 식대 : 100,000원 ·체력단련수당 : 80,000원 · 자가운전보조금 : 200,000원 ※ 직책수당, 식대 및 체력단련수당은 월정액임 ※ 회사는 별도의 식사를 현물로 제공하고 있지 않음. 차량은 부부공동소유 의 차량이며 업무에 사용하고 있고 실비정산하지 않는다.
공제항목	·국민연금 : 111,600원 · 건강보험 : 75,880원 · 장기요양보험 : 4,970원 ·고용보험 : 15,470원 · 소득세 : 24,730원 · 지방소득세 : 2,470원

[2] 다음 자료를 이용하여 퇴직한 직원 나퇴직에 대한 퇴직소득세를 산출하고, 퇴직소득 원천징수영수증을 작성하시오.(단, 일반전표입력은 생략한다)(3점)

·이름 : 나퇴직	·주민등록번호 720821-1235631
·입사연월일 : 2015. 5. 1	·퇴직소득지급일(영수일과 동일) : 2018. 12. 31
·퇴사연월일 : 2018. 12. 8	·퇴직금 : 10,000,000원
·공로수당 : 1,700,000원	·퇴직사유 : 자발적 퇴직
단, 퇴직금에 대하여는 과세이연을 적용하지 않기로 한다.	

<<< 문제 5.

㈜한길가구(회사코드 : 0761)는 주방용가구를 생산하고 제조·도매업을 영위하는 중소기업이며, 당해 사업연도(제11기)는 2018. 1. 1. ~ 2018. 12. 31.이다. 법인세무조정메뉴를 이용하여 재무회계 기장자료와 제시된 보충자료에 의하여 당해 사업연도의 세무조정을 하시오.(30점) ※ 회사선택 시 유의하시오.

[작성대상서식]

1. 고정자산등록, 감가상각조정명세서, 감가상각비조정명세서
2. 대손충당금및대손금조정명세서　　　　3. 접대비조정명세서(갑)(을)
4. 퇴직연금부담금등조정명세서　　　　　5. 자본금과적립금조정명세서

[1] 다음 고정자산에 대하여 감가상각비조정 메뉴에서 고정자산을 등록하고 미상각분 감가상각 조정명세서 및 감가상각비조정명세서 합계표를 작성하고 필요한 세무조정을 하시오.(6점)

1. 감가상각대상자산
 · 계정과목 : 차량운반구
 · 자산코드 / 자산명 : 001 / 1톤포터트럭
 · 취득 시 사용 가능할 때까지의 운반비 1,000,000원, 차량취득세 1,000,000원이다. 2017년 12월 16일 자동차세 500,000원을 납부하였다.

취득일	취득가액(부대비용 제외한 금액)	전기(2016) 감가상각누계액	기준내용 연수	경비구분 /업종	상각방법
2017. 8. 1.	30,000,000원	7,000,000원	5년	제조	정률법

2. 회사는 1톤트럭 차량운반구에 대하여 전기에 다음과 같이 세무조정을 하였다.
 · (손금불산입) 감가상각비 상각부인액　986,667원(유보)
3. 당기 제조원가명세서에 반영된 차량운반구(1톤 포터트럭)의 감가상각비 : 10,000,000원

[2] 다음 자료에 의하여 대손충당금 및 대손금조정명세서를 작성하고 필요한 세무조정을 하시오.(6점)

1. 당기 대손충당금과 상계된 금액의 내용
 · 2018년 5월 1일 : ㈜민국이 발행한 약속어음으로 부도 발생일로부터 6개월이 경과한 부도어음 13,000,000원(비망계정 1,000원을 공제한 후의 금액이라고 가정함)
 · 2018년 4월 1일 : 법원의 면책결정에 따라 회수불능으로 확정된 ㈜만세에 대한 미수금 20,000,000원
2. 대손충당금 내역

<table>
<tr><td colspan="4" align="center">대손충당금</td></tr>
<tr><td>받을어음</td><td align="right">13,000,000원</td><td>전기이월</td><td align="right">40,000,000원</td></tr>
<tr><td>미수금</td><td align="right">20,000,000원</td><td>대손상각비</td><td align="right">1,000,000원</td></tr>
<tr><td>차기이월</td><td align="right">8,000,000원</td><td></td><td></td></tr>
<tr><td>계</td><td align="right">41,000,000원</td><td>계</td><td align="right">41,000,000원</td></tr>
</table>

3. 기말대손충당금 설정 대상 채권잔액
 · 외상매출금 : 600,000,000원(이 중 2018년 7월 2일 소멸시효 완성 분 2,500,000원 포함)
 · 받을어음 : 200,000,000원(특수관계인에 대한 업무무관가지급금 4,000,000원 포함)
4. 전기 자본금과적립금조정명세서(을) 기말잔액 내역은 다음과 같다.
 · 대손충당금 한도초과 2,000,000원(유보)
5. 대손설정률은 1%로 가정한다.

[3] 다음 자료를 이용하여 접대비조정명세서(갑)(을)을 작성하고 필요한 세무조정을 하시오.(6점)

1. 수입금액 조정명세서 내역은 다음과 같다.

항목	계정과목	결산서상 수입금액	가 산	차 감	조정후 수입금액
매출	상품매출	1,000,000,000원			1,000,000,000원
	제품매출	1,500,000,000원			1,500,000,000원
	계	2,500,000,000원[*1]			2,500,000,000원

*1) 수입금액 중 특수관계자에 대한 매출은 제품매출액 170,000,000원, 상품매출액 130,000,000원이 포함되어 있다.

2. 장부상 접대비 내역은 다음과 같다.

계정	금 액	법인카드 사용액	개인카드사용액	합 계
접대비 (판관비)	1만원 초과분	18,000,000원	3,000,000원	21,000,000원
	1만원 이하분	0원	0원	0원
	합 계	18,000,000원	3,000,000원	21,000,000원
접대비 (제조경비)	1만원 초과분	15,000,000원	2,000,000원	17,000,000원
	1만원 이하분	0원	0원	0원
	합 계	15,000,000원	2,000,000원	17,000,000원

· 접대비(판관비) 중에는 대표이사가 개인적인 용도로 법인카드로 결제한 금액 1,000,000원(1건)이 포함되어 있다.
· 장부상 법인신용카드로 결제한 복리후생비계정(판관비) 중 2,000,000원 (각각의 결제금액이 1만원 초과함)은 거래처직원과의 회식비이다.(복리후생비 중 접대비는 매입세액이 포함되어 있다.)

[4] 다음 자료를 보고 퇴직연금부담금등조정명세서를 작성하고 필요한 세무조정을 하시오. 당사는 확정급여형(DB) 퇴직연금에 가입하였으며 장부상 퇴직연금충당부채를 설정하지 아니하고 전액 신고조정에 의하여 손금에 산입하고 있다.(6점)

1.퇴직급여 충당금 변동내역	① 전기이월 : 15,000,000원(전기 말 한도초과 부인액 = 0) ② 설정 : 0원 ③ 결산일 현재 정관 및 사규에 의한 임직원 퇴직급여추계액 : 1억원 ④ 결산일 현재 근로자퇴직급여보장법에 의한 임직원 퇴직급여추계액 : 5천만원
2.퇴직연금 운용자산 변동내역	퇴직연금운용자산 기초잔액 60,000,000원 당기감소액 15,000,000원 당기납부액 25,000,000원 기말잔액 70,000,000원 　　　　　　85,000,000원 　　　　　　85,000,000원
3.퇴직연금 부담금 내역	① 직전 사업연도 말 현재 세무조정으로 손금산입한 퇴직연금부담금 : 60,000,000원 ② 이중 당해 사업연도에 퇴직자에게 지급한 퇴직연금은 15,000,000원이며, 퇴직급여 (비용)으로 회계처리 하였다.

[5] 다음 자료를 이용하여 자본금과적립금조정명세서 중 '자본금과적립금조정명세서(을)' 탭을 완성하시오.(단, 주어진 자료이외에 입력된 자료는 모두 무시하며, 앞에 [1]~[4] 문제와는 독립적으로 입력할 것)(6점)

1. 당사는 중소기업이다.
2. 2017년 자본금과적립금조정명세서(을)의 잔액은 본 문제에서 주어진 자료외에는 없는 것으로 가정한다.
3. 전기(2017년) 소득금액조정합계표의 내용은 다음과 같다.

전기(2017년)분 익금산입 손금불산입		
과목	금액	비고
법인세비용	10,000,000원	손익계산서에 계상된 법인세비용임
접대비한도초과	5,000,000원	당기 접대비한도 초과액임
기부금	7,000,000원	어음기부금으로 만기가 2017.6.20임
건물감가상각비	10,000,000원	당기 감가상각부인액임
합계	32,000,000원	

전기(2017년)분 손금산입 익금불산입		
과목	금액	비고
상품	2,000,000원	2017년 귀속 상품 과대계상액임
합계	2,000,000원	

4. 당기(2018년) 소득금액조정합계표의 내용은 다음과 같다.

<table>
<tr><th colspan="3">당기(2018년)분 익금산입 손금불산입</th></tr>
<tr><th>과목</th><th>금액</th><th>비고</th></tr>
<tr><td>법인세비용</td><td>15,000,000원</td><td>손익계산서에 계상된 법인세비용임</td></tr>
<tr><td>접대비한도초과</td><td>15,000,000원</td><td>1만원초과 신용카드미사용 접대비임</td></tr>
<tr><td>상품</td><td>6,000,000원</td><td>2018년 귀속(당기) 상품 과소계상액임</td></tr>
<tr><td>상품</td><td>2,000,000원</td><td>전기(2017년 귀속) 상품 과대계상액</td></tr>
<tr><td>합계</td><td>38,000,000원</td><td></td></tr>
</table>

<table>
<tr><th colspan="3">당기(2018년)분 손금산입 익금불산입</th></tr>
<tr><th>과목</th><th>금액</th><th>비고</th></tr>
<tr><td>선급비용</td><td>6,000,000원</td><td>당기 선급비용 과대계상분</td></tr>
<tr><td>외상매출금</td><td>8,000,000원</td><td>소멸시효완성채권임</td></tr>
<tr><td>기부금</td><td>7,000,000원</td><td>어음만기 2018. 6. 20.</td></tr>
<tr><td>건물상각부인액손금추인액</td><td>3,000,000원</td><td>2017년 귀속 건물상각부인액을 손금추인함</td></tr>
<tr><td>합계</td><td>24,000,000원</td><td></td></tr>
</table>

이론과 실무문제의 답을 모두 입력한 후 「답안저장(USB로 저장)」을 클릭하여 저장하고, USB메모리를 제출하시기 바랍니다.

제75회 기출문제

● 실무시험

㈜서강(회사코드:0750)은 제조·도소매업(자동차부품, 업종코드 343000)을 영위하는 중소기업이며, 당기는 제10기로 회계기간은 2018.1.1.~2018.12.31.이다. 전산세무회계 수험용 프로그램을 이용하여 다음 물음에 답하시오.

<<< 문제 1.

다음 거래에 대하여 적절한 회계처리를 하시오.(12점)

입력시 유의사항

· 일반적인 적요의 입력은 생략하지만, 타계정 대체거래는 적요번호를 선택하여 입력한다.
· 세금계산서·계산서 수수거래와 채권·채무관련거래는 별도의 요구가 없는 한 등록되어 있는 거래처 코드를 선택하는 방법으로 거래처명을 반드시 입력한다.
· 제조경비는 500번대 계정코드를, 판매비와 관리비는 800번대 계정코드를 사용한다.
· 회계처리 시 계정과목은 등록되어 있는 계정과목 중 가장 적절한 과목으로 한다.
· 매입매출전표입력시 입력화면 하단의 분개까지 처리하고, 전자세금계산서 및 전자계산서는 전자입력 으로 반영한다.

[1] 9월 20일 : 발행주식 중 보통주 1,000주를 주당 5,000원에 보통예금으로 유상매입하여 즉시 소각하였다.(단, 주당 액면가액는 10,000원이며 감자차손익은 조회할 것)(3점)

[2] 10월 10일 : 회사가 ㈜서울에 2018년 3월 20일 공급한 제품매출(공급가액 10,000,000 원 부가가치세 1,000,000원)에 대하여 2018년 10월 10일 관련 계약이 해제되어 현행 부가가치세법에 따라 수정전자세금계산서를 발급하였다. 반드시 관련 자료를 조회한 후 회계처리 할 것.(3점)

[3] 11월 5일 : 회사가 10%의 지분을 보유한 ㈜수성으로부터 현금배당금 10,000,000원과 주식배당금으로 ㈜수성 주식 500주(액면가액 5,000원)을 보통예금 및 주식으로 수령 하였다. 배당금에 대한 원천징수여부는 세법규정에 따라 처리하였다. 배당금에 관한 회계처리는 기업회계기준을 준수하였다.(3점)

[4] 12월 1일 : 회사는 2017년에 본사사옥을 짓기 위해 토지를 매입하였는데, 2018년 12월 1일에 토지의 형질변경을 위한 공사를 진행하여 건물 건설에 적합하게 하였다. 동 공사와 관련하여 ㈜G건설로부터 200,000,000원(부가가치세 별도)의 전자세금계산서를 발급받았다. 대금은 10일 후 지급할 예정이다.(3점)

<<< 문제 2.

다음 주어진 요구사항에 따라 부가가치세 신고서 및 부속서류를 작성 하시오.(10점)

[1] 다음의 매출, 매입자료와 임대보증금에 대한 간주임대료를 매입매출전표입력메뉴에 입력(분개포함)하고 2018년 1기 확정 부동산임대공급가액명세서 및 신용카드매출전 표등 수령명세서와 부가가치세 신고서(과세표준명세 제외함)를 작성하시오.(단, 본 문제에서 당사는 부동산임대업을 주업으로 하는 것으로 가정하고 전자신고세액공제 는 적용받지 아니한다)(6점)

1. 매출자료 : 다음은 부동산임대수익에 대한 전자세금계산서이다.

전자세금계산서(공급자 보관용)					승인번호		12345678984	
공급자	사업자 등록번호	120-81-12056	종사업장 번호		공급받는자	사업자 등록번호	105-87-54326	종사업장 번호	
	상호 (법인명)	㈜서강	성 명 (대표자)	홍길동		상호 (법인명)	(주)삼성상사	성 명	이삼성
	사업장 주소	인천광역시 연수구 능허대로 240				사업장 주소	인천광역시 연수구 능허대로 240		
	업 태	부동산	종 목	임대		업 태	제조	종 목	자동차
	이메일					이메일			

작성일자	공급가액	세액	수정사유		
2018년6월30일	1,500,000	150,000			
비고					

월	일	품 목	규 격	수 량	단 가	공 급 가 액	세 액	비 고
6	30	임대료				1,500,000	150,000	

합 계 금 액	현 금	수 표	어 음	외 상 미 수 금	
1,650,000				1,650,000	금액을 청구함

부동산 임대차 계약서				☐월세 ☐전세
임대인과 임차인 쌍방은 표기 부동산에 관하여 다음 계약 내용과 같이 임대차계약을 체결한다.				
부동산의 표시				
소재지		인천광역시 연수구 능허대로 240		
토 지	지 목		면 적	
건 물	구 조	용 도	사무실	면 적	100㎡
임대할부분	1동 지상1층 101호		면 적	

2.계약내용

제1조 (목적)위 부동산의 임대차에 한하여 임대인과 임차인은 합의에 의하여 임차보증금 및 차임을 아래와 같이 지불하기로 한다.

보증금	金	50,000,000원정			
계약금	金	5,000,000원정은 계약시에 지불하고 영수함	영수자( )		(인)
중도금	金	원정은	년 월 일에 지불하며		
잔 금	金	45,000,000 원정은	2018년 6월 1일에 지불한다.		
차 임	金	1,500,000(부가가치세 별도) 원정은 매월 말일 (선불, 후불)에 지불한다.			

제2조 (존속기간) 임대인은 위 부동산을 임대차 목적대로 사용할 수 있는 상태로 2018년 6월 1일 까지 임차인에게 인도하며 임대차 기간은 인도일로부터 2020년 5월31일(24 개월) 까지로 한다.

제3조 (용도변경 및 전대 등) 임차인은 임대인의 동의 없이 위 부동산의 용도나 구조를 변경하거나 전대, 임차권 양도 또는 담보제공을 하지 못하며 임대차 목적 이외의 용도로 사용할 수 없다.

제4조 (계약의 해지) 임차인이 2기 이상 차임의 지급을 연체하거나 제3조를 위반하였을 때 임대인은 즉시 본 계약을 해지 할 수 있다.

제5조 (계약의 종료) 임대차계약이 종료된 경우에 임차인은 위 부동산을 원상으로 회복하여 임대인에게 반환한다. 이러한 경우 임대인은 보증금을 임차인에게 반환하고, 연체 임대료 또는 손해배상금이 있을 때는 이들을 제하고 그 잔액을 반환한다.

제6조 (계약의 해제)임차인이 임대인에게 중도금(중도금이 없을 때는 잔금)을 지불하기 전까지, 임대인은 계약금의 배액을 상환하고 임차인은 계약금을 포기하고 이 계약을 해제할 수 있다.

제7조 (채무불이행과 손해배상) 임대인 또는 임차인이 본 계약상의 내용에 대하여 불이행이 있을 경우 그 상대방은 불이행한자에 대하여 서면을 최고하고 계약을 해제 할 수 있다. 그리고 계약 당사자는 계약해제에 따른 손해배상을 각각 상대방에 대하여 청구 할 수 있으며, 손해배상에 대하여 별도의 약정이 없는 한 계약금을 손해배상의 기준으로 본다.

2018. 5. 20.

<특약사항>

임대인	주 소	인천광역시 연수구 능허대로 240					(인)
	사업자번호	120-81-12056	전 화		성 명	㈜서강	
	대 리 인		전 화		성 명		
임차인	주 소	서울 서초구 서초동 10					(인)
	사업자번호	105-87-54326	전 화		성 명	㈜삼성상사	
	대 리 인		전 화		성 명		

2. 매입자료 : 사무실 직원의 회식으로 다음의 비용을 법인카드(국민카드, 사업용 신용카드임)로 결제하고 신용카드매출전표를 수령하였다. 서울식당은 일반과세사업자이다.

신용카드매출전표

단말기번호
25645987251

카드종류
국민카드

회원번호   5654-9856-1235-7456

거래일시   2018/6/09

일반
　　　일시불　　　금액　　100,000
은행확인　　　　　세금　　 10,000
　　　　　　　　　봉사료　　　　 0
　　　　　　　　　합계　 110,000
품목　　식대

판매자
대표자　이주상
사업자등록번호　 128-86-54322
가맹점명　　　　 서울식당
가맹점주소　　　 서울 서초구 서초동1
　　　　　　서명

[2] 다음 자료를 보고 2018년 2기 예정신고기간의 수출실적명세서를 작성하시오.(단, 전표입력은 생략한다)(4점)

거래처	수출신고번호	선적일자	환가일	통화코드	수출액	기준환율		
						선적일	환가일	수출신고일
김천상사	016-10-09-0115714-2	2018.7.20.	2018.7.15.	USD	$300,000	₩950/$	₩900/$	₩970/$

<<< 문제 3.

다음의 결산정리사항에 대하여 결산정리분개를 하거나 입력을 하여 결산을 완료하시오.(8점)

[1] ㈜서강은 2018년 10월 3일에 취득하여 보유 중인 단기매매증권(50주, 취득가액 주당 8,000원)이 있다. 결산일 현재 공정가치가 주당 8,500원인 경우 필요한 회계처리를 하시오.(2점)

[2] 영업부에서 구입 당시에 비용으로 계상한 소모품의 기말 현재 미사용된 소모품은
1,000,000원이다. (1점)

[3] 결산일 현재 손상징후가 있다고 판단되는 건물의 장부금액은 30,000,000원이다. 해
당 건물의 손상여부를 검토한 결과 건물의 사용가치는 25,000,000원이고 처분가치는
27,500,000원으로 판단되어 손상차손을 인식하였다.(2점)

[4] 전기 및 당기의 퇴직급여추계액은 다음과 같다. 전기 말 현재 퇴직급여충당부채는
100,000,000원이며 당기 중 퇴직급여충당부채의 감소는 없었다. 회사는 퇴직급여충
당부채를 기업회계기준에 따라 정확하게 계상하고자 한다. 전기 말 현재 기업회계기
준에 따라 미설정된 부분을 추가로 설정하며 미설정분은 중요한 오류로 가정하고
회계연도 종료일(12/31)에 회계처리하기로 한다.(3점)

구 분		퇴직금추계액	퇴직급여충당부채 잔액
2017년	생산부	100,000,000원	100,000,000원
	관리부	50,000,000원	0원
2018년	생산부	120,000,000원	?
	관리부	60,000,000원	?

<<< 문제 4.

원천징수와 관련된 다음 물음에 답하시오.(10점)

[1] 다음 자료에 의하여 김서우(사원번호 100번, 세대주)씨의 사원등록 중 "부양가족명
세"를 작성하고, 연말정산추가자료입력 중 "연말정산입력" 탭을 입력하시오. 다음의
주민등록번호는 모두 올바른 것으로 가정하며, 기본공제대상자가 아닌 경우에도 부
양가족명세에 입력하고 '기본공제'에서 '부'로 표시한다.(6점)

1. 김서우씨와 생계를 같이하는 동거가족은 다음과 같다.

<table>
<tr><td colspan="6" align="center">가족관계증명서</td></tr>
<tr><td>등록기준지</td><td colspan="5">서울특별시 광진구 아차산로59길 12</td></tr>
<tr><td>구분</td><td>성 명</td><td>출생연월일</td><td colspan="2">주민등록번호</td><td>성별</td></tr>
<tr><td>본인</td><td>김서우</td><td>65년 12월 1일</td><td colspan="2">651201-1124582</td><td>남</td></tr>
<tr><td colspan="6">가족사항</td></tr>
<tr><td>구분</td><td>성 명</td><td>출생연월일</td><td colspan="2">주민등록번호</td><td>성별</td></tr>
<tr><td>부</td><td>김일광</td><td>39년 5월 16일</td><td colspan="2">390516-1051326</td><td>남</td></tr>
<tr><td>모</td><td>최애순</td><td>45년 8월 19일</td><td colspan="2">450819-2015623</td><td>여</td></tr>
<tr><td>배우자</td><td>이은미</td><td>72년 1월 1일</td><td colspan="2">720101-2101011</td><td>여</td></tr>
<tr><td>자녀</td><td>김서수</td><td>99년 11월 20일</td><td colspan="2">991120-1051312</td><td>남</td></tr>
<tr><td>자녀</td><td>김서희</td><td>01년 8월 1일</td><td colspan="2">010801-4105121</td><td>여</td></tr>
</table>

※ 가족관계증명서 외에 김서우씨의 동생인 김서원(760808-2153201, 소득없음)도 생계를 같이하고 있다.

① 배우자는 전업주부로서 소득이 없다.

② 자녀 중 김서수는 고등학생이며 일용근로자로써 일당 8만원씩 60일간의 소득이 있으며 김서희는 소득이 없다.

③ 부친과 모친의 경우 주거형편상 2018.10.5. 이사를 했으며 소득은 없다.

2. 다음은 홈택스에서 조회한 자료이다. 김서우씨가 공제가능한 모든 공제를 적용받고자 한다.

과 목	명 세	금 액	비 고
보 험 료	본인의 자동차 손해보험료	900,000원	
	장남의 생명보험료	1,200,000원	
의 료 비	부친의 디스크수술비	2,000,000원	
	장남의 맹장수술비	1,100,000원	
	동생의 치료목적의 성형수술비	3,000,000원	미용목적이 아님
교 육 비	배우자 대학원 수업료	6,000,000원	
	장남 고등학교 수업료	2,200,000원	
	장녀 중학교 수업료	1,800,000원	
기부금	본 인	2,000,000원	한국세무사회 공익재단(지정기부금 단체) 성금
	장 남	800,000원	국군장병위문금품
	동 생	1,500,000원	종교단체기부금

[2] 다음의 자료를 보고 2018년 귀속 배당소득에 대한 원천징수영수증을 작성하시오.(4
점)

---

1. ㈜서강의 주주는 다음과 같다.

주　주	거주자 비거주자 구분	지분율
홍길동	거주자	70%
칠갑산	거주자	30%

2. 제8기 배당금은 회사의 경영악화로 2018년 11월 경에 지급할 예정이다.

3. 배당금을 결의한 이익잉여금처분계산서는 다음과 같다.(전산에 입력된 자료는 무시한다)

이 익 잉 여 금 처 분 계 산 서

제8기 2017.1.1.~2017.12.31.

이익잉여금 처분결의일 2018.2.25.

(단위 : 원)

과　　　　목	금	액
Ⅰ. 미처리이익잉여금		590,000,000
1. 전기이월미처분이익잉여금	550,000,000	
2. 당기순이익	40,000,000	
Ⅱ. 이익잉여금처분액		55,000,000
1. 이익준비금	5,000,000	
2. 배당금		
가. 현금배당	50,000,000	
나. 주식배당	0	
Ⅲ. 차기이월미처분이익잉여금		535,000,000

<<< 문제 5.

㈜대성전자(회사코드 : 0751)는 전자기기를 생산하고 제조·도매업을 영위하는 중소기업이며, 당해 사업연도(제19기)는 2018. 1. 1. ~ 2018. 12. 31.이다. 법인세무조정메뉴를 이용하여 재무회계 기장자료와 제시된 보충자료에 의하여 당해 사업연도의 세무조정을 하시오. (30점)

※ 회사선택 시 유의하시오.

[작성대상서식]

1. 수입금액조정명세서, 조정후수입금액명세서, 소득금액조정합계표
2. 세금과공과금명세서, 소득금액조정합계표
3. 가지급금등인정이자조정명세서, 소득금액조정합계표
4. 일반연구 및 인력개발비명세서
5. 법인세과세표준및세액조정계산서, 소득금액조정합계표

[1] 다음 자료를 이용하여 「수입금액조정명세서」와 「조정후수입금액명세서」를 작성하고 발생 가능한 사항에 대하여 필요한 세무조정을 하시오.(6점)

1. 수입금액조정명세서 관련사항
 ·기 작성된 수입금액조정명세서를 참고하여 누락된 매출 관련 세무조정을 하시오.
 ·부가가치세 수정신고서에는 반영되어있으나 결산서상에는 포함되어 있지 않은 제품매출액은 다음과 같다.

외상매출액	5,500,000원
매출원가	3,000,000원

2. 손익계산서상의 수익 반영 내역

구분		업종코드	금액(원)	비고
매출액	제품매출	292203(제조/전자응용공작기계)	1,109,000,000	직수출액 9,000,000원 포함
	공사수입금	451104(건설/건축공사)	1,100,000,000	
영업외수익 (잡이익)	부산물 매각대	292203(제조/전자응용공작기계)	1,500,000	
합계			2,210,500,000	

3. 부가가치세법상 과세표준 내역(수정신고서 반영분)

19

구 분	금 액(원)
공사수입금	1,100,000,000
제품매출	1,116,000,000
기계장치 매각	30,000,000
제품매출 선수금	1,000,000
합 계	2,247,000,000

※ 부가가치세 신고내역은 관련규정에 따라 적법하게 신고하였으며, 수정신고내역도 정확히 반영되어 있다.

[2] 세금과공과금의 계정별원장을 조회하여 세금과공과금명세서를 작성하고 관련된 세무조정을 소득금액조정합계표에 반영하시오. 세무조정은 각 건별로 행하는 것으로 한다. 아래 항목 중 다른 세무조정명세서에 영향을 미치는 것은 관련 조정명세서에서 정상처리 되었다고 가정한다.(6점)

월 일	적 요	금 액
1월 28일	자동차세	840,000원
2월 10일	재산분 주민세	2,500,000원
3월 21일	증권거래세	630,000원
3월 26일	공장용지 취득세	700,000원
4월 30일	법인세분 지방소득세	5,300,000원
6월 25일	국민연금 회사부담분	950,000원
8월 27일	주차위반과태료	120,000원
9월 30일	산재보험 연체료	300,000원
10월 2일	대한적십자회비	4,000,000원
12월 15일	종합부동산세	880,000원

[3] 다음 관련 자료를 이용하여 가지급금 등 인정이자 조정명세서를 작성하고, 관련된 세무조정사항을 소득금액조정합계표에 반영하시오.(6점)

1. 차입금과 지급이자 내역은 다음과 같다.

이자율	지급이자	차입금	비고
20%	5,000,000원	25,000,000원	농협은행 차입금
16%	6,000,000원	37,500,000원	신한은행 차입금
10%	10,000,000원	100,000,000원	자회사인 ㈜파닉스로부터의 차입금
계	21,000,000원	162,500,000원	

전년도에 모두 차입한 것이며 원천징수세액은 없는 것으로 가정한다.

2. 가지급금내역

	일자	가지급금	약정이자
대표이사 : 김회장	2018. 05. 27.	97,500,000원	5,850,000원
등기이사 : 김이사	2018. 06. 27.	16,250,000원	1,750,000원

3. 기획재정부령으로 정하는 당좌대출이자율은 연 4.6%이며, 당 회사는 금전 대차거래에 대해 시가 적용방법을 신고한 바 없다고 가정한다.

[4] 다음 자료에 의하여 연구 및 인력개발비 명세서를 작성하시오.(4점)

1. 직전 4년간 연구 및 인력개발비 발생합계 (전부 일반비용)
· 직전 1년간 : 42,000,000원   · 직전 2년간 : 35,000,000원
· 직전 3년간 : 24,000,000원   · 직전 4년간 : 20,000,000원

2. 당해 사업연도 연구 및 인력개발비 발생내역

계정과목/비목	인건비[*1]	재료비[*2]
경상연구개발비(제조)	25,000,000원	5,000,000원
개발비(무형자산)	30,000,000원	10,000,000원

*1. 당사의 연구전담부서의 연구요원의 인건비를 의미함.
다만 경상연구개발비 중 주주(지분15%)인 임원의 인건비가 4,000,000원 포함되어 있다. 이 외에는 주주인 임원은 없다.
※ 연구전담부서는 과학기술부장관에게 신고한 연구개발전담부서이다.
*2. 연구전담부서에서 연구용으로 사용하는 재료비용 등이다.
3. ㈜대성전자는 당해 사업연도(2018.1.1.~12.31.)에 중소기업에 해당한다.

[5] 아래의 자료만을 이용하여 세무조정사항을 소득금액조정합계표에 반영하고, 법인세 과세표준 및 세액조정계산서를 작성하시오.(단, 주어진 자료 이외에는 없는 것으로 하고 기존에 입력된 자료는 무시한다)(8점)

1. 손익계산서의 일부분이다.

손익계산서
2018.1.1.~2018.12.31.

중간생략	
Ⅷ 법인세차감전순이익	550,000,000원
Ⅸ 법인세등	50,000,000원
Ⅹ 당기순이익	500,000,000원

2. 위의 자료를 제외한 세무조정 자료는 다음과 같다.

당기 말에 전무이사의 퇴직으로 인하여 지급한 퇴직금 100,000,000원이 판매비와 관리비에 퇴직급여로 반영되어 있다. 회사는 임원에 대한 퇴직금지급 규정이 없다. 전무이사의 퇴직 전 1년간 받은 총급여액은 100,000,000원이며 근속기간은 8년 6개월이다.

3. 이월결손금의 내역은 다음과 같으며 당기이전에 공제된 내역은 없다.

발생연도	2005년	2013년	2015년
금　　액	100,000,000원	30,000,000원	5,000,000원

4. 세액공제 및 감면세액은 다음과 같다.
- 중소기업특별세액감면 : 1,000,000원
- 연구인력개발세액공제 : 5,000,000원
- 외국납부세액공제 : 3,000,000원

5. 기납부세액내역은 다음과 같다.
- 중간예납세액 : 15,000,000원
- 이자수익에 대한 원천징수세액 : 500,000원

6. 매출액 중 계산서를 미발급한 매출액 5,000,000원이 있음을 발견하였다.(결산 시 매출액은 장부에 이미 반영함)

7. 납부세액은 분납이 가능한 경우 분납신청하고자 한다.

제74회 기출문제

㈜명왕성(회사코드:0740)은 제조·도매업(전자부품, 업종코드 515070)을 영위하는 중소기업이며, 당기는 제8기로 회계기간은 2018.1.1.~2018.12.31.이다. 전산세무회계 수험용 프로그램을 이용하여 다음 물음에 답하시오.

<<< 문제 1.

다음 거래 자료에 대하여 적절한 회계처리를 하시오.(12점)

입력시 유의사항

· 일반적인 적요의 입력은 생략하지만, 타계정 대체거래는 적요번호를 선택하여 입력한다.
· 세금계산서·계산서 수수거래와 채권·채무관련거래는 별도의 요구가 없는 한 등록되어 있는 거래처코드를 선택하는 방법으로 거래처명을 반드시 입력한다.
· 제조경비는 500번대 계정코드를, 판매비와 관리비는 800번대 계정코드를 사용한다.
· 회계처리 시 계정과목은 등록되어 있는 계정과목 중 가장 적절한 과목으로 한다.
· 매입매출전표입력시 입력화면 하단의 분개까지 처리하고, 전자세금계산서 및 전자계산서는 전자입력으로 반영한다.

---

[1] 4월 20일 : 당사의 제품생산부서에 근무하는 신입사원의 대형자동차운전면허증을 취득하기 위하여 팔팔자동차운전학원에 등록하고 법인카드인 행복카드로 대금(공급가액 : 500,000원, 부가가치세 : 50,000원)을 결제하였다.(단, 일반전표입력메뉴에서 회계처리 할 것)(3점)

[2] 5월 10일 : 당사는 ㈜한국품질과 제품공급계약을 체결하였다. 제품은 잔금지급일인 2021년 5월 10일에 공급하기로 했다. 제품 공급가액은 500,000,000원이며 부가가치세는 50,000,000원이다. 대금은 지급 약정일에 보통예금으로 수령하였으며, 해당 제품의 공급과 관련하여 전자세금계산서는 부가가치세법에 따라 정상적으로 발급하였다. 2018년에 해당하는 전자세금계산서에 대한 회계처리를 하시오.(3점)

구분	계약금	1차 중도금	2차중도금	잔금
지급약정일	2018. 05. 10	2019. 05. 10	2020. 05. 10	2021. 05. 10
지급액 (부가가치세 포함)	165,000,000원	55,000,000원	165,000,000원	165,000,000원

[3] 6월 15일 : 당사는 액면금액 50,000,000원인 사채 중 40%를 18,000,000원에 중도상환하였다. 상환일 현재 사채할인발행차금 잔액은 4,500,000원이며, 회사의 다른 사채 발행금액은 없는 것으로 가정한다. 상환대금은 보통예금 계좌에서 출금하였다.(3점)

[4] 7월 29일 : 공장신축을 위하여 장현희로부터 건물과 토지를 현물출자 받고 즉시 그 토지에 있던 구건물을 철거하였다. 토지와 구건물 구입대금내역은 다음과 같다.(3점)

- 보통주 6,000주(주당 액면가액 5,000원, 시가 7,500원) 발행하였다.
- 구건물 일괄구입비용, 철거비용, 토지등기비 명목으로 5,000,000원은 보통예금으로 지급하였다.
- 토지 및 건물의 공정가치는 주식의 공정가치와 동일하다

≪≪ 문제 2.

다음 주어진 요구사항에 따라 부가가치세 신고서 및 부속서류를 작성 하시오.(10점)

[1] 당사는 2018년 1기 부가가치세 예정신고 시 다음 내용을 누락하였다. 예정신고 누락분을 매입매출전표에 입력하고(분개는 생략) 부가가치세 1기 확정 신고서를 작성하시오.(5점)

(1) 수출한 재화에 대한 신고를 누락하였다.(직수출)

거래처명	수출 신고일	선적일	대금 결제일	환율			외화금액
				수출 신고일	선적일	대금결제일	
택사스	3. 15	3. 18	3. 25	1,150/$	1,100/$	1,250/$	$20,000

(2) 공장 건물의 3월분 임차료에 대한 매입분 전자세금계산서를 누락하였다.
- 공급가액 : 1,200,000원(부가가치세 별도)   · 공급자 : ㈜풍경   · 일자 : 3월 30일

[2] 다음의 원재료 매입 관련 자료를 매입매출전표에 입력(의제매입세액공제에 대한 분개 포함)하여 2018년 제2기 확정신고 시 의제매입세액공제신고서를 작성하시오.(5점)

---

1. 면세 원재료 매입내역(2018.10 ~ 2018.12)

공급일자	매입처	원재료	공급가액	수량	비고
11월 21일	김수산	수산물	52,000,000원	100	어민으로부터 직접 구매하고 현금 결제함

2. 기타 고려사항

- 당사는 중소제조기업에 해당하며, 모든 원재료(농수산물)는 과세 제품생산에 사용되었다.
- 제2기 확정신고기간에 의제매입과 관련된 제품매출은 500,000,000원이다. 제2기 예정신고 시 제품매출은 100,000,000원이며 의제매입액은 104,000,000원, 공제받은 의제매입세액 공제액은 4,000,000원이 있다.
- 의제매입세액공제 한도계산은 반드시 수행하고, 모든 원재료는 과세 제품생산에 투입된다.

<<< 문제 3.

다음의 결산정리사항에 대하여 결산정리분개를 하거나 입력을 하여 결산을 완료하시오.(8점)

[1] 공장의 건물에 대하여 화재보험료 전액을 선불로 지급하고 모두 선급비용으로 회계처리하였다. 결산회계처리 하시오.(단 ,월할계산하기로 하며 음수로 입력하지 말 것)(2점)

회 사	기 간	연간보험료
한비손해보험회사	2018. 7. 1 ~ 2019. 6. 30	15,000,000원

[2] 당사는 6월 1일 취득가액 60,000,000원인 시설장치 1대를 영업 관리용으로 취득하였다.(시설장치 취득 시 국고보조금으로 30,000,000원 수령함) 해당 시설장치에 대한 감가상각비를 계상하시오.(단 시설장치의 감가상각방법은 정액법, 내용연수는 5년, 잔존가치는 없으며 월할 상각하기로 가정하며 음수로 입력하지 말 것)(2점)

(1) 사마천의 기본사항

① 18년 12월 31일 현재 생계를 같이하는 사마천의 가족은 다음과 같다.

구 분	성 명	생년월일	비고
배 우 자	백장미	781101-2334431	근로소득금액이 5백만원 있음
장 남	사계절	970302-1234567	시각장애인이며 강연료 기타소득금액이 4백만원 있음
장 녀	사마귀	180213-4254524	
부 친	사천왕	380315-1245785	항상 치료를 요하는 중증환자이며 장애인 요건을 충족함
모 친	흑장미	490607-2214562	
위탁아동	김장철	150920-3254523	2016. 12. 20.부터 양육한 아동복지법에 따른 가정위탁임

② 사마천의 배우자와 장남을 제외한 부양가족은 전혀 소득이 없다.

③ 사마천은 입사 이후 계속하여 당사의 중국지점의 관리부에 근무하고 있다.

(2) 연말정산관련 추가자료

기부금을 제외하고는 전부 국세청자료이다.

① 보험료 지출내역

지출대상자	금 액	비 고
본 인	850,000원	자동차보험료
장 남	1,900,000원	장애인전용보험료
	500,000원	손해보험료

② 의료비 지출내역

지출대상자	금 액	비 고
배우자	1,000,000원	미용성형수술비용으로 현금 지출함
장 남	5,800,000원	전액 의료기관에서 치료목적으로 지출한 것으로 전액 신용카드로 결제함
부 친	2,000,000원	
모 친	1,000,000원	

③ 기부금 지출내역

지출대상자	금 액	비 고
본 인	1,200,000원	정치자금법에 따른 정치자금임
배우자	1,000,000원	불우이웃돕기성금
모 친	3,500,000원	교회헌금임(2018.11.11 기부분)

④ 신용카드 사용 지출내역(전통시장 및 대중교통 사용금액은 없다.)

지출대상자	금　　　액	비　　　　　고
본　인	25,300,000원	의료비결제분이 포함되어 있고, 신용카드사용금액에서 제외되는 금액은 없다.
배우자	1,380,000원	
장　남	3,000,000원	

⑤ 현금영수증 사용 지출내역(전통시장 및 대중교통 사용금액은 없다.)

지출대상자	금　　　액	비　　　　　고
본　인	2,300,000원	전액 법인의 경비로 처리된 것 임
모　친	850,000원	모친 명의 현금영수증 사용액

⑥ 연금저축 가입

연금상품	금　　　액	비　　　　　고
연금저축	3,000,000원	본인명의임. 국민은행 계좌 : 111-22-33
연금보험	1,000,000원	배우자명의임. 국민은행 계좌 : 222-33-44

⑦ 퇴직연금계좌 납입

국민은행에 가입한 DC형 퇴직연금 계좌(1122-55-44)에 본인의 퇴직금에 해당하는 4,000,0000원을 회사에서 납입하였으며 본인이 추가로 노후대비를 위하여 6,000,000원을 납입하였다.

(3) 종전 근무지에서 받은 근로소득원천징수 영수증 내용은 다음과 같다.

① 종전근무지의 근로소득원천징수영수증의 일부자료

	구　분		주(현)	종(전)	⑯-1 납세조합	합 계
Ⅰ 근무처별소득명세	⑨ 근 무 처 명		(주)천지			
	⑩ 사업자등록번호		123-85-98560			
	⑪ 근무기간		2018.1.1~2018.5.31	~	~	~
	⑫ 감면기간		~	~	~	~
	⑬ 급　　　여		25,000,000			
	⑭ 상　　　여		5,500,000			
	⑮ 인 정 상 여					
	⑮-1 주식매수선택권 행사이익					
	⑮-2 우리사주조합인출금					
	⑮-3 임원 퇴직소득금액 한도초과액					
	⑯ 계		30,500,000			
Ⅱ 비과세 및 감면소득명세	⑱ 국외근로	M01	3,000,000			
	⑱-1 야간근로수당	O0X				
	⑱-2 출산·보육수당	Q0X	500,000			
	⑱-4 연구보조비	H0X				
	~					
	⑱-29					
	⑲ 수련보조수당	Y22				
	⑳ 비과세소득 계		3,500,000			

	20-1 감면소득 계				78 소 득 세	79 지방소득세	80 농어촌특별세
Ⅲ 세 액 명 세 서		구 분					
	기 납 부 세 액	72 결 정 세 액			255,500	25,550	
		73 종(전)근무지 (결정세액란의 세액을 적습니다)	사업자 등록 번호				
		74 주(현)근무지			1,563,200	156,320	
	75 납부특례세액						
	76 차 감 징 수 세 액(72-73-74-75)				△1,307,700	△130,770	
위의 원천징수액(근로소득)을 정히 영수(지급)합니다.							

② 종전근무지에서 납부한 건강보험료 등에 대한 자료

구 분	금 액	구 분	금 액
건강보험료	600,640원	고용보험료	137,250원
장기요양보험료	100,500원	국민연금보험료	1,535,000원

(4) 근로소득영수일자: 2019년 2월 28일

[3] 당사는 매기 말 외상매출금에 대한 대손충당금을 연령분석법으로 설정하고 있다. 보충법에 따라 대손충당금을 설정하고 장부에 반영하시오.(2점)

구 분	당기말 외상매출금 잔액	대손설정율
30일 이내	5,000,000원	2%
31-60일	1,500,000원	7%
61-90일	1,000,000원	10%
91일 이상	500,000원	30%
	8,000,000원	

[4] 법인세등은 결산서상 법인세차감전순이익에 해당 법인세율을 적용하여 계산된 산출세액을 다음과 같이 계상한다.(장부상 선납세금계정이 계상되어 있다)(2점)

법인세 등 = ① + ②
① 법인세 산출세액 - 법인세 감면세액(5,000,000원)
② 법인세분 지방소득세 = 법인세산출세액 × 10%

<<< 문제 4.

원천징수와 관련된 다음 물음에 답하시오.(10점)

[1] 2018년 6월 1일 입사한 사원(코드 : 201번) 사마천(성별: 남, 직종: 사무직)에 대한
  자료는 다음과 같다. 아래의 사항을 참조하여 사원등록 중 "기본사항"과 "부양가족
  명세"를 작성하고 연말정산추가자료입력 중 "부양가족소득공제"와 "연금저축등",
  "소득명세" 및 "연말정산입력"탭을 입력하시오.(단, 주민등록번호는 모두 올바른 것
  으로 가정하며 기본공제대상자가 아닌 경우에도 부양가족명세에 입력하고 '기본공
  제'에서 '부'로 입력하며 세부담 최소화를 가정한다)(10점)

> • 현금배당금 : 20,000,000원 • 보통주에 대한 주식배당금 : 10,000,000원
> • 이익준비금은 관련법상 요구하는 최소한의 적립비율을 적용하여 적립하기로 한다.

<<< 문제 5.

㈜아세아테크(회사코드 : 0741)는 프린트를 생산하고 제조·도매업을 영위하는 중소기업
이며, 당해 사업연도(제13기)는 2018. 1. 1 ~ 2018. 12. 31이다. 법인세무조정메뉴를 이
용하여 재무회계 기장자료와 제시된 보충자료에 의하여 당해 사업연도의 세무조정을 하
시오.(30점)

[1] 다음 자료를 보고「수입금액조정명세서」를 작성하고 필요한 세무조정을 하시오.(단,
  세무조정은 각 건별로 한다)(6점)

> 1. 결산서상 수입금액은 다음과 같다.
>   ·제품매출 : 1,012,000,000원 ·상품매출 : 50,000,000원
> 2. 상품재고액 중 7,500,000원(판매가액 8,150,000원)은 시송품으로 거래처에 기반출한 것으로서, 상
>   대방이 18. 12. 31 구입의사표시를 전달해 왔으나 결산서에는 시송매출이 아직 반영되지 않았다.
> 3. 제품재고액 중 X제품 5,000,000원(판매가액 8,000,000원)은 타인에게 위탁판매하기 위한 위탁품(적
>   송품)으로서 18. 12. 31.에 수탁자가 판매한 것으로 결산서에는 위탁매출이 아직 반영되지 않았다.

[2] 다음 자료에 의하여 외화자산 등 평가차손익조정명세서(갑,을)을 작성하고 세무조정
  을 하여 소득금액조정합계표에 반영하시오.(6점)

계정과목	발생일자	외화종류	외화금액	발생 시 적용환율	기말 매매기준율
외화예금	2018. 4. 5.	USD	$10,000	$1 = 1,300원	$1 = 1,400원
외화차입금	2018. 9. 10.	USD	$5,000	$1 = 1,330원	$1 = 1,400원

· 당기 화폐성 외화자산과 외화부채는 위의 자료뿐이다.
· 발생 시 적용환율은 일반기업회계기준과 법인세법상 환율이다.
· 2018년부터 법인세 신고 시 외화자산과 외화부채에 대한 평가손익을 기말환율로 인식하기로 하였
  으며, 이에 대한 신고를 위해 화폐성외화자산등 평가방법신고서를 작성하여 법인세 신고 시 제출하
  고자 한다.
· 2018년 결산 회계처리 시 대고객외국환매입율인 $1 = 1,370원을 적용하여 외화채권, 채무를 평가
  하였다.
· 법인세신고 시 적용되는 환율은 기말매매기준율로 신고하기로 한다.
· 세무조정은 각 자산 부채별로 하기로 한다.

[3] 다음의 인건비 및 퇴직급여충당부채와 관련된 자료를 이용하여 퇴직급여충당금조정
명세서를 작성하고 관련된 세무조정을 하시오.(6점)

1. 퇴직급여충당부채의 변동내역은 다음과 같다.

차 변		대 변	
미지급금	40,000,000원	전기이월	100,000,000원
차기이월	90,000,000원	퇴직급여	30,000,000원
합 계	130,000,000원	합 계	130,000,000원

2. 퇴직금 지급으로 퇴직급여충당부채 감소액 40,000,000원에는 다음의 내역이 포함되어 있다.

　① 김부장이 임원으로 승진하면서 퇴직금으로 지급한 금액 20,000,000원

　② 직원 2명의 퇴직으로 인하여 지급한 금액 20,000,000원

3. 전기 자본금과 적립금조정명세서(을)서식에 퇴직급여충당금한도초과액 25,000,000원이 있다.

4. 당기 급여지급에 대한 내용은 다음과 같다.

구 분		총급여	신규입사자급여		중도퇴사자급여	
급여(판)	7명	100,000,000원	1명	5,000,000원	1명	10,000,000원
상여(판)	7명	30,000,000원				
임금(제)	15명	200,000,000원	2명	15,000,000원	1명	25,000,000원

　① 총급여에는 신규입사자급여 및 중도퇴사자 급여가 포함되어 있다.

5. 당해 사업연도 종료일 현재 임원 또는 사용인은 20명, 퇴직급여추계액 및 보험수리적 퇴직급여추계액은 90,000,000원이다.

6. 당사는 퇴직연금에 가입되어 있지 아니하며 1년 미만 근속자는 퇴직금지급대상에 제외하는 것이 당사의 퇴직금지급규정이다.

[4] 다음 자료에 의하여 업무무관부동산 등에 관련한 차입금이자조정명세서를 작성하고 관련된 세무조정을 하시오.(단, 주어진 자료 이외의 자료는 무시한다)(6점)

1. 차입에 대한 이자지급 내역(손익계산서에 모두 반영되어 있음)

이자율	지급이자	비고
연 15%	1,500,000원	채권자 불분명의 사채이자 (원천징수된 세액 없음)
연 10%	1,000,000원	미완공 건물신축에 사용
연 6%	600,000원	

2. 업무무관 가지급금 증감내역

일 자	차변	대변	잔액
전기이월	15,000,000원		15,000,000원
2018. 10. 01		15,000,000원	0원

3. 기타

· 자기자본 적수 계산은 무시하고 가지급금 인정이자조정명세서 작성은 생략한다.

· 연일수는 365일이다.

[5] 다음은 최저한세 적용을 검토하기 위한 자료이다. 법인세 부담을 최소화 할 수 있도록 [법인세과세표준및세액조정계산서]와 [최저한세조정명세서]를 작성하시오.(기존자료는 무시하고 아래의 자료만을 반영하여 작성하시오)(6점)

> · 당기순이익 : 350,000,000원   · 익금산입 및 손금불산입 : 100,000,000원
> · 손금산입 및 익금불산입 : 150,000,000원   · 연구·인력비에 대한 세액공제 : 5,000,000원
> · 고용창출투자세액공제 : 20,000,000원   · 외국납부세액공제 : 2,000,000원
> · 기납부세액(법인세분 지방소득세는 미포함된 금액임)
> 중간예납세액 : 10,000,000원
> 원천납부세액 : 3,000,000원
> · 당 법인은 중소기업이다.

제73회 기출문제

시행일 2017년 8월

● 실무시험 ••

㈜남도상사(회사코드:0730)는 제조·도매업을 영위하는 중소기업이며, 당기는 제8기로 회계기간은 2018.1.1.~2018.12.31.이다. 전산세무회계 수험용 프로그램을 이용하여 다음 물음에 답하시오.

<<< 문제 1.

다음 거래 자료에 대하여 적절한 회계처리를 하시오.(12점)

입력시 유의사항

· 일반적인 적요의 입력은 생략하지만, 타계정 대체거래는 적요번호를 선택하여 입력한다.
· 세금계산서·계산서 수수거래와 채권·채무관련거래는 별도의 요구가 없는 한 등록되어 있는 거래처코드를 선택하는 방법으로 거래처명을 반드시 입력한다.
· 제조경비는 500번대 계정코드를, 판매비와 관리비는 800번대 계정코드를 사용한다.
· 회계처리 시 계정과목은 등록되어 있는 계정과목 중 가장 적절한 과목으로 한다.
· 매입매출전표입력시 입력화면 하단의 분개까지 처리하고, 전자세금계산서 및 전자계산서는 전자입력으로 반영한다.

[1] 3월 30일 : 정기주주총회(2018년 3월 15일 개최)에서 확정한 10,000,000원 금전 배당액을 지분비율로 계산하여 보통예금에서 지급하였다. 다음의 당사 주주명부를 참조하여 전표입력하시오. (배당금 지급 시 배당소득세를 원천징수하였으며, 거래처코드는 국세의 경우 "세무서", 지방세의 경우 "구청"으로 각각 반영한다)(3점)

주주명부

2018년 말 기준   ㈜남도상사

성명	출자수	출자금액	비고
나주인	5,000주	150,000,000원	개인주주
㈜다른나라	5,000주	150,000,000원	법인주주
계	10,000주	300,000,000원	

[2] 3월 31일 : 제조부서에 사용하던 노후 차량운반구를 친환경차로 교체할 목적으로 개인 김수철씨에게 처분하고 처분대가인 3,300,000원(부가가치세 포함)을 현금으로 수령과 동시에 현금영수증을 발급하였다. 차량운반구의 취득가액은 10,000,000원이며 전기 말 감가상각누계액은 4,000,000원이다. 처분일까지의 감가상각비를 계산하여 이를 분개에 반영한다. 내용연수는 5년이며, 잔존가치는 없다. 정액법을 사용하며, 월할 계산하며 원단위 미만은 반올림한다. 반드시 하나의 전표로 처리한다.(3점)

[3] 4월 10일 : 회사가 대표이사로부터 차입한 장기차입금 500,000,000원을 출자전환하기로 하고 주식 40,000주(액면가액 10,000원)를 발행하여 교부하였으며, 자본증자 등기를 마쳤다. 관련 계정별원장을 참조하여 출자전환에 대한 전표입력을 하시오.(단, 증자관련 부대비용은 없는 것으로 하며, 차입금관련 계정은 "임직원등장기차입금"으로 하며 거래처등록은 생략한다)(3점)

[4] 6월 2일 : 보유하고 있는 매도가능증권을 다음과 같은 조건으로 처분하고 대금은 보통예금에 입금하였다. 전년도 기말 평가는 일반기업회계기준에 따라 처리하였다.(3점)

취득가액	시 가(전년도말)	양도가액	비 고
150,000,000원	145,000,000원	135,000,000원	시장성 있음

<<< 문제 2.

다음 주어진 요구사항에 따라 부가가치세 신고서 및 부속서류를 작성 하시오.(10점)

[1] 당사는 2018년 1기 부가가치세 확정신고를 법정신고기한 내에 이행하지 못하여 2018년 7월 30일에 기한후신고를 수행하고 세액을 납부하고자 한다. 다음 자료를 매입매출전표에 입력하고(단, 분개는 생략) 부가가치세 신고서를 작성하시오.(가산세는 일반무신고가산세를 적용하고, 미납일수는 5일로 하며, 과세표준명세의 작성은 생략한다(원단위는 절사 한다))(6점)

일자	거래형태	금액	거래처	적요
4월 15일	수출	15,000,000원	LUCKY. LTD.	거래처는 미국소재 회사로, 직수출이며 이에 대한 첨부서류는 제출할 예정
4월 26일	매입	6,400,000원 (부가가치세 별도)	㈜충남통상	전자세금계산서를 발급받음
5월 18일	매출	7,200,000원 (부가가치세 별도)	㈜경기상사	종이세금계산서를 발급함
6월 28일	매입	220,000원 (부가가치세 포함)	㈜오피스천국	소모품 구입이며, 법인명의의 우리카드로 결제함

[2] 당사는 도서도매(면세사업)와 책장제조(과세사업)을 겸영하는 사업자이다. 다음의 2018년 2기 과세기간의 부가가치세 신고와 관련한 자료를 참고하여 2기 확정신고 시 제출할 "공제받지 못할 매입세액명세서"를 작성하시오.(단, 예정신고는 세법에 따라 적정하게 신고한 것으로 가정하며, 과세재화와 면세재화는 상호간 부수재화는 아니다)(4점)

(1) 매입세액에 관한 내역

일자	내역	매입세액	비고
2018.07.05.	책장 제조용 목재 구입	500,000원	
2018.08.20.	회계팀 사무용품 구입	150,000원	과세·면세사업 사용 구분 불가
2018.09.11.	직원휴게실 음료 등 다과	50,000원	휴게실은 전직원이 이용함
2018.10.05.	책장을 위한 포장재 구입	100,000원	
2018.11.20.	세무사 사무소 수수료	100,000원	과세·면세사업 사용 구분 불가
2018.12.11.	생산직직원 안전장비	150,000원	생산직 직원은 책장을 조립함

(2) 공급가액에 대한 내역

구분	과세 공급가액	면세 공급가액
2기 예정신고	150,000,000원	50,000,000원
2기 확정신고	200,000,000원	100,000,000원
계	350,000,000원	150,000,000원

<<< 문제 3.

다음 결산정리사항에 대하여 결산정리분개를 하거나 입력을 하여 결산을 완료하시오.(8점)

[1] 2016년 2월 1일에 동부은행으로부터 차입한 장기차입금 30,000,000원이 2019년 1월 31일에 만기가 도래하며 당사는 만기일에 예정대로 상환할 예정이다.(2점)

[2] 2018년 9월 15일에 취득(취득원가 : 6,800,000원)하여 보유중인 매도가능증권(1매)이 있다. 2018년 12월 31일 매도가능증권 공정가액이 6,500,000원이다. 이에 대한 결산 회계처리를 행하시오. 결산일 이전에 행한 회계처리는 올바르게 이루어졌다.(2점)

[3] 종업원(사무직)에게 사업장내에서 복리후생 목적으로 제공한 제품 5,000,000원이 누락된 것이 기말제품재고 실사결과 확인되었다.(2점)

[4] 퇴직급여충당부채 설정내용은 다음과 같다. 다만, 생산직과 일반사무직에는 확정급여형 퇴직연금가입자의 추계액이 10,000,000원과 5,500,000원이 포함되어 있다.(2점)

구분	퇴직급여 추계액	충당부채 설정전 잔액
생산직	150,000,000원	120,000,000원
일반 사무직	71,500,000원	50,000,000원

<<< 문제 4.

원천징수와 관련된 다음 물음에 답하시오.(11점)

[1] 다음 자료를 이용하여 정석정씨(사원코드 180번) 사원등록메뉴의 부양가족명세탭을 작성하시오. 주민등록번호는 올바른 것으로 가정하며 가능한 모든 부양가족을 정석정씨가 공제받도록 한다.(3점)

관계	성명	주민등록번호	참고사항
본인	정석정	750311-2222223	여성근로자, 세대주아님, 근로소득금액 5,000만원
배우자	송정수	711128-1111111	세대주, 로또당첨소득 500만원
시아버지	송경철	381009-1111111	소득없음, 장애인, 2018년 1월 3일 사망
동생	정민기	811203-1111111	일용근로소득 500만원
아들	송문기	040712-3333333	소득없음

[2] 김사직 직원은 2018.04.20.에 퇴사하였으며, 다음과 같은 급여와 퇴직급여를 2018.04.30.에 지급하였다. 이에 따른 4월분 급여자료(중도퇴사자 연말정산 반영)와 퇴직소득자료를 입력하고 원천징수이행상황신고서를 작성하시오.(단, 김사직 직원 외 다른 사원은 없는 것으로 가정하며 당사는 반기신고대상이 아니다)(6점)

(1) 자료1 : 급여자료

급여내역	· 기본급 : 3,000,000원 · 직책수당 : 300,000원 · 식대(한도내 비과세) : 150,000원 · 월차수당 : 50,000원 · 자가운전보조금(한도내 비과세) : 300,000원
공제항목	· 국민연금 : 156,600원 · 건강보험 : 106,480원 · 장기요양보험 : 6,970원 · 고용보험 : 22,750원

(2) 자료2 : 퇴직급여자료

· 퇴직금 지급액은 18,000,000원이다.
· 김사직 직원은 임원이 아니며, 퇴직금은 법정 퇴직금에 준하여 계산한 것이다.
· 김사원 직원의 퇴사사유는 개인사정에 의한 퇴직이다.

[3] 회사가 8월 30일에 지급한 원천징수와 관련된 지급내역은 아래와 같다. 적요를 참고하여 소득구분을 판단하고 그에 해당하는 소득자 등록과 소득자료를 입력 하시오. (소득자는 소득세법상 거주자이며, 주소 입력은 생략하며, 귀속월은 8월이며, 지급일(영수일)은 8월 30일이다)(2점)

지급내역
· 코드 : 102 · 성명 : 장상호 · 주민등록번호 : 810502-1028951
· 지급액 : 2,000,000원 · 제공용역 : 기타모집수당
· 적 요 : 장상호씨는 고용관계 없이 영리목적으로 계속, 반복적으로 위 용역을 제공하고 있다.

<<< 문제 5.

㈜우리산업(회사코드:0731)은 가구를 생산하고 제조·도매업(주업종코드:제조/가구 361002)을 영위하는 중소기업이며, 당해 사업연도(제11기)는 2018.1.1.~2018.12.31.이다. 법인세무조정메뉴를 이용하여 재무회계 기장자료와 제시된 보충자료에 의하여 당해 사업연도의 세무조정을 하시오.(29점)

[작성대상서식]

1. 세금과공과금명세서
2. 퇴직연금부담금조정명세서
3. 건설자금이자조정명세서
4. 감가상각조정명세서
5. 자본금과 적립금조정명세서(갑)(을)

[1] 다음은 세금과공과금에 입력된 내용이다. 입력된 자료를 조회하여 세금과공과금명세서를 작성하고 필요한 세무조정을 행하시오.(단, 세무조정 시 같은 소득처분인 경우에도 건별로 각각 세무조정 한다)(6점)

세금과공과금 (제조원가)
(2018.01.01.~2018.12.31.)

일자	금액	적요
4월 8일	8,750,000원	토지 취득세 납부
6월 16일	680,000원	공장에 대한 재산세

세금과공과금 (판관비)
(2018.01.01.~2018.12.31.)

일자	금액	적요
3월 31일	730,000원	법인세에 대한 농어촌특별세
4월 20일	123,000원	교통위반 과태료
7월 25일	350,000원	업무무관자산 관련 매입세액
8월 22일	100,000원	교통유발부담금
8월 30일	62,500원	법인균등분 주민세
10월 20일	500,000원	플라스틱엔지니어링협회 협회비(주무관청에 등록됨)

[2] 당사는 확정급여형 퇴직연금에 가입하고 있으며, 장부상 퇴직급여충당부채 및 퇴직연금충당부채를 설정하지 않고 있다. 다른 문제 및 기존자료 등을 무시하고 다음의 자료만을 이용하여 퇴직연금부담금등조정명세서를 작성하고 세무조정 하시오.(6점)

(1) 퇴직연금관련 내역
 · 퇴직연금운용자산 기초잔액 : 100,000,000원
 · 당기 퇴직연금불입액 : 30,000,000원
 · 당기 퇴직금 지급액 : 20,000,000원(퇴직연금에서 지급 15,000,000원, 당사 현금지급 5,000,000원)
 · 퇴직연금운용자산 기말잔액 : 115,000,000원
(2) 전기 자본금과적립금조정명세서(을) 기말잔액에는 퇴직연금운용자산 100,000,000원(△유보)가 있다.
(3) 당기말 현재 퇴직급여추계액은 140,000,000원이다.

[3] 당사는 11기에 파주 공장신축을 위하여 아래와 같은 조건으로 봉은행에서 시설자금을 차입하였다. 기입력된 자료를 활용하여, 건설자금이자조정명세서를 작성하고 관련한 세무조정을 하시오.(단, 당기 세무상 건설자금이자계산시 원단위 미만은 절사한다)(4점)

 · 시설자금 차입총액 : 1,500,000,000원(단, 이중 1,200,000,000원만이 공장신축을 위해 사용됨)
 · 차입기간 : 2018. 04. 01 ~ 2019. 03. 31
 · 공사기간 : 2018. 06. 01 ~ 2019. 12. 31 (당기 공사기간일수 : 214일)
 · 이 자 율 : 연 5%
 · 제12기 결산시에 장부상 이자비용을 60,000,000원을 계상하였다.
 · 제12기의 공사기간 중 이 자금의 일시예치로 인하여 이자 1,500,000원을 수령하였고 이를 제11기의 손익계산서에 이자수익으로 계상하였다.

[4] 다음의 고정자산을 감가상각비조정 메뉴에서 고정자산으로 등록하고 미상각분감가상각조정명세서 및 감가상각비조정명세서 합계표를 작성하고 세무조정을 하시오.(7점)

(1) 감가상각대상자산

자산 코드	계정 과목	내용 (자산명)	취득 연월일	취득 가액	전기말감가 상각누계액	당기감가상 각비계상액	기준 내용연수	경비	감가상각 방법
00001	건물	공장	2013.01.15	10억원	4억원	0	40	제조	정액법
00002	기계 장치	밀링	2016.03.22	6천만원	2천만원	1천만원	5	제조	정률법

(2) 건물에 대한 승강기 설치비용(자본적 지출) 36,000,000원을 당기 수선비로 지출했다.
(3) 회사는 밀링 기계장치에 대한 전기분 시인부족액에 대하여 다음과 같이 수정분개하였다.
  (차) 전기오류수정손실(이익잉여금) 15,000,000원   (대) 감가상각누계액 15,000,000원
(4) 건물 및 기계장치에 대한 감가상각방법을 세무서에 신고한 적이 없다.

[5] 다음 자료를 이용하여 자본금과적립금조정명세서(갑), (을)을 작성하시오.(단, 기존자료 및 다른 문제 내용은 무시하고 아래 자료만을 이용하도록 하고 세무조정은 생략한다)(6점)

1. 전기 말 자본금과적립금조정명세서(을) 잔액은 다음과 같다.
   · 선급비용 820,000원(유보)
   · 건물감가상각비한도초과액 22,000,000원(유보)
2. 당기 중 유보금액 변동내역은 다음과 같다.
   · 선급비용은 전액 2018.1.1.~3.31분으로 전기말에 손금불산입 유보로 세무조정된 금액이다.
   · 건물에 대한 감가상각비 세무조정결과 당기에 시인부족액 10,000,000원이 발생하였다.
3. 재무상태표상 자본변동내역은 재무회계 재무상태표를 조회하도록 하고 손익계산서상 법인세비용이 법인세과세표준및세액신고서상 법인세보다 법인세 500,000원, 지방소득세 50,000원 적게 계상되었다.(전기분은 고려하지 아니함)

시행일 2017년 6월

● **실무시험** ••

㈜영민상사(회사코드:0720)는 제조·도매업을 영위하는 중소기업이며, 당기는 제7기로 회계기간은 2018.1.1.~2018.12.31.이다. 전산세무회계 수험용 프로그램을 이용하여 다음 물음에 답하시오.

<<< 문제 1.

다음 거래 자료에 대하여 적절한 회계처리를 하시오.(12점)

> **입력시 유의사항**
>
> · 일반적인 적요의 입력은 생략하지만, 타계정 대체거래는 적요번호를 선택하여 입력한다.
> · 세금계산서·계산서 수수거래와 채권·채무관련거래는 별도의 요구가 없는 한 등록되어 있는 거래처 코드를 선택하는 방법으로 거래처명을 반드시 입력한다.
> · 제조경비는 500번대 계정코드를, 판매비와 관리비는 800번대 계정코드를 사용한다.
> · 회계처리 시 계정과목은 등록되어 있는 계정과목 중 가장 적절한 과목으로 한다.
> · 매입매출전표입력시 입력화면 하단의 분개까지 처리하고, 전자세금계산서 및 전자계산서는 전자입력으로 반영한다.

[1] 3월 3일 : 산업자원부로부터 자산취득조건으로 국고보조금을 지원 받은 당사는 국고보조금 100,000,000원이 보통예금에 입금되었음을 확인하였다. 다만, 30%는 해당 프로젝트를 성공하는 경우에 3년 거치 분할 상환해야 할 의무를 부담하며, 70%는 상환의무를 부담하지 아니한다.(3점)

[2] 3월 12일 : ㈜서초에서 제품 제조에 사용되는 원재료를 2,000,000원(부가가치세별도)에 구입하고 전자세금계산서를 발급 받았다. 그 대금 중 일부를 지난 2월 15일 ㈜반포에서 수취한 받을어음 1,200,000원을 지급하고 잔액은 현금결제하다.(3점)

[3] 3월 14일 : 제품을 MORNING사에 직수출하고 대금은 2개월 후에 수령하기로 하였다. 선적일의 기준환율은 1$당 1,200원이고 총신고가격(FOB)은 $38,000, 결제금액(CIF)은 $40,000이다.(3점)

[4] 3월 15일 : 2017년 12월 31일 결산 법인인 당사는 정기주주총회에서 결산을 확정하고 10,000,000원 현금 배당결의를 하였다.(당사는 이익준비금이 법정 자본금의 1/2에 미치지 않는다.)(3점)

≪≪≪ 문제 2.

다음 주어진 요구사항에 따라 부가가치세 신고서 및 부속서류를 작성 하시오.(10점)

[1] 다음 자료를 매입매출전표에 입력(분개는 생략)하고 2018년 1기 확정신고기간(4. 1~6. 30) 부가가치세 신고 시 내국신용장, 구매확인서전자발급명세서를 작성하시오.(4점)

> · 2018년 4월 8일 : ㈜용선무역에 제품 24,000,000원(부가가치세 별도)를 매출하고 구매확인서(발급일: 2018.4.20, 서류번호:1111111)를 발급받아 제품공급일을 작성일자로 하여 2018.4.30일에 영세율전자세금계산서를 작성하여 전송하였다.
> · 2018년 5월 3일 : ㈜강무통상으로부터 발급받은 내국신용장(발급일:2018.5.1, 서류번호:2222222)에 의하여 제품 8,000,000원(부가가치세 별도)를 매출하고 제품공급일을 작성일자로 하여 2018.5.10일에 영세율전자세금계산서를 작성하여 전송하였다.

[2] 다음은 2018년 제2기 부가가치세 예정신고 시 누락된 자료이다. 이를 반영하여 제2기 확정신고기간의 부가가치세신고서 및 과세표준명세를 작성하시오. 제2기 확정신고기간의 부가가치세신고납부는 다음년도 1월 25일에 이루어진다.(회계처리는 생략한다.)(6점)

> · 당사의 제품 3,000,000원(시가 3,500,000원)을 거래처인 ㈜태성산업에 접대목적으로 무상제공하였다.
> · 원재료 매입세금계산서 1건(공급가액 3,500,000원, 세액 350,000원)
> · 사용하던 기계장치의 매출 전자세금계산서 1건(공급가액 5,000,000원, 부가가치세 500,000원)을 지연발급(공급일이 속하는 달의 다음 달 27일)하였다.
> · 위 이외 다른 기타 수입금액제외는 없다고 가정한다.
> · 업태 및 종목, 업종코드는 다음과 같다고 가정하며, 가산세는 일반과소신고가산세를 적용하고 미납일수는 92일로 가정한다.

업태	종목	업종코드	과세표준
도매업	가전제품	513221	500,000,000
제조업	기록매체복제업	223001	450,000,000

<<< 문제 3.

다음 결산정리사항에 대하여 결산정리분개를 하거나 입력을 하여 결산을 완료하시오.(8점)

[1] 2018년 12월 1일에 장부상 현금잔액과 실제 현금잔액이 150,000원 차이가 발생하였고 그 원인이 규명되지 않았다. 2018년 12월 2일에 부족액 150,000원 중 50,000원은 통신비의 누락임이 밝혀졌고 나머지 100,000원은 2018년 12월 31일 결산일까지 원인을 밝혀내지 못하였다.(2점)

[2] 결산일 현재 영업부서에서 사용하는 자동차 보험료에 대한 결산 회계처리를 하시오. (단, 보험가입일은 2018.7.1.~2019.6.30, 보험료 1,200,000원, 7월 1일자 전액 납부, 전액 보험료 처리함)(1점)

[3] 결산일 현재 당사가 보유한 외화자산은 다음과 같다.(2점)

> 1. 계정과목 내역 : 7월 25일 외화예금 : $10,000
> 2. 환율조회내역(서울외국환중개주식회사 매매기준율)
> · 7월 25일 : 2,200원　　　　　　　　· 12월 31일 : 2,312.5원

[4] 다음 자산을 [고정자산 및 감가상각]에 등록한 후 여기서 산출된 상각범위액을 감가상각비로 결산자료입력 또는 전표로 회계처리 하시오.(제시된 자산만 있는 것으로 가정한다)(3점)

> · 코드 : 100　　　　　　　· 자산명 : 기계장치(인쇄기)　　　　　· 취득가액 : 16,000,000원
> · 감가상각누계액 : -　　　· 상각방법 : 정률법　　　　　　　　· 내용연수 : 5년
> · 취득일자 : 2018.06.04.　· 업종코드 : 13
> ※ 기계장치(인쇄기)에 대한 취득가액에는 운반비 700,000원과 설치비용 850,000원이 포함되어 있다.

<<< 문제 4.

원천징수와 관련된 다음 물음에 답하시오.(10점)

[1] 다음 자료에 의하여 2014년 4월 1일에 입사한 장국환(남성, 사무직, 세대주)(사원코드:099)씨의 사원등록사항을 수정하고 연말정산추가자료입력 메뉴의 연말정산입력탭을 입력하시오.(단, 사원등록의 부양가족명세에는 기본공제대상자가 아닌 부양가족을 기본공제'부'로 입력한다)(7점)

1. 장국환씨의 과세기간종료일 현재 생계를 같이하는 가족관계는 다음과 같다.

가 족 사 항	내 용
배우자:이정숙(640214-2223345)	근로소득자, 연간급여총액 3,500,000원
장남:장일남(930821-1058769)	대학생, 소득 없음
장녀:장희진(980523-2114356)	고등학생, 소득 없음, 현재 배우자의 이전 혼인관계에서 출생
부친:장부친(381123-1389643)	장애인(장애인복지법에 의한 장애인임), 소득 없음
모친:박모친(401201-2469723)	소득없음

※ 부친과 모친은 주민등록상 거주지가 다르고, 다른 소득자에게 부양가족공제를 받지 아니한다.

2. 연말정산 추가 자료는 다음과 같고 국세청에서 조회한 금액이다. 전액 장국환씨 본인의 지출액이며 다른 가족의 공제대상에도 해당하는 경우에는 장국환씨가 공제 가능한 모든 공제를 적용받도록 한다. 신용카드소득공제에 있어서 본인의 전통시장 사용분 등 추가분은 고려하지 않는다.

대상자	항 목				
	보 험 료	의 료 비	교 육 비	기 부 금	신용카드 등
본 인	600,000원 (자동차 보험료)	-	-	1,300,000원 (종교단체 기부금)	19,280,300원
배우자	-	-	-	-	-
장 남	-	-	7,000,000원 (대학교등록금)	-	2,500,000원
장 녀	-	1,000,000원 (운동 중 팔 골절치료)	1,200,000원 (고등학교등록금)	-	-
부 친	850,000원 (장애인전 용보험료)	1,800,000원 (고혈압약 구입)	-	-	-
모 친	-	2,500,000원 (미용을 위한 성형수술)	-	2,000,000원 (종교단체외 지정기부금)	1,670,000원

· 장녀, 부친, 모친의 의료비는 전액 장국환 본인의 신용카드로 결제한 것이다.
· 본인의 신용카드 등에는 위의 본인의 신용카드 결제액과 자동차세 720,000원이 포함된 금액이다.
· 장남의 신용카드 등은 현금영수증 사용액이다.(대중교통이용액 240,000원 포함)
· 모친의 신용카드 등은 직불카드사용액이다.(전통시장사용액 110,000원 포함)

[2] 당사는 비상장주식회사로 소액주주인 거주자 김다정에게 다음과 같이 배당소득을 지급하였다. 원천징수대상 소득자의 기타소득자 등록을 하고 이자배당소득 자료를 입력하시오.(단, 주어진 정보로만 등록 및 자료입력을 하고, 원천징수 세율은 14%이다)(3점)

소득자 코드번호	배당소득	소득지급일/영수일	비　고
00100	3,000,000원	2018. 4. 10.	2017년 귀속 이익잉여금처분계산서상 배당금을 지급한 것이다.

<<< 문제 5.

㈜대전상사(회사코드:0721)는 철구조물을 생산하고 제조·도매업(주업종코드:제조/철구조물 271101)을 영위하는 중소기업이며, 당해 사업연도(제14기)는 2018.1.1.~2018.12.31.이다. 법인세무조정메뉴를 이용하여 재무회계 기장자료와 제시된 보충자료에 의하여 당해 사업연도의 세무조정을 하시오.(30점)

[작성대상서식]

1. 접대비조정명세서
2. 가지급금 인정이자 조정명세서
3. 퇴직급여충당금조정명세서
4. 기부금조정명세서
5. 자본금과적립금조정명세서(갑)의 이월결손금계산서

[1] 다음 자료를 이용하여 접대비 조정명세서를 작성하고 세무조정을 하시오.(6점)

1. 매출액 내용
 ·기업회계기준상 매출액은 2,159,460,000원이고, 이 중 210,000,000원은 법인세법상 특수관계자와의 매출이다.
2. 접대비가 다음과 같이 계상되었다.
 ·접대비(제조경비) 6,120,000원(전액 1만원 초과금액이고, 이 중 신용카드사용액은 3,120,000원)
 ·접대비(판매관리비) 40,159,000원(1만원 초과금액은 40,059,000원이고, 모두 신용카드 사용액이다)
3. 기타사항
 ·접대비(판매관리비) 중에는 대표이사가 부담해야 할 개인적용도로 지출한 금액 9,000원(1건)이 포함되어 있다.(이는 신용카드 미사용금액이다)

[2] 다음의 자료를 이용하여 가지급금등인정이자조정명세서를 작성하고 필요한 세무조정을 하시오.(6점)

> 1. 가지급금 및 가수금의 변동내역(대표자:전순수)
>   · 가지급금 : 전기이월 : 47,000,000원(약정없음)
>   대여(2018년 2월 11일) : 18,000,000원(약정없음)
>   회수(2018년 11월 9일) : 22,000,000원
>   · 가수금 : 가수(2018년 7월 6일) : 13,000,000원
> 2. 차입금내역
>   · 좋은은행(연8%): 차입기간:2015.6.1-2020.5.31, 차입금액:155,500,000원, 이자비용:연12,440,000원
>   · 최고은행(연4%): 차입기간:2016.10.1-2021.9.30, 차입금액:15,875,000원, 이자비용:연635,000원
> 3. 이자율은 국세청장이 정하는 당좌대출이자율(4.6%)를 적용하며, 회사는 결산서상 인정이자에 대한 회계처리를 하지 않았다.

[3] 다음 자료를 이용하여 퇴직급여충당금조정명세서를 작성하고, 관련된 세무조정내역을 소득금액조정합계표에 반영하시오.(6점)

1. 퇴직급여충당부채 변동내역	전기이월	당기지급액	당기설정액	기말잔액
	15,000,000원	5,000,000원	3,000,000원	13,000,000원
	한편, 전기이월액 중에는 세무상 한도초과액 2,000,000원이 포함되어 있고 당기지급액은 전부 현실적 퇴직으로 인하여 지급한 것이다.			

· 당기 중 급여지급에 대한 내용은 다음과 같다.

구 분	총 급 여 액 인원	총 급 여 액 금 액	1년 미만자 인원	1년 미만자 금 액	1년 이상자 인원	1년 이상자 금 액
급여(판)	21	330,000,000원	6	30,000,000원	15	300,000,000원
상여(판)		200,000,000원		20,000,000원		180,000,000원
임금(제)	42	850,000,000원	12	70,000,000원	30	780,000,000원
상여(제)		230,000,000원		40,000,000원		190,000,000원
계	63	1,610,000,000원	18	160,000,000원	45	1,450,000,000원

(위 표의 행 머리 구분은 "2. 총급여액 및 퇴직금추계액")

· 당해 사업연도 종료일 현재 퇴직급여지급 대상이 되는 임원 및 사용인에 대한 퇴직급여 추계액은 200,000,000원, 보험수리적 퇴직급여추계액은 150,000,000원이다.
· 인건비 중 생산직 임원(1년 이상)에게 지급한 상여금 중 5,000,000원은 급여지급기준을 초과하여 지급한 것이다.

3. 기타
· 당사의 퇴직금지급규정에 의하면 1년 미만 근속자는 지급대상에서 제외되어 있다.
· 당사는 퇴직연금에 가입한 적이 없다.

[4] 다음 자료에 의하여 기부금명세서 및 기부금조정명세서를 작성하고 필요한 세무조정을 하시오.(단, 당사는 세법상 중소기업에 해당하며 다른 문제 및 기존 입력된 자료는 무시하고 다음 자료만을 이용하도록 한다)(6점)

1. 장부상 기부금 내역은 다음과 같다. 주어진 자료만 입력하고 당기분이 아닌 경우 기부금명세서에 입력하지 않도록 한다.

일시	금액	비고
4월 10일	5,000,000원	국군장병위문금품
5월 8일	1,000,000원	인근 경로당 후원기부금
8월 4일	10,000,000원	법정 사회복지법인에 대한 고유목적사업비기부금
12월 25일	3,000,000원	종교단체에 대한 어음기부금(만기일 2019.1.10.)

2. 기부금에 대한 세무조정 전 차가감소득금액은 다음과 같다.

구분		금액(원)
결산서상 당기순이익		180,000,000
소득조정금액	익금산입	64,000,000
	손금산입	8,000,000

3. 세무상 이월결손금 중 미공제된 이월결손금은 2016년에 발생한 5,000,000원이고, 이월기부금은 2017년에 지출한 지정기부금한도초과액 8,000,000원이 있다.

[5] 다음의 자료를 이용하여 자본금과적립금조정명세서 중 이월결손금 계산서에 관한 사항만 작성하시오.(6점)

(1) 세무상 결손금 내역(2007년 전 이월결손금은 없음)

사업 연도	세무상 결손금 발생	비고
2008	271,522,460원	2013년 귀속 사업연도까지 공제된 이월결손금은 198,280,300원이다.
2010	287,855,400원	2017년 귀속 사업연도까지 공제된 이월결손금은 253,523,850원이다.
2015	9,065,800원	2017년 귀속 사업연도까지 공제된 이월결손금은 0원이다.

(2) 기타내역

· 본 문제에 한하여 당사는 중소기업이 아니며, 회생계획이행중인 기업이 아닌 것으로 가정한다.
· 이월결손금 소급공제는 없는 것으로 한다.
· 당사는 장부 등 증빙을 10년 이상 보관하고 있다.
· 동업기업으로부터 배분받은 결손금은 없다.
· 2018년 각사업연도소득금액은 40,000,000원이며 당기에 공제한다.
· 2015년에 채무면제이익 10,000,000원이 발생하여 기업회계기준에 따라 특별이익으로 계상하고 자본금과 적립금조정명세서에 동 금액을 이월결손금의 보전에 충당한다는 뜻을 표시하고 세무조정으로 익금불산입하였다.

제71회 기출문제

㈜영풍상사(회사코드:0710)는 제조·전자부품업을 영위하는 중소기업이며, 당기는 제8기로 회계기간은 2018.1.1.~2018.12.31.이다. 전산세무회계 수험용 프로그램을 이용하여 다음 물음에 답하시오.

<<< 문제 1.

다음 거래 자료에 대하여 적절한 회계처리를 하시오.(12점)

입력시 유의사항

- 일반적인 적요의 입력은 생략하지만, 타계정 대체거래는 적요번호를 선택하여 입력한다.
- 세금계산서·계산서 수수거래와 채권·채무관련거래는 별도의 요구가 없는 한 등록되어 있는 거래처코드를 선택하는 방법으로 거래처명을 반드시 입력한다.
- 제조경비는 500번대 계정코드를, 판매비와 관리비는 800번대 계정코드를 사용한다.
- 회계처리 시 계정과목은 등록되어 있는 계정과목 중 가장 적절한 과목으로 한다.
- 매입매출전표입력시 입력화면 하단의 분개까지 처리하고, 전자세금계산서 및 전자계산서는 전자입력으로 반영한다.

[1] 3월 2일 : 국고보조금에 의해 취득한 기계장치를 ㈜원상에 매각대금 7,000,000원(부가가치세 별도)으로 처분하고 전자세금계산서를 발급하였으며 대금 중 5,000,000원은 어음(만기:2018.6.1.)으로 받고, 나머지는 다음달에 받기로 하였다. 처분하기 전까지 감가상각비와 감가상각누계액은 적정하게 회계처리되어 있으며, 처분 전 기계장치의 내용은 다음과 같다.(3점)

·기계장치 : 25,000,000원	·국고보조금(기계장치 차감) : 8,000,000원
·감가상각누계액 : 7,000,000원	

[2] 3월 20일 : 당사는 1월 2일에 주당 7,000원(액면금액 5,000원)에 취득하였던 자기주식 100주 중 50주를 주당 6,000원에 현금을 받고 매각하였다. 반드시 관련계정을 조회하여 회계처리하시오.(3점)

[3] 3월 24일 : 영업부서에서 사용하기 위하여 ㈜SY렌터카에서 렌트한 에쿠스승용차 (3,778cc)와 관련한 전자세금계산서(공급가액 700,000원, 부가가치세 70,000원)를 발급받았다. 렌트비용은 수수료비용으로 회계처리하고, 청구금액은 전액을 보통예금에서 이체하였다.(3점)

[4] 3월 27일 : ㈜유한통상에 제품 20,000,000원(공급가액)을 구매확인서에 의하여 매출하고 영세율전자세금계산서를 발급하였다. 대금 중 10,000,000원은 보통예금으로 받고 나머지는 외상으로 하였다.(3점)

‹‹‹ 문제 2.

다음 주어진 요구사항에 따라 부가가치세 신고서 및 부속서류를 작성 하시오.(10점)

[1] 당사는 2018년 1기 확정신고기간(4.1~6.30)의 부가가치세 신고를 하지 않아 2018년 8월 1일에 기한후신고납부를 하고자 한다. 다음 자료를 매입매출전표에 입력(분개는 생략함)하여 부가가치세 기한후신고서를 작성하시오. 전자세금계산서는 적정하게 작성 및 전송하였고, 가산세는 미납일수를 7일로 하고, 일반무신고가산세를 적용한다. 단, 과세표준명세서는 신고 구분만 입력한다.(6점)

> · 5월 22일 : 원재료 5,400,000원(부가가치세별도)를 진흥상사로부터 매입하고 전자세금계산서를 발급받았다.
> · 6월 4일 : 제품 9,100,000원(부가가치세별도)를 ㈜매일건업에 매출하고 전자세금계산서를 작성하고 전송하였다.

[2] 다음은 2018년 제2기 부가가치세 예정신고기간(7월1일 ~ 9월30일) 중의 제품 타계정 대체액의 명세이다. 재화의 간주공급에 해당되는 거래를 한건으로 매입매출전표에 입력(날짜는 9월 30일이며 분개는 생략함)하여 제2기 예정 부가가치세신고서를 작성하시오. (당해 제품제조에 사용된 재화는 모두 매입세액공제분이라고 가정하며, 과세표준명세서 작성은 생략함)(4점)

(단위 : 원)

대 체 된 계정과목	거 래 내 용	금 액	
		원 가	시 가
광고선전비	제품 홍보용으로 불특정다수인에게 무상배포	2,000,000	3,000,000
접 대 비	매출처에 사은품으로 제공	5,000,000	6,000,000
수선비	수선비 등에 대체하여 사용하거나 소비하는 경우	6,000,000	8,000,000
복리후생비	생일을 맞이한 임직원에게 기념품으로 증정	900,000	1,000,000

<<< 문제 3.

다음의 결산정리사항에 대하여 결산정리분개를 하거나 결산자료입력란에 반영하여 결산을 완료하시오.(8점)

[1] 당사는 제품판매 후 6개월간 발생하는 하자에 대하여 무상으로 보증수리용역을 제공하고 있으며 이에 대하여 제품판매액의 1%를 제품보증비(판)으로 계상하고 장기제품보증부채로 설정하고 있다. 결산일 현재 무상보증수리기간이 남아있는 제품판매액이 90,000,000원인 경우 필요한 자료를 조회하여 회계처리하시오.(2점)

[2] 전기말 재무상태표상 개발비 미상각 잔액이 48,000,000원 있다. 개발비 상각에 대한 내용연수는 5년이며, 2017년 초부터 상각을 시작하였다.(2점)

[3] 재고자산 실지조사결과 기말내역은 다음과 같으며, ㈜강원상사와 위수탁계약을 맺어 당기 발송한 제품 중 수탁자가 아직 판매하지 않은 제품 2,000,000원은 실지재고조사결과에 포함되어 있지 않다.(2점)

> • 원재료 : 5,000,000원   • 재공품 : 7,500,000원   • 제품 : 11,500,000원

[4] 아래의 내용을 확인하여 당기 이익잉여금처분계산서를 작성하시오.(2점)

> · 이익준비금 : 28,000,000원   · 주식배당(보통주) : 16,000,000원
> · 주식할인발행차금상각액 : 8,000,000원   · 전기이월미처분이익잉여금 : 245,000,000원
> · 전기처분확정일 : 2018년 2월 25일   · 당기처분예정일 : 2019년 2월 28일

<<< 문제 4.

원천징수와 관련된 다음 물음에 답하시오.(10점)

[1] 다음 자료를 이용하여 김서우(651201-1124582, 사원번호 100번, 세대주)씨의 사원등록 중 "부양가족명세"를 작성하고, 연말정산추가자료입력 중 "연말정산입력" 탭을 입력하시오. 다음의 주민등록번호는 모두 올바른 것으로 가정하며, 기본공제대상자가 아닌 경우에도 부양가족명세에 입력 한다.(8점)

1) 부양가족 명세 : 김서우씨와 생계를 같이하는 동거가족은 다음과 같다. 배우자는 전업주부로서 소득이 없으며, 장남은 고등학생이며 일당 8만원씩 60일간의 일용근로소득이 있다. 장녀는 중학생이고, 소득이 없으며 부친과 모친의 경우 주거형편상 2018년 10월 5일에 이사를 했으며 소득은 없다. 가족관계증명서 외에 동생인 김서원(760808-2153201, 소득 없음)이 생계를 같이하고 있다.

가족관계증명서

등록기준지	서울특별시 광진구 아차산로59길 12			

구분	성 명	출생연월일	주민등록번호	성별
본인	김서우	1965년 12월 1일	651201-1124582	남

가족사항

구분	성 명	출생연월일	주민등록번호	성별
부	김일광	1939년 5월 16일	390516-1051326	남
모	최애순	1945년 8월 19일	450819-2015623	여
배우자	이은미	1972년 1월 1일	720101-2101011	여
자녀	김서수	1999년 11월 20일	991120-1051312	남
자녀	김서희	2001년 8월 1일	010801-4105121	여

2) 추가자료 : 다음은 홈택스에서 조회한 자료이다. 김서우씨가 공제가능한 모든 공제를 적용받고자 한다.

과 목	명 세	금 액	비 고
보 험 료	본인의 자동차 손해보험료	900,000원	
	장남의 생명보험료	1,200,000원	
의 료 비	부친의 관절치료비	1,500,000원	
	장남의 맹장수술비	1,100,000원	
	동생의 성형수술비	3,000,000원	치료목적
교 육 비	배우자 대학원 수업료	7,400,000원	
	장남 고등학교 수업료	2,200,000원	
	장녀 중학교 수업료	1,800,000원	
기부금	본 인	5,000,000원	한국세무사회 공익재단 (지정기부금 단체) 성금
	장 남	500,000원	국군장병위문금품
	동생	3,000,000원	종교단체기부금

[2] 당사는 직업강사는 아니지만 여러 경험이 많으신 나부자(420320-2352115) 할머니를 모셔서, 임직원을 대상으로 인생에 대한 특별 강연을 개최하고 강연료로 250,000원을 2018년 4월 20일 지급하였다. 기타소득자에 대한 인적사항을 등록(코드:'0001'로 입력)하고 소득자료입력을 하시오.(단, 주민등록번호는 정확한 것으로 가정한다.)(2점)

‹‹‹ 문제 3.

(주)한국산업(회사코드:0711)는 전자부품을 생산하고 제조·도매업(주업종코드:제조/기억장치 300101)을 영위하는 중소기업이며, 당해 사업연도(제5기)는 2018.1.1.~ 2018.12.31.이다. 법인세무조정메뉴를 이용하여 재무회계 기장자료와 제시된 보충 자료에 의하여 당해 사업연도의 세무조정을 하시오.(30점)

[작성대상서식]

1. 수입금액조정명세서 및 조정후수입금액명세서	2. 대손금 및 대손충당금조정명세서
3. 업무무관지급이자조정명세서	4. 소득금액조정합계표
5. 법인세과세표준및세액조정계산서	

[1] 다음 자료를 이용하여 수입금액조정명세서 및 조정후수입금액명세서를 작성하고 필요한 세무조정을 하시오.(6점)

> 1. 손익계산서상 수입금액은 다음과 같다.
>   · 제품매출(업종코드300101) : 2,620,000,000원(수출매출액 320,000,000원 포함)
>   · 상품매출(업종코드515050) : 1,400,000,000원
> 2. 기말상품재고액에 포함되어 있는 적송품 8,300,000원 중 2,000,000원은 결산일 현재 이미 수탁자가 2,700,000원에 판매하였으나 전자세금계산서를 미발급하고, 당사에 통보가 되지 아니하였다.
> 3. 당사는 매출거래처에 제품 5,000,000원(시가 6,000,000원)을 증여하고 다음과 같이 회계처리하였으며 이에 대한 부가가치세 신고는 적정하게 이루어졌다.
>   (차) 접대비   5,600,000원   (대) 제품   5,000,000원
>   (대) 부가세예수금   600,000원

[2] 다음 자료를 통하여 대손충당금 및 대손금조정명세서를 작성하고 세무조정하시오. 단, 대손설정율은 1%로 가정한다.(6점)

1. 당해연도 대손충당금 변동내역

  (1) 전기이월 대손충당금은 10,000,000원이다.(전기 부인액 4,000,000원)

  (2) 회사는 4월 10일 대손충당금 1,500,000원을 회수가 불가능한 외상매출금과 상계했으며, 이는 상법상에 따른 소멸시효가 완성된 채권이다.

  (3) 당기에 회사는 대손충당금 3,500,000원을 설정하였다.

  (4) 기말대손충당금잔액은 12,000,000원이다.

2. 채권잔액으로 당기말 외상매출금 잔액은 210,000,000원 미수금 잔액은 15,000,000원이다.

3. 전기 이전에 대손처리한 외상매출금에 대한 대손요건 불충족으로 인한 유보금액 잔액이 전기 자본금과적립금조정명세서(을)에 5,400,000원이 있으며 아직 대손요건은 충족되지 아니하였다.

[3] 다음의 자료를 이용하여 업무무관부동산 등에 관련한 차입금이자조정명세서를 작성하고 이와 관련한 세무조정을 하시오.(6점)

1. 차입금내역 및 이자지급 내역

내역	이자율	지급이자
공장형 아파트 관련 대출이자	5%	11,522,460원
채권자가 불분명한 이자	18%	7,800,000원
기업운영자금 대출이자	3%	9,065,800원

2. 가지급금 원장 내역

(단위 : 원)

일자	차변	대변	잔액
전기이월	15,000,000		15,000,000
2018.06.23.	20,000,000		35,000,000
2018.09.03.		5,000,000	30,000,000
2018.11.22.		10,000,000	20,000,000

3. 기타내역

· 위 가지급금은 모두 업무무관 가지급금이다.

· 위 내역 외 가지급금, 가수금은 없으며 회사는 결산서상 가지급금에 대한 이자수익으로 1,047,917원을 계상하였다.

· 자기자본 적수 계산은 무시하고 가지급금 인정이자조정명세서 작성은 생략한다.

· 채권자 불분명 사채이자분에 대한 원천징수세액은 없는 것으로 한다.

[4] 다음의 추가 자료에 대해 세무조정을 하고, 소득금액조정합계표에 반영하시오.(6점)

1. 재무상태표상 내역	· 5월 7일에 구입한 매도가능증권(취득가액 50,000,000원, 시장성 있음)의 기말 공정가액은 52,000,000원이고, 이에 대한 회계처리를 기업회계기준에 따라 12월 31일 결산 분개시 적절하게 수행하였다.
2. 손익계산서상 내역	· 전년도 법인세에 대한 추가 납부분 3,000,000원을 전기오류수정손실(영업외비용)로 계상하였다. · 잡이익 중에 국세환급가산금 198,000원이 있다. · 세금과공과금으로 처리한 금액에는 건물 재산세 3,700,000원, 교통위반 범칙금 80,000원이 포함되어 있다.

[5] 다음 자료를 통하여 법인세 과세표준 및 세액조정계산서를 완성하시오.(당사는 중소기업이며, 세율은 현행세율을 적용하고, 불러온 자료들은 무시하고 아래의 자료를 참고하여 작성한다)(6점)

1. 손익계산서의 일부분이다.

손익계산서 2018.1.1~2018.12.31	(원)
- 중간생략 -	
Ⅷ 법인세차감전순이익	100,000,000
Ⅸ 법인세등	10,000,000
Ⅹ 당기순이익	90,000,000

2. 위의 자료를 제외한 세무조정 자료는 다음과 같다.
   · 접대비한도초과액 : 18,000,000원   · 재고자산평가증 : 2,700,000원
   · 퇴직급여충당금한도초과액 : 1,500,000원   · 향우회 회비 : 5,000,000원
3. 기부금 관련 내역은 다음과 같다.
   · 기부금한도초과 이월액 손금산입액 : 800,000원
4. 이월결손금의 내역은 다음과 같다.

발생연도	2015년	2016년	2017년
금 액	10,000,000원	5,000,000원	3,000,000원

5. 세액공제 및 감면세액은 다음과 같다.
   · 중소기업특별세액감면 : 1,000,000원   · 연구인력개발세액공제 : 5,000,000원
6. 기납부세액내역은 다음과 같다.
   · 중간예납세액 : 1,500,000원   · 원천징수세액 : 500,000원
7. 적격증빙을 수취하지 않고, 간이영수증을 수취한 1건(1,000,000원)이 있다.
8. 위 이외의 세무조정 자료는 없다.

정답 및 해설

<<< 문제 1.

[1] 1월 1일 일반전표입력

전기에 보험료 발생시점에서 회계처리와 결산분개를 함께 정리하면 선급비용 3,000,000원이 기말재무상태표에 계상될 것이다. 따라서 당기 모든 기간이 도래하므로 정리할 분개는 일반전표입력메뉴에 다음과 같다.

(차)보험료(제)	3,000,000원	(대) 선급비용	3,000,000원

[2] 7월 17일 매입매출전표입력

유형:16.수출(영세율구분:1), 공급가액:63,500,000원, 부가가치세:0원, 거래처:GN company, 전자:부, 분개:혼합

(차) 선수금	52,500,000원	(대) 제품매출	63,500,000원
외상매출금	11,000,000원		

[3] 8월 27일 일반전표입력

(차) 현 금	300,000원	(대) 자기주식	350,000원
자기주식처분이익	10,000원		
자기주식처분손실	40,000원		

· 자기주식처분손실은 자기주식처분이익과 우선 상계한다

[4] 9월 20일 매입매출전표입력

유형: 54.불공(접대비관련), 공급가액: 3,000,000원, 부가세: 300,000원, 거래처:가든주류, 전자:여, 분개:3.혼합

(차) 접대비(판)	3,300,000원	(대) 미지급금	3,300,000원

<<< 문제 2.

구분				정기신고금액		
				금액	세율	세액
과세표준및매출세액	과세	세금계산서발급분	1	506,000,000	10/100	50,600,000
		매입자발행세금계산서	2		10/100	
		신용카드·현금영수증발행분	3	25,000,000	10/100	2,500,000
		기타(정규영수증외매출분)	4			
	영세	세금계산서발급분	5		0/100	
		기타	6		0/100	
	예정신고누락분		7	10,000,000		1,000,000
	대손세액가감		8			
	합계		9	541,000,000	㉮	54,100,000
매입세액	세금계산서수취분	일반매입	10	312,000,000		31,200,000
		수출기업수입분납부유예	10			
		고정자산매입	11			
	예정신고누락분		12	5,000,000		500,000
	매입자발행세금계산서		13			
	그 밖의 공제매입세액		14			
	합계(10)-(10-1)+(11)+(12)+(13)+(14)		15	317,000,000		31,700,000
	공제받지못할매입세액		16	4,700,000		470,000
	차감계 (15-16)		17	312,300,000	㉯	31,230,000
납부(환급)세액(매출세액㉮-매입세액㉯)					㉰	22,870,000
경감공제세액	그 밖의 경감·공제세액		18			
	신용카드매출전표등 발행공제등		19			
	합계		20		㉱	
예정신고미환급세액			21		㉲	
예정고지세액			22		㉳	
사업양수자의 대리납부 기납부세액			23		㉴	
매입자 납부특례 기납부세액			24		㉵	
가산세액계			25		㉶	38,800
차감.가감하여 납부할세액(환급받을세액)(㉰-㉱-㉲-㉳-㉴-㉵+㉶)			26			22,908,800
총괄납부사업자가 납부할 세액(환급받을 세액)						

구분				금액	세율	세액
7.매출(예정신고누락분)						
예정누락분	과세	세금계산서	32	10,000,000	10/100	1,000,000
		기타	33		10/100	
	영세	세금계산서	34		0/100	
		기타	35		0/100	
	합계		36	10,000,000		1,000,000
12.매입(예정신고누락분)						
예정누락분	세금계산서		37	5,000,000		500,000
	그 밖의 공제매입세액		38			
	합계		39	5,000,000		500,000
	신용카드매출수령금액합계	일반매입				
		고정매입				
	의제매입세액					
	재활용폐자원등매입세액					
	과세사업전환매입세액					
	재고매입세액					
	변제대손세액					
	외국인관광객에대한환급/					
	합계					
14.그 밖의 공제매입세액						
신용카드매출수령금액합계표	일반매입		40			
	고정매입		41			
의제매입세액			42		뒤쪽	
재활용폐자원등매입세액			43		뒤쪽	
과세사업전환매입세액			44			
재고매입세액			45			
변제대손세액			46			
외국인관광객에대한환급세액			47			
합계			48			

25.가산세명세

사업자미등록등		59		1/100	
세금계산서	지연발급 등	60		1/100	
	지연수취	61		5/1,000	
	미발급 등	62		2/100	
전자세금발급명세	지연전송	63		5/1,000	
	미전송	64		1/100	
세금계산서합계표	제출불성실	65		5/1,000	
	지연제출	66		3/1,000	
신고불성실	무신고(일반)	67		뒤쪽	
	무신고(부당)	68		뒤쪽	
	과소·초과환급(일반)	69	500,000	뒤쪽	25,000
	과소·초과환급(부당)	70		뒤쪽	
납부불성실		71	500,000	뒤쪽	13,800
영세율과세표준신고불성실		72		5/1,000	
현금매출명세서불성실		73		1/100	
부동산임대공급가액명세서		74		1/100	
매입자 납부특례	거래계좌 미사용	75		뒤쪽	
	거래계좌 지연입금	76		뒤쪽	
합계		77			38,800

가산세계산내역

① 신고불성실가산세=500,000원*10%*50%=25,000원

② 납부불성실가산세=500,000원*3/10,000원*92일=13,800원

<<< 문제 3.

[1] 12월 31일 일반전표입력

    (차) 퇴직급여(판)   20,000,000원   (대) 보통예금   20,000,000원

        퇴직연금운용자산   50,000,000원   보통예금   50,000,000원

    또는

    (차) 퇴직급여(판)   20,000,000원   (대) 보통예금   70,000,000원

　　　퇴직연금운용자산　　　50,000,000원

[2] 12월 31일 일반전표입력

　　(차) 외화장기차입금(ME사) 7,500,000원　　　(대) 외화환산이익　　　　　7,500,000원

[3] 12월 31일 일반전표입력(또는 결산자료입력을 통하여 전표추가해도 됨.)

　　(차) 무형자산상각비　　　　4,000,000원　　　(대) 영업권　　　　　　　4,000,000원

영업권상각비 = 40,000,000원 × 1/5 × 6/12 = 4,000,000원

[4] 12월 31일 일반전표입력

　　(차) 재고자산평가손실　　　　20,000원　　　(대) 재고자산평가충당금　　　　20,000원

제품B 1,000개X (1,000원-980원) = 20,000 원

결산자료입력 후 전표추가

- 기말제품재고액　1,000,000원,

- 기말원재료:　410,000원

또는

결산자료 입력 후 전표추가

- 제품매출원가 9)당기완성품제조원가: 제품평가손실 20,000원,

- 기말제품재고액 1,000,000원,

- 기말원재료: 410,000원

‹‹‹ 문제 4.

[1]

- 사원등록 메뉴

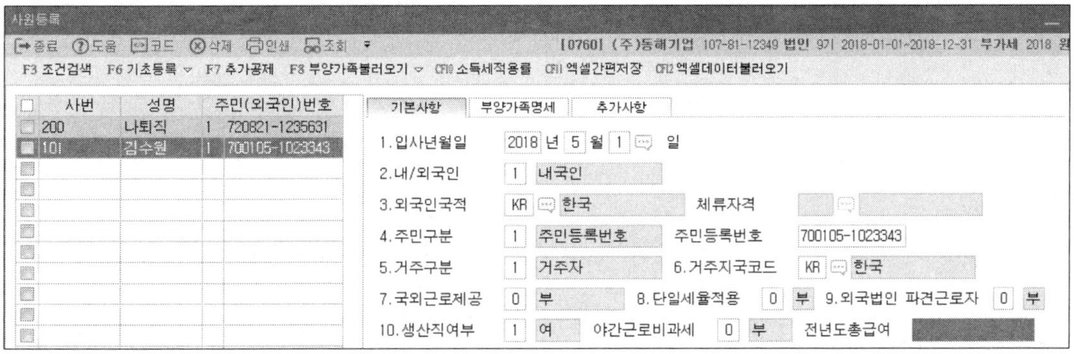

사원등록

	사번	성명	주민(외국인)번호
☐	200	나퇴직	1 720821-1235631
■	101	김수원	1 700105-1023343

[0760] (주)동해기업 107-81-12349 법인 9기 2018-01-01~2018-12-31 부가세 201

F3 조건검색   F6 기초등록 ▽   F7 추가공제   F8 부양가족불러오기 ▽   CF10 소득세적용률   CF11 엑셀간편저장   CF12 엑셀데이터불러오기

기본사항 | **부양가족명세** | 추가사항

연말 관계	성명	내/외 국인	주민(외국인)번호	나이	기본공제	부녀자	한부모	경로 우대	장애인	자녀	6세 이하	출산 입양	위탁 관계
0	김수원	내	1 700105-1023343	48	본인								
3	이수영	내	1 710202-2029454	47	배우자				1				

• 급여자료입력 수당공제등록 메뉴

수당공제등록

수당등록

	코드	과세구분	수당명	근로소득유형 유형	근로소득유형 코드	근로소득유형 한도	월정액	사용여부
4	1004	과세	월차수당	급여			정기	여
5	1005	비과세	식대	식대	P01	(월)100,000	정기	여
6	1006	비과세	자가운전보조금	자가운전보조금	H03	(월)200,000	부정기	여
7	1007	비과세	야간근로수당	야간근로수당	001	(년)2,400,000	부정기	여
8	2001	과세	체력단련수당	급여			정기	여
9								

• 급여자료입력 : 귀속연월 2018년 5월, 지급년월일 2018년 5월 31일

급여자료입력

[0760] (주)동해기업 107-81-12349 법인 9기 2018-01-01~2018-12-31 부가세 2018 원

F3 검색 ▽   F4 수당공제   F6 지급일자   F7 중도퇴사자정산 ▽   F8 마감   F9 인쇄 ▽   CF5 요약   CF6 재계산   SF8 모바일 ▽   SF5 사원간편등록및기타 ▽   SF7 건강보험

귀속년월 : 2018 년 05 월   지급년월일 : 2018 년 05 월 31 일   급여

	사번	사원명	감면율
■	101	김수원	
☐	200	나퇴직	

급여항목	금액
기본급	2,150,000
상여	
직책수당	150,000
월차수당	
식대	100,000
자가운전보조금	200,000
야간근로수당	
체력단련수당	80,000
과　　세	2,380,000
비 과 세	300,000
지 급 총 액	2,680,000

공제항목	금액
국민연금	111,600
건강보험	75,880
장기요양보험	4,970
고용보험	15,470
소득세(100%)	24,730
지방소득세	2,470
농특세	
공 제 총 액	235,120
차 인 지 급 액	2,444,880

총인원(퇴사자) 2(0)

사원정보

입사일(퇴사일)	2018/05/01
주민(외국인)번호	700105-1023343
거주구분	거주자/내국인
생산직/야간근로	여/부
국외/장기요양	부/여
국민/건강	0/0

4.전체사원-현재 ▾ [크게]

지급총액	2,680,000
과세	2,380,000
총비과세	300,000
제출비과세	
미제출비과세	300,000
기본급	2,150,000

공제총액	235,120
차인지급액	2,444,880
국민연금	111,600
건강보험	75,880
장기요양보험	4,970
고용보험	15,470

- 원천징수이행상황신고서 작성

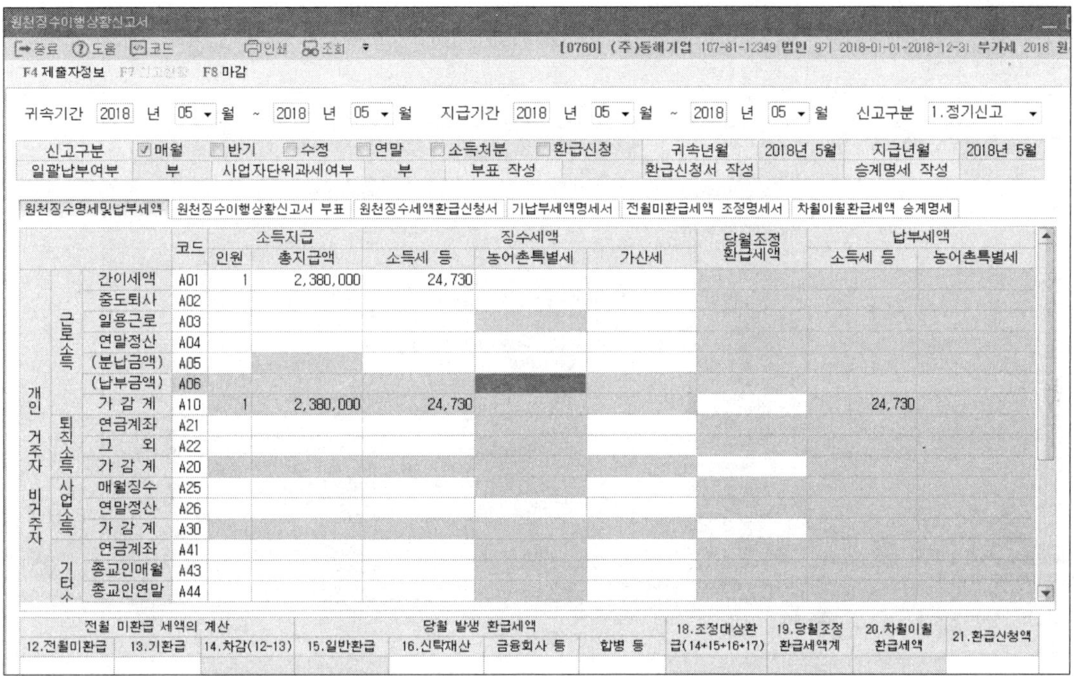

[2]

- 퇴직소득자료입력

• 퇴직소득원천징수영수증

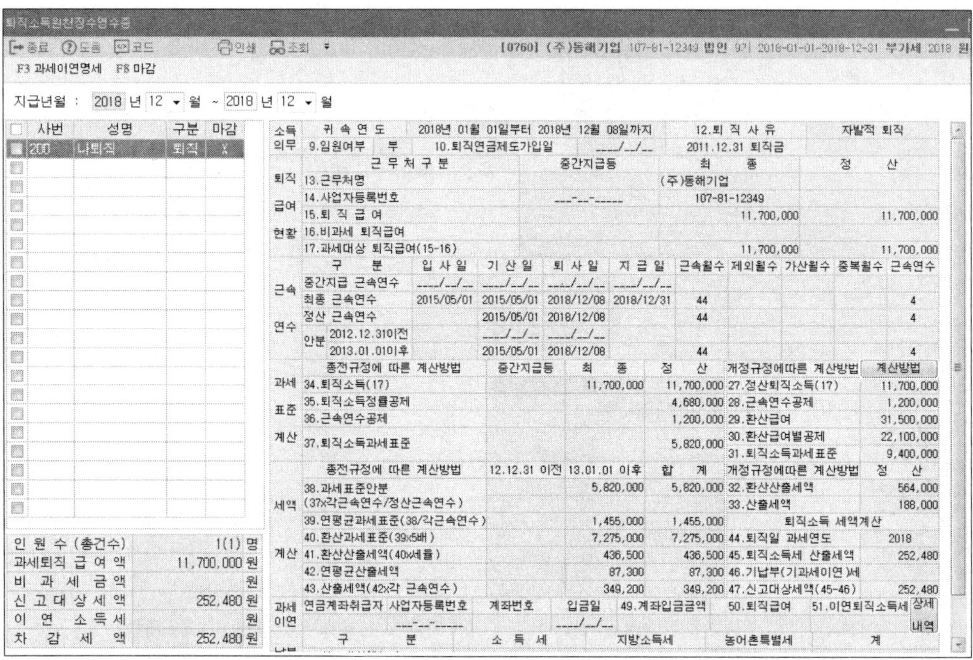

<<< 문제 5.

[1]

• 고정자산등록 메뉴

<손금산입> 감가상각비 시인부족액 추인 986,667원(유보 감소)

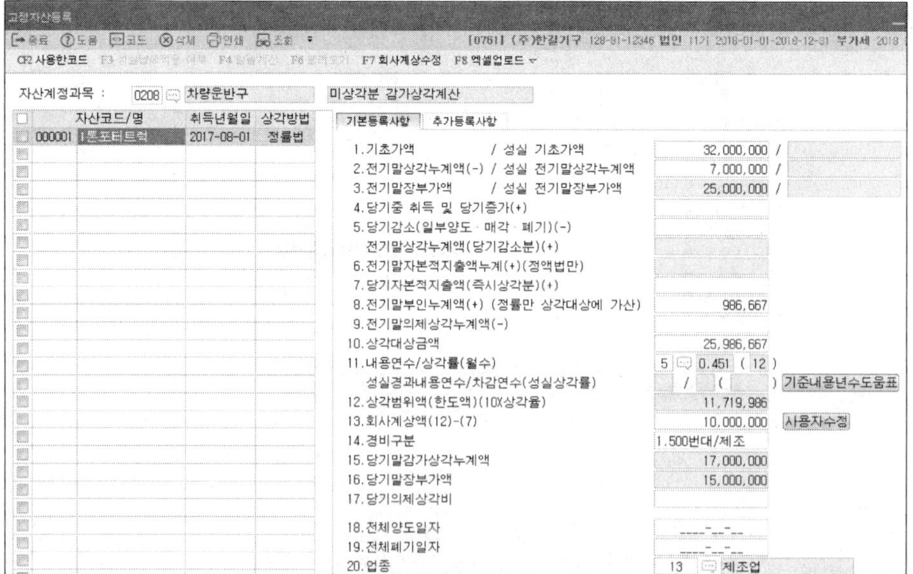

• 미상각자산감가상각조정명세서 메뉴

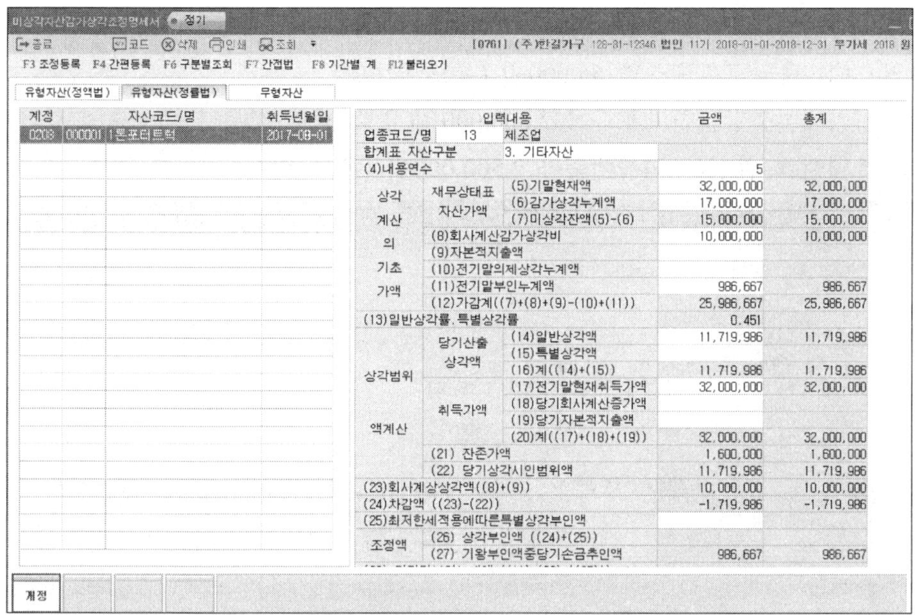

입력내용			금액	총계
업종코드/명　13　제조업				
합계표 자산구분　3. 기타자산				
(4)내용연수			5	
상각계산의 기초가액	재무상태표 자산가액	(5)기말현재액	32,000,000	32,000,000
		(6)감가상각누계액	17,000,000	17,000,000
		(7)미상각잔액(5)-(6)	15,000,000	15,000,000
	(8)회사계산감가상각비		10,000,000	10,000,000
	(9)자본적지출액			
	(10)전기말의제상각누계액			
	(11)전기말부인누계액		986,667	986,667
	(12)가감계((7)+(8)+(9)-(10)+(11))		25,986,667	25,986,667
(13)일반상각률.특별상각률			0.451	
상각범위액계산	당기산출상각액	(14)일반상각액	11,719,986	11,719,986
		(15)특별상각액		
		(16)계((14)+(15))	11,719,986	11,719,986
	취득가액	(17)전기말현재취득가액	32,000,000	32,000,000
		(18)당기회사계산증가액		
		(19)당기자본적지출액		
		(20)계((17)+(18)+(19))	32,000,000	32,000,000
	(21) 잔존가액		1,600,000	1,600,000
	(22) 당기상각시인범위액		11,719,986	11,719,986
(23)회사계상상각액((8)+(9))			10,000,000	10,000,000
(24)차감액 ((23)-(22))			-1,719,986	-1,719,986
(25)최저한세적용에따른특별상각부인액				
조정액	(26) 상각부인액 ((24)+(25))			
	(27) 기왕부인액중당기손금추인액		986,667	986,667

• 감가상각비조정명세서합계표 메뉴

1.자산구분		코드	2.합계액	유형고정자산			6.무형고정자산
				3.건축물	4.기계장치	5.기타자산	
재무상태표상가액	101.기말현재액	01	32,000,000			32,000,000	
	102.감가상각누계액	02	17,000,000			17,000,000	
	103.미상각잔액	03	15,000,000			15,000,000	
	104.상각범위액	04	11,719,986			11,719,986	
	105.회사손금계상액	05	10,000,000			10,000,000	
조정금액	106.상각부인액 (105-104)	06					
	107.시인부족액 (104-105)	07	1,719,986			1,719,986	
	108.기왕부인액 중 당기손금추인액	08	986,667			986,667	
	109.신고조정손금계상액	09					

[2]

• 대손충당금및대손금조정명세서 메뉴

(1) ① 기말대손충당금 잔액 8,000,000원

　　② 한도: A X B = 7,935,000원

　　A: 설정대상채권: 600,000,000 - 2,500,000 + 200,000,000 - 4,000,000 = 793,500,00

　　B: 설정률 가정 1%

(2) 한도초과: 65,000원

(3) 세무조정:

<손금불산입> 대손충당금한도초과 65,000원 (유보 발생)

<손금산입> 전기대손충당금한도초과액 2,000,000원(유보 감소)

<손금산입> 소멸시효 완성분 외상매출금 2,500,000원 (유보 발생)

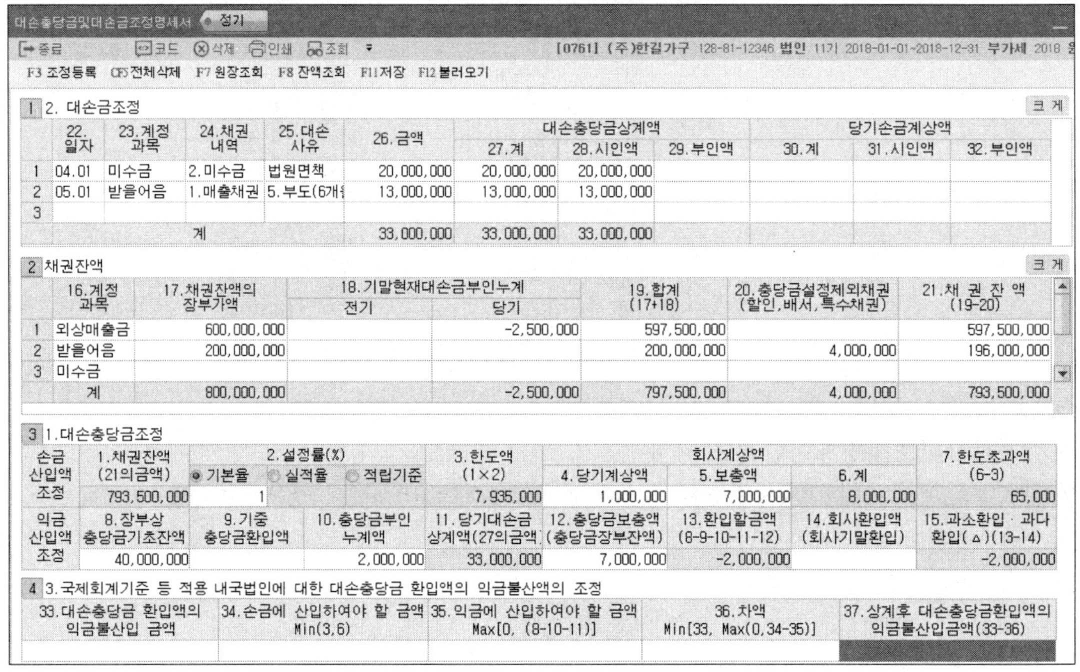

대손충당금및대손금조정명세서 정기

[0761] (주)한길가구 128-81-12346 법인 11기 2018-01-01~2018-12-31 부가세 2018

F3 조정등록 CF5 전체삭제 F7 원장조회 F8 잔액조회 F11 저장 F12 불러오기

1 2. 대손금조정

22.일자	23.계정과목	24.채권내역	25.대손사유	26.금액	대손충당금상계액			당기손금계상액		
					27.계	28.시인액	29.부인액	30.계	31.시인액	32.부인액
1 04.01	미수금	2.미수금	법원면책	20,000,000	20,000,000	20,000,000				
2 05.01	받을어음	1.매출채권	5.부도(6개월	13,000,000	13,000,000	13,000,000				
3										
		계		33,000,000	33,000,000	33,000,000				

2 채권잔액

16.계정과목	17.채권잔액의 장부가액	18.기말현재대손금부인누계		19.합계 (17+18)	20.충당금설정제외채권 (할인,배서,특수채권)	21.채 권 잔 액 (19-20)
		전기	당기			
1 외상매출금	600,000,000		-2,500,000	597,500,000		597,500,000
2 받을어음	200,000,000			200,000,000	4,000,000	196,000,000
3 미수금						
계	800,000,000		-2,500,000	797,500,000	4,000,000	793,500,000

3 1.대손충당금조정

손금산입액	1.채권잔액 (21의금액)	2.설정률(%) ● 기본율	○ 실적율	○ 적립기준	3.한도액 (1×2)	회사계상액			7.한도초과액 (6-3)
						4.당기계상액	5.보충액	6.계	
조정	793,500,000	1			7,935,000	1,000,000	7,000,000	8,000,000	65,000

익금산입액	8.장부상 충당금기초잔액	9.기중 충당금환입액	10.충당금부인 누계액	11.당기대손금 상계액(27의금액)	12.충당금보충액 (충당금장부잔액)	13.환입할금액 (8-9-10-11-12)	14.회사환입액 (회사기말환입)	15.과소환입·과다 환입(△)(13-14)
조정	40,000,000		2,000,000	33,000,000	7,000,000	-2,000,000		-2,000,000

4 3.국제회계기준 등 적용 내국법인에 대한 대손충당금 환입액의 익금불산액의 조정

33.대손충당금 환입액의 익금불산입 금액	34.손금에 산입하여야 할 금액 Min(3,6)	35.익금에 산입하여야 할 금액 Max[0, (8-10-11)]	36.차액 Min[33, Max(0,34-35)]	37.상계후 대손충당금환입액의 익금불산입금액(33-36)

[3]

• 접대비조정명세서 메뉴

　접대비 세무조정

　<손금불산입> 카드미사용 접대비 5,000,000원 (기타사외유출)

　<손금불산입> 대표이사개인용도 1,000,000원 (상여)

　<손금불산입> 접대비한도초과 5,540,000원 (기타사외유출)

　- 한도계산 대상접대비 34,000,000원

　- 접대비한도 : 28,460,000원 = 24,000,000원 + 2,200,000,0000원

　　　　* 0.2% + 300,000,000원 * 0.2% * 10%

접대비조정명세서 정기

[0761] (주)한길가구 128-81-12346 법인 11기 2018-01-01~2018-12-31 부가세 2018

F3 조정등록　CF5 전체삭제　F6 계정과목 설정　F7 원장조회　F11 저장　F12 불러오기

1.접대비 입력 (을)　2.접대비 조정 (갑)

1. 수입금액명세

구　분	① 일반수입금액	② 특수관계인간 거래금액	③ 합　계(①+②)
금　액	2,200,000,000	300,000,000	2,500,000,000

2. 접대비 해당금액

④ 계정과목		합계	접대비(제조)	접대비(판관)	복리후생비	
⑤ 계정금액		40,000,000	17,000,000	21,000,000	2,000,000	
⑥ 접대비계상액 중 사적사용경비		1,000,000		1,000,000		
⑦ 접대비해당금액(⑤-⑥)		39,000,000	17,000,000	20,000,000	2,000,000	
⑧ 신용카드 등 미사용금액	경조사비 중 기준금액 초과액	⑨신용카드 등 미사용금액				
		⑩총 초과금액				
	국외지역 지출액 (법인세법 시행령 제41조제2항제1호)	⑪신용카드 등 미사용금액				
		⑫총 지출액				
	농어민 지출액 (법인세법 시행령 제41조제2항제2호)	⑬송금명세서 미제출금액				
		⑭총 지출액				
	접대비 중 기준금액 초과액	⑮신용카드 등 미사용금액	5,000,000	2,000,000	3,000,000	
		(16)총 초과금액	39,000,000	17,000,000	20,000,000	2,000,000
(17) 신용카드 등 미사용 부인액		5,000,000	2,000,000	3,000,000		
(18) 접대비 부인액(⑥+(17))		6,000,000	2,000,000	4,000,000		

접대비조정명세서 정기

[0761] (주)한길가구 128-81-12346 법인 11기 2018-01-01~2018-12-31 부가세 2018

F3 조정등록　CF5 전체삭제　F6 계정과목 설정　F7 원장조회　F11 저장　F12 불러오기

1.접대비 입력 (을)　2.접대비 조정 (갑)

3　접대비 한도초과액 조정

중소기업

☐ 정부출자법인
☐ 부동산임대업등 ⑧한도액 50%적용

구분			금액
① 접대비 해당 금액			39,000,000
② 기준금액 초과 접대비 중 신용카드 등 미사용으로 인한 손금불산입액			5,000,000
③ 차감 접대비 해당금액(①-②)			34,000,000
일반 접대비 한도	④ 12,000,000 (중소기업 24,000,000) X 월수(12) / 12		24,000,000
	총수입금액 기준	100억원 이하의 금액 X 20/10,000	5,000,000
		100억원 초과 500억원 이하의 금액 X 10/10,000	
		500억원 초과 금액 X 3/10,000	
		⑤ 소계	5,000,000
	일반수입금액 기준	100억원 이하의 금액 X 20/10,000	4,400,000
		100억원 초과 500억원 이하의 금액 X 10/10,000	
		500억원 초과 금액 X 3/10,000	
		⑥ 소계	4,400,000
	⑦ 수입금액기준	(⑤-⑥) X 10/100	60,000
	⑧ 일반접대비 한도액 (④+⑥+⑦)		28,460,000
문화접대비 한도 (「조특법」 제136조제3항)	⑨ 문화접대비 지출액		
	⑩ 문화접대비 한도액(⑨와 (⑧ X 20/100) 중 작은 금액)		
⑪ 접대비 한도액 합계(⑧+⑩)			28,460,000
⑫ 한도초과액(③-⑪)			5,540,000
⑬ 손금산입한도 내 접대비 지출액(③과⑪ 중 작은 금액)			28,460,000

[4] •퇴직연금부담금조정명세서 메뉴

　　<손금불산입> 퇴직연금수령액 15,000,000원(유보감소)

　　<손금산입>　퇴직연금충당부채 25,000,000원(유보발생)

퇴직연금부담금등조정명세서 ● 정기

종료　　코드　삭제　인쇄　조회 ▼　　　　　[0761] (주)한길가구 128-81-12346 법인 11기 2018-01-01~2018-12-31 부가세 2018 원

F3 조정등록　CF5 전체삭제　F7 원장조회　F8 잔액조회　F11 저장　F12 불러오기

▷ 2.이미 손금산입한 부담금 등의 계산

1 나.기말 퇴직연금 예치금 등의 계산

19.기초 퇴직연금예치금 등	20.기중 퇴직연금예치금 등 수령 및 해약액	21.당기 퇴직연금예치금 등의 납입액	22.퇴직연금예치금 등 계 (19 - 20 + 21)
60,000,000	15,000,000		45,000,000

2 가.손금산입대상 부담금 등 계산

13.퇴직연금예치금 등 계 (22)	14.기초퇴직연금충당금등 및 전기말 신고조정에 의한 손금산입액	15.퇴직연금충당금등 손금부인 누계액	16.기중퇴직연금등 수령 및 해약액	17.이미 손금산입한 부담금등 (14 - 15 - 16)	18.손금산입대상 부담금 등 (13 - 17)
45,000,000	60,000,000		15,000,000	45,000,000	25,000,000

▷ 1.퇴직연금 등의 부담금 조정

1.퇴직급여추계액	당기말 현재 퇴직급여충당금				6.퇴직부담금 등 손금산입 누적한도액 (① - ⑤)
	2.장부상 기말잔액	3.확정기여형퇴직연금자의 설정전 기계상된 퇴직급여충당금	4.당기말 부인 누계액	5.차감액 (② - ③ - ④)	
100,000,000	15,000,000			15,000,000	85,000,000

7.이미 손금산입한 부담금 등 (17)	8.손금산입액 한도액 (⑥ - ⑦)	9.손금산입 대상 부담금 등 (18)	10.손금산입범위액 (⑧과 ⑨중 적은 금액)	11.회사 손금 계상액	12.조정금액 (⑩ - ⑪)
45,000,000	40,000,000	25,000,000	25,000,000		25,000,000

[5]

1. 자본금과적립금조정명세서(을)과 관련된 세무조정사항은 유보로 소득처분된 사항이므로 2017년 및 2018년 소득금액조정합계표상 소득처분내용은 다음과 같다.

　1) 2017년 소득금액조정합계표상 소득처분

익금산입 손금불산입			익금불산입 손금산입		
과목	금액	처분	과목	금액	처분
법인세비용	10,000,000	기/사	상품	2,000,000	유보발생
접대비한도초과	5,000,000	기/사			
기부금	7,000,000	유보발생			
건물감가상각비	10,000,000	유보발생			
합계	32,000,000		합계	2,000,000	

2) 2018년 소득금액조정합계표상 소득처분

익금산입 손금불산입			익금불산입 손금산입		
과목	금액	처분	과목	금액	처분
법인세비용	15,000,000	기/사	선급비용	6,000,000	유보발생
접대비한도초과	15,000,000	기/사	외상매출금	8,000,000	유보발생
상품	6,000,000	유보발생	기부금	7,000,000	유보감소
상품	2,000,000	유보감소	건물감가상각비	3,000,000	유보감소
합계	38,000,000		합계	24,000,000	

3) 위의 소득금액조정합계표상 유보소득처분내역을 자본금과적립금조정명세서(을)에 반영하면 다음과 같다.

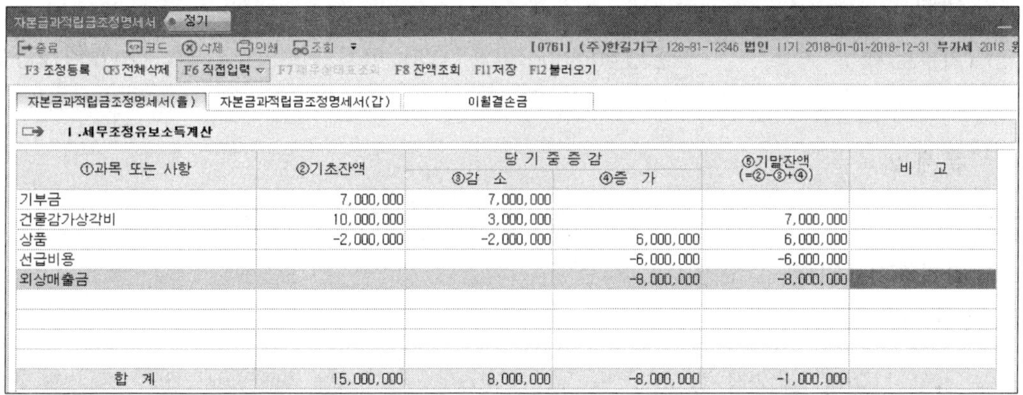

①과목 또는 사항	②기초잔액	당 기 중 증 감		⑤기말잔액 (=②-③+④)	비 고
		③감 소	④증 가		
기부금	7,000,000	7,000,000			
건물감가상각비	10,000,000	3,000,000		7,000,000	
상품	-2,000,000	-2,000,000	6,000,000	6,000,000	
선급비용			-6,000,000	-6,000,000	
외상매출금			-8,000,000	-8,000,000	
합 계	15,000,000	8,000,000	-8,000,000	-1,000,000	

75회 실무시험 해답

<<< 문제 1.

[1] 9월 20일 일반전표입력

(차) 자본금	10,000,000원	(대) 보통예금	5,000,000원
		감자차익(자본잉여금)	5,000,000원

또는

(차) 자기주식	5,000,000원	(대) 보통예금	5,000,000원
(차) 자본금	10,000,000원	(대) 자기주식	5,000,000원
		(대) 감자차익	5,000,000원

[2] 10월 10일 매입매출전표입력

유형: 11.과세, 공급가액:△10,000,000원, 부가세:△1,000,000원 거래처:㈜서울, 전자: 여, 분개: 외상

(차) 외상매출금	△11,000,000원	(대) 제품매출	△10,000,000원
		부가세예수금	△1,000,000원

[3] 11월 5일 일반전표입력

(차) 보통예금	10,000,000원	(대) 배당금수익	10,000,000원

기업회계기준상 회사가 수령한 현금배당은 배당수익으로 인식하지만 주식배당은 배당수익으로 계상하지 아니하며 회사가 보유한 주식의 수량만 증가시키는 회계처리를 한다. 또한 법인에게 귀속되는 배당금에 대하여는 원천징수대상 소득이 아니므로 원천징수세액은 고려할 필요가 없다.

[4] 12월 1일 매입매출전표입력

유형:54.불공(사유:6), 공급가액:200,000,000원, 부가세:20,000,000원, 거래처:㈜G건설, 전자:여, 분개: 혼합

(차) 토지	220,000,000원	(대) 미지급금	220,000,000원

<<< 문제 2.

[1]

• 매입매출전표입력

6월 30일

유형: 11.과세, 공급가액: 1,500,000원, 부가세: 150,000원, 거래처: ㈜삼성상사, 전자: 여, 분개: 혼합

(차) 외상매출금	1,650,000원	(대) 부가세예수금	150,000원

	임대료수입		1,500,000원

6월 30일

> 유형: 14.건별, 공급가액 73,972원, 부가세 7,397원, 거래처: 없음, 분개: 혼합

(차) 세금과공과(판)　7,397원　　(대) 부가세예수금　7,397원

6월 9일

> 유형: 57.카과, 공급가액 100,000원, 부가세 10,000원, 거래처: 서울식당, 분개: 카드, 신용카드사: 국민카드

(차) 부가세대급금　10,000원　　(대) 미지급금(또는 미지급비용)　110,000원
　　복리후생비(판)　100,000원

• 부동산임대공급가액명세서

부동산임대공급가액명세서

조회기간: 2018 년 04 월 ~ 2018 년 06 월　1기 확정					

➡ 등 록 사 항

1.사업자등록번호 105-87-54326　　2.주민등록번호 ＿＿＿＿＿-＿＿＿＿＿＿

3.면적(㎡) 100.00 ㎡　4.용도 사무실

5.임대기간에 따른 계약 내용

	계약갱신일	임대기간
1		2018-06-01 ~ 2020-05-31
2		

6.계 약 내 용	금 액	당해과세기간계
보 증 금	50,000,000	50,000,000
월　세	1,500,000	1,500,000
관 리 비		
7.간주 임대료	73,972	73,972　30 일
8.과 세 표 준	1,573,972	1,573,972

소 계			
월　세	1,500,000	관 리 비	
간주임대료	73,972	과 세 표 준	1,573,972

전 체 합 계				
월세등	1,500,000	간주임대료	73,972	과세표준(계)　1,573,972

코드	거래처명(임차인)	동	층	호
1　1016	(주)삼성상사	1	1	101
2				

• 신용카드매출전표등수령명세서(갑)(을)

신용카드매출전표등수령명세서(갑)(을)

[→종료 ⑦도움 코드 ⊗삭제 인쇄 조회 ▾　　　　[0750] (주)서강 120-81-12056 법인 10기 2018-01-01~2018-12-31 부가세
F4 새로불러오기　F7 마감　F8 작성일자　F11저장　SF12 휴폐업조회(전체) ▾

조회기간 : 2018 년 04 ▾ 월 ~ 2018 년 06 ▾ 월　　　구분 1기 확정

□➡ 2. 신용카드 등 매입내역 합계

구분	거래건수	공급가액	세액
합　계	1	100,000	10,000
현금영수증			
화물운전자복지카드			
사업용신용카드	1	100,000	10,000
기 타 신용카드			

□➡ 3. 거래내역입력

월/일	구분	공급자	공급자(가맹점)사업자등록번호	카드회원번호	기타 신용카드 등 거래내역 합계		
					거래건수	공급가액	세액
06-09	사업	서울식당	128-86-54322	5654-9856-1235-7456	1	100,000	10,000
			합계		1	100,000	10,000

• 부가가치세신고서

구분				정기신고금액		
				금액	세율	세액
과세표준및매출세액	과세	세금계산서발급분	1	1,500,000	10/100	150,000
		매입자발행세금계산서	2		10/100	
		신용카드·현금영수증발행분	3		10/100	
		기타(정규영수증외매출분)	4	65,753		6,575
	영세	세금계산서발급분	5		0/100	
		기타	6		0/100	
	예정신고누락분		7			
	대손세액가감		8			
	합계		9	1,565,753	㉮	156,575
매입세액	세금계산서수취분	일반매입	10			
		수출기업수입분납부유예	10			
		고정자산매입	11			
	예정신고누락분		12			
	매입자발행세금계산서		13			
	그 밖의 공제매입세액		14	100,000		10,000
	합계(10)-(10-1)+(11)+(12)+(13)+(14)		15	100,000		10,000
	공제받지못할매입세액		16			
	차감계 (15-16)		17	100,000	㉯	10,000
납부(환급)세액(매출세액㉮-매입세액㉯)					㉰	146,575
경감공제세액	그 밖의 경감·공제세액		18			
	신용카드매출전표등 발행공제등		19			
	합계		20		㉱	
예정신고미환급세액			21		㉲	
예정고지세액			22		㉳	
사업양수자의 대리납부 기납부세액			23		㉴	
매입자 납부특례 기납부세액			24		㉵	
가산세액계			25		㉶	
차감·가감하여 납부할세액(환급받을세액)(㉰-㉱-㉲-㉳-㉴-㉵+㉶)			26			146,575
총괄납부사업자가 납부할 세액(환급받을 세액)						

구분				금액	세율	세액
7.매출(예정신고누락분)						
예정누락분	과세	세금계산서	32		10/100	
		기타	33		10/100	
	영세	세금계산서	34		0/100	
		기타	35		0/100	
	합계		36			
12.매입(예정신고누락분)						
예정누락분		세금계산서	37			
		그 밖의 공제매입세액	38			
		합계	39			
	신용카드매출수령금액합계	일반매입				
		고정매입				
	의제매입세액					
	재활용폐자원등매입세액					
	과세사업전환매입세액					
	재고매입세액					
	변제대손세액					
	외국인관광객에대한환급/					
	합계					
14.그 밖의 공제매입세액						
신용카드매출수령금액합계표	일반매입		40	100,000		10,000
	고정매입		41			
의제매입세액			42		뒤쪽	
재활용폐자원등매입세액			43		뒤쪽	
과세사업전환매입세액			44			
재고매입세액			45			
변제대손세액			46			
외국인관광객에대한환급세액			47			
합계			48	100,000		10,000

[2]

• 수출실적명세서

구분	건수	외화금액	원화금액	비고
⑨합계	2	450,000.00	435,000,000	
⑩수출재화[=⑫합계]	2	450,000.00	435,000,000	
⑪기타영세율적용				

	(13)수출신고번호	(14)선(기)적일자	(15)통화코드	(16)환율	금액 (17)외화	금액 (18)원화	거래처코드	전표정보 거래처명
1	016-10-09-0115714-2	2018-07-20	USD	900.0000	300,000.00	270,000,000	00101	김천상사
2	010-15-15-0613515-0	2018-07-22	USD	1,100.0000	150,000.00	165,000,000	00102	미국상사
3								
	합계				450,000	435,000,000		

‹‹‹ 문제 3.

[1] 12월 31일 일반전표입력

    (차) 단기매매증권   25,000원   (대) 단기매매증권평가이익   25,000원

    · 단기매매증권평가이익 = 50주×(8,500원-8,000원) = 25,000원

[2] 12월 31일 일반전표입력

    (차) 소모품   1,000,000원   (대) 소모품비(판)   1,000,000원

[3] 12월 31일 일반전표입력

    (차) 유형자산손상차손   2,500,000원   (대) 손상차손누계액   2,500,000원

    · 30,000,000원 - max(25,000,000원, 27,500,000원) =2,500,000원

[4]

    1) 12월 31일 일반전표입력

    전기 미설정분의 경우 일반전표입력에서 다음과 같이 분개한다.

    (차) 전기오류수정손실(이익잉여금) 50,000,000원   (대) 퇴직급여충당부채   50,000,000원

2) 결산자료입력 메뉴 (일반전표에 직접 입력해도 무관함)

당기 설정분은 결산자료 입력에서

· 제품매출원가-노무비-퇴직급여(전입액)란에 20,000,000원

· 판매비와관리비-퇴직급여(전입액)란에 10,000,000원

<<< 문제 4.

[1]

• 사원등록 - 부양가족

사원등록			
↳종료 ⑦도움 ⒸⒹ코드 ⊗삭제 🖶인쇄 🔍조회 ▾		[0750] (주)서강 120-81-12056 법인 10기 2018-01-01~2018-12-31 부가세 2018	
F3 조건검색 F6 기초등록 ▾ F7 추가공제 F8 부양가족불러오기 ▾ CF8 소득세적용률 CF11 엑셀간편저장 CF12 엑셀데이터불러오기			

사번	성명	주민(외국인)번호
100	김서우	1 651201-1124582

기본사항 **부양가족명세** 추가사항

연말관계	성명	내/외국인	주민(외국인)번호	나이	기본공제	부녀자	한부모	경로우대	장애인	자녀	6세이하	출산입양	위탁관계
0	김서우	내 1	651201-1124582	53	본인								
1	김일광	내 1	390516-1051326	79	60세이상			○					
1	최애순	내 1	450819-2015623	73	60세이상			○					
3	이은미	내 1	720101-2101011	46	배우자								
4	김서수	내 1	991120-1051312	19	20세이하					○			
4	김서희	내 1	010801-4105121	17	20세이하					○			
6	김서원	내 1	760808-2153201	42	부								

• 연말정산추가자료입력

구 분	성 명	금 액	비 고
보험료	본인	900,000원	보장성 보험 일반에 입력
	김서수	1,200,000원	보장성 보험 일반에 입력
의료비	김일광	2,000,000원	의료비 본인, 경로자에 입력
	김서수	1,100,000원	의료비 일반에 입력
	김서원	3,000,000원	의료비 일반에 입력, 치료목적이므로 공제대상임.
교육비	이은미	6,000,000원	대학원 등록비는 공제대상아님.
	김서수	2,200,000원	교육비 초중고 - 2,200,000원 입력
	김서희	1,800,000원	교육비 초중고 - 1,800,000원 입력
기부금	본인	2,000,000원	기부금 종교단체외 기부금에 입력
	김서수	800,000원	기부금 법정기부금에 입력
	김서원	1,500,000원	기부금 종교단체 기부금에 입력, 나이요건을 충족하지 못한 형제자매 기부금도 세액공제대상에 해당한다.

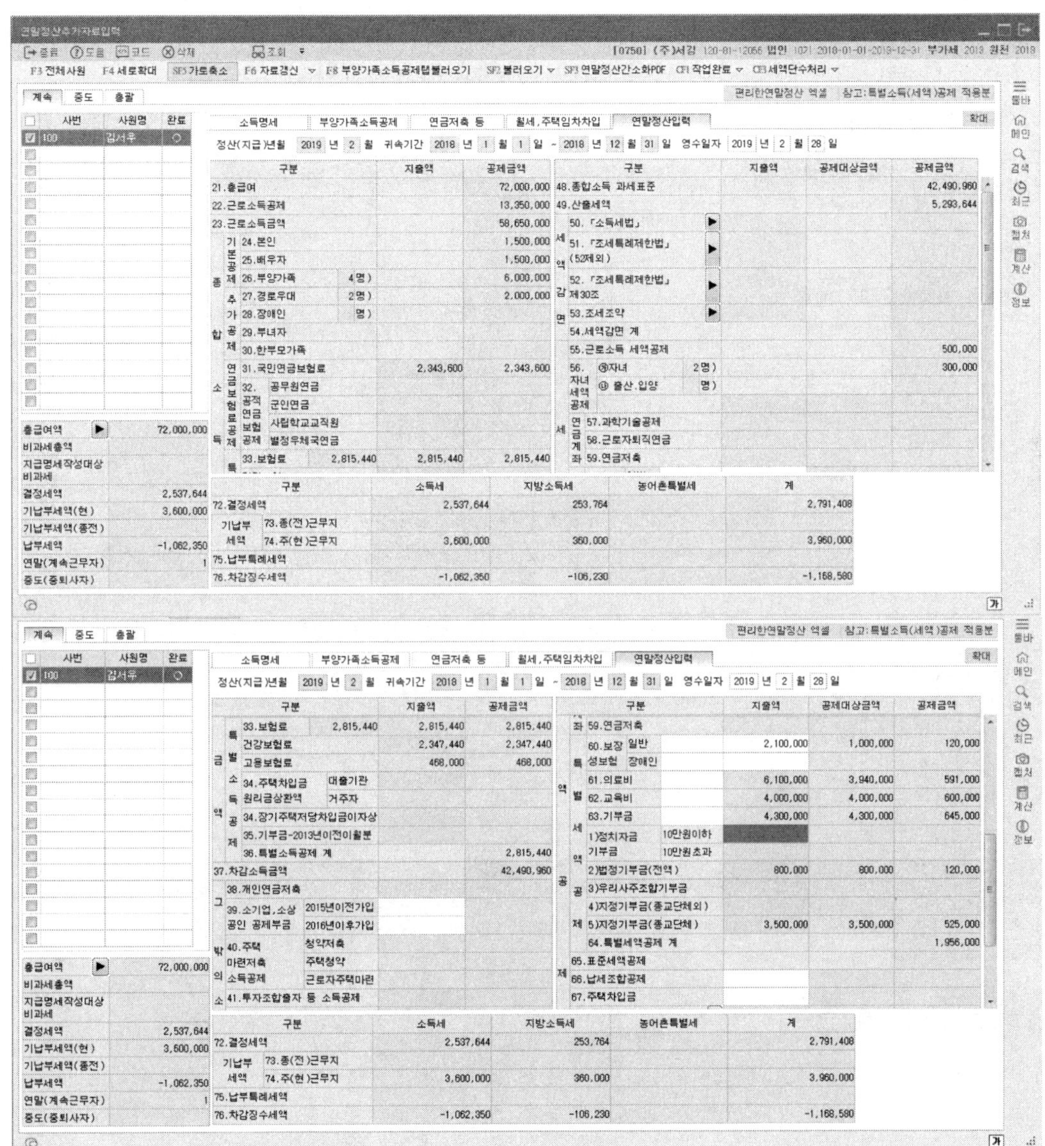

[2]

주 주	거주자 비거주자 구분	지분율	배당금
홍길동	거주자	70%	35,000,000
칠갑산	거주자	30%	15,000,000

① 잉여금처분에 의한 배당의 귀속시기는 당해법인의 잉여금처분결의일이므로 2018년 귀속 배당소득은 2018.2.25이 잉여금처분결의일인 8기 이익잉여금처분계산서상 현금배당으로 처분된 소득 50,000,000원을 말한다.(소령 46조 2호)

② 배당금을 3개월 내에 지급하지 못하는 경우 원천징수특례에 의하여 원천징수시기는 2018.2.25.부터 3개월이 되는 날인 2018.5.25.이다.(소법 131조 1항)

• 이자배당소득자료입력

<<< 문제 5.

[1]

<익금산입> 외상매출 누락 5,500,000원 (유보 발생)

<손금산입> 제품매출원가 3,000,000원 (유보 발생)

• 수입금액조정명세서

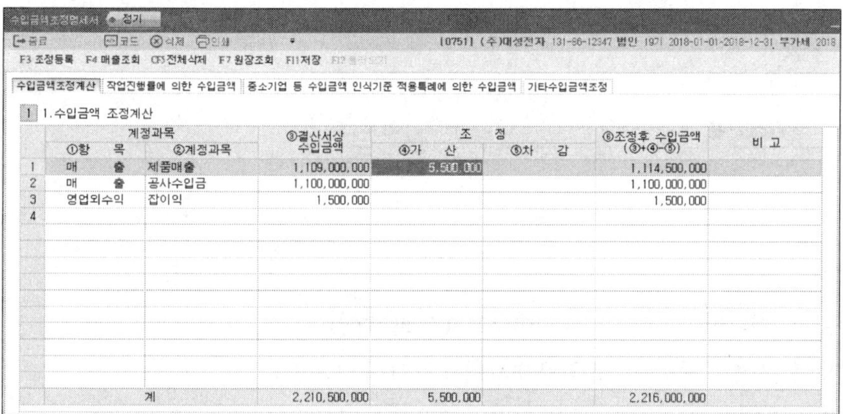

	계정과목	③결산서상 수입금액	조 정		⑥조정후 수입금액 (③+④-⑤)	비 고
①항 목	②계정과목		④가 산	⑤차 감		
1 매 출	제품매출	1,109,000,000	5,500,000		1,114,500,000	
2 매 출	공사수입금	1,100,000,000			1,100,000,000	
3 영업외수익	잡이익	1,500,000			1,500,000	
4						
계		2,210,500,000	5,500,000		2,216,000,000	

• 조정후수입금액명세서

①업 태	②종 목	순번	③기준(단순) 경비율번호	수입 금액			⑦수 출 (영세율대상)
				수입금액계정조회 ④계(⑤+⑥+⑦)	내 수 판 매 ⑤국내생산품	⑥수입상품	
제조.도매업	전자응용기계외	01	292203	1,116,000,000	1,107,000,000		9,000,000
건설업	건설 / 비주거용건물건	02	451104	1,100,000,000	1,100,000,000		
		03		1,500,000	1,500,000		
		04					
		05					
		06					
		07					
		08					
		09					
		10					
(111)기 타		11					
(112)합 계		99		2,217,500,000	2,208,500,000		9,000,000

조정후수입금액명세서 ● 정기

[0751] (주)대성전자 131-86-12347 법인 16기 2018-01-01~2018-12-31 부가세 2018

F9 전체삭제 F7 잔액조회 F8 수입조회 F11저장 F12 불러오기

| 업종별 수입금액 명세서 | 과세표준과 수입금액 차액검토 |

2 2.부가가치세 과세표준과 수입금액 차액 검토   부가가치세 신고 내역보기

(1) 부가가치세 과세표준과 수입금액 차액

⑧과세(일반)	⑨과세(영세율)	⑩면세수입금액	⑪합계(⑧+⑨+⑩)	⑫조정후수입금액	⑬차액(⑪-⑫)
2,238,000,000	9,000,000		2,247,000,000	2,216,000,000	31,000,000

(2) 수입금액과의 차액내역(부가세과표에 포함되어 있으면 +금액, 포함되지 않았으면 -금액 처리)

⑭구 분	코드	(16)금 액	비 고	⑮구 분	코드	(16)금 액	비 고
자가공급(면세전용등)	21			거래(공급)시기차이감액	30		
사업상증여(접대제공)	22			주세·개별소비세	31		
개인적공급(개인적사용)	23			매출누락	32		
간주임대료	24				33		
자산 고정자산매각액	25	30,000,000			34		
매각 그밖의자산매각액(부산물)	26				35		
폐업시 잔존재고재화	27				36		
작업진행률 차이	28				37		
거래(공급)시기차이가산	29	1,000,000		(17)차 액 계	50	31,000,000	

[2]

• 세금과공과금명세서

<손금불산입> 공장용지 취득세   700,000원 (유보발생)

<손금불산입> 법인세분 지방소득세   5,300,000원 (기타사외유출)

<손금불산입> 주차위반과태료   120,000원 (기타사외유출)

산재보험 연체료는 손금으로 인정된다(법기통 21-0···2)

[3]

• 가지급금등의인정이자조정명세서

    (1) 가중평균차입이자율 : 20% x 25,000,000원/62,500,000원 + 16% x 37,500,000원/62,500,000원 = 17.6%

    (2) 인정이자 : 김회장: 97,500,000원 x 219일 x 0.176 x 1/365 = 10,296,000원

        김이사: 16,250,000원 x 188일 x 0.176 x 1/365 = 1,473,095원

    (3) 익금산입액 : 김회장: 10,296,000원 - 5,850,000원 = 4,446,000원

        김이사: 약정이자가 인정이자보다 크므로 익금산입액 없음

    (4) 세무조정 : (익금산입) 대표이사 인정이자 4,446,000원(상여)

가지급금등의인정이자조정명세서 ● 정기

[0751] (주)대성전자 131-86-12347 법인 19기 2018-01-01~2018-12-31 부가세 2018

F3 조정등록 F6 가로축소 F7 원장조회 F8 잔액조회 F11연일수변경

| 1.가지급금.가수금 입력 | 2.차입금 입력 | 3.인정이자계산 : (을)지 | 4.인정이자조정 : (갑)지 | 이자율선택 : [2] 가중평균차입이자율로 계산 |

2.가중평균차입이자율에 따른 가지급금 등의 인정이자 조정 (연일수 : 365일)

	1.성명	2.가지급금적수	3.가수금적수	4.차감적수(2-3)	5.인정이자	6.회사계상액	7.차액(5-6)	8.비율(%)	9.조정액(=7) 7>=3억,8>=5%
1	김회장	21,352,500,000		21,352,500,000	10,296,000	5,850,000	4,446,000	43.18181	4,446,000
2	김이사	3,055,000,000		3,055,000,000	1,473,095	1,750,000	-276,905		

[4]

• 일반연구및인력개발비명세서

1. 발생명세 및 증가발생액 계산

1 해당 연도의 연구 및 인력개발비 발생 명세

계정과목	자체연구개발비					
	인건비		재료비 등		기타	
	인원	(6)금액	건수	(7)금액	건수	(8)금액
1 경상연구개발		21,000,000		5,000,000		
2 개발비		30,000,000		10,000,000		
3						
합계		51,000,000		15,000,000		

계정과목	위탁 및 공동 연구개발비		(10)인력개발비	(11)맞춤형교육비용	(12)현장훈련 수당 등	(13)총 계
	건수	9.금액				
1 경상연구개발						26,000,000
2 개발비						40,000,000
3						
합계						66,000,000

2 연구 및 인력개발비의 증가발생액의 계산

(14)해당과세연도 발생액(=(13))	(15)직전4년 발생액 계 (16+17+18+19)	(16)직전 1년 2017-01-01 ~ 2017-12-31	(17)직전 2년 2016-01-01 ~ 2016-12-31	(18)직전 3년 2015-01-01 ~ 2015-12-31	(19)직전 4년 2014-01-01 ~ 2014-12-31
66,000,000	121,000,000	42,000,000	35,000,000	24,000,000	20,000,000
(20)직전4년간 연평균 발생액	30,250,000	(21)직전3년간 연평균 발생액	33,666,666	(22)직전2년간 연평균 발생액	38,500,000
(23)증가발생액 (2013년 (14)-(21), 2014년 (14)-(22), 2015년이후 (14)-(16))					24,000,000

2. 공제세액계산 [연구 및 인력개발비 명세서]에 자료를 입력하여 다음의 금액을 계산

(1) 당기의 연구 및 인력개발비 집계 : 51,000,000원(인건비) + 15,000,000원(재료비) = 66,000,000원

(2) 직전 4년간 연평균 발생액 : [42,000,000원 + 35,000,000원 + 24,000,000원 + 20,000,000원] × 1/4 = 30,250,000원

(3) 연구 및 인력개발비 세액공제금액 계산 : 세액공제 금액 적용 = ①, ②중 큰 금액 = 16,500,000

   ① 당기 발생액 기준 : 66,000,000원 × 25% = 16,500,000원

   ② 증가 발생액 기준 : (66,000,000원 - 42,000,000원) × 50% = 12,000,000원

[5]

1. 세무조정사항

   1) <손금불산입> 법인세등 50,000,000원 (기타사외유출)

   2) <손금불산입> 임원퇴직금 한도초과 15,000,000원 (상여)

   임원퇴직금의 한도 = 100,000,000원 × 10% × $8\frac{6}{12}$ = 85,000,000원

   퇴직금한도초과액 = 100,000,000원 - 85,000,000원 = 15,000,000원

2. • 법인세과세표준 및 세액조정계산서

법인세과세표준및세액조정계산서　● 정기

[➡종료　　　💬코드　❌삭제　🖨인쇄　🔍조회　▾　　　[0751] (주)대성전자 131-86-12347 법인 19기 2018-01-01~2018-12-31 부가세 2018

F7 원장조회　F8 잔액조회　F11저장　F12불러오기

① 각 사 업 연 도 소 득 계 산	101.결 산 서 상　당 기 순 손 익		01	500,000,000
	소 득 조 정 금　　　액	102.익 금 산 입	02	65,000,000
		103.손 금 산 입	03	
	104.차 가 감 소득금액 (101+102-103)		04	565,000,000
	105.기 부 금 한 도 초 과 액		05	
	106.기부금 한도초과 이월액 손금산입		54	
	107.각사업연도소득금액(104+105-106)		06	565,000,000
② 과 세 표 준 계 산	108.각 사 업 연 도 소 득 금 액(108=107)			565,000,000
	109.이　　월　　결　　손　　금		07	35,000,000
	110.비　　과　　세　　소　　득		08	
	111.소　　　득　　　공　　　제		09	
	112.과 세 표 준 (108-109-110-111)		10	530,000,000
	159.선　박　표　준　이　익		55	
③ 산 출 세 액 계 산	113.과 세 표 준 (113=112+159)		56	530,000,000
	114.세　　　　　　　　　율		11	20%
	115.산　　출　　세　　액		12	86,000,000
	116.지 점 유 보 소 득 (법 제96조)		13	
	117.세　　　　　　　　　율		14	
	118.산　　출　　세　　액		15	
	119.합　　　　　계 (115+118)		16	86,000,000

④ 납 부 할 세 액 계 산		120.산　　출　　세　　액 (120=119)		86,000,000
		121.최저한세 적용 대상 공제 감면 세액	17	1,000,000
		122.차　　감　　세　　액	18	85,000,000
		123.최저한세 적용 제외 공제 감면 세액	19	8,000,000
		124.가　　산　　세　　액	20	100,000
		125.가　　감　　계(122-123+124)	21	77,100,000
	기 납 부 세 액	기한내납부세액 126.중 간 예 납 세 액	22	15,000,000
		127.수 시 부 과 세 액	23	
		128.원 천 납 부 세 액	24	500,000
		129.간접 회사등 외국 납부세액	25	
		130.소　　계(126+127+128+129)	26	15,500,000
		131.신 고 납 부 전 가 산 세 액	27	
		132.합　　　계 (130+131)	28	15,500,000
		133.감 면 분 추 가 납 부세액	29	
		134.차가감 납부할 세액(125-132+133)	30	61,600,000

⑤토지등양도소득, ⑥미환류소득 법인세계산 (TAB로 이동)

⑦ 세 액 계		151.차 가 감 납부할 세 액 계(134+150)	46	61,600,000
		152.사실과 다른 회계처리 경정세액공제	57	
		153.분 납 세 액 계 산 범 위 액 (151-124-133-145-152+131)	47	61,500,000
	분납할 세 액	154.현　　금　　납　　부	48	30,750,000
		155.물　　　　　　　납	49	
		156.　　　　계　(154+155)	50	30,750,000
	차감 납부 세액	157.현　　금　　납　　부	51	30,850,000
		158.물　　　　　　　납	52	
		160.　　　계　(157+158) [160=(151-152-156)]	53	30,850,000

74회 실무시험 해답

<<< 문제 1.

[1] 4월 20일 일반전표입력

(차) 교육훈련비(제)　　　　550,000원　　(대) 미지급금(또는 미지급비용) 550,000원

　　　　　　　　　　　　　　　　　　　　　　(거래처: 행복카드)

> 자동차운전학원은 과세사업자이지만 세금계산서는 발급할 수 없는 사업자이므로(부령 73조 1항 11호) 법인카드로 결제한 학원비의 매입세액은 공제받을 수 없으므로 일반전표입력메뉴에서 관련 자료를 입력하고 회계처리한다.

[2] 5월 10일 매입매출전표입력

> 유형: 11.과세, 공급가액:△10,000,000원, 부가세:△1,000,000원　거래처:㈜서울, 전자: 여, 분개: 외상

(차) 보통예금　　　　165,000,000원　　(대) 부가세예수금　　　　15,000,000원

　　　　　　　　　　　　　　　　　　　　　선수금(㈜한국품질) 150,000,000원

[3] 6월 15일 일반전표입력

(차) 사채　　　　　　20,000,000원　　(대) 보통예금　　　　　18,000,000원

　　　　　　　　　　　　　　　　　　　　　사채할인발행차금　　1,800,000원

　　　　　　　　　　　　　　　　　　　　　사채상환이익　　　　　200,000원

[4] 7월 29일 일반전표입력

(차) 토지　　　　　　50,000,000원　　(대) 자본금　　　　　　30,000,000원

　　　　　　　　　　　　　　　　　　　　　주식발행초과금　　15,000,000원

　　　　　　　　　　　　　　　　　　　　　보통예금　　　　　5,000,000원

> 공장신축을 위해 건물이 있는 토지를 구입하고 기존건물을 철거시 일괄구입비용과 철거비용은 당해 토지의 취득원가로 처리한다.
> ・주식발행초과금=6,000주*(7,500원-5,000원) = 15,000,000원

<<< 문제 2.

[1]

1. 3월18일 매입매출전표입력

> 유형:16.수출, 공급가액:22,000,000원, 부가세:0원, 공급처:택사스, 전자:부, 분개:없음 (상단툴바 예정누락분: 2017. 4. 1. 입력)

영세율구분: 1. 직접수출(대행수출포함) · 20,000달러 x 1,100 = 22,000,000원

2. 3월30일 매입매출전표입력

> 유형:51.과세, 공급가액:1,200,000원, 부가세:120,000원, 공급처:(주)풍경, 전자:여, 분개:없음(상단툴바 예정누락분: 2017. 4. 1. 입력)

3. 가산세 : 영세율과세표준신고불성실

22.000,000 x 0.5% x 50%(6개월이내 수정신고감면) = 55,000원

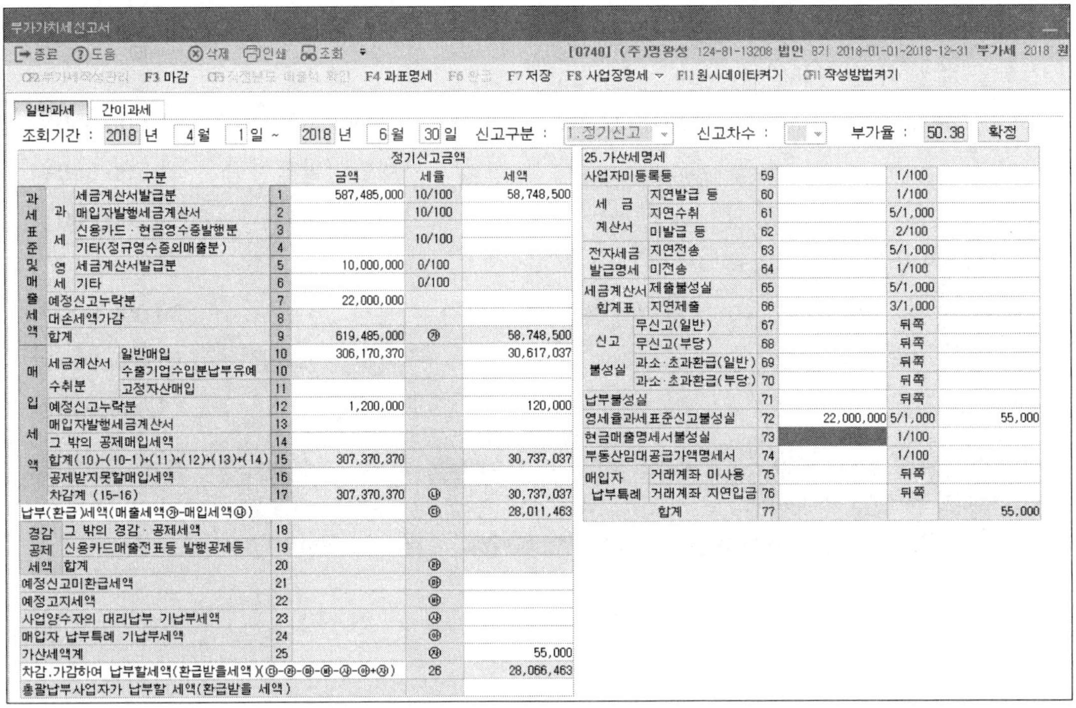
부가가치세신고서
종료 도움 삭제 인쇄 조회
[0740] (주)명왕성 124-81-13208 법인 8기 2018-01-01~2018-12-31 부가세 2018 원
F3 마감 F4 과표명세 F7 저장 F8 사업장명세 F11 원시데이타켜기 작성방법켜기
일반과세 간이과세
조회기간 : 2018 년 4 월 1 일 ~ 2018 년 6 월 30 일 신고구분 : 1.정기신고 신고차수 : 부가율 : 50.38 확정

구분				정기신고금액 금액	세율	세액
과세표준및매출세액	과세	세금계산서발급분	1	587,485,000	10/100	58,748,500
		매입자발행세금계산서	2		10/100	
		신용카드·현금영수증발행분	3		10/100	
		기타(정규영수증외매출분)	4			
	영세	세금계산서발급분	5	10,000,000	0/100	
		기타	6		0/100	
	예정신고누락분		7	22,000,000		
	대손세액가감		8			
	합계		9	619,485,000	㉮	58,748,500
매입세액	세금계산서수취분	일반매입	10	306,170,370		30,617,037
		수출기업수입분납부유예	10			
		고정자산매입	11			
	예정신고누락분		12	1,200,000		120,000
	매입자발행세금계산서		13			
	그 밖의 공제매입세액		14			
	합계(10)-(10-1)+(11)+(12)+(13)+(14)		15	307,370,370		30,737,037
	공제받지못할매입세액		16			
	차감계 (15-16)		17	307,370,370	㉯	30,737,037
납부(환급)세액(매출세액㉮-매입세액㉯)					㉰	28,011,463
경감공제세액	그 밖의 경감·공제세액		18			
	신용카드매출전표등 발행공제등		19			
	합계		20		㉱	
예정신고미환급세액			21		㉲	
예정고지세액			22		㉳	
사업양수자의 대리납부 기납부세액			23		㉴	
매입자 납부특례 기납부세액			24		㉵	
가산세액계			25		㉶	55,000
차감.가감하여 납부할세액(환급받을세액)(㉰-㉱-㉲-㉳-㉴-㉵+㉶)					26	28,066,463
총괄납부사업자가 납부할 세액(환급받을 세액)						

25.가산세명세					
사업자미등록등		59		1/100	
세금계산서	지연발급 등	60		1/100	
	지연수취	61		5/1,000	
	미발급 등	62		2/100	
전자세금발급명세	지연전송	63		5/1,000	
	미전송	64		1/100	
세금계산서합계표	제출불성실	65		5/1,000	
	지연제출	66		3/1,000	
신고불성실	무신고(일반)	67		뒤쪽	
	무신고(부당)	68		뒤쪽	
	과소·초과환급(일반)	69		뒤쪽	
	과소·초과환급(부당)	70		뒤쪽	
납부불성실		71		뒤쪽	
영세율과세표준신고불성실		72	22,000,000	5/1,000	55,000
현금매출명세서불성실		73		1/100	
부동산임대공급가액명세서		74		1/100	
매입자납부특례	거래계좌 미사용	75		뒤쪽	
	거래계좌 지연입금	76		뒤쪽	
합계		77			55,000

[2]

11월 21일 매입매출전표입력

> 유형 : 60(면건), 거래처 : 김수산, 공급가액 : 52,000,000원, 분개 : 현금 또는 혼합

(차)	부가세대급금	2,000,000원	(대)	현금	52,000,000원
	원재료	50,000,000원			

• 의제매입세액신고서 작성

의제매입세액 공제한도 = 600,000,000원 * 35% = 210,000,000원

따라서, 부가가치세 신고서에 반영되는 의제매입세액은 156,000,000 * 4/104 - 4,000,000원 = 2,000,000원

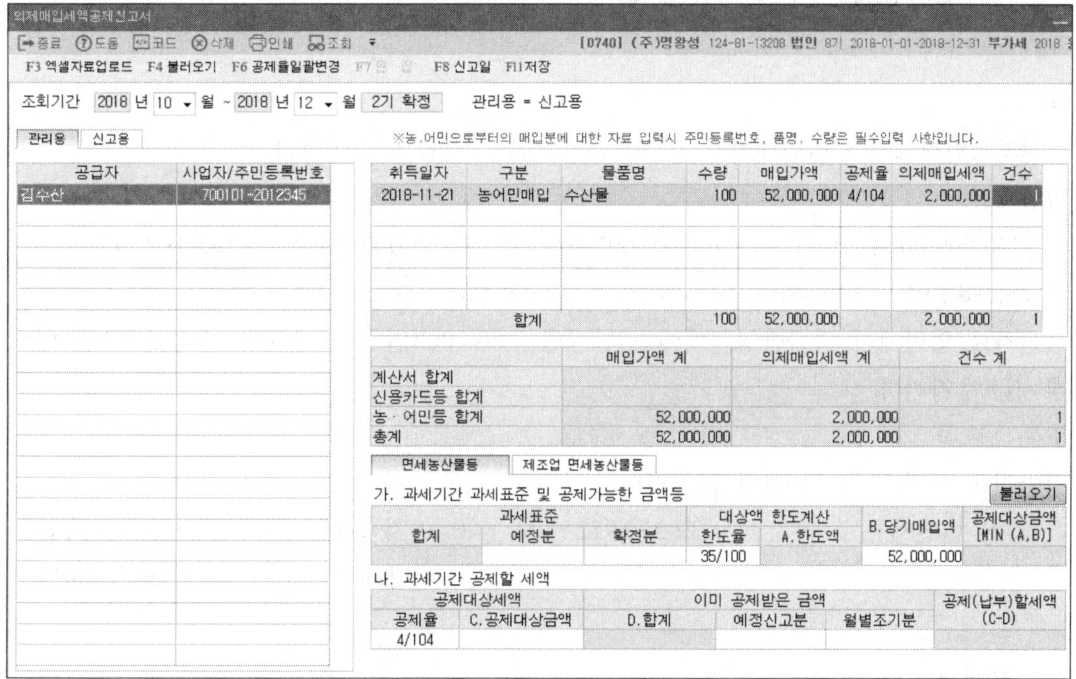

<<< 문제 3.

[1] 12월 31일 일반전표입력

(차)	보험료(제)	7,500,000원	(대)	선급비용	7,500,000원

> * 보험료 : (15,000,000원 × 6개월/12개월 = 7,500,000원)

[2] 12월 31일 일반전표입력

(차)	감가상각비(판)	7,000,000원	(대)	감가상각누계액(시설장치)	7,000,000원
	국고보조금(시설장치)	3,500,000원		감가상각비(판)	3,500,000원

> 60,000,000원 x 1/5 x 7/12 =7,000,000원   30,000,000원x1/5x7/12=3,500,000원

[3]   12월 31일 일반전표입력

   (차) 대손상각비(판)   405,000원   (대) 대손충당금(109)   405,000원

> 결산전 대손충당금 잔액 : 250,000원 - 200,000원 = 50,000원
>
> 당기말 대손충당금 추정액 : 5,000,000원 × 2% + 1,500,000원 × 7% + 1,000,000원 ×10% + 500,000원 × 30% = 455,000원
>
> 결산 시 대손충당금 설정액 : 455,000원 - 50,000원 = 405,000원
>
> 또는 결산자료입력에서 405,000원을 입력한다.

[4]

결산자료입력에서 8.법인세차감전이익 269,440,697원임을 확인한다.

법인세등 =

① [200,000,000원 × 10% + 69,440,697원 × 20%] - 5,000,000원 = 28,888,139원

② 28,888,139 + 33,888,139원 × 10% = 32,276,952

결산자료 입력에서 결산반영금액에 선납세금 7,000,000원 추가계상액 25,276,952원 입력 후 전표추가한다.

또는

일반전표 입력(12월 31일)에서 입력한다.

   (차) 법인세등   32,276,952원   (대) 미지급세금   25,276,952원

                                                 선납세금   7,000,000원

<<< 문제 4.

1.

• 사원등록

국외근로소득: M01 국외근로(일반) (월) 100만원비과세 적용

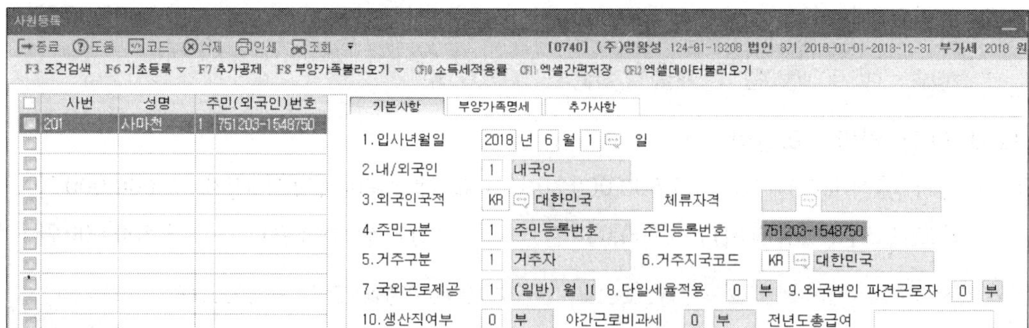

2. 배우자: 근로소득금액이 150만원 초과로 공제대상에서 제외

3. 부양가족공제: 20세 이하: 2명(장녀, 위탁아동) 60세 이상:2명(부친 모친)

           70세 이상: 1명(부친)

           출산입양: 1명(장녀), 장애인 : 1명(부친)

4. 자녀세액공제: 장녀, 위탁아동

연말관계	성명	내/외국인	주민(외국인)번호	나이	기본공제	부녀자	한부모	경로우대	장애인	자녀	6세이하	출산입양	위탁관계
0	사마천	내 1	751203-1548750	43	본인								
3	백장미	내 1	781101-2334431	40	부								
4	사계절	내 1	970302-1234567	21	부								
4	사마귀	내 1	180213-4254524	0	20세이하						○	○	첫째
1	사천왕	내 1	390315-1245785	80	60세이상			○	3				
1	흑장미	내 1	490607-2214562	69	60세이상								
8	김장철	내 1	150920-3254523	3	20세이하						○	○	

본인	○	배우자	무	20세 이하	2	60세 이상	2
2. 추가공제 인원		경로 우대	1	장 애 인	1	부 녀 자	부
		한 부 모	부	6세 이하	2	출산입양자	1
3. 자녀세액공제 인원		자녀세액공제	2				

구분	보험료	의료비	교육비	신용카드	현금영수증	기부금
본 인	850,000			25,300,000		1,200,000
사천왕(부친)		2,000,000				
흑장미(모친)		1,000,000			850,000	3,500,000
백장미(배우자)						
사계절(장남)		5,800,000				
사마귀(장녀)						
김장철(위탁아동)						
소 계	850,000	8,800,000		25,300,000	850,000	4,700,000

5. 배우자는 기본공제대상자가 아니므로 의료비(성형수술비로서 제외), 교육비, 기부금, 신용카드사용액, 연금저축 공제를 받을 수 없다.

6. 기부금세액공제 적용 시 본인의 정치자금과 모친이 지출한 기부금도 세액공제대상이다.

7. 연금저축등은 퇴직연금 추가납입분과 연금저축납입분을 구분하여 입력하며 연금저축

등 세액공제대상 금액은 다음과 같다.

=Min[Min(연금저축납입액, 400만원)+퇴직연금 추가납입액, 700만원]

소득명세	부양가족소득공제	연금저축 등	월세,주택임차차입	연말정산입력		확대

1 연금계좌 세액공제 - 퇴직연금계좌(연말정산입력 탭의 57.과학기술인공제, 58.근로자퇴직연금) [크게보기]

퇴직연금 구분	코드	금융회사 등	계좌번호(증권번호)	납입금액	공제대상금액	세액공제금액
1.퇴직연금	306	(주) 국민은행	1122-55-44	6,000,000	4,000,000	480,000
퇴직연금				6,000,000	4,000,000	480,000
과학기술인공제회						

2 연금계좌 세액공제 - 연금저축계좌(연말정산입력 탭의 38.개인연금저축, 59.연금저축) [크게보기]

연금저축구분	코드	금융회사 등	계좌번호(증권번호)	납입금액	공제대상금액	소득/세액공제액
2.연금저축	306	(주) 국민은행	111-22-33	3,000,000	3,000,000	360,000
개인연금저축						
연금저축				3,000,000	3,000,000	360,000

| 소득명세 | 부양가족소득공제 | 연금저축 등 | 월세,주택임차차입 | 연말정산입력 | | 확대 |

정산(지급)년월 [2019]년 [2]월 귀속기간 [2018]년 [6]월 [1]일 ~ [2018]년 [12]월 [31]일 영수일자 [2019]년 [2]월 [28]일

구분			지출액	공제금액
21.총급여				90,500,000
22.근로소득공제				14,275,000
23.근로소득금액				76,225,000
기본공제	24.본인			1,500,000
	25.배우자			
	26.부양가족	4명)		6,000,000
추가공제	27.경로우대	1명)		1,000,000
	28.장애인	1명)		2,000,000
	29.부녀자			
	30.한부모가족			
연금보험료공제	31.국민연금보험료		2,789,200	2,789,200
공적연금보험료공제	32. 공무원연금			
	군인연금			
	사립학교교직원			
	별정우체국연금			
특별소득공제	33.보험료	2,065,290	2,065,290	2,065,290
	건강보험료	1,538,040	1,538,040	
	34.주택차입금 원리금상환액	대물기관		
		거주자		
	34.장기주택저당차입금이자상			
	35.기부금-2013년이전이월분			
	36.특별소득공제 계			2,065,290
37.차감소득금액				60,870,510
그 밖의 소득공제	38.개인연금저축			
	39.소기업,소상공인 공제부금	2015년이전가입		
		2016년이후가입		
	40.주택마련저축 소득공제	청약저축		
		주택청약		
		근로자주택마련		
	41.투자조합출자 등 소득공제			
	42.신용카드 등사용액		26,150,000	656,250
	43.우리사주조합출연금			
	44.고용유지중소기업근로자			
	45.장기집합투자증권저축			
	46.그 밖의 소득공제 계			656,250

구분			지출액	공제대상금액	공제금액
48.종합소득 과세표준					60,214,260
49.산출세액					9,231,422
세액감면	50.「소득세법」 ▶				
	51.「조세특례제한법」 (52제외) ▶				
	52.「조세특례제한법」 제30조 ▶				
	53.조세조약 ▶				
	54.세액감면 계				
	55.근로소득 세액공제				500,000
56.자녀세액공제	㉮자녀	2명)			300,000
	㉯ 출산.입양	1명)			300,000
세액공제 연금계좌	57.과학기술공제				
	58.근로자퇴직연금		6,000,000	4,000,000	480,000
	59.연금저축		3,000,000	3,000,000	360,000
특별세액공제	60.보장 일반		850,000	850,000	102,000
	61.의료비		8,800,000	6,085,000	912,750
	62.교육비				
	63.기부금		4,700,000	4,700,000	780,909
	1)정치자금기부금	10만원이하	100,000	100,000	90,909
		10만원초과	1,100,000	1,100,000	165,000
	2)법정기부금(전액)				
	3)우리사주조합기부금				
	4)지정기부금(종교단체외)				
	5)지정기부금(종교단체)		3,500,000	3,500,000	525,000
	64.특별세액공제 계				1,795,659
	65.표준세액공제				
	66.납세조합공제				
	67.주택차입금				
	68.외국납부 ▶				
	69.월세액				
	70.세액공제 계				3,735,659
71.결정세액((49)-(54)-(70))					5,495,763

구분		소득세	지방소득세	농어촌특별세	계
72.결정세액		5,495,763	549,576		6,045,339
기납부세액	73.종(전)근무지	255,500	25,550		281,050
	74.주(현)근무지	5,733,210	573,320		6,306,530
75.납부특례세액					
76.차감징수세액		-492,940	-49,290		-542,230

‹‹‹ 문제 5.

[1]

1. 세무조정

<익금산입> 상품매출(시송품매출) 8,150,000(유보 발생)

<손금산입> 상품매출원가 7,500,000(유보 발생)

<익금산입> 제품매출(위탁판매) 8,000,000(유보 발생)

<손금산입> 제품매출원가 5,000,000(유보 발생)

수입금액조정명세서 ● 정기

[→종료   코드 ⊗삭제 인쇄   ▾   [0741] (주)아세아테크 105-87-51159 법인 13기 2018-01-01-2018-12-31 부가세 2018 원

F3 조정등록 F4 매출조회 CF5 전체삭제 F7 원장조회 F11저장 F12 불러오기

| 수입금액조정계산 | 작업진행률에 의한 수입금액 | 중소기업 등 수입금액 인식기준 적용특례에 의한 수입금액 | 기타수입금액조정 |

1. 1.수입금액 조정계산

| 계정과목 | | ③결산서상 수입금액 | 조 정 | | ⑥조정후 수입금액 (③+④-⑤) | 비 고 |
①항 목	②계정과목		④가 산	⑤차 감		
1	매 출	제품매출	1,012,000,000	8,000,000		1,020,000,000	
2	매 출	상품매출	50,000,000	8,150,000		58,150,000	
3							
	계		1,062,000,000	16,150,000		1,078,150,000	

2. 2.수입금액조정명세

가.작업 진행률에 의한 수입금액	
나.중소기업 등 수입금액 인식기준 적용특례에 의한 수입금액	
다.기타 수입금액	16,150,000
계	16,150,000

수입금액조정명세서 ● 정기

[→종료   코드 ⊗삭제 인쇄   ▾   [0741] (주)아세아테크 105-87-51159 법인 13기 2018-01-01-2018-12-31 부가세 2018

F3 조정등록 F4 매출조회 CF5 전체삭제 F7 원장조회 F11저장 F12 불러오기

| 수입금액조정계산 | 작업진행률에 의한 수입금액 | 중소기업 등 수입금액 인식기준 적용특례에 의한 수입금액 | 기타수입금액조정 |

2. 2.수입금액 조정명세
다.기타 수입금액

	(23)구 분	(24)근 거 법 령	(25)수 입 금 액	(26)대 응 원 가	비 고
1	시송품매출		8,150,000	7,500,000	
2	위탁판매		8,000,000	5,000,000	

[2]

• 외화자산등 평가차손익조정(갑, 을)

(1) 외화자산등 평가차손익조정(을)

(2) 외화자산등 평가차손익조정(갑)

(3) 세무조정(각 자산 부채별로 세무조정)

※ 외화자산, 부채평가의 회사계상 손익 = (1,370원-1,300원)×\$10,000 - (1,370원-1,330원)×\$5,000 = 500,000원

※ 각 자산, 부채별로 세무조정

　・외화예금 익금산입 (유보, 발생) = (1,400원 - 1,370원)× \$10,000 =300,000원

　・외화차입금 손금산입 (유보, 발생) = (1,400원 - 1,370원)× \$5,000　= 150,000원

[3]

<손금불산입> 퇴직급여충당부채한도초과액 30,000,000원(유보발생)

퇴직급여충당금조정명세서 ● 정기

[0741] (주)아세아테크 105-87-51159 법인 13기 2018-01-01-2018-12-31 부가세 2018 원

F3 조정등록　CF5전체삭제　F7 원장조회　F8 잔액조회　CF9설정률　F11저장　F12불러오기

1　2.총급여액 및 퇴직급여추계액 명세

계정과목명	17.총급여액		18.퇴직급여 지급대상이 아닌 임원 또는 사용인에 대한 급여액		19.퇴직급여 지급대상이 되는 임원 또는 사용인에 대한 급여액	
	인원	금액	인원	금액	인원	금액
0504.임금(제)	15	200,000,000	3	40,000,000	12	160,000,000
0801.급여(판)	7	100,000,000	2	15,000,000	5	85,000,000
0803.상여금(판)	7	30,000,000			7	30,000,000
합계	29	330,000,000	5	55,000,000	24	275,000,000

2　퇴직금추계액명세서

20.기말 현재 임원 또는 사용인 전원의 퇴직시 퇴직급여추계액	
인원	금액
20	90,000,000
21.(근로퇴직급여보장법)에 따른 추계액	
20	90,000,000
22.세법상 추계액 MAX(20, 21)	
	90,000,000

3　1.퇴직급여충당금 조정

『법인세법 시행령』 제60조 제1항에 따른 한도액	1.퇴직급여 지급대상이 되는 임원 또는 사용인에게 지급한 총급여액((19)의 계)	2.설정률	3.한도액 (① * ②)	비　고
	275,000,000	5 / 100	13,750,000	

『법인세법 시행령』 제60조 제2항 및 제3항에 따른 한도액	4.장부상 충당금 기초잔액	5.확정기여형퇴직연금자의 설정전기계상된퇴직급여충당금	6.기중 충당금 환입액	7.기초 충당금 부인누계액	8.기중 퇴직금 지급액
	100,000,000			25,000,000	40,000,000
	9.차감액 (④ - ⑤ - ⑥ - ⑦ - ⑧)	10.추계액 대비 설정액 ((22) * 0 / 100)	11.퇴직금 전환금	12.설정률 감소에 따른 환입을 제외하는금액(MAX(⑨-⑩-⑪,0)	13.누적한도액 (⑩ - ⑨ + ⑪ + ⑫)
	35,000,000				35,000,000

한도초과액 계산	14.한도액 (③과 ⑬중 적은 금액)	15.회사 계상액	16.한도초과액 ((15) - (14))
		30,000,000	30,000,000

[4]

업무무관 지급이자 손금불산입 세무조정

<손금불산입> 채권자불분명 사채이자 1,500,000원 (상여)

<손금불산입> 건설중인자산 1,000,000원 (유보)

<손금불산입> 업무무관자산 등의 지급이자 600,000원 (기타사외유출)

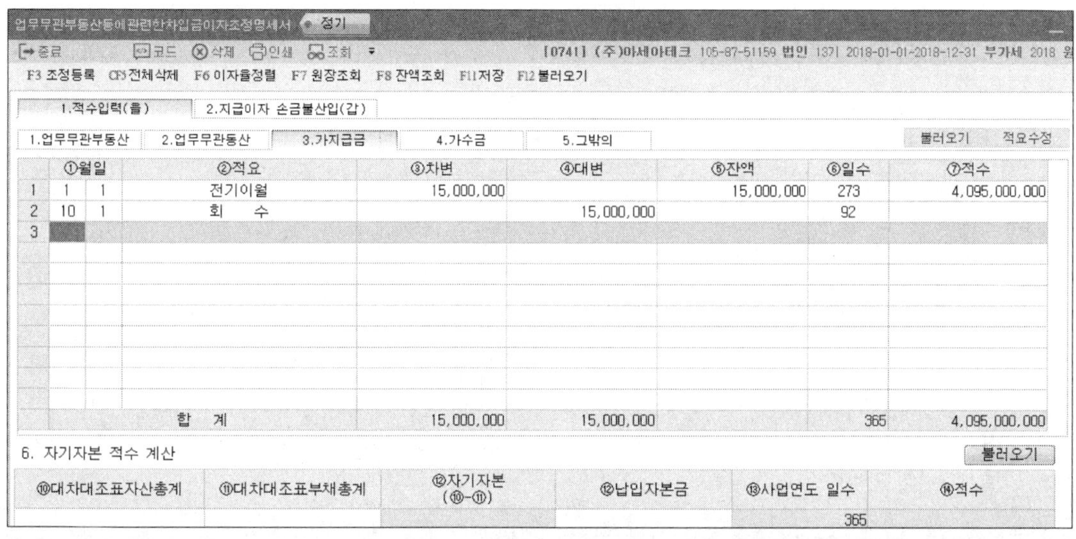

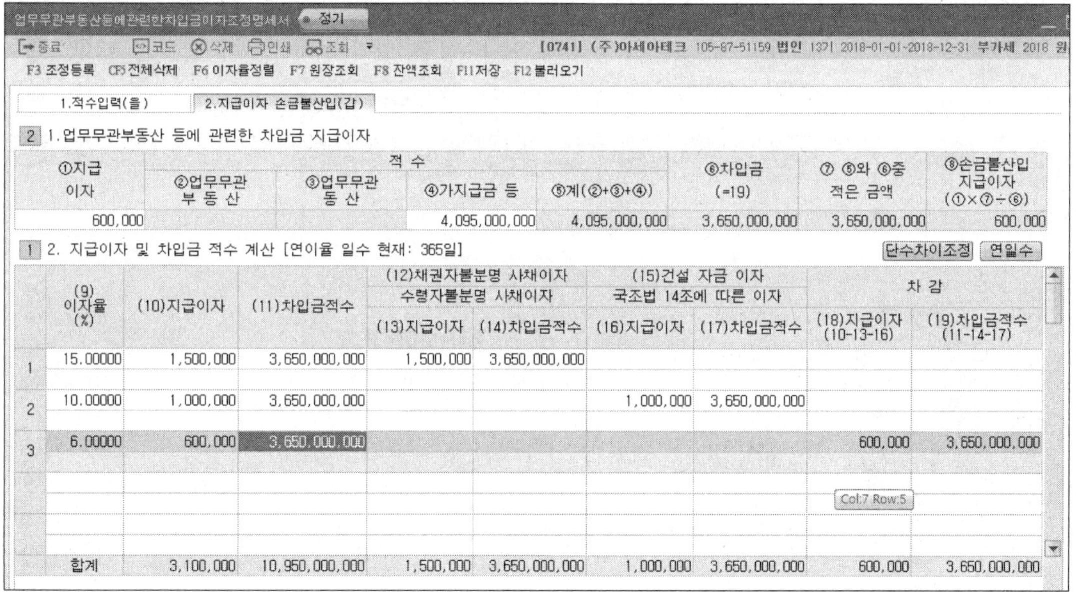

[5]

1. 최저한세 MAX((1),(2)) = 21,000,000원

(1) 최저한세 : (350,000,000원 + 100,000,000원 - 150,000,000원) x 7% = 21,000,000원

(2) 감면후과세표준 : 350,000,000원 + 100,000,000원 - 150,000,000원 = 300,000,000원

감면후세액 : 40,000,000원 - 20,000,000원(고용창출투자세액) = 20,000,000원

2. 차감납부할세액

21,000,000원 - 5,000,000원 – 2,000,000원 = 14,000,000원

14,000,000원 - 13,000,000원 = 1,000,000원

법인세과세표준및세액조정계산서 ● 정기

[0741] (주)아세아테크 105-87-51159 법인 13기 2018-01-01~2018-12-31 **부가세** 2018 원

F7 원장조회 F8 잔액조회 F11저장 F12불러오기

① 각 사 업 연 도 소 득 계 산	구분	코드	금액
	101.결 산 서 상 당 기 순 손 익	01	350,000,000
	소 득 조 정 금 액 102.익 금 산 입	02	100,000,000
	103.손 금 산 입	03	150,000,000
	104.차 가 감 소득금액 (101+102-103)	04	300,000,000
	105.기 부 금 한 도 초 과 액	05	
	106.기부금 한도초과 이월액 손금산입	54	
	107.각사업연도소득금액(104+105-106)	06	300,000,000
② 과 세 표 준 계 산	108.각 사 업 연 도 소득금액(108=107)		300,000,000
	109.이 월 결 손 금	07	
	110.비 과 세 소 득	08	
	111.소 득 공 제	09	
	112.과 세 표 준 (108-109-110-111)	10	300,000,000
	159.선 박 표 준 이 익	55	
③ 산 출 세 액 계 산	113.과 세 표 준 (113=112+159)	56	300,000,000
	114.세 율	11	20%
	115.산 출 세 액	12	40,000,000
	116.지 점 유 보 소 득 (법 제96조)	13	
	117.세 율	14	
	118.산 출 세 액	15	
	119.합 계 (115+118)	16	40,000,000

	구분	코드	금액
	120.산 출 세 액 (120=119)		40,000,000
④ 납 부 할 세 액 계 산	121.최저한세 적용 대상 공제 감면 세액	17	19,000,000
	122.차 감 세 액	18	21,000,000
	123.최저한세 적용 제외 공제 감면 세액	19	7,000,000
	124.가 산 세 액	20	
	125.가 감 계(122-123+124)	21	14,000,000
	기한내납부세액 126.중 간 예 납 세 액	22	10,000,000
	127.수 시 부 과 세 액	23	
	128.원 천 납 부 세 액	24	3,000,000
	129.간접 회사등 외국 납부세액	25	
	130.소 계(126+127+128+129)	26	13,000,000
	131.신 고 납 부 전 가 산 세 액	27	
	132.합 계 (130+131)	28	13,000,000
	133.감 면 분 추 가 납 부 세 액	29	
	134.차가감 납부할 세액(125-132+133)	30	1,000,000
⑤토지등양도소득, ⑥미환류소득 법인세계산 (TAB로 이동)			
⑦ 세 액 계	151.차 가 감 납부할 세 액 계(134+150)	46	1,000,000
	152.사실과 다른 회계처리 경정세액공제	57	
	153.분 납 세 액 계 산 범 위 액 (151-124-133-145-152+131)	47	1,000,000
	분납할 세 액 154.현 금 납 부	48	
	155.물 납	49	
	156. 계 (154+155)	50	
	차감 납부 세액 157.현 금 납 부	51	1,000,000
	158.물 납	52	
	160. 계 (157+158) [160=(151-152-156)]	53	1,000,000

최저한세조정계산서 ● 정기

[0741] (주)아세아테크 105-87-51159 법인 13기 2018-01-01~2018-12-31 **부가세** 2018 원

F3 조정등록 F4 조정감순서 CF5전체삭제 F6 중소기업유예연차 F7 원장조회 F8 잔액조회 F11저장 F12불러오기

①구분		코드	②감면후세액	③최저한세	④조정감	⑤조정후세액
(101) 결 산 서 상 당 기 순 이 익		01	350,000,000			
소득조정금액	(102)익 금 산 입	02	100,000,000			
	(103)손 금 산 입	03	150,000,000			
(104) 조 정 후 소 득 금 액 (101+102-103)		04	300,000,000	300,000,000		300,000,000
최저한세적용대상 특 별 비 용	(105)준 비 금	05				
	(106)특별상각,특례상각	06				
(107) 특별비용손금산입전소득금액(104+105+106)		07	300,000,000	300,000,000		300,000,000
(108) 기 부 금 한 도 초 과 액		08				
(109) 기부금 한도초과 이월액 손 금 산 입		09				
(110) 각 사 업 년 도 소 득 금 액 (107+108-109)		10	300,000,000	300,000,000		300,000,000
(111) 이 월 결 손 금		11				
(112) 비 과 세 소 득		12				
(113) 최저한세적용대상 비 과 세 소 득		13				
(114) 최저한세적용대상 익 금 불 산 입		14				
(115) 차가감 소 득 금 액(110-111-112+113+114)		15	300,000,000	300,000,000		300,000,000
(116) 소 득 공 제		16				
(117) 최저한세적용대상 소 득 공 제		17				
(118) 과 세 표 준 금 액(115-116+117)		18	300,000,000	300,000,000		300,000,000
(119) 선 박 표 준 이 익		24				
(120) 과 세 표 준 금 액 (118+119)		25	300,000,000	300,000,000		300,000,000
(121) 세 율		19	20 %	7 %		20 %
(122) 산 출 세 액		20	40,000,000	21,000,000		40,000,000
(123) 감 면 세 액		21				
(124) 세 액 공 제		22	20,000,000		1,000,000	19,000,000
(125) 차 감 세 액 (122-123-124)		23	20,000,000			21,000,000

73회 실무시험 해답

<<< 문제 1.

[1] 3월 30일, 일반전표입력

> (법인주주의 경우 배당소득세 원천대상이 아니므로 제외함)
> 따라서, 개인주주는 배당금 50%인 5,000,000원에 대해 배당소득세 14%, 지방소득세 1.4% 원천징수함

(차) 미지급배당금	10,000,000원	(대) 보통예금	9,230,000원
		예수금	700,000원
		(거래처 "세무서")	
		예수금	70,000원
		(거래처 "구청")	

[2] 3월 31일 매입매출전표입력

> 유형: 22 현과, 공급가액:3,000,000원, 부가가치세:300,000원, 거래처: 김수철, 전자:부, 분개: 혼합

(차) 감가상각비(제)	500,000원	(대) 감가상각누계액	500,000원
현금	3,300,000원	차량운반구	10,000,000원
감가상각누계액	4,500,000원	부가세예수금	300,000원
유형자산처분손실	2,500,000원		

[3] 4월 10일, 일반전표입력,

(차) 임직원등장기차입금	500,000,000원	(대) 자본금	400,000,000원
		주식발행초과금	100,000,000원

[4] 6월 2일 일반전표입력

> 매도가능증권에 대한 기타포괄손익누적액의 누적금액은 그 유기증권을 처분하거나 손상차손을 인식하는 시점에 일괄하여 당기손익에 반영한다.

(차) 보통예금	135,000,000원	(대) 매도가능증권	145,000,000원
매도가능증권처분손실	15,000,000원	매도가능증권평가손실	5,000,000원

<<< 문제 2.

[1]

부가가치세신고서

[→종료 ⑦도움   ⊗삭제 ⊖인쇄 ⊟조회 ▾   [0730] (주)남도상사 105-81-90126 법인 9기 2018-01-01~2018-12-31 부가세 2018

CF2 부가세작성관리   F3 마감   CF3 직전년도 매출액 자만   F4 과표명세   F6 전근   F7 저장   F8 사업장명세 ▾   F11 원시데이타켜기   CF11 작성방법켜기

| 일반과세 | 간이과세 |

조회기간 : 2018 년 4 월 1 일 ~ 2018 년 6 월 30 일 신고구분 : 1.정기신고 ▾ 신고차수 :   ▾   부가율 : 70.27 확정

구분				정기신고금액		
				금액	세율	세액
과세표준및매출세액	과세	세금계산서발급분	1	7,200,000	10/100	720,000
		매입자발행세금계산서	2		10/100	
		신용카드·현금영수증발행분	3		10/100	
		기타(정규영수증외매출분)	4			
	영세	세금계산서발급분	5		0/100	
		기타	6	15,000,000	0/100	
	예정신고누락분		7			
	대손세액가감		8			
	합계		9	22,200,000	㉑	720,000
매입세액	세금계산서수취분	일반매입	10	6,400,000		640,000
		수출기업수입분납부유예	10			
		고정자산매입	11			
	예정신고누락분		12			
	매입자발행세금계산서		13			
	그 밖의 공제매입세액		14	200,000		20,000
	합계(10)-(10-1)+(11)+(12)+(13)+(14)		15	6,600,000		660,000
	공제받지못할매입세액		16			
	차감계 (15-16)		17	6,600,000	㉯	660,000
납부(환급)세액(매출세액㉑-매입세액㉯)					㉰	60,000
경감공제세액	그 밖의 경감·공제세액		18			
	신용카드매출전표등 발행공제등		19			
	세액 합계		20		㉞	
예정신고미환급세액			21		㉱	
예정고지세액			22		㉲	
사업양수자의 대리납부 기납부세액			23		㉳	
매입자 납부특례 기납부세액			24		㉴	
가산세액계			25		㉵	115,590
차감.가감하여 납부할세액(환급받을세액)(㉰-㉞-㉱-㉲-㉳-㉴+㉵)			26			175,590
총괄납부사업자가 납부할 세액(환급받을 세액)						

25.가산세명세

구분				금액	세율	세액
사업자미등록등			59		1/100	
세금계산서	지연발급 등		60	7,200,000	1/100	72,000
	지연수취		61		5/1,000	
	미발급 등		62		2/100	
전자세금발급명세	지연전송		63		5/1,000	
	미전송		64		1/100	
세금계산서합계표	제출불성실		65		5/1,000	
	지연제출		66		3/1,000	
신고불성실	무신고(일반)		67	60,000	뒤쪽	6,000
	무신고(부당)		68		뒤쪽	
	과소·초과환급(일반)		69		뒤쪽	
	과소·초과환급(부당)		70		뒤쪽	
납부불성실			71	60,000	뒤쪽	90
영세율과세표준신고불성실			72	15,000,000	5/1,000	37,500
현금매출명세서불성실			73		1/100	
부동산임대공급가액명세서			74		1/100	
매입자 납부특례	거래계좌 미사용		75		뒤쪽	
	거래계좌 지연입금		76		뒤쪽	
합계			77			115,590

(1) 매입매출전표입력

4월 15일,

> 유형: 16 수출, 공급가액:15,000,000원,   거래처: LUCKY LTD., 영세율구분1

4월 26일

> 유형: 51 과세, 공급가액: 6,400,000원, 부가세:640,000원   거래처: ㈜충남통상

5월 18일

> 유형: 11 과세, 공급가액: 7,200,000원, 부가세:720,000원 거래처: (주)경기상사

6월 28일

> 유형: 57 카과, 공급가액: 200,000원, 부가세: 20,000원 거래처: (주)오피스천국

(2) 신고서작성

① 세금계산서 지연발급등 OR 미발급가산세 = 7,200,000원× 1% = 72,000원

② 영세율과세표준신고불성실 = 15,000,000원× 0.5%× 50% = 37,500원

③ 신고불성실(일반무신고 : 20%) = 60,000원 × 20% × 50% = 6,000원

④ 납부불성실 = 60,000원 × 5일 × 3/10,000 = 90원

∴ 가산세 계 : 115,590원 (②,③은 1개월 이내에 기한 후 신고하는 경우에는 가산세의 50%를 감면 한다)

[2]

(1) 매입세액의 구분

일자	내역	매입세액	매입세액구분
2018.07.05.	책장 제조용 목재 구입	500,000원	과세매입
2018.08.20.	회계팀 사무용품 구입	150,000원	공통매입
2018.09.11.	직원휴게실 음료 등 다과	50,000원	공통매입
2018.10.05.	책장를 위한 포장재 구입	100,000원	과세매입
2018.11.20.	세무사 사무소 수수료	100,000원	공통매입
2018.12.11.	생산직직원 안전장비	150,000원	과세매입

(2) 2기 예정 공제받지 못할 매입세액

2기예정 면세비율 : 25%

2기예정 공통매입세액 : 200,000원

2기예정 공제받지 못할 세액 : 200,000원 × 25% = 50,000원

(3) 확정신고시 공제받지 못할 매입세액

2기 총 면세비율 : 30%

2기 총 공통매입세액 : 300,000원

2기확정 공제받지 못할 세액 : 300,000원 × 30% - 50,000원(기불공제매입세액) =
40,000원

공제받지못할매입세액명세서

[0730] (주)남도상사 105-81-90126 법인 9기 2018-01-01-2018-12-31 부가세 2018

조회기간 : 2018 년 10 월 ~ 2018 년 12 월   구분 : 2기 확정

공제받지못할매입세액내역 | 공통매입세액안분계산내역 | 공통매입세액의정산내역 | 납부세액또는환급세액재계산

산식	구분	(15)총공통 매입세액	(16)면세 사업확정 비율			(17)불공제매입 세액총액 ((15)*(16))	(18)기불공제 매입세액	(19)가산또는 공제되는매입 세액((17)-(18))
			총예정사용면적	면세예정사용면적	면세비율			
1. 당해과세기간의 공급가액기준		300,000	500,000,000.00	150,000,000.00	30.000000	90,000	50,000	40,000

<<< 문제 3.

[1] 12월 31일 일반전표입력
    (차) 장기차입금(동부은행)   30,000,000원   (대) 유동성장기부채(동부은행)   30,000,000원

[2] 12월 31일 일반전표입력
    (차) 매도가능증권평가손실   300,000원   (대) 매도가능증권(투자자산)   300,000원
        (기타포괄손익누계액)

[3] 12월 31일, 일반전표입력,
    (차) 복리후생비(판)   5,000,000원   (대) 제품   5,000,000원
                                            (적요8.타계정으로 대체액)

[4] 12월 31일 일반전표입력
    (차) 퇴직급여(제)   30,000,000원   (대) 퇴직급여충당부채   51,500,000원
        퇴직급여(판)   21,500,000원

<<< 문제 4.

[1]
· 기본공제 : 배우자(분리과세소득), 시아버지(사망연도), 아들
· 동생(정민기)는 공제대상이 아니므로 "부"로 입력하거나 입력하지 않아도 무방함.
· 추가공제 : 경로우대(시아버지), 장애인(시아버지)

사원등록

【0730】 (주)남도상사 105-81-90126 법인 9기 2018-01-01-2018-12-31 부가세 2018

F3 조건검색   F6 기초등록   F7 추가공제   F8 부양가족불러오기   CF10 소득세적용률   CF11 엑셀간편저장   CF12 엑셀데이터불러오기

사번	성명	주민(외국인)번호
1	김사직	1 450401-1111111
180	정석정	1 750311-2222223

기본사항   부양가족명세   추가사항

연말관계	성명	내/외국인	주민(외국인)번호	나이	기본공제	부녀자	한부모	경로우대	장애인	자녀	6세이하	출산입양	위탁관계
0	정석정	내	1 750311-2222223	43	본인								
3	송정수	내	1 711128-1111111	47	배우자								
2	송경철	내	1 391009-1111111	80	60세이상			○	1				
6	정민기	내	1 811203-1111111	37	부								
4	송문기	내	1 040712-3333333	14	20세이하					○			

[2]

1. 사원등록 메뉴에서

(1) 퇴직일 : 2018년 4월 20일, (2) 지급일 : 2018년 4월 30일 입력

2. 급여자료입력 메뉴에서 2018년 4월 귀속 2018년 4월 30일 지급으로 입력 후 중도퇴
   사자 연말정산 반영

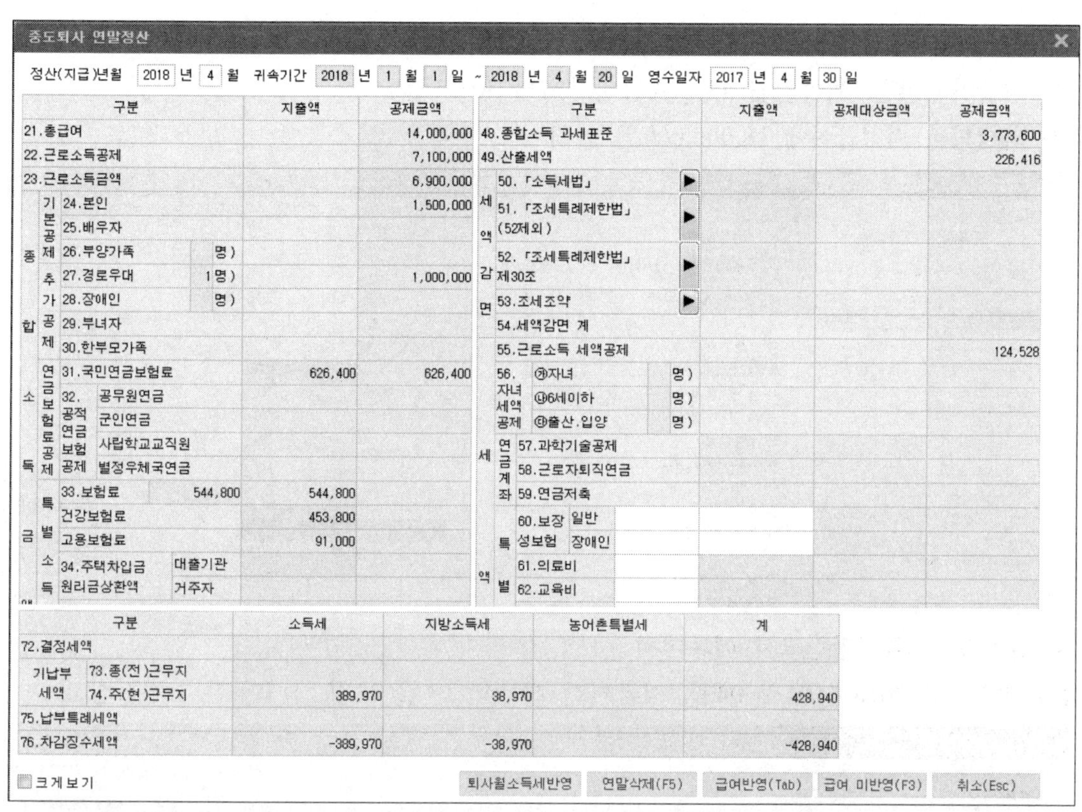

중도퇴사 연말정산

정산(지급)년월 2018 년 4 월 귀속기간 2018 년 1 월 1 일 ~ 2018 년 4 월 20 일 영수일자 2017 년 4 월 30 일

구분	지출액	공제금액	구분	지출액	공제대상금액	공제금액
21.총급여		14,000,000	48.종합소득 과세표준			3,773,600
22.근로소득공제		7,100,000	49.산출세액			226,416
23.근로소득금액		6,900,000	50.「소득세법」 ▶			
기본공제 24.본인		1,500,000	세액감면 51.「조세특례제한법」 (52제외) ▶			
25.배우자						
종합공제 26.부양가족 명)			52.「조세특례제한법」 제30조 ▶			
추가공제 27.경로우대 1명)		1,000,000	53.조세조약 ▶			
28.장애인 명)			54.세액감면 계			
29.부녀자			55.근로소득 세액공제			124,528
30.한부모가족			56.자녀세액공제 ㉮자녀 명)			
연금보험료공제 31.국민연금보험료	626,400	626,400	㉯6세이하 명)			
공적연금보험공제 32. 공무원연금			㉰출산·입양 명)			
군인연금			세액공제 연금계좌 57.과학기술공제			
사립학교교직원			58.근로자퇴직연금			
별정우체국연금			59.연금저축			
특별 33.보험료	544,800	544,800	특별세액 60.보장성보험 일반			
건강보험료		453,800	장애인			
고용보험료		91,000	61.의료비			
소득 34.주택차입금 원리금상환액 대출기관			62.교육비			
거주자						

구분	소득세	지방소득세	농어촌특별세	계
72.결정세액				
기납부세액 73.종(전)근무지				
74.주(현)근무지	389,970	38,970		428,940
75.납부특례세액				
76.차감징수세액	-389,970	-38,970		-428,940

☐크게보기　퇴사월소득세반영　연말삭제(F5)　급여반영(Tab)　급여 미반영(F3)　취소(Esc)

급여자료입력

[➡종료 ⑦도움 ⊠코드 ⊗삭제 ⊟인쇄 ⊠조회 ▾]　[0730] (주)남도삼사 105-81-90126 법인 9기 2018-01-01-2018-12-31 부가세 2018 원

F3 검색 ▾　F4 수당공제　F6 지급일자　F7 중도퇴사자정산 ▾　F8 마감　F9 인쇄 ▾　CF5 모임　CF6재계산　SF8 모바일 ▾　SF5 사원간편등록및기타 ▾

귀속년월 : 2018 년 04 ▾ 월　　지급년월일 : 2018 년 04 ▾ 월 30 일 💬　급여　　중도정산적용함

사번	사원명	감면율	급여항목	금액	공제항목	금액
1	김사직(퇴사자		기본급	3,000,000	국민연금	156,600
			상여		건강보험	106,480
			직책수당	300,000	장기요양보험	6,970
			월차수당	50,000	고용보험	22,750
			식대	150,000	소득세(100%)	
			자가운전보조금	300,000	지방소득세	
			야간근로수당		농특세	
					중도정산소득세	-389,970
					중도정산지방소득세	-38,970
					중도정산농특세	
			과　　세	3,500,000		
			비　과　세	300,000	공 제 총 액	-136,140
총인원(퇴사자)	1(1)		지 급 총 액	3,800,000	차 인 지 급 액	3,936,140

➡ **사원정보**　　4.전체사원-현재 ▾ 크게

사원정보					
입사일(퇴사일)	2011/05/01(04/20)	지급총액	3,800,000	공제총액	-136,140
주민(외국인)번호	450401-1111111	과세	3,500,000	차인지급액	3,936,140
거주구분	거주자/내국인	총비과세	300,000	국민연금	156,600
생산직/야간근로	부/부	제출비과세		건강보험	106,480
국외/장기요양	부/여	미제출비과세	300,000	장기요양보험	6,970
국민/건강	0/0	기본급	3,000,000	고용보험	22,750

3. 퇴직소득자료입력 메뉴에서

(1) 지급연월 4월, 귀속연월 4월, 지급일자 4월 30일 입력

(2) 과세되는 퇴직급여에 18,000,000원 입력

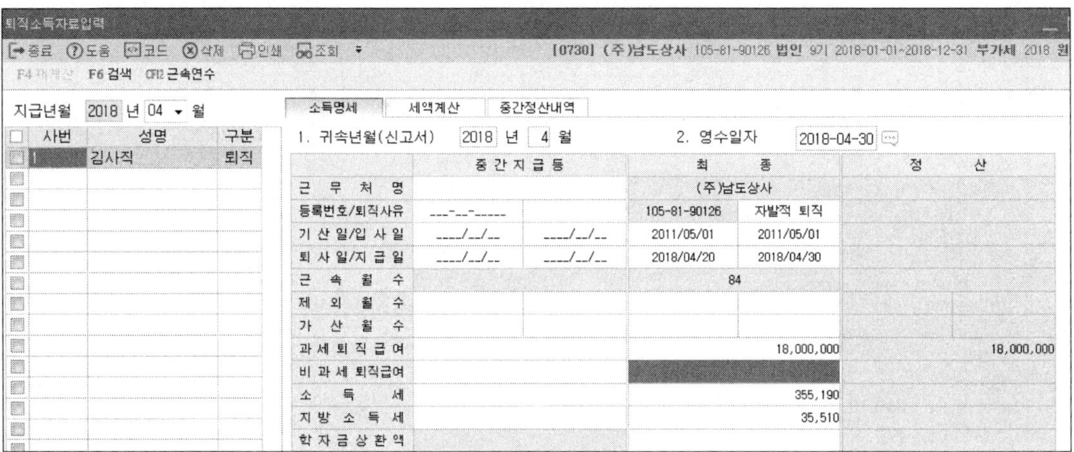

4. 원천징수이행상황신고서 메뉴에서

(1) 귀속기간 2018년 04월~04월, 지급기간 2018년 04월~04월, 신고구분 1.정기신고

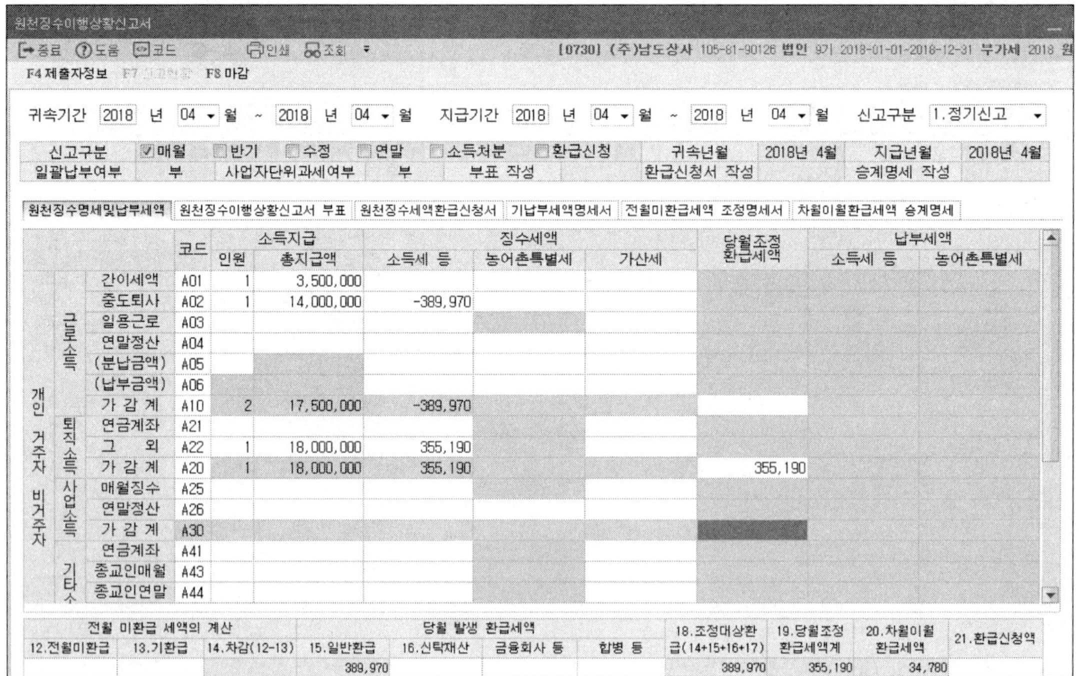

[3]

(1) 사업소득자등록

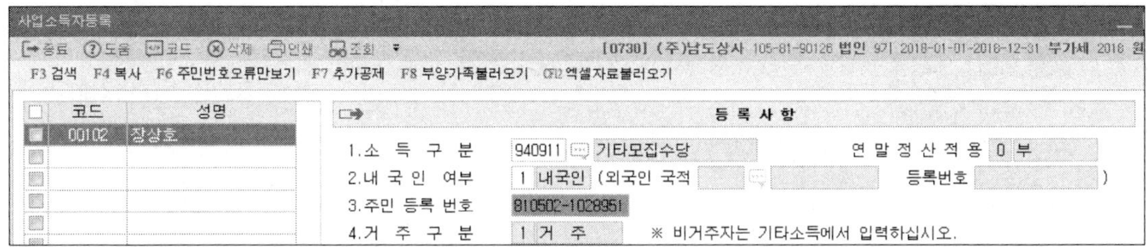

(2) 사업소득자료입력

· 사업소득자료입력에서 지급내역을 입력한다.

· 코드:102 장상호, 귀속년월 : 2018년 8월, 지급:2018년 8월 30일, 지급액:2,000,000원 입력

· 원천징수세액 : 소득세 60,000원 지방소득세: 6,000원

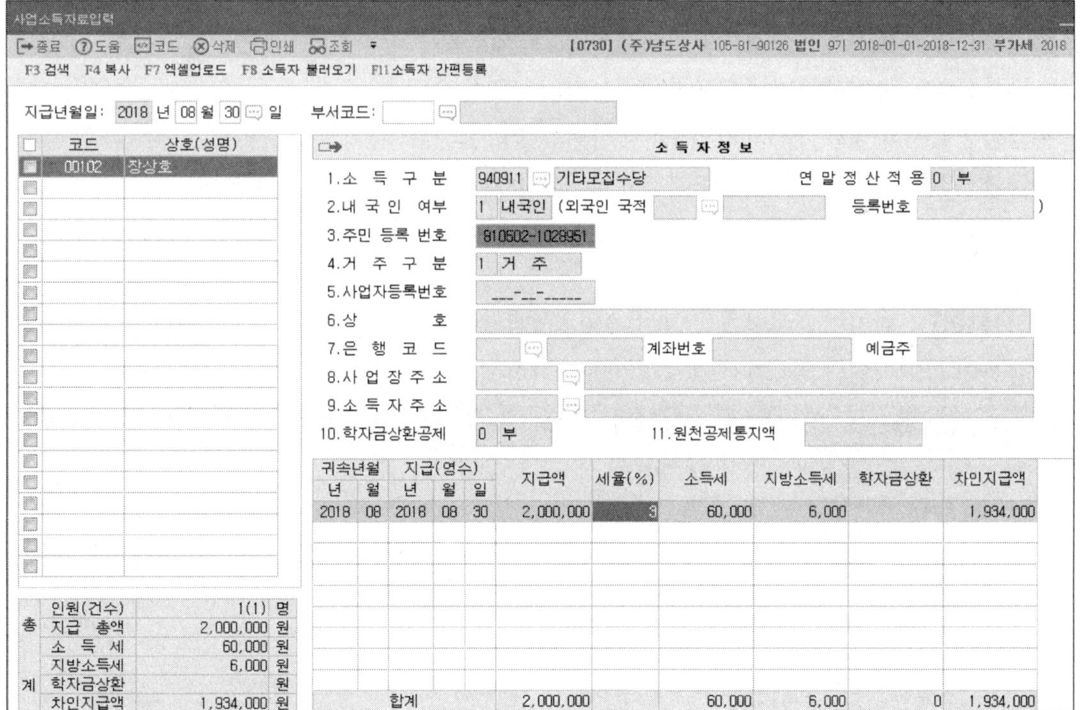

《《《 문제 5.

[1] 1. 세금과공과금명세서

코드	계정과목	월	일	거래내용	코드	지급처	금 액	손금불산입표시
0817	세금과공과금	3	31	법인세에 대한 농어촌특별세납부			730,000	손금불산입
0517	세금과공과금	4	8	토지취득세납부			8,750,000	손금불산입
0817	세금과공과금	4	20	교통위반과태료			123,000	손금불산입
0517	세금과공과금	6	16	공장에 대한 재산세			680,000	
0817	세금과공과금	7	25	업무무관	00698	제우상회	350,000	손금불산입
0817	세금과공과금	8	22	교통유발부담금			100,000	
0817	세금과공과금	8	30	법인균등분 주민세			62,500	
0817	세금과공과금	10	20	협회비		플라스틱엔지니어링협회	500,000	
	손 금 불 산 입 계						9,953,000	
	합 계						11,295,500	

2. 세무조정

<손금불산입> 토지취득세 8,750,000원 (유보발생)

<손금불산입> 농어촌특별세 730,000원 (기타사외유출)

<손금불산입> 과태료 123,000원 (기타사외유출)

<손금불산입> 업무무관자산관련매입세액 350,000원 (기타사외유출 OR 유보)

[2]

<손금불산입> 퇴직연금수령액 15,000,000원 (유보감소)

<손금산입> 퇴직연금운용자산 30,000,000원 (유보발생)

2.이미 손금산입한 부담금 등의 계산

1 나.기말 퇴직연금 예치금 등의 계산

19.기초 퇴직연금예치금 등	20.기중 퇴직연금예치금 등 수령 및 해약액	21.당기 퇴직연금예치금 등의 납입액	22.퇴직연금예치금 등 계 (19 - 20 + 21)
100,000,000	15,000,000	30,000,000	115,000,000

2 가.손금산입대상 부담금 등 계산

13.퇴직연금예치금 등 계 (22)	14.기초퇴직연금충당금등 및 전기말 신고조정에 의한 손금산입액	15.퇴직연금충당금등 손금부인 누계액	16.기중퇴직연금등 수령 및 해약액	17.이미 손금산입한 부담금등 (14 - 15 - 16)	18.손금산입대상 부담금 등 (13 - 17)
115,000,000	100,000,000		15,000,000	85,000,000	30,000,000

1.퇴직연금 등의 부담금 조정

1.퇴직급여추계액	당기말 현재 퇴직급여충당금				6.퇴직부담금 등 손금산입 누적한도액 (① - ⑤)
	2.장부상 기말잔액	3.확정기여형퇴직연금자의 설정전 기계상된 퇴직급여충당금	4.당기말 부인 누계액	5.차감액 (② - ③ - ④)	
140,000,000					140,000,000

7.이미 손금산입한 부담금 등 (17)	8.손금산입액 한도액 (⑥ - ⑦)	9.손금산입 대상 부담금 등 (18)	10.손금산입범위액 (⑧과 ⑨중 적은 금액)	11.회사 손금 계상액	12.조정금액 (⑩ - ⑪)
85,000,000	55,000,000	30,000,000	30,000,000		30,000,000

[3]

건설자금이자액 : 1,200,000,000원 × 5% × 214/365= 35,178,082원

<손금불산입> 건설자금이자 35,178,082원 (유보발생)

<익금불산입> 이자수익 1,500,000원 (유보발생)

또는

<손금불산입> 건설자금이자 33,678,082원 (유보발생)

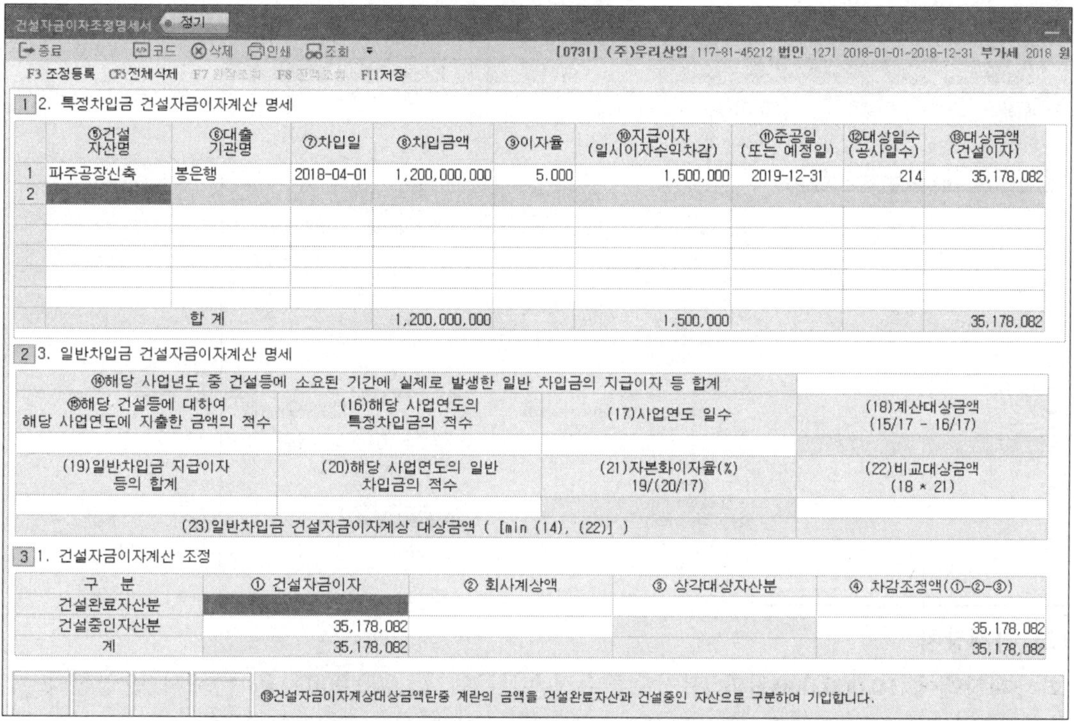

[4]

<손금산입> 전기오류수정손실 15,000,000 (기타)

<손금불산입>감가상각비(건물) 10,100,000 (유보발생)

<손금불산입>감가상각비(기계장치) 6,960,000 (유보발생)

1. 고정자산등록

(1) 건물

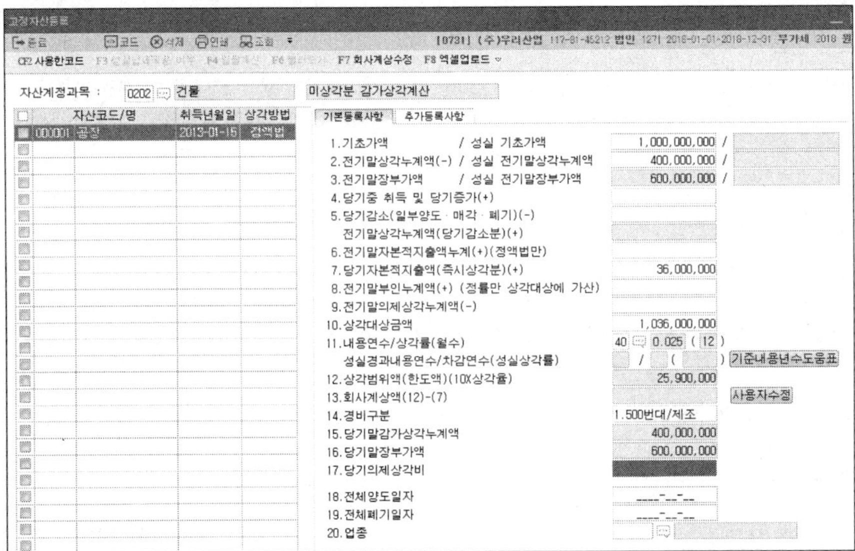

(2) 기계장치

회사계상액에 10,000,000원과 전기오류수정손실금액 15,000,000원을 더해서 반영한다.

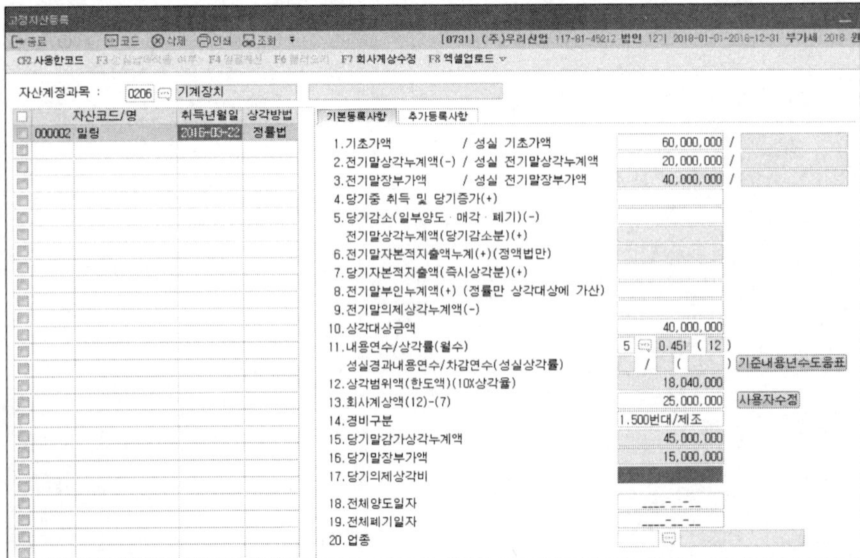

2. 미상각분조정명세

(1) 건물

미상각자산감가상각조정명세서 ● 정기

F3 조정등록　F4 간편등록　F6 구분별조회　F7 간접법　F8 기간별 계　F12 불러오기

[0731] (주)우리산업 117-81-45212 법인 12기 2018-01-01~2018-12-31 부가세 2018

유형자산(정액법)　유형자산(정률법)　무형자산

계정	자산코드/명	취득년월일
0202	000001 공장	2013-01-15

입력내용			금액	총계
업종코드/명				
합계표 자산구분		1. 건축물		
(4)내용연수(기준.신고)			40	
상각계산의 기초가액	재무상태표 자산가액	(5)기말현재액	1,000,000,000	1,000,000,000
		(6)감가상각누계액	400,000,000	400,000,000
		(7)미상각잔액(5)-(6)	600,000,000	600,000,000
	회사계산 상각비	(8)전기말누계	400,000,000	400,000,000
		(9)당기상각비		
		(10)당기말누계(8)+(9)	400,000,000	400,000,000
	자본적 지출액	(11)전기말누계		
		(12)당기지출액	36,000,000	36,000,000
		(13)합계(11)+(12)	36,000,000	36,000,000
(14)취득가액((7)+(10)+(13))			1,036,000,000	1,036,000,000
(15)일반상각률.특별상각률			0.025	
상각범위 액계산	당기산출 상각액	(16)일반상각액	25,900,000	25,900,000
		(17)특별상각액		
		(18)계((16)+(17))	25,900,000	25,900,000
	(19) 당기상각시인범위액		25,900,000	25,900,000
(20)회사계상상각액((9)+(12))			36,000,000	36,000,000
(21)차감액((20)-(19))			10,100,000	10,100,000
(22)최저한세적용에따른특별상각부인액				
조정액	(23) 상각부인액((21)+(22))		10,100,000	10,100,000
	(24) 기왕부인액중당기손금추인액			
부인액 누계	(25) 전기말부인누계액			
	(26) 당기말부인누계액 (25)+(23)-|24|		10,100,000	10,100,000
당기말	(27) 당기의제상각액 |△(21)|-|(24)|			

(2) 기계장치

미상각자산감가상각조정명세서 ● 정기

F3 조정등록　F4 간편등록　F6 구분별조회　F7 간접법　F8 기간별 계　F12 불러오기

[0731] (주)우리산업 117-81-45212 법인 12기 2018-01-01~2018-12-31 부가세 2018

유형자산(정액법)　유형자산(정률법)　무형자산

계정	자산코드/명	취득년월일
0206	000002 밀링	2016-03-22

입력내용			금액	총계
업종코드/명				
합계표 자산구분		2. 기계장치		
(4)내용연수			5	
상각계산의 기초가액	재무상태표 자산가액	(5)기말현재액	60,000,000	60,000,000
		(6)감가상각누계액	45,000,000	45,000,000
		(7)미상각잔액(5)-(6)	15,000,000	15,000,000
	(8)회사계산감가상각비		25,000,000	25,000,000
	(9)자본적지출액			
	(10)전기말의제상각누계액			
	(11)전기말부인누계액			
	(12)가감계((7)+(8)+(9)-(10)+(11))		40,000,000	40,000,000
(13)일반상각률.특별상각률			0.451	
상각범위 액계산	당기산출 상각액	(14)일반상각액	18,040,000	18,040,000
		(15)특별상각액		
		(16)계((14)+(15))	18,040,000	18,040,000
	취득가액	(17)전기말현재취득가액	60,000,000	60,000,000
		(18)당기회사계산증가액		
		(19)당기자본적지출액		
		(20)계((17)+(18)+(19))	60,000,000	60,000,000
	(21) 잔존가액		3,000,000	3,000,000
	(22) 당기상각시인범위액		18,040,000	18,040,000
(23)회사계상상각액((8)+(9))			25,000,000	25,000,000
(24)차감액 ((23)-(22))			6,960,000	6,960,000
(25)최저한세적용에따른특별상각부인액				
조정액	(26) 상각부인액 ((24)+(25))		6,960,000	6,960,000
	(27) 기왕부인액중당기손금추인액			

3. 감가상각비 조정명세서합계표(1점)

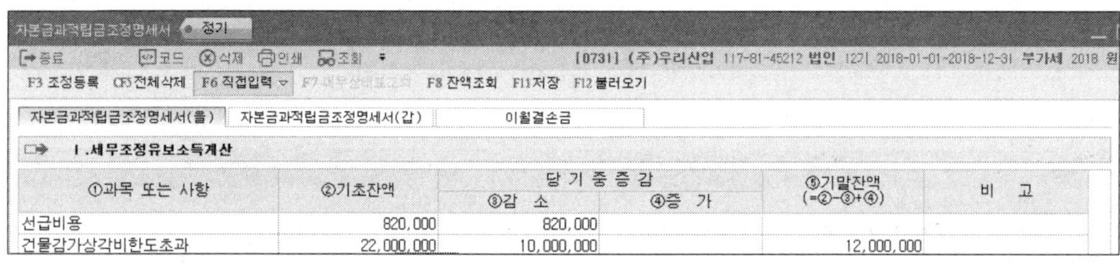

	1.자 산 구 분	코드	2.합 계 액	유형고정자산			6.무형고정자산
				3.건 축 물	4.기계장치	5.기타자산	
재무	101.기말현재액	01	1,060,000,000	1,000,000,000	60,000,000		
상태표	102.감가상각누계액	02	445,000,000	400,000,000	45,000,000		
상가액	103.미상각잔액	03	615,000,000	600,000,000	15,000,000		
	104.상각범위액	04	43,940,000	25,900,000	18,040,000		
	105.회사손금계상액	05	61,000,000	36,000,000	25,000,000		
조정	106.상각부인액 (105-104)	06	17,060,000	10,100,000	6,960,000		
금액	107.시인부족액 (104-105)	07					
	108.기왕부인액 중 당기손금추인액	08					
	109.신고조정손금계상액	09					

[5]

1. 자본금과적립금조정명세서(을)

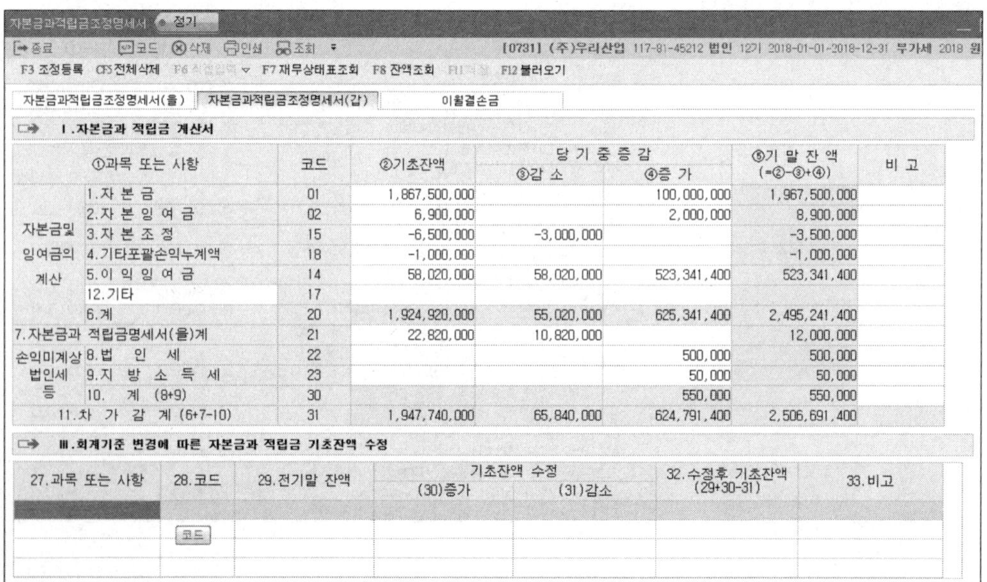

자본금과적립금조정명세서(을)   자본금과적립금조정명세서(갑)   이월결손금

I.세무조정유보소득계산

①과목 또는 사항	②기초잔액	당 기 중 증 감		⑤기말잔액 (=②-③+④)	비 고
		③감 소	④증 가		
선급비용	820,000	820,000			
건물감가상각비한도초과	22,000,000	10,000,000		12,000,000	

2. 자본금과적립금조정명세서(갑)

자본금과적립금조정명세서(을)   자본금과적립금조정명세서(갑)   이월결손금

I.자본금과 적립금 계산서

	①과목 또는 사항	코드	②기초잔액	당 기 중 증 감		⑤기 말 잔 액 (=②-③+④)	비 고
				③감 소	④증 가		
자본금밒 잉여금의 계산	1.자 본 금	01	1,867,500,000		100,000,000	1,967,500,000	
	2.자 본 잉 여 금	02	6,900,000		2,000,000	8,900,000	
	3.자 본 조 정	15	-6,500,000	-3,000,000		-3,500,000	
	4.기타포괄손익누계액	18	-1,000,000			-1,000,000	
	5.이 익 잉 여 금	14	58,020,000	58,020,000	523,341,400	523,341,400	
	12.기타	17					
	6.계	20	1,924,920,000	55,020,000	625,341,400	2,495,241,400	
7.자본금과 적립금명세서(을)계		21	22,820,000	10,820,000		12,000,000	
손익미계상 법인세 등	8.법 인 세	22			500,000	500,000	
	9.지 방 소 득 세	23			50,000	50,000	
	10. 계 (8+9)	30			550,000	550,000	
11.차 가 감 계 (6+7-10)		31	1,947,740,000	65,840,000	624,791,400	2,506,691,400	

III.회계기준 변경에 따른 자본금과 적립금 기초잔액 수정

27.과목 또는 사항	28.코드	29.전기말 잔액	기초잔액 수정		32.수정후 기초잔액 (29+30-31)	33.비고
			(30)증가	(31)감소		
	코드					

72회 실무시험 해답

<<< 문제 1.

[1] 3월 3일 일반전표입력

(차) 보통예금	100,000,000원	(대) 장기차입금	30,000,000원
		(산업자원부)	
		국고보조금	70,000,000원
		(127.보통예금차감)	

[2] 3월 12일 매입매출전표 입력

> 유형:51.과세, 공급가액:2,000,000원, 부가가치세:200,000원, 거래처:㈜서초, 전자:여, 분개:혼합

| (차) 원재료 | 2,000,000원 | (대) 받을어음(㈜반포) | 1,200,000원 |
| 부가대급금 | 200,000원 | 현 금 | 1,000,000원 |

[3] 3월 14일 매입매출전표입력

> 유형:16.수출(영세율구분:1),공급가액:48,000,000원, 부가세:0원, 거래처:MORNING, 전자:부, 분개:외상

| (차) 외상매출금 | 48,000,000원 | (대) 제품매출 | 48,000,000원 |

수출시 과세표준은 결제금액이다.

[4]] 3월 15일, 일반전표입력

| (차) 이월이익잉여금 | 11,000,000원 | (대) 미지급 배당금 | 10,000,000원 |
| | | 이익 준비금 | 1,000,000원 |

<<< 문제 2.

[1] 매입매출전표입력

4월 8일

> 유형:12.영세,공급가액:24,000,000원,거래처:㈜용선무역,전자:여,분개:없음,영세율구분:3

5월 3일

> 유형:12.영세,공급가액:8,000,000원,거래처:㈜강무통상,전자:여,분개:없음,영세율구분:3

• 내국신용장,구매확인서전자발급명세서

내국신용장·구매확인서전자발급명세서

[0720] (주)영민상사 241-81-45214 법인 8기 2018-01-01-2018-12-31 부가세 2018

F3 제출일자   F4 불러오기   F7 엑셀업로드   F8 마감   F11저장

조회기간   2018 년 04 ▼ 월 ~ 2018 년 06 ▼ 월   구분 1기 확정

2. 내국신용장 · 구매확인서에 의한 공급실적 합계

구분	건수	금액(원)	비고
(9)합계(10+11)	2	32,000,000	
(10)내국신용장	1	8,000,000	
(11)구매확인서	1	24,000,000	

[참고] 내국신용장 또는 구매확인서에 의한 영세율 첨부서류 방법 변경(영 제64조 제3항 제1의3호)
▶ 전자무역기반시설을 통하여 개설되거나 발급된 경우 내국신용장·구매확인서 전자발급명세서를 제출하고 이 외의 경우 내국신용장 사본을 제출함
=> 2011.7.1 이후 최초로 개설되거나 발급되는 내국신용장 또는 구매확인서부터 적용

3. 내국신용장 · 구매확인서에 의한 공급실적 명세서

(12)번호	(13)구분	(14)서류번호	(15)발급일	거래처정보 거래처명	(16)공급받는자의 사업자등록번호	(17)금액	전표일자	(18)비고
1	구매확인서	1111111	2018-04-20	(주)용선무역	209-05-33613	24,000,000		
2	내국신용장	2222222	2018-05-01	강무통상(주)	109-07-89510	8,000,000		
3								

[2]

1. 부가가치세 신고서작성

7.매출(예정신고누락분)								
예 정 누 락 분	과 세	세금계산서	32	5,000,000	10/100		500,000	
		기타	33	3,500,000	10/100		350,000	
	영 세	세금계산서	34		0/100			
		기타	35		0/100			
		합계	36	8,500,000			850,000	

12.매입(예정신고누락분)					
예 정 누 락 분		세금계산서	37	3,500,000	350,000
		그 밖의 공제매입세액	38		
		합계	39	3,500,000	350,000
	신용카드매출 수령금액합계	일반매입			
		고정매입			
	의제매입세액				
	재활용폐자원등매입세액				
	과세사업전환매입세액				
	재고매입세액				
	변제대손세액				

2. 가산세 계산

• 전자세금계산서 지연발급가산세 : 5,000,000원 × 1% = 50,000원

• 신고불성실가산세 : (500,000원 + 350,000원 - 350,000원) × 10% × 50% = 25,000원

• 납부불성실가산세 : 500,000원 × 3/10,000 × 92일 = 13,800원

• 납부불성실가산세는「납부기한의 다음날(10월 26일)부터 자진납부일(1월 25일)까지」의 기간에 1일 3/10,000을 적용

• 가산세합계 : 88,800원

25.가산세명세						
사업자미등록등		59			1/100	
세 금 계산서	지연발급 등	60		5,000,000	1/100	50,000
	지연수취	61			5/1,000	
	미발급 등	62			2/100	
전자세금 발급명세	지연전송	63			5/1,000	
	미전송	64			1/100	
세금계산서 합계표	제출불성실	65			5/1,000	
	지연제출	66			3/1,000	
신고 불성실	무신고(일반)	67			뒤쪽	
	무신고(부당)	68		500,000	뒤쪽	25,000
	과소·초과환급(일반)	69			뒤쪽	
	과소·초과환급(부당)	70			뒤쪽	
납부불성실		71		500,000	뒤쪽	13,800
영세율과세표준신고불성실		72			5/1,000	
현금매출명세서불성실		73			1/100	
부동산임대공급가액명세서		74			1/100	
매입자 납부특례	거래계좌 미사용	75			뒤쪽	
	거래계좌 지연입금	76			뒤쪽	
합계		77				88,800

3. 과세표준 명세

과세표준명세

신고구분 :　2(1.예정 2.확정 3.영세율 조기환급 4.기한후과세표준)

국세환급금계좌신고 　[💬]　　　은행　　　지점

계좌번호 :

폐업일자 : ____-__-__　　폐업사유 : ▼

		과세표준명세		
	업태	종목	코드	금액
27	도매 및 소매업	가전제품 및 부품 도매업	513221	500,000,000
28	제조업	기록매체 복제업(오디오,비	223001	450,000,000
29				
30	수입금액제외		513221	8,500,000
31	합계			958,500,000
		면세사업수입금액		
	업태	종목	코드	금액
78				
79				
80	수입금액제외			
81	합계			

<<< 문제 3.

[1] 12월 31일 일반전표입력

| (차) 잡손실 | 100,000원 | (대) 현금과부족 | 100,000원 |

[2] 12월 31일 일반전표입력

| (차) 선급비용 | 600,000원 | (대) 보험료(판) | 600,000원 |

추가 정답

| (차) 선급비용 | 595,068원 | (대) 보험료(판) | 595,068원 |

[3] 12월 31일 일반전표입력

| (차) 외화예금 | 1,125,000원 | (대) 외화환산이익 | 1,125,000원 |

[4] ·고정자산등록

운반비와 설치비용은 취득원가에 가산하여야 하는 것이므로 취득액을 16,000,000으로 입력한다.

[회계처리] 다음 ①과②중 선택입력

① 결산자료입력 후 전표추가:제조원가 감가상각비 기계장치4,209,333원

② 12월31일 일반전표입력 :

| (차)감가상각비(제) | 4,209,333 | (대)감가상각누계액(기계장치) 4,209,333 |

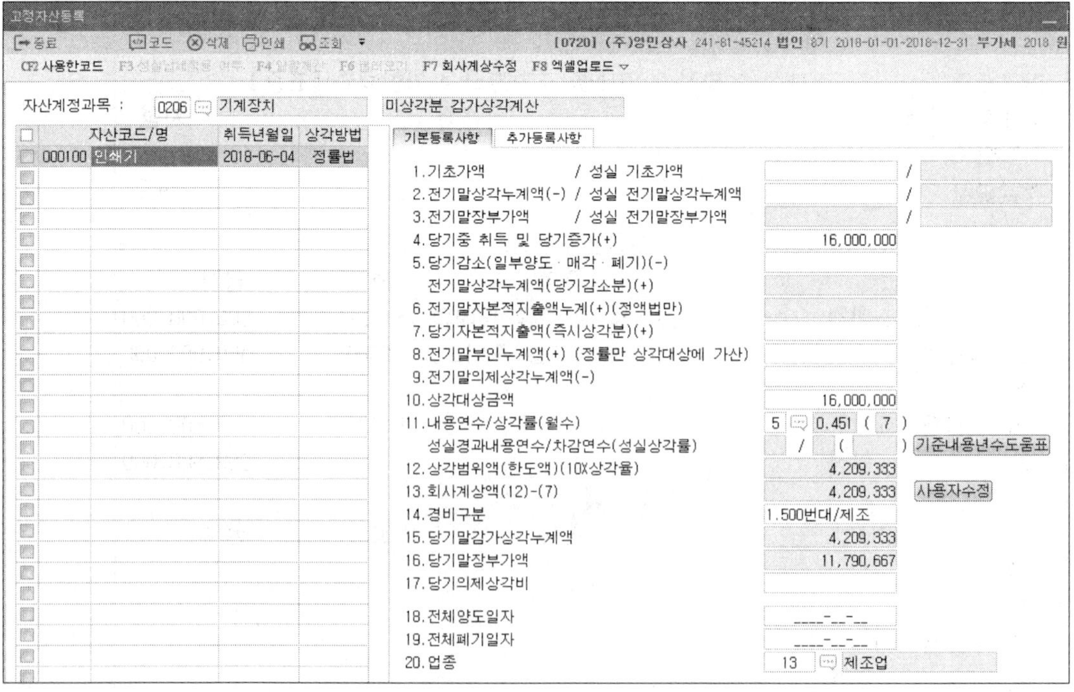

<<< 문제 4.

[1]

· 사원등록

· 배우자는 총급여액이 5백만원 이하이므로 공제대상
· 배우자의 이전 혼인관계에서 출생한 자도 공제 가능

2. 연말정산 추가자료 입력(연말정산입력)

(1) 소득공제 – 신용카드는 의료비와 중복공제 가능

· 신용카드 등 : 본인신용카드 19,280,300원

자동차세	(-)	720,000	
장남 현금영수증	(+)	2,260,000	
장남 대중교통이용액	(+)	240,000	
모친 직불카드	(+)	1,560,000	
모친 전통시장사용액	(+)	110,000	22,730,300원

(2) 특별세액공제

1) 보험료공제　　① 자동차보험료(보장성보험)　　600,000원

　　　　　　　　② 장애인전용보장성보험료　　850,000원

    2) 의료비공제　　① 장애인의료비　　　　　　　1,800,000원

    　　　　　　　　② 일반의료비　　　　　　　　1,000,000원

    3) 교육비공제　　① 대학교등록금　　　　　　7,000,000원

    　　　　　　　　② 고등학교등록금　　　　　1,200,000원

    4) 기부금공제　　① 종교단체기부금　　　　　1,300,000원

    　　　　　　　　② 종교단체외기부금　　　　2,000,000원

[2]

배당소득의 경우 개인 김다정은 원천징수대상이다.

1. 기타소득자 등록

2. 이자배당소득자료입력

<table>
<tr><td colspan="2">이자배당소득자료입력</td><td>—</td></tr>
<tr><td colspan="3">종료　도움　코드　삭제　인쇄　조회　▾　　　　　[0720] (주)영민상사 241-81-45214 법인 8기 2018-01-01~2018-12-31 부가세 2018</td></tr>
<tr><td colspan="3">F3 소득자검색　F4 복사　F6 엑셀업로드　F8　　　　　F11 소득자간편등록　(?) 개정코드참고</td></tr>
</table>

지급년월일　2018 년 04 월 10 일

□	코드	성명	소득구분
1	□ 00100	김다경	내국법인 배당·분
2	□		

구 분 / 입력내용

1. 소득자 구분/실명　　　　　　　　　　　　　실명
2. 개인/법인구분　　1.개인
3. 지급(영수)일자　　2018 년 04 월 10 일
4. 귀속년월　　2018 년 04 월
5. 은행 및 계좌번호　　　　　　계좌번호　　　　예금주
6. 금융상품명
7. 유가증권코드
8. 과세구분
9. 조세특례등
10. 세액감면 및 제한세율근거
11. 변동자료구분　　0 처음제출되는 자료

지 급 및 계 산 내 역

	인원 (건수)	1 (1) 명
총	지 급 금 액	3,000,000 원
	소　득　세	420,000 원
	법　인　세	원
	지 방 소 득 세	42,000 원
계	농　특　세	원
	세 액 합 계	462,000 원

채권이자 구분	이자지급대상기간	이자율	금액	세율 (%)	세액	지방소득세	농특세
	----.--.--~----.--.--		3,000,000	14	420,000	42,000	
	----.--.--~----.--.--						

<<< 문제 5.

[1]

　<손금불산입> 접대비중개인적인경비 9,000원(상여)

　<손금불산입> 접대비(신용카드미사용)   3,000,000원(기타사외유출)

　<손금불산입> 접대비한도초과 15,329,080원(기타사외유출)

• 접대비조정명세서

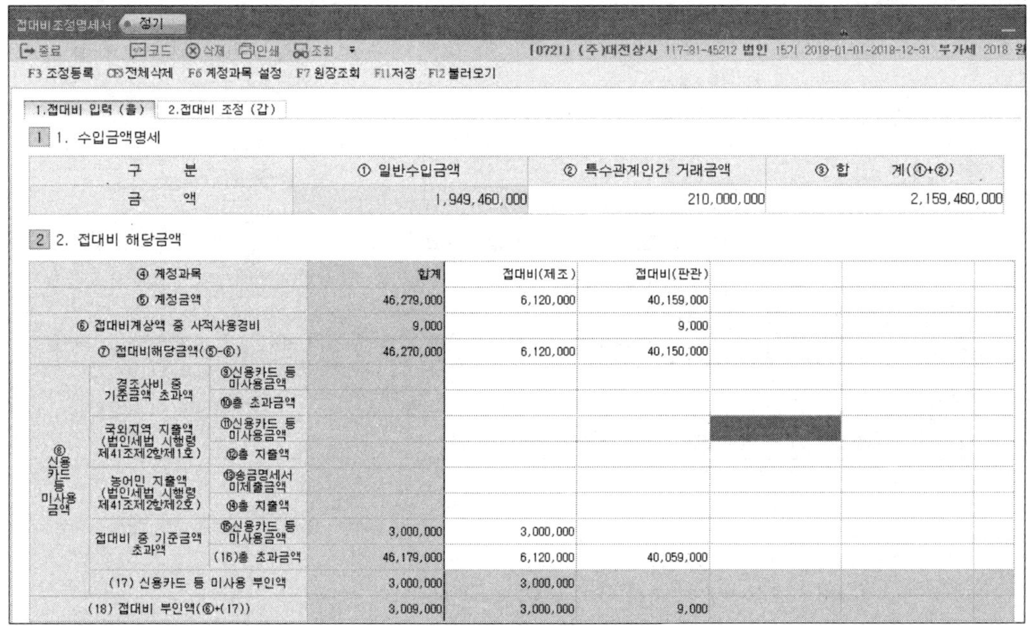

접대비조정명세서　정기

[0721] (주)대전상사 117-81-45212 법인 15기 2018-01-01~2018-12-31 부가세 2018 원

F3 조정등록 CF5 전체삭제 F6 계정과목 설정 F7 원장조회 F11 저장 F12 불러오기

1.접대비 입력 (을)　2.접대비 조정 (갑)

1 1. 수입금액명세

구　　분	① 일반수입금액	② 특수관계인간 거래금액	③ 합　　계(①+②)
금　　액	1,949,460,000	210,000,000	2,159,460,000

2 2. 접대비 해당금액

④ 계정과목		합계	접대비(제조)	접대비(판관)		
⑤ 계정금액		46,279,000	6,120,000	40,159,000		
⑥ 접대비계상액 중 사적사용경비		9,000		9,000		
⑦ 접대비해당금액(⑤-⑥)		46,270,000	6,120,000	40,150,000		
⑧ 신용카드 등 미사용금액	경조사비 중 기준금액 초과액	⑨신용카드 등 미사용금액					
		⑩총 초과금액					
	국외지역 지출액 (법인세법 시행령 제41조제2항제1호)	⑪신용카드 등 미사용금액					
		⑫총 지출액					
	농어민 지출액 (법인세법 시행령 제41조제2항제2호)	⑬송금명세서 미제출금액					
		⑭총 지출액					
	접대비 중 기준금액 초과액	⑮신용카드 등 미사용금액	3,000,000	3,000,000			
		(16)총 초과금액	46,179,000	6,120,000	40,059,000		
(17) 신용카드 등 미사용 부인액		3,000,000	3,000,000			
(18) 접대비 부인액(⑥+(17))		3,009,000	3,000,000	9,000		

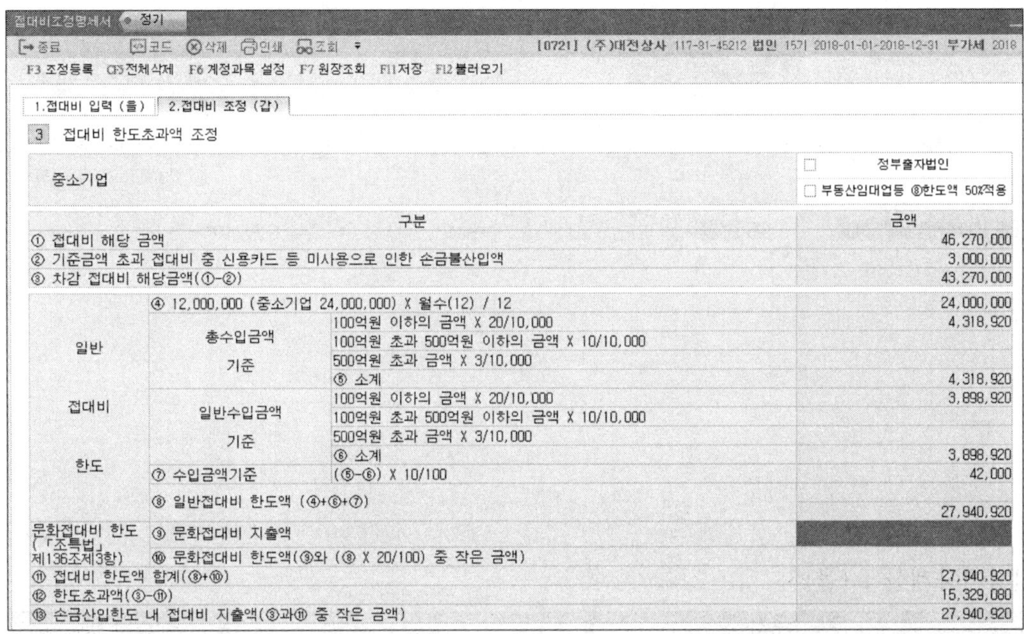

[2]
• 가지급금등의인정이자조정명세서

1.가지급금입력

2. 가수금 입력

3. 인정이자계산 : (을)지

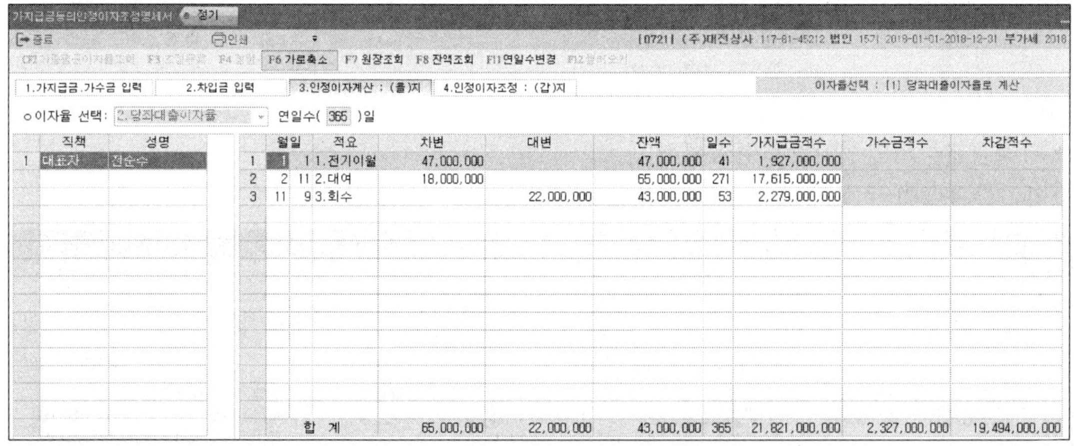

4. 인정이자(적용이자율 : 당좌대출이자율)

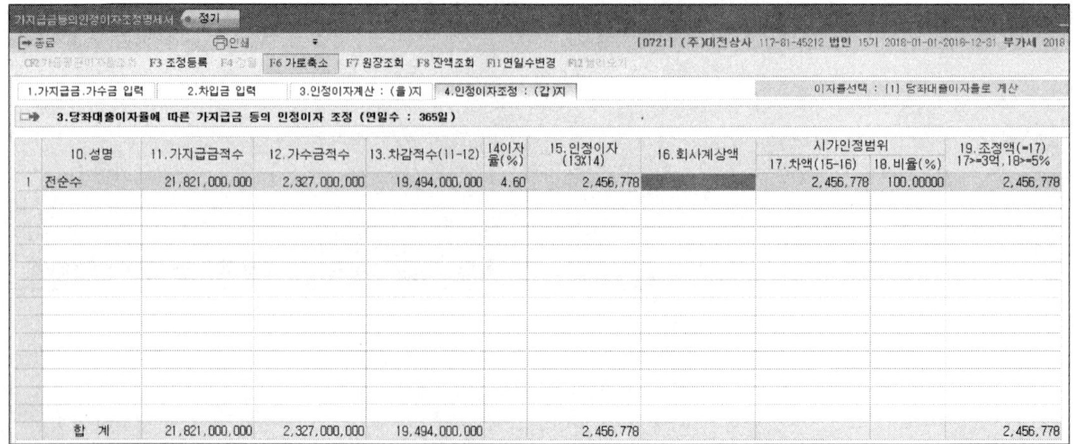

5. 세무조정

<익금산입> 대표이사 인정이자   2,456,778 (상여)

[3]

<손금불산입> 퇴직급여충당금한도초과액   3,000,000원 (유보발생)

<손금불산입> 임원상여금한도초과액   5,000,000원 (상여)

1. 퇴직급여충당금 손금산입 한도액 : 0

　① 총급여액기준 : (1,450,000,000원-5,000,000원) × 5% = 72,250,000원

　② 추계액기준 :(200,000,000원 × 0%) -(15,000,000원 - 5,000,000원 - 2,000,000원) = 0

2. 퇴직급여충당금 한도초과액

　회사계상액(3,000,000원) - 0(세법상 한도액) = 3,000,000원(한도초과액)

퇴직급여충당금조정명세서　정기

［→종료　　코드　⊗삭제　인쇄　조회　▼　　　　　　　　[0721] (주)대전상사 117-81-45212 법인 15기 2018-01-01-2018-12-31 부가세 2018 원

F3 조정등록　CF5전체삭제　F7 원장조회　F8 잔액조회　CF10설정률　F11저장　F12불러오기

1 2.총급여액 및 퇴직급여추계액 명세

계정과목명	17.총급여액		18.퇴직급여 지급대상이 아닌 임원 또는 사용인에 대한 급여액		19.퇴직급여 지급대상이 되는 임원 또는 사용인에 대한 급여액	
	인원	금액	인원	금액	인원	금액
0801.급여(판)	21	330,000,000	6	30,000,000	15	300,000,000
0803.상여금(판)		200,000,000		20,000,000		180,000,000
0504.임금(제)	42	850,000,000	12	70,000,000	30	780,000,000
0505.상여금(제)		225,000,000		40,000,000		185,000,000
합계	63	1,605,000,000	18	160,000,000	45	1,445,000,000

2 퇴직금추계액명세서

20.기말 현재 임원 또는 사용인 전원의 퇴직시 퇴직급여추계액	
인원	금액
	200,000,000
21.(근로퇴직급여보장법) 에 따른 추계액	
	150,000,000
22.세법상 추계액 MAX(20, 21)	
	200,000,000

3 1.퇴직급여충당금 조정

『법인세법 시행령』 제60조 제1항에 따른 한도액	1.퇴직급여 지급대상이 되는 임원 또는 사용인에게 지급한 총급여액((19)의 계)	2.설정률	3.한도액 (① * ②)	비 고
	1,445,000,000	5 / 100	72,250,000	

『법인세법 시행령』 제60조 제2항 및 제3항에 따른 한도액	4.장부상 충당금 기초잔액	5.확정기여형퇴직연금자의 설정전기계상된퇴직급여충당금	6.기중 충당금 환입액	7.기초 충당금 부인누계액	8.기중 퇴직금 지급액
	15,000,000			2,000,000	5,000,000
	9.차감액 (④ - ⑤ - ⑥ - ⑦ - ⑧)	10.추계액 대비 설정액 ((22) * 0 / 100)	11.퇴직금 전환금	12.설정율 감소에 따른 환입을 제외하는금액(MAX(⑨-⑩-⑪,0)	13.누적한도액 (⑩ - ⑨ + ⑪ + ⑫)
	8,000,000				8,000,000

한도초과액 계산	14.한도액 (⑨과 ⑬중 적은 금액)	15.회사 계상액	16.한도초과액 ((15) - (14))
		3,000,000	3,000,000

[4]

• 기부금조정명세서

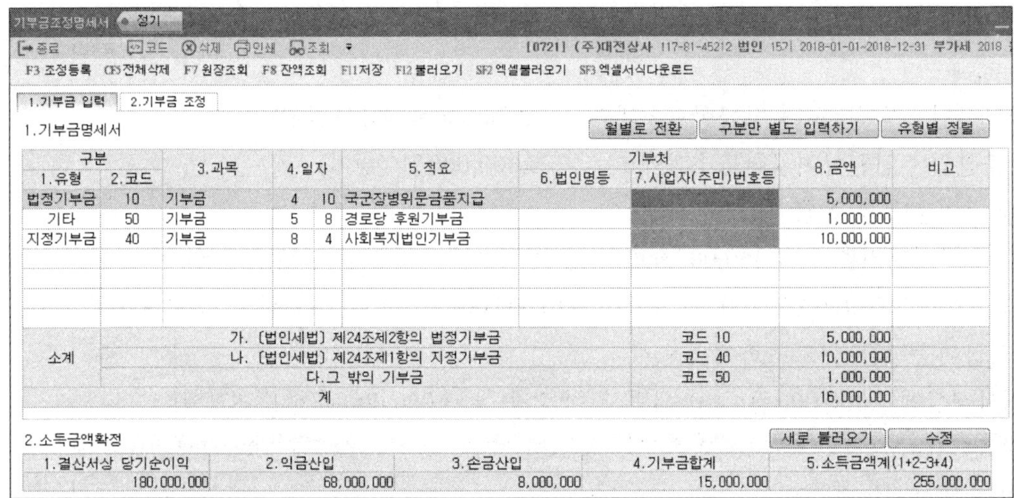

법정기부금 5,000,000원, 지정기부금 10,000,000원

손금불산입 비지정기부금 1,000,000원 (기타사외유출)

손금불산입 어음기부금 3,000,000원 (유보발생)

[5]

· 채무면제이익에 충당되는 이월결손금은 발생연도와 상관없으므로 2008년도에 보전

· 2008년 결손금은 기한경과

· 당기 2018년도 각사업연도소득금액은 40,000,000원이나 중소기업이 아니므로 소득금액의 70% 28,000,000원을 한도로 당기에 공제됨

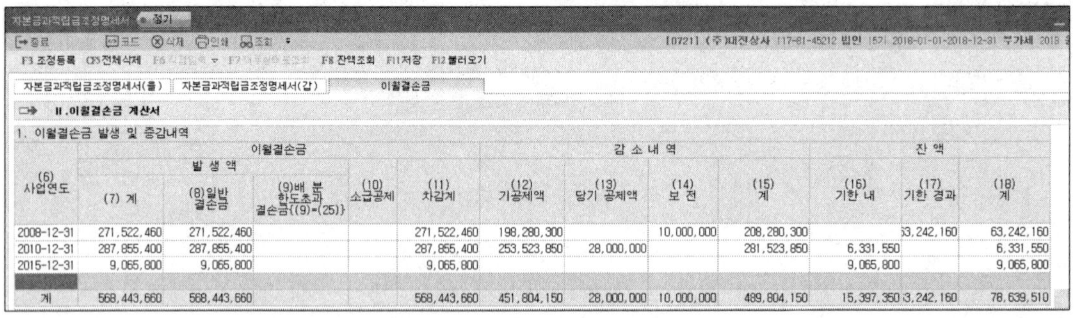

(6) 사업연도	이월결손금				(11) 차감계	감 소 내 역					잔 액		
	발 생 액			(10) 소급공제		(12) 기공제액	(13) 당기 공제액	(14) 보 전	(15) 계	(16) 기한 내	(17) 기한 경과	(18) 계
	(7) 계	(8)일반 결손금	(9)배 분 한도초과 결손금{(9)=(25)}									
2008-12-31	271,522,460	271,522,460			271,522,460	198,280,300		10,000,000	208,280,300		63,242,160	63,242,160
2010-12-31	287,855,400	287,855,400			287,855,400	253,523,850	28,000,000		281,523,850	6,331,550		6,331,550
2015-12-31	9,065,800	9,065,800			9,065,800					9,065,800		9,065,800
계	568,443,660	568,443,660			568,443,660	451,804,150	28,000,000	10,000,000	489,804,150	15,397,350	3,242,160	78,639,510

72회 실무시험 해답

<<< 문제 1.

[1] 3월 2일 매입매출전표입력

> 유형: 11.과세, 공급가액:7,000,000원, 부가가치세세:700,000원, 거래처:(주)원상, 전자:여, 분개:혼합

(차) 미수금((주)원상)	7,700,000원	(대) 기계장치	25,000,000원
국고보조금(기계장치차감)	8,000,000원	부가세예수금	700,000원
감가상각누계액	7,000,000원		
유형자산처분손실	3,000,000원		

[2] 3월 20일 일반전표입력

(차) 현금	300,000원	(대) 자기주식	350,000원
자기주식처분이익	25,000원		
자기주식처분손실	25,000원		

[3] 3월 24일 매입매출전표입력

> 유형:54.불공(불공제사유:3),공급가액:700,000원,부가가치세:70,000원,거래처:(주)SY렌터카,전자:여,분개: 혼합

(차) 수수료비용(판)	770,000	(대) 보통예금	770,000

[4] 3월 27일 매입매출전표입력

> 유형:12.영세(영세율구분:3), 공급가액:20,000,000원, 부가세:0원, 거래처:유한통상(주), 전자:여, 분개: 혼합

(차) 보통예금	10,000,000원	(대) 제품매출	20,000,000원
외상매출금	10,000,000원		

<<< 문제 2.

[1]

1. 매입매출전표입력

· 5월 22일

> 유형:51.과세,공급가액:5,400,000원,부가세:540,000원,거래처:진흥상사,전자:여,분개없음

· 6월 4일

> 유형:11.과세,공급가액:9,100,000원,부가세:910,000원,거래처:매일건업(주),전자:여,분개없음

2. 가산세

· 신고불성실가산세 = (910,000원-540,000원) × 20% × 50% = 37,000원
· 납부불성실가산세 = (910,000원-540,000원) × 7일 × 3/10,000 = 777원
· 가산세합계 = 37,777원

부가가치세신고서

[0710] (주)영풍상사 452-81-12346 법인 9기 2018-01-01~2018-12-31 부가세 2018

종료 / 도움 / 삭제 / 인쇄 / 조회 CF2 / F3 마감 / CF3 / F4 과표명세 / F6 확급 / F7 저장 / F8 사업장명세 / F11 원시데이타켜기 / CF1 작성방법켜기

일반과세 | 간이과세

조회기간 : 2018 년 4 월 1 일 ~ 2018 년 6 월 30 일 신고구분 : 1.정기신고 신고차수 : 부가율 : 40.65 확정

				정기신고금액		
구분				금액	세율	세액
과세표준및매출세액	과세	세	세금계산서발급분	1	9,100,000	10/100	910,000
			매입자발행세금계산서	2		10/100	
			신용카드·현금영수증발행분	3		10/100	
			기타(정규영수증외매출분)	4			
	영세	세	세금계산서발급분	5		0/100	
			기타	6		0/100	
	예정신고누락분			7			
	대손세액가감			8			
	합계			9	9,100,000	㉮	910,000
매입세액	세금계산서수취분	일반매입		10	5,400,000		540,000
		수출기업수입분납부유예		10			
		고정자산매입		11			
	예정신고누락분			12			
	매입자발행세금계산서			13			
	그 밖의 공제매입세액			14			
	합계(10)-(10-1)+(11)+(12)+(13)+(14)			15	5,400,000		540,000
	공제받지못할매입세액			16			
	차감계 (15-16)			17	5,400,000	㉯	540,000
납부(환급)세액(매출세액㉮-매입세액㉯)						㉰	370,000
경감공제세액	그 밖의 경감·공제세액			18			
	신용카드매출전표등 발행공제등			19			
	세액 합계			20		㉱	
예정신고미환급세액				21		㉲	
예정고지세액				22		㉳	
사업양수자의 대리납부 기납부세액				23		㉴	
매입자 납부특례 기납부세액				24		㉵	
가산세액계				25		㉶	37,777
차감.가감하여 납부할세액(환급받을세액)(㉰-㉱-㉲-㉳-㉴-㉵+㉶)				26			407,777
총괄납부사업자가 납부할 세액(환급받을 세액)							

25.가산세명세						
사업자미등록등			59		1/100	
세금계산서	지연발급 등		60		1/100	
	지연수취		61		5/1,000	
	미발급 등		62		2/100	
전자세금발급명세	지연전송		63		5/1,000	
	미전송		64		1/100	
세금계산서합계표	제출불성실		65		5/1,000	
	지연제출		66		3/1,000	
신고불성실	무신고(일반)		67	370,000	뒤쪽	37,000
	무신고(부당)		68		뒤쪽	
	과소·초과환급(일반)		69		뒤쪽	
	과소·초과환급(부당)		70		뒤쪽	
납부불성실			71	370,000	뒤쪽	777
영세율과세표준신고불성실			72		5/1,000	
현금매출명세서불성실			73		1/100	
부동산임대공급가액명세서			74		1/100	
매입자 납부특례	거래계좌 미사용		75		뒤쪽	
	거래계좌 지연입금		76		뒤쪽	
합계			77			37,777

[2]

1. 매입매출전표입력

· 9월 30일

> 유형: 14.건별, 공급가액: 7,000,000원, 부가세: 700,000원, 전자: 부, 분개 : 분개없음

2. 부가가치세 신고서

· 과세표준 및 매출세액 - 과세 - 기타(정규영수증외매출분) - 금액 7,000,000원 - 세액 700,000원
· 부가가치세신고서 매출부분의 기타란에 접대비(6,000,000)와 복리후생비(1,000,000) 시가 합계를 기재 : 공급가액 7,000,000원 부가가치세 700,000원

‹‹‹ 문제 3.

[1] 12월 31일 일반전표입력

(차) 제품보증비(판)   280,000   (대) 장기제품보증부채   280,000

· 설정액 = 90,000,000원×1% - 620,000원 = 280,000원

[2] 12월 31일, 일반전표입력

(차) 무형자산상각비   12,000,000   (대) 개발비   12,000,000

[3] 결산자료입력메뉴에서 입력 후 전표추가

· 원재료 5,000,000원

· 재공품 7,500,000원

· 제품 13,500,000원

[4] · 이익잉여금처분계산서 입력 후 전표추가

이익잉여금처분계산서

[→종료 ?도움   🖶인쇄 🔍조회 ▼   [0710] (주)영풍상사 452-81-12346 법인 9기 2018-01-01~2018-12-31 부가세 2018 원
F3 영어계정 F4 간설기 F6 전표추가

당기처분예정일: 2018 년 2 월 28 일 전기처분확정일: 2018 년 2 월 25 일

과목		계정과목명	제 9(당)기 2018년01월01일~2018년12월31일 제 9기(당기) 금액	제 8(전)기 2017년01월01일~2017년12월31일 제 8기(전기) 금액
1.전기이월미처분이익잉여금			245,000,000	
2.회계변경의 누적효과	0369	회계변경의누적효과		
3.전기오류수정이익	0370	전기오류수정이익		
4.전기오류수정손실	0371	전기오류수정손실		
5.중간배당금	0372	중간배당금		
6.당기순이익			912,253,872	245,000,000
II.임의적립금 등의 이입액				
1.				
2.				
합계			1,157,253,872	245,000,000
III.이익잉여금처분액			52,000,000	
1.이익준비금	0351	이익준비금	28,000,000	
2.재무구조개선적립금	0354	재무구조개선적립금		
3.주식할인발행차금상각액	0381	주식할인발행차금	8,000,000	
4.배당금			16,000,000	
가.현금배당	0265	미지급배당금		
주당배당금(률)		보통주		
		우선주		
나.주식배당	0387	미교부주식배당금	16,000,000	
주당배당금(률)		보통주		
		우선주		
5.사업확장적립금	0356	사업확장적립금		
6.감채적립금	0357	감채적립금		
7.배당평균적립금	0358	배당평균적립금		
IV.차기이월미처분이익잉여금			1,105,253,872	245,000,000

<<< 문제 4.

[1]

1. 사원등록 부양가족명세

2. 연말정산입력

구 분	성 명	금 액	비 고
보험료	본인	900,000원	60. 보장성 보험 일반에 입력
	김서수	1,200,000원	60. 보장성 보험 일반에 입력
의료비	김일광	1,500,000원	61. 의료비 본인, 경로자에 입력
	김서수	1,100,000원	61. 의료비 일반에 입력
	김서원	3,000,000원	61. 의료비 일반에 입력, 치료목적이므로 공제대상임.
교육비	이은미	7,400,000원	대학원 등록비는 공제대상아님.
	김서수	2,200,000원	62. 교육비 초중고 - 2,200,000원 입력
	김서희	1,800,000원	62. 교육비 초중고 - 1,800,000원 입력
기부금	본인	5,000,000원	63. 기부금 종교단체외 기부금에 입력
	김서수	500,000원	63. 기부금 법정기부금에 입력
	김서원	3,000,000원	63. 기부금 종교단체 기부금에 입력, 나이요건을 충족하지 못한 형제자매 기부금도 세액공제대상에 해당한다.

[2]

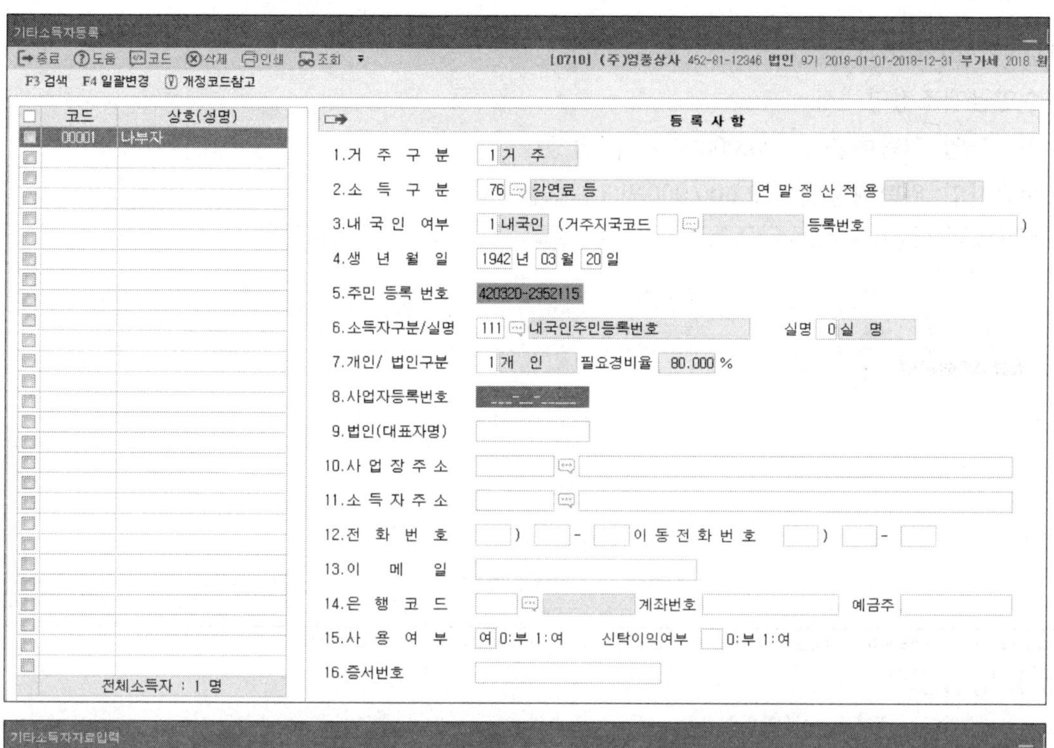

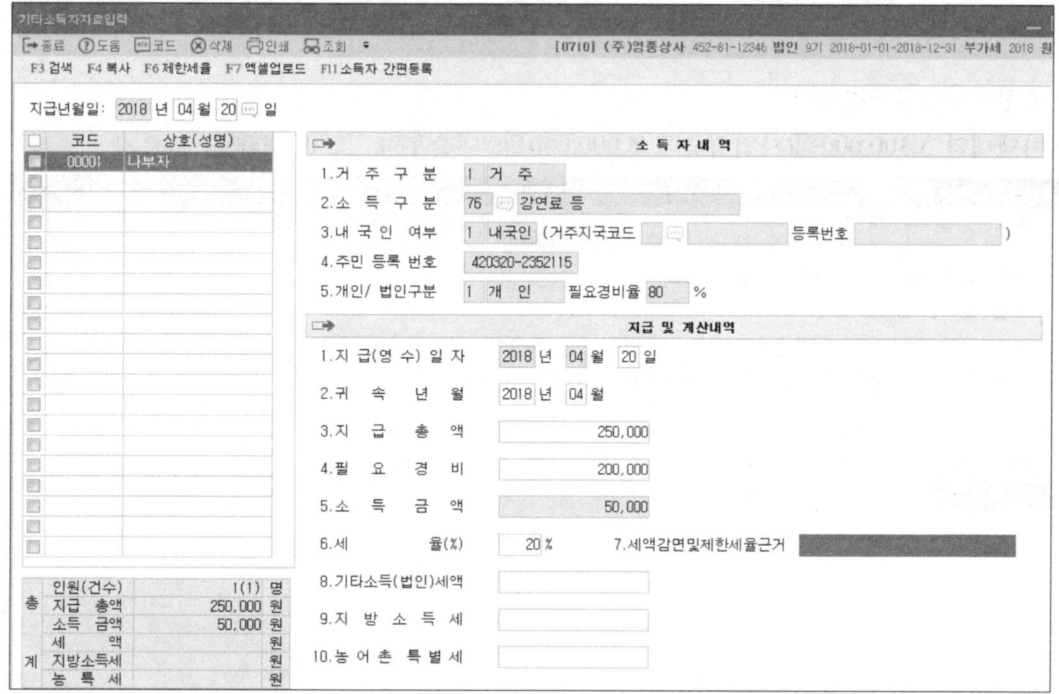

· 기타소득금액이 5만원이하인 경우에는 과세최저한에 해당하여 기타소득세는 발생하지 아니함.

<<< 문제 5.

[1]

- 수입금액조정명세서
- 익금산입 위탁매출 2,700,000원 (유보발생)
- 손금산입 위탁매출원가 2,000,000원 (유보발생)

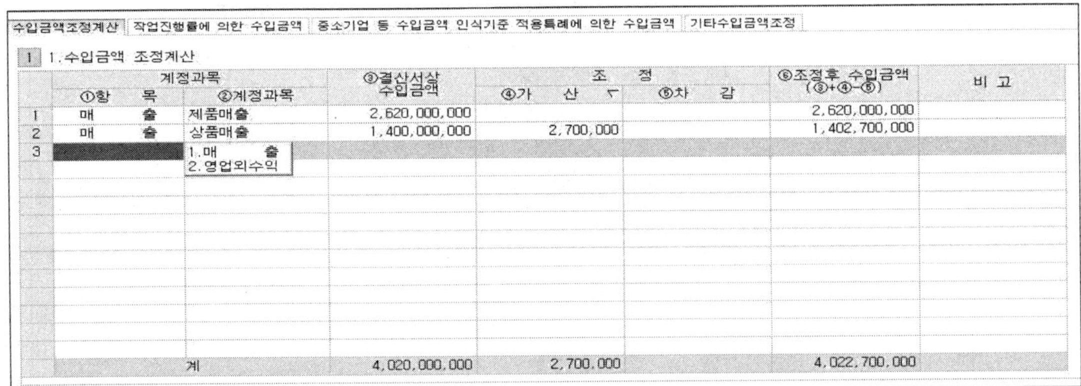

수입금액조정계산	작업진행률에 의한 수입금액	중소기업 등 수입금액 인식기준 적용특례에 의한 수입금액	기타수입금액조정

1. 수입금액 조정계산

	계정과목 ①항 목	계정과목 ②계정과목	③결산서상 수입금액	조정 ④가 산	조정 ⑤차 감	⑥조정후 수입금액 (③+④-⑤)	비 고
1	매 출	제품매출	2,620,000,000			2,620,000,000	
2	매 출	상품매출	1,400,000,000	2,700,000		1,402,700,000	
3		1.매 출 2.영업외수익					
	계		4,020,000,000	2,700,000		4,022,700,000	

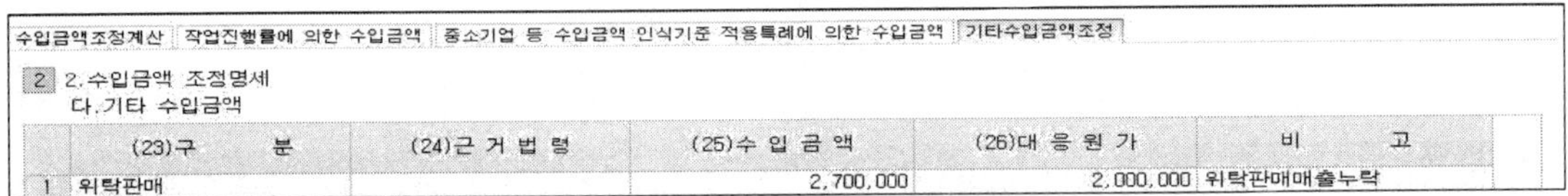

수입금액조정계산	작업진행률에 의한 수입금액	중소기업 등 수입금액 인식기준 적용특례에 의한 수입금액	기타수입금액조정

2. 수입금액 조정명세
다. 기타 수입금액

	(23)구 분	(24)근 거 법 령	(25)수 입 금 액	(26)대 응 원 가	비 고
1	위탁판매		2,700,000	2,000,000	위탁판매매출누락

- 조정후수입금액명세서
- 차액내역 3,300,000원(사업상증여 6,000,000원, 매출누락 -2,700,000원)

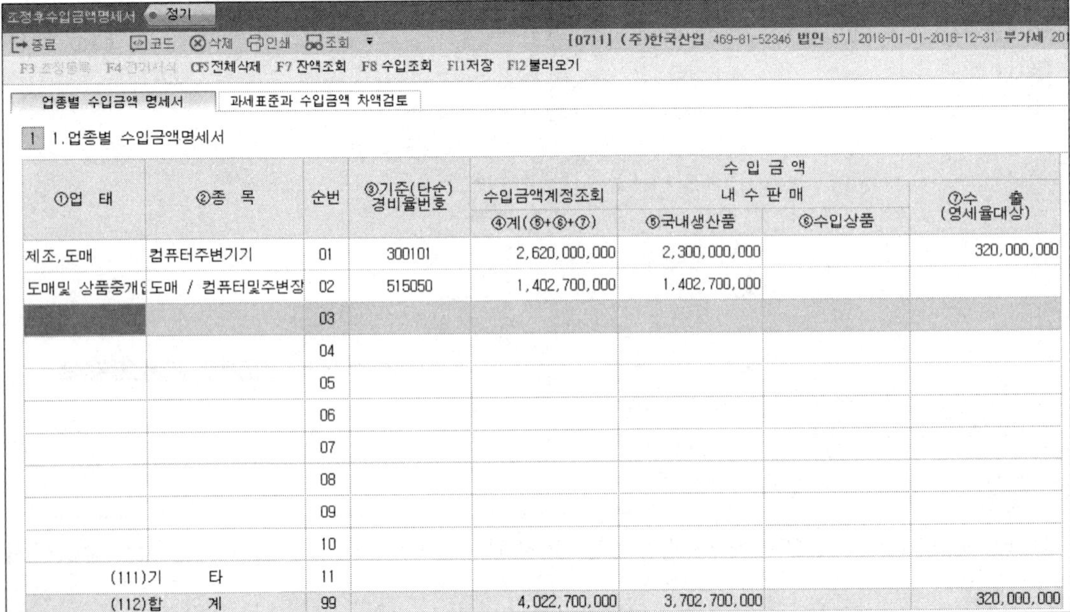

업종별 수입금액 명세서		과세표준과 수입금액 차액검토					

1. 업종별 수입금액명세서

①업 태	②종 목	순번	③기준(단순) 경비율번호	수입금액 ④계(⑤+⑥+⑦) 수입금액계정조회	수입금액 내 수 판 매 ⑤국내생산품	수입금액 내 수 판 매 ⑥수입상품	⑦수 출 (영세율대상)
제조,도매	컴퓨터주변기기	01	300101	2,620,000,000	2,300,000,000		320,000,000
도매및 상품중개	도매 / 컴퓨터및주변장	02	515050	1,402,700,000	1,402,700,000		
		03					
		04					
		05					
		06					
		07					
		08					
		09					
		10					
(111)기 타		11					
(112)합 계		99		4,022,700,000	3,702,700,000		320,000,000

| 업종별 수입금액 명세서 | 과세표준과 수입금액 차액검토 |

2. 2.부가가치세 과세표준과 수입금액 차액 검토   [부가가치세 신고 내역보기]

(1) 부가가치세 과세표준과 수입금액 차액

⑧과세(일반)	⑨과세(영세율)	⑩면세수입금액	⑪합계(⑧+⑨+⑩)	⑫조정후수입금액	⑬차액(⑪-⑫)
3,706,000,000	320,000,000		4,026,000,000	4,022,700,000	3,300,000

(2) 수입금액과의 차액내역(부가세과표에 포함되어 있으면 +금액, 포함되지 않았으면 -금액 처리)

⑭구 분	코드	(16)금 액	비 고	⑮구 분	코드	(16)금 액	비 고
자가공급(면세전용등)	21			거래(공급)시기차이감액	30		
사업상증여(접대제공)	22	6,000,000		주세·개별소비세	31		
개인적공급(개인적사용)	23			매출누락	32	-2,700,000	
간주임대료	24				33		
자산 고정자산매각액	25				34		
매각 그밖의자산매각액(부산물)	26				35		
폐업시 잔존재고재화	27				36		
작업진행률 차이	28				37		
거래(공급)시기차이가산	29			(17)차 액 계	50	-3,300,000	
				(13)차액과(17)차액계의차이금액			

[2]

<익금불산입> 전기대손충당금한도초과   4,000,000(유보감소)

<손금불산입> 대손충당금한도초과   9,696,000(유보발생)

대손충당금및대손금조정명세서 ● 정기

[0711] (주)한국산업 469-81-52346 법인 6기 2018-01-01~2018-12-31 부가세 2018 원

F3 조정등록 CF5 전체삭제 F7 원장조회 F8 잔액조회 F11 저장 F12 불러오기

1 2. 대손금조정

	22.일자	23.계정 과목	24.채권 내역	25.대손 사유	26.금액	대손충당금상계액			당기손금계상액		
						27.계	28.시인액	29.부인액	30.계	31.시인액	32.부인액
1	04.10	외상매출금	1.매출채권	6.소멸시효완	1,500,000	1,500,000	1,500,000				
2											
			계		1,500,000	1,500,000	1,500,000				

2 채권잔액

	16.계정 과목	17.채권잔액의 장부가액	18.기말현재대손금부인누계		19.합계 (17+18)	20.충당금설정제외채권 (할인,배서,특수채권)	21.채 권 잔 액 (19-20)
			전기	당기			
1	외상매출금	210,000,000	5,400,000		215,400,000		215,400,000
2	미수금	15,000,000			15,000,000		15,000,000
3							
	계	225,000,000	5,400,000		230,400,000		230,400,000

3 1.대손충당금조정

손금 산입액 조정	1.채권잔액 (21의금액)	2.설정률(%)			3.한도액 (1×2)	회사계상액			7.한도초과액 (6-3)
		◉기본율	◉실적율	◉적립기준		4.당기계상액	5.보충액	6.계	
조정	230,400,000	1			2,304,000	3,500,000	8,500,000	12,000,000	9,696,000

익금 산입액 조정	8.장부상 충당금기초잔액	9.기중 충당금환입액	10.충당금부인 누계액	11.당기대손금 상계액(27의금액	12.충당금보충액 (충당금장부잔액)	13.환입할금액 (8-9-10-11-12)	14.회사환입액 (회사기말환입)	15.과소환입·과다 환입(△)(13-14)
조정	10,000,000		4,000,000	1,500,000	8,500,000	-4,000,000		-4,000,000

4 3.국제회계기준 등 적용 내국법인에 대한 대손충당금 환입액의 익금불산액의 조정

33.대손충당금 환입액의 익금불산입 금액	34.손금에 산입하여야 할 금액 Min(3,6)	35.익금에 산입하여야 할 금액 Max[0, (8-10-11)]	36.차액 Min[33, Max(0,34-35)]	37.상계후 대손충당금환입액의 익금불산입금액(33-36)

[3]

<손금불산입> 채권자불분명사채이자 7,800,000원 (상여)

<손금불산입> 업무무관 지급이자 880,548원(기타사외유출)여기서부터!한국산업 711

업무무관부동산등에관련한차입금이자조정명세서 ● 정기

[0711] (주)한국산업 469-81-52346 법인 6기 2018-01-01~2018-12-31 부가세 2018 원

F3 조정등록 CF5 전체삭제 F6 이자율정렬 F7 원장조회 F8 잔액조회 F11 저장 F12 불러오기

1.적수입력(을)	2.지급이자 손금불산입(갑)

| 1.업무무관부동산 | 2.업무무관동산 | 3.가지급금 | 4.가수금 | 5.그밖의 | 불러오기 | 적요수정 |

	①월일		②적요	③차변	④대변	⑤잔액	⑥일수	⑦적수
1	1	1	전기이월	15,000,000		15,000,000	173	2,595,000,000
2	6	23	지 급	20,000,000		35,000,000	72	2,520,000,000
3	9	3	회 수		5,000,000	30,000,000	80	2,400,000,000
4	11	22	회 수		10,000,000	20,000,000	40	800,000,000
5								

업무무관부동산등에관련한차입금이자조정명세서 ● 정기

[0711] (주)한국산업 469-81-52346 법인 6기 2018-01-01~2018-12-31 부가세 2018 원

F3 조정등록 CF5 전체삭제 F6 이자율정렬 F7 원장조회 F8 잔액조회 F11 저장 F12 불러오기

1.적수입력(을)	2.지급이자 손금불산입(갑)

2 1. 업무무관부동산 등에 관련한 차입금 지급이자

①지급이자	적 수				⑥차입금 (=19)	⑦ ⑤와 ⑥중 적은 금액	⑧손금불산입 지급이자 (①×⑦÷⑥)
	②업무무관부동산	③업무무관동산	④가지급금 등	⑤계(②+③+④)			
20,578,260			8,315,000,000	8,315,000,000	194,292,858,000	8,315,000,000	880,671

1 2. 지급이자 및 차입금 적수 계산 [연이율 일수 현재: 365일]   단수차이조정 연일수

	(9) 이자율 (%)	(10)지급이자	(11)차입금적수	(12)채권자불분명 사채이자 수령자불분명 사채이자		(15)건설 자금 이자 국조법 14조에 따른 이자		차 감	
				(13)지급이자	(14)차입금적수	(16)지급이자	(17)차입금적수	(18)지급이자 (10-13-16)	(19)차입금적수 (11-14-17)
1	5.00000	11,522,460	84,113,958,000					11,522,460	84,113,958,000
2	18.00000	7,800,000	15,816,666,666	7,800,000	15,816,666,666				
3	3.00000	9,055,800	110,178,900,000					9,055,800	110,178,900,000
합계		28,378,260	210,109,524,666	7,800,000	15,816,666,666			20,578,260	194,292,858,000

[4]

1. 소득금액조정합계표

익금산입, 손금불산입	매도가능증권평가이익	2,000,000 (기타)
	전기오류수정손실	3,000,000 (기타사외유출)
	세금과공과	80,000 (기타사외유출)
익금불산입, 손금산입	매도가능증권	2,000,000 (유보발생)
	잡이익	198,000 (기타)

[5]

법인세과세표준및세액조정계산서 ● 정기

[→종료   ⊞코드 ⊗삭제 🖶인쇄 🔍조회 ▾

F7 원장조회 F8 잔액조회 F11저장 F12 불러오기

[0711] (주)한국산업 469-81-52346 법인 6기 2018-01-01~2018-12-31 부가세 2018 원

① 각 사 업 연 도 소 득 계 산	101.결 산 서 상 당 기 순 손 익	01		90,000,000
	소 득 조 정 금 액 102.익 금 산 입	02		34,500,000
	103.손 금 산 입	03		2,700,000
	104.차 가 감 소득금액 (101+102-103)	04		121,800,000
	105.기 부 금 한 도 초 과 액	05		
	106.기부금 한도초과 이월액 손금산입	54		800,000
	107.각사업연도소득금액(104+105-106)	06		121,000,000
② 과 세 표 준 계 산	108.각 사업 연도 소득금액(108=107)			121,000,000
	109.이 월 결 손 금	07		18,000,000
	110.비 과 세 소 득	08		
	111.소 득 공 제	09		
	112.과 세 표 준 (108-109-110-111)	10		103,000,000
	159.선 박 표 준 이 익	55		
③ 산 출 세 액 계 산	113.과 세 표 준 (113=112+159)	56		103,000,000
	114.세 율	11		10%
	115.산 출 세 액	12		10,300,000
	116.지 점 유 보 소 득 (법 제96조)	13		
	117.세 율	14		
	118.산 출 세 액	15		
	119.합 계 (115+118)	16		10,300,000

④ 납 부 할 세 액 계 산	120.산 출 세 액 (120=119)			10,300,000
	121.최저한세 적용 대상 공제 감면 세액	17		1,000,000
	122.차 감 세 액	18		9,300,000
	123.최저한세 적용 제외 공제 감면 세액	19		5,000,000
	124.가 산 세 액	20		20,000
	125.가 감 계(122-123+124)	21		4,320,000
	기납부세액 기한내납부세액 126.중 간 예 납 세 액	22		1,500,000
	127.수 시 부 과 세 액	23		
	128.원 천 납 부 세 액	24		500,000
	129.간접 회사등 외국 납부세액	25		
	130.소 계(126+127+128+129)	26		2,000,000
	131.신 고 납 부 전 가 산 세 액	27		
	132.합 계 (130+131)	28		2,000,000
	133.감 면 분 추 가 납 부 세 액	29		
	134.차가감 납부할 세액(125-132+133)	30		2,320,000
⑤토지등양도소득, ⑥미환류소득 법인세계산 (TAB로 이동)				
⑦ 세 액 계	151.차 가 감 납부할 세 액 계(134+150)	46		2,320,000
	152.사실과 다른 회계처리 경정세액공제	57		
	153.분 납 세 액 계 산 범 위 액 (151-124-133-145-152+131)	47		2,300,000
	분납할 세액 154.현 금 납 부	48		
	155.물 납	49		
	156. 계 (154+155)	50		
	차감 납부 세액 157.현 금 납 부	51		2,320,000
	158.물 납	52		
	160. 계 (157+158) [160=(151-152-156)]	53		2,320,000

■ 저자약력

남 정 선

- 세무사
- 고려대학교 졸업
- 건국대학교 부동산대학원 경영관리 석사 졸업
- 한국행정연구원 연구기획부 연구원(전)
- 창업경영신문 세무주치의(전)
- 서울지방세무사회 연수위원(전)
- 세무법인 大信 세무사(현)
- 한국생산성본부 회계·세법 강사(현)
- 이패스코리아 전산회계·전산세무 강사(현)
- 공단기 세법 강사(현)
- 서울지방국세청 회계실무검정고시 강사(현)
- 서울지방세무사회 부가가치세 신고실무 강사(현)

저 서

- 한국에서 사업하며 세금 줄이는 법, 국일증권경제연구소
- 알기쉬운 경리실무, 도서출판 어울림
- Hit 전산세무 1급·2급, 도서출판 어울림
- Hit 전산회계 1급, 도서출판 어울림
- Hit 세무회계 2급, 도서출판 어울림
- Hit 세무회계 3급, 도서출판 어울림
- 알기쉬운 경비지출증빙세무처리실무, 도서출판 어울림
- 족집게 세법, 도서출판 패스이안
- 500제 공무원 기출세법, 도서출판 패스이안

이 종 하

- 세무사
- 서울대학교 졸업
- 아이파 국제금융회계아카데미 강사(전)
- 박문각 회계학 강사(전)
- 미래경영아카데미 강사(전)
- WIAS 국제회계학원 강사(전)
- 세무법인 大信 세무사(현)
- 한국생산성본부 원가 및 세무 강사(현)
- 원플스공무원고시학원 회계학 강사(현)
- 서울지방국세청 재무회계 강사(현)

저 서

- 알기쉬운 경리실무, 도서출판 어울림
- Hit 전산세무 2급, 도서출판 어울림
- Hit 전산세무 1급, 도서출판 어울림
- Hit 세무회계 2급, 도서출판 어울림
- 알기쉬운 경비지출증빙세무처리실무, 도서출판 어울림
- 7급회계학, 웅진패스원
- 관세사 재무회계, 세학사
- 풀어쓴 원가관리회계, 패스이안

Hit 전산세무 1급(실기)

제 9 판	2018년 4월 26일
저 자	남 정 선 · 이 종 하
발 행 인	허 병 관
발 행 처	도서출판 어울림
표지/편집	유 리 진 / 정 진 희
주 소	서울시 영등포구 양평동3가 14번지 이노플렉스 707호
등 록	제2-4071호
전 화	02-2232-8607, 8602
팩 스	02-2232-8608
정 가	20,000원
I S B N	978-89-6239-629-4-13320

저자와의
협의하에
인지생략